SANDRA STRAUß UND SCHWARWEL (HRSG.)

#nichtgesellschaftsfähig

MUSIK, PSYCHE, IDENTITÄT UND GESELL-SCHAFT

GLÜCKLICHER MONTAG

#nichtgesellschaftsfähig
MUSIK, PSYCHE, IDENTITÄT UND GESELLSCHAFT

Konzeption, Redaktion, Lektorat und Produktion
Sandra Strauß und **Schwarwel**

Umschlag- und Buchgestaltung
Grafik, Satz, Layout und Art Direction
Illustrationen, Comics und Karikaturen (wenn nicht anders ausgewiesen)
Schwarwel

Transkription, Layout-Assistenz und Kapitel-Fotos
Sandra Strauß

Druck
Aumüller Druck GmbH & Co. KG

Herausgeber und Verlag
Sandra Strauß (V.i.S.d.P.)
Glücklicher Montag
AGM Leipzig GmbH

www.nichtgesellschaftsfaehig.com
www.gluecklicher-montag.de

Erhältlich im Glücklicher Montag Shop
www.gluecklicher-montag-shop.de

Impressum:
Sandra Strauß und Schwarwel (Hrsg.) „#nichtgesellschaftsfähig – Musik, Psyche, Identität und Gesellschaft", Softcover-Edition, 1. Auflage verlegt bei Glücklicher Montag, AGM Leipzig GmbH, 2024
GFin: Sandra Strauß • Titel + Umschlaggestaltung: Schwarwel
Kontakt: Glücklicher Montag, Sandra Strauß
Tel: +49 341 91859600, Mobil: +49 177 5630114, E-Mail: s.strauss@gluecklicher-montag.de
Endverkaufspreis: 34,90 EUR · Hergestellt in Leipzig, Sachsen, Deutschland. **ISBN 978-3-948518-24-0**

TRIGGER-WARNUNG

Bitte nimm diese Warnung vor möglichen Auslösereizen als Schutz vor unangenehmen Gefühlen, Gedanken oder Verhaltensweisen und als freundlichen Hinweis für unsere Leser:innen zur Kenntnis:

Wir möchten alle unsere Leser:innen auf mögliche Auslösereize hinweisen, die unser #nichtgesellschaftsfähig-Buch gegebenenfalls hervorrufen kann.

Wir möchten darauf hinweisen, dass intensive Berichte, Texte und Bilder Auslöser der eigenen Belastungen und Emotionen werden können.

Ein Trigger kann fatal sein und alte Muster hervorrufen.

Jede:r Leser:in möchte bitte selbst abwägen und selbst entscheiden, ob er/sie die einzelnen Texte lesen und sich zu Gemüte führen möchte.

INHALT

INHALT

Illustration rechte Seite: Schwarwel

#nicht
gesellschafts
fähig

#nicht gesellschafts fähig
DO WHAT YOU WANT

ZOË
BECK
NICHOLAS
MÜLLER
ANNA
MARKUS

ZUM GELEIT

von Sandra Strauß und Schwarwel

Nach unseren ersten beiden #nichtgesellschaftsfähig-Büchern „Alltag mit psychischen Belastungen" (2020) und „Tod, Verlust, Trauer und das Leben" (2022) hältst du nun unser drittes Buch in deinen Händen. Im Vergleich zu unserem ersten sind es 100 Seiten mehr. Auf diesen 712 Seiten haben wir uns unter unserem #nichtgesellschaftsfähig-Hashtag den Themen Musik und ihren vielschichtigen Beziehungen zu unserer Psyche, unserem Identitätsempfinden und der Gesellschaft, in der wir leben und die wir mitgestalten, gewidmet. Wir hoffen, dass du durch unser gemeinsames Buch mit über 60 Beteiligten aus ganz unterschiedlichen Bereichen viel für dich selbst mitnehmen kannst, denn das ist unser Ansatz und Ziel. Wir möchten persönliche Empfindungen, Erlebnisse, Erfahrungen und Emotionen für andere erleb- und spürbar machen, dass sie beim Lesen und sich damit Beschäftigen selbst etwas rausziehen können, sich abgeholt und verstanden fühlen. Wie bereits bei unseren ersten beiden Werken möchten wir ebenso zur Enttabuisierung und Entstigmatisierung von sogenannten Tabu-Themen in unserer Gesellschaft sowie für einen offenen, selbstverständlichen Umgang damit beitragen.

Für unser jetziges Buch in unserer Reihe haben wir uns für Musik, Psyche, Identität und Gesellschaft entschieden. Warum?
Wenn wir aus dem Nähkästchen plaudern würden, würden wir schreiben: „Naja, wenn man Tod aufs Cover schreibt, nimmt das nicht jede:r in die Hand. Schreiben wir doch Musik drauf, dann erleichtern wir den Zugang." So etwas schreibt man jedoch nicht derart in das Vorwort eines Buches. Das umschreibt man etwas gefälliger. Doch tatsächlich war das der erste Gedanke, als wir vor knapp zwei Jahren anfingen, über unseren dritten Almanach zu sprechen und alles auf den Weg zu bringen: „Wir nehmen einfach unsere #ngf-Psyche-Themen und schauen uns alles unter dem Musik-Aspekt an." Das war unser Startschuss und so ließen wir es laufen und sich entwickeln. Schnell merkten wir, dass Identität ebenso eine wichtige Facette ist sowie die Einordnung in einen gesellschaftlichen und zeitlichen Rahmen.

Nach Recherchen und vielen internen Gesprächen begannen wir im April/Mai 2023 mit unseren Talks – bis auf ein paar wenige führten wir unsere fast 40 Interviews online via Zoom. Über die vielen Produktionsmonate hinweg arbeiteten wir sehr viel „nebenbei" an unserem Buch, weil wir noch an unserem #nichtgesellschaftsfähig-Langfilm saßen sowie an den drunter+drüber-Ausgaben, deren Texte wir zum Teil hier mit abdrucken durften. Danke, Frank und FUNUS Stiftung. Zusätzlich arbeiteten wir an weiteren Projekten. #nichtgesellschaftsfähig ist alles in allem ein ziemlich aufwendiges Unterfangen und wir querfinanzieren es durch unsere anderen Studioarbeiten, sonst könnten wir so etwas gar nicht stemmen. Und dabei lassen wir jetzt mal den Themenblock Buchmarkt und Kleinverlage, Litera-

Foto linke Seite: Jan-Markus Holz, lebensArt

tur, Kunst, Kultur und deren Situation plus Finanzierung außen vor. Wir machen #nichtgesellschaftsfähig tatsächlich auch, weil es uns selbst immer voranbringt, wir dadurch lernen, indem wir uns aktiv mit den Inhalten beschäftigen und uns selbst dabei näher kommen im Sinne von: die eigenen „unaufgearbeiteten“ Themen angehen und durchgehen, auch wenn es manchmal schmerzt, weil wir tief reingehen.

Die Reihenfolge unserer bisherigen drei Bücher empfinden wir als ideal, auch wenn wir das so nicht von Anfang an geplant hatten, sondern es sich haben ergeben lassen. Erst die „puren“ psychischen Belastungen thematisieren, dann Tod, Trauer und Verlust angehen und jetzt Musik, Psyche und Identität – das war intuitiv die richtige Entscheidung für uns. Es baut aufeinander auf, greift ineinander, ergänzt und erweitert sich. Nach unserer jetzigen Planung wird es im vierten Buch mit Körpergefühl, Sport, Essstörung und Psyche weitergehen. Mal schauen, wie sich alles entwickelt. Jetzt bringen wir erst einmal dieses Buch hier in die Welt und sind gespannt, welche Reaktionen unsere Inhalte hervorrufen werden.

Erst die „puren“ psychischen Belastungen thematisieren, dann Tod, Trauer und Verlust angehen und jetzt Musik, Psyche und Identität – das war intuitiv die richtige Entscheidung für uns.

Wir haben uns über all unsere Produktionsmonate hinweg bemüht, ein breitgefächertes Themen-Mosaik zusammenzustellen. Neben vielen von uns als Herausgeber:innen selbst geführten Interviews haben wir Interviews sowie viele verschiedene Texte weiterer Autor:innen aus ganz unterschiedlichen Bereichen vereint und Musikliebhaber:innen, Fans, Musiker:innen, Tourmanager:innen, Clubbesitzer, Veranstaltende, Moderatoren, DJs, Journalist:innen, Fachmenschen, Psycholog:innen, Zeichner:innen sowie Filmschaffende zu Wort kommen lassen. Viele kannten wir vorher schon persönlich, viele lernten wir erst während unserer Produktion kennen und schätzen. Es ist wieder genau diese Mischung geworden, die wir wollten und lieben.

Ja, unser Buch ist nicht vollständig. Das geht auch gar nicht. Es gibt sicherlich noch hunderte Seiten, die mit diesen Inhalten gefüllt werden könnten. Sicherlich fehlt ganz viel. Ja, das tut es hundert Pro. Mit unserem Buch konnten wir bestimmte Thematiken nur anreißen und damit Anlass geben, um sich als Lesende selbst weiter und intensiver damit zu beschäftigen. Wir haben uns allem aus unserer persönlichen Perspektive gewidmet und alles zusammengestellt. Dabei haben wir großen Wert darauf gelegt, dass wir breitgefächert und differenziert Menschen zu Wort kommen lassen. Und ja, auch hier werden sicherlich noch jede Menge gesellschaftliche Aspekte fehlen. Wir haben ebenso versucht, viele musikalischen Genres mit aufzunehmen und uns da nicht auf irgendetwas zu beschränken. Wichtig war uns, dass Menschen authentisch ihre persönliche Geschichte erzählen, eingebettet in einen gesellschaftlichen Kontext, und wir wollten die Geschichten dahinter hören und erzählen.

Tja, und was haben jetzt Musik, Identität und Psyche miteinander zu tun? Wie greift das ineinander? Das haben wir versucht, auf diesen vielen Seiten aufzuzeigen und anzureißen. Inhaltlich möchten wir hier gar nicht weiter vorgreifen. Du kannst dir beim Lesen auf über 700 Seiten mit vielen Bildern, Fotos, Illustrationen und hervorgehobenen Zitaten selbst einen Eindruck verschaffen, welche Bedeutung Musik für Einzelne hat, was sie mit Musik machen, wie Musik wirkt, welche Rolle sie im gesellschaftlichen Kontext spielt und was das alles mit Psyche, Gefühlen und Abgründen inklusive zerstörerischen Facetten, Krisen und individuellen Wegen zu tun hat.

Wir gehen dem Mythos und „sogenannten" Rock'n'Roll-Lifestyle auf den Grund, thematisieren Alkohol und Drogen, Achterbahnfahrten, Sexismus, Patriarchat und Feminismus, Hintergründe zu #metoo in der Musikindustrie, Frauenbilder in Songtexten, Selbstbestimmung, Awareness, Achtsamkeit, Akzeptanz, Empowerment, DIY, musikalischen Aktivismus, Jugend- und Subkulturen, Konzertbesuche mit Beeinträchtigungen, Verlust, Trauer und persönliche Trauerarbeit, Traumata, Musik als therapeutisches Mittel, Ausgebranntsein in der Musikszene und das Brennen für Musik, psychologische Tiefen, Süchte, Ess- und Körperstörungen, Borderline, Exzesse, Ängste und Depression sowie all deren Auswirkungen. Es ist ein Puzzle beziehunsgweise Prisma, um den Seelendingen nachzuspüren. Ganz in unserem #nichtgesellschaftsfähig-Stil wollten wir wieder ein buntes Mosaik an Inhalten, Texten und Bildern als Almanach erstellen und bei aller Tiefe vieler Themen einen lockeren Zugang ermöglichen. Eine Triggerwarnung haben wir selbstverständlich wieder vorangestellt.

Wir haben uns Sachen bewusster gemacht und diese für uns ausdifferenziert, haben unser Verhältnis zu Musik, Musikbusiness und Fansein reflektiert, eigene Erlebnisse und Erfahrungen analysiert ...

Daneben behandeln wir natürlich ebenso Musik als Big Business, als Industrie und Branche sowie deren Entwicklung in den letzten Jahren.

Musik ist intensiv und ein direktes Medium, das Gefühle unmittelbar ansprechen kann. Sie kann Erinnerungen wecken und Halt geben, trösten und wütend machen, Zugehörigkeit vermitteln, bewegen und lähmen, betören und zerstören. Von all dem handelt unser Buch.

Heute ist der 12. September 2024 und wir schreiben dieses Vorwort als einen der letzten Handgriffe an diesem Buch. In ein, zwei Tagen ist unser gemeinsames Werk unwiderruflich im Druck. Wir haben uns knapp zwei Jahre intensiv mit all diesen vorangestellten Inhalten beschäftigt und haben sie auch jetzt noch deep in uns, wie das eben bei allen unseren Produktionen so ist. Wenn wir uns fragen würden, was wir aus unserem neuen Buch mitgenommen haben, würden wir schreiben, dass wir das gerade noch nicht so richtig einschätzen und beantworten können, weil wir selbst noch mittendrin stecken und uns jetzt in diesem Moment noch der nötige Abstand für eine klare Antwort fehlt.

Auf alle Fälle sind wir Themen angegangen, die uns selbst beschäftigten und mit denen wir etwas zu tun haben. Wir haben uns Sachen bewusster gemacht und diese für uns ausdifferenziert, haben unser Verhältnis zu Musik, Musikbusiness und Fansein reflektiert, eigene Erlebnisse und Erfahrungen analysiert ... Wir haben uns im Rahmen dieser Produktion auch selbst sehr intensiv mit unserer eigenen Identität und Psyche beschäftigt sowie emotionale Tiefen durchschritten. Wir haben unsere eigene Beziehung zu Musik an uns rangelassen, was uns wie geprägt hat und wie unser eigener Bezug zu all dem ist.

Wir hoffen sehr, dass unsere zusammengestellten Inhalte bei dir eine ebenso große und tiefe Wirkung entfalten können, wie sie das bei uns getan haben.

Herzlichst,
Sandra und Schwarwel

DO WHAT YOU WANT

DUNKELHEIT AM RANDE DER STADT

Meine jahrzehntelange Beziehung zu Bruce Springsteen und was sie mich über das Leben lehrte

von Michael Kraske

Die intuitive Verschmelzung mit einem Lebensgefühl hat Bruce Springsteen in seiner Hymne „No Surrender" in einer einzigen Textzeile verewigt: „We learned more from a three minute record, baby, than we ever learned in school". Nun, um mir eine Ahnung davon zu geben, wer ich bin und sein will, reichten sogar zwei Minuten und 37 Sekunden aus. Das war im Jahr 1985, ich war 13 Jahre alt und hörte im Radio zum ersten Mal „I'm On Fire". Wobei ich als 13-Jähriger ganz sicher nichts von der sexuell getränkten Sehnsucht verstand, über die er in seiner Hit-Single sang. Darum ging es auch gar nicht. Es war diese Mischung aus Gefühl und Coolness in seiner Stimme. Jenes zärtliche Geheul, das sich am viel zu schnellen Ende über die lässigen Drums und eine gezupfte Gitarre legt, traf nicht nur einen Nerv, sondern wurde zur Verheißung meiner Wünsche und Träume.

Meine kindlichen Fantasiewelten hatten Robin Hood, diverse Ritter und Old Shatterhand bewohnt, begleitet von dem Traum, als Spielmacher mit der Nummer 10 auf dem Rücken in einem ausverkauften Fußball-Stadion den perfekten Pass oder den spektakulärsten Fallrückzieher zu zeigen. In meinem verschlafenen Stadtteil in Sichtweite zu einem kleinen Waldgebiet hatte ich Verstecken gespielt, Buden gebaut und Bolzplätze heimgesucht. Nun entdeckte ich den Rock and Roll, oder vielmehr entdeckte er mich. Das bedarf übrigens einer Erklärung. Denn unter diesem Label firmiert von der unsterblichen Coolness von Elvis bis zu dem boshaften Firlefanz von Rammstein mittlerweile alles Mögliche, das mitunter wenig bis gar nichts miteinander zu tun hat.

Mitte der 1980er Jahre wurden um mich herum Jackets hochgekrempelt und Haare gegelt. Die Mädchen versuchten, wie Kim Wilde auszusehen, und aus dem Radio waberte Synthi-Pop, der entweder zuckersüß klang wie Nick Kershaw oder verstörend bescheuert wie Modern Talking. Währenddessen igelte ich mich in meinem holzvertäfelten Kellerzimmer ein und legte wieder und wieder „Born In The USA" von Bruce Springsteen auf den Plattenteller. Ich betrachtete den legendären Jeans-Hintern vor der Stars and Stripes-Flagge auf dem Plattencover und lauschte den hymnischen Sounds über Highways und verlorene Liebe, aber auch über die Rückkehr eines Vietnam-Veteranen im Titelsong sowie eines Vaters, der mit dem Sohn herumfährt und ihm dabei seine sterbende Heimatstadt zeigt, wo Jobs verlorengehen, die nicht wiederkommen werden. Egal, ob es der verlassene Liebhaber aus „Downbound Train" oder der freiheitsliebende Jugendliche aus „No Surrender" war, der von seiner Schwester gerufen wird, nach Hause zu kommen – immer schwang Leidenschaft, Wehmut und Sehnsucht mit. Ein stolzer Heroismus, der meiner nur zögerlich schwindenden kindlichen Schüchternheit zurief: Steh zu deinen Gefühlen. Schluss mit dem Versteckspiel. Meine Schwester zog mich mit den vermeintlich plumpen Botschaften über Autos und Straßen auf. Aber da war meine Selbstfindung schon so unerschütterlich vorangeschritten, dass mir die Häme der Älteren nichts mehr anhaben konnte. Denn in den Geschichten der Straßen und Hinterhöfe öffnete sich mir ein ganzes Universum.

Kaum hatte ich verinnerlicht, über jeden gescheiterten Versuch im Leben ein Gitarrenriff und ein kehliges „Shalalala" oder „Leileilei" legen zu können, legte ich nach und kaufte mir für 9 Mark 90 mein zweites Album

Foto linke Seite: privat

von Bruce, auf dessen Cover er mit einem trostlosen Zimmer als Kulisse und der eigenen trostlosen Mine zu purer Tristesse verschmilzt. „Darkness On The Edge Of Town“ traf mich wie ein Schlag. Eine existentialistische Offenbarung und zugleich der Blick in den Abgrund. Auf „Darkness“ kreischen die Gitarren und stampfen die Drums. Die Orgeln heulen und das Piano weint. Es geht um Scheitern und den Mut der Verzweiflung. Keine romantischen Roadmovies, dafür trotzige Bekenntnisse und bittere Wahrheiten: Sobald du etwas hast, schicken sie jemanden, um es dir wegzunehmen („Something In The Night“). Der Arme möchte reich sein. Der Reiche möchte König sein. Und der König ist nicht eher zufrieden, bis er alles beherrscht. Der singende Anti-Held aus „Badlands“, dem größten Song aller Zeiten, will raus gehen, um herauszufinden, wo er im Leben steht und was er erreicht hat. Alles, was wichtig ist, findet sich dem „Darkness“-Titelsong zufolge schließlich auf diesem Berg, den es zu besteigen gilt. Eine Metapher für die Mühen des Lebens, die nie aufhören werden. Genau wie die Suche nach Erleuchtung in der Dunkelheit am Rande der Stadt. Du wartest auf den einen Moment, der einfach nicht kommen wird, gab mir Bruce mit auf den Weg: Nun, verschwende deine Zeit nicht mit Warten!

Also ging ich raus und es war nicht so, dass mich die Rock and Roll-Weisheiten außerhalb meiner Reihenhaus-Idylle vor irgendetwas bewahren konnten.

Also ging ich raus und es war nicht so, dass mich die Rock and Roll-Weisheiten außerhalb meiner Reihenhaus-Idylle vor irgendetwas bewahren konnten. Nicht vor dem Liebeskummer, als die schönen Mädchen auf den ersten Partys, die wir „Feten“ nannten, die großen und völlig falschen Jungs küssten, die statt Fußball lieber Tennis spielten. Nicht vor der jugendlichen Sinnsuche zwischen Hermann Hesses Siddharta, bierseliger Melancholie nach langen Nächten mit den Jungs in der Stadt und auch nicht vor dem eigenen Pathos der nihilistischen Gedichte, die ich nach meinen einsamen Heimmärschen am Wohnzimmertisch mit heiligem Furor verfasste. Aber von Bruce lernte ich einen Blick auf die Welt, der das Glück und Elend der kleinen, alltäglichen Dinge wahrnimmt und daraus raue Poesie formt. Das Unverständnis und die Sprachlosigkeit mit seinem Vater. Die permanente Sehnsucht, der Enge der Kleinstadt zu entkommen. Auf einer gefühlsmäßigen Ebene lernte ich, zwei scheinbar unvereinbare Persönlichkeiten in mir miteinander zu versöhnen: den ausgelassenen Spaßvogel, der andere zum Lachen bringen kann, und den stillen, melancholischen Träumer. Genau diese beiden Pole fand ich in seiner Musik. Den aufgedrehten, unbekümmerten Spaß in „Ramrod“ oder „Cadillac Ranch“ und die Einsamkeit und Traurigkeit von „Streets Of Fire“ und „Racing In The Street“.

Bruce selbst hat diese scheinbar widersprüchlichen Teile der eigenen Persönlichkeit in „Two Faces“ beschrieben: *„One that laughs, one that cries, one says hello, one says goddbye. One does things, I don't understand. Makes me feel like half a man.“* Erst viel später, durch seine Autobiographie „Born to Run“ habe ich erfahren, dass Bruce, diese Ikone der Rockmusik, die ganze Stadien in Aufruhr versetzen und zu Tränen rühren kann, nicht bloß ein fröhliches und ein trauriges Gesicht besitzt. Sondern dass er phasenweise unter schweren, alles erdrückenden Depressionen leidet. Dass er ausgerechnet oder vielleicht auch bezeichnenderweise auf dem ultimativen Höhepunkt seiner Karriere einen erschütternden Zusammenbruch hatte. Mit „Born In The USA“ stieg er zu einem überlebensgroßen Weltstar auf. Aus dem schmächtigen Jungen aus New Jersey war ein muskulöser Held mit Jeansweste und Stirnband geworden, dessen ikonisches Bild auf dem ganzen Erdball so bekannt war wie sonst nur das von Madonna, Prince und Bono von U2. Er hätte endgültig abheben können. Stattdessen schlug er hart auf dem Boden auf. Als nichts mehr ging, begann er die erste Therapie seines Lebens. In seiner Autobiographie beschreibt er den lebenslangen Kampf gegen die Depression, der ihn zwischendurch lahmlegt und immer wieder große Anstrengungen erfordert, einen Weg aus Isolation und Passivität zu finden. In schonungsloser Offenheit schildert er, wie in den depressiven Episoden alle Lebensbereiche erschüttert werden: Liebe, Sex, Familie, auch die Musik. Er beschreibt auch, wie er lernte, sich mit eigenen Lebenslügen und Schwächen auseinanderzusetzen, gerade auch in seinen Beziehungen zu Frauen. Bis er sich eingestand, dass er gut darin war, unterwegs zu sein, aber große Angst davor hatte, anzukommen und zu bleiben. Seiner zweiten Frau Patti, die er zuvor in die E Street Band aufgenommen hatte, gelang es, ihn mit seinen eingeschliffenen Mustern und Vermeidungsstrategien zu konfrontieren, bis er bereit war, in der Partnerschaft Verantwortung zu übernehmen. Mit Patti gründete er eine Familie und zog in seiner alten Heimat New Jersey, die er zwischenzeitlich gegen das coole Los Angeles eingetauscht hatte, auf eine Ranch, wo er mittlerweile im eigenen Tonstudio viele seiner Songs aufnimmt.

In schonungsloser Offenheit schildert er, wie in den depressiven Episoden alle Lebensbereiche erschüttert werden: Liebe, Sex, Familie, auch die Musik.

Bruce Springsteen ist trotz seiner Zerrissenheiten und Richtungswechsel bei sich geblieben und hat stets zurückgefunden. Nachdem er in seinen rastlosen Jahren als Mega-Star das verlockende Angebot abgelehnt hatte, für eine Zeitlang in die Playboy Mansion einzuziehen, wie er in einer launigen Anekdote verriet. Ihm, dem Arbeitersohn, kam das dekadente Leben mit den Playmates falsch vor. Also entschied er sich gegen eine WG mit Miss September, Miss Juni und Hugh Hefner. Stattdessen tauchte er in den „Tunnel Of Love“ ab, wie jenes Album heißt, in dem er – offenkundig inspiriert von seiner gescheiterten ersten Ehe mit der Schauspielerin Julianne Phillips – über Verlogenheiten, Selbstbetrug und das Scheitern in der Liebe sang – desillusioniert, verletzlich und tieftraurig.

Seine schonungslosen Eingeständnisse amouröser Verstellung („Brilliant Disguise“) und trotziger Liebesschwüre („Tougher Than The Rest“) begleiteten mich durch meinen eigenen Liebestunnel, in dessen langen und verwinkelten Röhren ich meine Jugendliebe verlor, die Liebe fortan kam und ging, bis sie bei der einen blieb, die alles war: beste Freundin und Geliebte. Bei der auch ich bleiben konnte. Hätte ich die Poesie von Bruce beherzigt – ich wäre möglicherweise besser darauf vorbereitet gewesen, dass menschliche Beziehungen sehr viel weniger als erwartet in Schwarz und Weiß verlaufen, sondern in den verschiedensten Grautönen, die es so schwer machen, zwischen Richtig und Falsch zu unterscheiden und über Bleiben oder Gehen zu entscheiden.

Als meine Mutter ins Koma fiel, aus dem sie nicht mehr aufwachte, war ich gerade im Aufbruch. Längst war ich aus dem heimischen Reihenhaus in Iserlohn nach Leipzig gezogen, das mir zur neuen Heimat wurde. Ich hatte Politikwissenschaft und Neuere Geschichte studiert, die Hamburger Journalistenschule absolviert und war jetzt als freier Reporter unterwegs. Ich lebte das Leben, das ich mir erträumt hatte. Der Anruf meiner Schwester erreichte mich in Chisinau, der Hauptstadt der Republik Moldau, wo ich gerade für eine Magazin-Geschichte recherchierte. Ich nahm den nächsten möglichen Flieger zurück, konnte aber nur noch am Krankenbett die Hand meiner Mutter halten und Abschied nehmen. Es war, als würde unserer Familie buchstäblich das Herz herausgerissen. Alle gerieten ins Taumeln, mein Vater am meisten und die Statik unserer Familie war von jetzt auf gleich zerstört, als habe jemand die tragende Säule aus einem Haus gesprengt. Wir versuchten zusammenzurücken, reisten gemeinsam in den Geburtsort meiner Mutter und ans Meer, aber in die Trauer mischten sich Wut und Verzweiflung, die wir wechselseitig zu spüren bekamen, so sehr wir uns auch bemühten, uns gegenseitig Halt zu geben. Unser altes Zuhause in Iserlohn war nun merkwürdig leer, aber voll schmerzhafter Erinnerungen an die gemeinsame Zeit, die unwiederbringlich abgelaufen war. Die Stille, die sich ohne Mamas Lachen und ihre liebevolle Stimme ausbreitete, war unerträglich. Kein Weihnachten war danach wie zuvor, kein Besuch im Elternhaus, in dem mein Vater umgeben von gerahmten Bildern einer glücklichen Vergangenheit verzweifelt versuchte, nicht unterzugehen.

Es ist eine dieser denkwürdigen Gleichzeitigkeiten des Lebens, dass Bruce Springsteen mitten in meiner großen Trauer ebenfalls mit Tod und Verlust beschäftigt war.

Wir waren nicht gut darin, gemeinsam zu trauern, und wenn einem von uns bei einem Treffen oder am Telefon die Stimme versagte, verstummte die oder der andere daneben, bis die Welle der Trauer über uns hinweggeschwappt war. Es ist eine dieser denkwürdigen Gleichzeitigkeiten des Lebens, dass Bruce Springsteen mitten in meiner großen Trauer ebenfalls mit Tod und Verlust beschäftigt war. Der Legende nach war es kurz nach den Terroranschlägen von 9/11, als ein Auto neben Bruce hielt, der Fahrer die Scheibe runterließ und ihm zurief: „We need ya“. Hätte ich ihn seinerzeit getroffen, hätte ich ihm wohl auch so etwas zugerufen wie: Bruce, ich brauch dich jetzt. Der hatte in den 1990er Jahren kaum noch Musik veröffentlicht. Die erhoffte Neuausrichtung endete in diversen kreativen Sackgassen. Nun nahm er wieder mit seiner legendären E Street Band, von der er sich Jahre zuvor getrennt hatte, um künftig als Solo-Musiker andere Wege zu gehen, neue Songs auf. Sieben Jahre nach seinem letzten regulären Album veröffentlichte er schließlich „The Rising“. Das Album gilt bis heute als heilsame Ode an die verwundete amerikanische Seele nach 9/11. Für mich ist es aber viel mehr: ein persönlicher Trauergesang, der mir – als ich nicht wusste, wie es ohne Mama weitergehen soll – zurief: „Come on, rise up!“ Steh auf.

Als Bruce mit der E Street Band während der Rising-Tour nach Deutschland kam, lud ich meine Schwester auf das Konzert im Hamburger Volksparkstadion ein. Da standen wir dann dicht gedrängt mit tausenden Tramps im Innenraum und Bruce sang nur für uns beide „Empty Sky“ und „You´re Missing“. In dieser Ballade erzählt er von den alltäglichen Verrichtungen einer Familie, die einfach weitergehen. Nur eben, dass der eine geliebte Mensch fehlt. Wenn es dunkel wird, wenn die Sonne wieder aufgeht. Du fehlst! Du fehlst. Meine Schwester und ich richteten an diesem Abend in Hamburg unsere feuchten Augen nach oben und der Himmel war so leer, wie er nur sein kann. Seither sind Konzertbesuche der E Street Band für mich nicht einfach nur das Erlebnis der besten Rock Show auf diesem Planeten, wie das Branchenmagazin Billboard schrieb. Vielmehr sind diese Konzerte immer auch heilige Messe und Pilgerreise, bei der Mama von oben zusieht und vielleicht summt sie ja die Melodien mit, wer weiß.

Nun begleitet mich seine Musik schon seit mehr als drei Jahrzehnten. Ich wiederum begleite seinen Werdegang wie ein Besessener. Spotify teilte mir Ende vergangenen Jahres mit, dass ich zu den 0,0001 Prozent der Menschheit gehöre, die am häufigsten Bruce Springsteen hören. Weltweit. Ja, das ist ziemlich verrückt, ich gebe es zu. Aber ich finde, dass es schlimmere Obsessionen gibt. Ich bin jedenfalls dankbar dafür, dass ich nicht einer schaumspritzenden Penis-Kanone verfallen bin, sondern einem amerikanischen Träumer und Albträumer. Einem, der mir die Sehnsucht nach einem „Promised Land" eingepflanzt hat, den „Ghost Of Tom Joad" gegen Ungerechtigkeit und unerträgliche gesellschaftliche Zustände (die Figur des Tom Joad hat Bruce aus John Steinbecks Roman „Früchte des Zorns" wiederaufleben lassen) – und nicht zuletzt die Lust auf Geschichten mit dem „Human Touch". Auf die großen kleinen Geschichten, um genau zu sein. „Stolen Car", einer der traurigsten Songs, die ich kenne, erzählt beispielsweise von einer unmerklich erkalteten Liebe. Sie erzählt ihm, dass sie noch einmal die Briefe aus jener frühen Zeit gelesen hat, als ihre Liebe noch jung und eindeutig war. Als sie nachts diese Briefe las, habe sie sich gefühlt, als wäre sie hundert Jahre alt. Er hingegen fährt in einem gestohlenen Wagen herum, um erwischt zu werden, damit alles endlich ein Ende hat. Was aber nie passiert. Also fährt er weiter, begleitet von der Furcht, sich in der Dunkelheit zu verlieren. Die Kult-Ballade „The River" wiederum handelt von einer Jugendliebe in einem Tal, wo sie dich dazu bringen, genauso zu werden wie dein Vater. Ein junges Paar, das männliche Ich und seine Freundin Mary, werden viel zu früh schwanger. Zum 19. Geburtstag kriegt er dann einen Gewerkschaftsausweis und einen Hochzeitsanzug geschenkt. Unter diesem Druck sozialer Kontrolle und Vorbestimmung zerbricht ihre Liebe. Danach verhält sich das lyrische Ich so, als würde es sich an nichts erinnern – und Mary (ja, sie heißt tatsächlich oft Mary bei Bruce) tut so, als sei ihr das egal. *„Is a dream a lie if it don't come true or is it something worse*", heißt es in einer seiner größten Schlusszeilen am Ende von „The River". Sind Träume, die nicht wahr werden, eine Lüge oder sogar noch schlimmer? Das habe ich mich oft gefragt.

Die Wehmut und melancholische Aufbruchstimmung von „Letter To You" haben mich durch die bleierne Zeit der Pandemie getragen.

Die großen Worte und Wahrheiten am Ende seiner Songs stehen dafür, dass in diesen ganz normalen Leben, Lieben und kleinen bis mittleren Katastrophen eine Bedeutung steckt. Eine Lehre. So hart diese auch sein mag. Lange habe ich mir das gar nicht klar gemacht, aber Bruce und seine musikalischen Miniaturen und ausufernden Epen haben mich ganz sicher ermutigt, ebenfalls wahrhaftige Geschichten zu erzählen, egal ob in Reportagen oder meinen Romanen. Immer wieder auch gegen Rückschläge und Widerstände. Denn auch darin hat er mich bestärkt: Glauben, Zuversicht, Hoffnung. Nie aufzugeben, auch wenn alles noch so aussichtslos erscheint. Oder wie er es am Ende seines ultimativen Klassikers herausschreit: „Someday, girl, I don't know when, we're gonna get to that place, where we really wanna go and we'll walk in the sun. But till then tramps like us, baby we were born to run." Ja, irgendwann laufen wir der Sonne entgegen, aber bis dahin ist es unser Schicksal, unterwegs zu sein und einfach weiterzumachen.

Ich habe das unwahrscheinliche Glück, dass Bruce auch als Über-Siebzigjähriger immer noch unterwegs ist. Dass er sich nicht zur

Ruhe gesetzt hat. In der Pandemie hat er die alternden Jungs seiner E Street Band in seinem Home-Studio in New Jersey versammelt und ein grandioses Album über die Vergänglichkeit aufgenommen: „Letter To You“. Mit „Ghosts“ hat er der magischen Kraft des Rock and Roll noch einmal ein musikalisches Denkmal gesetzt. Einer der berührendsten Songs, „Last Man Standing“, handelt von seiner allerersten Rockband, den Castiles. In Konzerten hat Bruce erzählt, bevor er den Song dann mit zerbrechlicher Stimme ganz allein zur akustischen Gitarre interpretiert, wie er am Sterbebett von seinem Freund und Bandmitglied seiner Jugend-Band, George Theiss, Abschied nahm. Nach dessen Tod ist Bruce nunmehr der letzte Überlebende der Castiles: eben der last man standing. Durch diesen verstorbenen Freund habe er gelernt, so Bruce in seiner kleinen Trauerrede vor den Fans in den Stadien, dass man wirklich jeden Moment so intensiv wie möglich leben sollte. Und dass man gut sein soll – zu anderen, aber eben auch zu sich selbst. Das mag für andere pathetisch klingen. Für mich ist es heilsam und zutiefst tröstlich. Ein überzeugendes Lebensmotto, auch wenn es nicht jeden Tag gelingt, danach zu leben. Das Album endet damit, dass ihm ein geliebter, verstorbener Mensch im Traum begegnet, wenn alle gemeinsamen Sommer längst Vergangenheit sind: „I'll see you in my dreams“. Denn der Tod ist nicht das Ende, singt Bruce flehentlich und es klingt wie eine Beschwörung. Die Wehmut und melancholische Aufbruchstimmung von „Letter To You“ haben mich durch die bleierne Zeit der Pandemie getragen. Mut gemacht und Trost gespendet, als noch kein Licht am Ende des Tunnels zu sehen war. Ich bin am Leben, sang Bruce. Ich bin am Leben, sang ich im Auto und in der Küche. Diese Musik war und ist der Soundtrack meines Lebens.

Diese Musik war und ist der Soundtrack meines Lebens.

Ein heißer Tag im Juli. Wir stehen am Einlass des Hamburger Stadions, die Sonne brennt unerbittlich auf uns runter. Es ist kaum auszuhalten, aber Schatten zu suchen, hieße aufzugeben, was keine Option ist. Wir, das ist meine Familie. Meine geliebten Menschen. Als die Tore geöffnet werden, rennen wir los in den Innenraum, als ginge es um alles. Wir schaffen es fast bis ganz vorn an die Absperrung. Zweite Reihe hinter der front of stage. Wir setzen uns und warten. Gegen 19 Uhr betreten dann Bruce und die E Street Band die Bühne und legen mit „No Surrender“ los, dem Song über diesen Moment der Ewigkeit, den man nur in der Jugend erleben kann. Auf einem Videoschnipsel ist zu sehen, wie ich mit einem breiten Grinsen mitsinge, genauer gesagt brülle ich mit, so laut ich kann. An diesem Abend habe ich schon an die 30 Bruce-Konzerte hinter mir, aber dieses ist einzigartig. Zwischendurch blicke ich mich um und sehe meine Lieben mitsingen, sehe sie tanzen, springen und träumen. Ich sehe ihre seligen Gesichter, nehme sie nacheinander in den Arm und drücke so fest ich kann. Ich weiß: Mehr geht nicht. So nah, so verbunden – besser kann es nicht sein oder werden. Es wird so kommen, wie Bruce es in der Zugabe prophezeit. Als er darauf hofft, dass er später nicht herumsitzen wird, um über seine längst vergangenen „Glory Days“ nachzudenken und langweilige Geschichten darüber zu erzählen. Er macht sich da aber keine Illusionen und gibt augenzwinkernd zu: Wahrscheinlich werde ich genau das tun. Ja, so wird es wohl kommen. Auch ich werde dasitzen und die anderen mit meinen Erinnerungen nerven. Wenn ich mir das vorstelle, muss ich grinsen. Alles ist, wie es sein sollte. Es wird nicht einfacher werden. Das Schicksal wird zuschlagen, wenn wir es am wenigsten erwarten, aber es wird irgendwie weitergehen. Und wir werden uns alle in unseren Träumen wiedersehen. Da bin ich mir sicher.

Illustration rechte Seite: Schwarwel

#nicht
gesellschafts
fähig

BOYS DON’T CRY

#nicht gesellschafts fähig

BOYS DON'T CRY

FRONTMEN

„Man findet Extreme nur bei Extremen."

Interview mit Thore Vollert

von Sandra Strauß

Thore Vollert, geboren am 01.08.1984 in Kiel, ist studierter Amerikanist und Theologe, leidenschaftlicher Medienmensch und vielseitiger, aufgeschlossener Netzwerker.

Nach jahrzehntelanger Arbeit für die ARD ist Thore mittlerweile selbständig tätig als Lizenzagent, Musikjournalist und Produzent. Er verantwortet so u. a. die Entwicklung, Distribution und Vermarktung internationaler Filme und Serien. Darüber hinaus produziert und finanziert er mit seinem Team Inhalte für den Weltmarkt und betreut die Lizenzierung deutscher TV-Marken im Ausland.

Gleichsam getrieben von der Leidenschaft für Live-Musik, Fußball, Heavy Metal und die Trash-Kultur der 1970er und 1980er, steht der zweifache Familienvater niemals still auf seiner ewigen Suche nach Rock'n'Roll und Seelenfrieden.

Sandra: Während ich mir deine und eure mehrteilige Doku „Frontmen – Die größten Rockstars aller Zeiten" angesehen habe, konnte ich feststellen, dass es auch um Psyche und das Dahinter geht. Warum war es dir wichtig, das genau so zu erzählen?

Thore: Musikdoku ist grundsätzlich ein großes Thema für mich. Ich habe schon selbst einige geschrieben, produziert, recherchiert und senderseitig betreut. Man hat stets verschiedene Möglichkeiten, eine Musikdoku zu erzählen. Musik ist dokumentarisch immer ein tolles Thema, weil man bei gewissen Themen natürlich eine voreingebaute Fanbase im Publikum hat, wenn man etwas Spezifisches über gewisse Bands macht. Die Fanbase bringt es natürlich mit sich, dass sie kritisch, manchmal auch überkritisch, mit den Stoffen umgeht, meint: vieles besser zu wissen, manches gar nicht so gerne hört, manches auch an sich tatsächlich besser weiß, wenn man auf richtige Freaks, Nerds und Superfans trifft, zu denen ich mich bei manchen Bands durchaus auch zählen würde. Aber das ist grundsätzlich erstmal eine Gemeinsamkeit, die Musikdokus generell haben.
Unabhängig von meiner persönlichen Leidenschaft für Musik – zumeist Rockmusik in all ihren Facetten –, aber auch generell finde ich in Musikthemen immer eine schnelle Verbindung zum Publikum. Es ist natürlich ein anderes Medium, über das man erzählt und journalistisch berichtet, als wenn man jetzt etwas über einen bereits verstorbenen Literaten macht. Da kann ich natürlich als Literaturwissenschaftler auch dagegenhalten und sagen, dass Literatur ebenso total emotional ist, aber du weißt, was ich meine. Musik ist etwas, das auf einer sehr schnellen Ebene resoniert und bei vielen Menschen dann auch schnell mehrere Ebenen an Tiefgang und Emotion mit sich bringt. Und da sind wir schon direkt in der Psyche, sowohl in der Wirkungsweise als auch in der Entstehung von Musik als Medium an sich. Und bei „Frontmen" freue ich mich tatsächlich, dass das so wirkt und ankommt.

Foto linke Seite: LAT! Media

Als Gegenbeispiel würde ich mal die fiktionalisierten Biopics heranziehen. Am Anfang saß ich damals sehr begeistert im Kino, als „Bohemian Rhapsody“ veröffentlicht wurde, und habe mich aber schon während des laufenden Films darüber geärgert, dass Rami Malek nicht so gut spielt, wie alle anderen das fanden. Aber viel wichtiger ist, dass der Film meiner Meinung nach genau das falsch gemacht hat, weil er sich wirklich wie ein verfilmter Wikipedia-Eintrag anfühlt: Dann ist das passiert, dann ist das passiert und dann ist das passiert. Dazu wurde noch massiv in Queens Biografie eingegriffen. Es wurden Zahlen und Kausalitäten verdreht, damit es für einen Hollywoodfilm gut funktioniert. Freddie war an allem schuld, die anderen waren die reinsten Chorknaben. Drogen und Homosexualität: Das wurde alles angerissen und im Grunde nicht wirklich abgehandelt. Es wurde zwar verhandelt, aber auch um den Film möglichst klinisch rein zu halten, hat man es im Grunde als reine Faktensammlung verfilmt. Das Gegenbeispiel ist für mich „Rocketman“. Da fand ich den Ansatz sehr interessant und dachte nach den ersten zehn, 15 Minuten: „Es ist mutig, das als übertrieben glamiges Musical zu verfilmen.“ Aber es hat mir natürlich einen sehr viel schnelleren und direkteren emotionalen Zugang zum Künstler ermöglicht. „Rocketman“ basiert ebenso massiv auf der Autobiografie von Elton John, weil sich die gleichen Geschichten in sehr ähnlicher Narration in seinen eigenen Worten in seiner Biografie wiederfinden und er den Film eng begleitet hat.

Sandra: Ja, Elton John geht sehr offen mit allem um: mit seiner Drogensucht und er benennt es ganz konkret: Kokain, mit seiner Essstörung: Bulimie, mit seiner Homosexualität und warum er sich bzgl. AIDS engagiert. Ihr habt „Frontmen“ für die ARD produziert, richtig?

Thore: Ja. Ich muss da ein bisschen ausholen. Ich habe vor sechs, sieben Jahren für 3sat die Doku-Serie „Cum On Feel The Noize“ über die Geschichte von Rockmusik produziert, wie sie zu Heavy Metal wurde und das alles seinen Ursprung in der Gegenbewegung, in der Beatmusik in den 1960er Jahren hatte usw. Ich habe dafür viel mit dem Archiv von Radio Bremen gearbeitet, das mit „Beat-Club“, später „Musikladen“, die ersten richtig geilen Live-Formate im deutschen Fernsehen angeboten hat. Heutzutage eigentlich unvorstellbar. Wenn ich heute zu einem ARD- oder ZDF-Verantwortlichen gehen und sagen würde: „Ich habe eine Idee für eine Sendung, wir senden live, ihr dürft vorher nicht wissen, was passiert, wir laden Rockbands ein und im Hintergrund tanzen ein paar Leute“, da würde ich wahrscheinlich nicht mal auf den Parkplatz kommen. Damals hat man das gemacht und es ist alles legendär geworden. Was natürlich ebenso daran liegt, dass sie den Mut und eine geile Kuratierung hatten sowie wirklich die Bands der Stunde eingeladen haben, die später dann zu Legenden wurden. Dort haben wirklich alle gespielt – von den frühen Led Zeppelin, Deep Purple, Johnny Cash bis Ramones. Das heißt: Dieses Archiv im Rücken zu haben und zum Teil nicht ausgestrahlte Konzerte zu finden, damit ging es tatsächlich los.

„Eigentlich müsste man mal eine Doku über Frontmänner machen und was der Unterschied zwischen einem Sänger und einem Frontmann ist.“

Ich kam zum Jubiläum von 60 Jahre „Beat-Club“ mit dem damaligen Redakteur und Co-Regisseur aus den 1960er und 1970er Jahren ins Gespräch und fragte ihn, wie es sein kann, dass sie die geilsten Bands der Weltgeschichte da hatten und alle immer nur ein, zwei Songs gespielt haben. Und er meinte: „Wir haben sie eingeladen und sie jammen lassen. Sie haben eine Stunde gespielt und wir haben zwei Songs im Fernsehen gesendet. Du bist der Erste, der danach fragt. Das Material liegt bei uns ungesendet im

Keller." Es sind wirklich starke Auftritte dabei. Das haben wir uns dann vorgenommen und über das Material auch Zugang zu Bands bekommen, die wir damit konfrontieren konnten. Alice Cooper, der damals aufgetreten ist, dann Metallica ... Wir haben mit allen möglichen Leuten für die Produktion gesprochen. Unter anderem auch mit Dee Snider von Twisted Sister, der auf die Frage, was seiner Meinung nach den größten Frontmann ausmacht und wie er seine All-Star-Lieblingsband zusammenstellen würde, wenn er irgendwann nicht mehr ist und sich alle im Rockhimmel wiedersehen, antwortete: „Ritchie Blackmore an der Gitarre, Lemmy am Bass, John Bonham an den Drums und ich singe. Ein Sänger ist kein Frontmann, ein Frontmann ist etwas anderes." Wir kamen über diese Frage ins Gespräch und er meinte: „Eigentlich müsste man mal eine Doku über Frontmänner machen und was der Unterschied zwischen einem Sänger und einem Frontmann ist."

Das ist bei mir hängengeblieben und ein paar Jahre später sprach mich eine amerikanische Produktionsfirma mit derselben Idee an. Sie hatten die Idee, eine Doku über Frontmänner zu produzieren, und fragten mich, ob ich ihnen helfen könne, Finanzierer und Sender in Europa dafür zu finden, um das gemeinsam umzusetzen. Sie wollten in der ersten Staffel über Bret Michaels von Poison, Vince von Mötley Crüe und noch über zwei, drei Glam-Leute sprechen. Ich habe ihn gleich unterbrochen: „Das sind weder die größten Sänger noch die größten Frontmänner der Rockgeschichte. Wenn ihr etwas macht, müsst ihr etwas über Axl Rose und Ozzy Osbourne machen." Dann hörte ich nichts wieder von ihnen und dachte, ich hätte ihnen vors Schienbein getreten. Ein Jahr später meldeten sie sich wieder und meinten, sie müssen mir etwas beichten. Sie hätten damals nämlich genau mitgeschrieben, sind damit zum Sender gegangen, haben den Auftrag bekommen und jetzt wissen sie nicht weiter. Naja, und dann haben wir es eben zusammen gestemmt.

Sandra: Und die Sender haben sich auch darauf eingelassen, alles so umsetzen, wie du und ihr es wolltet? Psyche, die Geschichten dahinter ...

Thore: Ja, das war Teil des Deals. Wir wollten uns in 90 Minuten der Figur hinter der Ikone nähern. Es war natürlich – auch mit den Amis – ein längerer Prozess, was die erzählerische Gestaltung angeht. Es ging ebenso um die Auswahl der Protagonisten. Es gab dann Gründe, warum Mick Jagger nicht drin ist, ich persönlich hätte gern noch Rob Halford dabei gehabt. Sie sind dann vielleicht in einer möglichen dritten Staffel mit von der Partie, wenn sich diese nicht endlich um Frontwomen drehen darf.

Meine Definition von einem Frontmann ist: Man muss ihn erkennen können, bevor der erste Ton erklingt, wenn ich nur die Silhouette auf der Bühne sehe. Wenn wir über Frontmänner reden, dann sind sie larger than life. Ich persönlich bin großer Kiss-Fan. Grunge mal beiseite – auch Kurt Cobain war ein großer Frontmann –, aber in meiner Definition sind das meistens Stadion-Rockbands und das hängt dann natürlich auch schnell mit der Psyche zusammen. Die Gigantomanie und die Egomanie, die einen antreiben muss, sich vor 60.000, 80.000 oder 250.000 Menschen zu stellen und sie an die Hand zu nehmen, hat ihren Preis.

Sandra: Magst du das noch weiter ausführen?

Thore: Es war unser Leitthema und deswegen war es sehr wichtig, dass wir uns immer Psychologen mit ins Boot geholt haben. Das ist natürlich ein zweischneidiges Schwert. Es sind alles logischerweise nicht die behandelnden Psychologen der Artists selbst, sondern es sind Psychologen, die sich mit den Vitas auseinandersetzen und ihre Meinung dazu äußern. In den acht Filmen, die wir bis jetzt produziert haben, ist es sehr facettenreich und unterschiedlich, wie sich die Vitas der einzelnen Menschen zusammenbauen.

Ich stelle mal Axl Rose und Bon Jovi gegenüber. Bon Jovi kommt aus einem sehr behüteten Haushalt und er geht den Traum, Rockstar zu werden, völlig analytisch wie ein Geschäftsmann an. Er stellt so auch seine Band zusammen und sagt im Grunde: „Okay, eigentlich will ich Popstar sein, aber im Moment ist Rock das große Ding. Dann toupiere ich mir die Haare und mache einen auf Rockstar."
Und seine Musik wurde auch immer seichter.
Axl Rose hingegen hatte eine sehr schwierige Kindheit. Dann der Klassiker: mit zwei Dollar in der Tasche, Köfferchen unterm Arm mit dem Bus nach L.A. gefahren und da sein Glück gesucht und gefunden.
Dann wiederum Steven Tyler, der sehr früh eine sehr steile Karriere gemacht hat und dann durch seinen exzessiven Drogenkonsum, der leider gerne damit einhergeht, zusammen mit seinem Gitarristen fast die ganze Band kaputt gemacht hätte und der dann ein wirklich unvergleichbares Comeback in den Achtzigern feiert. Die meisten vergessen, dass Aerosmith keine Band der 1980er/1990er ist, sondern schon in den 1970ern riesig groß war.
Zurück zu Psyche: Ich glaube, dass das logischerweise zusammen gehört. Man findet Extreme nur bei Extremen. Es gibt meines Wissens keinen Musiker und ebenso keinen Filmemacher, der wirklich große und relevate Werke erschaffen hat, die auch in Jahrzehnten oder Jahrhunderten noch die Menschen bewegen, der das geschafft hat, indem er von neun bis 17 Uhr zur Arbeit gegangen ist und gesagt hat: „Jetzt schreibe ich einen Welthit, dann mache ich die Wäsche und bringe die Kinder ins Bett."
Es sind ja Grenzerfahrungen. Und es entsteht ein großer Druck, weil du alleine dafür verantwortlich bist, dass so viele Menschen ihren Job behalten. Deine Leistung auf der Bühne muss stimmen, ob du dich jetzt gut fühlst oder nicht. Dann nimmst du halt deine Pillen und Kokain. Du hast zu funktionieren. Dass sie dann irgendwann jedes Maß verlieren, liegt für mich ein Stückweit auf der Hand. Spannend war aber, das dann sozusagen anhand der jeweiligen Lebenswege wirklich faktisch zu belegen und mit Fachleuten zu diskutieren.

Sandra: Was meinst du mit Extremen?

Thore: Es sind sehr komplexe psychische Prozesse. Ich bin auf dem Gebiet kein Fachmann, ich bin eher Musikjournalist als Psychologe, aber ich finde es faszinierend.
Ich nehme mal das andere Beispiel von Gene Simmons und Paul Stanley, die beide weitestgehend ohne Drogen klargekommen sind. Gene: keine Drogen, kein Alkohol, Straight Edge. Paul: ja, aber nie so exzessiv. Sie haben ihr Heil sozusagen hinter der Maskerade und dem Superhelden-Dasein gesucht.
Gene Simmons stammt auch wieder aus armen Verhältnissen. Seine Mutter kommt als Holocaust-Überlebende mit ihm in Amerika an – vom Mann verlassen und betrogen – und zieht Gene alleine groß. Der Vater hatte ihn als kleines Kind verlassen. Das scheint bei den männlichen Frontmen und Rockstars eine Konstante als Auslöser zu sein, also eine fehlende Vaterfigur, die man vielleicht dadurch kompensiert, dass man sich selbst als besonders männlicher Mann, als besonders starke Maschine, als besonders unfehlbarer Rockgott überhöht. Ich habe keine Ahnung, es ist eine These.
Gene wächst maßgeblich alleine mit seiner Mutter auf, wird gemobbt und ausgeschlossen, weil er kein Englisch spricht. Er liebt Comics und schwarz-weiße Horrorfilme, die den ganzen Tag auf einem billigen Fernsehsender laufen. Er entwickelt eine Vorliebe für Batman und Vampire und lehnt seine Bühnenfigur daran an.

„Deine Leistung auf der Bühne muss stimmen, ob du dich jetzt gut fühlst oder nicht. Dann nimmst du halt deine Pillen und Kokain. Du hast zu funktionieren."

Paul Stanley wird mit einem fehlenden Ohr geboren, schämt sich Zeit seines Lebens dafür und lässt sich zunächst die Haare wachsen, um das fehlende Ohr zu kaschieren. Dann stellt er fest, dass er mit langen Haaren automatisch in die Hippie- und später in die Rockstar/Rocker-Ecke gestellt wird. Das gefällt ihm ganz gut. Er fühlte sich immer unvollständig und hässlich und wurde in der Schule als Monster bezeichnet. Und dann stellt er sich mit engen Hosen und freiem Oberkörper hin und empfindet sich als rockender Sexgott, der aber nur klarkommt, wenn er sich schminkt und die Haare übers Ohr kämmt. Psychologisch macht das Sinn und hat bei ihm eine schöne Pointe.

„Paul Stanley wird mit einem fehlenden Ohr geboren, schämt sich Zeit seines Lebens dafür und lässt sich zunächst die Haare wachsen, um das fehlende Ohr zu kaschieren."

Ob natürlich das Flüchten in eine Bühnenperson auf Dauer so gesund ist, das müssen andere entscheiden. Also dass man immer mehr zu Axl Rose wird und vergisst, dass man eigentlich William heißt. Bei KISS war es eine geniale Idee: Sie konnten sich abschminken und niemand hat sie dann erkannt. Sie hätten durchs Publikum nach Hause gehen können.
Alice Cooper hat es meines Erachtens am besten geregelt. Er spricht von Alice Cooper in der dritten Person, um Alice wirklich an die Leine zu legen. Er hatte natürlich auch seine Eskapaden und war lange Jahre schwerst alkoholabhängig. Als er dann mit dem Saufen aufgehört hatte, hat er für sich klargekriegt, dass er Vincent ist. Er lebt immer noch mit seiner Frau zusammen, ist glücklich als Vater und Geschäftsmann, hat ein oder zwei Restaurants in Phoenix, spielt viel Golf und lebt sehr gesund. Zwei Stunden vor der Show schminkt er sich, zieht sein Dress an, schaut sich alte Horrorfilme an und wird dann zu Alice Cooper. Nach der Show packt er alles wieder in die Schatulle und ist Vincent.

Sandra: Ich springe noch mal zurück. Was genau ist für dich der Unterschied zwischen einem Sänger und einem Frontmann?

Thore: Ein Frontmann muss vor allem als Gockel auf der Bühne funktionieren. Er ist der Magnet, auf den sich das Publikum fixiert. Es gibt bestimmt ebenso gute Beispiele, bei denen der Sänger nicht der absolute Fokus-Punkt ist. Aber in den allermeisten Fällen ist er es, weil er die Verbindung zum Publikum ist. Bruce Dickinson hat das mal schön formuliert: „Deine Aufgabe als Frontmann ist, wirklich jedem das Gefühl zu geben, dass du ihn direkt ansprichst." Bruce Dickinson rennt und springt dann zusätzlich noch von links nach rechts über die Bühne, um das dann auch zu tun. Andere stehen auf ihrem Spot und posieren mit ihrem Mikroständer.
Lindemann würde ich jetzt lieber nicht ansprechen, weil das ein eigenes Beispiel ist. Aber er ist natürlich ebenso ein starker Frontmann und hat diese Verbindung zum Publikum – auch in anderer Weise, wie wir inzwischen wissen, leider. Aber ich glaube, das ist der wesentliche Unterschied. Du kannst der größte Sänger sein, was rein den Stimmumfang, das konstante Treffen der Töne usw. angeht. Ein Frontmann, eine richtige Frontsau, muss jedoch magnetisch sein, muss larger than life sein und muss dir das Gefühl geben, dass er nur für dich da ist. Und im Idealfall spricht er dir mit seinen Texten auch noch aus der Seele oder nimmt dich mit dem, das er singt, an die Hand.

Sandra: Und Frontfrauen?

Thore: Ja, die Frage liegt natürlich auf der Hand. Seitdem wir angefangen haben, denke ich darüber nach und wünsche mir das auch. Ich muss jetzt gar nicht sexistisch, aber eher musikalisch funktionalistisch aufgeladen leider konstatieren, dass mir auch nach zwei Jahren Recherche nicht so wahnsinnig viele Frauen auf der Skala einfallen, die die Stadion-Rockbands fronten. Natürlich fallen mir genug spannende Rock-Frauen ein. Wir könnten sofort über Chrissie Hynde, Debbie Harry, Madonna, Tina Turner und Suzi Quatro sprechen. Aber sie sind maßgeblich Solo-Artists und keine Bandleaderinnen in dem Sinne. Joan Jett & The Blackhearts, ja, gut. Aber sie haben jetzt auch nicht die Reichweite und das Standing wie die erstgenannten acht ikonischen Bands. Es ist ja fast schon eine philosophische Frage, warum das so ist. Es gab vor ein paar Jahren diese Debatte, warum eigentlich große Festivals – auch Rock am Ring – maßgeblich nach wie vor männliche Headliner buchen. Ich würde auch da sagen, dass es mit Sicherheit keinen sexistischen Hintergrund hat. Das müsste man mal analysieren. Rockmusik ist halt per se wahrscheinlich durch den Testosteron-Gehalt in der Musik oder durch die eher aggressive Tonalität ein eher männlich aufgeladenes, männlich besetztes Thema. Das geben auch die Besucherzahlen der Festivals wieder, obwohl es natürlich genug wirklich beinharte Metal- und Hard Rock-Frauen-Fans und weibliche Fans gibt. Aber bei Frontfrauen ist es gar nicht so leicht. Ich würde es trotzdem sehr gerne machen, man müsste nur den Fokus ein bisschen ändern. Die Lebenswege sind natürlich kein Stück minder spannend. Die Diskussion können wir ja führen. Fallen dir weitere ein?

Sandra: Brody Dalle und The Distillers. P!nk. Christina Aguilera. Whitney Houston. Amy Winehouse. Sinéad O'Connor. Lady Gaga, die auch ganz offen mit ihrem Borderline und ihren psychsichen Belastungen umgeht.

Thore: Ja, aber die meisten sind Solo-Artists und keine Frontfrauen. Doro Pesch.

Sandra: Courtney Love. Dolores O'Riordan und The Cranberries. Shirley Manson und Garbage. Gwen Stefani und No Doubt. Linda Perry und 4 Non Blondes. Ich kann natürlich nicht einschätzen, ob sie zu „Indie“ sind.

Thore: Man müsste dann bei einer derartigen Doku die Tonalität etwas ändern. Die Erzählweise wäre ähnlich und es geht ja um die Lebenswege sowie die Psyche dahinter. Es gibt in der ARD Mediathek eine echt gute Sinéad O'Connor-Doku, die ich empfehlen kann.

Sandra: Genau das ist auch Thema unseres Buches: Warum sind manche Musikerinnen und Frauenbands nicht größer geworden? Oder warum geben Festivals nicht einfach Frauenbands die Möglichkeit, als Headlinerinnen zu spielen?

„Rockmusik ist halt per se wahrscheinlich durch den Testosteron-Gehalt in der Musik oder durch die eher aggressive Tonalität und Grundstimmung ein eher männlich aufgeladenes, männlich besetztes Thema.“

Thore: Ja, auf alle Fälle. Das Thema schwelt ja auch schon seit Jahren, woran es liegt.

Sandra: Mir ist es vor einigen Monaten nach dem Lockdown aufgefallen. Als Beispiel: Die Ärzte und Die Toten Hosen hatten Vorbands wie Swiss, Donots ... nur Männerbands, soweit ich das wahrgenommen habe.

Thore: Ich arbeite gerade an einer neuen Doku-Serie über Millennial Punks. Da soll es explizit um den Punkrock der 2000er Jahre gehen. Die Konzeption war ursprünglich, in vier Folgen wirklich über die Jahre von 2000 bis 2020 zu gehen. Davon sind wir inzwischen ein bisschen weg. Aber das ist als Thema sehr spannend, weil es da explizit darum geht: Punk is not dead, Punk ist heute wieder relevanter denn je. Wir starten mit MTV und VIVA, also sehr zeitgeistig. Und dann 9/11, der Zeitpunkt, ab dem die Jugend wieder politisch wird. Die Neunziger – das war die Zeit, in der auch ich Jugendlicher war – waren im Rückblick, natürlich auch ein bisschen nostalgisch verklärt, ein positives Jahrzehnt einer wunderbar naiven Alles-wird-besser-Laune. Die Mauer war weg, keine Grenzen und keine Zäune, Mobilität, Handys ... Alle Menschen werden Brüder. Das endet eigentlich dann mit dem 11. September 2001, an dem Tag, an dem die Welt sozusagen wieder mal ihre Unschuld verliert. In dem Moment wird ebenso die Jugend eigentlich wieder politischer. Das erzählen wir durch zwei Jahrzehnte hindurch und bewegen uns im Grunde mit der Subkultur durch die Digitalisierung. Alles, das gut ist in dem Sinne: neue Chancen für kleine Bands direkt über den Distributionsweg, alles bei Spotify rein, Touren über Social Media buchen, alles wunderbar ... Aber eben auch die Kehrseite: Man verkauft keine Platten mehr, es wird immer schwieriger, mit Musik sein Geld zu verdienen ... bis hin zu neueren gesellschaftlichen Trends. Und das ist dann auch wieder psychologisch aufgeladen, aber eher gesamtgesellschaftlich: Veganismus, LGBTQ, Queer, Feminismus und alles, das da dann auch an Genre-aufbrechenden und Grenzen-wegsprengenden Dingen im Punkrock passiert.

Sandra: Gibt es Subkultur in dieser Art noch?

Thore: Insgesamt glaube ich schon, dass es das immer gegeben hat und immer geben wird. Man könnte jetzt mal die These aufstellen, dass Subkultur ihren Ursprung eigentlich dann doch immer in den formativen Jahren der eigenen Persönlichkeit hat, wenn man gegen irgendetwas und irgendjemanden rebelliert, meistens gegen das eigene Elternhaus. Da nimmt es seinen Ursprung und dann probiert man sich auch aus. Musik, die insofern „extremer" ist, als dass sie im Radio laufen würde, also ausgeprägtere Formen von Musik haben natürlich einen gewissen subkulturellen Anspruch, wenn man darüber Anschluss, Freunde, Szenen findet, sich selber einen Ausdruck über Haarfarbe, T-Shirts, Tattoos usw. sucht. Wer den Weg in mehr Individualität sucht, bei dem ist Subkultur immer ein Thema, egal ob es Rave, Kiffen, Hippie, Reggae, Punkrock, Hard Rock, Heavy Metal, Grufti etc. ist.

„Wer den Weg in mehr Individualität sucht, bei dem ist Subkultur immer ein Thema, egal ob es Rave, Kiffen, Hippie, Reggae, Punkrock, Hard Rock, Heavy Metal, Grufti etc. ist."

Sandra: Du hast genreübergreifend ein sehr großes Musikwissen, machst Dokus, bist Musikjournalist und du bist selbst Fan. Wie geht das für dich zusammen? Bei manchen geht das nicht, sie sind in einer Szene und bleiben in dieser Szene. Und sie üben dann auch keine Kritik an ihrer Szene.

Thore: Wenn wir über Extreme sprechen, dann können wir in mein Psychogramm einsteigen und mich auf die Couch legen. Weiter vorn habe ich schon gesagt, dass extrem gute Musik, ein extremes Genie auch möglicherweise häufig in der Nähe zu extremen Persönlichkeiten entsteht. Das zeigt sich ebenso bei Unternehmern.
Ich habe letztens eine Reihe über die größten Tech-Giganten der Welt – von Bill Gates bis hin zu Elon Musk – betreut. Sie sind auch alles Getriebene. Keiner wird so reich und einflussreich, weil er nach den Regeln spielt. Ihnen ist es egal, ob sie den dritten Investor in die Pleite treiben, weil sie an ihrer Idee festhalten. Sie werden nicht so groß, weil sie um Erlaubnis fragen. Auch das sind spannende Geschichten.

Bei mir ist es so: Wenn mich Sachen wirklich interessieren, dann kann ich nicht aufhören, tiefer unter die Oberfläche zu gehen. Das war schon immer so, bei allem, was ich mache. Wenn ich mich für ein Thema interessiere, dann bin ich leicht obsessiv veranlagt und lese dann auch alles darüber. Das Spannendste ist, wenn ich Querverbindungen für mich selbst herstellen kann. Wenn ich bei den Liner Notes irgendwelche Sachen entdecke, von denen ich dann verstehe, dass sie sich auf einen Film aus den Sechzigern beziehen, dann setze ich mich nicht in die Ecke und klopfe mir auf die Schulter, weil ich weiß, ich habe es verstanden und sonst keiner, sondern ich finde es spannend und frage mich, warum der Film jetzt die Band beeinflusst hat oder warum das Cover von der Platte offensichtlich an Hieronymus Bosch angelehnt ist. Das werden wahrscheinlich viele andere nicht wahrnehmen. Und selbst wenn sie es wahrnehmen, ist es ihnen egal, weil sie die Platte geil finden. Und da kann man sich jedes Mal darüber aufregen, dass Turbonegro nicht mehr so klingt wie 1998, oder es lassen. Oder sich freuen, dass Slayer ihr ganzes Leben lang die gleiche Platte rausgebracht haben, AC/DC ebenso. Aber spannend wird es erst, wenn ich feststelle, dass Hans Zimmer-Melodien in irgendwelchen E-Gitarrensoli einer finnischen Metal-Band auftauchen. Wenn ich das merke, frage ich, warum, und fange an, auch das zu hinterfragen. Das ist dann der Journalist oder der kleine Obsessive in mir.

Sandra: Thema Turbonegro. Du bist in der Turbojugend. Magst du mir das Phänomen Turbojugend aus deiner Sicht erklären?

Thore: Da kann ich zum einen die Folge vier der eingangs erwähnten Musik-Doku „Cum On Feel The Noize“ empfehlen. Turbonegro holt für meinen persönlichen Geschmack vieles ab. Am Anfang war sehr viel Hardcore und roher Punk dabei, sehr viel Lust an der Provokation. Angenehmerweise auch mal keine politische Provokation, sondern einfach wirklich silly Provokation – ich finde, das kommt heutzutage im Punk oft zu kurz. Es muss dann immer alles gleich politisch sein, siehe Millenial Punk. Später ist es bei Turbonegro dann sehr glamig und mitunter auch Arena-rockig geworden.

Wenn wir über Subkultur reden, ist das ja letztendlich die Verballhornung von Subkultur. Eine Szene, die sich als Individualisten-Armee versteht und Individualismus in Uniform feiert – das ist doch wunderbar in der Ironie. Jetzt würde ich nicht darauf abstellen, dass das politisch auch schon wieder so inkorrekt ist, das Ganze dann Turbojugend zu nennen und sich im Grunde als die Village People des Punkrock zu inszenieren, obwohl keiner in der Band wirklich schwul ist. Aber es ist einfach ein großer Spaß und sorgt immer wieder für Aufsehen.

Was ich schön finde, ist, dass es wieder ein sichtbarer Ankerpunkt auf Festivals geworden ist. Das war lange Zeit nicht der Fall. Deshalb habe ich meine eigene Turbojugend gegründet, weil auch in Hamburg niemand mehr aktiv war, es niemanden mehr mit Kutte gegeben

Poster für Turbojugend Salzburg: Schwarwel

hat – weder bei FC St.Pauli-Spielen noch auf irgendwelchen Punkrock-, Rockabilly-, Metal-Konzerten. Das war einfach weg. Inzwischen haben wir wieder sehr viel neue Chapter dazubekommen. Inzwischen gibt es die Band auch wieder mehr oder weniger mit Tony am Gesang sowie neue Alben. Das Phänomen ist einfach genau das: das Abfeiern von Kameradschaft, ohne dass es jetzt so abgedroschen altdeutsch klingen soll, und eine gute gemeinsame Zeit zusammen zu haben.

Sandra: Wie kann man sich das vorstellen?

Thore: Es ist wie ein Biker Club organisiert, also wie die Hells Angels mit Lippenstift, würde ich sagen, mit Ortsverbänden, mit Präsidenten und Vizepräsidenten. Der ganze Spaß ist ja mal in Hamburg, Sankt Pauli gegründet und konzipiert worden. Und deshalb gibt es einmal im Jahr die Weltturbojugend-Tage in St. Pauli. Passenderweise gehen sie morgen los. Wir starten morgen mit den ersten Konzerten mit unserem Tiki-Thursday und sehr viel Kokos-Rum und Getränken in Tiki-Atmosphäre. Abends gibt es Punkrock-Karaoke auf der Reeperbahn und dann werden drei, vier, fünf Tage die Jeans-Jacken den Kiez übernehmen. Es wird dabei sehr viel getrunken, gelacht, geherzt und gebusselt. Das gibt es einmal im Jahr und es kommen wirklich Menschen aus der ganzen Welt, aus Asien, aus Australien, aus Amerika …

„Eine Szene, die sich als Individualisten-Armee versteht und Individualismus in Uniform feiert – das ist doch wunderbar in der Ironie."

Sandra: Magst du zu Hank etwas sagen?

Thore: Hank ist für mich der Prototyp und das Aushängeschild, was ein Frontmann sein soll – leider auch mit der bitteren Ironie, dass ihn das letztlich das Leben gekostet hat: so viel geballte Power und auch Irrsinn, so viel Unberechenbarkeit auf der Bühne, so viel Gaga-Schwachsinn, Genialität mit einem sehr hohen Unterhaltungsfaktor, dazu mit einer unverkennbaren Stimme und Bühnenpräsenz. Das vermisse ich schon auch.

Er hat es der Band echt nicht einfach gemacht: kurz vorm Durchbruch irgendwie einen Psycho-Zusammenbruch zu haben und mit Toten zu reden. Auf der Tour, die sie wirklich groß gemacht hätte, gibt es ja diese Geschichte, dass Hank im Bus stundenlang mit einem Freund in Norwegen telefoniert, bis einem auffällt, dass dieser seit vier Jahren tot ist. Sie mussten die Tour abbrechen und Hank wurde eingewiesen.

Beim nächsten Album fing er schwer mit dem Saufen an. Nach seinem Alkoholentzug sagte er: „Jungs, ich lasse jetzt die Finger von der Flasche, ich habe Heroin für mich entdeckt." Und dann war er bei Scientology. Er hat die Bingo-Karte also voll gemacht. Daraufhin sagte die Band: „Jetzt reicht es." Nachdem Hank die Band nicht mehr hatte, hat er mit zwei geilen Platten ein sehr starkes

Foto: privat

Thore Vollert „FRONTMEN – MAN FINDET EXTREME NUR BEI EXTREMEN.“

Solo-Comeback gefeiert. Und als das nochmal richtig Fahrt aufnahm und man dachte, er hat es gepackt – da hat er selbst es nicht mehr gepackt.

Sandra: Kannst du Fantum beschreiben? Was das ist, auslöst und wie es sich anfühlt?

Thore: Das würde ich zweiseitig beantworten. Zum einen treibt mich schon seit Jahren die Idee um, dass ich gerne mal eine Doku-Serie über Sammelleidenschaft und die schrägsten Sammlungen machen möchte – von ausufernden Platten- über Film-Sammlungen, Kugelschreibern, Kronkorken bis hin zu Oldtimern, Briefmarken usw. Das dann aber auch von Psychologen begleitet, um herauszufinden, woran liegt es, dass Menschen überhaupt anfangen, etwas zu sammeln. Auf mich persönlich bezogen: Ja, irgendwann fängt man an, etwas zu sammeln, und dann fehlt nur noch die eine Platte oder zwei oder drei. Das ist auf jeden Fall ein Teil von Fantum.

Fantum, ja, gute Frage, Fantum im Sinne von fanatisch. Wo kommt es her? Ich glaube, jeder muss sich an irgendetwas festhalten können und sich mit irgendetwas motivieren. Das tägliche Leben gibt es sprichwörtlich her, dass es schnell zum Alltag wird, und alles, das einen da rausholt, ist gut. Der eine ist Fan von Autos oder Fan von dieser oder jener Musikgruppe und fährt für sie weite Strecken, um sie live zu sehen. Ein anderer ist so ein großer Baseball-Fan, dass er sich vorgenommen hat, jedes Major League-Stadion in Amerika zu besuchen. Für ihn bedeutet das etwas.

„Nach seinem Alkoholentzug sagte er: „Jungs, ich lasse jetzt die Finger von der Flasche, ich habe Heroin für mich entdeckt.“ Und dann war er bei Scientology. Er hat die Bingo-Karte also voll gemacht.“

Ich bin KISS-Fan und ich bin Elvis-Fan. Ich habe das Problem, dass ich mir Sachen ausgesucht habe, von denen ich nie behaupten kann, dass ich der größte Fan bin. Bei beiden gibt es so exzessive Fan-Gruppierungen, die mit Sicherheit viel größere Fans sind, als ich das jemals sein werde.

Sandra: Es gehört mit zur Identifikation?

Thore: Ja, genau. Ich könnte jetzt noch eine weitere Stunde darüber philosophieren, warum Elvis und warum KISS. Ich glaube, wenn man sich für irgendeine Sache und für eine spezifische Musikrichtung oder Subkultur oder Szene interessiert, dann findet man darin wiederum dieses oder jenes Einzelthema, für das man sich spezifisch interessiert und auf das man sich versteift. Vielleicht. Und dann macht es auch viel aus, sich da einfach dahinter zu klemmen und es mit Leidenschaft zu verfolgen.

Ich meine, warum wird man Fan von einem Club? Fußball oder Eishockey. Wenn der eine Spieler von der einen Mannschaft zur anderen wechselt, dann feuert man ihn gestern noch an und morgen buht man ihn aus, weil er es gewagt hat, den Club zu verraten. Man jubelt ja den Hemdchen zu, die sie tragen, und nicht den Spielern. Und das entscheidet auch, in welchen Kneipen man abhängt. In meinem Fall ist es St. Pauli. Man entscheidet sich irgendwann. Aber warum das so ist ...?

Illustration linke Seite: Turbo-Halloween 2016 für Turbojugend Salzburg von Schwarwel

„DIE FUCK YOU-ATTITUDE KONNTEN WIR ABER AUCH GANZ GUT.“

Interview mit Ralf Donis und Kay Setzepfand

von Sandra Strauß

Transkription: Alicia Müller

Ralf Donis
***1968 in Leipzig, ist DJ, Entertainer, Autor und Musiker. Von 1990 bis 2002 nahm er als Sänger der Bands Love Is Colder Than Death und Think About Mutation insgesamt sieben Alben auf. Seit 1998 entwickelt er als Showmaster verschiedene Live-Show-Konzepte im Ilses Erika und tritt als Moderator von Musikevents, Literaturpräsentationen und Podiumsdiskussionen auf. Donis gilt als Experte für den Horrorfilm.**

Kay Setzepfand
***1970 in Leipzig**
1976-1986 zehnklassige POS
1986-1988 Druckerlehre, da Studium wegen StaSi und Wehrdiensttotalverweigerung nicht möglich war (urspr. Berufswunsch: Lehrer für Deutsch und Geschichte)
Musikalische Früherziehung durch Mamas Plattensammlung (Harry Belafonte, frz. Chansons, Leonard Cohen, Manfred Krug, Wolf Biermann ...)
Frühzeitig Punk gehört und gelebt, ging direkt über in und lebte weiter neben Hardcore und Metal
Seit Harry Belafonte in der Kindheit ist Black Music in seiner ganzen Bandbreite bis heute größter Einfluss
Seit ca. 1988 in diversen Bands getrommelt (u. a. Danse Macabre, CCB, DOD)
1992-2002 Drummer bei Think About Mutation (fünf Alben, unzählige Tourneen)
Seit 2002 als Webdesigner/Grafikdesigner selbstständig
Mehrere Jahre zusammen mit Label-Owner Leander Topp (Ex-Messer Banzani) für das Leipziger Dancehall-Label „Germaican Records“ als Webmaster, Grafiker, Fotograf gearbeitet
Livefotograf (u. a. Splash-Festival)
Webdesigner und Webmaster für diverse Websites (u. a. Seeed)
Aktuell Grafikdesigner für die ARD-Mediathek
Daddy von zwei Rudebwoyz

Sandra: Warum habt ihr als Jugendliche angefangen, Musik zu machen? Also aktiv Musik zu machen mit dem Gefühl: Ich möchte auf der Bühne stehen.

Donis: Fang du mal an.

Kay: Witzigerweise habe ich vor Kurzem den Initiator meines Musiker-Daseins im Tapetenwerk getroffen: Martin Heilmann – er war der Bassist meiner ersten Band. Er war damals selbst als Schlagzeuger in einer Band und diese brauchte einen Bassisten. Er hat mich damals mit in seinen Proberaum genommen, mir einen Bass in die Hand gedrückt und gezeigt, wo ich draufdrücken muss, damit Töne rauskommen. Er ging dann mal kurz auf die Toilette und währenddessen habe ich mich ans Schlagzeug gesetzt. Als er zurückkam, sagte er: „Ach, du bist ja Schlagzeuger?!“ Und ich meinte nur: „Neenee, bin ich nicht.“ Daraufhin er wieder: „Doch, du bist jetzt der Schlagzeuger.“ Damit ging es los. Martin hat mir viele Sachen beigebracht und mich auf Hinterhof- und Punk-Partys mitgenommen.
Das alles ging bei mir damals erst recht spät los, nämlich während meiner Lehrzeit 1986 – 1988. Da war ich ungefähr 16, 17 Jahre alt. Damals war man eh schon auf Punk-Partys und auf einmal hat man eben selbst richtig rumgerotzt. Das war einfach ein cooles Gefühl, ohne darüber nachzudenken, das mal ernsthaft zu betreiben, geschweige denn damit Geld zu verdienen. Haben wir ja eh nie ;-)
Mein Musik-Input war an erster Stelle natürlich Punk, aber auch sehr viel Hardcore. Ein Schlüsselerlebnis war No Means No – die haben uns letztlich dazu gebracht, exzessiv zu proben und unsere Skills zu verbessern. Und dann entstand die erste Band CCB. Und das war einfach ein geiles Gefühl. Gleichzeitig war ich nicht der Typ dafür, der die große Bühnenaufmerksamkeit suchte. Deshalb war es gut, dass ich Schlagzeuger war. Mein Schlagzeug war meine Sicherheitsbarriere und stand auch weiter hinten. Das war bei TAM dann noch so. Denn Menschenmassen sind gar

Foto linke Seite: Kay Setzepfand

nicht so meins. Das macht mir eher Angst, als dass ich es geil finde. Aber so mit dieser sicheren Entfernung ist es dann schon ein geiles Gefühl gewesen, auch mit allen anderen Bands danach.

Sandra: In welchem zeitlichen und gesellschaftlichen Kontext war das alles?

Kay: Das war noch zu DDR-Zeiten, um 1986 herum. Ich bin Baujahr 70. Ich hatte gerade meine Drucker-Lehre begonnen und dort ein paar echt coole Leute kennengelernt. Sie kamen alle aus dem Musik-Umfeld und brachten mich zum Beispiel auch mit Metal in Berührung. Die ersten Band- und Musikerfahrungen machte ich also mit 16.

„Unser aller Bands, also Donis' Band Love Is Colder Than Death, Joeys und Rajkos Band Tishvaisings und meine Band, führten dann zu TAM.“

Sandra: Bis es TAM gab: Wieviele Bands gab es da noch dazwischen?

Kay: Ich muss gestehen, dass das in meiner Zeitachse alles ein bisschen vernebelt ist. Ich hatte eine Jazz-Band, die Johnny Walker and the Four Time Trio hieß – mit Ingo Gutmann am Bass und Gesang, ich am Schlagzeug, Detlef Quitter an der Gitarre und Otti am Saxophon. Wir haben Tom Waits-artigen Jazz gemacht. Das war zeitgleich mit meiner ersten Band Danse Macabre. Dann kam DOD mit Joey und Rajko – das muss so 1989/90 gewesen sein. TAM – also Think About Mutation – hat sich 1992 gegründet.
Unser aller Bands, also Donis' Band Love Is Colder Than Death, Joeys und Rajkos Band Tishvaisings und meine Band, führten dann zu TAM.

Donis: Ich war auch circa 16 Jahre alt, als sich die erste Kinderzimmer-Band gegründet hat. Da war auch Steffen Gräfe schon dabei, der dann bei TAM Keyboarder war. Geprobt haben wir damals in Steffens Kinderzimmer – wir hatten sogar mit der ganzen Hausbelegschaft abgesprochen, dass wir zweimal in der Woche laut machen. Das war aber nur für uns. Wir haben das ein oder andere Mal auch etwas aufgenommen, aber das ist bei mir unter Verschluss. Denn das kann man wirklich niemandem vorspielen – wir konnten ja de facto nichts. Mit dieser Band ist es zum Glück nie zu einem Konzert gekommen. Bis auf eine Situation: Wir waren zu Gast im Proberaum von The Huck und sie meinten, wir sollten doch auch mal spielen. Und das taten wir dann blöderweise. Nun ja, das war dann schon filmmäßig: Einer nach dem anderen hat den Proberaum verlassen. „Ich geh erstmal eine rauchen“, hieß es dann. Wir saßen dann alleine im Proberaum und haben es dann abgebrochen.
Danach hatten wir in der fast gleichen Besetzung noch ein elektronisches Projekt, das Variationen der Anklage hieß. Da war auch ein Typ dabei, der selbst Synthies bauen konnte, und damit konnte man einen Sound erzeugen, der nach etwas klang.
Im Mai 1988 musste ich dann aber erst einmal zur Armee und war weg von allem, das mit einem coolen Leben zu tun hatte. Im Herbst 1989 kam ich dann zurück und musste feststellen, dass wirklich sehr viele meiner Freunde über Ungarn rübergegangen sind und quasi niemand mehr da war. Zu dem Zeitpunkt lernte ich dann Maik Hartung und Sven Mertens richtig kennen, deren Band damals noch Six Bones hieß. Im Studio von Maik haben wir dann zusammen ein bisschen rumgesponnen, heißt: Ich habe irgendetwas gegrölt und Maik hat Musik dazu gemacht. Six Bones hatten dann einen Auftritt in Lindenau, doch Sven und sein Bruder Eiko Mertens waren zu dem Zeitpunkt noch in Äthiopien und haben es nicht rechtzeitig zurückgeschafft, damit Sven das Konzert mitmachen konnte. Das hieß für Six Bones, dass

sie eigentlich nur eine halbe Stunde spielen konnten – ohne Sven. Vertraglich festgelegt war eine Stunde und der Veranstalter drohte mit einer Vertragsstrafe. Susann Heinrich, die damals Sängerin bei Six Bones war, fragte dann Maik und mich, ob wir nicht „unser Zeug" noch mit spielen wollen, damit sie auf die Stunde kommen. Das haben wir gemacht und es war krass, weil es unglaublich gut funktioniert hat. Die Leute sind durchgedreht – so sehr, dass sie aus Versehen beim Tanzen Kabel aus dem Keyboard gezerrt haben. Wir haben noch an diesem Abend, wenn auch ohne Svens Anwesenheit, beschlossen, dass das jetzt eine Gesamtband wird und auf meinen Wunsch hin auch unter einem neuem Namen. So entstand dann also erstmal Love Is Colder Than Death. Wie bei Think About Mutation stammte die Idee für den Namen von mir.

Übrigens führt der Name nicht auf den Film von Fassbinder „Liebe ist kälter als der Tod" zurück, wie sehr viele denken, sondern auf eine B-Seite von Erasure. Danach habe ich das benannt und alle waren zufrieden.

Jetzt komme ich auf deine Frage, warum ich das denn machen wollte. Ich wollte mich immer auf der Bühne performancemäßig verwirklichen, mit dem Wissen, dass ich eigentlich nichts richtig gut kann. Ich bin nie ein wirklich guter Sänger gewesen und kann auch kein Instrument spielen. Aber ich wollte auch auf der Bühne stehen, um Frauen kennenzulernen. Mit 18 ist man ja der Zampano und das war einfach für mich in dem Alter ein Faktor. War ja auch so. Dann war es eben auch so – was ich vor allem aus Leipzig kenne, wahrscheinlich gab es das auch in anderen Städten –, dass alle, die etwas machten, zusammen in den immer gleichen Kneipen abhingen und dann kommt immer der Satz: „Wir müssen auch mal etwas zusammen machen." Das lief dann so. Es gab Love Is Colder Than Death, Tishvaisings und DOD. Man traf sich und dann fiel dieser Satz „Wir müssen auch mal was zusammen machen." Dann haben wir uns in unserem ersten Proberaum im Conne Island getroffen, dachten, das wird nur so ein Nebenprojekt aus vielen Musikern. Aber es hat sich doch sehr schnell herauskristallisiert, dass das doch schon eine richtige Band werden muss.

Kay: Auch nicht nur eine Nebenbei-Band. Alle anderen Bands wurden dann ad acta gelegt. Im Gegensatz zu mir warst du auch immer eine Rampensau.

Donis: Absolut. Das war ja auch die einzige Stärke, die ich einbringen konnte. Ich habe immer versucht, mit Performance wettzumachen, dass ich kein begnadeter Sänger bin. Deswegen mache ich jetzt auch viel Schauspiel, weil das so in mir schlummert.

Sandra: Das war alles in den Baseballschlägerjahren. Wie seid ihr mit Nazis konfrontiert worden?

Kay: Das kam tatsächlich schon allein dadurch, dass man sich in seiner Stadt bewegt hat. Noch vor meiner Bandzeit war ich oft in Grünauer Discotheken. Dort bin ich

Illustration: Think About Mutation-Logo von Schwarwel

mit Abstand am meisten von Nazis zusammengetreten worden. Es war immer so ein Von-zehn-Nazis-zusammengeschlagen-Werden und Zusammengekrümmt-am-Boden-Liegen. Das war einfach so. Dazu kam, dass ich wirklich kein Schlägertyp war. Davon ab waren sie auch immer mehr. Also habe ich regelmäßig auf die Fresse bekommen. Ich hatte lange Haare, habe Pali-Tuch getragen und Boots … was man eben als linker Punk getragen hat. Früher hat man mir auch noch etwas mehr angesehen, dass ich Halb-Ägypter bin. Also habe ich gleich doppelt auf die Fresse bekommen. Im Sack in Schönefeld gab es häufig Fascho-Überfälle. Davon war dann auch der Heimweg geprägt. Man ist extra durch unzählige Hinterhöfe und über Gartenzäune geklettert, um ja nicht an der Straße entlanglaufen zu müssen. Straßenbahnfahren konnte man erst recht vergessen. Meistens hatten sie auch Frauen dabei, die dann provoziert haben. Der Heimweg war immer mit Angst verbunden.

„Früher hat man mir auch noch etwas mehr angesehen, dass ich Halb-Ägypter bin. Also habe ich gleich doppelt auf die Fresse bekommen."

Donis: Ich erinnere mich noch sehr genau daran, dass ich immer darauf geachtet habe, dass am Ende eines Abends noch genug Geld fürs Taxi übrig war. Mir war das zu meiner eigenen Sicherheit sehr wichtig, zu wissen, dass ich nicht zu Fuß nach Hause muss. Ich war damals bei dem sehr bekannten Konzert von Speed Niggs im Sack mit dabei, bei dem 50 Leute waren und der Laden von Nazis angegriffen wurde.

Kay: Da bekomme ich jetzt noch Gänsehaut.

Donis: Ich bin dann über den Hinterhof geflüchtet und kann mich noch genau daran erinnern. Da waren so Hügel aus festgelatschten Baustoffen, über die ich drüber gefallen bin. Hinter mir die schreiende Meute – da hatte ich das wahrscheinlich einzige Mal in meinem Leben wirklich Todesangst. Und obwohl ich auch sehr unsportlich bin, hatte ich all meine sportlichen Kräfte zusammengenommen, die mir zur Verfügung standen, und habe es tatsächlich in einem Satz über einen Zaun geschafft. Ich fand mich dann im nächsten Hinterhof wieder und in der Eingangstür stand ein Typ, der meinte, ich solle mal reinkommen und für ein bis zwei Stunden bleiben, bis sich alles wieder beruhigt hat. Er hatte den Vorfall mitbekommen und mir erstmal ein Glas Wein angeboten. Das war verrückt. Er war auch ein musikverliebter Typ und wir haben dann die AG Geige-Platte gehört.
Nach zwei Stunden dachte ich, die Lage müsste sich nun langsam beruhigt haben. Ich rief Sören Pünjer an, der später Chef und Booker vom Conne Island wurde, weil wir an dem Abend eigentlich noch gemeinsam ins Eden wollten. Er war schon dort, hatte es irgendwie heil dort hingeschafft, aber eben auch zu mir gesagt, ich solle lieber über Umwege dorthin kommen, weil es in der Bahn immer noch gefährlich werden könnte. Also bin ich dann auf Umwegen irgendwann an einer anderen Haltestelle in die Bahn gestiegen und natürlich kamen trotzdem fünf Glatzen mit drei Frauen rein. Mir fiel die Situation eben gerade wieder ein, weil Kay von den Frauen erzählte, die dann häufig solche Situationen angestachelt haben. In meinem Fall sagte nämlich eine: „Guckt mal, da sitzt doch einer, an dem ihr euch die Schuhe sauber machen könnt." Sie sind dann auf mich zu und ich konnte mich ein bisschen zum Fenster drehen, sodass nicht allzu viel passiert ist. Aber klar, die Straßenbahn war voll und niemand hat irgendwie darauf reagiert. Das waren die frühen 1990er in Leipzig.

Kay: Wir waren früher auch immer mal am Naunhofer See zelten und in dieser Ecke war es auch sehr naziverseucht. Dort gab es regelmäßig Massenschlägereien. Davon habe ich sogar noch eine Zahnlücke, wegen der ich letztens zu meinem Zahnarzt meinte, ob man da den Zahnersatz vielleicht der NPD in Rechnung stellen könnte. Damals war auch Reik Albert, ein großer Punk, dabei und hat einen Rachefeldzug gestartet. Er hat zwei Faschos in die Bäckerscheibe im Dorf geschmissen, das ging dann auch vor Gericht. Das war schon heftig. In der Gruppe ging das noch. Ich kann mich auch an Szenen erinnern, die sich auf dem Markt abgespielt haben. Auf der einen Seite standen wir, Leute aus dem Conne Island-Umfeld, auf der anderen übelste Sportfaschos. Wären die Bullen nicht mit einer Kette dazwischen gegangen, wäre das extrem eskaliert. Irgendwann ebbte das in Leipzig Gott sei Dank ab.

Donis: Darüber bin auch so froh. Dass es wirklich zeitig eine organisierte Antifa gab, die sich dem entgegengestellt hat.

Kay: Dieses Angstgefühl, wie Donis es eben auch schon beschrieben hat, kam bei mir so richtig nach dem Fascho-Überfall in Connewitz am 11. Januar 2016 wieder hoch. Da war LEGIDA wieder in der Innenstadt. Ich war dort und habe dagegen demonstriert, wie jeden scheiß Montag – obwohl ich lieber „Game of Thrones" schauen wollte. Diese Wucht, mit der die kamen, hat mich zurückversetzt in die 1990er. Sobald ein Auto langsamer neben mir wurde, bekam ich Angst, dass da gleich Nazis rausspringen und mir auf die Fresse hauen.

Donis: Zum Glück war das in dem Ausmaß das einzige Mal. Man muss auch wirklich sagen, dass die Leipziger Antifa dafür verantwortlich ist, dass Leipzig die korrekte Stadt in Sachsen ist. Dafür kann man gar nicht dankbar genug sein.

Sandra: Ja, ich bin in der Nähe von Naunhof aufgewachsen und kenne das Gefühl sehr gut. Wir sind zu Konzerten auch am liebsten nach Connewitz gefahren – und das nicht nur, weil es auf dem Land nichts anderes gab. Wir haben uns einfach nirgendwo anders so sicher gefühlt. Gothic auf dem Land zu sein, ist ähnlich wie Punk auf dem Land zu sein.

„Das führte aber dazu, dass ein Punker-Kumpel aus der Schule eine Woche später auf einmal Nazi oder Skin war."

Kay: Wir sind früher auch häufig in Dorf-Discos gewesen und ich weiß, wovon du sprichst. Da gab es immer Schlägereien und dafür mussten nicht erst die Faschos aus dem Boden gekrochen kommen. Sämtliche Subkulturen konnten sich gegenseitig nicht ausstehen. Aber als dann die Faschos noch dazu kamen, hat das die Gewalt, die auf dem Dorf herrschte – aus dem Suff und der Unzufriedenheit heraus –, nochmal auf ein ganz anderes Level gebracht. Da hast du teilweise um dein Leben gefürchtet.

Donis: Das war aber tatsächlich in der Großstadt zu DDR-Zeiten sehr ähnlich. Ich kann mich noch erinnern, wie die Metals einem immer aufgelauert haben, als man aus dem Eden kam. Zu siebt haben die mich das eine Mal in die Mangel genommen. Einer von den Oi!-Skins hat das glücklicherweise mitbekommen und war mir wohlgesonnen. Er hat seine Kumpels geholt und wollte mir da raushelfen. Die fanden mich letztlich aber nur noch alleine und blutend vor, waren aber fest entschlossen, die Metaller zu finden – und das haben sie dann auch. Da taten die mir im Nachhinein fast schon leid, so sehr ging es dort zur Sache.

Kay: Zu der damaligen Zeit gab es auch das Phänomen, dass man seine Subkultur wechselte, also teilweise auch mehrmals. Man versuchte einfach, sich zu finden. Das führte aber dazu, dass ein Punker-Kumpel aus der Schule eine Woche später auf einmal Nazi oder Skin war. Da stand man sich dann gegenüber und musste erstmal überlegen, wie man miteinander umgeht. Kloppt man sich jetzt, obwohl man sich eigentlich immer mochte? Das hatte fast schon etwas Humoreskes.

Sandra: Wie hat euch das in eurer Weggeh-Kultur beeinflusst? Seid ihr dann manchmal nicht in einen bestimmten Club gegangen, wenn ihr wusstet, da könnte es gefährlich werden?

Kay: Eigentlich nicht. Wenn klar war, dass an dem Abend ein richtig gutes Konzert stattfinden soll, dann war das immer wichtiger als die Angst. Die Musik hat überwogen.

Donis: Da habe ich mich auch nicht eingeschränkt. Das Einzige, worauf ich eben geachtet habe, ist, dass am Ende noch genügend Geld für ein Taxi da war.

Sandra: Kommen wir zu eurer Anfangszeit von TAM. Wie habt ihr diese in Erinnerung?

Kay: Wir haben alle viel im selben Proberaum abgehangen, so kam das alles ins Rollen. Zu Beginn – ich weiß gar nicht, ob wir da schon einen Namen festgelegt hatten – gab es noch einen anderen Schlagzeuger, nämlich Enne. Wir wollten eigentlich langsamen Doom mit deutschen Texten machen – wir haben damals viel Melvins gehört. Das war der Ursprungsplan. Dazu sind wir zu der Zeit auch alle zu sämtlichen Techno-Partys gerannt, weil das einfach so einen Impact hatte.

Donis: Was das Ganze auch sehr geformt hat, war: Ministry, Revolting Cocks und sowas. Das hat mir zumindest sehr gefallen und deshalb hatte ich auch bei unserem ersten Treffen gesagt, dass ich gerne Elektronik dabei haben möchte.

Kay: Das Schöne an TAM war, dass jeder aus einer anderen Musikecke kam und somit seine Richtung mit in die Band brachte. Manches kannten die anderen vielleicht auch schon, vieles aber eben noch nicht. Gerade Donis hat sehr viel Input reingebracht. Er war unser DJ. Er hat uns immer neue Musik vorgespielt. Ich kann mich noch daran erinnern, wie er mit dem ersten Chemical Brothers-Album ankam. Da waren Beats dabei, die wie live gespielt klangen, und Bässe, auf die wir nicht klar gekommen sind.
Als dann das erste wichtige Konzert für TAM anstand, fiel das mit einem Urlaub von Enne und seiner Freundin Droge zusammen. Wir hatten unser Credo, dass Konzerte immer oberste Priorität haben und als Entschuldigung nur der Tod gilt. Enne wollte aber nichts verschieben und seine Freundin saß ihm ebenso noch im Nacken. Also bin ich als „Interims-Drummer“ eingesprungen. Es war aber relativ schnell klar, dass ich dableiben werde.

Donis: Unser erster Auftritt war im Zoro. Zu dem Zeitpunkt hatten wir fünf Stücke fertig. Aber wir konnten trotzdem zwei Stunden füllen, weil wir teilweise die Songs einfach verlängert haben oder andere doppelt spielten. Unser erstes Auswärts-Konzert war dann in Halberstadt. Das weiß ich auch noch.

Kay: Oh ja, stimmt, das war geil!

Sandra: Wie kam es, dass ihr dann so super schnell bekannt geworden seid?

Donis: Es ging wirklich super schnell. Wir hatten eben direkt zu Beginn diesen Rock-Wettbewerb gewonnen.

Kay: Ja, das stimmt, aber davor haben wir noch ein Tape gemacht. Das hieß „Housebastards“. Dafür haben wir sogar Etiketten

Foto rechte Seite Uwe Winkler: TAM gewinnen den 2. Leipziger Rockwettbewerb im Haus Leipzig, 1992 selbst ausgeschnippelt und Kopien erstellt. Die waren dann schon vor dem Wettbewerb im Umlauf. Dadurch konnten die Leute bereits etwas mit unserem Namen anfangen und es war bei dem Wettbewerb in Leipzig vor der Bühne echt gut gefüllt. Wir hatten dort auch einen Stand, an dem wir die Tapes verkauft haben. Die gingen weg wie warme Semmeln. Manche mussten wir ohne Cover verkaufen, weil wir mit dem Ausschneiden gar nicht hinterhergekommen sind.

„Es ging wirklich super schnell. Wir hatten eben direkt zu Beginn diesen Rock-Wettbewerb gewonnen.“

Donis: Ja, das war wirklich überwältigend. Die Favoriten waren jedoch die Cooks. Mit dem Sänger Axel bin ich mittlerweile sehr gut befreundet. Damals war das aber noch ein bisschen anders. Jeder war sich sicher – inklusive der Band selbst –, dass sie das Ding gewinnen werden. Letztens habe ich auch nochmal mit Axel darüber gesprochen. Wir haben als erster Platz damals 5000 D-Mark in bar bekommen und der zweite Platz halt ein Mikrofon. Ich kann mich noch daran erinnern, wie Axel meinte: „Was soll ich mit so einem scheiß Mikro?!“ Er weiß davon heute natürlich gar nichts mehr. Eigentlich war das Geld damals auch für Equipment für die Band gedacht und wir hatten es uns aber als ganz normale Gage ausgezahlt. Da gab es dann ein bisschen dicke Luft.

Kay: Das war in jeglicher Hinsicht ein geiler Abend. Finanziell natürlich auch, aber vor allem weil wir uns dort präsentieren konnten. Wir hatten alle etwas in uns, was raus musste. Und das hat einfach sehr gut getan.

Donis: Es war wirklich krass, wie schnell danach alles ging. Kaum hatten wir uns versehen, waren wir auf einmal Support Act von

Depeche Mode auf der Festwiese vor 40.000 Menschen. Manchmal überlege ich, wie gut es war, dass es so schnell ging.

Kay: Ich kann mich auch noch an den LVZ-Artikel zum Rockwettbewerb erinnern. Wir hatten uns im April 1992 gegründet und der Wettbewerb muss noch im selben Jahr im Mai oder Juni gewesen sein. In dem Artikel stand eben auch ganz treffend drin, dass wir uns, während der Aufruf zum Mitmachen startete, selbst noch in der Gründung befanden. Und ein Jahr später war eben das mit Depeche Mode. Da wurden zum Soundcheck schon die Tore für die Fans geöffnet und das war schon krass – auch wenn sie natürlich nicht wegen uns da waren. Das haben sie uns zu Beginn unseres Konzertes auch spüren lassen. Sie haben ihre Depeche Mode-Karten hochgehalten und Dinge auf die Bühne geschmissen. Doch nach dem dritten Song gab es auf einmal Beifall. Mir – und ich bin sicher, auch den anderen – hat das bei allen Shows, die folgten, geholfen, keine Angst oder Unsicherheit auf der Bühne zu spüren. Wir haben uns danach gesettled gefühlt.

„Kaum hatten wir uns versehen, waren wir auf einmal Support Act von Depeche Mode auf der Festwiese vor 40.000 Menschen.“

Donis: Man kann ja auch mal erzählen, wie es überhaupt dazu gekommen ist. Depeche Mode wollte für diese Tour in jeder Stadt einen lokalen Support haben, ohne zu ähnlich wie Depeche Mode zu klingen. Das war die Ansage. Damit haben sie in Leipzig das damals größte ansässige Konzertunternehmen angefragt und die haben ihnen Keimzeit vorgeschlagen. Das fand Depeche Mode jedoch nicht so passend. Dann haben sie die IG Rock angefragt und die haben denen unser Tape geschickt. Denn die haben damals als alternatives Konzertunternehmen auch den Rockbewettbewerb organisiert. Wir haben tatsächlich erst einen Abend vor dem Konzert erfahren, dass wir das Go bekommen haben. Damit muss man auch erstmal umgehen.

Kay: Stimmt, ey. Das hatte ich total verdrängt.

Donis: Wir wurden natürlich hinterher von jedem gefragt, ob wir die Jungs kennengelernt haben. Aber es ist nicht so, dass man da einfach in deren Backstage spaziert. Ich mein: Das ist fucking Depeche Mode! Aber: Uns wurde als Catering acht Dosen Hansa-Pils hingestellt und irgendwann kam die Tour-Managerin von Depeche Mode mit einer Riesenkiste voll mit Bier auf Eis mit der Aussage: „Die Band hat gesehen, was man euch hingestellt hat, und hat euch da jetzt mal etwas Ordentliches zusammengestellt.“ Das hat mir völlig gereicht, da muss ich nicht mit denen reden.

Kay: Danke, nochmal! Man muss aber auch sagen, dass die Band, die das im Jahr davor für Depeche Mode gemacht hatte, so radikal ausgebuht wurde, dass sie das Konzert mit Nervenzusammenbruch abbrechen musste.

Donis: Ähnlich war das auch bei And One, die ja eigentlich schon sehr in das Depeche Mode-Schema reinpassen. Sie wurden mal als Support in Berlin mit Pflastersteinen beworfen.

Kay: So etwas gibt es nur bei Depeche Mode, weil die Band so eine eingefleischte Fan-Klientel hat.

Donis: Deswegen auch dieser ganz bestimmte Move mit den Eintrittskarten à la: Wegen DENEN sind wir da, nicht wegen euch. Ich bin ja zum Beispiel auch bekannt dafür, dass meine Ansagen genau so lang sind wie mei-

ne Songs, und erst letztens hat mich wieder jemand daran erinnert, dass ich damals dort auf der Bühne so gut wie gar nichts gesagt habe. So viel Respekt hatten wir.

Kay: Ich finde, wir haben das echt gut gemeistert und können uns da auch auf die Schulter klopfen.

Sandra: Gab es ebenso Konzerte, bei denen es negatives Feedback gab?

Donis: Also negatives Feedback gab es natürlich immer mal.

Kay: Aber ich kann mich jetzt nicht daran erinnern, dass wir mit kompletter Missachtung bestraft worden sind.

Donis: Nein, das auf keinen Fall.

Kay: Wenn das Publikum scheiße drauf war, dann hat sich das auch auf uns ausgewirkt. Wir waren eigentlich immer am besten und geilsten, wenn die Leute ebenso so drauf waren. Das ist natürlich ein Wechselspiel. Wir fangen an zu spielen und müssen erstmal liefern. Wenn das dann bei den Fans gefruchtet hat, ging das automatisch auf uns über.

Donis: Die Fuck You-Attitude konnten wir aber auch ganz gut.

Kay: Ja, das auch. Und das waren dann aber auch geile Konzerte. Wenn im Vornherein irgendetwas nicht lief, sei es die Technik, das Catering oder was auch immer – wir konnten unsere Wut oder schlechte Laune dann auf der Bühne so gut kanalisieren und auch katalysieren zu guter Stimmung und geiler Musik.

Foto Cordula Giese: TAM spielen als Support von Depeche Mode auf der Leipziger Festwiese, 1993

Donis: Es gab einen Moment, der ganz schlimm für mich war, das werde ich nie vergessen. Wir haben damals in Rotterdam gespielt. Da kam eine Frau auf die Bühne, die absolut gar keinen Hehl daraus machte, dass ihr wohl meine Stimme nicht gefällt. Sie hat dann immer wieder versucht, mir den Mund zuzuhalten.

Sandra: Wie fühlt es sich an, wenn man am Abend vor Tausenden von Leuten spielt und am nächsten Tag dann alleine zuhause sitzt?

Kay: Es kommt darauf an, was man nach einer Tour gemacht hat. Natürlich war man währenddessen auf einem totalen High. Wir waren eine eingeschworene Truppe von sechs Leuten, mit eigenen Regeln und eigenem Humor. Wenn ich dann nach einer Tour nach Hause kam – und das war sicher auch bei den anderen so –, war ich dann erstmal in einer Art Loch.

Donis: Ich muss sagen, dass ich das Ankommen und die Ruhe nach einer Tour sehr genossen habe.
Es gab eine Tour, die wirklich furchtbar war. Das würde sich so heute keiner mehr antun. Wir waren sechs Wochen unterwegs, zwei Off-Days und zwei Bands in einem Nightliner. Am Anfang hat man sich noch die Städte angeschaut, in denen man aufgetreten ist. Am Ende hat es echt nur noch für einen Blick auf den Tourplan gereicht und ganz am Ende nicht mal mehr dafür. Man wird zu einer Art Roboter. Als wir von dort wieder nach Hause gekommen sind, habe ich echt anderthalb Wochen gebraucht, um mich wieder ins normale Leben einzufinden. Unser Bassist Rajko war auch total verballert, als wir von dieser Tour wiedergekommen sind. Er ist nach Hause zu seiner damaligen Partnerin gekommen. Sie saßen im Wohnzimmer und er hat sich ganz selbstverständlich eine Kippe angezündet und auf den Boden geascht. Dann hat es ein paar Sekunden gedauert, bis er verstanden hatte: Scheiße, ich bin ja gar nicht mehr auf Tour. Das ist echt ein schönes Beispiel dafür, wie man danach erst einmal wieder ins normale Leben reinfinden muss.

Kay: Je länger wir unterwegs waren, desto krasser war der Abfall danach. Aber von Depression würde ich da nicht sprechen. Man war total erschöpft, klar, hat sich auf sein eigenes Bett gefreut. Man war wieder in Leipzig, hat sich auf die Clubs gefreut. Aber es war echt ein bisschen wie ein Jetlag, man war in einer anderen Matrix. Exzessives Highlife versus normales Leben.

Donis: Bei dieser Sechs-Wochen-Tour haben wir auch gedacht, dass die Kurve des Alkoholtrinkens irgendwann runter geht. Aber was soll ich sagen – das Gegenteil war der Fall.

Kay: Ja, spätestens am zweiten Tag war da nichts mehr mit: „Wir machen erstmal piano".

Donis: Wir waren damals mit Swamp Terrorists aus der Schweiz auf Tour. Sie haben so intellektuellen EBM gemacht, weshalb ich davon ausgegangen bin, dass die jetzt nicht so absturzmäßig drauf sind. Da saßen wir dann hinten in der Nightliner-Lounge und es wanderte eine Absinth-Flasche durch die Reihen, als der Gitarrist Bruno dann mitten im Satz meinte: „Warte mal ganz kurz …" Dann griff er sich irgendeine Schüssel und hat mal eben reingekotzt. Als er fertig war, sagte er dann: „So, kann weitergehen, Jungs." Da wurde mir klar, dass die genauso sind wie wir.

Kay: Man muss dazu sagen, dass das jetzt kein Doppelstock-Nightliner war, sondern ein ehemaliger Linienbus, der umgebaut worden war. Ich sag mal so: Wir haben uns irgendwann nicht mehr gerochen. Aber für jeden, der da in den Bus reinkam, muss das die Hölle gewesen sein.
Es war sowieso jedes Mal ein Akt, überhaupt einen Bus zu bekommen. Ich stand teilweise mit Rajko einen Tag vorm Auftritt vor der

naTo und wir haben Leute angequatscht, ob sie irgendwie was wüssten. Wir sind mit alten Schüsseln gefahren, da war die Tür halb offen – im Winter. Als dann der Nightliner kam, war das natürlich das Höchste der Gefühle.

Donis: Weil wir vorhin auch über das Politische gesprochen haben, fällt mir da gerade wieder eine Situation ein. Denn es war auf Tour auch nicht immer ganz ungefährlich, was das anging. Ich wurde mit dem Keyboarder von Swamp Terrorists, Andi, recht eng, weil wir uns wirklich sehr ähnlich waren. Er hat wie ich außerhalb des ganzen Metal-, Rock-, Technokosmos auch auf Pop gestanden, deshalb haben wir uns wirklich super verstanden. Als wir unseren Auftritt in Salzburg hatten, war neben dem Club ein Burschenschaftstreffen – gesichert von strammen Skinheads. Nach dem Konzert waren Andi und ich total besoffen und haben uns in unserem Delirium gedacht: „Jetzt machen wir da was." Also sind wir vor den Eingang, der verschlossen war, und haben Steine ins Fenster geworfen und total lallend gerufen, dass sie runterkommen sollen: „Das wird jetzt hier geklärt!" Wie bescheuert kann man sein? Aber zum Glück hatten wir damals einen sehr erfahrenen Tourmanager, der sofort geblickt hat, was uns beiden da gleich blühen könnte. Er hat ein Taxi gerufen, uns da reingesetzt, dem Fahrer seine Nummer gegeben und gesagt: „Tu mir den Gefallen und fahr die beiden einfach irgendwohin, wo es Techno gibt."

„Bei dieser Sechs-Wochen-Tour haben wir auch gedacht, dass die Kurve des Alkoholtrinkens irgendwann runter geht. Aber was soll ich sagen – das Gegenteil war der Fall."

Kay: Ja, der Typ war wirklich spitze. Er war echt erfahren und ein sehr ruhiger Typ. Wir haben uns auf Tour als Band auch immer zwischendurch gefetzt. Aber das hielt nie an oder wurde größer gemacht – am nächsten Tag war immer wieder alles in Ordnung. Am Ende der Tour sagte er auch, dass er noch nie eine Band erlebt hat, die sich so fetzen kann und sich aber genauso schnell wieder fängt und kein großes Ding daraus macht.

Donis: Ich habe ihn dann auch mal darauf angesprochen, dass es mit uns schon ein bisschen anstrengend gewesen sein muss, alleine auch wegen des ganzen Trinkverhaltens. Ich bin davon ausgegangen, dass das bei größeren Bands, mit denen er unterwegs war, etwas gesitteter zugegangen wäre. Aber er sagte dann zu mir: „Ich kann dir nur eins sagen: Im Gegensatz zu Massive Attack seid ihr Kindergarten!"

Sandra: Alkohol und Drogen haben schon eine Rolle gespielt?

Donis: Das hat nicht nur irgendwie eine Rolle gespielt, das war Gang und Gebe, das gehörte total dazu. Man muss auch ehrlicherweise sagen, dass wir eine Menge Shows verkackt haben, weil wir einfach zu besoffen waren. Deshalb gab es tatsächlich irgendwann die Anweisung von oben, dass es Schnaps erst eine Viertelstunde vorm Konzert und danach dann wieder gibt.

Kay: Da kann ich mich auch noch lebhaft daran erinnern. Ich bin noch nie so der Schnapstrinker gewesen, aber ich habe irgendwann für mich gemerkt, dass ich die Tour so nicht durchstehe, und bin für einen Großteil der Zeit auf Wasser umgestiegen. Da gab es dann maximal ein Bier vor der Show und dann erst wieder danach. Dementsprechend konnte ich meinen besoffenen Jungs während der Show auch richtig beim Absturz zusehen: Also wie ihr da über die Bühne getorkelt seid und von den Riffs will ich gar nicht erst anfangen.

Donis: Dafür hast du auch gerne mal geshufflet, wenn du zu viel gekifft hast.

Sandra: Ich springe nochmal ein Stück zurück. Als ihr über das Feeling vom Auf-der-Bühne-Stehen gesprochen habt – was musste da raus aus euch?

Kay: Ich habe damals sehr laute und aggressive Musik gehört. Irgendwie war das dann so in mir drin. Da war eine Wut, die konnte man nicht so richtig lokalisieren oder begründen, aber man hat sie rausgelassen. In meinem Fall ebenso körperlich rausgelassen, weil es als Schlagzeuger auch ein bisschen so ist, als würdest du jemanden verdreschen. Es hat einfach Spaß gemacht, auf diese Art und Weise Musik zu produzieren.

Donis: Bei mir musste einfach das Tier im Körper raus. Ganz viele Leute sagen mir bis heute, dass ich doch eigentlich so ein ruhiger Typ sei, und dann bei TAM auf der Bühne habe man mich nicht wiedererkannt. Das war es auch für mich. Ich war da jemand anderes. Ich habe mich zum Teil mit dem Mikrokabel gewürgt und was weiß ich noch. Für mich war es auch kein Problem, dass ich im normalen Leben nicht so ein Typ bin. Denn es ist ja auch ein Vorführen, ein Darstellen von etwas, das gehört zu einer Liveperformance ebenso dazu. Zuhause würge ich mich nicht mit der Wäscheleine, aber wenn ich eine Show spiele, dann verwandle ich mich. Da kann ich Sachen rauslassen, die ich im Alltag nicht machen kann oder will.

Kay: Es ist wirklich eine Art Rollenspiel, weil du Sachen machen kannst, die entweder nicht erlaubt sind oder die man sich normalerweise vielleicht gar nicht trauen würde. Da sind wir auch nicht die Einzigen gewesen. Es gibt hunderte Artists, die im Privaten recht ruhig und unaufgeregt sind. Wenn sie dann aber die Bühne betreten, wird der Schalter umgelegt und das Biest kommt raus. Es ist ein stückweit ein konsequenzfreier Raum. Und man muss sich auch nicht zwangsläufig im Privaten „unfrei“ fühlen, um sich auf der Bühne frei zu fühlen. So kann man es einfach sehr gut beschreiben.

Donis: Für mich ist es eben ein bisschen wie Schauspiel. Da soll man ja auch nicht man selbst sein.

Kay: Und man lernt währenddessen wahnsinnig viel über sich selbst.

Sandra: Warum gibt es TAM nicht mehr?

Kay: Donis und ich haben nach zehn Jahren diese Entscheidung getroffen. Ich kann für mich sagen, dass es sich damals für mich so angefühlt hat, als sei der Zenit von TAM erreicht gewesen und als könnte es nicht mehr geiler werden. Ich wollte auch ein stückweit vermeiden, dass man dann über die Dörfer tingelt – aus dem Grund heraus: Besser es irgendwie noch zu machen, als es nicht zu machen. Das wollte ich nicht.

Donis: Ich habe einfach die Power, die es fürs Weitermachen gebraucht hätte, in mir nicht mehr ausreichend gespürt. Dazu kam auch, dass unser Vertrag bei Motor nicht verlängert wurde und uns das natürlich zusätzliche Hürden gebracht hätte. Auf der Abschlusstour hat man ebenso eine Tendenz gespürt. Es haben nicht mehr alle Clubs „Hurra! Kommt her!“ geschrien. Wir mussten schauen, dass wir die Tour vollbekommen.

Kay: Die Leute haben eben nicht mehr auf TAM gewartet. Natürlich sollte das nicht der einzige Antrieb sein, Musik zu machen. Aber ähnlich sah es auch in der Schaffensphase aus. Es fehlten die neuen musikalischen Ideen. Man merkte, dass wir uns zunehmend im Kreis gedreht haben.

Donis: Unsere beiden Platten bei Motor waren schon total unterschiedlich, weil wir bei der ersten – weniger erfolgreichen – noch mehr das gemacht haben, worauf wir Bock hatten. Danach war es etwas mehr geleitet – und wurde daraufhin auch erfolgreicher. Zu uns haben oft Leute gesagt, dass das aus Businesssicht totaler Quatsch ist, wenn jede Platte immer total anders klingt.

„Da war eine Wut, die konnte man nicht so richtig lokalisieren oder begründen, aber man hat sie rausgelassen."

Kay: Klar, man hat dann auch auf die Charts geschaut. Auf was haben die Leute Bock und auf was eher nicht so. In zehn Jahren entwickelt man sich eben auch weiter.

Donis: Mit uns konnte man einfach kein Musikbusiness machen. Als wir „Virus" machten, hatten wir auf der Platte auch ein Feature mit einer total unbekannten Sängerin aus Frankfurt geplant und zusammen aufgenommen. Motor schlug dann noch vor, dass doch Nina Persson von The Cardigans den Part singen könnte – weil sie halt viel bekannter war. Das kam für uns überhaupt nicht in Frage, auch wenn wir immer große Fans der Band waren.

Sandra: Denkt ihr heute manchmal, dass ihr an der einen oder anderen Stelle Fehler gemacht habt, die ihr heute anders machen würdet – eventuell auch in Hinblick auf das Ende der Band? Könnte es TAM unter irgendwelchen Umständen dann noch geben? Oder sagt ihr, dass alles genau so richtig war, wie es letztlich gekommen ist?

Kay: Ich glaube ziemlich sicher, dass alles genau so richtig war. Wir hätten Dinge gar nicht anders machen können, weil wir immer alles genau so gemacht haben, wie wir es wollten. Das heißt ebenso, dass wir das Ende wollten und dementsprechend Entscheidungen getroffen haben.

Donis: Ich denke natürlich, dass wir auch Fehler gemacht haben, aber nicht auf der musikalischen Ebene. Wir waren recht sperrig, also was die Zusammenarbeit und den gesamten Businessteil bei einem Major-Label angeht. Aber musikalisch würde ich absolut nichts anders machen. Daraus resultierte ja letztlich auch die Entscheidung zum Ende der Band.

Kay: Wir hätten „Virus" nicht wann anders machen können und stattdessen ein anderes Album als erstes Major. So waren wir nun mal.

Donis: Da waren wir eben total auf dem Drum & Bass-Film und haben dann noch von großen Londoner Produzenten Remixes bekommen.

Kay: Da bin ich heute noch so glücklich darüber. Das waren Helden für uns und dann auf einmal machen die für uns Remixes. Alleine das wars schon wert. Dazu wäre es eben mit anderen vorangegangenen Entscheidungen nicht gekommen. Mich ärgert eher manchmal noch so, wie wir mit anderen Bands umgegangen sind. Wir waren oft disrespectful, ohne es so richtig mit Absicht sein zu wollen. Wir waren eben oft die Leipziger Ossis auf Festivals und saßen so für uns, in unserem Kreis, mit unserem recht eigensinnigen Humor.

Donis: Ja, wir hatten schon eine recht weirde Coolness, die wir nach außen getragen haben. So kam es auch nicht wirklich zu irgendwelchen Zusammenarbeiten mit anderen Bands.

Kay: Vielleicht kam das auch aus einer Unsicherheit heraus. Aber ja, viele haben das einfach nicht verstanden.

Donis: Wir haben nichts ernst genommen und auch viel einfach nur so daher gelabert.

Kay: Ja, wir waren sehr doll in unserem Dunstkreis drin und das war uns auch genug. Im Nachhinein würde ich schon sagen, dass das etwas dumm und vielleicht auch anmaßend war. Denn sicher hätten da geile Sachen mit anderen Musikern und Bands entstehen können.

Sandra: Wie lief es in der Zeit von TAM mit dem Geld – habt ihr damit wirklich etwas verdient? Wie war das dann mit euren bisherigen Jobs?

Kay: Also Donis haben wir anfangs vor den Auftritten immer noch von seinem Job abgeholt.

Donis: Aber irgendwann ging das natürlich nicht mehr und ich hängte ihn an den Nagel. Vorher war es auch schon eine Zeitlang nur noch halbtags.

Kay: Wir haben die Musik definitiv nicht wegen des Geldes gemacht, aber wir haben die Musik zu 100% gemacht, sodass man dann einfach nicht mehr nebenbei arbeiten konnte. Ich war zu dem Zeitpunkt dann arbeitslos gemeldet und habe dementsprechend Geld vom Amt bekommen. Bei den Shows war das ganz unterschiedlich. Wir haben ja auch jede Show für ’nen Appel und ’n Ei gespielt, weil wir einfach spielen wollten. Ich kann mich noch an einen Auftritt im Starclub in Dresden erinnern. Wir hatten dort einen Zuschauerrekord aufgestellt, ich kann aber nicht mehr sagen, wieviele Leute letztlich da waren. Ich weiß aber noch, dass danach jeder 750 Mark cash auf die Hand bekommen hat. Rajko und ich schauten uns damals an und dachten, wie geil das nur wäre, wenn wir das nach jedem Auftritt mit nach Hause nehmen könnten. Aber das war bis dahin der Peak in der Einkommenskette. Später hat sich das dann durch den Major-Vertrag etwas geändert. Da gab es dann viel als Vorschuss, von dem man etwas zehren konnte. Aber letztlich auch nur zum Teil, weil wir viel ins Equipment investiert haben. Die meiste Zeit war es sehr durchwachsen. Wir haben auch reine Promoshows gespielt und bei manchen Touren draufgezahlt.

Donis: Ich kann mich auch noch daran erinnern, wie es in der Major-Zeit war. Da ging es den großen Plattenfirmen ja noch recht gut. Das haben natürlich auch wir als Band gespürt: High-Class-Hotel, First-Class-Flug und den teuersten Japaner, den sie finden konnten. Da dachte ich mir immer: „Spart euch doch bitte das Geld und gebt es uns lieber so.“ Man hat nun mal nicht viel davon, wenn man zwar Businessclass von Berlin nach Köln fliegt, aber zuhause nicht weiß, wie man seine Miete bezahlen soll. Es hat mich persönlich auch angewidert, auch wenn oder vielleicht gerade weil ich da unweigerlich Bestandteil von war.

Kay: Das passte alles nicht so richtig zusammen und man schämte sich schon auch fremd. Die erste Interview-Tour haben Donis und ich zusammen gemacht und die lief zum Beispiel noch mit dem Zug ab. Das ging total klar.

Donis: Und da haben wir nur im Mitropa-Abteil gesessen, denn es ging ja alles nur auf Spesen.

Kay: Die zweite Tour hast du dann mit Joey gemacht.

Donis: Ja. Das war dann schon mit Fliegen.

Kay: Aber ja, das mit dem Geld war echt ganz unterschiedlich. Als wir dann auch soweit waren, dass wir eine Crew hatten und mit dem Nightliner gefahren sind, entstand dadurch ja auch eine Kostenstelle. Das haben wir natürlich von unserer Gage bezahlt. Wenn es am Ende gut lief, hat vielleicht jeder noch einen Fuffi rausbekommen. Natürlich dämpft das dann erstmal die Stimmung. Aber auch das war eigentlich nur für einen kurzen Moment, weil die Freude am Musikmachen und Auftreten immer überwogen hat.

Sandra: Seid ihr traurig, dass ihr aufgehört habt?

Kay: Ich finde, wir haben genau im richtigen Moment aufgehört. Ich weiß, dass das nicht alle Bandmitglieder so gesehen haben und es da bis heute noch Dispute gibt. Für mich sind und bleiben das ganz wertvolle zehn Jahre. Ich zehre bis heute davon, aber eben ganz ohne zu schwerer Nostalgie. Es ist nicht so, dass ich das unbedingt wieder haben möchte. Das liegt zum einen daran, dass ich weiß, es würde nicht nochmal so sein. Diese Zeit war einmalig: Es waren die 1990er, wir waren jünger, das Publikum auch. Das kann man so nicht nochmal aufleben lassen. Es hatte einfach seine Zeit.

Donis: Ich bin ebenso nicht traurig. Alles, das ich in mir hatte, ist bis zu dem Zeitpunkt, an dem wir aufgehört haben, auch rausgelassen worden. Auch wenn ich mir die Platten von damals anhöre. Das ist so krass verwurzelt mit der damaligen Zeit und gehört genau da hin. Das würde alles jetzt so nicht mehr funktionieren. Ich weiß für mich, dass ich die Bühne brauche. Aber ich habe eben jetzt das Schauspiel. Dann habe ich ja noch Love Is Colder Than Death. Aber das war eben auch immer eine zeitlosere Musik im Vergleich zu TAM. Stücke von damals funktionieren immer noch, ohne dass sie modernisiert werden müssen. Ich will, wenn dann, mit Musik auf die Bühne, die für mich auch in die Zeit passt – und nicht einfach nur der Erinnerung wegen. Als es mit Love Is Colder Than Death wieder anlief, habe ich von Beginn an gesagt, dass ich nicht nur den alten Kram präsentieren will. Das Alte wieder aufzuwärmen, nur weil es irgendwann mal geil war, wäre mir einfach zu ermüdend.

„Man hat nun mal nicht viel davon, wenn man zwar Businessclass von Berlin nach Köln fliegt, aber zuhause nicht weiß, wie man seine Miete bezahlen soll."

Sandra: Gehören Frauengeschichten zum Musiker- und Band-Dasein dazu?

Donis: Tatsächlich ist das ein bisschen so wie mit der Vorstellung mancher, dass man privat genauso irre drauf sein muss wie auf der Bühne – was ja eben nicht so war. Genauso dachten wahrscheinlich viele bei unserem Bühnenanblick, dass wir es auch beim Thema Frauen faustdick hinter den Ohren haben. Aber das war wirklich gar nicht so. Die meiste Zeit während TAM waren wir in festen Beziehungen. Auf der anderen Seite waren wir wahrscheinlich Frauen gegenüber genauso sperrig wie gegenüber Bands.

Kay: Ich kann für meinen Teil sagen, dass es durch das Unterwegssein mit der Band einfach ein paar mehr Gelegenheiten gab. Aber es ist trotzdem nicht so, wie man sich das „Groupie-Ding" immer vorstellt. Doch sehr viel mehr will ich da auch gar nicht aus dem Nähkästchen plaudern ... Also ich kann das Ganze für mich bejahen. Das war einfach ein schönes Extra, das durch das Musikmachen entstanden ist.

Foto linke Seite Uwe Winkler: TAM gewinnen den 2. Leipziger Rockwettbewerb im Haus Leipzig, 1992

„ES IST WIE EIN GROSSER SPIELPLATZ, AUF DEM MAN SICH AUSTOBEN KANN.“

Interview mit Stephan Michme

von Sandra Strauß

Transkription: Alicia Müller und Sandra Strauß

Stephan Michme
Geboren 04.03.1972 in Magdeburg
Abitur und Studium (Germanistik und Sportwissenschaften), ebenfalls in MD
Ab 1994 bis heute Radio, TV, Podcasts, Content, Marketing und PR (u. a. Radio SAW, Fritz vom RBB, MTV, VIVA, MDR, ZDFkultur, Magdepodcast der MDCC, FSA)
Ab 1993 SCYCS (diverse Touren, Gewinn des VIVA Cometen)
Seit 2007 Michme Solo

Sandra: Ich habe mir letzte Nacht noch einmal einen SCYCS-Videomitschnitt von eurem Auftritt bei „Top of the Pops" angeschaut. Ihr habt dort eure erfolgreiche Single „Next November" performt. Kannst du dich an diese Zeit noch erinnern, als der Erfolg so richtig losging? Wie hat sich das angefühlt?

Michme: Das kann ich kurz und knapp beantworten. Von 1990 bis 1996 haben wir – wie damals eigentlich jede kleine Band – sehr viel Zeit im Proberaum verbracht. Ich bin ein Sporttyp und weiß: Nur wer viel trainiert, kann auch etwas erreichen. Deshalb habe ich darauf bestanden, dass wir uns mindestens dreimal in der Woche dort treffen. Bei faulen Musikern habe ich es so gehandhabt, dass ich teilweise durch die ganze Stadt gefahren bin, sie abgeholt und hingebracht habe, egal wie besoffen sie waren, damit das immer klappt.
Dann spielst du vor 300 Leuten, dann das erste Mal als unbekannte Band vor 600 Leuten. Das war schon krass. Danach kam mein Wechsel nach Potsdam zu Radio Fritz. Zu diesem Zeitpunkt hatten wir schon einen Musik-Award gewonnen. Ich hatte Geld und durch meine musikjournalistische Tätigkeit Kontakt zu Mario Thaler. Er hat Bands wie The Notwist und Slut produziert – alles Bands, die wir selbst gehört haben. Ich habe ihn einfach angerufen und gefragt, ob wir bei ihm aufnehmen können. Mit der Zusage sind wir dann dorthin gefahren. Es war natürlich klar, dass er das nur wegen des Geldes gemacht hat – wir waren schließlich nur eine kleine Deppenband. Aus unserem siebenminütigen Song hat er eine Dreieinhalb-Minuten-Version gemacht. Der Preis beinhaltete auch, dass wir davon 600 Kopien machen konnten. Einige davon hatte ich dann bei Radio Fritz rumliegen und ein Manager, der wiederum den ehemaligen Die Ärzte-Manager Conny Konzack kannte, hat sie gesehen. Konzack war zum damaligen Zeitpunkt bei der Grundy Ufa. Zwischen ihnen gabs

Foto linke Seite: Michme StreetTeam

aber Streit und er wollte ihnen noch eins reindrücken, bevor er sich verabschiedete. Also war sein Gedanke, die beschissenste Band, die er finden konnte, mit in eine Fernsehsendung zu bringen – und das waren wir. So haben wir nach einem kleinen Casting in einer komischen Soap mitgespielt. Was ist Erfolg? Wir waren zumindest erstmal in der Öffentlichkeit.
Ein halbes Jahr lang habe ich die Morning-Show bei Fritz moderiert, wurde mittags von einem Fahrer abgeholt, bin nach Köln zum Dreh geflogen, nachts wieder zurück, war um zwölf im Bett und bin um drei wieder aufgestanden. Das ging immer so hin und her. Der Rest der Band war derweil schön im Hotel in Köln. Dann gab es einen Videodreh. Das hat sich schon komisch angefühlt, aber auch noch nicht so richtig komisch. Dann gab es den Moment, dass du samstags zuhause in deiner kleinen Wohnung auf dem Sofa liegst, MTV schaust und dein eigenes Gesicht im Fernsehen siehst. Und du denkst: „Was ist denn jetzt los?“
So richtig genießen konnte man den Moment natürlich nicht, weil man stets und ständig angerufen wurde und die Leute einem mitteilen wollten, dass sie dich im Fernsehen gesehen haben. Von da an kann ich gar nicht sagen, wann ich das erste Mal wieder so richtig etwas realisiert habe. Wir waren danach erstmal zwei Jahre weg – Tour, Songs schreiben, viele verrückte Dinge erleben. In erster Linie war das Öffentlichkeit. Ob das jetzt Erfolg ist? Das musst du für dich selbst persönlich bewerten. Im Sinne einer großen Musikalität ist es natürlich nicht der Wahnsinnserfolg gewesen, sondern eher eine kleine Welle, auf der wir mal reiten konnten. Und wir haben versucht, das Beste daraus zu machen.

„Dann gab es den Moment, dass du samstags zuhause in deiner kleinen Wohnung auf dem Sofa liegst, MTV schaust und dein eigenes Gesicht im Fernsehen siehst. Und du denkst: „Was ist denn jetzt los?““

Sandra: Wie waren diese zwei Jahre für dich? Hattet ihr ein Management, das sich um alles gekümmert hat, oder habt ihr alles selbst gemacht?

Michme: Wir haben zu spät erkannt, dass wir viel mehr hätten selbst machen müssen. Damals war die Zeit noch eine derartige, dass das Musikbusiness halbwegs am Funktionieren war. Wir waren wohl eine der letzten Bands, die mit Plattenverkäufen noch Geld verdienen konnten – auch mit Kopplungen auf Samplern. Bereits ein Jahr später war das alles schon komplett anders. Polarkreis 18 hatte mit „Allein Allein“ einen Riesen-Nummer-1-Hit gelandet und mussten trotzdem noch bei ihren Eltern wohnen, weil sie damit kein Geld verdient haben. Das Musikbusiness befand sich in diesem ganzen Gewirr aus Downloads – was darf man ins Netz stellen und was nicht. Also weg von CDs und Platten hin zum Download. Man machte sich Gedanken darüber, ob es sinnvoll ist, sich vielleicht mehr auf Merchandising und Live-Auftritte zu konzentrieren. Andererseits gab es aber auch noch die, die sich auf Controlling im Plattenverkauf konzentrierten. Doch die Einbrüche bei den Einnahmen sprachen für sich. Eine Zeitlang haben sich ebenso die Plattenfirmen gegenseitig aufgekauft.
Unsere dritte Platte durften wir mit Steve Lyon aufnehmen. Er ist bekannt für die Zusammenarbeit mit Depeche Mode, Paul McCartney, The Cure und auch Raymon. Dafür waren wir sechs Wochen lang in Regensburg im Studio. Für die Zeit durften wir in schönen Wohnungen direkt über dem Studio wohnen. Das war so das letzte Mal Super-Popstar-Style. In dieser Zeit waren wir bei Universal und hatten insgesamt vier A&R-Manager. Derjenige, der uns gesignt hatte, ist krank gewor-

den, also gab es Ersatz. Drei Tage später hieß es: „Nee, wir haben uns doch nochmal umentschieden, die Person xy ist jetzt für euch zuständig.“ Das ging zwei-, dreimal so, glaube ich. Ganz am Schluss kam Daniel P. Über ihn gab es ganz viele schlimme Geschichten. Denn er hatte wohl nicht mitbekommen, dass das Musikbusiness, so wie er es sich vorgestellt hatte, schon lange tot war. Mit ihm war es sehr unangenehm im Studio, weil er immer auf dicke Hose gemacht hat.

Die Jahre waren geprägt davon, dass man ein Management hatte, sich aber selbst mehr und mehr einmischen wollte, das wiederum aber nicht durfte. Als wir unsere zweite Platte gemacht haben, bin ich auf ein Interview mit David Bowie gestoßen, in dem er sagte, dass er seine neue Platte komplett im Internet veröffentlichen will. Die Idee fand ich mega. Also habe ich den dummen Fehler gemacht, das gleiche mal bei einem Gespräch mit den Warner Studios vorzuschlagen. Naja, und da

Foto: WEA/Warner

wurde mir dann auch prompt gedroht, dass man mich verklagen würde, wenn ich auf die Idee käme, das zu machen. Das Internet würde die Musik kaputt machen, hieß es. Schwarwel war mal auf einem Konzert von uns und meinte zu mir: „Dein Problem ist, dass du immer willst, dass dich jeder mag.“ Dementsprechend hatte ich mich nach meinem Vorschlag mit dem Internet und der Ansage, die ich bekommen hatte, wieder sehr zurückgenommen.

Sandra: Wie viel Einfluss hattet ihr dann auf eure Musik?

Michme: Trotzdem viel. Wir haben alles selbst geschrieben. Es gab den Versuch, gemeinsam mit einem Songwriter einen Song zu schreiben. Dabei ist „Radiostar“ rausgekommen, der ja auch sehr erfolgreich war. Da hieß es vorher eben: „Schreibt doch mal mit einem Profi zusammen.“ Das war ein Writer, der vorher schon mit Fury in the Slaughterhouse zusammengearbeitet hatte. Er wiederum teilte sich ein Studio mit Mousse T. Und er stand dann auch auf einmal in der Tür – und nicht alleine: Er hatte einen der bekanntesten Funk-Bassisten bei sich, Bootsy Collins. Ich bin fast vom Glauben abgefallen. Mousse T. sagte aber nur: „Nee nee, lasst euch nicht stören, macht weiter, ich will Bootsy nur die Räumlichkeiten zeigen.“ Ich dachte nur, ich mach mich doch jetzt hier nicht zur Feile und singe vor Bootsy Collins!

Es gab ebenso die Situation, dass besagter Daniel P., von dem ich vorhin gesprochen habe, mit einem Song um die Ecke kam und meinte, der hat Nummer-1-Potential, wenn wir ihn machen. Zu dem Zeitpunkt war aber „Radiostar“ im Kasten und wir waren sehr zufrieden damit, also haben wir abgelehnt. Am Tag des Releases hat aber leider irgendetwas mit dem Video nicht hingehauen und MTV hat es daraufhin nicht gezeigt, also landeten wir damit irgendwo in den Top40. Daniel hat seinen Song jedoch losbekommen und zwar an Martin Kesici, der damals Star Search gewonnen hatte. Der Song wurde ein Nummer-1-Hit – „Angel of Berlin“. Doch ich war und bin auch nach wie vor der Meinung, dass wir das nicht hätten machen sollen. Dafür hätten wir uns einfach viel zu sehr verbiegen müssen. Was zu einem passt und was nicht, das bekommt man erst raus, wenn man es macht. Ich muss auch sagen, dass wir durch die Soap, die ja praktisch unser Debüt war und uns ein Gesicht gegeben hat, einen Stempel hatten. Damit hatten wir uns die Chance darauf, als richtige Indie-Band wahrgenommen zu werden, verspielt.

„Damit hatten wir uns die Chance darauf, als richtige Indie-Band wahrgenommen zu werden, verspielt.“

Sandra: Wie fühlt es sich an, vor sehr vielen Menschen zu spielen?

Michme: Gut. Es ist wie ein großer Spielplatz, auf dem man sich austoben kann. Wir hatten unsere paar Songs gehabt und haben – was wahrscheinlich sehr viele an uns geschätzt haben: niemand von uns war jetzt der Superinstrumentalist – als Füntergang einfach eine unglaubliche Dynamik über die Jahre entwickelt. Es waren insgesamt schon sechs gute Jahre. Wir konnten uns immer aufeinander verlassen. Wir waren alle beste Kumpels auf einem Erwachsenenspielplatz. Auch wenn vielleicht nicht alles so „erwachsen“ war, was man gemacht hat. Das ist einfach ein schönes Gefühl, das sich schwer beschreiben lässt. Wir erzählen uns heute noch die Geschichten von damals, wenn wir uns treffen. Es gab auch nie Streitigkeiten um Songwriting-Rechte oder wer mehr Aufmerksamkeit bekommt. Wir waren einfach fünf Jungs aus Magdeburg: Der eine hat Schlagzeug gespielt und Bier geholt, der andere hat die Geschäfte gemacht, der Dritte war das kreative Genie, einer hat die Texte geschrieben und in der Öffentlichkeit den Strahlemann gegeben und der Bassist war das ausgleichende psychologische Moment. Auch wenn das nie ausgesprochen wurde, war das so. Und das sechs Jahre lang – auf einem Spielplatz mit Geld und viel Schnaps.

Sandra: Habt ihr das (sogenannte) Rock'n'Roll-Leben so richtig gelebt? Drogen, Alkohol, Frauen …

Michme: In Teilen schon, aber wir hatten nie etwas mit härteren Drogen am Hut. Dennoch haben wir viel Alkohol konsumiert, was aus meiner Sicht nicht weniger gefährlich ist. Gerade hierzulande wird das Risiko oft kleingeredet und Alkohol als Droge verherrlicht. Auf allen großen Veranstaltungen, auf denen wir waren, waren wir immer nur „die Ossis, die saufen". Das haben die Koksnasen zu uns gesagt, um es mal ganz plakativ auszudrücken.
Das höchste der Gefühle war, mit der Crew mal einem Joint zu ziehen, um einschlafen zu können. Das sorgte natürlich für viel Gekicher. Ich wurde innerhalb kürzester Zeit so müde und bin dann nur noch in meine Koje reingeplumpst. Da haben sich die anderen vor Lachen gar nicht mehr eingekriegt. Aber von den Sachen, die sämtliche Langzeitschäden mit sich tragen wie Koks und Heroin, waren wir ziemlich weit weg. Darüber bin ich natürlich auch sehr froh.
Beim Thema Frauen war es so, dass man da erstmal lernen musste, damit umzugehen. Frauen wie Männer waren auf einmal sehr interessiert, wollten Nähe, in welcher Form auch immer. Das muss man für sich als junger Mensch erstmal einordnen, wie man das am besten händelt. Aber auch da kann ich sagen, dass es nicht in eine komische Richtung abgedriftet ist. Wir haben uns nicht, wie man das aus anderen Ecken manchmal gehört hat, „Ladies" vom Manager „besorgen lassen" oder für Frauen bezahlt. Rockstars aus den 1970er oder 1980er Jahren würden sich wahrscheinlich totlachen über das, was wir erlebt haben oder wie wir es erlebt haben. Für sie hätte das wahrscheinlich nichts mit dem „richtigen Rockstarleben" zu tun.
Aus heutiger Sicht eines 51-jährigen Vaters einer Tochter schätze ich aber schon einige Dinge, die wir damals gemacht haben, anders ein.

„Gerade hierzulande wird das Risiko oft kleingeredet und Alkohol als Droge verherrlicht."

Sandra: Wie habt ihr das Leben auf Tour erlebt?

Michme: Am Anfang ist alles noch total spannend, aber es wird relativ schnell langweilig. Deswegen haben wir eigentlich immer überall mitgeholfen. Wir waren „fleißige Ossis" – darf man das so sagen? Aber wir wollten eben einfach nicht irgendwann aufwachen und dann nur rumhocken, bis es losgeht. Wir wollten uns beschäftigt halten. Aber natürlich hockt man auch viel im Nightliner und macht dumme Witze, und jede Band hatte wahrscheinlich die Phase, in der man im Bus irgendetwas gezockt hat. Aber bei uns war das alles immer eine Spur niedlicher als bei richtigen Rockstars.

Foto: WEA/Warner

Ich habe Teile vom Tourleben von TAM mitbekommen und kann mit Blick darauf sagen, dass wir von dieser Art Tourleben meilenweit entfernt waren. Es war bei uns eine Mischung aus Langeweile, Routine, einem krassen Kick, auf den alle hinarbeiten, danach feiert man noch ein bisschen und dann versucht man, genügend Schlaf zu finden, um das am nächsten Tag wieder absolvieren zu können.

Sandra: Gab es den Moment oder das bewusste Gefühl von: Man steht vor Tausenden von Leuten auf einer Bühne und ist danach auf einmal allein im Hotelzimmer. Hast du das jemals so wahrgenommen und wenn ja, was hat das mit dir gemacht?

Michme: Also das ist ja nicht nur ein Gefühl, das ist tatsächlich die Realität. Man muss da aufpassen und sich wirklich überlegen, ob man jetzt den Hotel- beziehungsweise Nightliner-Kühlschrank leer trinken will oder ob man stattdessen lieber schläft. Das habe ich auf jeden Fall so erlebt und das war dann schon schmerzhaft. Meistens habe ich dann aber auch einfach geschrieben. Gleichzeitig habe ich mich dabei ertappt, wie ich mich über andere, erfolgreichere Leute aufgeregt habe, wenn sie genau das beschrieben haben. Ich dachte dann immer gleich: „Ach, jammere nicht rum, das ist doch trotzdem ein geiles Leben!“ Aber sich dann selbst darin wiederzufinden, ist eine Herausforderung. Deshalb ist es für mich total nachvollziehbar, wieso viele Künstler dann anfangen, toxikologisch tätig zu werden – also in jeglicher Form, ob das jetzt Menschen oder Chemikalien gegenüber ist.

Damals – also wir reden über das Ende der 1990er-Jahre – hat noch niemand über seelische Gesundheit in dem Maße wie jetzt gesprochen, nicht mal ansatzweise. Und wenn man sich dann doch dazu geäußert hat, dass es einem eben nicht so gut geht, dann war man schon der Lulli. Und da hatten wir noch Glück, dass wir mit einer Frau als Tourmanagerin unterwegs waren – in dieser sehr männergeprägten Szene. Das war damals Andrea von Steht – sie war toll.

Hinzu kommt, dass eben niemand von uns vom Charakter her so war, dass er in einer extremen Amplitude himmelhochjauchzend und dann wieder zu Tode betrübt war. In anderen Bands war das schon eine ganz andere Hausnummer. Wir haben uns auch nie richtig innerhalb der Band gestritten – außer mein Bruder und ich, aber eben einfach, weil wir Brüder sind. Aber da braucht man gar nicht erst mit einem Oasis-Vergleich um die Ecke kommen. Jede Psychotherapeutin würde sagen: „Ihr hattet überhaupt gar keine Probleme untereinander, ihr wart niedliche Ossis.“

„Damals – also wir reden über das Ende der 1990er-Jahre – hat noch niemand über seelische Gesundheit in dem Maße wie jetzt gesprochen, nicht mal ansatzweise.“

Sandra: Wie war es, als sich eure Hochphase dem Ende entgegen neigte? War das sehr abrupt? Wie ist euer Management mit euch umgegangen und wie hat es sich für euch angefühlt?

Michme: Ich und ebenso die Jungs hatten neben der Musik eigentlich immer noch andere Jobs, die auch öffentlichkeitswirksam waren. Einer davon war bei mir in einem Medienunternehmen und brachte mir damals 6000 D-Mark ein. Das war zu dem Zeitpunkt, als es bei uns mit der Musik zu Ende ging. Ich habe dieses Geld komplett an die Jungs weitergegeben, damit sie es unter sich aufteilen konnten und auch um unser Studio auszubauen. Das war für uns ein komplett fairer Deal. Wir sind trotzdem zusammengeblieben und haben auch Veranstaltungen gemeinsam für andere Leute geplant, waren im Business. Bei keinem von uns habe ich wahrgenommen, dass das Auf-der-Bühne-Stehen so enorm gefehlt hat, dass man darunter leidet oder wir gar als Gruppe auseinanderbrechen. Wir haben nicht wirklich irgendetwas hinterher getrauert. Wir wussten – und haben das auch in vollen Zügen genossen –, dass wir jetzt für ein paar Jahre auf so einem großen Spielplatz sind und danach haben wir eben unser Erwachsenenleben begonnen. Die Jungs noch viel eher als ich. Was aber auch dem geschuldet war, dass ich ja eigentlich schon immer viele Jobs in der Öffentlichkeit hatte.

„Wir wussten – und haben das auch in vollen Zügen genossen –, dass wir jetzt für ein paar Jahre auf so einem großen Spielplatz sind und danach haben wir eben unser Erwachsenenleben begonnen."

Durch eine Beule, die mir das Universum aus welchen Gründen auch immer geschlagen hat, war ich vor mehreren Monaten dann erstmal gezwungen, aus der Öffentlichkeit zu verschwinden. Und auch das war nicht schlimm – im Gegenteil. Es war sehr heilsam und hat gut getan. Ich hatte mehr damit zu tun, die Umstände zu verarbeiten als den Fakt selbst. Ich hatte dann mehrere Wochen nichts gepostet, nur das, wozu ich vertraglich verpflichtet war. Danach machte ich erstmal wirklich gar nichts. Und ich empfand das als wahnsinnig gesund.

So war es eben auch mit der Band. Es waren immer sehr weiche Übergänge. Den Erfolg, den wir hatten, haben wir genossen und sind gerne durch die Türen gegangen, die uns geöffnet wurden. Aber wir konnten sie eben auch ohne großen Schmerz oder Widerwillen hinter uns schließen.

Sandra: Ganz allgemein: Welche Bedeutung hat Musik für dich?

Michme: Für mich ist es einfach die Droge schlechthin – egal wie plakativ und scheiße das klingt, es ist so. Es ist für mich die ungefährliche Variante, mein Bewusstsein zu erweitern. Ich kann die Augen schließen und Musik hören und mich daran binden. Ich klinke mich komplett aus allem aus. Egal, ob beim Joggen, wenn Musik dir ein richtiges runners high geben kann, oder wenn man einfach nur entspannt auf dem Rücken liegt und einen geilen Song hört. Je älter ich werde, desto schwerer wird es, neues Zeug für mich zu entdecken und total geflasht davon zu sein – nochmal so geflasht zu werden wie beim ersten Mal Beatles-Hören, ist aber auch verdammt schwer. Genauso bei der ersten Rage Against the Machine-Platte, als wir alle total ausgetickt sind. Ich könnte so viele große Bands und erste Momente mit ihnen aufzählen. Und auch wenn solche Kicks mit der Zeit seltener werden – sie kommen. Das ist nach wie vor einfach ein unglaubliches Gefühl.

Ich liebe Musik und ich liebe es, dass meine Tochter Musik mag. Als sie drei Jahre alt war, hatte ich gerade Oasis im Zimmer rumliegen und einfach mal wieder aufgelegt. Wenn sie dann im Takt mittanzt – ich kann dir gar nicht sagen, was das in mir auslöst. Aber sowas schafft für mich nur Musik.

Einziges Problem: Ich muss Musik eigentlich laut hören. Das führt natürlich nicht selten zu Diskussionen mit den Menschen, die so um mich herum sind.

Wenn ich mich jetzt für drei Dinge entscheiden müsste, die ich mit auf eine einsame Insel mitnehme, dann müsste Musik schon auf jeden Fall dabei sein. Dafür ist das Digitale schon ein Segen, denn ich habe in meinem Handy meine gesamte Plattensammlung immer bei mir.

„Ich gehöre einfach nicht zu euch. Es gibt einen Unterschied.“ Interview mit Timo Wuerz

von Sandra Strauß

Der „Rockstar der Comic-Szene“ (Süddeutsche Zeitung) leitet weltweit Kreativ-Eingreifteams für die Entwicklung und Gestaltung von Filmen, Shows und Themenparks. Und ist immer noch dankbar und demütig, das machen zu können, was er liebt, und für diese Freiheit bezahlt zu werden. Austoben durfte er sich für Adidas, Daimler, Deutsche Post, Disney, Marvel, DC Comics, McLaren, Lamborghini Beverly Hills, Post Luxemburg, Porsche und Roncalli, um nur ein paar ganz wenige zu nennen.

Seine Arbeiten sind in internationalen Galerien und mehreren Museen zu sehen. Ein paar internationale Preise hat er auch. Zudem ist er an Projekten für Nachhaltigkeit, Natur- und Artenschutz maßgeblich beteiligt, Anliegen, die ihm seit Jahren persönlich sehr wichtig sind. Projekte, die er mit gründete, wurden bereits von der UNESCO ausgezeichnet. Aktivismus in Farbe!

Sandra: Du selbst bist bisher relativ verschont geblieben, was das Thema psychische Belastungen betrifft, aber du wurdest damit in deinem nahen Umfeld konfrontiert.

Timo: Mittlerweile gibt es kaum noch jemanden, der gefühlt irgendwie nicht damit konfrontiert ist. In meinem wirklich engsten Freundeskreis ist die ganze Bandbreite dabei: von Erschöpfungszustand über Depression, Angst bis hin zu einer bipolaren Störung. Durch meine Ex-Freundin habe ich Depression sehr direkt mitbekommen. Aber noch bin ich hauptsächlich ein Sonnenschein. Einer dieser widerlichen Menschen, die 95% des Tages blendende Laune haben.

Sandra: Wenn du in deinem Freundeskreis damit in Berührung kamst, konntest du damit umgehen?

Timo: Man lernt es. Wenn man es selbst nicht hat, kann man es logischerweise nur rational verstehen und weiß nicht, wie es dem Gegenüber wirklich geht. Meine Lernkurve war in den letzten zehn Jahren steiler, als ich es mir jemals gewünscht hätte, aber ich versuche auch durch eure Bücher darüber zu lesen und irgendwie Schritt für Schritt meinem Umfeld beizustehen.

Sandra: Du bist Metal-Fan, richtig?

Timo: Ich war gestern Abend bei Iron Maiden – natürlich in der zweiten Reihe, wie es sich gehört. Danach sah ich aus, als hätte man mich in einen Pool geschmissen.
Mit zehn hatte ich ein Mixtape von einem älteren Cousin erhalten. Da waren Iron Maiden, Dead Kennedys und Black Flag drauf. Somit konnte nichts mehr aus mir werden. Aber parallel hatte ich auch richtig klassischen Querflöte-Unterricht, was natürlich eine wunderbare Verbindung zu Jethro Tull ergab, die ich dann entdeckt habe. Ich habe in Bands und Orchestern gespielt, bin ein totaler Musik-Junkie, liebe Oper und ganz viel anderes. Punk und Metal ist das, was mir die ganze Zeit in den Arsch tritt.

Sandra: Was ist für dich das Besondere an Punk und Metal, was löst es in dir aus?

Timo: Vermutlich war es einfach die Kraft der Musik, die mich umgehauen hat. Von der Szene her ist mir Punk und Hardcore tatsächlich näher: Straight Edge, das Inklusive und Tolerante. Metal: Ich mag kein Bier, bin vegan, grille nicht, habe keine Kutte und auch keinen Bierbauch, um mal alle Klischees zu bedienen. Und Metal ist an sich etwas sehr Konservatives. Teilweise könnte man sagen, dass da ganz viele Sachen in den Achtzigern hängen geblieben sind. Aber ich liebe die Musik, gehe auf Metal-Konzerte und habe unglaublich viele Metal-Plattencover gestaltet.

Sandra: War es immer cool, mit den Bands zusammenzuarbeiten?

Timo: Super easy. Bei den vielen hundert Covern, die ich gestaltet habe, gab es vielleicht ein, zwei Bands, mit denen es nicht so richtig gepasst hat. Aber an sich war das immer völlig problemlos. Je schlimmer die Musik, desto netter die Leute.

Sandra: Beschäftigen sich Bands im Bereich Metal mit Mental Health in ihren Texten? Oder gehts inhaltlich wirklich um Satan, wie man klischeehaft annimmt?

Timo: Ähnlich wie Science Fiction-Filme, Comics und andere Genre-Sachen ist es eher eine äußere Form, um mit seinem Inneren umzugehen und auch mit der eigenen Weltsicht oder dem eigenen Blick auf die Gesellschaft klarzukommen. Manche verpacken es in Satans-Zeug, manche in Fantasy-Storys. Aber ich glaube, dass alle Kunst immer eine Reflexion von dem ist, was die Leute beschäftigt, egal wie sie es verpacken. Bei mir selbst und in meinen Comics ist es auch so.

Foto linke Seite: Erik Pothast

Ich packe meine Anliegen und das, was mich beschäftigt, aber nicht in Alltagsgeschichten, die eins zu eins übersetzt sind à la: Ich habe ein Problem mit einer Frau, also mache ich einen Comic über einen Typen, der ein Problem mit einer Frau hat. Das hat nie funktioniert. Bei mir sind es viele Action-Geschichten und selbst die abstraktesten Geschichten sind eigentlich immer ein Umgang mit den Themen, die mich beschäftigen.

Sandra: Im Metal gibt es sehr viele Männerbands.

Timo: Ja, total, wobei es sich schon ein bisschen verändert, sowohl auf als auch vor der Bühne, aber der Großteil sind Männer. Es ist immer noch so ein Testosteron-Bier-Ding. Ich habe keine Ahnung, warum, aber das kannst du mich auch nicht fragen. Ich bin ein weißer Mann, der in den Achtzigern mit Metal konfrontiert wurde.

Sandra: Aber man entwickelt sich ja. Und es gibt auch Frauen wie Doro und Alissa White-Gluz von Arch Enemy.

Timo: Es gibt endlos viele. Ich habe mit vielen Bands gearbeitet, in denen Frauen singen oder ein Instrument spielen. Das gibt es schon und auch immer vermehrter. Frauen wie Doro, Lita Ford und Lee Aaron waren da auch Vorreiterinnen und hatten es sicherlich noch schwerer. Wobei ich glaube, dass nicht so viele Leute so viel Glück hatten wie Doro. Sie ist immer ein wandelnder Sonnenschein. Ich liebe sie über alles, sie ist so großartig. Nur beim Telefonieren ist es die Hölle, weil sie genauso eine Labertasche ist wie ich. Doro hat auch bei meinem Buch „GIVE A FUCK!“ mitgeholfen und einen Beitrag geschrieben.

Sandra: Wie gehören für dich Metal, Musik überhaupt und Tierschutz zusammen?

Timo: Meine engagierteren Bücher, in denen es sich meist um Artenschutz und Tiere dreht, sind eine fürchterlich persönliche Angelegenheit. Und ich dachte, dass es einfach cool ist, das zum Anlass zu nehmen und ein paar Leute, die ich kenne oder noch nicht kenne, die mich inspiriert haben, zu fragen, ob sie nicht in irgendeiner Form einen kleinen Beitrag leisten möchten, weil ich schon denke, dass man bei allen schwierigen Themen am besten zusammenarbeitet. Ich hätte niemals gedacht, das am Ende Menschen wie Sea Shepherd-Gründer Paul Watson über Fotograf Paul Nicklen bis hin zu meinem Lieblingsmusiker Ian Anderson von Jethro Tull dabei sind. Teilweise sind daraus wirklich ganz gute Freundschaften oder Bekanntschaften entstanden.

Sandra: Kennst du viele Musiker:innen und Bands, die sich aktiv und auch sichtbar für Tier- und Klimaschutz engagieren?

Timo: Bei Doro ist es bekannt, dass sie sich vegan ernährt und kein echtes Leder mehr trägt. Ian Anderson engagiert sich für Wildkatzen. Eine meiner Lieblingsbands Panopticon, die Black Metal mit Bluegrass verbindet, singt über Natur-, Umwelt- und Klimaschutz.

Sandra: Was wünschst du dir beim Thema Klimaschutz, auch unter dem psychischen Aspekt?

Timo: Vor allen Dingen zusammen machen, das ist immer das Wichtigste. Das hilft, glaube ich, sowohl der psychischen Verfassung als dass es auch viel effektiver ist, wenn man einfach darüber redet, darüber singt, darüber malt und zusammenarbeitet – über das persönliche Engagement hinaus. Es motiviert natürlich ebenso weiterzumachen. Ich habe auch für mich angefangen, es halbwegs öffentlich zu machen, weil ich einfach nicht zugucken konnte. Aber ich hätte niemals gedacht, wer alles dazustößt und was sich daraus ergibt. Für ein britisches Projekt konnte ich mit Yoko Ono zusammenarbeiten. Da hatte mich der Zeichner Mike Perkins dazu gebracht. Man wird bekannt dafür, dass man sich engagiert, plötzlich kommen Menschen zusammen und es ergeben sich immer weiter Dinge. Das hilft schon enorm, auch für die eigene und geistige Gesundheit. Und ja, das Engagement kann größer und auch lauter werden, und wenn ich da mithelfen kann, werde ich das definitiv tun.

Sandra: Du zeichnest und malst ebenso unglaublich viele Porträts von Musiker:innen. Welche Bedeutung hat das für dich persönlich?

Timo: Ich habe gezeichnet, bevor ich geredet habe und gelaufen bin. Für mich ist das die natürlichste Art der Kommunikation. Ich nehme die Welt als Zeichner wahr. Wenn es irgendetwas gibt, das ich gut oder schlecht finde, das mich beschäftigt, dann versuche ich das in erster Linie zeichnerisch zu lösen. So kam es dann auch irgendwie, dass ich, wenn ein Musiker gestorben war, meine Anteilnahme in einem Porträt ausdrückte und sich das dann verselbständigte. Es ist schlicht und ergreifend der Umgang mit den Dingen, die passieren und mich beschäftigen. Zeichnen ist mein Medium, mit mir und mit anderen zu kommunizieren.

Sandra: Wie kam es zu der Zusammenarbeit mit den verschiedenen Bands? Du hast beispielsweise auch für Gothic-Bands Cover gezeichnet.

Timo: Da habe ich vor allem für ASP gezeichnet. ASP ist ein Sonderfall und das kam so zustande: Ich kam in dieses Zimmer hinein, erster Schultag, fünfte Klasse Gymnasium und da saß ASP. Wir kennen uns seitdem und sind eng befreundet. Er macht Musik, er kann schreiben, ich zeichne und von daher ist es naheliegend. Alles andere ist tatsächlich Mundpropaganda oder meine Sachen waren sichtbar. Ich habe nie Werbung dafür gemacht. Ich freue mich natürlich, wenn Bands kommen, weil es als Musik-Junkie schon ganz cool ist, wenn ich der Musik ein Gesicht geben kann. Im Idealfall fühlen sich die Bands oder deren Musik durch meine Zeichnungen repräsentiert oder entdecken vielleicht sogar neue Aspekte in ihrer Musik.

Sandra: Was löst bei dir Musik aus? Jede:r empfindet Musik ja anders.

Timo: Es ist schwierig zu erklären, was eine Kunstform wirklich mit einem macht. Ich gehe wahnsinnig viel auf Konzerte, oft auch allein. Mir geht es da echt um die Musik. Es wäre natürlich wahnsinnig langweilig, wenn ich der einzige Zuschauer wäre, von daher sind Gemeinschaft und Stimmung schon wichtig. Aber ich gehe da nicht aus sozialen Gründen hin, in 90% der Fälle rede ich mit niemandem. Es gibt natürlich Bands, von denen ich Fan bin, weil ich die Musik und die Inhalte wirklich ganz toll finde. Die Musiker selbst sind mir in den meisten Fällen egal, das meint: was sie privat machen oder sonst irgendetwas. Meistens weiß ich das auch gar nicht, weil ich nicht so ein Musik-Gala-Leser bin. Aber natürlich weiß ich viel darüber, weil ich sehr gern Musiker-Biografien lese. An sich denke ich, dass der Musiker, der Künstler, die Künstlerin einem das Werk gibt und der Rest geht mich erstmal nichts an, das sie

Foto linke Seite: privat

nicht freiwillig selbst geben. Ich habe ebenso keinen Drang, den Musiker oder die Musikerin, deren Musik ich gut finde, kennenzulernen. Iron Maiden als Beispiel sind jetzt eher unspektakuläre Personen und dagegen gibt es überhaupt nichts zu sagen und ich meine das auch nicht abschätzig. Ich habe ihre Musik, ihre Persönlichkeiten durch die Musik und das reicht. Ich muss jedoch nicht mit ihnen befreundet sein oder Selfies mit ihnen machen. Die Inhalte sind mir durchaus ebenso wichtig, im Idealfall sind sie natürlich engagiert und haben ähnliche Ansichten.

Sandra: Wenn du beispielsweise Autobiografien liest und dabei herausfindest, dass sie menschlich totale Arschlöcher sind, was macht das dann mit dir? Oder wenn du mitbekommst, dass sie voll den Rock'n'Roll-Lifestyle leben – und du bist Veganer und trinkst beispielsweise kein Bier. Ist dir das egal?

Timo: Es gibt sicherlich Grenzen und es sind sicherlich immer Einzelfälle. Wir sehen es auch am aktuellen Beispiel. Zum Glück war mir Rammstein schon immer total egal, deswegen habe ich die Diskussion auch nur ganz am Rande mitbekommen. Ich kann jetzt nicht sagen, dass mich das irgendwie überrascht hat. Das sind Fälle, die es dann schon eher schwierig machen. In der totalen Frühphase fand ich auch Marilyn Manson ziemlich cool, also ich mochte die Musik und auch dass Rock'n'Roll mal wieder wirklich gefährlich ist, mit allem Für und Wider, allem Exzess und was sie alles angestellt haben. Er hat ziemlich früh eine Autobiografie geschrieben und die war schon ziemlich harter Tobak. Da ist es für mich okay, da kann ich seine alten Sachen immer noch hören, selbst wenn ich etwas nicht toll finde, was jemand macht. Oder wie Peter Ustinov mal so schön gesagt hat: „Die einzige Möglichkeit, jemanden davon zu überzeugen, großartig zu sein, ist tot zu sein." Selbst wenn Beethoven von mir aus echt ein Wichser gewesen sein sollte, hat er offensichtlich irgendetwas in sich gehabt, das es ihm ermöglicht hat, so unfassbar tolle Musik zu machen und so viel Schönheit hervorzubringen. Es ist nicht nur das eine und nicht nur das andere. Keine Person ist nur das oder nur das. Und der Rest ist einfach persönliches Empfinden, mit was man umgehen kann und mit was nicht. Wo ist die persönliche Grenze, bei der man auch die Musik von irgendjemandem nicht mehr gut finden kann, weil Musiker oder Musikerinnen, also meist sind es Männer, vermutlich problematisch sind?

Sandra: Was wäre deine persönliche Grenze?

Timo: Weiß ich nicht. Also ich hatte das echt eigentlich ziemlich selten. Es kommt natürlich auch noch dazu, dass es mit der Zeit zu tun hat. Gerade so 1980er Jahre-Hollywood Sunset Strip-Bands haben es ordentlich krachen lassen und da war sicherlich auch nicht alles okay. Von Guns N' Roses über Mötley Crüe. Ohne dass es irgendetwas entschuldigt, ist es auch eine Sache des Umfelds und der Zeit und es ist ganz schwer, es darüber hinaus irgendwie zu be- oder verurteilen. Ich kann mich jetzt gerade nicht an einen Fall erinnern, bei dem ich irgendeine Band gut fand und dann passierte irgendetwas und dann sagte ich: „Nee, das war es jetzt“. Also zum Glück. Es gab mal die englische Band Lostprophets, die ich ein paar Mal live gesehen habe. Da stellte sich später heraus, dass der Sänger irgendetwas mit einer Minderjährigen zu tun hatte. Das ist natürlich ein ziemliches No Go. Ich war jetzt nicht der große Fan, aber Sachen von ihnen kann ich an sich immer noch hören. Es ist immer die Frage: Was hat Musik mit der Person dahinter zu tun? Das ist stets eine persönliche Abwägung. Kann man Riefenstahl gut finden oder nicht? Totaler Klassiker.

Sandra: Das ist bei mir echt anders. Ich habe Marilyn Manson vor Jahren auch gehört und die Bio gelesen, als sie veröffentlicht wurde. Aufgrund der Missbrauchs- und Gewaltvorwürfe mehrerer Frauen höre ich seine Musik nicht mehr, weil das bei mir zusammengehört und ich das nicht trenne. Von Rammstein habe ich mit 18/19 ein, zwei Songs gehört und schon damals war für mich klar, dass ich es überhaupt nicht gut finde, was sie wie machen und auch das angebliche Spielen mit den Tabubrüchen. Und spätestens beim Vergewaltigungsgedicht von Lindemann war die Richtung für mich ohnehin eindeutig. Ich kann diese Trennung nicht machen, weil ich Musik nicht nur hören kann, um Musik zu hören, sondern bei mir geht da auch gleich alles andere mit an.

Timo: Pauschal kann man es eh nicht sagen. Bei Rammstein fiel es mir schon immer schwer, darin Ironie und ein Spiel mit Bildern zu finden. Aber auch da hilft vermutlich völlig allgemein gesprochen eine Einbettung in die Szenen wie bei Punk, Hardcore und Metal, die einen gewissen Ethos teilen: Straight Edge, Toleranz, kein Rassismus und kein Sexismus. Wobei das nicht heißen soll, dass da nie etwas passieren kann. Deswegen hatte ich auch schon immer ein Riesenproblem mit Nu Metal, außer dass ich die Musik kacke fand, war das ja schon immer sowas von chauvinistisch, mit ganz fürchterlichen Texten und fast schon dieses Gangsta-Rap-Frauenbild. Limp Bizkit beispielsweise fand ich immer aufgrund ihrer Inhalte und dem, was sie verkörpern, so unangenehm. Ich versuche immer, einen

Illustrationen: Timo Wuerz

Künstler, eine Künstlerin nicht nur als das eine zu sehen, das ich an ihr gut oder eben schlecht finde, sondern es ist alles erheblich komplexer und schwarz-weiß gibt es eh nicht. Und irgendwo in diesen Grauzonen muss sich halt jeder irgendwie zurechtfinden, was er gut findet und was nicht, was er akzeptieren kann und was nicht, solange es nicht strafrechtlich relevant ist. Dann ist die Diskussion natürlich vorbei.
Also offene oder auch nur halboffene rechte Bands gehen natürlich auch nicht. Der Gitarrist von Iced Earth war bei dem Sturm auf das Capitol dabei und spätestens dann würde es mir schwerfallen, sie noch zu hören. Zum Glück hatte ich mit ihnen ohnehin nie etwas am Hut.

Sandra: Wie wird deines Empfindens nach das Thema Sexismus in der Metal-Szene und auch im Hardcore sowie Punk behandelt? Wie ist da das Frauenbild?

Timo: Ich glaube, bei Punk und Hardcore ist es schon sehr tolerant. Man merkt es extrem bei Konzerten, dass schon sehr explizit klargemacht wird, dass man aufeinander aufpasst. Mittlerweile wird da auch wahnsinnig darauf geachtet. Es ist alles ebenso viel netter und sanfter geworden. Ich meine, vor 20 Jahren gab es regelmäßig Prügeleien.
Ich lese gerade das sehr interessante Buch „Black Metal Rainbows". Das ist eine Sammlung von Essays und da geht es darum, dass Black Metal nicht nur männlich, skandinavisch, wir singen von Satan und rennen traurig durch den Winter, ist, sondern dass es wirklich jede Menge andere Bands gibt, die queer und trans sind, und dass man einfach diesen klischeehaft Kirchen verbrennenden und wie Vikernes und Burzum eher rechts befindlichen Bands Black Metal nicht überlässt. Das ist wirklich eine absolut faszinierende Essay-Sammlung, in der es darum geht, dass wir eine Musikrichtung nicht Deppen überlassen können. Eine Autorin darin ist Margaret Killjoy, ihre Band heißt Feminazgûl und sie engagiert sich sehr gegen Rechts und für Transgenderrechte.

Sandra: Was ist für dich die Faszination an Black Metal?

Timo: Vor allem mag ich einfach die Musik. Ich mag extreme Dinge: Wie weit kann man irgendetwas treiben? Ich finde es einfach interessant, eine Ausdrucksform zu finden, ähnlich wie eine Leinwand zu nehmen und einfach schwarz anzumalen. Wenn man das das erste Mal macht, ist es ein wichtiger Schritt in der Entwicklung der Kunst. Einfach schauen, wie weit ich mit der reinen Kunstform gehen kann. Black Metal ist einfach eine andere persönliche Ausdrucksform. Wenn man es natürlich dann endlos kopiert, wird es wieder langweilig. Aber diese künstlerische Intention und ebenso diesen persönlichen Ausdruck finde ich schon echt spannend. Vor allem jedoch mag ich die Musik, auch schon die frühen Vorläufer wie Slayer, ich finde sie sehr entspannend. Und ich finde es lustig, die anderen Einkaufenden auf dem Edeka-Parkplatz zu schockieren, wenn ich im Sommer meine Autotür öffne und ihnen Mayhem in voller Lautstärke entgegenbröselt.

Sandra: Wie du eben gerade beschrieben hast, gibt es eine Awareness-Entwicklung in der Musik. Konntest du auch eine Entwicklung im Bereich Mental Health feststellen?

Timo: Das gibt es definitiv und ich glaube schon, dass es auch viel akzeptierter ist, darüber zu reden. Selbst wenn es wie bei Metal Bands so ist, dass sie eben ihre persönlichen Probleme in ein Fantasy-Konzeptalbum verpacken. Ich glaube, der persönliche Ausdruck dahinter ist genau der gleiche, weil es darum geht, wie ich mich fühle und die Welt wahrnehme.
Beispielsweise ist in amerikanischen Musikzeitschriften das Thema Mental Health extrem präsent: Was inspirierte die Musik der Bands? Was macht das Tourleben mit einem? Es ist toll, dass mittlerweile sehr viel mehr darüber gesprochen und geschrieben wird. Es ist aber auch kein Wunder, weil die, die solche Musik machen oder sich künstlerisch ausdrücken oder zu solchen Genres Zugang haben, meistens nicht die sind, die im Fußballverein aktiv sind, sondern die sich von Schule und Gesellschaft eher als Außenseiter fühlen und die Empfindsameren sind. Es sind meistens die empfindsameren Außenseiter-Seelchen. Nieten, lange Haare, fürchterliches Aussehen und laute Musik sind oftmals bewusst oder unbewusst auch ein Schutzpanzer, um sich entweder abzugrenzen oder vor der Welt zu schützen. Ich bin jetzt nicht mehr der Jüngste, aber meinen eigenen Musikgeschmack mit Punk und Metal sowie meine ganzen Tattoos habe ich immer auch schon ein stückweit als Abgrenzung gesehen, obwohl ich wirklich sozial nett und ein Sonnenschein bin sowie Freunde auf der ganzen Welt habe. Meine Tattoos zum Beispiel sind ein sichtbarer Ausdruck dafür, dass ich sage: „Ich gehöre einfach nicht zu euch. Es gibt einen Unterschied.“ Und ich will auch nicht irgendetwas machen, weil es trendy ist, sondern es ist einfach ein Ausdruck, um mich zu unterscheiden.

Illustrationen: Timo Wuerz

SOUNDTRACK OF MY LIFE

von Timo Wuerz

In einem ausnehmend musikinteressierten Haus bin ich nun wirklich nicht aufgewachsen.

Meine Eltern hörten Radio und als Kind hört man halt mit und denkt selten darüber hinaus. Doch es gab zwei Stimmen, die ich dort hörte, die mir auffielen und mich mehr begeisterten als alles andere, was so im Radio dudelte. Genug, um wissen zu wollen, wer da singt, und mir die Musik kaufen zu wollen: John Denver und Johnny Cash. Keine ganz schlechte Wahl, was? Beide bedeuten mir auch heute noch viel und wenigstens Cash konnte ich noch live auf der Bühne sehen. John Denver beeinflusste mich tatsächlich noch mehr als Cash: seine Songs, seine Texte und sein Engagement für die Natur. Damals schon und heute auch noch.

Mit zehn Jahren passierte es dann: Ich besitze immer noch DAS Mixtape, das mir die Welt der harten Gitarren eröffnete. Darauf waren Iron Maiden, Black Flag und Dead Kennedys vertreten. Okay, und die Toy Dolls und The Cure. Diese beiden hinterließen keinen bleibenden Eindruck bei mir, „The Number Of The Beast", „Run To The Hills", „Rise Above" und „Nazi Punks Fuck Off" umso mehr. Ich verstand sicherlich nicht, was ich da hörte, doch ich wusste sofort: Das isses! Es war Anfang 1983 und ich war knapp zehn Jahre alt.

Beim nächsten Einkaufstrip der Familie nach Heilbronn, der nächstgrößeren Stadt, war mein Ziel der gutsortierte Plattenladen im Wollhauszentrum. Ich fand auch gleich das Iron Maiden-Fach und sah das frisch erschienene „Piece Of Mind"-Album. Wow, was ein Cover! Genau die Platte musste ich haben! Ob ich denn vorher reinhören möchte, fragte mich der langhaarige Angestellte. Mein Vater, der mich begleitete, hielt dies auch für eine gute Idee. Also gut. Der Langhaarige nahm die Schallplatte aus der Hülle, legte sie auf den Plattenteller und gab mir die viel zu großen Kopfhörer. Natürlich war die Lautstärke, passend zu seinen üblichen Rockmusik-Kunden, beträchtlich. Bereits nach zwei oder drei Sekunden ohrenbetäubendem „Where Eagles Dare" nahm ich mit einem breiten Grinsen die Kopfhörer ab und war sicherer als je zuvor: Ja, die Platte musste es sein! So kaufte ich sie mir. Ich bin davon überzeugt, dass mich diese Anfangstakte des ersten Songs auf „Piece Of Mind" jederzeit aus Schlaf, Koma oder Grab wecken können. Hätten meine Eltern nur geahnt, was dieser Kauf auslöste ...

Kurz darauf besaß ich viele weitere Metal-Alben. Ich bog im zarten Alter von elf Jahren zu Possessed, Voivod, Slayer und Celtic Frost ab. Meine Eltern begegneten der neuen musikalischen Untermalung im schwäbischen Heim überraschend tolerant, selbst als ihr Sprössling Mercyful Fates „Don't Break The Oath" mit seinem bekannten Teufelscover in den anständig christlich-schwäbischen Haushalt schleppte. Nur die gelegentlichen Drohungen, die Sicherung herauszudrehen, wenn die Musik aus meinem Zimmer zu laut wurde, waren ab und zu von meiner Mutter zu hören. Bald erkannte sie jedoch Bruce Dickinson binnen Sekunden aus hunderten Sängern problemlos heraus. Ihre Bezeichnung für ihn ist bis heute noch „der Schreier".

Als 2013 Iron Maiden wieder einmal in Hamburg spielen sollten, überlegte ich, ob ich hingehe. Mir fiel ein, dass ich hingehen muss, denn ich habe ja ein Jubiläum zu feiern: Seit 30 Jahren höre ich Iron Maidens Musik. Dann fiel mir ein, dass meine Eltern dasselbe Jubiläum begehen, denn auch sie hören seit genau 30 Jahren Iron

Maidens Musik. Unfreiwillig, zugegebenermaßen. Meine Eltern besuchten mich eh immer wieder in Hamburg, also könnten sie das ja auch zum Konzerttermin im Juni tun. Meine Mutter dachte wohl, ich scherzte, widersprach daher nicht sofort. Also besorgte ich für meine Eltern Konzerttickets, natürlich gute Sitzplätze am Rand eines Blocks in der Arena, dazu Ohrstöpsel, denn schließlich war meine Mutter noch nie auf einem Rockkonzert gewesen, geschweige denn bei einer Heavy Metal-Band. Der Tag des Konzerts kam, und während ich direkt vor der Bühne rockte, sahen meine Eltern über eine Stunde den Iron Maiden-Auftritt, bevor sie dann doch in der Arena etwas trinken gingen. Anschließend fasste meine Mutter das Konzert so zusammen: „Ha, des war schon interessant! Und des klingt besser als auf deinen alten Platten!“ Vor dem Rest der Familie wurde natürlich angegeben: „Ratet mal, wo wir waren: in Hamburg bei Eier Mäiden!“ Ich glaube ja immer noch, dass meine Eltern durch die jahrelange Prägung einige der Songs, die die Band live spielte, sehr gut kannten und beinahe hätten mitsingen können.

Metal-Musik ist schwer von den Coverartworks zu trennen. Beides gehört zusammen. Die Schallplattenhüllen beeindruckten mich ebenfalls nachhaltig. Umso mehr, da ich zu zeichnen begonnen hatte, noch bevor ich reden oder gehen konnte.

Dazu kamen Pink Floyd, Jethro Tull und Tom Waits als wichtige Pfeiler meiner Lieblingsklänge. Dass Jethro Tull-Mastermind Ian Anderson das Vorwort zu einem meiner Bücher schrieb, ist bis heute ein Highlight, ein wahr gewordener Traum. Auch uns verbindet die Liebe zur Natur und dem Engagement für deren Bewahrung.

Musik, speziell Punk und Metal, spielt daher schon immer eine große Rolle in meiner Arbeit, meinen Büchern und Comics, am offensichtlichsten in Comics wie „Black Metal“ oder „XCT“, in Büchern wie „The Art of Metal“, einer Sammlung meiner hunderter Albumcover für Metalbands. Selbst ein engagierter Tierbildband wie „Give A Fuck!“ dreht sich um Artenschutz und Musik. Für das britische Projekt Rewriting Extinction konnte ich mit Yoko Ono zusammenarbeiten.

Als ich endlich alt genug war, selbst Plattencover zu gestalten, war Vinyl out und alles erschien im kleinen 12 x 12 cm CD-Format. Lange musste ich warten, bis endlich wieder viel Musik auf Schallplatte herausgebracht wurde und ich meine Artworks so sehen kann, wie sie gedacht waren. Warum ich überhaupt Metal-Plattenhüllen malen wollte: 30 x 30 cm, am besten als Gatefold zum Aufklappen! Geduld zahlt sich auch hier aus.

Seit meiner Kindheit hörte ich quasi kein Radio. Ich höre Musik nur absichtlich, vor allem natürlich zuhause beim Malen. Oder auf den vielen Konzerten, die Hamburg zu bieten hat. Und andere Städte zu bieten haben. Okay, ich flog auch schon zum ersten Reunion-Konzert von Guns N' Roses 2016 extra nach Las Vegas.

Ich spielte sowohl kurz in Bands als auch länger in Orchestern. Die Musik von Mahler, Puccini oder Beethoven bewegt mich mehr als fast alles andere. Ein Orchester halte ich für das schönste und ausdrucksstärkste Instrument. Meine sehr umfangreiche Vinyl- und CD-Sammlung umfasst zudem Elektronisches wie Scorn oder Aphex Twin, Hip-Hop wie Public Enemy und die Beastie Boys, Jazz wie John Coltrane, Albert Ayler und Miles Davis, Krach wie Caspar Brötzmann Massaker und Wold und sehr viel Weiteres: Nusrat Fateh Ali Khan, Reinhard Mey, viel Countrymusik und noch mehr von Frank Sinatra.

Noch ein paar Dauerbewohner meines Plattentellers aus letzter Zeit? Die Bands Panopticon, FFF und Blackboard Jungle und die Sängerinnen Mary Chapin Carpenter und Lainey Wilson. Ich brauche die Vielfalt.

Zum Schluss noch ein konkreter Plattentipp? Panopticon „The Scars Of Man On The Once Nameless Wilderness Part I“.

„JA, ICH WAR AUSGEBRANNT."
Interview mit Charly Nagele

von Sandra Strauß

Charly Nagele begann im Alter von sechs Jahren mit Akkordeon-Unterricht und hatte bereits mit acht Jahren erste Auftritte. Er erlernte später Flügelhorn, Trompete, Posaune und Schlagzeug, wobei er mehrere Leistungsabzeichen erhielt. Mit 18 Jahren wurde er Schlagzeuger bei der Militärmusik Tirol und Sänger in deren Big-Band. Er besuchte das Landeskonservatorium Innsbruck und war nach seiner Zeit beim Militär in verschiedenen Bands und Formationen aktiv. Zudem absolvierte er eine Ausbildung als Blasorchesterleiter und war fünf Jahre in dieser Rolle tätig. Nach einem Instrumental- und Gesangspädagogik-Studium wurde er Profimusiker und Studiomusiker, war auf Tourneen und in TV-Auftritten präsent, und arbeitete zuletzt 15 Jahre als DJ im Tiroler Wintersportgebiet.

Sandra: Magst du zu Beginn deine Musikerbio inklusive Stationen punktuell beschreiben.

Charly: Als Kind einer Musikerfamilie, einer Blasmusikfamilie, habe ich früh Trompete sowie Flügelhorn gelernt und bin dann auf Schlagzeug umgesattelt. Bei meiner Heimatblaskapelle habe ich das bronzene, silberne und goldene Leistungsabzeichen erhalten. Mit 18 Jahren spielte ich Militärmusik und ging mit 19/20 zu den Original Tiroler Kaiserjägern – das ist gehobenste Blasmusik. Ich habe dann in den fünf bis sechs besten Kapellen von Tirol und teilweise von Österreich mitgespielt. Nach den drei Jahren Militärmusik habe ich angefangen, Instrumental- und Gesangspädagogik zu studieren. Ich war zu meiner Zeit einer der jüngsten Kapellmeister Österreichs und habe fünf Jahre lang ein Blasorchester mit 64 Mann geleitet. Während meines Studiums habe ich meine Fühler in Richtung Kommerz-Sektor ausgestreckt, um Geld zu verdienen. Ich war mit diversen Bands aus dem In- und Ausland als Berufsmusiker unterwegs und war ebenso Studiomusiker. Im Jahr 2003 habe ich aufgehört, bis 2006 musste ich jedoch noch Verträge abarbeiten und habe dann 2006 tatsächlich mit der Musik aufgehört. Im Anschluss daran war ich 15 Jahre lang Après-Ski-DJ.

Sandra: Durch die ganze Rammstein-Diskussion kam ebenso mit hoch, dass gesagt wurde: „Bei Heino gab es das mit den ganzen Fans und Groupies auch schon“.

Charly: Das gibt es überall. Das ist ja das, was mich so nervt: die ganze Scheinheiligkeit. Jeder Alleinunterhalter, der vor 100 Leuten spielt, hat eine oder zwei Frauen im Publikum sitzen, die ihn anschmachten. Spielst du in einem Festzelt mit 2500 bis 3000 Menschen, dann sind es 20/30.

Sandra: Hat man für den Schlagerbereich nicht immer angenommen, dass da alles gediegen ist? Ist es denn nicht so? Dort

Foto linke Seite: Katrin Lantzsch

gibt es wohl auch diesen sogenannten Rock'n'Roll-Live-Style und nicht nur bei Rockbands. Hast du so etwas erlebt?

Charly: Als Rock'n'Roller gehst du auf die Bühne und kannst DU sein. Wenn du scheiße drauf bist, dann biste scheiße drauf und es interessiert dich nicht, was 50.000 Leute von dir denken. Als Schlagerfuzzi musst du immer lächeln. In dem Moment, in dem du auf die Bühne gehst oder deine Klamotten anhast, bist du der Gute-Laune-Schlagerfuzzi. Du bist der Gute-Laune-Bär, egal was zehn Minuten vorher war oder ob es dir schlecht geht. Das muss so sein, weil du die gute Laune verbreiten musst: „Ach ja, heute hammer's ja wieder schön. So schön, dass ihr alle da seid." Da schmelzen die Mädels im Publikum hin. Es sind zu 80% Mädels.
Natürlich sind auch im Schlagersektor sehr viele Drogen im Umlauf.

Sandra: Drogen im Backstage im Schlagerbereich: Ist das ein offenes Geheimnis?

Charly: Klar, dass da keiner drüber spricht. Ich habe Unzählige besoffen, zugekokst, zugeraucht oder was auch immer erlebt.

Sandra: Wie war es bei dir, als du mit deiner Band in der Schlagerszene unterwegs warst? Ihr wart sehr bekannt, habt viele Platten verkauft. Wie habt ihr das selbst erlebt und gehandhabt, was Alkohol, andere Drogen und Groupies angeht?

Charly: Wir hatten einen Keyboarder, der sich einrauchen musste, sonst wäre er gar nicht aus dem Zimmer gekommen. Prinzipiell standen immer fünf Flaschen Johnnie Walker auf der Bühne und die haben wir dann in den drei oder dreieinhalb Stunden zu uns genommen. Wenn du monatelang auf Tournee bist, tötest du dich irgendwann nur noch ab, du funktionierst nur noch und musst schnell wieder gepusht werden. Ich habe es immer wie der bekannte Schweizer Musiker Gölä gehalten, der gesagt hat: „Solange du dir kein Loch in den Körper stichst, kannst du machen, was du willst".

Sandra: Du trinkst jetzt nicht mehr?

Charly: 2000 habe ich aufgehört zu trinken. Seit diesem Zeitpunkt trinke ich nicht mehr. Nicht, dass ich nicht könnte oder wollte, es schmeckt mir einfach nicht mehr. Es fällt mir nicht schwer, zu Hause oder im Restaurant eine Apfelschorle oder ein Wasser zu trinken.

Sandra: In unserem Vorgespräch meintest du, dass es normal war, dass man Fans und Groupies hatte und dass sie auch Backstage und mit ins Hotelzimmer gekommen sind. Das gehörte mit dazu. Wir reden hier von freiwillig.

Charly: Ja, logisch freiwillig. Du hast dir ausgesucht, wen du heute beglückst. Das musst du dir so vorstellen: Du gehst auf die Bühne, Spot an, Musik geht los, du stehst da, singst und spielst. Und dann schaust du runter ins Publikum und siehst da fast nur Mädels sitzen. Und du suchst dir im Prinzip aus, wer dann in den Genuss kommen sollte, nach der Show Backstage oder wo auch immer mit hinzukommen. Das geht ohne Worte. Da war ich selbst erstaunt.

Sandra: Wenn du jetzt zurückblickst, wie empfindest du das? Du bist irgendwann aus dem Bereich raus, weil du ausgebrannt warst, oder?

Charly: Ja, ich war ausgebrannt. Irgendwann hast du das alles durch. Die ganze Musikbranche ist so ein scheinheiliges Business. Mir ist jeder Rocker lieber, der sein Ding macht und das macht, was er fühlt und spürt. Gerade die Leute in der Schlagerbranche, in dieser Kommerzbranche, sind einfach die Scheinheiligen. Es ist hauptsächlich älteres Publikum, das auf dieses Schlagerdings abfährt und nach wie vor noch CDs oder Platten kauft, weil da auch ein Foto mit drauf ist und der Schatzi unterschrieben hat. „Ach, das ist der Charly, den kenn ich gut. Das ist ein ganz Lieber." Du hast dann auch immer ein offenes Ohr, sonst geht es nicht. Um groß zu werden, musst du dich dem völlig hingeben. Das ist wie eine Parallelwelt und irgendwann brennst du aus. Entweder du knallst dich mit Alkohol oder Dogen zu oder bist irgendwann einfach leer.

Sandra: Du hattest mir in unserem Vorgespräch auch gesagt, dass du rückblickend schon empfindest, dass du dich manchmal wie ein Arsch benommen hast.

Charly: Aber wie! Wenn ich mich heute selbst treffen würde, würde ich mir ohne ein Wort eine reinhauen. Unfassbar, was du für ein überhebliches, arrogantes Arschloch wirst. Das ist schleichend, es ist nicht so, dass du sagst: „So, jetzt bin ich so!" ... Da gehst du mal ein, zwei Jahre durchgehend auf Tournee und irgendwann hast du mal drei Wochen Pause, fährst nach Hause und dann weißt du nicht, was du mit deinen Eltern, deinen Geschwistern, deinen Kumpels reden sollst. Du machst dreimal den Mund auf und bemerkst, dass die anderen komisch schauen. Dann fängst du an zu überlegen, was du eigentlich gesagt hast. Es gibt dann nur die zwei Möglichkeiten für Leute, die das nicht kennen: Entweder du bist ein maßloser Übertreiber oder du bist nicht ganz dicht. Also lernst du, deine Klappe zu halten. Da ist ganz klar, dass du die Bodenhaftung verlierst. Du lebst in deiner eigenen Blase, in deiner eigenen Welt. Wenn du einmal in der Woche, am Samstag, auftrittst, hast du ein geregeltes Leben. Selbst wenn du tausend Kilometer bis zu deinem Auftritt fährst, fährst du am Samstag in der Früh los, bist am späten Nachmittag da, baust entweder selbst auf oder hast deine Roadies, machst deinen Auftritt, bist am Sonntag wieder zu Hause und von Montag bis Freitag in deiner normalen Umgebung. Wenn du aber nur die Pläne für das nächste halbe Jahr reingelegt bekommst, ist das anders.

Wir haben Fernsehsendungen abgelehnt, weil wir meinten: „Wieso soll ich nach Hamburg fliegen? Das interessiert mich nicht. Was soll ich in Hamburg? Da bekommen wir 600 EUR. Ich tue mir den Stress nicht an, ich muss von Bern nach Zürich, ich muss mit dem Flieger bis nach Hamburg. Zwei Tage hängen wir mit dieser bekackten Fernsehaufzeichnung rum, in der Zeit könnten wir einen Haufen Geld verdienen." Es ist nicht so wie: „Supergeil, jetzt sind wir im Fernsehen." Man ist wirklich in seiner Welt drin und wird auch immer abgehobener und überdrehter, weil niemand da ist, der sagt: „Junge, komm mal runter." Es ist ja super, wenn man besoffen früh um vier aus einem 5-Sterne-Hotel die Matratze rausschmeißt und den Fernseher gleich mit hinterher: „Ja, Management bezahlt, egal was es kostet."

„Man ist wirklich in seiner Welt drin und wird auch immer abgehobener und überdrehter, weil niemand da ist, der sagt: „Junge, komm mal runter.""

Sandra: Wurde das vom Management, von Bookingfirmen, von Veranstaltern etc. alles mit gepusht?

Charly: Nicht mitgepusht, aber es gibt kein Gegengewicht. Wenn ich heute die Managements und Konzertveranstalter sehe: Sie müssen doch auch ihre Hallen füllen. Wenn sie eine Tour buchen, dann werden die Gruppen genommen, die die Hallen füllen. Und dann heißt es: „Vor dem musste dich bissl in Acht nehmen, da musste bissl aufpassen." Es sagt dir aber keiner, dass du das nicht machen kannst. Im Endeffekt ist es wichtig, wieviele Eintrittskarten verkauft werden, wieviele Tonträger und wieviel Merchandise.

Man hat auch keine Ruhe. PR hier, PR da, PR dort. Auftritte in Fernseh- und Radiosendungen. Dann wieder Einsingen im Studio. Man ist laufend unterwegs und fühlt sich wie im Zoo, weil man immer ein smiling face haben muss.

Sandra: Wie lange war deine intensive Zeit, so wie du es gerade beschrieben hast?

Charly: Im Exzess war es im Prinzip von 1994 bis 2001. Live-Musik und Gagen sind dann rückläufig gewesen, auch weil nach der Maueröffnung sehr fähige und gut ausgebildete Musiker aus Osteuropa gekommen sind, die das für einen Bruchteil dessen gemacht haben, was wir an Gage aufgerufen haben.

Sandra: Aus welchen Gründen hast du 2001 aufgehört?

Charly: In unserer Band-Besetzung waren wir bis 1998 zusammen. Da merkte man aber schon, dass es irgendwie nicht mehr so richtig geht. Keiner hatte mehr den richtigen Drive für weiteres. Es kostet ja auch unheimlich viel Kraft, durchgehend auf Tournee zu sein, nicht zu wissen, wo ich gestern war, wo ich heute und wo morgen bin. Du wachst in der Früh auf und der erste Gedanke ist: „Wohin drehe ich mich, um nicht aus dem Bett zu fallen? Ist links eine Wand?" Der zweite Gedanke ist: „Wo bin ich?" Und der dritte: „Wieso habe ich Kopfweh?" Oder: „Wer ist das neben mir?" Wir waren einfach ausgebrannt und leer. Da habe ich gesagt: „Weißte was, wir lösen uns auf."
Ich habe dann bis 2001 in einer anderen Band gespielt und von 2001 bis 2003 als Alleinunterhalter. Das war dann schon wieder relativ gut, weil ich nicht mehr die ganz großen Dinger gemacht habe. Ich habe dann das gemacht, worauf ich Lust hatte, und habe da auch wirklich noch gutes Geld verdient. Irgendwann wollte ich das auch nicht mehr. Du musst schon hinter dem stehen, was du machst. Ich kann nicht singen: „Du bist mein Sonnenschein!", und denken: „Was bist du für ein Arschloch!", das funktioniert nicht. Das Knistern muss rüberkommen, und wenn das dann nicht mehr so ist, ist es besser, man hört auf. Das habe ich dann gemacht.

Sandra: Wie war deine Zeit als Après-Ski-DJ in der Nähe von Kitzbühel?

Charly: Das war ebenso sehr anstrengend. Aber der große Vorteil ist, dass du nur auf den Knopf drücken brauchst. Du brauchst keine Instrumente und keine Bühnengarderobe mehr, sondern nur dein DJ Equipment. Und wenn du ein guter Musiker bist, hast du als DJ ein Gespür dafür, was die Leute wollen und was nicht. Du kannst Leute pushen und du spürst, in welche Richtung sich so ein Abend hinbewegen kann. Man hat auch seine Standardnummern, bei denen man weiß, dass sie funktionieren. Bei einem deutschen Publikum geht zum Beispiel „Tage wie diesen" immer.
Du hältst dein Publikum mal oben und mal unten. Du kannst es nicht die ganze Zeit oben halten, weil dann der Veranstalter oder der Wirt sagt: „Pass auf, es ist schön, wenn alle feiern, aber meine Kasse ist leer." Deswegen musst du als Party-DJ immer in Wellen fahren. Unten, zu Atem kommen lassen, was trinken, dann ein bisschen flacher und dann wieder los.

Sandra: Nachdem du als DJ aufgehört hast, wie sieht es jetzt musikalisch bei dir aus? Zwischendurch war auch noch Pandemie.

Charly: Gar nichts. Zwei Jahre Pandemie, selbst wenn man gewollt hätte, wäre nichts gegangen. Dann sind natürlich die Wirte darauf gekommen, dass es auch ohne Musik geht. Die Leute wollen Ski fahren und auch ohne Musik sind die Leute zum Après-Ski da. Und dann bleibt eben auch viel Geld übrig, wenn man es nicht für einen DJ ausgeben muss. (Das hat sich mittlerweile auch wieder geändert. Die Veranstalter und Wirte kommen wieder zurück und es gibt wieder vermehrt Anfragen für Live-Après-Ski und Partys.) Oder man macht es über das Internet. Es gibt da zwei findige Leute, die das für Après-Skihütten anbieten. Die Wirte zahlen einen monatlichen Mitgliedsbeitrag und hängen sich ein paar große Fernseher rein. Da sitzt dann einer in Wien oder im Burgenland und macht Musik. Die Leute können sich über ihr Handy mittels Code ihre Musik wünschen. Sie sagen dann an: „Das nächste Lied ist für die Bibbi aus Obertauern, sie wünscht sich den lustigen Holzknecht." Das hat aber alles nichts mehr mit dem zu tun, was und wie es früher war. Die Zeiten ändern sich halt.

Sandra: Vermisst du es, Musik zu machen? Du kannst fast alle Instrumente spielen.

Charly: Ja, ab und zu. So sechs, sieben Mal im Jahr wäre es schön, mit Leuten, die gleich gut oder besser sind, völlig unabhängig vom Geld einfach nur Musik zu machen. Es ist weniger das Musikmachen selbst, es ist mehr wegen des Gefühls, dass da vier, fünf, sechs Leute zusammensitzen, wissen, was Sache ist, alle auf dem gleichen Level sind und man sich einfach blind versteht. Gute Leute verstehen sich blind, die brauchen keine zehn Proben. Ganz früher hieß es immer Jam-Session – Menschen, die wirklich Plan von der Materie haben, treffen sich und haben eine schöne Zeit. Ich würde jetzt noch fünf, sechs Menschen zusammen bekommen, mit denen man das machen könnte. Doch diese leben Tausende von Kilometern auseinander. Hier in Leipzig kenne ich keinen und sie kennen mich nicht.

Sandra: Du warst fünf Jahre Kapellmeister. Wie kann man sich diese Zeit vorstellen?

Charly: Sehr anstrengend. Wir waren eine sehr gute Oberstufenkapelle. Das ist die höchste Stufe, die man auf dem Amateursektor erreichen kann. Von November bis April haben wir immer geprobt. Dann war das Frühjahrskonzert, bei dem wir stets ein neues Programm vorgestellt haben. Vier, fünf Monate intensive Probenarbeit hießen intensive Probezeit für mich. Ich hatte immer eine Vollprobe pro Woche und vier Teilproben. Montags war das Holzregister (Klarinette, Flöten, Oboe, Saxophone), Dienstag Bass und Begleitung (Bässe, Hörner, Schlagzeug), Mittwoch Tenöre und Posaunen, Donnerstag Trompeten, Flügelhörner und am Freitag dann Vollprobe mit allen gemeinsam. An den Samstagen und Sonntagen fanden die Konzerte und Veranstaltungen statt. Das alles kostete viel Kraft für einen jungen Menschen.

Sandra: Hast du in diesen Zeiten gemerkt, dass du etwas für deine psychische Gesundheit tun musst? Ist dir bewusst gewesen, dass du langsam ausbrennst und dann auch ausgebrannt warst?

Charly: Bewusst wird dir das schon, aber du kannst das am Anfang nicht kanalisieren. Du merkst schon, dass es dir nervlich beschissener geht. Die Kapellmeisterzeit in Tirol ging noch, da wurde ich quasi noch aufgefangen. In der Profizeit war ich jahrelang nicht zu Hause, sondern in der Fremde. Du hangelst dich da so durch. Mit den Musikkollegen brauchst du über so etwas nicht zu sprechen, sie haben alle selbst ihre Probleme. Du pushst dich mit Substanzen, soweit das geht, oder du findest wie ich, als ich eine Zeitlang in Bern gewohnt habe, eine wunderschöne Schweizer Gegend. Da habe ich es dann einfach geschafft und bin drei, vier Stunden täglich raus in den Wald. Ich wollte niemanden sehen oder hören.

„Du pushst dich mit Substanzen, soweit das geht, oder du findest wie ich, als ich eine Zeitlang in Bern gewohnt habe, eine wunderschöne Schweizer Gegend."

„WENN ES KEINER MACHT, MACHST DU ES SELBST.“
Interview mit Robert Handrow

von Sandra Strauß

Robert Handrow aka DJ Booga ist DJ, Autor, Produzent, Promoter, Plattform- und Labelgründer und seit 1995 in der Leipziger Jungle/Drum and Bass-Szene aktiv. Im Jahr 2000 gründete er breaks.org, um den lokalen Austausch und die Wahrnehmung der subkulturellen Szene zu fördern. Daraus entwickelte sich ab 2003 das Multi-Autoren-Projekt und lokale Bassmusik-Fanzine itsyours.info. Während sich das von ihm gegründete Label Defrostatica zum Ziel gesetzt hat, die Grenzen zwischen Jungle, Footwork, Juke und Drum and Bass aus DJ-Sicht zu verwischen, stehen die Künstler aus den USA, Kanada, Großbritannien, Österreich, Spanien, Finnland, Deutschland, Island und Singapur jeweils für eine verfeinerte Sound-Identität innerhalb ihres kulturellen und musikalischen Kontextes. Diese Dynamik von Vielfalt, Inklusivität und gegenseitiger Beeinflussung ist die DNA von Defrostatica.

Stationen:
1988/89 Pablo Neruda Schuldisco mit Kassettenrekorder
1991–1995 Drummer in Punk- und Crossover-Bands in den frühen 1990ern
seit 1995 Jungle/Drum and Bass-DJ mit erstem großen Gig am 6.4.1995 im Conne Island
seit 1998 Remixer u. a. für TAM, Die Art, Full Speed Ahead, Blac Kolor
2000 Produzent als Square7, Debut 12"mit Titel „Defrostatica" auf Frost Music
2000-2003 Gründung lokale Infoplattform breaks.org
2003-2022 Gründung Multi-Autorenplattform itsyours.info
2000-2006 Veranstalter Cuba Crew/Palm Breaks
2013-2022 Veranstalter „Drum and Bass Reloaded" im Conne Island und IFZ
seit 2015 Labelgründung Defrostatica
2015 / ‚risky bass music' mit über 30 Artists aus über zehn Ländern
seit 2015 diverse Podiumsdiskussionen
seit 2023 Gründung Verlag Edition Aiax bei Kick The Flame Publishing

Sandra: Du gehörst zur ersten Leipziger Generation der Drum and Bass-Szene und hast diese selbst aktiv mitgestaltet. Wie hast du diese Zeit empfunden und wie hat dich das geprägt?

Robert: DJ Malcolm, ein Freund von mir, wird 50 und seine Lebenspartnerin sendete mir eine Nachricht, ich solle dafür doch eine Video-Grußbotschaft schicken. Dazu muss man sagen: DJ Malcolm und Snoopy sind für mich die Ersten, mit denen ich hier in Leipzig im Elastic Jungle/Drum and Bass gehört habe. Sie waren sozusagen die allerersten Bezugspersonen und Menschen, die diese Musikrichtung auflegten, die ich vorher gekauft hatte. Und es ist verrückt, daran zu denken, wie alt sie jetzt werden und dass sie das immer noch machen. Malcolm ist immer noch mit ULAN BATOR, Downtownlyrics und seiner Sendung auf Radio Blau aktiv. Ich habe mich ebenso noch nicht aus der aktiven Musikszene verabschiedet. Es ist schön für mich zu beobachten, dass Menschen aus der Stunde Eins immer noch neben mir und mit einem da sind. Deswegen ist das auch mein Einstiegspunkt auf deine Frage, weil ich diese Menschen, die lange Bestandteil dieser Subkultur-Erlebnisse waren, sehr schätze. Vielleicht weil es diese Gemeinsamkeit hat, dass man sich zu etwas hinbewegte, das es vorher einfach nicht gab. 1993/94 gab es keine Jungle/Drum and Bass-Szene. Sie war quasi nicht existent. Man hat diesen Kosmos selbst mit erschaffen, indem man diesen Sound als DJ stückchenweise in sein Repertoire mit hat einfließen lassen, weil diese Musik auch generell mehr in das Bewusstsein der Leute geraten ist.
Ich möchte an dieser Stelle auch gar keine Zeitschiene erzählen. Nur wichtig zu erwähnen, ist, dass Schwarwels Comicshop Basement und die Beherbergung von Beeline Records im selben Laden ein Schlüsselmoment war. Machen wir uns nichts vor: Es gab damals nur zwei entscheidende Plattenläden: das Schall & Rausch und Beeline Records.

Foto linke Seite: Thomas Reichl

Ich stand damals als Punk-Schlagzeuger im Plattenladen, hörte Jungle/Drum and Bass-Platten und empfang es als völlig geil, was da rhythmisch abging. Ich habe mich in dem Sound musikalisch-rhythmisch wiedergefunden. Es waren schräge Rhythmen und unfassbar sexy Grooves, es war schnell sowie wahnsinnig energiegeladen. Bevor es Jungle/Drum and Bass hieß, war es Hardcore. Das, was Prodigy gemacht haben, war eigentlich eine populäre Zuspitzung dieses ganzen Sounds und der Kultur, die aus England rüberschwappte.

In England – und das wissen wir heute, das ist mir erst viel später klargeworden – hatte das vor allem mit diesen Acid House Raves zu tun, wo wahnsinnig viel Ecstasy geschmissen wurde. Aufgrund dieses Sounds und dieser Gemengelage zwischen wir-nehmen-diese Sorte-von-Drogen-und-spielen-Musik haben sich ganz neue Musikarten entwickelt.

Für mich hingegen hat das komplett über Musik funktioniert. Ich brauchte da nix anderes dazu. Klar hat man Alkohol getrunken und mit Sachen experimentiert. Ich weiß noch, dass Schwarwel als Erster Wodka-Shots in Gelee in seinem Comicladen im Angebot hatte. Das hatte mit Clubkultur und den Erlebnissen der Musik gar nichts zu tun. Wichtig für mich war die Weltöffnung zwischen Musik und Magazinen wie bei Schwarwel im Laden: zum Beispiel „Mondo“ und „Tank Girl“. Wegen „Tank Girl“ habe ich meinen Namen Booga, weil es eine Figur aus dem Comic ist. Das waren Momente, die zusammenfielen. Man hat Platten gekauft, aufgelegt, wir waren in der Zündspule, es gab Hardcore- und Dance-Geschichten. Man wollte aber auch selbst etwas machen und selbst auflegen. Dafür brauchte man einen Namen und wegen „Tank Girl“ habe ich mir den Namen Booga gegeben. So kommen Sachen zusammen.

Und dann gingst du ins Elastic – musstest dafür über Leitern und durch Fenster steigen – runter in irgendeinen Keller am Connewitzer Kreuz und da standen zwei Typen und spielten genau den Sound, den du zuhause gefeiert hast, weil du dir da gerade Platten gekauft hattest. Malcolm gehörte dazu. Und da überlege ich jetzt seit zwei Tagen, was ich ihm via Videobotschaft für seinen 50. erzählen soll, weil ich ganz viel zu erzählen habe. Weil es am Ende diese Parallelität ist zu sagen: Diese Musik, Weltöffnung und verrückten Dinge möchte man sich beibehalten, die kann man nicht loslassen. Deswegen mache ich mein Label noch und engagiere mich für den Aufbau von Künstlern. Den Zauber der Jugend und Subkultur möchte man nicht ablegen, man möchte nicht in den Rest des normalen Lebens: Arbeit, Kinder, Wochenende …

Sandra: Du hast dir den Zauber behalten – von Anfang der 1990er bis jetzt? Du machst das aktiv, förderst Künstler:innen, hast ein eigenes Label. Anfang der 1990er war noch vieles anders. Da hatte noch nicht jede:r ein Handy oder Internet. Es war wirklich noch eine komplett andere Zeit, es war nach dem Mauerfall und alles war im Entstehen. Wie hast du diese Entwicklung in der Drum and Bass-Szene und auch für dich selbst erlebt?

Robert: Do-It-Yourself-DNA ist ja auch ein bisschen Ossi-Mentalität: Wenn es keiner macht, machst du es selbst. Man darf ebenso nicht vergessen: Diese Musikrichtung ist zu einem Zeitpunkt übergeschwappt, zu dem es nicht mal ansatzweise denkbar war, dass das jemals Mainstream wird.
Ich habe 1995 vor M-Beat im Conne Island gespielt. Er war zu diesem Zeitpunkt ein Superstar und Musik-Pionier. Das war dasselbe Jahr, als Goldie sein Album „Timeless" geschrieben hatte. Und da gab es Reviews in Magazinen dafür. Damals hat man „Tempo" gelesen und da war ein riesiges Interview mit ihm drin. Dadurch bekam das Bedeutung. Man las Zeitschriften und Magazine, schaute MTV und hörte Radio. Das waren die Parameter. Diese Medien haben dir den Kultur-Import möglich gemacht.
Du bist in den Plattenladen gegangen, hast neue Musik entdeckt und Gleichgesinnte getroffen. Das war ebenso die Zeit, in der du dich mit deinem Bundeswehr-Rucksack hingesetzt und zwei Stunden lang Platten durchgehört hast. Man konnte seinen Geschmack ausbauen. Ich habe viele Schrottplatten, aber auch unglaubliche Diamanten gefunden.
Zugang zu geilen Sachen hast du ebenso durch Leute erhalten, die das Ähnliche machten wie du. Beispiel Zündspule: Donis hat dort sein Programm gefahren und alles von House über Acid Jazz bis hin zu Breakbeat und eben auch Drum and Bass aufgelegt. Oder Hardcore-Sounds. Also Hardcore nicht im US-amerikanischen Sinne. Hardcore ist tatsächlich ein Begriff für eine Übergangsmusik, die schneller war als House, Breakbeats hatte und viel mit Samples gearbeitet hat.
Der Musikjournalist Simon Reynolds hat später daraus regelrecht eine Art Philosophie gemacht und abgebildet, was das Hardcore-Kontinuum ist, weil der Geist dieser Einwandererkultur, den es in England gab – besonders durch die jamaikanischen Einwanderer und deren Einflüsse im Reggae-Bereich, aber auch durch belgischen Techno –, und diese Sorte von Schmelztiegel dazu führen konnten, dass etwas völlig Neues entstand, heraus aus einer nichtartifiziellen, nichtstudentischen, nichtkommerziellen Richtung. Es waren Menschen, die sich geile Songs fürs Wochenende gebastelt haben. Es war eigentlich Arbeiterklasse-Musik. Es war alles gerade im Entstehen und hat sich weiterentwickelt. Das ist gerade für diese Zeit ein krass-geiles Phänomen. Und Simon Reynolds hat versucht, das und die ganzen Ausprägungen danach in das Hardcore-Kontinuum einzuordnen.
Für mich war das damals alles super aufregend, weil es eine Entdeckung von Extra-Levels war: in eine Musik gehen, die du noch nicht kanntest. Es gab Sondersendungen ganz spät nachts auf MTV. Da habe ich viel entdeckt, mir die Platten gekauft und selbst aufgelegt. Ich habe meine eigene Euphorie in

Foto linke Seite: Martin Handrow

die Clubs getragen und festgestellt, dass die Menschen dafür ein Ohr entwickeln können und die Euphorie ansteckend ist. Das war das Geilste überhaupt. Da waren die Neunziger perfekt dafür.
Viel fand im Conne Island statt, aber auch im Elastic, in der Zündspule und auf der Feinkost. Es gab Clubs in der Innenstadt, in denen Leute zu Jungle abgegangen sind. Das war unvorstellbar. Diese Zeit war geil. Man hatte das Gefühl, dass der Rhythmus der Innovation dieser Musik so krass spürbar war. In kurzen Abständen hat sich innerhalb dieser Musik krass viel verändert. Man hatte das Gefühl, dass man Teil einer Musikrichtung ist, die sich dauernd entwickelt. Es war eine Explosion von Ausprägungen am Start, die man vorher nirgendwo in anderen Musikrichtungen kannte. Da war immer alles neu: der Beat, der Groove ... Das gab es in anderen Musikrichtungen nicht, nicht im Pop, nicht im House oder Techno. Wenn ich heute noch daran denke, ist das Euphorie pur.
Zusammen mit vielen Leuten haben wir das alles in Leipzig auch möglich gemacht und etabliert, beispielsweise gemeinsam mit Roli im Conne Island. Und wir haben versucht, das vielfältig, inklusiv und gleichberechtigt zu machen. Das Conne Island hatte da alle maßgeblichen und wichtigen UK-Acts gebucht. Dadurch, dass diese Acts, auf die wir so abgegangen sind, da waren, war es ein unglaubliches Gefühl der musikalischen Verbundenheit. Dann haben wir versucht, das selbst aktiv anzugehen und haben Roli überredet. Das hat die lokale Szene extrem gepusht. Wir haben lokale Parties in Leipzig im Conne Island ausgerichtet und diese waren drei, vier Jahre lang ein toller Erfolg. Dann hat man diese Emanzipation noch weitergeführt: Es gab viele Party-Crews in Leipzig und viele versammelten sich jeden Freitag im Distillery-Umfeld. Da lief dann quasi jedes Wochenende Jungle, Hip-Hop, Drum and Bass ... in Eigenverantwortung organisiert und durchgeführt. Bis in die späten 2000er rein wurde das dort etabliert. Es kamen neue und junge Menschen hinzu.

Drum and Bass entwickelte sich weiter, auch nicht nur in vorteilhafte Richtungen – durch die Entfernung von den schwarzen Wurzeln, weil wirtschaftliche Ausprägungen bei den Labels eine stärkere Rolle einnahmen. Das galt auch für die Einbeziehung von Frauen und Minderheiten. Das gab es überhaupt nicht oder war nicht gewünscht. Das sieht man heute ebenso an vorherrschenden Drum and Bass-Spielarten.
Als ich mein zweites Fanzine-Portal gegründet hatte, dachte ich dann 2011, dass ich mal etwas anderes brauche, als nur darüber zu schreiben, dass Parties stattfinden, denn das bringt unseren Musik-Standort nicht so richtig voran. Ohne die Förderung von Talenten wird sich das nicht weiterentwickeln. Also habe ich ein eigenes Label gegründet und musste schauen, welche Leute dafür in Frage kommen. Das habe ich dann seit 2015 gemacht. Erstmal komplett naiv und dann schon professioneller.
Und jetzt acht Jahre später finde ich mich in der Moritzbastei wieder und halte Vorträge darüber, wie man ein Indie-Label führt und was man dabei zu beachten hat, weil die Illusionen der Künstler:innen heutzutage auch mal einen Realitätscheck brauchen, weil jeder, der denkt, er schafft es für sich und allein, dem kann ich sagen: „Toi toi toi, doch es wird zu 90% nicht laufen." Man muss sich mit Teams zusammenschließen, Partner und Dienstleister finden, die für dich Sachen übernehmen und ihr Handwerk verstehen. Man braucht Labels bzw. Partner, die die Verbindung zwischen Publikum und Artist mit Wissen und Erfahrung herstellen können.
Das hält mich jung. Ich höre immer noch die Musik und ich kann mir nicht vorstellen, das loszulassen. Ich kann mir nicht vorstellen, auf die Momente der Euphorie zu verzichten.

Sandra: Das hilft dir alles für dein eigenes Empfinden? Du brauchst das, dass es dir gut geht? Also nicht nur die Musik zu hören, sondern das aktiv mit voranzubringen und zu begleiten, richtig?

Robert: Auf jeden Fall. Ich war am Samstag auf dem Pop-Fest in der Moritzbastei. Da habe ich in meinem Panel „Do's and Don'ts“ auch erklärt, dass man seine eigene Rolle checken soll. Was heißt das: „Meine Rolle checken sollen?“ Weniger, wer du bist, sondern überprüfe mal: Du bist Fan von der Musik, von Künstlern. Schon da hast du eine Leidenschaft entwickelt. Du bist DJ. Das heißt, zum ersten Mal verbindest du so etwas wie ein Handwerk mit einer kreativen Leistung, die auch fordert, dass du dich gut vorbereitest, damit du kreativ arbeiten kannst. Du musst empathisches Empfinden haben, damit du den Raum lesen kannst und nicht nur das spielst, was die Leute hören wollen. Du musst beim Auflegen eine Reise begründen, wie du auflegst, und kannst nicht gleich mit der Tür ins Haus fallen, wenn du zwei, drei Stunden auflegst.
Also du bist Fan, DJ, dann bist du vielleicht auch noch Producer oder Artist oder Songwriter. Oder du bist auch noch Designer. Du musst vielleicht ebenso noch Projektmanager sein. Du musst Stratege sein und einen Plan haben, wo du mit deinem Label hinwillst. Du musst Taktiker sein und Kampagnen planen können. Es gibt einige dieser Rollen, in denen man sich wiederfindet, und man merkt, dass man das nicht alles gleichzeitig machen kann. Du musst lernen, loszulassen und Rollen zu streichen, ein Team finden, mit dem man es zusammen macht.
Wenn wir selbst Events veranstalten, heißt das dann eben auch: Ich kann zum Beispiel nicht auflegen und parallel den ganzen Abend organisieren, weil das eine zu große Belastung ist. Früher hätte ich mich darüber kaputt gelacht, jetzt schaffe ich das kaum noch. Es wiegt schwer auf den Schultern, wenn du einerseits das finanzielle Risiko zu tragen hast, alles organisieren sowie schnell noch irgendwelche Gästelisteplätze besetzen musst und dann andererseits noch auflegen willst. Als wir die erste Party nach der Pandemie durchgeführt haben, habe ich mir dopaminmäßig etwas abgeholt, das man nicht mit irgendetwas anderem ersetzen kann. Aber es ist eben auch eine Achterbahnfahrt, wenn man sich auf die Party freut, und dann am Abend erfährt, dass noch 80 Leute bis zur schwarzen Null fehlen. Dann hat man nur noch die Minuszahlen im Kopf.
Zurück zum Thema: Sich von Rollen zu verabschieden ist, sich dessen gewahr zu werden, wo man Stärken und Schwächen hat und an welchen Stellen man mit Leuten zusammenarbeiten muss, weil man dadurch effektiver und besser wird. Und dass man mit Unwägbarkeiten von außen klarkommt und diese Achterbahnfahrt in ruhigere Gewässer bringt. Professionalität ist ein gutes Mittel, um die hohen/extremen Amplituten der Achterbahnfahrt etwas zu verrringern, damit alles ruhiger wird und nicht mehr so dramatisch ist.
Am Anfang habe ich diese Achterbahnfahrt überhaupt nicht kommen sehen, was meine Labelarbeit betrifft. Es ist ein Business, aber man verdient nicht wirklich Geld damit, weil sich die Musiklandschaft durch das Streaming so beschissen entwickelt hat. Ich habe andere Erlöswege gefunden, deswegen ist es nicht ganz so dramatisch. Aber wenn man sich ein stückweit blind und naiv in so etwas reinbegibt, dann ist es schon schwierig, gerade jetzt in diesen Zeiten ein Label zu haben. Warum ich das mache, hat auch etwas damit zu tun, neue Musik von Künstlern so auf die Straße zu bringen, dass wir feststellen, dass Menschen auf der Welt das geil finden. Dadurch entstehen wunderbare Feedback-Schleifen und man spürt, dass es auch bei anderen Emotionen auslöst – so wie es uns das erste Mal ergangen ist, als wir diese Musik gehört haben. Das ist es mir tatsächlich wert, weil mir die Musik viel bedeutet und ich sie zu anderen Menschen bringen möchte. Ich bekomme von Musik einen Kick, den ich anders schwer kompensieren kann. Das können keine Drogen oder ähnliches. Warum ich auch Vorträge und Panels wie in der MB mache, hat auch den Grund, weil ich Menschen damit anstecken möchte. Ich möchte diesen Virus verbreiten, den Vorteil darin zu sehen, dass nicht jeder zum Artist gemacht ist. Vielleicht ist es der rote Faden, dass ich mich

in einer Art Übersetzerrolle sehe. Als DJ ist es ja auch nichts anderes: Du nimmst deinen Geschmack und das, was dich begeistert, mit in einen Club und wirst ganz schnell feststellen, dass das, was dir gefällt, auch etwas ist, das anderen gefällt. Wenn du als Dienstleister verstanden hast, dass du den Raum zu lesen hast, dann hast du diesen empathischen, handwerklichen Teil schon komplett verstanden. Mit meinem Label mache ich nichts anderes.
Aber die jungen Menschen, die versuchen, ein Label zu betreiben, versuche ich mit den Rollenfragen insofern abzuholen, dass sie überprüfen: Bin ich bei einem Musikmagazin und schreibe dort mit, um mein Profil zu schärfen, damit ich später DJ und selbst Star sein kann? Oder mache ich das, um die Musik der Künstler rüberzubringen, verstehe ich meine Rolle als Übersetzer? Und auch eine gewisse Leidensfähigkeit mitzubringen.
Vorige Woche war ich auf einer Veranstaltung in der Volkshochschule, weil das Kulturamt eine neue Förderrichtlinie für Kulturträger vorgestellt hat. Da kam die Frage auf, was Kulturträger sind. Ich kann von meinem Label nicht ansatzweise leben oder es finanziert sich nicht ansatzweise. Ich fördere junge Menschen in ihrem Musikschaffen und tue etwas für die Vernetzung. Vielleicht bin ich auch Kulturträger für die neue Richtlinie 2025. Also bin ich da hingegangen.
Und da kommst du dann in die Volkshochschule, gehst in die Aula und da steht die Kulturbürgermeisterin Skadi Jennicke vor mir, begrüßt mich und fragt. „Wer bist du?" „Ich bin Robert Handrow, mache ein Indie-Label und wollte mich mal informieren." Und sie so: „Nee, da bist du hier falsch. Du bist ja Wirtschaft." Ich so: „Ja, das sehe ich anders. Ich wollte mir mal einen Überblick verschaffen und mich informieren." Also habe ich mich da hingesetzt.
Abgesehen von dem putzigen Moment, dass eine Kulturbürgermeisterin sagt, was ich sei und was nicht, anstatt zu fragen, was es bedeutet, wenn ich ein Indie-Label mache,

erzählte sie dann selbst in ihrem Beitrag darüber, was sie mit ihrer Kulturförderung vorhaben und dass es darum geht, Kunst- und Kulturmachen sowie die Anschlussfähigkeit herzustellen. Und ich sitze dann so da und denke: „Was erzählst du mir da – das mache ich die ganze Zeit." Ja, ich bin kein gemeinnütziger Verein … Am Ende des Tages hatte ich Kontakt mit dem „Nachtbürgermeister". Ich hatte ihn angeschrieben und er hat mir heute zurückgeschrieben …
In Berlin gibt es seit Jahrzehnten eine Labelförderung, auch in Hamburg und in anderen Bundesländern … Hier gibt es das nicht. Das Bewusstsein dafür zu schaffen, ist unfassbar schwer. Alex Pagel und Kreatives Sachsen beispielsweise leisten dafür extrem wichtige Arbeit. Sie haben Argumente zusammengetragen, warum die Arbeit der Indie-Labels notwenig ist und welche Berechtigung sie eigentlich hat. Und eine Voraussetzung dafür zu schaffen, dass Label-Arbeit doch förderwürdig ist. Das kann ich natürlich nur bejahen und unterstreichen. Ich mache meine Labelarbeit viel nebenbei und arbeite viel, um die Labelarbeit zu subventionieren. Wie geil wäre es, wenn ich eine 20-Stunden-Stelle hätte und eine Basisförderung für mein Label erhalten würde? Wieviel sinnvolle Zeit und Energie könnte ich da für mein Label investieren, also in Artist-, Musik- und Kunstförderung? Die Zeit und Kapazitäten habe ich derzeit nicht, weil der Tag zeitlich begrenzt ist.
Ich versuche tatsächlich auch aufzupassen, nicht über die eigenen Verhältnisse zu leben – mental, kräftemäßig … Ich benutze Checking-Apps: Mache ich dies und jenes richtig, trinke ich genug Wasser am Tag, mache ich genug Aufgaben für mein Label täglich … Da gibt es Erinnerungen, dass man es gemacht hat, und man kann schauen, wie die Statistik ist. Es wird gecheckt, damit es nicht aus dem Ruder läuft. Wieviel Alkohol trinkst du am Wochenende? Trinkst du von Mo bis Do keinen Alkohol? Das mache ich zum Beispiel, weil ich merke, dass ich das nur unter diesen Voraussetzungen schaffe. Wenn ich mal egoistisch bin und da ausbreche, dann merke ich auch sofort, dass meine anderen Aufgaben nicht klappen. Wenn ich dienstags nach dem Fußball mit den Jungs noch ins König Heinz gehe und ein paar Bier trinke, dann wird der Mittwoch für mich schwerer. Dann schaffe ich an dem Tag meine Arbeit noch irgendwie, aber nicht das Label. Bei mir findet jetzt alles organisierter statt und ich mache es nicht mehr so spontan. Es ist ja nicht nur der körperliche Verfall, sondern auch die Post-Saufen-Depri-Phasen nach dem Saufen am Tag danach. Die sind auf jeden Fall schon da und das ist fernab von geil.

Sandra: Ich möchte gerne nochmal zurückswitschen. Wie war die Szene, in der du dich bewegt hast, auch in Bezug auf schwarze Wurzeln, Frauen und Minderheiten?

Robert: Ich hatte 2001 selbst angefangen, zusammen mit verschiedenen Leuten in der Distillery eigene Veranstaltungen durchzuführen. Und wir hatten uns einem bestimmten Sound verschrieben, weil wir festgestellt hatten, dass dieser superharte und kalte Drum and Bass so ein gewisser Männer-Kult wurde. Das war nicht der Vibe, den wir wollten. Wir wollten eher melodischeren und nachfühlbareren Drum and Bass. Der Effekt davon war der: Wenn du diese Musik gespielt hast, war der gesamte Wirkungskreis dieser Musik wesentlich größer. Da waren dann auch viel mehr Frauen da. Wir haben dann entsprechend die Leute eingeladen, die diese Musik gemacht haben. Das war schön und geil zu sehen. Wir waren damit auch ein Kontrastprogramm zu diesem Jungskult „Es muss immer maximal aufs Maul sein." Unsere Philosophie war, dass alles anschlussfähig ist, was wir gemacht haben. Wir haben natürlich auch härtere Sounds gespielt, aber bei unseren Veranstaltungen war es eben eine Mischung. Wir haben die verschiedenen Spielarten wertgeschätzt und Vielfalt im Drum and Bass hochgehalten.

Foto linke Seite: Martin Handrow

SELBSTREFLEXION

Interview mit Michael Beckmann

von Sandra Strauß und Schwarwel

Michael Beckmann ist Bassist, Filmkomponist und Music Supervisor. Er ist Mitbegründer der Rainbirds und hat als Musiker, Komponist oder Produzent an zahlreichen erfolgreichen Chart-Produktionen und Filmmusiken mitgewirkt. Beckmann ist Mitglied der Deutschen Filmakademie und der amerikanischen Guild of Music Supervisors. Er hält Vorlesungen an der Beuth Hochschule für Wirtschaft und tritt als Panelgast auf Musikconventions oder im Rahmen von Filmfestivals auf.

Beruflicher Werdegang:
Mitbegründer der Rainbirds, zwei No. 1 Alben und ein europaweiter Single-Hit („Blueprint"). Diverse Platin- und Goldauszeichnungen. Gründete mit Bela B und Rodrigo Gonzales von den Die Ärzte Depp Jones, eine der ersten Crossoverbands in Deutschland. Arbeitet seit 1992 als Musikproduzent und Komponist, feierte Chartserfolge mit Musikproduktionen für Extrabreit, Keimzeit und Chris Norman. Seit dem Jahr 2000 betreut Beckmann als Executive Producer und Musikberater zahlreiche Film- und Fernsehprojekte und ist für viele Filmscores als Komponist verantwortlich. Von 2005 bis 2016 war er Mitinhaber von CINESONG und hat als Music Supervisor an über 180 Kino-Filmen mitgewirkt, darunter Zusammenarbeiten mit den Oscar-nominierten Regisseuren Wim Wenders und Marc Rothemund sowie dem Oscarpreisträger Volker Schlöndorff. Er ist bekannt für seine Filmmusik für die deutschen Blockbuster „Türkisch für Anfänger" und die drei Filme der „Fack ju Göhte"-Reihe. Aktuelle Arbeiten umfassen preisgekrönte Serien wie „Dschermeni" (ZDF/Kika), die beiden Wendy-Filme, „Schneewittchen und der Zauber der Zwerge" oder die erfolgreiche „Meine Mutter ..."-Reihe der DEGETO. Gewinner des Deutschen Filmmusikpreises für den besten Filmsong im Jahr 2019. Derzeit arbeitet er an einem Podcast über die Musik der 1980er und an einer neuen, „alten" Rainbirds-Platte.

Sandra: Du kennst unsere ersten beiden #nichtgesellschaftsfähig-Bücher und in unserem dritten geht es um Musik und Psyche. Nach unserer Anfrage hattest du geschrieben, dass das für dich gerade zur rechten Zeit kommt, weil du aktuell sehr viel mit Selbstreflexion beschäftigt bist.

Michael: Ich beschäftige mich gerade sehr mit psychologischen Themen und bin tatsächlich seit drei, vier Jahren dabei, mein gesamtes Leben zu sortieren, nicht aufzuräumen, sondern zu sortieren.
Ich bin derzeit mit jemandem, mit dem ich vor langer Zeit Musik gemacht habe, mithilfe einer Mediatorin in einem Klärungsprozess über Dinge, die passiert sind. Da geht es um Musik und Menschen. Jegliche Musik, gute wie schlechte, erfolgreiche wie erfolglose, hat stets dahinter psychologische Komponenten. Ich habe das lange Zeit immer nur als etwas Gruppeninternes angesehen. Bei mir waren es ein Haufen Männer, die im Studio oder im Bus eingepfercht waren und sich in ihrer Blase mit Musik, Erfolg, Druck von außen und Zielen beschäftigten. In meinen Zwanzigern und teilweise auch noch in meinen Dreißigern dachte ich da nie darüber nach und komme jetzt gerade eben mit dieser Person an den Punkt, an dem wir sagen: „Ja, eigentlich hätten wir eine Gruppentherapie machen müssen. Dann wären viele Dinge im Nachhinein anders gelaufen." Ich merke erst jetzt in einem sehr hohen Alter, was ich in meinen Zwanzigern verdrängt, nicht wahrgenommen oder ganz anders gesehen habe. Ich hatte Mitte/Ende der 1990er ein Burnout, das ich aus den Achtzigern mitgeschleppt hatte, weil ich niemals reflektiert habe, was mir so passiert ist. Ich habe einfach immer gesagt: „Okay, jetzt mal was Neues!" Ich habe mich quasi im Aktivismus und Schaffensprozess immer wieder auch aufs Neue gerettet.
2016 hatte ich noch ein Burnout, das mit der kompletten Zerstörung meiner Ehe einherging. Infolgedessen zog ich dann aus Ber-

Foto linke Seite: Steffen Martin

lin weg und lebe seitdem mit meiner neuen Partnerin auf dem Land. Sie ist viel jünger als ich und bringt mich dazu, all diese Dinge aufzuarbeiten und den Versuch zu unternehmen, mich selbst besser zu verstehen. Eine Folge dieser Selbsterkenntnis ist, dass ich mich jetzt mit einer Person, die mir sehr viel bedeutet und die ich nicht immer gut behandelt habe, in einen Prozess der Aufarbeitung und vorsichtigen Wiederannäherung begebe.

Schwarwel: Wieso macht die andere Person das mit? Was hat die andere Person für ein Interesse daran?

Michael: Gute Frage. Ich darf nicht so viel darüber sprechen, weil wir das nicht öffentlich diskutieren möchten. Was ich aber sagen kann, ist, dass ich mich gerade in einem intensiven Klärungsprozess befinde.
Im Prinzip ist das, was passiert ist, in vielen Bands passiert. Ein ambitioniert gestartetes Projekt ist geplatzt und man hat damals gar nicht wirklich wahrgenommen, warum. Man dachte, dass es nicht zusammenpasste. Es gibt ja immer so klassische Umschreibungen, warum musikalisch und menschlich etwas nicht passte: Die Arbeitstempi waren unterschiedlich, der eine wollte es gerne ruhig und ausführlich, der andere war auf der Überholspur. Oder man hat sich musikalisch eben auseinander entwickelt. Der eine wollte mehr Pop und der andere mehr rocken. Es wurde zu kommerziell, es wurde zu groß …
Wir haben über drei Jahrzehnte nicht mehr miteinander gesprochen, abgesehen von belanglosem Smalltalk und unverbindlichen Freundlichkeiten. Mir war schon länger klar, dass da einiges schief gelaufen sein musste – ich konnte es aber lange nicht richtig einordnen.

„Eine Folge dieser Selbsterkenntnis ist, dass ich mich jetzt mit einer Person, die mir sehr viel bedeutet und die ich nicht immer gut behandelt habe, in einen Prozess der Aufarbeitung und vorsichtigen Wiederannäherung begebe.“

In meinen Zwanzigern war ich leider ziemlich unreif, wie wahrscheinlich jeder junge Musiker mit zu viel Testosteron, Adrenalin, Spaß, Partys und Alkohol, der in etwas Großes reinstolpert. Da ist man natürlich maximal oberflächlich, merkt nichts, findet sich toll und ist gleichzeitig sehr produktiv.
Das finde ich ganz interessant. Also wenn Dinge menschlich nicht so gut laufen oder sich Menschen in einer Phase ihres Schaffens gar nicht verstehen, können unter solch kruden Bedingungen wunderbare Songs und tolle Alben entstehen oder großartige Konzerte gespielt werden. Ich habe viel über meine jungen Jahre nachgedacht und muss sagen, dass ich in Zeiten, in denen ich mich rundum wohlfühlte, nicht unbedingt die beste Musik gemacht habe. Das ist alles sehr kompliziert.
Seit meiner Jugend lese ich Musikerbiografien. Es gibt Bands, deren Mitglieder sich nur auf der Bühne sehen und dann getrennt zum nächsten Auftritt fahren. Oder sie arbeiten getrennt im Studio zu unterschiedlichen Zeiten. Trotzdem entsteht nach außen ein emotional Gemeinsames für Menschen, die nicht mit der Befasstheit dieser Leute beschäftigt sind – und das auch gar nicht wissen wollen, und es kann eben dabei gute Musik entstehen.
Ich habe das sogar einmal aus allernächster Nähe miterlebt. 1990 probten wir mit Depp Jones im zweiten Stock des Hansa Studios und wir probten so viel, dass ich gelangweilt war und beim Bass-Spielen aus dem Fenster schaute. Währenddessen fuhren unten vier Limousinen vor und es stiegen zeitversetzt vier Musiker aus. Abends fuhren sie dann wieder getrennt weg. Das waren U2.
Noch am gleichen Tag wurden wir aus unserem Proberaum geworfen, weil wir zu laut gespielt hatten und Bono sich gestört fühlte.

Ich sprach später mit dem Studio-Manager darüber und er meinte, dass U2 kaum miteinander redeten. Sie gingen in den Aufnahmeraum, ihren selbst definierten Safe Space, machten ihre Musik und ließen alles störende Persönliche und Emotionale draußen, kommunizierten über die gemeinsame Musik und schufen so ein wunderbares Album.
Bei der Rückschau auf meine diversen Bands seit den 1970ern habe ich festgestellt, dass die Bands, die oft am nettesten miteinander umgegangen sind – wo einer Schnittchen schmierte, ein anderer Kaffee mitbrachte, man viel zusammen saß und nach der Probe gemeinsam einen Kasten Bier gesoffen hat –, oft die langweiligste Musik hervorgebracht haben.
Ich war früher als Bandleader und Mitmusiker ein ziemlich egoistisches Arschloch und Alpha-Männchen.

„Ich war früher als Bandleader und Mitmusiker ein ziemlich egoistisches Arschloch und Alpha-Männchen.“

Schwarwel: Wenn ich dir dieses Gespräch zur Depp Jones-Zeit wiedergegeben hätte, glaube ich nicht, dass du dich erkannt hättest.

Michael: Nö.

Schwarwel: Ich bin total baff, ehrlich. Du hattest damals echt immer so einen Zug, warst stets unter Spannung, das war irre.

Michael: Ich habe vor ein paar Jahren einen psychologischen Farbentest gemacht, bei dem die Farbe Grün für soziale Kompetenz und Fürsorglichkeit steht. Ich erhielt nur zwei von 100 Punkten, obwohl ich mich als fürsorglich und nett empfinde.
Seit ich Vater bin, hat das etwas nachgelassen und ich tue alles für meine Kinder, aber das geht dann oft zu Lasten anderer.
Rückblickend glaube ich, dass ich mich Ende der 1980er, Anfang der 1990er kaum um andere gekümmert habe, obwohl ich dachte, ich sei ein guter Mensch. Tatsächlich hatte ich wohl einen Tunnelblick: einfach losrennen und machen, und wer zurückblieb, blieb eben zurück. Ich erklärte mir damals das Aussortieren von Menschen so, dass es nicht passte oder der andere nicht den gleichen Drive wie ich hatte. Das habe ich lange in der Form durchgezogen.
Irgendwann entschloss ich mich dazu, dass ich mit Bands nicht mehr mein Leben verbringen möchte. Ich empfand das relativ früh schon so, also eigentlich bereits am Ende von Depp Jones. Ich war zu diesem Zeitpunkt 30 und dachte, dass ich jetzt nicht die nächsten 20 Jahre mit Jungs in einem Bus sitzen kann. Das fand ich mit 20 geil. Man kann das natürlich machen. Es gibt Menschen, die können das super, sie fühlen sich sogar wohl, wenn sie diesen strukturierten Tourrahmen haben. Man muss ja eigentlich nur abends zwei Stunden am Start sein und den Rest des Tages kann man sich irgendwie mit irgendetwas ablenken oder ausruhen. Aber bei mir ging das irgendwann einfach psychisch nicht mehr. Ich fand das einfach ein bisschen zu wenig, weil ich dann doch eigentlich so eine Art Intellektueller bin, gerne lese, reise, mir Museen anschaue, Zeit anders einteile und auch mal sage: „Ich will jetzt drei Monate auf dem Land sein und Gemüse anbauen.“ Irgendwann dachte ich also: Wenn du mit 40 oder 50 noch im Bus sitzt, dann auch noch als deutscher Künstler immer rauf und runter: Das ist nichts für mich. 1990 sagte ich das sogar in einem Interview: „Die Vorstellung, dass ich die nächsten 20 Jahre von Flensburg nach Garmisch und zurück fahre und einen Koffer Geld abhole, finde ich erschreckend.“ Das fand ich wirklich erschreckend – im Sinne von langweilig.
Ich habe mich bei allen oder fast allen entschuldigt, denen ich wirklich weh getan habe. Das waren gar nicht so viele. Also man hat vielleicht eine Handvoll Musiker in vier,

fünf Profijahren aus Bands geworfen. Da war ich immer mit daran beteiligt. Aber da war jetzt keiner ungerechtfertigt dabei, es war alles musikalisch begründet. Ich habe fast mit allen versucht, das aufzuarbeiten. Natürlich liegen noch ein paar Leichen im Keller. Es gab Zeiten, da habe ich schon ganz schön ausgeteilt und es nicht bemerkt. Ich hielt mich immer für den Netten und dachte von anderen: „Was ist der hart, was ist das für ein Arschloch?“. Man spricht ja auch darüber, was in anderen Bands passiert oder bei Plattenfirmen mit Künstlern oder Managements oder im Studio. Das Musikbusiness ist sowieso viel schlimmer als mancher Betrieb oder mindestens genauso schlimm, weil man denkt, dass man per se auf der guten Seite steht. Man sieht sich in jungen Jahren noch als eine Art Rebell oder Freiheitskämpfer für sich und andere. Man vertritt teilweise auch Werte, man unterstützt etwas, kümmert sich und hält sich per se erstmal für gut.

Seit 20 Jahren bin ich im Filmbusiness, da ist es anders. Man hat nicht diesen Außenkontakt. Da kann man ein Jahr lang an einem Film arbeiten, hat seine Ruhe und kommt nicht mit Menschen in Kontakt. Da kommen auch nicht irgendwelche Leute an, die einen maßlos bewundern, sondern in diesem Rahmen bin ich als Filmkomponist Teil einer Arbeitskette. Ich bin weisungsgebunden, untergeben und kein Star. Das funktioniert ein bisschen besser und ist viel bürgerlicher als das Musikbusiness. Die Umgangsformen sind gesitteter.

Es ist natürlich dann auf eine gewisse Art und Weise noch viel schlimmer als bei Bands. Sogar kleine Bands tun sich Grausamkeiten an, obwohl sie in vier Wochen nur vor 250 Leuten spielen. Sie verkrachen sich, weil da irgendetwas bei der Zugabe nicht funktioniert hat – was eigentlich totaler Quatsch ist, weil es vielleicht das Publikum noch nicht einmal bemerkt hat. Dann werden Leute rausgemobbt. Das ist auf allen Ebenen so. Im Film geht es in meiner Liga dann mal direkt um anderthalb Millionen Filmbudget bei einem „Tatort“, das geht dann rauf bis zu acht Millionen Budget bei einem großen Kinofilm. Natürlich ist es dann, wenn man da Leute einfach entfernt und rausschmeißt oder wenn sie hintenrum ihre Geschäftchen machen, auch brutal.

Im Bereich Musik ist es besser geworden, seitdem die Künstler nicht mehr so stark von den Schallplattenfirmen abhängig sind. Viele haben ihr eigenes Label und ihre eigenen Strukturen. Heute wird man dann einfach von den Streamingdiensten ausgebeutet, verarscht und verkauft. Das hat sich alles völlig verschoben. Im Rückblick betrachtet, war es zu meiner Zeit schon ein ganz schönes Arschloch-Business, gleichzeitig aber natürlich großartig. Ich möchte jetzt auch nicht Ende der 1990er in einen bürgerlichen Beruf gegangen sein.

Eine Band ist ja auch ein Betrieb und damals hat man das einfach irgendwie so durchgezogen. Wobei, es gab auch schon zu meiner Zeit Bands, die sehr viel Zeit mit Aufarbeiten und Reflexion verbracht haben. Und es gab ebenso Bands, die weniger gespielt als geredet haben. Ich war immer in Bands, in denen viel mehr gespielt als geredet wurde, und wenn geredet wurde, wurde ganz oft gelabert.

„Heute wird man dann einfach von den Streamingdiensten ausgebeutet, verarscht und verkauft.“

Schwarwel: Was hat dich zur Musik gebracht?

Michael: Mein Vater wollte Profimusiker werden. Aber weil er in die 1950er reingewachsen ist und auf dem Land lebte, ging das nicht. Er konnte mit 18 Akkordeon, Orgel und Gitarre spielen, hat gute Stücke komponiert und Chorgruppen geleitet. Mein Opa ist im Krieg gefallen, deshalb musste mein Vater möglichst schnell aus dem Haus und Geld verdienen. Er hat eine Ausbildung gemacht, die ihm nicht gefallen hat. Danach hatte er Berufe, die ihm nicht gefallen haben. Das erzählte er mir alles aber erst später und deshalb bin ich ganz absurd aufgewachsen. Bei uns im Wohnzimmer stand eine Hammondorgel sowie ein Akkordeon und eine Konzertgitarre lag rum, aber ich durfte sie nicht spielen. Mein Vater sagte stets: „Du machst das kaputt oder verkratzt es." Als ich endlich Profi war, erzählte er mir, dass er das nur getan habe, um mir diesen Schmerz zu ersparen, den er die ersten 20, 30 Jahre seines Erwachsenenlebens hatte, weil er eben nicht Musiker werden konnte. Ich habe geantwortet, dass ich mir den Schmerz gerne gegönnt hätte, weil es toll gewesen wäre, wenn ich mit fünf oder sechs hätte anfangen können zu spielen und er mir etwas hätte zeigen können.

Mein Onkel war in unserem Kaff im Sauerland Dorforganist und Kirchenchorleiter. Er hatte ein Musikzimmer mit einer Orgel und einem Klavier, gab dort Unterricht und führte seine Chorproben durch. Er wiederum sagte zu mir: „Willste auch mal spielen? Du kannst gerne jeden Tag vorbeikommen und einfach, wenn das Zimmer leer ist, reingehen." So habe ich angefangen und da war ich bereits 16.

Eigentlich wollte ich Fußballer werden wie alle im Dorf. Mit 16 bin ich dann zufällig zwei Jungs begegnet, die Gitarre gespielt und mich gefragt haben: „Willst du mitmachen?" Das machte mir Spaß und fiel mir total leicht. Nach einem Jahr konnte ich richtig gut spielen. Ich war dann Aushilfsbassist hier, Aushilfsbassist da und gründete irgendwann die erste Band. Da war ich mit meinen Jungs schon ein bisschen der King in unserem Landkreis. Weiter ging es ja nicht. Wir hatten kein Handy und kein Internet. Alle Informationen holten wir uns übers Fernsehen, Radio und Zeitungen. Man musste immer ins Ruhrgebiet, nach Köln oder zur Loreley trampen, um eine große Band zu sehen. Mir war klar, dass ich nicht im Sauerland bleiben, nicht arbeiten und sagen kann: „Ich bin jetzt Musiker, Lebenskünstler." Also bin ich mit 18 einfach abgehauen, weil man damals auf dem Land nicht professionell Musik machen konnte. Ich war dann auch mal in London, habe The Clash gesehen und wurde 1981 Punker. 1987 bekam ich mit 25 einen Plattenvertrag. Zwischendurch dachte ich schon, dass ich vielleicht jobben gehen sollte, weil es ganz schön scheiße war. Dann war aber klar, dass ich hätte kellnern oder Zeitungen austragen können. Ende der 1990er hatte ich ebenso zwei, drei Hängerjahre. Ich hatte außer Musik wirklich nichts gelernt. Es gibt sicherlich viele Leute, die dann aussteigen. Bei mir war das immer ein sehr gerader Weg, also ein steiniger, aber ein sehr zielstrebiger Weg.

„Also bin ich mit 18 einfach abgehauen, weil man damals auf dem Land nicht professionell Musik machen konnte."

Sandra: Was war zusätzlich noch dein Antrieb?

Michael: Am Anfang wollte ich tatsächlich Geld verdienen. Ich war total arm, als ich 1985 Profi geworden bin. Ich wollte wirklich Kohle verdienen und zwar nicht im Sinne von Yacht und Haus, sondern einfach mal Geld verdienen. Ich habe jahrelang in den Semesterferien zwei, drei Monate durchgearbeitet. Davon habe ich dann den Rest des Jahres irgendwie gelebt. Von zu Hause gab es keine Unterstützung, meine Eltern hatten nicht genug. Sie haben sich scheiden lassen und mein Vater hat brav seinen Unterhalt geschickt, aber sonst war da nichts. Ich war umzingelt von Musikern, die aus reichen oder wohlhabenden Elternhäusern kamen. Das ist so. Es gab ganz schön viele, die zwar so taten, als ob sie Lebenskünstler wären, aber bei denen man gemerkt hat, dass sie auf einmal eine Wohnung hatten oder ein Auto. Für mich hingegen war es zum Beispiel lange ein Problem, eine Kaution zu bezahlen, aber glücklicherweise gab es diese bezahlbaren, heruntergekommenen Berliner Altbau-Wohnungen. Ich bin getrampt oder mit meiner Studenten-Monatskarte Bahn gefahren. Ich habe mal einen Winter lang Blutwurst gegessen, weil es das Billigste war. Oder ich habe in China-Läden einen 10 Kilo-Sack Reis gekauft und dann einen Monat lang immer mittags Reis mit Sojasoße gegessen. In Kneipen gab es dann schon Freibier, wenn man in einer coolen, aber nicht so bekannten Band spielte. In Konzerte kam man umsonst rein oder durch gegenseitige Gästeliste. Also war mein erstes Ziel, Geld zu verdienen, um davon leben zu können. Irgendwann unterschrieb ich einen Plattenvertrag und bekam wirklich 10.000 D-Mark Vorschuss. Das war für mich unfassbar viel Geld.

Darüber hinaus war mir die Anerkennung von anderen Musikern und Leuten, die im Nachtleben einen guten Ruf hatten, wichtig. Später, als man ein größeres Publikum hatte, auch der Applaus und die Begeisterung der vielen Menschen. Das war als Kleinstadtpunker im Jugendzentrum vor 30 Kumpels nicht anders als vor Riesenmenschenmassen bei großen Open-Airs. Zuletzt bedeuten mir auch gute Kritiken von Journalisten, die ich ernst nehme und deren Arbeit ich schätze, etwas. Für mich hat Musikmachen immer etwas mit dem Empfänger zu tun.

Sandra: Du warst erst bei den Rainbirds und dann bei Depp Jones?

Michael: Zuerst war ich bei den Suurbiers. Ich kam in Berlin an und Sahni und Bela hatten gerade die Suurbiers verlassen, um mit Farin Urlaub Die Ärzte zu gründen. Im Sommer 1985 boten mir die Suurbiers an, ihr Bassist zu werden. Wir spielten von Dezember 1985 bis Februar 1986 etwa 30 Gigs und haben dafür ein paar hundert Mark erhalten. Nachdem wir es innerhalb der Band aufgeteilt hatten, hatte jeder Musiker 50 Mark.

Das Problem bei den Suurbiers war der Sänger, was ich damals nicht wusste. Alle waren damals ein bisschen crazy und er war eben noch etwas verrückter als die anderen. Cäptn Suurbier hatte gelegentliche Gewaltausbrüche und hat sich geprügelt, einmal sogar mit seinem besten Freund. Er hatte eine bipolare Störung mit manischer Depression und hat sich 2014 suizidiert, indem er sich vor die Bahn geworfen hat. Wir haben tatsächlich vor 40 Jahren gedacht, dass das bei einem Künstler dazu gehört, weil er andererseits auch total tolle Songs geschrieben hat. Damals bemerkte es kein Mensch und man sagte immer: „Der Cäpt'n ist irre.“ Niemand hat damals angemerkt: „Vielleicht sollte er mal zum Arzt gehen.“ Er war einer meiner besten Freunde und ich habe seit 2014 viel darüber nachgedacht, wie es sein kann, dass jemand wirklich eine so tiefe, tragische Krankheitsgeschichte hat. Er war ein kluger Mensch, hatte sich auch immer wieder selbst eingeliefert, wenn er gemerkt hat, dass er erneut eine Phase bekommt.

Als ich kurz danach zu den Rainbirds kam, war es atmosphärisch das genaue Gegenteil. Alles war super strukturiert, super nett und super umgänglich. Da dachte ich: „Wow, es ist zwar kein Punkrock, aber es fühlt sich so gut an, ich mache da mit.“ Mein ganzes Umfeld meinte: „Das ist Popmusik, du bist doch Punker.“

Foto Michael Beckmann:
Die Suurbiers zwischen 1985 und 1987

RAINBIRDS

v.l.n.r.:Rodrigo Gonzales, Katharina Franck,
Wolfgang Glum, Beckmann

© mercury /88

Foto: Anton Corbijn

Ich fühlte mich wohl in der Gruppe. Es war nicht so anstrengend wie in meiner vorherigen Band. Alles war soft und organisiert. Man hat fünf Stunden geprobt und eine halbe Stunde geredet. Das hat relativ schnell gut funktioniert. Meiner Meinung nach auch, weil wir uns am Anfang in dieser Band so gut zugehört haben. Wir wurden immer erfolgreicher.

Es waren drei wundervolle Jahre, doch dann war ich persönlich an einem Punkt, an dem es nicht mehr ging. Im Nachhinein denke ich, dass ich vielleicht einfach mal eine Pause hätte machen sollen. Ich hatte nach zwei Jahren ein Burnout, weil da so viel Arbeit, so viel Karriere und so viel Dynamik war. Dann bin ich bei den Rainbirds raus und habe direkt mit Bela B und Rod eine neue Band gegründet. Das waren meine drei großen Bands ab Mitte der 1980er.

Danach war ich eigentlich durch mit Bands. Ich dachte mir, egal ob es gut oder schlecht läuft, ob die Leute irre oder nett sind, es ist nicht mehr mein Ding. Ich fand diesen Beruf zu unkreativ, wenn du zwei Stunden am Tag Musik schöpfst und 22 Stunden im Bus, in Meetings oder im Studio sitzt. Wir waren manchmal zwei Monate im Studio und dann sitzt man da rum und liest Heftchen. Es gab ja noch keine Handys, sonst hätte ich wahrscheinlich den ganzen Tag gechattet. Also habe ich Heftchen, Bücher und Musikzeitschriften gelesen. Ich habe mir schon bei Depp Jones im Studio das Fahrrad mitgenommen und bin jeden Tag fünf Stunden gefahren. Für mich bestand dieses Band-/Musikerleben aus Warten, unfassbar viel Warten. Du hast natürlich diesen tollen Mo-

Foto Universal Music: Offizielles Rainbirds-Pressefoto von Anton Corbjin, 1988

ment, wenn du dann auf die Bühne gehst, eine Platte fertig ist oder man im Proberaum ein Stück schafft. Das ist natürlich ein tolles Erlebnis und das überdauert ja zum Glück auch die Jahrzehnte. Aber irgendwann habe ich gedacht: „Jetzt reicht es.“ Ich hatte das ja seit meiner Zeit im Sauerland Ende der Siebziger bis in die Neunziger gemacht. Ich habe natürlich nicht gemerkt, dass ich da schon zwei Jahre mein Burnout mit mir herumgeschleppt hatte. Hat mir auch keiner gesagt.
Ich habe dann direkt das Nächste gemacht. Als ich mit Depp Jones fertig war, dachte ich mir: „Jetzt könnte ich Bands produzieren.“ Ich bin zu einem Musikverleger gegangen und sagte: „Du, ich möchte jetzt Bands produzieren und Leute entdecken.“ Und er antwortete: „Okay, hier ist ein Sack Geld, du hast drei Jahre Zeit, etwas daraus zu machen.“ Also war ich schon wieder in Arbeit, aber auch wieder unter einem Riesenstress, weil so ein Ding auch ganz schnell einen Riesendruck erzeugt und du es mit dem, das du produzierst, zurückbezahlen musst. Das ging fünf Jahre lang so.
Ich hatte aber noch immer nicht begriffen, dass ich wirklich ausgebrannt war. 1997 zog ich die Reißleine und plante ein Sabbatical: ein Jahr lang mit meiner Frau und meinem Kumpel Lüde im Wohnmobil ums Mittelmeer fahren. Zwei Wochen vor der Abreise sagte Lüde ab und so machten wir die Reise zu zweit mit unseren Hunden. Unterwegs erfuhr ich, dass ich Vater werde, was mich komplett veränderte. Ich dachte: „Okay, das muss ich jetzt annehmen.“ Ich habe mich total gefreut und seitdem bin ich jetzt seit 25 Jahren Vater. Wir sind nach Bayern gezogen, ich habe neun Monate neben dieser schwangeren Frau gesessen, schön zu Hause geputzt, Schnitzel in Butter gebraten und Sachen gemacht, was Schwangere mögen. Ich habe mich voll auf das Kind eingelassen und in der Zeit ist mir klar geworden, dass man ab jetzt ein bisschen planen, dass ich jetzt irgendwie eine beamtenmäßige Sicherheit herstellen muss, ohne ein Beamter zu sein.
Ich war 30, hatte keinen Job und orientierte mich dann in Richtung Film. Ab da fing ich an, etwas businessmäßiger zu denken: regelmäßig arbeiten, regelmäßig Geld verdienen und regelmäßig zu Hause sein. Das habe ich mir so gewünscht. Und dann kam wirklich zufällig ein Bekannter vorbei, der meinte: „Meine Freundin macht gerade ihren ersten Film, ich kenne keine Filmmusiker und weiß auch nicht, wie das geht. Willst du das machen? Du kannst das doch.“ Und ich so: „Klar, kann ich!“ Konnte ich natürlich nicht. Aber zum Glück hatte ich ein halbes Jahr Zeit und habe mich reingehangen. Ich merkte, wie gut das ist. Man arbeitet ein halbes Jahr an einem Kinofilm oder drei Monate an einem Fernsehfilm und kann sich die Zeit einteilen. Wenn man mal zwei Abende bis nachts um eins arbeitet, hat man auch mal zwei Tage frei. Das war super für diese Lebensphase. Mit 30 war meine wilde Lebensphase einfach vorbei. Was nichts daran ändert, dass ich natürlich psychisch noch immer nicht so der Tolle war. Aber es war entspannend. Dann gab es eben noch mehr Vorteile, zum Beispiel: Sie zahlen immer. Wenn ein Film finanziert ist, dann wird er auch durchgezogen. Es ist etwas anders, wenn man selber einen Film produziert. Ich habe 180 Filme als Supervisor und 35 als Komponist gemacht. Ich bin nur einmal nicht pünktlich bezahlt worden. Also ich spreche hier von Mainstream-Kino und -Fernsehen.
Ein weiteres positives Ding war, dass ich nicht mehr wichtig war – obwohl es mich zwar teilweise auch genervt hat. Der Regisseur ist wichtig, der Produzent, der Verleiher, die Hauptdarsteller, die Nebendarsteller, sogar der Kameramann ist wichtig, aber der Musikberater und der Komponist sind jetzt nicht so wichtig. Ich habe lange gekämpft, um überhaupt mal wichtig zu sein. Aber es war eigentlich am Anfang total gut, weil man weisungsgebunden ist und ganz klare Ansagen erhält, was sie hören wollen, und wenn sie es nicht erhalten, bekommt man es zurückgeschickt. So lernt man wieder Demut, wenn man sich für einen ganz tollen Super-

musiker und Superproduzenten hält. Das in Verbindung mit einem Kind hat mich runtergeholt, geerdet und war eine gute Lebensschule. Jetzt sind die Kinder alle so langsam aus dem Haus und ich bin in einer Phase, in der ich mich mit mentalen Dingen, Psychologie und Menschen auf meinem Weg beschäftigen möchte. Es sind auch ein paar Menschen in meinem nahen Umfeld gestorben und man muss begreifen, dass man alt wird. Ich möchte mein eigenes Leben kuratieren. Und ich mache weiter Musik, Filmmusik. Das ist Gebrauchsmusik, sie ist kein Selbstzweck, sondern verbindet sich mit etwas und ich kann in verschiedene Rollen schlüpfen. Mal wird Hip-Hop benötigt, dann schreibe ich für einen Märchenfilm Orchestermusik und kann dabei von meiner Lebenserfahrung zehren.
Es gibt ganz wenige Menschen, die in Würde altern.

Schwarwel: Was passiert im Kopf beim Songwriting?

Michael: Bis ich das Sauerland verlassen habe, schrieb ich Songs und war von ihnen auch total überzeugt, habe dann aber eine fürchterliche Klatsche bekommen. Wir waren in unserem Sauerländerbereich die absoluten Kings. Wir waren die erste Punkband, machten danach New Wave und dann wurde alles ein bisschen poppiger. Alles lief. Dann holte ich mir einen Termin beim Chlodwig Musikverlag in Köln, schickte ein Demo hin und daraufhin haben sie uns eingeladen. Beim Meeting sagte ein Typ dann so: „Dreh dich mal um. Was siehst du hinter dir?" Ich antwortete: „Hunderte von Kassetten." Dann nahm er meine Kassette und entgegnete: „So etwas bekommen wir jeden Tag, zehn Stück, immer sind es Bands vom Land, immer sind es die Kings vom Land, immer ist die Musik zwei Jahre hinterher und wir können damit nichts anfangen." Das war ein schlimmes Ding. Bis dahin hatte ich angenommen, dass ich der King oder wir Kings mit unserer Band sind. Und dann bekamen wir so eine Klatsche. Als ich dann über den Umweg von Düsseldorf nach Berlin gezogen bin, liefen da Die Toten Hosen und Die Ärzte rum. Da habe ich gesagt: „Oh, Scheiße, sind die gut. Ich schreibe jetzt keine Texte mehr." Ab da bin ich Bassist geworden. Doch bis dahin empfand ich mich tatsächlich als singender und songschreibender Bandchef.

Sandra: Warum trinkst du nicht mehr ?

Michael: 2019 habe ich aufgehört zu trinken und ernähre mich seitdem pflanzenbasiert. Zusammen mit meiner Lebensgefährtin habe ich mein Leben komplett umgestellt. Meine letzte Ehe scheiterte unter anderem an Alkohol, Überarbeitung und Stress. Seitdem bemühe ich mich, geistig und körperlich gesund zu leben. Im Herbst 2019 zog ich aufs Land.
Es gab zwei wesentliche Dinge, die bei mir etwas verändert haben. Ich habe den Film „The Game Changers" auf Netflix gesehen, in dem wirklich Topathleten Veganer sind, ein ganzes Footballteam in der amerikanischen Studentenliga, 180-Kilo-Typen ... und es gab darin noch weitere Beispiele. Dieses Männlichkeitsgefühl „Ich muss Fleisch essen, damit ich vital oder stark bin!" wird komplett widerlegt und es macht Spaß. Das hat mich sehr gekickt, weil es auch filmisch gut erzählt wurde.
Dann besuchte uns eine junge Verwandte mit ihrem Freund und wir haben zusammen vier, fünf Tage durchgesoffen. Am Ende lag ich verkatert im Bett, habe mir den Film angeschaut und gesagt: „Okay, wir hören jetzt auf." Dann haben wir beide einfach aufgehört zu trinken und haben das wirklich durchgezogen. Seitdem trinke ich eigentlich nur noch, wenn wir mal Essen gehen oder irgendwo eingeladen sind. Ich habe gemerkt, dass man in vielen Situationen trinkt, in denen man es eigentlich nicht braucht. Oder man trinkt weiter, wenn man schon genug hat.
Dann bin ich über Wim Hof, den Ice Man, gestolpert. Seit fast fünf Jahren mache ich jeden Morgen eine Atemmeditation nach seiner Methode und gehe danach für zehn Minuten in die eiskalte Badewanne oder dusche kalt.

PERSÖNLICHKEITSENTWICKLUNG
Der Mann mit der Posaune

Interview mit Rob Solomon

von Sandra Strauß

***1970 in Heidelberg**
• 1978 Beginn der klassischen Ausbildung auf der Tuba, innerhalb der nächsten zwölf Jahre mehrfacher Preisträger bei „Jugend musiziert“
• seit 1989 Mitglied der Ska-Band The Busters
• 1991 erste Mitwirkung als Posaunist an einer professionellen Tonaufnahme: The Busters-Album „Dead or Alive“, bis heute Mitwirkung an mehr als 60 Alben nationaler und internationaler Künstler
• seit 1992 Mitglied der New Orleans Style Brass Band Mardi Gras.bb
• 1998 Diplom: Jazz und Popularmusik, Hauptfach Posaune, erste goldene Schallplatte
• ab 2001 Mitglied im Farin Urlaub Racing Team
• 2007 sehr angenehme Deutschland-Tour mit Sänger Laith Al Deen
• 2012 auf Tour mit Helene Fischer, 50 Konzerte in sieben Ländern durch Deutschland und das angrenzende europäische Ausland
• bis heute weltweite Tourneen
• seit zehn Jahren Musikunterricht als Lehrer
• 2021 erste ekstatische Konzerte Ende August mit The Busters und Fenzl nach einer langen Pause, da eine weltweite Pandemie Live-Auftritte unmöglich machte

Sandra: Es ist Montag früh um elf und du meintest, dass wir unser Interview nur zwischen 8 und 12 Uhr führen können. Warum?

Rob: Weil ich als selbständiger Musiker vor zehn Jahren angefangen habe zu unterrichten und am Montag, Dienstag und Mittwoch nachmittags unterrichte.
In der Corona-Zeit habe ich sogar eine Anstellung bekommen, was sich besonders in dieser Zeit gut anfühlte.
Ich blühe im Unterrichten richtig auf. Ab Donnerstag bin ich dann selbständiger Musiker in meinen Bandprojekten und auch nur da. Das meint: Ich möchte nur meine Projekte und meine Kunst machen. Das ist wahrscheinlich nicht ganz so erträglich, wie eine Gala zu spielen, aber für meine Leidenschaft ist es erträglicher.

Sandra: Was heißt deine eigene Kunst? Du hast ganz viele verschiedene Projekte, bist mit Musiker:innen auf Tour … Sind das alles deine eigenen Projekte?

Rob: Das Hauptprojekt sind The Busters. Ich bin zu ihnen gekommen, als ich noch Abi gemacht habe. Das ist schon krass, wenn man zurückblickt. Wir haben 18 Alben veröffentlicht und ich habe pro Album immer zwei, drei Stücke als Kompositionen beigesteuert, weil ich auch Komponist bin. Über The Busters kam ich dann zum Farin Urlaub Racing Team und war an fünf Alben beteiligt. Jetzt gibt es noch FENZL, das ist eine Mundart-Band mit einem Künstler aus Bayern. Da sind wir zu viert, bei den Busters sind wir neun und beim Racing Team waren es zwölf.
Es interessiert mich einfach, insbesondere bei Bandprojekten dabei zu sein, die ihre eigene Musik machen und promoten. Ich finde es so geil, wenn Stücke entstehen, wenn erste Melodien da sind, wenn man eine Textidee hat, bis man die eigenen Zweifel durchlaufen hat, dann die Zweifel der Bandkollegen … was dann dabei rauskommt, ist einfach ultraspannend.
Ich hätte schon auch noch Lust, etwas ganz Eigenes zu machen, ich ganz alleine.

Foto linke Seite: Jessy Reiner

Sandra: Was bedeutet es konkret, dass während des Entstehungsprozesses viele Zweifel vorhanden sind?

Rob: Ich lese gerade das super spannende Buch von Rick Rubin „kreativ. Die Kunst zu sein“. So wie er es beschreibt, habe ich es schon immer gehandhabt, nur habe ich es bisher noch nie irgendwo gelesen, was ich da eigentlich tue.
Es beginnt mit einer Idee und dann fängst du eigentlich sofort an, das zu hinterfragen: Was ist das für eine Idee? Gibt es das schon? Was sagen die anderen dazu? Kann ich so etwas bringen? Rick Rubin skizziert das wirklich toll in seinem Buch. Du musst dich dann von allem abschneiden und dir sagen: „Ich bin allein in dieser Welt, ich habe noch nie mit Kollegen darüber gesprochen.“ Er nennt es Gewahrsein und das ist so ein toller Begriff für das, was er meint. Dass du dir wirklich sagst, dass das alles keine Rolle spielt. Was und wer bist du? Darauf kommst du nur, wenn du mit dem Draußen nichts zu tun hast und haben willst, wenn du das Draußen abschneiden kannst. Was hilft es dir, wenn jemand von außen dein Werk beurteilt? Das hilft dir gar nicht. Da spielt die Psyche auf jeden Fall eine Rolle.
Ich bin jemand, der sich auch gerne von jemandem beeinflussen lässt, der sagt: „Oh ja, das finde ich geil!“ oder „Nee, das ist so gar nicht meins!“. Ich muss zugeben, ich bin da wirklich nicht frei, mein Ding zu machen. Jetzt höre ich mir das an und versuche, durch Gewahrsein wieder zu mir selbst zu finden, um einfach Stabilität in meiner Idee zu sehen oder auch meine Idee entwickeln zu lassen. Früher habe ich immer „Mein zartes Pflänzchen“ gesagt, wenn eine Idee skizziert war: „Ich bringe sie noch nicht in den Proberaum mit.“
In der Anfangsphase der Busters ist es mir schon passiert, dass ich sechs Stücke mit in den Proberaum gebracht hatte und dann final keines auf dem Album war. Ich fragte mich, wie das passiert ist. Ich war noch sehr jung und zur Abi-Zeit hatte ich meine ersten Gehversuche in Sachen Songwriting. Ich kam damit zu den Proben und das, was ich hatte, war noch nicht richtig ausgereift. Die Busters sind wirklich eine tolle Band, jeder wollte mir helfen und jeder hat dann darin rumgewerkelt, bis es überhaupt nicht mehr meine Idee war. Die Songs waren dann am Ende irgendwie zu schwach oder zu unkonkret, um auf ein Album zu kommen. Daher ist es ganz wichtig, bei sich selbst zu bleiben.
Ich habe schon viele Kreativphasen durchlaufen und nunmehr ein Gespür dafür, was eine gute Idee und ob sie schon reif ist und ob man damit in den Proberaum gehen kann. Teilweise wurde ich dann diktatorisch und habe gesagt: „So wie es ist, ist es das, so gehört es und anders geht es gar nicht.“ Später habe ich dann auch wieder ein bisschen lockerer gelassen und gemeint: „Ok, ich höre mir mal an, was die anderen sagen.“ Manchmal musste ich auch wieder zu meiner Idee zurückkommen, weil es anders für mich nicht funktionierte. Ich muss emotional spüren, was ich komponiert und geschrieben habe. Das gelingt mir jetzt ganz gut und ist die Essenz.

„Ich muss emotional spüren, was ich komponiert und geschrieben habe.“

Sandra: Gibt es Unterschiede in der Zusammenarbeit mit dem Farin Urlaub Racing Team und den Busters? Du warst auch mit Helene Fischer auf Tour. Wie war das so, ist da immer alles cool? Oder gibt es Unterschiede, wenn man mit so vielen verschiedenen Menschen auf Tour ist?

Rob: Es gibt natürlich Unterschiede. Bei den Busters sind wir basisdemokratisch organisiert. Wir sind neun Chefs und alles muss irgendwie durch jeden durch. Dadurch ergibt sich eine Hierarchie. Wenn man ein Stück schreibt, dann ist man natürlich für das Stück

verantwortlich. Es wird viel diskutiert, da die Menschen so unterschiedlich sind. Eine derartige Band ist schon eine Lebensschule. Wenn du neun verschiedene Charaktere in einer Band hast, gibt es natürlich immer welche, mit denen du vielleicht sogar freundschaftlich verbunden bist. Mit anderen pflegst du eher eine Kollegen-Kumpelhaftigkeit. Es sind schon mehr als Kollegen, wenn man seit 30 Jahren zusammen unterwegs ist. Ich habe mit zwei von den Busters in einer WG zusammengewohnt und wir haben zu dieser Zeit von dort aus das Büro gesteuert, die Band geleitet und den Major-Deal gemacht. Ich war hauptsächlich der Telefonansprechpartner, der Manager. Dadurch ergibt sich eine Hierarchie, aber die gibt es eigentlich nicht. Jeder darf seine Meinung äußern, jeder darf mit abstimmen. Das kann Vor- und Nachteile haben. Klar, wenn es stressig wird, gibt es natürlich immer wieder extreme Reibungspunkte, durch die wir durchmüssen. Wenn man nicht der gleichen Meinung ist, trifft das Kollektiv die Entscheidungen, und damit hadere ich schon viel, auch heute noch. Aber das ist eben Demokratie. Wenn wir wählen gehen und ich mir die Parteien und Strukturen anschaue, dann bin ich auch mit ganz vielem nicht einverstanden, aber damit muss man klarkommen.
Beim Racing Team ist Farin der Denker. Wir können schon Kleinigkeiten beisteuern, aber es findet keine Abstimmung mit zwölf Leuten statt.
Helene ist eine ganz tolle Kollegin als Sängerin und wie sie ihr Konzept sowie ihre Band durchzieht. Dort ist alles schon durchdacht und die Band wird nicht gefragt. Es gibt einen Music-Director, der zusammen mit Helene für das Künstlerische verantwortlich ist, und den Manager. Wer bei Helene Posaune spielt, ist eigentlich egal, da geht es nicht wirklich um dich persönlich. Dem steht dann entgegen, dass mir Farin Urlaub einen Song gewidmet hat: „Der Mann mit der Posaune“. Das ist schon krass. Er meint damit mich und es geht ihm auch um mich. Dafür dann drei Monate mit Helene unterwegs zu sein und mit ihr zu spielen, war eine tolle Erfahrung. Aber ich möchte eigene Bandprojekte voranbringen, eigene Stücke schreiben, ich möchte einen Platz haben und gefeatured werden. Ich habe genügend Profilneurose, um nicht irgendeinen Posaunisten darzustellen.
Als Persönlichkeit habe ich mich durch das Unterrichten von Schülern entwickeln können. Mit 40, 42 dachte ich: „Jetzt machste das mal und musst nicht auf den nächsten Anruf von Helene warten.“ Ich gehe in meiner Unterrichtstätigkeit richtig auf. Ich mag die Arbeit mit Jugendlichen. Sie sind so offen und bereit mitzugehen, wenn du eine geile Idee hast. Wir produzieren auch zusammen Stücke und es ist schön, nicht mehr nur auf der Straße zu sein. Ich bin unheimlich dankbar dafür, dass ich mit dem Instrument im Arm durchs Leben laufe.

„Mit 40, 42 dachte ich: „Jetzt machste das mal und musst nicht auf den nächsten Anruf von Helene warten.““

Sandra: Was meinst du mit „... nicht mehr nur auf der Straße zu sein“ genau? Das Leben als Musiker:in geht ja auch mit Unsicherheiten einher. Es ist nicht immer safe, dass du weißt, du hast jeden Monat Summe X auf dem Konto. Ist es das?

Rob: So habe ich eigentlich 30 Jahre lang gelebt. Zehn davon unterrichte ich jetzt, aber bei den anderen 20 war es schon so. Es gab Tourneen, da war es unheimlich viel. Nach der Steuer sah es dann nicht mehr ganz so viel aus, aber es war noch genug da. Dann gehen die Projekte in Urlaub, „Farin in Urlaub“ zum Beispiel. Zum Glück haben wir uns mit den Busters die traditionelle Deutschlandtour erarbeitet, die jedes Jahr von Weihnachten bis Mitte/Ende Februar stattfindet. Das war ein Grundstock meines Lebens. Dann gab es noch die Band Mardi Gras.bb, mit der ich 22 Jahre auf spannenden Tourneen und Konzerten weltweit unterwegs war. Diese beiden Bands haben mich durch das Studium gebracht. Ich habe Posaune studiert und später Diplom-Jazz- und Popularmusik. Meine Mutter hat mich immer mal unterstützen müssen, wenn meine beiden Hauptprojekte planungstechnisch nicht liefen. Da gab es mitunter ein halbes Jahr gar nichts. Zu dieser Zeit hatte ich den Unterricht nicht und habe von den Rücklagen bis zum nächsten Projekt gelebt. Ich kann mich nicht beschweren, für einen Selbständigen lief es einfach fantastisch.

Sandra: Für dich stand immer fest, dass du mit Musik sowohl dein Geld verdienen als auch deinen Alltag gestalten möchtest? Es stand für dich nie zur Debatte, irgendetwas anderes als Musik zu machen?

Rob: Nein. Ich habe früher schon Tuba in der Stadtkapelle gespielt und bei „Jugend musiziert“ teilgenommen. In der Regelschule bin ich nicht zurecht gekommen, weil mich das nicht interessiert hat. Durch „Jugend musiziert“ und diese musikalische Karriere bin ich jedoch immer wieder in die nächste Klasse gekommen. Zum Teil haben sich alle gewundert, was mit dem Jungen los ist, der Fünfen hat und „Jugend musiziert“-Preisträger auf Bundesebene ist. Mit 19 habe ich Abi und auf dem Wirtschaftsgymnasium die Allgemeine Hochschulreife gemacht und bin dann mit 19 auch schon mit den Busters auf Tour gegangen.
Dann habe ich jedoch gemerkt, dass mir das nicht reicht und ich mehr wollte. Ich kannte Kollegen, die deutlich besser Posaune spielen konnten als ich. Ich wollte mich weiterentwickeln und habe deswegen dann auch studiert. Es war nie eine Entscheidung, werde ich jetzt Musiker oder mache ich etwas anderes. Es war einfach immer alles so und ging von einem ins nächste. Ich habe natürlich Tag und Nacht wie blöd geübt, um mit den Kollegen mithalten zu können, auch im Studium. Ich musste nebenbei noch einen Majordeal mit den Busters organisieren, weil

ich gerade das Management für die Band gemacht hatte. Ich war immer bereit, diese Herausforderungen anzunehmen. Das war alles natürlich ebenso mit viel Bauchweh und Selbstzweifeln verbunden. Ich habe weitergemacht und war dann an einem Punkt, an dem ich dachte, dass ich mich auf mich verlassen kann. Zur ersten Farin Urlaub Racing Team-Tour traute ich mir bei Rock am Ring zu, vor 50.000 Leuten mein erstes Solo zu spielen.

„Zur ersten Farin Urlaub Racing Team-Tour traute ich mir bei Rock am Ring zu, vor 50.000 Leuten mein erstes Solo zu spielen."

Sandra: Du hattest Selbstzweifel und hast (trotzdem) weitergemacht, weil du dein Ziel hattest. Was machst du für deine mentale Gesundheit?

Rob: Ich habe jetzt mit Yoga angefangen und meditiere. Ich war immer Jogger, habe mir die Schuhe angezogen und bin Laufen gegangen. In meiner Persönlichkeitsentwicklung kam ich in der Corona-Zeit an einen Punkt, an dem ich ganz schön damit zu kämpfen hatte, dass wir auf einmal nicht mehr spielen und das erste Mal die Busters-Tour nach 30 Jahren zu Weihnachten nicht starten durften. Erst dachte ich: „Geil, nach 30 Jahren machste jetzt mal eine Pause von diesem Karussell, das wir da betreiben." Ich habe das noch so hingenommen. Dann kam ein Jahr später die zweite Tourabsage und das hat bei mir etwas verändert. Ich habe gedanklich meine letzten 30 Jahre „durchgearbeitet" und fragte mich, was der Sinn von dem ist, was ich tue.
Das Schwerwiegendste in diesem „Durcharbeiten" war, dass sich mein bester Freund zehn/15 Jahre vorher das Leben genommen hatte. Er hatte Depressionen. Wir waren zusammen in der Schule und haben zusammen Abi gemacht. Es gab immer Momente, in denen er nicht aufgestanden ist, sein Vater mich daraufhin anrief, dass ich vorbeikommen und ihm als sein Freund helfen solle. Ich bin dann zu meinem Freund gegangen und habe ihn gefragt, was denn los sei. Er saß tränenüberströmt da und meinte: „Ich habe so viele Aufgaben zu erledigen. Ich schaffe das nicht. Schule, dies und jenes, Vaters Auto noch in einen Unfall verwickelt …" Ich habe versucht, ihm zu helfen. Wir haben zusammen Zettel geschrieben, was er noch erledigen muss usw. … Später hatten wir dann nicht mehr den nahen Kontakt wie zu Schulzeiten. Es war dann auch so, dass, wenn wir uns gesehen haben, er dann oft überschwänglich war. Früher nannte man das manisch-depressiv, heute ist es wohl bipolar. Dann war er wieder völlig drüber und wir haben uns auch nicht gesehen. Er wollte sich nicht medikamentös behandeln lassen und hat dann für sich entschieden, dass ihm das zu anstrengend ist und er es nicht packt.
Dann kam die Corona-Zeit und die 30 Jahre davor fühlten sich wie ein Rausch an. Du kommst aus der Schule, machst dein Studium, gehst in deinen Job, gründest eine Familie, machst deine Pläne … In der Corona-Zeit wurde der Stecker gezogen und es war Zeit, Sachen zu verarbeiten. Ich habe dann auch einen Songtext geschrieben, in dem ich das dann verarbeitet habe. Diesen habe ich meinem Freund gewidmet.
In der Pandemie-Zeit bin ich jeden Morgen raus und zwei Stunden durch den Wald gelaufen. Es kam so viel hoch und ich hatte die Zeit, mal in mir zu wühlen und Sachen aufzuarbeiten. Nochmal rausholen, nochmal durchdenken, um meinen Frieden zu machen und zu schauen, wo die verschiedenen Gefühle herkommen.
Heute bin ich über diese drei Jahre Pause froh. Ich habe viel verändert, nicht nur meine Frisur neu gemacht, sondern auch im Privaten. Ich habe mich total umgebaut. Ich bin jetzt total glücklich und irgendwie auch ein

Foto linke Seite: Jessy Reiner

anderer. Ich bin für die Zeit sehr dankbar, in der ich darüber nachdenken konnte, wer ich bin, was ich mache und machen möchte.
Meine Schwester ist Coach in Therapierichtung und mit ihr habe ich ein paar gemeinsame Termine gemacht, also unter Anleitung schauen, was so bei einem selbst ist. Aus heutiger Sicht ist alles super, aber zu der Zeit ging es mir nicht gut.

Sandra: Ja, das kann ich mir gut vorstellen. In der Pandemie-Zeit waren viele auf sich selbst zurückgeworfen, hatten Angst, also auch Existenzangst und Angst vor dem Virus, weil man ja nicht richtig wusste, was geht. Und es war eben eine recht lange Zeit. Man musste schauen, wie man mit all dem umgeht, egal in welcher Situation man steckte. Dir haben deine Laufrunden geholfen und dass du dich damit auseinandergesetzt hast, als alles über dich hereingebrochen ist. Du hast es nicht weggeschoben und bist den Schritt zu deiner Schwester gegangen. Therapie heißt ja auch erstmal vor allem reden.

Rob: Was meine Schwester gut kann, ist Sortieren. Viele meiner Gedanken waren durcheinander. Sie hat einfach nur gesagt: „Schau mal, das ist das, hier ist das und das tun wir mal da hin.“ Die Überforderung kommt auch daher, weil du keinen Durchblick hast. Selbstvertrauen und Zweifel waren bei mir ebenso ein Thema. Ich weiß nicht, ob das unsere Gesellschaft ist oder ob es Muster sind. Man neigt doch immer dazu, sich kleiner zu machen als die anderen. Ich will jetzt nicht größer sein, das ist auch der falsche Ansatz, aber zumindest habe ich keinen Grund, weniger zu sein. Man verliert sich, wenn man für sich selbst nicht das gut findet, was man ist und tut.
Ich war drei Wochen in Quarantäne. Insgesamt waren es 21 Tage, die ich nicht raus durfte. Mein bester Freund hat mir Essen gebracht, es haben sich ebenso spontan Leute gemeldet, die mich versorgt haben. In dieser Zeit bekam ich einen Koller. Zuerst hatte ich keinen Geschmack, keinen Geruch, war die ersten Tage richtig niedergestreckt. Dann musste ich irgendetwas machen. Ich bin raus ins Feld und Karrees abgelaufen. Ich bin in „Das ist das Haus vom Nikolaus“-Routen durchs Feld gelaufen. Ich lief vier Monate lang jeden Morgen, bei jedem Wind und Wetter.
Ich habe angefangen zu texten. Dieses „Ich denke über mein Leben nach“ hat sich mit dem Songwriting vermischt. Das hat echt gut funktioniert. Ich glaube, auf dem letzten Album sind acht Texte von mir. Das war bestimmt ebenso eine Art von Therapie.

Sandra: Du meintest gerade, dass man sich nicht kleiner machen soll als man ist, und sich jedoch auch nicht über andere erhöhen soll. Du hast festgestellt, dass es ein Dazwischen gibt, was dir nicht gelehrt wurde bzw. du nicht kanntest. Einfach du selbst sein, dich selbst spüren und empfinden. Ich habe gelernt, dass, wenn es dir gut geht, du es dann auch auf dein Umfeld übertragen kannst. Warum wird uns das in der Gesellschaft so nicht gelehrt, da würde es uns doch allen besser gehen?

Rob: Absolut. Es sind aber auch die Konstellationen. Ich bin dann schon mal gut drauf, auffällig, laut und andere sagen: „Hast du einen Clown gefrühstückt? Was ist denn bei dir los, Drogen schon am Morgen genommen?“ Das sind Sachen, bei denen du dich regulierst oder – besser – reguliert wirst, aber nicht von dir selbst, sondern von anderen. Da stellt sich dann die Frage, ob ich das runterschlucke, und das habe ich ganz lange auch getan. Mein Motto war: da rein, da raus. Ich habe in der Zeit der Reflexion gemerkt, dass es rein und eben nicht raus, sondern runter ging, also in mir drin war. Ich musste für mich entdecken, dass ich mir das nicht mehr sagen lasse. Ich musste für mich selbst eine Grenze finden – nach dem Motto: „Du kannst mir bis hierher nahe kom-

men, aber weiter geht es nicht." Ich möchte mir von niemandem sagen lassen, was ich will, was ich tue und wer ich bin.
In einer Band wie den Busters, in der neun Menschen sind, will natürlich keiner dem anderen den vollen Lichtkegel überlassen. Es müssen immer alle in diesen Lichtkegel rein. Und da stehen wir dann so drin und auf keinem Foto erkennst du irgendetwas. Auf der letzten Tour vor der Pandemie haben wir es dann anders gemacht. Wir haben unter der Headline „One for all" jeweils alle Bandmitglieder einzeln auf die Plakate gedruckt. Dann fuhren wir zu den Clubs und auf einmal hieß es: „Guck mal, da der Rob, da der Mad, hier der Joe." Da wurde für uns erstmals sichtbar, dass wir uns selbst als Einzelpersönlichkeiten wahrgenommen haben und natürlich auch die Leute von außen. Wir sind ja alles Einzelmenschen und nicht nur ein geklüngelter Haufen, bei dem jeder versucht, Teil davon zu sein.

„Ich möchte mir von niemandem sagen lassen, was ich will, was ich tue und wer ich bin."

Sandra: Was gibst du deinen Kids und Jugendlichen in deinem Unterricht mit?

Rob: Einer meiner Kollegen – er ist Jazzgitarrist – hat mal einen Satz gesagt, der sich mir in der Anfangszeit eingebrannt hat: „Geh nach dem Schüler, dann hast du es am einfachsten." So mache ich das auch.
Eine Schülerin zum Beispiel hatte bei mir Posaunenunterricht. Auf einer Art Klassenfahrt entdeckte ich ihre Stimme und dass sie super singen kann. Daraufhin habe ich sie in meinen Projekten im Singen gefördert. Sie hat sogar ein Stück komponiert, welches wir dann ausproduziert haben. Neulich hatte sie bei Apache einen Gastauftritt. Wie das zustande kam, weiß ich nicht, aber wahrscheinlich haben sie Fans gefragt, ob sie mit ihm „Komet" singen wolle. Ich hätte sie auch weiter stur an der Posaune unterrichten können. Ich finde es wichtig, entdeckte Talente zu fördern.
Es ist aber nicht nur das Musikalische. Wenn du einen Auftritt hast und einer verpennt, dann musst du ihn quasi aus dem Bett holen. Wir sind zusammen ein Kollektiv und wenn einer nicht kommt, dann bekommen wir das nicht hin. Man hat ein stückweit auch Verantwortung für die Gruppe. Die Schüler müssen anwesend und auch pünktlich sein. Sie müssen ihren Part geübt haben, denn wenn sie es nicht können, ist insgesamt das ganze Ergebnis schlecht. Die Einzelleistung zählt. Jeder muss alles geben, erstmal für sich, und dann muss ich schauen, wie wir das im Kollektiv zusammenbauen.
Es gibt ebenso welche, die in der Schule ihre Probleme haben und mir davon erzählen. Ich höre mir das an und habe oft auch keine Lösung für ihre Schwierigkeiten, aber es kümmert mich schon. Ich kann dann aus meiner subjektiven Sicht meine Erfahrung weitergeben und meine subjektive Meinung sagen, was ich für richtig empfinde.
Manche haben auch mal einen Hänger. Dann muss man immer wieder motivieren, einen neuen Schub bringen, etwas verändern. Veränderungen finde ich sehr wichtig, damit alles nicht monoton ist. Dazu gehören ebenso Kleinigkeiten, wie zum Beispiel den Stundenplan umzustellen. Dann kommt ein Schüler eben montags, wenn es passt. Das ist auch gut für mich. Ich habe mich immer gewundert, warum der Mittwochnachmittag so anstrengend ist. Das war wegen der Konstellation der Schüler. Dann habe ich das umgebaut, es kamen frischer Wind und auch neue Einflüsse für mich selbst rein. Dann bewegt sich etwas.
Durch meine Persönlichkeitsentwicklung in der Pandemie mache ich jetzt viele Dinge bewusster und dadurch vielleicht auch verantwortungsbewusster gegenüber mir selbst, aber ebenso meinem Umfeld gegenüber.

„SEX AND DRUGS AND ROCK'N'ROLL – BESCHEUERTER GEHTS WOHL NICHT!“

Interview mit Gary Schmalzl

von Sandra Strauß und Schwarwel

Gary Schmalzl
1963 geboren in Bayern, sehr schöne Jugend in einem tollen Elternhaus
1973 Trompete
1977 Gitarre
1984 Umzug nach Berlin
BWL-Studium mit Diplom Abschluss
ab 1986 bei Escalatorz als 2. Gitarrist
ab 1988 Bierhausbands
ab 1989 in überwiegend Berliner Rock- und Punkbands (Auswahl)
- Stone Cold Crazy
- Lüde & die Astros
- Church of Confidence
- Lucilectric
- Cora Frost
- Jingo de Lunch
- Bela B
- Ben Becker
- Nervous Germans
- Stephan Michme
- Georgette Dee
- Geschwister Pfister
- Alvin Lucier (Ever Present Orchestra)
und viele mehr

Zahllose Studioaufnahmen

Von 1990 bis circa 2000 habe ich auch als Stagehand gearbeitet und dabei alles gesehen: Sinatra bis Pavarotti, Slayer bis Paul McCartney, B.B. King bis Monserrat Caballé und alles dazwischen
Von 1999 bis circa 2002 Übersetzer beim Comic-Verlag EEE
2006 schwere Erkrankung, überstanden
2015 Heirat
2021 COVID-19, überstanden

Sandra: Das letzte Mal, als wir miteinander ein gemeinsames Interview für unsere #nichtgesellschaftsfähig-Online-Talk-Reihe geführt haben, war vor ungefähr zwei Jahren. Zu diesem Zeitpunkt hattest du gerade deine COVID-19-Infektion hinter dir, es war mitten in der Pandemie und wir haben genau darüber gesprochen. Deine Infektion war sehr schlimm und dir ging es währenddessen wirklich schlecht. Danach konntest du nicht mehr Gitarre spielen, dir einige Dinge nicht mehr merken, nicht mehr Fahrradfahren, dein Körper war total schlapp und dir fiel sogar Laufen sehr schwer. Außerdem konntest du als Musiker nicht mehr auftreten, weil eben Pandemie war. In unserem Interview damals meintest du, dass du das alles gewuppt hast. Wie geht es dir jetzt?

Gary: Ich merke es noch, aber das ist jetzt auf einem Niveau, auf dem man wirklich überhaupt nicht mehr darüber zu sprechen braucht. Ich war letztes Jahr wieder zum Radfahren in Frankreich und habe da bemerkt, dass es in 2600 Metern Höhe mit dem Atmen etwas eng wird. Das war vorher nicht so. Ansonsten habe ich manchmal noch ein paar Schwierigkeiten mit dem Wortschatz. Aber ich glaube nicht, dass man das als Außenstehender bemerkt. Neulich war ich in Zürich, habe Brigitte Helbling getroffen und sie gefragt, ob man etwas merkt. Und sie meinte: „Nö, Gary, du hast sowieso schon immer erst überlegt, bevor du etwas gesagt hast." Darüber habe ich mich sehr gefreut.

Sandra: Du warst gerade auf Tour.

Gary: Ja, ich bin jetzt gerade von der Tour mit Geschwister Pfister zurück. Wir waren lange unterwegs. Es war super und läuft perfekt.

Sandra: Für dich war immer klar: Du möchtest Gitarre spielen und damit dein Geld verdienen. War in deinem Musikerleben immer alles schön? Oder geht so ein Leben auch mitunter mit Existenzängsten einher?

Foto linke Seite: Barbara Braun

Gary: Es war natürlich von vornherein klar, dass es nicht immer einfach ist, und das kann man auch nicht verlangen oder erwarten. Ich bin jetzt über 60 und kann sagen, wenn ich zurückblicke, dass alles genau so war, wie es sein sollte. Es hat geklappt. Ja, natürlich war es ebenso anstrengend, bspw. wenn am Anfang oder zwischendurch kein Geld da war. Ich habe mich immer darauf konzentriert, Gitarre zu spielen. Und es hat funktioniert. Aber es ist nicht einfach. Auch jetzt, wo es mir perfekt geht, ist es immer noch nicht einfach, weil mir klar ist: ein Anruf und es kann vorbei sein. Vor zwei Jahren haben wir es erlebt: Pandemie und Ende. Darauf muss man vorbereitet sein, auf allen Ebenen, finanziell und insbesondere mental. Man muss wissen und es sich antrainieren, dass es eben auch mal nicht so toll ist, Sachen schiefgehen oder es einfach nicht läuft, Shows abgesagt werden, dass jemand krank wird oder ich selbst. Man muss sich mental darauf einstellen, dass man nicht immer oben ist. Wenn man oben ist, geht es auch wieder nach unten.

„Man muss sich mental darauf einstellen, dass man nicht immer oben ist. Wenn man oben ist, geht es auch wieder nach unten."

Sandra: Du spielst für unglaublich viele verschiedene Künstler:innen, Musiker:innen und Bands Gitarre. Gab es da irgendwann auch mal Probleme oder war immer alles cool? Ich kann mir vorstellen, dass es nicht immer einfach ist, mit andern Musiker:innen zusammenzuarbeiten. Tourleben, musikalische Differenzen …

Gary: Da gibt es natürlich immer Schwierigkeiten. Das war früher ein bisschen anders. Früher bist du mit 20, 25 Jahren aufgebrochen und wolltest deinen Kopf durchsetzen und der beste Gitarrist der Welt werden. Darauf arbeitest du hin und möchtest die anderen noch mitnehmen. Aber die anderen haben gar kein Interesse daran, dass du der beste Gitarrist der Welt wirst. Also musst du es selbst machen und deinen Weg gehen. Und im Laufe der Zeit stellt sich heraus: Egal, wie gut du spielst, es kommt immer auf die Gesamtperformance der Band an. Das zählt. Natürlich ist es mit verschiedenen Künstlern unterschiedlich schwierig. Ich arbeite und verdiene mein Geld jetzt seit vielen Jahren damit und seit weit über 20 Jahren spiele ich für andere Leute. Du musst die Künstler, für die du spielst, natürlich akzeptieren – mit allem Drum und Dran. Und du musst daran arbeiten, dass sie auch dich akzeptieren. Das ist nicht immer einfach.

Je älter ich werde, desto älter werden auch „meine" Künstler und desto abgebrühter … „abgebrüht" ist das falsche Wort … desto professioneller und einfacher wird es, weil jeder weiß, was er macht. Und wenn ich keinen Bock mehr habe oder mir einer blöd kommt, kann ich gehen. Das ist einer der großen Vorteile, wenn man lange dabei ist und ein bisschen finanzielle Sicherheit hat. Das beruhigt ungemein. Und praktisch alle anderen wissen das auch. Denen geht es umgekehrt genauso. Man kann sich auf die wirklich wichtigen Dinge konzentrieren: Musik, Performance und künstlerischer Ausdruck.

Sandra: Wie war es bei dir früher und in jungen Jahren auf Tour? Hast du den Rock'n'Roll-Lifestyle gelebt? Alkohol, Drogen?

Gary: Ich habe noch nie geraucht. Also zwei Mal habe ich es versucht. Einmal bei der Bundeswehr. Da dachte ich so: „Wenn ich schon im Krieg sterben muss, dann kann ich auch rauchen." Aber Krieg war weit entfernt und mir war immer nur schlecht – vom Rauchen. Damit war das Experiment beendet. Zehn Jahre später habe ich noch mal geraucht, weil ich schweren Liebeskummer hatte, aber auch da war mir immer nur schlecht.

Ich habe Alkohol getrunken und war dann oft unangenehm, wenn ich zuviel getrunken hatte. Meistens war ich lustig, aber manchmal eben auch sehr unangenehm. Ja, die anderen waren auch so auf dieser Ebene. Sie sind schon eigentlich alle in die gleiche Richtung gefahren.
Mit Drogen hatte ich nichts am Hut. Ich habe es jedoch in meinem Umfeld erlebt und schon immer gesehen, dass das kein gutes Ende nimmt. Ich habe ein paar Tote in meiner Karriere in Bands erlebt. Es ist auch kein Vergnügen, wenn Koks und Speed überhand nehmen. Dann ist ein normales, richtiges Arbeiten einfach für mich nicht mehr möglich.
Seit 2005 ist für mich Alkohol aus gesundheitlichen Gründen nicht mehr drin. Er spielt überhaupt keine Rolle mehr. Und jetzt nicht mal mehr Fleisch.
Heutzutage ist es so für mich auf Tour viel, viel einfacher.

Sandra: Heißt das, du hättest aber nicht freiwillig mit dem Alkohol aufgehört, sondern du hast aus gesundheitlichen Gründen aufgehört, weil der Arzt gesagt hat: „Du, wenn du jetzt weiter trinkst, war es das.“ Oder?

Gary: Nee, nee, gesundheitliche Gründe sind dann hier der falsche Ausdruck. Ich bin aufgewacht und es hat mir nicht mehr geschmeckt. Ich vertrage es auch nicht mehr. Eine minimale Menge an Alkohol setzt mich außer Gefecht und ist sinnlos geworden. Es ging von einem Tag auf den anderen. Ich habe da auch nicht weiter darüber nachgedacht. Es war eben einfach so. Und dann habe ich eben etwas anderes getrunken.

Sandra: Dann hattest du auch keine Entzugserscheinungen oder sonst irgendwas?

Gary: Nein, nichts. Es war von einem auf den anderen Tag Schluss damit.

Sandra: Du hast auch nicht mit etwas anderem angefangen – so Richtung Suchtverlagerung? Anfangen mit Sport, Joggen, Fahrradfahren, mehr Essen …?

Gary: Nein. Es hängt ja auch mit dieser Autoimmunerkrankung zusammen, die ich entwickelt hatte – wie und in welcher Form weiß ich nicht. Aber es hängt halt damit zusammen. Nach ein paar Monaten ohne Alkohol habe ich dann auch auf mein Konto geschaut und war überrascht, wo das ganze Geld herkam.

Schwarwel: Hat sich dadurch dein soziales Umfeld geändert?

Gary: Nein. Mein soziales Umfeld waren schon immer Musiker:innen. Mein soziales Umfeld hat sich dadurch nicht geändert, mein sozialer Umgang hat sich verändert. Und ich bin nicht mehr in Kneipen gegangen. Wenn ich nachts um eins oder zwei nach irgendwelchen Shows in meine Lieblingskneipe gehe und feststelle, dass ich kein Wort mehr verstehe und eventuell nur noch entziffern kann, was die anderen mir sagen, dann ist es – sagen wir mal – schwierig und ich habe einfach keinen Bezug mehr dazu. In Kneipen gehe ich nur noch zum Kaffee trinken oder Essen. Früher haben mir Kneipen natürlich sehr viel Spaß gemacht. Doch das hat sich eben erledigt. Und eben alles andere auch, was damit einhergeht, wenn man nicht mehr säuft.

Sandra: Wie ist es mit dem Fleischessen? Warum isst du kein Fleisch mehr?

Gary: Meine Frau bekam Arthritis. Nach einiger Zeit sagte sie zu mir, dass sie gelesen habe, dass es hilft, wenn man kein Fleisch mehr isst. Doppelt kochen wollte sie nicht, sollte sie auch nicht und hätte sie auch nicht gemacht. Also habe ich mich ihr angeschlossen. Eine Zeitlang habe ich noch auswärts Fleisch gegessen – jedoch nicht, wenn sie dabei war. Irgendwann machte auch das für mich keinen Sinn mehr, weil es mir einfach nicht mehr schmeckte.

Dann gab es eine Situation, die dazu geführt hat, dass ich einfach keinen Bock mehr hatte: Ich saß vor meinem Computer und schaute mir ein Interview mit der Veganerin Chrissie Hynde an. Der Interviewer und sie verstanden sich ganz gut. Alles war nett, entspannt, höflich, zugetan. Dann fragte er sie: „Du isst kein Fleisch. Wenn ich dich jetzt zum Essen einlade, dürfte ich dann Fleisch essen?" Und sie antwortete: „Ja, klar, du kannst essen, was du möchtest, doch ich gehe nicht mit." „Aha, okay. Noch eine Frage: Wenn du jetzt auf Tour gehst, dürfen dann deine Musiker und Techniker auch kein Fleisch essen?" „Sie müssen ja nicht für mich arbeiten. Wenn ich Catering und Essen bezahle, dann gibt es kein Fleisch und dann müssen sie sich auch daran halten." Dann hat der Interviewer immer und immer wieder nachgefragt. Er wurde mir so unsympathisch, dass ich mir dachte: „Ja, okay, ich habe jetzt die Schnauze voll von euch. Ich lasse es jetzt komplett bleiben, esse kein Fleisch mehr und möchte auch nicht mehr dazugehören. Zu dieser Spezies möchte ich einfach nicht dazugehören. Kein Fleisch, keine Wurst mehr."

„Ich lasse es jetzt komplett bleiben, esse kein Fleisch mehr und möchte auch nicht mehr dazugehören."

Sandra: Hat sich dadurch irgendetwas in deiner Wahrnehmung und in deinem Bewusstsein verändert?

Gary: Wie drückt man das denn jetzt nett aus? Man nimmt mehr die Verbohrtheit der anderen wahr und ist genervt von der Diskussion: Wieso heißt denn das jetzt vegetarische oder vegane Wurst, wenn es gar keine Wurst ist? Wieso heißt das jetzt Wurst? Wieso muss es aussehen wie ein Schnitzel? Wieso? Wieso? Wieso? Müssen wir jetzt auch Fleisch erfinden? Das ist das Einzige, was sich verändert hat. Ansonsten hat sich nichts geändert.

Naja, in der und durch die Pandemie hat sich viel verändert, auch mit der Wahrnehmung nach außen. Dann bin ich in der Zeit ebenso älter geworden, auch wenn es nur zwei Jahre waren. Klar hat sich da etwas in meiner Wahrnehmung verändert.

Sandra: Hat sich in deinem Künstler:innen- und Musiker:innen-Umfeld durch die Pandemie etwas geändert? Du hast dich mental auf Höhen und Tiefen vorbereitet. Die Pandemie ist von außen gekommen. Viele haben das eventuell nicht so leicht weggesteckt. Hast du da akut und konkret etwas mitbekommen?

Gary: Ja, klar, natürlich. Viele Menschen, die beispielsweise eine Familie haben und ernähren müssen, die finanzielle und existenzielle Schwierigkeiten bekamen, mussten zum Teil ihr Leben komplett ändern. Das habe ich mitbekommen. Und bei einigen Künstler:innen funktioniert auch vieles nicht mehr. Shows und Veranstaltungen wurden und werden abgesagt. Menschen gehen zu den einen Shows, zu anderen eben nicht. Manche Venues gibt es nicht mehr, andere sind überbucht. Sehr viele Konzerte werden nachgeholt und es ist alles überfüllt.
Ich habe das Glück, dass es bei mir funktioniert. Das ist auf dieser mittleren Ebene, auf der ich mich bewege, nicht selbstverständlich. Im Moment habe ich also Glück.

Sandra: Vielleicht ist es nicht nur Glück, sondern eventuell hast du dir das auch erarbeitet? Dir war immer klar, was du machen möchtest, hast darauf hingearbeitet und du bist natürlich auch sehr fleißig. Wenn du nicht auf Tour bist, übst und spielst du Gitarre.

Gary: Ja, danke, aber das ist ja das, was ich mache und machen möchte. Ich bin sehr zufrieden, wenn jemand sagt, dass ich fleißig bin. Aber ich bin auch wahnsinnig faul, jedoch nicht, wenn es mit Gitarre und Rennrad zusammenhängt. Wenn ich morgens anfange, Gitarre zu spielen und zu üben, ist das einfach toll und ich kann mich in bestimmte Stimmungen bringen. Ja, ich kann aktiv meine Stimmung beeinflussen, wenn ich das möchte. Manchmal lasse ich mich auch einfach nur treiben.

„Ja, ich kann aktiv meine Stimmung beeinflussen, wenn ich das möchte. Manchmal lasse ich mich auch einfach nur treiben."

Schwarwel: Hat das auch etwas Meditatives?

Gary: Ja, das kann man schon sagen.

Schwarwel: Welche Rolle spielt das Publikum für dich? Ist es geil, beklatscht zu werden, oder reicht es, auf der Bühne zu stehen?

Gary: Es ist schon toll, wenn man beklatscht wird. Logisch. Aber es ist jetzt nicht Sinn der Sache, beklatscht zu werden. Das ist nicht so wichtig. Wichtig ist, mit wirklich guten Leuten zusammenzuspielen. Wenn es ihnen Spaß macht, wie ich spiele, dann ist alles super. Die allererste Instanz bin ich selbst. Und wenn es den Menschen, mit denen ich auf der Bühne stehe und für die ich spiele, gefällt, ist das fantastisch. Das ist Goldregen.

Schwarwel: Du scheinst sehr im Hier und Jetzt zu leben. Wir möchten auch ein paar alte Storys hören. Wolltest du früher und am Anfang schon berühmt werden?

Gary: Klar, am Anfang möchte man schon reich und berühmt werden. Und stellt sich darunter auch irgendwie etwas vor. Aber es sagt dir keiner, dass du das in Deutschland als Rock-Gitarrist nicht wirst. Da möchte man der nächste erfolgreiche Geiger werden oder der nächste Steve Jones oder der nächste Ted Nugent oder der nächste Eddie Van Halen. Dass man das halt nicht schafft, wird relativ schnell klar. Was aber nicht klar ist, was es dann eben wird. In jungen Jahren gehst du dann eben von einer Platte zur nächsten, von einer Tour zur nächsten, von einer Band zur nächsten. Und das wird dann auch unangenehm. Ich hatte es ja schon gesagt, dass ich nicht immer der angenehmste Kollege war. Umso verwunderlicher ist es, dass es immer noch klappt. Alkohol und Drogen waren damals bei vielen ein Thema. Einige haben es geschafft und ihnen geht es jetzt richtig gut. Ich habe heute gelesen, dass du etwas über Straight Edge wissen wolltest. Da möchte ich jetzt mal wissen, wie genau das definiert wird?

Sandra: Kein Alkohol, keine Zigaretten, keine Drogen, kein Fleisch, kein Kaffee ...

Gary: Aber hat das nicht auch etwas mit Hardcore zu tun?

Schwarwel: Ja, genau. In den 1980er Jahren hat sich das durch Musiker der Hardcore-Punk-Szene als Gegenpol zum Drogenkonsum entwickelt, der integraler Bestandteil der Szene war. Es ging aus dieser Musikbewegung hervor.

Sandra: Mir fällt gerade noch ein Thema ein. Feminismus und Musik. Vor ein paar Jahren hattest du irgendeinen Beef in einem Musik-Forum.

Gary: Ja, da kochte ich vor Wut und wusste gar nicht, ob das berechtigt ist. Es ging darum: Auf einem Foto war eine nackte Frau zu sehen und sie haben die Gitarrenform in sie reinprojiziert. Ich fragte in dieser Facebook-Gruppe, was das jetzt soll, und meinte, das ist hochgradig sexistisch. Der Schweizer

Gitarrist Stefan Strittmatter hatte das sofort verstanden und war Feuer und Flamme und empfand das genauso. Alle anderen nicht: „Das ist doch toll. Das sieht doch schön aus. Das ist Rock. Das ist klasse. Das sind zwei tolle Dinge." Wohlgemerkt: Das sind zwei tolle Dinge. Nee, das ist ein tolles Ding. Und eine Frau, über die hier gerade gesprochen wird. Ich habe mich so aufgeregt. Eine Frau wird zu einem Objekt degradiert, auf die Gitarre draufreduziert. Vor 40 Jahren ja, vielleicht okay – doch irgendwie auch nicht –, aber heute doch nicht mehr! Habt ihr Typen nichts dazu gelernt? Und die Typen haben das nicht verstanden. Ich wurde da extrem angefeindet. Ich habe mich dann aus diesem Forum entfernt.

„Saufen, Weiber, Rock'n'Roll. So läuft das nicht. So lief das vor 40 Jahren nicht und so läuft es auch heute nicht."

Diese Altrocker, die keinen Schritt weitergekommen sind, die immer noch versuchen, ganz schlecht AC/DC nachzuspielen, die überhaupt nichts verstehen und auch nicht bereit sind, irgendwie ihren Horizont zu erweitern. Saufen, Weiber, Rock'n'Roll. Saufen, Weiber, Rock'n'Roll. So läuft das nicht. So lief das vor 40 Jahren nicht und so läuft es auch heute nicht. Aber ja, natürlich wird es so dargestellt und dir von außen vorgegaukelt, dass es genau so funktioniert. Ach, es ist schwierig, aber ich hasse es.

Schwarwel: War die Zusammenarbeit mit Yvonne Ducksworth und Cora Frost eine andere als die in reinen Männerbands?

Gary: Überhaupt nicht. Für mich nicht. Ich respektiere meine Künstler:innen. Auch bei Geschwister Pfister spielt das keine Rolle.

Sandra: Weil du gerade gesagt hast: Frauen, Drogen, Rock'n'Roll und dass da einem etwas von außen vorgegaukelt wird. Was genau?

Gary: Naja, zuallererst schon mal das Schlagwort: Sex and Drugs and Rock'n'Roll – bescheuerter gehts wohl nicht! Aber das weißt du als junger Mensch nicht. So ein totaler Schwachsinn.
Das ging ja mit Keith Richards von den Rolling Stones los, der als das Beispiel dargestellt wurde, wie geil Schnaps und Drogen und Gitarre und Millionen von Menschen sind, die ihn anhimmeln. Ich habe mir vor einiger Zeit seine Biografie durchgelesen. Er ist ein talentierter Gitarrist, vor allem ein TOP Songwriter, hatte Glück gehabt und die Außendarstellung war Schnaps, Weiber und Rock. Ja, nee, die Wahrheit ist, dass er in der Gosse liegen würde, wenn er nicht neben sich einen wahnsinnigen Selbstdarsteller gehabt hätte, der auch noch einen Geschäftssinn ohne Ende hatte und dann auch noch die richtigen Leute kannte. Sein Erfolg ist nur zu einem kleinen Teil auf sein Talent zurückzuführen – er hat einfach mit seinem Umfeld Glück gehabt. Die Medien haben dann groß Sex, Drugs and Rock'n'Roll daraus gemacht.
Man darf nicht vergessen: Alle, die wir kennen, die wirklich erfolgreich sind, haben sich in relativ kurzer Zeit vom intensiven Alkohol- und Drogenkonsum entfernt, weil sie gemerkt haben, dass sie das auffrisst. Die anderen sind auf der Strecke geblieben.
Ich meine, du, Schwarwel, bist nicht unbeleckt davon und hast einen Weg eingeschlagen, der wirklich ganz anders und meines Wissens sehr erfolgreich ist.

Schwarwel: Ja, bei mir war es entweder weitersaufen und sterben oder aufhören. Ich habe aufgehört und geschaut, was passiert. Jetzt, 20 Jahre später, bin ich immer noch in der Phase, dass ich schaue, was passiert. Und es wird auch nicht aufhören.

Gary: Ich möchte gern noch etwas übers Touren sagen. Wie es heute ist. Wir haben letzten September (2022) angefangen zu proben, praktisch jeden Tag – mit Geschwister Pfister. Am 1. Dezember 2022 war Premiere und dann haben wir fast jeden Tag gespielt. Bis Mitte Januar in Berlin. Da bist du schonmal in einer besonderen Situation. Ich konnte aber immer nach Hause fahren. Dann hatten wir eine Pause und sind danach für über zwei Wochen in die Schweiz gefahren.
Sonst war es meist so, dass du nach der Tour nach Hause, in deine eigene Wohnung, in dein eigenes Leben zurückgekommen bist und dich wie ein Fremdkörper gefühlt hast, ob du es wolltest oder nicht. Plötzlich ist dein Leben anders, das von meiner Frau ist auch plötzlich anders, weil der Typ, der weg war, jetzt da ist und hier stört. Und du störst nicht nur dieses Leben, du störst dich selbst auch. Das war früher schwierig und es ist auch heute schwierig. Aber weil ich ja dazu lerne, haben wir es dieses Mal anders gemacht. Ich habe meiner Frau gesagt, sie solle nach Wien kommen, wenn wir unsere letzte Show dort spielen. Wir hängen ein paar Tage gemeinsam in Wien rum und können dann beide als Fremdkörper, als gemeinsamer Fremdkörper, zurück in unsere Wohnung. Das war die beste Idee, die ich je hatte. Wir sind dann im Zug aus Wien zurückgefahren und kamen beide hier an und waren wieder eine Einheit.
Das war früher schwierig, auch schwierig im Nachhinein betrachtet und es ist echt unangenehm gewesen. Für viele Kollegen ist es heute noch unangenehm. Aber wir haben Strategien erarbeitet und viele Kollegen haben ebenso ihre Strategien entwickelt.

SOUNDTRACK OF MY LIFE

von Gary Schmalzl

Als am 18. September 1970 die Nachricht in der Tagesschau kam, dass Jimi Hendrix gestorben war, hat mich der kurze Ausschnitt aus einem Konzert dazu, vermutlich Woodstock, total beeindruckt. Als Siebenjähriger in einer bayrischen Kleinstadt hatte ich nicht die geringste Ahnung, was ich da sah und hörte. Wäre ich in London geboren worden, wäre das vielleicht anders gewesen. Meine ersten wirklich ganz deutlichen Erinnerungen ans Fernsehen waren die Mondlandung am 20. Juli 1969 – und dann eben dieser wenige Sekunden lange TV-Schnipsel über Jimi Hendrix. Yngwie Malmsteen, der genauso alt ist wie ich, erzählt übrigens genau die gleiche Geschichte.

Mit Musik konnte ich das Gehörte noch nicht in Verbindung bringen, das kam später. Ich wollte Trompete spielen wie Roy Etzel. Niemand hat mir gesagt, dass diese Musik dieselbe Basis hat wie Hendrix, Mozart, Beatles, Tschaikowsky und überhaupt alle Musik. Deshalb gab und gibt es für mich keine Grenzen.

Ich wuchs also auf mit den Rolling Stones, den Beatles, der Blaskapelle in Schwandorf, Rory Gallagher, Deep Purple, dann den Pistols und Ramones und Van Halen. Großartig, alles. Ich lasse hier die Aufzählung der meine Generation ganz offensichtlich maßgeblich prägenden Platten weg. Was soll ich Neues über Hendrix, Deep Purple, Mozart, Rory Gallagher, Van Halen, Beethoven, Ramones, Wagner – und wie sie alle heißen – schreiben?

Ich fing an, Gitarre zu spielen, und wann immer ich eine LP in die Finger bekam, habe ich die Liner Notes gelesen. Eine der LPs war von Wet

Willie. Coole Band, aber jetzt nichts, was mich wahnsinnig beeinflusst hätte. Der Gitarrist hieß Rick Hirsch. Rick Hirsch. Was für ein komischer Name, dachte ich. Und hier beginnt eine Reihe von einschneidenden Erlebnissen, die mich zu dem haben werden lassen, der ich jetzt bin.

1. JOAN ARMATRADING
Rockpalast 1980
LPs „Me Myself I“, „Steppin' Out“

Ich sitze vorm Fernseher und schaue Rockpalast. Joan Armatrading. Kenne ich nicht. Eine dunkelhäutige Frau. Im Rockpalast? Ok. Tolle Songs. Die Frau singt super. Spielt super. Total coole Band. Irgendwann wurden die Namen der Musiker eingeblendet. Gitarre: Rick Hirsch. Rick Hirsch? Moment. Ist das DER Rick Hirsch? Wie kann das sein? Der spielt doch in einer anderen Band. Die nächsten Wochen habe ich geforscht und es stellte sich heraus: Es gibt Typen, die können überall spielen! Allein die Liner Notes der Joan Armatrading-Platten waren ein totaler Augenöffner: Rick Hirsch, Chris Spedding, Richie Hayward von Little Feat, Sly und Robbie, Anton Fig und viele mehr spielen bei und für Joan Armatrading. Diese Leute können alles. Das will ich auch. Da gibt es nur das: üben, lernen, üben, lernen. Alles, was geht. Das war der Anfang. Plötzlich war es klar: Es gibt einen Weg, den muss ich nur finden. Jahre später habe ich Rick Hirsch bei MySpace und Facebook getroffen und teils lange schriftliche Unterhaltungen mit ihm geführt. Sehr nett. Ich glaube, er hat sich gefreut. Die dazugehörigen LPs von Joan Armatrading, deren Musik ich immer noch sehr schätze (und bei der und für sie spielen zu dürfen, immer noch ein Traum ist): „Me Myself I“ und „Steppin' Out“.

2. MICHAEL LANDAU
Raging Honkies, Quasimodo ca. 1995
LP/CD „We Are The Best Band And Boner“

Im Jahr 1995 bin ich schon seit vielen Jahren in Berlin, habe in etlichen Bands gespielt, bin oft getourt und live aufgetreten und habe Studiosessions gespielt. Wenn ich nix zu tun hatte, habe ich nebenbei als Stagehand gearbeitet. Dabei habe ich alles an Bands und Acts gesehen, was es gibt, von Sinatra über Michael Jackson und Pink Floyd bis hin zu Pavarotti, den Rolling Stones, AC/DC, Steve Morse, Jeff Beck oder Van Halen, egal wen oder was. Alles. Es war großartig. Eines Abends ging ich mit meinem Freund Peter ins Quasimodo – ein Jazz- und Rockclub ein paar Meter die Straße runter, in der ich wohnte. Angekündigt waren die Raging Honkies, Michael Landau, Teddy Landau, Abe Laboriel, Jr., eine Band aus LA-Studiomusikern, die auf allen grauenhaften Ami-Hitproduktionen spielten. Was solls, wenn es nix taugt, dann gehen wir wieder. Studiomusiker. Eher ein Schimpfwort. Da standen ein 100-Watt-Marshall, ein Minimum an Effektgeräten, ein Bass und ein kleines Drumset.

Die Musiker betreten die kleine Bühne, völlig unspektakulär und unprätentiös, und dann: der Wahnsinn! Höllenlaut, brachialer Sound und die spielen eine Mischung aus Rock, Punk, Jazz. Denen ist alles egal, sie können alles, spielen alles, kümmern sich einen Scheiß um irgendetwas und vor allem: Sie spielen eindeutig nur für MICH. Mike Landau spielt garantiert nur für mich und der redet mit seiner Gitarre extrem laut mit mir. Mit MIR. Unfassbar! Der kommuniziert mit mir. Nicht wie alle anderen, die ihre Show abziehen und mehr oder weniger gut oder auch großartig ihr Programm abliefern. Nein. Der spielt irgendwie nur direkt für mich. Unfassbar! Ich habe Michael Landau in zig verschiedenen Bands und bei vielen verschiedenen Künstlern gesehen und irgendwie kann er das, dass er immer nur genau in dem Moment nur für mich spielt. Bei Raging Honkies, bei seiner eigenen Band, bei Karizma, bei Eros Ramazotti, bei James Taylor, wo auch immer er spielt: Er spielt nur für mich. Egal ob auf Platte oder live. Er meint genau mich. Das ist wirklich einzigartig, diese Art zu kommunizieren. Genau so stelle ich mir das vor.

3. CORA FROST
„Nexte Lied", 2001

Anfang 2001 bekam ich einen Anruf: Cora Frost sucht einen Gitarristen. Cora Frost? Nie gehört. Also los! Mit einer irren Band erarbeiteten wir das Programm „Nexte Lied", spielten das monatelang live und nahmen die dazugehörige CD live im Traumton Studio auf. Was ich nicht wusste: Die Arbeit mit Frost war für mich ein Wendepunkt und wegweisend auf allen Ebenen. Eine völlig andere Welt, eine völlig andere Art, die Welt zu sehen und wahrzunehmen, ungeahnte Widerstände, ungeahnte Kraft, ungeahnte Wut und ein unfassbarer Drang, diese Wut in Kunst umzusetzen und auszudrücken. Dazu kommt, dass sich mir durch die Arbeit mit Cora Frost eine Szene weitab von Rock, Punk, Pop etc. eröffnet hat, die mir durch die daraus resultierende Arbeit und Freundschaft mit Johannes Roloff eine breite Basis für das musikalische, soziale wie auch finanzielle Überleben geschaffen hat. Wäre ich exklusiv bei Rock/Punk geblieben, hätte ich aus meiner Sicht wahnsinnig viel versäumt.

4. SPEEDMÖIK
„Walkürenritt"/Wagner

Im Jahr 2006 war ich lebensgefährlich erkrankt und habe gerade so überlebt. Im Nachdenken über mein Leben in der langen Rekonvaleszenzphase hatte ich die Idee, deutsche Musik, also erstmal Märsche, mit meinem Rockbackground zu interpretieren. Ein zufälliges Treffen mit meinem Freund Matz Steinke, der gerade Ähnliches hinter sich gebracht hatte, führte – zusammen mit Toni Nissl – zur Gründung unserer Band Speedmöik. Vom Radetzky-Marsch via Prokofjew sind wir endlich bei Wagner gelandet, haben eine wilde, aber notengetreue Version des Walkürenritts eingespielt, die schlussendlich von Glücklicher Montag als Soundtrack zu Schwarwels Animationsfilm „Richard – Im Walkürenritt durch Wagners Leben" veröffentlicht wurde. Im Zuge dessen habe ich auch Johannes Roloff kennengelernt, mit dem ich den Walkürenritt bei einer Konzertreise nach Brasilien mit Cora Frost aufgeführt habe. Er ist seitdem ein Freund und wichtiger Fixpunkt in meinem musikalischen Schaffen, hauptsächlich als musikalischer Leiter bei den Geschwistern Pfister, für die ich viel und oft spiele.

5. ALVIN LUCIER

Im Jahr 2016 führte ein kurzes, zufälliges Treffen in einem kleinen Dorf in Schleswig Holstein dazu, dass ich im Herbst des Jahres an der ZHdK in Zürich beim Alvin Lucier 85th Birthday Festival zusammen mit illustren Musikern wie Stephen O'Malley, Oren Ambarchi und anderen das Stück „Hanover" aufführte, wofür wir völlig neue Gitarrentechniken entwickelten. Diese Performance wurde auf „Illuminated by the Moon", einer 4 LP-Compilation von Alvin Luciers Werken, und auf „Alvin Lucier – CrissCross/Hanover" veröffentlicht. Die anschließende Welttournee mit Alvin Lucier persönlich eröffnete mir völlig neue Horizonte auf von mir nicht für möglich gehaltenen Ebenen.

6. ES GEHT WEITER.
Niemand weiß, wohin.
Ich bin da und offen.

Foto linke Seite: Verena Busche

„I AM UN CHIEN ANDALUSIA"
Von der Melancholie zum Pogo

von Frank Pasic

Ich bin der Meinung, dass jeder Mensch Vorbilder braucht – Personen, die einem einen Weg aufzeigen. Bei mir ist das mein Vater Ramo. Obwohl er schon 2009 gestorben ist, so spüre ich noch heute seine Klarheit, seine Weisheit in mir. Nicht selten erwische ich mich selbst dabei, dass ich ein konkretes Problem mit ihm ausdiskutiere – irgendwo zwischen meinem Kopf und Herz, tief in mir drin. Spätestens seitdem ich ein Unternehmen leite und für 36 Mitarbeitende verantwortlich bin, ist das eine ungemein wichtige Stütze.

Aber natürlich kann eine solche Lichtgestalt nicht alle Ecken der Seele erreichen – schon gar nicht, wenn man sehr jung ist und es sich um den eigenen Vater handelt. Einige Ängste, Sorgen und Seelenqualen muss man mit sich selbst ausmachen – oder sich Hilfe suchen in den Quellen, die einem zur Verfügung stehen. Bei mir war das immer die Musik.

Ich bin – auch wenn total unmusikalisch – seit jeher ein großer Fan. Meine erste eigene Single schenkten mir meine Eltern mit drei oder vier – „Tränen lügen nicht" von Michael Holm. Danach wurde mein Musikgeschmack von der ZDF-Hitparade und „Disco" mit Ilja Richter bestimmt. Alles war kindlich perfekt und irgendwie „Hossa Hossa".

Meine erste echte Lebenskrise hatte ich mit 10. Ich bekam sehr starke Kopfschmerzen, musste ins Krankenhaus. Dort fand man zwei Wochen lang keine Ursache für die Schmerzen. Ich galt schon als Hypochonder. Zu meinem Glück hatte sich das Krankenhaus kurz zuvor einen Computertomographen der ersten Generation angeschafft, mit dessen Hilfe ein Tumor in meinem Kopf entdeckt wurde. Ich wurde erfolgreich operiert, erblindete aber auf dem rechten Auge.

Auch wenn ich heute nicht mehr in den Jungen von damals hineinschauen kann, glaube ich, dass ich sehr unglücklich war.

Unmittelbar bevor dies alles passierte, entdeckte ich in der Plattensammlung meines großen Bruders die LP „Scary Monsters" von David Bowie. Das darauf befindliche „Ashes To Ashes" hatte mich sofort in den Bann gezogen. Die düstere Wirkung dieses Songs verstärkte sich noch einmal in der kühlen, sterilen Umgebung des Krankenhauses. Obwohl mich meine Familie sehr oft besuchte, fühlte ich mich einsam. David Bowie auf dem Walkman war mein ständiger Begleiter. Als ich erfuhr, dass auch er auf einem Auge blind war, war das für mich wie ein Zeichen. Bis zu seinem Tod 2016 fühlte ich mich mit Bowie eng verbunden.

Dem Krankenhausaufenthalt schloss sich eine Strahlentherapie an, um den Tumor endgültig unschädlich zu machen. Währenddessen durfte ich nach drei Monaten Abstinenz auch wieder zur Schule gehen. Mit dem nahezu kahlgeschorenen Kopf, den eine riesige Narbe zierte, war ich eine kleine Attraktion – alle waren sehr besorgt um mich, auch die hübschen Mädchen, die vorher nicht viel von mir wissen wollten. Ich genoss es.

Allerdings ließ die Quittung nicht lange auf sich warten. Während der Strahlentherapie musste ich haufenweise Kortison einnehmen. Wer das Zeug kennt, weiß um eine sehr unangenehme Nebenwirkung: Man schwemmt gewaltig auf. Wenn ich heute Fotos sehe, die mich als 13-/14-Jährigen zeigen, erschrecke ich mich manchmal immer noch: Ich war nie sonderlich schlank, jetzt aber war ich richtig dick. Folglich waren die hübschen Mädchen auch wieder weg. Auch wenn ich heute nicht mehr in den Jungen von damals hineinschauen kann, glaube ich, dass ich sehr unglücklich war. Trost fand ich wieder in der Musik, vornehmlich in der traurigen. Eine meiner Lieblingstextzeilen bis heute ist „The dreams in which I'm dying are the best I've ever had" aus dem Lied „Mad World" von Tears for Fears. Bald entdeckte ich die Band Joy Division für mich, Ian Curtis klang wie die Stimme meiner Seele.

Musik war aber nicht (nur) ein Mittel, um mich im Selbstmitleid zu suhlen, sie half mir auch, einen Blick auf die Gesellschaft, die Welt um mich herum zu werfen. Ohne „Smalltown Boy" von Bronski Beat hätte ich mir wahrscheinlich nie Gedanken zu den Problemen

Foto linke Seite: Dina Pasic

Frank Pasic „I AM UN CHIEN ANDALUSIA"

junger schwuler Männer Anfang/Mitte der 1980er Jahre gemacht. Paul Hardcastles „19“ veranlasste mich, mich über den Vietnamkrieg zu informieren.

So wuchs ich also heran mit der mehr oder weniger üblichen und noch heute bekannten Musik der 1980er Jahre. Die beste Band jener Dekade ist für mich übrigens bis heute Talk Talk. Wer nicht weiß, was ich meine, sollte sich das Album „Spirit Of Eden“ und/oder das Video „Live In Montreux“ zu Gemüte führen. Zugegeben, auch hierbei handelt es sich um eher melancholische Musik.

Aus dieser Melancholie herausgerissen wurde ich erst irgendwann im Jahr 1989. Ich schaute gerade – wie zu dieser Zeit nicht unüblich – den Musiksender MTV, als dort ein Videoclip gespielt wurde. Dort stand ein Typ auf der Bühne, ein bisschen älter, möglichweise sogar ein bisschen dicker als ich, schwitzend, und schrie wie ein Wahnsinniger: „I am un Chien Andalusia, wanna grow up to be a debaser.“ Ich war geschockt. Der Typ war Black Francis aka Frank Black, seine Band waren die Pixies und der Song heißt „Debaser“. Wie ich erfahren musste, gabs die Band schon ein bisschen länger, sie hatte bereits im Jahr zuvor ein vielbeachtetes Album herausgebracht. Das musste an mir vorbei gegangen sein. Auf jeden Fall bedurfte es für mich wohl dieses Musikvideos, um zu erkennen, dass Selbstbewusstsein nichts mit der äußeren Erscheinung zu tun hat. Rückblickend betrachtet war dieser Moment für mich wirklich ein Meilenstein.

Auf jeden Fall bedurfte es für mich wohl dieses Musikvideos, um zu erkennen, dass Selbstbewusstsein nichts mit der äußeren Erscheinung zu tun hat.

Durch die Pixies änderte sich dann auch mein Musikgeschmack – er wurde härter. Anfang der 1990er kam mit Nirvana zunächst der Grunge auf, kurz danach hörte ich erstmals „Killing In The Name“ von Rage Against the Machine. Ich hörte alles, was krachende Gitarren und treibende Bässe hatte, mal mit Rap, mal mit Gesang. Mittlerweile hatte ich auch das Selbstbewusstsein, zu dieser Musik im Club wie ein Bekloppter rumzuspringen – das hätte ich mir ein paar Jahre zuvor nicht getraut.

Heute kann ich mir das ganze Zeug von früher immer noch gut anhören – von Talk Talk über Joy Division bis hin zu Rage Against the Machine. Immer wenn ich ein Lied höre, katapultiert es mich in die damalige Zeit zurück – dann spüre ich den Jungen/jungen Mann in mir mit seinem damaligen Kummer und seinen Sorgen. Und ich denke mir, dass alles im Grunde sehr gut geworden ist, dass ich gut aus den damaligen Wirren herausgefunden habe – auch dank der Musik.

Musik und deren Interpret:innen spielen immer noch eine wichtige Rolle für mich. Wahrscheinlich liegt es an der eigenen fortgeschrittenen Lebensphase, dass ich mittlerweile Künstler:innen bewundere, die in Würde altern und die eigene Endlichkeit akzeptieren. Die besten Beispiele hierfür, die mir den allergrößten Respekt abnötigen, sind die Alben „You Want It Darker“ von Leonrad Cohen, die „American Recordings“-Serie von Johnny Cash und – da schließt sich für mich der Kreis – „Blackstar“ von David Bowie. Alle diese Alben entstanden unter dem Eindruck des nahenden Todes des jeweiligen Künstlers.

Mein eigenes Ende lässt hoffentlich noch auf sich warten. Gerne werde ich noch viele Konzerte der Band The National mit dem fast auf den Tag gleichaltrigen Sänger Matt Berninger besuchen.

Illustration linke Seite: Schwarwel

„MÄNNER KÖNNEN SEINE GEFÜHLE NICHT ZEIGEN“

Eine verkürzte, verallgemeinernde Geschichte der männlichen Gefühlswelt in der Musik

von Jan Schwarzkamp

1995 veröffentlicht die Hip-Hop-Band Fischmob ein Album, das einen weirden Titel trägt: „Männer können seine Gefühle nicht zeigen“. Grammatikalisch etwas schräg. Oder doch korrekt? Bezieht er sich auf eine Gruppe von Männern, die die Gefühle eines einzelnen Mannes nicht artikulieren können? Wahrscheinlich ist es gar nicht so wichtig. Es ist bloß ein kleiner, schräger Witz im an kleinen, schrägen Witzen nicht armen Universum der Flensburger.

Fast 30 Jahre später darf man(n) sich trotzdem fragen: Schwingt in dem Titel nicht auch eine ganze Menge Wahrheit mit? Männer können, wollen oder sollen ihre Gefühle oft nur schwerlich zeigen. Das liegt mitunter daran, weil sie ihre komplette Kindheit lang Sprüche hören mussten wie „Ein Indianer kennt keinen Schmerz“, ihre Anliegen runtergespielt wurden mit „Ach, ist doch nicht so wild“ und Liebeskummer gekittet wurde mit „Andere Mütter haben auch schöne Töchter“. Die komplette, farbenfrohe Palette der Emotionen, die dem menschlichen Gemüt zur Verfügung stehen, sollte ihnen vorenthalten bleiben. So jedenfalls haben die Boomer (geboren ca. 1944-1964) und die Generation X (geboren ca. 1965-1979) die männlichen Vertreter der Millennials (geboren ca. 1980-1994) und der Generation Z (geboren ca. 1994-2015) leider erzogen. Oder um es abzukürzen: „Boys Don’t Cry“. Das wussten The Cure bereits 1979, vielleicht auch deshalb, weil sie Boomer sind. „I tried to laugh about it / Cover it all up with lies / I tried to laugh about it / Hiding the tears in my eyes“ – denn als Mann zu weinen, gilt in weiten Teilen unserer rauen und rigiden Gesellschaft immer noch als schambehaftet. Als etwas, das mit Schwäche assoziiert wird.

Klar: Robert Smith ist kein typischer Boomer. Er ist introspektiv, trägt seine Emotionen auf der Zunge, formuliert sie formvollendet in den Zeilen der Songs seiner Band. Aber auch ihm wurde eingetrichtert: Weinen? Das ist was für Sissys, aber nichts für „echte Kerle“. Männer haben nicht zu heulen. Männer sollen ernst sein, dominant, rational, kühl, wenn es sein muss, dann auch aufbrausend und wütend. Um sich Luft zu machen – aber mit einem Ausrufezeichen. Männer dürfen dazwischen auch mal albern sein – in den ihnen zugeschriebenen Rollen als Klassenclowns, Komiker, Entertainer. All die Rollen, die Frauen häufig verwehrt bleiben. An dieser Stelle sei geklärt: Wenn in diesen Zeilen von Männern oder Frauen gesprochen wird, dann bezieht sich das auf die jeweils cis-heteronormative Variante.

Traurigkeit gilt es als Mann mit allen Mitteln zu überspielen, zu unterdrücken, zu schlucken, wegzustecken. Smokey Robinson hat mit seinen Miracles 1970 einen Song genau darüber geschrieben. „If I appear to be carefree / It’s only to camouflage my sadness / In order to shield my pride / I try to cover this hurt with a show of gladness.“ Die Zeilen stammen aus „Tears Of A Clown“. Ein Stück, das zumindest andeutet, dass Männer ihre Gefühle reflektieren können und sich dessen bewusst sind, was es bedeutet und wie kompliziert es ist, seine Emotionen im Zaum zu halten – in diesem Fall eben Traurigkeit, weil die Geliebte Reißaus genommen hat. Auch ist dem lyrischen Ich wichtig, seinen Stolz zu beschützen. Wenn ein Mann heult, dann verliert er anscheinend seinen Stolz. Daran scheint sich seit der Veröffentlichung des Songs nur wenig geändert zu haben. Dass Männer freimütig zugeben und ihren Freund:innen davon erzählen, bei der Arbeit mal wieder auf dem Klo geheult zu haben, ist immer noch selten. Aber: Das gibt es. Da tut sich was.

Foto linke Seite: Ben Wolf

KATHARSIS ODER SPORT?

„Tears Of A Clown“ ist ein Soul-Song. Und Soul ist ein ideales Medium für Emotionen. Vornehmlich für all die, die mit der Liebe zu tun haben – und denen der ausbleibenden Erwiderung. Für gewöhnlich der heteronormativen, versteht sich. Boy meets Girl, Girl meets Boy: das „traditionelle“ Konzept eben. Immerhin gibt es im Soul ab den 1960er Jahren ein recht ausgewogenes Geschlechterverhältnis von Männern und Frauen. Auf eine Aretha Franklin kommt ein Otis Redding, auf eine Nina Simone kommt ein Marvin Gaye, auf eine Tina Turner kommt ein Wilson Pickett.

Männer wollen Männer auf der Bühne sehen, wollen deren Fähigkeiten abfeiern, sich mit ihnen sozialisieren, identifizieren.

Weit weniger ausgewogen ist das Geschlechterverhältnis dafür in etwa allen Bereichen der Rockmusik. Die wird von Cis-Männern derart stark dominiert, dass ganze Genres zur Sausage-Party werden. Sicher gibt es Ausnahmen („Die haben eine Bassistin!“) – aber die bestätigen nur die Regel. Der Mangel an Frauen und weiteren Identitäten in verschiedenen Szenen und Subkulturen der Rockmusik ist frappierend. Die Gründe dafür sind vielfältig: Junge Mädchen wurden (oder werden) eher seltener dazu ermutigt, ein Instrument zu spielen, gerade eines wie Gitarre oder Schlagzeug. Würden sie es wagen, in Eigeninitiative derlei Instrument zu ergreifen, können sie davon ausgehen, dass ein Rudel Männer ihnen bei jeder sich bietenden Gelegenheit mansplaint, wie es besser geht.

Männer wollen Männer auf der Bühne sehen, wollen deren Fähigkeiten abfeiern, sich mit ihnen sozialisieren, identifizieren. Frauen bringen anscheinend eine gewisse Verunsicherung und Irritation ins cis-männliche Rock-Ritual. Aus all diesen Gründen müssen Frauen weit mehr Leid und Schikanen erleiden, Kraft und Durchsetzungsvermögen aufbringen, um auf Augenhöhe behandelt und respektiert zu werden. Über Jahrzehnte läuft das so. Dolly Parton, Joan Jett, Suzi Quatro, Kathleen Hanna, Alanis Morissette, Sinéad O'Connor oder Patti Smith stellen hier nur Ausnahmen dar. Sie sind die paar, die sich durchsetzen konnten, die es geschafft haben, sich zu behaupten – trotz aller Querelen und des Missbrauchs in einem toxischen Business und ganz ohne die Privilegien, mit denen Männer von Geburt an ausgestattet sind. Immerhin: Die Geschlechtergrenzen weichen mittlerweile auf. Riot Grrrls und FLINTA*-Bands existieren, supporten sich mit einem intersektionalen Ansatz, und etablierte Bands – vermehrt sogar im Hardcore – sind mittlerweile nicht mehr ausschließlich cis-männlich besetzt.

Bleiben wir doch direkt beim Hardcore. Wie der Blues, der Rock'n'Roll, der Soul, der Funk, der Hip-Hop und der Techno wurde auch der Hardcore von Menschen mit afroamerikanischem Hintergrund maßgeblich auf den Weg gebracht – von den Bad Brains. Die vier virtuosen Rastafaris haben ab Mitte der 1970er von Washington D.C. aus den Hardcore-Punk aus der Taufe gehoben, ihn mit PMA – der positive mental attitude – angereichert. Diese Geisteshaltung ist etwas, das den klassischen Youth-Crew-Hardcore dominiert. Junge Männer in Sportkleidung mit kurzgeschorenen Haaren, die die gleichen Werte teilen: vornehmlich Drogen-Verzicht, Zusammenhalt und der Wille, seine Lebenszeit nicht zu verplempern und DIY-mäßig ordentlich was abzustarten.

In dieser klassischen Ausprägung des Hardcore läuft es jedoch oft eingeschränkt mit den Emotionen ab. Da geht es andauernd darum, das blood thicker than water ist,

dass die Family und die Unity das höchste Gut sind – und wenn das mit der PMA an einem Scheißtag nicht mehr so gut funktioniert, dann schwingt die Stimmung um, dann geht es schnell mal um Wut, manchmal sogar Hass – gegen die da oben und Autoritäten im Besonderen. Was fehlt, sind die Zwischentöne, wenn sich meist privilegierte Dudes beim Konzert im Pit rumschubsen und mit erhobenen Zeigefingern die lauthals vorgetragenen Zeilen des Sängers unterstreichen.
Weil das selbst den Hardcore-Miterfindern irgendwann zu langweilig, vor allem aber zu eindimensional und maskulin wurde, haben die Smartesten von ihnen kurzerhand das Genre renoviert. Hardcore bekommt nun das Präfix „Post“ verpasst oder wird Emocore genannt (dazu später mehr). Dort ist endlich Platz für Emotionalität abseits der eingeschlagenen Pfade. Fugazi und Rites Of Spring, Hüsker Dü und Moss Icon, Embrace und Drive Like Jehu machen es vor. Hardcore hat plötzlich Platz für Zwischentöne, Melodien und Komplexität. All das ist ein viel besseres Vehikel für Emotionen, ein klügerer musikalischer Katalysator.

Der Wandel von Form und Inhalt liegt sicher auch am Älterwerden der Protagonisten. Daran, nicht mehr alles in Schwarz und Weiß zu unterteilen, sondern Graustufen zuzulassen, zu reflektieren: über das eigene Handeln, die eigenen Gedanken und Gefühle. Das Leben vieler Männer ist – idealerweise – schließlich im steten Wandel. Vornehmlich zwischen der Adoleszenz und etwa dem 35. Lebensjahr.

Der Oldschool-Hardcore-Gedanke soll hier tatsächlich nicht runtergeputzt werden. Nichts gegen das Gemeinschaftsgefühl oder den weitverbreiteten Drogenverzicht. Auch den kathartischen Effekt derlei sportlicher Konzerte darf man nicht unterschätzen – wenn den Platz vor der Bühne eben nicht nur die einst etwa von Drive Like Jehu und Fugazi verachteten „Jocks“ bevölkern, die Sportsfreunde, die Konzerte zum Spinkick-Wettkampf machen, die aufs Konzert kommen, um ohne Rücksicht Dampf abzulassen. Im Pit lässt sich überschüssige Energie nun mal bestens abbauen, und beim lauthals Mitsingen wird der rumorenden Wut Luft gemacht. Nur besteht dabei leicht die Gefahr des rücksichtslosen Mackertums, bei dem nur das eigene Vergnügen, der eigene Frustabbau im Vordergrund steht – und andere Menschen, die unversehrt die Show genießen wollen, haben das Nachsehen. Es ist eine komplizierte Gratwanderung – gerade bei Hardcore-Konzerten – zwischen Safe Space und Nasenbluten.

Es ist eine komplizierte Gratwanderung – gerade bei Hardcore-Konzerten – zwischen Safe Space und Nasenbluten.

Festhalten sollte man, dass es sicher gesünder ist, sich mal auszutoben und das Aufgestaute auszuschwitzen, als all die schädlichen Emotionen unzerkaut zu schlucken und mal wieder niemandem davon zu erzählen. Denn im Nicht-Erzählen sind Männer richtig gut. Dabei wäre es wünschenswert, würden sich Männer mit anderen Männern darüber austauschen, was in ihnen vorgeht. Als Korrektiv, als private Therapie, als Akt der Freundschaftlichkeit. Denn dafür sind Freundschaften da. Das ist doch der Kern des ganzen Unity-Gedankens: Ich helfe dir, und du hilfst mir, denn gemeinsam kriegen wir das gewuppt, gemeinsam sind wir stark – auch auf emotionaler Ebene. Und selbstverständlich nicht nur Männer untereinander, sondern alle miteinander.

METAL 'TIL DEATH

Im Metal ist es bisweilen ähnlich wie im Hardcore. Die Fans sehen nur anders aus, identifizieren sich im Zweifel mit anderen Werten. Aber: Auch ihre Subkultur bietet ihnen Schutz, einen Safe Space fürs Gemüt. Die Subkultur vereint, lässt Fremde zu Freunden werden, zu Verbündeten. Der schönste Eisbrecher ist doch immer noch das gegenseitige Lob fürs Band-Shirt, der beste Small-Talk-Stoff nach Wetter und Fußball die Discografie von Iron Maiden: „Paul Di'Anno oder Bruce Dickinson?“

Die Subkultur des Metal ist die wohl größte weltweit. Und sie zerfasert so sehr wie die Stilrichtungen innerhalb des Genres. Metal ist nie gleich Metal. Aber – und das ist unbestreitbar – Metal ist immer irgendwie heavy. Und wenn etwas heavy ist und krass klingt, mächtig und derbe, laut und wild, dann will dieses tönende Gefäß auch mit entsprechenden Inhalten gefüllt werden. Die sind naturgegeben höchst unterschiedlich. Die Bandbreite der transportierten Emotionen ist jedoch: recht schmal. Euphorie vs. Misanthropie im ewigen Kampf. Die einen grölen darüber, als Wikinger aus blutigen Schlachten als Sieger hervorzugehen, oder in Denim & Leather richtig geil auszusehen. Am anderen Ende der Emotionsskala basteln depressive Black-Metaller im Schlafzimmer im Alleingang am menschenverachtendsten Sound, den sich eine geschundene Seele ausdenken kann.

Black Metal ist nicht immer nur plakatives Outlet für antichristliche Evilness und Verachtung gegen alles und jeden – es ist nicht selten auch ein Outlet für Depression, Traurigkeit und Traumata.

Black Metal ist nicht immer nur plakatives Outlet für antichristliche Evilness und Verachtung gegen alles und jeden – es ist nicht selten auch ein Outlet für Depression, Traurigkeit und Traumata. Und damit vielleicht eine Art Selbsttherapie. Die eigene Kunst als Ventil für den Seelenschmerz. Mit der groben Kelle anstatt des feinen Pinsels. Die Frage ist nur: Wieviel Mitgefühl bringt das Publikum auf? Wie ernst lässt sich infernalisches Geschrei nehmen, ohne es als bloßes Stilmittel zu verstehen? Was ist Pose und was ernst zu nehmen?

Per „Pelle“ Yngve Ohlin, genannt Dead, war der erste Sänger der Band Mayhem. Er hatte immer einen Hang zum Morbiden, sah sich auch als eine Art Gralshüter des reinen, wahren Black Metal – wider die Kommerzialisierung. Er liebäugelte nach einer Nahtoderfahrung in jungen Jahren mit dem Tod, legte autoaggressives Verhalten an den Tag und nahm sich 1991 schließlich das Leben. Eine Tragödie, denn: Ohlin war gerade einmal 22 Jahre alt. Aber er war Teil einer Szene, in der Anfeindungen zum Tagesgeschehen gehörten. Die Chance, dass sich die jungen Black-Metal-Männer in all ihrer herausgestellten Rebellion und dem Hass gegen Gesellschaft, Staat und Kirche zusammensetzen, um sich gegenseitig zu helfen oder Hilfe zu suchen, die bestand offensichtlich nicht.

BITTERSWEET MELANCHOLY

Mittlerweile – und das bedeutet, dass gut drei Jahrzehnte seit Ohlins Suizid vergangen sind – ist Mental Health endlich als Thema in der Mitte der Gesellschaft angekommen. Bis es so weit gekommen ist, mussten erst so populäre Figuren wie Soundgarden-Frontmann Chris Cornell, Linkin Parks Chester Bennington und Elektroproduzent Tim Bergling alias Avicii ihr Leben verlieren. Alle durch Suizid. Mitunter forciert durch die ungesunden Business-Strukturen, in denen sich diese Männer bewegt haben, gemolken wurden, Kritik ausgesetzt waren, ihre mentalen Anliegen negiert wurden. Berglings Familie versuchte sich nach seinem Tod an einem erklärenden Statement für die Presse: „Er hat wirklich gerungen mit dem Nachdenken über den Sinn, das Leben, das Glück. Jetzt hat er es nicht länger geschafft. Er wollte Frieden haben.“ Seiner Good-Time-EDM war sein innerer Schmerz nicht anzumerken. Den Songs und Zeilen von Cornell und Bennington schon.

Möchte man diesen Tragödien etwas Positives angedeihen lassen, dann vielleicht, dass diese Ereignisse ein Bewusstsein dafür schaffen, dass es Menschen gibt, die trotz Erfolg, Popularität und finanzieller Sorglosigkeit mit sich und der Welt nicht klarkommen, dass Depression eine psychische Störung ist, die jeden heimsuchen und in die Knie zwingen kann. Und das Trügerische ist: Diese Krankheit findet in der Psyche statt, hat keine offensichtlich sichtbaren Symptome. Deshalb ist es auch leicht(er), sie geheim zu halten, halbwegs zu funktionieren, wenn es sein muss. Dass es Menschen gibt, die die Krankheit lieber geheim halten und sich ihr allein stellen, liegt mitunter auch mal wieder am steten Einfluss der Boomer-Generation. Die hat schließlich auch alles ohne Therapie bewältigt, proklamiert sie andauernd – und hat dabei doch so unrecht.

Depression hat es immer gegeben – und gerade die Kriegsgeneration hätte geschlossen eine Therapie gebraucht.

Depression hat es immer gegeben – und gerade die Kriegsgeneration hätte geschlossen eine Therapie gebraucht. Aus dem strengen Verdrängungsalltag der 1950er und 1960er auszubrechen, das musste dann die Gegenkultur ab den 1950er Jahren besorgen, erst die Halbstarken und Rocker:innen, die Beatniks und Hippies, die Punks und Goths, die Hip-Hop-Szene, die Alternative Nation ... Und ja: sich freizukämpfen, einen Gegenentwurf zum Alltäglichen zu erschaffen mit eigener Kunst, Musik und Mode – das ist mutig, und das ist auch ein emotionaler Prozess. Aber eben keiner, der Depression tilgt.

Nick Drake etwa, 1948 geboren, war ein sensibler junger Mann, einer der Boomer-Generation. Wie kaum ein anderer aus der Singer/Songwriter-Garde verstand er sich darauf, wunderschöne, fragile Songs zu komponieren. Das Werk eines großen Melancholikers – denn eines an Depressionen leidenden Mannes klingt halt nicht so poetisch. Aber diese verzückende, mystische Melancholie, die konsumieren wir alle gerne, am liebsten in der Geschmacksrichtung bittersüß.

Drake war sich seiner Erkrankung bewusst. Wegen ihr brach er 1972 sein Studium ab. Doch auch seine Kunst und ein Krankenhausaufenthalt konnten ihn nicht retten. Am 25. November 1974 starb Nick Drake an einer Überdosis Antidepressiva im Alter von nur 26 Jahren. Drake verarbeitete seine Krankheit in seinen Texten. Sein Trick ist jedoch, dass die Musik, die Instrumentierung nicht gnadenlos runterziehend und suizidal klingt. Elliott Smith hatte das gleiche Talent. Auch er litt zunehmend an Depressionen (und seiner Alkohol- und Drogensucht). Auch er verpackte schweren Stoff in luftig-leicht klingende Songs, in denen seine sanfte Stimme die Hauptrolle spielt. Seine inneren Dämonen ließ er 2003 mit 34 Jahren final verstummen, indem er sich – so heißt es – mit einem Messer zwei Mal in den Brustkorb stach.

Eigentlich ist es bittere Ironie, dass diese zwei Männer mit dem Händchen für unbeschreiblich schöne Arrangements und größtmögliche akustische Intimität eine derart schwere Last mit sich herumgeschleppt haben – und so leider auch das Klischee des leidenden Künstlers befeuerten, dieses gefährliche Klischee, das große Kunst nur aus großem Leiden entstehen kann.

MOLL-GENUSS

Drake und Smith sind Beweise dafür, dass Männer ihre Gefühle durchaus zeigen können und wollen. Und wer weiß schon, wie viele junge (und ältere) Männer die beiden im stillen Kämmerlein, hinter weichen Kopfhörern oder vor großen Boxen zum Weinen gebracht haben. Und wenn es nicht diese beiden Singer/Songwriter geschafft haben, dann vielleicht Robert Smith und The Cure. Übrigens ist Smith ein Mann, der mit sich im Reinen zu sein scheint, der es offensichtlich geschafft hat, durch seine in die Kunst ausgelagerte, musikgewordene Depression in den frühen 1980ern eine gesunde Psyche bewahrt hat – mit trockenem, britischem Humor als Schutzpanzer. Und Humor – das ist belegt – reduziert Stress, stärkt das Immunsystem und zeugt mitunter von emotionaler Intelligenz.

Und Humor – das ist belegt – reduziert Stress, stärkt das Immunsystem und zeugt mitunter von emotionaler Intelligenz.

Vielen jungen Männern reicht auch der Emo(core) seine helfende Hand. Die Emo-Welle bietet durch die 1990er Jahre hindurch vielen Konsument:innen auf und vor der Bühne reichlich Gelegenheit, sich von ihrer einfühlsamen Seite zu zeigen, das Schüchtern- und Nerdy-Sein als Stärke umzudeuten, seinen Gefühlen Luft zu machen, Geständnisse über Freundschaft und Verlust, Trauer und Verzweiflung abzulegen. Das geht mal poppig und mit großen Melodien und Refrains wie bei Jimmy Eat World und den Get Up Kids oder mit ganz besonders ausdrucksstarken Sängern wie Jeremy Enigk von Sunny Day Real Estate und Chris Simpson von Mineral, die beide ihre Kehlen offensichtlich mit Tränen befeuchten.

Ähnlich wie die Rockbands der 1960er und frühen 1970er zum Ende desselben Jahrzehnts ausgedient haben oder zur Farce ihrer selbst werden, so ergeht es auch dem Emocore. Denn ab Anfang/Mitte der 00er Jahre nimmt die Mainstreamisierung zu. Emos sind jetzt schwarzgefärbte Frisurverbrecher mit Lidstrich und einem dazugehörigen Soundtrack, der die ursprüngliche Intention überreizt. Plötzlich haben alle nur noch einen – frei nach GG Allin – „dagger in my heart“. Dem seelischen Ungemach wird mit Geschrei möglichst effekthascherisch Nachdruck verliehen, bevor im Anschluss der poppige Refrain mitreißen will. Emo sitzt jetzt im Privatfernsehen in der nachmittäglichen Talk-Runde. Emo macht den Eltern Sorgen und verwirrt Oma und Opa. Emo ist zum morbid-theatralischen Manga mutiert.

Doch so überreizt und klischeebeladen die Sache irgendwann ist: Sie bringt junge Menschen immerhin dazu, über ihre Gefühle zu reden, diese im Zweifel sogar zu vertonen, sich durch die Texte verstanden zu fühlen oder sich wohlig dem Weltschmerz hinzugeben. Denn auch das tut manchmal gut: sich in Moll zu suhlen, sich trauriger Akkordfolgen hinzugeben, einem Plus an Dissonanz und Spannung für komplexeres Gefühlsempfinden. Tatsächlich – und das ganz abseits von Emo – gibt es Menschen, die für traurige Musik besonders empfänglich sind, die einen Mehrwert aus ihr ziehen, die Traurigkeit sogar genießen. Festgehalten wurde das 2016 in einer Studie, die im Fachblatt Frontiers in Psychology veröffentlicht wurde. Wichtig für den Moll-Genuss ist jedoch ein eher ausgeprägter Sinn für Empathie – der Bereitschaft und Fähigkeit, sich in die Einstellungen und Emotionen anderer Menschen einzufühlen. Vielleicht sollte das alte Hardcore-Credo der Unity mit einem „& Empathy“ ergänzt werden. Empathie als Schlüssel für ein ausgewogeneres Gefühlsmiteinander.

Männer könnten seine Gefühle also doch zeigen – wenn sie genug Empathie aufbringen.

SOUNDTRACK OF MY LIFE

von Jan Schwarzkamp

Holy Trinity:
Led Zeppelin, Black Sabbath, Creedence Clearwater Revival

Geht immer:
- Otis Redding, Aretha Franklin, Dusty Springfield, Nancy Sinatra, Nina Simone, Betty Davis, Funkadelic & grundsätzlich 1960s Soul
- Psychedelic von den 1960s bis heute, egal ob in Form von Rock, Folk, Ambient, Drone oder Post-Irgendwas

Liebste Alben:
Abhinanda – „The Rumble"
Air – „Moon Safari"
Baroness – „The Red Album"
Black Train Jack – „You're Not Alone"
The Bronx – s/t I // s/t II
Captain Beyond – s/t // „Sufficiently Breathless"
CIV – „Set You Goals"
Crosby, Stills & Nash – s/t
Crosby, Stills, Nash & Young – „Déjà Vu"
Deep Purple – „In Rock" // „Fireball" //„Machine Head"
Deafheaven – „Sunbather"
The Dirty Nil – „Higher Power"
Doves – „The Last Broadcast"
Fang Island – s/t
Fleet Foxes – s/t // „Helplessness Blues"
Foo Fighters – „The Colour And The Shape"
Fu Manchu – „In Search Of" // „The Action Is Go" // „King Of The Road"
The Get Up Kids – „Four Minute Mile" // „Something To Write Home About"
Goat – „World Music & Commune"
Hey Mercedes – „Every Night Fire Works"
The Jimi Hendrix Experience – „Are You Experienced"
Jimmy Eat World – „Clarity" // „Bleed American"
Kid Dynamite – „Shorter, Faster, Louder"
Kings Of Leon – „Youth And Young Manhood"
Kyuss – „Blues For The Red Sun" // „Welcome To Sky Valley"
MC5 – „Back In The USA" // „High Time"
Monster Magnet – „Spine Of God"
My Chemical Romance – „Three Cheers For Sweet Revenge"
Queens Of The Stone Age – s/t // „Rated R" // „Songs For The Deaf"
Rage Against The Machine – s/t
Refused – „The Shape Of Punk To Come"
Sleep – „Dopesmoker"
The Small Faces – s/t
Smashing Pumpkins – „Siamese Dream"
Smoking Popes – „Destination Failure"
The Sonics – „Here Are The Sonics!!!"
Soundgarden – „Badmotorfinger" // „Superunknown"
The Soundtrack Of Our Lives – „Behind The Music"
The Stooges – s/t // „Raw Power"
The Sword – „Age Of Winters"
Turbonegro – „Apocalypse Dudes"
Turnstile – „Time & Space" // „Glow On"
Type O Negative – „Bloody Kisses"
V.A. – „Nuggets: Original Artyfacts From The First Psychedelic Era 1965-1968"
The Weakerthans – „Left And Leaving"
Weezer – „Blue Album" // „Pinkerton"
Wolfmother – „Wolfmother EP"
Zero 7 – „The Garden"

Künstler:innen, die ich schätze, aber kein einzelnes Album herausstellen kann/möchte:
AC/DC, Alice In Chains, … And You Will Know Us By The Trail Of Dead, Bad Brains, Beach Boys, Beastie Boys, The Beatles, Beatsteaks, Cactus, Cave In, Constantines, Converge, Dan Auerbach, Danzig, Darkest Hour, Dave Grohl, Every Time I Die, Helmet, Hot Snakes, Ian MacKaye, Jack White, J Mascis, John Reis, Jon Spencer, Justin Pearson, King Gizzard And The Lizard Wizard, The Kinks, Kylesa, Lifetime, Mastodon, Melvins, Mike Patton, Motorpsycho, Rocket From The Crypt, The Rolling Stones, Silverbullit, Spacemen 3, Spidergawd, Spiritualized, Status Quo, Ten Years After, Thee Oh Sees, Thin Lizzy, Tool, Torche, Ty Segall, Walter Schreifels, White Denim (…)

„ICH KANN DIR FAST MEIN GANZES LEBEN ANHAND VON SONGS UND MUSIKALISCHEN MOMENTEN NACHERZÄHLEN.“

Interview mit Markus Kavka

von Sandra Strauß

Markus Kavka
***1967, ist Moderator, Autor und DJ aus Berlin. Nach seinem Studium der Theater- und Kommunikationswissenschaften in Erlangen führte ihn sein Weg ins Fernsehen zu den Musiksendern VIVA und VIVA2, später MTV, wo er mit Sendungen wie den „MTV News" zu einem der bekanntesten Gesichter avancierte.**
Nach MTV war er mit der Interview-Doku „Number One" bei Kabel Eins und ZDFkultur zu sehen sowie als Fußball-Moderator bei RTL NITRO. Seit 2014 ist er Moderator des Kurzfilm-Magazins „Unicato" beim MDR, seit 2015 ist er auch regelmäßig bei „Deluxe Music" zu sehen und seit 2024 macht er die Podcasts „11 Leben – Die Welt von Lothar Matthäus" und „Fuck You Very Very Much" (mit Jennifer Weist).
Seit Ende der 1990er ist Markus auch regelmäßig als DJ unterwegs.
Überdies ist er als Autor tätig. Sein Buch „Markus Kavka über Depeche Mode" wurde 2020 im KiWi Verlag veröffentlicht und gemeinsam mit Elmar Giglinger erschien ihr neuer Spiegel-Bestseller „MTViva liebt dich!" 2023 bei Ullstein.
Er unterstützt aktiv die gemeinnützigen Organisationen „Freunde fürs Leben" und „Junge Helden".

Sandra: Ich habe euer neues „MTViva liebt dich!"-Buch gelesen und mir danach gleich die dreiteilige Doku dazu in der ARD Mediathek angeschaut. Ihr seid mit eurem Buch innerhalb weniger Monate schon bei der vierten Auflage.

Markus: Ja, ich glaube, das hat den Verlag selbst ein bisschen überrascht und es ist deutlich über den Erwartungen. Wir haben genau den richtigen Zeitpunkt erwischt. Es war ja nicht ganz zufällig, dass unser Buch im Herbst 2023 veröffentlicht wurde, weil unser Aufhänger 30 Jahre VIVA war.
Wir hatten das Projekt vor Jahren schon mal in Angriff genommen. Doch dann ist es im Sande verlaufen, weil wir nicht so richtig die zündende Idee hatten, wie wir es umsetzen. Jetzt zum Jubiläum haben wir uns gesagt: „Komm, lass es uns nochmal angehen". Wir haben mit ein paar Verlagen gesprochen und Ullstein hatte die Idee, das als Oral History umzusetzen. Das war für uns der Aha-Moment, weil Elmar und ich dieses Buch sonst alleine geschrieben hätten und es eine Anekdotensammlung aus unser beider Sicht geworden wäre. Damit waren wir nie so richtig happy, weil es ein bisschen so eine „grauhaarige Onkel erzählen vom Krieg"-Sache geworden wäre. Wir wollten eine möglichst breite Sicht von ganz unterschiedlichen Protagonist:innen für das Buch haben und Oral History war eine geniale Idee. Ullstein hatte bereits die Hip-Hop Oral History „Könnt ihr uns hören" veröffentlicht und dafür mit ganz vielen Menschen über Rap in Deutschland gesprochen. Obwohl ich nicht der ausgewiesene Rap-Versteher und -Fachmann bin, habe ich das mit großem Interesse gelesen, auch weil es so lebendig war. Du hattest beim Lesen immer das Gefühl, dass die Leute gemeinsam an einem Tisch sitzen und reden. So etwas haben wir jetzt auch versucht und das hat über weite Strecken ganz gut funktioniert.
Jetzt ist unser Buch – parallel mit dieser Doku – für ganz viele Menschen ein Riesen-Tripdown Memory-Lane geworden. Da-

Foto linke Seite: Thomas Neukum

nach wurde die Doku noch im WDR Fernsehen ausgestrahlt und hatte eine unfassbar hohe Quote. Da hat man schon gemerkt, dass das Thema Musikfernsehen immer noch extrem emotionalisiert, Musik sowieso. Die Generation der zwischen den 1970er und 1990er Geborenen sind alle mit Musikfernsehen aufgewachsen. Jede:r hat Erinnerungen daran, jede:r hat das schon mal gesehen. Viele sind nach der Schule nach Hause gekommen, haben ihren Schulranzen in die Ecke gepfeffert und dann erstmal bis abends Musikfernsehen geschaut, bevor sie irgendwie wieder etwas für die Schule gemacht haben. Anscheinend haben wir diese Menschen jetzt alle nochmal abgeholt.

Sandra: Wie war der Trip rückwärts für dich mit allen Beteiligten? Alle wiederzusehen, Erinnerungen ...

Markus: Die Zeit war sehr, sehr bunt und vielfältig. Was ich als Erstes gemerkt habe, ist, dass meine Erinnerung krasse Lücken aufweist. Aber so ist es immer. Wir haben mit über 60 Menschen gesprochen, die irgendwie am Musikfernsehen beteiligt waren, und jede:r hat nochmal ihre oder seine eigene Erinnerung daran. In vielen Fällen kam es vor, dass es um ein- und dieselbe Geschichte ging, von der aber fünf Leute fünf verschiedene Versionen und Erinnerungen hatte. Jede:r hätte Stein und Bein schwören können, dass seine die richtige und allein wahre ist. Aber wie immer bei Geschichten, bei denen mehrere Menschen beteiligt waren, hat jede:r seine eigene Sicht auf die Dinge und Erinnerungen. Wir mussten dann alle unisono feststellen, dass in diesen krassen Jahren des Musikfernsehens – also zwischen 1995 und 2007, das waren sozusagen die krassen Jahre, in denen Musikfernsehen wahnsinnig erfolgreich war – für alle Beteiligten soviel passiert war, dass es wahrscheinlich ganz normal ist, dass das Hirnkastl zur selektiven Wahrnehmung übergeht. Ich habe es bei mir selbst gemerkt. Ich habe soviel erlebt, gehört und erfahren, dass ich das Gefühl hatte, dass jetzt links etwas in den Kopf reinkommt und dafür rechts wieder etwas raus muss, weil in der Mitte nicht mehr genug Platz ist.
Ein paar Sachen waren dabei, bei denen ich mich wirklich gefragt habe: „War ich wirklich dabei oder ist das eine Erinnerung der Person, die mir das gerade erzählt?“. Dann habe ich das aber noch von zwei anderen Leuten gehört und dachte: „Scheiße, ich war doch dabei!“.
Ansonsten war es natürlich ein sehr nostalgischer Blick zurück, aber einer ohne jede Wehmut. Das war fast bei allen so, mit denen ich gesprochen habe. Es gibt ein paar Beteiligte, die schon länger aus dem Business raus sind, eine große Zeit beim Musikfernsehen hatten und dann ihre Fernsehkarriere aber nicht weiter verfolgt haben oder generell nicht mehr in dem Business sind. Bei ihnen war schon eine gewisse Wehmut zu spüren, dass man diese krasse Zeit hatte und es danach nicht weiterging.
Bei mir überwiegt eher eine Dankbarkeit. Ich darf bis heute im weitesten Sinne immer noch das machen, was ich zu jener Zeit gemacht habe: über Musik reden – und zu der damaligen Zeit habe ich das für besonders viele Menschen machen dürfen. Doch das hat für mich eigentlich nie eine Rolle gespielt. Es ging immer um die Sache an sich. Ob ich da jetzt als Schüler tütenweise Platten mit in die Schule geschleppt habe, um meine Klassenkamerad:innen zu missionieren, oder ob ich dann irgendwann bei MTV einer Million Zuschauer:innen erzählt habe, was ich für gute Musik halte. Das hat an meinem Antrieb nix geändert, der war immer der Gleiche. Ich wollte, dass gute Musik von möglichst vielen Menschen gehört wird. Eigentlich hat sich da nur der Hebel vergrößert bzw. verändert.

Sandra: Warum hat es bei dir geklappt, dass du weitergemacht hast? Mal ganz abgesehen davon, dass du ein unfassbares Musikwissen hast und ein unfassbar guter Moderator mit sehr viel Empathie und Gefühl bist.

Markus: Da gehört natürlich schon ein bisschen Glück dazu. Das weiß ich auch zu schätzen und bin dankbar, dass es immer irgendwo und irgendwie jemanden gab, der davon überzeugt war, dass es eine gute Idee wäre, mir eine Sendung zu geben. Auf der anderen Seite war es vielleicht auch mein Vorteil, dass ich überhaupt erst über Inhalte da reingeraten bin. Es war nicht so, dass ich dachte: „Mensch, ich bin so ein süßer Boy, ich muss jetzt unbedingt vor die Kamera." Ich habe lange, bevor ich im Fernsehen war, im Print und im Radio über Musik geschrieben und gesprochen. So kam ich überhaupt erst in die Verlegenheit, dass mich jemand von VIVA gefragt hat, ob ich das, was ich schreibe – damals bei Metal Hammer –, nicht vor der Kamera erzählen möchte. Das war bereits der erste Glücksfall, dass VIVA damals eine Kooperation mit Metal Hammer hatte und sie für ihre Metal-Sendung einen neuen Moderator gesucht haben. Sie fanden meine Texte ganz lustig und fragten mich, ob ich Bock darauf hätte, das mal auszuprobieren. Da habe ich noch gesagt: „Ach, ich weiß nicht, ich finde es eigentlich ganz gut, dass die Leute mein Gesicht nicht kennen." Sie entgegneten: „Probier es doch einfach mal aus und wenn es nix für dich ist, suchen wir uns eben einen anderen." Dann hat es mir aber sofort Spaß gemacht. Auch den Umstand, dass ich nicht mehr tippen musste, sondern das einfach so in die Kamera erzählen konnte, fand ich total cool, weil ich so ein superlangsamer Zweifingertipper war. Ich dachte mir, dass es total praktisch wäre, einfach mal in die Kamera zu labern und fertig. So ging es los.

„Es war nicht so, dass ich dachte: „Mensch, ich bin so ein süßer Boy, ich muss jetzt unbedingt vor die Kamera.""

Für Musik hatte ich mich komplett nerdy bereits interessiert, seit ich zwölf, 13 war. Da habe ich schon Tapes aufgenommen und wie ein Irrer vorm Radio mitgeschnitten. Mit 14 war ich Musikredakteur bei einer Schülerzeitung und mit 16 habe ich mein eigenes Fanzine gemacht. Seit ich denken kann, interessiere ich mich für Musik, und da hat sich im Laufe der Zeit ein bisschen was an Wissen angehäuft und natürlich auch viel Erfahrung, was Interviewführung betrifft. Das ist das Handwerkszeug, das ich mir schon sehr früh drauf schaffen durfte. So konnte ich mir die Musikfernsehzeit verlängern. Wenn ich mir jetzt überlege: Ich war gar nicht mehr so irre jung, als ich bei VIVA angefangen habe. Da war ich schon 28. Das heißt: Ich habe den Job im Musikfernsehen weitestgehend altersunabhängig machen können. Ich glaube, ich war immer der älteste Moderator, sowohl bei VIVA als auch bei MTV. Bei VIVA war Stefan Raab noch in meinem Alter, vielleicht sogar ein Jahr älter. Bei MTV war ich immer der Älteste. Dieses finale Totschlagargument „Du bist jetzt zu alt für das Musikfernsehen" hat für mich von Anfang an nicht gegolten. Das war bestimmt auch ein bisschen der Grund, warum ich dann

Foto: MTV

relativ nahtlos das coole Format „Number One“ machen durfte – erst zwei Jahre für Kabel Eins und dann nochmal zwei Jahre für ZDFkultur. Danach ging es genauso nahtlos mit ganz vielen anderen Projekten weiter, irgendwann sogar mal drei Jahre lang mit einer Fußballmoderation bei RTL NITRO. Irgendwann ist man so vernetzt, dass immer irgendetwas vom Himmel fällt – bis heute.

Sandra: Was mir das allererste Mal durch euer Buch und eure Doku so richtig bewusst wurde, ist die Auswirkung von 9/11 auf Musik, Kunst, Kultur und dass das ein Cut war. Ja, in den 1990ern war „alles cool und toll“, wobei viele ebenso sagen, dass es auch ein unfassbar sexistisches Jahrzehnt war. Kannst du das Flair der 1990er beschreiben und ebenso die Auswirkungen von 9/11?

Markus: Es ist natürlich kein Zufall, dass Musikfernsehen gerade in dieser Zeit so ein Hoch hatte oder VIVA in den Neunzigern überhaupt entstand. Grundsätzlich stimmt es schon, dass die Neunziger – verglichen mit der Zeit nach 9/11 – auch heute noch ein sehr unbeschwertes Jahrzehnt waren. Es war ein bisschen blödelig und dödelig. Es gab nicht umsonst dieses Schlagerrevival und blöde Songs mit Guildo Horn hier und Stefan Raab da. Man konnte in den Neunzigern ungestraft rumblödeln und das konnte man deswegen, weil es eben nicht so viele Krisenherde auf der Welt gab. Klar, man hatte den Balkan- und Jugoslawien-Krieg. Das war aber, obwohl es geografisch näher ist als manch anderer Konfliktherd, im Kopf weit weg. Es gab damals auch noch kein Social Media. Du hattest nicht ständig irgendwelche Videos, die es dir in die Timeline reinspült, und so die Konfliktherde direkt zu dir nach Hause bringen. Dann gab es natürlich auch noch Übergriffe von Neonazis, die Pogrome von Rostock, Mölln … Und das Neonazi-Problem gab es nach der Wende nicht nur im Osten, sondern generell auch in Westdeutschland. Das sind Dinge, die auch in den Neunzigern passiert sind. Aber so massiv sie auch waren, verglichen mit dem, was speziell in den letzten drei Jahren auf uns eingeprasselt ist, war das noch vergleichsweise wenig.

Logisch, es stimmt ebenso, dass die Neunziger ein extrem sexistisches Jahrzehnt waren – wie auch die Siebziger und ganz krass auch noch die Achtziger. Die Musikindustrie hat sich da ganz besonders hervorgetan und in den oberen drei, vier Etagen haben nur Typen gearbeitet. Die einzigen Frauen, die in Plattenfirmen arbeiteten, waren in den Achtzigern und Neunzigern wirklich größtenteils auf Promoterinnen-Ebene.

„Bis heute ist die Musikindustrie ein totaler Boys-Club, obwohl die Popmusik mehr und mehr von Frauen dominiert wird.“

Bis heute ist die Musikindustrie ein totaler Boys-Club, obwohl die Popmusik mehr und mehr von Frauen dominiert wird. Wenn man mal schaut, wer bei den diesjährigen Grammys gewonnen hat, ist das schon eine Ansage und auch ein super Signal. Das verdeutlicht die Entwicklung, die Popmusik in den letzten Jahren genommen hat. Frauen spielen eine immer größere und erfolgreichere Rolle, genauso wie im Rap inzwischen auch.

Die Neunziger waren ansonsten relativ unbeschwert und genau in dieser Geisteshaltung konnte Musikfernsehen auch so gut funktionieren. Dann kam 9/11 und es heißt erstmal ganz lapidar, dass danach die Welt für alle eine andere war. Das, was damals für viele wie eine Dystopie klang, hat sich im Nachhinein total bewahrheitet: dass es diese Grenze gibt, diese Zerrissenheit zwischen der östlichen und westlichen Welt, zwischen Religionen … Das waren alles Dinge, die vor 9/11 relativ weit weg und ein stückweit auch unvorstellbar waren. Dann ist eben das passiert und alles, was danach kam, haben wir uns damals auch nicht wirklich vorstellen können – also dass jetzt an ganz vielen Orten in der Welt Krieg zwischen Religionen herrscht, dass die Wirtschaft so krass eingebrochen ist und dass das nach ganz vielen Instanzen relativ schnell ebenso in der Musikindustrie und damit beim Musikfernsehen angekommen ist.

Ich glaube, wir haben schon ein halbes Jahr später bei MTV und VIVA gemerkt, was für ein epochaler Einfluss und krasse Veränderung durch 9/11 in der Musikbranche und in der Wirtschaft überhaupt Einzug gehalten haben. Uns sind große Werbegelder weggebrochen. Musikfernsehen war ausschließlich werbefinanziert und vor allen Dingen durch Werbegelder aus der Musikindustrie. Das war dann, glaube ich, der Anfang vom Ende. Wir mussten auf alternative Werbekonzepte zurückgreifen und eines der ertragreichsten, aber auch fatalsten, war der Klingelton-Terror. Das ist natürlich eine sehr komplexe Angelegenheit. Es gab zu dieser Zeit eine entsprechende Nachfrage nach Klingeltönen. Ganz viele Menschen haben sie sich runtergeladen und diese Abo-Modelle waren allesamt sehr fragwürdig. Ich will gar nicht wissen, wieviele Eltern über ihre Kinder in die Schuldenfalle geraten sind oder wieviele Kinder aus Versehen kostspielige Abos abgeschlossen haben, und es dann in der Familie Riesenärger gab. Die Tatsache aber ist, dass die Dinger runtergeladen wurden, und die entsprechenden Anbieter dann dachten: „Okay, dann ballern wir jetzt das Zeug raus wie nix Gutes und schalten jetzt dafür diese supernervigen Spots gleich 20 Mal hintereinander." Dazu muss man sagen, dass es zu nicht unwesentlichen Teilen auch Programme im Musikfernsehen finanziert hat. Das war immer ein zweischneidiges Schwert. Dann gab es Untersuchungen bei MTV, inwiefern diese Werbeblöcke die Zuschauer:innen abschrecken. Die bittere Erkenntnis war: gar nicht mal so sehr. Die Zielgruppe zwischen 14 und 29 hat sich mit großem Interesse die Werbeblöcke angeschaut. Gerade zu der Zeit, als die Klingeltonwerbung eigentlich am penetrantesten war und die Werbeblöcke damit voll waren, hatten MTV und VIVA die höchsten Einschaltquoten in ihrer Geschichte.

Der Niedergang des Musikfernsehens ist generell eine sehr komplexe Angelegenheit. Zusätzlich zu solchen Dingen sind an erster Stelle wahrscheinlich Internet, Social Media, YouTube etc. zu nennen, wenn es um Gründe geht, warum Musikfernsehen in dieser Form nicht mehr existiert. MTV und VIVA waren irgendwann nicht mehr die natürliche Heimat des Musikfernsehens, sondern das war das Internet. Man konnte zu jeder Zeit und wie man Bock hatte seine Lieblingsvideos gezielt bei YouTube anschauen und musste nicht stundenlang vor der Glotze sitzen und warten, bis mal etwas kommt.

„Ich habe also fast 15 Jahre lang beim Musikfernsehen moderiert und den Aufstieg, die totale Hochphase und dann auch den Niedergang aus erster Hand miterlebt."

Ich habe 1995 bei VIVA angefangen und hatte 2009 meine letzte Sendung bei MTV. Ich habe also fast 15 Jahre lang beim Musikfernsehen moderiert und den Aufstieg, die totale Hochphase und dann auch den Niedergang aus erster Hand miterlebt. Weil ich eben die ganze Zeit mit dabei war, habe ich auch verstanden und konnte sehr gut nachvollziehen, wie die Entwicklung so kommen musste. Letzten Endes hat der Dachkonzern von MTV und VIVA wahrscheinlich versäumt, früh genug in die Digitalisierung zu investieren. MTV war weltweit eine unfassbar starke Marke und hat heute noch eine gewisse Strahlkraft. Bereits 2002 oder 2003 war in jedem weltweiten Strategiemeeting die digitale Entwicklung ein Thema. Man wusste, dass man irgendwie Schritt halten musste, sogar ein bisschen vorausdenken und innovativ sein muss. Man hat aber, wahrscheinlich weil man ein börsenorientiertes Unternehmen war, dann doch immer auf den kurzfristigen Erfolg geschaut und nicht langfristige Strategien entworfen, die dann dafür gesorgt hätten, dass man ebenso in Sachen Social Media gut aufgestellt ist. Hätte MTV früh genug reagiert, ein bisschen Geld in die Hand genommen und investiert, dann hätte MTV vielleicht das sein können, was jetzt YouTube, Facebook, Tiktok und das, was noch vom Musikfernsehen übrig ist, sind. Also eine große weltumspannende Jugendmarke, die alles anbietet, was junge Menschen unterhält. Jetzt hat sich das alles total diversifiziert und Musikfernsehen gibt es in der bekannten Form nur noch als Deluxe Musik. Das ist im Vergleich zu MTV in seiner Hochphase natürlich auf einem ganz anderen Level.

Erstaunlich ist, dass Musik die Menschen mehr denn je emotionalisiert und interessiert. Die Streaming- und Follower-Zahlen, die Popstars bei Social Media haben, sind exorbitant. Vor diesem Hintergrund ist es ein bisschen unfassbar, dass es Musikfernsehen in der Form als Angebot nicht mehr gibt. Man hat also ein bisschen gepennt.

Sandra: Magst du noch detaillierter ausführen, wie Musik emotionalisiert und warum Musik so wichtig ist?

Markus: Musik ist wichtig, seit es die Menschheit gibt. Musik hat sich immer positiv auf das soziale Miteinander ausgewirkt, wie sich Menschen zueinander verhalten. Musik hatte immer etwas Integratives, Verbindendes und Emotionalisierendes. Du kannst für jede Stimmungslage eine bestimmte Musik finden: also Musik, die einen beruhigt, Musik, die einen stimuliert oder vielleicht sogar aggressiv macht, Musik, die einen zum Weinen bringt. Musik kann ein ganzes Portfolio an Emotionen freisetzen. Das ist nicht nur bei mir persönlich so. Ich bin ein sehr kunstinteressierter und kreativer Mensch, aber was Musik mit mir macht, das kann kein Buch und es können auch nur sehr wenige Filme. Deshalb ist Musik nicht nur für mein Leben, sondern ebenso für das Leben fast aller anderen Menschen so wichtig.

Was zu dieser unmittelbaren Freisetzung von Emotionen noch hinzu kommt, ist die emotionale Erinnerung. Du bringst Musik mit bestimmten Erinnerungen und Situationen in deinem Leben in Einklang. Ich kann dir fast mein ganzes Leben anhand von Songs und musikalischen Momenten nacherzählen, weil ich noch genau weiß, wie ich mich in dem Moment vor zehn, 20, 30, 40 Jahren gefühlt habe, als ich diesen einen speziellen Song gehört habe. Deswegen ist Musik so extrem wichtig und nahezu unerlässlich für das emotionale Gedächtnis von Menschen und hat so einen hohen Stellenwert. Es ist eben für sehr viele Menschen nicht nur eine Momentaufnahme, sondern es wird immer ein Fenster in die Vergangenheit aufgemacht. Wenn man die einzelnen Momente, in denen man ganz bewusst eine bestimmte Musik gehört hat, tagebuchmäßig zusammenheftet, dann ergibt sich ein ganz wunderbarer Fundus, den nur Musik so leisten kann.

„Musik hatte immer etwas Integratives, Verbindendes und Emotionalisierendes.“

Es heißt aktuell immer wieder, dass Musik zur Wegwerfware verkommt. Die Songs werden immer kürzer, die Aufmerksamkeitsspanne der Menschen wird immer kleiner und kürzer. Der heiße Scheiß von heute ist schon bald old News von morgen. Es ist alles nur noch ein Durchlauferhitzer-Prinzip. Leute können sich gar nicht mehr so richtig entwickeln, können keine ein, zwei Platten machen, um sich auszuprobieren, bevor die dritte dann den Erfolg bringt. Das mag alles stimmen, also dass Kunst generell und Musik im Besonderen schnelllebiger geworden ist, aber das hat

erstmal gar keinen Einfluss darauf, wie das Emotionszentrum auf Musik reagiert. Da ist es unverändert so, dass Musik die Dinge bei Menschen auslöst, die Musik schon immer ausgelöst hat – und das sind Emotionen. Musik ist so alt wie die Menschheit, Musik wird immer da und emotional sein sowie Emotionen freisetzen. Deshalb glaube ich, dass Musik ein bisschen unberührt davon ist, wie die Ausspielkanäle und die Medien sind sowie generell der Zeitgeist ist, weil Musik auch immer eine Reaktion auf den Zeitgeist ist.
Wenn man sich anschaut, wie sich Musik im Laufe der Jahrzehnte verändert hat bzw. was es in den jeweiligen Jahrzehnten für Schwerpunkte gab, dann ist es schon interessant, wie die gesellschaftlichen und politischen Zusammenhänge sind, wenn man die Musik aus dieser Zeit betrachtet.

Sandra: Magst du ein, zwei Beispiele nennen, wie Musik Jahrzehnte geprägt und in die Gesellschaft hineingewirkt hat?

Markus: Ich kann einen kurzen Ritt durch die Jahrzehnte veranstalten, der natürlich sehr oberflächlich ist, weil es noch eintausend andere Facetten gibt.
Fangen wir in den Fünfzigern an. Da hat sich der Rock'n'Roll, also im Endeffekt auch „weiße Musik", aus dem R'n'B und Blues der schwarzen Musik entwickelt. Diese Musik hatte zu Beginn der Fünfziger einen ganz anderen Stellenwert als popkulturelles Phänomen, teilweise auch als Protest-Phänomen, wenn man sich die halbstarke Rock'n'Roll-Musik anschaut.
Was in den Fünfzigern ebenso ganz wichtig war, besonders in den späten Fünfzigern/Anfang der Sechziger, war der Siegeszug des Fernsehens. Plötzlich sind Musiker:innen im Fernsehen aufgetreten und man hatte das erste Mal ein Gesicht zu den Menschen. Klar, vorher hattest du auf den Platten ein Coverfoto und wusstest ungefähr, wie die Person aussieht, bist zu Konzerten gegangen und hast die Person gesehen. Aber dass plötzlich eine Masse von Menschen Gesichter zur Musik hatte, war die Geburt von Pop- und Rockstars, allen voran in den Fünfzigern natürlich Elvis Presley. Das war kennzeichnend für die Musik in dem Jahrzehnt.
In den Sechzigern kam der Siegeszug von Popmusik dazu, ausgelöst durch die Beatles. Man hatte plötzlich Melodien, die musste man einmal hören und konnte sie sofort mitsingen und mitpfeifen.
In den späten Sechzigern kam dann das erste Mal eine richtig große politische Komponente dazu, ausgelöst durch die Friedensbewegung und den Vietnam-Krieg. Es gab plötzlich Musik, die in erster Linie über die Botschaft funktionierte, nicht mehr nur über das musikalische Bett. Dieses war zwar auch wichtig, es sollten ja ebenso Leute sein, die etwas können – wie zum Beispiel Bob Dylan, Joan Baez usw., die dann in Woodstock auftraten. Aber das erste Mal überhaupt war die Message genauso wichtig wie die Musik. Das war für mich signifikant.
In den Siebzigern kam dann das Übermenschengroße in der Musik und Stadienrockbands wie beispielsweise Led Zeppelin. Musik wurde ein riesenkommerzielles Phänomen, bei dem enorm viel Geld dahinter steckte und Musik einfach für jeden ein Thema war.
Parallel zu Stadien- und Riesenrockbands hattest du in den Siebzigern ebenso Pop, Schlager und so etwas. Jede:r hat plötzlich Musik gehört, egal aus welcher Bevölkerungs- und Bildungsschicht er/sie kam. Durch Fernsehen, Konzerte und das explosionsartige Großwerden der Musikindustrie war Musik plötzlich für jede:n da.
In den Achtzigern war für mich entscheidend, dass es plötzlich neue Möglichkeiten des Musikmachens und der Klangerzeugung gab. Klar, in den Siebzigern haben Bands wie Kraftwerk und noch ein paar andere angefangen, mit elektronischen Instrumenten zu experimentieren, und haben dafür den Grundstein gelegt. Aber dass Musik von ganz vielen gemacht werden

konnte, die am Computer oder elektronisch erzeugt werden konnte, das war für mich charakteristisch in den Achtzigern. Es fand dann nochmal eine totale Demokratisierung statt. Man musste nicht erst jahrelang Gitarrenunterricht nehmen, sondern konnte sich einen Sythesizer kaufen und hatte innerhalb von ein paar Wochen schon erste Erfolgserlebnisse. Ich rede da von mir selbst. Ich war 15 oder 16, als ich mir meinen ersten Synthesizer gekauft habe, und das klang nach deutlich mehr, als das, was ich vorher in vier Jahren Klavierunterricht zustande gebracht hatte. Dann hatte man in den Achtzigern als zweite Komponente diesen Fundus an Melodien aus den Sechzigern und Siebzigern und hat das perfektioniert. Nicht umsonst sind in den Achtzigern Melodien für die Ewigkeit entstanden, die selbst junge Menschen heute noch lieben, die das damals gar nicht aus erster Hand miterlebt haben.

Dann hatte man in den Achtzigern noch die politische Komponente, ausgelöst durch die Aufrüstung. Dann nochmal die Friedensbewegung und Themen wie Umweltschutz, die aufkamen und Berücksichtigung in den Texten fanden.

Über die Neunziger haben wir schon kurz gesprochen. Das war das Alles-ging-Jahrzehnt und es war das letzte Jahrzehnt, in dem es mit Techno und Rap nochmal richtige Musikinnovationen gab. Also Jugendkulturen, die bis heute noch existieren. Aber machen wir uns nichts vor, das war dann das Ende der Fahnenstange.

Seit den Nullerjahren gibt es eigentlich im weitesten Sinne nur noch Musik, die eine Neuinterpretation oder Weiterentwicklung der Musik ist, die in den Siebzigern, Achtzigern und Neunzigern entstanden war.

Die Zweitausender waren gekennzeichnet von der Reaktion auf 9/11 und musikalisch war es eine Weiterentwicklung der Neunziger. In den zwanzigzehner Jahren war es so, dass alles ging, man Stile vermischen konnte, ohne dass die Puristen und Nerds die Augenbrauen hochgezogen haben. Da wurden Rap und Techno, Rap und Metal, Pop und Rap, eigentlich alles miteinander verquirlt und alles war vollkommen in Ordnung.

Jetzt in den zwanzigzwanziger Jahren – und es begann eigentlich schon in der zweiten Hälfte der zehner Jahre – ist für mich die Digitalisierung und Demokratisierung der Musik das Signifikanteste, nämlich dass es deutlich niedrigschwelliger ist, Musik zu machen und unter die Leute zu bringen. Ich muss jetzt überhaupt nicht mehr ins Studio gehen. Ich kann im Prinzip selbst an meinem Computer zu Hause, im Kinderzimmer, im Wohnzimmer vollkommen hochwertige Musik produzieren und auch über das Internet selbst vertreiben. Ich brauche eigentlich keine Plattenfirma oder Promo-Agentur mehr, weil ich eigene Promo über Social Media machen kann. Also mittlerweile kann jede:r mit kleinstem finanziellen Aufwand Musik machen. Das hat natürlich die Vielfalt und die schiere Quantität nochmal krass erhöht.

Ich muss auch wirklich sagen, dass so unfassbar viel geiles Zeug rauskommt, dass ich es gar nicht schaffe oder kaum schaffe, da Schritt zu halten. Das ist der Nachteil, dass die schiere Masse nicht mehr zu bewältigen ist. Viele Leute sagen ebenso, dass die Qualität ein bisschen darunter gelitten hat. Das mag schon sein, aber wenn man sich ein bisschen Mühe gibt und Zeit investiert, dann kann man so viel cooles Zeug finden. Es gibt so viele kleine Genies da draußen, denen man jetzt endlich die Möglichkeit gegeben hat, einfach mal Musik zu machen. Vor zehn/15 Jahren, wenn sie da schon am Start gewesen wären, wären sie der Möglichkeit beraubt gewesen, kreativ zu sein und ihre Musik zu machen, weil sie sich das vielleicht nicht hätten leisten können und keine Möglichkeit gehabt hätten, das Zeug unter die Leute zu bringen. Da muss ich sagen, der Digitalisierung und Social Media sei Dank. Es gibt so viele coole, junge, kreative Köpfe, auf deren Output ich nie gestoßen wäre, wenn es Social Media und Streaming nicht geben würde.

Für mich als Musikfan ist diese Entwicklung ein Segen, was die Quantität von Musik angeht. Aber die Arbeit, sich durch diesen Dschungel zu kämpfen, ist deutlich größer als noch vor 15/20 Jahren. Zur damaligen Zeit musste ich eigentlich nur meine Promo-Mails durcharbeiten und einmal in der Woche ein paar Stunden im Plattenladen verbringen, ansonsten noch ein paar Musikblogs checken und dann war ich eigentlich rundum informiert. Jetzt ist es so, selbst wenn ich jeden Tag zehn Stunden in Musikrecherche investieren würde, dass es immer noch nicht reichen würde. Du hängst dann im Algorithmus und der hört nicht auf, dir Zeug reinzuspülen. Je mehr du hörst, desto mehr bekommst du auch vorgeschlagen. Ich merke, dass ich jetzt seit zwei, drei Jahren kaum Schritt halten kann. Man muss sich dann irgendwann ein bisschen locker machen.

Ich bin als Musikjournalist so an die Sache rangegangen, dass ich immer vor allen anderen alles haben wollte und Sachen entdeckt habe, die sonst niemand entdeckt hätte. Von diesem hohen Eigenanspruch musste ich mich schon vor einer Weile verabschieden, weil die schiere Masse einfach zu groß ist. Meine Aufgabe verstehe ich jetzt ein bisschen anders. Während ich früher einfach alles wissen und alle kennen wollte, ist es jetzt so, dass ich mich in einer kuratierenden Funktion sehe. Als jemand, der diesen Dschungel da draußen mal so ein bisschen zumindest vorsortiert und Menschen ein paar Empfehlungen an die Hand gibt, die nicht so viel Zeit wie ich haben, das Internet durchzugehen. Das ist ja mein Job. Das Tolle ist, dass Musikjournalismus von Anfang an für mich Job und Leidenschaft bzw. Hobby zugleich war. Ich habe das nie als Beruf verstanden, mit dem ich mein Geld verdiene. Ich hätte das immer auch freiwillig gemacht oder sogar dafür noch bezahlt. Ich interessiere mich einfach krass für Musik und bin dankbar, dass ich das schon so lange als Job machen darf. Daher ist es für mich selbstverständlich, dass ich jeden Tag so viel Musik höre.

Sandra: Was waren für dich als Moderator deine beeindruckendsten Interviews? Wir haben zusammen ja schon für unsere beiden ersten #nichtgesellschaftsfähig-Bücher und unseren -Film sehr viel über Chester Bennington sowie über Psyche und Musik gesprochen und sind dadurch zusammen tief im Thema. Welche emotionalen Aspekte sind bei dir bei Interviews besonders hängen geblieben?

Markus: Es gibt zwei Arten von Interviews, die bei mir besonders hängengeblieben sind. Zum einen natürlich die mit meinen alten Helden. Also Menschen, deren Musik mich schon sehr, sehr lange berührt und schon sehr viele Emotionen bei mir freigesetzt und emotionale Tagebucheinträge verursacht hat. Ich hatte das große Glück, dass ich die meisten, die

Foto: MTV

mich in den Achtzigern und Neunzigern so begeistert und berührt haben, auch irgendwann treffen durfte: The Cure, Depeche Mode, New Order, Nick Cave, The Smiths ... Alle Musiker, von denen ich Fan war oder bin, durfte ich irgendwann mal treffen. Allein schon dieser Umstand hat diese Interviews zu etwas Besonderem gemacht. In allen Fällen kam dann noch hinzu, dass diese Interviews das Bild, das ich von diesen Menschen vorher hatte, und der Grund, warum ich Fan war, nochmal bestätigt hat. Die Interviews waren dann genauso emotional für mich, wie ich es mir erhofft hatte. Das große Glück war, dass kein einziges dieser Interviews scheiße lief, sonst hätte das wahrscheinlich meine emotionalen Erinnerungen ein bisschen zerstört. Das wäre sehr schade gewesen. Dass ich mich mit den Leuten dann auch in echt im Interview so gut verstanden habe, hat mir im Nachhinein nochmal eine fantastische Bestätigung gegeben, warum ich sie, als ich noch jünger war, schon so cool fand. Insofern waren all diese Interviews mit meinen alten Helden etwas Besonderes.

„The Cure, Depeche Mode, New Order, Nick Cave, The Smiths ... Alle Musiker, von denen ich Fan war oder bin, durfte ich irgendwann mal treffen.“

Die anderen Interviews, die aus anderen Gründen besonders waren, waren die mit Menschen, deren Musik mich eigentlich nie besonders berührt und kaum Emotionen freigesetzt hat und wenn, dann eher schlechte oder aggressive. Beispielsweise Phil Collins. Er war für mich mit seiner Musik in den Achtzigern der Satan, Genesis und seine Solosachen. Oder Rod Stewart, Kylie Minogue, Bee Gees und noch so ein paar andere. Deren Musik war für mich einfach ein rotes Tuch. Diese Menschen dann zu treffen, mich von diesen Vorbehalten freizumachen, sie zu interviewen und dann festzustellen, dass das alles durch die Bank super tiefgründige, spannende, vielschichtige Menschen sind, die nicht für umsonst Superstars geworden sind und zwar mit Musik, die nichts für mich war, die nicht mein Geschmack war, die mich nicht berührt hat, aber sehr viele andere Menschen – das war das Spannende. Ich habe lange gedacht, Musik, die mich nicht berührt, ist keine Musik in dem Sinne von qualitativ guter Musik. Ich habe in diesen Gesprächen erkannt, dass die Motivation für Menschen, Musik zu machen, im Prinzip immer gleich hoch einzuschätzen ist. Selbst wenn sie nicht mein Geschmack ist, muss man Riesenrespekt davor haben, dass sich jemand so öffnet, auf eine Bühne geht und für viele Menschen dann offenbar relevante Kunst erzeugt. Das war für mich die einschneidende Erkenntnis dieser Gespräche, aus denen ich dann genauso beseelt rausgegangen bin wie aus den Interviews mit meinen alten Helden. Ich habe gemerkt, dass das super interessante, tolle Menschen sind. Das hat zu solchen Auswüchsen geführt, dass ich mir nach dem Interview mit Phil Collins bei iTunes den kompletten Phil Collins- und Genesis-Backkatalog gekauft habe – einfach aus Respekt vor diesem Menschen und seinem Gesamtwerk. Ich habe dann erstmal erkannt, was für ein genialer Musiker Phil Collins ist, der nicht umsonst schon seit Jahrzehnten von Jüngeren gefeiert wird und selbst von Leuten wie mir, die ihn in den Achtzigern gehasst haben, jetzt endlich auch respektiert wird.

Das waren wirklich beeindruckende Begegnungen mit Menschen, die ich lange nicht verstanden habe oder die ich aus den komplett falschen Gründen nicht mochte, um dann festzustellen, dass sie aus der gleichen Motivation und Geisteshaltung heraus fantastische Kunst schaffen, auch wenn deren Musik nicht mein Geschmack ist. Der Kunstbegriff liegt ja sowieso im Auge oder Ohr des Betrachters.

Seit diesen Interviews maße ich mir nicht mehr an, Musik als Scheiße zu betiteln oder scheiße zu finden. Die krasseste Aussage, die ich jetzt in Bezug auf Musik treffe, ist: „Okay, das ist nicht mein Geschmack." In dem Moment, in dem sich Menschen auf die Bühne stellen und sich mit ihrer eigenen kreativen Arbeit in die Öffentlichkeit wagen, habe ich erst einmal Respekt davor. Ja klar, es gibt Musik in allen Stilen und Schattierungen, die qualitativ schlecht ist, weil sie nicht besonders kreativ und nur ein Abklatsch von etwas anderem oder sie qualitativ nicht gut produziert ist. Damit kann man sich kritisch auseinandersetzen. Aber Musik wegen einem anderen Stil abzulehnen oder weil sie nicht mein Geschmack ist, das mache ich nicht mehr.

Es ist noch gar nicht so lange her, da habe ich in meinem ehemaligen Elternhaus in meinem Kinderzimmer beim Aufräumen ganz viele Tapes gefunden. Mitschnitte von meinen ersten Radiosendungen Anfang der Neunziger in Nürnberg bei einem alternativen Radiosender. Es ist krass, was ich da noch für ein Geschmackspolizist war. Ich habe so supernerdig über irgendwelche andere Musik abgehatet: „Ja, diese Popscheiße ist nur oberflächlicher Kack." Ich war da noch so drauf, wie man als Nerd drauf ist, und sobald Bands, die man verehrt hat, kommerziell ein bisschen erfolgreicher wurden, hat man mit ihnen gebrochen. Es ging nicht, dass eine Band wie die Pixies plötzlich in den Charts war oder die Smashing Pumpkins. Man hat einfach nicht verstanden, dass sie es nur verdient haben, dass ihre Musik von mehr Leuten gehört wird, weil sie eben toll ist. Man war dann beleidigt und hat sich ein bisschen verkauft und verraten gefühlt, weil plötzlich die Musik, die man nur für sich hatte, von vielen Menschen gehört wird. Als könnte die Band da etwas dafür. Der Mainstream hat sich in 90% der Fälle ihnen angenähert, sie haben sich nicht dem Mainstream angebiedert.

Bestes Beispiel ist Depeche Mode, die ich mal kurz naserümpfend betrachtet habe, als sie jede Woche in der Bravo waren, und ich habe die Schuld bei der Band gesucht. Aber so war das nicht. Sie hatten zufällig mit „People Are People" einen Single-Hit, aber der war garantiert nicht in den Charts, weil es so eine kommerzielle Nummer war. Es war irgendwie Zufall, und dass sie jetzt 40 Jahre später immer noch in Stadien spielen, ist nicht, weil sie irgendwann mal kommerziell geworden sind. Sie sind immer diese Außenseiter-Band geblieben. Jetzt sind sie die Außenseiter-Band für die Massen, aber sie sind immer noch diese Außenseiter-Band.

Sandra: Du hast ein sehr persönliches Buch zu Depeche Mode geschrieben. Kannst du dein Gefühl zu Depeche Mode beschreiben?

Markus: Das knüpft an dieses Außenseiter-Ding an. Ich habe in meinem kleinen bayrischen Dorf Ende der Siebziger, Anfang der Achtziger mit zwölf, 13 angefangen, mich überdurchschnittlich für Musik zu interessieren und an mir rumzustylen. Bald habe ich anders ausgesehen als die anderen Kids in meinem Dorf. Ich konnte das aber noch nicht so richtig einordnen. Ich habe nur gemerkt, dass mir dieses Dorf als Lebensraum schon relativ früh zu klein geworden war. Ich hatte dieses diffuse Gefühl, dass meine Welt größer und anders sein musste als das, was ich tagtäglich im Dorf sehe und erlebe. Ich konnte es aber nicht genau benennen. Ich war verwirrt und dachte mir: „Wieso finde ich denn jetzt diese Musik gut und nicht die, die alle anderen in der Klasse hören oder die in den Charts ist? Wieso finde ich nicht die Klamotten gut, die alle anderen tragen?" Ich hatte keine Erklärung dafür. Ich habe mich eben nur so ein bisschen anders und außenseitermäßig gefühlt.

In der Schule hatte ich immer nur zwei bis drei richtig gute Freunde und Kumpels. Sie waren von ihrer Attitüde her so wie ich und zu den meisten anderen hatte ich gar keinen richtigen Zugang und schon gar nicht zu denen im Dorf. Das hat sich erst im Laufe der Zeit am Gymnasium verändert. Dort hatten sich dann schnell Cliquen gebildet und man war an einer Schule mit tausend Leuten. Man fühlte sich da nicht mehr so außenseitermäßig, weil sich immer genug für eine Sache gefunden haben. In meinem Fall dann eben Goth.

Die erste musikalische Erleuchtung war für mich Visage mit „Fade To Grey“. Als ich den Song das erste Mal gehört und dann auch noch das Video dazu im Fernsehen gesehen hatte, habe ich mir gedacht: „Okay, jetzt habe ich es verstanden. Das ist es, wonach ich immer gesucht habe, aber nicht wusste, dass ich danach suchte.“ Das war für mich identitätsstiftend. Das war etwas, bei dem ich das Gefühl hatte, dass es genau für mich gemacht wurde. Dann habe ich von Visage ausgehend sehr schnell Sachen wie Soft Cell und überhaupt den ersten Electropop und Wave-Sachen gehört. 1981 habe ich mit 14 Depeche Mode entdeckt. Bei Depeche Mode war es die Verbindung aus Musik und den Typen, die gar nicht so viel älter sind oder waren als ich damals zu dem Zeitpunkt. Sie haben für mich dieses superschlüssige Gesamtpaket ergeben und bei ihnen hatte ich vom ersten Moment an das Gefühl, dass ich jetzt weiß, wo ich hingehöre. Diese Band hat für mich so eine Art Zugehörigkeitsgefühl erzeugt. Sie haben damals selbst noch nicht gewusst, dass sie gerade dabei sind, ein Universum zu erschaffen, und dass sie zehn, 15 Jahre später fast so eine Art Ersatzreligion für die Menschen sind, die sie in den frühen Achtzigern entdeckt haben. Das hat sich mit jeder weiteren Platte manifestiert. Spätestens als 1983 „Construction Time Again“ und 1984 „People Are People“ und das „Some Great Reward“-Album rauskamen, ist es wirklich richtig explodiert und man hatte das Gefühl, dass da etwas ganz, ganz Großes heranwächst. Und 1990 mit „Enjoy The Silence“ hat man gemerkt, dass die Band nicht nur eine Band ist, die Musik macht, sondern dass es ein totales Phänomen ist.

Ich hatte mit 14 das Gefühl, dass ich in der Schule und bei mir im Dorf nicht richtig dazu gehöre. Aber mit dieser Band hatte ich etwas für mich entdeckt, bei dem ich zu 100% das Gefühl hatte, dass ich dazu gehöre. Depeche Mode haben mich und ganz viele meiner Generation, die sich aus vielen diffusen Gründen als Außenseiter gefühlt haben, eingesammelt, abgeholt und haben daraus ohne ihr Zutun eine Bewegung gemacht.

Es ist heute noch eine eingeschworene Gemeinschaft, wenn man auf Depeche Mode-Konzerte geht. 95% der Leute tragen schwarze Klamotten und du merkst auch, was das für Leute sind. Man hat eine ähnliche Geisteshaltung und kommt mit den Menschen einfach besser klar. Das ist eben diese Ersatzreligion. Alle haben in den Achtzigern dieselbe Sozialisation durchgemacht, vom unverstandenen Außenseiter zu jemand, der in dem Kosmos dieser Band ein Zuhause mit Gleichgesinnten gefunden hat. Das ist bis heute nicht hoch genug zu bewerten, dass es für mich diese Band gab und gibt oder überhaupt, dass Musik so etwas leisten kann.

„Depeche Mode haben mich und ganz viele meiner Generation, die sich aus vielen diffusen Gründen als Außenseiter gefühlt haben, eingesammelt, abgeholt und haben daraus ohne ihr Zutun eine Bewegung gemacht.“

Für andere Menschen sind es andere Bands, die ihnen genau dieses Gefühl gegeben haben, etwas Identitätsstiftendes. Die diese Verwirrungen und dieses Außenseitergefühl kanalisiert und einem das Gefühl gegeben haben, dass man etwas wert ist und auch dazu gehört. Man ist vielleicht ein bisschen anders als der Rest der Belegschaft, man muss sich aber trotzdem nicht blöd dabei fühlen. Man wird ermutigt, anders zu sein, und das ist ein sehr, sehr schönes Gefühl.

Illustration rechte Seite: Schwarwel

#nicht
gesellschafts
fähig

SOUNDTRACK OF MY LIFE

von Markus Kavka

Visage – „Fade To Grey“: War mit 13 die totale Erleuchtung für mich, weil ich das erste Mal in meinem Leben das Gefühl hatte, dass das Musik ist, die nur für mich und niemanden sonst auf der Welt gemacht ist.

Depeche Mode – „Everything Counts“: Mit dem Song und dem dazugehörigen Album „Construction Time Again“ wurde ich 1983 endgültig zum Fan dieser Band und bin es bis heute.

The Cure – „A Forest“: Der Song steht stellvertretend für meine Goth-Jahre in den 1980ern. Ich weiß nicht, wieviele Kilometer ich dazu auf der Tanzfläche mittels der Goth-typischen Choreographie „Drei Schritte vor, Verneigung, drei Schritte zurück“ abgespult habe. Vermutlich Tausende.

Pixies – „Debaser“: Der Song steht sinnbildlich für die Entdeckung von Indie-Rock Ende der 1980er und meine Zeit in Nürnberg, wo ich von 1988 bis 1993 studierte, nebenbei schon beim Radio moderierte und als DJ aktiv war.

Nirvana – „Smells Like Teen Spirit“: War 1991 die totale Erleuchtung, nicht nur musikalisch, sondern auch inhaltlich als Gegengewicht zum sexistischen Poser-Rock der 1980er.

Oasis – „Live Forever“: Die Hedonisten-Hymne, die stellvertretend für meine Zeit von 1994 bis 1998 in München und die vielen Abstürze in meinem Stammclub „Atomic Café“ steht.

Machine Head – „Davidian“: 1995 war mein Einstieg ins Musikfernsehen als Moderator der Metal-Sendung „Metalla“. Einer der absurdesten Drehs war der in Oakland bei Rob Flynn, dem Sänger von Machine Head. Der hatte bei sich zuhause im Wohnzimmer eine Art Gehege mit zehn Pitbull-Welpen, die alles vollgekackt hatten. In seiner Badewanne lag eine Python-Schlange, die er vor laufender Kamera mit einer Ratte gefüttert hat, die er vorher am Badewannenrand groggy geschlagen hatte.

Portishead – „Glory Box“: Parallel zum Metal-Irrsinn waren die 1990er auch von so einem Sound geprägt.

Aphex Twin – „Windowlicker“: Das Video zum Song steht für die gut zwei superdurchgeknallten Jahre als Moderator und Producer bei VIVA Zwei in Köln. Eine unvergessliche Zeit.

Madonna – „Frozen“: 1998 durfte ich das erste Mal Madonna interviewen. Wir haben eine Stunde angeregt über Musik gesprochen, u. a. über Kraftwerk und Björk, und wir haben uns prächtig verstanden. Werde ich auch nie vergessen, diese Begegnung.

Steve Bug – „Loverboy“: Steht für die Zeit in Köln, in der ich Techno final für mich entdeckt und schließlich auch als DJ aufgelegt habe. War eine weitere musikalische Erleuchtung für mich, die ebenfalls bis heute anhält.

The Strokes – „Hard To Explain“: Parallel zu Techno ging natürlich immer auch noch Indie-Rock, speziell diese Band steht auch für meine Zeit bei MTV, zunächst von 2000 bis 2004 in München und danach bis 2009 in Berlin.

Depeche Mode – „Never Let Me Down Again“: Erinnert mich an mein allererstes Interview mit Depeche Mode. Das fand

2001 im Rahmen der MTV Europe Music Awards in Frankfurt statt, wo sie diesen Song auch live spielten. Vor dem Interview war ich tagelang aufgeregt und konnte kaum schlafen. Und dann war das Gespräch so super, dass ich danach ein noch größerer Fan war.

Slam – „This World (Wighnomy Brothers Remix)": Kam 2004 raus und ist vermutlich der Track, den ich in den inzwischen über 25 Jahren als Techno-DJ am häufigsten gespielt habe. Bis heute nämlich.

Burial – „Archangel": War in einer Phase, in der ich mich an Rock und Gitarren etwas satt gehört hatte, die totale Erleuchtung.

The xx – „Crystalised": Für die Band und ihr erstes Album gilt Ähnliches wie für Burial.

Moderat – „Rusty Nails": Einer meiner Lieblingsacts der letzten Jahre. Moderat schaffen es punktgenau, die Sachen, die ich an Elektronik schätze, nämlich das Minimalistische, Flächige, Weite und natürlich den Beat mit denen zu kombinieren, die ich an Indie mag, nämlich die Melancholie, die Melodien und berührende Texte.

Ozzy Osbourne – „Dreamer": Nach meiner Zeit bei MTV durfte ich bei Kabel Eins bzw. ZDFkultur das wunderbare Musik-Doku-Format „Number One" moderieren. Für die Folge über Ozzy Osbourne bekam ich 2011 den Bayerischen Fernsehpreis. Bei der Verleihung in München waren meine Eltern dabei. Ein unvergesslicher Moment.

Foals – „Late Night": Stehen als Band für das Jahr 2012, in dem ich meine Frau Babette kennengelernt habe. Sie hat Foals immer in ihrer Radiosendung gespielt, von der ich Fan war.

Jack Penate – „Every Glance": Der Song lief 2015 bei unserer Hochzeit.

Lawrence Rothman x Kim Gordon – „Designer Babies": Babette und ich haben gemeinsame Playlists. Als dieser Song bei uns das erste Mal lief, waren wir beide so ergriffen, dass wir in der Wohnung allerlei Übersprungshandlungen wie Geschirrspüler ausräumen, Staub wischen o. ä. ausführten, um unsere gegenseitigen Tränen zu verbergen.

Markus Kavka – „Holy Moly": Mein zweiter Release beim Berliner Techno-Label „Katermukke". Hat lange gedauert, bis ich endlich die Zeit fand, selbst Musik zu produzieren.

Slowdive – „Sugar For The Pill": Erschien 2017, also dem Jahr, in dem ich 50 wurde. War gar nicht so schlimm, wie ich es mir vorgestellt hatte.

Linkin Park – „In The End": Ebenfalls 2017, nämlich am 20.7., zudem der Geburtstag meiner Frau, starb Chester Bennington von Linkin Park. Was mich sehr traurig gemacht hat, weil wir beide uns sehr gerne mochten. Mir ist da auch mit einem Mal klar geworden, wieviele Leute ich schon interviewt hatte, die nicht mehr unter uns waren, außer Chester waren das u. a. Chris Cornell, Pete Steele, Amy Winehouse, Joe Cocker, Scott Weiland, Lemmy, David Bowie, Kurt Cobain und Layne Staley.

Ellis May – „The Distance": War auf der Playlist, die Babette und ich für unseren Trip Anfang 2020, also kurz vor der Pandemie, durch die Südstaaten der USA gemacht haben, unserer bis dato beeindruckendsten und ereignisreichsten Reise.

R. Missing – „Unsummering": Meine letzte musikalische Entdeckung. Womit sich der Kreis zu Visage einmal mehr schließt.

SOUNDTRACK OF MY LIFE

Michael Kraske

Die Alben meines Lebens:
„Darkness On The Edge Of Town“, „Born In The USA“, „The River“, „Magic“, „Born To Run“ und „Letter To You“ von **Bruce Springsteen**
„Bochum“, „Bleibt alles anders“ und „Sprünge“ von **Herbert Grönemeyer**
„The Lonesome Jubilee“ von **John Mellencamp**
„The Joshua Tree“ von **U2**
„620 West Surf“ von **Michael Mc Dermott**
„Sharmrock Diaries“ von **Chris Rea**
„Brothers In Arms“ von **Dire Straits**
„Melissa Etheridge“ von **Melissa Etheridge**
„Southeastern“ von **Jason Isbell**
„Damals hinterm Mond“ von **Element of Crime**
„Get Hurt“ von **The Gaslight Anthem**

Die Songs meines Lebens:
„Badlands“, „I'm On Fire“, „Darkness On The Edge Of Town“, „The Promise“ und „No Surrender“ von **Bruce Springsteen**
„Bochum“, „Vollmond“, „Angst“, „Immerfort“ und „Bleibt alles anders“ von **Herbert Grönemeyer**
„Addicted to Love“ von **Robert Palmer**
„With or without you“ von **U2**
„Suspicious Minds“ von **Elvis Presley**
„Bitter Taste“ von **Billy Idol**

Thore Vollert

Deep Purple – „Made In Japan“ (1972)
Die Ärzte – „Die Bestie in Menschengestalt“ (1993)
Marilyn Manson – „Mechanical Animals“ (1998)
The Offspring – „Americana“ (1998)
Manowar – „Kings Of Metal“ (1988)
O.S.T. „The Rocky Horror Picture Show“ (1975)
Turbonegro – „Party Animals“ (2005)
O.S.T. „Eis am Stiel – 2.Teil, Feste Freundin“ (1979)
Cradle Of Filth – „Midian“ (2000)
Misfits – „Famous Monsters“ (1999)

Ralf Donis

Das musikalische Donis-Prägungs-Alphabet: ABBA/ABC/Afrika Bambaataa/The Beach Boys/The Beatles/The B-52's/Big Black/Blumfeld/Cocteau Twins/DAF/Dead Kennedy's/Depeche Mode/Nick Drake/Einstürzende Neubauten/The Fall/Fehlfarben/Fleetwood Mac/Gang Of Four/Go-Betweens/Grauzone/Hall & Oates/Happy Mondays/Heaven 17/The Human League/Joy Division/Kraftwerk/Joni Mitchell/My Bloody Valentine/Nirvana/Nitzerebb/PIL/Pixies/Prefab Sprout/The Prodigy/Public Enemy/Revolting Cocks/Scritti Politti/The Shamen/Sisters Of Mercy/Sparks/Steely Dan/The Style Council/Sugarcubes/Young Marble Giants
... und ca. 1000 Acts, die ich vergessen habe, und unzählige Techno-/Drum'n'Bass-/House-/Hip-Hop-/R'n'B-/Electronica- und Pop-Schallplatten rund um den Erdball

Stephan Michme

The Beatles – „Sgt Pepper's Lonely Hearts Club Band"
The Cure – „The Head On The Door"
Depeche Mode – „Black Celebration", „Songs of Faith and Devotion"
Pixies – „Surfer Rosa"
Sandow – „Stationen einer Sucht"
Bruce Springsteen and the E Street Band – „Live 1975-85"
Nirvana – „Nevermind"
Counting Crows – „August And Everything After"
TAM – „Housbastards"
Social Distortion – „White Light White Heat White Trash"
Johnny Cash – „American Recordings"
Mogwai – „Rave Tapes"
und alles von **Niels Frevert**, **Olli Schulz**, **Udo Lindenberg** und **Bilderbuch**

Michael Beckmann

Sex Pistols – „Never Mind The Bollocks, Here's The Sex Pistols"
The Clash – „London Calling"
Ramones – „Rocket To Russia"
Hüsker Dü – „Candy Apple Grey"
Rainbirds – „Rainbirds"
Tom Waits – „Rain Dogs"
Talk Talk – „Spirit Of Eden"
Pearl Jam – „10"
Portishead – „Roseland NYC Live"
Pink Martini – „Hang On Little Tomato"
Johnny Cash – „American IV: The Man Comes Around"
Eric Satie – „Gymnopedies & Gnossienes"
Hania Rani – „On Giacometti"
Lovegrove – „Die Angst des Tormanns beim Elfmeter"
Soundtrack – „Vergiss Amerika"
(Beckmann, Jan Plevka, Wake, Chainsaw Hollies)
Soundtrack – „Palermo Shooting"
(Portishead, Calexico, Bonnie Prince Billy, Irmin Schmidt)

Robert Handrow

Booga Soundtrack

Fast Eddie – „Hip House" / „Jack To The Sound"
Inner City – „Good Life (Unity Remix)" / „Testament 93"
Sonic Youth – „Titanium Expose" / „Goo"
The Future Sound of London – „Papua New Guinea" / „Accelerator"
Helmet – „Iron Head" / „Meantime"
4Hero – „Cosmic Tree" / „Two Pages"
Photek – „124" / „Modus Operandi"
Oriol – „Jam" / „Night And Day"
Machinedrum – „The Statue" / „Room(s)"
Robyn – „In My Eyes" / „Body Talk, Pt. 2"

siehe auch:
www.djbooga.com/favourite-albums-week
Blog auf djbooga.com

Rob Solomon

Künstler, die mich inspiriert haben, gibt es sehr, sehr viele, aus unterschiedlichsten Genres und Musikstilen. So viele Musiker machen einfach so tolle Musik. Das ist so umfangreich, dass ich wahrscheinlich diejenigen, welche ich aus Masse nicht nenne, zu unrecht weglassen müsste. Daher fange ich erst gar nicht damit an, um das Gesamtbild nicht kleiner darzustellen, als es wirklich ist. Musik kann in jedem Kosmos funktionieren. Das begeistert mich.

Frank Pasic

Die Anfänge (1980 - 1984)

David Bowie – „Scary Monsters" / „Let's Dance"
Madness – „One Step Beyond" / „The Rise And Fall"
The Specials
Blancmange – „Happy Families"
Tears for Fears – „The Hurting"

Die „beste Phase" (1984 - 1990)

Alles von **The Pogues**
Alles von **Talk Talk**
New Model Army – „Thunder And Consolation"
The Pixies – „Doolittle" / „Surfer Rosa"
Depeche Mode – „Violator"
Phillip Boa – „Copperfield" / „Hair"

Das schwierige Erwachsenwerden (1990er)

Nirvana – „Nevermind"
Pearl Jam – „Ten"
Alice in Chains – „Dirt"
Beastie Boys – „Check Your Head"
Therapy – „Troublegum"
The Prodigy – „Music For The Jilted Generation"
Soundtrack von „Trainspotting"
Oasis – „(What's The Story) Morning Glory?"
Pulp – „Different Class"

Seit 2000

Bloc Party – „Silent Alarm"
The Editors – „An End Has A Start"
Alles von **The National**
Smith and Burrows – „Funny Looking Angels"

Eric Wrede

1. Charles & Eddie – „Would I Lie To You“

An die erste selbstgekaufte Single erinnert man sich sein Leben lang. 1992, WOM in Berlin. Was diese schlimmen Remixe als B-Seiten sollten, habe ich bis heute nicht verstanden. Aber der Song ist immer noch feinster Soul!

2. Tocotronic – „Michael Ende, Du hast mein Leben zerstört“

1995. Ich saß im grünen Ford Escort meiner Mutti. Dieses Lied lief im Radio und ich kannte sowas nicht. Deutsche Sprache, krachige Gitarren, Selbstmitleid.
Bis heute begleitet mich Tocotronic – eine der Bands, mit denen ich gealtert bin, ohne in Nostalgie festzuhängen.

3. Oasis – „Don't Look Back In Anger“

Abschlussfahrt zur 10 Klasse. Brighton, Pier und dann erklingt irgendwie „Don't Look Back In Anger“. Verliebt in Anne. Oasis war und wurde mehr als ihre reine Musik und ich bin fasziniert, dass heute noch Jugendliche die Songs grölen, die geschrieben wurden, als sie noch nicht einmal geboren waren.

4. The Verve – „Lucky Man“

Voll im Britpopfieber. 1997. Richard Ashcroft, immer ein bisschen mehr Hippie als Oasis und deshalb um so mehr geliebt von mir. Vielleicht der größte Song, den England in den 1990er Jahren für mich hervorgebracht hat.

5. Les McCann – „Talkin' Verve“

Und dann Soul, Jazz name it. Kein einzelner Song, nein ein komplettes Album. 1999, ich habe mir ein bisschen Geld zum Abi im Bizet-Cafe in Weissensee dazu verdient und dann legt da jemand dieses Album ein. Ich war elektrisiert und es ist bis heute, wenn die digitalen Playlisten stimmen, das MEISTGEHÖRTE Album meines Lebens. Zumindest bis jetzt.

6. Elbow – „Grace Under Pressure“

Bands bleiben mittlerweile lange in meinem Herzen und Elbow aber hat sich erst 2003 da so langsam reingeschlichen. Aber spätestens, wenn ganz Glastonbury „We still believe in love, so fuck you!“ singt, ist alles vorbei und ich schwöre Guy Garvey ewige popkulturelle Liebe.

7. Idles – „June“

Ich dachte schon, ich bin auf dem Weg in die musikalische Langeweile: 2018 so mit 38, bis mich plötzlich die Idles von hinten angesprungen haben. Einfach so, Punk ist wieder da. Postpunk werden die Klugscheißer sagen. „Baby shoes ... never worn“. Schon mal einen Punksong über ein stillgeborenes Baby gehört? Go.

8. Sprints – „Literary Mind“

Anfang 2024, die Midlife-Ruhe macht sich breit und dann hauen dir die Sprints mit einem Album in die Magengegend, dass ich noch in 40 Jahren hören möchte. Autoscheibe runter und ganz laut mitsingen.

#nicht
gesellschafts
fähig

WE ARE THE ROADCREW

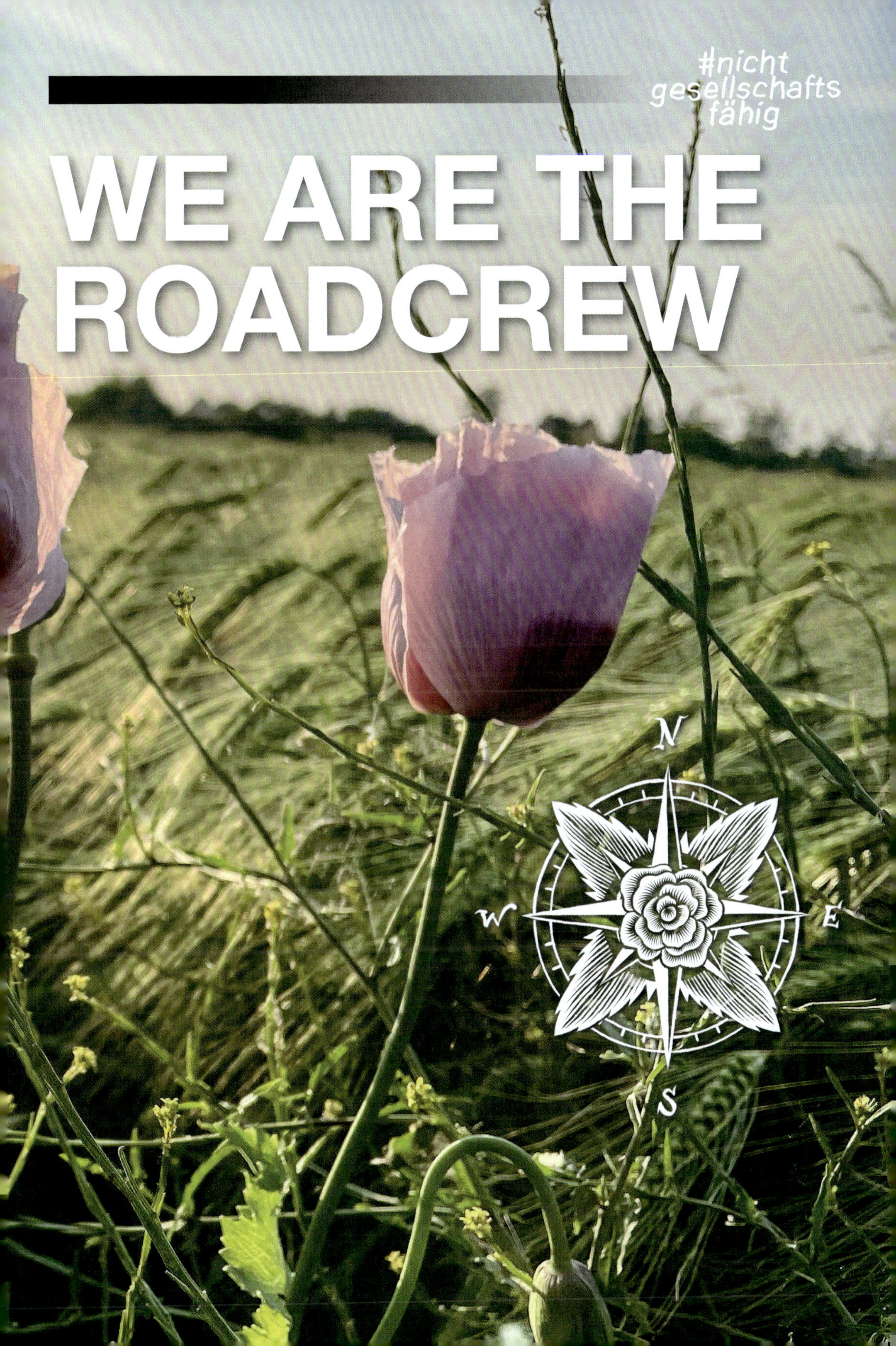

„NO SEX, NO DRUGS, NO ROCK'N'ROLL – WARTE, BIS DU NACH HAUSE KOMMST"

Interview mit Ray Davis

von Sandra Strauß

Ray Davis, geboren 1960 in Dublin, Irland
Ende der 1970er–1982 eigene Band in Dublin (Bass)
1984–1988 Stagehand in HH für Bands wie Dire Straits, Sting, Simple Minds, Eurythmics, Prince, Tina Turner etc.
1988–1997 Position als Durchführer in der Markthalle in Hamburg, Durchführung von Tattoo Conventions, Kunstaustellungen, Konzerten und Festivals
Seit 1997 Selbständiger Tour- und Stagemanager.
Stagemanager: Hurricane und Southside Festivals, Greenfield, Highfield Festival, Mera Luna, Deichbrand Festival u.v.w.
Tourmanager: Edwyn Collins, The Creatures (Siouxsie and the Banshees), ECHT, Rockbitch, Reamonn, Tricky, Tokio Hotel, Gentleman, Freundeskreis, Moby, Max Herre, Joy Denalane, Fettes Brot, Afrob and Samy Deluxe, Fünf Sterne Deluxe, 69 Eyes, Katzenjammer, Midnight Oil, The Hooters, The BossHoss, Kiefer Sutherland etc.

Sandra: Du warst am Wochenende als Tourmanager gerade auf einem Festival.

Ray: Ja, ich war mit The BossHoss auf dem Deichbrand Festival – mit sehr viel Regen und Schlamm.

Sandra: Wie fühlt es sich für dich als Tourmanager danach an, wenn man ein paar Tage auf einem Festival war?

Ray: Das ist ähnlich dem Gefühl, wenn man eine etwas längere Tournee verlässt. Ich habe es immer beschrieben als: vom Karussell runterfliegen. Du sitzt einfach mit einer Tasse Kaffee auf der Terrasse und weißt überhaupt nicht, was hinten und vorne ist. Du erwartest, dass es jetzt gleich weiter geht und du noch dieses und jenes machen musst. Aber nein, es ist vorbei, du bist zu Hause.

Sandra: Bedeuten Festival und Tour für dich, einen 24-Stunden-Job zu haben?

Ray: Das ist ganz unterschiedlich. In den letzten Jahren war ich Stage-Manager. Das ist die Position, bei der du auf der Bühne bist und die verschiedenen Abteilungen koordinierst: Ton, Licht, Rigging, Backline ... Das ist eher die technische Koordinationsseite.
Auf dem vergangenen Festival war ich Tourmanager der Band, das heißt: Ich kümmere mich um die Künstler und weniger um die technischen Sachen. Ich sehe zu, dass die Künstler das haben, was sie brauchen, um zu spielen. Dass sie pünktlich sind, um rechtzeitig auftreten zu können. Beide Jobs sind im selben Bereich, aber man hat verschiedene Aufgaben. Man ist nicht 24 Stunden am Start, man kann auch schlafen, aber eher wenig.

Sandra: Sind Künstler anstrengend?

Ray: Künstler sind Menschen, wir sind Menschen. Manche sind anstrengend und manche nicht. Manche Künstler sind sehr anstrengend, denen musst du wirklich den Arsch hinterher tragen, andere Künstler sind sehr easy zu händeln. Es ist fast immer so, dass die weltberühmten, wirklich großen Künstler am nettesten sind, und man einen netten Umgang miteinander hat.
Ein Beispiel: Vor ein paar Jahren war ich Stage-Manager auf dem Hurricane Festival und da hatte ich als Headliner am ersten Tag die Beastie Boys. Sie waren sehr amerikanisch, sehr direkt, mit Befehlen: „Wir brauchen das, das und das, Ray." Das war super, weil man wusste, woran man ist. Sie waren freundlich, aber sehr bestimmt. Am Festival-Samstag war Marilyn Manson anwesend und der entpuppte sich als komplettes Arschloch. Er war umzingelt von seiner Crew, die Idioten waren und mit einer anderen Band sogar Streit angefangen haben. Es ist sogar fast zur Schlägerei gekommen. Die dritte Band war Pearl Jam und sie sagten die ganze Zeit: „Bitte", „Danke", „Wäre es bitte möglich ...?", „Könnten wir bitte ..." Irgendwann während die Band spielte, meinte deren Tourmanager: „Es tut mir leid, aber ich glaube, wir werden fünf Minuten überziehen." Es war Sonntagabend in Scheeßel, mitten in Norddeutschland im Nichts und ich habe sie gefragt, ob sie nicht 20 Minuten überziehen können. Das haben sie auch gemacht und länger gespielt. Das ist einfach so, wenn du nett bist, bekommst du alles. Wenn du nicht nett bist, bekommst du alles, was du brauchst und verdient hast. Aber das ist in jedem Bereich so, nicht nur im Rock'n'Roll.

Sandra: Das ist gut zu wissen, weil vielleicht doch einige annehmen, dass zum Rock'n'Roll dazu gehört: Bühne kaputt machen, Instrumente zerschlagen, Fernseher aus dem Hotelzimmer schmeißen ...

Ray: Pete Townshend von The Who hat immer dieselbe Gitarre kaputt gemacht, das war Show. Sie wurde dann schnell wieder repariert, damit er sie wieder kaputt machen konnte. Du kannst ja nicht jeden Abend eine mehrere Tausend Euro-Gitarre kaputt schlagen, das geht nicht.

Foto linke Seite: Claudi Davis

Sandra: Du warst auch mit kleineren Bands auf Tour.

Ray: Das ist ein bisschen mein Lieblingsfeld: kleinere Bühnen mit 500 bis 700 Zuschauern. Es gibt sehr gute kleinere Clubs und da ist man von der Bühne aus näher an den Fans dran. Wenn Bands größer sind, ist man mit 40 bis 50 Leuten auf Tour und das ist für meinen Geschmack ein bisschen zu groß. Es ist natürlich auch cool, große Shows zu spielen, aber am liebsten habe ich kleinere Clubs, in denen die Leute nach der Show noch richtig feiern. Du gehst runter von der Bühne und kannst die Luft spüren, es ist dicke Luft. Das ist natürlich nicht sehr gesund, das haben wir durch die Corona-Zeiten gelernt. Aber man weiß, dass gerade eine geile Show gespielt wurde.

Sandra: Vor vielen Jahren, als ich Mitte 20 war, war ich mit Lipstix auf Tour. Sie waren 16, 17 und fingen quasi gerade erst an. Sie spielten in kleineren Clubs, auf Festivals und es begann, sich zu entwicklen. Manchmal war es ganz schön abenteuerlich, besonders am Anfang. Intern war bei uns immer alles entspannt und cool, wir waren eine Einheit. Aber manchmal wussten wir auch nicht, wo wir denn übernachten werden, ob der Clubbesitzer ein Hotel gebucht hatte oder ob wir im Backstage übernachten ... Manchmal sind wir mit 50 EUR für sechs, sieben Leute nach Hause gefahren. Kennst du das auch?

Ray: Das kenne ich auch. Ende der Siebziger habe ich selber Bass in einer kleinen Punk-Band gespielt. Wir haben alles selbst organisiert. Ich bin oft nach der Show in irgendeine Kneipe und mein Schlafplatz war hinten in der Küche. Ich hatte einen Schlafsack mit und habe auf dem Boden geschlafen, mit zwei Hunden daneben. Du hast geträumt, dass neben dir ein wunderschönes Mädchen liegt und sie dich küsst, und dann wachst du auf und es ist der Hund von der Kneipe, der dir dein Gesicht abschleckt.

Sandra: Gehört genau das mit dazu, wenn man anfängt? Man ist ja nicht gleich bekannt und berühmt.

Ray: Es gibt einen ganz alten Spruch, der sehr treffend ist: „Wer über Nacht berühmt wird, hat tagsüber hart gearbeitet" und es kommt nur durch Fleiß. Fleiß schlägt Talent, jeden Tag, immer.
Ich kann von einem traurigen Beispiel erzählen. Ich habe vor ein paar Jahren versucht, mit einer Sängerin aus München zu arbeiten. Sie hatte eine wunderschöne Stimme, aber am Ende des Tages war sie ein fauler Sack. Sie wollte nicht üben und keinen Unterricht nehmen. Da musste ich einfach einsehen, dass sie nicht will. Sie mischt jetzt bei Instagram so rum, aber mehr auch nicht. Das ist schade.
Du musst jeden Tag arbeiten, du musst jeden Tag üben, es ist viel Arbeit und ob man dann berühmt wird, entscheidet das Publikum. Da gibt es keine Garantie. Wenn du dir nicht die Voraussetzungen schaffst und arbeitest, dann wird es nie etwas.

Sandra: Während unserer Buchproduktion hat sich auch herauskristallisiert, dass nicht alle Bands und Musiker den sog. Rock'n'Roll-Lifestyle inkl. Alkohol und Drogen leben oder ihre ganze Karriere hinweg ausleben, weil es einfach nicht machbar ist. Wie hast du das bei Bands erlebt?

Ray: Ich habe Bands erlebt, die total besoffen auf die Bühne gegangen sind, aber das sind ganz wenige Beispiele. Es gibt zwei oder drei Fälle, die das heute immer noch so machen. Die Bands sind noch dabei und treten auch noch auf. Eine Band war eine finnische Biker-Rock-Gruppe, deren Mitglieder ganz normale Jobs hatten. Der eine von ihnen ist Chemiker, arbeitet in einem Labor, ist sehr intelligent und geht in seinem Sommerurlaub auf Tour. Da gibt er sich richtig die Kante, mit Saufen und allem, was dazu gehört. Vielleicht braucht er das zu seinem Dasein im Labor

und seinem weißen Mantel. Aber es tut nicht jedem gut, sowohl in dieser als auch in einer anderen Band, die ich nicht nennen möchte. Es sind Menschen dabei, die das wirklich einstellen mussten, weil sie eingesehen haben, dass sie Alkoholiker sind und damit aufhören müssen, weil sie sonst sterben. Das ist traurig, aber wenn man das einsieht und damit aufhört, kann man seine Gesundheit vielleicht noch retten. Die Einsicht kommt jedoch bei manchen später als bei anderen.
Das gibt es aber nicht nur im Rock'n'Roll. Es gibt ebenso Bankmanager, die Alkoholiker sind. Ich hatte einen alten Chef in Hamburg, als ich Stager war. Er arbeitete bei der Bank und hatte immer einen kleinen Aktenkoffer dabei. In diesem befanden sich eine Zeitung, ein Glas und eine Flasche Mariacron.

Sandra: Du bist 1984 nach Deutschland gekommen. Wie war deine Etappe zum Tourmanager? Du warst Ende der 1970er bis 1982 Bassist in einer Punk-Band in Dublin. Warum stehst du jetzt nicht selbst auf der Bühne, sondern dahinter bzw. daneben?

Ray: Wir haben wirklich hart gearbeitet, aber wir waren sehr erfolglos. Das mussten wir dann einfach einsehen, weil wir auch Miete etc. bezahlen mussten. Wir haben sehr viel in Jugendzentren gespielt und dann gab es eine Zeit, dass die Jugendzentren finanziell nicht mehr unterstützt wurden und somit nicht mehr in der Lage waren, Bands zu bezahlen. Es gab dann dieses „Play for the door", also an dem, was an der Tür eingenommen wurde, hatten wir eine Beteiligung. Wir haben es nicht geschafft, ein Publikum aufzubauen, und der Erfolg blieb aus.
Ich habe davor als Roadie, als Stagehand gearbeitet und dann als Tourmanager angefangen. Ich habe ein Angebot mit der Ansage erhalten: „Willste nicht auf Tour gehen und auf die Band aufpassen?" Das war eine amerikanische Heavy Metal-Band, die immer noch unterwegs ist. Das ist wirklich erstaunlich.
Ich wollte aber nicht so oft auf Tour gehen und weg von zu Hause sein, sodass ich dann in Hamburg in einem Club angefangen und die Leitung des Clubs übernommen habe – zehn Jahre lang. Danach habe ich wieder ein Angebot bekommen, mit auf Tour zu fahren, und seitdem bin ich als Tour-, Stage- und Productmanager unterwegs. Je nachdem, was gerade gebraucht wird, da springe ich ein und mache das.

Sandra: Was ist deine Philosophie und wie verstehst du deinen Job als Tourmanager? Du arbeitest ja mit vielen Bands und berühmten Persönlichkeiten zusammen, die in der Öffentlichkeit stehen und vor Tausenden von Leuten spielen.

Ray: Ich habe in dem Sinne keine Philosophie, wie ich meinen Job mache. Man muss eine gewisse Anpassungsfähigkeit besitzen. Ich besitze glücklicherweise tatsächlich diese Sensibilität für Menschen und die Fähigkeit, mich schnell in Menschen hineinzuversetzen und mit ihnen einen Draht aufzubauen. Es ist ganz unterschiedlich, man muss es spüren. Es gibt Künstler, da hast du das Gefühl, es ist okay, es ist locker, cool und funktioniert mit ihnen über Humor. Es gibt andere Künstler, da bleibe ich in gewissen Situationen erst lieber im Hintergrund und kann dann auch später noch mit ihnen reden.

Sandra: Hören die Bandmitglieder und Künstler:innen immer auf dich?

Ray: Ja, bis auf eine Band, das war 2019 und eine riesengroße Enttäuschung. Ein junger Mann, der leider nach Berlin gezogen ist, war den Drogen verfallen, vorher war er ein begnadeter Künstler. Er hat seine Musikrichtung gewechselt und hatte eine Band, die nichts konnte. Der Bassist hat die ganze Tournee hindurch nicht einen Ton getroffen und da war ich sehr enttäuscht. Vorher hatte er eine geile Band und er war ein begnadeter Sänger. Warum er die Musikrichtung gewechselt hatte, weiß ich nicht. Aber die neue Band war sehr undiszipliniert und das war ein Problem. Ein Ding, das du mitbringen musst, ist nicht nur der Wille zu arbeiten, sondern ebenso Disziplin. Einfach auch da zu sein, wenn es heißt: „Um neun Uhr ist Showtime“. Das heißt: Fünf vor neun stehst du Haare gekämmt und mit einem sauberen Hemd neben der Bühne und bist on time und ready to go um neun.

Sandra: Wie ist es, drei Wochen mit den immer gleichen Leuten zusammen im Tourbus aufeinander zu hocken?

Ray: Wenn du Menschen näher kennenlernen willst, geh mit ihnen Segeln oder in einem Bus auf Tour. Dann lernst du sie kennen. Man muss respektvoll miteinander umgehen und den Raum/Platz des anderen respektieren. Ein großartiges Beispiel: Man räumt seinen Scheiß weg. Man lässt seine Bierflasche und die Chipstüte nicht auf dem Tisch liegen, sondern räumt es weg und macht hinterher sauber. Zum Glück gibt es im Bus ein Bett mit einem kleinen Vorhang, den du zuziehen kannst. Man kann so seine Privatsphäre finden.

Sandra: Was tust du, damit es dir gut geht? Brauchst du irgendwelche Ausgleiche? Wenn du eine lange Zeit auf Tour warst, fährst du danach ein Vierteljahr an einen See oder in den Wald und möchtest erstmal eine Weile niemanden um dich haben?

Ray: Ich habe immer versucht, meinen Kalender vollzukriegen. Mit einer Selbständigkeit ist immer eine gewisse Unsicherheit verbunden. Man weiß nicht, wo der nächste Job herkommt, und es ist leider tatsächlich so, dass man schnell ersetzt werden kann. Das habe ich auf krasse Weise erlebt. Ich hatte ein Tourneeangebot für eine bekannte deutsche Sängerin – das war eine längere Tournee von drei, vier Wochen. Ich habe dem Anrufer gesagt, dass ich erst ein paar Termine verschieben muss und dann gleich zurückrufe. Ich habe eine andere Tournee dann abgesagt, zurückgerufen und der Typ hatte jemanden anderen genommen. Er sagte einfach: „Die Tournee ist weg.“ Das ist richtig dumm gelaufen.

Sandra: Wie bist du mit finanziellen Unsicherheiten klargekommen?

Ray: Man muss immer schauen, wo der nächste Auftrag herkommt. Ja, das ist ein ständiger Kampf und leider ist es so, dass Corona für mich alles kaputt gemacht hat. Ich leide immer noch unter den Nachwirkungen von Corona. Nicht gesundheitlich, das habe ich gut überstanden, aber jobmäßig.
Ein Beispiel dazu. Ich sollte letztes Jahr ein Festival als Stagemanager machen und eine Woche vor dem Festival habe ich eine Coronainfektion bekommen. In der zweiten Woche war ich so kaputt, dass ich einfach nicht um drei Uhr morgens auf einer Bühne stehen und koordinieren konnte, dass alles abgebaut wird. Dieses Jahr habe ich den Job nicht bekommen.

Sandra: Wie hast du die Coronazeit überstanden?

Ray: Das ist besonders für Selbständige in der Musikbranche unschön. Man hat den Begriff „nicht systemrelevant“ wirklich verstanden. Ich glaube, das wäre das Unwort des Jahres gewesen, war es aber leider nicht. Wir wurden einfach im Stich gelassen. Das war grauenhaft.
Ich habe eine wunderbare Frau und wir haben es gemeinsam durchgestanden. Ohne sie hätte ich es nicht schaffen können. Meine Reserven sind auf Null. Früher war ich jung und brauchte das Geld, jetzt bin ich alt und brauche das Geld. Ich habe es überstanden, indem meine Frau und ich uns einfach auf Sachen konzentriert haben, die wichtig sind: auf uns, dass wir gut miteinander umgehen und eine starke Beziehung haben. Ich kenne ein paar Leute, die es leider mit ihrem Part-

ner nicht geschafft haben. Sie brauchten diese Distanz auf Tour, damit die Beziehung funktioniert. Das war bei mir zum Glück nicht der Fall.

Sandra: Unabhängig von Corona: Wie hat sich seit den 1970ern bis jetzt das Musikbusiness verändert? Ich weiß, das ist ein sehr langer Zeitraum. Was konntest du selbst spüren?

Ray: Es hat sich komplett verändert. Die Welt ist viel digitaler geworden, damals war alles analog. Die Ticketpreise für Konzerte haben sich um das Zehnfache erhöht. Als ich als 17-/18-Jähriger in Westirland auf ein Festival gegangen bin, hat das Ticket 30 Pfund gekostet. Du hast Glück, wenn du heute eine Portion Pommes für 30 Pfund bekommst. Es hat sich alles sehr geändert.

Sandra: Was hat sich für dich konkret als Tourmanager geändert?

Ray: Good question. Der Job an sich hat sich nicht geändert, aber die Werkzeuge, mit denen man arbeitet, haben sich verändert. Früher bin ich mit dem Bus oder der Bahn auf Tour gefahren. Ich hatte immer eine Tüte mit Zehnpfennigstücken dabei, damit ich an einer Tankstelle anhalten und den Clubbesitzer anrufen konnte, um zu sagen, dass wir in einer dreiviertel Stunde da sind. Ich bin dann in das Dorf oder die Stadt gefahren, habe das Busfenster runtergekurbelt und Leute gefragt, wie ich zu dem Club komme. Jetzt gibt es weniger Kommunikation und Interaktion zwischen den Menschen und das Navi führt einen zum Ziel.

Sandra: Sonst hat sich nichts verändert?

Ray: Am Ende ist es wirklich so: Die Menschen klatschen und gehen glücklich nach Hause. Das hat sich nicht verändert. Aber die Werkzeuge haben sich eben geändert. Ich arbeite jetzt mit einem Computer, ich schreibe Pläne, drucke sie aus und hänge sie an die Wand. Früher war es so, dass ich mit dem Stift einfach auf einen Block geschrieben habe, und das wurde dann an die Wand gepinnt. Was sich nicht geändert hat, ist, dass die Musiker diese Zettel immer noch nicht lesen. Was willste machen?

Sandra: Ist es dann deine Aufgabe, das persönlich zu ihnen zu bringen? Also nicht den Zettel, sondern die Botschaft.

Ray: Neee, ich bin nicht deren Mama oder der Papa, ich bin deren Tourmanager.

Sandra: Wenn du zurückblickst, was war dein beeindruckendstes oder schönstes Erlebnis auf Tour oder mit Bands oder ist das immer alles relativ gleich?

Ray: Es ist im Dunst der Vergangenheit alles verschwunden. Es ist wie ein Film, der vor den Augen abläuft, und ich hätte mitschreiben müssen. Das habe ich aber leider nicht gemacht. Das wäre ein wunderbares Buch geworden.
Ich komme aus der Generation, die sich nicht mit dem Künstler fotografieren ließ und keine Fotos gepostet hat. Es gab keine Plattform, um Fotos zu posten. Ich war immer hinter der Kamera und habe darauf geachtet, dass vor der Kamera die Künstler waren. Ich gehöre nicht dorthin, bin nicht berühmt und möchte auch nicht berühmt werden. Es war unter meinen Kollegen und mir verpönt, dass man sich mit Künstlern fotografiert. Heutzutage ist es eine Währung geworden, dass man sagt: „Guck mal, hier bin ich mit Bill von Tokio Hotel. Dadurch bin ich ein bisschen wertvoller, weil ich Klicks bekomme." Das ist für mich todtraurig. Vielleicht verpasse ich etwas, aber für mich ist es ehrenvoller, genau das nicht zu tun. Ich möchte dem Künstler seine zehn Minuten Ruhe geben, statt noch ein Bild mit einem Fan zu machen oder machen zu müssen. Nicht alle Künstler mögen das. Ihnen ist klar,

dass sie es machen müssen, aber nicht alle machen es gerne. Es ist natürlich anstrengend, wenn du immer on top sein musst.

Sandra: Aber du hast ein Fanfoto, auf dem du drauf bist.

Ray: Ja, das war ein Geschenk für meine Frau. Ich war eingeladen, den spanischen Künstler und Flamenco-Tänzer Joaquin Cortés zu betreuen. Er ist in Spanien der Flamenco-Gott. Ich sollte ihn auf einer Geburtstagsfeier eines englischen Milliardärs in Mexiko betreuen. Auf dieser Geburtstagsfeier sind mehrere internationale Künstler aufgetreten, u. a. Stevie Wonder. Weil meine Frau so ein Riesenfan von ihm ist, habe ich ihn nach der Show um ein Autogramm gebeten und seine Tourmanagerin meinte, dass Stevie nicht schreiben kann, weil er ja blind ist. Er weiß nicht, was er unterschreibt, deswegen schreibt er nicht. Er hat nie gelernt zu schreiben. Nach der Show ist er zurück in ein Zelt in den Bachstage-Bereich und wir wurden eingeladen, ein Foto mit ihm zu machen. Da habe ich dann das Foto mit Mister Wonder machen lassen und meiner Frau geschickt. Das war wirklich nett von ihm, er ist ein absoluter Weltstar.

Sandra: Und du machst weiter?

Ray: Ich muss weitermachen. Corona hat mich komplett verhauen. Die Reserven reichen nur eine bestimmte Zeit. Und es macht mir Spaß. Ich habe den Job gewählt, weil ich nie eine andere Karriere haben wollte.

Sandra: Danke. Also ich habe jetzt alles.

Ray: Eins möchte ich noch hinzufügen. Wenn ich auf Tour bin, trinke ich keinen Alkohol, und wenn ich zurück bin, trinke ich ein, zwei Bier oder ein Glas Wein zum Essen. Für mich war es immer sehr wichtig, die Disziplin zu bewahren. Ich kann nicht besoffen im Bus in der Ecke liegen und der Schlagzeuger weckt mich: „Hey, Ray, wir müssen gleich auftreten." Das geht nicht. Du bist der Chef, der Kapitän und musst straight sein.

Sandra: Ist dir das schwer gefallen?

Ray: Nein, glücklicherweise nicht. Es gibt höchstens ein Bier zu einem Sandwich mit der Crew nach der Show. Wenn dann alles eingeladen und fertig ist, gibt es noch ein Entspannungsbier und dann ab ins Bett.
Es gibt auch Künstler, die nicht trinken. Wie sieht es denn aus, wenn der Schiffskapitän torkelt und nicht geradeaus sprechen kann? Der Schlagzeuger oder der Gitarrist trinkt nicht, was macht das für einen Eindruck? Du nimmst ihn dann nicht so ernst, wenn du selbst angetrunken bist. Für mich war es immer Ehrensache, so straight zu sein. No Sex, no Drugs, no Rock'n'Roll – warte, bis du nach Hause kommst.

Sandra: Das ist ein schöner Abschlusssatz.

Ray: Zitiere mich bitte nicht so, das klingt, als wäre ich ein Mönch!

SOUNDTRACK OF MY LIFE

von Ray Davis

Viel zu viel, um alles aufzulisten! Deshalb nur ein paar Momente von „The Soundtrack of my wonderful Life“:

Robert Wyatt – „Shipbuilding“: Politisch auf den Punkt gebracht.

David Bowie – „The Bewlay Brothers“: (from the album „Hunky Dory“): Bowie ... what can I say?

Foo Fighters – „Everlong“ (from the album „The Color And The Shape“): Hurricane festival memories. Great energy. Both with the band and within me.

Spearhead – „People In Tha Middle“ (from the album „Home“): Saw them in a small club in Hamburg. 1994

Henry Mancini – „Lujon“ (from the album „Mr. Lucky Goes Latin“, 1961): I am so happy that I experienced the 1960´s (Even if only as a child. It was another world).

Bobby Gentry – „Ode To Billie Joe“: I saw her on Black and White television in 1968 and I fell in love immediately. (She was probably my first crush.)

New American Orchestra – Memories Of Green“ (from the album „Soundtrack Of The Film: Bladerunner“): In my opinion the best movie of the 1980s.

John Martyn – „The Man In The Station“ (from the album „Solid Air“): I have often been „The Man in the Station.“ He had a beautiful voice but destroyed himself with alcohol. I saw him in Hamburg. Great soundcheck, shit concert, he drank a bottle of whiskey before the show and couldn’t hit a note.

Massive Attack – „Unfinished Sympathy“, 1991: The start of a crazy decade. Bring it on, I’m ready.

Echt – „Meisterwerk“ (from the album „Recorder“): Great memories of working with this honest band as their tour manager.

The War on Drugs – „Under The Pressure“: Show starting music to all of the Kiefer Sutherland Shows I worked on.

The Tragically Hip – „Ahead By A Century“: I listened to this band when I used to run. Great band. Gord Downie R.I.P.

The Holydrug Couple – Concorde“ (from the album „Moonlust“, 2015)

Turin Brakes – „Full Of Stars“ (from the 2003 album „Ether Song“): An absolute dream to tour with these fine people. True gentlemen.

Super Furry Animals – „Run! Christian, Run!“ (from the album „Rings Around The World“): Great music to drive at high speeds with volume turned up high.

C2C – „Down The Road“: Memories of Stefanie Heinzmann’s band. Perfect cover version, unfortunately no recording of it so here’s the original.

Freundeskreis – „Esperanto“: A great bunch of very talented people. I met my wife while working with this band. Fond memories.

Nathaniel Radcliffe & The Night Sweats – „Baby I Lost My Way (But I’m Going Home)“ (from the album „Tearing At The Seams“): Kind of says it all.

Foto linke Seite privat:
Ray Davis mit Stevie Wonder

„ICH WAR 30 JAHRE SELBSTSTÄNDIG UND WOLLTE IN WÜRDE ALTERN. AUF TOUR KANN ICH DAS NICHT.“ Interview mit Maggie Humbert

von Sandra Strauß und Schwarwel

1964 Geburtstag
1983 Abitur und Führerschein – mehr Qualifikationen für den Job habe ich nicht (Damals gab es noch keine Ausbildung zur Veranstaltungskauffrau oder ein entsprechendes Studium.)
1984 Schauspielschule Hildburg Frese in Hamburg – nach einem Jahr geschmissen, weil ich überall hin gehöre, aber nicht AUF eine Bühne
1987-1989 Asienreise, davon neun Monate in Japan gejobbt
1989 Rezeptionistin bei Konzertveranstalter City & Showkonzept in Hamburg (örtlicher Veranstalter von z. B. Pink Floyd, Tom Jones)
1990 Erste Tournee – mit ausschließlich Zauberkünstlern – vorbereitet und durchgeführt (84 back-to-back-Shows in 90 Tagen)
1991-1992 Tourmanagerin für André Heller-Produktion „Wintergarten Varieté“, u. a. in New York am Broadway (Broadhurst Theatre)
1993–2023 Tourvorbereitungen, Organisation, Freelance Tourmanagerin, Agents Representative für viele unterschiedliche Tourveranstalter wie z. B. Bizarre Productions, Electric Chair, Semmel Concerts, Karsten Jahnke Konzertdirektion, Konzertbüro Schoneberg, FKP Scorpio, KKT – Kikis Kleiner Tourneeservice, A.S.S. Concerts, Selective Artists, Four Artists und Live Legend mit Bands wie u. a. A Tribe called Quest, Circus da Capo, Manic Street Preachers, Tricky, Beth Orton, Maysa, Cocteau Twins, Portishead, Cunnie Williams, Morcheeba, Kruder & Dorfmeister,

Mojo Club CJ's, Nightmares on Wax, Thomas Dybdahl, Nils Petter Molvaer, Kaizers Orchestra, Editors, Stefanie Heinzmann, Devendra Banhart, Dephazz, Lamb, Chilly Gonzales, Tindersticks, Woodkid, Tina Dico, Goat, The Cinematic Orchestra, Team Me, The BossHoss, Luka Bloom u.v.m.
1996–2023 Tourmanagerin Fettes Brot – also von der ersten bis zur letzten Tour von Fettes Brot (Bis auf eine einzige Tour, die Ray Davis übernommen hatte.)
1998–2000 Assistenz des Managers von Die Ärzte und Fischmob, Produktmanagerin bei Hot Action Records (Die Ärzte)
Seit 2019 General Team Managerin bei Christmas Garden Deutschland

Sandra: Wie ging es dir, als Fettes Brot verkündet haben, dass sie ihre letzte Tour spielen und es sie dann als Band nicht mehr geben wird?

Maggie: Auf der einen Seite war ich natürlich sehr traurig, auf der anderen Seite konnte ich es sehr gut verstehen. Wir hatten das jedoch auch schon geübt, weil Fettes Brot davor ab und zu mal ein Jahr Pause gemacht haben. Das war insofern gut, weil es sonst die Band Deine Freunde gar nicht geben würde. Deine Freunde ist eigentlich entstanden, weil Fettes Brot eine lange Pause eingeläutet hatte und DJ Pauli nicht wusste, was er in der Zeit machen sollte. So entstand die Hip-Hop-Band für Kinder.
Jetzt war es keine Pause, sondern das endgültige Ende. Ja, ich war traurig, weil da ein Lebensabschnitt zu Ende geht, aber auch nicht so überrascht, weil Fettes Brot schon so lange zusammen sind und sie in ihrem Leben auch mal etwas anderes ausprobieren wollen. Sie kennen sich, seit sie 15 sind, gehen auf die 50 zu und fragen sich, ob das alles sein sollte. Ich kann es total verstehen.

Sandra: Wie lange hast du sie als Tourmanagerin begleitet?

Maggie: Fast 30 Jahre. Es ist dann einfach mal Zeit aufzuhören. Es ist okay, das Leben geht weiter. Ich finde es gut, rechtzeitig aufzuhören, statt ein Pferd zu reiten, bis es nicht mehr aufsteht. Fettes Brot kann mit stolzgeschwellter Brust von der Bühne abtreten und sagen, dass sie nochmal die fettesten Venues ausverkauft und die Anerkennung bekommen haben, die sie verdienen.

Sandra: Am Beispiel von Fettes Brot: Wie konnte und kann man sich dein Leben als Managerin auf Tour vorstellen? Jede Band ist anders. Es gibt nicht nur Rock'n'Roll, sondern wir reden jetzt sogar über Awareness und vielleicht nicht nur Saufen hinter der Bühne, sondern mal ein Buch le-

Foto linke Seite Christopher Häring: Fettes Brot und ihre Tourmanagerin Maggie Humbert, 2023

sen, eine Limo oder einen Tee trinken und Freunde einladen, die dir nicht den Champagner wegsaufen. Wie war euer Leben?

Maggie: Fettes Brot sind wirklich ein ausgesprochen schlechtes Beispiel für irgendwelche „gestörten“ Sachen, weil sie unfassbar normal und bodenständig sind. Da gibt es keine Extrawünsche, keine Extravaganzen, sie gehen überall zu Fuß hin, auch wenn sie fahren könnten, keine Extrawürste, keine Probleme, keine Drogenprobleme … Psychisch stabil sind sie auch. Und sie haben sich ein gesundes Umfeld aufgebaut.
2005/2006 hatten wir mal einen Background-Sänger mit auf Tour, der wirklich große Schwierigkeiten hatte und u. a. unter Verfolgungswahn litt. Er hat seine Probleme mit in die Produktion und auf Tour gebracht.

Er wurde medikamentös behandelt, hatte die Medikamente aber selbst abgesetzt. Als ich einmal zu allen sagte, dass wir jetzt los müssen, bezeichnet er mich als Hitler-Fotze. Er ist wirklich in regelmäßigen Abständen ausgeflippt. Fettes Brot haben dann gesagt: „Wir müssen ihn durch Zuneigung, Aufmerksamkeit und Liebe heilen.“ Das haben sie auch konsequent verfolgt, bis er dann bei einem Soundcheck Martin von Fettes Brot verprügeln wollte. Da mussten wir uns während der Tour von ihm trennen und ihn ersetzen lassen. Jahre später war ich mit einem Künstler beim Bundesvision Song Contest und da kam ein Typ auf mich zu. Es war er, ich habe ihn überhaupt nicht wiedererkannt. Er sah auch viel besser aus und hat sich tatsächlich irgendwie entschuldigt, dass er damals seine Situation nicht einschätzen konnte, sich wieder in Behandlung begeben und ihm das sehr gut getan tat.
Wenn eine Band auf Tour ist, ist sie emotional in einem Ausnahmezustand. Sie liefert ihre 1,5 bis zwei Stunden andauernde Show ab und alle müssen da auf jeden Fall funktionieren. Und das tun sie im Allgemeinen auch, weil sehr viel davon abhängt, dass eine Tour funktioniert und jeden Abend die Show stattfindet. In diesem Kontext und in dieser konzentrierten Zeit reißen sich alle Beteiligten einfach zusammen, weil man weiß, dass es irgendwann ein Ende hat.
Wenn sie von der Bühne kommen, sind sie noch voll mit Adrenalin, Serotonin, Dopamin und diesen anderen körpereigenen Drogen, die der Körper selbst herstellt. Insofern ist der Blick, den ich auf die Leute habe, wahrscheinlich nicht der realistischste. Wenn sie dann wieder nach Hause kommen und dieser ganze Wahnsinn von ihnem abfällt, kann ich mir vorstellen, dass sie ihre Batterien wieder aufladen müssen und es ihnen dann vielleicht nicht so gut geht. Damit meine ich nicht Fettes Brot, aber bei vielen anderen Künstlern, mit denen ich unterwegs war, könnte ich mir das vorstellen. Das sind Sachen, die bekommen wir auf Tourneen nicht so mit.

> **„Wenn sie von der Bühne kommen, sind sie noch voll mit Adrenalin, Serotonin, Dopamin und diesen anderen körpereigenen Drogen, die der Körper selbst herstellt."**

Ich glaube auch, dass man auf eine gewisse Art und Weise stabil sein muss, wenn man als Crew und Künstler auf Tour geht, weil man sonst den Stress gar nicht durchhält. Dieser ständige Schlafmangel, immer mit fremden Leuten in einem Bus schlafen, dieser totale Verlust von Privatsphäre, weil du nie alleine bist. Deshalb denke ich, dass wir als Tourpersonal auf Tour wirklich nur ganz kleine Ausschnitte des Lebens mitbekommen, die aber nicht wirklich repräsentativ sind.

Sandra: Wie managest du das für dich selbst? Ich persönlich fände es schwierig, viele Tage oder mehrere Wochen mit ganz vielen Menschen auf engstem Raum zu sein.

Maggie: Das geht mir ganz genauso. Je älter ich werde, desto größer wird mein „Menschenhass". Das ist jetzt ein bisschen übertrieben gesprochen, aber ich mag immer weniger die Gesellschaft von Menschen. Wir Menschen sind an sich als Spezies leider unheimlich dumm.
Mir geht es auf Tour natürlich auch auf die Nerven, mit 15 schnarchenden Männern in einem Bus zu schlafen. Man hat wirklich selten einfach Ruhe.
Aus Erfahrung weiß man, dass es wirklich schwierige Situationen auf Tour gibt, wenn beispielsweise die Musik oder die Venues überhaupt nicht deine Welt sind.
Wenn ich merke, dass ich eine schwierige Zeit vor mir habe, dann ist mein persönlicher Trick, dass ich mir sage: „Okay, wenn es zehn Tage sind, dann sind es gesamt soundso viele Stunden. Wenn es gut läuft, schlafe ich davon soundso viele Stunden und muss mich dann nur noch die restliche Zeit zusammenreißen. Das geht auch, weil man ein Ende der Tournee vor sich hat. Danach freue ich mich immer riesig, alleine zu sein. Ich brauche dann wirklich viel Zeit für mich selbst, um wieder Kraft zu schöpfen, weil man physisch über seine Grenzen geht.
Als Musiker ist es ebenso Schwerstarbeit. Sie müssen auf der Bühne voll liefern und volle Energie geben. Das ist für die Künstler sehr anstrengend. Doch sie können dann zumindest ausschlafen.
Die Crew ist ebenso sehr beansprucht, gerade wenn man an die Position Catering denkt, weil sie als Erstes in die Halle rein müssen und als Letztes raus kommen. Und am nächsten Tag sind sie wieder die Ersten. Sie müssen sehr stabil sein und mit wenig Schlaf auskommen können. Sie gehören auch zu den wenigen Menschen auf Tour, die wie das Tourmanagement an den freien Tagen arbeiten, weil sie beispielsweise die Menüplanung für die nächsten Tage machen. Auch Ole Plogstedt gehört dazu. Die Catering Crew setzt sich morgens, wenn wir ankommen, in die Hotellobby und bezieht ihre Zimmer erst, wenn Menüplanung und Einkaufslisten für die nächsten Tage stehen.

Sandra: Wie ist es so, mit 15 Männern im Bus ein paar Tage zu verbringen?

Maggie: Da muss ich sagen, dass auch da mein Leben völlig unspektakulär ist. Ich war wirklich nur mit einer einzigen Band auf Tour, mit der es richtig schlimm und schrecklich war. Sie hatten all die Probleme, die du einer Rockband so zuschreibst, und haben das ordentlich ausgelebt. Ich war drei Monate mit ihnen auf Tour und habe den Glauben an die Menschheit verloren. Das war wirklich eine schwierige Band und da habe ich mich auch gefragt, warum sie damals ausgerechnet mich als Frau dabei haben wollten. Ich habe mich total fehl am Platz gefühlt. Ständig bin ich in irgendwelche Livepornos reingelaufen. Man hat sich kaum getraut, die Tür zur

Foto linke Seite Jens Herrndorff: Fettes Brot und ihre Tourmanagerin Maggie Humbert, 2019

Crewdusche aufzumachen, weil man ahnte dass da wieder zwei, drei Leute ineinander hängen, und du doch einfach nur nach einem 18-Stunden-Arbeitstag duschen willst. Die Frauen – und das kann ich bezeugen – sind alle freiwillig mitgegangen. Das ist jetzt nicht wie die Rammstein-Thematik. Sie trafen sich am Merchandise-Stand und dann war die Sache klar, alle waren erwachsen. Was will man dazu sagen, es ist, wie es ist. Das war wirklich die absolute Ausnahme.

Ich muss eine Lanze für die Musiker und Musikerinnen brechen, mit denen ich unterwegs war, weil sie nicht unstabiler waren als andere Leute auch. In jeder Berufsgruppe gibt es Menschen, die nicht so klar kommen, und bei den Bands, mit denen ich unterwegs war, war der Durchschnittsfaktor nicht größer als bei anderen.

Schwarwel: Haben deine ausgedehnten Asien-Reisen etwas mit deiner Mental Health zu tun, dass du das als Ausgleich brauchst? Oder ist das inzwischen nicht mehr so und du sitzt nur noch irgendwo in der Stadt?

Maggie: Meine Lebensumstände haben sich total geändert. Ich bin jetzt festangestellt, habe 30 Tage Urlaub im Jahr, dann kam Corona und man konnte gar nicht verreisen. Deswegen werde ich in absehbarer Zeit nicht nach Asien reisen. Nicht, weil ich es nicht bräuchte, aber ich kann jetzt auch nur noch zwei Wochen am Stück Urlaub nehmen und man sollte schon vier Wochen dort sein, um etwas davon zu haben, schon wegen Jetlag und Erholungswert. Die Seele muss auch noch nachkommen.

Schwarwel: Da hast es schon ein bisschen gesteuert, mit wem du auf Tour gehst, oder?

Maggie: Die Booker steuern das ebenso. Es gibt bestimmte Bands, da wissen sie, dass sie keine Frau mit auf Tour schicken, weil sie wissen, wie die Typen unterwegs sind. Ich wurde für Bands angefragt, zu denen ich passe. Es ist auch im Interesse der Booker, dass sich alle wohlfühlen, die miteinander arbeiten.

„Ich war wirklich nur mit einer einzigen Band auf Tour, mit der es richtig schlimm und schrecklich war.“

Sandra: Du hast vorhin gemeint, dass du manche Venues nicht so cool fandest.

Maggie: Da geht es eher um die Arbeitsbedingungen, dass du genau weißt, wenn du eine Venue hast, in der es weder frische Luft noch Tageslicht gibt oder der Ladeweg total scheiße ist.

Sandra: Magst du beschreiben, was an Veranstaltungsorten cool ist. Thees Uhlmann beispielsweise schreibt in seinem Buch, in dem er als Fahrer über seine Tour mit Tocotronic erzählt, dass es das Geilste war, wenn sie vor der Konzerthalle parken konnten. Oder wenn sie den Bus stehen lassen konnten und nur zehn Meter zum Hotel laufen mussten. Oder, wenn die Bands kleiner sind, dass du nicht weißt, wo die Band diese Nacht übernachtet, in welchem Hinterzimmer vom Jugendclub.

Maggie: Mit der Parkmöglichkeit fängt es schon mal an. Wenn du Bands in Größenordnungen wie Fettes Brot hast, dann machen sie fast alles möglich. Wenn du beispielsweise morgens um acht Uhr in die Halle möchtest, weil du weißt, dass dann schon alle wach sind und aufs Klo müssen, dann machen sie es möglich. Und so banal es klingt: Du bist auf der Gewinnerseite, wenn du schon morgens in die Venues kannst und die Toiletten aufgeschlossen sind, weil du eben im Bus kein großes Geschäft erledigen darfst.

Es sind die einfachen und normalen Dinge, die Menschen da möchten: Sie möchten duschen, also braucht man frische Handtücher, sie wollen ins Internet …
Ansonsten sind Venues natürlich immer gut, wenn du das Gefühl hast, dass du willkommen bist und sie sich auf die Produktion freuen.
Toll ist natürlich, wenn du frische Luft hast und mal ein Fenster aufmachen kannst, sowohl im Produktionsbüro als auch im Backstage-Bereich, und ebenso mal Tageslicht siehst. Ganz einfach lüften und frische Luft schnappen. Das ist nicht normal auf Tour. Es sind einfache Bedürfnisse, die du da zurückstellen musst.

„Wenn der Bachstagebereich trostlos ist, dann zaubert die RGF mit ihren geblümten Wachstuchdecken ein heimeliges Wohlfühlambiente.“

Frische Luft gibt es einfach selten. Ich weiß auch nicht, welche Architekten sich dazu verabredet haben, dass neun von zehn Produktionsbüros oder Backstagebereiche weder belüftet werden können noch Tageslicht haben. Das schlägt echt aufs Gemüt.
Auch gut ist, wenn man das Gefühl hat, dass sie sich beim Einrichten etwas gedacht haben, ein paar Sofas drin stehen und man sich angenehm zwei, drei Stunden aufhalten kann. Ein bisschen Zuhause-Kreieren ist vielleicht etwas übertrieben gesprochen, aber dass man sich aufhalten kann, ohne traurig zu werden.

Schwarwel: Ist es deine Aufgabe als Tourmanagerin, für einen good mood zu sorgen?

Maggie: Nee, da kann ich nichts tun. Unser Einfluss auf die örtlichen Gegebenheiten ist sehr begrenzt. Was wir bei Fettes Brot machen, ist, dass wir einen Lichterschlauch mitnehmen, um eine harmonische Lichtstimmung im Backstagebereich zu kreieren. Das ist besser als Neonlicht. Je größer die Halle, desto schlimmer ist es, da hast du immer nur ein Neonlicht drin. Wir haben auch schon Duftkerzen oder Räucherstäbchen angemacht. Ganz viel reißen dann Menschen wie Ole Plogstedt mit dem Catering raus. Wenn der Backstagebereich trostlos ist, dann zaubert die RGF mit ihren geblümten Wachstuchdecken ein heimeliges Wohlfühlambiente. Wenn du das nicht hast, merkst du das auch ganz genau. Ich war ebenso ohne die RGF auf Tour und es war nur halb so schön.

Sandra: Ich würde gerne noch etwas über die Corona-Zeit wissen. Du bist jetzt festangestellt und warst vorher selbstständig?

Maggie: Ich war 30 Jahre selbstständig und wollte in Würde altern. Auf Tour kann ich das nicht – manche Leute denken ja, dass sie auf Tour ganz wunderbar in Würde altern können. Ich habe mich rechtzeitig in Sicherheit gebracht, auch ohne zu wissen, was da mit Corona auf uns zukommt.
Aber auch bei meinem neuen, festen Job haben wir in der Coronazeit viel Scheiße gefressen. Die Saison 2020 haben wir mit dem

Foto Markus Pauli: Ole Plogstedt von RGF – Rote Gourmet Fraktion und Maggie Humbert

Aufbau angefangen und mussten dann wieder abbauen, bevor wir irgendetwas eröffnet hatten. Wir haben stattdessen hier in der Max-Schmeling-Halle ein Corona-Schnelltestzentrum eingerichtet.
Persönlich bin ich wirklich gut davongekommen. Ich kenne sehr viele Menschen, denen es nicht so erging. Freunde von mir, die festangestellt waren, haben sich kaum getraut zu sagen, dass sie endlich mal Zeit hatten und sich erholen konnten, weil es vielen gemeinsamen Bekannten von uns so beschissen ging.
Dany Rau beispielsweise kämpft bis heute darum, dass Tourmanager überhaupt eine Entschädigung für die Ausfälle, die sie hatten, bekommen. Dany klagt gegen elf Bundesländer. Oder: Der Lichtmann von Roland Kaiser ist jetzt im Tiefbau. Viele mussten alle möglichen Jobs annehmen, um sich über Wasser zu halten. Es ging ja auch urplötzlich, dass man auf einmal keine Arbeit mehr hatte. Auch bei Künstlern war das ganz schlimm und es kam immer darauf an, in welchem Bundesland sie waren. Manche hatten Glück und manche hatten wirklich richtig Pech – wie zum Beispiel eine Freundin von mir, die in München als Künstlerin, Moderatorin und Rapperin arbeitet. Sie hat keine Coronahilfen erhalten und musste ihr Erspartes aufbrauchen. Andere Leute in anderen Bundesländern haben wiederum Unterstützung bekommen. Es war halt nicht wirklich gerecht und ich glaube, es hat einige Leute sehr mitgenommen, am eigenen Leib zu spüren, wie unwichtig der Politik Kulturschaffende letzten Endes waren.

Schwarwel: Wie hast du die Solidarität bei Künstler:innen erlebt? Haben Bands auch an ihre Crew gedacht?

Maggie: Ja, das gab es auf jeden Fall, aber da weiß ich nicht soviel darüber. Einige Künstler, die es sich leisten konnten, haben beispielsweise über mehrere Monate einen festen Betrag an die Stammcrew gezahlt. Mich hat Fettes Brot angerufen und gesagt: „Schöne Scheiße das alles, aber sag Bescheid, wenn du etwas brauchst.“ Ich brauchte nix, ich hatte ja einen Job. Warum soll ich ein Stück vom Kuchen nehmen, wenn es jemand anderem mehr helfen würde? Sehr viele jedoch, auch Crewmitglieder, mussten von ihrem Ersparten leben, ihre Familie anpumpen, Aushilfsjobs annehmen oder haben sich ganz andere Jobs gesucht. Und so viele wachsen nicht nach oder wollen beispielsweise am Wochenende nicht arbeiten.

Schwarwel: Hat vielleicht nicht auch die Relevanz der Musik in der nachwachsenden Generation nachgelassen?

Maggie: Das glaube ich nicht. Ich denke, die Aufmerksamkeit verteilt sich einfach anders, der Tag hat ja nur 24 Stunden und sie verbringen natürlich sehr viel Zeit mit Social Media. Das gab es bei uns noch nicht. Bei uns gab es ungefähr fünf große Labels und wenn sie etwas veröffentlicht haben, hat man es mitbekommen. Jetzt ist das Angebot so unüberschaubar groß geworden. Ich arbeite ganz viel mit jungen Menschen zusammen, die zwischen 20 und 30 sind, und bei ihnen hat Musik auf jeden Fall immer noch eine sehr hohe Relevanz, aber es verteilt sich eben, und Musik ist nicht mehr so wegweisend, wie es für uns in den Neunzigern und frühen Zweitausendern war. Das ist nicht mehr so, aber dennoch darf man das nicht unterschätzen. Ich glaube, jede Generation hat ihren Soundtrack.

„Sehr viele jedoch, auch Crewmitglieder, mussten von ihrem Ersparten leben, ihre Familie anpumpen, Aushilfsjobs annehmen …“

Sandra: Musik hat ja bei uns ganz viel mit Identität, Sozialisation, Sub- und Jugendkultur zu tun. Ist das jetzt auch noch so?

Maggie: Ich kann das schwer beurteilen, weil ich mit Künstlern unterwegs bin, die nicht die 20-Jährigen anziehen, sondern eher die, die einen Tick älter sind. Fragt da am besten mal Jüngere oder die, die eine jüngere Zielgruppe bedienen.
Ich kenne einen 26-jährigen Künstler, der doch tatsächlich auf seinen Konzerten CDs verkauft. Ich bin vom Glauben abgefallen. Das ist wirklich sehr gut gelaufen, aber das Publikum war halt schon älter. Ich habe die Schlange gesehen, habe es gefilmt und fotografiert, weil ich das nicht glauben konnte, dass so ein junger Typ an diese alten Menschen so viele CDs verscherbelt. Er war im siebten Himmel, als er fertig war, und hat nicht eine CD wieder mit nach Hause genommen.

Sandra: Ich habe letztens die Doku „Secrets" über Spotify in der ARD-Mediathek gesehen. Da wurde noch einmal richtig schön aufgezeigt: CDs verkaufen, Anfang der 1990er, Musikbusiness, fett Kohle, alle fett Party, alle schwebten im siebten Himmel und auf einmal keine CDs mehr, Rumms. Wie hast du die Zeit des Übergangs zum Streaming erlebt?

Maggie: Ich bin keine Musikerin und fand es sehr praktisch, dass man die Musik einfach so in der Tasche haben kann. Es ist natürlich auch günstig. Ich hab mich aber dennoch gefragt, wie es weitergehen soll, wenn die Leute keine CDs mehr verkaufen. Womit sollen sie dann Geld verdienen? Weil: So viel Touren kannst du gar nicht und musst auch immer wieder neuen Content schaffen, mit dem du touren kannst. Das ist ein zweischneidiges Schwert. Für dich als Konsumenten ist das natürlich super easy, du hast alles auf deinem Telefon. Auf der anderen Seite weißt du, dass du für Menschen arbeitest, die einfach nicht mehr gerecht für ihre kreative Arbeit entlohnt werden. Der Kreativprozess ist total unterbewertet. Es hat keine Zukunft, wenn man Menschen nicht gerecht entlohnt.

Sandra: Hast du das als Tourmanagerin mitbekommen?

Maggie: Ja, natürlich habe ich das mitbekommen. Dadurch ist allen eine große Einnahmequelle verloren gegangen. Und wir wissen ja, dass kein Mensch bei Spotify oder irgendwelchen Streamingdiensten verdient. Das ist einfach nicht gerecht. Man hat ebenso mitbekommen, dass manche Bands drei-/viermal im Jahr auf Tour waren, und man dachte: „Hui, jetzt spielen sie sogar in Osnabrück."

Sandra: Magst du skizzieren, wer alles mitverdient, bezahlt werden muss und daran beteiligt ist, wenn man auf Tour ist.

Maggie: Die Halle, der örtliche Veranstalter, die ganzen örtlichen Kosten, z. B. nehmen die wenigsten Bands ihre Stagehands mit. Ansonsten hast du noch die ganze Bewerbung der Show. Dann das örtliche Büro, da arbeiten Leute, die festangestellt sind, das muss ebenso alles bezahlt werden. Menschen, die sich um die Plakatierung kümmern oder den Marketingplan machen. Das Management will natürlich verdienen, dann musst du an die GEMA Geld abdrücken. Du musst deine Crew bezahlen, den Bus, das Flugzeug oder die Autos, dass alle immer

Foto privat: Team Me
beim Rotenburg Festival, 2015

von A nach B kommen. Teuer sind vor allem die Off-Days, weil man da nichts verdient und die Crew und das Hotel bezahlt werden wollen. Der Bus und die Ausgaben laufen weiter. Die Tourproduktion teilt sich die Einnahmen mit den örtlichen Veranstaltern in unterschiedlichem Verhältnis, je nachdem, wer welche Ausgaben hat.
Es gibt also sehr, sehr viele Kosten, die von den Einnahmen gedeckt werden müssen.

Sandra: Wenn du jetzt zurückblickst: Warum wolltest du das machen?

Maggie: Mein ganzer Freundeskreis bestand aus Musikern. Eine gute Freundin hat mir einen Job beim Manager von Otto besorgt, weil da gerade etwas frei war. Das war mir aber zu dröge, weil Otto eher Komiker ist und weniger Musik macht. Später habe ich bei einem örtlichen Veranstalter am Telefon Tickets für Tom Jones verkauft und arbeitete an der Rezeption. Dort bin ich irgendwie hängen geblieben und die Firma bot mir dann an, meine erste Tour mit zwölf Zauberkünstlern zu machen. Mit ihnen bin ich meine allererste Tour in Deutschland und Österreich gefahren. Ich weiß noch genau, dass es 84 Shows in 90 Tagen waren. Wir waren jeden Tag woanders. Das war echt ein hartes Brot. Was mir daran so gefallen hat, war, dass du jeden Abend ein Erfolgserlebnis hattest. Jeden Abend waren die Künstler und Zuschauer glücklich. Das war jeden Abend eine so befriedigende, emotionale Situation. Ich glaube, das hat mich letzten Endes da drin gehalten, ganz unabhängig davon, ob es jetzt Zauberkünstler oder Musiker waren. Es ist sehr abwechslungsreich und wenn du dich mit den Leuten, der Band, dem Booker, den Örtlichen gut verstehst, hast du ein rundum befriedigendes Erlebnis, emotional und möglichst auch finanziell. Damit geht man bestärkt in den nächsten Tag. Jeden Tag kannst du da frisch anfangen, bist in einer anderen Stadt, hast andere Menschen und ein anderes Publikum. Das hat etwas total Positives und macht irgendwie süchtig, auch dieses Emotionale. An uns als Crew geht ein erfolgreicher Abend auch nicht spurlos vorbei. Wir haben dann alle eine Adrenalin-Ausschüttung und können es zusammen genießen, wenn es gut gelaufen ist. Das ist immer das Schöne daran. Deswegen kann man da bleiben. Ich bin dort wirklich per Zufall gelandet und ich wollte etwas anderes machen als meine Eltern.

Schwarwel: Was haben sie denn gemacht?

Maggie: Meine Mutter war Hausfrau und mein Vater Diplom-Mathematiker sowie Direktor einer Versicherung. Bei uns ging es wirklich um maximale Sicherheit. Da standen sechs Eimer Wasser hinterm Weihnachtsbaum und alles war mega abgesichert. Mein Vater war ein extrem pflichtbewusster Mensch, wovon ich natürlich total profitiert habe. Aber so etwas checkt man erst, wenn man älter ist. Als Kind oder Jugendliche findest du das

„Jetzt weiß ich es durchaus zu schätzen – so ist das, wenn man älter wird –, dass es auch ganz nice ist, wenn du morgens aufstehst und zumindest schon genau weißt, wo das Klo ist.“

Foto privat: Marc Hülsewede, Maggie Humbert und Torsten Meier total spießig. So ein Leben wollte ich nicht haben. Ich wollte unbedingt ein unregelmäßiges Leben mit möglichst wenig Routine. Jetzt weiß ich es durchaus zu schätzen – so ist das, wenn man älter wird –, dass es auch ganz nice ist, wenn du morgens aufstehst und zumindest schon genau weißt, wo das Klo ist.

Schwarwel: Das sind eben so die kleinen Dinge im Leben …

Maggie: Ja, die kleinen Dinge, die weiß man dann irgendwie wieder zu schätzen. Mein Leben war aber einfach immer so unspektakulär, was all das angeht. Ich hatte super viel Glück und hatte mit den tollsten Leuten zu tun.

SOUNDTRACK OF MY LIFE

von Maggie Humbert

1981 **Grace Jones – „Nightclubbing“**
1984 **Prince and the Revolution – „Purple Rain“**
1986 **Prince and the Revolution – „Parade“**
1986 **Beastie Boys – „Raising Hell“**
1987 **Prince – „Sign O' The Times“**
1992 **Galliano – „A Joyful Noise Unto The Creator“**
1992 **Beastie Boys – „Check Your Head“**
1994 **Portishead – „Dummy“**
1994 **Malcolm Mc Laren – „Paris“**
1995 **Tricky – „Maxinquaye“**
1996 **Fettes Brot – „Außen Top Hits, innen Geschmack“**
1998 **EinsZwo – „Sport“**
1998 **Fischmob – „Power“**
1999 **EinsZwo – „Gefährliches Halbwissen“**
2001 **Fettes Brot – „Demotape“**
2002 **DJ DSL – „#1“**
2005 **Fettes Brot – „Am Wasser gebaut“**
2006 **Amy Winehouse – „Back To Black“**
2009 **Mayer Hawthorne – „A Strange Arrangement“**
2010 **Kruder & Dorfmeister – „Sixteen F**king Years Of G-Stone Recordings“**
2011 **Mary J. Blige – „My Life II … The Journey Continues“**
2011 **Team Me – „To The Treetops“**
2012 **Frank Ocean – „Channel Orange“**
2012 **Kraftklub – „Mit K“**
2013 **Thomas Dybdahl – „What's Left Is Forever“**
2015 **Kendrick Lamar – „To Pimp A Butterfly“**
2017 **Antilopengang – „Anarchie und Alltag“**
2023 **Doja Cat – „Scarlet“**

Foto oben: privat, Foto unten Markus Pauli: Maggie Humbert mit Olaf Heyer im Produktionsbüro

POSING, POP UND POESIE
Interview mit Jörn Drewes

von Sandra Strauß und Schwarwel

Jörn Csapo-Drewes (geb. Drewes)
***1970 in Hannover,**
verheiratet mit Julianne Csapo

1976–1990 Grundschule bis Abitur in Langenhagen (bei Hannover)
1984 Gründung der ersten Band Non Plus Edgar (Gesang/Gitarre)
1991 Auslandsaufenthalt in Australien
1991–1992 Zivildienst beim Verein für Sozialarbeit im Haus der Jugend Langenhagen
1991–1994 Ehrenamtliche Tätigkeit in der IG Rock Langenhagen als Konzertveranstaltungsorganisator
1994 Studium der Kulturwissenschaften/Journalistik/Politikwissenschaften an der Universität Leipzig
1996-1998 Konzert- und Literatur-Reihe „Posingpopundpoesie“ auf der Feinkost Leipzig und in der Kinobar Prager Frühling
1998 Mitbegründung von Gudruns Gesellschaft für angewandte Popkultur mbH als Trägerin des Tanzcafés ILSES ERIKA
1998–2015 Musikalische und künstlerische Leitung des ILSES ERIKA (Produktion von unzähligen Club-Konzerten, Literatur-Veranstaltungen, Talkshows, Filmemacherwerkschauen, Kunstevents etc.)
2002–2011 Mitveranstalter und Initiator der Leipzig (Pop Up. Messe.Forum.Musik
2010 bis heute Inhaber des Ilses Erikas (Umfirmierung der GmbH in ein Einzelunternehmen)

Bands:
Willkommen Zuhause Laika, L.A.Love, Widerstand der Dinge, Reitler

Sandra: Ihr habt Ilses Erika 1998 eröffnet und davor bist du von Hannover nach Leipzig gezogen. Magst du erzählen, wie sich das alles entwickelt hat?

Jörn: 1994 habe ich hier in Leipzig angefangen, Kulturwissenschaften zu studieren. Zu dieser Zeit war ich bereits 24 und dachte: „Jetzt musst du mal etwas machen.“ Vorher hatte ich versucht, ein bisschen mit Musik voranzukommen. Dann war das alles mit dem Studium jedoch nicht ganz so, wie ich mir das vorgestellt hatte. Ich wollte eigentlich in die kulturelle Praxis. Dafür gab es seinerzeit aber noch keine Professur, also keinen wirklichen Dozenten an der Uni Leipzig, sondern es lief alles über Studienbriefe und deswegen war mir das nix. Dann habe ich angefangen, mit Leuten Musik zu machen und Konzerte zu veranstalten. Irgendwann ergab es sich, dass wir diesen Club hier aufmachen konnten. Das habe ich dann halt gemacht. Es war ganz banal.

Sandra: Was war euer Feeling dabei?

Jörn: Es war das Nachwende-Feeling „Alles ist möglich“. Wir haben angefangen, auf der Feinkost in dem Fahrradladen „Rücktritt“ Veranstaltungen durchzuführen. Alles war sehr spontimäßig. Irgendwie schleppten wir immer alles durch die Gegend und waren tatsächlich in dem Irrglauben, dass man, wenn man ein festes Haus hat, nichts mehr durch die Gegend tragen muss. Das ist natürlich Quark. Man muss immer irgendetwas schleppen. Das ist so, das liegt in der Natur der Sache, wenn man Veranstalter ist.

Sandra: Wie hat sich die Ilse etabliert – auch in Bezug auf Musikrichtung und Genre?

Jörn: Wir hatten die Reihe „Posing, Pop und Poesie“, die wir einmal im Monat veranstalteten. Das war unser Credo. Wir haben versucht, auch über unsere Geschmäcker hinaus in Sparten zu schauen, um dort qualitativ Gutes zu finden.

Foto linke Seite: Jens Wagner

„Zu der Zeit, als wir angefangen haben, war Pop ja eher so ein linksintelektueller Diskurs. Für uns war es richtig, in diese Richtung zu gehen."

Dann war es natürlich auch dem Zeitgeist geschuldet, dass es damals viel Genreübergreifendes gab. Man hat immer vom Pop-Diskurs gesprochen, das gibt es heute so nicht mehr. Pop ist, glaube ich, auch wieder zu dem geworden, was er davor war. Zu der Zeit, als wir angefangen haben, war Pop ja eher so ein linksintelektueller Diskurs. Für uns war es richtig, in diese Richtung zu gehen. Aus unserer Sicht war das sehr vielschichtig. Was wir weniger gemacht haben, waren Metal- und Reggae-Sachen, weil das Musikrichtungen waren, mit denen wir alle nicht so viel anfangen konnten. Nicht, dass wir diese deswegen verteufelt haben oder voll dagegen waren. Es war nur einfach nicht unsere Kiste.

Es gab zu dieser Zeit so viel, das man später Indietronics nannte. Das wurde auch ein paar Jahre lang sehr intensiv zelebriert. Ich fand das sehr spannend, weil dann immer ein Haufen Gerödel auf der Bühne war, ganz viele Kisten, die die Leute rumgerückt und dran rumgeschraubt haben. Das war schon ganz witziges Zeug. Poesie-Pop traf das schon ganz gut. Da war alles dabei, was wir für wichtig hielten.

Sandra: Die Ilse war DER Wohnzimmerclub und deutschlandweit bekannt. Es war der Club an sich.

Schwarwel: Heiligsprechung würde ich es nennen.

Jörn: Es gab immer diese Leserpolls, in denen wir tatsächlich bundesweit Anerkennung fanden. Es war toll. Ich glaube, für Leipzig haben wir damals schon in ein Vakuum reingepikst. Das gab es in dieser Art noch nicht. Bei uns fragten immer alle: „Was macht ihr denn? Wird das jetzt ein Techno-Laden oder spielt ihr Funk und Soul?" Und wir so: „Ja, keine Ahnung, wir machen einfach das, worauf wir Bock haben." Das haben die Leute, bevor wir aufgemacht haben, überhaupt nicht verstanden. Wir waren für viele Ideen offen und haben Menschen einfach machen lassen. Da kam unheimlich viel an kreativen Sachen und Output zusammen.

Zur damaligen Zeit hatte ein Club auch eine ganz andere Funktion als heute. Heute, denke ich, ist ein Club vor allem dazu da, dass man sich irgendwie spürt, sich der Musik hingibt und schwitzt. Damals fand auf jeden Fall mehr Austausch über irgendwelche Musikrichtungen, Klamotten und vieles von dem, das man heute mit den Sozialen Netzwerken machen kann, statt – das fand früher im Club statt. Es waren Orte, an denen man sich traf und Gleichgesinnte gesucht hat. Heute ist das ein bisschen funktionaler. Heute haste irgendwelche Leute, die sich eine Folk-Band anhören, hinterher zum Techno und am nächsten Tag ins Gewandhaus gehen. Früher waren das Orte, an denen man versucht hat, alles zu machen, und sich mehr damit identifiziert hat. Das war schon ein entscheidender Punkt. Wir waren breit aufgestellt und das hat die Menschen interessiert. Es gab auch noch nicht so viele Kunstorte wie heute in der Stadt. Es waren viele Künstler und Kunststudent:innen da, was für die Kreativität natürlich immer gut ist. Wir waren ebenso eine der wenigen kleinen Bühnen, auf der ganz intime Dinge möglich waren – musikalisch intim, meine ich. Es gab das Conne Island und sie haben uns ein bisschen skeptisch beäugt. Bis auf Sören, der meinte: „Super, dass ihr da seid. Ihr macht vieles, das wir nicht machen können." Er war einer der wenigen, der das auch verbal protegiert hat. Insofern gab es einen guten intensiven Austausch miteinander. Mehr oder weniger intensiv, aber stets so, dass man sich geholfen hat. Es ist auch heute noch so, dass man sich unter Kolleg:innen versucht zu helfen. Neidereien gab es natürlich ebenso. Aber das ist im Laufe der Jahre immer weniger geworden. Ich begrüße es sehr, dass man den Kolleg:innen in anderen Häusern auch gute Konzerte gönnt.

Sandra: Ihr habt immer ganz schön spät aufgemacht, so um zwölf nachts.

Jörn: Wir mussten immer warten – und das müssen wir auch heute noch –, bis Miriam mit ihrem Kino, der Kinobar Prager Frühling, fertig war. Sie ist jetzt auch älter geworden und macht nicht mehr ganz so lange wie früher. Damals ging es schon gerne mal bis halb eins. Vorher konnten wir nichts veranstalten, das lauter war. Deswegen haben wir auch immer unsere Shows veranstaltet, weil wir so die Möglichkeit hatten, früher starten zu können. Das war und ist immer ein großes Handicap, insbesondere für Konzerte unter der Woche, für Partys spielt das weniger eine Rolle. Aber wenn man an die arbeitende Bevölkerung denkt, ist es halt doof, wenn ein Konzert erst um Mitternacht losgeht. Heute können wir meistens halb elf anfangen, was vielen aber immer noch zu spät ist. Ich meine, wenn man um zwölf ins Bett geht, kann man um sechs wieder aufstehen. Das geht.

Sandra: Zum Thema Clubkultur und Identität. Was glaubst du, haben Menschen bei euch gefunden? Es gab beispielsweise zum Conne Island schon einen Unterschied.

„Mit den alteingesessenen Punkrockern hatten wir gar nicht viele Connections. Es kam erst mit dir und Donis, dass das dann alles erst so gangbar war."

Jörn: Da gab es auf jeden Fall viele Schnittmengen, wobei wir nicht ein expliziter Punkladen waren. Im Conne Island ist auf jeden Fall mehr Punk passiert. Wir waren eher so die Pop-Linke. Das hat sich einfach so ergeben, das haben wir uns nicht bewusst überlegt.

Schwarwel: Ihr wurdet am Anfang schon als Pop-Club wahrgenommen. Ich kann aus eigener Erfahrung sagen, dass ich das immer ganz, ganz, ganz schlimm fand, weil ich es einfach nicht besser wusste. Bei mir hat es sehr lange gedauert, bis ich gemerkt habe: „Sie sind ja nicht diese Pop-Faschisten, die nur eins gelten lassen", sondern dass es eine Vielfalt gab.

Jörn: Du hast bei uns beizeiten eine Veranstaltung durchgeführt. Ich meine, bereits im ersten oder zweiten Jahr. Das war auf jeden Fall ein Brückenschlag zur lokalen Szene, mit der wir als Personen nicht so wahnsinnig viel zu tun hatten. Mit den alteingesessenen Punkrockern hatten wir gar nicht viele Connections. Es kam erst mit dir und Donis, dass das dann alles erst so gangbar war.

Schwarwel: Wann fing denn das mit der (Pop Up an?

Jörn: Das war später.

Abb. linke Seite: Ilses Erika Logo

Sandra: Da wart ihr doch auch immer ein fester Bestandteil.

Jörn: Ja, wir waren so etwas wie die Keimzelle. Es gab einen Vorläufer im WERK 2. Dort hatten sie Bauzäune aufgestellt und irgendwelche Leute haben da Kunst drangehängt. Also Kunst in Anführungsstrichen, irgendwie Selbstgemachtes. Dazu gab es ein Podium, das bei uns stattfand. Auf diesem waren Leute des Leipziger Musik-Fanzines Persona Non Grata gemeinsam mit Alfred Hilsberg anwesend und da war klar, dass sich so etwas entwickeln und man da weitermachen muss. Daraus ist die (Pop Up entstanden.

Sandra: Pop-Linke. Was hat das ausgemacht? Wart ihr als Club politisch?

Jörn: Damals kursierten Sachen wie: Das Private wird politisch und anders herum. Wir waren gar nicht so wahnsinnig politisch. Es gab Kreise, in denen das viel politischer diskutiert wurde. Es ging vielmehr um eine Haltung, die man zu gewissen Dingen hatte. Es ging auf jeden Fall gegen Kommerz und Konsum. Allein die Existenz einer derartigen kulturellen Nische war bereits eine politische Aussage – eben auch selbstausbeuterisch alles rauszuholen, das irgendwie geht.

Schwarwel: Ihr hattet schon eine klare Außenwirkung. Das war definitiv politisch.

Jörn: Wir haben nicht mit Slogans hantiert.

Schwarwel: Nö, es war inhaltlich kein Agitprop, aber eure Inhalte an sich haben klargemacht, wo es langgeht.

Jörn: So agieren wir immer noch. Wir lassen eher die Inhalte für sich sprechen. Damit ist es auch einfacher für andere, daran teilzuhaben. Das ist etwas, das ich immer gerne erreichen möchte und für mich enorm wichtig ist: dass Leute teilnehmen und diese Teilhabe zelebrieren.
So ist es entstanden, dass wir zum Beispiel offen für Karsten Möllers komische Idee mit „Fernsehen macht schön" waren, im Rahmen der es eine Filmemacher-Werkshow gab, bei der sie dann fünf, sechs Stunden auf der Bühne saßen und über Filme quatschten. Das war toll, aber das war natürlich auch anstrengend und jetzt nicht unbedingt so massenkompatibel.
Geld verdienen muss man dann mit Partys. Wir haben immer versucht, auf eine spaßige Art und Weise Inhalte reinzubringen. Saufen und Feiern ist natürlich das, womit man verdient.

Sandra: Wussten die Bands, die zu euch kamen, wie sie sich zu benehmen hatten?

Jörn: Es wurde schon gewertschätzt. Wir veranstalteten teilweise 15 Konzerte im Monat. Die Bands gaben sich beim Abbau mit der nächsten Band buchstäblich die Klinke in die Hand. Es war so – und ist es auch heute noch –, dass die Leute wissen, wo sie hier sind und wo sie herkommen. Da gibt es schon eine Wertschätzung von den musikmachenden Menschen, die es ebenso gut finden, dass es solche Orte gibt.

Sandra: Wir haben gerade die „Hamburger Schule"-Doku angeschaut, in der manche Protagonist:innen sinngemäß meinten: „Eigentlich wollten wir nicht so genannt werden." War das für die Ilse ein Thema?

Jörn: Eher für meine eigene Band Willkommen Zuhause Laika, in der ich gesungen und gespielt habe. Wir wurden da immer mit reingepackt, obwohl wir stets gesagt haben: „Wir sind doch Leipzig und nicht Hamburg." Aber irgendwann war es halt so ein Etikett, das man ein bisschen benutzen konnte. Wir haben es dann über uns ergehen lassen, wenn jemand behauptet hat, dass wir Hamburger Schule sind.
Natürlich waren in der Ilse einige Protagonisten von ihnen immer da. Die Tocotronics kamen stets nach einer Show zum Trinken zu uns. Diverse sind auch aufgetreten: Die Sterne, Rocko Schamoni, Bernd Begemann und viele weitere

Sandra: Ist es ein Unterschied, Clubbesitzer und (zugleich) Musiker zu sein?

Jörn: Für mich war es immer ein bisschen Mittel zum Zweck – insofern, dass ich mir auch Freiheiten rausgenommen habe und ich so leben und agieren konnte, wie ich es wollte. Vielleicht habe ich den mangelnden Erfolg mit der Musik auch positiviert, indem ich sagte: „Ich habe die Freiheit, mich so auszudrücken, wie ich es möchte." Es ist alles sehr verzahnt, einen Club zu betreiben und selbst Musik zu machen. Ich war damals sehr viel unterwegs und da hat man immer die gleichen Leute in ganz Deutschland getroffen: einerseits aus Bandperspektive, andererseits kamen sie zu uns und da war ich eben der Veranstalter.

Sandra: Was hat sich in den letzten Jahren verändert?

Jörn: Da spielen viele Aspekte eine Rolle. Die ganze Demografie der Stadt hat sich verändert. Wir sind sehr, sehr viel mehr Leute geworden. Die Stadt ist aus meiner Perspektive viel jünger geworden, als es in den 1990ern der Fall war. Zur damaligen Zeit hat man immer von der Stadt der Dreißigjährigen gesprochen. Heute würde ich sagen, dass es eher die Stadt der Zwanzigjährigen

Abb. linke Seite: Ilses Erika
Foto: United Archives GmbH/Alamy Stock Foto

ist – also die, die maßgeblich für das kulturelle Leben verantwortlich sind und die man visualisiert. Ich glaube, dass das der Stadt sehr gut tut. An eine derartige Entwicklung hätte man damals nicht gedacht, dass wir jetzt in zwei Dritteln der Stadtteile eine derartige Alternativkultur haben – was ich total toll finde.
Connewitz hat sich natürlich insofern verändert, dass hier die Menschen älter geworden und die Mieten so gestiegen sind, dass die jungen Leute eher in den Westen oder Osten gezogen sind, weil man sich das eher leisten kann. Das heißt, wir haben jetzt für gewisse Dinge nicht mehr die direkte Laufkundschaft, wie es früher war.
Zudem gibt es auch viel mehr Angebote und ausdifferenziertere Möglichkeiten wie Kabarett, Theater und irgendwelche Comedyshows. Die Läden haben sich viel mehr spezialisiert. Es ist jetzt nicht mehr so, dass es einen Laden gibt, in dem alles Mögliche stattfindet.
Wir machen immer noch ein paar Formate und probieren aus, aber im Wesentlichen veranstalten wir Konzerte und Partys. Das hat sich auf jeden Fall verändert.

Schwarwel: Muss sich euer Club jetzt auch verjüngen? Wie handhabt ihr das mit dem Generationswechsel? Du stehst ja immer noch als Chef da.

Jörn: Gefühlt alle fünf Jahre gab es einen Generationsumbruch. Wenn die Leute anfangen, ordentlichen Berufen nachzugehen und Kinder zu bekommen, dann sind sie nicht mehr so regelmäßig im Club. Das Programm gestalte ich seit gut zehn Jahren nicht mehr selbst. Das macht jetzt Christian, der immerhin zehn Jahre jünger ist als ich. Da geht es ebenso ein bisschen darum, das Feuer und den Bock zu haben, immer dran zu bleiben, was jetzt gerade der heiße Scheiß ist.

Sandra: Wie habt ihr die Pandemie gewuppt?

Jörn: Das funktionierte tatsächlich nur mit öffentlichen Geldern. Wir hatten natürlich den großen Vorteil, dass wir immer das halbe Jahr im Sommer unseren Biergarten betreiben konnten. Das war richtig gut. Wir haben sehr viel für uns selbst gemacht wie Video-Formate, ein bisschen Comedy, un-

ser Weihnachtsspiel als Adventskalender, DJ-Geschichten u.s.w. Unser Laden war tatsächlich zwei Jahre eher ein DIY-Fernsehstudio als ein Club. Wir haben ebenso Bands aufgenommen und live gestreamt.
Es war irgendwie cool, mal ganz andere Dinge machen zu können, auch gezwungen zu sein, völlig neu zu denken. Wir hatten den ganz großen Luxus, dass wir in den Club gehen und sagen konnten, dass man auf Arbeit ist und sich so mit ein paar Menschen im kleinsten Rahmen trifft.

Schwarwel: Gibt es heutzutage noch eine Clubkultur? Wie ist das Verhalten von jüngeren Menschen?

Jörn: Es gibt seit ein paar Jahren einen Umbruch. Wenn man die Popkultur, die in Clubs stattfindet, weiterhin haben möchte, muss man sie politisch fördern, sonst geht sie irgendwann kaputt. Das ist vielleicht mit der Klassik vergleichbar, die in die Häuser gerettet wurde – was ja auch mit einem politischen, mit einem bürgerlichen Willen passiert ist. Jetzt sind wir aber an einem Punkt, an dem die Musik, die immer U-Musik – Unterhaltungsmusik – genannt wird, zumindest der Unterbau dieser Musik, sich nicht mehr selbst finanzieren kann. Es sind wirklich nur noch die großen Konzerte, die sich irgendwie lohnen. Über die Ticketpreise geht das auch schon mal bei 300/400 Besuchern los, dass die Leute ein bisschen Geld verdienen. Du kannst jetzt ja nicht mehr so wie früher einfach mal ein Plattenlabel aufmachen und durch Plattenverkäufe irgendwen irgendwie finanzieren. Das ist unmöglich. Das ist, glaube ich, der größte Unterscheid, um den es gerade geht. Es ist eher positiv, wenn Leute sagen, dass man die Clubkultur nicht retten, sondern woanders hinbefördern muss. Dafür ist, denke ich, gerade ein Bewusstsein da, das im Entstehen ist, wenn die Kulturstaatsministerin das so ausruft.

„Wenn man die Popkultur, die in Clubs stattfindet, weiterhin haben möchte, muss man sie politisch fördern, sonst geht sie irgendwann kaputt."

Auch die Förderstrukturen ändern sich. Es gibt jetzt Preise und keine Fördergelder mehr, weil du dann nicht mehr diesen riesigen Aufwand damit hast. Du kannst dich einmal mehr um so einen Preis bewerben und bekommst Geld, mit dem du etwas machen kannst. Du musst nicht mehr beim Kulturamt einen Antrag stellen und jede Quittung und jeden Pups, den ich damit bezahle, erstmal mit einreichen und brauchst nicht noch eine extra Buchhaltungsstelle dafür. Ob das jetzt gut oder schlecht ist, sei dahingestellt. Wenn man das weiterhin haben möchte, muss man das politisch entscheiden.

Schwarwel: Ich finde aber, dass diese Preisauslosungen ganz demütigend sind, insbesondere für die, die nicht gewinnen. Da halte ich eine Förderung für ehrlicher, weil du richtig darstellen kannst, was du machst, ohne in einen direkten Wettstreit mit deinen Mitbewerber:innen treten zu müssen, die dir vielleicht auch noch sympathisch sind.

Jörn: Die Preise werden auch ein bisschen gießkannenmäßig verwendet, was ich okay finde. Ich finde ebenso gut, dass es zumindest Überlegungen gibt, dass man statt dieser ganzen Bürokratie versucht, sich neue Wege auszudenken, wie man die Menschen erreicht, die das Geld brauchen. Und ich finde gut, dass man Clubs und privatwirtschaftliche Initiativen damit fördert, was man mitunter in dieser veralteten Vereinsförderstruktur-Geschichte nicht so macht. Da hast du bessere Chancen, wenn du gemeinnützig bist und musst das begründen.

Schwarwel: Wenn die AfD möglichst vielen Akteuren die Gemeinnützigkeit aberkennen will, ist die große Frage, wo stehen wir denn dann? Unser Buch erscheint nach der sächsischen Wahl im September. Gib doch mal einen Tipp ab.

Foto linke Seite: Ilses Erika

Jörn: Ja, ich bin da tatsächlich auch dran und interessiert. Wir sind in dem Kompliz*-Netzwerk, weil meine Frau und ich auf dem Land ebenso viel Zeugs machen. Da geht es auf jeden Fall jetzt nach der Europawahl weiter, dass man sich Strategien überlegt, wie man sich vernetzt und agiert, falls das jetzt alles Mist wird.

Schwarwel: Kann man da mit Clubbing auch etwas reißen?

Jörn: Ja, klar, das ist unser Handwerkszeug. Wir können ja nichts anderes, als Kulturveranstaltungen durchzuführen oder mit Musik und Kunst irgendetwas auf die Beine zu stellen. Wir können nur mit dem agieren, weil wir uns nicht hinstellen und sagen können: „Wir bauen jetzt mal eine Straße oder so.“

Schwarwel: Die Frage geht dahin, inwiefern das für Menschen identitätsstiftend ist. Oder ist Identität schon wieder ein böser Begriff?

Jörn: Nein, überhaupt nicht. Man muss auch ein bisschen dafür kämpfen, dass einem die Begrifflichkeiten nicht alle von diesen Bratzen entzogen werden. Jetzt darf man schon nicht einmal mehr querdenken. Es ist sehr fatal, wenn man sich die Sprache von solchen Vollhonks ruinieren lässt, die der Meinung sind, dass alles Fremde weg muss. Das kann nicht sein. Man muss bereit sein, sich zu verändern. Nur das bringt einen weiter und nach vorne oder zusammen. Das ist in meinen Augen positiv. Ich glaube schon, dass das etwas bringt.
Ob man das immer so in Zahlen messen kann, da müsste man schon Wissenschaftler ranlassen, die direkt Daten sammeln, um eine Ursachen- oder Wirkungsforschung durchzuführen.

„Es ist sehr fatal, wenn man sich die Sprache von solchen Vollhonks ruinieren lässt, die der Meinung sind, dass alles Fremde weg muss.”

Ich glaube schon, dass dieses Projekt mit dem Kulturmarkt, das wir auf dem Land in Colditz machen, schon so eine Art Leuchtturmfunktion für andere hat. Man sieht, dass es Menschen gibt, die etwas auf die Beine stellen, die das selbst machen.

Schwarwel: Ich habe immer ein Problem damit, dass das Böse stets schneller ist, weil es viel einfacher ist.

Jörn: Es liegt in der Natur der Sache: Wenn man sich mit mehr Menschen auseinandersetzt, diskutiert man auch mehr. Das Wesen der Demokratie ist immer ein Diskurs und eine Debatte und die zu führen, ist einfach das Wesentliche. Das dauert natürlich länger und ist unbequemer, als wenn da einer sagt: „Da geht es lang!“

Sandra: Siehst du auf dem Land, in Colditz einen Unterschied zu Leipzig? Sind die Kulturveranstaltungen, die ihr dort macht, auch so eine Selbstverständlichkeit wie in Leipzig?

Jörn: Nein, überhaupt nicht. Hier ist es mit Kulturveranstaltungen fast schon übersättigt. Dort kommen natürlich deutlich weniger Menschen, es wohnen da ja auch viel weniger. Aber es wird auf jeden Fall anders honoriert, wenn etwas stattfindet. Die Menschen, die dann kommen, sind bei der Sache.

Sandra: Musik, Kunst, Kultur hilft da auch, oder?

Jörn: Du kommst auf jeden Fall miteinander ins Gespräch und in die Auseinandersetzung. Du kannst Menschen auch mal ein bisschen anstoßen zu sagen: „Oh, das ist ja interessant“, also mal eine Kontroverse aufmachen. Das funktioniert schon. Man kann da natürlich nicht mit dem Holzhammer draufkloppen, aber man kann vorsichtig das eine oder andere bewegen. „Was der Bauer nicht kennt, das frisst er nicht", ist dort wirklich so. Ich glaube, das ist überall so, aber auf dem Dorf eben besonders. Man muss den Menschen das zeigen und sie dann entscheiden lassen, ob sie mitmachen möchten oder nicht. Es wird sich immer ein Teil von Leuten finden, die Interesse daran haben, und sie transportieren das dann weiter.

Sandra: Ist es so, dass es in Colditz und Umgebung nie eine Clubkultur gab?

Jörn: Colditz ist jetzt natürlich eine sehr kleine Stadt. Die Stadt selbst hat 4500 Einwohner, mit den eingemeindeten Dörfern sind es circa 8000. Es gibt nicht mal ein Gymnasium. Das heißt, die Intelligenz ist dort ziemlich früh aus der Stadt weg. Die Generation zwischen 20 und 35 findet quasi nicht statt. Es gibt also nicht sehr viele Menschen in diesem Alter und dementsprechend gibt es auch keine wirkliche Clubkultur. Das, was jetzt an Clubkultur da ist, machen wir Alten. Da passiert alle paar Monate das Punk-Event „Club Riot". Es gibt in den kleinen Städten immer ein, zwei Orte, wo was stattfindet. Wenn man will, kann man da schon regelmäßig etwas erleben. Man muss nur eben immer zehn Kilometer über Land fahren. Wir versuchen, regelmäßig in einer Kneipe in Colditz etwas zu veranstalten und sowohl ältere als auch jüngere Menschen anzusprechen. Die Kontinuität ist das, womit man die Leute erreicht.

„Die Baseballschlägerjahre sind zum Glück vorbei. Man muss aber immer noch ein bisschen aufpassen, was man wo und wie sagt und macht."

Sandra: Ist es dort gefährlich, so etwas zu machen? Ich denke jetzt an die Neunziger.

Jörn: Die Baseballschlägerjahre sind zum Glück vorbei. Man muss aber immer noch ein bisschen aufpassen, was man wo und wie sagt und macht. Aber so krass wie in den Neunzigern ist es auf jeden Fall nicht, dass man jetzt Angst haben muss und sofort auf die Fresse bekommt. Allerdings hängen wir jetzt auch nicht die rote Fahne raus, wenn wir etwas machen.

Schwarwel: Finanziert ihr das mit den Einnahmen aus der Ilse?

Jörn: Nein, das hat damit nicht wirklich etwas zu tun. Das ist meine private Initiative. Meine Frau und ich wollen da ein paar Sachen starten. Unser Haus dort soll ein Kunst- und Proberaum-Atelier werden. Wir sind gerade beim Umbauen.
Finanziert werden die Kulturmarkt-Geschichten über einen Verein, wir bekommen Fördergelder und ebenso Spenden. Die Konzerte laufen auf Spendenbasis und wir gehen mit dem Hut rum.

Sandra: Das ist alles Do it yourself. Du ziehst das seit Jahren durch. Das ist dein Leben.

Jörn: Ja, klar. Es gab zwar zwischendrin mal eine Krise, aber ich habe gerade noch die Kurve gekriegt – gesundheitlich, alkoholtechnisch. Wir hatten vor ein paar Jahren eine Insolvenz. Da habe ich wirklich überlegt, mal etwas anderes zu machen. Ich bin in mich gegangen und habe überlegt, eine kleine Kneipe aufzumachen und ein bisschen Musik zu veranstalten. Dann wurde mir bewusst: „So ein Blödsinn, das haste doch schon." Deswegen habe ich mich entschieden weiterzumachen.

Sandra: Und das ging? Insolvenz ist schon ein harter Brocken.

Jörn: Ja, das war ein Brocken, da musste man durch. Wir haben daraufhin zwei Jahre fast gar keine Konzerte veranstaltet, sondern nur noch Partys, um das Ganze ein bisschen zu konsolidieren. Wir haben uns so gesundgeschrumpft – personal- und veranstaltungstechnisch.

Sandra: Wie hast du das emotional hinbekommen?

Jörn: Ich hatte einen Herzinfarkt – wegen Stress, wegen persönlichem Stress, und ich habe auch geraucht, als würde ich Geld dafür bekommen. Es ist zum Glück alles glimpflich abgegangen. Ich habe keine Folgeschäden. Das war schon ein ordentlicher Schuss vor den Bug.

Sandra: Wie hast du das alles gewuppt?

Jörn: Ich war Anfang 40 und das ging natürlich auch mit einer klassischen Midlife Crisis einher. Es gab Jahre, da bin ich an einer tieferwerdenden Depression vorbeigeschrammt. Das war nicht so geil, war scheiße.

Schwarwel: Konnte Musik dich „retten"?

Jörn: In der Tat. Ich habe dann wieder mehr Musik in verschiedenen Konstellationen gemacht.

Sandra: Wie fühlt sich so eine Midlife Crisis an?

Jörn: Ich glaube, das können einige besser, andere schlechter wegstecken. Aber auf jeden Fall gibt es einen Umbruch im Leben, bei dem man denkt, dass man alles nochmal neu sortieren muss, jetzt wo man älter ist. Die Zwanzigjährigen sind jetzt da und machen alles ganz toll.

Sandra: Hast du gedacht, du hast etwas verpasst?

Jörn: Klar, das denkt man doch immer. Irgendetwas hätte immer anders sein können. Es liegt in der Natur des Menschen, dass man irgendwie immer irgendwelchen Dingen hinterherrennt, die man eigentlich haben wollte und doch nicht hatte. Da gibt es Tausende von Liedern darüber.

Sandra: Dann wird man älter und denkt: „Ja, ist jetzt so", oder?

Jörn: Irgendwann wird man ein bisschen entspannter, weil man mit sich selbst besser klarkommt.

Sandra: Hast du viel bei dir verändert?

Jörn: Das Wesentliche war schon, mit dem Rauchen aufzuhören. Ich bin jetzt auch nicht mehr so viel im Laden und ebenso nicht mehr bis morgens um sechs. Bis um drei reicht.

Sandra: Ich würde gerne nochmal zurückswitchen – zum Thema Musik, Männer und Feminismus. War das in der Ilse ein Thema?

Schwarwel: Als wir mit Born Cool unseren allerersten Gig in der Ilse hatten, habe ich beim Soundcheck im ganzen Club sehr viele Poster mit nackten Frauen aufgehängt. Das waren bestimmt 100 bis 200 Poster. Als wir dann kurz vor Stagetime wieder in den Club kamen, lagen diese ganzen Poster abgehängt und ordentlich auf einem Stapel im Backstage, weil kritisiert wurde, dass da kein einziger nackter Mann dabei war.

Sandra: Wie hast du reagiert?

Schwarwel: Ich habe das lachend zur Kenntnis genommen und meine Lektion gelernt und verstanden.

Jörn: Ja, auf jeden Fall war das bei uns ein Thema, aber nicht so pedantisch, wie das manchmal heute so rüberkommt. Ich glaube, dass es immer noch superwichtig ist.

Schwarwel: Ich habe euer Team stets als relativ paritätisch wahrgenommen.

Jörn: Das war für uns immer eine sehr wichtige Sache. Ich habe stets darauf geachtet, dass im Programm viele weibliche Akteurinnen sind. Aber ich würde das nie so benennen. Ich finde es immer irgendwie doof, das draufzuschreiben, also female blablabla … Die Inhalte sollten für sich selbst sprechen und dass es eine Normalität ist, wenn eine Frau mit Gitarre auf der Bühne steht, und man nicht sagt: „Oh, guck mal, da ist eine Frau."
Ich erinnere mich an eine Situation: Eine Stammgästin von uns knutschte mit ihrer Freundin rum. Da ging einer vorbei, dem das sehr unangenehm war, und ein anderer meinte nur: „Ja, wo denn sonst, wenn nicht hier?" Damit war alles gesagt. Ich glaube, heute gibt es viel mehr Frauen, die Musik machen, und das ist gut so. Ich hoffe, dass wir einen Beitrag dazu leisten konnten, dass das so ist. Es kann aber noch mehr sein. Es hat sich auch eine ganz andere Normalität entwickelt. Ich finde das super. Das ist das, was wir erreichen wollten.

„Ich war Anfang 40 und das ging natürlich auch mit einer klassischen Midlife Crisis einher."

Sandra: Gab es bei Veranstaltungen in der Ilse mal Stress wegen irgendetwas und ihr musstet dann sagen: „Raus"?

Jörn: Ja klar, das gibt es immer wieder.

Sandra: Wie seid ihr damit umgegangen?

Jörn: Ich kann mich jetzt nicht erinnern, dass eine Band auf der Bühne so daneben war, dass man die rausschmeißen musste. Das kam eher im Publikum vor – mit irgendwelchen Leuten, die so druff sind oder sich scheiße benehmen, übergriffig werden … Das ist leider normal und Alltag in einem Club.

Sandra: Sie sind bei euch aber gleich rausbefördert worden?

Jörn: Ja, das ist immer noch so. Als wir angefangen haben, hatte sich das mehr von alleine reguliert, weil immer ein großer Freundeskreis anwesend war. Wenn es da in Richtung Ärger ging, hatte man immer 20 bis 30 Leute hinter sich, die schauten, dass kein Mist passiert. Das ist heute nicht mehr so und das muss man jetzt schon ein bisschen professioneller organisieren.

Schwarwel: Wann sagst du: „Ich bin zu alt für die Scheiße"?

Jörn: Weiß ich nicht, ich bin jetzt schon so alt, jetzt kann ich da auch weitermachen. Man muss eher dahin kommen, dass man sich Menschen sucht und das Loslassen lernt. Das war auf jeden Fall ebenso ein Prozess, der in meinen Vierzigern stattgefunden hat. Es war auch nicht so einfach zu sagen: „Da gibt es jemanden anderen, der das Programm macht, und ich schaue nur drauf." Es war immer eine Leidenschaft, das zu machen. Ich kann das jetzt ein bisschen entfernter betrachten. Dafür muss ich aber wieder ein neues Ding haben wie auf dem Land in Colditz jetzt.

#nicht
gesellschafts
fähig
GIRLS JUST
WANT TO
HAVE FUN

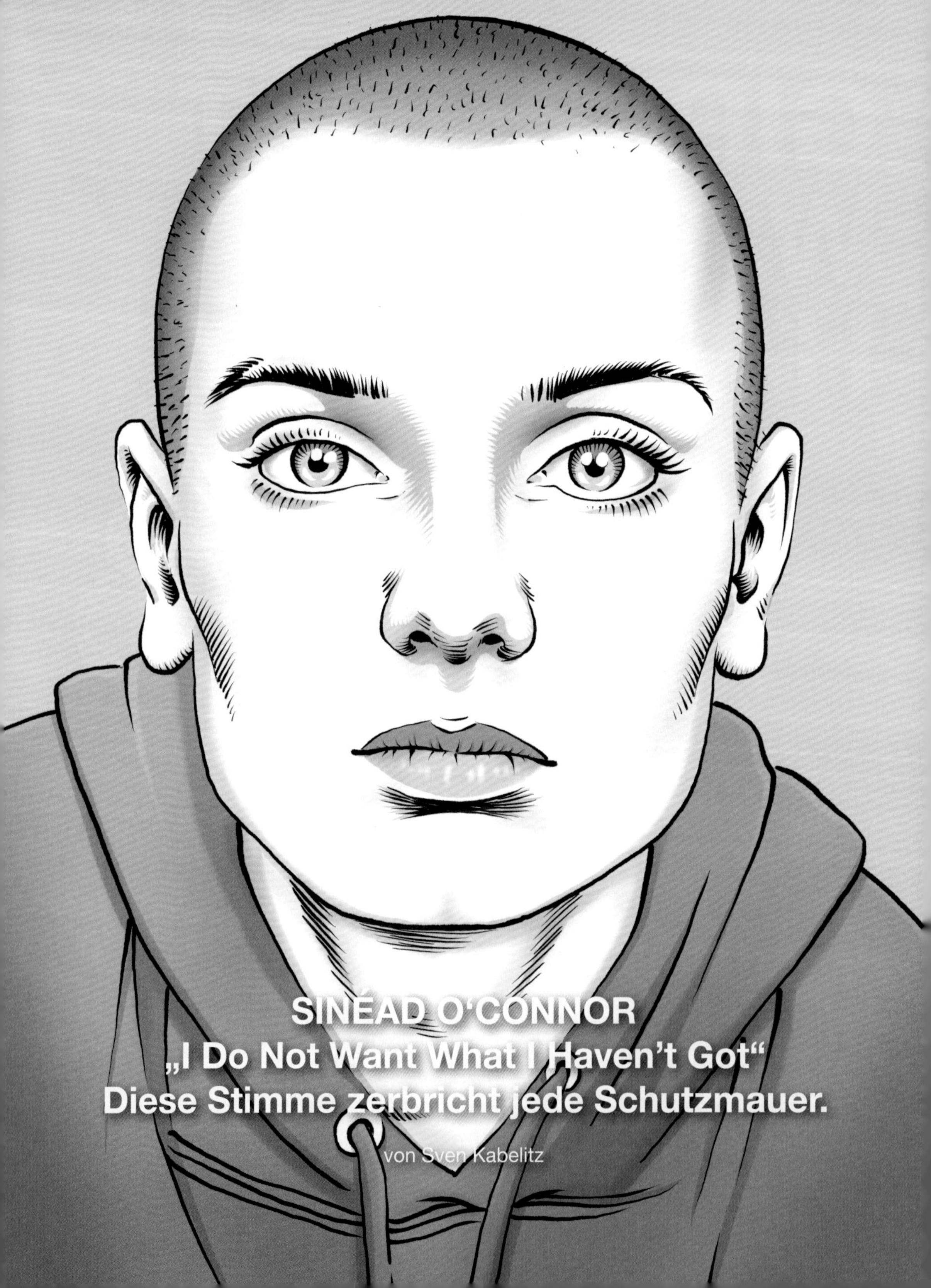

SINÉAD O'CONNOR

„I Do Not Want What I Haven't Got"

Diese Stimme zerbricht jede Schutzmauer.

von Sven Kabelitz

Ohne Vorwarnung durchbricht ihr Gesicht den kunterbunten Alltag auf MTV. Ihre Augen, ihre kurzgeschorenen Haare, zwei Tränen und diese Stimme ziehen alle Aufmerksamkeit auf sich. Dieser zartschmelzende Song, der wie kaum ein anderer die innere Leere nach dem Ende einer Beziehung zum Ausdruck bringt. Diese Stimme, die selbst in ihren lautesten Momenten anmutig und zerbrechlich und in ruhigen Augenblicken wütend und sarkastisch klingt.

„Nothing Compares 2 U" bringt die Irin Sinéad O'Connor an die Spitze der weltweiten Charts, in die Wohnzimmer der Angepassten und letztendlich gar auf den „Kuschelrock IV"-Sampler. Das Bild, das sich die breite Öffentlichkeit von der Sängerin macht, hat mit der realen Sinéad O'Connor nur noch wenig gemein. Ein großes Missverständnis, wie sich zwei Jahre später zeigen soll.

Wer Sinéad von ihrem Debüt „The Lion And The Cobra" und den Singles „Troy" und „Mandinka" kannte, weiß 1990 bereits von ihrer ungezügelten Wut. Durch ihre zerrissenen Songs voller Herzblut, Melancholie, Ingrimm und Kraft ziehen sich irischer Protest-Folk, Garage-Rock, Punk-Attitüde, Hip-Hop-Elemente und Reggae. Sie singt von Unabhängigkeit, Gott, Rebellion, Verlust und zerbricht jede Schutzmauer zwischen dem Zuhörer und sich selbst.
Immer wieder kommt sich Sinéad O'Connor selbst in die Quere. Die Herumgestoßene, die Verstörte, die Ungeliebte, die Märtyrerin. Zu ihrer Faszination gehören das ewige Straucheln, das Scheitern, das Anecken und die Peinlichkeiten. Vier Ehen, die letzte dauert gerade einmal 16 Tage, bringen sie viel später wieder in die Klatschspalten.
Mehrmals kündigt sie an, sich von der Musik komplett zurückzuziehen, nur um kurz darauf ein neues Werk zu veröffentlichen. Ein spontaner, zorniger, ehrlicher Mensch mit extremen Ansichten zu organisierter Religion, Frauenrechten, Krieg und Missbrauch, den die Medien bis heute nicht verbiegen konnten. Als sie in einem Interview zugibt, zweimal abgetrieben zu haben, spucken ihr auf den Straßen von Dublin fremde Menschen ins Gesicht: „Dich hätte man abtreiben sollen, du Hure des Teufels."

Wie um ihre Freigeistigkeit zu bestätigen, schart sie für ihren zweiten Longplayer Musiker aus den verschiedensten Genres um sich. Das ehemalige The Wild Bunch-Mitglied Nelle Hooper, der sich gerade mit Soul II Soul einen Namen macht, produziert das Album. Marco Pirroni, ehemals bei Siouxsie and the Banshees und Adam and the Ants, greift zur E-Gitarre, Ex-The Smiths-Bassist Andy Rourke zur Akustischen. Der ewig getriebene Public Image Ltd-Bassist Jah Wobble übnernimmt den Job an den vier Saiten. O'Connors erster Ehemann John Reynolds sitzt am Schlagzeug. Die bevorstehende Scheidung vom Vater ihres Sohnes und die Schattenseiten des aufkeimenden Ruhms überziehen die Atmosphäre von „I Do Not Want What I Haven't Got".
„I am not like I was before / I thought that nothing would change me." Die orchestrale Ballade „Feel So Different" eröffnet die Platte. Eine geradlinige Abrechnung mit dem Ruhm und seinen Auswirkungen auf zwischenmenschliche Beziehungen. So ruhig, so nüchtern, so voller Rage. Dabei standen die eigentlichen Veränderungen noch bevor. Das feenhafte und zeitgleich gallenbittere New Age-Stück „Three Babies" schreibt O'Connor nach einer Reihe von Fehlgeburten. Ein in der Öffentlichkeit kaum wahrgenommenes Thema, dessen aufrichtige Trauer und Zärtlichkeit sich in jedem Wort widerspiegelt und direkt ins Mark trifft. „Each of these my three babies / I was not willing to leave / In my soul / My blood and my bones / I have wrapped your cold bodies around me / The face on you / The smell of you / Will always be with me."

Illustration linke Seite: Schwarwel

Deutliche Spuren hinterlässt Hooper in „I Am Stretched On Your Grave", einem gälischen Gedicht aus dem 17. Jahrhundert, das vom irischen Musiker Philip King ins Englische übersetzt wurde. Eine Romanze zwischen altertümlichen Sagen und Zeitgeist, in der keltische Melodien mit James Browns „Funky Drummer"-Sample kollidieren. Hinter dem zugänglichen „The Emperor's New Clothes" versteckt sich eine bittere Bilanz. Die Erinnerungen an eine uneheliche Schwangerschaft in einem irisch-katholischen Umfeld treffen auf die Pein einer vom Erfolg verdorbenen Liebe.

Für die Maxi-Single steuerte Public Enemy-Produzent Hank Shocklee einen Remix bei. *„He thinks I just became famous / And that's what messed me up"*, grantelt O'Connor. *„But he's wrong / How could I possibly know what I want / When I was only twenty-one?"* Doch mit keinem Song wird Sinéad O'Connor mehr in Erinnerung bleiben als mit „Nothing Compares 2 U". Jenem von Prince für The Family geschriebenen Stück, das sie mit gewaltiger Intimität ganz zu ihrem eigenen macht. Wie entblößt, steht ihr Seelenleben vor dem Zuhörer. *„I went to the doctor n' guess what he told me / Guess what he told me / He said girl u better have fun / No matter what you do / But he's a fool."* Niemand kann diese Zeilen so spöttisch und böse singen wie die Irin. Viele versuchten sich danach an dem Track, doch selbst der 1,58 Meter kleine Großmeister aus Minneapolis scheitert 1993 kläglich auf seiner „The Hits 1"-Compilation.

„Margaret Thatcher on TV / Shocked by the deaths that took place in Beijing / It seems strange that she should be offended / The same orders are given by her". „Black Boys On Mopeds" geht mit Rassismus und der Heuchelei der Thatcher-Regierung entwaffnend romantisch ins Gericht. Im Mai 1989 verfolgte die Londoner Polizei den schwarzen Nicholas Bramble auf seinem Moped, in dem Irrglauben, dass er es gestohlen habe. Der von Panik erfasste Jugendliche verlor die Kontrolle über sein Fahrzeug und stürzte zu Tode. O'Connors Stimme setzt sich gespenstisch und elegisch gegen ihre akustische Gitarre durch. Auf einem Album der persönlichen Kämpfe wirkt der Track wie ein Weckruf an die Außenwelt. Ein verträumter Folk-Song, politisch wie auch persönlich prophetisch. *„These are dangerous days / To say what you feel is to dig your own grave"*.

Das feenhafte und zeitgleich gallenbittere New Age-Stück „Three Babies" schreibt O'Connor nach einer Reihe von Fehlgeburten.

Das Grab für ihre Karriere schaufelt Sinéad O'Connor am 3. Oktober 1992. Niemand ahnt, was die Sängerin vorhat, als sie vor das Millionen-Publikum von „Saturday Night Live" tritt. Im weißen Kleid, umgeben von Kerzen, singt sie eine A-capella-Version von Bob Marleys „War", in der sie „racism" durch „child abuse" ersetzt. *„And we know we shall win / As we are confident / In the victory / of good over evil"*. Evil – das Böse, das Üble. Sie hält ein Bild des damaligen Papstes Johannes Paul II. in die Kamera, dem Stellvertreter Jesu Christi auf Erden, und zerreißt es zu den Worten „fight the real enemy". Das Live-Publikum zeigt sich von der Aktion vollkommen überfordert. Kein Applaus, keine Buh-Rufe, nur absolute Stille legt sich über die Szenerie, als die Sängerin nach ihrem medialen Selbstmord die Kerzen neben sich ausbläst.

Für die gläubige O'Connor steht der Papst an der Spitze der religiösen Organisation, die für unzählige Fälle von Kindesmissbrauch durch Priester steht. Ein Thema, das Irland zu Beginn der 1990er erschüttert und 2010 auch in Deutschland zu unzähligen Austritten aus der römisch-katholischen Kirche führt. Im Rahmen der Seligsprechung Johannes Pauls II. im Mai

Foto linke Seite:
RGR Collection/Alamy Stock Foto

2011 äußert sich Norbert Denef, Vorsitzender des Netzwerks Betroffener von sexualisierter Gewalt: „Nicht nur für mich persönlich, sondern weltweit für viele Opfer, die als Mädchen und Jungen in der Amtszeit Papst Johannes Pauls II. missbraucht wurden, ist diese Seligsprechung Salz in ihren tiefen, noch immer frischen Wunden."

Was mit dem zerbrechlichen „Nothing Compares 2 U" und zwei Tränen begann, endet in Wut, Zorn, Courage und Integrität.

Selbst ein Opfer von Missbrauch will O'Connor ein deutliches Zeichen setzen. Ein Zeichen gegen den Papst, der die Menschenrechte von Frauen und Theologen mit Füßen tritt und einen Kreuzzug gegen die Verwendung von Kondomen führt, womit er eine Eindämmung des HI-Virus in den afrikanischen Ländern verhindert. Doch was interessiert all dieses Leid religiöse Fanatiker in Amerika? Es hagelt Auftrittsverbote für O'Connor. Ihre Platten werden öffentlich verbrannt.

Zwei Wochen nach ihrem Skandal-Auftritt betritt sie für das 30th Anniversary Concert von Bob Dylan die Bühne. Ein Orkan aus Buhrufen und vereinzeltem Jubel bricht über sie herein. Vor einer wildgewordenen Menge nimmt Kris Kristofferson sie zur Seite. „Not to let the bastards get you down." – Sinéad: „I'm not down." Ein weiteres Mal schreit sie der Menge „War" entgegen. Eine stolze, kämpferische Löwin, deren Stimme immer wieder kippt. Ein letzter direkter Blick ins Publikum. Als sie die Bühne verlässt, bricht sie weinend in Kristoffersons Armen zusammen.

Sinéad O'Connor verabschiedet sich an diesem Abend als vermeintliches One-Hit-Wonder weitestgehend aus dem öffentlichen Interesse. Das kurz zuvor veröffentlichte „Am I Not Your Girl?", ein seltsam gleichgültiges Cover-Album, fällt bei Käufern und Kritikern durch. Was mit dem zerbrechlichen „Nothing Compares 2 U" und zwei Tränen begann, endet in Wut, Zorn, Courage und Integrität. Auch wenn sie oft genug gegen Windmühlen anrennt, kämpft die Irin bis heute lautstark für die Dinge, die sie glaubt, ändern zu können.

Die ersten Worte auf „I Do Not Want What I Haven't Got", das Gelassenheitsgebet von Reinhold Niebuhr, mit dem sie „Feel So Different" beginnt, werden zu ihrem Mantra. *„God, grant me the serenity to accept the things I cannot change, the courage to change the things I can and wisdom to know the difference"*

Dieser für laut.de geschriebene Text stammt aus dem Jahr 2013, er ist mittlerweile fast zehn Jahre alt. Viel hat sich seitdem verändert. Vieles nicht. Nach Sinéad O'Connors Tod am 26. Juli 2023 fluteten Bilder der jungen Künstlerin das Internet. Die reale Person, deren Leben 33 Jahre nach „I Do Not Want What I Haven't Got" endete, schien nicht zu existierten. Viele der Leute, die die Irin vor Jahren noch für durchgeknallt erklärt hatten, stellten sie nun auf ein Podest. Business as unusal.

Hätten mehr Verständnis und weniger Ablehnung zu Lebzeiten sie möglicherweise gerettet? Wahrscheinlich nicht. Eine öffentliche Meinung hilft nicht gegen psychische Erkrankungen, nicht gegen die Suizidgedanken, die sie mehrfach äußerte, oder gegen die Suizidversuche, die sie unternahm. Eine öffentliche Meinung hilft nicht gegen den Schmerz über den Verlust des eigenen Sohns, den O'Connor im Januar 2022 erfuhr. Sie selbst sah sich kurz vor ihrem Lebensende nur noch als „untote Kreatur der Nacht". Kurz darauf starb sie eines natürlichen Todes.

Schon davor postete sie im Netz immer wieder Hilfeschreie, 2016 wurde sie zeitweise als vermisst gemeldet. Über die Jahrzehnte

blieb sie eine suchende Seele, sie kam nie irgendwo an. Sie glaubte an den Glauben, fand aber in der katholischen Kirche einen Feind. 2018 konvertierte sie zum Islam, ab diesem Zeitpunkt trug sie meistens den Hijab. Schon im Jahr zuvor änderte sie ihren Namen, zuerst in Magda Davitt, nach der Konversion in Shuhada' Davitt, zuletzt nannte sie sich Sadaqat Shuhada. Es bleibt zu hoffen, dass sie wenigstens in diesen wenigen Jahren etwas mehr Ruhe fand.

Eine öffentliche Meinung hilft nicht gegen psychische Erkrankungen, nicht gegen die Suizidgedanken, die sie mehrfach äußerte, oder gegen die Suizidversuche, die sie unternahm.

Zwar spielte O'Connor in den Charts nur kurz eine Rolle. Als Prügel einsteckende Vorreiterin finden sich ihre Gedanken und Forderungen jedoch bis heute in Diskussionen über den Umgang mit der Kirche, Feminismus oder mentale Erkrankungen wieder. Ende der 1980er und zu Beginn der 1990er schien die Welt jedoch schlichtweg nicht bereit für eine solche Persönlichkeit zu sein. Dabei gelang es der Sängerin, im Haifischbecken Musikindustrie trotz allen Schwierigkeiten an ihren Werten festzuhalten. Ihre Stimme ertönte lauter, als sie schreien konnte. Ihre Emotionen lagen dabei wie unter einer Lupe vor uns, bei jedem Sonnenstrahl kurz vor dem Verbrennen.

„Ich bedauere, dass ich wie Dreck behandelt wurde", beenden ihre Worte aus dem Off die Dokumentation „Nothing Compares". „Und ich bedaure, dass ich schon vorher so verletzt war, dass es mich fast umgebracht hätte. Sie dachten, ich hätte meine Karriere ruiniert, und lachten mich dafür aus. Aber ich wollte nie ein Popstar werden. Das passte gar nicht zu mir. Ich konnte also keine Karriere ruinieren. Ich habe meine Einstellung nie geändert und bereue nichts. Ich bin stolz auf das, was ich als Künstlerin erreicht habe. Sie haben mir das Herz gebrochen, aber ich bin nicht daran gestorben. Sie haben versucht, mich zu begraben, aber sie haben nur einen Samen gepflanzt.

Ursprungstext erstveröffentlicht auf laut.de 2013

Foto: Pacific Press Media Production Corp./ Alamy Stock Foto

AMANDA PALMER
Eine Liebe in drei Akten

von Caroline Kraft

Es fing nicht mit ihrer Musik, es fing mit ihrem Körper an. Ich blieb an diesem Foto hängen, AFP (Amanda Fucking Palmer, so ihre Selbstbezeichnung) mit ausgebreiteten Armen inmitten ihrer Fans, die ihr Botschaften auf den nackten Körper schreiben. Kein Hemd, keine Unterhose, kein Sicherheitsabstand, nüscht. Das war 2012 in Berlin, auf einer Party für die Spender:innen ihrer Kickstarter-Kampagne, die sie mit einem megalomanischen Ergebnis von fast 1,2 Millionen US-Dollar abgeschlossen hatte. Nach langen Kämpfen mit ihrem Plattenlabel, Roadrunner Records – das sich u. a. geweigert hatte, das Video zu ihrem Song „Leeds United" zu promoten, weil darin ihr Bauch zu sehen war, der „nicht vermarktbar", sprich: zu dick sei – hatte sie den Sprung in die Unabhängigkeit geschafft und finanzierte per Crowdfunding Produktion und Tour ihres zweiten Soloalbums „Theatre Is Evil".

Mir war AFP in den Jahren zuvor immer mal wieder begegnet, zusammen mit Drummer Brian Viglione als The Dresden Dolls, diesem wilden Duo, das in den Nullerjahren vier Platten herausgebracht und sich selbst das Label „Brechtsches Punk Kabarett" verpasst hatte. Ich fand die Dresden Dolls vor allem wegen ihrer Bühnenperformance interessant, hatte sie aber nie weitergehend verfolgt. 2012 scrollte ich mich durch die Bilder ihres nackten und halbnackten Körpers, die AFP am laufenden Band in den sozialen Netzwerken postete, und fragte mich, ob sie die coolste Sau aller Zeiten war oder einfach nur völlig over the top. Irgendwann setzte sich bei mir der Eindruck durch: Sie war beides. Ihren entschlossenen Hang zur Nacktheit bettete sie in Sätze ein, die jene Kritiker:innen Lügen straften, die sie als plumpe Provokateurin abzutun suchten: „It's not about sexiness. It's not even about nakedness. It really makes people think about what the rules are and why they're following them." Und ich war dabei, mich ernsthaft zu verlieben.

Wie das so ist bei einer beginnenden Liebelei, ließ das musikalische Beschnuppern nicht lange auf sich warten. Ich verfing mich vor allem in „Who Killed Amanda Palmer", dem ersten AFP-Soloalbum mit seiner titelgebenden Twin Peaks-Referenz, das sie 2008 veröffentlicht und gemeinsam mit Ben Folds produziert hatte. Einzelne Songs hörte ich in Dauerschleife: das fieberhafte „Runs In The Family", das nah am (familiären) Wahnsinn entlangschrammt, die Klavier-Ballade „Ampersand" inklusive Streicher-Arrangements des 2017 verstorbenen Paul Buckmaster, der u. a. bereits mit David Bowie, Leonard Cohen und den Rolling Stones gearbeitet hatte, das düstere, auf Lou Reed Bezug nehmende „Blake Says" – und natürlich „Oasis". Ich hatte den Song, der mir vor allem als ausgelassener Stimmungsaufheller diente, wahrscheinlich schon ein Dutzend Mal gehört, dabei fröhlich mit dem Fuß gewippt und die Beach Boys-artigen Backgroundchöre mitgeschmettert, bevor mir klar

Foto linke Seite: Matt Crossick/
Alamy Stock Foto

wurde, welche Geschichte er erzählt: die einer jungen Frau, die nach einer Vergewaltigung auf einer Party schwanger wird und die, gegen den Protest einer Horde fundamentalistischer Christ:innen, eine Abtreibung vornehmen lässt. All das erscheint ihr allerdings außgesprochen zweitrangig angesichts der Freude über eine signierte Oasis-Autogrammkarte in ihrem Briefkasten. Das Video trägt den teeniehaften Übermut des Songs weiter und erzählt seine Geschichte Wort für Wort nach – in Bildern, die vor so viel kaugummifarbener Unbekümmertheit strotzen, dass mir die Spucke wegblieb. Ich hatte unzählige Fragen im Kopf. Fragen, die die britischen Medien für sich bereits beantwortet hatten: Keiner der Musiksender zeigte das Video, weil sie der Meinung waren, dass es Vergewaltigung, Religion und Abtreibung verspotte.

Keiner der Musiksender zeigte das Video, weil sie der Meinung waren, dass es Vergewaltigung, Religion und Abtreibung verspotte.

Ich wusste, ich brauchte komplexere Antworten, und es sollte das erste von vielen weiteren Malen in den kommenden Jahren sein, dass mich AFP mit guten, doch auch höchst komplizierten Fragen zurückließ, die ich unbequemerweise für mich selbst beantworten musste. Und mich beschlich das Gefühl, mir nichts, dir nichts in einer verdammt erwachsenen Beziehung gelandet zu sein. Bis Patreon daherkam und alles veränderte.

AFP schloss sich Patreon 2015 an und verkündete: „This is the future of music!" und „WE are the media!" Was sich zunächst wie AFP-typischer Größenwahn las, sollte sich, zumindest für ihre eigene künstlerische Produktion, bewahrheiten: Bis heute sind es über 18.000 Patrons, die sie über die Plattform kontinuierlich unterstützen (mit einem Betrag zwischen einem und 1000 US-Dollar pro Veröffentlichung) und dafür mit konstanten Goodies und Nachrichten von AFP persönlich gefüttert werden. Sieben Jahre nach „Theatre Is Evil" hat sie Anfang 2019 ihr erstes Patreon-finanziertes Album „There Will Be No Intermission" herausgebracht, eine Platte, die dunkler und komplexer daherkommt als ihre beiden Vorgänger und die die Theatralik früherer Zeiten zugunsten der ganz großen Themen des Lebens hat gehen lassen. Das zeigt sich bereits in dem fantastischen zehnminütigen Opener „The Ride", einer tiefgründigen Allegorie auf die menschliche Existenz, inspiriert von einem Zitat des in den 1990er Jahren verstorbenen Comedians Bill Hicks. Die zehn Songs des Albums, die jeweils von einem instrumentalen Vorspiel begleitet werden, verhandeln zutiefst persönliche Erfahrungen. So wird das Thema Abtreibung (und verdammt nochmal das Recht darauf) in „Voicemail For Jill" erneut bearbeitet, nur diesmal leise und zärtlich, ganz anders als noch gut zehn Jahre zuvor. Oder in „A Mother's Confession", einer Hymne auf das schlechte Gewissen einer Mutter gegenüber ihres Kindes, die in dem wunderbaren Chor „At least the baby didn't die" gipfelt – einer Gänsehautzeile, die auf Konzerten Tausende von Fans fast religiös mitsingen. Um die Plattenverkäufe muss sich AFP dank Patreon keine Sorgen machen, im Gegenteil. Zur Veröffentlichung des neuen Albums schrieb sie an ihre Patrons: „These songs aren't, and never were, built to be commercially successful. I didn't write these songs to be welcomed into some other club. I wrote them for this goddamn club right here."

So wird das Thema Abtreibung (und verdammt nochmal das Recht darauf) in „Voicemail For Jill" erneut bearbeitet, nur diesmal leise und zärtlich …

Dieser gottverdammte Klub kommt einer kleinen Revolution in der Musikwelt gleich: AFP hat mit ihrer Patreon-Community ein sich selbst komplett finanzierendes Amanda-Universum geschaffen, das sich an keine Regeln der Plattenindustrie hält. Diese Revolution treibt sie mit diebischer Freude voran und pustet genau die Dinge in die Welt hinaus, nach denen ihr gerade der Sinn steht: einzelne Songs, Videos, animierte Illustrationen, Artbooks, Podcasts, Audio-Diaries oder Gedichte. Ihre Community zahlt für jede einzelne dieser Veröffentlichungen und liebt AFP für ihren Mutwillen – und ich bin eine von ihnen. Als 1-Dollar-Patron warte ich sehnsüchtig auf ihre Posts und Sprachnachrichten über die politische Situation in Amerika und der Welt, die Selbstbestimmung der Frau, die Vereinbarkeit von Mutterschaft und Künstlerinnendasein, Beziehungsfragen, Fehlgeburten und Trauer.

Und frage mich, ob ich irgendwann lernen sollte, wieder ohne meine tägliche Dosis AFP leben zu können. I hope not.

Erstveröffentlicht im Buch „These Girls – Ein Streifzug durch die feministische Musikgeschichte", Juliane Streich (Hrg.), Ventil Verlag 2019

LOVE IS A LOSING GAME
Der letzte Vorhang für Amy Winehouse

von Anne Martin

Belgrad, 18. Juni 2011. Rhythmusgruppe, Bläsersektion und Background-Sänger, alle in eleganten lachsfarbenen Anzügen gekleidet, betreten – begleitet von durchprogrammierter und offensichtlich sauteurer Lightshow, gepaart mit Jubel von Tausenden – die riesige Bühne, gemacht für eine Riesenstimme.

Es ist das erste der zwölf Konzerte umfassenden Europa-Tour der mehrfachen Grammy-Gewinnerin Amy Winehouse. Und ihr letztes. Einen Monat später stirbt die Ausnahmesängerin mit 4,16 Promille im Blut.

Der Drummer zählt ein zum Intro, das diejenige auf die Bühne begleiten soll, die seit ihrer Kindheit in einem Vorort von London mit der Liebe ihres Vaters zu Jazz-Legenden wie Ella Fitzgerald, Tony Bennett und Frank Sinatra aufwuchs. Die Musik, der Gesang, das Vermögen, ihr innerstes Empfinden in Worte zu fassen, sind ihr Lebenselixier.

„Belgrade! Introducing Amy Winehouse!", ruft einer der Backings, vielleicht ein bisschen weniger enthusiastisch, als er es eigentlich sollte zum Start eines bevorstehenden, mit Sicherheit ausverkauften Tourneemarathons. Er wird in diesem Moment wissen, warum. Denn er tourt mit einem Star – ganz und gar nicht stereotyp, seit langer Zeit begleitet von Skandalen aus einer Mischung von Männern, harten Drogen, Alkohol, wissend, dass alle Welt auf seinen nächsten Absturz giert und zeitgleich einen Scheiß darauf gebend, was alle Welt von ihm hält. Dafür wird Amy Winehouse geliebt. Sie ist unangepasst, liefert aber noch im größten Suff ab, weil sie liebt, was sie tut. Alles davon. Bis zu diesem Moment.

Seit sich Amy Jade Winehouse, keine 20 Jahre alt, mit ihrem Debütalbum „Frank" 2003 in Großbritannien und der weitergefassten Jazz-Szene einen soliden Namen gemacht hatte, trennte sie sich mitsamt des eben noch aktuellen Stabs an Produzenten und Management, der sie künftig gern als jazzy Spice-Girl-Hybrid vermarktet hätte, auch gleich von sämtlichen Konventionen – ein Leben im Rausch inbegriffen.

Als die zierliche, junge Frau mit der Stimme einer resonanzlastigen, schwarzen Bühnenveteranin erscheint, rastet Belgrad aus und niemand wundert sich über ihre desolate Erscheinung und die Kurvenschuhe, die sie offensichtlich trägt. Es ist eben Amy Winehouse: eine Lebefrau mit zunehmend fragwürdigem Kleidungsstil (der angesichts der durch sie wiederbelebten Bienenkorbfrisur ohnehin in den Hintergrund rückt, obwohl die an diesem Abend komplett auseinandergefallen ist), die man aus jedem Boulevard-Magazin, ob in Print oder Bewegtbild, jederzeit getrost in das britische Party-Moloch Black Pool hätte verpflanzen können.

Mit flachen, hellen Schuhen wippt-wankt sie nicht etwa zum Mikrofon, sondern direkt in die Arme ihres Gitarristen, ohne dabei einen Blick in Richtung Publikum zu verschwenden. Von dem Umstand, dass sie dazu gar nicht mehr imstande ist, einmal abgesehen, waren Bühnenauftritte für Amy Winehouse per se eine mehr als unangenehme Angelegenheit. Sie war eine Künstlerin, die schrieb, sang und spielte, was die Seele ihr befahl. Sich dabei noch vor erwartungsvollen Menschen zu exhibitionieren, die sie für die Stärke ihrer vorwiegend lebensdunklen Liedinhalte feierten, machte ihr Angst. Ein oder mehrere „Amaretto Sour" vor, während und nach den Shows lockerten den strangulierenden Knoten der Panik wenigstens so, dass sie „arbeitsfähig" war.

Losgelöst von ihrem Gitarristen, findet sie den Weg zum Mikrofon, um nichts zu sagen, sondern die Arme vor dem Köper zu verschränken. Fragil und verletzlich, nicht trotzig und arrogant. Sie wendet sich wieder vom Publikum ab und setzt sich mit dem Rücken zu ihm auf einen Monitor,

Illustration linke Seite: Schwarwel

um sich die leichten Stoffschuhchen auszuziehen. Eine zu große Last. Als sie wieder aufsteht, fällt sie vornüber auf die Knie. Der Drang der Tausenden, ihr aufzuhelfen oder sie einfach zu halten, quillt wie eine Druckwelle zur Bühne.

Die Scheidung nach Monaten vom heroinabhängigen Freund, den sie dann doch geheiratet hatte. Pow. „Back To Black“.

Sie steht. Gleich, um sich von dem, der sie gerade noch ansagte, fest in die Arme nehmen zu lassen. Im Griff dieses gesunden, trainierten Mannes wirkt sie wie eine zerschlissene Puppe, der ein Kind im Spiel die Haare mit Kernseife gewaschen hat.

Die Menschen vor der Bühne scheinen nicht zu existieren, sie nimmt sie nicht wahr. Die Präsenz einer Amy Winehouse lag von Tag Eins ihres Seins als Künstlerin in der Stimme und nicht in der Intensität ihrer Körperspannung oder wie sie mit dem Publikum sprach, wenn sie denn mit ihm sprach.

Das erste Lied beginnt, aber die Sängerin singt nicht und die Musiker ziehen ihren Stiefel durch. Sie sind Profis wie sie. Ist sie es, wollte es je sein?

Es sind ihre Lieder, die auf der Setlist stehen. Sie hat sie erlebt, durchlitten, geschrieben, komponiert und eingesungen: Die Trennung von ihrem heroinabhängigen Freund. Zack. „My Tears Dry On Their Own“. Die insistierende Bitte von Vater Mitch und Management, sich endlich wegen ihres Alkoholkonsums therapieren zu lassen, nachdem sie Freund und harten Drogen den Rücken gekehrt hatte. Bums. „Rehab“. Die Scheidung nach Monaten vom heroinabhängigen Freund, den sie dann doch geheiratet hatte. Pow. „Back To Black“. Je mehr tot sie war, desto schöner wurde ihre Kunst.

Jetzt steht sie da vor ihrem Mikrofon und man sieht, dass sie gern beginnen möchte mit irgendetwas. Sie holt Luft, um im Ausatmen zu stoppen. Sie hält die Hände vor den Mund wie ein verlegenes Schulmädchen, das sie übrigens nie war. Die Strophe kommt nicht aus ihr heraus. Die Musik läuft weiter, die Musiker lächeln. Sie sagt etwas – das erste Mal zum Publikum oder so – und es ist nur zu erahnen, dass sie da gerade den Tenor-Saxofonisten vorstellen will. Doch ein Profi: Wenn ich meinen Text vergessen habe, lenke ich eben ab. Jedoch so automatisiert, denn für derlei berechnende Abfolgen zur Peinlichkeitsbregenzung ist sie längst nicht mehr in der Lage. Das Lied geht verfrüht zu Ende, ein neues beginnt. Das wird sich so durch den ganzen Abend ziehen.

Die Fans singen mittlerweile Amys Parts zwischen den Instrumentalsoli der Kollegen, die verzweifelt die von Vielen gezahlte Konzertzeit irgend zu füllen versuchen. Immer mal wieder ruft ihr jemand in der ersten Reihe „Amy, you can do it!“ zu.

Ohne Frage, sie hat es geschafft. Mehrfach musste sie als junges Mädchen die Schulen wechseln, bevor sie in einer bekannten englischen Talentschmiede für Bühnenkünstler kurzzeitig Halt fand. Sie ließ sich nichts sagen. Das war schon als Kind so; Trotzgesicht, Stampfefuß und verschränkte Arme inklusive.

Jahre später steht die mit Preisen überschüttete Göre mit eben diesen verschränkten Armen vor ihren Backgroundsängern, die sie überreden wollen, das Konzert in Belgrad abzubrechen. De facto hat sie an diesem Abend noch kein einziges Lied zu Ende gebracht. Längst ist auch die Stimmung bei den Zuschauern gekippt, die miterleben, wie Amy Winehouse über die Maßen abgefuckt ihre Mitarbeiter auf der Bühne bloßstellt, indem sie sie über das Mikrofon – wenigstens das ist für alle zu verstehen – zynisch beschimpft, sie zum Singen nötigt und dabei immer wieder unfreiwillig die Kontrolle über ihren Körper verliert. Vor einer anderen Kulisse hätte dieses Szenario wahrscheinlich in einer Kneipenschlägerei geendet.

Auch ihre Augen sprechen Bände. Sie sind glasig und leer und wollen nur mit größter Anstrengung nicht in den Hinterkopf rollen. Die Menschen vor der großen Bühne können diese Nuancen eines von Konsum und Bulimie gezeichneten Körpers nicht ausmachen. Sie feiern die verbliebenen Musiker und den Sänger, der offensichtlich neben dem Gitarristen ihre Bezugsperson auf der Bühne ist und mittlerweile ganze Titel alleine singt, um diesen Abend halbwegs zu retten. Spontan geschieht das nicht. Er und die Band werden schon wissen warum.

Während Amy versucht, mit ihren staccatoartigen Bewegungen der R'n'B-Choreografie ihrer Backings standzuhalten, und der Zuschauer kurz geneigt ist, zu glauben, sie persifliere die Kollegen und darüber schmunzeln möchte, schlägt die Realität voll zu, weil Tausende Menschen gerade live einen jungen Menschen auf der Bühne sterben sehen. Nur kurz halten sich Rufe wie „Shamy!" (Danke, „The Sun"!) oder „Who are you?".

Zwischen den wenigen verteilten Whooo-Girls im Publikum, die ohnehin alles bejubeln, sobald es einen Beat oder heißen Hintern hat, wird es großflächig mit jedem weiteren angestimmten Titel beklemmend leiser. Selbst dem Unempathischsten unter ihnen wird klar: Diese Joe-Cocker-Gedächtnis-Moves sind keine Attitüde, das Augenrollen keine Überheblichkeit, ihre Hand, die immer wieder in die des Backgroundsängers greift, keine amourös konnotierte Zuwendung. Die Stumme schreit, nimmt sich zeitweilig wirklich und regelrecht selbst in den Arm, indem sie nach „Love Is A Losing Game" beide schützend wie Schutz suchend um ihre Schultern schlingt. In der Liebe kannst du nur verlieren: Diese Erkenntnis vor dem Hintergrund einer selbstzerstörerischen und gleichermaßen mit Genie getränkten jungen Seele, die sich hinter Turmfrisur, dickem Lidstrich und Tätowierungen, ausgewählt nach dem Zufallsprinzip wie Abziehbildchen aus dem Kaugummiautomaten, verbarg, tat jedem weh, der Zeuge war, wie sich dieser fragile Mensch über Jahre mehr und mehr verlor, in diesem Sog künstlerisch jedoch mehr und mehr aufging. Ein Klassiker, möchte man meinen, führte Amy Winehouse mit ihrem Tod am 23. Juli 2011 die namhafte Gästeliste des Club 27 sehr angemessen fort.

Sie teilte ihre Geschichte für den Moment, nicht für die Zukunft.

Bleibt die Frage, was da noch hätte kommen können oder müssen. Ihr Duett mit Tony Bennett hatte sie. Veröffentlicht wurde „Body And Soul" zwei Jahre nach ihrem Tod, aufgenommen wenige Monate davor. Neben ihrem großen Idol schüttelt sie den Jazz-Standard in wenigen Takes aus dem Ärmel, weil sie dem, was sie tat, ihr Leben gab. Tony Bennett war zum Zeitpunkt der Aufnahme Mitte 70 und lebt noch.

Elton John auch, nur kann er sich an eine ganze Dekade seiner Karriere mitsamt der darin entstandenen Alben, die Geschichte schrieben, nicht erinnern. Für einen Künstler bedeutet auch das den Tod, nur mit körperlicher Anwesenheit.

300 unveröffentlichte Titel wie bei Prince, dessen musikalische Geschichte wohl noch jahrelang weitererzählt werden kann, wird man bei Amy Winehouse sicherlich nicht in einem Safe finden. Sie teilte ihre Geschichte für den Moment, nicht für die Zukunft. Und auch wenn ihre Texte, ihre Stimme, ihre Musik noch Generationen über die zeitlos aufgearbeiteten Schattenseiten des Lebens berichten werden, ist ihre Geschichte am Ende vielleicht einfach auserzählt.

Erstveröffentlicht in drunter+drüber Nr. 14
„Musik und Tod", Mai 2022

SIOUXSIE SIOUX
Subversive Weiblichkeit

von Franziska Reif

Mit Nonkonformismus und unterschiedlichen Stilelementen verschaffte sich Siouxsie Sioux Autorität auf der Bühne. So konnte sie zeigen, dass sie eine richtig gute Musikerin ist. Ihre Band Siouxsie and the Banshees prägte verschiedene Genres und ganze Generationen von Musiker:innen.

1976 wurde Punk auf eine neue Ebene gehoben, als sich im September in London einige Bands zum Punk-Special im 100 Club zusammenfanden: Das Punk-Special gilt manchen als das erste Punk-Festival der Welt, anderen als das Ende dieser Subkultur. Auf der Bühne war auch Susan Janet Dallion, die sich Siouxsie Sioux nannte – auf dem Plakat noch Suzie geschrieben – und mit den Banshees Steve Severin, Marco Pirroni sowie John Simon Ritchie aka Sid Vicious auftrat. Die vier hatten keine Songs einstudiert, sondern improvisierten eine 20-minütige Performance, davon die meiste Zeit um das Vaterunser herum. Spätere Aufnahmen von „The Lord's Prayer" zeigen einen kraftvoll-entschlossenen Vortrag mit präzisem, dichtem Beat und düster jaulender Gitarre, Siouxsie Sioux hüpft über die Bühne, ihre Stimme ist markant und ebenfalls kraftvoll.

„„It was trying to break down the stereotypes and it was the kind of thing where, for the first time, women were on a par and not seen as just objects." Dass das so schnell nicht ging und geht, lässt sich ihrem Nachsatz entnehmen: „Though girls were objectified still."“

Siouxsie Sioux war schon ein bekanntes Gesicht der Punk-Szene, bevor sie auf einer Bühne stand. Siouxsie and the Banshees sollten der Welt nach diesem Auftritt – in verschiedenen Besetzungen – noch zwei Jahrzehnte erhalten bleiben. Der Auftritt beim Punk-Festival folgte der Punk-Attitüde, dass jeder (und jede) Musik machen kann – immerhin hatte Sioux als Sängerin keine Erfahrung. Dafür aber jede Menge Talent. Gemeinsam zeigte die Band große Freude an der Musik, trieb abgedreht und schrill, träumerisch, aber nicht wehmütig Richtung Post-Punk. Mit Stimme und Optik sorgte die namengebende Siouxsie Sioux für Präsenz vor den männlichen Banshees – in der irischen Mythologie ist eine Banshee eine klagende Geisterfrau, die heulend und kreischend den Tod ankündigt, ein Verhaltensmuster, das im Sinne traditioneller Geschlechterstereotypen eher unmännlich erscheint.

Solche Stereotypen sollten abgebaut werden. Sioux sagte in einem Interview 2004 mit dem britischen Musikmagazin Uncut über Punk: „It was trying to break down the stereotypes and it was the kind of thing where, for the first time, women were on a par and not seen as just objects." Dass das so schnell nicht ging und geht, lässt sich ihrem Nachsatz entnehmen: „Though girls were objectified still." Dennoch lässt sich festhalten: Es betraten Frauen die Szene, die ihre Sexualität nicht als Ware handeln ließen. Mit Punk entstand im Musikbusiness ein Raum für neue Gesichter und neue Musik, der den Zugang zur Bühne auch Frauen erleichterte. Subkulturen wurden dennoch weithin reflexhaft als männlich verstanden und die Frauen darin als Anhängsel, denen es an Authentizität und sonstigen Eigenschaften mangelt, die für einen subkulturellen Auftritt nötig sind. Siouxsie Sioux verschaffte sich mit den verschiedenen Stilelementen in ihrem Äußeren die Autorität, die sie benötigte, um Zweifel an ihrer Legitimität als Musikerin gar nicht erst aufkommen zu lassen: die Frisuren wild und geradezu avantgardistisch, die Haarfarben knallig bunt oder tiefschwarz, das Make-up an Stummfilme, Glamrock und Pharaon:innen erinnernd.

Illustration linke Seite: Schwarwel

Dazu kommen der Exotismus der indigenen Anleihe – Sioux – und der Domina-Look unter anderem mit schwarzem Leder und Stiefeln, der – typisch Punk – für den Schockeffekt auf die Fetischwelt zurückgreift. Gleichzeitig verweist der Look auf eine der wenigen weiblichen Rollen in einer Machtposition, die männliche Macht nicht nachahmt. Sioux schuf eine spezifische Form subversiver Weiblichkeit, die Neues so mit Traditionellem mischt, dass sie leicht verstanden und akzeptiert werden kann, sodass die Frau, eigentlich die Außenseiterin auf der Bühne, ebenfalls akzeptiert wird. Dies gelingt ihr durch eine gute Portion Nonkonformismus im Stil, durch die optische Absage an die Mehrheitskultur, auch an die Mehrheitskultur im Musikbusiness. Sioux kreierte sich so selbst eine Otherness, die ohne Vorbilder ist – und zu ihrem eigenen Befremden selbst zum Style-Vorbild wurde –, sie machte sich in gewisser Weise unangreifbar, indem sie zeigte: Ich bin unabhängig und selbstbestimmt. Und es ist mir egal, was ihr von mir denkt.

Gleichzeitig verweist der Look auf eine der wenigen weiblichen Rollen in einer Machtposition, die männliche Macht nicht nachahmt.

Außer, das Rock-Business wird in eine Jungswelt und in eine Mädchenwelt aufgeteilt: „I hate being called the best female singer, 'cause I think I'm better than any male singer as well", sagte sie in einem 1980 ausgestrahlten Interview. Überhaupt: Das Äußere von Siouxsie Sioux ist das nicht das Entscheidende. Entscheidend ist die Musik, mit der sie und ihre Band berühmt geworden ist.

Siouxsie and the Banshees schlugen eine neue Richtung ein, als der Punk begann, die Wiederkehr des Ewiggleichen zu konservieren. Das erste Album „The Scream“ (1978) verfolgte noch die punkhafte Monotonie des Gesangs. Ab 1980, mit dem dritten Album „Kaleidoscope“, kamen Synthieklänge und weichere Töne hinzu, teilweise leicht psychedelisch oder entrückt. Im Laufe der Jahre zeigten die Alben eine Fülle unterschiedlicher Stile und Genres mit Schärfe, Schnelligkeit, Dissonanzen und mit repetitiven Elementen, die nicht langweilen, sondern – wie im niemals zu viel gelobten „Spellbound“ von 1981 – auf neue Weise aufpeitschend-roh klingen. Unter poppigen und düsteren Sound mischen sich sogenannte Ethnoklänge, New Wave und Acid, Techno und Hip-Hop. „Switch“ auf „The Scream“ deutet den noch lange nicht in den Startlöchern stehenden Shoegaze an und das Cover „Dear Prudence“ (1983) ist die wahrscheinlich bessere Version des Beatles-Songs, weil es seine Potenziale erkennt. Das Lied erreichte Platz drei der britischen Charts. Die erste Single „Hong Kong Garden“ (1978), einer der ersten Post-Punk-Hits und vielleicht auch der wichtigste, landete auf Platz sieben der britischen Charts und bildete gleichzeitig ein Statement gegen Nazis. Ernste bis schwere Themen ziehen sich durch: Kindesmissbrauch und kaputte Familien, psychische Erkrankungen und Krieg, gerne serviert in dichter Metaphorik. Es ging aber auch affirmativ und anschmiegsamer, radiotauglich und im Disko-Sinne tanzbar.

Ernste bis schwere Themen ziehen sich durch: Kindesmissbrauch und kaputte Familien, psychische Erkrankungen und Krieg, gerne serviert in dichter Metaphorik.

Damit ist die Frage, wie Gothic Siouxsie and the Banshees waren, eigentlich schon beantwortet. Klar: eine Lead-Sängerin mit superdramatisch geschminkten Augen, dunklen Lippen, toupierten Haaren, gerne schwarz gekleidet – wenn Sioux keinen Goth-Style hatte, was dann? Und natürlich sind Rhythmen für die Tanzfläche mit vielschichtigen, Analyse verlangenden Texten wie gemacht für den Gruftie-Club. Das Album „Juju“ (1981) mag viele Elemente enthalten, die für das Gothic-Genre entscheidend waren, musikalisch, technisch, textlich – so viele, dass manche manches davon gar für eine Parodie halten. Das nächste Album, „A Kiss In The Dreamhouse“ (1982), war dann wieder ganz anders, experimenteller, psychedelischer.

Die Band existierte 20 Jahre und zeigte sich in der ganzen Zeit des Bestehens wandelbar und stets auf der Suche nach Neuem. Siouxsie and the Banshees lassen sich also nicht auf ein Genre festlegen, das Gothic-Etikett ist zu klein. Schnell entwuchsen sie stilistisch dem Gothic-Publikum wieder, an dessen Entstehung sie sicher beteiligt waren, ebenso wie sie vorher dem Punk entwachsen waren. Aufgrund ihrer Weiterentwicklungen und ihrer breiten Popularität eigneten sie sich außerdem wenig für eine kulthafte, um Trueness bemühte Gothic-Anhängerschaft. Und, wenig überraschend: Zuschreibungen und Titel wie Queen of Goth mag Sioux gar nicht: „What I really resent about people sticking labels on you is that it cuts off the other elements of what you are, because it can only deal with black and white: the cartoon“, sagte sie im Uncut-Interview 2004. Und ein Jahr später kommentierte sie im Guardian, auf das notorische Queen of Goth angesprochen: „I hate all that.“

Foto linke Seite: Trinity Mirror/Mirrorpix/
Alamy Stock Foto

„ICH WILL NICHT DIE KÜNSTLERIN SEIN, DIE ICH EINMAL WAR.“ Interview mit Shirley Manson

von Josephine Maria Bayer

Ich treffe Shirley im Zoom-Call. Doch statt ihrer blond gebleichten Haare sehe ich ein schwarzes Fenster. Die Sängerin möchte das Interview heute lieber ohne Video führen. Obwohl Manson seit gut 30 Jahren in den USA lebt, verrät ihr charmanter schottischer Akzent ihre ursprüngliche Herkunft. Anfangs wirkt sie noch etwas müde, im Verlauf des Gesprächs jedoch immer lebhafter. Der Re-Release des vierten Garbage-Studioalbums „Bleed Like Me" ist ein idealer Anlass, die aktuelle Relevanz der Songs einmal unter die Lupe zu nehmen.

Josephine: Hi Shirley, es ist fast 20 Jahre her, dass ihr euer Album „Bleed Like Me" veröffentlicht habt. Die Leadsingle handelt von psychischen Problemen. Denkst du, dass sich das Bewusstsein für diese Themen seither verbessert hat?

Shirley: Ja, das würde ich schon sagen. Ich denke, dass das Stigma, das mit dem Sprechen über psychische Gesundheit verbunden ist, definitiv etwas abgenommen hat. Ich glaube, wir sind alle ein bisschen vertrauter damit, in der Öffentlichkeit über unsere Unzulänglichkeiten zu sprechen, über unsere Seltsamkeit, unsere Verrücktheit und unsere Einsamkeit. Ich glaube, es wird ein bisschen besser, aber ich weiß nicht, ob wir das eigentliche Problem wirklich in den Griff bekommen haben. Zumindest sind wir jetzt in der Lage, über das Problem zu sprechen, was an sich schon eine große Sache ist.

Josephine: Erinnerst du dich daran, wie es war, als die Single 2005 herauskam? Wie haben die Leute darauf reagiert?

Shirley: Ich kann mich nicht genau daran erinnern. Ich weiß nur, dass mir oft vorgeworfen wurde, zu düster und deprimierend zu sein. Aber unsere Fangemeinde hat das ganze Album sehr gut angenommen. Der Song ist in gewisser Weise zu einer Leithymne für die Band geworden. Ich glaube, unsere Offenheit und unsere Bereitschaft, über viele Tabuthemen zu sprechen, wissen unsere Fans zu schätzen.

Josephine: Gibt es einen Song, der dir persönlich bei diesem Thema geholfen hat, zum Beispiel von einem anderen Künstler?

Shirley: Alle Künstler, zu denen ich mich als Jugendliche hingezogen fühlte, haben Aspekte von Tabus angesprochen – egal ob David Bowie oder Siouxsie von Siouxsie and the Banshees, Leonard Cohen oder Nick Cave. Sie alle sprachen über Dinge, über die wir „nicht sprechen sollten". Weißt du, Siouxsie and the Banshees haben „Happy House" herausgebracht, und das handelt von einer psychiatrischen Anstalt. Das hat mich schon sehr früh zu diesen Künstlern hingezogen, weil ich merkte, dass sie über Dinge sprechen, über die ich noch nie zuvor in einem öffentlichen Forum gehört habe.

Josephine: Glaubst du, dass es gewissermaßen zur Aufgabenbeschreibung eines Künstlers gehört, diese schwierigen Themen anzusprechen?

Shirley: Nein, ich glaube nicht, dass es die persönliche Verantwortung von irgendjemandem ist, über etwas zu sprechen, das er nicht erforschen möchte. Das Schöne am Künstlerdasein ist, dass man die Freiheit hat, über alles zu sprechen, worüber man sprechen möchte. Nicht alle Künstler wollen die dunklen Seiten der menschlichen Erfahrung erforschen, aber viele von uns tun es. Wir haben also diesen unglaublichen Freiraum, um alle möglichen Themen zu erforschen und kunstvoll aufzuarbeiten. Und die Leute können es sich anhören oder nicht. Sie können sich damit identifizieren oder nicht. Ich glaube, das macht deine Karriere aus: Ob du über Dinge sprichst, die die Menschen beschäftigt, und ihnen damit

Illustration linke Seite: Schwarwel

hilfst, ihre Gefühle auszudrücken. Ich meine, das macht die Kunst zu so einem Mysterium, nicht wahr?

Josephine: Ja, da stimme ich dir zu. Ich denke auch, dass es darum geht, authentisch zu sein und das auszudrücken, was du wirklich denkst. Oder?

Shirley: Ja, ich meine, authentisch zu sein, wahrhaftig zu sein, ehrlich zu sein, ist etwas, das ich in meinem Leben sehr ernst nehme. Es ist wichtig für mich. Aber das gilt nicht immer für alle. Es gibt auch viel Fantasie und Realitätsflucht in der Kunst. Ich denke, wir haben als Menschen unsere eigenen unterschiedlichen Stile und Arten, wie wir uns ausdrücken wollen. Aber für mich persönlich ist es wichtig, echt und ehrlich zu sein. Und das ist es, wonach ich auch bei anderen Künstlern Ausschau halte.

Josephine: Das Album „Bleed Like Me“ war keine leichte Geburt. Ihr habt euch während der Produktion fast getrennt. Was ist damals schief gelaufen?

Shirley: Ich denke, es ist eher die Frage, was richtig gelaufen ist. Nicht viel lief damals richtig. Ich glaube, der Kern der Sache war unser Kampf mit unserer musikalischen Identität, die im Widerspruch zu den aktuellen Trends stand. Die Rockmusik hatte sich in Richtung Garage entwickelt, zumindest im Alternative Rock, und war gitarrenlastiger und weniger einstudiert. Wir waren eher bekannt dafür, dass wir eine sehr stark produzierte Band waren und uns auf eine Menge Computer, Keyboards und Technologie verlassen haben. Der Geschmack in Sachen Alternative Rock hatte sich zu dieser Zeit komplett in Richtung des rauen Sounds von The Strokes und The White Stripes verschoben. Wir befanden uns außerhalb dieser Bewegung. Unsere Plattenfirma fing dann an, sich in unsere Arbeit einzumischen, wie wir es noch nie zuvor erlebt hatten. Wir fanden das ziemlich frustrierend, weil sie wollten, dass wir uns völlig verändern.
Wir haben uns vehement dagegen gewehrt. Sie drohten uns und wollten, dass wir ironischerweise eine poppigere Richtung eischlagen und mit einigen der damals erfolgreichen Hip-Hop-Produzenten zusammenarbeiten sollten. Und sie sagten uns, dass sie uns fallen lassen würden, wenn wir uns weiter widersetzen würden. Und genau das ist dann auch passiert. Aber ich glaube, wir haben damals verstanden, dass es egal war, was für eine Platte wir machten. Es würde nicht ausreichen, um die Einstellung der Öffentlichkeit und der Plattenfirma uns gegenüber zu ändern. Das war eine Art Klima, in dem wir nicht kreativ sein konnten. Das hat viel Leid verursacht und eine Menge Frustration, weil wir ein sehr klares Gefühl für unsere eigene Identität haben. Und wir konnten uns einfach nicht vorstellen, uns zu verändern, um der Mode der Zeit zu entsprechen. Das schien uns einfach nicht zu interessieren. Also taten wir, was wir taten, und nahmen die Strafe dafür in Kauf. Die Ironie des Ganzen ist natürlich, dass das Album in den amerikanischen Billboard-Charts so hoch einstieg wie nie zuvor. Wir wissen, dass das Album auf Platz vier landete, aber zu diesem Zeitpunkt waren wir bereits von der Plattenfirma im Stich gelassen worden. Es gab also keinerlei Unterstützung für das Album auf dem Markt. Und so verschwand es natürlich schnell wieder. Wenn die Plattenfirma nicht daran interessiert ist, dein Album zu promoten, gehst du unter. Das ist dann das Ende. So ist es also passiert. In der Folge fingen wir an, uns gegenseitig anzuklagen. Wir gaben uns gegenseitig die Schuld. Es ist eine schreckliche Situation für einen Künstler, wenn das Geschäft

„Alle Künstler, zu denen ich mich als Jugendliche hingezogen fühlte, haben Aspekte von Tabus angesprochen – egal ob David Bowie oder Siouxsie von Siouxsie and the Banshees, Leonard Cohen oder Nick Cave.“

die eigentliche Kreativität in den Hintergrund drängt. Das war genug, um uns alle abzuschrecken. Wir sind alle nach Hause gegangen und haben uns fünf Jahre lang nicht mehr blicken lassen.

Josephine: Wie habt ihr das überwunden? Was hat euch geholfen, eure Vision zurückzubekommen?

Shirley: Nun ja. Es war eine schwierige Zeit. Ich meine, ich kann nur über mein eigenes kreatives Überleben sprechen, denn ich weiß nicht, welche Erfahrungen der Rest der Band gemacht hat. Sie haben nie mit mir darüber gesprochen, also weiß ich es wirklich nicht. Mir wurde klar, dass ich eine Künstlerin bin, und ich glaube nicht, dass ich das jemals zuvor wirklich akzeptiert hatte. Ich habe immer gedacht, dass mein Erfolg ein Zufall ist. Mir wurde plötzlich klar, dass das etwas ist, worin ich sehr gut bin, worin ich sehr erfolgreich war und ohne das ich nicht mehr leben konnte oder wollte.
Und dann war da noch die Tatsache, dass meine Mutter im Sterben lag. Und ich fühlte mich meiner Mutter gegenüber in der Pflicht. Ich musste mich selbst wieder auferstehen lassen. Denn das wäre das, was sie von mir erwartet hätte. Die ganze Zeit war wirklich schwierig, denn es gab viele Todesfälle bei uns. Neben meiner Mutter starb auch die Mutter meines Mannes und der junge Mann meiner besten Freundin. Und dann haben meine Freunde ihr sechsjähriges Kind durch Krebs verloren. Als ich auf der Gedenkfeier sang, traf ich auf Butch und wir sprachen darüber, dass wir wieder Musik machen sollten, um die Trauer zu verarbeiten. Und das taten wir dann auch. Wir haben uns geschworen, uns nicht um die Musikindustrie zu kümmern, uns nicht darum zu kümmern, ob Radiosender uns spielen wollten oder nicht, uns nicht darum zu kümmern, ob eine Plattenfirma uns unter Vertrag nehmen wollte oder nicht. Es war uns egal, ob wir in den Charts ganz oben standen oder nicht. Wir wollten einfach nur kreativ sein und haben uns auf die Socken gemacht und uns nur darauf konzentriert. Und der zweite Akt von Garbage dauert nun schon länger als der erste Akt, was so seltsam und wunderbar ist, aber ein großes Privileg.

„Ich bin nicht daran interessiert, mein jugendliches Selbst zu erforschen. Das habe ich schon hinter mir. Ich möchte erforschen, wer ich jetzt als 57-jährige Frau in der Welt bin."

Josephine: War diese kreative Krise eine einmalige Erfahrung? Oder hattet ihr seitdem ähnliche Schluckaufs?

Shirley: Nein, ich glaube, das war eine tiefgreifende Lektion für uns alle, eine, aus der wir gelernt haben. Seitdem sind wir nie wieder in eine Krise geraten, weil wir uns von vielen Dingen ferngehalten haben, die wir nicht kon-

Foto: ZUMA Press, Inc./Alamy Stock Foto

trollieren können. Weißt du, wenn du jünger bist, machst du den Fehler zu glauben, es gäbe ein Verdienstsystem. Du denkst, dass es einen Preis gibt oder dass die Welt gerecht ist. Und wenn du dich erst einmal von all diesen Erwartungen befreit hast, die du selbst an dich stellst und die andere an dich stellen, liegt der Fokus darauf, ein besserer Künstler zu werden. Das ist alles, woran ich jetzt denke: Wie kann ich besser werden in dem, was ich tue? Wie kann ich lernen? Wie kann ich daran wachsen? Wie kann ich mich weiterentwickeln? Weißt du, ich will mich nicht wiederholen. Ich will nicht die Künstlerin sein, die ich einmal war. Ich denke nie: „Oh, ich wünschte, ich wäre jünger.“ Ich bin nicht daran interessiert, mein jugendliches Selbst zu erforschen. Das habe ich schon hinter mir. Ich möchte erforschen, wer ich jetzt als 57-jährige Frau in der Welt bin. Das ist es, was ich faszinierend und aufregend finde.

Josephine: Was ist einer der größten Unterschiede zwischen damals und heute, verglichen mit deinem jüngeren Ich? Welches sind die Themen, die du derzeit erforschst?

Shirley: Ich glaube, das, was mich am meisten beschäftigt, ist die Zärtlichkeit. Was ist das? Und wie können wir mehr davon finden? Weißt du, als ich jung war, war ich verschlossener und verängstigter. Ich hatte seltsame Vorstellungen davon, was wichtig ist. Und ich war das Zentrum von allem. Als ich älter wurde, habe ich gemerkt, wie unbedeutend ich eigentlich bin. Das ist faszinierend für mich. Und es ist auch unheimlich beruhigend. Es hat mir eine breitere Sicht darauf gegeben, was es bedeutet, am Leben zu sein. Ich denke auch viel über den Glauben und die destruktiven Auswirkungen von Religion nach. Die engstirnigen Vorstellungen, die die Menschen von ihrem Glauben haben, haben so viel Schmerz und Leid verursacht. Ich denke viel über die Kürze des Lebens nach und darüber, dass meine Zeit irgendwann abläuft. Als ich jung war, wäre es mir nie in den Sinn gekommen, dass ich vielleicht nie wieder zurückkommen würde, wenn ich zum Beispiel für eine Show nach Deutschland komme. Das war einfach nicht möglich, das war keine Realität. Daran habe ich nie gedacht. Und jetzt, wenn ich eine Stadt besuche, frage ich mich: Werde ich jemals das Glück haben, hierher zurückzukommen? Weißt du, ich bin in meinem Leben schon viel gereist. Ich bin durch ganz Russland gereist. Und jetzt frage ich mich, ob ich jemals wieder in St. Petersburg oder Moskau stehen werde. Werde ich jemals wieder in einem Zug nach Sibirien reisen? Weißt du, das sind Dinge, die mich jetzt beschäftigen und die mir früher nie in den Sinn gekommen sind.

„Ich denke auch viel über den Glauben und die destruktiven Auswirkungen von Religion nach.“

Josephine: Du hast erwähnt, dass du in diesen Tagen viel über Religion nachdenkst. Denkst du, dass der Glaube auch etwas Positives sein kann, etwas, das nicht einschränkt?

Shirley: Ich denke, dass echter Glaube schön, bereichernd und magisch ist. Aber nur sehr wenige Menschen haben tatsächlich einen echten Glauben. Sie schließen sich aus Angst religiösen Organisationen an, aber ich weiß nicht, ob da wirklich Glaube im Spiel ist. Wenn dem so wäre, gäbe es viel weniger Gewalt, Schmerz und Leid. Wenn alle, die sich einer religiösen Praxis verschrieben haben, wirklich gläubig wären, würden wir nicht das erleben, was sich derzeit auf der Weltbühne abspielt.

Josephine: In eurem Song „Metal Heart“ singst du: „Ich wünschte, ich wäre nicht aus Fleisch und Blut. Ich würde mich nicht fürchten. Vor Kugeln, die mit mir im Sinn gebaut wurden. Denn dann könnte ich gerettet werden.“ Glaubst du, dass diese Welt von uns verlangt, ein Metallherz zu haben?

Shirley: Ich glaube nicht, dass sie das von uns verlangt. Aber ich glaube, viele Menschen haben so viel Angst, dass sie sich abhärten. Ich glaube, sie glauben fälschlicherweise, dass sie nur so überleben können. Ich glaube, wir sind immer noch so unwillig, aus den Fehlern der vergangenen Jahrhunderte zu lernen. Wir weigern uns fast willentlich, aus den Fehlern zu lernen, die wir gemacht haben, aus den Lektionen, die uns immer und immer wieder gezeigt worden sind. Wir gehen immer wieder die gleichen Wege. Aus welchem Grund weiß ich nicht genau. Ich glaube, wir sind nicht bereit, uns die Lektionen, die uns gezeigt wurden, genau anzuschauen. Vielleicht mangelt es manchmal auch an Vorstellungskraft, denn Vorstellungskraft erfordert den Mut, Linien neu zu ziehen, Karten neu zu zeichnen und neue Möglichkeiten zu entwerfen. Das erfordert einen Mut, den vielleicht nur wenige von uns haben. Es erstaunt mich, dass Menschen immer noch auf Gewalt zurückgreifen, um irgendeinen Konflikt zu lösen. Ich finde das verwirrend. Ich halte es für einen solchen Wahnsinn, dass wir denken, wir könnten irgendetwas lösen, indem wir jemandem eine Kugel ins Gehirn jagen oder Menschen bombardieren, weil wir uns weigern zu vergeben, neue Realitäten zu akzeptieren und uns mit einer anderen Person zu identifizieren.

„Das ist total verrückt, das ist wie in einer Horrorgeschichte. Es ist wie in Margaret Atwoods „Handmaid's Tale".“

Foto: WENN Rights Ltd/Alamy Stock Foto

Josephine: Ich finde den Titel eures Songs „Sex Is Not The Enemy“ sehr faszinierend. Weißt du noch, wie du auf diesen Song gekommen bist? Ich habe das Gefühl, dass die Gesellschaft immer noch über Menschen urteilt, besonders über Frauen, wenn es um Sex geht.

Shirley: Ja, Sex wurde zur Waffe gemacht, besonders gegen Frauen. Er wird absichtlich als Waffe eingesetzt, um Frauen zu kontrollieren, um sie kleiner und wohlerzogener zu machen. Und Sex wird auch als Waffe gegen Männer eingesetzt, die immer wild und sexuell aktiv sein sollen. Es ist schon verrückt, wie sehr die Kirche und der Staat Sex nutzen, um uns in unseren traditionellen Rollenvorstellungen zu halten. Wir sehen das gerade besonders in Amerika: Der Krieg gegen die Frauen ist erschreckend und ich hätte mir in meinen kühnsten Träumen nicht vorstellen können, dass Frauen in den USA, in dem Land, in dem ich lebe, wieder dafür kämpfen müssen, dass ihre Gesundheitsfürsorge vom Staat übernommen wird, schon gar nicht im Jahr 2001, als wir diese Platte geschrieben haben. Aber unsere sexuelle und reproduktive Gesundheit wird ignoriert und als Waffe gegen uns eingesetzt, um uns zu kontrollieren. Es ist mittlerweile illegal, dass ein 10-jähriges Kind nach einer inzestuösen Vergewaltigung abtreiben kann. Das macht mich fassungslos. Ich verstehe nicht einmal, wie jemand, der bei klarem Verstand ist, so etwas gutheißen kann. Das ist total verrückt, das ist wie in einer Horrorgeschichte. Es ist wie in Margaret Atwoods „Handmaid's Tale".

Josephine: In dem Lied „Boys Want To Fight“ singst du: „Boys want to fight but girls are happy to dance all night“. Ist das eine Botschaft wie in Cindy Laupers „Girls Just Wanna Have Fun“?

Shirley: Nein, ich glaube, der Song war eher eine Auseinandersetzung mit den engen Geschlechterkategorien, in denen wir alle gefangen sind, und ich weiß nicht, ob ich das damals schon wusste, als ich ihn schrieb. Jetzt, im Jahr 2024, haben wir ein ganz neues Vokabular, um mit dem umzugehen, was ich damals ausdrücken wollte. Ich war frustriert über diese seltsamen, sehr engen Grenzen des Geschlechterbinärs. Ich war frustriert darüber, dass Männer in einer schrecklich engen Kategorie feststecken und Frauen in der anderen. Und meine Erfahrung mit der Welt war natürlich, dass die Geschlechtertrennung tatsächlich bizarr, unversöhnlich, dumm und einengend ist und uns als Menschen gefangen hält. Diese albernen Vorstellungen wie „Männer müssen der Ernährer sein", „Männer müssen stark sein", „Männer müssen muskulös sein", „Männer müssen kämpfen“ sind meiner Meinung nach eine schreckliche Kategorisierung für jeden Mann. Genauso sollen Frauen lächeln und hübsch sein und, Gott bewahre, dass sie nicht versuchen, den Männern zu gefallen. Frauen sollen sanft sein, sich um andere kümmern, all diese Dinge. Diese engen Grenzen, in denen wir leben sollen, fand ich damals frustrierend. Ich freue mich, dass das binäre Geschlechterverhältnis jetzt so in Frage gestellt wird, denn ich glaube, dass es uns alle befreit. Es befreit Männer, Frauen und alle Menschen, die sich nicht mit dem Geschlecht identifizieren, so zu sein, wie sie sind, nicht wie der Staat es uns vorschreibt.

„Ich war frustriert über diese seltsamen, sehr engen Grenzen des Geschlechterbinärs.“

Josephine: Lass uns zum Schluss über etwas Positives sprechen: Garbage wird diesen Sommer nach fünf Jahren erstmals wieder nach Europa kommen. Worauf freust du dich am meisten?

Shirley: Weißt du, auf Tournee zu gehen, die Welt zu bereisen, war zweifellos die größte Freude in meinem ganzen Leben und hat sogar meine Karriere übertroffen. Zu reisen war immer das größte Privileg. Es ist so reizvoll, informativ, lehrreich und fröhlich. Ich liebe es zu reisen, ich liebe es zu touren, ich liebe es, diese großartigen Orte zu sehen. Ich habe auf meinen Touren immer etwas über Menschen, Politik, Religion, Überleben und Spiritualität gelernt. Es ist einfach faszinierend. Das ist es, worauf ich mich freue. Je älter ich geworden bin, desto mehr Bedeutung hat das Touren für mich bekommen, denn ich habe erkannt, dass wir den Menschen dienen können, wenn wir irgendwo spielen. Als ich jung war, habe ich das nie so gesehen, aber jetzt weiß ich, dass wir als Band dafür sorgen können, dass sich jemand, der zu unserem Konzert kommt, besser fühlt, und wenn er das Konzert verlässt, haben wir hoffentlich dafür gesorgt, dass er sich mehr mit sich selbst oder mit seiner Gemeinschaft verbunden fühlt, oder dass er sich geliebter, glücklicher und freier fühlt. Das scheint mir in gewisser Weise eine noble Aufgabe zu sein: Menschen ein gutes Gefühl zu geben. Was für eine große Freude das ist. Und das gleiche tut das Publikum auch für uns: Ich fühle mich immer besser, wenn ich ein Konzert verlasse, egal ob ich es besuche oder ob ich selbst auftrete. Ich verlasse die Bühne immer mit einem viel besseren Lebensgefühl. Da ich älter werde, sehe ich das Spielen nicht mehr als selbstverständlich an. Als ich jung war, kam ich nach Deutschland und mir kam nie in den Sinn, dass ich vielleicht nie wieder nach Berlin komme, dass ich vielleicht nie wieder nach Köln fahre und die Domspitzen von meinem Hotelzimmer aus sehe, dass ich vielleicht nie wieder in Hamburg bin und unten am Hafen stehe. So eine Gelegenheit bekommt man vielleicht nie wieder, also ist da eine gewisse Melancholie, aber auch eine Begeisterung, im Moment zu sein, hier zu sein, weil ich vielleicht nie wieder hier sein werde.

„Ich habe auf meinen Touren immer etwas über Menschen, Politik, Religion, Überleben und Spiritualität gelernt."

Erstveröffentlicht auf laut.de Mai 2024

Foto: Edd Westmacott/Alamy Stock Foto

„OH BONDAGE UP YOURS“ Poly Styrene / X-Ray Spex

von Christina Mohr

„Some people say that little girls should be seen and not heard – but I think OH BONDAGE UP YOURS!“

Selbst Menschen, die mit Punk nur wenig oder nichts am Hut haben, werden dieses Intro kennen, mit dem Poly Styrene den bekanntesten Song ihrer Band X-Ray Spex einleitet. „Oh Bondage Up Yours“, laut Musikjournalistin Vivien Goldman der wichtigste Punk-Song aller Zeiten, ist aus verschiedenen Gründen bemerkenswert: Durch Lora Logics prominenten Saxophoneinsatz zum Beispiel, der das verpönte Instrument auch im Punk populär machte. Und dadurch, dass der ungeheuer energiegeladene, geradezu funkensprühende Song über das Abschütteln jeglicher Fesseln aus weiblicher Perspektive getextet ist – zu frühen Punkzeiten ungewöhnlich.

Sichtweise und Stimme gehörten zu Poly Styrene, einer der auffälligsten und gleichzeitig un-punkigsten Persönlichkeiten des britischen Punk: Styrene, bürgerlich Marianne Joan Elliott-Said, 1957 als Tochter einer schottisch-irischen Sekretärin und eines somalischen ehemaligen Adligen geboren, entsprach keinem Klischee, auch wenn sie in einem anderen Song („I'm A Cliché“) über genau dieses Thema sang – ironisch natürlich.

Es gibt ein berühmtes Foto („Ladies Tea Party“) von Michael Putland, das Viv Albertine, Pauline Black, Debbie Harry, Chrissie Hynde, Siouxsie Sioux und Poly Styrene zeigt, sechs Punk-Frauen scheinbar fröhlich vereint. Black und Styrene mochten das inszenierte Foto nicht, fühlten sich als Women of Color einander aber sofort verbunden. „Sie ist wie ich“, so Styrene über

Black, ein Einverständnis, das nicht einmal ausgesprochen werden musste. Dass sie sogar im ach-so-liberalen Punkrock Außenseiterinnen waren, wussten beide nur zu gut.

1976 hatte Poly unter ihrem bürgerlichen Namen die Reggae-Single „Silly Billy" aufgenommen. Schon als Kind war ihr klar, dass Musik und Perfomance ihr Weg sein würden, dass sie sich mit ihrer Stimme Gehör verschaffen konnte. Ihre Punk-Inkarnation folgte kurz nach „Silly Billy", der offensichtlich nur ein Zwischenschritt war: Fasziniert von Künstlichkeit und Wegwerfkultur wählte sie einen Kunststoff als Künstlerinnennamen und gründete nach dem Besuch eines Konzerts der Sex Pistols ihre eigene Band X-Ray Spex.

Styrene trat in selbstgemachten Kleidern aus Plastiktüten oder in Oma-Strickjäckchen auf und trug ihre Zahnspange mit größter Selbstverständlichkeit. Leidenschaftlich rebellierte sie gegen tradierte Rollenbilder: Sollte sie jemals als Sexsymbol gelten, würde sie sich sofort eine Glatze rasieren, wurde Styrene zitiert. Polys herausstechendstes Merkmal war sowieso ihre Stimme: laut, gehetzt und wie außer Kontrolle schrie Poly Styrene ihre Texte heraus. Es hieß, sie hätte Johnny Rotten große Angst eingejagt. Die Songs von X-Ray Spex handelten von den Absurditäten modernen Lebens, vom Einkaufen und Fernsehen, von Neon, Plastik und vom Konzept der Identität – *„Identity / is the crisis, can't you see"*, singt Styrene auf X-Ray Spex' Debütalbum „Germ Free Adolescents", fraglos eine der wichtigsten Punkplatten ever.

Auf der Schattenseite von Styrenes Talent und Mut lauerten die Dämonen …

Styrenes Bedeutung für Popkultur und Gesellschaft wurden auch von Institutionen erkannt: 1979 drehte die BBC „Who Is Poly Styrene?", eine so witzige wie aufschlussreiche Dokumentation über Poly Styrenes kreatives Selbstverständnis. Ihr außergewöhnliches Styling und der revolutionäre musikalische Output wirken bis heute nach. Für Vivien Goldman war Styrene eine hellsichtige Visionärin – beispielsweise befindet sich auf Styrenes letztem Soloalbum „Generation Indigo" ein Song über Cyber-Dating, lange bevor es das tatsächlich gab. Und Kathleen Hanna, deren exaltierter Gesangsstil mit Poly Styrene verglichen wird, sagt, dass es wohl keine Musikerin gäbe, die nicht von Styrene beeinflusst worden sei.

Auf der Schattenseite von Styrenes Talent und Mut lauerten die Dämonen: Seit Jugendtagen litt Styrene immer wieder unter einer bipolaren Störung und galt generell als „schwierig". So hieß es, dass sie Lora Logic noch vor der Veröffentlichung des Debüts aus der Band geworfen habe, weil es nur eine starke Frau bei X-Ray Spex geben könne – die genauen Hintergründe sind ungeklärt, jedoch traten die beiden beim späteren Bandrevival gemeinsam auf. In der bewegenden Doku „I am a Cliché" und der Biographie „Dayglo" berichtet Styrenes Tochter Celeste Bell, dass alles gut gewesen sei, wenn Poly ihre Medikamente nahm – was sie aber oft nicht tat, weil die Hare Krishna-Sekte, der sich Styrene (wie auch Lora Logic) in den frühen Achtziger Jahren angeschlossen hatte, konventionelle Medizin kritisierte und Verbote aussprach. Die Suche nach Sinn und der Kampf gegen innere und äußere Widerstände bestimmten Poly Styrenes Leben und Arbeit bis zu ihrem frühen Tod: Styrene starb im April 2011 an den Folgen ihrer Brustkrebserkrankung, vier Wochen nach der Veröffentlichung von „Generation Indigo", das ihr musikalisches Vermächtnis bleibt.

Foto linke Seite: Trinity Mirror/Mirrorpix/ Alamy Stock Foto

„GIRLS TO THE FRONT!"
Kathleen Hanna
Bikini Kill, The Julie Ruin, Le Tigre

von Christina Mohr

In ihrer Autobiographie „Rebel Girl" erinnert sich Kathleen Hanna an einen Höhepunkt ihrer Schulzeit: Als Zehnjährige trat sie in einem Musical auf und sang mit Inbrunst und großem Erfolg zwei Solostücke. „Now everyone knew I could sing", schreibt sie stolz. Nach der Aufführung bekam sie von ihrem Vater ein Eis spendiert, garniert mit der abschätzigen Bemerkung, dass sie sich dieses redlich verdient hätte, nachdem sie sich vor so vielen Leuten lächerlich gemacht habe.

In dieser Szene – die beileibe nicht die krasseste Schilderung ihrer dysfunktionalen Herkunftsfamilie ist – zeigen sich mehrere Themenkomplexe, die das Leben der späteren Riot Grrrl-Ikone maßgeblich und langfristig beeinflussen: die schwierige Beziehung zum alkoholkranken, übergriffigen Vater, der Drang zur Bühne, die man als Flucht aus dem bedrückenden Alltag bezeichnen könnte, und die Sehnsucht nach Heilung durch Applaus und Aufmerksamkeit.

Als Kind versuchte Kathleen, zwischen ihren streitenden Eltern zu vermitteln und die als problematisch geltende ältere Schwester zu schützen. Als Teenager verkaufte sie Gras an Mitschüler:innen und Lehrer:innen und wurde im Gegenzug vom Rektor um Beratung bei sexuellen Problemen gebeten – eine empörende Grenzüberschreitung. Weil die Familie häufig umzog, fehlten Kathleen vertrauensvolle Beziehungen – einzige feste Größe: ihr Tagebuch. „Ohne zu schreiben, wäre ich verzweifelt", wird Hanna zitiert, die bis heute Tagebuch führt.

Am Evergreen College in Olympia fand sie in ihrer WG-Kollegin Allee eine gute Freundin, mit der sie nicht nur mehrere Jahre zusammenwohnen sollte, sondern die auch auf tragische Weise Kathleens feministisches Bewusstsein weckte: Weil sie ihren Schlüssel vergessen hatte, bat Kathleen Allee, die Tür ihres Apartments offen zu lassen. In dieser Nacht wurde Allee überfallen, der Eindringling bedrohte und misshandelte sie. Geschockt und sich schuldig fühlend, widmete Kathleen ihre Uni-Modenschau der Freundin und begann, in einer Hilfseinrichtung für vergewaltigte Frauen zu arbeiten. Dass sie selbst schon Opfer sexueller Übergriffe geworden war, verdrängte Hanna lange Zeit – sie hielt das gewalttätige Verhalten vieler Männer für normal.

Die Lektüre von Kathy Ackers Romanen wie „Blood and Guts in High School" wirkte auf Hanna wie eine Epiphanie, Ackers drastische Texte über den Zusammenhang von Sex und Gewalt halfen ihr, Selbsterlebtes zu verarbeiten und einzuordnen. Acker kann als Hannas Mentorin gesehen werden: Die New Yorker Autorin lud Hanna mit ihren Texten zu einer Lesung ein, riet ihr danach aber, mit Spoken Word aufzuhören und lieber eine Band zu gründen. Was Hanna auch tat: Nach den kurzlebigen Bandprojekten Amy Carter und Viva Knievel gründete sie mit Tobi Vail und Kathy Willcox in der Indie-Hochburg Olympia Bikini Kill, benannt nach Kathleens Fanzine.

Mit anderen Bands wie Bratmobile wurden Bikini Kill zur Speerspitze der Riot-Grrrl-Bewegung, mit Kathleen Hanna als vergleichslos kämpferischer und charismatischer Sängerin, die bei Konzerten die Typen aus der ersten Reihe vertrieb: „Guys, be cool for once in your life, step back", shoutete sie, „GIRLS TO THE FRONT!" wurde zum Schlachtruf und T-Shirt-Slogan der Riot Grrrls. Songs wie „Rebel Girl", „Sugar", „Suck My Left One" und „Double Dare Ya" sind unsterbliche Riot-Hits mit expliziten Inhalten, die auch 30 Jahre später nichts von ihrem Furor verloren haben.

Sie habe sich ihre Rolle als Anführerin nicht ausgesucht, sagt Hanna in der Dokumentation „The Punk Singer", doch zu niemandem passt diese Rolle besser. Als Sängerin und Gitarristin von Bikini Kill konnte (und kann, schließlich gibt es Bikini Kill noch bzw. wieder) Hanna all ihre Talente nutzen: ihre Stimme, ihr furchtloses Auftreten, ihre lyrische und musikalische Begabung, ihr Händchen für Styling. Hanna schrieb sich Worte wie „slut" und „bitch" auf den Bauch, galt als Gesicht und Stimme der Riot Grrrls – was nicht allen Mitstreiter:innen gefiel.

Hanna schrieb sich Worte wie „slut" und „bitch" auf den Bauch, galt als Gesicht und Stimme der Riot Grrrls – was nicht allen Mitstreiter:innen gefiel.

Auch dass Hanna zu Unizeiten als Stripperin arbeitete, wurde ihr vorgeworfen, als schlössen sich Feminismus und Sexarbeit grundsätzlich aus. Hanna konterte, dass Strippen auch nicht entwürdigender sei, als bei McDonalds zu arbeiten, besser verdienen würde man auch. Warum man sie verurteile, und nicht stattdessen den Kapitalismus und das Patriarchat, fragt Hanna.

Mit Widersprüchen zu leben und diese den Leuten vor die Füße zu knallen, ist ein „hot topic"* in Hannas Musik und Texten für Bikini Kill, Le Tigre und The Julie Ruin. Hannas Verdienste für den 3rd Wave Feminismus – oder weniger universitär: für den Pop-Feminismus – sind groß und unbestritten.

Unerträglich dagegen ist Hannas unreflektiertes Engagement für die Free-Palestine-Bewegung, die den fürchterlichen Angriff der Hamas auf israelische Bürger:innen ausblendet respektive als „Notwehr" gegen angeblichen Kolonialismus und Genozid an der palästinensischen Bevölkerung auslegt. Für viele Riot Grrrls schwer auszuhalten, auch die Verfasserin dieser Zeilen verzichtete auf einen Konzertbesuch, um nicht unter falscher Flagge vereinnahmt zu werden. Sehr schade, aber wohl nur für Fans eine Diskrepanz.

* Song von Le Tigre

Illustration linke Seite: Schwarwel

„ICH LIESS UND LASSE MICH DURCH RASSISMUS UND SEXISMUS NICHT VERSCHEUCHEN.“ Interview mit Yvonne Ducksworth

von Sandra Strauß und Schwarwel

Born into a British family living in Burlington, Ontario, Canada in 1966. Grew up in New York, and New Orleans, until a family move in 1983, to Dietzenbach, Germany. Shortly after arrival, I was released from daughterhood, becoming homeless. Lived on the streets of Frankfurt's Sachsenhausen district. I soon arrived in Berlin, Kreuzberg, and was promptly scooped up by the social system. I started to sing. Combat not Conform, Manson Youth, and later: Jingo de Lunch. I returned to the USA in 1997, to Arizona, where I studied Communication Technology; enabling me to work as a Network Operator. Eventually however, I returned to Berlin, Kreuzberg; disillusioned with the US, and terribly homesick. Currently the Bassist & Singer for the Band Treedeon since 2013. I am happily working class. Responsible for KR23 production at The LQR Company. I am passionate about veganism, motorcycles, video games, museum visits, and long forest walks.

Sandra: Du zockst gern und in deinem aktuellen Game ist dein Character eine blaue Kriegerin. Bist du auch im real life eine Kriegerin? In Vorbereitung auf unseren Talk haben wir dein Interview von Danielle De Picciotto im Kaput-Magazin gelesen und auch gesehen, dass du im „Und dann kam Punk"-Podcast warst. Du hast da sehr offen und authentisch über Mental Health und Psyche gesprochen und dass du dich von Kindesbeinen an durchkämpfen musstest.

Yvonne: Ich glaube, dass ich nichts Besonderes bin. Jede:r muss sich irgendwie auf eine Art durchkämpfen. Jede:r hat ihren bzw. seinen Kampf. Bei mir waren es noch ein paar Zusatzkämpfe. Ich kann auch nicht sagen, ob mein Kampf leichter oder schwerer war. Mein Kampf hat mich geerdet, ich kenne ja nichts anderes. Ich habe schon sehr früh gemerkt, dass ich mich mit anderen Sachen auseinandersetzen musste, mit denen sich beispielsweise meine Mutter und Teile meiner britischen Familie nicht auseinandersetzen mussten.
Inzwischen habe ich gelernt, dass es eine Rede gibt, in der man Kindern mit auf den Weg gibt, wie die Welt so aufgebaut ist und welchen Regeln man als schwarze Person folgen muss, um sein Leben zu schützen und weiterzukommen, wie man sich zu verhalten hat, wenn man mit Polizisten oder Rassisten in Berührung kommt. Und zwar immer. Diese Rede – „The Talk" – habe ich nie erhalten, weil meine Mutter eine weiße, blonde, britische Frau ist, und das ist keine Kritik an ihr. Es ist einfach das System, in dem wir leben.
Als hellhäutige schwarze Frau musste ich im Nachhinein auch immer wieder selbst forschen, um klarzukommen, und als kämpferische Frau schauen, wie ich weiterkomme. Das hat bei mir konkret angefangen, als ich von Toronto oder Kanada mit meiner weißen Mutter und meinem schwarzen Stiefvater nach New Orleans gezogen bin. Ich lebte vorher in New York und in Kanada. In meiner Zeit in New York war ich noch sehr jung und ging auf eine sehr gemischte Multikulti-Kindergar-

Foto linke Seite: Arne Heesch

ten-Schule, eine Montessori Schule, die eine ganz klare inklusive Grundlage und Thematik hatte. In Kanada war ich dann eine von wenigen Schwarzen in der Schule. Dort ist es mir nicht so aufgefallen, dass das groß anders war. Ich war sieben. Als wir dann nach New Orleans gegangen sind, wurde ziemlich deutlich, dass hier andere Regeln gelten.

„Als gemischte Frau habe ich Diskriminierung und Rassismus erfahren.“

Als gemischte Frau habe ich Diskriminierung und Rassismus erfahren. Rassismus als schwarzes Mädel durch die weiße Gemeinde und Diskriminierung durch die schwarze Community. Diskriminierung ist etwas anderes als Rassismus. Rassismus ist irgendwie eindeutig ein systemisches Problem und hat andere Züge als Diskriminierung. Diskriminierung habe ich durch die schwarze Community erlebt, weil ich britisch aufgezogen wurde und eine andere Aussprache hatte. Mir haben bestimmte Werkzeuge gefehlt, wie ich mich in dieser Community zu verhalten habe, weil meine Mutter mir so etwas nicht weitergeben konnte. Der Rassismus vom weißen Teil war in Louisiana und New Orleans sehr deutlich, weil es eben im tiefen Süden der USA und so tief verwurzelt ist.

Aber auch ohne diese Werkzeuge zu haben, habe ich meinen eigenen Weg gefunden. Das war meine Grundlage. Wie ich weitergemacht habe? Mit Musik, Lesen, Kunst, Schreiben, viel Nerd sein. Das sind meine Waffen, die ich benutzt habe und bis heute nutze, um mit diesem System klarzukommen.

Sandra: Wie hat dir Musik dabei geholfen?

Yvonne: Musik hat bei mir ganz früh angefangen. Meine Oma und mein Opa haben Klavier und Geige gespielt, wir haben immer zusammen gesungen und gespielt.

Das ist eine Art von Meditation. Als junge Person war mir das gar nicht so klar – also dass es auch Meditation ist. Doch jetzt ist mir sehr bewusst, dass alle Kunst und Musik Meditation sein kann, um dich aus einer Umgebung herauszunehmen, um dich selbst an einem anderen Platz zu positionieren, sodass du diese Aggressivität bekämpfen und alles ein bisschen ausschalten kannst. Das ist sehr wichtig für Mental Health. Das Schreiben der Texte hat mir geholfen, mich auszudrücken, was mich genervt hat oder womit ich kämpfen musste. Ich konnte alles konkret aufschreiben und bestimmte Episoden ausdrücken. Der Akt, selbst Musik zu machen oder zu singen oder das wiederzugeben, ist diese Art von Meditation.

Schwarwel: Du machst ganz schön laute Meditation, oder?

Yvonne: Oh ja, geil, sollen alle wissen!

Schwarwel: Wie kommt man denn auf die Idee, nach New Orleans zu ziehen? War das deinen Eltern nicht so gewahr? Spielte das für sie keine Rolle?

Yvonne: Mein Stiefvater kommt aus Mississippi und seine Familie war nach New Orleans gezogen. Er lebte früher auch in New York. Meine Mutter hatte zu dieser Zeit in Kanada und New York gelebt. Sie haben in Kanada geheiratet, als ich sechs Jahre alt war. Und so wie junge Pärchen super Ideen haben, haben sie sich gedacht, als gemischtes Paar tief in den Süden zu ziehen. Keine Ahnung, ich hätte es nicht gemacht. Es bringt eine Menge Probleme mit sich. Es war damals schon schwer genug, als gemischtes Paar zusammenzusein.

Auch für meine Großeltern, die sehr britisch sind, haben sich neue Wege aufgetan. Im Nachhinein habe ich mich mit meinem Opa unterhalten und er meinte, dass es 1966 schon ganz schön ein Statement war, wenn ein braunes Kind rauskommt. Meine Oma und mein Opa mussten damit auch erstmal

klarkommen, weil meine Mutter alleinstehend war. Nicht die beste Voraussetzung. Es ist heutzutage schon schwierig, doch damals war es noch mal eine ganz andere Nummer. Meine Mutter sagte auch immer zu mir, dass es ihr Statement gegen Rassismus sei. Das war für mich nicht immer einfach und ein Gewicht, das auf mir lastete, weil ich einfach mein Leben leben wollte. Okay, dann bin ich eben ein Statement gegen Rassismus.
Ja, meine Eltern sind dann eben nach New Orleans gegangen. Es ist ja auch eine aufregende Stadt. Ich liebe New Orleans. Sie hat eine vielfältige Musik- und Kunstszene und ist sehr vielseitig. Ich bin froh, dass ich das dort mitbekommen habe. Man kann ja auch nicht immer sagen, dass alles Scheiße ist. Man muss das alles immer ein bisschen abwägen.

Schwarwel: Siehst du Parallelen zu Berlin, was Diversität, Kunst und/oder Lebensgefühl angeht? Es muss ja einen Grund geben, warum du jetzt in Berlin bist und nicht in New Orleans.

Yvonne: Nein, ich sehe zwischen den beiden überhaupt keine Parallelen. Ich hatte nicht die Wahl, nach Berlin zu kommen. Ich hatte auch nicht die Wahl, nach New Orleans zu gehen. Mein Stiefvater und meine Mutter sind von New Orleans nach Frankfurt gezogen. Das war die Entscheidug meiner Eltern, als sie den Rassismus dann endlich erkannt hatten. Sie wollten ihre Familie dann doch aus dieser Situation rausbringen. Ich hatte noch einen Bruder bekommen. Und dann hatten sie eben die Idee, nach Deutschland zu gehen. Keine Ahnung, was sie sich dabei gedacht haben.

Sandra: Hast du hier in Deutschland auch Rassismus und Diskriminierung erlebt?

Yvonne: Ja, leider.

Sandra: Wie hat sich das geäußert?

Yvonne: Das ist ein Spektrum von Stereotypen, dass ich entweder eine Sex-Workerin bin, dass ich kiffe, dass ich nicht gut gebildet

Foto: Karsten Richter

bin bis hin zu: „Oh, du kannst aber sehr gut Deutsch sprechen. Oh, du kannst aber gut Englisch sprechen.“ Oder: „Oh, du kannst sehr gut über dieses Thema erzählen.“ Oder: „Ich dachte nicht, dass du solche Fähigkeiten hättest. Ich habe mich da getäuscht.“ Weiterhin: auf der Straße zusammengeprügelt zu werden oder „Sieg Heil“ entgegengeschrien zu bekommen, weil ich einfach die Straße entlang laufe.
Oder verfolgt zu werden. Ich bin letztes Jahr im Park von zwei Menschen verfolgt worden, die meinten, dass ich falsch über die Straße gegangen sei, weil ich bei Rot gelaufen bin. Was ja sicherlich jede:r schon mal gemacht hat, wenn keine Autos kommen oder keine Kinder in der Nähe sind. Und diese zwei Leute haben mich 20 Minuten lang verfolgt und mir gedroht, mich zusammenzuschlagen. Sie waren sehr aggressiv, haben mich angeschrien und geschüttelt. Ich konnte ihnen nicht entkommen. Niemand hat mir geholfen. Das war sehr anstrengend.
Oder letztens stand ich neben einem älteren Mann an der Bushaltestelle und habe zu ihm gesagt: „Was für ein schöner Tag.“ Und er fing gleich an zu schreien: „Geh wieder nach Indien.“ Das war eigentlich ganz lustig, traurig, aber lustig, weil ich nicht glaube, dass ich wie eine indische Frau aussehe.
Dieser konkrete Rassismus im Alltag ist für mich auch ein Lernprozess.

Sandra: War es dann anders, als du in der Punk- und Metal-Szene warst und auf der Bühne standest? Du bist ja auch Frontfrau. War man da in so einem geschützteren Raum?

Yvonne: Früher war das insofern ein Thema, dass mich viele Menschen für einen Typen gehalten haben. Bis zu meinem 30. Lebensjahr hatte ich keine Titten und keinen Arsch und kurzgeschorene Haare. Und man fragte mich: „Bist du ein Typ oder eine Frau?“ Das liegt auch ein bisschen an meiner Körperstruktur: breite Schultern, ein eher sportlicher Typ. Keine Ahnung, wie das zu erklären ist. Jedenfalls hielten mich viele in der Punkszene für einen Typen.
Von der Punkszene habe ich auch den Exoten-Bonus erhalten. Manche haben mir einfach gesagt: „Der einzige Grund, warum ihr jetzt eine Band startet, ist, dass du exotisch bist.“ Ich habe ebenso gehört, dass gefragt wurde: „Was macht sie denn hier? Sollte sie nicht Reggae machen?“ Aber ich mag halt Metal und Punk.

„Das Kämpferische bei Metal und Fantasy streichelt meine innere Seele.“

Sandra: Die Metal- und Punkszene ist sehr männlich geprägt. Hast du da als Frau irgendwie gemerkt, dass du nicht reinpasst oder diskriminiert oder nicht für ernst genommen wurdest? Hast du Sexismus erfahren?

Yvonne: Ja, alles. Konkrete Beispiele: „Kannst du bitte am Tresen warten, die Bühne ist nur für die Band. Wenn du dich nachher mit der Band treffen willst, kannst du das machen.“ Oder: „Bist du als Groupie hier?” Also ich war mit meiner eigenen Band dort. Ja, ich habe das alles erlebt. Aber es hilft ja nichts, dass man sich das alles reinzieht, wenn man es gerade erlebt. Man hat dann seine Waffen und streckt sie vor: „Ja, okay, ich warte hier am Tresen.“ Und dann ist es Zeit für den Soundcheck und meine Band sagt: „Yvonne, kannst du auf die Bühne kommen.“ Und dann die Reaktion: „Äääh, diese Person gehört zur Band?“ Immer diese Vorurteile.
Es gibt wenige schwarze Frauen in der deutschen Szene. Doch ich habe das mit dem Frausein auch nicht so gesehen, weil ich von allem anderen so genervt war. Aber ich habe mir vieles nicht wegnehmen lassen. Ich ließ und lasse mich durch Rassismus und Sexismus nicht verscheuchen. Ich wechsle auch nicht die Straßenseite, bloß weil vor-

ne jemand schwierig aussieht. Ich laufe da direkt durch – der schwierige Weg eben.

Sandra: Was tust du für deine mentale Gesundheit? Das sind auf zig verschiedenen Ebenen viele krasse Erfahrungen, die du erlebt hast und durchleben musstest. Das macht ja etwas mit einem, jedenfalls kann ich mir das vorstellen. Du bist sehr reflektiert. Oder vielleicht wird man auch sensibler und reflektierter, wenn vom ersten Tag der Geburt an so viel passiert. Wie kommst du damit klar?

Yvonne: Die letzten sechs Jahre habe ich mich runtergeschaltet und tiefer mit Meditation beschäftigt. Und das tut mir sehr gut. Musik hören hilft mir. Früher war mir Musikhören wichtig, weil diese Verbundenheit zwischen Sänger und Musik meine Seele gestreichelt hat. Lyrics sind mir sehr wichtig. Das Kämpferische bei Metal und Fantasy streichelt meine innere Seele. Das ist auch eine Art Meditation, da prallt alles andere von mir ab.
Ich habe ebenso andere Arten von Meditation gefunden: Motorradfahren. Dabei ist man ultrascharf auf seine Umwelt fixiert, man muss alles beobachten und richtig da sein. In diesen Momenten kann ich alles andere ausblenden und bin im Hier und Jetzt.
Dann noch Videospiele, schon immer, so als Nerdkid. Lesen. Ohne Lesen kann man nicht schreiben. Kunst kommt nicht einfach so, man muss sie irgendwo herholen. Man muss seine Seele füttern. Ich besuche Ausstellungen, schaue mir Kunst und Theater an. Ich höre ebenso viel klassische Musik. Es ist nicht nur Punk. Bei mir ist es tagesabhängig, welche Musik ich höre und brauche. Manchmal brauche ich es, Slayer zu hören, und dann wieder sanfte Electro-Musik oder eine Symphonie. Man muss seine Seele immer wieder füttern und runterfahren. Wir haben viele Geschmäcker. Der Mensch ist wandelbar und muss elastisch bleiben, um neue Ideen aufzunehmen. Und vielleicht auch sehen, wenn man etwas falsch gedacht hat. Man muss ebenso Sachen zugeben können. Das ist für mich alles Teil einer lebendigen Seele. Man kann das auch nur sein, wenn man viel auf sich zukommen lässt. Ich finde es sehr wichtig, dass man für alle Themen aufgeschlossen bleibt.

Sandra: Glaubst du, dass du ein Vorbild für Frauen und auch Männer bist? Also für mich bist du ein Vorbild, weil du es einfach so authentisch lebst.

Yvonne: Für mich war es ein großes Kompliment, als jemand mal zu mir sagte, dass ich Texte geschrieben habe, die sein Gefühl widerspiegeln. Wenn ich jemandem so etwas geben kann, bin ich sehr dankbar. Aber ich habe nie in Erwägung gezogen, dass ich für jemanden ein Vorbild sein kann. Ich wollte auch nie eine erfolgreiche Musikerin in der Industrie sein. Das war nie mein Ding. Ich

Foto: Quno!

„... ich hatte nie diese eine Person,
die mich ganz konkret geprägt hat.
Es ist eher ein Gesamtwerk
von vielen Frauen,
die mich beeinflusst haben.“

wollte einfach ein glücklicher Mensch sein und eine Umgebung haben, in der man sich gegenseitig unterstützt – einen familiären Freundeskreis. Also in diesem Sinne ein erfolgreicher Mensch sein.

Sandra: Wir sprechen intern oft darüber, was Erfolg ist und für uns bedeutet, wie wir es definieren. Und ich sehe es schon so, dass Erfolg ist, wenn man das tun kann, was man liebt, was einen selbst berührt, innerlich ruhig macht und einen selbst weiter voranbringt, dass man damit seinen Tag verbringen kann und sein Geld verdient. Du lebst das auch.

Yvonne: Eigentlich bin ich eine Schnapsherstellerin und das ist sehr gut für mich, weil ich es schon immer geliebt habe zu kochen. Das gibt mir Kontrolle, das ist mein kleiner Platz, an dem ich händisch etwas kontrollieren kann – in dem ganzen Chaos. Als Kind habe ich im Keller gesessen und Kochbücher gelesen. Jetzt stelle ich Schnaps her und das ist für mich auch eine Art Meditation. Alle lassen mich in Ruhe, ich bin alleine und stelle Schnaps her.
Ich habe diesen Job ebenso, weil nur Musik zu machen, schwierig für mich wäre, weil es immer ein Hinterherrennen wäre, damit sich die Musik auch verkauft. Ich mache gerne Krach und das verkauft sich nicht so gut. Aber ich bin vollkommen okay damit, weil es für meine Seele wichtig ist. Als Arbeiterkind habe ich neben meiner Musik eben meine Arbeitsstelle, einen Platz, an den ich hingehen kann, auch um von allem runterzukommen und mich da ganz auf meine Tätigkeit zu konzentrieren. Ich habe einen festen Job und kann meine Musik unterstützen.

„Ich habe früher auch Slayer zum Einschlafen gehört, weil ich es als Ausruhmusik gebraucht habe."

Sandra: Kannst du ein paar Musikerinnen und Frauen nennen, die dich in deinem Schaffen inspiriert und beeinflusst haben?

Yvonne: Künstlerinnen und Musikerinnen der 1970er und 1980er Jahre haben mich beeinflusst, während ich aufwuchs. Frauen, die zu dieser Zeit Rock'n'Roll oder Jazz oder Blues und Disco gemacht haben – wie Donna Summer oder Joan Jett. Sie haben mich früh geprägt und mir gezeigt, dass es auch noch etwas anderes gibt und man nur seinen eigenen Weg finden muss.
Aber ich hatte nie diese eine Person, die mich ganz konkret geprägt hat. Es ist eher ein Gesamtwerk von vielen Frauen, die mich beeinflusst haben. Und es waren vor allem Frauen direkt aus meiner nahen Umgebung wie Lehrerinnen, meine Mutter, Menschen innerhalb meines Arbeitskreises oder Frauen aus der Punkszene, die Freundinnen waren. Menschen, mit denen ich direkt reden konnte. Sie haben mich am meisten beeinflusst.

Schwarwel: Wie kommt man denn darauf: „Okay, ich starte jetzt eine Band und mache richtig laute Musik?" Deine Großeltern haben ja Geige gespielt ...

Yvonne: Die Energie, die man von der Welt erhält, spiegelt sich wieder zurück. Ich verstehe auch nicht, warum es nicht mehr schwarze Frauen in der Metal-Musik gibt oder im Doom oder im Punk. Man nimmt viel von der Welt in sich auf, es kommt in deinen Körper, du lebst damit, auch mit den Aggressionen, und irgendwann muss man es wieder abgeben. Musik kann auch Therapie sein. Ich habe eine Menge zu schreien und eine Menge Energie abzugeben. Eine laute Bassgitarre ist da genau mein Ding. Ich habe früher auch Slayer zum Einschlafen gehört, weil ich es als Ausruhmusik gebraucht habe.

Foto linke Seite: Arne Heesch

JUDITH HOLOFERNES „DIE TRÄUME ANDERER LEUTE" Du auch, Judith?

von Barbara Vorsamer

In den Nullerjahren gelang Judith Holofernes mit ihrer Band Wir sind Helden eine Hymne gegen die Anpassung nach der anderen. Jetzt hat sie aufgeschrieben, wie schmerzhaft sie sich dafür verbiegen musste.

Na gut, hätte man sich wirklich denken können, dass es kein Spaziergang ist, nachts Headlinerin bei Rock am Ring und tagsüber die Mutter zweier Kleinkinder zu sein. Es wäre aber irgendwie ganz schön gewesen, wenn doch.

In ihrem autobiografischen Buch „Die Träume anderer Leute" zertrümmert Judith Holofernes, ehemals Kopf und Sängerin von Wir sind Helden und derzeit Künstlerin mit Patreon-Gefolgschaft, das Trugbild von der Vereinbarkeit sehr viel gründlicher als viele wissenschaftliche Studien und engagierte Konferenzen, die sich seit Jahren verdienstvoll am Thema abarbeiten. Zur Erinnerung: In den Nullerjahren war die 1976 in West-Berlin geborene Sängerin eine strahlende Heldin ihrer Generation, die der Welt mit hinreißenden Zeilen wie dieser einen freundlichen Mittelfinger hingestreckt hatte: „Ich gebe zu, ich war am Anfang entzückt, doch euer Leben zwickt und drückt nur dann nicht, wenn man sich bückt." (aus „Guten Tag"). Oder dieser: „Keiner weiß wieso wohin, doch alle ahnen: hinter jeder Kurve goldene Bananen." (aus „Rüssel an Schwanz"). Oder dieser: „Du musst hier nicht dazugehören, aber such dir, was zu dir gehört." (aus „The Geek"). Oder auch dieser: „Ist jeder, der sich nie beschwert, am Ende wirklich unbeschwert?" (aus „Ist das so?").

Problemlos fände man noch mindestens zwei Dutzend weitere Zeilen, in denen Judith Holofernes wortverliebt beschreibt, wie schlecht diese Welt aus Kapitalismus, Wachstum und Werbung vor sich hin funktioniert. Nebenbei zeigte sie, dass man Rockstar und Mutter gleichzeitig sein konnte – und danach, wie man mit geradem Rücken aus dem Pop-Olymp absteigt und eine kleine, feine Indiekarriere startet. Noch später hört sie ganz auf zu singen. Seitdem schreibt sie Tiergedichte und illustriert Puzzles für die verrückten Vollmeisen, die ihr über die Crowdfunding-Plattform Patreon das Künstlerinnenleben finanzieren (die Tantiemen aus den alten Songs helfen, klar). Sowohl Aufstiegs- als auch Ausstiegsgeschichte sind derart cool, dass es einen schier zerschmettert, nun in ihrer Autobiografie zu lesen, wieviel Schmerz dahinter und darunter liegt und lag.

Denn noch während Wir sind Helden eine Hymne gegen die Anpassung nach der anderen servierten, lebte Judith Holofernes schon die „Träume anderer Leute". Sie rockte Ring und Park, während ihre Beine sie vor Schmerzen kaum mehr auf die Bühne trugen. Sie legte ihr Neugeborenes einem äußerst mangelhaften Au-Pair-Mädchen auf den Schoß, weil alles andere die Veröffentlichung des letzten Albums der Band gefährdet hätte. Sie steckte sich den Finger in den Hals, um ihren Körper in Übereinstimmung mit internationalen Rockstarstandards zu bringen und erklärt den Widerspruch zu feministischen und selbst besungenen Idealen gefasst: „Der Sexismus ist ein böswilliger, höhnischer Chor, der direkt hinter dem Vorhang auf seinen Einsatz wartet. Wir sind nicht eitel, wir sind alle immer subtil in Panik, und das aus gutem Grund. Wir ändern unsere Körper nicht, um uns schön zu fühlen, sondern um uns in Sicherheit zu bringen."

„Was, du auch, Judith?", denken da all die, für die sie seit fast zwei Jahrzehnten ein Vorbild ist. Das permanente Verzweifeln an der eigenen Unzulänglichkeit als Angestellte, Partnerin, Frau und Mutter sollte doch den Normalsterblichen vorbehalten bleiben, nicht alle Heldinnen will man wirklich fallen sehen.

Doch die Sängerin stolpert und leidet, an ihren chronischen Krankheiten, die sie schon seit frühester Kindheit begleiten, und an der Dauerfrage, wie sie das mit den Kindern und der Karriere so hinbekommt. Ihre Antwort: „Ich hatte als wahrheitsliebender Mensch wenig Interesse daran zu erklären, wie ich das alles ‚unter einen Hut kriegte'. Niemand, dachte ich, hat denselben Hut auf wie ich. Mein Hut ist ein Einzelstück und außerdem ist er sehr klein, ein winziger, alberner Slash-Zylinder und ich kriege überhaupt nichts darunter. Noch immer fragte übrigens niemand jemals nach Polas Hutgröße." Mütter – auch die, die völlig andere Hüte tragen als Judith Holofernes – nicken bei den Sätzen wissend, so eine schöne Metapher für dieses leidige Vereinbarkeitsproblem hat man lange nicht gelesen.

Und so muss man es wohl aushalten, dass auch die schönsten und klügsten und kreativsten Frauen dieser Welt ähnliche Kämpfe kämpfen wie man selbst. Das Beste an Holofernes` Biografie ist – wie schon bei den Helden-Songs – ihre Gabe, Gefühle zu benennen, die alle anderen auch haben, dafür aber Worte zu benutzen, die niemals abgenutzt klingen. Im Metaphernschrank greift sie immer ein Stück neben den naheliegenden Begriff und trifft damit oft umso genauer.

Man muss übrigens Wir sind Helden hören, während man das Buch liest, es geht kaum anders. Anfangs überwiegt dabei das schlechte Gewissen, sich die ganze Zeit Songs wie „Denkmal" und „Nur ein Wort" auf die Ohren zu hauen, während die Schöpferin Kapitel um Kapitel darum kämpft, mehr sein zu dürfen als „die Alte von Wir sind Helden". Und mit einer unerkannten Hirnhautentzündung schrammt sie dann auch noch knapp am Tod vorbei. Doch am Ende versöhnt sie sich, halbwegs, mit den Widersprüchen ihrer – nun ja, ein besseres Wort gibt es vielleicht einfach nicht – Karriere: „Erfolg ist eine Droge. (...) Man kann versuchen, sich den Schuss mit hochgezogener Augenbraue und ironischen Anführungszeichen zu setzen, aber in aller Regel wird sie einen lachend in den Abgrund schicken."

Je mehr Sprachkunst aus den Seiten purzelt, desto klarer wird, dass Judith Holofernes nur zufällig zwischendurch ein Rockstar war. Eigentlich war und ist sie einfach eine irrsinnig gute Autorin und man freut sich auf das Buch, das sie – wie sie im Buch schreibt – eigentlich schreiben wollte, „nicht dieses hier, sondern das andere, über meine Kindheit in Freiburg mit einer lesbischen Mutter in den Achtzigern." Bitte, gerne! Hauptsache so floskelfrei, direkt und herzzerreißend wie alles, was Judith Holofernes bisher mit Worten gemacht hat.

Judith Holofernes „Die Träume anderer Leute", Kiepenheuer & Witsch, 2022

https://www.sueddeutsche.de/kultur/judith-holofernes-biografie-wir-sind-helden-traeume-1.5669415

„FÜR EINE FRAUENBAND GANZ GUT.“
Ein Gespräch mit Diane Weigmann

von Sandra Strauß und Schwarwel

Als Teenager und Twen spielt Diane Weigmann in den 1990er Jahren Gitarre in der legendären Mädchenband Lemonbabies, mit der sie vier Alben veröffentlicht und Europaweit tourt.
Seit den 2000er Jahren feiert sie Erfolge mit ihren deutschsprachigen Solo-Alben inklusive dem Top20 Charts-Hit „Das Beste“. Bereits zu diesem Zeitpunkt ist sie auch außerhalb der eigenen Bandaktivitäten gern gesehener Gast etlicher Musiker ihrer Zeit. Du kennst ihre Stimme von Gastgesängen für Die Ärzte oder Bela B.
Aber viel mehr noch wusste sich die Musiklandschaft Dianes größter Stärken anzunehmen: dem Schreiben von Liedern und der Schnörkellosigkeit sowie Punktgenauigkeit ihrer Texte. Und dem, was sie beim Zuhörer auslösen. So kam es, dass Diane eine der beliebtesten Songwriterinnen ihrer Generation wurde. Sie textet und komponiert mit und für namhafte Künstler und Bands im Pop-Bereich und moderneren Schlager. Singt, schreibt und produziert im Team mit 3Berlin im Familien- und Kinderbereich genau wie Musik für Film und Fernsehen.
Sie selbst sagt über sich, dass sie über das Leben, das Lieben und das Loslassen schreibt. Über das, was Menschen ausmacht, sie beeinflusst und prägt.

Sandra: Als wir dich für unser Buch und Interview angefragt haben, hast du folgendes geantwortet: „Hallo, liebe Sandra! Schön von euch zu hören. Das ist ein Thema, das ich echt extrem spannend finde. Spätestens, wenn man Judith Holofernes' Buch gelesen hat, entdeckt man all diese Fallen und all diese Maßstäbe, an denen man sich immer wieder misst. Und kennt das natürlich alles von sich selbst.“

Diane: Es liegt natürlich auch ein bisschen am Alter. Wenn du größer oder älter wirst, dann merkst du natürlich tatsächlich, dass du als Frau öfter mal an eine Glasdecke stößt – in der Branche, aber ebenso in vielen anderen Situationen im Leben, in denen du auf einmal merkst: „Okay, es hat doch nichts damit zu tun, dass ich noch besser werden oder mich noch mehr optimieren muss, sondern dass bestimmte Sachen oder Voraussetzungen für Frauen gar nicht optimal sind.“
In der GEMA trage ich mich als Aufsichtsrätin bei den Textdichter:innen natürlich ganz oft mit der Frage umher: „Warum haben wir nur 14% weibliche GEMA-Mitglieder?“ Und wie ist es eigentlich mit den Frauen, die zum Beispiel eine Karriere haben und aktiv sind, sich dann aber irgendwann doch entscheiden, auch eine Familie haben zu wollen? Wie gut werden sie in der Musikbranche aufgefangen oder wie gut sind überhaupt Familien aufgefangen? Es müssen nicht immer nur Frauen sein, die Care-Arbeit übernehmen. Das sind Themen, die mich echt beschäftigen, weil ich da selbst wirklich Defizite gespürt habe.

Sandra: Welche Parallelen hast du gespürt, als du Judiths Buch gelesen hast?

Diane: Ich habe mich eigentlich in fast jeder Situation wiedergefunden und dachte: „So krass. Was sie so einnehmend erlebt hat, habe ich dann vielleicht in der Light-Variante erlebt, weil ich nicht ganz so im Fokus der

Foto linke Seite: Delia Baum

Öffentlichkeit stand/stehe bzw. meine Karriere immer eher in der zweiten Reihe stattfand." Aber ich habe mich wirklich in vielem wiedergefunden.

Machen wir uns nichts vor: Es geht schon damit los, dass zum Beispiel allein die 1990er, in denen ich mit meiner Mädchen-Band aktiv war, ein gnadenlos sexistisches Jahrzehnt war. In dieser Zeit haben Redakteure in einem Zeitungsartikel oder Magazin-Bericht so dermaßen zwischendurch und zwischen den Zeilen auch sexistisch sein dürfen, ohne dass es einen Shitstorm gab, so wie es den wahrscheinlich heute geben würde.

„Ich wurde von männlichen Kollegen eigentlich immer darauf reduziert, dass sämtlicher Erfolg, den wir hatten, uns nur deswegen zugesprochen wurde, weil wir eben eine Mädchen-Band waren."

Wir haben als Band ganz oft das Gefühl gehabt, nicht ernstgenommen zu werden und wirklich nur darauf reduziert zu sein: „Was haben die denn heute an? Oh, die Schlagzeugerin kann ja mit ihren Plateauschuhen auch Schlagzeug spielen." Es ging dann weniger darum, wie gut das Konzert war, wie toll das Publikum mitgemacht hat oder was die Messages in unseren Songs waren, sondern es ging immer um dieses Mädchenthema. Auf der einen Seite haben wir natürlich auch damit gespielt und es ausgelebt. Wir waren Mädchen, wir waren total jung, wir waren frei und körperlich und haben das Ganze jugendlich frei mitgenommen. Gleichzeitig war es aber auch total schwierig, dass du dich in jedem Interview und in jedem Beitrag immer für etwas erklären musstest, das für uns total selbstverständlich war. Wir haben uns einfach als Freundinnen gefunden, um Musik zu machen. Durch den Mauerfall lag uns dann irgendwie der „Wilde Osten" zu Füßen. Wir haben gespielt und getourt, haben uns einen Namen gemacht und mit einem Mal mussten wir der Welt erklären, warum wir Frauen sind. Das war zum Beispiel etwas, das wirklich Narben geschlagen hat – bei jeder einzelnen von uns, bei der einen mehr, bei der anderen weniger.

Ich weiß, dass es wirklich einen Großteil an Zeitungsartikeln gab, die uns vielleicht sogar gut gesonnen waren, aber die wir trotzdem bis heute nicht veröffentlichen würden, weil wir diese so sexistisch finden oder diese so unterschwellig waren: „Ach, und süß sind sie auch, oder?", „Hach, und ich bin heimlich in die Bassistin verliebt." Wenn dann so etwas da drin vorkommt, dann ist es halt irgendwie gefühlt für uns nicht mehr brauchbar. Es hat einen sehr bitteren Beigeschmack. Und das ist zum Beispiel, wie ich gestartet bin. Also das betrifft quasi ein Jahrzehnt meines jungen Musikerinnen-Lebens zu Beginn meiner Karriere.

Ich wurde von männlichen Kollegen eigentlich immer darauf reduziert, dass sämtlicher Erfolg, den wir hatten, uns nur deswegen zugesprochen wurde, weil wir eben eine Mädchen-Band waren. Darunter habe ich super lange gelitten. Das hat wirklich Narben bei jeder von uns geschlagen.

Schwarwel: Welche Lehren hast du daraus gezogen? Hast du deinen Umgang geändert oder die Herangehensweise? Oder hat sich die Welt verändert?

Diane: Ich habe irgendwann herausgefunden, dass wir sehr wohl Stärken hatten, dass wir extrem viel bessere Lieder schreiben konnten als viele andere Bands in dieser Zeit. Und natürlich sind wir auch gut geworden. Natürlich haben wir dann ebenso irgendwie soundso viele Jahre später – als wir dann ein bisschen souveräner geworden sind sowie unsere Instrumente auch wirklich ein paar Jahre in der Hand hielten – wirklich gute Konzerte gespielt und dann gab es auch weniger Angriffe. Aber dieses Grundgefühl war, dass man sich seinen Platz in der Branche hätte anders verdienen müssen bzw. dass es mir nicht zusteht, weil wir mit einer größeren Leichtigkeit oder mit einer größeren Sorglosigkeit in diese Branche gestartet sind. Ich hatte schon das Gefühl, dass es viel damit zu tun hatte, dass wir Frauen waren. Ich habe natürlich meine Haltung dazu geändert und irgendwann beschlossen: Wir waren eine geile Band und wir hatten absolut ein Recht darauf. Allein, dass es uns zwölf Jahre gab – andere Bands sind nach drei Jahren auseinander gegangen und viele Bands haben es durchs ewige Proben nicht mal auf eine Bühne geschafft – und dass wir es gemacht haben und es nicht nur irgendwie vorhatten, hat uns natürlich eine Berechtigung als Band gegeben.

Dennoch: Es war wirklich so, dass wir in einem sehr bunten, quietschigen und vermeintlich freien Jahrzehnt waren – Hashtag #IchbinsofrohdassicheinMädchenbin: Wir können uns anziehen, wie wir wollen, wir können auch süß und trotzdem selbstbewusst sein. Das gab uns schon viele Freiheiten. Und trotzdem gab es immer nur zwei Schubladen. Entweder du bist das Riot Grrrl, das eine Ansage macht, oder du bist das Girlie, das aber dann eigentlich vielleicht fremdgesteuert wird durch Manager oder Songwriter oder Produzenten. Und irgendwie so etwas wie uns, die sagten: „Wir wollen Mädchen sein, wir wollen aber trotzdem ganz selbstverständlich unser Ding machen können, ohne dass wir Haare auf den Zähnen haben oder ständig irgendwie die Muskeln zeigen müssen", gab es nicht. Und es fiel uns ganz schwer, weil es in dieser Zeit auch kaum Role Models gab. Es gab wirklich nur eine Handvoll Bands mit geilen Interpretinnen oder Frontfrauen. Es war halt schwer für uns, da so ganz explizit unseren eigenen Weg zu finden. Immerhin hatten wir uns und das war toll.

Vor zwei, drei Jahren, als der Lockdown war, also 20 Jahre später, sagten wir uns: „Komm, wir machen das jetzt. Die Rechte der Songs liegen bei uns, wir bringen sie jetzt raus und können endlich mal auf Spotify und Co. sowie in den Netzwerken noch mal eine eigene neue Spur legen – über unsere Vergangenheit, so wie wir sie empfunden haben, und mit den Songs, deren Aufnahmen wir haben. Lasst uns das rausbringen." Aber einen Großteil der Zeit haben wir damit verbracht, herauszufinden, wie damals eigentlich mit uns umgegangen wurde und wie wir damit umgegangen sind. Haben wir das richtig gemacht? Haben wir es so gut gemacht, wie wir konnten? Haben wir Fehler gemacht? Und wir konnten feststellen, wie diese Zeit bei einigen von uns eben diese tiefe Narben geschlagen hat.

Sandra: Kannst du ein paar Beispiele für „Sexistische Kackscheiße" nennen, die euch passiert ist, damit man es einfach auch mal benannt hat. Denn manchmal bekommt man es in dem Moment, in der Situation gar nicht so richtig mit und merkt dann erst abends oder am nächsten Tag, dass da irgendetwas war, bei dem man sich als Frau unwohl gefühlt hat – obwohl alles okay war, war es irgendwie doch nicht wirklich okay.

„Wir können uns anziehen, wie wir wollen, wir können auch süß und trotzdem selbstbewusst sein."

Diane: In einer großen Musikzeitung gab es eine Review über eine CD von uns. Im Grunde wurde alles genommen und durch den Kakao gezogen sowie lächerlich gemacht. Es wurde irgendwie behauptet: „Ja, die Themen sind halt Kleine-Mädchen-Themen. Die Musik – das ist nicht cool, das hat keinen Wumms." Jedoch war der Grundtenor dann die ganze Zeit: „Aber ich bin VOLL in die Bassistin verknallt und die ist ja auch so süß." Wir haben wirklich über diesen Artikel gekotzt, als wir ihn gelesen haben, und dachten: „Dann lieber gar keinen Artikel in so einer Zeitung."

Dieser Redakteur war dann mal auf einem unserer Konzerte. Nach dem Konzert kam er zu uns und meinte: „Hey, ich bin übrigens

der Typ, der den und den Beitrag geschrieben hat." – so nach dem Motto: Seid ihr mir dankbar? Und es war wirklich so, als erwartete er auch noch einen Hofknicks, dass wir in dem Musikmagazin aufgetaucht sind – mit einem Beitrag, in dem er uns eigentlich komplett zerrissen hat und über alles, das uns wichtig war, in das wir unsere Arbeit gesteckt hatten, auf so lächerliche Art und Weise drüberhergezogen ist. Und jetzt erwartete er also noch, dass er unsere Bassistin live kennenlernen und mit uns im Backstage abhängen kann. Das passierte uns ständig, also dass die Leute uns heimlich gut fanden, aber es nicht zugeben konnten und trotzdem immer noch da eine Spitze und da eine Spitze reingeschrieben haben.
Er war natürlich nicht bei uns im Backstage. Ich habe ihm gesagt, dass wir seinen Artikel scheiße fanden. Er hat es nicht verstanden.
Es ist ja auch alles gut. Man muss eine Band nicht gut finden oder man darf auch Kritik üben, aber sie ging immer auf Kosten des Feminismus. Es ging meist immer nur um Frisuren, Klamotten, Haare, Plateauschuhe, sexy Bauchnabel, große Brüste ... und frotzelnde Sprüche.
Ich meine, ich habe auch schon Kritiken über mich und uns als Band gelesen, die Frauen geschrieben haben. Die waren so gut und witzig formuliert, dass ich derjenigen dann geschrieben habe: „Schade, dass du das Album nicht magst. Aber ganz ehrlich, es war eine super Review und auf dieses oder jenes werde ich mal achten." Es war einfach mehr Respekt dahinter und nicht so eine Abfälligkeit.
Allein dieser Satz: „Für eine Frauenband ganz gut." Wie oft wir das hören mussten. Da bekomme ich immer noch einen Kotzkrampf. Und ich rede nicht von Ausziehen-Ausziehen-Ausziehen-Rufen, die wir in den ersten Jahren wirklich von den ersten fünf Reihen zu hören bekommen haben. Und klar gab es auch Leute, die dann noch sagten: „Ja, aber ihr hattet ja auch so kurze Röcke an." Ey, hallo? Wir ziehen Röcke an, wenn wir Röcke anziehen wollen. Und wenn bei H&M die Rock-Mode kurz ist, dann ziehen wir sie an. Es ist genau so wie das Argument: „Ich habe sie vergewaltigt, weil sie einen kurzen Rock anhatte." Genauso wurden wir runterreduziert auf: „Naja, die wollen ja auch sexy sein. Dann können wir sie natürlich auch die ganze Zeit nur darauf reduzieren, dass sie sexy sind." Warum kann man sich nicht einfach so anziehen, wie man will, auf irgendeine Art und Weise mit seiner Sexyness im Einklang sein und trotzdem irgendwie ernst genommen werden? Das war etwas, das definitiv in den ersten Jahren komplett fehlte.

„Es ist genau so wie das Argument: „Ich habe sie vergewaltigt, weil sie einen kurzen Rock anhatte.""

Ich zum Beispiel – ich bin Berufsmusikerin und mache das jetzt schon über 30 Jahre – habe sehr lange in dem Glauben gelebt und wirklich gedacht, dass mein Erfolg ein bisschen durch Zufall gekommen ist und weil ich in einer Mädchen-Band gespielt habe. Bis ich an dem Punkt angekommen bin, das Selbstbewusstsein zu bekommen, dass ich tatsächlich schreiben kann und ein gutes Gefühl für Texte habe, dafür musste ich erstmal mit anderen Menschen Musik machen, die nicht Mädchen und nicht meine Band waren, die mir dann glaubhaft versichert haben, dass ich es kann und es nicht dem Zufall geschuldet ist, dass ich Berufsmusikerin geworden bin und es mit Können und Leistung zu tun haben muss.

Sandra: Es ist schon übel, dass durch solche äußeren Einflüsse das Selbstbewusstsein einen Knacks wegbekommen hat oder es abgewertet wurde. Welche Narben hat das bei euch hinterlassen?

Diane: Naja, eben in bestimmten Sachen vielleicht das fehlende Selbstvertrauen, also diesen Größenwahn, den Jungs haben, die sich sagen: „Ich kann das, ich mache das!

Nächste Woche spiele ich auf dem Rock am Ring!" Wo soll man diesen denn herhaben, wenn von außen immer irgendetwas kleingeredet wird?
Nach zwölf Jahren Band musste ich mich entscheiden, was ich denn jetzt mache. Ein Teil meiner Kolleginnen hat angefangen, weltliche Berufe zu ergreifen, und sind dann vielleicht in die Grafik oder ins Design gegangen. Für mich war klar, dass ich eigentlich gerne weiterhin Musik machen möchte. Aber auch das Sich-neu-Aufstellen und es neu erfinden, da irgendwie einen gewissen Stolz oder eine gewisse Größe zu haben für das, was man bis dahin geleistet hatte, das hatte ich gar nicht. Für mich fühlte es sich an, komplett bei Null anzufangen und dann auch noch ganz allein. Dieses erste Mal allein mit Gitarre vor einem Publikum zu stehen: Ich habe mir so in die Hose gekackt und das, obwohl ich zu dem Zeitpunkt schon zwölf, 13 Jahre Berufsmusikerin war – weil ich es einfach nie gelernt hatte, darauf zu vertrauen, dass ich als Mädchen oder junge Frau und Künstlerin allein genüge. Und ich merke, dass das bis heute ein Thema ist. Wenn ich zum Beispiel mit meinem Produktionsteam mal Stress habe oder wenn wir Konflikte haben, rührt es fast immer daraus, dass ich das Gefühl habe, ich habe irgendetwas nicht genug oder nicht gut genug gemacht, weil mir das irgendwie gefühlt immer so eingeredet wurde. Ja, und es ist so ein Mädchen-Frauen-Ding. Frag viele Frauen. Viele Frauen haben das Gefühl, in irgendetwas nicht gut genug zu sein. Wo kommt das her, warum haben wir Frauen das?

„Viele Frauen haben das Gefühl, in irgendetwas nicht gut genug zu sein. Wo kommt das her, warum haben wir Frauen das?"

Sandra: Gute Frage, weil es nicht nur in der Musikszene so, sondern ein gesellschaftliches Problem ist.
Thema Role Models. Ich suche auch welche. Ich finde beispielsweise Prof. Maja Göpel (Anm.: Politökonomin, Transformationsforscherin, Nachhaltigkeitsexpertin und Gesellschaftswissenschaftlerin mit Schwerpunkt auf transdisziplinärem Denken) echt toll, die jetzt zwar nicht zu unserem Thema passt. Sie ist so souverän, sehr intelligent und gutaussehend. Und ihr Aussehen wird dann auch gleich wieder bei ihr angesprochen.

Diane: „Für eine Professorin sind sie ganz schön hübsch."

Sandra: Genau das. Solche Vorbilder hätte ich in meiner Jugend gebraucht, wobei ich das jetzt mit 44 ebenso noch brauche. Und es muss auch gar nicht aus der eigenen „Szene" sein. Im Musikbereich hat es da ebenso gefehlt, oder?

Diane: Ja, wir haben das auch alles erlebt. Wir sind zu einer Plattenfirma gegangen, die seit Monaten unser Demo auf ihrem Tisch liegen hatte. Dann hieß es so: „Okay, eine von euch wird da jetzt eingeflogen. Ab zur Plattenfirma." Und im Vorraum höre ich, dass sie sich jetzt erst die Songs anhören. Also der eine Typ. Vielleicht hatte er sich unsere Songs schon mal angehört und jetzt zum zweiten Mal. Und da geht man dann als junge 20-Jährige so rein und hofft, dass der Plattenvertrag verlängert wird. Dann dreht sich der Typ, Kaugummi kauend, in seinem Sessel um und sagt so: „Nä, ich kann mit den Liedern nix anfangen. Was habt ihr denn damit gemeint?" Und ich denke so: „Wer ist der Typ eigentlich? Ich habe ihn noch nie vorher gesehen. Okay, das scheint jetzt wohl irgendwie unser Produktmanager zu sein." Wir hatten vorher immer nur mit einem A&R zu tun, der vielleicht nicht mehr in der Firma war. Es gab nie einen Berührungspunkt und du stehst dann da vor einem vollkommen fremden Menschen, der das Herzblut, das du gerade gehört hast, mal eben fünf Minuten vor diesem Meeting gegenhört, dich dann anguckt und wirklich sagt: „Was wollt ihr damit?" Und dann relativ deutlich klarmacht, dass man sich mit Produzenten und Songwritern hinsetzt und etwas Ähnliches wie die Prinzen machen könnte, bloß in weiblich, also die weiblichen Prinzen. Das war, glaube ich, die Idee damals. Dann hätten wir eine Deal-Verlängerung bekommen oder eben nicht. Mein Bauchgefühl sagte mir nur: „Ich muss hier raus." Glücklicherweise haben das meine Freundinnen und Kolleginnen genauso gesehen und gesagt, dass es gut ist, dass ich mich da auf nichts eingelassen hatte. Das geht doch nicht. Du kannst doch nicht einer Band, die schon fünf, sechs Jahre aktiv ist, auf einmal sagen: „Macht mal alles anders." Wir haben dann andere Partner gefunden haben, die uns als Künstlerinnen haben wachsen lassen, so wie wir es gebraucht haben und suchten. Aber es war trotzdem schwer für mich, als junges Mädchen dazustehen, dem Blick standzuhalten und mir anhören zu müssen, dass alles, was ich mit der Band bis dahin geleistet hatte, quasi keinen Wert hat – und es war nicht so, dass wir der Firma viel Geld schuldeten, wir hatten unsere Vorschüsse wieder eingespielt.

„Ich nenne es immer liebevoll den Schwanzvergleich: mein Haus, mein Boot, mein Auto."

Das ist jetzt vielleicht nicht etwas typisch Weibliches. Ich glaube, da muss jeder Künstler oder jede Künstlerin mal durch. Aber es ist trotzdem auch etwas, das schwer ist. Also dass du lernen musst, dich irgendwie zu behaupten – auch gegenüber vielen Männern in der Branche. Ich nenne es immer liebevoll den Schwanzvergleich: mein Haus, mein Boot, mein Auto. Es ist wirklich so, dass viele männliche Kollegen in der Branche wahnsinnig damit hausieren gehen, was sie alles können und haben und gemacht haben. Und es ist ganz erstaunlich, dass die Frauen das weniger machen, aber manchmal eben in Zugzwang geraten und es dann eben auch machen. Und das, obwohl sie es eigentlich gar nicht wollen und sie sich eigentlich gar nicht damit wohlfühlen. Kennt ihr das?

Schwarwel: Ich hasse und verachte das. Es ist genau das, weshalb ich mit keiner Branche etwas zu tun haben will und wir in unserem Studio zu zweit versuchen, wirklich nur das zu machen, was wir machen möchten, weil es für mich ein menschlicher Umgang ist, der für mich nicht tragbar ist. Da haben mir auch die 19 Jahre bei dieser einen Band da geholfen, denn es ging eigentlich nie darum, dass dadurch ein besseres Artwork entsteht oder so. Es ging nur um Egoscheiße. Aber es gehört dort irgendwie dazu. Wenn du mitspielen willst, musst du dir einreden lassen, dass du diese dicke Haut brauchst. Aber entweder lege ich mir eine dicke Haut zu oder ich kann weiterhin sensible Songs machen. Irgendwie geht das für mich nicht richtig zusammen. Genau das ist das, was ich auch unter diesen Verletzungen verstehe. Wenn du dir dann sagst: „Ja, kannste sein lassen, wird sowieso wieder von irgendwem totgeredet." Oder ums kurz zu machen: Ja, kennen wir.

Diane: Ja, das kenne ich auch.
Ich freue mich, dass die Branche mittlerweile vielfältiger geworden ist. Man trifft wirklich sehr viel mehr Mädchen und Frauen und sie sind meistens unfassbare Songwriterinnen oder Texterinnen. Sie bringen auch noch mal eine viel homogenere und weichere Seite in Sachen rein. Und das Schöne ist, dass ich wirklich das Gefühl habe, dass es einen Wandel in der Branche gibt und wirklich darauf geachtet wird: Lass uns zu einem Songwriter-Meeting Jungs und Mädchen einladen, lass uns bei einer Preisverleihung darauf achten, dass nicht nur Jungs einen Preis bekommen, sondern auch möglichst viele Frauen, wenn sie in diesem Bereich tätig waren.
Aber was halt schwierig ist, ist, in der Musikbranche den Einstieg für Frauen attraktiv zu machen, weil es schon einmal damit losgeht – so war das zum Beispiel auch bei uns –, dass, wenn man als junges Mädchen unterwegs und auf Tour ist oder jedes Wochenende irgendwo spielt, dann schon die Eltern der ein oder anderen sagen, dass sie es nicht gern sehen, dass du mit deinen Mädels in der Weltgeschichte umherfährst. Wir hatten einige Besetzungswechsel, bis wir überhaupt eine Band und Freundinnen zusammen hatten, die wirklich Musik machen durften und konnten, ohne dass ihnen ihre Eltern in den Ohren lagen mit: „Mach doch jetzt mal was Richtiges.“ Das kann natürlich auch bei Jungs der Fall sein, ich habe das ebenso bei Jungs-Bands erlebt. Aber ich glaube, bei Mädchen ist dann wahrscheinlich der Druck von Vätern oder Müttern auf ihre Töchter nochmal größer, gerade wenn sie so „unbehütet“ durch die Weltgeschichte fahren. Zumindest habe ich das so bei Teilen meiner Kolleginnen empfunden, mit denen ich die Band gestartet habe, die aber sozusagen in die Professionalität gar nicht erst reinkamen, weil sie vorher die Band verlassen haben, um ein Studium oder etwas Sicheres zu beginnen, was ihnen ihre Eltern nahegelegt haben. Freie Wahl war das dann nicht unbedingt immer.
Das ist auch so etwas: Warum werden Jungs ermutigt, sich austoben zu können und vielleicht drei, vier Jahre später ein Studium anzufangen, um erstmal auszuprobieren, was so mit der Musik ist? Und warum wird von Frauen oder Mädchen viel schneller noch erwartet: „Ach, komm, jetzt mach doch mal hier dein Studium, dann kannst du auch eine prima Musiklehrerin werden.“ Zumindest war das zu unserer Zeit so. Ich finde es toll, dass heute viele Sachen wirklich viel mehr auf Augenhöhe stattfinden.

Sandra: Thema Körperwahrnehmung: Hat das bei euch eine Rolle gespielt?

Diane: Ja, klar, das ist für jedes Mädchen ein Thema. Ich habe in einer Mädchen-Band gespielt und kann dir alles über verschobene Körperwahrnehmung, Eigen- und Außenwahrnehmung erzählen. Natürlich hat gutes Aussehen und einem Body-Mass oder Schönheitsideal entsprechen wollen, wie man es auf der Bravo Girl oder der Cosmopolitan gesehen hat, immer eine Rolle gespielt. Und vielleicht ist es in der Musik- oder Schauspielbranche, also in einer Branche, in der du sozusagen von außen gesehen und bewertet wirst, auch noch mal wirklich viel essenzieller, weil du natürlich Bilder von dir im Internet siehst, bei denen du denkst: „Ach, du Scheiße, wer hat denn das Foto geschossen und hochgeladen? Wie sehe ich denn da aus?“ Man hat einfach keinen Einfluss darauf, wie eine Wahrnehmung von dir in der Öffentlichkeit gestreut wird. Man muss es dann hinnehmen. Man ist eine Person des öffentlichen Lebens.

„Ich habe in einer Mädchen-Band gespielt und kann dir alles über verschobene Körperwahrnehmung, Eigen- und Außenwahrnehmung erzählen.“

Foto linke Seite: Anne de Wolff

Bei mir war es so, dass ich eigentlich immer ein ganz gutes Körpergefühl hatte und glücklich mit meinem Körper war. Aber natürlich habe ich wie jedes andere Mädchen auch geschaut, wie ich mit welchen Klamotten auf Fotos aussah, und dann habe ich eben ein gewisses Teil nicht wieder angezogen, wenn es mir auf den Fotos nicht gestanden hat. Wir haben uns als Band natürlich auch gegenseitig empowert und uns ein gutes Gefühl gegeben. Das war der Vorteil einer Mädchen-Band. Ich möchte nicht das einzige Mädchen in einer Jungs-Band sein. Da ist es dann wirklich vielleicht so, wie es Judith Holofernes in ihrem Buch geschrieben hat: Auf der einen Seite soll sie strahlen, die Schönste und das Gesicht der Band sein. Gleichzeitig aber wird ihr das ebenso ein stückweit verwehrt, weil sie ja nur 1/4 einer Band ist und vielleicht dann doch nicht so doll strahlen soll. Ja, Körpergefühl ist eine wichtige Sache.

Sandra: In Judiths Buch fand ich sehr gut, dass sie sehr offen über alles geschrieben hat. Und eben auch geschrieben hat, dass sie sich den Finger in den Hals steckte, dass sie eben genau das ebenso thematisiert, wenn auch nur kurz angedeutet und unterschwellig. In Vorbereitung auf unsere Buch-Produktion habe ich sehr viele Bücher gelesen und ich habe ganz wenige Bücher gefunden, in denen konkret eine Essstörung und ein positives oder negatives Körpergefühl thematisiert wurden. Kürzlich habe ich die Bücher „Trinkerbelle: Mein Leben im Rausch" der Schauspielerin MIMI und „Ohne Alkohol: Die beste Entscheidung meines Lebens" der Journalistin Nathalie Stüben gelesen. Beide schreiben sehr offen über ihre Alkoholsucht – und dies mitunter unglaublich schonungslos. Mehr jedoch habe ich nicht wirklich gefunden, also von Menschen, die in der Öffentlichkeit stehen. Reden wir da zu wenig darüber oder wollen wir nicht darüber reden?

Diane: Ich habe jetzt schon allein bei zwei Künstlerinnen, die ich kenne, Songs gehört, die Anorexie/Magersucht zum Inhalt haben und in denen sie das Thema in ihrer Musik aufarbeiten.
Ich hatte das große Glück, dass ich bisher nicht in diese böse Körperfalle getappt bin. Was aber nicht heißt, dass es nicht auch Zeiten gab, in denen ich mich auf die Waage gestellt habe und mir gewünscht hätte, dass mein kleiner dicker Bauch ein bisschen dünner wird. Man vergleicht sich auch mit anderen Frauen.

Sandra: Thema Femimismus. So wie du es vorhin beschrieben hast, wart ihr als Band Feministinnen.

Diane: Ja, wahrscheinlich waren wir das.

Schwarwel: Ja, wart ihr.

Diane: Ich glaube, viele fürchten sich vor dem Wort Feminismus. Gerade in unserer Generation verbinden das sehr viele Menschen noch mit: laut sein, Haare auf den Zähnen, lila Latzhose. Die ganzen jungen Frauen sind alle Feministinnen – und zwar ganz selbstverständlich. Da wird in einer Selbstverständlichkeit gegendert, ohne darüber nachzudenken. Ich finde das großartig. Da wird ganz selbstverständlich davon ausgegangen, dass Care-Arbeit, Familie und gemeinsame Pläne auf zwei Schultern verteilt werden. Und es wird ganz doll aufgepasst, wie Sachen formuliert werden und ob Frauen vielleicht irgendwo vergessen oder bestimmte Sachen vergessen werden, die für Frauen wichtig sind.

„Ich glaube, viele fürchten sich vor dem Wort Feminismus. Gerade in unserer Generation verbinden das sehr viele Menschen noch mit: laut sein, Haare auf den Zähnen, lila Latzhose."

Feminismus heute ist etwas ganz anderes als es der Feminismus in den Neunzigern war, als wir damit konfrontiert wurden. Und wenn ihr sagt: „Natürlich wart ihr Feministinnen", denke ich heute: „Ja, wir waren es." Doch damals hätten wir es weit von uns geschoben, weil es sich für uns einfach nur ganz selbstverständlich anfühlte. Wir waren einfach, was wir waren, und wir wollten einfach nicht von außen irgendjemandem das Gefühl geben, das betiteln oder dafür eine Schublade öffnen zu müssen. Wir haben uns ganz selbstverständlich unseren Platz genommen. Es fühlte sich aber trotzdem nicht so leicht an, wie es von außen aussah, feministisch zu sein oder sich all das nehmen zu dürfen.

„Wir haben uns ganz selbstverständlich unseren Platz genommen. Es fühlte sich aber trotzdem nicht so leicht an, wie es von außen aussah, feministisch zu sein oder sich all das nehmen zu dürfen."

Schwarwel: Niemand sagt, dass es einfach ist.

Sandra: Wie war es für euch im Backstage, auf der Bühne und auf Partys? Ich war mit Lipstix auf Tour. Wir waren offen, cool und wir waren – wie du es bei euch beschrieben hast – immer eine Einheit. Wir waren immer zusammen. Wenn wir auf Tour waren, waren wir zusammen auf Tour. Wir haben auch nicht wirklich viel „Sexistische Kackscheiße" erlebt, jedenfalls soweit ich mich erinnern kann. Wie war es bei dir?

Diane: Ich denke, dass es vielleicht auch wirklich nochmal eine Frage der Zeit ist. Heute erlebe ich keine sexistische Scheiße mehr. Aber, ja, klar haben wir es früher immer wieder erleben müssen, dass irgendein Techniker oder Aufbauhelfer in einem Club sagte: „Ja, ja, hier hat schon Nirvana reingesungen und der war laut genug. Also sing nochmal ein bisschen lauter." Nur weil derjenige nicht in der Lage war, unsere Stimmen gut abzunehmen, und wir aber wussten, dass es geht. In anderen Clubs bekamen die Leute das mit der gleichen PA super hin. Natürlich muss man sich das dann auch anhören: „Naja, das liegt dann aber an euch, weil ihr nicht ordentlich spielt oder ordentlich singen könnt oder mal lauter singen könntet. Nein, an mir liegt es nicht. Es liegt an dir, junges Fräulein." Das geht dann unter die Gürtellinie. Auch haben wir erlebt, dass ein Veranstalter gesagt hat, dass wir doch unsere schwarzen Outfits wie auf dem Foto anziehen sollen: „Wieso habt ihr das denn nicht an?" Und wir dann so: „Du hast gerade eine drei Jahre alte Autogrammkarte in der Hand. Wir gehen auf die Bühne, wie wir es wollen. Du hast nicht zu entscheiden, wie wir auf die Bühne gehen." Es gab natürlich auch Menschen, Männer, die uns beschützt haben und uns in der Musikbranche vielleicht haben kleine Fehler machen lassen, aber vor großen Fehlern bewahrt haben. Und es war so ähnlich, wie du es beschrieben hast: Wir waren schon auch immer eine Einheit und fühlten uns eigentlich immer safe.

Aber ich kann sagen, dass ich keine Frau kenne, die nicht irgendwann einmal etwas erlebt hat, das im weitesten Sinne ein Übergriff war. Ob du dir in der U-Bahn den Dödel von jemand angucken musstest, weil er ihn dir gerade hingestreckt hat, bis hin zu jemandem, der sich im Kino neben dich setzt und ihn rausholt … oder du eben angemacht wirst. Und wenn du sagst: „Mach mich nicht an!", wirst du bespuckt. In einer Stadt wie Berlin in den 1990er Jahren, als ich jung war, war das Gang und Gebe.

Mir ist es passiert, dass ich vor jemandem wegrennen musste und nur ganz knapp einer Vergewaltigung entkommen bin. Ich wurde von einem Typen den ganzen Abend lang in

einem Club beobachtet. Und es war wirklich mein Glück, dass ich den Schlüssel in der Hand hatte und es geschafft habe, die Tür vom Treppenhaus vor ihm zuzuknallen.
Ich kenne fast kein Mädchen, das nicht irgendeine Art von sexuellem Übergriff erlebt hat und wenn es nur an den Po fassen oder „versehentlich" die Brust berühren ist. Nenn mir eine, die nichts erlebt hat. Das hat jetzt nicht ausschließlich mit der Musikbranche zu tun. Aber es hat etwas damit zu tun, dass du als Frau immer noch angreifbar bist. Und wenn du dann auch noch ein junges Mädchen bist und dir irgendwie ein Mann spiegelt: „Naja, ich musste dir an die Brust fassen, weil du so sexy oder so niedlich aussiehst. Nimm es doch als Kompliment, dass dir jemand an den Arsch gefasst hat." Das sind immer noch so Situationen, die mich tatsächlich auf die Palme bringen.
Das sind alles Sachen, die heute glücklicherweise diskutiert werden. Ich sage nur #metoo und alles, was danach gekommen ist. All das hilft anderen, mit darauf zu achten, und es hilft anderen, vor allen Dingen auch Jungs und Männern, nicht in eine Falle zu tappen, wo sie selbst so etwas machen, obwohl sie das gar nicht machen wollten. Ich meine: Viele überschreiten auf ihre ungeschickte Art und Weise eine Grenze, derer sie sich vielleicht gar nicht bewusst waren.
Ich bin nicht gefragt worden, ob ich mit irgendeinem Produzenten ins Bett gehe, nur damit er mein Album produziert. Gott sei Dank nicht. Aber ich weiß, dass es viele Menschen gibt, die große Kompromisse machen mussten, um irgendwie einen Plattendeal zu bekommen oder zu behalten. Und es sind viele, viele Frauen, die oft das erste und das zweite und dritte Album so und so gemacht haben, wie irgendjemand das wollte.

Sandra: Ja, stimmt, man ist als Frau immer auf der Hut und legt irgendwann auch ein ständiges Vermeidungsverhalten an den Tag. Man überlegt immer: Wie komme ich nach Hause? Gehe ich überhaupt zu dem Konzert? Mit wem gehe ich? Fahre ich nachts nach dem Konzert alleine mit dem Taxi nach Hause oder gehe ich deswegen lieber doch nicht zum Konzert? Und ja, sexistische Situationen kenne ich in allen Branchen zur Genüge. Da ist es egal, ob es die Film- oder Musikbranche ist, die Wirtschaft oder Verwaltung. Und ja, aktuell wurde einiges auf den Weg gebracht, dass man sich mit genau diesem Thema beschäftigt. Ich finde es ebenso gut – Pandemie-unabhängig –, wenn die Leute ein bisschen auf Abstand bleiben und nicht zu nah kommen.

Diane: Vor Jahren habe ich bei einer Fernsehshow erlebt, dass viele Menschen die Schlagersängerin Michelle, die körperlich relativ klein ist und eine zierliche Figur hat, immer liebevoll zur Seite geschoben haben. Es ist wie bei Kindern, die angefasst und liebevoll zur Seite geschoben werden, wenn sie gerade im Weg stehen. Habt ihr so etwas schon mal bewusst wahrgenommen? Niemand würde einen Zwei-Meter-Mann liebevoll zur Seite schieben, wenn er gerade im Weg steht. Und bei Michelle damals war das so. Alle fanden sie super und haben sie geliebt. Und fast jeder fasste sie an den Schultern oder an der Hüfte und schob sie einmal kurz liebevoll zur Seite. Ich dachte in diesem Moment: „Kann der nicht mal aufhören, ständig die Frau anzufassen."

Schwarwel: Was tust du für deine Mental Issues? Auf mich hat es immer den Eindruck gemacht, dass du gestrahlt hast, gut drauf warst und immer eine positive Ausstrahlung hattest.

Diane: Meine positive Grundeinstellung ist natürlich auch nur ein Hilfsmittel, um gut in diesem Leben voranzukommen. Du hast die Wahl: Möchtest du dastehen und dich über viele Sachen aufregen? Oder möchtest du über Sachen einfach hinwegschauen können und dich einfach auf das konzentrieren, das geiler oder schöner ist? Das ist tatsäch-

lich etwas, das ich schon als junges Mädchen gelernt habe. Ich habe eine nicht so einfache Vergangenheit. Zwischen meinem achten und zwölften Lebensjahr hat meine Mutter getrunken und ich musste lernen, mich auf gute Sachen zu fokussieren. Ich musste einfach auch lernen, für mich zu entscheiden, was mir gut tat. Und mir tat es gut, mich mich guten und kreativen Sachen zu beschäftigen und eben auch mit Musik. Natürlich entspricht es ebenso meinem Naturell, aber ein Stück weit ist es natürlich eine wahnsinnig gute Methode, um relativ frei durch ein Leben zu kommen, das dann doch überall Sollbruchstellen hat. Selbst wenn du viele doofe Sachen erlebst, erlebst du ja auch viele gute Dinge. Und es ist eine ziemlich angenehme Sichtweise, dann die schönen Sachen rauszupicken und dich an diesen festzuhalten, anstatt dich mit den anderen zu lange aufzuhalten. Was aber nicht heißt, dass ich mich nicht auch mit doofen Sachen auseinandersetze. Ich rede viel. Ich rede mit meinen Freund:innen über Sachen, die mich nerven. Ich diskutiere Sachen aus, die mich stören, wenn ich mit Leuten zusammen bin, die aus welchen Gründen auch immer irgendwelche Punkte in mir berühren und triggern. Ich spreche es an und dann können Sachen schnell aus dem Weg geräumt werden. Das ist, wie ich mich gesund halte.

„Zwischen meinem achten und zwölften Lebensjahr hat meine Mutter getrunken und ich musste lernen, mich auf gute Sachen zu fokussieren."

Foto: Stadtgören Fotografie

„ES GING SCHON IMMER UM WEIBLICHE SELBSTBESTIMMUNG.“ Interview mit Luci van Org

von Sandra Strauß

Auch wenn Luci van Org das „Mädchen", mit dem sie mit Lucilectric Popgeschichte geschrieben hat, immer im Herzen trägt – heute ist „Cross-Media-Künstlerin" sicher die treffendere Bezeichnung für die quirlige Berlinerin Jahrgang 1971.
Die mittlerweile mehrfach preisgekrönte Roman-, Drehbuch- und Theaterautorin, Illustratorin und Schauspielerin hält natürlich auch der Musik noch die Treue, bei ihrem Soloprojekt Lucina Soteira, mit ihrem Duo Meystersinger oder als Songschreiberin und Produzentin für andere Künstler. Logisch, dass sie bei ihren Lesungen deshalb auch so gut wie immer musiziert und singt und ihre Bücher häufig selbst illustriert.
Die schreibt die überzeugte Feministin übrigens schon seit 2018 komplett in gendergerechter Sprache, und zwar so geschickt, dass es gar nicht auffällt. Weil das geht – und weil sie es nötig findet.

Sandra: Wo bist du gerade?

Luci: In Schottland. Wir pendeln immer zwischen Berlin und Schottland. Halbes Jahr hier, halbes Jahr dort.

Sandra: Du arbeitest auch in Schottland?

Luci: Ja, klar. Alles andere könnte ich mir gar nicht leisten. Ich kann von überall aus arbeiten und arbeite immer. Ich mache aber ja auch nur Sachen, die mich erfüllen und mir Spaß machen.

Sandra: Was machst du aktuell?

Luci: Ich schreibe gerade gleichzeitig an zwei Drehbüchern und editiere die Gesänge für das Lucina Soteira-Debütalbum. Das kann ich hier machen und das ist sehr schön. Bei diesem Album habe ich das allererste Mal etwas gemacht, was ich mich vorher nie getraut habe. Wir sind ins Studio gegangen, haben das Album live aufgenommen und ich habe quasi zum ersten Mal auf einer Live-Band-Aufnahme wirklich im Studio Gitarre und Bass gespielt. Bass habe ich mir schon länger zugetraut, das habe ich auch schon lange auf der Bühne gemacht, aber Gitarre war bei mir immer so ein Angst-Instrument. Das ist eines der wenigen guten Dinge, die die Pandemie mit sich gebracht hat: Ich hatte viel Zeit zum Üben. Mittlerweile spiele ich, glaube ich, eine recht annehmbare, akustische Rhythmusgitarre und das haben wir auch genutzt. Jetzt muss das alles natürlich editiert und gemischt werden. Das passiert gerade alles, damit das Album im November 2023 erscheinen kann.

Sandra: Deine wievielte Band ist das?

Luci: Insgesamt kann ich das schwer zählen, weil ich immer in zigtausend Projekten gewesen bin, auch vor Lucilectric schon. Ich habe ja schon vor Lucilectric Tonträger veröffentlicht. Direkt nach Lucilectric hatte ich

Foto linke Seite: Axel Hildebrand

ein Soloprojekt, mit dem ich aber nur zwei Singles veröffentlicht habe. Danach kamen Üebermutter und natürlich Meystersinger. Und jetzt eben Lucina Soteira. Das ist das allererste wirklich echte Soloprojekt, bei dem ich jetzt eben auch ein Album veröffentliche. Vom Songwriting, von der Form, den Texten und der Konzeption her bin ich da allein die Bestimmerin, was gespielt und aufgenommen wird und was nicht. Auf den ersten drei Singles habe ich tatsächlich auch noch alles alleine gemacht, weil ich wissen wollte, was aus mir rauskommt, wenn niemand da ist, die oder der noch etwas dazu sagt oder tut. Die ersten Singles habe ich so aufgenommen, dass ich die Songs eben nicht nur selbst geschrieben und getextet, sondern ebenso alle Tracks selbst programmiert, alle Instrumente selbst gespielt, alles in meinem Studio alleine aufgenommen, gemischt und gemastert habe. Da war nie irgendjemand anderes dabei und tatsächlich war das auch sehr schön. Ich war damit bis dahin sehr glücklich. Ich habe die Songs dann erstmal unplugged auf die Bühne gebracht – zusammen mit meinem besten Freund, der auch Bass und Gitarre spielt. Das war wunderschön. Dann wollte ich aber den vollen Sound auf die Bühne bringen und suchte mir eine Band. Als wir live gespielt haben, merkte ich, dass das, was ich alleine hinbekomme, mich nicht annähernd so befriedigt wie das, was wir als Band hinbekommen. Also habe

„Direkt nach Lucilectric hatte ich ein Soloprojekt, mit dem ich aber nur zwei Singles veröffentlicht habe. Danach kamen Üebermutter und natürlich Meystersinger. Und jetzt eben Lucina Soteira.“

ich beschlossen, dass aus Lucina Soteira ein Bandprojekt wird, weil vier echte Menschen eben noch mal viel mehr Seele mitbringen als ich allein. Zwar gibt es da keinen einzigen Ton, über den ich nicht die Deutungshoheit habe. Trotzdem ist da eben das Wunder, das entsteht, wenn vier Menschen zusammen Musik machen. Das ist einfach so kostbar und groß. Leider ist es nur total anachronistisch, weil es mittlerweile wahnsinnig teuer ist. Unendlich viele Bands gehen deshalb mit wenigen Musiker:innen auf Tour, bestenfalls mit Live-Schlagzeug und lauter programmierten Sounds und vielleicht noch mit einer Gitarre, die live gespielt wird. Wir sind zu viert, bei uns ist alles live auf der Bühne. Es gibt keinen einzigen Ton aus der Konserve, wenn wir auftreten. Aber zu viert auf Tour zu gehen, das musste auch erst mal stemmen. Vier Menschen und Instrumente sowie einen Tonmenschen zu transportieren, zu verpflegen und zu beherbergen, ist fies teuer. Ich kann nur Werbung für uns machen. Wir sind toll und alle Veranstalter:innen dort draußen sollten sich einfach trauen, uns zu buchen. Wir sind echt gut, wunderbar krachig und wavig und postpunkig psychedelisch.

„Naja, unglaublichen Sexismus. Es gab Showmaster, die dir zur Begrüßung die Zunge in den Hals gesteckt haben, ungefragt."

Sandra: Weil du gerade davon schwärmst, wie gut es sich anfühlt, selbst Musik zu machen, und wenn du zurückblickst: Wie war es bei Lucilectric, war da viel vorgegeben?

Luci: Nein, vorgegeben war bei Lucilectric auch nichts. Das war unsere Band und wir habe alle Songs alleine geschrieben. Aber da hatten Ralf (Goldkind) und ich die Deutungshoheit und wir haben uns darüber gekabbelt, was da hin soll und was nicht und wer was auf der Bühne tut. Da gab es natürlich ebenso Dinge, die du als Frau damals nicht tun solltest/durftest, also auch im gesamten Tourgefüge. Da wurde ich von unserem Trucker, der einen Truck der Produktion fuhr, „Kleine" genannt. Bis ich ihn dann daran erinnert habe, dass ich seine Chefin bin und er ohne mich gar nicht hier wäre. Aber das war halt so. Das waren die 1990er Jahre, die in ganz vielen Aspekten unglaublich misogyn waren. Nicht vergleichbar mit heute und auch nicht vergleichbar mit den 1980ern, die weit weniger misogyn waren, für mein Gefühl. Es war richtig noch mal ein Backlash. Schon deshalb, weil Frauen sich da am liebsten in Luft auflösen sollten, was ihren Körperumfang anging.

Sandra: Wie bist du damit umgegangen? Also wir hatten dieses Thema auch mit Diane Weigmann von den Lemonbabies.

Luci: Oh, ist das toll! Mit den Lemonbabies habe ich mit meiner damaligen Band in Jugendclubs gemeinsam Konzerte gespielt. Da waren wir alle so zwischen 13 und 15 Jahre alt. Ich kann mich noch total gut an Diane erinnern. Ich habe es immer wahnsinnig bewundert, dass die Lemonbabies es echt gepackt haben, zusammenzubleiben und sich zu behaupten. Ich bin ein ganz großer Fan und habe ganz warme, nostalgische Erinnerungen an diese Jugendclubauftritte.

Sandra: Mit Diane hatten wir bei unserem Interview das Thema 1990er und Musikerinnen, Frauen- und Mädchenbands. Diane hat die Lemonbabies als Mädchenband bezeichnet und eben auch erzählt, wie schwierig es in dieser Zeit war, wie du es eben auch gerade erzählt hast. Was hast du als Lucilectric noch so erlebt?

Luci: Naja, unglaublichen Sexismus. Es gab Showmaster, die dir zur Begrüßung die Zunge in den Hals gesteckt haben, ungefragt. Das Problem war natürlich, wenn du nach dem ersten Schock gesagt hättest: „Ey, uuuaaa ...",

Foto linke Seite: Axel Hildebrand

wärst du nie wieder eingeladen worden, weil es Menschen waren, die eine unglaubliche Machtposition hatten … Das heißt, wenn du nicht in deren Sendung warst, dann warst du raus. Deshalb hieß es dann von Seiten der Männer in meiner Umgebung nur: „Spiel dich nicht so auf!“ Deshalb habe ich mich damals aus Angst tatsächlich nicht weiter gewehrt, worüber ich noch heute wütend bin. Ich habe auch eine Kurzgeschichte darüber geschrieben. Sie heißt „Angeleckt“ und ist in einer Anthologie drin.

„Dann waren alle begeistert, als ich beim dritten Album plötzlich viel dünner war. Und niemand hat gefragt, woher das kam.“

Das mit der Zunge haben ebenso andere Männer gemacht, Steven Tyler zum Beispiel. Ich war bei einem Meet and Greet in irgendeiner Disco in Berlin und wurde ihm vorgestellt, weil ich zu dieser Zeit in Deutschland ein Popstar war, wenn natürlich auch ein Nobody gegen ihn. Und dann schüttelte ich ihm die Hand. Er umarmte mich und drückte mir einen Zungenkuss auf den Mund. Und ich dachte so: „Scheiße, ohrfeigst du jetzt Steven Tyler vor allen Leuten? Das kannst du nicht machen.“ Das war damals das Normale. Echt grausig. Misogynie war überall.
Als Lucilectric zum Beispiel das erste Mal im Radio lief, war das für mich ein unglaublicher Moment, sozusagen das erste Mal ein Song von mir im Radio. Der Moderator moderierte mich mit den Worten ab: „Ja, irgendwie eine lustige, neue Band und ein lustiges Mädchen. Die Sängerin hat zwar Beine wie ein Sumo-Ringer, aber eigentlich find ich die ganz spannend.“ Natürlich war dann dieser Moment, der eigentlich wahnsinnig wichtig ist, erstmal versaut. Das war permanent so, also dass ich von allen zu Lucilectric-Zeiten als zu fett empfunden wurde. Dass alle sagten: „Um Gottes willen, du musst abnehmen, du bist zu dick.“ Und dass das Leute sagten, vor allem Männer, die selbst so ne Wampe hatten. Dann waren alle begeistert, als ich beim dritten Album plötzlich viel dünner war. Und niemand hat gefragt, woher das kam. Ich hatte einfach eine Depression, und wenn ich Depressionen habe, werde ich dünn, weil ich nichts mehr esse. Das hat aber niemanden interessiert, sondern alle waren total froh, dass ich dünn war. Ich hatte natürlich eine Krankheit, aber das war egal. Das war schon ein sehr, sehr, sehr misogynes Jahrzehnt. Die alternativen Schönheitsideale, die in den 1980ern erkämpft wurden, dass … eine Alison Moyet, die rund war, oder ein Boy George, der auch rund war, oder ein Robert Smith, der ein kleiner, runder Mann mit einer hohen Stimme war, dass sie Popstars sein durften, war meine Erweckung sozusagen, dass sie so sein durften, wie sie sind, Diese Freiheit gab es in den 1990ern weit weniger, hatte ich das Gefühl.
In Deutschland – also in Ex-Jugoslawien beispielsweise überhaupt nicht – waren die 1990er an vielen Stellen so ein Friede-Freude-Eierkuchen-Jahrzehnt, in dem alle dachten: „Super, alles ist besser, alles ist toll. Die Mauer ist auf, Nelson Mandela ist raus aus dem Gefängnis, die Leute tanzen auf der Straße …“ Alle hatten plötzlich die Hoffnung, dass alles besser wird – bis 9/11.
Bei mir war es immer so, dass ich misstrauisch geworden bin, wenn Menschen erzählten, dass in ihnen nur Liebe und Licht ist. Viele verstecken dann ihre dunklen Seiten lieber, anstatt offen oder konstruktiv mit ihnen umzugehen. Die 1990er waren dieses Phänomen gewissermaßen als Jahrzehnt …

Sandra: Wie bist du damals mit diesem Sexismus und dass du ungefragt auf dein Aussehen, deine Figur angesprochen wurdest, umgegangen?

Luci: Naja, „Mädchen“ war gewissermaßen die Antwort darauf, dass ich gesagt habe: „Ich mache diesen Sexismus zum Thema.“

Jede Zeit hat ihre brennenden Themen. Gewalt gegen Frauen war immer ein Thema. Aber was mir damals wichtig war, war sexuelle Selbstbestimmung. Die gab es damals wesentlich weniger. Als Frau warst du eine Schlampe, wenn du mit vielen Männern geschlafen hast. Das hatte ich halt, auch als Jugendliche, aus vielerlei Gründen, die überhaupt nicht schön waren und von denen ich später erst mitbekommen habe, dass das eigentlich eine Form von Missbrauch war. Das ist also aus anderen Gründen als aus sexuellem Spaß und Erfüllung passiert. Das thematisiere ich in meinem neuen Buch. Aber nichtsdestotrotz war es mir total wichtig, für die sexuelle Selbstbestimmung von Frauen zu kämpfen. Selbst das Wort Frau, soviel zum misogynen Jahrzehnt, hatte ja „so einen louch" ... Deswegen sagt auch Diane, dass sie eine Mädchenband waren. Das Wort Frau hatte etwas Freudloses und Verkrampftes. Es hatte all das, das wir Frauen in den 1990ern der Frauenbewegung in den 1980ern fälschlicherweise angekreidet haben. Sie erschienen uns oft so wütend und humorlos und fanden Männer echt oft scheiße. Ich mochte Männer. Warum die älteren Feministinnen so waren, wie sie waren, habe ich erst viel später mitbekommen, und dass sie allen Grund der Welt hatten, angepisst und wütend zu sein, Männer scheiße zu finden. Weil die Männer – oder die meisten Männer, um es nicht total zu generalisieren – scheiße zu ihnen waren. Sie hatten alles Recht der Welt, sie auch mal auszusperren. Das habe ich damals aber nicht verstanden. Damals wollte ich einfach keine komische Boomer-Frau sein, sondern ein modernes 1990er-Jahre-Mädchen. Wobei es das Wort Boomer natürlich auch noch nicht gab.

„Als Frau warst du eine Schlampe, wenn du mit vielen Männern geschlafen hast. Das hatte ich halt, auch als Jugendliche, aus vielerlei Gründen, die überhaupt nicht schön waren und von denen ich später erst mitbekommen habe, dass das eigentlich eine Form von Missbrauch war."

Sandra: Wir sagten in unserem Interview zu Diane, dass sie eine Feministin ist und auch schon früher war. Diane meinte, dass sie sich in den 1990ern nicht als Feministin bezeichnet hätte und/oder als Feministin hätte bezeichnet werden wollen, weil der Begriff da irgendwie noch eine andere Bedeutung hatte. Eben so, wie du es gerade beschrieben hast.

Luci: Ich habe lange mit dem Wort gehadert. In meinen Augen ist das auch wieder ein Beispiel für die Misogynie dieses Jahrzehnts, also dass Frauen, die für ihre Rechte kämpfen, als uncool galten. Ich kann mich ebenso erinnern, dass bis in die Nullerjahre hinein Suffragette ein Schimpfwort war. Dabei waren das Frauen, die dafür gekämpft haben, dass Frauen wählen durften und Frauen Menschenrechte haben, verdammte Scheiße! Das musst du dir mal auf der Zunge zergehen lassen, dass das dann als Schimpfwort benutzt wurde! Ganz furchtbar, aber da hat sich zum Glück mittlerweile sehr viel getan. Ich hoffe, dass das so bleibt.

Momentan habe ich Angst, dass es wieder einen Backlash gibt, nachdem es einen großen Schritt nach vorne gegangen ist, und ich hoffe, dass der Backlash dieses Mal kleiner wird. Wenn ich darüber nachdenke, wo wir, was Frauenrechte anging, in den 1920er Jahren waren und womit die Nazis dann schrecklich erfolgreich Wahlkampf betrieben haben, dass sie das alles wieder zurückdrehen wollten. Dann fühle ich mich bisweilen doch sehr an gewisse Nazi-Wahlkämpfe von heute erinnert. Und das macht mir Angst.

Sandra: Die Frage ist – das ist bei uns im Studio auch permanent ein Thema –, was wir und jede:r Einzelne:r aktiv tun können, damit sich das eben nicht wiederholt. Ja, also das Geschichte-Wiederholen-Ding. Also was kann man tun, wenn die AfD (noch) stärker wird? Wenn dieser ganze Antifeminismus, das Patriarchat, der Kapitalismus das ganze Thema einfach und wieder auch einen Schritt zurückdreht. Ich sag nur: Gendern.

Luci: Hier mal ein Tipp. Ich schreibe komplett gendergerechte Bücher – ohne moderne Formen zu nutzen. In der alltäglichen Sprache gendere ich auch mit modernen Formen, aber für literarische Texte gibt es wunderbare Möglichkeiten, Sprache ohne moderne Formen gendergerecht zu machen, ohne dass die Leute das merken. Dann lässt sich die Gendergerechtigkeit einfach unterschieben. Ich mag das sehr gern, um den Menschen am Ende zu sagen: „Du hast gerade einen komplett genderfreien Text gelesen. War das so schlimm?” In meinem neuen Buch beispielsweise habe ich kurz vor dem Druck noch gemerkt, dass ich Beifahrersitz geschrieben hatte - was ja auch kein gendergerechtes Wort ist. Ich wollte aber auf gar keinen Fall Beifahrer:innensitz verwenden, weil sich das so schlecht liest. Also habe ich das Ganze umschrieben und es hat geklappt. Ich brauchte das Wort gar nicht und habe dann ein anderes schöneres, treffenderes Wort gefunden. Es gibt ja zum Glück unendlich viele genderneutrale Worte im Deutschen.
Diese Behauptung, dass das Maskulinum im Deutschen für alle gilt, ist völlig abstrus. Das ist linguistisch gar nicht haltbar. Jede:r Linguist:in würde sich darüber kaputtlachen, dass es im Deutschen ein generisches Maskulinum gibt. Das gibt es nicht. Ich habe zumindest einige Semester Linguistik studiert, und weiß ein bisschen, wovon ich spreche. Noch dazu geht es doch einfach überall. Es gibt „die Leute“, es gibt „die Personen“, es gibt „die Menschen“. „Mensch“ ist immer eine super Formulierung. Und das Tolle ist: Die meisten Leute merken es gar nicht. Das ist aber etwas, das ich ganz persönlich tue. Ich habe überhaupt keinen Bock, mich mit der Antipathie von rückschrittlichen Menschen rumzuschlagen. Weswegen ich Angriffe auch immer sehr entschieden abblocke oder kontere. Ich empfinde es durchaus so, dass wir in einem Umfeld leben, in dem es eine Wirksamkeit hat, die Grenzen des Sagbaren wieder in die menschenrechtsfreundliche Richtung zu verrücken. Das heißt einfach zu sagen: „Alter, wenn du so eine Scheiße erzählst, will ich nichts mehr mit dir zu tun haben.“ Ich glaube, dass diese ganze Scheiße von wegen „Wir müssen auch für Intolelanz Verständnis haben.“ dazu führt, dass die Grenzen nicht nur des Sagbaren, sondern auch des Verhandelbaren immer weiter nach rechts rücken. Meine Menschenrechte sind nicht verhandelbar und die Rechte meiner Kinder auch nicht und die Rechte aller anderen Menschen ebenso nicht. Ich finde, dass auch einfach mal ein gepflegtes „Halt die Fresse, du Arschloch!“ manchmal echt gut und auch sinnvoll ist.

„Ich empfinde es durchaus so, dass wir in einem Umfeld leben, in dem es eine Wirksamkeit hat, die Grenzen des Sagbaren wieder in die menschenrechtsfreundliche Richtung zu verrücken.“

Ich erlebe witzigerweise auch immer mal wieder im Netz, dass viele Leute sich das nicht mehr trauen. Und wenn du dich hinstellst und es einfach tust, sich dann ganz viele Leute aus der Deckung trauen und sagen: „Ja, geil!“ Wenn das ein Mensch macht, kann das natürlich auch nach hinten losgehen und du kannst dir eine einfangen. Ich habe Verständnis dafür, dass das in gewissen Situationen nicht möglich ist oder nicht die Kraft dafür da ist. Aber da, wo wir es können, und da, wo wir das Gefühl haben, wir können es uns noch trauen, sollten wir wirklich ganz knallharte Grenzen setzen und sagen: „Nee. Ich stehe hier für unsere Demokratie ein." Ich finde das wahnsinnig wichtig. Wieso soll ich für Menschen Verständnis haben, die anderen ihre Menschenrechte absprechen? Vielleicht sogar mir selbst? Ich will niemanden für meine Menschenrechte begeistern müssen. Die stehen mir zu, verdammt nochmal! Ich muss auch Männern nicht „verkaufen", dass sie und ich exakt dieselben Rechte und Pflichten haben. Wenn ein Mann zu mir sagt:„Ja, kämpf doch alleine für deine Rechte oder überzeug mich. Mach es mir doch mal schmackhaft", dann kann ich sagen:: „Nee, ist nicht mein Job! Und du bist für mich ein Arschloch, ich will nichts mit dir zu tun haben. Die nächste Generation wird dich vergessen haben." Ich finde es total wichtig, dass wir da Grenzen ziehen.

Sandra: Glaubst du, dass du persönlich als Frau, als Mensch, ebenso als Sängerin und Musikerin für viele ein Vorbild bist – mit Lucilectric angefangen? Zu dieser Zeit war es pro Feminismus, pro Frau, auch wenn man es vielleicht so nicht gesagt hat.

Luci: Es ging schon immer um weibliche Selbstbestimmung. Das zieht sich in allen Geschichten durch mein Schaffen. Das war nach Lucilectric auch bei Das Haus von Luci in „Unten am Fluss" so. Dass eine Frau sich traut zu sagen: „Alter, ich vernichte dich!", die nicht kompromissbereit und nett ist, sondern hingeht und sagt: „Unten am Fluss ziehen die Leichen meiner Feinde an mir vorüber". Üebermutter haben wir immer den postfeministischen Albtraum genannt. Die Botschaft war, dass sich die Männer besser einkriegen sollen, sonst kommt irgendwann die Rache der Frauen. Da hatte ich mittlerweile kapiert, dass das Patriarchat einfach der Feind ist. Bei Meystersinger haben wir dann das Geschlecht komplett aufgelöst, sind als Mann und Frau bildlich wie stimmlich zu einer Einheit verschmolzen. Und jetzt, bei Lucina Soteira, ist es meine ganz persönliche Geschichte als Frau. Lucina Soteira ist ein extrem feministisches Bandprojekt, allein schon dadurch, dass die Männer, die auf der Bühne stehen, maskiert sind. Die machen das ganz bewusst, um zurückzutreten und das Signal zu geben, dass die Frau auf der Bühne komplett im Fokus steht. Ihnen ist das ebenso wichtig und ich würde niemals mit Männern in einer Band spielen, die nicht feministisch sind. Ich finde auch, dass wir Männer an unserer Seite brauchen, sonst schaffen wir das nicht. Wir brauchen die Leute mit Privilegien, die freiwillig auf genau diese Privilegien verzichten, um anderen klarzumachen, dass das der bessere Weg für alle ist.

Foto: Axel Hildebrand

Ich liebe es, als alternde Frau auf der Bühne zu stehen. Das ist für mich ein Statement. Genauso ist es für mich ein Statement, dass ich meine Haare nicht färbe. Man sieht das grau. Und man sieht meine Falten im Gesicht. Mittlerweile mag ich meinen roten Mund wieder, den schminke ich mir wieder, aber der Rest bleibt fast ungeschminkt. Ich kann sehr gut verstehen, dass es Frauen gibt, die das nicht so machen, weil du immer noch im Patriarchat ganz große Nachteile dadurch hast, wenn du alterst. Ich möchte keine Frau anklagen, die sagt: „Ich spritze Botox oder ich lasse mich operieren.“ Ich persönlich möchte nur zeigen, dass es Alternativen gibt, bei denen du deinen Körper nicht mit Absicht vergiften oder Operationen durchführen lassen musst, die medizinisch völlig unnötig sind. Mit das Schlimmste finde ich aber, wenn wir Frauen dann auch noch anfangen, mit dem Finger aufeinander zu zeigen und zu sagen: „Nee, die darf das aber nicht machen.“ Ich finde es immer wahnsinnig schwierig, wenn es abwertend wird, weil ich glaube, dass das auch das Ziel des Patriarchats ist, uns zu spalten. Frauen untereinander sind in ihrer Kritik oft härter als Männer und ebenso verständnisloser für bestimmte Lebensformen als Männer. Ich glaube, wir müssen lernen, dass das systemimmanent ist, und wir müssen lernen, da drüber zu stehen und zusammenzustehen, weil die Privilegien, die wir nicht haben, uns alle einen. Ich finde es immer noch furchtbar, dass wir geeint sein müssen, egal, was für eine Haltung wir in anderen Dingen haben. Aber ich fürchte, es geht nicht anders.

Sandra: Du hast vorhin mit einer Selbstverständlichkeit erzählt, dass du in Zeiten von Lucilectric eine Depression hattest. Wie bist du damals in den 1990ern damit umgegangen? Du standest ja auch auf der Bühne und musstest funktionieren. Du warst immer unter Menschen, dein Alltag als Popstar wurde von anderen Menschen durchorganisiert. Wie ging es dir in diesem Leben? Warum gehst du so offen mit deinen psychischen Belastungen um?

Luci: Rückblickend bin ich damals völlig falsch damit umgegangen. Ich habe nämlich nicht darüber gesprochen. Ich habe versucht, das alles mit mir selbst auszumachen, weil es damals als unfein galt. Ich habe einfach versucht zu funktionieren. Ich habe nur dank meines Hundes Bob, dem ich in meinem neuen Buch als „Zerberus“ ein Denkmal gesetzt habe, überlebt. Ich hatte es öfter, dass ich auf der Autobahn mit meinem Auto nach Hause gefahren bin und dann wahnsinnige Sehnsucht hatte, das Steuer einfach rumzureißen und irgendwo dagegen zu fahren.

Mein Hund saß aber immer auf der Rückbank und ich wusste, auch wenn er mal nicht dabei war, dass er mich brauchte. Er musste gefüttert und liebgehabt werden. Er hatte eine furchtbare Vergangenheit. Er ist als Welpe in einer Mülltonne gelandet und wir hatten ihn aus dem Tierheim. Ich hätte es ihm nie antun können, dass er woanders hinkommt. Dieser Hund hat mir das Leben gerettet.

Meine erste Therapie habe ich erst 2003 gemacht. Da war ich dann soweit, dass ich dachte, ich brauche wirklich Hilfe. Vorher wollte ich das nicht wahrhaben, da war ich – wie so viele damals – durch diese falschen, auch aus dem Patriarchat stammenden Ideale zum Thema psychische Gesundheit vergiftet. Von der bescheuerten Vorstellung, dass starke Menschen, respektive starke Männer, so etwas nicht brauchen! Kein Wunder, dass die Suizidrate bei Männern in Deutschland immer noch wesentlich höher ist als bei Frauen. Weil es immer noch so ist, dass sich Männer seltener Hilfe suchen als Frauen. Und wenn sich Männer Hilfe suchen – das habe ich gerade gestern gelesen, weil ich für eine Veranstaltung recherchiert habe –, dann ist das auch wieder ein Patriarchats-Ding. Dann werden bei Männern nämlich viel, viel öfter körperliche Ursachen diagnostiziert als psychische. Während das bei Frauen anders ist. Wenn eine Frau sagt, dass sie Schmerzen hat, dann wird gleich gefragt: „Haben Sie Stress?“ Bei mir ist mal ein Stück Metall in die Bauchhöhle gewandert und als ich schreiend vor Schmerzen ins Krankenhaus kam, da haben sie mich erstmal gefragt, ob ich Stress habe und wollten nicht mal einen Ultraschall machen. Und bei Männern wird dann gesagt: „Oh, das ist bestimmt etwas ganz Schlimmes.“ Und die Depressionen werden nicht diagnostiziert. Was dazu führt, dass viel mehr Männer sich umbringen als Frauen. Was wiederum zeigt, dass das Patriarchat nicht nur für Frauen scheiße ist, sondern eben oft auch für die Männer, die den patriarchalen Normen nicht entsprechen. Ein Grund mehr, den Scheiß gemeinsam abzuschaffen.

„Was wiederum zeigt, dass das Patriarchat nicht nur für Frauen scheiße ist, sondern eben oft auch für die Männer, die den patriarchalen Normen nicht entsprechen. Ein Grund mehr, den Scheiß gemeinsam abzuschaffen.“

Sandra: Dein Leben als Lucilectric inkl. Musikbusiness, Anstrengung und Depression: Kam das durch den Stress als Popstar oder gab es da noch andere Gründe?

Luci: Zum einen glaube ich, dass ich einfach so bin, jede Genetik hat ihre Schwachstelle, ihre familiäre. In meiner Kernfamilie habe ich ganz viele Suizidfälle und ebenso ganz viele Suizidversuche. Ich denke, dass psychische Gesundheit in unserer Familie so etwas ist wie eine vererbbare Neigung zu Herzinfarkt in anderen Familien. Dafür haben wir alle aber zum Beispiel eine sehr schöne Haut. Es gibt also auch positive Dinge. Aber ich denke, dass der Hang zu Depressionen in unserer Familie systemimmanent ist und deswegen wundert es mich auch nicht, wenn dann die passenden, krankheitsauslösenden Faktoren dazu kommen, nämlich wahnsinniger Stress, wenig Schlaf. Auch steckte ich zum damaligen Zeitpunkt mitten in der Trennung von meinem ersten Mann. Und dann ging alles sehr schnell, wobei ich der Meinung bin, dass ich schon viel früher Depressionen hatte, es nur nie diagnostiziert wurde. Der Psychologe hat das dann später mit mir zurückverfolgt. Meine erste Depression hatte ich wahrscheinlich mit acht. Es ist ja auch eine Frage, wie du damit umgehst und ob du lernst, mit so einer Neigung umzugehen, dich dann entsprechend zu pflegen, Prävention zu betreiben, dass so etwas nicht passiert.

Foto linke Seite: Axel Hildebrand

Sandra: Was tust du jetzt, um dich selbst zu pflegen?

Luci: Sport. Negativen Stress möglichst vermeiden. Aber ich habe auch wahnsinnig Glück. Ich habe eine tolle Familie, viele wundervolle Freunde, ein traumhaft schönes Leben und bin in der Lage, Grenzen zu setzen, was Stress angeht. Ich mache so viele Dinge, ich bin fast immer am Arbeiten, aber ich arbeite gerne. Ich glaube, es ist eine sehr gute Prävention, Dinge zu tun, die du liebst. Für mich ist ein großer Depressionstrigger, mich unfrei zu fühlen. Ich tue alles, um das zu vermeiden. Wenn ich das Gefühl habe, irgendetwas läuft schief und ich hänge irgendwo drin und komme nicht mehr raus, dann muss ich das beenden, sonst wird es doof. Körperliche Geschichten gehören natürlich auch dazu: vernünftig schlafen, mich gut ernähren, vegan sein, viele pflanzliche Stoffe in mich aufnehmen, die für mein Darmmikrobiom sehr gut sind. Immerhin vermutet die Wissenschaft heutzutage ja, dass das Darmmikrobiom in vielen Fällen mit Depressionen zu tun hat.

„Für mich ist ein großer Depressionstrigger, mich unfrei zu fühlen.“

Sandra: Thema Depressionstrigger und Fremdbestimmung. Merkst du das immer gleich, wenn eine solche Situation da ist, und kannst darauf reagieren?

Luci: Nee, das merkst du natürlich nicht immer sofort und gleich. Ich habe aber zumindest das Gefühl, dass ich mittlerweile rechtzeitig merke, wenn ich in irgendetwas reinrassle, was nicht gut ist. Dann kann ich die Notbremse ziehen, noch bevor es losgeht. Ich glaube, das ist das Wichtige, denn wenn du drin bist, hast du keine Kraft mehr. Ich habe in den letzten Jahrzehnten gelernt – und jetzt klopfen wir alle mal auf Holz – zu merken, wenn der schwarze Hund dort hinten an deiner Tür steht. Und wenn du jetzt nicht ganz besonders aufpasst, ist er da. Wobei Depression für mich gar nicht schwarz ist, sondern eher grau und klebrig. Aber sie lauert und der Vorhang links und rechts ist schon da und wenn der zugeht, hast du verloren. Das heißt, du musst lernen, dass der Vorhang wieder von der Seele weggeht.

Sandra: Kann man das trainieren?

Luci: Das kann ich natürlich nicht generalisieren. Ich weiß nicht, ob alle Menschen das trainieren können oder ob ich einfach nur großes Glück habe, dass es bei mir so ist. Ich würde allen Menschen, die mit Depression zu tun haben, wünschen, dass das trainierbar ist. Ich hoffe, dass ich mich nicht täusche, dass mich das nicht doch irgendwann einmal so richtig von hinten durch die Brust ins Auge überfällt. Momentan sieht es bei mir nicht so aus. Ich glaube, dass es sehr, sehr wichtig ist, so etwas auch ganz früh offen zu kommunizieren, also beispielsweise innerhalb der Familie und ebenso bei Jugendlichen zu kommunizieren, dass es Möglichkeiten gibt, wenn du dich auf eine bestimmte Art und Weise fühlst, dass es wichtig ist, dann einfach zum Arzt oder in Therapie zu gehen. Was auch wieder Scheiße ist, weil es keine Therapieplätze gibt. Zum Glück haben viele Jugendliche – leider natürlich nicht alle – für mein Gefühl ein offeneres und liebevolleres Verhältnis zu ihren Eltern als früher und können sagen, wie es ihnen geht, weshalb auch immer: wegen Schulstress, wegen Pandemie ... Dann lieber auf den nächsten Urlaub verzichten und vielleicht aus eigener Tasche private Therapiestunden nehmen, als zu warten, bis es zu spät ist.

Sandra: Du hast ein neues Buch geschrieben: „Wir Fünf und ich und die Toten“. Steckt da ganz viel von dir persönlich drin?

Also ich denke nur gerade daran, dass du für unser 1. #nichtgesellschaftsfähig-Buch eine sehr persönliche Geschichte geschrieben hast. Und du mir danach erzähltest, dass das irgendwie auch mit der Auslöser dafür war, dass du mehr Autobiografisches schreiben möchtest. Hast du das bei deinem neuen Buch gemacht?

Luci: Ja, die „Feuerfest"-Geschichte in eurem Buch war tatsächlich für mich eine sehr, sehr tiefgehende Erfahrung dahingehend, dass ich das kann, ohne dass es wehtut, und dass das Menschen auch hören oder lesen wollen. Ich hatte immer große Angst, wenn ich zu autobiografisch werde, mich selbst so zu bespiegeln. Es fühlte sich wie Jammern an. Dann bekam ich eher im Gegenteil mit, dass Leute sehr dankbar waren, dass ich offen darüber geschrieben habe. Ich habe danach eine zweite Geschichte in einer ganz tollen Anthologie zum Thema Suizid geschrieben. Mich getraut, einen autobiographischen Roman zu schreiben, habe ich mich jedoch erst, nachdem meine Eltern und mein Bruder verstorben waren. Nicht, weil ich gedacht hätte, dass ich nicht den ganzen Schmutz über meiner Familie auskippen will, weil ich schon lange offen vor anderen darüber spreche und das einfach Fakten sind, die passiert sind. Aber ich hätte mich vor Menschen, die wahlweise meine Eltern auch idealisieren – mein Vater war ein gar nicht so unbekannter Künstler –, dafür verantworten müssen, warum ich so private Dinge preisgebe und das hätte eine Nähe zu meinen Eltern hergestellt, die ich so nicht gewollt hätte. Und genau das kann ich heute einfach abwehren und sagen: „Ja, so war es, und ihr wisst das auch und meine Eltern und mein Bruder bekommen das ja nicht mehr mit."

„Ich komme aus einer sehr dysfunktionalen Familie, aus einem Elternhaus, in dem es wahnsinnig viel Gewalt gab. Nicht durch meine Eltern, sondern durch meinen Bruder …"

Sandra: Ohne deinem Buch irgendetwas vorweg zu nehmen, weil es alle lesen sollen: Kannst du kurz ein, zwei Fakten zum Inhalt deines Buches nennen?

Luci: Mein Buch ist sowohl zu 99,9% autobiografisch als auch eine phantastische Novelle. Wie das geht, sollen die Menschen lesen. Ich komme aus einer sehr dysfunktionalen Familie, aus einem Elternhaus, in dem es wahnsinnig viel Gewalt gab. Nicht durch meine Eltern, sondern durch meinen Bruder, der psychisch extrem auffällig war und dann schwerst drogensüchtig wurde. Die darunterliegende Krankengeschichte dieses Teils unserer Familie ist, dass mein Bruder in dem Moment psychisch auffällig wurde, als ich geboren wurde. Meine Eltern haben dann den Leidensweg, der es für sie auch war, durchlebt und eigentlich immer das Falsche getan als das, was sie hätten tun sollen, um ihn wieder gesunden zu lassen. Weil sie seinen Zustand nicht wahrhaben wollten. So wurde er am Ende selbst zum Täter. Mein Bruder hat ganz furchtbare Dinge getan und saß dafür am Ende auch in der forensischen Psychiatrie. Meine Eltern wollten das nicht wahrhaben und haben mir stattdessen die Schuld gegeben. Eben weil alles angefangen hatte, als ich geboren wurde. Deshalb war ich dann immer der Ursprung des Übels in der Familie. Das macht nichts Gutes mit einem, wenn du das in einer Familie bist. Es gipfelte sogar darin, dass mir das eine Psychologin zusammen mit meinen Eltern offen sagte. Im Gegensatz zu mir kam mein Bruder irgendwann nämlich in psychologische Behandlung, obwohl ich auch sehr viele Auffälligkeiten hatte, eine schwere Phobie und Tiks. Ich war deshalb als Kind und Jugendliche eine ziemliche Außenseiterin. Ich konnte die Auffälligkeiten glücklicherweise auf der

Bühne aber immer abstellen. Das ist bei solchen Erkrankungen oft so. Wenn ich auf der Bühne war oder mit jemandem geflirtet habe, dann war das weg. Aber in der Schule und im Studium hatte ich das dann trotzdem.
Mein Bruder war in psychologischer Behandlung, als ich 13 war, und ich wurde dann dazu gerufen und die Frau erklärte mir: „Ja, es ist schon so, dass du schuld daran bist, dass dein Bruder so krank ist, weil du geboren worden bist.“ Meine Eltern standen da, haben genickt und da habe ich einen Nervenzusammenbruch bekommen, bin die Treppe runter zu meinem damaligen Freund, er hat mich dann weggebracht und meine Eltern fanden das ganz normal. Das war ihre Denkweise. Zeit ihres Lebens waren sie der Meinung, dass ich das gewissermaßen auch abbüßen müsste. Wenn ich schon erfolgreich bin, dann müsste ich doch wenigstens meinen Bruder irgendwie unterstützen und das alles so hinnehmen und trotzdem Kontakt zu ihm haben, auch wenn er mich umbringen möchte und eben lauter so Dinge. Ich will darüber auch nicht urteilen, weil es viel zu viel emotionale Nähe bedeuten würde. Ich kann nur versuchen, es von außen zu betrachten und zu sagen: „Das war nicht richtig und das war auch nicht gut.“

Sandra: Das war auch nicht richtig und das war auch nicht gut. Wie bist du als Kind und Jugendliche damit umgegangen? Ich meine, als Kind befindet man sich ja in einem Abhängigkeitsverhältnis. Du bist in der Situation drin und kannst da als Vier- oder Acht- oder Zwölfjährige nicht raus.

Luci: Es war dann irgendwann auch körperlich total gefährlich bis hin zu lebensgefährlich, weil mein Bruder wirklich um sich schlug, alles in der Wohnung zertrümmerte, die Tür eintrat und auch meine Eltern schwer durch seine Schläge verletzte, besonders immer wieder meine Mutter, aber auch meinen Vater und mich. Ich habe mich, so oft es ging, zurückgezogen und versteckt. Ich war so selten wie möglich zu Hause. Ich habe sehr, sehr viele Nachmittage nach der Schule im Berliner Café Swing verbracht. Ich habe dort mit viel älteren Männern geflirtet und kam mir unglaublich erwachsen dabei vor. Für mich war damals natürlich mein Bruder der Schuldige, weil ich nicht begriffen habe, was bei uns zu Hause los war. Ich habe in dem Café meine Hausaufgaben gemacht, mit älteren Männern geflirtet und gedacht, dass es gar nicht auffällt, dass ich erst 13 bin.

„Ich habe in dem Café meine Hausaufgaben gemacht, mit älteren Männern geflirtet und gedacht, dass es gar nicht auffällt, dass ich erst 13 bin.“

Ich wurde damals auch mit 13/14/15 in den „Dschungel“ reingelassen. Das war damals die hippste Diskothek in Westberlin, in die auch die ganzen Stars gingen. Der Laden hatte eine Treppe, unter der du durchschauen konntest und die Mädchen ohne Slip rumliefen. Ich habe das nie gemacht. Ich war nur komplett überschminkt für eine 13-Jährige und dachte, ich sähe aus wie eine 30-Jährige. Und sie haben mich dort tatsächlich auch immer anstandslos reingelassen. So war das eben und es hat auch niemanden interessiert. Ich war wahrscheinlich einfach nur Frischfleisch für sie.
So bin ich eben damit umgegangen. Ich habe die Aufmerksamkeit von älteren Erwachsenen gesucht. Ich bin deshalb auch von älteren Erwachsenen missbraucht worden – sowohl sexuell von viel älteren Männern als auch ganz selten von Frauen. Mit 14/15 bin ich auch ganz kurz in eine evangelikale Sekte reingeraten. Das war echt gruselig, aber da bekam ich die Aufmerksamkeit, die ich zu Hause nicht bekam.

Sandra: Wie bist du mit dem Missbrauch umgegangen? Kann man damit umgehen?

Luci: Dadurch, dass der Missbrauch ja nicht gewalttätig war, sondern dass ich das war, was euphemistisch von missbrauchenden Männern Lolita genannt wurde. Ich wollte das ja, ich habe die Aufmerksamkeit gesucht. Aber trotzdem war es Missbrauch. Sie hätten darauf natürlich nicht eingehen dürfen. Damals habe ich das nicht als Missbrauch empfunden, rückblickend war es das natürlich.

Sandra: Wann hast du mit Lucilectric angefangen? Wie alt warst du?

Luci: Als es durch die Decke ging, 1994, wurde ich gerade 23.

Sandra: Okay, ich dachte, Lucilectric war eher, also so mit 15/16, aber da warst du ja schon älter. Was hast du in der Zwischenzeit gemacht?

Luci: Ich habe mein Abitur gemacht und studiert. Dank eines wunderbaren Menschen, dessen Namen ich leider nicht mehr weiß, bin ich in meiner völligen Verzweiflung zu einer Konflikt- und Bildungsberatung in Kreuzberg gegangen und habe dort erzählt, was bei uns zu Hause los war. Ich hatte davor schon öfter anderen Erwachsenen davon erzählt, aber die Leute haben mir nie geglaubt, weil mein Vater ein Künstler war, ich aus dem Bildungsbürgermilieu kam und weil ich auf einem humanistischen Gymnasium war. Selbst in der Schule, mein Bruder war auf derselben Schule, habe ich das in den Kummerkasten geschrieben. Das endete damit, dass meine Eltern natürlich alles leugneten und ich einen offiziellen Entschuldigungsbrief schreiben musste, dass mein Bruder ein toller, lieber Mensch ist.
In der Beratungseinrichtung wurde mir zum ersten Mal geglaubt. Sie haben dann tatsächlich dafür gesorgt, dass ich mit Anfang 16 von zuhause in eine eigene Wohnung ausziehen konnte, und haben mich damit wirklich gerettet. Diesem Mann, dem ich das damals erzählt habe, das war so ein typischer 1980er-Jahre-Sozialarbeiter, habe ich soviel zu verdanken. Es ist so ärgerlich, dass ich seinen Namen nicht mehr weiß. Er hat mich in ganz toller Weise unterstützt. Ich habe später recherchiert, was diese Konflikt- und Bildungsberatung eigentlich für eine Einrichtung war, und habe mitbekommen, dass sie eigentlich dazu da war, Arbeiter:innenkinder zu unterstützen, die es damals ganz viel in Berlin-Kreuzberg gab. Ich bin so dankbar, weil ich alles andere als ein Arbeiter:innenkind war.

Sandra: Hat es dir geholfen, dein Buch „Wir Fünf und ich und die Toten" zu schreiben und alles „aufzuarbeiten"?

Luci: Was ich wahnsinnig schön und für mich immer sehr hilfreich finde, ist, dass dieses Buch dazu führt, dass auf Lesungen wirklich Menschen zu mir kommen und sagen: „Du, das kenne ich auch. Mir geht es genauso. Danke, dass du darüber schreibst." Und dieser Prozess begann tatsächlich mit „Feuerfest" für euer Buch. Dieser Austausch mit anderen Betroffenen ist sehr wohltuend und ich glaube, dass wir unglaublich viele sind.
Die Generation unserer Eltern ist vom Krieg traumatisiert, sei es vom Krieg selbst, sei es danach durch Vertreibung, sei es von Hungergeschichten ... Diese schwerst traumatisierten Kinder sind immer noch schwerst traumatisierte Erwachsene, weil auch dank der immer noch bestehenden patriarchalen Strukturen Therapie als unfein galt. Sie haben dann ihre Kinder weiter traumatisiert und deswegen ist auch das Eltern-Kinder-Verhältnis oft sehr schwierig. Wenn ich in meinen Freundeskreis schaue, dann ist dieses Verhältnis in 99% aller Fälle ein ganz schwieriges gewesen.
Egal auf welcher Seite du in der Nazi-Zeit standest. Ich bin da so ein Gemisch. Mein Vater ist Sohn eines Politikwissenschaftlers im Dritten Reich gewesen, das heißt: Er war ein Nazi-Kind. Meine Mutter musste wegen ihres jüdischen Vaters mit ihm und ihrer Mutter in die Türkei flüchten und haben dort in einem Lager gelebt. Meine beiden Eltern haben sich gefunden und beide sind als Kinder traumatisiert

worden. Nicht auf die gleiche Weise. Ich glaube, es gibt einen großen Unterschied, ob du auf der Täter:innen- oder auf der Opferseite stehst. Aber die Kinder sind im Krieg immer Opfer, egal auf welcher Seite du stehst. Eigentlich hätte die ganze Generation gar keine Kinder bekommen dürfen, ohne eine vorherige, ganz, ganz intensive psychologische Behandlung.
Ich sehe das teilweise hier in Schottland, weil ich das Gefühl habe, auch da gibt es ganz viele Probleme, ebenso in unserer Generation mit den Eltern. Aber sie haben nach dem Krieg tatsächlich ganz viel psychologische Pionierarbeit geleistet. Da wurden die Kinder therapiert. Ich kann das nicht empirisch belegen, ich kenne da keine Studie, aber ich habe das Gefühl, dass das Verhältnis zwischen Eltern und ihren Kindern in unserem Alter hier nicht so schlimm ist wie in Deutschland. Ich glaube, dass es besonders in Deutschland in der Generation X viel mehr Eltern-Kind-Beziehungen gibt, die ganz problematisch und belastet sind, und es gibt einfach viel zu viel Emotionsleere.
Ich finde, wenn du Kunst machst, ist es auch deine Aufgabe, Dinge auszusprechen oder für Dinge Worte zu finden, für andere, die etwas anderes tun und dafür keine Worte finden können, auch um damit umgehen zu können. Das ist das, was ich mit dem Buch wollte und was für mich wichtig war. Für mich war es ebenso gut, Worte für Dinge zu finden, die ich so erlebt habe, um mir selber darüber klar zu werden, was da eigentlich los war. Wobei das gar nicht so schwer ist. Das klingt jetzt ein bisschen lapidar, aber die ganz krassen Sachen habe ich im Buch auch gar nicht geschrieben. Das brauchte ich auch nicht. Mein Bruder war für mich einfach eine Riesengefahr, weil er mich Zeit seines Lebens umbringen wollte. Ich habe mich 30 Jahre vor ihm versteckt, weil ihm suggeriert wurde, dass ich schuld daran bin, dass sein Leben so verkackt war. Nichtsdestotrotz habe ich furchtbar um meinen Bruder getrauert, als er gestorben ist, weil wir nun einmal Geschwister waren. Um meine Eltern habe ich gar nicht getrauert und tue es bis heute nicht.
Für mich war es wichtig, mir die Mechanismen, die wirkten, bewusst zu machen. Wer ist denn wirklich verantwortlich? Ich wusste zum Beispiel lange Zeit nicht um den in Teilen jüdischen Hintergrund meiner Familie. Das war tatsächlich ein Familiengeheimnis, das aufflog, als meine 99-jährige Tante starb, die tunlichst vermieden hat, darüber zu sprechen, weil ihr die gesamte Vergangenheit selber so wehgetan hat. Als ich das erfahren habe, war es für mich tatsächlich eine Art Erlösung. Es ist eigentlich total bescheuert zu sagen, dass meine Mutter zwar ein Opfer war, aber auch zur Täterin wurde, obwohl Adolf Hitler und seine Leute die eigentlichen Täter waren und nicht sie und auch nicht meine Großeltern. Ich glaube, das hat mir geholfen, mir über die Zusammenhänge klar zu werden. Wobei das nichts ist, was ich in meinem Buch erwähne. Der jüdische Hintergrund ist bei mir viel zu gering. Da sollen andere Leute darüber sprechen, die Größeres erlebt haben. Für mich im Kleinen war es aber hilfreich, einfach zurückzutreten und zu sagen: „Meine Mutter war nicht nur Täterin, sondern auch ein Opfer.“ Sobald du aber vom Opfer zur Täterin wirst, musst du dich als Täterin verantworten und dich auch an diesen Taten messen lassen dürfen. Aber trotzdem war es mir wichtig, diese Mechanismen erst einmal zu durchdringen. Da hilft Schreiben.
Ich mache Kunst, weil ich Dinge entdecken möchte, die mich faszinieren. Zum einen möchte ich, dass das die anderen auch mitbekommen, ich muss darüber sprechen und schreiben, was mich fasziniert. Zum anderen möchte ich wissen, was die anderen fühlen und denken, wenn es Inhalte sind, die vielleicht kontrovers sind. Ich liebe es, Grenzen auszuloten, vielleicht ist das dieses Freiheitsding. Ich möchte nicht bei Menschen Grenzen überschreiten, um ihnen weh zu tun. Ich überschreite aber selber gerne zusammen mit anderen meine Grenzen und schaue, was da wo ist und ob das geht oder nicht. Manchmal geht es nicht. Ich möchte Menschen dazu einladen, mit mir zusammen die eigenen Grenzen auszuloten und sich darüber auszutauschen. Deswegen mache ich Kunst.

Foto rechte Seite: Axel Hildebrand

#nicht
gesellschafts
fähig

SOUNDTRACK OF MY LIFE

Anne Martin

Da haste mir aber ne Aufgabe gestellt mit meiner Evergreen-Playlist. Ich bin diesbezüglich sehr unstet, aber es gibt Interpreten, die für mich in jeder Lebenslage gehen: **Bowie**, **Waits** und vor allem **Nick Cave** (Bei ihm haut mich das doch recht junge Album „Push The Sky Away" immer wieder um. Für mich von vorn bis hinten perfekt).

Würde ich morgen begraben, wären das die Titel, die gespielt würden:
· „Life On Mars" (**Bowie**)
· „Into My Arms" (**Cave**)
· „Into The West" (**Annie Lennox**)

Aus diversen mittelschweren Tiefs holt mich seit vielen Jahren „Black No. 1" von **Type O**. Keine Ahnung warum, liegt wohl an der vielfältigen Dynamik.

Wieder jung werde ich beim Album „The Big One" von **The World Domination**, das vor allem meine Leipziger Zeit geprägt hat. Und musikalisch feiere ich das „Rock'n'Roll Realschule Unplugged"-Album von den **Ärzten** (wie eigentlich auch alle anderen Alben).

Puh, ganz schön wustig

Josephine Maria Bayer

Ich kann Musik nicht mit halbem Ohr hören. Wenn es funkt, verliebe ich mich Hals über Kopf in den Sound einer bestimmten Band/eines Artists. Der Soundtrack meines Lebens lässt sich in diverse Phasen der unhaltbaren Begeisterung einteilen. Eine Zeitreise:

Als ich 9 Jahre alt war: Lieblingsartist: **The Kelly Family**, Lieblingsalbum: „Almost Heaven"

Mit 15 Jahren: Lieblingsartist: **The Beatles**, Lieblingsalbum: „The White Album".

Als 18-Jährige: Lieblingsartist: **Bob Dylan**, Lieblingsalbum: „The Times They Are A-Changin'"

Mit 25: Lieblingsartist: **Nirvana**, Lieblingsalbum: „Bleach"

Mit 30 Jahren (heute): Lieblingsartists: **Fleetwood Mac** und **Larkin Poe**, Lieblingsalben: „Rumors" und „Blood Harmony".

Zu meinen alltime favorite Songs gehört **Jimmy Hendrix**' Version von „All Along The Watchtower".

Christina Mohr

Soundtrack of my Life – au weia, da muss ich mich auf eine Top Ten (Alben) beschränken, sonst wird das uferlos :-D

1. **Blondie** – „Parallel Lines"
2. **Ramones** – „It's Alive"
3. **Neneh Cherry** – „Raw Like Sushi"
4. **Peaches** – „Teaches Of Peaches"
5. **The B-52's** – „The B-52's"
6. **Lassie Singers** – „Die Lassie Singers helfen dir"
7. **Roisin Murphy** – „Hit Parade"
8. **Jens Friebe** – „Wir sind schön"
9. **Die Ärzte** – „Debil"
10. **Salt'n'Pepa** – „A Salt With A Deadly Pepper"

Yvonne Ducksworth

First Records I ever purchased with my own money, and know every song on every album:

Black Sabbath – „Paranoid"
Pink Floyd – „The Wall"
The Specials – Debut Album „Specials"
The Cars – „Candy-O"
AC/DC – „Highway To Hell"
The Doors – „Strange Days"
The Fall – „Live At The Witch Trials"
TSOL – „Dance With Me"
Kiss – „Destroyer"
Queen – „News Of The World"
Supertramp – „Breakfast In America"
The Adolescents – „The Blue Album"
„Boston Not LA" / „Flex Your Head" (Comps)
Discharge – „Hear Nothing See Nothing Say Nothing"
„Soundtracks zum Untergang" 1 (Aggressive Records)

First bands I saw play live (1980's):

The Cramps, Gun Club, Black Flag, The Professionals, Billy Idol, Chelsea, U2 „Boy Tour", BowWowWow, The Misfits, D.O.A., The Dicks, The Big Boys, Snakefinger, Elvis Costello, The Clash „Sandinista! Tour", Butthole Surfers, Shell Shock, The Sluts, The Red Rockers
And a bunch more New Orleans Music & Bands

All time Favorites that I can hear anywhere anytime:

Alice In Chains: anything, really
The Specials – Debut Album „Specials"
Ulme: anything
Kristian Harting: anything
Slayer – „South Of Heaven"

Current favorite Bands:

MoE (Norway) – „The Crone" / **Oranssi Pazuzu** / **Meshuggah** / **Enslaved** / **Treedeon** – „New World Hoarder", lol

Diane Weigmann

Meine all time fave Lieblingssongs

Paul Weller – „You Do Something To Me"
Elvis Costello – „Alison"
Depeche Mode – „Never Let Me Down Again"
Moneybrother – „It´s Been Hurting All The Way With You, Johanna"
Johnny Cash – „Hurt"
The Beatles – „Across The Universe"
The Carpenters – „Yesterday Once More"
Coldplay – „Yellow"
Dolly Parton – „I Will Always Love You"

Luci van Org

The Cure – „A Forest"
Patti Smith – „People Have The Power"
The Talking Heads – „Once In A Lifetime"
The Selecter – „Cool Blue Lady"
Frankie goes to Hollywood – „The Power Of Love"
X-Ray Spex – „Oh Bondage! Up Yours!"
Suzanne Vega – „Luka"
Siouxsie and the Banshees – „Dear Prudence"
Ton Steine Scherben – „Mein Name ist Mensch"
Eartha Kitt – „Uska Dara (A Turkish Tale)"

#nicht
gesellschafts
fähig
TILL IT
HAPPENS
TO YOU

#musicmetoo
Ein Gespräch mit Friederike Merz

von Sandra Strauß

Friede ist Vokalistin und Songwriter und lebt in Berlin. Die Stipendiatin des Elsa-Neumann-Stipendiums des Landes Berlin und des Musikfonds hat sich einen Ruf als Chamäleon erarbeitet. Ursprünglich aus der Klassik kommend, hat sie mit diversen Ensemble- und A Capella-Formationen gearbeitet, die im weitesten Sinne dem zeitgenössischen Jazz zugeordnet werden können. Mit der Band, die ihren Namen trägt, spielt sie Indie-Folk und hat es in diverse Editorial-Playlists bei Spotify geschafft. Ihr Song „Albion“ liegt bei über zwei Millionen plays. Ihr Duo alle bilder mit Pianist Julius Windisch ist ein weiteres Ensemble, in dem Genre-Grenzen verwischen und wo sie eigentlich nie wichtig waren. Das Duo spielt Musik von unter anderem Wolfgang Rihm und stellt sie in Bezug zu freier Improvisation, teils mit elektronischen Effekten.
Friede spielt(e) mit ihrer eigenen Band, alle bilder und unter anderem Max Andrzejewski's Hütte & Chor, Nick Dunston, hr bigband, carebender, Schrottgrenze, Nate Wooley, Fabiana Striffler Trio, Ensemble O., Burkert Merz auf diversen Festivals, darunter Jazzfest Berlin, Rocken am Brocken, schwere reiter München, Konzerthaus Berlin, Berliner Philharmonie, Jazzfest Regensburg, Pofest/ Karlskriche Wien/AT, Jazzwerkstatt Bern/ CH, Digital Arts Festival Zürich/CH, Kaffee oder Tee/SWR, ZDF, hr, Übel & Gefährlich Hamburg u.v.m.
Darüber hinaus engagiert sich Friede beim Kollektiv Queer Cheer, mit dem sie 2023 den Sonderpreis der Jury des Deutschen Jazzpreis gewann, sowie als Mit-Initiatorin der Initiative MusicMetoo, welche den POLYTON 2023 in der Kategorie „Digital“ erhielt.

Sandra: Magst du zu Beginn etwas zu dir und deinem musikalischen Schaffen erzählen?

Friede: Ja, gerne. Ich lebe in Berlin, bin Musikerin und Songwriter, Produzent:in und Gesangspädagog:in. Ich habe erst in Mannheim Schulmusik mit Schwerpunkt Klassik, dann in Berlin ein künstlerisches Studium mit Schwerpunkt Jazz und danach noch den Hamburger Popkurs absolviert. Ich wollte immer viel Unterschiedliches machen und mich nicht festlegen. Da war der akademische Rahmen, in dem sich auch meine Eltern kennengelernt hatten, ein guter Halt und ebenso ein nicer Ort zum Rum-Nerden. Damals wusste ich noch nichts von meiner Neurodivergenz.
Ich bin immer noch auf unterschiedlichen Bühnen und in verschiedenen Kontexten unterwegs. Da sind große und kleine Bühnen, Konzerthäuser, Kneipen und Wohnzimmer dabei. Meine Songs veröffentliche ich unter meinem Namen, Friede Merz. Die kann man, wenn man das will, im Bereich Indie-Folk-Pop verorten. Wenn ich mit meinem Effects Board und meiner Stimme improvisiere, geht das in Richtung Ambient Noise/Contemporary Folk. Mit dem Duo alle bilder verbinden wir zeitgenössische klassische Musik mit Improvisation. Ich arbeite auch viel als Side-Person mit verschiedenen Komponist:innen und Songwriter:innen zusammen, habe immer viel Chor und A Capella stuff gemacht. Ich produziere und veröffentliche meine Musik selbst. Außerdem bin ich freiberufliche Gesangspädagogin, selbst queer und hab gerade eine Weiterbildung zur Arbeit mit Stimmen von trans Personen abgeschlossen.
Aufgrund meiner eigenen Erfahrungen und was ich in meinem Umfeld eben so mitbekommen habe, merkte ich dann ziemlich schnell auch, was alles nicht cool in der Szene ist und fehlt. Ich bin aufgrund dessen kulturpolitisch aktiv geworden, war in unterschiedlichen Interessenverbänden in verschiedenen Positionen aktiv, empfand das aber eher als frustrierend und wenig zielführend.

Foto linke Seite: Dovile Sermokas

Ich habe ebenso mit drei Kolleg:innen das Kollektiv „Queer Cheer – Community for ‚Jazz‘ & Improvised Music“ mitgegründet. Das ist eine Community für ‚Jazz‘ und improvisierte Musik. ‚Jazz‘ bewusst in Anführungsstrichen geschrieben, weil niemand weiß, was Jazz eigentlich ist, wir alle auch sehr unterschiedliche Musik machen und weil dieser Begriff von den Pionieren dieser Musik abgelehnt wurde. Und weil wir alle eine Hochschul-Ausbildung durchlaufen haben, die von den afroamerikanischen Wurzeln und dem politischen Kontext ihrer Entstehung komplett losgelöst ist. Da sind auch ziemlich viele Verleugnungs- und Verdrängungsmechanismen aka Rassismus am Start, die ich leider selbst erst mit Abstand davon gecheckt und bis dahin ebenso reproduziert bzw. enabled habe. Es gibt wirklich Leute, die der felsenfesten Überzeugung sind, dass sich der europäische Jazz vom amerikanischen emanzipieren musste, und sich emanzipiert hat, wo es halt eben doch viel Cultural Appropriation vs. Appreciation ist und wo den Menschen, die diese Musik erfunden haben und sie immer noch maßgeblich mitgestalten, nicht genug Credit gegeben wird. So wie die meisten Formen derzeit populärer Musik Wurzeln in oder Bezüge zu den Befreiungskämpfen von nicht-weißen Personengruppen bzw. explizit zu Black Culture haben. Der Berliner Techno ist dafür ein weiteres gutes Beispiel.

Ich hatte jedenfalls schon eine Weile den Wunsch nach einer Plattform, auf der Menschen unabhängig vom musikalischen Genre ihre Erfahrungsberichte sicher und anonym teilen können. Und so ist #musicmetoo entstanden.

Sandra: #musicmetoo ist auf deine Initiative hin entstanden?

Friede: Nein, so würde ich das nicht sagen. Der Zusammenschluss unter dem Namen „musicmetoo“ ist auf Initiative mehrerer Aktivist:innen bzw. langjährig kulturpolitisch aktiver Personen entstanden. Wir haben einander durch Zufall in unseren jeweiligen Vorbereitungsprozessen einer genreübergreifenden, betroffenenorientierten Plattform gefunden.

Dass es #musicmetoo gibt, daran waren diverse Personen und Perspektiven beteiligt, und die knüpfen wiederum an die Vorarbeit anderer an. Der Hashtag #metoo sowie das Konzept und die Kampagne dazu gehen auf Tarana Burke, eine afroamerikanische Menschenrechtsaktivistin, zurück und entstanden im Kontext von sexualisierter Gewalt gegen Mädchen und Frauen of Color Anfang der 2000er. Die Verschränkung von Class, Race und Gender wurde im Zuge des Falls Harvey Weinstein 2017 immer mehr in den Hintergrund gedrängt, sodass es am Ende hauptsächlich weiße, wohlhabendere cis Frauen waren, für die #metoo etwas verändert hat.

„Der Hashtag #metoo sowie das Konzept und die Kampagne dazu gehen auf Tarana Burke, eine afroamerikanische Menschenrechtsaktivistin, zurück und entstanden im Kontext von sexualisierter Gewalt gegen Mädchen und Frauen of Color Anfang der 2000er.“

Ein Teil unseres Zusammenschlusses ist deutschrapmetoo, wo 2021 anonyme Aktivist:innen anfingen, Betroffenenberichte zu sammeln und anonym zu veröffentlichen, ausschließlich für den Bereich Deutschrap, und die ihren Insta-Account Mitte 2023 umbenannt haben. So sind wir anderen auch auf sie aufmerksam geworden, weil wir gesehen hatten: Oh, sie benutzen nun denselben Namen wie in der URL für die Homepage, die wir gerade bauen. Da haben wir Kontakt aufgenommen und geschaut, wo wir vielleicht Kräfte bündeln können. Der Insta-Account von deutschrapmetoo hatte damals schon über 30k Follower:innen.

Was nun hinzu kam, ist eben diese Homepage, auf der ebenfalls Betroffenenberichte und freiwillig weitere statistisch relevante Daten abgegeben werden können, und außerdem ein erweitertes Netzwerk, noch mehr Bildungsarbeit und klare Forderungen an die Politik.
Davor, bereits 2020, gab es einen offenen Brief beziehungsweise eine Petition samt Insta-Account aus dem Bereich Dance Music. Der älteste mir bekannte Insta-Account, der #metoo in der Musik und einen spezifischen Täter outcallt, ist von 2019. Und dann gibt es so viel außerhalb von Instagram. Die Frage, wer da zuerst war, ist schwer zu beantworten, weil ich ja auch nur begrenzt Überblick hatte und habe über das, was es gab und gibt. Und weil solche Prozesse ja auch parallel laufen, ohne dass die eine Gruppe/Person etwas von der anderen weiß.

Sandra: Die ganze Rammstein-Debatte ist erst vor ein paar wenigen Wochen entfacht (Das Interview wurde im Juli 2023 geführt – Red.). Das heißt, euren Zusammenschluss gibt es jetzt wirklich erst so kurz und schnell?

Friede: Ja, es ging alles mega schnell. Wir wollten das Momentum mitnehmen.

Sandra: Welche Erfahrungen habt ihr die letzten Wochen gemacht?

Friede: Dass das Medieninteresse sehr groß ist, dass aus der Branche ziemlich viel Schweigen kommt und wenige bis keine Stellungnahmen. Und natürlich diese gesellschaftliche Debatte, wie sie geführt wird. Also alles, das wir schon wussten, kommt immer mehr ans Licht. Alles, das man schon vermutet oder wo man eben auch schon unterschiedliche Erfahrungen gesammelt hatte, wie die Gesellschaft damit umgeht, hat sich bestätigt.

Sandra: Ich finde an der Rammstein-Debatte „gut“, soweit man das so sagen und formulieren kann, dass dadurch sehr viel hochgeschwappt ist und an die Öffentlichkeit kam. Es gab einen Schwung und viele Medien sind aufgesprungen und einige davon haben auch sehr gut und differenziert darüber berichtet. Auch haben sich sehr viele Menschen an der Debatte beteiligt, sie haben öffentlich gemacht, was ihnen selbst passiert ist, also in ähnlichen oder ähnlich gelagerten Situationen. Ich habe auch auf eurer Webseite gesehen, dass viele über ihre eigenen Erfahrungen berichtet haben, also jetzt auch unabhängig von Rammstein. Wie war das?

„Für uns war es sehr wichtig, diesen Moment zu nutzen und aufzuzeigen, dass das nicht nur im Rock oder Metal so ist – oder wo auch immer man Rammstein als Genre verorten möchte.“

Friede: Es waren und sind viele und aus ganz unterschiedlichen Bereichen, die uns geschrieben haben. Für uns war es sehr wichtig, diesen Moment zu nutzen und aufzuzeigen, dass das nicht nur im Rock oder Metal so ist – oder wo auch immer man Rammstein als Genre verorten möchte. Das gibt es ebenso nicht nur in dieser Beziehung Künstler:in-Fan, sondern in unterschiedlichen Formen, unterschiedlichen Positionen, unterschiedlichen Genres und unterschiedlichen Spaces überall in der Musik.

Sandra: Ich habe mir auf eurer Webseite die Erfahrungsberichte durchgelesen und bei mir hat das etwas ausgelöst. Schon unter diesem Aspekt bringt das sehr viel. Mir ist bisher nichts akut „Schlimmes“ passiert, was sexuelle Übergriffe betrifft. Als wir unser Interview mit Diane Weigmann

führten, meinte ich auch, dass mir noch nie etwas passiert ist. Und in diesem Moment, als ich das aussprach, merkte ich, dass das so nicht stimmte. Man ist permament damit beschäftigt, auf Abstand zu gehen, man ist permanent am Abchecken. Und ich habe bestimmte Situationen auch vermieden oder bin aus Situationen raus. Das wurde mir durch unser Gespräch mit Diane klar und eben auch durch das Lesen der Erfahrungsberichte auf eurer Seite. Durch die ganze Rammstein-Debatte kam da echt noch mal sehr viel hoch. Und ich war da auch so wütend und wusste im ersten Moment gar nicht, warum, wo das denn jetzt herkam und um was es überhaupt geht.

Friede: Ja, Wut ist gut.

Sandra: Ja, genau, Wut ist gut. Doch ich musste auch erst lernen, dass Wut etwas Gutes ist und eine Funktion hat.

Friede: Wenn einem bei der Geburt das weibliche Geschlecht zugeordnet wird, bekommt man das ja alles auch wegsozialisiert.

Sandra: Was denkst du, bewirken die Erfahrungsberichte, die ihr anonym veröffentlicht habt?

Friede: Also zum einen natürlich das, was du gerade gesagt hast: dass betroffene Personen die Chance haben zu reflektieren beziehungsweise dann vielleicht zum ersten Mal sehen können, inwiefern sie eben doch selbst davon betroffen sind. Das ist schon mega gut. In der Missbrauchsdiskussion geht es vorrangig immer – auch in der Medienberichterstattung – um körperliche Übergriffe und dass man relativ schnell ein Bild im Kopf erzeugen kann von: Ah, okay, das ist Gewalt. Gewalt fängt aber schon viel früher an und sie ist in unserer Gesellschaft so normalisiert, dass wir das oft überhaupt nicht sehen.
Johan Galtung, ein Friedensforscher, sagt, dass Gewalt aus drei Teilen besteht. Es ist ein Dreieck, bei dem alle Seiten gleich lang sind. Es gibt die personale oder direkte Gewalt direkt vom Täter zur betroffenen Person. Dann gibt es die strukturelle Gewalt: Ismen, von denen man betroffen ist, wie Misogynie, Sexismus, Rassismus, Ableismus, Unterdrückung aufgrund der sexuellen Orientierung usw. Und diese sieht man eben nicht unbedingt, wenn man sie sich nicht bewusst macht.
Der dritte Teil ist die kulturelle Gewalt: Wie geht das Umfeld damit um? Victim Blaming, Silencing, Tolerieren von Gewalt, Ignorieren, Wegschauen. Sie wirken alle drei und stabilisieren sich auch alle drei gegenseitig. Es gäbe keine personale Gewalt, wenn es nicht strukturelle Gewalt gäbe, und es gäbe auch keine personale Gewalt, wenn es nicht diese kulturelle Gewalt gäbe.
Mir ist es mega wichtig, vor allem nichtbetroffenen Personen klarzumachen, welche Rolle sie dabei spielen und welche Verantwortung sie tragen. Zum einen eben Gewalt überhaupt zu erkennen. Da geht es ebenso darum, Informationen bereitzustellen, über Rechte aufzuklären, professionelle psychologische und juristische Unterstützung sowie Beratung weiterzuleiten. Aber eben auch einzuladen, sich mit diesem Unbehagen auseinanderzusetzen, was das auslöst, und sich zu fragen: „Okay, in welchen Situationen wusste ich es und habe nichts gesagt? Wo habe ich es sogar gesehen und habe nichts gesagt? Wo habe ich Betroffenen selber nicht geglaubt? Wo war ich selbst betroffen und musste aber die Situation navigieren, damit ich da selbst heil durchkomme?“ Im Taxi

„Dann gibt es die strukturelle Gewalt: Ismen, von denen man betroffen ist, wie Misogynie, Sexismus, Rassismus, Ableismus, Unterdrückung aufgrund der sexuellen Orientierung usw.“

oder im Uber kann man auf dem Weg auch eine scheiß Erfahrung machen. Das passiert leider ziemlich oft. „Wo war man selbst schon gewaltausübende Person?“

Wir verwenden bewusst den Begriff gewaltausübende Person, weil Täter ein sehr stark konstruiertes Wort ist und irgendwie immer eine Absicht und ein Bewusstsein voraussetzt.

Wir sammeln bei uns nicht nur Erfahrungen zu #metoo und zu sexualisierter Gewalt, sondern generell alle Erfahrungen zum Thema Gewalt und Diskriminierung in der deutschen Musiklandschaft und wie sie sich eben intersektional überschneiden, sich gegenseitig ebenso verstärken oder wie sie aufeinander einwirken. Man kann eben auch unbewusst und mit den allerbesten Absichten Gewalt ausüben, verstärken, reproduzieren. Das passiert gerade bei dem Thema sexualisierte Gewalt, bei dem viel Scham und Unwissen, auch viele Mythen im Umlauf sind und ebenso viel Victim Bashing. Es passiert ziemlich schnell, dass man in einer guten Absicht einen schlechten Rat gibt und jemanden damit weiter im Schweigen oder in der Isolation hält.

„Man kann eben auch unbewusst und mit den allerbesten Absichten Gewalt ausüben, verstärken, reproduzieren. Das passiert gerade bei dem Thema sexualisierte Gewalt, bei dem viel Scham und Unwissen, auch viele Mythen im Umlauf sind und ebenso viel Victim Bashing.“

Also zum einen Hilfe für Betroffene und die Zivilgesellschaft und zum anderen ganz klare Forderungen an die Branche und an die Politik. Es gibt so viel zum Thema Awareness-Arbeit und Safer Spaces, das Künstler:innen machen können und das die Politik machen kann sowie machen muss und wo sie auch die Hebel hat. Man muss das Machtgefälle erstmal transparent machen und dann sagen: „Okay, da haben wir einen Hebel. Wenn wir Fördergelder vergeben, dann können wir diese Förderung auch an Bedingungen knüpfen, zum Beispiel dass Awareness-Konzepte bei geförderten Projekten verpflichtend sind, dass es ein Awareness-Team und eine Security geben muss, dass sie alle geschult sein müssen und es einen Konsequenzen- und Maßnahmenkatalog gibt. Dass es eben nicht nur viel schönes Gerede ist und Betüteln von betroffenen Personen, sondern dass Täter auch zur Rechenschaft gezogen werden und eventuell eben des Hauses oder des Platzes verwiesen oder angezeigt werden.

Sandra: Ich finde es gut, dass ihr auch ganz konkrete Forderungen und diese ausgearbeitet habt. Und ihr arbeitet sehr breit gefächert. Ich möchte nochmal zu den Statements und Erfahrunsgberichten auf eurer Webseite zurückkommen. Ist das ebenso Prävention und dass man sich einigen Situationen erst einmal selbst bewusst wird, dass man übergriffige Situationen erkennt und eventuell sogar aus diesen rausgeht? Dass man für bestimmte Situationen sensibilisiert wurde oder ist? Ich weiß gerade nicht, wie ich es korrekt beschreiben kann, weil es hochsensibel ist, was ich mit „aus der Situation rausgehen“ meine. Es bedeutet nicht, dass man als Frau keine High Heels oder keinen kurzen Rock tragen „darf“ oder dass man nicht genauso feiern kann wie Männer oder dass man sich als Frau einschränken muss. Wie bekommt man das zusammen?

Friede: Es gibt keine einzige betroffene Person – da bin ich mir zu 100% sicher –, die nicht das allererste Mal, als sie Gewalt erfahren hat, egal wann und in welchem Kontext, signalisiert hätte: Ich will das nicht oder Nein gesagt hat. Wir kommen alle so auf die Welt, dass wir eine Verbindung zu unserer Intuition haben, und die erste Gewalt, die passiert, ist die, dass dieses Nein missachtet wird, dass

wir gespiegelt bekommen: „Du bildest dir das ein, du bist verrückt oder du hast hier nicht so viel zu sagen." Es liegt nicht daran, dass Leute sich nicht wehren. Es liegt daran, dass dieses Nein unterdrückt und nicht ernst genommen wird. Diese dumme Frage „Warum hast du denn nichts gesagt?" bringt die Verantwortung zur betroffenen Person zurück. Das ist das Erste, das auch beim Victim Blaming passiert und das Leute ebenso internalisieren.

Ich hatte neulich eine Situation: Ich befand mich in der Club-Schlange und habe mitbekommen, wie sich ein Typ daneben verhalten hat. Ein Typ, der sich vorher schon daneben benommen hatte. In einer anderen Situation hatte er eine Person gecatcalled. Ich dachte so: „Okay, ich kann vor zum Bouncer gehen und es ihm sagen." Ich bin dann aber erstmal zu der betroffenen Person hin, um sicherzustellen, wie es ihr geht, und ob sie das selbst so empfunden hat und sie zu fragen, ob sie möchte, dass ich die Clubleitung oder wen auch immer informiere. Sie meinte so, dass er das und das gesagt und sie nichts gesagt habe. Ich meinte: „Es ist voll okay, dass du nichts gesagt hast. Das ist in dem Moment mega schwer. Es ist nicht deine Schuld."

Es steckt so tief drin, wir haben das gelernt, die Gesellschaft und die Täter:innen bringen uns das bei. Und der Staat auch. Die Justiz funktioniert überhaupt nicht für sexualisierte Gewalt. Da muss ebenso auf gesetzlicher Ebene ganz viel passieren. Victim Blaming ist etwas, das in unsere Wissenschaft, in unsere Gesetze, in unsere Institutionen, auch in die Psychologie und die Psychiatrie eingeschrieben ist, weil sie eben sehr lange und immer noch hauptsächlich aus einer cis-männlichen, weißen Perspektive informiert ist. Da fehlen Perspektiven. Deswegen kann man auch nicht sagen, man muss an der oder der Stelle anfangen, sondern man muss überall gleichzeitig arbeiten.

Es gibt so viel zum Thema Prävention für potenzielle Betroffene – so von wegen: „Geh nicht alleine nachts durch den Park, wenn du eine weiblich gelesene Person bist! Zieh dich nicht so an, wenn du in einen Club gehst! Beleg einen Selbstverteidigungskurs, damit du dich auch verteidigen kannst!" – als ob das irgendetwas bringen würde. Das hat natürlich einen Effekt, aber das greift das Problem nicht an der Wurzel, denn die Personen, mit denen wir arbeiten müssen, sind die Täter. Wir müssen uns anschauen, wie Täter entstehen. Die Gruppe von Betroffenen ist so heterogen, wie es überhaupt nur sein kann: arm, reich, schwarz, weiß, dünn, dick, fett, mit einer Behinderung lebend ... Wie soll man für so eine große, unterschiedliche Gruppe einen Maßnahmenkatalog entwickeln? Das geht nicht. Und die allermeiste Gewalt passiert ja in den Partnerschaften, im Freundeskreis und in der Familie. Soll ich mich da jetzt isolieren und keine:n Freund:in mehr haben und mich von meiner Familie trennen und auf gar keinen Fall in eine Beziehung gehen? Das ist ja die logische Konsequenz. Das kann es nicht sein.

„Männer erleben im patriarchalen System auch die Gewalt, dass sie schon als ganz kleine Jungs in diese Kategorie Mann und Männlichsein-müssen eingeordnet werden und ihnen alles Feminine, Weiche, Passive, Reflektierende, Aufmerksame wegsozialisiert, im wahrsten Sinne des Wortes rausgeprügelt wird."

Aber wenn man sich die Gruppe Täter:innen anschaut, wenn es um sexualisierte Gewalt geht, sind es zu 97% cis Männer. Sie werden durch eine misogyne Gesellschaft informiert, die toxische Männlichkeit feiert und befördert. Männer erleben im patriarchalen System auch die Gewalt, dass sie schon als ganz kleine Jungs in diese Kategorie Mann und Männlichsein-müssen eingeordnet werden und ihnen alles Feminine, Weiche, Passive, Reflektierende, Aufmerksame wegsozialisiert, im wahrsten Sinne des Wortes rausgeprügelt wird. Das passiert so früh, dass es natürlich auch für sie Arbeit ist, darüber zu reflektieren. Sie werden schon so früh zu Tätern erzogen. Wir erziehen unsere Gesellschaft, das Patriarchat und der Kapitalismus erziehen diese cis Männer zu Tätern.

Das Coole an Awareness-Konzepten ist, dass man Betroffene aus der Isolation herausholt und sagt: „Du musst das nicht mit dir alleine ausmachen. Es gibt hier Menschen, mit denen du reden kannst, die dich ernst nehmen und die das Thema ernst nehmen.“ Da reicht es auch schon, ein blödes Gefühl zu haben. Oft ist es ja erstmal so ein komisches Gefühl und ganz viel Unsicherheit, dieses Gaslighting durch die Gesellschaft ist ja unfassbar stark. Und je nachdem, wieviel Erfahrung man schon gesammelt hat, hat man ja auch schon Erfahrungen mit dieser gesellschaftlichen Unterdrückung gemacht. Aber wenn man dann sagt: „Komm mal zu uns, dann reden wir darüber und wir schauen uns an, was es ist.“

Und dass eben auch nicht nur die betroffene Person und das Awareness-Team oder die Security, sondern auch andere Umstehende die Augen offen halten. Und wenn sie Zeug:innen werden, dann eben erstmal mit den Betroffenen sprechen: „Wie fühlst du dich? Sollen wir zusammen zum Awareness-Team gehen? Soll ich da hingehen? Möchtest du, dass ich aktiv werde?“ Wenn man es eben auf mehrere Schultern verteilt, also nicht die Verantwortung für die Tat, die liegt immer ausschließlich bei den gewaltausübenden Personen, aber die Verantwortung mit dem Umgang, wenn die Scheiße schon passiert ist, dass diese nicht komplett auf den Schultern der Betroffenen liegt. Denn es ist ja leider auch so, dass sie in ihrem direkten Umfeld, vor allem wenn die gewaltausübende Person im direkten Umfeld ist, aber auch sonst im direkten Umfeld, im Freundeskreis oder in der Familie oft keine Unterstützung erfahren. Leider.

Beim Thema Feiern gehen sind leider auch K. O.-Tropfen ein wichtiges Thema. Es gibt ebenso immer mehr Spiking. Da liegt wirklich die Verantwortung beim Veranstaltungsort, dass sie alles checken. Aber leider checken Täter:innen nicht nur die Person und ihr Ziel, sondern auch das ganze Umfeld und sie wissen dann, wie weit sie gehen können, was sie machen müssen, um trotzdem das zu bekommen, was sie wollen. Macht und Kontrolle. Das können unterschiedliche Dinge sein, eben sexuelle Handlungen, zu denen die betroffene Person nicht zugestimmt hat, oder auch Geld.

Beim Thema K. O.-Tropfen ist es aber auch so, dass es ein ziemlich schlechter Rat ist, wenn man sagt, dass man sein Glas nur Leuten geben solle, denen man vertraut, weil eben wirklich sehr häufig die Täter:innen aus dem direkten Umfeld kommen. Ziemlich hart.

„Beim Thema K. O.-Tropfen ist es aber auch so, dass es ein ziemlich schlechter Rat ist, wenn man sagt, dass man sein Glas nur Leuten geben solle, denen man vertraut, weil eben wirklich sehr häufig die Täter:innen aus dem direkten Umfeld kommen.“

Sandra: Umso wichtiger ist eure Arbeit.

Friede: Genau. Wir wollen Spaces safer machen, damit alle feiern können.

Sandra: Ich finde es gut und wichtig, dass ihr das Gesamtsystem im Blick habt. Wie können wir Männer dafür sensibilisieren? Wie kommen wir an cis Männer ran? Sie wachsen ja eben auch in und mit diesem System auf. Ich habe in meinem

Umfeld sehr viele feministische Männer. Eventuell habe ich mir diese auch intuitiv gesucht. Wir bei Glücklicher Montag machen das auch so. Ich habe in meinen 20ern und 30ern sehr lange High Heels und Lack getragen. Und das war nie eine Einladung an irgendwen. Das konnte ich zum Glück immer kommunizieren. Unterschwellig war das immer sehr anstrengend. Ich habe meine Lack-Klamotten und High Heels getragen, weil ich es liebe. Und nicht für andere oder geschweige denn als Einladung.

Friede: Aber du musstest das immer kommunizieren, weil du in diese Situationen gebracht wurdest.

Sandra: Ja. Oder ich bin schon vorher aus der Situation raus und habe diese eben vermieden.

Friede: Und auch das bedeutet einen Ausschluss, auch wenn es gar keine von außen erkennbare Konfrontation gab. Am Ende muss jede:r für sich selbst entscheiden, wieviel Energie man in so einer Situation rein geben kann und möchte, und wie sicher das für einen selbst und andere ist. Oder inwiefern man sein Verhalten oder sein Äußeres anpasst oder Räume meidet, um in Frieden sein zu können.

Ich möchte niemandem sagen, dass er oder sie in einer Situation bleiben soll, in der sie sich unwohl fühlt. Ich finde es absolut valide zu sagen: „Ich fühle mich hier nicht wohl. Ich werde hier nicht ernst genommen und das geht nicht mit meinen Werten überein. Ich gehe jetzt." Aber wenn man es gerade kann und es sich leisten kann, dann finde ich es ebenso valide, sich über Sitten hinwegzusetzen und Kontra zu geben. Call IT out! Und sich dafür Unterstützung holen. In Rihannas Worten: „Tell your friends to pull up."

Menschen müssen verstehen, dass sich Personen, die liebenswert sind und sich gegenüber einem selbst oder gegenüber anderen Personen toll verhalten, in anderen Situationen oder anderen Personen gegenüber daneben verhalten. Oder dass sie bestimmte Ansichten haben, die nicht cool sind. Es ist ja nicht die Person, die wir kritisieren, sondern ihr Verhalten. Das ist hilfreich zu wissen und wichtig zu unterscheiden. Weil man eigentlich immer davon ausgehen kann, dass Personen und Institutionen, die – bewusst oder unbewusst – Ismen reproduzieren oder Gewalt ausüben, erstmal in eine Abwehrhaltung gehen und dabei eine Täter-Opfer-Umkehr betreiben. Um diese Aufmerksamkeit, Mitleid, Fürsorge, Zeit oder einen sonstigen Vorteil zu gewinnen. Aber auch, weil sie sich tatsächlich angegriffen fühlen und das nicht verstehen und es so empfinden, dass sie als Person angegriffen werden. Da darf man sich auch nicht darauf einlassen, sondern muss sagen: „Es geht nicht um dich, sondern es geht um diese Sache, die du gerade gesagt oder gemacht hast." Es ist eben gut, wenn man diese Ressourcen und Kapazitäten dafür hat, sich dahingehend die Antennen offen zu halten, in solche Gespräche reinzugehen und sich auf welche andere Art auch immer – indem man sich Sachen anliest oder Videos anschaut – dazu weiterzubilden und Gewalt in all ihren Formen immer besser zu erkennen und sie auch sofort anzusprechen, wann immer das möglich ist.

Kennst du das Konzept von Mikroaggression?

„Weil man eigentlich immer davon ausgehen kann, dass Personen und Institutionen, die – bewusst oder unbewusst – Ismen reproduzieren oder Gewalt ausüben, erstmal in eine Abwehrhaltung gehen und dabei eine Täter-Opfer-Umkehr betreiben."

Sandra: Nein.

Friede: Kleine Anmerkungen, vergiftete Komplimente, häufig unbewusstes Handeln oder Handeln in den vermeintlich besten Absichten, bei denen man Schaden anrichtet, Personen retraumatisiert, ihnen klar macht, in welche Kategorie sie hier gerade eingeordnet werden. Die darf man grundsätzlich nicht unterschätzen, weil das – je nachdem, was es ist – eine Abwärtsspirale für Tage, Wochen, Monate sein kann. Deswegen ist es eben nur mikro für die Person, die es nicht selbst erlebt oder die nicht das Ziel davon ist.

Was wir uns echt abgewöhnen müssen, ist, körperliche Gewalt kategorisch als – die im Vergleich zur psychischen – schlimmere Gewalt einzuordnen. Das Strafgesetz in Deutschland macht das nach wie vor. Es ist zwar erstmal schwerer, psychische Gewalt zu erkennen und die Schwere zu messen, aber auch nicht unmöglich. So ist „Coercive Control", also Zwangskontrolle bei häuslicher Gewalt, in Großbritannien seit 2015 ein Straftatbestand. In Deutschland sind wir davon noch weit entfernt. Hier gibt es eben noch so wenig Informationen, so viele Mythen darüber, weil diese Abwägung zwischen physischer und psychischer Gewalt besteht. Sowohl die Forschung als auch die Zivilgesellschaft sind da im englischsprachigen Raum schon viel weiter. Alles aus der Trauma-Forschung, was heute relevant ist, kommt aus Amerika oder England, aber noch recht wenig davon wird in Deutschland umgesetzt.

Zum Beispiel ist es in Deutschland immer noch so: etwa Verhaltenstherapie oder tiefenpsychologische Therapie, bei der man Menschen zwingt, sich zu erinnern, und zwingt, immer und immer wieder über Dinge zu reden. Was man heute weiß, ist, dass man das Trauma nicht alleine auflösen kann. Und vor allem, dass Traumata sich physisch im Körper manifestieren. Es gibt das Buch „The body keeps the score" von Bessel van der Kolk, das als das Standardwerk gilt. Man weiß mittlerweile, dass man allein mit Körpertherapie, ohne Menschen dazu zu zwingen, sich an alles zu erinnern, und sich eben mit diesem Zwang auch immer wieder zu retraumatisieren, Traumata sehr viel besser auflösen und behandeln kann. Das ist die wirksamste Strategie bei posttraumatischer Belastungsstörung. Und das hat bisher weder den Weg in die Standard-Maßnahmen in der Psychologie in Deutschland gefunden noch ins Gesetz. In England ist Zwangs-Kontrolle seit 2015 als Straftatbestand an sich im Rahmen von häuslicher Gewalt anerkannt. Das heißt: Jemand, der eine Person isoliert, manipuliert, gaslightet, vielleicht noch nicht mal verbal beleidigt, sondern psychische Kontrolle ausübt und sie noch kein einziges Mal geschlagen hat oder sonst irgendwie physisch straffällig geworden ist, wird als Gewalttäter:in anerkannt. Das wäre auch in Deutschland mega wichtig, weil die Dunkelziffer bei Gewalterfahrungen sehr groß ist, vor allem bei häuslicher Gewalt. Eben weil diese Interessenskonflikte und Abhängigkeiten bestehen. Und sie ist auch bei häuslicher Gewalt, die von Frauen ausgeht, also bei Täterinnen oder weiblich gelesenen Personen und bei der Männer die betroffenen Personen sind, extrem hoch.

„Man weiß mittlerweile, dass man allein mit Körpertherapie, ohne Menschen dazu zu zwingen, sich an alles zu erinnern, und sich eben mit diesem Zwang auch immer wieder zu retraumatisieren, Traumata sehr viel besser auflösen und behandeln kann."

Bei Kindesmissbrauch sieht die Statistik so aus, dass 1/4 aller Mädchen, bevor sie 18 sind, und 1/6 aller Jungs Erfahrungen mit se-

xualisierter Gewalt machen. Das sind ziemlich viele und ich finde, dass man sie nicht ausklammern darf, weder die weiblichen Täterinnen noch die männlichen Opfer und alle Personen dazwischen und außerhalb.
Die Statistik ist leider auch die, dass ein Kind im Durchschnitt sieben bis acht Erwachsenen davon erzählen muss, bis ihm geglaubt wird oder Maßnahmen eingeleitet werden. Das sind ziemlich krasse Zahlen, aber man muss sie nennen. Man muss sich das verdeutlichen, um zu sehen, wie groß das Problem ist. In diesem Victim Blaming sind auch häufig Personen, selbst betroffene Personen, die früher ähnliche Erfahrungen gemacht haben, mit dabei, die dann anfangen mit: „Was erzählst du hier? Was ich erlebt habe, ist viel schlimmer." Das ist natürlich krass. Das sind dann Personen, die ihr eigenes Trauma noch nicht auf eine Art aufarbeiten konnten, so dass sie sowohl Anerkennung dafür erfahren und Unterstützung als auch aus ihrer Ohnmacht rauskommen und deren bisher einzige Erfahrung von Selbstermächtigung es ist, wiederum anderen Gewalt anzutun beziehungsweise sie zu unterdrücken. Wären sie mit ihrer eigenen Geschichte schon weiter, wüssten sie, dass Betroffene sich unterstützen müssen, dass jede Gewalterfahrung valide ist und dass es nichts bringt, diese gegeneinander abzuwägen.
Hurt people hurt people.

Sandra: Wie kommst du klar, dass du dich so intensiv mit all dem beschäftigst? Und warum? Wie bist du da hingekommen?

Friede: Mir geht es ganz gut. Ich dachte aber neulich, wenn das vor drei Jahren passiert wäre, wäre ich im Dauer-Trigger-Modus gewesen und käme wahrscheinlich gar nicht mehr klar. Therapie war für mich wichtig. Therapie ist gut. Es braucht mehr Therapieplätze, es braucht vereinfachten Zugang zur Therapie. Es gibt viel zu wenig Menschen für die hohe Nachfrage. Auch da passieren Ausschlüsse, dass es mehrfach-marginalisierte Gruppen beziehungsweise wo Klassizismus kickt, weil sie häufig auch am tiefsten in der Armut drinstecken, am meisten ebenso bürokratische Unterdrückung erfahren. Und das frisst alle emotionalen, zeitlichen und finanziellen Ressourcen auf.
Ich bin da in meiner Position sehr privilegiert, dass ich ein mittlerweile liebevolles Umfeld und einen Weg gefunden habe, weiter zu funktionieren, und mir trotzdem immer wieder auch Pausen nehmen kann, wenn ich merke, dass ich sie brauche, denn Activism Burnout ist real. Passt auf euch auf! Es sind innere Prozesse, die auch Zeit brauchen. Es ist wichtig, dass man sich selbst nicht übergeht. Pausen machen, Unterstützung suchen, nicht alleine damit sein. Beziehungsweise wenn man erstmal alleine damit sein möchte, sich, wenn man das kann, eben ein bisschen Space verschafft. Und dass man Personen, die gerade nicht helfen oder die verletzen, fürs Erste Lebewohl sagt. Das ist ja auch ein Privileg. Zu diesem Privileg gehört ebenso, Zeit investieren zu können, sich weiter zu informieren und so einen Überblick zu bekommen. Das ist wahnsinnig empowernd. Ich bin nicht alleine. Und diese Dinge benennen zu können.
Auch wieder ein Privileg ist, dass ich mit Englisch aufgewachsen bin. Viele richtig gute Informationen und viel Forschung kommen eben aus dem englischsprachigen Raum. Das macht man auch leichter verfügbar. Man kann einfach Google translate benutzen und bekommt diese Info ebenso. Da ist nur wie-

„Mir geht es ganz gut. Ich dachte aber neulich, wenn das vor drei Jahren passiert wäre, wäre ich im Dauer-Trigger-Modus gewesen und käme wahrscheinlich gar nicht mehr klar. Therapie war für mich wichtig."

der das Ding von den Begriffen. Beispielsweise wird „Abuse“ im Englischen viel weiter gefasst als im Deutschen. Es ist ja megabreit gefasst und es wird im Englischen viel weiter verstanden als im Deutschen. Missbrauch ist immer sofort mit sexualisierter Gewalt oder Kindesmissbrauch verbunden. Auch gibt es im Deutschen keine Entsprechung für „Abuse“, das eben nicht wie „Misuse“ „misslich verwendet oder zweckentfremdet“ bedeutet, sondern „Abuse“ bedeutet „moralisch falsch“. Im Deutschen gibt es diese Unterscheidung nicht.

Was all diese Formen von Gewalt und Diskriminierung gemeinsam haben, ist das Thema Machtmissbrauch, Macht und Kontrolle. Darum geht es immer. Und was man damit bezwecken und was man haben möchte. Beziehungsweise reicht es für die allermeisten eben schon, diesen Kick zu haben, um Macht und Kontrolle zu haben. Und das ist eigentlich nicht per se mit einem bestimmten Geschlecht verbunden. Aber dadurch, dass wir männlich gelesene Personen so sozialisieren, dass sie sich damit identifizieren sollen und dass wir Narzissmus mit Führungsqualitäten gleichsetzen, entsteht eben dieses krasse Ungleichgewicht – eben bei den nicht nur zwei, sondern vielen Geschlechtern.

„Aber dadurch, dass wir männlich gelesene Personen so sozialisieren, dass sie sich damit identifizieren sollen und dass wir Narzissmus mit Führungsqualitäten gleichsetzen, entsteht eben dieses krasse Ungleichgewicht – eben bei den nicht nur zwei, sondern vielen Geschlechtern.“

Es war letztlich auch so, dass ich meine eigenen unterschiedlichen Erfahrungen aufarbeiten musste. Ich habe lange versucht – und

bin damit auch ziemlich weit gekommen –, das zur Seite zu packen. Und ich musste das auch erst mal, weil es eben in dem Umfeld, in dem das passiert ist, begünstigt bzw. sogar gefördert und gedeckt wurde. Diese Realisierung ist einfach immer krass, weil man sich dann noch mehr allein fühlt, wenn man aus dem direkten Umfeld keine Unterstützung bekommt. Ich glaube, das ist der krasseste Schritt für alle, das zu erkennen, und dann dementsprechend auch das Umfeld zu ändern. Das heißt dann teilweise ebenso, dass man Beziehungen zu unterschiedlichen Leuten, Freundschaften, Arbeitsbeziehungen eben in letzter Konsequenz vielleicht beenden muss, weil man nicht ernst genommen oder eben weiter unterdrückt wird.

„Bei diesem Experiment versorgt man Neugeborene komplett materiell: Essen, man macht sie sauber. Aber man spricht sie nicht an und sie werden nicht geknuddelt. Sie können nicht miteinander knuddeln, jedes liegt in seinem Bettchen. Und sie sind alle gestorben. Alle. Das ist so furchtbar..“

Durch meine Erfahrungen und die Aufarbeitung davon und dann eben auch durch diese kulturpolitische Arbeit bin ich für mich selbst eingestanden und habe zurück zu mir selbst gefunden. Man möchte wieder zurück zu sich selbst, man möchte diese Verbindung zu sich selbst. Ich habe immer gesagt: „Ich will es nicht mehr, so eine Lüge zu leben. Ich will mich nicht mehr die ganze Zeit anpassen.“

Deswegen bin ich auch in diesen Beruf gegangen und war dann eben ziemlich baff und ebenso enttäuscht, dass man auch in der „freien Szene“, in der Kunst eben, überhaupt nicht diese Kunstfreiheit hat, sondern die Kunst auch überhaupt nicht von der Identität trennen kann. Es ist ein krasses Privileg, das zu können. Und dass ich da für mich einstehen will und ich aber auch dadurch, dass ich mich dann öffne und sehe, es geht anderen genau so, ich sage: „Okay, ich will etwas verändern, damit es anderen nicht so geht wie mir.“ Das ist eine krasse Balance. Also dass man dann nicht irgendwann dieses Anderen-helfen über das Für-sich-selbst-da-sein stellt. Da muss man immer wieder schauen, dass man sich eben nicht ausbrennt oder ausbrennen lässt.

Aber es gibt auch eine krasse Kraft. Wir sind ja soziale Wesen. Es ist immer das Bedürfnis nach Verbindung da.

Es gibt dieses grauenhafte Experiment, das Friedrich der Große in Auftrag gegeben hat. Bei diesem Experiment versorgt man Neugeborene komplett materiell: Essen, man macht sie sauber. Aber man spricht sie nicht an und sie werden nicht geknuddelt. Sie können nicht miteinander knuddeln, jedes liegt in seinem Bettchen. Und sie sind alle gestorben. Alle. Das ist so furchtbar. Das Experiment wurde, soweit ich weiß, zweimal in der Geschichte durchgeführt.

Aber das ist einer von vielen Belegen, dass wir auf diese Welt kommen, Verbindung suchen und wir diese auch zum Überleben brauchen. Es gibt dieses coole Zitat von Gabor Maté: „Sicherheit ist nicht die Abwesenheit von Gefahr oder Bedrohung, sondern das Stattfinden von Verbindung.“ Und das ist etwas, das so viele beim Thema Safer Spaces nicht checken. Wenn wir z. B. von einem Raum sprechen, in dem es kein eigenes Awareness-Konzept gibt und hauptsächlich wohlhabendere weiße cis Männer und weiße cis-Frauen drin sind, dann wird sich das für eine schwarze Person, eine Person of Colour, eine nicht-binäre oder eine trans Person, eine Person aus einem Nicht-Akademiker:innen-Haushalt etc. sehr wahrscheinlich gleich schonmal weniger unbeschwert anfühlen, auch wenn alle total nett und offen sind. Und es geht eben nicht nur um wohlfühlen, sondern um nicht sicher fühlen, weil ich davon ausgehen muss, dass durch diese fehlende Reflexion über den Ort und die Leute, die da sind, auch schneller Gewalt reproduziert und Gewalt ausgeübt wird.

Foto linke Seite: Dovile Sermokas

Ich glaube, das ist bei vielen Berufen so, dass man irgendwann auch dahin kommt, dass man merkt, was es einem gibt zu lehren, sein Wissen weiterzugeben und damit ebenso andere zu befähigen, auch wiederum füreinander und eben zuerst immer für sich einzustehen.

Sandra: Danke, dass du auch die psychologische Ebene mit reingebracht hast und die Balance, die man finden muss. Dass man erst für andere da sein kann, wenn es einem selbst auch gut geht, dass man sich Auszeiten nehmen muss und man auf sich achtet.

Friede: Ich hatte gerade noch einen Gedanken. Ihr habt euch doch in eurem ersten #nichtgesellschaftsfähig-Buch viel mit dem Thema Psyche und psychische Gewalt auseinandergesetzt?

Sandra: Noch nicht genug. Als unser erstes Buch fertig war, war die Überlegung, ob wir ein Buch über Gewalt machen. Dann haben wir jedoch erstmal unser zweites Buch über „Tod, Verlust, Trauer und das Leben“ produziert. Das war sehr intensiv. Und dann dachte ich: „Ein Buch rein über Gewalt, das bekomme ich nicht hin. Das bekomme ich emotional nicht hin, wenn man sich da ein, zwei Jahre direkt hinein begibt“.
Wir waren bei unserem ersten Buch schon unglaublich dankbar und auch überrascht, dass wir diese Texte erhalten haben. Bei manchen wussten wir vorab gar nicht, welche Inhalte wir bekommen. Wir waren wirklich froh, dass viele Menschen so offen über ihre Belastungen gesprochen haben: Depression, Angst, Zwang, Suizid, Borderline, Schizophrenie etc. Da war unser Fokus auf den „reinen, klassifizierten psychischen Belastungen“ und dass wir diese so klar da hatten. Das Thema Gewalt müssen wir noch intensivieren. In unser neues Buch passt es jetzt auch mit rein. Schon allein unser Gespräch ist so wertvoll.
Wenn ich ehrlich sein soll: Wir haben bei unserem neuen Buch bewusst „Musik“ drübergeschrieben und eben beispielsweise nicht „Gewalt“. Wenn „Gewalt“ auf dem Cover steht, kauft das niemand. Bei „Musik“ schon eher – und unter diese Headline kann man auch unglaublich viele, quasi alle, gesellschaftlichen Themen packen.
Das haben wir bei unserem Tod-Verlust-Buch gemerkt. Das reißt uns niemand aus den Händen, obwohl wir es sehr „unterhaltsam“ und zugänglich aufbereitet haben und eben als direkte Hilfestellung sowie Unterstützung. Also mir persönlich hat es selbst geholfen, um mit dem Tod unseres Huskys Amarog – und später auch von Tala – sowas wie ein Klarkommen zu finden, mich mit dem Thema zu beschäftigen und überhaupt erstmal zu begreifen, was zum Beispiel Trauer ist.

Friede: Ja, das kann ich nachvollziehen. Meine Mutter ist gestorben, als ich 17 war, und niemand wusste, wie Trauerarbeit geht. Ich habe erst vor drei Jahren angefangen, das zu machen, und es hat so viel für mich geändert. Ich dachte gerade so, als ich dich habe reden hören, dass ich quasi nicht vorgeben möchte, dass alle Menschen mit allen Menschen gut klarkommen. Das Allerwichtigste ist erstmal die Verbindung zu sich selbst, aber eben auch zu Tieren oder zu Pflanzen. Ich kenne Menschen, die pflegen mit einer solchen Hingabe und Liebe ihre Pflanzen. Oder auch eine Verbindung zu Objekten. Letztlich geht es um die Verbindung und dass man nicht vorgibt, wie diese auszusehen hat. Das passiert aber in unserer heteronormativen Gesellschaft total viel.

„Meine Mutter ist gestorben, als ich 17 war, und niemand wusste, wie Trauerarbeit geht.“

Ich unterrichte Gesang und war neulich so dankbar für eine Schülerin, die meinte: „Weißt du, ich habe eben gemerkt, warum ich diesen Song nicht üben mag.” Es war Dido mit „White Flag“. Da trauert eine Person ihrer vergangenen Liebe hinterher. „Und ich denke die ganze Zeit so: Sei froh, dass du ihn los bist.“ Dieses Bild von Romantik, das wir vorgegeben bekommen, ist mega einseitig und auch krass toxisch. Wenn man sich diese ganze Romantic Comedy ansieht, ist irgendwie klar, woher diese Sozialisierung kommt und wo die Normalisierung von gewaltvollem und schädlichem Verhalten überall stattfindet.

Ich dachte gerade noch zum Thema, dass Leute unterschiedlich ticken. Neurodivergenz, vor allem bei weiblich gelesenen Personen. Ich habe sehr spät meine ADHS-Diagnose bekommen. Das hat so viel erklärt und einen Riesenunterschied gemacht. Aufgrund dieser Neurodivergenz kommt es zum Beispiel auch häufig zu falschen Diagnosen in der Psychiatrie und Psychologie. Und es ist halt scheiße, dass unser System in Deutschland so aufgebaut ist, dass man eine derartig heftige Diagnose braucht, um überhaupt Zugang zu Hilfe zu bekommen.

Dieses Wort „Persönlichkeitsstörung“ ist schon per se unglaublich problematisch, weil man sagt, dass mit der Person etwas nicht stimmt. Anstatt dass man sagt: „Okay, diese Person lebt in einem unterdrückerischen System, erfährt die ganze Zeit strukturelle Gewalt und sie hat jetzt auch noch eine persönliche, direkte Gewalterfahrung gemacht. Ihre Trauma-Reaktionen sind absolut verhältnismäßig und gesund.“ Das wird in unserer Gesellschaft pathologisiert. Auch da wirkt wieder der heteronormative, cis-männliche, weiße Blick.

Es ist auffällig, dass sich bestimmte Diagnosen bei bestimmten Personengruppen häufen. Borderline ist einfach eine Diagnose, die dadurch entstand, dass man Symptome nicht eindeutig einer Psychose oder einer Neurose zuordnen kann. Es gibt mittlerweile auch aus der Psychiatrie und Psychologie immer mehr Kritik daran, weil diese Beschreibung so schwammig ist, dass man diese jeder Person zuschreiben kann.

Eine Diagnose kann für manche aber auch hilfreich sein. Wenn man dadurch Zugang zu Ressourcen bekommt sowie Unterstützung und quasi auch erstmal eine Einschränkung, anhand derer man erstmal reflektieren kann, dass man nicht so überfordert ist. Aber es gibt gar kein definiertes Modell von einer „normalen“ Persönlichkeit. Im Gegenteil, das ist mittlerweile wissenschaftlich anerkannt. Aber es hat sich leider noch nicht groß herumgesprochen, dass die Persönlichkeit vielschichtig ist und sich innerhalb eines Körpers dauernd ändert. Mehrfach am Tag. Das ist normal. Wie die Persönlichkeiten gesehen werden, ist auch kulturell unterschiedlich. Es ist ein sehr westlicher Blick auf die ganze Sache.

„Aber es hat sich leider noch nicht groß herumgesprochen, dass die Persönlichkeit vielschichtig ist und sich innerhalb eines Körpers dauernd ändert. Mehrfach am Tag. Das ist normal.“

Total auffällig ist, dass Borderline häufig weiblich sozialisierten Personen zugesprochen oder verschrieben wird. Das Verhalten wird eben nicht BEschrieben, sondern eine angebliche Verhaltensstörung wird VERschrieben. Du bist jetzt in dieser Box. Da passiert auch wieder intersektional verschränkte strukturelle Gewalt, dass da zum Beispiel trans Männer oder nicht-binäre Personen auch diese Diagnose bekommen, weil man sagt: „Eigentlich bist du ja eine Frau.“ Es ist so zum Kotzen.

Zu Zeiten der amerikanischen Bürgerrechtsbewegung war auffällig, dass häufig junge schwarze Männer die Diagnose Schizophre-

nie bekommen haben. Damit hatte man einen legitimen, legalen, wissenschaftlich begründbaren Grund, sie von der Straße runterzuholen, dass sie nicht so viel öffentlichen Druck machen können.
Das System Psychiatrie bedeutet aus meiner Sicht vor allem Unterdrückung und Stigmatisierung und dann hat man diesen Kranken-Status. Das Personal in Psychiatrien macht auch wichtige Arbeit, in dem sie Leben retten. Aber das System dahinter leistet wirklich schlimme Arbeit, indem es Leute jahrelang arbeitsunfähig machen kann, mit Medikamenten vollpumpt, und sich am Ende die Patient:innen immer mehr von sich selbst entfernen, anstatt dass sie zu sich und in ein für sie besseres Leben finden. Im Kapitalismus geht es eben am Ende immer darum, dass Menschen funktionieren. Es ist auch oft so, dass, wenn man den Anschein erweckt, dass man funktioniert und mitten im Leben steht, man dann in einer Notfallambulanz nicht aufgenommen wird, weil man nicht suizidal genug ist. Also solange man funktioniert, ist es gut. Wenn man nicht funktioniert, soll man bitte auch nicht stören, dann wird man ruhig gestellt. Auch da braucht es noch viel Veränderung in unserer Gesellschaft.

Sandra: Ja, für uns war es in unserem ersten Buch auch wichtig, dass wir von psychischen Belastungen sprechen und nicht von Störung oder Krankheit. Sie sind Teil von einem selbst und man muss damit leben. Was ich durch unser erstes Buch und durch die Arbeit an unserem #nichtgesellschaftsfähig-Film ebenso gelernt habe, ist, dass psychische Belastungen nur die Extremform von etwas „Normalem“ sind und eine wichtige Reaktion unseres Systems. Wir haben alle Angst und das hilft uns zum Überleben. Eine Angststörung oder eine Panikattacke sind dann Extremformen und intensiver.

Friede: Es ist auch ein Schutzmechanismus. Und die Neuroplastizität, die damit noch einhergeht. Ich finde es so krass, dass sich das Gehirn dann halt der Situation anpasst und sich verändert. Genauso die Amygdala dann quasi überhand nimmt und im Dauermodus ist. Der Hippocampus geht zurück. Das ist der Ort, an dem wir unsere Emotionen regulieren, dass wir dann auch von unseren Emotionen immer abgekapselter sind. Ebenso der präfrontale Cortex, wo rationales Denken und Entscheidungsfähigkeit reguliert werden, dann immer mehr eingeschränkt wird. Und eben alles, um das Überleben zu sichern. Man ist dann die ganze Zeit im Überlebensmodus.
Du hast es gerade mega schön formuliert, indem man sagt, dass man nicht mit einer Krankheit lebt, sondern man lebt mit dem, so wie es ist, und dass man eben durch Therapie und Unterstützung aus diesem stetigen Überlebensmodus rauskommt, wieder rein ins Leben. Und dass sich das Gehirn eben wieder zurückentwickeln kann. Das ist auch das, was bei psychischer und emotionaler Gewalt passiert. Mir ist das ebenso passiert und ich habe in mein Tagebuch geschrieben: „Es fühlt sich an, als würde man mein Hirn neu verkabeln“. Das ist es, also dass da meine Intuition umgangen wird und Mechanismen in mir eingebaut werden, die ich dann immer mehr auf mich selbst anwende und dann darauf hingetrimmt werde. Alles heraus aus diesem: „Ich möchte überleben, ich möchte keine Bestrafung, ich möchte „gut“

„Du hast es gerade mega schön formuliert, indem man sagt, dass man nicht mit einer Krankheit lebt, sondern man lebt mit dem, so wie es ist, und dass man eben durch Therapie und Unterstützung aus diesem stetigen Überlebensmodus rauskommt, wieder rein ins Leben.“

sein", „gut" im Sinne von „ich möchte hier bleiben dürfen." In dem Film „Gaslight" wird das ziemlich gut wiedergegeben.

Sandra: Zum Thema Achtsamkeit fällt mir natürlich Marsha M. Lineham und ihr Skillstraining sowie Radikale Akzeptanz ein. Achtsamkeit und Radikale Akzeptanz haben mir geholfen, um mit dem Verlust von Amarog einen Umgang zu finden, auch für die vielen Monate nach seinem Tod. Und dann hatte ich schon etwas „gelernt", quasi trainiert, um mit dem Verlust von Tala sowas Ähnliches wie klarzukommen. Radikale Akzeptanz ist nichts Schönes. Man spürt den puren Schmerz, geht da ganz tief rein und muss es aushalten und durchschreiten.

Friede: Aber da denke ich auch, dass man auf sich aufpassen muss.

Sandra: Absolut. Das muss man in kleinen Dosierungen machen. Marsha M. Lineham beschreibt ebenso, wenn dir etwas wirklich ganz Schlimmes in deiner Vergangenheit passiert ist, kannst du da nichts dafür, es ist geschehen. Du kannst das nicht ändern und kannst bzw. musst es akzeptieren. Du hast für dein jetziges Leben die Verantwortung, dass es dir gut geht, dass es dir – trotzdem – gut gehen darf. Ich hoffe, ich habe es richtig und sensibel formuliert. Du kannst das Geschehene in der Vergangenheit nicht ungeschehen machen. Es ist passiert und geht nicht weg. Und es ist schlimm. Aber man kann vom Überlebensmodus in den Lebensmodus übergehen. Natürlich dauert das – mitunter sehr lange – und Unterstützung ist notwendig. Und dass das schwer ist, steht völlig außer Frage. Das, was passiert ist, schleppt man ja sein ganzes Leben mit sich rum. Thema Fremdbestimmung.

Friede: Apropos Fremdbestimmung. Ich möchte bei dieser Gelegenheit mal droppen, warum wir auf #musicmetoo den Begriff „betroffene Person" verwenden und eben nicht „Überlebende" oder „Opfer". Sowohl die Begriffe „Überlebende" als auch „Opfer" definieren einen ja über das, was man erlebt hat, also das Schlimme, das man erlebt hat. Und es ist ein Prozess. Am Anfang dieses Prozesses steht natürlich, dass man erst mal diese schmerzvolle Erkenntnis annimmt, dass jemand einem Gewalt angetan hat und das nicht okay war. Von da ausgehend, kann man dann schauen, wie man weitergeht und mit welcher Unterstützung.
Ich habe für mich irgendwann festgestellt, dass ich mit diesem Begriff nicht weiterkomme, weil es mich darüber definiert. Und ich will in meinem Leben auch wieder Freude haben. Es gibt schöne Dinge im Leben und ich habe tolle Menschen in meinem Leben. Es hat sich am Anfang so angefühlt, dass ich, wenn ich das zulasse, quasi das andere nicht mehr anerkenne. Aber das stimmt nicht, sondern ich sage: „Okay, es ist passiert. Und es ist auch nicht einfach so passiert, sondern das haben mir Menschen angetan. Aber das definiert mich nicht. Und ich habe das Recht, mein Leben selbst zu bestimmen." Dadurch, dass ich Therapie mache, spüre ich immer mehr meine Selbstwirksamkeit. Man erlernt Tools und Techniken und ebenso, auf sich selbst zu achten, dass man eben relativ schnell merkt, wenn es einem nicht gut geht oder man etwas braucht. Grenzen spüren, Grenzen kommunizieren, Grenzen setzen und Grenzen respektieren.

„Apropos Fremdbestimmung. Ich möchte bei dieser Gelegenheit mal droppen, warum wir auf #musicmetoo den Begriff „betroffene Person" verwenden und eben nicht „Überlebende" oder „Opfer"."

Wenn man Gewalt erfahren hat, dann wurden unsere Grenzen übergangen, verschoben, umgebaut. Aber alles eben ohne unsere bewusste und gut informierte Zustimmung. Man kann auch seinen Konsens geben. Aber wenn die Person, mit der ich ins Bett gehe, einfach mehr als doppelt so alt ist wie ich und es überhaupt keine Transparenz gibt über ein Machtgefälle, wie informiert ist dann diese Entscheidung? Es ist nicht fair, das zu erwarten. Und es ist auch krass, was diese Altersbegrenzung im Sexualstrafrecht macht, dass man ab 18 volljährig ist. Das hilft nicht den Betroffenen von sexualisierter Gewalt, sondern den Täter:innen, weil es Letztere eben auch darüber informiert, innerhalb welchen Rahmens sie missbrauchen können, ohne dass man sie dafür belangen kann. Und diese Festlegung, ab wann man angeblich von einem Tag auf den anderen in der Lage sein muss, Konsens zu geben bzw. Konsens verantwortungsvoll zu erfragen, kann nicht in einer Gesellschaft funktionieren, in der wir nicht über Konsens und Grenzen-Kommunikation und Grenzen respektieren sprechen und erziehen.

Ich sehe, dass das Strafrecht nicht alles regeln kann oder soll. Aber so wie die Gesetzeslage und die Abläufe bei Gericht jetzt sind, schützt das Strafgesetz de facto Täter:innen, nicht Betroffene. Das Gehirn ist noch nicht mal voll entwickelt, wenn wir 18 sind. Es dauert mindestens bis 25 Jahre. Und je nachdem, was das für eine Art von sexueller Handlung ist, sind die Grenzen sogar noch niedriger.

Germany's Next Topmodel ist ein gutes Beispiel dafür. Sie hatten am Anfang auch noch minderjährige Personen dabei. Und es ist total normal, dass sie so hyper sexualisiert werden und das auch noch toll finden sollen. Da sind wir wieder bei emotionaler Gewalt und Manipulation. Sexismus und Misogynie.

Sandra: Was ich auch nicht verstehe, ist, dass so viele Frauen, die sich selbst als Feministinnen verstehen, GNTM schauen.

Friede: Das hat auch damit zu tun, dass die meisten Zuschauer:innen von GNTM, wenn überhaupt, in weißen feministischen Räumen sozialisiert sind. Wie ich übrigens auch. Ich lerne und verlerne da immer noch. Es ist stets am leichtesten, nach unten zu treten. Was sich viele ebenso nicht bewusst machen, ist dieses internalisierte Victim Blaming. Gerade bei diesen Reality-Shows kommt eine sehr hässliche Seite von Zuschauer:innen zum Vorschein, nämlich – und das passiert beim Victim Blaming auch – dass sie sich quasi die Rückversicherung holen, dass sie selbst nicht so dumm sind, dass sie selbst nicht so unterinformiert sind, dass sie selbst nicht so zickig oder nicht so eine Schlampe sind. Dass man sich selbst besser darstellt als andere und irgendwie diese Rückversicherung scheinbar braucht.

„Das hat auch damit zu tun, dass die meisten Zuschauer:innen von GNTM, wenn überhaupt, in weißen feministischen Räumen sozialisiert sind. Wie ich übrigens auch. Ich lerne und verlerne da immer noch. Es ist stets am leichtesten, nach unten zu treten."

In der Forschung zum Thema Victim Blaming kam heraus, dass in Berufen wie der medizinischen Versorgung, egal ob physisch oder psychisch, bei Beratungsstellen, Sozialarbeiter:innen, Jurist:innen die Quote, was Victim Blaming betrifft, genauso hoch ist wie in allen anderen Berufen. Das hat natürlich einen Einfluss darauf, wie Betroffene diese Unterstützung spüren. Man merkt, ob man wirklich Unterstützung erhalten wird oder nicht. Was da eben helfen kann, ist ein klar definiertes Wertesystem.

Sandra: Weil du vorhin cis Frauen sagtest. Ich habe es bei der ganzen Rammstein-Debatte mitbekommen. Ich habe gleich von Anfang an selbst sehr viele Sachen dazu gepostet.

Friede: Gut. Dieser öffentliche Druck und die Debatte dazu sind mega wichtig. Ohne den passiert erfahrungsgemäß leider nichts.

Sandra: Ja. Ich habe eben auch Artikel gepostet, in denen es nicht nur um die reine Rammstein-Sache ging, sondern ebenso um strukturelle Gewalt und strukturellen Machtmissbrauch. Und einige Männer aus dem Indie-Musikbereich so: „Quatsch, darum geht es doch überhaupt nicht. Die haben das alle freiwillig gemacht." Viele Frauen sahen das ganz genauso inkl. Victim Blaming galore. Ja, natürlich gibt es ganz viele Groupies. Natürlich wollen auch Frauen guten Sex haben. Das ist völlig in Ordnung, wenn es einvernehmlich ist. Auch Frauen möchten ihre Sexualität ausleben. Für mein Empfinden ist das nicht für alle eine Selbstverständlichkeit. Jedenfalls: Viele Frauen unter meinen Posts waren sich absolut sicher, als es um Rammstein ging, dass alle Frauen es wollten, ohne Ausnahme. Und dass alle Groupies in allen Backstages es wollen, so absolut. Sehr strange. Also, ja, wer es wirklich und einvernehmlich möchte: keen Ding, alles in Ordnung. Viele Frauen unter meinen Posts meinten: „Sie waren auch in verschiedenen Backstages von verschiedenen Bands und alle, die dort waren, wollten es." Ja, aber diese Debatte führen wir hier nicht. Da wurde gleich wieder alles umgedreht. Meine Frage ist: Kannst du den Begriff cis Frauen kurz erläutern?

„cis Frauen sind Personen, die bei der Geburt das weibliche Geschlecht zugewiesen bekommen haben und ihr Leben auch in dieser Kategorie Frau als Gender leben, dementsprechend auch so sozialisiert werden, sich darüber identifizieren. Das heißt nicht, dass jede cis Frau gleich ist."

Friede: Es ist immer noch gängige Praxis, bei der Geburt eines Kindes eine extrem unwissenschaftliche Methode zur Geschlechtsfeststellung anzuwenden. Und zwar, dass man dem Kind zwischen die Beine schaut und anhand der äußeren Geschlechtsmerkmale das Geschlecht festlegt. Die Wissenschaft schafft immer mehr Wissen und korrigiert sich auch selbst. Das heißt aber nicht, dass sie dann so angewendet wird. Bestes Beispiel: Amerika. Dort werden die Rechte von Frauen, aber eben auch von nicht-binären und trans Personen extrem beschnitten und eingeschränkt. Was ich mir wünsche, ist, dass cis Frauen verstehen, dass cis Frauen und trans Frauen letztlich denselben Kampf kämpfen. Das geht ja immer zurück auf Misogynie. Es ist wissenschaftlich anerkannt, dass das Geschlecht von mindestens vier Faktoren bestimmt wird: die sekundären, also äußeren Geschlechtsmerkmale, auch Genitalien genannt, dann die im Körper liegenden beziehungsweise primären Geschlechtsmerkmale, also Eierstöcke zum Beispiel oder die Hoden, dann noch die Chromosomen und zu guter Letzt die Hormone. Und es gibt eben auch innerhalb von jedem dieser Faktoren mehr als zwei Kategorien. Es gibt also eine Vielfalt.
cis Frauen sind Personen, die bei der Geburt das weibliche Geschlecht zugewiesen bekommen haben und ihr Leben auch in dieser Kategorie Frau als Gender leben, dementsprechend auch so sozialisiert werden, sich darüber identifizieren. Das heißt nicht, dass jede cis Frau gleich ist. Es gibt so viele unterschiedliche Arten, cis Frau zu sein, wie es cis Frauen gibt. Diese Katego-

risierung soll nicht dazu führen, dass man sich dadurch in seinem Frausein irgendwie eingeschränkt fühlt. Das ist ebenso etwas, das dann total oft passiert. Dass man sagt: menstruierende Personen oder schwangere Person anstatt Mutter. Dadurch fühlen sich Leute derart angegriffen, dass sie dann voll Kontra geben. Was es letztlich ist: „Hey, wir haben jetzt für Frauenrechte gekämpft, wir lassen uns das nicht wegnehmen. Wir haben uns so identifiziert und so definiert. Ihr schreibt das jetzt nicht für uns um“.

Was dabei oft vergessen wird, ist, dass vor allem schwarze Feministinnen, queere Feministinnen und eben auch oft schwarze trans Frauen immer an vorderster Front bei jeder Bewegung für queere Rechte, aber auch für Frauenrechte standen. Da passiert ebenso wieder eine Gewalt, nämlich epistemische Gewalt, also welches Wissen in welcher Form weitergegeben wird und welches nicht. Dadurch, dass Personen keinen Zugang zu Universitäten oder zu akademischen Kontexten haben und sie ihre Geschichten nicht dort weitergeben können, wo Entscheidungen getroffen werden oder wo es eine große Reichweite gibt, werden sie aus der Geschichtsschreibung ausgelöscht. Deswegen ist Social Media in puncto soziale Gerechtigkeit auch so kraftvoll. Weil man damit zumindest eine große Reichweite erzielen und Geschichten selbst und weiter erzählen kann.

„Dadurch, dass Personen keinen Zugang zu Universitäten oder zu akademischen Kontexten haben und sie ihre Geschichten nicht dort weitergeben können, wo Entscheidungen getroffen werden oder wo es eine große Reichweite gibt, werden sie aus der Geschichtsschreibung ausgelöscht.“

Leider gibt es auch und besonders in aktivistischen Räumen oder innerhalb vermeintlicher Communities schnell so eine Art Opfer-Olympiade und abermals Victim Blaming oder Selbstbereicherungsvorwürfe. Es ist nicht leicht und auch nicht zu jedem Zeitpunkt möglich oder angebracht, Privilegien und Traumata gleichzeitig anzunehmen, aber sie eben nicht gegeneinander auszuspielen. Gerade in Räumen, in denen alle Erfahrung mit Abuse haben, ist es eine große Herausforderung und ein großes Investment, in den Prozess reinzugehen, sich einen Überblick über den Kontext, die Details und Reihenfolge von Ereignissen zu verschaffen, um dann verantwortungsvoll und aufrichtig zwischen Abuse und Konflikt zu unterscheiden. Das Erste, was mir dazu einfällt, ist das Buch „Conflict is not abuse“ von Sarah Schulman.

Auch mir ist es schon passiert, dass ich den Begriff und das Konzept „Gaslighting“ voreilig und am Ende fehlerhaft angewandt habe, und es ist mir wahnsinnig peinlich. Es fühlt sich auch unsicher an, weil ich mich damit (allen voran meinen eigenen) Zweifeln an meiner Wahrnehmung und meiner Glaubwürdigkeit aussetze. Und weil da immer diese Panik ist, dass mir nicht geglaubt wird, wenn ich sage, dass meine Grenzen überschritten wurden und ich mich da ganz sicher nicht drin irre.

Leider sind eben auch sogenannte Community Spaces nicht unbedingt safer. Und mir scheint, dass „Community“ auch ein Begriff ist, der sehr unterschiedlich verstanden und gelebt wird. Am Ende bleibt, dass es nicht um Identität, Persönlichkeit oder Charakter geht, sondern um ganz konkretes Verhalten.

Sandra: Magst du zum Thema queer, trans und Musik noch erzählen, welche Defizite es gibt und welcher Kampf da noch zu führen ist.

Friede: Hhhhmmm, es gibt so viele zusammenhängende Kämpfe und gleichzeitig sind die Ressourcen mehrfach-marginalisierter Personengruppen begrenzt und erschöpft. Die jüngsten Entwicklungen in den USA, wo christlich-fundamentalistische Gruppen trans Personen mit menschenverachtenden Gesetzen auslöschen wollen, müssen uns auch in Deutschland in höchste Alarmbereitschaft versetzen. Grundsätzlich sind Klassenkampf und die Rettung unseres Planeten Dinge, auf die sich die überwältigende Mehrheit theoretisch einigen kann.

„Leider gibt es auch und besonders in aktivistischen Räumen oder innerhalb vermeintlicher Communities schnell so eine Art Opfer-Olympiade und abermals Victim Blaming oder Selbstbereicherungsvorwürfe."

Wie immer beginnt die Arbeit bei einem selbst und damit, sich Verbündete zu suchen, den Blick immer wieder zu fokussieren und auch wieder zu weiten. Macht Fehler, aber kommt ins Handeln. Bleibt kritisch, aber werdet nicht zynisch. Sorgt für euch selbst und lernt, eure Freund:innen um Hilfe zu bitten. Fasst Mut und orientiert euch an denen, die lieben vs. denen die hassen. Auch wenn das auf Social Media anders aussehen mag, sind das meist mehr, als man zu glauben wagt.

Foto: Dovile Sermokas

DAS BISSCHEN MISSBRAUCH
Rammstein spielen weiterhin ausverkaufte Konzerte, ihre Fans bleiben treu. Doch „Unschuldsvermutung“ und „Groupies“ sind hier die falschen Begriffe

von Juliane Streich

Geht das jetzt einfach so weiter? Als 2023 Vorwürfe gegen Till Lindemann laut wurden, fragten sich viele, wie diese Geschichte für Rammstein ausgehen würde. Wird Lindemann weiterhin auf riesigen Stadionbühnen vor zehntausenden johlenden Fans mit seiner Peniskanone spielen? Tja. Die riesigen Konzerte der Band sind immer noch ausverkauft. Ein Ermittlungsverfahren der Berliner Staatsanwaltschaft gegen Lindemann wurde eingestellt. Viele Fans sahen darin die Unschuld des Sängers bewiesen – dabei war einfach nur die Beweislage schwierig. „Strafrechtlich nicht relevant“ und „Unschuldsvermutug“ sind oft zitierte Begriffe, wann immer es um den Rammstein-Sänger und die Vorwürfe Dutzender Frauen geht, die ihm zu seiner sexuellen Befriedigung zugeführt worden sein sollen – oft auch unter dem Einfluss von Drogen, die sie nach eigenen Angaben nicht selbst genommen haben wollen. Doch wie sollen diese meist sehr jungen Frauen – laut den Berichten waren sie nach Lindemanns Vorlieben zwischen 18 und 24 Jahre alt – beweisen, was ihnen passiert ist? K.O-Tropfen sind nur wenige Stunden lang nachweisbar, bei der Frage, ob einvernehmlicher Sex oder Vergewaltigung steht Aussage gegen Aussage und die Aussagen vieler Opfer könnten kaum klar und detailliert sein dank stark geschwächtem Erinnerungs- und Wahrnehmungsvermögen durch die Substanzen.

Und dann waren sie ja auch noch alle Fans! Mädchen, die Rammstein mochten, die Till Lindemann irgendwie sexy fanden, die sich oft aufreizend gestylt hatten, die Bock auf Party hatten, zusammen mit ihrem Idol abhängen wollten. Manche wollten bestimmt auch mit ihm schlafen, fanden es aufregend, mit ihm intim zu werden. Und da wirds kompliziert. Also zumindest kompliziert für viele Rammstein-Fans, die den Frauen, die mit ihren persönlichen Erfahrungen an die Öffentlichkeit gegangen sind, entgegen schreien: „Was habt ihr denn anderes erwartet?“

Wir wissen zumindest, dass Shelby Lynn nicht erwartet hat, dass sie Till Lindemann in einer vierminütigen Pause während des Konzerts in einer Kabine unter der Bühne einen blasen sollte. Beziehungsweise hat sie es sogar erwartet oder vielmehr befürchtet und explizit gefragt, ob Lindemann Sex wolle, was ein Mitarbeiter verneinte. Und die YouTuberin Kayla Shyx hat nur eine gut besuchte Aftershow-Party erwartet und keine separate, von Securitys bewachte Umkleidekabine, in der geistig abwesend wirkende Frauen aufgereiht auf einem Sofa sitzen, um dann von Lindemann auserwählt und mitgenommen zu werden.

Aber gerade dieser Rock'n'Roll in all seiner schrammeligen Schönheit ist leider auch eine Geschichte von Misogynie, die bislang viel zu selten erzählt wird.

Aber sogar denjenigen Frauen, die gerne ins Hotelzimmer, in die Blas-Kabine oder sonstwo mit hingehen, um mit ihrem Rockstar zu schlafen, ist nichts vorzuwerfen. Sexuelle Selbstbestimmung, hallo! Deswegen hat die „Causa Lindemann" auch wenig mit dem oft benutzten Begriff „Groupies" zu tun. Groupies wollen ihrem Idol nahe sein, gern auch sexuell. Weil sie seine Musik mögen, seine Art, sein Auftreten. Weil sie hoffen, er könnte ein Seelenverwandter sein. Weil sie ein Teil seiner Welt sein wollen. Weil sie von ihm toll gefunden werden wollen. Weil sie ihn berühren und bei ihm sein wollen. Aber ganz sicher nicht, weil sie als eine von vielen ihm ausgelieferten Frauen von ihm benutzt und danach blutend weggeschickt werden wollen.

Selbst während eines einvernehmlich begonnenen Akts kann es passieren, dass eine Person nicht mehr einverstanden ist, weil der andere ihr mehr wehtut, als sie will. Das gilt für alle sexuellen Beziehungen, egal zwischen wem.

Aber hier reden wir zudem von einer weltweit berühmten Band. Einer Band, die die Rebellion zelebriert. Den harten Rock. Die Übertreibung. Die Provokation. Pyros und Phallus. Die dafür gefeiert wird, dass sie Grenzen überschreitet. Wie kann man sich da denn beschweren, dass man vom Sänger (zu hart) rangenommen wurde? Also bitte. It's Rock'n'Roll, Baby. Aber gerade dieser Rock'n'Roll in all seiner schrammeligen Schönheit ist leider auch eine Geschichte von Misogynie, die bislang viel zu selten erzählt wird. Denn es sind große Helden, die da fallen würden. David Bowie, Mick Jagger, Iggy Pop und viele, viele mehr haben ihre Macht missbraucht, Frauen wie Dreck behandelt, Minderjährige zum Sex überredet. Das war und ist so egal, dass sie davon sogar stolz in Songs singen, die zu Hits wurden – schließlich hieß schon einer der ersten großen Rock'n'Roll-Songs „Sweet Little Sixteen". David Bowie schlief gerne mit Mädchen, die noch nicht mal 16, geschweige denn 18 Jahre alt waren. „I was hitting on everybody. I had a wonderfully irresponsible promiscuous time", sagte er dazu selbst. Die Rolling Stones gaben mit dem Sex mit Kindern sogar auf ihren T-Shirts und Merchandise-Produkten an: „Stones withstand Divorce, Slander, Rip-Offs, Slagging, Under-Age Sex, Alcohol, Drugs". Das war auf der Voodoo Lounge"-Tournee von 1994, da war Mick Jagger, der hier Under-Age Sex preist, bereits über 50 Jahre alt. Lemmy Kilmister, der quasi die Personifizierung des wilden Rock'n'Roll-Lebens war, sang mit seiner Band Motörhead über Groupies: „Teenage baby, you're a sweet young thing. Still tied to Mummy's apron strings. I don't even dare to ask your age. It's enough to know you're here backstage." Auch hier ist die Message: Sobald eine Teenagerin backstage kommt, kann der Star machen, was er will.

Man muss das Werk vom Künstler trennen, heißt es oft, wenn Leute darauf aufmerksam machen, dass ein Text völlig daneben ist. Stimmt, das muss man, wenn es um die bereits erwähnte strafrechtliche Relevanz geht. Man kann niemanden dafür in den Knast schicken, dass er geschmacklose Songs oder Gedichte schreibt. Und ja, es ist ein lyrisches Ich, das in Lindemanns Gedicht „Wenn Du Schläfst" eine Vergewaltigung samt dem

Schlafmittel Rohypnol im Wein beschreibt. Abgesehen davon, dass das lyrische Ich komplett widerlich ist, ist es kein poetisch wertvolles Gedicht, erdacht von einem Genie. Genauso wenig wie all die anderen Rockstars so große Genies sind, dass man ihnen das bisschen sexuelle Nötigung, das bisschen Missbrauch, das bisschen Vergewaltigung mal durchgehen lassen könnte, weil sie so tolle, bewegende, berührende Musik machen. Rabauken halt. Dass dieser Genie-Kult nun langsam in mehreren Bereichen der Kunst zunehmend in Frage gestellt wird, dass den Stars nicht mehr alles durchgewunken wird, liegt auch an den Frauen, die sich trauen, sich zu wehren.

Dass dieser Genie-Kult nun langsam in mehreren Bereichen der Kunst zunehmend in Frage gestellt wird, dass den Stars nicht mehr alles durchgewunken wird, liegt auch an den Frauen, die sich trauen, sich zu wehren.

Da gehört viel Mut dazu. Denn wie schwierig das auch fünf Jahre nach #MeToo noch für die Opfer ist, zeigt der Skandal um Till Lindemann deutlich. Neben großem Support gehören so viele Beschimpfungen, Drohungen und Hass zu den Reaktionen, dass viele anonym bleiben wollen. Ein weiteres Problem: Rammstein sind so populär, dass sehr viele Menschen und deren Karrieren von ihrem Erfolg und Weiterbestehen abhängig sind, so dass diese Menschen wohl bewusst seit Jahren weggeschaut haben und auch Opfern geraten haben, nichts zu sagen, weil man sich mit solch Großen besser nicht anlegt. Das bestätigen auch die Anwaltsschreiben, die Medienanwalt Schertz zahlreich rausschickt. Zudem haben Rammstein unzählige Fans auf der ganzen Welt, von denen sich ein Großteil trotz der Vorwürfe nicht von der Band abwendet, wie die weiterhin ausverkauften und gefeierten Konzerte zeigen. Stattdessen lassen sie sich erstaunlich viele Gründe einfallen, warum man Lindemann trotzdem noch toll finden kann. Und der einfachste Grund ist natürlich, den Opfern nicht zu glauben.

Auch ich fand Rammstein nicht immer scheiße. Zu schön ist die Geschichte, wie sie als Punkband in der DDR angefangen haben und dann als Ossis durch die Welt tourten. Zu faszinierend, wie sie mit dem Feuer spielten. Wie sie so übertrieben haben in ihren Live-Shows. Wie sie nicht so stumpf waren wie einige ihrer Lieder. Und tolle Videos auch. Von Flake war ich sogar ein bisschen Fan, weil er so lustig ist, und habe mich nach dem Bekanntwerden der Vorwürfe gegen Lindemann gefragt, warum er nichts sagt. Bis dann auch Missbrauchsvorwürfe gegen den selbsternannten „Tastenficker“ bekannt wurden – wenn auch nicht in solch einem systemischen Ausmaß und auch zeitlich viel weiter zurückliegend als bei Lindemann.

Vor allem aber frage ich mich, wie man jetzt noch einfach so weiter machen kann. Als Flake. Als Band. Aber auch als Fan. Wie man jetzt immer noch voller Stolz im Rammstein-Shirt rumlaufen kann? Wieso 75.000 Menschen im Olympiastadion Till Lindemann abfeiern können und sich während des „Deutschland“-Remixes, bei dem er für wenige Minuten die Bühne verlässt, feixend fragen, ob ihm in diesem Moment ein zugedröhntes Mädchen einen bläst.

Sie machen ja gar nicht so weiter wie gehabt, sagen nun die nimmermüden Verteidiger:innen. Die Peniskanone kommt schließlich nicht mehr zum Einsatz bei den Konzerten. Doch was ist mit davor, danach oder darunter?

Eine erste Version dieses Textes erschien im Juli 2023 in der taz.
Anm. der Hrsg.: Bei der Stadion-Tour ab Mai 2024 (bspw. in Dresden) war die Peniskanone wieder zurück.

MUSS-FRRRAU-SCHLAGEN!
KEINE SORGE - DAS IST NUR SEIN LYRISCHES ICH.
SCH WAR WEL

ANSTIEG HÄUSLICHER GEWALT?
DANN SOLLTEN DIE EBEN NICHT SO PROVOZIEREN...
SCH WAR WEL

NACH DEM ANTHROPOZÄN SIND WIR INZWISCHEN IM TROTZOPOZÄN ...
NICHT MEINE BRATWURST!!!
NICHT MEIN RAMMSTEIN!!!
NICHT MEINE BARBIE!!!
SCH WAR WEL

BEI MISSBRAUCHSVORWÜRFEN HEUTE SO:
KEINE SORRRGE - WIRRR WERRRDEN DAS ALLES SELBST UNTERRRSUCHEN UND AUFARRRBEITEN!
VERRRTRRRAUT UNS EINFACH!
SCH WAR WEL

KEINE ROW ZERO BEI DEN RAMMIES? DA KANN ICH AUCH ZU HAUSE BLEIBEN.
VERDAMMTE GRÜNE!
TILL THE END
SCH WAR WEL

DIE WELT DERRR 15-JÄHRRRIGEN HAT MICH WIEDERRR!
SCH WAR WEL
LIEBE IST FÜR ALLE DA

TOXISCHE MÄNNLICHKEIT
Erkennen, reflektieren, verändern
Interview mit Sebastian Tippe

von Sandra Strauß

Sebastian Tippe
Dipl.-Pädagoge & Kinderschutzfachkraft gem. SGB VIII § 8a
Autor und Referent
Fachberater für Erziehungsstellen und Familienwohngruppen
Traumapädagoge und Traumafachberater i.A.

Sandra: Warum war es dir ein Anliegen, dein Buch „Toxische Männlichkeit" zu schreiben?

Sebastian: Es gibt enorm viele tolle feministische Bücher, die Männer in der Regel aber leider nicht lesen. Daher war der Gedanke hinter meinem Buch „Toxische Männlichkeit. Erkennen, reflektieren, verändern", dass möglichst viele Männer erreicht werden, das Buch lesen und sich aktiv mit der Thematik beschäftigen, wenn es von einem Mann geschrieben wurde. Ich habe nichts geschrieben, was Frauen nicht schon längst geschrieben hätten. Der Unterschied ist nur, dass das Buch von einem Mann ist.
Das Ziel des Buches ist es, Männern die patriarchalen gesellschaftlichen Strukturen und die sozialisationsbedingten problematischen Einstellungen, Verhaltensweisen und Präsentationen von Männern aufzuzeigen und ihnen Ideen und Lösungen anzubieten, um toxische Männlichkeit aufzubrechen.

Sandra: Wie definierst du toxische Männlichkeit?

Sebastian: Der Begriff toxische Männlichkeit ist kein neuer und hat seinen Ursprung in der mythopoetischen Männerbewegung der 1980er und 1990er Jahre und wurde später in therapeutischen Settings in Gefängnissen verwendet. In den vergangenen Jahren wurde der Begriff in den Medien immer präsenter und machte damit ganz unterschiedliche problematische Aspekte beschreibbar und damit fassbar.
Ich definiere toxische Männlichkeit wie folgt: Toxische Männlichkeit beschreibt problematische Einstellungen, Präsentationen und Verhaltensweisen von Jungen und Männern, mit denen sie vor allem Mädchen und Frauen (aber auch weitere marginalisierte Menschen wie Obdachlose, Schwarze Männer/POCs etc.) schaden, indem sie sie diskriminieren, benachteiligen, ausgrenzen oder ihnen gegenüber übergriffig oder gewalttätig sind.
Gleichzeitig schaden Männer aber auch massiv sich selbst. Aufgrund von problematischen Männlichkeitsvorstellungen sterben Männer

Foto linke Seite: studioline Fotostudio Hannover
Cover: edigo Verlag

durchschnittlich fünf Jahre früher als Frauen, weil sie sich ungesünder ernähren, häufiger Alkohol und Drogen konsumieren, häufiger rauchen, weil sie sich riskanter als Frauen verhalten, seltener zu fachärztlichem Personal gehen, viel seltener als Frauen therapeutische Hilfe in Anspruch nehmen und sich dreimal häufiger als Frauen selbst töten.

Dabei geht Männlichkeit immer mit der Vorstellung einher, dass Jungen und Männer (körperlich) stark sein und keine Schwäche zeigen sollen, dass sie sich permanent mit anderen messen und andere dominieren müssen, dass Kämpfen/körperliche Gewalt eine „normale, legitime, männliche" Lösungsstrategie sei, dass ihnen mehr Raum und Macht als Frauen zustehe. Riskantes Verhalten (wie zum Beispiel häufig tödlich endende Mutproben, teilweise unter Alkohol- und Drogeneinfluss oder gefährliches und übergriffiges Autofahren) wird als vermeintlich männlich verortet.

Gleichzeitig geht Männlichkeit in unserer Gesellschaft auch immer mit Macht und Privilegien einher. Bereits Jungen in der Grundschule wissen, dass sie Privilegien besitzen, die Mädchen und Frauen nicht haben, und dass es für sie sehr lukrativ ist, männlich zu sein und dem vorherrschenden Männlichkeitsbild zu entsprechen.

Mädchen lernen bereits im Kindergarten, dass sie „hübsch", leise und ruhig sein sollen, dass sie nicht kämpfen, nicht auf Bäume klettern und sich nicht dreckig machen dürfen, aber sich doch lieber mit Puppen, der Kinderküche und dem Kinderwagen beschäftigen sollen. Hier werden Mädchen bereits auf die vermeintlich unausweichliche Mutterrolle vorbereitet, während die eigenen Bedürfnisse in den Hintergrund rücken müssen.

Jungen stehen dem diametral gegenüber: Jungen dürfen und sollen laut sein, kämpfen, sich dreckig machen und auf Bäume klettern. Der bekannte Spruch „Jungs sind halt so" suggeriert, dass es biologische Gründe geben würde, dass Jungs sich so verhalten (die Forschung hat dies längst widerlegt). Unsere Sozialisation in einer patriarchalen Gesellschaft prägt die Vorstellungen, wie wir und andere zu sein haben.

„Unsere Sozialisation in einer patriarchalen Gesellschaft prägt die Vorstellungen, wie wir und andere zu sein haben."

Jungen erhalten eher aktive Spielzeuge, bei denen es um Technik, ums Kämpfen, Bauen und Zerstören geht, während Mädchen eher passive Spielzeuge erhalten. Das hat eine enorm prägende Wirkung, auch auf die spätere Berufswahl.

Jungen sind aber auch selbst ambivalent, da sie auf der einen Seite dem höchst problematischen, schädlichen und schädigendem Männlichkeitsbild entsprechen wollen, aber gleichzeitig ebenso bedürftig sind und sich Nähe und Liebe wünschen. Studien zeigen, dass bereits Jungen ab elf Jahren beginnen, Emotionen und Gefühle, die als vermeintlich „weiblich" verortet werden, abzuspalten. Dies führt natürlich zu einem enormen Frust und dem Problem, das sie keine guten Lösungsstrategien erlernen, um mit negativen Gefühlen umzugehen. Ein perfekter Nährboden für Aggression und Gewalt. Die Vorstellung, wie sie angeblich zu sein haben, nimmt Jungen enorm viel von ihrer Menschlichkeit, nimmt ihnen einen positiven Um- und Zugang zu ihren Emotionen und Gefühlen und bereitet den Nährboden für toxisches Verhalten.

Es gibt aber nicht DIE toxische Männlichkeit: Toxische Männlichkeit ist ein Kontinuum von Verhaltensweisen, Einstellungen und Präsentationen. Es betrifft jeden Jungen und jeden Mann, da wir alle in patriarchalen Strukturen sozialisiert sind. Es ist ein lebenslanger Prozess, sich davon zu lösen. Ganz wird es uns niemals gelingen, solange sich nicht auch die Gesellschaft ändert. Ein Mann weiß zum Beispiel nicht, ob er den Job nur erhalten hat, weil er ein Mann ist, während eine besser qualifizierte Frau diesen nicht erhalten hat – weil sie eine Frau ist oder Kinder hat (oder welche bekommen könnte/möchte). Selbiges gilt zum Beispiel auch bei dem Zuschlag für eine Wohnung.

Auch werde ich als Mann immer anders bewertet als Frauen: Während es von Frauen erwartet wird, dass sie ihr ganzes berufliches und privates Leben hintenanstellen, wenn es um die eigenen Kinder, Kindererziehung, Care-Arbeit und Mental Load geht, wird dieses von Männern erst gar nicht erwartet. Es ist sogar so, dass – sollte sich ein Vater einmal etwas mehr als die meisten anderen Väter kümmern – er dafür gelobt und in den Medien gefeiert wird – Ruhm, den Frauen bei 365 Tagen Arbeit mit Kindern und Haushalt niemals erhalten. Dabei ist es nicht nur ein unbezahlter Job für Mütter rund um die Uhr, es gibt dabei auch keinen Urlaubsanspruch, keine Rentenpunkte und krank sein dürfen Mütter auch nicht. Besonders deutlich wurde das in der Pandemie: Viele Mütter haben ihre Jobs gekündigt, um (neben der bisherigen Care-Arbeit) die Kinder im Lockdown zu beaufsichtigen, zu betreuen und zu fördern, um sich um das Homeschooling zu kümmern etc., während viele Väter zum Arbeiten ins Hotel gegangen sind, damit sie ihre Ruhe haben.

„An der Spitze der Machthierarchie steht der weiße, heterosexuelle Mann.“

Bei der Definition ist darüber hinaus wichtig, dass Männer zwar diskriminiert werden können (zum Beispiel aufgrund ihrer Hautfarbe), gleichzeitig stehen sie in der gesellschaftlichen Machthierarchie aber immer über Frauen, deren Diskriminierungserfahrungen sich häufig potenzieren, weil sie Mütter sind, weil sie Schwarz/POC sind, weil sie lesbisch sind, weil sie beeinträchtigt sind, weil sie in dem Gewaltsystem der Prostitution/ Pornografie gefangen sind etc. Dies wird auch patriarchale Dividende genannt. An der Spitze der Machthierarchie steht der weiße, heterosexuelle Mann.

Sandra: Wo zeigt sich toxische Männlichkeit?

Sebastian: Wir finden problematische Einstellungen und Verhaltensweisen in allen Lebensbereichen: im Job, in der Partnerschaft, in der Sexualität, im Alltag, bei der Gesundheit, beim Hobby, in der Politik, in der Justiz, bei Freundschaften, in den Medien etc.
Eine Auswahl an Beispielen für toxische Männlichkeit im Alltag ist: Wenn Männer Frauen unterbrechen und ihnen ungefragt erklären, wie es „wirklich“ ist (und ohne zu wissen, ob sie überhaupt mehr Wissen als die Frau haben), also das sogenannte mansplaining. Wenn Männer die Gedanken und Ideen von Frauen als die eigenen ausgeben, um dafür Lob und Anerkennung zu erhalten (hepeating). Wenn Männer sexistische Sprüche machen, Leistungen von Frauen klein oder unsichtbar machen, wenn sich Männer weniger um die Kindererziehung, den Haushalt und Mental Load kümmern, wenn Männer lieber schlechter qualifizierte Männer als besser qualifizierte Frauen einstellen, wenn sie Frauen bei gleicher oder besserer Qualifikation weniger Gehalt als Männern bezahlen, wenn Männer Frauen diskriminieren, weil sie schwanger sind, Kinder haben oder welche bekommen könnten. Wenn Männer mehr Raum einnehmen, als ihnen zusteht (durch breitbeiniges Sitzen) (manspreading). Lautes Rumschreien/laute Musik zum Beispiel in der U-Bahn abspielen, kämpfen oder wildes Hin- und Herrennen im öffentlichen Raum. Wenn Männer die Grenzen von Frauen missachten, Frauen ungefragt und ohne Erlaubnis einfach berühren oder küssen, ein Nein nicht akzeptieren oder wenn Männer Frauen hinterherstarren oder pfeifen, wenn Männer Frauen objektivieren und sexualisieren, wenn Männer Frauen in der Sprache durch das generische Maskulinum unsichtbar machen, wenn Männer Frauen pathologisieren, wenn sie Gaslighting betreiben, wenn sich Männer schnell angegriffen fühlen und dann per se dagegen reagieren, wenn Männer unaufgefordert Dick-Pics an Frauen versenden. Wenn Männer permanent versuchen, sich mit anderen Männern zu messen und gegenseitig zu überbieten. Wenn Männer gewalttätig werden oder wenn Männer

in der Sexualität nur auf die eigenen Bedürfnisse achten und sich nicht mit der weiblichen Anatomie und Sexualität auseinandersetzen (es gibt leider sehr viele Männer, die auch im Jahr 2024 noch glauben, dass Penetrationssex für Frauen das Nonplusultra sei und dass Frauen per se so zum Orgasmus kommen würden).
Die extremsten Beispiele von toxischer Männlichkeit sind häusliche Gewalt, die Pornografie-Industrie, Prostitution, Vergewaltigungen, Femizide, Stalking, Amokläufe, Morde, Diktaturen, Terroranschläge und Krieg.
Eine für Frauen und Kinder sehr bedrohliche Bewegung ist die sogenannte Väterrechtsbewegung, die die Ausbildungen im sozialen und psychologischen Bereich, im Bereich der Rechtswissenschaften und des Familiengerichtes derart unterwandert hat, dass eine Trennung vom Vater für Mütter und ihre Kinder häufig eine Riesengefahr darstellt. Pädokriminelle antifeministische Ideologien sind erschreckenderweise daher mittlerweile in familiengerichtlichen Verfahren überall präsent. Mithilfe von unwissenschaftlichen und längst widerlegten Theorien hat es die höchst aggressive Väterrechtsbewegung geschafft, den Mann als Opfer und die Mutter als das abgrundtief Böse zu konstruieren mit dem Ziel, die Mutter zu schädigen. Dabei wird von diesen Vätern billigend in Kauf genommen, dass sie die Kinder dafür instrumentalisieren und ebenfalls schädigen.
Dabei ist der gesamte Apparat vom Jugendamt, Umgangsbegleitungen, Verfahrensbeiständen und Verfahrensbeiständinnen, Gutachtern und Gutachterinnen, Anwälten und Anwältinnen bis hin zu Richtern und Richterinnen infiltriert, so dass nicht selten auch mit Gewalt durch die Polizei Kinder ihren Müttern entrissen und den gewalttätigen Vätern zugeführt werden. Vätern werden ihre Lügen in familiengerichtlichen Verfahren per se geglaubt, während den von häuslicher und sexueller Gewalt, Stalking, Belästigung und Bedrohung betroffenen Müttern und Kindern vorgeworfen wird, dass sie lügen würden, um den Vater – also den Täter – angeblich zu schädigen. Jegliche Beweise der Mütter (zum Beispiel Polizeiberichte) werden einfach ignoriert oder gegen sie verwendet, während diese Väter erst gar keine Beweise für ihre Lügen vorzulegen brauchen, ihnen aber trotzdem geglaubt wird. Gaslighting und typische Täter-Opfer-Umkehr par excellence. Das kennen wir auch aus anderen rechtlichen Verfahren wie zum Beispiel bei Vergewaltigungen. Hier zeigt sich das Patriarchat mit seiner hässlichen Fratze.

„Das kennen wir auch aus anderen rechtlichen Verfahren wie zum Beispiel bei Vergewaltigungen. Hier zeigt sich das Patriarchat mit seiner hässlichen Fratze."

Ich empfehle für Interessierte und Betroffene das Buch „Mütter klagen an: Institutionelle Gewalt gegen Frauen und Kinder im Familiengericht" von der Feministin, Autorin und Soziologin Christina Mundlos.

Sandra: Wie kann toxische Männlichkeit abgebaut werden?

Sebastian: Wir müssen auf der individuellen Ebene und auf der strukturellen ansetzen. Auf der individuellen Ebene müssen Männer zunächst anerkennen, dass wir im Patriarchat leben, von dem sie profitieren, während Mädchen und Frauen diskriminiert und benachteiligt werden. Männer müssen sich eingestehen, dass sie selbst toxische Anteile besitzen und sie müssen die Bereitschaft mitbringen, daran arbeiten zu wollen, dies zu verändern. Dazu gehört: Frauen zuhören, die Lebensrealitäten von Mädchen und Frauen anerkennen und nicht infrage stellen.
Ohne diese Einsicht funktioniert es nicht. In meinem Buch geht es wie der Titel bereits sagt unter anderem genau darum: Was kann der einzelne Mann tun, um toxische Männlichkeit zu erkennen, zu reflektieren und zu verändern. Auf der strukturellen Ebene sind Politik und Bildung gefragt. Wir benötigen gleiche Bezahlung

für Frauen und Männer, eine Überarbeitung des misogynen Steuersystems, Parität in der Politik und Bildung, Wissen über patriarchale Zusammenhänge und toxische Männlichkeit in der Justiz sowie in der Ausbildung von erzieherischen, sozialen, psychiatrischen und psychologischen/therapeutischen Berufen.
Wir benötigen ein Schulfach zu Feminismus, es muss in der Schule mit völlig veralteten und längst widerlegten Aussagen aufgeräumt werden (wie zum Beispiel, dass Männer in der Steinzeit Jäger gewesen wären, während die Frauen in der Höhle gewartet hätten). Es wird eine Überarbeitung der leider noch überwiegend anzutreffenden sexistischen Schulbücher benötigt. Im Sexualkunde-Unterricht muss sich mit der weiblichen Anatomie und gleichberechtigter Sexualität auseinandergesetzt werden. Es werden Gelder für die feministische Jungenarbeit benötigt. Werdende Eltern sollten über Geschlechterrollen und gleichberechtigte Erziehung aufgeklärt werden (z. B. durch Flyer bei Kinderärztinnen und Kinderärzten, im Rahmen der Schwangerschaftsvorbereitung etc.). Wir benötigen einen Medienauftrag zur Aufarbeitung und Überarbeitung der Medien wie Cartoons, die unsere Kinder konsumieren und die enorm sexistisch, aber gleichzeitig enorm prägend sind. Wir benötigen Gelder, um gegen Gewalt unter der Geburt vorzugehen. Wir müssen Frauen, die in der Pornografie- und Prostitutionsindustrie sind, helfen. Medien, die nicht jugendfrei sind, dürfen für Kinder nicht frei zugänglich sein. Eine „Schule gegen Sexismus“ (angelehnt an „Schule gegen Rassismus“) wäre gewinnbringend sowie dass Deutschland endlich beginnt, die Istanbul-Konvention umzusetzen, damit Frauen vor Gewalt geschützt werden – wofür sich Deutschland ratifiziert hat. Es gibt noch so viel mehr, aber an der Auswahl dieser Themen wird deutlich, was für einen langen Weg wir noch vor uns haben und weshalb es dringend nötig ist, dass gehandelt wird.

„Es wird eine Überarbeitung der leider noch überwiegend anzutreffenden sexistischen Schulbücher benötigt.“

Sandra: Welcher Zusammenhang besteht zwischen Antifeminismus, Antisemitismus und Rassismus?

Sebastian: Zunächst: Rassistische, antifeministische und antisemitische Ideologien sind alle Teil des Patriarchats und nicht selten miteinander verwoben. Auch hier steht im Mittelpunkt die Herrschaft des weißen heterosexuellen Mannes. Dies kann schon lange nicht mehr als rechtsaußen verortet werden.
Schauen wir zum Beispiel auf Anschläge wie in Halle, Christchurch, Winnenden, Toronto, Utøya oder München. Amokläufer sind männlich. Die Opfer sind häufig Frauen, nicht selten mit Migrationshintergrund. Nicht selten sind es Jüdinnen und Juden.
Die Medien berichten dann in der Regel von rassistischen Anschlägen – zum Beispiel 2021 in Atlanta. Wenn man sich jedoch näher mit der Tat beschäftigt, dann fällt auf, dass es sich bei den Opfern vor allem um Frauen in der Prostitution handelte und das Motiv neben Rassismus ganz deutlich Frauenfeindlichkeit war. Hier wird Misogynie leider auch heute noch unsichtbar gemacht. Das häufig miteinander Auftreten verschiedener Diskriminierungsformen muss in der Öffentlichkeit thematisiert werden. Die Motive, aus denen männliche Täter Frauen als Opfer wählen, sowie der häufig anzutreffende Zusammenhang mit Rassismus und/oder religiösen Hintergründen muss in die breite Öffentlichkeit getragen werden. Diese Themen haben immer etwas mit dem Patriarchat, mit männlicher Sozialisation und männerfördernden Strukturen zu tun.
In rechten und rechtspopulistischen Kreisen werden diese Zusammenhänge, da sie mit Geschlechtervorstellungen und somit unserer Sozialisation zusammenhängen, vehement geleugnet. Es wird behauptet, dass biologische Aspekte Männern und Frauen unterschiedliche hierarchische Positionen in der Gesellschaft zuweisen mit dem weißen heterosexuellen

Mann an der Spitze. Es wird dabei auch von Gemeinschaften gesprochen, in denen es eine biologisch bedingte männliche Kampfbereitschaft geben würde. Dort sei die hierarchische Spitze die „ethnisch homogene Volksgemeinschaft". Es wird das Bild konstruiert, dass Feminismus und Migration eine Bedrohung für die Gesellschaft darstellen würden. Grund dafür sei der Versuch, Geschlechterrollen aufzubrechen und eine geringe Geburtenrate. Dies würde die Gesellschaft von innen bedrohen. Sanders und Götz weisen darauf hin, dass Antifeminismus eine Brücke zwischen der gesellschaftlichen Mitte und Rechts darstellt. Es gibt Verschwörungstheorien, die behaupten, dass es eine „jüdische Finanzelite" geben würde, die sich den „Feminismus am Reißbrett ausgedacht hätte". Auch hier wird behauptet, dass es das Ziel sei, Frauen dazu zu bringen, weniger Kinder zu bekommen, damit die „weiße Rasse" zerstört werde.

Incels reihen sich in diese Ideologie ein, dass eigentlich Männer die „wahren Opfer" der Gesellschaft wären und Frauen daher zum Geschlechtsverkehr gezwungen werden dürften. Diese rechte Online-Gruppierung feierte beispielsweise auch die Taten des norwegischen Rechtsextremisten Anders Behring Breivik.

Diese antifeministischen, rassistischen und antisemitischen Ideologien sind höchstgefährlich und gleichzeitig höchst verbreitet. Das Erbe des Nationalsozialismus gepaart mit dem Patriarchat steckt in allen Teilen der Gesellschaft und muss aufgearbeitet werden. Das Erstarken der AfD ist letztendlich ein Symptom, ein Vergrößerungsglas genau dieser Ideologien, die unter uns sind.

Sandra: In deinem Buch gibt es das Kapitel „Feministische Jungenarbeit" und du arbeitest in der offenen Kinder- und Jugendarbeit mit dem Schwerpunkt feministische Jungenarbeit. Was beinhaltet feministische Jungenarbeit?

Sebastian: Es geht bei der feministischen Jungenarbeit darum, männliche Geschlechterstereotype aufzubrechen und den Jungen alternative Handlungsoptionen an die Hand zu geben. Es geht dabei um alle bisher angesprochenen Themen: problematische männliche Geschlechterbilder, Benachteiligung und Diskriminierung von Mädchen und Frauen, Grenzen achten, Umgang mit den eigenen Gefühlen, Sexualität, gleichberechtigte Partnerschaft, Familie oder das Sichtbarmachen der Lebensrealität von Mädchen und Frauen. Ich arbeite mit den Jungen daran, dass sie sich und die patriarchalen Strukturen reflektieren und einen Umgang jenseits von Gewalt und Abwertung finden. Ich habe in meinem Buch einige Methoden für die feministische Jungenarbeit exemplarisch beschrieben, die Menschen in sozialen Berufen, in therapeutischen Kontexten, in Workshops an Jugendzentren oder in der Schule nutzen können.

„Das Erbe des Nationalsozialismus gepaart mit dem Patriarchat steckt in allen Teilen der Gesellschaft und muss aufgearbeitet werden."

Sandra: Warum ist Feminismus gut für Männer?

Sebastian: Studien zeigen, dass Männer in gleichberechtigteren Gesellschaften psychisch und physisch gesünder sind, dass sie glücklicher sind und länger leben.

Männer können einen Zugang zu ihren Emotionen und Gefühlen lernen, sie können positive Lösungsstrategien entwickeln, tiefere und intimere Beziehungen zu ihrer Partnerin oder ihrem Partner führen sowie zu anderen Männern oder Frauen, sie können ein besserer Vater sein, der eine engere und tiefere Bindung zu seinen Kindern hat. Die Auswirkungen sind allumfassend, da sie alle Lebensbereiche von Männern und Frauen berühren – bis hin zur Wirtschaft, die durch toxische Männlichkeit enormen Schaden erleidet, was Steuerzahler/Steuerzahlerinnen tragen müssen. Insgesamt würde, wenn Männer sich mit Feminismus beschäftigen und das dann auch wirklich leben würden, eine friedlichere und gleichberechtigte Welt entstehen mit weniger Gewalt, Machthierarchien und Kriegen.

Sandra: Wie gehören Musik und toxische Männlichkeit deines Erachtens zusammen?

Sebastian: Toxische Männlichkeit ist ein Symptom der gesellschaftlichen patriarchalen Strukturen und somit in allen Lebensbereichen anzutreffen. Also auch in der Musikindustrie (wie ebenso in der Filmindustrie, siehe #metoo). Es geht auch in diesem Bereich um Macht und Geld. Und somit um Männer. Ob es um Produzenten, um die Förderung oder Ablehnung von Künstlerinnen geht, um Gehalt, um Objektivierung und Sexualisierung, um Texte der Songs, um die Frage, wie viele Frauen vs. wie viele Männer bei einem Konzert/Festival die Chance erhalten, aufzutreten, wer in welchen Positionen arbeitet bis hin zum Thema Rammstein: Das Patriarchat und seine Misogynie sind allgegenwärtig und tief in unseren Köpfen und unserer Gesellschaft eingebrannt. Die Frauenfeindlichkeit reicht beispielsweise in Songtexten von subtilen Formulierungen, die kaum noch jemandem auffallen – beispielsweise, dass Frauen permanent als „beautiful" betitelt werden, anstatt dass ihre Fähigkeiten benannt werden –, bis hin zu offen ausgelebtem Frauenhass. Insbesondere im Rap wird Misogynie und Gewalt gegen Frauen überproportional dargestellt. Die folgenden Sätze stehen für sich und entblößen die erschreckende frauenfeindliche Haltung der Rapper Farid Bang und Kollegah:

„Vorsicht, du Bitch. Wenn du nicht willst, dass dein Gehirn, nachdem dich 'ne Ohrfeige trifft, auf fünf Bordsteine spritzt."

„Eine Nacht mit uns, du trägst Prothesen und Krücke, du siehst die andern Fotzen heim rennen."

„Und die Bitches heute wollen Jungfrau bleiben, zwei Optionen, Arsch oder Mund auf, Kleines."

*„Lass die Fotzen bisschen zappeln,
denn der Knockout kommt am Ende."*

„Wir ballern die Ghetto-Huren."

*„Dein Chick ist 'ne Broke-Ass-Bitch,
denn ich fick' sie, bis ihr Steißbein bricht."*

Bei der Online-Kampagne #unhate-women von TERRE DES FEMMES wurde der Frauenhass und Gewalt gegen Frauen in Songs, Posts, Texten und Kommentaren sichtbar gemacht. Hier sind einige Beispiele, bei denen eine Trigger-Warnung vorangestellt werden muss:

„Schlag dir die Zähne raus, man hört nur noch dein Fotzengeschrei. Logge mich ein bei Instagram, es wird auf Story geteilt."

„Bring deine Alte mit, sie wird im Backstage zerfetzt. Ganz normal, danach landet dann das Tape im Netz."

„Es ist Kampfgeschrei, was nachts aus unserem Schlafzimmer dringt, weil dank mir in deinem Gleitgel ein paar Glassplitter sind."

*„Die Bitch muss bügeln, muss sein.
Wenn nicht, gibts Prügel, muss sein."*

Absolut erschreckend: Als eine Frau die problematischen Texte von Fler bei Instagram kritisierte, setzte er ein Kopfgeld auf sie aus und sie wurde mit Hasskommentaren überhäuft. Das zeigt, wie gefährlich es für Frauen sein kann, wenn sie völlig gerechtfertigt das toxische Verhalten von Männern kritisieren.

Abschließend möchte ich sagen, dass ich hoffe, dass sich möglichst viele Männer mit diesem Thema beschäftigen und dabei helfen, dass wir irgendwann eine bessere Welt haben werden, in der Mädchen und Frauen keine Angst mehr haben müssen, wenn sie abends rausgehen, und in der Männer eine enge positive Beziehung zu ihrer Familie haben. Eine Welt, in der es nicht um Macht, Kontrolle und den Wettstreit unter Männern geht – denn dies ist der Anfang vom Ende –, sondern in der ein friedliches und glückliches Miteinander möglich ist.

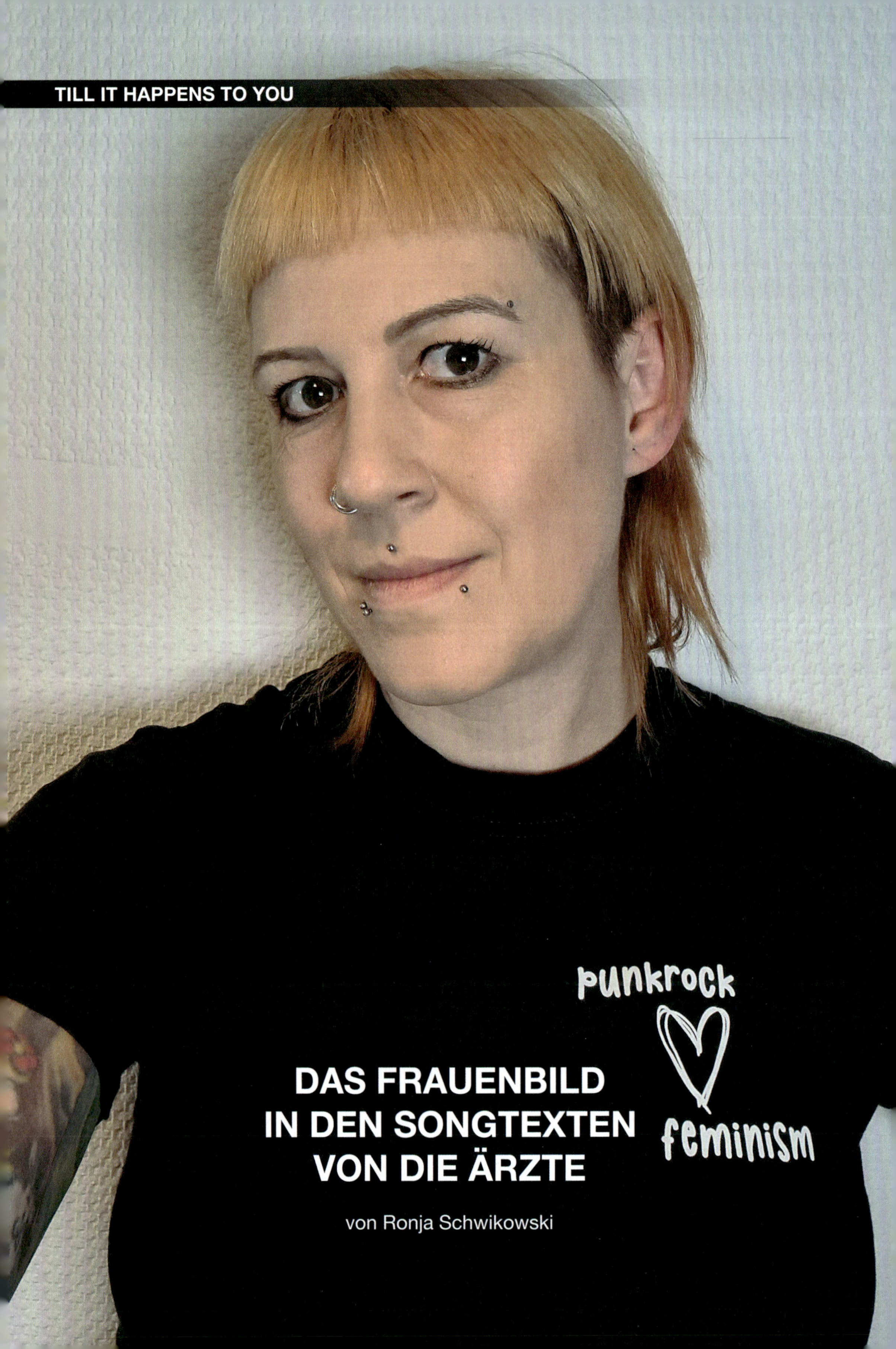

DAS FRAUENBILD IN DEN SONGTEXTEN VON DIE ÄRZTE

von Ronja Schwikowski

Der folgende Text basiert auf dem Skript und der Recherche für mein YouTube-Video, das ich im Mai 2024 auf meinem Kanal „Cyber Bomb“ veröffentlicht habe.

Es gibt laut Internet 368 veröffentlichte Die Ärzte-Songs, durch die ich mich auch komplett durchgearbeitet habe. Wochenlang habe ich Songtextbücher durchforstet und bunte Zettelchen an die Seiten geklebt, um mir erstmal einen Überblick zu verschaffen, in welche Kategorien ich die Lieder überhaupt einteilen möchte und worüber ich genau sprechen will.

Im Video ist es eine Mischung aus Aufzählung und Einordnung der Songs und dem Vorlesen von einzelnen Passagen aus den Textbüchern geworden. Ich habe das für diesen Text hier so übernommen.

Ich habe mich entschieden, meine Aufarbeitung nur an den Songtexten selbst festzumachen. Es geht also nicht um Live-Ansagen, auch nicht um Interview-Aussagen generell und ebenso nicht um Interviews zu den Texten, denn das würde komplett den Rahmen sprengen.

Wie ihr mit all dem hier umgeht, ist natürlich eure Entscheidung. Ich bin nicht hier, um euch eure Lieblingsband aus Teenagerzeiten im Nachhinein madig zu machen. Die Ärzte spielen in der Biografie so vieler Menschen, die ich kenne, eine Rolle und auch in meiner eigenen Sozialisation kommen Die Ärzte immer mal wieder vor. Aber ich bin stets für eine kritische Herangehensweise. Songtexte, die ich selbst früher komplett unkritisch mitgegrölt habe, finde ich heute problematisch. Das kann man auch einfach mal so sagen und muss dafür nicht alle Platten wegschmeißen. Fan zu sein, heißt ja nicht, alles blind zu verteidigen, sondern sich mal mit den Inhalten zu befassen. Punkrock bedeutet für mich, dies auch immer kritisch zu tun.

Mir ist damals wie heute immer wieder aufgefallen, dass die Band bei Frauen, vor allem bei weiblichen Punks, besonders gut ankommt, was mit einem kritischeren Blick auf die Texte schon, sagen wir mal, erwähnenswert ist. Ich kann mir das einfach nur so erklären, dass Frauen sich gesehen fühlen, wenn eine Band so häufig über Frauen singt, dass sie explizit Bestandteil der Texte sind und ja auch Themen wie Beziehungen oder der Umgang mit Frauen von der Band beschrieben werden. Dass das alles gleichzeitig oft so negativ ausfällt, ist mir selbst früher nur am Rande aufgefallen, heute finde ich das wirklich spannend. Bei mir selbst war das nämlich schon als Teenager-Hörerin nur ein diffuses Gefühl, über das ich auch mit vielen Leuten gesprochen habe – eben dass Die Ärzte manchmal ein negatives Frauenbild transportieren, was aber irgendwie ignoriert oder an manchen Stellen leider vollkommen unverständlicherweise glorifiziert wird.

Klar könnte man generell ganz einfach sagen: Das sind alles Nonsens-Texte, alles erfunden, alles nicht ernst gemeint oder gar ironisch. Das könnte man natürlich über jede Band sagen, deren Texte kritisch oder problematisch sind.

Foto linke Seite: privat

Die Texte der Ärzte sind an so vielen Stellen vollkommen überzeichnet, bilden eine überspitzte Realität ab und wollen manchmal genau damit auch auf Probleme hinweisen. Man würde es sich aber viel zu leicht machen, das einfach von allen problematischen Texten zu behaupten. Das ganze Konzept, immer wieder so bewertend, meistens abwertend, über andere Menschen zu sprechen, ist irgendwie komplett aus der Zeit gefallen, könnte man sagen. Denn Gewalt gegen Frauen, schlecht über Frauen reden, erzkonservative und teilweise gewaltvolle Beziehungsbilder oder die pauschale Abwertung von Frauen ist und war schon immer ein reales Problem. Klar haben sich die Zeiten geändert. Klar hat sich die Welt weiter gedreht. Klar würden Die Ärzte selbst einige der Texte heute so nicht mehr schreiben, egal, wie sie gemeint waren. Natürlich sind viele der Texte vor vielen Jahren entstanden, als das Bild von Frauen und von Beziehungen noch ein anderes war. Aber gerade die neueren Songs beweisen, dass die Band ihr eigenes Bild von Frauen nie in die Neuzeit geholt hat. Gleichzeitig sind die alten Songs in der Welt, werden teilweise noch live gespielt, werden auf Platten und CDs nachgepresst. Ohne Linernotes, ohne Einordnung, ohne ein einziges Wort dazu, wie die Band heute selbst auf die Texte blickt. Es ist scheinbar ok für die Band, die Texte und damit auch das Frauenbild weiter zu reproduzieren und damit Geld zu verdienen.

Es ist scheinbar ok für die Band, die Texte und damit auch das Frauenbild weiter zu reproduzieren und damit Geld zu verdienen.

Da ist es auch vollkommen egal, ob der Autor aus der eigenen, privaten Perspektive geschrieben hat, ob ein Film, ein Roman, ein Traum oder irgendein Ereignis als Vorlage diente. Oder das so oft bemühte „Lyrische Ich". „Am Ende zählt das, was hinten rauskommt", hat ein großer Philosoph, der uns heute auch noch in einem der Texte begegnen wird, mal gesagt. Und darum geht es mir in dieser Auseinandersetzung. Am Ende des Tages wissen nur die Textautoren selbst, wie welcher Text, welche Textzeile wirklich gemeint ist. Aber dennoch finde ich es angemessen, das Ergebnis zu bewerten, das bei mir als Hörerin ankommt. Das ist natürlich sehr subjektiv, dient aber sicher gut zur Anregung, sich selbst einmal Gedanken über die Texte zu machen, die man vielleicht noch nie einer kritischen Bewertung unterzogen hat.

Für den besseren Überblick habe ich die relevanten Texte in fünf Kategorien eingeteilt.

1) **Das negative Bild von Frauen in den Die Ärzte-Texten ganz allgemein**
2) **Die meist sehr negativen Beziehungsbilder, die teilweise richtig toxisch sind**
3) **Gewalt gegen Frauen nochmal ganz explizit, vor allem die Texte mit tödlichem Ausgang**
4) **Damit hier niemand in Depressionen verfällt, habe ich auch die positiven Beispiele rausgesucht.**
5) **Hier gehe ich auf das negative Männerbild in den Songtexten ein.**

Teil 1
DAS NEGATIVE BILD VON FRAUEN IN DEN SONGTEXTEN

Ich möchte anmerken, wie explizit und mit welcher Leichtigkeit auch hier schon über Gewalt an Frauen gesungen wird. Das hat mir bei der Recherche teilweise richtig die Laune versaut. Daher hat sich meine Arbeit mit dem Thema im Vorfeld auch immer wieder verzögert. An manchen Abenden, die ich zum Texte lesen eingeplant hatte, hatte ich einfach keine Kraft, mich so hart zu belasten.

Natürlich geht es längst nicht in jedem Song um einen konkreten Übergriff oder eine explizite Beleidigung. Ich habe auch viele Beispiele rausgesucht, in denen durch ein latent negatives Bild von Frauen die uns umgebenden Verhältnisse immer wieder nachgezeichnet und damit manifestiert werden. Ich möchte hier auch einfach mal die schiere Menge an kleinen, nebenbei dahergesagten Beleidigungen und Sticheleien belegen, mit denen in vielen Texten oft über Frauen gesprochen wird.

Ich werde in den Erklärungen die Begriffe und Formulierungen der Texte in den Worten aufgreifen, die auch in den Songs verwendet werden, werde es mir aber sparen, jede wörtliche Rede zu markieren.

Ich beginne mal mit den Beispielen, mit denen ihr vermutlich eh schon gerechnet habt:

„Die Fette Elke“
Farin Urlaub
(„Das ist nicht die ganze Wahrheit“, 1988)

Hier geht es um eine Frau, die als fett beschrieben wird, und zwar sehr detailliert. Es ist bekannt, dass sich die Band mit diesem Text über einen weiblichen Fan lustig macht. Hier wird nicht nur das äußere Erscheinungsbild einer Frau dafür benutzt, um sie schlecht dastehen zu lassen, er ist ganz explizit fettfeindlich. Die Band hat den Song längere Zeit nicht live gespielt und sich auch so halbwegs distanziert. Bei manchen Livekonzerten – wie zum Beispiel bei einer der „Nur für Männer“-Shows – war der Track dann aber doch wieder im Repertoire.

Das andere Standard-Beispiel, das euch vermutlich direkt selbst eingefallen ist:

„Claudia Hat 'nen Schäferhund“
Farin Urlaub
(„Debil“, 1984)

Claudia, die ein sexuelles Verhältnis mit ihrem Hund hat. Der Song ist auf dem Index gelandet und wird nicht mehr gespielt, aber da sind wir auch schon bei einem klassischen Ärzte-Move: Es gibt noch mindestens drei weitere Songs über Claudia, in denen ihr Verhältnis zum Hund etwas weniger explizit beschrieben wird. Den Inhalt versteht man dennoch, wenn man den Kontext, also den Text des ersten Claudia-Songs, kennt.

Ich nehme mal an, dass sich die Band damals einfach ein Scharmützel mit der Bundesprüfstelle liefern wollte, was natürlich witzig ist. Dass dafür einfach noch weitere Male richtig schlecht über eine Frau gesungen wird, ist dann halt ein Kollateralschaden, den die Band hinnimmt. Dass gern behauptet wird, hier würde einfach nur ein Kink besungen, kann ich leider nicht gelten lassen, vor allem weil sexuelle Verhältnisse zwischen Menschen und Tieren (zurecht) im Allgemeinen im negativen Kontext genannt werden.

„Claudia hat 'nen Schäferhund“ („Debil“, 1984), „Claudia II“ („Ab 18“, 1987), „Claudia Teil 3“ („Nach uns die Sinnflut“, 1988), „Claudia Teil 95“ („Die Bestie in Menschengestalt“, 1993 (Text: „Ja, er starb“))

„Frank'n'stein“
Bela B
(„Debil“ ,1984)

Er ist eine Art Wissenschaftler, der versucht, diverse männliche Monster zu erschaffen, was ihm nicht gelingt. Beim vierten Anlauf baut er zum Zeitvertreib eine Frau. Das klappt dann auch. Am weiblichen Monster scheint es sexuelles Interesse zu geben. Aber sie will ihn nicht, weil sie wählerisch ist. Dann fällt ihm auf, dass er für das weibliche Monster das Hirn eines Fotomodells verwendet hat, was für ihn die Sache erklärt.

„Mein Baby war beim Frisör“
Farin Urlaub
(„Le Frisur“, 1996)

Seine Freundin hat sich die Haare neu machen lassen. Er findet sie jetzt hässlich und wird sich trennen müssen. Er wird sie jetzt nie wieder fisten und findet eh, dass sie zum Kotzen aussieht.

Man kann schon sagen, dass auf der „Le Frisur"-Platte besonders viele Quatsch-Songs sind. Es ist ein Konzept-Album zum Thema Haarschnitte. Aber wie persönlich er im Songtext die Entscheidung seiner Freundin zu einem neuen Look nimmt und das als angemessenen Anlass sieht, so beleidigende Worte zu finden, ist sehr unangenehm.

„Tittenmaus"
Bela B
(„Die Ärzte früher!", 1989)

Ein Bekannter rät ihm, dass man Frauen einfach ins Bett kriegt, wenn man die goldenen Worte sagt: „Hey, du kleine Tittenmaus, kommst du heut zu mir nach Haus?" Er denkt erstmal, dass das Unsinn ist, und versucht, die Frau mit seinem Videorecorder zu beeindrucken. Darauf fällt sie aber nicht rein. Daher versucht er es nun mit den goldenen Worten. Das klappt und darum rät er es am Ende auch allen anderen Männern.

Ich persönlich denke nicht, dass das jemals geklappt hat, aber ich verstehe gleichzeitig auch nicht, was solche Aussagen sollen. Sich unter Männern gegenseitig Ratschläge zu geben, mit welchen Tricks man Frauen zum Sex überreden kann, sie sogar reinlegen sollte, um Sex zu bekommen, war weder damals noch heute in Ordnung, egal wie witzig oder überspitzt das dargestellt wird.

„Motherfucker 666"
Farin Urlaub
(„Le Frisur", 1996)

„Ich scheiß auf ihre Maße, ich scheiß auf ihr Gewicht / Ich scheiß auf ihre Nase und ich scheiß auf ihr Gesicht / Ist das Kinn zu weit hinten und die Zähne zu weit vorn / Hat sie viel zu große Füße oder viel zu große Ohrn?" Er beschreibt hier also ihre Optik und wertet sie dabei ab. Er scheißt auch auf ihre Blödheit, nur nicht auf die Frisur, die ist wichtig. Dann kommen Abwertungen wie Mundgeruch und Gemecker, alles sehr überzogen geschildert, um das alles nicht zu ernst werden zu lassen.

Wie gesagt, die „Le Frisur" ist das quatschige Konzept-Album, was aber nicht bedeutet, dass damit alle Inhalte automatisch unproblematisch sind.

Der Song „Monika" auf dem gleichen Album haut übrigens in die gleiche Kerbe. Den spar ich mir jetzt.

„Sie kratzt, sie stinkt, sie klebt"
Farin Urlaub
(„Ab 18", 1987)

Der Song hat im Prinzip keine nennenswerten Inhalte, außer dass auch hier eine Frau, zu der es keinen Kontext gibt, als eklig bezeichnet wird, weil sie aufgrund ihrer Körperhygiene stinkt und klebt. Ich erkenne keinen tieferen Sinn in dem Text, es gibt keine Pointe. Es ist einfach ein Song, in dem über eine Frau hergezogen und deren äußeres Erscheinungsbild von Männern beurteilt wird.

„Studentenmädchen"
Bela B
(„5678 Bullenstaat", 1995)

Ein Studentenmädchen wird kurz optisch beschrieben und obwohl das so negativ ausfällt, macht sie ihn trotzdem heiß.

Das Thema Studentenmädchen taucht in den Texten der Ärzte öfter mal negativ auf, das möchte ich hier mal anmerken. Ich persönlich finde den Begriff alleine schon beleidigend, der negative Kontext wird aber auch jedes Mal mitgeliefert.

Dass Frauen in diesem und in noch folgenden Songs erst negativ dargestellt werden, dann aber doch sexuelles Interesse bekundet wird, finde ich besonders herablassend.

„Omaboy“
Bela B
(„Die Bestie in Menschengestalt“, 1993)

Das wäre nämlich direkt das nächste Beispiel für das, was ich gerade bei „Studentenmädchen“ erklärt habe: Er beschreibt, wie er im Zivildienst mit Omas abhängt, dass er sie anfängt, heiß zu finden, und auch mal eine flach legen will. Aber er beschreibt das total abwertend. Es geht um Krampfadern, Oberweite am Bauch, schlechten Atem, starkes Make-up, welke Schenkel etc. Also genau das Klischee, wie Frauen im Allgemeinen beschrieben werden, wenn sie nicht mehr den jugendlichen Schönheitsnormen entsprechen. Zusätzlich ist es auch hier wahnsinnig herablassend, wenn er sagt, dass er die Frauen, die er gerade so ablehnend beschrieben hat, heiß findet. Das alles war auch 1993 schon altersdiskriminierend und frauenfeindlich.

„N 48.3“
Farin Urlaub
(„Runter mit den Spendierhosen, Unsichtbarer“, 2000)

Er ist in der Disco auf der Suche nach zügellosem Sex. Die erste Frau nimmt er mit nach Hause. Aus dem Sex wird nichts, weil sie einen Wonderbra trägt. Davon fühlt er sich betrogen. Also fährt er zurück in die Disco. Die nächste Frau nimmt er mit auf die Toilette, stellt dann aber fest, dass sie ein „Transvestit“ und er auf sie reingefallen ist. Bei der dritten Frau scheint alles in Ordnung zu sein. Der Sex findet aber wieder nicht geplant statt, weil er einen vorzeitigen Samenerguss hat.

Ich finde den kompletten Song herabwürdigend und beleidigend. Abgesehen davon, dass er die Frauen als Betrügerinnen hinstellt, ist es aber auch im Rahmen des Männerbildes nicht von Vorteil, einen vorzeitigen Samenerguss so hart zu problematisieren.

„Las Vegas“
Bela B
(„Runter mit den Spendierhosen, Unsichtbarer“, 2000)

Eigentlich geht es in dem Song um Vegas, um Glücksspiel, um den längsten Tresen der Welt und die Aussage: „Da hab ich mir auch schon Nutten hinbestellt.“ Keine Pointe. Er hat Spaß, die Frauen sind die Nutten.

„Ein Sommer nur für mich“
Farin Urlaub
(„Runter mit den Spendierhosen, Unsichtbarer“ 2000)

Eigentlich ist in dem Text die zentrale Frage: „Scheint die Sonne auch für Nazis?“ Es ist eigentlich ein Song gegen Nazis. Aber alles, was in diesem Song positiv ist, beschreibt er anhand von Frauen, die kurze Röcke tragen, weil das gut für alte Säcke ist. Damit ist er der Typ, der sich über Politik, soziale Probleme und Nazis Gedanken macht, und der einzige Zusammenhang, in dem Frauen genannt werden, ist auf die Optik bezogen und sexualisiert.

„2000 Mädchen“
Farin Urlaub und Bela B
(„Ist das alles?“, 1986)

Es geht darum, dass er 2000 Mädchen unaufgefordert ungefragt anruft und belästigt, obwohl sie schon nach Ausreden suchen oder gar nicht mehr ans Telefon gehen. Er sagt sogar selbst, dass sie Angst vor ihm haben, ruft aber immer wieder an. Die Aussage: „für Minuten bist du mein“ ist richtig gruselig.

Wie bei vielen anderen Songs könnte man auch hier, wenn man will, davon ausgehen, dass der Autor dieses Verhalten verurteilt und alles ironisch ist. Wie es gemeint ist oder war, weiß wie immer nur die Band selbst. Aber unterm Strich wird hier einfach alles aus der Sicht des Täters beschrieben und am Ende gibt es keinen klaren Hinweis auf Kritik. Also auch hier einfach nur davon auszugehen, dass sich die Band über den Täter lustig macht, reicht einfach nicht aus.

„Frühjahrsputz"
Farin Urlaub
(„Die Ärzte", 1986)

Dazu muss man wissen, dass der Song „Geschwisterliebe" auf dem Index gelandet ist. Der Text von „Frühjahrsputz" ist auf die Melodie von Geschwisterliebe gedichtet, die Worte ähneln sich im Klang. Der Inhalt des neuen Textes ist, isoliert betrachtet, dass er sich über seine Frau beschwert, die nur davon redet, dass er mal putzen soll. Er bietet an, dass er ja auch mal das Dach fegen oder den Keller streichen könnte. Ich finde die Idee, den Song umzuschreiben, ganz interessant, aber dass ihm zum Inhalt nichts anderes einfällt, als sich zynisch und infantil mit seiner Frau zu streiten, steht eben auch für sich.

„Vermissen, Baby"
Bela B und Rod
„Planet Punk" 1995

Sie hat ihn verlassen, er sagt, dass sie ihn vermissen wird. Er sagt, dass sie kein Recht hat, ihn zu verlassen, was natürlich ein Nebensatz, aber dennoch unangenehm ist. Sie hat ja auch keinen Grund, sich zu beschweren, schließlich hat sie eine neue Küche und einen neuen Staubsauger bekommen. Und am Ende sagt er, dass sie sich das alles nochmal überlegen, dass sie mal ein Bier trinken soll und fragt, ob sie vielleicht einfach nur ihre Tage hätte.

„Wenn alle Männer Mädchen wärn"
Farin Urlaub

Der Song kommt in 2 Teilen:
1. Teil „Geräusch", 2003
2. Teil „Nichts in der Welt", 2004

Er beschreibt eine Welt, in der alles entspannt und friedlich ist, weil alle Männer Mädchen sind. Er beschreibt diese Welt ohne männliche Gewalt und sagt, wie toll das wäre. Er nimmt sich selbst aber aus, er wäre der einzige Mann in dieser Welt. Also er erkennt und beschreibt, wo die Probleme liegen, und sagt selbst, dass er diese Welt schön fände, weil ihm dann auch niemand mehr auf die Schnauze haut.

Eigentlich ist das mal eine ganz interessante Betrachtung der Welt, würde ich sagen. Das kann man ja mal gedanklich durchspielen. Aber sein Fazit am Ende des Songs ist, dass er als Mann dann eine Dauererektion hätte. Das fällt ihm also dazu ein.

„Du willst mich küssen"
Farin Urlaub
(„Im Schatten der Ärzte", 1985)

Er lernt auf dem Weg zur Stadtbibliothek eine Frau kennen und verknallt sich direkt in sie. Die beiden verabreden sich für den Abend, es gibt Kerzen und klassische Musik. Sie will ihn küssen, doch er sagt nein, weil ihm das zu schnell geht.

Grundsätzlich ist das ja ein absolut begrüssenswerter Verlauf, aber seine Argumentation, warum er nicht will, ist, dass er ja intellektuell sei. Weil das die Frage aufwirft: Was ist sie denn dann?

Die Gegenüberstellung der intellektuellen Person, die sexuell eher zurückhaltend ist, muss ja darauf schließen lassen, dass die Person, die Bock hat, nicht so schlau sein kann, um das mal vorsichtig auszudrücken. Außerdem ist das ein uraltes Klischee, das aus der Antike stammt.

Im zweiten Teil des Songs treffen sie sich wieder. Im Prinzip der gleiche Ablauf. Sie will, er will nicht und wirft ihr vor, sich hinter einer „Studentinnenfassade“ zu verstecken, aber in Wahrheit nur küssen zu wollen.

Und das alles, wo wir vor gefühlt 100 Ärzte-Songs stehen, in denen man lernt, wie man Frauen mit den einfachsten, plattesten Mitteln ins Bett gequatscht kriegt, und Frauen immer wieder sexualisiert werden, kommt jetzt mal ein Text, in dem die Frau direkt mit Küssen loslegen will ... Und wird dann direkt auf ihren mangelnden, angeblich sogar vorgetäuschten Intellekt reduziert?

Ich finde wirklich in all den Texten kaum ein gutes Beispiel dafür, dass Die Ärzte Frauen eine eigene, selbstbestimmte und nicht negativ ausgelegte Libido zugestehen.

„Die Banane“
Bela B
(„Planet Punk“, 1995)

Die beiden essen zusammen, die Frau futtert eine Banane. Dass er schon mal vorausschickt, dass sie „ein traumhaftes Mädchen, kein Doofie und Blödchen“ ist, ist schon mal für sich unangenehm.

Er beschreibt, wie sie die Banane isst und dass er dabei seine Beherrschung verliert, weil er sie übertrieben sexualisiert. Hier ist von Sabbern, Schwitzen und Geifern die Rede.

Denkt da mal bitte einen Moment darüber nach: Was soll das mit dem allgemeinen Frauenbild machen, wenn es Frauen noch nicht einmal möglich ist, Obst zu essen, ohne dabei von einen Mann komplett sexualisiert zu werden?

Am Ende schiebt er ihr sogar noch Schuld zu. Er wirft ihr vor, nichts von „den Folgen“ ihres Handelns zu ahnen, dass sie denkt, das sei nur Nahrungsaufnahme, wobei das für einen Mann doch „Fellatio-Reklame“ sei.

„Zu spät“
Farin Urlaub
(„Debil“, 1984)

Er steht auf sie, sie will aber den reichen Typen mit dem Auto. Ihm wird es zu bunt und er kündigt an, sich zu rächen ... indem er scheiße zu anderen Frauen ist und deren Herzen bricht.

Der Song ist bei all dem Scheiß schon fast eine Randnotiz. Ich wollte ihn aber trotzdem mit einbringen, weil ich die Ankündigung, künftige Bekanntschaften aufgrund von negativen Beziehungserfahrungen schlecht zu behandeln, sehr problematisch finde.

„Die Allerschürfste“
Farin Urlaub
(„Die Bestie in Menschengestalt“, 1993)

Eine Frau betritt den Raum und denkt (laut seiner Aussage), sie sei die Heißeste und alle würden auf sie stehen. Er tut das nicht, er findet sie nicht heiß. Im Text beleidigt er sie hemmungslos, dass sie dumm wäre, also voll behämmert, sie nicht alle Latten am Zaun hätte. Er sagt, dass er ihr gern eine reinhauen würde, weil sie denkt (laut seiner Aussage), dass ihr die Welt gehören würde.

Der Text fühlt sich wie eine Eskalation an, die niemand außer ihm nachvollziehen kann, da er ja auch selbst keine Anhaltspunkte gibt, an welcher Stelle sich die Frau falsch verhalten hätte. Das gründet alles auf seiner Unterstellung und seinen daraus resultierenden Gefühlen.

Der Song, der im Songbook mit dem Frauenzeichen geführt wird („Schwanz ab") Farin Urlaub („Das ist nicht die ganze Wahrheit", 1988)

Was der „Allahu akbar"-Ruf als Anfangseinspieler zu bedeuten hat, weiß ich leider nicht. Er spricht im Text eine Frau an und sie will ihn direkt kastrieren, also Schwanz ab.

Keine Ahnung, ob das ein besonders taffes Frauenbild spiegeln soll. Allerdings sind die Darstellung von Latzhosen und Sandalen schon immer negativ behaftet gewesen. Das Bild der Emanze kommt ja aus den 1970ern und 1980ern und es ist wirklich schwach, dass die Band das überhaupt aufgreift, obwohl den Bandmitgliedern oft so ein emanzipatorischer Anspruch beigemessen wird. Aber da sind wir mal ganz generell bei diesen zwei Optionen von Frauenrollen in Ärzte-Songs: die Toughe, die direkt „Schwanz ab" brüllt, auf der einen Seite und die, die zu allem ja sagt und ein liebes Mädchen ist, auf der anderen Seite. Ich sehe wirklich keine anderen Rollenvorbilder für Frauen in all diesen Texten.

Mir ist schon wichtig zu erwähnen, wie problematisch es ist, dass Die Ärzte an so vielen Stellen genau das konservative, exkludierende Frauenbild gezeichnet haben, welches so ein elementares Problem in der Gesellschaft, aber auch in der Punkszene darstellt.

Teil 2 DIE NEGATIVEN BIS TOXISCHEN BEZIEHUNGSBILDER IN DEN SONGTEXTEN

Mir fällt auf, dass praktisch alle Texte, alle Szenen, aus einer absolut Stereotypen-Weltsicht beschrieben werden. Es wird immer von einer Hetero-Beziehung ausgegangen, die von zwei Personen geführt wird, von einem Mann und einer Frau. Und diese Beziehung läuft selten positiv, sobald sie über das romantische Anfangsstadium hinausgeht. Dass die Band ja auch schon das „Konzerte nach Geschlechtern getrennt"-Konzept durchgezogen hat, zementiert diese Vorstellung zusätzlich, dass es nur zwei Geschlechter gibt. Ich frage mich einfach, warum die Kreativität und Phantasie nicht für andere Beziehungs- und Romantikmodelle auszureichen scheint.

Übrigens: Es gibt sehr viele Songs, in denen es einfach nur um Liebe geht. Aber ist euch mal aufgefallen, dass wirklich nie, in keinem einzigen Song, eine Freundschaft zwischen einem Mann und einer Frauen auf Augenhöhe beschrieben wird? In der nicht doch etwas Negatives passiert oder eine amoröse Absicht durchkommt ...?

Ich möchte jetzt noch einmal darauf hinweisen, wie wichtig die Band seit vielen Jahren für so viele weibliche Punks ist. Denn diese Punk-Szene ist ja nicht erst seit gestern damit konfrontiert, dass sie auf der einen Seite immer so ein emanzipatorisches, teils feministisches Bild von sich selbst hat, und auf der anderen Seite die Frauen in der Szene so häufig darüber sprechen, dass sie von ihrer Sozialisation bis ins Erwachsenenalter eigentlich mit den gleichen patriarchalen Strukturen in der Szene konfrontiert waren wie in der normalen Gesellschaft. Mir ist schon wichtig zu erwähnen, wie problematisch es ist, dass Die Ärzte an so vielen Stellen genau das konservative, exkludierende Frauenbild gezeichnet haben, welches so ein elementares Problem in der Gesellschaft, aber auch in der Punkszene darstellt. So häufig begegnet uns das Bild der nervigen Freundin, die nicht kapiert, dass der Kerl einfach nur sein wildes Leben auslebt, die oberflächlich, langweilig, prüde und bürgerlich ist, obwohl viele Texte auch im Musik-Kontext stattfinden, also die beschriebene Frau auch irgendwie selbst Musikliebhaberin sein könnte.

„Das ist Rock'n'Roll"
(Aus der Gabi & Uwe-Reihe)
Bela B und Farin Urlaub
(„Ich ess Blumen / Gabi & Uwe", 1988)

Uwe träumt nachts davon, berühmt zu sein, weil das in seiner Vorstellung vom berühmten Rockstar bedeutet, dass man angehimmelt und flachgelegt wird. Als er aufwacht, hat er nur ein Groupie, nämlich seine Freundin. Er ist der Rockstar, sie ist die, die ihn anhimmeln darf ... und sich darüber freuen soll, dass er nicht noch andere Frauen hat.

„Deine Freundin"
Farin Urlaub
(„Jazz ist anders", 2007)

Er beschreibt die Freundin eines Kumpels, die anstrengend ist, weil sie „nicht pflegeleicht" ist. Das wiederholt er auch immer wieder, zählt auf, in welchen Situationen sie ihm persönlich zu anstrengend und nicht pflegeleicht genug wäre und fordert den Kumpel auf, sie abzusägen.

Was, bitte, ist das für ein – leider immer wiederkehrendes – Bild von Beziehungen, in denen die Freundin schön „pflegeleicht" zu sein hat, ja nicht nerven, den Typen und seine Kumpels nicht stressen soll und am besten keine eigenen Bedürfnisse hat? Ist das vielleicht eines der zentralen Probleme auch innerhalb der Punkszene?

„Radio brennt"
Bela B und Farin Urlaub
(„Ist das alles?", 1987/88)

Er hat eine Freundin, die offenbar nicht den gleichen Musikgeschmack hat wie er. Und weil sie das anscheinend auch durchzieht und ihre bevorzugte Musik anmacht, wenn er bei ihr zu Besuch ist, sagt er, er wird ihr Radio an die Wand werfen und es anzünden. Er kündigt an, ihr die Bude zu zerlegen, weil sie es gewagt hat, ihre Musik anzumachen.

Es ist vollkommen egal, wie überzogen dieser Song ist, der Kern bleibt ja einfach für sich stehen.

„Unrockbar"
Farin Urlaub
(„Geräusch", 2003)

Auch hier hat die Frau einen anderen Musikgeschmack als er. Das wird ihm aber erst klar, als die beiden schon zusammen wohnen. Also will er sie aus der gemeinsamen Wohnung rausschmeißen, weil sie mit ihrem schlechten Musikgeschmack unrockbar ist. Am Ende kriegt sie zum Glück die Kurve und passt sich seinem Geschmack an.

„Punkbabies"
Bela B
(„5, 6, 7, 8 Bullenstaat", 1995)

„Jede Punkmutti wird bald schwanger sein, wir ficken uns unsere Armee." Der Song ist zwar irgendwie lustig, trotzdem richtig eklig und obszön. Die Kerle sind die, die eine Armee haben, und die Frauen sind die Gebärmaschinen. Und das alles in einem Song, der unter einer Minute lang ist.

Ihr merkt schon, warum Frauen in der Punkszene vielleicht manchmal den angeblichen so emanzipatorischen Gedanken im Punk nicht so gut erkennen können ...?

„Yoko Ono"
Farin Urlaub
(„Runter mit den Spendierhosen, Unsichtbarer", 2000)

Yoko Ono ist eine Künstlerin, die von Anfang der 1960er bis zu seinem Tod 1980 mit John Lennon verheiratet war. Sie ist die böse Frau, der die Presse Jahre lang die Schuld an der Trennung der Beatles gegeben hat.

Im Song geht es darum, dass er seine Freundin aus der Wohnung wirft, weil sie ihm nur Pech gebracht hat, weil sie eh scheiße ist und einen schlechten Musikgeschmack hat.

Ihr merkt das vielleicht auch gerade: So kann sich Farin Urlaub halt gut als Text- und Songschreibemaschine inszenieren, wie er das in Interviews gern tut, der alle paar Tage einen neuen Song fertig hat. Einfach aus den immer gleichen Gründen irgendwelche Frauen beleidigen.

„Alles"
Bela B und Farin Urlaub
(„Im Schatten der Ärzte", 1985)

Er singt in wenigen Zeilen, dass er „alles" von ihr will, obwohl die beiden sich eben erst kennengelernt haben. Dabei scheint es für ihn keine Rolle zu spielen, was sie will. Er wiederholt nur immer wieder, dass er „alles" von ihr will.

„Baby ich tu's"
Bela B
(„Das ist nicht die ganze Wahrheit", 1988)

Er erklärt seiner Freundin ausführlich, was er alles für sie tut. Er baut damit eine harte Erwartungshaltung auf, der sie bitte nachkommen soll, weil die Enttäuschung sonst vorprogrammiert ist.

„Bitte Bitte"
Farin Urlaub
(„Das ist nicht die ganze Wahrheit", 1988)

Hier wird eine merkwürdige Vorstellung von SM transportiert. Je mehr Schmerz, desto mehr Liebe, auf beiden Seiten. Das ist eine sehr oberflächliche, klischeehafte und falsche Darstellung einer Sexpraktik, die auf Absprache und Vertrauen basiert.

„Mr. Sexpistols"
Bela B
(„Debil", 1984)

Er zeichnet ein kindlich-unreif wirkendes Bild einer Trennung. Ein ganz kurzer Text, episches Fazit dennoch: Sie hat ihm das Leben verpfuscht.

Bei den Ärzten scheinen recht lapidare und auch nur vermeintliche Fehlverhalten von Frauen schon zu reichen, um den Männern das komplette Leben zu ruinieren. Das wirkt jetzt wie eine Lapalie, führt in der Realität aber immer wieder dazu, dass Männer unangemessen auf Kränkungen reagieren. Ich sage nicht, dass das die Absicht der Ärzte-Texte ist, aber das ist einer der Abläufe, auf denen auch häusliche Gewalt basiert.

„Wegen dir"
Farin Urlaub
(„Im Schatten der Ärzte", 1985)

Ein eher harmloser Farin Urlaub-Trennungssong, von denen es ja massenhaft gibt. Er fühlt sich scheiße, sie ist schuld. Sie ist weg, obwohl er doch alles gegeben hat. Zum Beispiel war er nicht schwimmen, damit sie nicht denkt, er schaut andere Frauen an.

„Der Optimist"
Bela B
(„Runter mit den Spendierhosen, Unsichtbarer", 2000)

Er singt, die Frau denkt, sie könnte einen anderen lieben? Und: „Was fällt ihr ein, das werd ich unterbinden, werd ein Mittel finden."

„Red mit mir"
Farin Urlaub
(„Planet Punk", 1995)

Er ist mit einer Frau befreundet, die sich ihm offenbar gern mitteilt. Er nennt sich selbst Mr. Listen, er leiht ihr gern sein Ohr und gibt ihr eine Runde Mitleid aus. Also offenbar ist er nicht ganz so happy damit, dass sie immer nur zum Reden zu ihm kommt, aber er bietet es ihr halt auch an.

Er beschwert sich, dass sie auch noch einen Boyfriend hat, der sie nur tackern will und ihr nie zuhört, dafür kommt sie dann ja wieder zu ihm.

Mein Fazit dazu: Du musst nicht zuhören, wenn du nicht willst. Aber dann kommuniziere das. Und wenn deine Absicht eigentlich auch nur ist, sie zu tackern, bist du halt auch nicht besser als dieser Boyfriend. Aber, ganz wichtig: Schuldig ist sie dir gar nichts, für Freundschaft gibt es keine Gegenleistung.

„Schlimm"
Bela B
(Maxi „½ Lovesong", 1998)

Sie macht Schluss und argumentiert auch, warum sie das tut. Das Ganze entwickelt sich zu einem On-off-Ding. Sie scheinen immer wieder zusammen zu finden, aber nicht mehr glücklich zu werden. Jedes Mal, wenn sie die Beziehung erneut beendet, versucht er, sich das Leben zu nehmen. Er beschreibt, wie er sich auf die Schienen legt, sich die Pulsadern aufschneidet und so weiter – teilweise lustig überzogen dargestellt. Er wirft ihr immer wieder vor, dass sie schuld sei, dass er das tun müsse, weil sie sich unsicher ist und sich nicht entscheiden kann.

Mal abgesehen davon, dass die verharmlosende Darstellung von Suizid an sich schon problematisch ist, würde ich nochmal ganz grundsätzlich sagen: Wenn ihr Suizidgedanken habt, holt euch bitte Hilfe! Keine Beziehung und kein Mensch der Welt sollten der Anlass sein, sich das Leben zu nehmen. Anderen Menschen die Schuld dafür zu geben, dass man sich – vor allem nach Trennungen – das Leben nehmen will, ist die absolut falsche Botschaft. Diese Art von Beziehung ist toxisch. Das ist weder lustig noch romantisch und auch kein guter Stoff für ein traurig-romantisches Liebeslied.

„Nur ein Kuss"
Farin Urlaub
(„Jazz ist anders", 2007)

Er will einen Kuss und baut das darauf auf, dass sie doch wohl nicht alleine bleiben will, vor allem nicht im Winter. Er bekommt seinen Kuss und teilt auch direkt mit, dass er ihr im Gegenzug sein Herz gegeben hat. Da wären wir wieder bei dieser Erwartungshaltung, die so schnell aufgebaut wird, weil der Mann ja Gefühle ins Rennen geschickt hat.

Dann kommt ein Fremder in die Stadt. Keine Ahnung, ob das so ein bisschen Western-mäßig sein soll. Andere sprechen von einem Mittelalter-Szenario, man weiß es nicht.

Er hat jedenfalls an die Liebe geglaubt, sie ist trotzdem zu dem anderen Kerl übergelaufen. Mit der Frau und ihrem Neuen hat es aber auch nicht lange gehalten. Die beiden haben sich schnell wieder getrennt. Die Frau stirbt, vermutlich aus Kummer um diesen anderen Kerl.

Jedenfalls führt das alles dazu, dass er entscheidet, diesen Typen zu suchen, ihn an einen Baum zu binden und ihm sein Herz rauszuschneiden. Western-Mittelalter-Romantik hin oder her, das ist toxisch as fuck.

„Miststück"
Farin Urlaub und Bela B
(„Auch", 2012)

Die Beziehung ist zu Ende, die Frau wird hemmungslos beleidigt. Obwohl er auch immer wieder sagt, dass er sie gern zurück hätte.

An dieser Stelle möchte ich jetzt doch kurz auf ein Interview hinweisen, das Bela B und Farin Urlaub gleich nach Erscheinen des Albums zum Song gegeben haben. Sie erzählen lachend, sie hätten sich überlegt, wie man eine Frau am härtesten beleidigen könnte, aber so originell, dass sie nicht böse sein kann.

Egal wie toll die beiden Typen, die ja laut eigener Aussage einen internen Wettbewerb zu den originellsten Zeilen am Laufen haben, sich bei Texten wie diesen selbst fühlen:

„Du hinterhältiges Miststück / Du widerwärtig-gehässiges Miststück / Du bist nichts wert / Du riechst wie Pferd / Du nach Omaschlüpfer riechendes Miststück / Du nach Pumakäfig aussehendes Miststück / Wärst du ein Stoff, dann wärst du Filz."

Eine Art Sport daraus machen, Frauen zu beleidigen, davon zu profitieren und sich auch noch selbst zu feiern. ... ist halt ein bewährtes Die Ärzte-Konzept.

Teil 3
GEWALT GEGEN FRAUEN NOCHMAL GANZ EXPLIZIT, VOR ALLEM DIE TEXTE MIT TÖDLICHEM AUSGANG

Auch hier spielt Sexualität wieder eine große Rolle, die aber halt ebenso immer nur dem Mann zugeschrieben wird.

„Dein Vampyr"
Bela B
(„Im Schatten der Ärzte", 1985)

Er ist ein Vampir und bringt eine Frau um.

Das zeichnet ein Klischeebild nach, von der unberührten Jungfrau und dem wilden, männlichen Vampir. Und am Ende ist sie tot.

„Die traurige Ballade von Susi Spakowski"
Bela B
(„Planet Punk", 1995)

Hier wird sehr lapidar beschrieben, wie Susi von ihrem Vater vergewaltigt wird, aber sich niemand dafür interessiert, weil Susi einfach nicht hübsch ist. Weder Lehrer noch Polizei helfen, weil sie der Abschaum ist. Dann bringt Susi ihren Vater um und die Band warnt im Prinzip, dass er laut Bibel in der Hölle auf sie warten wird.

Keine Ahnung, ob das hier nach einer wahren Begebenheit ist oder einem Film, ob hier auf den Missstand aufmerksam gemacht werden soll, dass weniger schöne oder arme Menschen öfter von Behörden im Stich gelassen werden. Das hier ist keine Milieustudie, der Text reproduziert nur Klischees über das Prekariat.

Alleine dass das aus dem Text nicht klar hervorgeht, sondern einfach nur lapidar über sexuelle Gewalt an einer jungen Frau gesungen wird, ist wirklich nicht zufriedenstellend.

„Erna P“
Farin Urlaub
(„Paul Single“, 1984)

Erna ist 80, ihr ist kalt. Damit wird hier erstmal ein bisschen ihre Hilflosigkeit beschrieben.

Sie hat einen Eindringling in der Wohnung, schreit um Hilfe, niemand kann sie hören. Keine Pointe. Einfach nur ein Song über eine Frau, der keiner hilft, in einem Song, von dem nur die Band etwas hat.

„Wenn es Abend wird“
Farin Urlaub
(„Die Bestie in Menschengestalt“, 1993)

In diesem Lied wird das Klischee von einem kleinen Dorf beschrieben. Neben allen möglichen menschlichen Abgründen wird in der 6. Strophe erzählt, dass eine Frau mit 17 Jahren schon ihr drittes Kind hat. Und dass die Kinder alle mongoloid sind, weil ihr Vater auch der Vater der Kinder ist.

In der 8. Strophe geht es um einen Pfarrer, der einen Jungen missbraucht. Das wird einfach mal nebenbei rausgehauen, während man dabei ist, sich über Dorfmenschen lustig zu machen.

Die Beschreibung solcher schrecklichen Dinge ist ja vielleicht mal legitim, es muss ja nicht alles immer witzig sein, nicht jeder Song ist zur Unterhaltung da. Aber vielleicht wäre da etwas mehr Feingefühl angebracht, irgendwo zwischen den Dorfklischees. Abgesehen davon ist es irreführend, Vorkommnisse wie sexuelle Verbrechen an Minderjährigen ausschließlich auf Dorf- und Landbevölkerung zu reduzieren. Das ist schlichtweg falsch und nährt ein Klischee.

„Helmut K.“
alle
(„Ab 18“, 1987)

Es geht um die Frau von Helmut Kohl, dem ehemaligen Bundeskanzler. Hannelores Tag ist grau, Helmut Kohl schlägt seine Frau, sie ließ was auf dem Teller, er bringt sie in den Folterkeller.

Kurz zur Erklärung: Hannelore Kohl hatte eine Krankheit, wegen der sie das Haus nicht verlassen konnte. Hier wird recht lapidar über die Gewalt an einer hilflosen Frau gesungen, mit dem Ziel, ihren Mann in ein schlechtes Licht zu rücken. Sehr viele Punkbands haben in den 1980ern und 1990ern Spottlieder auf Helmut Kohl gesungen. Aber das von dieser Seite anzugehen, ist geschmacklos, verharmlosend und ableistisch.

Abgesehen davon ist es irreführend, Vorkommnisse wie sexuelle Verbrechen an Minderjährigen ausschließlich auf Dorf- und Landbevölkerung zu reduzieren.

„Ich bin glücklich“
Farin Urlaub
(„5, 6, 7, 8 Bullenstaat“, 1995)

Die beiden besungenen Personen sind glücklich in der Beziehung, alles gut. Dann sind sie es nicht mehr, er bringt sie um. Dann ist er wieder glücklich, weil er eine Neue hat. Keine Pointe.

„Madonnas Dickdarm“
alle
(„Nach uns die Sinnflut“, 1988)

Eigentlich ist der Text totaler Nonsens, eine lustige Beschreibung, dass er unter anderem gern Madonnas Dickdarm wäre. Darin aber auch enthalten: Er wäre gern Gynäkologe: „Ich wäre gern Gynäkologe, ja dann hätt' ich viele Frauen. Ich würd' sie von außen küssen, und von innen mir anschauen.“ Alleine das ist schon komplett ekelhaft, aber dann folgt noch: „Ich möchte Yoko Ono killen und ihr Vermögen erben.“

Keine Ahnung, was es mit der Yoko Ono-Obsession auf sich hat. Aber die Strategie, ein paar lustige, harmlose Textzeilen zu schreiben, dann etwas Frauenverachtendes zu schreiben, dann wieder lustig, dann wieder zu Gewalt gegen eine Frau, so im Wechsel, verharmlost das alles so ekelhaft.

„Warrumska"
Farin Urlaub
(„Hurra", 1995)

Der Song erzählt aus der Sicht eines Zuhälters. Er fragt die Frau, warum sie ihn verlassen hat, obwohl er sie ja nur ganz selten geschlagen, ihr sogar etwas zu essen gegeben und ihr neue Strapse gekauft hat. Er fragt sich, was er falsch gemacht hat und was jetzt die Freier denken sollen.

Das ist echt verharmlosend. Weil ja, die Idee ist ja ganz gut, überspitzt zu sagen, dass der Zuhälter-Trottel einfach scheiße war und die Frau sich deshalb von ihm abgewendet hat. Aber die Realität ist, dass Männer, die Frauen zur Sexarbeit zwingen, ganz genau wissen, was sie da tun. Das sind ausgeklügelte und detailliert aufgebaute Strukturen, in denen das stattfindet. In denen Frauen gezielt manipuliert werden und eben auch nicht einfach gehen können, wenn sie unzufrieden sind. Das so runterzubrechen, als wäre der Zuhälter einfach ein bisschen doof, aber die Zuhörer:innen dürfen ein gutes Gefühl haben, weil sie sich emotional auf die Seite der Sexarbeiterin stellen, ist viel zu einfach.

Keine Ahnung, was es mit der Yoko Ono-Obsession auf sich hat. Aber die Strategie, ein paar lustige, harmlose Textzeilen zu schreiben, dann etwas Frauenverachtendes zu schreiben, dann wieder lustig, dann wieder zu Gewalt gegen eine Frau, so im Wechsel, verharmlost das alles so ekelhaft.

„Die Hard"
Rod González
(„Auch", 2012)

Auch hier geht es um Gewalt. Es fängt an mit: „Ein langsamer Tod ist dir gewiss, denn ich töte auf perfide Art / Lauf um dein Leben, denn jetzt wirds richtig hart". Dann geht der Text so halb lustig weiter: „Ich bewerf' dich mit Wattebällchen, jeden Tag, jede Nacht / Ich werde dich mit Wattestäbchen ausradieren, das wär' doch gelacht" und „Böse, ganz böse, in der Nacht ein spitzer Schrei / Fangen wir doch gleich mal an bei diesem hässlichen Arschgeweih". Am Ende landen wir ganz klar bei: „Denn dieser Tod ist hartes Brot / Du bist in Not / Durch fiesen Tod / Denn dieser Tod ist langsam und brutal".

Also wieder das Konzept: lustige Textzeilen im Wechsel mit echter Gewalt. Ich bin mir noch nicht mal sicher, ob es in dem Text wirklich um eine Frau geht, das „Arschgeweih" ist eher ein Klischeebild von Frauen.

„Einschlag"
Bela B
(„Dunkel", 2021)

Dazu muss man wissen, dass es im Text um den Mord an Tuğçe Albayrak geht. Allerdings erklärt die Band das nur in Ansagen bei Liveshows. Ich habe weder im Booklet noch auf der Homepage Infos dazu gefunden. Mit oder ohne Kontext beschreibt der Song einen Mord aus der Sicht des Täters, der mit sich hadert, wie er mit seiner eigenen Schuld umgehen muss. Den Details des Mordes und dem Täter wird der komplette Platz gewährt, seine

Sicht wird interpretiert, es wird spekuliert, was im Mörder vorgeht. Es geht in keinem Wort um die Hintergründe der Tat, das Opfer wird komplett anonymisiert, ihr Name wird nicht einmal erwähnt. Die Tat wird an keiner Stelle verurteilt. Der Mörder ist das Zentrum der Auseinandersetzung und auch das nur basierend auf Spekulationen der Band.

„Nachmittag“
Farin Urlaub
(„Dunkel, 2021“)

Sie erschießt ihn, um die Beziehung zu beenden. Es gibt keine Details. Sie knallt ihn vorsätzlich ab, sie weint. Das Fazit: Liebe ist kompliziert.

Ein Song über Beziehungsgewalt, seicht aufgemacht, einfach mal so für zwischendurch. Das alles wirkt so leicht dahergesagt. Hier wird auf keinen Missstand hingewiesen, hier wird nichts kritisiert, das soll auch nicht unbedingt schocken. Es ist einfach nur ein weiterer Song, der von Beziehungsgewalt mit tödlichem Ausgang handelt, als wäre es das Normalste der Welt.

„Zum letzten Mal“
Farin Urlaub
(„Die Ärzte“, 1986)

Er steht auf sie, sie lacht ihn aber laut seiner Aussage immer nur aus. Dann küssen sie sich doch, sie will aber nicht weitermachen. Er rennt durch die Nacht und beschließt, dass sie nie wieder über ihn lachen darf. Also bricht er nachts bei ihr ein und sie sieht ihn … zum letzten Mal.

Mann bringt Frau um, weil sie angeblich über ihn lacht. Flankiert mit Kettensägen-Geräuschen. Er küsst sie dann auch nochmal, aber dieses Mal kann sie ihn nicht mehr auslachen. Das nennt man Femizid.

Der Song wird von der Band und von Fans bis heute wie eine traurige Liebesgeschichte behandelt. Ich finde, es wird dringend Zeit, Femizide nicht mehr zu romantisieren und solche Szenen nicht mehr abzukulten. Ich finde, das ist wirklich der schlimmste aller Gewalt-Songs, weil er aus etwas so Niederträchtigem eine romantische Story bastelt.

Ich würde gern auch noch über diesen Song hier reden:

„Sweet
Sweet Gwendoline
Farin Urlaub
(„Die Ärzte“, 1986)

Er und sie fesseln sich gegenseitig. Das findet auf Augenhöhe statt, beide erzählen das textlich aus ihrer Sicht, gesungen im Duett. Ich kann da erstmal so nichts Negatives erkennen. Aber dass das Bild von Gwendoline ohne Kontext ein so häufig verwendetes Motiv geworden ist, finde ich komplett komisch. Einen Songtext über Gwendoline zu schreiben und den irgendwie zu bebildern, kann ich nachvollziehen. Aber eine gefesselte, vor allem geknebelte Frau in Unterwäsche Jahre lang als Symbolbild für die eigene Kunst zu verwenden, empfinde ich einfach komplett lost.

Ich finde, es wird dringend Zeit, Femizide nicht mehr zu romantisieren und solche Szenen nicht mehr abzukulten. Ich finde, das ist wirklich der schlimmste aller Gewalt-Songs, weil er aus etwas so Niederträchtigem eine romantische Story bastelt.

Teil 4
DIE POSITIVEN BEISPIELE FÜR SONGTEXTE, DIE MEINER MEINUNG NACH SEHR GELUNGEN SIND.

Ein paar Songs, in denen es um Liebe und Romantik, um Beziehungen und Sex geht, ohne dass ab der 3. Strophe mal wieder alles entgleist.

„Die ewige Matriesse"
Bela B
(„Jazz ist anders", 2007)

Es gibt eine Affäre, die Frau will mehr. Er sagt, dass der Typ sie nur ausnutzt und sie sich befreien soll. Find ich gut. Ein guter Rat.

„Gib mir Zeit"
Farin Urlaub
(„Runter mit den Spendierhosen, Unsichtbarer", 2000)

Er lernt eine Frau kennen, will mit ihr rummachen. Er stellt fest, dass er noch auf eine Andere steht und kommuniziert das auch. Er hat keinen Sex mit ihr, obwohl das möglich wäre, sondern erbittet sich Zeit. Gute Idee.

„Mondo Bondage"
Bela B
(„Runter mit den Spendierhosen, Unsichtbarer", 2000)

Es geht um Bondage, aber mal in einer respektvollen Art, ohne Ausfälle.

„Nichts in der Welt"
Farin Urlaub
(„Geräusch", 2003)

Er beschreibt eine Trennung und erklärt, dass er traurig ist. Er sagt, es hat halt nicht zwischen den beiden gepasst. Der Song kommt aber eben mal ohne Wut, ohne Gewalt oder Gemeinheiten aus.

„Perfekt"
Bela B
(„Jazz ist anders", 2007)

Er fragt, warum die Beziehung nicht so perfekt sein kann wie im Film, wo immer alles perfekt ist. Er erkennt aber, dass doch alles schon perfekt ist, in diesem Moment jetzt. Das finde ich total schön.

„Fafafa"
Farin Urlaub
(„Die Bestie in Menschengestalt", 1993)

Ein Song, der ziemlich an einen Song von Fanta 4 aus dem Jahr 1992 erinnert. Es soll um einen Rapper gehen, der eine Frau recht plump zum Sex überreden will. Er sagt, sie solle sich nicht so zieren und dass sie ja wohl nicht einfach „nein" sagen könne. Sie sagt daraufhin erstmal, dass er sich fa-fa-pissen soll, und wird ihn recht abrupt und deutlich los.

Das ist witzig und eindeutig in der Botschaft, weil es sich inhaltlich bricht. Weil zwar die Forderung vom Ekel-Rapper textlich im Vordergrund steht und auch recht eklig-detailliert beschrieben wird. Aber am Ende ist klar, dass der Rapper sich scheiße verhalten hat und die Frau, die sich wehrt, die Coolere ist.

„Nein Nein Nein"
Gaby und Uwe-Reihe
Farin Urlaub und Bela B
(„2000 Mädchen", 1987)

Gabi bekommt eine Zahnspange, dann kriegt sie auch noch Pickel. Alles ist ihr mega unangenehm und sie sagt sogar ein Date mit Uwe ab. Aber als sie sich dann doch sehen, sagt er ihr, dass Liebe viel stärker ist als Pickel, Zahnspangen und fettige Haare.

Teil 5
DAS MÄNNERBILD IN DEN DIE ÄRZTE-SONGTEXTEN

„Ein Mann“
Farin Urlaub
(„Geräusch“, 2003)

Er beschreibt, dass er wenig Interesse an Emotionen hat, auch nicht an sensiblen, körperlichen Handlungen, sondern wenn, dann nur Sex will. Er bringt seine eigene Männlichkeit in Verbindung mit mangelnder Hygiene und mangelnder emotionaler Zugänglichkeit.

Auch dieser Song ist überspitzt und ironisch. Aber dass Männlichkeit mit wenig Einfühlsamkeit und Oberflächlichkeit einhergehen soll, die Fixierung auf Sex, da fehlt wie immer das Gegengewicht in der Darstellung. Denn wenn genau dieses Gleichgewicht bzw. das Gegengewicht fehlt, habe ich den Eindruck, dass dieser Song einfach alle Seiten bedienen soll. Sowohl die Männer, die das als absolut angemessene Beschreibung ihrer Selbst sehen, und die Menschen, die das als komplett ironisch und spottend interpretieren. Hier wird sich einfach nur platter Zuschreibungen von Männer bedient, die alle, die es hören, aus irgendeiner Richtung gut finden werden. Man kann sich entweder mit dem Klischee oder dem vermeintlichen Spott über das Klischee identifizieren. Maximaler Cashflow.

„Ich bin wild“
Bela B und Farin Urlaub
(„Nach uns die Sinnflut“, 1988)

Er erzählt einer Frau, was für ein wilder Typ er ist. Er küsst wie ein Filmstar, er profiliert sich damit, dass er wie Frankenstein küsst. Nebenbei haut er ihrem Vati auf die Fresse, ihre Mutti sperrt er ein und rechtfertigt das damit, dass er so heiß ist. Er selbst gehört in den Zoo, seine Freundin, die anscheinend noch bei den Eltern wohnt, gehört in den Sex-Shop. Sie soll sich nicht so anstellen, weil er doch ein ganzer Mann ist. Auch das ist wieder aus allen Richtungen interpretierbar, egal ob man eine Abwertung des Männerbildes rausliest oder sich abgeholt fühlt. Das hier ist für jede:n anschlussfähig.

„Hände innen“
Farin Urlaub
(„Geräusch“, 2003)

Der Song beschreibt die eigene Band, die gerade sehr erfolgreich ist. Die Rolle der Frauen im Song: Sie stehen drauf, wenn die Band gekämmt ist und gut riecht, die Frauen sollen ihnen zu Füßen liegen, ihnen Tribut zollen. Die Band geht davon aus, dass das nur ein paar Jahre gut gehen wird, dann werden nur noch Möbelhäuser eingeweiht und sie machen dann nur noch alte Damen klar. Das ist ihre Vorstellung von Abstieg. Nur noch alte Frauen abschleppen zu können.

„Ich will dich“
Bela B
(„Das ist nicht die ganze Wahrheit“, 1988)

Er will eigentlich nur mit ihr ins Bett, sagt ihr das aber nicht. Er beschreibt sogar, dass sie sich darüber freut, dass er nicht nur an „das eine“ denkt ... und denkt dabei aber nur an Sex. Und während er sich mit seiner Unehrlichkeit profiliert, singt er: „Sieh mich nicht so an, mach das nie mit einem Mann“. Also ist sie auch noch schuld daran, dass er nur an Sex denken kann.

„Siegerin“
Bela B
(„Das ist nicht die ganze Wahrheit“, 1988)

Sie darf sich als Siegerin fühlen, weil sie den tollsten Mann abgegriffen hat. Der beschreibt sich als reich, mit Statussymbolen und ist ein „Monster im Bett“. Langweilige Klischees am Text-Fließband.

„Anastasia"
Farin Urlaub
(„Dunkel", 2021)

Man hätte den Song auch „Alter Mann im Internet" nennen können. „Ich bin 'n Kerl wie ausm Bilderbuch / Mit Haarausfall und Mundgeruch, verschwitzt im Anzug / Ich bin noch neu auf dieser Dating-App / Früher haben wir Frauen analog abgeschleppt / Hoffentlich hat sie Brüste wie Melonen / Mein Profilbild ist Justin Bieber / Denn mir sind jüngere Mädchen lieber / Falls dich das abschreckt / Hey, meine inneren Werte sind korrekt / Du musstest nur mir in die Eier treten / Ich wollte nur kurz deine Brüste kneten / Und vor dem Altar deiner Jungfräulichkeit beten"

Ist das die Vorstellung der Band, wie Männer in ihrem Alter im Internet daten? Natürlich ist das ein spöttisches Bild von älteren Männer, die das Internet nicht verstehen, die sich auf der Suche nach einer jungen Frau selbst lächerlich machen. Aber ob das so hilfreich ist und ob man älteren Männern nicht lieber auch einfach mal ein positives Beispiel an die Hand geben könnte, wirkt so, als wäre die Band selbst über das alles erhaben. Als wären sie selbst weit weg von einem so lächerlichen Männerbild. Sie beteiligen sich lieber daran, sich über andere, ältere Männer lustig zu machen, als die Sache mal konstruktiv anzugehen.

Da möchte ich mal auf einen wichtigen Spruch hinweisen, der im feministischen Kampf immer präsenter wird: Beschützt nicht (nur) eure Töchter, sondern erzieht mal eure Söhne! Und das tun Die Ärzte nicht.

Die Ärzte haben wirklich viele Texte, in denen sich über Männer lustig gemacht wird. In denen beschrieben wird, dass Männer nur auf Sex und/oder Geld aus sind, dass sie oft eitel und selbstverliebt sind und Frauen ausnutzen wollen. Gleichzeit wird Frauen selten eine eigene Libido zugeschrieben und wenn, dann ist das auch wieder nicht ok – wie in „Du willst mich küssen".

Das alles wird meiner Meinung nach im Oktoberfest-Hit „Männer sind Schweine" von 1998 zum Höhepunkt gebracht. In dem Lied wird sich über die angebliche Einfachheit von Männern lustig gemacht. Aber darum ist das noch lange kein profeministischer Hit. Was mich dabei so richtig nervt, ist, dass die Adressaten der Inhalte die Frauen sind. Die Band erklärt Frauen, dass Männer „halt so sind". Dass die Frauen auf sich aufpassen sollen, weil Männer halt einfach Schweine sind, die sich nicht zu benehmen wissen. Da möchte ich mal auf einen wichtigen Spruch hinweisen, der im feministischen Kampf immer präsenter wird: Beschützt nicht (nur) eure Töchter, sondern erzieht mal eure Söhne! Und das tun Die Ärzte nicht. Sie belehren Frauen, dass sie sich vor Männern in Acht nehmen sollen, manifestieren in sehr vielen ihrer Texte aber immer wieder ein sehr negatives Männerbild, das mit vereinfachten Aussagen begründet wird wie: „Männer sind halt so, Männer sind Schweine, sie sind desinteressiert und gefühllos, sie lügen, um Sex zu kriegen, was ja auch das Einzige ist, was sie wollen." Wie hart sie die Aufgabe, sich die Probleme des Patriarchats vom Hals zu halten, bei Frauen suchen. Und wie desillusionierend und irreführend das für alle Menschen sein muss, die auf der Suche nach einer aufrichtigen Beziehung sind. Außerdem wird damit der vermeintliche gesellschaftliche Grabenkampf, in dem Frauen und Männer stets gegeneinander ankämpfen und aufpassen müssen, dass man sich nicht gegenseitig aufs Kreuz legt, immer weiter befeuert. Das geht im Text auch noch einen Schritt weiter. Wenn die Frau den Fehler macht und sich einen Ehemann anlacht, was – wie ich dem Text entnehme – auch nur das Ansinnen von Frauen ist, kann sie schon mal damit rechnen, dass die Ehe ein Alptraum wird. Da braucht sie sich dann auch nicht beschweren, Männer sind halt so.

Das Lied „Männer sind Schweine" spielt die Band nicht mehr, weil es ihnen nicht passt, dass das ein Ballermann-Hit ist, sagen sie. Also nicht, weil sie nicht mehr mit dem Inhalt d'accord gehen.

Ich habe mich übrigens schon oft, auch öffentlich in Texten und Videos, damit befasst, wie ich selbst mit alten Songtexten umgehen will. Songs, Bands und Texte, die ich früher mal toll fand, die mir heute noch irgendwie gefallen, aber die schlichtweg schlecht gealtert sind. Es ist nicht notwendig, das eigene Fantum zu begraben. Aber sich selbst gegenüber mal ehrlich zu sein, wäre ganz gut. Mal einen realistischen Blick auf die Dinge zu werfen und sich vielleicht auch einfach mal mit Freund:innen auszutauschen, vor allem wenn diese noch jünger sind und gerade erst Fans der Band werden.

Ich mag es nicht, Dinge zu romantisieren, weil sie in der Vergangenheit liegen. Ich bevorzuge es, das immer mal wieder einem Realitätscheck zu unterziehen. Alte Songs stehen für sich. Wenn sie neu veröffentlicht werden, würde ich Anmerkungen und Linernotes schon oft für angemessen halten. Manche alten Songs bräuchten meiner Ansicht nach gar nicht neu aufgelegt zu werden, das gilt nicht nur für Die Ärzte-Songs.

Was mich aber manchmal richtig traurig macht, ist, dass eine Band, die schon so lange dafür gefeiert wird, so schlau, vordenkerisch, smart und lustig zu sein wie Die Ärzte, noch heute auf den ein oder anderen, schlecht gealterten Song besteht, im gleichen Duktus noch andere, genau so problematische Songs auf neuen Alben hinterherschiebt und sich auf Nachfrage, ob das nicht problematisch wäre, meistens wegduckt, einfach nicht äußert. Was soll man da machen, außer Achseln zucken, tief durchatmen und sich denken: „Ok, Boomer".

Das Lied „Männer sind Schweine" spielt die Band nicht mehr, weil es ihnen nicht passt, dass das ein Ballermann-Hit ist, sagen sie. Also nicht, weil sie nicht mehr mit dem Inhalt d'accord gehen.

Das ändert ja alles nichts daran, dass es auch massenhaft großartige Die Ärzte-Songs gibt, dass die Band so vielen Menschen Halt, Vorbild, Politisierung und Spaß gebracht hat. Das musikalische Schaffen der Band ist genauso beeindruckend wie ihr Durchhaltevermögen. Was aber halt auch nicht bedeutet, dass man das nicht ebenso mal kritisch betrachten darf.

„FLINTA SIND PUNK AS F*CK!“

Interview mit Diana Ringelsiep

von Sandra Strauß

Diana Ringelsiep (*1985) ist freischaffende Journalistin und lebt in Essen.
2019 ist ihr erstes Buch „A Global Mess – Eine SubkulTour durch Südostasien" im Ventil Verlag erschienen, in dem sie gemeinsam mit Felix Bundschuh auf eine abenteuerliche Recherchereise zurückblickt.
Zwei Jahre später sorgte ihr Artikel „Sexismus geh sterben" im Kaput – Magazin für Insolvenz & Pop für Aufsehen, da sie darin die sexistischen Strukturen in der deutschen Punkszene kritisierte.
Im September 2022 brachte sie gemeinsam mit Ronja Schwikowski den Sammelband „Punk as F*ck – Die Szene aus FLINTA-Perspektive" heraus, in dem insgesamt 50 FLINTA zu Wort kommen.
Zuletzt war sie für Buch und Regie bei der vierteiligen Musik-Dokumentation „Millennial Punk" verantwortlich, die seit Mai 2024 in der ARD-Mediathek zu finden ist.
In ihrem Podcast „Krawalle & Liebe" spricht sie mit der Journalistin Sabrina Waffenschmidt alle 14 Tage über feministische Ambivalenzen.

Sandra: Was war die Intuition, euer Buch „PUNK as F*CK: Die Szene aus FLINTA-Perspektive" zu machen – und auch genau so, also mit vielen Geschichten und vielen unterschiedlichen Beteiligten? War es Zeit für so ein Buch?

Diana: Dem Ganzen ist einiges vorausgegangen. Im Dezember 2020 hatte ich im Kaput Mag den Artikel „Sexismus geh sterben" veröffentlicht, in dem ich über meine eigene Punk-Sozialisation berichtet und auch über Dinge gesprochen habe, die mir passiert sind – sowohl als Punk-Fan in meiner Jugend als auch später als aktive Akteurin, also als Musikjournalistin. Ich fand eigentlich, dass ich gar nicht so krasse, erschütternde Anekdoten in dem Text erzählt habe, weil das einfach Dinge waren, die wir als Frauen alle kennen, weil wir mit diesen Erfahrungen aufgewachsen sind, und diese für uns total normal sind.
Es ging unter anderem darum, dass man als Mädchen früher nicht mit derselben Selbstverständlichkeit von seinen männlichen Freunden gefragt worden ist, ob man bei einer Band mitmachen möchte. Oder dass man als Mädchen nicht 1000 inspirierende Role Models auf der Bühne gesehen hat, die einen haben denken lassen: „Geil, das kann ich auch." Es ging ebenso um Übergriffe in Moshpits, nach denen die Grapscher in der Menge verschwunden sind, bis hin zu den männlich dominierten Quoten auf Festivals.
Dieser Artikel ist über Nacht viral gegangen, das war zwischen Weihnachten und Neujahr. Ich hatte – ehrlich gesagt – gar nicht damit gerechnet, dass das alles für so viel Aufruhr sorgen wird. Der Herausgeber vom Kaput Mag Linus Volkmann schrieb mir einen Tag später, dass der Artikel zu dem Zeitpunkt schon 36.000 Klicks hatte, was für ein Punkrock-Nischenthema der absolute Wahnsinn war.
Mir haben damals viele FLINTA geschrieben, um mir ihre eigenen Erfahrungen mitzuteilen, weil sie sich zum ersten Mal überhaupt in so etwas wiedererkannt und gemerkt haben, dass sie nicht alleine sind. Ich habe dann re-

Foto linke Seite: Felix Bundschuh

lativ schnell gemerkt, dass ich ihnen allen gar nicht mehr antworten kann, weil es hunderte Nachrichten waren. Das war eine tolle Bestätigung, aber auch komplett überfordernd. Ich habe dann bei Facebook die Gruppe #punktoo – in Anlehnung an #metoo – gegründet und fortan alle, die mir geschrieben haben, auf diese Gruppe verwiesen, damit sie sich dort untereinander vernetzen konnten und ich nicht allen persönlich antworten musste.
Daraufhin hat mich Ronja, meine spätere Buch-Mitherausgeberin, angeschrieben und mir mitgeteilt, wie toll sie es findet, was ich da angestoßen habe. Sie hat mir angeboten, die Reichweite ihrer Social-Media-Kanäle zu nutzen, um den Druck aufrechtzuerhalten, damit der Aufschrei in der Szene nicht sofort wieder untergeht. Drei Monate später haben wir uns bei mir zuhause getroffen. Das war noch in der Pandemie, da ist man sich eben nicht ständig in Kneipen über den Weg gelaufen. Ich bin schon mit der Buch-Idee in das Meeting reingegangen, wollte Ronja aber nicht überrumpeln, weil wir uns ja quasi noch gar nicht kannten. Wir waren sofort auf einer Wellenlänge, auch in Hinblick darauf, was wir erreichen wollten, und dann sagte sie: „Das ist jetzt vielleicht noch ein bisschen früh, aber ich habe da so eine Idee. Wollen wir nicht einfach verschiedene Perspektiven aus der Szene sammeln und daraus ein Special-Fanzine machen?“ Und ich meinte: „Gut dass du das ansprichst, ich würde allerdings direkt ein Buch daraus machen.“
Die Idee ging darauf zurück, dass wir in den drei Monaten zuvor bereits sehr viel Öffentlichkeitsarbeit geleistet hatten und die Stimmung langsam kippte. Nach dem Kaput-Artikel habe ich zum Beispiel viele Interviews gegeben, auch an Öffentlich-Rechtliche, da plötzlich alle Interesse an dem Thema hatten. Das heißt, ich habe – wie Ronja später auch – sehr viel Aufmerksamkeit bekommen, die nicht mehr so supportend und positiv war. Meist von alten, gekränkten Punkern. Andere, die nicht ganz so anti waren, haben gesagt: „Es tut uns schon leid, dass euch so viel Scheiße passiert ist, aber das muss ein Einzelfall sein, weil ich auch Frauen kenne, denen so etwas noch nie passiert ist.“ Deshalb wollten wir möglichst viele Perspektiven festhalten, um dieses Argument zu widerlegen und um zu zeigen, dass es eben kein Einzelschicksal ist. Sexismus betrifft alle FLINTA in dieser Szene.
Wir sind an die Planung des Buches sehr kategorisch rangegangen. Wir haben geschaut, dass sämtliche Altersklassen vertreten sind, damit es später nicht heißt: „Ja, das sind die Hipster-Punks von heute, eine Patty Pattex hat das sicher nicht so empfunden.“ Also haben wir Patty Pattex angefragt und sie

hat geschrieben, dass die Szene schon immer sexistisch war und sie froh ist, dass mal jemand etwas dazu sagt. Außerdem haben wir darauf geachtet, dass sämtliche geographische Regionen in Deutschland abgebildet sind, weil es natürlich einen Unterschied macht, ob du in den 1980er-Jahren im Osten sozialisiert wurdest oder heutzutage in München. Zusätzlich haben wir geschaut, dass verschiedene Geschlechtsidentitäten, sexuelle Orientierungen und ebenso berufliche Hintergründe vorkommen, damit nicht nur Musiker:innen, sondern auch Fans vertreten sind und FLINTA, die hinter den Kulissen arbeiten. So wollten wir zeigen, dass es sich nicht um Einzelfälle aus der Nische in der Nische der Nische handelt, sondern dass Sexismus die gesamte Szene betrifft.

Sandra: Warum habt ihr euch auf die Punkszene konzentriert?

Diana: Ronja und ich sind seit unserer frühesten Jugend mit Punk sozialisiert worden. Wir identifizieren uns bis heute mit dieser Subkultur. Punk hat sich durch unser komplettes Leben gezogen. Das ist die Szene, in der wir uns bewegen und in der wir auch beide – zumindest in Teilen – arbeiten. Und deshalb macht es mich auch so wütend, dass viele Punks noch immer mit so einer vehementen Selbstverständlichkeit behaupten, dass die Welt in unserer Szene komplett in Ordnung sei. Weil sie ihre Wut bloß nach außen gegen die Gesellschaft richten, anstatt sich mal mit den diskriminierenden Strukturen in der eigenen Blase zu befassen.
Ich habe bereits 2014 angefangen, auf meinem damaligen Blog über feministische Themen aufzuklären und sexistische Strukturen aufzuzeigen, aber anfangs bloß gesamtgesellschaftlich betrachtet. Und da war der Applaus aus der Punkszene immer sehr groß, weil das ja systemkritisch war. Nach dem Kaput-Artikel hat sich der Wind dann gedreht, weil ich gesagt habe: „Moment mal, wir müssen anfangen, vor der eigenen Haustür zu kehren." Davon fühlten sich viele auf den Schlips getreten, während es Menschen, die von patriarchalen Strukturen betroffen sind, eher empowert hat. Denn die haben plötzlich angefangen, ihre eigene Geschichte zu hinterfragen, ihren eigenen Freundeskreis, ihre Erfahrungen auf Konzerten und warum sie sich nicht so sicher fühlen wie cis Männer, wenn sie unterwegs sind. Es müssen ja auch nicht immer gleich sexuelle Übergriffe sein. Sexistische Diskriminierung beginnt oft im Kleinen. Es ist ein Teufelskreis.

„Warum stehen denn primär Männer bei Festivals auf der Bühne? Weil Frauen nicht mit derselben Selbstverständlichkeit begegnet wird. Dabei wäre es so leicht: „Willst du mitmachen?""

Warum stehen denn primär Männer bei Festivals auf der Bühne? Weil Frauen nicht mit derselben Selbstverständlichkeit begegnet wird. Dabei wäre es so leicht: „Willst du mitmachen?" Du musst zu Beginn ja nicht mal viel können. Das ist ja das Geile am Punk. Du lernst in den nächsten Wochen drei Akkorde und los geht es. Bei Frauen heißt es dann trotzdem oft, sie seien nicht gut genug, weil ihnen das nicht zugetraut wird. Nicht zu vergessen, diese ganzen tollen Regeln wie: „No girls on tour" und so ein Quatsch. Da geht das alles bereits los, weshalb es dann später auf den großen Festival-Bühnen auch nur sehr wenige Frauen gibt – weil sie bereits Jahre zuvor ausgeschlossen worden sind. Inzwischen habe ich aber schon das Gefühl, dass sich diesbezüglich etwas ändert.

Sandra: Warum denkst du, dass du mit deinem Artikel und ihr mit eurem Buch einen Nerv getroffen habt? Gab es die Stimmen davor nicht oder waren sie nicht hör- und sichtbar?

Foto linke Seite: Sarah Polowy, TeenageDepressionPhotography

Diana: Im Schutz der Pandemie, in dem die Menschen im Lockdown zuhause saßen und sich nicht an den Tresen dieser Welt begegnet sind, wurden schon vorher Stimmen laut. Zum Beispiel hat Sabrina von der Band Lügen die Strukturen auf Punkrock-Festivals kritisiert. Nicht nur als Musikerin auf der Bühne, sondern auch die toxische Atmosphäre auf den Campingplätzen, wo man sich als FLINTA kaum traut, nachts alleine zum Dixi-Klo zu gehen. Daraufhin hat sie einen wirklich üblen, großen Shitstorm aus der Subkultur erhalten – so nach dem Motto: Sie solle sich nicht so anstellen, sie mache die Szene kaputt. Und dann gab es immer mehr Stimmen, die in Blog-Artikeln oder Social-Media-Beiträgen einfach mal auf den Tisch gehauen und geschrieben haben, was schiefläuft. Aber es war dann meist so, dass sie entweder – wie Sabrina – sofort einen drüber gekriegt und sehr, sehr viel Gegenwind erfahren haben oder sie haben meines Erachtens viel zu wenig Aufmerksamkeit bekommen. Das war dann auch der Grund, warum ich diesen Artikel geschrieben habe, weil es mich wirklich geärgert hat, dass sich endlich so viele aus der Deckung trauen und diese Missstände ansprechen, aber nicht genug Beachtung finden.

Im Endeffekt glaube ich, dass damals sehr viel zusammenkam. Was den günstigen Moment angeht, spielte die Pandemie sehr wohl mit rein. Viele hatten Zeit zum Lesen und um sich damit auseinanderzusetzen. Ohne Lockdown wäre das wahrscheinlich nicht passiert. Viele hatten ein richtiges Erweckungserlebnis. Mein Beitrag hat sich von den Stimmen, die vorher laut geworden sind, hauptsächlich dadurch unterschieden, dass ich nicht als Musikerin die bestehenden Strukturen kritisiert habe, sondern als Musikkonsumentin und Konzertgängerin. Damit konnte sich eine ganz andere Zielgruppe identifizieren.

Sandra: Ich glaube auch, dass in der Pandemie viele Menschen auf sich selbst zurückgeworfen wurden. Was, meinst du, entwickelt sich weiter zum Positiven hin? Ja, dass man selbst seine Geschichte erzählt, dass man merkt, dass man damit nicht alleine ist und dass es jemand auch mal so benennt. Was kann das bewirken?

Diana: Ich nehme es so wahr, dass auf ganz vielen unterschiedlichen Ebenen sehr viel Selbstreflexion passiert. Ich habe den Eindruck, dass sich zum Beispiel in Sachen Veranstaltungen einiges ändert – und dabei rede ich sowohl von ganz kleinen Festivals als auch von großen. Weil inzwischen sehr viel mehr Wert darauf gelegt wird, dass FLINTA beim Booking berücksichtigt und Awareness-Teams eingesetzt werden. Von ausgewogenen Quoten sind wir zwar noch weit entfernt, aber die Aufmerksamkeit ist da, und wenn es bei einem Festival keine FLINTA-Beteiligung gibt, dann werden die kritischen Kommentare kommen. Ich möchte auch nicht allen Veranstaltenden etwas Böses unterstellen. Mir haben auch viele männliche Veranstalter geschrieben und sich bedankt, weil sie so in diesem Tunnel drin waren, dass ihnen ihre dürftige Frauenquote gar nicht bewusst war. Sie haben einfach nicht darüber nachgedacht. Einige hatten Meetings dazu und wollen es jetzt angehen, sie möchten ihre Herangehensweise ändern und haben Listen mit FLINTA-Bands angelegt, die sie nun anfragen wollen. Das Thema ist allgegenwärtig und allein das ist eine Verbesserung.

In puncto Selbstreflexion findet auch ganz viel im Kleinen statt, privat bei den Menschen selbst. Ich habe in meinem Text im Buch auch darüber geschrieben, dass ich selbst lange ein Pick-me-Girl war. So wer-

„Ich habe in meinem Text im Buch auch darüber geschrieben, dass ich selbst lange ein Pick-me-Girl war. So werden Frauen bezeichnet, die sich innerhalb einer männlich dominierten Gruppe misogyne Verhaltensweisen aneignen, um davon zu profitieren."

den Frauen bezeichnet, die sich innerhalb einer männlich dominierten Gruppe misogyne Verhaltensweisen aneignen, um davon zu profitieren. Das heißt, sie werden selbst gehässig gegenüber anderen Frauen, um ihren eigenen Platz zu verteidigen. In meiner Teenager-Clique war es so, dass es bei 15 bis 20 Leuten immer nur drei bis vier Mädchen gab. Wir waren uns permanent darüber immer Klaren, dass es nur begrenzte Plätze für uns gibt und dass wir jederzeit durch coolere Girls ersetzt werden könnten. Das setzt einen natürlich extrem unter Druck und führt dann zum Beispiel dazu, dass man mitlacht, wenn Jungs über andere Mädchen lästern oder Witze machen, um selbst nicht ins Visier zu geraten. Viele von uns haben dieses Verhalten so verinnerlicht, dass sie selbst zum Teil des Problems geworden sind oder zumindest nichts dagegen tun.

Zu diesem Text habe ich unglaublich viel Feedback bekommen, weil sich viele darin wiedergefunden haben. Und auch hier ändert sich einiges, weil genau diese Systematik mittlerweile hinterfragt wird – nicht nur gesamtgesellschaftlich, sondern ebenso in der Punkszene. Auch da sieht man, dass Punk leider nicht die coole Nische ist, in der die heile Welt stattfindet. Subkultur ist immer nur ein Spiegel der Gesellschaft. Umso wichtiger ist es, dass viele Menschen anfangen, ihr Tun und Handeln zu reflektieren, dass sie scheinbare Gegebenheiten hinterfragen und vielleicht sogar an ein paar Schräubchen drehen. Kleine Stellschrauben, an denen vor allem cis Männer drehen können, gibt es viele: Es kann beispielsweise schon etwas bewirken, den eigenen Kumpels keine sexistischen Witze mehr durchgehen zu lassen und ihnen in diesen Momenten Grenzen aufzuzeigen – auch wenn keine FLINTA anwesend sind. Jede Person kann ihren Beitrag leisten.

„Auch da sieht man, dass Punk leider nicht die coole Nische ist, in der die heile Welt stattfindet. Subkultur ist immer nur ein Spiegel der Gesellschaft.“

Sandra: Uns fehlten Role Models, richtig? Verändert sich da auch etwas?

Diana: Sie fehlten uns aus den Gründen, die wir anfangs schon besprochen haben – weil Mädchen weniger integriert worden sind und ihnen nicht auf Augenhöhe begegnet wurde. Wir wurden eher als die supportenden Fans wahrgenommen, die Bands begleiten, um Merch zu verkaufen oder das Catering zu machen, und eben nicht als Musikerinnen, die womöglich selbst Bock auf Sex, Drugs & Rock'n'Roll haben. Da wurde eine klare Trennlinie gezogen. Wenn überhaupt, dann haben wir Musikerinnen auf der Bühne gesehen, die es schon geschafft hatten. Das waren eben nicht die kleinen DIY-Bands, die in Clubs gespielt haben. Zu diesen berühmten Musikerinnen – wie Sandra Nasić, Body Dalle oder Gwen Stefani – habe ich zwar aufgeschaut, aber sie haben mich Null inspiriert, selbst zum Instrument oder zum Mikrofon zu greifen, weil ich wusste, dass ich da nie heranreichen werde. Dieses Problem hatten die Jungs nicht, weil sie all diese Bands hatten, die sich einfach in der Pause auf dem Schulhof gegründet haben, ohne irgendetwas zu können.

Doch es verändert sich auch hier etwas. Es gibt eine Liste mit aktiven FLINTA-Bands, auf der innerhalb kürzester Zeit über 200 aktive Bands zu finden waren. Und so gehen den Veranstaltenden langsam die Ausreden aus, weil es offenbar doch Frauen im Punk gibt. Sehr viel präsenter ist jetzt auch das Netzwerken. FLINTA tun sich zusammen, um gemeinsam zu jammen, sich gegenseitig Instrumente beizubringen und in geschützten Räumen Bands zu gründen. Sie machen also das Gegenteil des klassischen Pick-me-Girls. Sie bauen gemeinsam etwas auf und supporten sich gegenseitig. Ich war manchmal wie gelähmt aufgrund dieses allgegenwärtigen Konkurrenzgedankens, doch er ist mir einfach nur eingepflanzt worden.

Sandra: Wird im Punk mentale Gesundheit thematisiert?

Diana: Immer mehr, aber natürlich noch viel zu wenig. In eurem ersten #nichtgesellschaftsfähig-Buch war ja auch Victoria Müller aka Victoria van Violence dabei. Sie ist eine der Ersten gewesen, die genau das im Punk sichtbar gemacht hat.
Ich würde sagen, sie ist die einzige deutsche Influencerin ihrer Reichweite, die einen Punk-Background hat.
Und sie hat durch ihr Buch „Meine Freundin, die Depression“ sowie ihren eigenen Werdegang die Aufmerksamkeit schon früh auf mentale Gesundheit gelenkt. Sie hat einen großen Beitrag geleistet, dieses Tabu aufzubrechen und abzubauen – und zwar innerhalb einer Szene, die sehr mit Ausgelassenheit und guter Laune assoziiert wird.
Inzwischen passiert dahingehend schon mehr. Ich sehe das auch in meinem Instagram-Feed. Der Musiker Ace, der unter anderem bei der Terrorgruppe und ZSK gespielt hat, hat neulich erst öffentlich gemacht, dass er mit Depressionen lebt und er in der Vergangenheit auch aufgrund von Suchtproblemen in Behandlung war. In dem Video sagte er, dass er nicht mehr ausschließlich der gut gelaunte, taffe Typ nach außen sein will, weil er sich dessen bewusst ist, dass er eben auch eine Vorbildrolle hat. Gerade zum Thema Alkohol- und Drogenkonsum auf missbräuchlicher Ebene gibt es inzwischen immer mehr Musiker:innen, die das öffentlich thematisieren und sagen, dass man sich nicht dafür schämen muss, eine Therapie zu machen. Auch Punks dürfen traurig sein.
Ich glaube, dass unter der Oberfläche ganz viel schlummert. Die Erfahrungen, die FLINTA gemacht haben, die Traumata, die sie über viele Jahre mit sich herumgetragen und über die sie nicht gesprochen haben, weil sie nicht als Spielverderber:innen dastehen wollten – das macht etwas mit uns. Gerade weil die Punkszene so laut und rough daherkommt, ist die Hürde vielleicht auch noch mal größer, über mentale Gesundheit zu sprechen.
Aus meiner Perspektive kann ich dahingehend sagen, dass ich auch sehr unter dem Druck gelitten habe, als das mit meiner feministischen Arbeit so richtig los ging. Damals ist so viel über mich hereingebrochen, das war zeitweise eine richtige Shitshow. Teils große Szeneakteure haben meine Arbeit nicht nur öffentlich in Frage gestellt, sondern mich auch persönlich beschimpft und bedroht. Das war zum Teil so schlimm, dass ich nicht mehr in einem Raum mit meinem Handy sein konnte, weil ich wusste, sobald ich es öffne, kommt eine neue Flut Kommentare rein. Ich war dann an einem Punkt, an dem ich gemerkt habe, dass ich das nicht mehr aushalte. Ich war am Ende und habe wirklich überlegt, wofür ich das eigentlich mache. Ich fragte mich: „Will ich das überhaupt? Kann ich das leisten? Ist es das wert?“ Als ich den Artikel, der alles ins Rollen brachte, geschrieben habe, war nicht absehbar, dass das Thema so viel Aufmerksamkeit bekommen wird. Und ich hatte wirklich keinerlei Ahnung davon, wie viel Hass Feminist:innen entgegenschlägt. Anfangs war ich komplett überfordert. Ich bin ja selbst von der Tragweite überrumpelt worden und musste das erst mal sacken lassen und lernen, damit umzugehen. Das passiert halt nicht von heute auf morgen.

„Ich war am Ende und habe wirklich überlegt, wofür ich das eigentlich mache.“

Sandra: Magst du das noch ein bisschen weiter ausführen? Auch, wie du damit klargekommen bist? Meist sind solche unsäglichen Hass-Kommentare ja direkt persönlich. Es ist ein persönlicher Angriff.

Diana: Ganz am Anfang überwog ja noch das positive Feedback. Als dann aber auch das Interesse größerer Medien hinzukam, merkten einige Akteure, dass das kein Sturm

im Wasserglas mehr war, sondern viel aufwirbelte, und dass die Leute künftig auch auf sie schauen würden. Da haben einige anscheinend kalte Füße bekommen. Das ging dann so weit, dass mir von öffentlich-rechtlichen Radiosendern berichtet wurde, wer beispielsweise ein Interview verweigert hatte, weil ich auch zu Wort kommen sollte. Da waren Menschen dabei, die ich persönlich kannte. Das hat mich sehr verletzt. Und dann ging es natürlich weiter. In den Kommentarspalten posteten fremde Leute Dinge über mich, wie man es sonst nur aus der AfD-Bubble kennt. Androhungen, bei denen man sich fragt: „Wo kommen diese Leute her? Was sind das für Menschen? Wie kann man eine fremde Person derart beleidigen?“ Die haben sich dann gegenseitig hochgeschaukelt. Ich wurde da bis aufs äußerste beschimpft und es wurden alle Silencing-Methoden angewandt, die es gibt. Also zum einen haben sie mir meine Professionalität abgesprochen. Dann wurde mein Aussehen auseinander genommen – von Bodyshaming über eklige Sexualisierungen bis hin zu kompletten Totalausfällen war alles dabei. So nach dem Motto: „Die Alte sollte mal richtig durchgenommen werden, vielleicht begegnet ihr ja mal jemand nach nem Konzert.“ Das war dann schon richtig übel, weil letztendlich jeder weiß, in welcher Stadt ich wohne. Die Szene ist ein Dorf, man begegnet sich einfach. Einige Leute sind von meiner Aufklärungsarbeit und meinem Social-Media-Auftritt offenbar so getriggert worden, dass sie anfingen, Lügen über mich zu erzählen, die zum Teil sogar auf offiziellen Fanzine-Seiten verbreitet wurden. Das reichte von absurden Behauptungen bis hin zu richtiger Verleumdung, die schlimmstenfalls berufliche Folgen für mich hätten haben können – schließlich weiß so ein an den Haaren herbeigezogenes „Statement“ ja nicht jeder potenzielle Auftraggeber einzuordnen. Als Freiberuflerin hat mir das große Sorgen bereitet, weil ich diese öffentlichen Denunzierungen als Kontrollverlust erlebt habe. Von dem sozialen Stress einmal ganz zu schweigen, denn plötzlich haben mich nicht nur Freund:innen, sondern auch entfernte Bekannte und wildfremde Menschen im Minutentakt kontaktiert, um mich darauf hinzuweisen, dass schon wieder irgendwo über mich hergezogen wurde. So etwas zerrt natürlich an den Nerven, weil diese Attacken ein allgegenwärtiges belastendes Gefühl mit sich bringen, das sich selbst in privaten Momenten nur schwer ausblenden lässt.

Ganz am Anfang war ich auch mal in einem Podcast zu Gast, um über sexistische Strukturen in unserer Szene zu sprechen. Das Interview war mein erstes dieser Art und wurde von zwei Männern geführt. Den einen Host kannte ich flüchtig, den anderen nicht. In den folgenden eineinhalb Stunden demonstrierte letzterer anschaulich, was in der Kommunikation zwischen Männern und FLINTA alles schiefgehen kann. Zum einen ist er mir ungefähr 368-mal ins Wort gefallen und hat mich nicht ausreden lassen. Zum anderen hinterfragte er immer wieder meine Diskriminierungserfahrungen und provozierte mich mit sexistischen Aussagen. Ich war total perplex,

Foto: privat

weil ich ja eigentlich dort war, um toxische Strukturen auf einer theoretischen Ebene aufzuzeigen – stattdessen war ich ihnen ausgesetzt. Im Anschluss lag ich die halbe Nacht wach und wünschte, ich wäre schlagfertiger gewesen. Am nächsten Tag schrieb ich seinem Kollegen, dass ich sehr unglücklich über den Gesprächsverlauf war, und kündigte der Fairness halber an, mich am Tag der Veröffentlichung in einem Posting kritisch dazu zu äußern. Er zeigte sich verständnisvoll und willigte ein. Das hatte jedoch zur Folge, dass der Podcast einen Riesenshitstorm erhalten hat. Ich glaube rückblickend, dass sie die Welle der Solidarität, die mich daraufhin erreichte, unterschätzt haben – ich selbst im Übrigen auch. Dennoch war die Situation auch für mich belastend, denn was man in Kommentarspalten mitlesen kann, ist immer nur die Spitze des Eisbergs. Von außen betrachtet erscheinen solche Konflikte oft lächerlich. Doch für die Beteiligten sind sie mit viel Wut, Schuld und Scham verbunden. Zum Teil über Wochen, denn es kann dauern, bis die letzten Trolle das Interesse verlieren.

Es gab damals Phasen, in denen ich zu meinem Partner gesagt habe: „Ich kann nicht mehr. Ich weiß nicht, was ich da losgetreten habe und wie ich es stoppen kann.“ Dass ich als Journalistin immer unter meinem Klarnamen agiere und auf meinen Kanälen auch viele private Dinge und Fotos teile, verkompliziert die ganze Sache natürlich. Aus meinen einstigen Privatprofilen sind im Laufe der Jahre öffentliche Kanäle geworden, auf denen ich Einblicke in meine Arbeit gebe, über feministische Anliegen aufkläre, aber die Leute auch mit in den Urlaub nehme. Das macht mich natürlich angreifbar. Manchmal habe ich regelrecht das Gefühl, dass viele Hater das als Einladung verstehen, ihren gesamten Hass bei mir abzuladen – weil sie wissen, dass er eine reale Person erreicht.

Sandra: Wie bist du damit umgegangen? Wie bist du aus diesem Zustand, aus dieser Situation wieder rausgekommen?

Diana: Anfangs habe ich mich immer, wenn so eine Phase überstanden war, für ein paar Wochen komplett zurückgezogen und über meine öffentlichen Profile nur Themen gepostet, von denen ich wusste, dass sie nicht polarisieren. Dann hat es aber meistens nicht lange gedauert, bis ein neuer Beitrag für Aufsehen sorgte, und dann ging es wieder von vorne los. Die Sache ist: Wenn Menschen einmal diese Grenzen überschritten haben, dann ist es beim nächsten Mal noch schlimmer, weil sie noch einen draufsetzen wollen. Das Traurige daran ist, dass sie durch dieses Verhalten auch viele Supporter:innen einschüchtern, die sich dann nicht mal mehr trauen, etwas Positives als Kontrast darunter zu posten. Und wenn dann nur noch Hasskommentare unter deinen Beiträgen stehen, macht das etwas mit dir. Das kannst du nicht ausblenden.

Irgendwann war ich an dem Punkt, dass ich eine Therapie angefragt habe, weil ich mir nicht mehr zu helfen wusste. Ich hatte das Gefühl, ich muss mit jemandem sprechen, meinen Ballast abladen und auch mal eine externe Meinung von jemandem hören, der nicht mein Partner oder meine Mitstreiterin ist. Ich hatte dann das Glück einen Therapieplatz ganz in der Nähe zu bekommen – das hat etwa ein halbes oder dreiviertel Jahr gedauert. In der Therapie habe ich mir dann alles von der Seele geredet und viel aufgearbeitet, indem ich gegenüber einer neutralen Person all die Dinge ausgesprochen habe, die mir passiert sind und die ich über Monate mit mir herumtragen hatte. Dabei ist mir erst einmal bewusst geworden, wie schlimm das eigentlich war, weil ich das meiste auch vor mir selbst immer heruntergespielt habe:

„Ich hatte dann das Glück einen Therapieplatz ganz in der Nähe zu bekommen – das hat etwa ein halbes oder dreiviertel Jahr gedauert.“

„Ach, andere Aktivist:innen halten viel mehr aus. Reiß dich mal ein bisschen zusammen." Anhand der Reaktion des Therapeuten merkte ich, wie grenzüberschreitend es war, was ich online – und zum Teil auch bei Live-Vorträgen – erlebt hatte. Er hat mich gefragt, warum ich mir diese Hass-Kommentare überhaupt gebe und ich diese Menschen nicht alle blockiere. Bis dahin glaubte ich, das aushalten zu müssen, um niemanden zu zensieren. Ich wollte offen mit Kontroversen umgehen, aber habe Kritik mit Hass verwechselt. Der Psychologe hat zum Glück nicht locker gelassen und diese Haltung immer wieder hinterfragt. Und irgendwann habe ich gedacht: „Der Mann hat recht", und dann habe ich angefangen, alle Profile zu blockieren, die mir seit langer Zeit Bauchschmerzen bereiteten. Und siehe da, es ging mir schlagartig besser, als diese Personen aus meinem Alltag verschwunden waren.

„Er hat mich gefragt, warum ich mir diese Hass-Kommentare überhaupt gebe und ich diese Menschen nicht alle blockiere."

Inzwischen kann ich mich besser abgrenzen und auch hinsichtlich meiner feministischen Arbeit bin ich heute breiter aufgestellt. In unserem Podcast „Krawalle und Liebe" spreche ich zum Beispiel mit der Journalistin Sabrina Waffenschmidt über die ambivalenten Gefühle, die feministisches Handeln mit sich bringt. Viele Menschen glauben, es gibt nur Schwarz und Weiß. Sie denken, wenn man sich „Feministin" nennt, muss man auch alles richtig machen und darf sich keinerlei Fehler und Spielräume erlauben. Und da sind wir wieder an dem Punkt, an dem ich mich nicht getraut habe, toxische Menschen zu blockieren. Dabei war das keine Zensur, sondern ein Akt der Selbstfürsorge. Genauso kann es eine Selfcare-Maßnahme sein, eine sexistische RomCom zu schauen oder zum Waxing zu gehen. Nichts davon ist an sich feministisch, aber diese Dinge machen uns auch nicht zu schlechteren Feministinnen.

In unserem Podcast behandeln wir Themen, die uns im Alltag begegnen – vom Gender-Health-Gap bis zum Male-Gaze. Es ging auch schon um Germany's Next Topmodel: Warum schauen wir das, obwohl wir wissen, was für ein frauenverachtendes Format das ist? Wir versuchen bewusst, in die Grauzonen zu gehen, und machen uns dabei selbst oft ziemlich nackig. Dafür erhalten wir viel Feedback von Personen, die sich gesehen fühlen, weil sie plötzlich mitreden können, ohne die perfekten Feminist:innen zu sein. Wer für FLINTA-Rechte kämpfen will, muss sich selbst einen Prozess zugestehen und darf die Selbstfürsorge nicht vernachlässigen. Denn wenn es uns schlecht geht, können wir auch nicht für andere kämpfen.

Mein FLINTA-Soundtrack:

Lieblingsschallplatte im Kindergarten:
Middle oft the Road – „Chripy Chirpy Cheep Cheep"

Hat mich mit 12 radikalisiert:
Tic Tac Toe – „Das geht mir auf'n Sack (auch wenn ich keinen hab)"

Punkrock-Queen:
Brody Dalle / The Distillers – „The Hunger"

Gehört und gefühlt:
Akne Kid Joe – „Sarah (Frau, auch in ner Band)"

Morgens um 5 auf dem Kneipentisch:
Vicky Leandros – „Ich liebe das Leben"

Soundtrack zu meinen ersten Shitstorms:
Deutsche Laichen – „Von Mackern und Pumas"

Liebste Popschnulze:
Silbermond – „Durch die Nacht"

AWARENESS-SENSIBILITÄT UND SELBSTVERSTÄNDNIS
Interview mit Alex Pagel

von Sandra Strauß

Transkription: Alicia Müller und Sandra Strauß

Seit mehr als 20 Jahren bewegt sich Alex Pagel, 1981 in Leipzig geboren, beruflich in der Musik- und Kulturbranche und war hauptsächlich selbstständige Projektmanagerin und Kulturkoordinatorin für Indie-Labels, Initiativen und Künstler:innen. Sie organisierte zahlreiche Veranstaltungen und kuratierte diverse Veranstaltungsformate, wie z. B. das Festival und die Musikmesse (Pop Up in Leipzig. Im Jahr 2022 feierte sie zudem ihr 20. Jubiläum als Club-DJ. Bei Kreatives Sachsen berät, vernetzt und unterstützt sie seit Oktober 2021 die sächsische Musikbranche in ihren Belangen und Bedürfnissen.

Sandra: Wie siehst du als Frau, DJ, Veranstalterin und Person im Kreativ- und Musikbusiness die Awareness-Entwicklung? Gibt es da eine positive Entwicklung?

Alex: Kurz geantwortet: Ja, es gibt immer mehr Bewusstsein und Verständnis dafür, dass es unterschiedliche Gruppierungen und unterschiedliche Sensibilitäten gibt, die eben auch berücksichtigt werden müssen.

In der Zeit, als ich noch viel mehr in Clubs und bei Veranstaltungen aufgelegt habe, bin ich zum Glück nie mit irgendwelchen Anfeindungen oder Übergriffigkeiten in Berührung gekommen – außer vielleicht im wirtschaftlichen Kontext. Also wenn man beispielsweise bei einer Weihnachtsfeier einer Anwaltskanzlei oder anderer Unternehmen aufgelegt hat, kamen dann schon so Bemerkungen wie: „Ach, eine Frau am DJ-Pult?! Das ist ja interessant“, aber gerne auch mal: „Sie haben aber viel an für eine DJane.“ Im Clubkontext hatte ich nie das Gefühl, bedrängt worden zu sein oder anders wahrgenommen zu werden, nur weil ich eine Frau bin. Ich muss dazu aber auch sagen, dass ich mir die Clubs im Vornherein danach ausgesucht habe, die dieses Selbstverständnis hatten. Das war in Leipzig so, ebenso in Frankfurt am Main oder Berlin. Ich kenne es jedoch aus meinem Umfeld sehr wohl, dass es ebenso anders laufen kann.

Ich begrüße es sehr, dass es derartige Initiativen wie die Initiative Awareness gibt, die mittlerweile bundesweit arbeitet und sich hier in Leipzig gegründet hat. Durch diese wichtige Arbeit wird für ein facettenreicheres Bewusstsein gesorgt und damit am Ende auch mehr Aufklärungsarbeit geleistet. Und damit wird eben auch ein Bewusstsein für persönliche Bedürfnisse und Grenzen, die nicht überschritten werden dürfen, geschaffen.

Das aus meinem DJ-Kontext. Ich bevorzuge tatsächlich eher den Begriff DJ als DJane, weil DJane für mich als Begrifflichkeit eher negativ behaftet ist, weil sich irgendwann ein bisschen herauskristallisierte, dass sich viele, die doch eher leicht bekleidet auftreten und vorgefertigte Sets haben, als DJane bezeichnen.

Im Kontext von Kreatives Sachsen und bei den Projekten, an denen ich arbeite, ist Awareness definitiv ebenso ein Thema. Zum Beispiel sind bei popkulturellen Konferenzen auch immer Awareness-Teams mit am Start. Und es gibt Awareness-Sensibilität innerhalb von Crews, also nicht nur mit Blick auf das Publikum und auftretende Personen, sondern es soll die Inklusion aller Beteiligten bei einer Veranstaltung stattfinden. Denn Awareness betrifft ja auch den Bereich der mentalen Gesundheit und der Arbeitsüberlastung.

Sandra: Ist mentale Gesundheit bei Kreatives Sachsen ganz bewusst ein Thema?

Alex: Dabei würde ich zwischen internem und externem Arbeiten unterscheiden. Als internes Arbeiten verstehe ich, welche Vorstellungen man von gemeinsamem Arbeiten hat und wie wir das am Ende auch zusammen umsetzen. Da haben wir tatsächlich den Umstand, dass wir (fast) nahezu komplett aus Frauen bestehen. Das bringt noch einmal einen anderen mentalen Anteil und ein emotionales Verständnis mit sich. Es ist ein anderes Arbeiten. Deshalb bin ich in unserem derzeitigen Team sehr zufrieden, weil es viel mit Wertschätzung und respektvollem Umgang einhergeht, auch wenn es mal zu Überstunden kommt oder andere Projektbelastungen vorhanden sind. Man achtet aufeinander.

Auf externer Ebene: Ich berate viele Kreative in meiner Arbeit, wodurch ich mit Künstler:innen und Freischaffenden in Kontakt komme, die sich zum Beispiel nach Fördermöglichkeiten erkundigen. Im Moment kommt auch immer mehr das Thema auf – gerade von selbstvermarktenden Künstler:innen –, dass der mental overload immer mehr an Fahrt aufnimmt, weil so viele Themen auf einmal reinsprudeln. Das eine ist das Kreativsein, Songs schreiben und produzieren – und dann gleichzeitig auch Booker:in sein, Ma-

Foto linke Seite: Stephan Becher

nagement machen, Label-Angelegenheiten regeln und einen Vertrieb aufbauen. Das, was früher auf verschiedene Gewerke aufgeteilt war, machen heute viele Künstler:innen selbst. Das hat zur Folge, dass sich viele in eine mentale Überlastung begeben. Deshalb ist es extrem gut, dass es mittlerweile Initiativen wie den MiM-Verband (Mental Health in Music) oder andere Anlaufstellen gibt, die sich aktiv darum kümmern, dass man wieder etwas Ordnung und Struktur reinbekommt und diese mentale Überlastung ein Stück weit wieder runterfährt.

Sandra: Wie hast du bei deiner Arbeit bei Kreatives Sachsen das Künstler:innen-Dasein während der Pandemie erlebt?

Alex: Ich selbst bin erst seit Oktober 2021 bei Kreatives Sachsen und leite seitdem ein Programm, das sich „Branchenfokus Pop (Popularmusik und Popkultur)“ nennt. Das wurde tatsächlich nur aufgelegt, weil es während der Pandemie das starke Bedürfnis danach gab, weil der Musikbereich mit am schwersten betroffen war und auch immer noch ist. Wenn wir uns die Kultur- und Musikbranche anschauen, gibt es immer noch sehr viele Herausforderungen. Es heißt ja nicht umsonst: Long COVID-Kulturbranche bzw. Long COVID-Kulturwirtschaft. Nach wie vor bleiben beispielsweise Vorverkäufe aus usw. Von daher ist es wichtig, dass Kräfte gebündelt werden und es neben finanziellen auch beratende und vermittelnde Anlaufstellen gibt. Dass man merkt, dass man nicht alleine ist, dass es viele getroffen hat – insbesondere Solo-Selbstständige. Das Wir-Gefühl ist dabei ganz wichtig.

„Das, was früher auf verschiedene Gewerke aufgeteilt war, machen heute viele Künstler:innen selbst.“

Sandra: Wir haben uns durch die (Pop Up kennengelernt, also so vor 15/20 Jahren. Warum war es dir wichtig, das Festival mitzuorganisieren und welche Aufgabe hattest du dabei? Wie hast du das Miteinander empfunden?

Alex: Ich war zu dem Zeitpunkt freie Musikredakteurin bei Radio Mephisto, also dem Lokalradio der Uni Leipzig. Innerhalb der Musikredaktion habe ich dort Playlisten erstellt und Musik-Features geschrieben.
Seit ich ein kleines Mädchen war, war ich immer in Berührung mit Musik und habe Musik immer für ganz toll und wichtig empfunden. Da habe ich auch meine Fankultur zu verschiedenen Bands und Genres entwickelt – von Hip-Hop über Gothic bis hin zu Soul und Ska war alles dabei. Und ich habe gedacht, ich würde gerne das, was mir Musik gibt, zurück- oder weitergeben. Da lag natürlich eine derartige kuratorische Stelle beim Radio sehr nahe und im besten Fall konnte man so ebenso noch Künstler:innen unterstützen.
So habe ich dann logischerweise auch von der (Pop Up als Festival, Forum und Messe erfahren und mich direkt bei der Crew gemeldet und gesagt: „Ich will mitmachen.“ Gleichzeitig habe ich auch für ein kleines Indie-Label aus Frankfurt namens Hazelwood Vinyl Plastics gearbeitet, dort kleinere Sachen organisiert und die Promo sowie Pressearbeit gemacht. So bin ich reingekommen und habe dann die (Pop Up bis zum Schluss mit begleitet. Vorrangiger Grund war für mich tatsächlich, Musik zu erleben, Musik-Gefühle weitergeben zu können und Musik spürbar zu machen.

Sandra: Warum gibt es die (Pop Up nicht mehr?

Alex: Als ich eingestiegen bin, war der Indie-Musikmarkt mehr oder minder auf seinem letzten Peak. Durch die Digitalisierung ist der Tonträger-Markt kontinuierlich eingebrochen. Und mit Aufkommen der Digitalisierung und

Streamingdienste hat sich der Musikmarkt so gewandelt, dass kleinen Indie-Labels und -Agenturen komplett das Einkommen weggebrochen ist, weil der Tonträgermarkt nicht mehr existent war, sich Menschen Musik illegal aus dem Netz gerippt und später dann nur noch gestreamt haben. Dadurch sind innerhalb der Messe unsere Aussteller:innen weniger geworden, weil sie in Insolvenz gegangen sind. Und da kam eben die Frage auf, ob es noch sinnvoll ist, die (Pop Up durchzuführen – für einen Bereich, der gerade komplett wegstirbt.

Dadurch, dass die (Pop Up in ihrer Organisation immer ehrenamtlich war und das Team auch immer älter wurde und sich dadurch mitunter der Fokus im Leben änderte, plus dass die gesicherten Einnahmen in Form von Messestandgebühren weggebrochen sind, haben wir uns immer mehr in die Abhängigkeit von externen Fördermittelgebern begeben, die wir eigentlich für uns immer abgelehnt haben, um unabhängig den popkulturellen Diskurs weiterführen zu können. Zum Schluss haben wir dann auch Förderung beantragen müssen, was insofern okay war, da es uns inhaltlich nicht extrem beeinflusst hat. Aber letztendlich war es nicht mehr im Selbstverständnis der (Pop Up. Man kann also sagen, dass sie irgendwann in Anbetracht der Veränderungen nicht mehr zeitgemäß war. Ich muss aber dazu sagen, dass in meinem Umfeld die Stimmen und Rufe nach einer Wiedergeburt der (Pop Up immer lauter werden: „Ist es nicht mal wieder Zeit für eine (Pop Up?" Aber ich glaube, dass die (Pop Up, so wie sie damals mit ihrem Charme war, heute nicht mehr richtig funktionieren würde.

Sandra: Warum? Wie siehst du die Veränderungen des Musikbusiness und für Künstler:innen?

Alex: Es sind ganz viele vermeintliche Rückendeckungen weggebrochen. Dadurch, dass bestimmte Labels nicht mehr existent sind und sich Agenturen nicht weiter halten konnten, hat sich dieser Markt so verändert, dass das, was früher mit einer Label-Familie als Bündelung möglich war, dann so nicht mehr existent war und viel solo passierte und passiert. Beim Verband unabhängiger Musikunternehmer:innen (VUT) gibt es dafür auch seit ein paar Jahren eine eigene Sektion „selbstvermarktende Künstler:innen". Früher konnte an dieser Stelle ja nur ein Label, ein Musikverlag oder eine Agentur Mitglied werden. Das ist jetzt eben auch für einzelne Künstler:innen und Bands möglich.

„Die Bedingungen für Solo-Selbstständige in dem Bereich haben sich trotzdem nicht zwingend verbessert."

Was man nicht unerwähnt lassen darf, ist, dass es während der Pandemie eine starke Kräftebündelung gab. Musikschaffende haben angefangen, sich zu organisieren und in Kollektivstrukturen besser aufzustellen, um Gehör zu finden. Und das ist dann vielleicht auch ein positiver Aspekt an der Pandemie, weil es für ein kollaboratives und kollektives Selbstverständnis gesorgt hat, dass man zusammen vielleicht ein bisschen mehr erreichen kann. Jedoch: Die Bedingungen für Solo-Selbstständige in dem Bereich haben sich trotzdem nicht zwingend verbessert. Das betrifft vor allem die Themen gerechte und faire Bezahlung, Elternschaft im künstlerischen Bereich, Gendersensibilität ... Ich glaube, dass durch die Pandemie viele Themen nach außen gekehrt wurden und nun betrachtet werden müssen.

Sandra: Du meintest vorhin, dass der Charme der (Pop Up so jetzt nicht mehr funktionieren würde. Dabei fiel mir das Thema Club- und Szenekultur, Jugendbewegung ein. Das ändert sich ja auch gerade alles – und nicht nur durch die Pandemie. Wie siehst du diese Entwicklung?

Alex: Also ich glaube, dass es das, was wir in unserer Jugend hatten, also dass wir uns zu einer Band oder einem Genre bekannt haben – diese gelebte Fankultur, auch mit diesen unzählig vielen tollen Fanzines, die meine Jugend geprägt haben –, meines Erachtens auch durch das Aufkommen von Sozialen Medien nicht mehr gibt. Der popkulturelle Diskurs, den man gelebt hat – und wenn es in den 1980ern das Bashing von Poppern gegenüber EBMlern war – ist in der Form nicht mehr da, obwohl es nach wie vor so ist, und das ist auch wissenschaftlich erwiesen, dass ein gewisses Zugehörigkeitsgefühl extrem wichtig ist. Nicht nur für eine jugendliche Prägung, sondern auch allgemein. Dieses Zugehörigkeitsgefühl, dass man eben nicht alleine ist, dass man Mitstreiter:innen und Gleichgesinnte hat, die eben beispielsweise die gleiche Musik hören oder die gleiche Kunst lieben. Ich glaube, dass sich das durch das Aufkommen der Sozialen Medien ein Stück weit geändert und eine Vereinzelung stattgefunden hat, obwohl gelebte Fankultur ein Teil von Jugendlichen sein sollte. Es bietet sozialen Halt, Prägung, Engagement für eine Sache und Wertevermittlung.

„Ich glaube, dass sich das durch das Aufkommen der Sozialen Medien ein Stück weit geändert und eine Vereinzelung stattgefunden hat, obwohl gelebte Fankultur ein Teil von Jugendlichen sein sollte.“

Ich selbst habe das Gefühl, dass manchmal so ein bisschen der für mich ganz schauderliche Aggro-Hip-Hop das ein Stück weit versucht und getan hat – ebenso unter dem Vermarktungsaspekt, indem sie Eistees und Pizzen mit Label rausgebracht haben, um ein vermeintliches Zugehörigkeitsgefühl zu schaffen. Aber das ist nicht das, was wir als Wertediskurs empfinden, so wie wir es damals bei der Popkultur als Begriff empfunden haben. Ich würde das eher als dringenden Appell sehen, dass man versucht, dahingehend wieder zu sensibiliseren: eine tiefergehende Wertevermittlung fernab von Musik Brands und irgendwelchen ekligen Hip-Hop-Reimen, die gegenüber bestimmten Menschengruppen verachtend sind.
Ich glaube, Soziale Medien sind Fluch und Segen zugleich. Sie verbinden und trennen Menschen voneinander. Es ist aber schwierig, so prägnant darauf zu antworten, weil es ein sehr weites Feld ist. Es soll auch nicht so klingen wie die Alten: „Früher war mehr Lametta und wir hatten die bessere Jugend.“ Das soll es nicht sein.

Sandra: Welche Werte können Musik, Club- und Jugendkultur vermitteln?

Alex: Mit Blick auf die Clubkultur und Kulturorte sollten diese ein fester Bestandteil in unserer Gesellschaft sein, da diese Orte extrem wichtig für die soziale Prägung, den gesellschaftlichen Diskurs und eine Bündelung von Kräften sind. Und deshalb sollten sie auch nicht den urbanen Verdrängungsprozessen weichen. Auf Bundesebene gibt es aktuell noch die Debatte, ob Clubs als Kulturgut eingeordnet, eben nicht verdrängt und mehr wertgeschätzt werden sollten, weil es extrem wichtige Räume sind, in denen nicht nur getanzt, sondern sich ausgetauscht wird und eine soziale Kompetenz damit einhergeht.
Das hat man gleichermaßen auch in der Subkultur. In urbanen Zentren gibt es zum Glück noch subkulturelle Strömungen und Orte, die für manche die allererste Anlaufstelle sind. Sie sind Quell von: neue Musik, neue Menschen, Liebe des Lebens kennenlernen, den Job für sich definieren und herausfinden, was man später im Leben machen möchte. All das, was uns in unserem Leben als Ganzes beschäftigt. Es sollte in den Köpfen aller sein, dass Clubs eben nicht Lärmfaktor oder etwas Negatives sind, sondern für viele Menschen so sehr viel mehr.

Sandra: Wie würdest du die Entwicklung von Frauen und Feminismus in der Musik beschreiben? Wie ist da der aktuelle Stand?

Alex: Vor einiger Zeit hat sich auf Bundesebene eine Vereinigung gegründet, die sich Music Women* Germany nennt, und es gibt Landesgruppen wie in Sachsen Music S Women*. Sie beschäftigen sich damit, in der noch vorhandenen Wunde zu bohren und sowohl Veranstalter:innen, die Musikwirtschaft als auch die Allgemeinheit darauf aufmerksam zu machen, dass immer noch vorrangig Männer auf und hinter der Bühne stehen und man dem vermeintlichen Argument „Ja, wir kennen keine Frauen-Bands in unserem Umfeld. Wir würden gerne mehr, aber …“ entgegenwirkt und aufzeigt: „Naja, es gibt bei dir um die Ecke auch tolle Musikerinnen, Tontechnikerinnen, Lichttechnikerinnen, Tourmanagerinnen, Bookerinnen usw., die genauso von dir gebucht werden können.“ Es braucht hier mehr Sichtbarkeit und Unterstützung. Diese Initiativen machen sich das zur Aufgabe.
Wenn ich an meine eigenen Musik-Erfahrungen als Presseagentin, Promoterin und teilweise auch als Bookerin zurückdenke, war ich meistens eine unter sehr, sehr vielen Männern. Ich wurde in meinem Umfeld sehr wertgeschätzt und hatte nicht das Gefühl, abgelehnt oder abgewertet zu werden. Aber ich hätte mir schon noch mehr Kumpaninnen gewünscht oder ich hätte mir gewünscht, mehr mit Labels zusammenzuarbeiten, die von Frauen geführt werden. Ich möchte das Männern auch nicht abstreitig machen. Ich möchte und muss keinen aggressiven Feminismus leben, eher einen natürlichen Feminismus, der für ein respektvolles Miteinander steht.
Ich glaube, dass Initiativen wie Music Women* Germany wahrscheinlich noch mehr Arbeit leisten und für mehr Aufklärung sorgen müssen. Da sie selbst größtenteils ehrenamtlich aufgebaut und strukturiert sind, muss

hier mehr aktive Unterstützung dafür geleistet werden. Und natürlich muss da ebenso im Bereich Bildung und Pädagogik mehr getan werden. Es muss mehr Frauen und Mädchen die Möglichkeit gegeben werden, an ihren Träumen weiter zu arbeiten. Es muss mehr Selbstverständnis dafür da sein, dass Frauen und FLINTA*s auf der Bühne stehen, hinter einem DJ-Pult, dass sie Ton- und Lichttechnik machen … Es gibt kein Defizit von FLINTA*s gegenüber Männern.

Sandra: Was kannst und möchtest du persönlich Frauen mit auf den Weg geben?

Alex: Grundsätzlich: Hinter der Sache stehen, wenn man für etwas eine Leidenschaft entwickelt, daran zu glauben, sich Verbündete, Gleichgesinnte, Kollektivstrukturen und Netzwerke suchen, die es nicht nur in den größeren urbanen Zentren gibt, sondern ebenso im ländlichen Raum.

Foto: Katja Großer

SENSIBILITÄT, KOMMUNIKATION UND AWARENESS IN DER KULTURFABRIK WERK 2 LEIPZIG
Interview mit Karina Weisheit und Marcel Magister

von Sandra Strauß

Transkription: Alicia Müller und Sandra Strauß

Karina Weisheit
1986 geboren in Borna
2005 Abitur am Pestalozzi Gymnasium in Borna
2006-2009: Bachelor of Arts an der Universität Leipzig: Fachrichtung: Sozialwissenschaften & Philosophie mit dem Kernfach Kulturwissenschaften, Studienschwerpunkt: Kulturmanagement und -vermittlung
2010-2012: Master of Arts an der Universität Leipzig: Fachrichtung: Kulturwissenschaften „Gesellschaft & Kultur", Studienschwerpunkt: Kulturmanagement und –vermittlung
2008-2012: Mitarbeiterin Leipziger DOK Filmwochen GmbH Leipzig: Leitung Bereich Events (Mai – Nov 2012) – Mitarbeit im Bereich Events (Jun – Okt 2011) – Assistenz Sponsoring & Events (Jun – Nov 2010) – Aushilfe Programmabteilung (Jan – Jun 2010) – Aushilfe Sekretariat & Festivaldurchführung (Mai 2008 – Nov 2009)
seit 2012: WERK 2 – Kulturfabrik Leipzig e.V.: 2012-2014 Mitarbeiterin Info- und Ticketbüro – 2014-2021 Mitarbeiterin Programm – seit 2021 Programmleitung
Seit 2018 Ausbildereignung
Seit 2018 Prüfungsausschuss „Veranstaltungskaufkraft" der IHK zu Leipzig
Seit 2021: Fachbeirat Musik II Stadt Leipzig

Marcel Magister
09/2021 – 06/2024 Aufbau und Leitung der werkeigenen Security Crew
07/2024 Umzug nach Berlin

Sandra: Wie geht ihr als Veranstaltungsstätte mit Awareness um?

Karina: Das WERK 2 ist mehr Soziokulturelles Zentrum sowie Konzert- und Veranstaltungsstätte als klassische Club-Location. Wir haben kein komplett ausgearbeitetes Awarenesskonzept vorliegen, nach dem wir arbeiten. Es ist eher so, dass wir uns regelmäßig in den verschiedenen Arbeitsbereichen über Standards, Vorfälle und den Umgang mit diesen austauschen – im festen Team und im Security-Team. Seit Oktober 2021 arbeiten wir mit unserem eigenen Security-Team, welches direkt von uns verwaltet wird. Die Mitarbeiter:innen sind über uns als Haus angestellt, was uns die Möglichkeit zu einem engen und regelmäßigen Austausch gibt. Es gibt Reflexionsrunden sowohl innerhalb des Secu-Teams als auch gemeinsam im großen Team einmal wöchentlich in unserer Programmsitzung, in welcher die vergangenen und kommenden Veranstaltungen ausgewertet werden.

Marcel: Als Secu-Crew ist uns bewusst, dass wir uns mit dem Thema befassen wollen und auch müssen. Wir treffen uns regelmäßig und bleiben permanent im Austausch darüber, wie Dinge laufen. Was funktioniert und was besser geht. Wir fragen uns: „Wie möchten wir arbeiten?", um auf dieser Grundlage eine Idee zu erarbeiten und so aus der Crew heraus eine Art Leitfaden zu erstellen, hinter dem dann auch alle stehen, weil jeder am Entstehungsprozess teilgenommen hat. Darüber hinaus sind wir mit anderen Locations im Austausch, damit wir gegenseitig voneinander lernen können. Da ist noch sehr viel im Entstehen, da das Thema in der Breite ja doch noch relativ frisch und noch gar nicht so lange im Fokus ist.

Sandra: Was versteht ihr unter Awareness?

Fotos linke Seite: Karina Weisheit: Philipp Kempka, Marcel Magister: privat

Karina: Wir sehen es sehr breitgefächert: wachsam sein, auch im Miteinander. Wie geht es unseren Mitarbeiter:innen, den Künstler:innen und unseren Gästen. Wie kann man eine sichere Umgebung für alle Menschen schaffen, auch in Momenten, in denen sie sich aus bestimmten Gründen nicht gut fühlen (Konsum, Gewalt, Bedrohung, Übergriffe usw.) Was können wir tun, um diese Personen aufzufangen und ihnen zu vermitteln, dass wir die Situationen ernst nehmen, zuhören, uns kümmern und gegebenenfalls auch Konsequenzen ziehen. Konkret bedeutet das: Jemand ist da, hört sich an, was vorgefallen ist, und nimmt die Person erstmal aus der Situation raus, sucht sich einen ruhigen Ort und schaut, was man tun kann, damit es der Person besser geht. Was ist passiert, was würde der Person helfen, was möchte sie auch selbst?

Marcel: In unserer täglichen Secu-Arbeit ist es so, dass wir einerseits präventiv arbeiten, indem wir am Einlass proaktiv die Gäste ansprechen. Wir nehmen uns die Zeit und geben den Leuten mit auf den Weg: „Hey, wenn für euch irgendeine Situation entsteht, die euch nicht passt, kommt gern zu uns. Wir möchten nicht, dass ihr euch unwohl fühlt und wir möchten lieber die nach Hause schicken, die dafür verantwortlich sind, dass ihr euch unwohl fühlt, als dass ihr die Veranstaltung verlasst.“ Sollte eine Intervention unsererseits erforderlich werden, haben wir auch dafür Strategien.

Sandra: Hattet ihr schon Vorkommnisse?

Marcel: Ja, klar. Vor allem Tanzveranstaltungen vergehen leider selten ohne Situationen, in der Gäste zu uns kommen, von Vorfällen berichten und wir daraufhin aktiv werden. Einer unserer Handlungsgrundsätze dabei ist, dass wir betroffenenorientiert arbeiten wollen. Das bedeutet, dass wir Betroffenen zuhören, ihre Anliegen ernst nehmen und sie auch in die Entscheidung über den weiteren Umgang einbinden. Leider zeigt die Erfahrung bei Übergriffen im Veranstaltungskontext, dass die betroffenen Personen in der Vergangenheit selten ernst genommen, sondern eher abgewiegelt wurden: „Das ist halt so.“ Wir und alle Personen, die hier arbeiten, möchten so weder arbeiten noch feiern und versuchen, das auch geschlossen als Team zu vermitteln. Das kann schon viel zur Atmosphäre bei Veranstaltungen beitragen.

Karina: Zudem arbeiten wir ebenso fast ausschließlich mit gemischten Teams, sodass auch stets FLINTA*-Personen vor Ort und ansprechbar sind. Und wir haben natürlich keine Menschen und Secus an der Tür, die rummackern und nur körperlich arbeiten. Natürlich gehört körperlich arbeiten dazu, aber der erste Schritt ist immer Kommunikation. Wir vermitteln eben auch schon direkt am Einlass, dass sich Personen, die sich unwohl fühlen, direkt an uns wenden können, und zeigen so, dass wir wachsam sind und eben potentielle Täter:innen bemerkt werden, wenn sie sich daneben benehmen.

Sandra: Kommunikation, Sensibilität, Awareness ... Ist das bei allen Securities schon vorhanden oder ist das eher eine Seltenheit im Security-Bereich?

Marcel: Es ist nicht die Regel. Je größer die Unternehmen und vielleicht auch je kommerzieller die Veranstaltungen sind, umso weniger findet man das Problembewusstsein in der Breite. Der Vorteil unseres Teams ist, dass sich die meisten Mitarbeitenden im Vorhinein schon kannten und alles eher familiär ist. Da „Awareness“ als Buzzword aber derzeit recht gefragt ist, sieht man, dass auch größere Unternehmen das Thema nach und nach für sich entdecken, weil es sich eben gut verkauft. Hier wird oft aus falschen Gründen das Richtige getan. Inwieweit sich das alles inhaltlich trägt, bleibt abzuwarten.

Sandra: Wie reagieren die Verursacher, wenn ihr zu ihnen geht?

Marcel: Man trifft natürlich nicht auf große Freude, wenn die Leute erfahren, dass sie jetzt gehen müssen, aber in der Regel funktioniert das dann alles ohne größeres Theater, da eben auch eine Menge Kommunikation dazu gehört und wir ebenso auf Umgangsformen achten. Das entschärft viele Situationen. Die Zeiten, in denen Securities stumpfe Rausschmeißer waren, sind zum Glück vorbei.

„Die Zeiten, in denen Securities stumpfe Rausschmeißer waren, sind zum Glück vorbei.“

Sandra: Hattet ihr schon einmal die Situation, dass jemand auf euch zukam und gefragt hat: „Wo gehts nach Panama?“ Ich kannte diese Begrifflichkeit bis vor einiger Zeit noch gar nicht. Ist das verbreitet und bekannt?

Marcel: Es gibt verschiedene Code-Wörter, beispielsweise auch: „Ist Luisa da?“ Tatsächlich haben wir das hier noch nicht gehört. Eine Kollegin beschäftigt sich aus akademischer Perspektive mit Awareness-Arbeit in verschiedenen Kontexten und hat festgestellt, dass diese Code-Wörter in der Praxis tatsächlich eher eine Hürde statt ein Hilfsmittel darstellen. Es ist besser, den Menschen zu vermitteln: „Hey, jeder, der hier arbeitet, hinterm Tresen steht und als Crew erkennbar ist, ist für dich ansprechbar“. Wenn man wegen eines Vorfalls total aufgelöst oder durcheinander ist und dann fällt einem vielleicht nicht gleich das Code-Wort ein, ist das eher hinderlich.

Karina: Genau. Wenn sich beispielsweise auf das Codewort „Panama“ geeinigt wurde und dann jemand aus der gleichen Intention heraus nach „Luisa“ fragt, kann es zu Missverständnissen oder schlimmstenfalls zum Nichthandeln kommen. Für uns ist eher wichtig, dass man das Gefühl hat, sich an alle Menschen, die bei uns arbeiten, wenden zu können.

Foto linke Seite: Falk Johnke

Sandra: Ihr seid mit vielen anderen Clubs im Gespräch. Welche Unterschiede gibt es?

Karina: Aufgrund der extrem verschiedenen Veranstaltungsformate von Konzerten jeglicher Genres, Märkten, Parties, Film, Theater, Tanz und soziokulturellen Projekten ist unser Programm spannend für sehr viele Zielgruppen und somit unser Publikum sehr divers. Deshalb ist es wichtig, dass wir diesbezüglich in unserer Kommunikation flexibel sind und uns auf die jeweilige Zielgruppe einstellen und nicht überall den gleichen Wissensstand voraussetzen. Klassische Clubs haben hier vielleicht eine einheitlichere Zielgruppe, aber auch viel mehr Berührungspunkte mit Konsum und dementsprechend anderen Komplikationen. Wir haben in unserem Programm auch Partyveranstaltungen und das kann ab und an eine Herausforderung sein, weil zu diesen Veranstaltungen noch mal ein ganz anderes Publikum zu uns kommt, das nicht immer mit unseren Werten und Standards vertraut ist. Zu unseren Discos kommt nicht immer nur das Kiez-Publikum, sondern auch Menschen von außerhalb, die vielleicht mitunter andere Clubtüren und einen anderen Umgang gewohnt sind und die sich woanders eventuell auch anders verhalten können. Wir müssen ihnen dann mitteilen, was wir nicht dulden und worauf wir hier achten.

„Awareness muss auch nicht immer den worst case Übergriffsfall bedeuten, sondern kann auch sein, dass jemand einfach zu viel getrunken hat, auf der Toilette eingeschlafen ist und Hilfe braucht.“

Sandra: Ihr hattet auch mal einen K.o.-Tropen-Fall, richtig? Was genau ist da passiert?

Karina: Es gab einen Verdacht auf K.o.-Tropfen. Uns wurde das letztlich nicht final bestätigt, weil sich die betroffene Person im Nachgang nicht noch einmal dazu geäußert hatte. So wie wir hier den Fall mitbekommen haben, gehen wir davon aus, dass es passiert ist. Das ist insofern spannend und erschreckend, weil es bei einem Konzert der Schwarzen Szene vorgefallen ist und in dieser Szene der Umgang mit Awareness ein sensiblerer ist als vielleicht in anderen Kontexten. Beim Gothic Pogo Festival gab es beispielsweise letztes Jahr leider auch schon einen Verdachtsfall, aber egal wie sehr das Thema Awareness in verschiedenen Kontexten schon verwurzelt ist, man muss eben doch wachsam sein und die gleichen Standards ansetzen.

Sandra: Wie seid ihr damit umgegangen?

Marcel: Akut haben wir uns natürlich um die betroffene Person gekümmert. Sie kam zu uns und meinte: „Mir geht es nicht so gut.“ Wir haben sie gefragt, wie wir ihr helfen können, und dafür gesorgt, dass der Stress etwas reduziert wird. Wir haben einen extra Raum zur Verfügung gestellt und Sanis dazu geholt. Es ist hier wichtig, eigene professionelle Grenzen zu kennen und wenn möglich fehlende Expertisen – wie zum Beispiel medizinischen Rat – dazu zu holen. Wir haben Angebote herausgesucht, an die man sich in derartigen Verdachtsfällen wenden kann, und dafür gesorgt, dass die Person am Ende nicht alleine den Hof verlässt.
Das Thema K.o.-Tropfen oder Drugging im Allgemeinen ist aus Secu-Perspektive der absolute worst case, da es für uns unglaublich schwer zu verhindern ist. Wir machen Einlass- und Taschenkontrollen, doch wenn jemand wirklich vorhat, entsprechende Substanzen in kleinsten Mengen mitzuführen, ist das schwer zu verhindern. Auch der Vorgang des Verabreichens ist für uns schwer nachzuvollziehen, geschweige denn zu verhindern. Wir konzentrieren uns also auf die Dinge, die wir besser überblicken

können, weisen Gäste darauf hin, ihre Getränke nicht unbeaufsichtigt zu lassen und achten auch darauf, wer in welchem Zustand mit wem die Veranstaltung verlassen will.

Sandra: Was könnt ihr bezüglich Awareness, Security-Arbeit und Sensibilität empfehlen und Menschen mit auf den Weg geben?

Marcel: Repräsentation in den Crews ist wichtig! Uns hat außerdem geholfen, dass wir uns gefragt haben, wie wir selbst feiern wollen und dass die Ideen aus der Crew heraus kamen.

Karina: Und dass man eben auch untereinander permanent im Austausch darüber bleibt.

Marcel: Es geht auch nicht darum, die Gäste zu erziehen oder zu entmündigen, sondern darum, ein Umfeld zu schaffen, in dem sich Menschen wohl fühlen. Awareness muss auch nicht immer den worst case Übergriffsfall bedeuten, sondern kann auch sein, dass jemand einfach zu viel getrunken hat, auf der Toilette eingeschlafen ist und Hilfe braucht. Es geht darum, die Menschen zu supporten. Außerdem spielen in dem ganzen Komplex nicht nur die Gäste eine Rolle, sondern ebenso Veranstaltende. Da gibt es Leute, die seit 40 Jahren Veranstaltungen machen und komplett irritiert sind, wenn auf einmal 50% Frauen in der Security sind – auch da ist es wichtig, weiter voran zu gehen. Und am Ende sollte man natürlich auch schauen, welchen Künstler:innen man eine Bühne bieten möchte und welchen nicht.

Foto: EHH Fotografie

SOUNDTRACK OF MY LIFE

Friederike Merz

PJ Harvey – „Stories From The City, Stories From The Sea“
Adrianne Lenker – „Songs“
Feist – „The Reminder“
Elliott Smith – „Either/Or“
Depeche Mode – „Violator“
Björk – „Debut“
Joy Division – „Unknown Pleasures“, „Closer“
ML Buch – „Fleshy“
Friede Merz – „Daisy Lane“, „Berlin 2020“
Big Thief – „Dragon New Warm Mountain I Believe In You“
Julius Windisch – „What Am I Doing W My Life“
SALOMEA – „Conversations“
Dan Nicholls – „Mattering And Meaning“
Pranke – „Monkey Business“
José Gonzalez – „Veneer“
Kelly Lee Owens – „Inner Song“
Juliette & The Licks – „You're Speaking My Language“
Nick Cave & The Bad Seeds – „Push The Sky Away“
The Strokes – „Is This It“
Placebo – „Sleeping With Ghosts“, „Black Market Music“, „Without You I'm Nothing“
HIM – „Greatest Love Songs Vol. 666“
Black Rebel Motorcycle Club – „B.R.M.C.“
Madonna – „Ray of Light“
The Beatles – „Abbey Road“, „St. Pepper's Lonely Hearts Club Band“, „White Album“
Schrottgrenze – „Das Ende unserer Zeit“
Ava Luna – „Electric Balloon“
The War On Drugs – „Lost In The Dream“
Kate Tempest – „Let Them Eat Chaos“
Bilderbuch – „Magic Life“
Warpaint – „Warpaint“, „Radiate Like This“
Here We Go Magic – „A Different Ship“
Nikka Costa – „Everybody Got Their Something“
Ryan Adams – „1989“
„The Rocky Horror Picture Show“ (Soundtrack)
Beyoncé – „Dangerously in Love“, „Lemonade“, „Renaissance“
Rosalía – „Motomami“
Massive Attack – „Mezzanine“
RIAS Kammerchor – „Wolfgang Rihm: Astralis“
Thelonious Monk – „Genius Of Modern Music (Vol. 1)“
Carmen McRae – „The Great American Songbook“
Aretha Franklin – „I Never Loved A Man The Way I Love You“
Alicia Keys – „Songs In A Minor“
Sarah Vaughan – „Swingin' Easy“
Billie Holiday – „Lady In Satin“
Marcel Dettmann – live
Fats Waller – so many
and so many more

Juliane Streich

Bestes Album, das mir immer gute Laune macht, weil ein Song bescheuerter ist als der andere:
„Die Ärzte früher! (1982-1983) Der Ausverkauf geht weiter!“

Bestes Album übers Sterben: **Die Heiterkeit** – „Pop & Tod I+II“

Band, bei der ich auf den meisten Konzerten war, weil es mir danach immer besser geht als vorher: **Tocotronic**

Band, bei der ich die meisten Lieder mitsingen kann: **Element Of Crime**

Beste Musikerin, die viel zu früh gestorben ist: **Amy Winehouse**

Meistgehörter Song in meinem Leben, obwohl ich immer noch nicht genau weiß, worum es geht: **The Shins** – „New Slang“

Aktuelle Lieblingsmusikerin, deren Lieder mich sehr berühren: **Nichtseattle**

Lieblingsmusikerin, mit der ich im Himmel sofort einen trinken werde: **Françoise Cactus**

Ronja Schwikoswki

Motörhead – „Sacrifice“
Alice Cooper – „Trash“
Knochenfabrik – „Ameisenstaat“
Depeche Mode – „Speak & Spell“
Auweia! – „There's No Freedom, There's Nur Scheisse“
Nick Cave & The Bad Seeds – „Let Love In“
Horror Vacui – „In Darkness You Will Feel Alright“
Siouxsie and the Banshees – „Once Upon A Time/The Singles“
Lou Reed – „Transformer“
Wolfbrigade – „Damned“
Disfear – „Live The Storm“
Nirvana – „In Utero“
Egotronic – „Lustprinzip“

Diana Ringelsiep

The Beatles – „1962-1966 (das rote Album)“
Tic Tac Toe – „Klappe die Zweite“
Die Toten Hosen – „Reich & Sexy“
The Distillers – „Coral Fang“
Rancid – „... And Out Come The Wolves“
Egotronic – „C'est moi!“
Kotzreiz – „Punk bleibt Punk“
Deutsche Laichen – „Deutsche Laichen“

Alex Pagel

The Miserable Rich – „Ringing The Changes“:
Diese Band aus Brighton UK habe ich als Musikpromoterin betreut und werde sie für immer in meinem Herzen haben. Dieser Song begleitet mich vor allem durch schwere Zeiten und gibt mir neue Kraft. Oh wunderbare Heulgarantie.

Cypress Hill – „Insane in the Brain“:
Soundtrack meiner Jugend

„Soundtrack Of My Life“-Alben:
WIZO – „UUAARRGH!“
Jugend! :)

Und ungefähr noch 10.000 andere Songs mehr ...!

Karina Weisheit

Mein Soundtrack of my Life bewegt sich irgendwo zwischen Pop, Deep Dark Indie, R'n'B und (Post-)Rock und (Post-)Metal ;)

Russian Circles, Daughter, Fleetwood Mac, The National, Beyoncé, Baroness, Cary, Bon Iver, CAVA, ALMA/VLMV, Meniscus, Rihanna, My Ugly Clementine, Blush Always, God is An Astronaut, EF

#nicht
gesellschafts
fähig
I WON'T
BACK
DOWN

„IN DEN ADERN LAVA, ICH WILL SPÜREN, DASS ICH DA WAR!“

(CASPER)

von Jennifer Sonntag

Ich war junge PunkerIn und gerade dabei zu erblinden. Da ich sehr schlecht sehen konnte, kämpfte ich mich bei geliebten Konzerten immer ziemlich weit nach vorn, um die Bühne besser erkennen zu können. Für ein sehbehindertes Mädchen war das gerade auf Punk-Konzerten heikel. Ich tanzte nicht nur den „Trümmertango“ in Abrisshäusern, sondern ging auch zu Auftritten bekannterer Bands in große Locations. Bei den Toten Hosen pogten mich ein paar Typen so heftig an, dass ich als junges dürres Ding nicht standhalten konnte. Einer sprang mir plötzlich auf den Rücken. Ich hatte meine Freundin längst verloren, alle schlugen und traten wild um sich, ich konnte mich nicht mehr freihüpfen, und weil ich so wenig sah, kam ich aus diesem Szenario einfach nicht heraus. Es riss mich nach unten, das war wie Ertrinken. Die „ungeschriebenen Regeln“ des Moshpits hatten diese Jungs damals wohl noch nicht so gut drauf.

Irgendwann klammerte ich dann an einem Absperrzaun und habe mich vor Luftnot fast übergeben. Kurz darauf hörte ich, dass ein Mädchen bei einem Hosen-Konzert in den Massen zu Tode gekommen war. Ich konnte mir plötzlich gut vorstellen, wie das im Geschubse und Gedränge passieren kann und habe heute noch manchmal Angst vor Kontrollverlust bei Konzerten. Das liegt sicher auch daran, dass ich inzwischen völlig erblindet bin.

Eigentlich stehe ich total darauf, wenn die Leute zur Musik ausrasten, solange man aufeinander achtet und niemand zertrampelt wird. Ich erlebte auch oft Solidarität. Bei einem anderen Konzert tippte mir ein Mädchen immer wieder auf die Schulter, weil sie sah, dass ich gleich abklappen würde. Das ist dann auch passiert. Man reichte mich recht fix über die Köpfe der Fans zu den Sanis durch, woran ich mich aber nicht erinnern kann. Als ich wieder zu mir kam, durfte ich dann den Rest des Konzerts mit einer Sanitäterin zusammen anschauen und sie war total fürsorglich.

Ein Problem war manchmal der Hin- und Rückweg, denn im Dunkeln als offensichtliche Punkerin in einer Stadt unterwegs zu sein, in der es auch Nazis gab, das war schon ohne Sehbehinderung gewagt. Ich konnte im Dunkeln besonders schlecht sehen und besonders schlecht weglaufen.

Heute mache ich mich stark für Awareness-Initiativen und finde es wichtig, dass die Teams auch für das Thema Behinderung und Ableismus geschult sind. Ich finde es großartig, dass es für uns Menschen mit Behinderung inzwischen mehr Sensibilität gibt und man davon ausgeht, dass auch wir im Nachtleben stattfinden. So durfte ich mich mit Inhalten dieses Beitrages auch als Autorin an einem Leipziger Awareness-Zine beteiligen.

Während ich von der Punk- in die Gothic-Szene überglitt, verschlechterte sich mein Sehvermögen zunehmend. Ich liebte Konzerte nach wie vor, litt aber gerade am Anfang meiner Erblindung sehr darunter, das Bühnengeschehen nun nicht mehr sehen zu können. Meine anderen Sinne mussten mithelfen. Über Audiodeskription bei Musik-Events dachte damals noch keiner nach. Ich fuhr regelmäßig aufs Wave Gotik Treffen nach Leipzig, atmete den Duft der Szene ein, erkundete die Märkte und Messen mit aufmerksamen Fingerspitzen, traf gefeierte Bands und schüttelte ihnen die Hände – das waren gefühlte Autogrammkarten. Als Szenemensch lernte ich im Laufe der Jahre viele Locations kennen, Musiker:innen und Bands gehörten bald zu meinem Freundeskreis.

Foto linke Seite: Mia Media

Mein heutiger Partner war Keyboarder meiner damaligen Lieblingsband Lament und spielte später bei Raum 41. Er zeigte meinen Händen den Bühnenaufbau, den Backstage, das Merchandise und ich erlebte das ganze lebendige Drumherum. Das Problem war nur, dass ich während der Soundchecks und Konzerte oft ohne Begleitperson blieb, weil er ja selbst auf der Bühne stand, somit auch noch mit auf- und abbauen musste. Meine Freundinnen hatten oft einen anderen Musikgeschmack oder teilten generell nicht diese extreme Musikleidenschaft, andere hatte ich inzwischen schon sehr oft um Begleitung gebeten (Danke, Suse!) und wollte sie nicht überstrapazieren. Freundinnen mit gravierenderen Behinderungen, die wie ich die Musik liebten (Janny und Jenny united), benötigten auf Konzerten wiederum eigene Unterstützung und konnten mich ihrerseits nicht führen. Je weniger ich sah, umso schlechter fand ich mich allein in den lauten Clubs zurecht. Ich erinnere mich an eine heftige Panikattacke, weil ich mich in einem für mich undurchschaubaren Labyrinth einer Party-Katakombe gefangen sah.

Ich erinnere mich an eine heftige Panikattacke, weil ich mich in einem für mich undurchschaubaren Labyrinth einer Party-Katakombe gefangen sah.

Besonders traurig war ich, wenn ich zuhause bleiben musste, weil ich für den Abend keine Begleitung hatte. Mein Freund fuhr allein zu seinem Auftritt. Ich wollte so gern dabei sein und heulte Verzweiflungstränen, weil ich in diesen Lärmbunkern blind allein nicht mehr klarkam. Heute würde ich über eine Assistenz im Freizeitbereich nachdenken, da diese Option inzwischen bekannter und etablierter ist. Oder ich würde mir über die Initiative „Inklusion muss laut sein“ Hilfe organisieren. Im „Buddie-Versum“ könnte ich nach einer Begleitperson für mich suchen. Es wäre interessant zu erleben, wie schnell man zu einem zunächst fremden Menschen blindes Vertrauen aufbauen kann. Würde sich ein Mann bereit erklären, müsste er mich zum Beispiel dann ja auch während des Abends zuverlässig Richtung Klo navigieren. Wäre ihm oder mir das unangenehm und welche Ängste hätte ich zudem?

Generell habe ich in kleineren Locations bei den Veranstaltenden viel Offenheit erlebt. Hier war die Flexibilität oft groß, wenn es darum ging, spontane Absprachen beispielsweise wegen eines Sitzplatzes für mich zu treffen. Ableismus habe ich manchmal erfahren, wenn andere mich bei Begrüßungen ausließen oder mich nur ansprachen, wenn mein Partner dabei war. In einem Szeneforum wurde ich von einigen User:innen ganz schön durchgemobbt, weil man sich nicht vorstellen konnte, dass eine blinde Frau wirklich Literatur und Kultur mitgestaltete. Die haben sich über meine Dunkel-Projekte lustig gemacht und dachten, ich sei ein Fake. Ich habe danach lange Abstand von den sozialen Medien gehalten. In dieser Zeit begann ich als Buchautorin über Blindheit und Sehbehinderung aufzuklären. Es gab damals einfach noch mehr dieser Klassiker: Man hatte als Mensch mit Behinderung entweder andere zu inspirieren und über seiner Behinderung zu stehen oder galt als dumm und hilflos oder musste sich als Eisbrecher derbe Behindertenwitze gefallen lassen. Ein Organisator wollte mich bei einer Lesung gleich gar nicht erst auftreten lassen. Er akzeptierte nur Autor:innen, die selber lasen und ich hatte aufgrund meiner damals noch frischen Erblindung immer meine Vorleserin dabei. Wegen dieser Ablehnung fühlte ich mich wirklich diskriminiert. Wir hatten das in unserem dunkelbunten Leipziger Freundeskreis so noch nicht erlebt und das Szeneleben an sich war für mich eher unterstützend bei der Behinderungsverarbeitung gewesen.

Ich bin auch heute zu Konzerten und Festivals überwiegend in Leipzig. Während der Pandemie hat mir das extrem gefehlt. 2022 durfte ich dann mit meinem Partner zusammen endlich wieder meine Lieblings-Acts Casper, Kraftklub, Kummer, Blond, Mia Morgan, Drangsal und The Cure zelebrieren.

Da ich nicht nur blind bin, sondern auch mit den unsichtbaren Behinderungen Fibromyalgie und Fatigue lebe, kann ich aufgrund starker Schmerzen und rascher Erschöpfung nicht lange stehen. Auch für diese Form der neurologischen Beeinträchtigungen möchte ich sensibilisieren, denn man hat uns Betroffene noch viel zu wenig auf dem Schirm. Ich brauche bei Konzerten einen Stuhl. Der ist nicht immer gegeben. Mit dem Conne Island konnte ich das telefonisch abstimmen und bekam einen Sitzplatz. Ich war überglücklich, denn ohne die kleine Absprache hätte ich bei dieser reinen Stehveranstaltung nicht dabei sein können. Ermutigt durch diesen Erfahrungswert fragte ich den Sitzplatz auch bei anderen Stehveranstaltungen an, zum Beispiel im Haus Auensee. Beim Highfield Festival konnte ich online unter „Barrierefreiheit" bei einer festen Ansprechperson hilfreiche Details erfragen, was bei anderen Veranstaltenden oft nicht möglich ist. Viele denken nur in „Rollstuhl" und das auch nicht differenziert. Ich möchte aber keinen wertvollen Rollstuhlplatz blockieren, sondern brauche einen Sitzplatz plus Freischaltung für meine Begleitperson. Auch die Parkplatz- und Toilettensituation ist wichtig zu besprechen. Ich kann oft nicht lange laufen, muss also mit meiner Begleitung in der Nähe des Konzertgeschehens parken können. Dass verschmutzte Dixis für eine vollblinde Frau eine Katastrophe sind, muss ich nicht ausführen.

Da ich nicht nur blind bin, sondern auch mit den unsichtbaren Behinderungen Fibromyalgie und Fatigue lebe, kann ich aufgrund starker Schmerzen und rascher Erschöpfung nicht lange stehen.

Das Highfield ging hier super auf meine Art der Behinderung ein. Nur einmal kam bei mir die alte Pogo-Panik auf, als wir zur Behindertentribüne wollten, und alle dicht an dicht standen (und mitunter auch schon ziemlich dicht waren). Ich hatte null optische Kontrolle und sah mich schon unfreiwillig in einer „Wall of Death". Die Leute haben nicht geschnallt, dass ich blind bin und wo ich hin will. Der Stock ist ja in den Massen schlecht zu sehen und mein Partner konnte sich bei dem Lärm und mit mir am und Klappstuhl unterm Arm schlecht verständlich machen. Hilfreich wäre, wenn der Zugang für behinderte Menschen, gerade im Dunkeln, von den Securities mitbetreut wird oder man sich direkt an jemanden wenden kann, wenn die Meute den Weg versperrt. Hier ist jede Location anders und hat ihre eigenen Tücken – wie auch jede Behinderung. Aber ich wurde mit großartigen Konzerten belohnt und ging am Ende inmitten der Menschen ganz in der Musik und in purem Glück auf.

Seit 2023 bin ich für die Initiative „Barrierefrei feiern" als Expertin in eigener Sache tätig. Wir schulen Veranstaltende wohlwollend und auf Augenhöhe darin, ihre Events barrierefrei mitzudenken und auszugestalten, weil wir unser kulturelles Leben lieben, weil wir leidenschaftlich gern auf Festivals feiern, weil wir noch mehr Konzerte und Clubs besuchen wollen und weil wir die kulturelle Teilhabe für alle fordern. Dabei sehen wir unsere Unterschiede als Stärken und unsere Bedürfnisse als Kompetenzen.

Schaut gern auf unserer Seite vorbei:
www.barrierefrei-feiern.de

MR. WHEELCHAIR
Interview mit Gabor Schneider

von Sandra Strauß

Foto:

Gabor Schneider, geboren am 2. März 1984 in Wernigerode, ist aufgrund eines Badeunfalls an der Ostsee seit 2010 querschnittgelähmt. Trotzdem bleibt die Ostsee einer seiner Lieblingsorte. Er ist gelernter Holzmechaniker, arbeitete nebenberuflich als Eisverkäufer und war Gitarrist seiner Band My Own Life. Kurz vor dem Unfall sollte Gabor noch bei einer Tour mit der Berliner Hardcore-Band Punishable Act einspringen. Der Traum zerplatzte leider, aber die Liebe zur Musik blieb und Konzerte treiben ihn bis heute weiter an. Gabor ist ein Kämpfer, Familie und Freunde sind ihm sehr wichtig. Versorgt durch ein eigenes Pflegeteam, lebt er im Harz mitten im Wald. Das jährliche OWOC Festival (One Wald One Crew) feiert er als seinen zweiten Geburtstag mit etwa 200 Gästen bei sich im Garten. Er gründete das Laufteam OWOC mit dem Motto „Wir laufen für die, die es nicht mehr können" und organisiert Spendenläufe. Gabor produziert eigenes Merchandise für sein Festival und das Laufteam in Zusammenarbeit mit Steeltown Records aus Eisenhüttenstadt. Er gewährt in den Sozialen Medien und auf seinem YouTube-Kanal Einblicke in sein Leben als Mr. Wheelchair, setzt sich gegen Rassismus ein und hat aktuell alte Songs seiner früheren Band auf allen Kanälen veröffentlicht.
„Ich wünsche mir für die Zukunft Frieden für die ganze Welt und Essen und Trinken für alle", so Gabor.

Sandra: In einem Facebook-Post vom 01. Juli 2023 hattest du beschrieben, was es heißt, mit einer Querschnittslähmung zu leben. Du gehst sehr offen damit um. Wie geht es dir und wie fühlt sich dein Leben mit einer Querschnittslähmung an?

Gabor: Menschen, die einen im Rollstuhl sehen, sehen nur, dass man nicht laufen oder sich nicht bewegen kann. Aber was da eigentlich noch so mit dranhängt, ist von außen nicht sichtbar. Im Prinzip funktioniert in meinem Körper gar nichts mehr – weder Blase noch Darm. Das sind die beiden krassesten Punkte. Damit muss man erstmal im Leben zurechtkommen. Wenn man alleine auf die Toilette gehen kann, ist einem das gar nicht so bewusst ist, weil man es einfach macht. Deswegen habe ich ein bisschen sentimental meinen Post geschrieben, damit die Menschen auch einen anderen Blick darauf bekommen, was es bedeutet, querschnittsgelähmt zu sein, und was da alles mit dran hängt: 24-Stunden-Pflege.

Sandra: Du gehst unglaublich viel auf Konzerte. Helfen dir Musik, Festivals und Konzerte dabei, um klarzukommen?

Gabor: Ich bin früher auch schon immer auf Konzerte gegangen, aber jetzt ist es natürlich eine ganz andere Geschichte. Jetzt erlebe ich das ganz anders. Ich stehe nicht mehr vorn und mittendrin in der Menge, sondern schaue mir alles von der Seite an. Das gibt mir sehr viel Kraft, das ist mein Lebenselixier. Ich erlebe es sehr viel intensiver als früher.

Sandra: Warum intensiver?

Gabor: Ich nehme es ganz anders wahr. Früher war viel Alkohol im Spiel, ganz vorn mitmachen und ausrasten. Jetzt trinke ich eher weniger bis gar nichts und kann es natürlich auch anders wahrnehmen. Mein Fokus liegt mittlerweile mehr auf der Qualität der Musik und dem Sound.

Foto linke Seite: privat

„Was heißt leben mit Querschnittslähmung?
Man hat jeden Tag Diskussionen mit verschiedensten Menschen jeglicher Art. Man muss drauf achten, nicht fett zu werden, aber auch zu dünn ist kacke. Druckstellen, Sitzzeiten im Rolli, sonst geht der Arsch auf. Das Ficken geht nicht so, wie und wo man es gern möchte, weil der Lümmel nicht das macht, was er soll. Dann leiert der Darm aus über die Jahre, Scheißen klappt nicht und die Blase funktioniert auch nicht mehr. Da fragt man sich: krasser Körper, wenn nichts mehr geht. Achso: Laufen und Arme nicht mehr bewegen, ist ja auch noch, fast vergessen, wobei das das kleinste an der Geschichte ist. Liege vier Mal dieses Jahr im Krankenhaus und hab keinen Bock mehr auf den Dreck. Aber was willste machen, leben oder sterben? Letzte Woche auf dem Full Force Festival, jetzt dieser Mist hier, ein Gejammer von mir, ich weiß. Das Leben mit Querschnitt ist anstrengender als jeder Beruf. Würde gern wieder mein altes Leben haben und arbeiten gehen. Ich zieh die Kacke weiter durch, weil geile Menschen um mich sind, wofür ich dankbar bin und Kämpfen jeden Tag lohnt.
Bleibt gesund, euer Mr. Wheelchair“

Facebook-Post vom 01.07.2023

Sandra: Funktioniert es auf allen Konzerten und Festivals gut, dass du auch im Rollstuhl einen Platz findest? Ist die Sensibilität für Barrierefreiheit da?

Gabor: Ich kann nur für mich sprechen. Bisher hatte ich damit keine großen Probleme, weil die Menschen alles möglich machen, damit man rein kommt. Wenn man vorher den Veranstalter anruft und mit ihm abspricht, worauf es ankommt, ist es bisher bei mir nie ein Problem gewesen. Ich habe mich aber auch mit anderen Rollstuhlfahrern unterhalten und viele haben Probleme damit. An der Barrierefreiheit kann noch ein bisschen gearbeitet werden. Ich hatte jedoch bisher nie Probleme und war immer drin. Es liegt ebenso an meinen Kontakten und dass ich die Menschen noch von früher kenne. Das Privileg hat vielleicht nicht jeder im Rollstuhl.

Sandra: Zu welchen Konzerten und Festivals gehst du? Ich habe mitbekommen, dass du auf dem Rockharz warst, dem With Full Force, im Conne Island …

Gabor: Ja, vieles im Bereich Hardcore, Punk, auch Metal. Und da machen es viele Menschen möglich, dass ich mich wohlfühle.

Sandra: Wie war der Break für dich? Kannst du beschreiben, wie es zu deinem Unfall kam und die Zeit danach war?

Gabor: Mein Leben davor war sehr rasant und immer auf Vollgas. Mein Unfall passierte am 6. August 2010 und hat mich sehr stark

Foto: privat, Foto rechte Seite: Jörg Baumgarten, Kuckuck Artworks ausgebremst – meinen Körper zumindest, nicht meinen Geist. Mein Kopf will auch heute noch immer Vollgas und das geht nicht mehr so, weil man zeitlich anders planen muss: Wie komme ich irgendwo hin? Wer ist mit dabei und unterstützt mich? Mein Leben hat sich um die Hälfte verlangsamt und ich schaffe nur noch die Hälfte von früher, aber ich kann trotzdem noch überall mit dabei sein. Mein Leben ist im Vergleich zu früher immer noch gut, aber eben anders: viel intensiver, viel emotionaler. Ich nehme Sachen wahr, die ich früher wahrscheinlich niemals wahrgenommen hätte. Ich weiß es sehr zu schätzen, dass ich noch da bin, und an Konzerten teilnehmen zu dürfen.

„Mein Leben ist im Vergleich zu früher immer noch gut, aber eben anders: viel intensiver, viel emotionaler. Ich nehme Sachen wahr, die ich früher wahrscheinlich niemals wahrgenommen hätte.“

Sandra: Was nimmst du intensiver wahr?

Gabor: Früher habe ich auf Konzerten meinen Alltagsstress abgebaut. Dafür ist Hardcore ja auch da. Jetzt fahre ich zu Konzerten, um mich am Leben zu erhalten. Es ist schwierig, das konkret zu beschreiben. Ich bekomme jetzt ebenso mit, wieviele Idioten es gibt. Das habe ich früher nicht so gecheckt. Vielleicht war ich früher auch ein Idiot. Viele Menschen nehmen Rücksicht und helfen. Es gibt jedoch Leute, die einfach darauf scheißen. Das betrifft insbesondere Alltagssituationen. Am schlimmsten ist es beim Einkaufen.

Sandra: Wenn du unangenehme Situationen erlebst, wie gehst du emotional damit um?

Gabor: Da darf man sich nicht reindenken, denn dann geht man kaputt. Man muss ver-

suchen, darüber zu lachen, oder denken: „Du kannst nicht alle retten.“ und sein eigenes Ding dann weiter durchziehen. Die meisten Menschen kann man nicht ändern.

Sandra: Gehen deine Familie, Musikfreunde, Freund:innen sensibel mit deiner Situation um?

Gabor: Ja, die Menschen in meinem engen Dunstkreis gehen sehr gut damit um. Ich möchte jetzt niemanden vor den Kopf stoßen, doch: Manche Freunde denken, sie verstehen mich, aber wenn man dann die Handlungen mitbekommt, merkt man, dass sie gar nichts über Querschnittslähmung und mich wissen. Sie wollen es, doch sie bekommen es nicht hin, weil das Thema auch zu kompliziert ist. Viele können sich da nicht reindenken.

„Laut Musik anmachen und Gespräche mit guten Leuten suchen. Ich habe Menschen in meinem Leben, die es ernst meinen und wirklich zuhören.“

Sandra: Du gehst sehr offen damit um.

Gabor: Ja, auf jeden Fall. Ich bin nicht der Typ, der sich irgendwie schämt. Dann lieber raus damit, damit die Leute wissen, was Phase ist. Damit habe ich null Berührungsängste.

Sandra: Fragen Menschen aus deinem nahen Umfeld, wie es dir emotional geht? Es gibt ja die Frage „Na, wie gehts?“.

Gabor: Ich kann es mittlerweile gut einschätzen, wer es wirklich wissen möchte und wer nicht.

Sandra: Hast du ebenso psychologische und therapeutische Unterstützung erhalten?

Gabor: Ja, im ersten Jahr nach meinem Unfall hatte ich drei Monate einen Psychologen an meiner Seite, der dann meinte, dass es jetzt nicht mehr notwendig sei. Ich kam dann auch ganz gut klar. Mittlerweile habe ich manchmal das Bedürfnis, einen Psychologen zu haben, weil ich mitunter mit meinem Kopf nicht mehr so gut zurechtkomme. Die Corona-Zeit hat mich belastet und die Pflege-Situation ist auf Dauer ebenso nicht gut für meinen Kopf, weil wenig bis keine Leute mehr da sind. Und ich mache mir große Sorgen, wie es in der Zukunft wird. Gefühlt wird es nicht besser, sondern schlechter. Die Krankenhaus-Situation wird auch immer schlechter, weil keine Ärzte, Pflegekräfte etc. mehr da sind. Der Mangel ist krass. Da mache ich mir sehr große Sorgen darüber und das macht meinen Kopf ganz schön matschig.

Sandra: Wie genau hat die Pandemie bei dir gewirkt?

Gabor: Ich konnte wie alle anderen nirgendwo hin, lag den ganzen Tag im Bett und musste hoffen, dass jeden Tag meine Pflegekraft noch kommen kann. Zwei Pflegekräfte sind wegen Corona ausgefallen. Dann hatte ich selbst auch noch Corona. Danach bin ich ins Krankenhaus gekommen und lag da zehn Tage rum. Am meisten haben mir die Konzerte gefehlt. Es war eine lange Zeit und das hat mich schon ziemlich zermatscht.

Sandra: Was machst du selbst bewusst, wenn du merkst, dass es dir nicht gut geht?

Gabor: Laut Musik anmachen und Gespräche mit guten Leuten suchen. Ich habe Menschen in meinem Leben, die es ernst meinen und wirklich zuhören.

Sandra: Was genau bewirkt es bei dir, wenn du zu Konzerten gehst?

Gabor: Abschalten. Freude an der Mugge. Den Alltag mal kurz hinter sich lassen. Der holt einen schnell genug wieder ein. Wenn ich Musik höre und auf Konzerten bin, denke ich über nichts nach. Dann freue ich mich einfach nur, dass ich dort bin und die Zeit genießen kann. Beim Rockharz beispielsweise stand ich mitten in den 20.000 Gästen mit meinem Rollstuhl drin. Das war ein Erlebnis. Ich habe wirklich Menschen, die das mit mir durchziehen.

Sandra: Spürst du in solchen Momenten ganz bewusst das im Hier-und-jetzt-Leben?

Gabor: Ja, aber manchmal kann man all diese ganzen Emotionen gar nicht in dem Moment realisieren. Es prasselt so viel auf einen ein, dass ich mitunter erst zwei, drei Tage später darauf alles erst verarbeite. Manchmal dauert das ein bisschen.

Sandra: Warum fühlst du dich bei Hardcore so wohl?

Gabor: Früher habe ich selbst Gitarre in einer Band gespielt. Ich mag Bands mit fettem Gitarrensound. Das ist für mich das Allerwichtigste. Und es geht auch schon darum, Aggressionen und Druck rauszulassen – also früher mitten in der Crowd beim Pogen. Jetzt kann ich da nicht mehr mitmachen und stehe neben der Bühne. Da bläst mir quasi der Sound von links nach rechts durch den Kopf.

Sandra: Was tut dir sonst noch gut?

Gabor: Gutes Essen. Ich gehe extrem gern essen. Wir grillen, backen und kochen zuhause sehr viel. Ich achte sehr auf meine Ernährung.

Foto: Jörg Baumgarten, Kuckuck Artworks

2018 habe ich mir meinen Magen operieren und kleiner machen lassen und wiege jetzt 48 Kilo weniger. Da möchte ich nicht wieder hin. Dadurch, dass ich keine Bewegung hatte, habe ich jedes Jahr immer mehr zugenommen. Damit war ich nicht mehr glücklich und habe mir eben 2018 Hilfe gesucht. 1/3 meines Magens wurde mir rausgeschnitten und damit kann ich jetzt weniger essen. Weil ich weniger esse, kann ich mir teureres Essen leisten.
Ich mache auch viele Ausflüge und Urlaub.

Sandra: Schreibst du Tagebuch?

Gabor: Das nicht, wobei es keine schlechte Idee wäre. Ich schreibe viele Posts.

Sandra: Ja, und für mein Empfinden helfen diese vielen Menschen und anderen Betroffenen, weil du sehr authentisch mit allem umgehst.

Gabor: Das stimmt. Viele andere Betroffene schreiben mir oft auch privat: „Du sprichst mir aus der Seele.“

Sandra: Kann man sagen, dass du für andere Menschen und Betroffene ein Vorbild bist? Ein Inklusions-Aktivist?

Gabor: Ich selbst bin mir nicht bewusst, was das mit anderen Leuten macht. Aber irgendetwas macht es mit vielen Menschen, weil ich schon viel positives Feedback erhalte.

Sandra. Sprichst du auch mit anderen Betroffenen, gibt es so etwas wie eine Community?

Gabor: Ich habe ein, zwei Kumpels im Rollstuhl, mit denen spreche ich viel. Oder wenn ich in einer Klinik bin, treffe ich andere Menschen im Rollstuhl. Doch ich fühle mich manchmal da nicht so dazugehörig, weil 70% der Rollstuhlfahrer nur übers Kacken erzählen ... Darauf habe ich keinen Bock, weil das Leben schon noch aus etwas Anderem bestehen sollte als aus diesem Blasen-Darm-Kram.

Sandra: Du versuchst dein Leben so „normal“ wie möglich zu gestalten. Du schaffst dir deine Inhalte für deinen Alltag. Du gehst auch ins Tattoo-Studio.

Gabor: Ja, ich fahre dafür nach Berlin. Oder wir machen es hier zuhause. Soviel Platz habe ich nicht mehr auf meinem Körper. Ein zwei Mal noch und dann ist alles voll.

„Meine Lieblingsoma fand Tattoos immer ganz schrecklich. Als sie gestorben war, habe ich so richtig durchgestartet. Sie würde bestimmt schimpfen.“

Sandra: Welche Bedeutung haben Tattoos für dich?

Gabor: Ich mache mich immer ein bisschen über Leute lustig, die sagen, dass das Tattoo die und die Bedeutung hat. Doch das muss jeder selbst wissen.
Mein Opa hatte hässliche Tattoos auf seinem Unterarm und das fand ich immer sehr cool. Dann wollte ich Rockstar werden und Rockstars sind eben nun einfach mal zugetackert. Dann habe ich mit 17 angefangen. Es wurde zu einer Sucht. Solange ich nicht voll war, fühlte es sich so unfertig an. Jetzt bin ich volltätowiert. Meine Lieblingsoma fand Tattoos immer ganz schrecklich. Als sie gestorben war, habe ich so richtig durchgestartet. Sie würde bestimmt schimpfen.

Sandra: In deinem Post stand ebenso, dass du jeden Tag kämpfen musst. Was wünschst du dir für deinen Alltag und die nächste Zeit?

Gabor: Ein ruhiges Leben. Dass die Welt insgesamt ein bisschen ruhiger wird. Scheiß Kriege. Es ist eine Katastrophe,

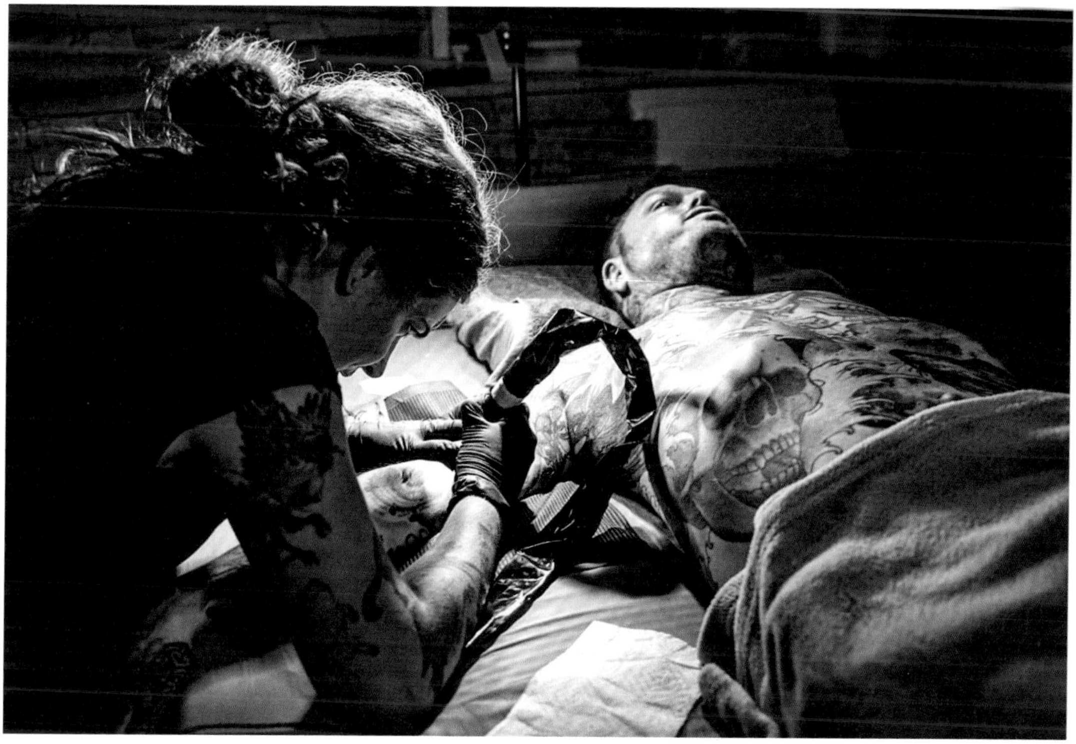

wenn man sieht, was überall los ist. Ich wünsche mir ansonsten, weiterhin in Frieden zu leben. Und von unserem trockenen Dach würde ich sehr gern anderen Menschen etwas abgeben.

Sandra: Und für dich persönlich?

Gabor: Weiter auf Konzerte und schön Essen gehen. Ruhig morgens aufwachen, raus in meinen Garten und die Ruhe genießen. Bei mir herrscht immer viel Trouble. Ich kann manchmal das Viele um mich herum nicht gut ab. Ich bin gerne auch für mich alleine. Das liegt eben daran, dass ich eine 24-Stunden-Pflege habe und brauche. Es geht nicht ohne. Ich muss versuchen, mir ein bisschen meinen Freiraum zu schaffen. Das ist mitunter etwas anstrengend und belastend. Mir geht es hier in meiner eigenen Wohnung natürlich gut.

Foto: Jörg Baumgarten, Kuckuck Artworks

„ICH WOLLTE NIE AKTIVISTIN WERDEN. JETZT WERDE ICH IMMER AKTIVISTISCHER, WEIL DIE NADELSTICHE IMMER EXTREMER WERDEN.“

Interview mit Itje Kleinert

von Sandra Strauß

Itje Kleinert
1984 geboren in München
1996 Realschule Pfennigparade
2001-2002 College in England
2002-2005 Fachoberschule für Gestaltung
2005-2006 Praktikum im Referat für Öffentlichkeitsarbeit
2006-2008 Ausbildung als Veranstaltungskauffrau
ab 2009 Fotografin
2011 Einstieg bei dieKLEINERT.de
2020 Expertin in eigener Sache bei Initiative Barrierefrei feiern
2022 Geschäftsführerin dieKLEINERT.de

Sandra: Du ergänzt deinen Namen mit „she/her", damit die Leute wissen, mit welchen Pronomen du angesprochen werden möchtest. Warum ist dir das ein wichtiges Anliegen?

Itje: In der Initiative Barrierefrei Feiern, in der wir auch ein Awareness-Team haben, sind wir für jeden Ansprechpartner. Und insbesondere wenn wir Workshops geben, möchten wir aware den Teilnehmenden zeigen, wie die Welt aussehen kann: mit Respekt und allem Möglichen. Vor allem die jungen Leute, die Generation Z, benutzen das.

Sandra: Was bedeutet „Barrierefrei feiern" und was macht ihr?

Itje: Wir sind ein Pool von 30 Leuten über ganz Deutschland verteilt, die weitestgehend auch im Musikbereich arbeiten. 2008 ist das europäische UN-BRK-Gesetz geltend geworden, welches Deutschland mit der kulturellen Teilhabe für alle anerkannt hat. Seitdem ist aber nichts passiert. Wir sind ebenso das einzige Team, die einzige Organisation, die Experten in eigener Sache sind. Wir haben alle eine Behinderung, sichtbar oder nicht sichtbar. Es gibt in Deutschland ganz viele Institutionen, die von nichtbehinderten Menschen gemacht werden und bei denen über behinderte Menschen gesprochen und gehandelt wird, und bei denen diese vielleicht für Fotos nach vorne geschoben werden.
Man kann ebenso feststellen, wie sich nichtbehinderte Menschen über Menschen mit Behinderung einfach hinwegsetzen, damit sie sich auch wieder besser fühlen. Diese Sache mit: mal ausprobieren, wie es im Rollstuhl ist, wie es ist, blind zu sein, wie es sich anfühlt, eine Behinderung zu haben. Das ist im ersten Moment vielleicht aware und sensibel, aber im Nachhinein ist es vom Gedankenmuster her so, dass diese Menschen wieder aufstehen, die Augenklappe abziehen und sagen können: „Ach, habe ich es doch gut."

Foto linke Seite: Yannick

Ich wollte nie Aktivistin werden. Jetzt werde ich immer aktivistischer, weil die Nadelstiche immer extremer werden. Wir haben in einer Abteilung des öffentlichen Dienstes einen Workshop gegeben und da hieß es: „Ja, da kommen aber nur 30 Rollstuhlfahrer.“ Wenn es auch nur ein oder zwei Rollstuhlfahrer wären, braucht es die Barrierefreiheit. Auch nichtbehinderte Menschen würden lieber diesen barrierefreien Weg nutzen, weil er einfacher ist. Es würde also allen Menschen helfen.

„Doch in meiner Ausbildung wurde ich von meiner Chefin gemobbt und zwei Jahre richtig gepiesackt, ohne dass ich es so richtig gemerkt habe. Dann war ich drei Jahre arbeitsunfähig und hatte zehn Jahre eine schwere Depression.“

Gerade im Kultur- und Musikbereich ist diesbezüglich noch fast gar nichts vorhanden, weil auch vieles privatwirtschaftlich ist. Für den öffentlichen Raum muss es per Gesetz so umgesetzt werden, wenn etwas neu gebaut wird. Aber Privatinstitutionen müssen es jetzt nicht unbedingt machen und meistens ist es natürlich ein Kostenfaktor. Vieles kostet jedoch auch nix: einfach nur die Sensibilisierung dafür, dass auf der Homepage stehen würde, dass die Location zum Beispiel nicht nicht barrierefrei ist, würde schon sehr vielen Menschen helfen.

Sandra: Was macht ihr neben Workshops noch aktiv?

Itje: Wir sind vor Ort und machen Ortsbegehungen, ob es barrierefrei ist. Ein nichtbehinderter Mensch kann nicht entscheiden, ob etwas barrierefrei ist, egal wie gut er sich auskennt.

Sandra: Wie habt ihr euch als Initiative gefunden?

Itje: Ausschlaggebend war Elnaz Amiraslani. Sie ist Veranstaltungskauffrau, Konzertveranstalterin, Band-Managerin und hat überall bei Festivals mitgearbeitet. Sie managte die Band blind & lame – ein Mutter-Tochter-Duo, die Mutter ist blind und die Tochter Rollstuhlfahrerin. Bei der Tourplanung hat sie festgestellt, dass die Spielstätten oft auch für Musiker nicht barrierefrei sind und sie gar keine Möglichkeit haben aufzutreten. Sie wurde dann aktiver und aktiver und hat bei einem Festival Felix Brückner kennengelernt. Beide haben dann alles zusammen gestartet. Wir haben uns alle 2020 zu einem Kickoff in Nürnberg getroffen, sind jetzt mittlerweile 30 Leute und haben die gemeinnützige Organisation WIR KÜMMERN UNS gegründet.

Sandra: Du gehst selbst sehr viel auf Konzerte. Wie ist es da für dich?

Itje: Der große Vorteil, dass ich das überhaupt mache, ist, dass ich seit 2009 Konzert-Fotografin bin – sonst würde ich nämlich auch gar nichts sehen. Ich habe jetzt mein eigenes Musikmagazin. Ursprünglich habe ich bei einem Magazin angefangen, das sich dann 2014 aufgelöst hat, und danach gründete ich mein eigenes Musikmagazin: online, non profit.

Ich habe ursprünglich Veranstaltungskauffrau mit dem Fokus gelernt, dass ich Musik-/Tourmanagerin werde. Ich wollte in der Musikbranche arbeiten, Musik ist einfach meine größte Leidenschaft. Doch in meiner Ausbildung wurde ich von meiner Chefin gemobbt und zwei Jahre richtig gepiesackt, ohne dass ich es so richtig gemerkt habe. Dann war ich drei Jahre arbeitsunfähig und hatte zehn Jahre eine schwere Depression. Sagen wir mal so: Sie war nicht der Grund, aber sie war der Auslöser. Sie hat die Stellen gefunden, mit denen ich mein ganzes Leben lang irgendwie gehadert habe.

Mit der Depression habe ich mich nicht mehr aus dem Haus getraut: Die Kinder haben mich ausgelacht, ich hatte Verfolgsungswahn, alles Mögliche ... Die Musik hat mich irgendwie nach vorne geleitet, ich wollte raus zu Konzerten und besorgte mir in dieser Zeit eine Kamera. Hinter der Kamera konnte ich mich verstecken. Dann fing ich an, die Konzerte zu fotografieren. Ich kannte die Münchner Musik-Szene ganz gut und konnte bei den Münchner Bands ein bisschen anfangen zu fotografieren. Im Atomic Café war ich die Haus- und Hof-Fotografin. Sonst wäre ich gar nicht aus dem Haus gekommen. Am Anfang machte ich das aus therapeutischen Gründen.
Es ist meine Leidenschaft, es macht mir Spaß und ich muss nicht davon existieren. Hauptberuflich bin ich Repräsentantin für Illustratoren mit einem Bildarchiv für Illustrationen und politischen Karikaturen.
Durch die Initiative Barrierefrei Feiern bin ich zu so krassen Kontakten gekommen, dass ich als Fotografin für Festivals engagiert werde. Oder ich bin jetzt auch in der Kartei der Fotograf:innen für den Oberbürgermeister, weil wir da bei einem Kulturempfang mit Schwerpunkt Inklusion waren, ich dort fotografiert und sehr positives Feedback erhalten habe.

Sandra: Hast du in den letzten Jahren im Musik-Konzert-Bereich eine Veränderung wahrnehmen können?

Itje: Der Frauenanteil bei Fotograf:innen im Graben ist mehr geworden. Aber Tourfotografen sind meistens immer noch männlich, alle, außer bei zwei, drei Bands.
Im Nachhinein ist mir aufgefallen, dass ich vor allem nur männliche Musiker fotografiert habe. Ich mochte die Frauen nicht fotografieren, weil sie sich auf der Bühne immer so theatralisch gaben, und es nicht natürlich wirkte. Aber wenn du das ganze System dahinter verstehst, was jetzt all die Jahre hochgekommen ist, dann wollen und müssen sie mehr geben, um gesehen zu werden. Sie müssen auffallen. Ein Mann steht einfach nur da und wird angehimmelt. Es kommen mittlerweile richtig tolle Frauen als Musikerinnen hervor. Das freut mich sehr.

Sandra: Hattest du schon mal Angst auf Konzerten oder bei Veranstaltungen?

Itje: Ja. Ich schaue den Leuten von der Höhe her auf den Po. Wenn es da ein bisschen eng ist, bekomme ich die Ellenbogen ins Gesicht. Außerdem habe ich berechtigte Angst, erdrückt zu werden. Deswegen muss ich große Menschenmengen meiden und aus diesem Grund ist der Bühnengraben meist mein einzig sicherer Ort.

Sandra: Erfahrt ihr, erfährst du im Musikbereich auch Diskriminierung?

Itje: Diskriminierung ist, dass wir eine Veranstaltung gar nicht erst besuchen können, weil es nicht barrierefrei ist.

Sandra: Kannst du beim Thema Awareness eine Entwicklung feststellen? In meiner Jugend und aktiven Konzert- sowie Festivalzeit gab es diesen Begriff in dieser Art noch gar nicht.

Itje: Ja, weil ich da selbst aktiv mit drin stecke. Wenn das nicht so wäre, würde ich es wahrscheinlich auch nicht so sehr mitbekommen. Ich glaube, dass es jetzt andere Gesetze gibt, dass es sein muss. Und ich glaube auch, dass die Generation Z da eine Vorreiterrolle einnimmt. Sie denkt anders als die Boomer-Generation. Der Individualismus kommt zurück und deswegen wird da auch Rücksicht genommen. Es ist ebenso eine Sache, die typisch deutsch ist. Ich denke, dass es in anderen Ländern eine ganz andere Handhabe gibt, wie mit Menschen mit Behinderung umgegangen wird. Das hat alles noch mit der Euthanasie zu tun. Bei Menschen mit Behinderung wird von

Kindesbeinen an ausgesondert. Sie gehen in den Sonderkindergarten und werden in die Sonderschulen gebracht. Menschen mit Behinderung haben gar keine Chance, in das normale Leben reinzukommen. Dann kommen sie in Behinderten-Werkstätten, die wirklich gruselig sind und kein Arbeitsrecht haben. Sie müssen dort vielleicht für 2 EUR am Tag arbeiten – und zufällig kostet das Essen auch 2 EUR. Und irgendwelche Leute posaunen dann hinaus, dass sie Sozialarbeit leisten. Geld kommt genügend rein, aber es kommt nicht bei den behinderten Menschen an. Sozial muss sich hier in Deutschland noch ganz viel ändern.

„Die Kinder verurteile ich überhaupt nicht und versuche auch, mit ihnen zu reden. Doch die Eltern stehen einfach nur daneben und tun nichts."

Kinder lachen, starren mich an und zeigen mit dem Finger auf mich. Die Kinder verurteile ich überhaupt nicht und versuche auch, mit ihnen zu reden. Doch die Eltern stehen einfach nur daneben und tun nichts. Und wenn man sie anspricht, fühlen sie sich ertappt und reagieren aggressiv. Ich war mit 15 das erste Mal in London und nach zwei Tagen ist mir aufgefallen: Irgendwie fühlte ich mich dort wohl. Und ich merkte, dass ich nicht ein einziges Mal angestarrt wurde. Einmal haben mich zwei Kinder leicht angeschaut und da hat sich die Mutter gleich entschuldigt. Auch wenn ich in Österreich bin, ist das überhaupt kein Problem.

Sandra: Wie bist du früher damit umgegangen und wie gehst du jetzt damit um? Weil: Es macht ja was mit einem, es wirkt ja, oder?

Itje: In der Depression war es ganz extrem und da war es für mich auch ganz extrem, dass mich die Kinder angeschaut haben. Da habe ich auch einen Blog gemacht: The kids staring at me. Und ich merkte: Wenn es mir persönlich gut geht, dann schauen die Kinder auch nicht. Also muss ich aufpassen, dass es mir gut geht. Ich weiß nicht, woran es liegt, ob man das dann ausstrahlt. Doch wenn es mir schlecht geht, habe ich nicht die Kraft dazu. Und da beißt sich die Katze in den Schwanz. Dann kommen die Kinder auf einen zu oder ebenso Erwachsene und machen komische Gesten und dann geht es einem hinterher wieder noch schlechter. Deswegen muss ich darauf achten, dass es mir gut geht. Das ist schwere Arbeit. Das ist wie ein Muskel, den man trainieren muss.

Sandra: Was tust du aktiv, damit es dir gut geht?

Itje: Ich habe jetzt über zehn Jahre Therapie hinter mir. Ich habe dadurch für mich persönlich meine Tricks gefunden. Ich weiß nicht, ob sie anderen helfen.

Sandra: Magst du gerne ein, zwei Beispiele nennen?

Itje: Wirklich nur positive Sachen machen, die einem gut tun. Ich liebe zum Beispiel Musik von Radiohead oder Sigur Ros. Diese höre ich aber seit Jahren nicht mehr, weil sie einfach so traurig ist. Momentan höre ich einfach nur ganz fröhliche Musik oder Punk, wo man so richtig Energie rauslassen kann.
Sich etwas Gutes tun, aber auch zu erkennen, was einem gut tut. Mir tut gesundes Essen oder selber kochen gut. Das mache ich nicht immer und manchmal habe ich keinen Hunger, also zwinge ich mich dazu. Es ist eben wie beim Muskelaufbau und -training.

Sandra: Ja, das habe ich durch unsere Bücher ebenso gelernt: Man muss die Sachen auch trainieren, wenn es einem gut geht, damit man diese anwenden kann, wenn es einem schlecht geht.

Itje: Zum Beispiel ist diese Woche eine total arbeitsreiche Woche. Kulturempfänge, ich muss raus ... Einerseits bin ich introvertiert, andererseits bin ich extrovertiert. Ich kann gut Smalltalk und bin gern unter Menschen, aber ich brauche danach unheimlich viel Zeit für meine Batterieaufladung und dann genieße ich es ebenso, keinen einzigen Termin und wirklich nichts zu tun zu haben, außer im Büro zu sein.

Sandra: Das kann ich sehr gut nachvollziehen. Therapie hat dir geholfen? Was hast du da für dich mitgenommen?

Itje: Wo diese ganzen Gefühle herkommen. Also generell Gefühle zu spüren. Ich habe zehn Jahre lang quasi nichts gespürt: nicht mal Wut, wenn, dann nur Traurigkeit. Und diese Traurigkeit war Wut. Ich werde jetzt ganz schnell wütend und ich bin sehr froh, dass ich diese Wut verspüre, weil sie mir Kraft gibt. Das ist auch die richtige Wut. Bei meiner Depression war es so, dass ein Gefühl vom Körper falsch geschildert wurde, und das kostete mich so viel Kraft. Also diese natürlichen Gefühle werden in Traurigkeit oder in Peinlichkeit umgewandelt – das ist unnatürlich und kostet so viel Kraft, dass der Körper das nicht mehr verarbeiten kann.
Ich hatte fünf verschiedene Therapeut:innen und war zehn Wochen in der psychosomatischen Klinik. Ich habe viele Seminare und Familienaufstellungen mitgemacht. Ich habe ebenso viel Unaufgearbeitetes von meinen Eltern, von meinem Vater getragen. Bei der Generation Z gehen auch viele zu Therapeuten, weil sie nicht die Sachen ihrer Eltern tragen wollen.
Bei den jungen Menschen gibt es natürlich ebenso unsensible Jugendliche. Es splittet sich momentan. Armut/Reichtum spaltet sich, die Gesellschaft spaltet sich, Empathie/Egoismus spaltet sich, Wetter spaltet sich in ganz heiß oder ganz kalt ... Es gibt sehr viele Extreme, es gibt nichts mehr in der Mitte.

„Ich habe zehn Jahre lang quasi nichts gespürt: nicht mal Wut, wenn, dann nur Traurigkeit. Und diese Traurigkeit war Wut."

Sandra: Es gibt nicht viele Menschen, die ganz offen zugeben, dass sie die Traumata ihrer Eltern mit tragen. Wir reden hier ja immer noch von der Nachkriegsgeneration.

Itje: Der Vater meines Vaters ist ihm Krieg gefallen, galt jedoch acht Jahre lang als vermisst. Und mein Vater hat in dieser ganzen Zeit immer gehofft, dass er wieder zurückkommt. Seine Mutter hat währenddessen geheiratet. Für seine Mutter war das damals so wichtig, weil sie ansonsten die Familie nicht hätte ernähren können. Er wollte mir all das nicht bewusst und absichtlich übertragen, doch es wirken da so Systeme, die man irgendwie nicht stoppen kann.

Sandra: Es geht hier auch gar nicht darum, dass dich deine Eltern nicht gut behandeln. Eltern können ganz lieb zu ihren Kindern sein, versuchen, alles richtig zu machen, und dennoch werden Sachen durch ihr Verhalten übertragen/mitgegeben. Bestimmte Sachen/Traumata werden ja auch mit vererbt ... also ich bin da jetzt keine Spezialistin.

Itje: Ich hatte schon als Säugling immer Albträume und hatte fast mein ganzes Leben lang durchgehend Albträume. Ich habe ein homöopathisches Mittel, das mir hilft, und dadurch habe ich keine Albträume mehr. Ich bin mit Homöopathie aufgewachsen. Und ja, in der Corona-Zeit habe ich gemerkt, dass ich die Homöopathie-Szene nicht mag und nicht mehr ertrage. Da befand ich mich in einem Zwiespalt. Mir hilft das Mittel und dadurch geht es mir psychisch besser – und auch wenn es nur ein Placebo ist. Wenn es dir psychisch gut geht, geht es dir auch körperlich gut.

„ICH GLAUBE, DASS DICH EINE DEPRESSION, WENN SIE DICH ERST EINMAL ERWISCHT HAT, NIE GANZ GEHEN LÄSST.“

Interview mit Sven Kabelitz

von Sandra Strauß

Planlos wuselte der mitten in den 1970ern geborene Frankfurter Bub, der ich bin, durch seine Kindheit, Jugend und die Zwanziger. Wie in einer Nussschale ließ ich mich von den Wellen treiben. Dies brachte mich an einen fremdartigen Ort, an dem man seltsame Rituale wie etwa den Jahresabschluss feierte: in die Buchhaltung. Am Ende befreiten mich ausgerechnet ein Kavernom, eine Gehirnblutung und eine anschließende Kopf-OP aus den Fängen dieses Monsters. Überraschenderweise stellten andere fest, dass ich offenbar ganz nett Wörter aneinander reihen kann. Was dazu führte, dass ich seitdem für laut.de Musikkritiken schreibe und Interviews führe. In meiner nach dem Stereo Total-Lied benannten Reihe „Die Frau in der Musik” (ein Titel, mit dem ich nie wirklich warm wurde) lieferte ich 2017 den „Es gibt gar keine guten Musikerinnen!”-Schreier:innen 365 Gegenbeweise aus unterschiedlichen Genres. Dazu hinterließ ich Schriftzeichen in anderen Veröffentlichungen – wie etwa dem Musikexpress oder dem „These Girls”-Buch, erschienen beim Ventil Verlag.

Sandra: Du wärst beinahe an einer Gefäßmissbildung im Kopf gestorben. Was genau ist passiert?

Sven: Ich hatte im Gehirn eine Gefäßmissbildung, die sich Kavernom nennt. Die können da ein Leben lang sein, ohne groß etwas anzustellen. Viele Menschen leben ihr ganzes Leben mit einem oder mehreren Kavernomen, ohne es überhaupt zu merken. Wenn sie sich aber doch melden, kann da einiges schief gehen.
In meinem Fall hat es 2006 geblutet, was mir nicht sofort bewusst wurde. Ich hatte zwei Tage lang Schwindel, konnte nicht richtig sehen und hatte weitere Symptome. Mein damaliger Arzt meinte, das hätte sicher etwas mit dem Mittelohr zu tun. Knapp daneben. In den nächsten Monaten hatte ich zunehmend Probleme beim Sprechen und Rechnen, aber wie das so ist: Geh nicht zu Ärzt:innen, die stellen nur etwas fest! Anfang 2007 ging es mir dann aber zunehmend schlechter, weswegen mich ein anderer Arzt ins Krankenhaus einweisen ließ. Dort wurde eher durch Zufall ein MRT gemacht und das Kavernom entdeckt. Da es schon geblutet hatte, riet man mir zu einer OP.

Sandra: Welche Auswirkungen hatte das auf dein Leben und wie hat sich dein Leben dadurch verändert?

Sven: Nach der OP bin ich mit einigen Einschränkungen aufgewacht. Ich konnte nur noch schlecht sprechen, meine rechte Seite war taub. Schreiben konnte ich nicht mehr und musste selbst die einfachsten Wörter neu erlernen. Rechnen und Vorlesen fallen mir bis heute schwer. Informationen zu filtern, war zu Beginn nahezu unmöglich. Kopfschmerzen gehören bis heute zu meinem Alltag. Wie sich zudem herausstellte, kam auch noch eine Epilepsie hinzu. Die habe ich aber seit zwei Jahren dank einer guten Medikation endlich im Griff. Hinzu kamen viele weitere, kleinere Einschränkungen. Den Ärzt:innen, die die OP durchführten, mache ich deswegen aber keine Vorwürfe. Am Ende haben sie in einer seltsamen Masse herumgeschnitten, von der bis heute gerade einmal 20% wirklich erforscht werden konnten. Ich bin ihnen dankbar, weil bei einer weiteren Blutung mein Leben ganz anders ausgesehen hätte – wenn ich überhaupt noch da wäre.

Sandra: Hast du eine Therapie gemacht und/ oder bist du in therapeutischer Behandlung?

Sven: Ohne Therapien und meine heutige Frau wäre ich jetzt wohl nicht mehr hier. Es war nicht nur die OP, sondern mir bröselte zu dem Zeitpunkt alles weg. Meine damalige Frau kam mit der Situation nicht zurecht und verließ mich. Ich habe meinen Job verloren. Mein damaliger Chef hat mich regelrecht gemobbt, mich von Beginn an unter Druck gesetzt („Sie müssen aber zu 100% wieder fit werden!"), mir im Flur Sachen wie „Verstecken sie sich nicht hinter ihrer Behinderung!" gesagt. Wer mich kennt, weiß, wie wenig das der Wahrheit entspricht. Ein Familienmitglied erkrankte zudem an Krebs. Ich habe das alles nur im Blindflug überstanden. Als alles halbwegs vorbei war und ich mein Leben wieder etwas geordnet hatte, realisierte ich erst alles und landete in einer tiefen Depression. Bei jeder einfahrenden U-Bahn wollte ich mich davorfallen lassen. Warum ich es nicht getan habe, weiß ich nicht.
Das war der Punkt, an dem ich mir schnellstmöglich eine:n Psychiater:in gesucht habe. Es wäre nicht mehr lange gut gegangen. Das und zwei Rehas, in denen auch die Psyche eine Rolle spielte, haben mir geholfen. Dazu kamen viele Stunden bei Logopäd:innen. Sie haben mir aber nicht so viel gebracht. Ich bin lieber von Beginn an dahin gegangen, wo es weh tut. Phrasenschwein, ich hör dir trapsen! Aber ich habe trotz meiner Einschränkungen immer versucht zu sprechen, zu schreiben, mit Menschen in Kontakt zu bleiben. Zudem bin ich sehr offensiv mit meiner Behinderung umgegangen, habe also immer gesagt, woher das Stottern, die Wortfindungsstörungen, die Ticks etc. kommen. Verstecken hätte eh nicht funktioniert. Dieses Offensive in allen Bereichen hat mir nach und nach am meisten geholfen.

Foto linke Seite: privat

Auch wenn es – das möchte ich ganz deutlich sagen – viele Tage gab, an denen ich mich einigeln wollte. Letztendlich hat mir das über Umwege auch den Job bei laut.de eingebracht, der mich durch das Schreiben von Musikkritiken und das Führen von Interviews so viel weiterbrachte. Vor der OP hatte ich gerade einmal in meiner Schulzeit zwei Musikkritiken für die Schülerzeitung geschrieben, die ich komplett vergessen hatte. Am Ende ist dieser Job für mich die beste Reha gewesen.

Sandra: Was hilft dir, um ein Klarkommen zu finden?

Sven: Meine Frau, mein Hund, Psychiater:innen und letztendlich wohl auch mein kleines Stehaufmännchen, das sich tief in mir versteckt. Zudem bin ich trotz meines melancholischen Kerns mit einer großen Portion Humor und Selbstironie ausgestattet. Zudem habe ich mich nie mit dem Gedanken „Warum ausgerechnet ich?" beschäftigt, weil mir die Gegenfrage „Warum nicht?" sofort bewusst war. Zusammen mit einem Blick auf all die Verbesserungen in den mittlerweile 17 Jahren seit der OP hilft mir das die meiste Zeit über, einen Weg durchs Leben zu finden. Es gibt aber auch immer wieder einmal Einschläge, in denen ich mir das sehr bewusst machen muss. Ich glaube, dass dich eine Depression, wenn sie dich erst einmal erwischt hat, nie ganz gehen lässt. Man lernt aber, auf die Warnsignale zu achten, kann besser versuchen gegenzusteuern und sich rechtzeitig Hilfe holen.

Sandra: Wie hilft dir Musik? Und welchen Stellenwert hat Musik in deinem Leben?

Sven: Er könnte wohl kaum größer sein. Musik hält mich seit meinen Pre-Teen-Tagen zusammen. In nichts anderes habe ich so viel Zeit investiert. Wer hätte ahnen können, wie sehr mir das irgendwann hilft, am Leben zu bleiben. Ich bin zwar ein grauenhafter Sänger, aber auf eine andere Art und Weise hat mir Musik geholfen, nach der OP meine Stimme wieder zu finden, sie eigentlich erst zu entdecken. Ohne würde ich mein Leben wohl als Bilanzbuchhalter fristen. Stattdessen ist das Ulkige an all dem Schlechten, das passiert ist: Trotz aller Einschränkungen und Tiefen, durch die ich gegangen bin, bin ich heute an einem besseren Ort als damals. Ohne das Kavernom und die OP hätte ich nie meine Frau kennengelernt, hätte auch nie für laut.de, den Musikexpress und andere Magazine und Veröffentlichungen gearbeitet. Ich hätte nie Interviews mit Menschen geführt, die ich als Kind und Teenager bewundert habe.
Aber so leicht das hier vielleicht stellenweise klingen mag: Es war dennoch oft ein harter Kampf. Wenn es aber mal wieder düster wird, hilft mir jedoch das Wissen, durch diese schwere Zeit gekommen zu sein, und wieviele wundervolle Momente ich danach erlebt habe. So lange noch nicht alles vorbei ist, können immer wieder neue davon da draußen warten. Die will ich keinesfalls verpassen.

SOUNDTRACK OF MY LIFE

Jennifer Sonntag

Als Teenagerin prägten mich die Alben der frühen **Toten Hosen** und der **Abstürzenden Brieftauben**. Baseline dieser Jahre waren auch die **Sex Pistols**, insbesondere Sid Vicious. Ich hörte aber viel Deutsch-Punk und die Songs der Sampler „Schlachtrufe der BRD" und die darauf vertretenen Bands trugen mich durch diese Zeit. Lieblingssong damals: „Abend in der Stadt" von **Aufbruch**.

In meinen 20ern glitt ich in die schwarze Szene über. Die Playlist meiner Goth-Favorits ist zu lang. Persönlich am bedeutsamsten war für mich **Lament**, da deren Gründungsmitglied mein Partner wurde. Gut und schlecht zugleich, einen Musiker zu daten, denn das verändert die Beziehung zu Musik und umgekehrt. Dennoch und gerade deshalb möchte ich für diese Dekade Lament mit dem Live-Album „Schwarze Weihnacht" und dem Song „Winter" nennen.

Heute empowern und begleiten mich: **Blond**, **Mia Morgan**, **Tränen**, **Elif**, **Casper**, **Drangsal** und K**raftklub**
Mein Lieblingsalbum: „XOXO" von **Casper**
Lieblingssong: „Keine Angst" von **Casper** und **Drangsal**, allerdings vom Album „Lang lebe der Tod"

Gabor Schneider

Isolated – „Geh deinen Weg"
Punishable Act – „My Way"
Full Speed Ahead – „Good Night White Pride"
Desweiteren Bands mit gesellschaftskritischen Texten wie **Broilers**, **Heaven Shall Burn** und **Feine Sahne Fischfilet**

Itje Kleinert

Geprägt haben mich **Sigur Rós**, **Die Ärzte**, **Radiohead**, **M.I.A**, **Vampire Weekend**, **Jamie T** und **The Streets**. Aber eigentlich noch viele, viele mehr …

Sven Kabelitz

Den Soundtrack meines Lebens füllt die Neugierde nach neuer Musik. Hier nun einzelne Songs, Alben oder gar Genres aufzuzählen, die mich irgendwie beeinflusst haben, würde dieses Buch sprengen.

Wohl das prägendste Konzert meines Lebens war **Neil Young** in Frankfurt am 14. Juli 1996. Es war so schlecht, dass ich es noch vor dem Ende verlassen habe und seitdem ein gespaltenes Verhältnis zu dem Mann pflege. Vor Beginn standen zwei lästernde alte Herren, wahrscheinlich jünger als ich heute, vor mir und spuckten auf die von mir damals innig geliebten **Pearl Jam**. Sie hatten gerade mit Young ein Album aufgenommen, könnten es aber laut der beiden niemals mit „Crazy Horse" aufnehmen, weil nur das wahre Musik sei. In dem Moment wusste ich, dass ich niemals so werden wollte, sondern immer offen für neue Musik bleiben möchte. Das bewahre ich mir bis heute. Wenn einem ein Musikjahr oder gar ein -jahrzehnt schlecht vorkommt, hat man sich nur zu wenig damit beschäftigt. Also: Always stay curious.

Foto linke Seite: privat

#nicht gesellschaftsfähig
I WANNA BE WELL

AUGEN AUF BEI DER BERUFSWAHL: BORDERLINE UND BÜHNE

von Anne Martin

Ich hasse Musik.
Eine Haltung, die Stumpen und Knorkator in gleichnamigem Titel schon 2003 voller Vehemenz skandierten (Ohrwurm? Sehr gerne.), fasst das zusammen, was Menschen mit Borderline wohl die Hälfte der Zeit empfinden. Die andere Hälfte ist dafür da, voller selbstzerstörerischer Ekstase darin aufzugehen und sich jeden Vers als Lebensmaxime oder gerade richtige Medikamentierung zum jeweiligen Zustand aufs Revers zu schreiben. Dazwischen gibt es nichts. Hass und Liebe. Schwarz und Weiß. Gut und Böse. Belebend und giftig.

Dumm nur (oder auch sehr weise, aber keinesfalls etwas dazwischen), dass die Musik als Urmittel menschlichen Ausdrucks des Inneren a) ausgerechnet auch noch maßgeblich zur Kommunikation mit anderen beiträgt, was für Borderline-Persönlichkeiten das Non plus Ultra oder die Kugel in den Kopf bedeuten kann, und sie b) zudem fast ausschließlich verkappte Charaktere in ihren Bann zieht, sie dazu versklavt, ihr in Passion und Profession das ganze Leben zu widmen.

Einer dieser dummen wie weisen Charaktere bin ich: Musikwissenschaftlerin mit dem Schwerpunkt auf Soziologie und Anthropologie (Ausgerechnet! Schon wieder so viel mit Kommunikation unter Leuten.). Sängerin, vorrangig im Jazz, die Heil wie Flucht auf der Bühne sucht – natürlich Show inklusive, weil es keinen besseren Anlass gibt, seine Alltagsmaske in aufreizendes Glitzer zu tünchen und somit noch mehr den Anschein zu erwecken, man hätte alles mega im Griff. Denn zu alledem und darüber hinaus lebe ich mit einer Borderline-Störung, die, wie oben angedeutet, nur zur Hälfte wirklich stört, zur anderen Hälfte aber ein Segen ist, was ich im Spektrum der ersten Hälfte natürlich niemals zugeben würde.

Dass Musik seit jeher eine heilende wie lindernde Wirkung für die menschliche Psyche hat, die dabei nicht einmal mit starken Problemen belastet sein muss, sondern manchmal nur ein gutes Gefühl vermittelt, wenn sie einfach vor sich hindudelt, ist erwiesen. Achtung! Das gilt aber in den meisten Fällen nicht für Borderline-Menschen, weil der bei ihnen ohnehin schon immerwährende Input und das damit verbundene Stresslevel (Tinnitus, Gedankenkarussell, Ausführen von inneren und äußeren Zwängen etc.) durch eine beiläufige Geräuschkulisse noch stark potenziert werden und im schlimmsten Fall heftig triggern kann.

Darum ist es auch mir nur möglich, Musik in von mir festgelegten Dosen zu konsumieren, um sie tatsächlich genießen zu können. Dass ich sie mir ausgerechnet zum Beruf gemacht habe, war in diesem Zusammenhang sicherlich nicht die bequemste Entscheidung für eine Karriere (auch aus wirtschaftlicher Sicht, kann ja aber nicht jeder ein Rockstar werden), aber wir Menschen mit Borderline sind per Diagnose euphorisch kampfwütig und nehmen aus diesem Grund auch bisweilen masochistische Herausforderungen wie diese an, integrieren sie in unser Leben und geben ihnen Raum, sich mit unserer Symptomatik zu vereinen, in welche Richtung sie auch ausgeprägt sein mag.

Stichwort Tinnitus. Bist du Borderliner und/oder akustisch traumatisiert und machst beruflich Musik? Dann ist dieses Fiepen, ob ein- oder beidseitig, dein ewiger Oberton direkt aus der Hölle. Wahrscheinlich wusste der psychische Druckausgleich deiner geschundenen Seele, die wie die Experten nicht mal mehr einordnen kann, ob deine Defizite psychischer oder neurologischer Natur oder beides sind, an irgendeinem Punkt nicht

Foto linke Seite: Hannah Franke

mehr wohin, warnte dich womöglich mit dem einen oder anderen Hörsturz noch vor, um dir mit Pauken und Trompeten einen Dauerton zu verpassen, der sich nicht einmal auf eine Note festlegen lässt UND in besonders stressigen Situationen auch noch im Minutentakt moduliert. Eigentlich geil – fast ein eigenes musikalisches Werk, liefe es nicht Dauerschleife in deinem Kopf, ob du willst oder nicht. Übrigens auch ein Grund, warum viele vom Tinnitus Betroffene ihren Ohrton lieber mit Sprechgeräuschen (Radio, Fernsehen usw.) zu überspielen versuchen, weil das ewige Störgeräusch schlichtweg jedweden Musikgenuss versaut.

Was aber, wenn Melodie, Mehrstimmigkeit und Dynamik dir das Essen auf den Tisch bringen und du dich mit derlei Überreizung arrangieren musst, um arbeitsfähig zu bleiben? Ich habe mir eben mal wieder die sinnlose Mühe gemacht, meinen beidseitigen Tinnitus in einem normal entspannten Gemütszustand übers Klavier als Ton zu definieren. Singe ich ihn mit, ist es ein A. Spiele ich den Ton zeitgleich am Klavier an, ist es fast ein As, aber auch nicht so wirklich. Soll heißen: Mikrotonale Veränderungen in meinem Gehör/Gehirn klatschen sich kichernd ab, während ich in der Proben- und Bühnenpraxis versuche, einen homogegen Klang mit meinen Musikerkollegen herzustellen und beizubehalten. Das geht, keine Ahnung wie, erfordert aber übermäßige Konzentration zur überdies nicht nur im Jazz immer wieder neuen Livesituation auf der Bühne, weil hier eben viel improvisiert wird und musikalische Schlagabtausche eine punktgenaue Kommunikation erfordern. Schweifst du ab, hast du verloren, schon gar, wenn du mit Borderline lebst – quasi dem Inbegriff fürs exzessive Abschweifen.

Auf der Bühne macht sich diese Ausformung der Hypersensibilität natürlich hervorragend, wenn es um die Interaktion mit dem Publikum geht.

Denn völlig egal, ob im Musikbusiness oder an der Drechselbank: Menschen mit Borderline-Syndrom können und müssen teils sekündlich von einem Fokus zum nächsten wechseln. Und wieder zurück. Und beide gleichzeitig mit noch einem dritten und vierten dazu. Das macht uns zu hervorragenden Zuhörenden, die ad hoc das Gesagte des Gegenübers aufnehmen, verarbeiten und adäquat mit Zwischenfrage, Ratschlag oder einfach einem aufmerksamen Gesicht reagieren, nebenbei aber noch das vorübergehende Kind davor retten, über seinen offenen Schnürsenkel zu stolpern, dem Tischnachbarn Feuer geben, weil er seins nicht findet und der Servicekraft signalisieren, dass wir gern nochmal das Gleiche trinken möchten.

Auf der Bühne macht sich diese Ausformung der Hypersensibilität natürlich hervorragend, wenn es um die Interaktion mit dem Publikum geht. Denn egal, ob Borderline auf der Bühne oder nicht: Die Mehrheit des Publikums geht prinzipiell davon aus, dass wir da oben nicht mitbekommen, was unterhalb im Gemenge vor sich geht. Überraschung! Ich für meinen Teil könnte mich jederzeit in eure Gespräche einklinken, euren Kommentar über mein Outfit vervollständigen, dich zurück auf den Platz neben deiner Frau delegieren, der du gerade eine Weißweinschorle holen solltest, oder dich heldenmutig darauf hinweisen, dass dir gleich der Senf von der Bratwurst tropft. Trotz Tinnitus und nahendem Einsatz nach Instrumentalsolo. Ob das als Superkraft für die Allgemeinheit deklariert werden kann, sei erstmal dahingestellt, aber mich amüsiert es jedes Mal königlich, wenn ich auf diese Weise in Interaktion mit dem Publikum treten kann.

Und da ich mit meinem Borderline im Nacken zu übermäßigem Sarkasmus neige und überdies aus Gründen der Verletzbarkeit und

Angst davor, gleich meine Maske aus extrovertierter Kampfansage von wissenden Agenten im Zuschauerraum vom Gesicht gerissen zu bekommen, artet so eine Reaktion meinerseits auch gerne mal in einem Hohelied der Publikumsbeschimpfung aus. (Im Eifer der Situation reiche ich da natürlich nicht ganz an Peter Handke ran, aber ich liebe diesen Begriff.)

Ist das fair? Wahrscheinlich nicht. Jedoch einmal aus mir herausgeplatzt, steht es sowieso ausgesprochen im Raum, der Rest der Anwesenden hat Spaß, weil es niemanden von ihnen getroffen hat und ob meiner mir zugeschriebenen Rolle als Rampensau auf der Bühne geht ohnehin jeder davon aus, dass ich hier gerade meine persönliche Paraderolle a la Désirée Nick oder Lisa Eckhart verkörpere, mal ganz davon abgesehen, was man von ihren Programmen halten mag.

Mein Körper bedankt sich wieder einmal für so eine Herausforderung, für die er eigentlich nicht geschaffen ist, mit u. a. Schüttelfrost, widerlicher Migräne, Übelkeit und einer übermannenden Müdigkeit …

Nun gut, lassen wir sie mal in dem Glauben, solange meine verbalen Niesanfälle eine bühnenreife Symbiose mit meinen gesanglichen Leistungen eingehen.

Was mir die Publikumsbeschimpfung im Positiven beschert, ist Platz, quasi eine Schutzbarriere, in der ich atmen kann, in der mir keiner zu nahekommt und niemand die Unsicherheiten bemerkt, die mich simultan zum ganzen Bühnengeschehen begleiten.

Wer im Anschluss an unsere Konzerte noch die Chuzpe hat, mich anzusprechen, oder schlimmer noch, Fachliches ungezwungen bei einem Absacker bereden zu wollen, erlebt abseits der Bühne wider Erwarten nicht das verbale wie singende Wurfgeschoss von eben und bleibt dementsprechend verdutzt zurück, wenn ich auf die oft gestellte Frage, warum ich eigentlich keine eigenen Texte schreibe (Tu ich, aber für niemandes Ohren.), zu bedenken geben muss, dass meine Gedanken zum inneren und äußeren Weltgeschehen, mich oder andere betreffend, sicherlich kein Sujet für ein unterhaltsames Abendprogramm bei lauer Sommerluft wären. Kaum jemand möchte dann noch näher ins Detail gehen. Komisch.

Zurückgelassen werde dann, nach solchen Tagen voll musikpsychologischer und sozialpädagogischer Schwerstarbeit, denen für gewöhnlich zwar zwischenmenschlich schöne, aber durchaus schlauchende Probenstunden vorausgehen, auch ich: ausgelutscht und müde. Ich möchte glatt behaupten, mein Zustand in solchen Momenten lässt sich schwer mit einem normalen Erschöpfungsgefühl zum Feierabend vergleichen. Mein Körper bedankt sich wieder einmal für so eine Herausforderung, für die er eigentlich nicht geschaffen ist, mit u. a. Schüttelfrost, widerlicher Migräne, Übelkeit und einer übermannenden Müdigkeit, die mich dazu zwingen möchte, an Ort und Stelle einzuschlafen, selbst wenn der Rückbau auf der Bühne noch bevorsteht. Nur noch über mich ergehen lassen kann ich dann Menschen, die mir glückselig über ein schönes Kulturerlebnis um den Hals fallen – wo ich ungefragten Körperkontakt sowieso total feiere –, meine Barriere augenblicklich gebrochen ist, ich umgehend keine Luft mehr bekomme und mich nur noch bemühen kann, dem Gegenüber meine geballte Schwäche nicht aufzulasten wie Atlas die Erde. Sie würden es nicht verstehen, geschweige denn stemmen können oder wollen und ich hätte keine Kraft, es ihnen zu erklären; habe ja schließlich auch mit der Erde auf meinen Schultern zu tun.

Klingt das Ganze vielleicht ein bisschen zu wehleidig und sollte ich mich nicht einfach mal zusammenreißen oder gleich einen anderen beruflichen Weg einschlagen? Nö. Das wäre genauso vermessen wie einen Menschen mit Depression darum zu bitten, er solle nicht immer so traurig gucken, jemandem mit Bulimie einen Vortrag über den Verschleiß des Zahnschmelzes durch Magensäure zu halten oder Suizidgefährdeten zu weissagen, dass nach einer Nacht mit ausreichend Schlaf die Sonne auch für sie wieder scheint.

Selbstverständlich habe ich bestimmt einmal mehr gezweifelt als andere, zweifle immer noch häufig an der Entscheidung, einen in jeder Form unsicheren Berufsweg eingeschlagen zu haben, und erwische mich häufig dabei, wie ich es Flüche über mich regnen lasse, weil ich damals kein Handwerk erlernt habe, das so richtig eklig-scheppernden Krach macht, damit ich diesen verschissenen Tinnitus wenigstens acht Stunden täglich plus Überstunden nicht ertragen muss. Aber herrje, Kreissäge geht auch gut während der Freizeit.

Nun ist es aber auch so, dass wir Borderliner Dinge durchziehen. Nicht unbedingt, weil wir das wollen und es uns die reine Wonne ist, immer die anstrengendste Variante von allen zu wählen: Wir können nicht anders und ein persönliches Scheitern durch Aufgabe oder Stagnation hätte für uns schlimmere Konsequenzen, als sich bei dieser einen Sache, für die wir uns entschieden haben, mit voller Inbrunst ins Verderben zu stürzen; einfach, um am Ende zu sehen, dass wir nicht gescheitert sind und daraus Kraft ziehen für die kommenden Etappen. Und scheitern wir doch, haben wir uns dieses Grab selbst ausgehoben. Das gesteht sich kein Mensch gern ein und gewiss sind die Folgen für Menschen mit Borderline ungleich schwerer als für solche ohne psychische Belastungen. Wer von uns das vorher halbwegs abzuschätzen bzw. einzuordnen weiß, hat dafür therapeutische Ansätze parat, ob autodidaktisch oder mit Hilfe erlernt. Dieses sogenannte Skills Training ist gewiss keine Allheilmethode, zaubert nicht die facettenreichen Macken so vieler seelischer Erkrankungen fort, die das Borderline-Syndrom in sich vereint. Aber es hilft vielleicht, ähnlich wie Antidepressiva, gewisse Symptome in besonders brenzligen Momenten abzumildern oder, noch besser, umzulenken. Denn mal ehrlich: So richtig normal sein wollen wir nicht und können wir auch nicht und sind deshalb mehr als prädestiniert dazu, Kunst zu machen. Dann lieber doch die eigenen dominierenden Symptome in Superkräfte verwandeln und den Rest der Welt mit offenem Mund dastehen lassen, wissend, dass die Fassade niemals bröckeln darf, damit niemand an das zarte Fleisch unter dem harten Panzer gelangt.

Denn mal ehrlich: So richtig normal sein wollen wir nicht und können wir auch nicht und sind deshalb mehr als prädestiniert dazu, Kunst zu machen.

In der Bühnenpraxis bedeutet das für mich (und nur für mich, weil es andere unter Garantie niemals so handhaben würden):

1. Dankbar sein für die starke Wand an Mitmusikern und Freunden, an die ich mich auf der Bühne jederzeit und bedingungslos anlehnen kann, auch wenn ich ihnen in den vergangenen gemeinsamen Jahren noch nicht jede meiner Seiten zumuten konnte, sie das wissen, mich aber nicht drängen blankzuziehen.

2. Die Glitzermaske so tief wie möglich ins Gesicht ziehen, sobald der Spot auf mich gerichtet ist und dadurch voller Selbstverständlichkeit strahlen, dass keine weiteren Fragen aufkommen. Und wenn doch: Publikumsbeschimpfung.

3. Schöner singen als der Tinnitus.

Nun bin ich aber auch ein Mensch abseits der Bühne, der gern Musik rezipieren möchte, ohne jedes noch so gefeierte oder auch beschissene Stück der Musikgeschichte von vorn bis hinten analysieren zu müssen, anstatt es einfach mal schnöde durchzuhören. Zugegeben, aufgrund meines Studiums habe ich diesbezüglich noch mittelgroße Defizite. Bin ja selber schuld. Aber immerhin kann ich dem Thema Ohrwurm mittlerweile ohne große anschließende Lebenskrise begegnen, weil ich ihn noch in jüngerer Vergangenheit wie Sheldon Cooper mit seinem „Knock, knock Penny“ fehlerfrei bis zum Schluss in meinem Kopf durchspielen musste. Nur blöd, wenn einem einzig ein Melodie- bzw. Textfragment durch die Synapsen schwirrt und völlig unklar ist, wie es danach weitergeht.

Ich dann früher: Recherchiert Lied samt Text, lernt auswendig. Ich kenne viele Lieder. Ich heute: Erstellt sich Playlist für den Tag im Kopf und zwingt sich, sie in exakt dieser Reihenfolge abzuspielen. Das funktioniert ähnlich wie Träume lenken und je länger man übt, umso häufiger klappt es.

Und sollte es bei all dem Lärm in meinem Kopf doch irgendwann dazu kommen, dass ich Musik wirklich mit Zeit und Muße genießen möchte, gewinnt auch bei mir in erster Linie der eigene Geschmack, allerdings mit kleinem Upgrade, weil ich mich als Musikerin wie auch Borderline-Person da sehr schlecht festlegen kann: Ich weiß zwar ganz genau, was für mich schlechte Musik ist, fragen sollte aber niemand, ob ich gute Musik für mich eingrenzen kann – diese Welt ist einfach viel zu groß. Also halte ich es für mich in erster Linie so – auch um dem Wahnsinn durch Überanalyse vorzubeugen -, in der Einfachheit die komplexe wie geniale Schönheit der Musik zu finden.

Ja, ich könnte Namen nennen, würde mich aber spätestens morgen dafür hassen, weil die Liste mit Sicherheit nicht komplett wäre.

Foto linke Seite: Hannah Franke

KÄMPFERHERZEN
Interview mit Sonja und Markus, GLÜXKINDER und Armin Rösl, Deutsche Depressionsliga e.V.

von Sandra Strauß

GLÜXKINDER – Der Name ist Programm – deutsche Popmusik, die glücklich macht. „Wir sind durch und durch positive Menschen, die mit unserer Musik die Energie an andere weitergeben wollen." Wenn so ein Gespräch beginnt, kann es sich nur um die beiden GLÜXKINDER, die Songwriter Sonja und Markus, handeln. Mit knapp einer Million Streams auf Spotify, Top 40-Platzierung in den offiziellen Schweizer Charts, Top 3 in den Amazon Verkaufs-Charts und Top 50 der offiziellen deutschen Airplay-Charts begeistern sie mit ihrem GLÜXPOP ihre Fans. Mit den seit 2022 gemeinsamen neuen Produktionen mit ihrem Produzenten und zweifachen Grammy-Gewinner Dom Rivinius zaubern sie nicht nur ihren Fans, sondern auch den Fachleuten an der Spitze der deutschen Pop-Elite funkelnde Diamanten in die Augen. Dafür erhielten sie wohlverdient 2023 von der Deutschen Popstiftung zweifach den „Deutschen Rock & Pop Preis", einem der begehrtesten Nachwuchspreise in Deutschland. Zudem erhielten die GLÜXKINDER zum wiederholten Mal die Auszeichnung „Beste Pop Band 2023". Auch die Deutsche Depressionsliga e.V. wurde auf sie aufmerksam und machte sie zu Botschaftern des Vereins.

Armin Rösl, 51 Jahre, Journalist.
Seit 2015 in der Deutschen DepressionsLiga engagiert, seit 2021 stellv. Vorsitzender und Sprecher.
Meine erste schwere depressive Phase mit mehrwöchigem Klinikaufenthalt hatte ich 2010. Meine zweite Anfang 2024.

Sandra: Ihr GLÜXKINDER seid Botschafter-Band der Deutschen Depressionsliga. Wie seid ihr zusammen gekommen?

Markus: Es hat alles damit angefangen, dass wir einen Song über Sonjas Erfahrungen und ihr Leben mit Depression geschrieben haben. Als wir den Song veröffentlicht hatten, merkten wir bei unseren Fans, dass wir sie damit berührt und sich viele damit identifiziert haben. Wir überlegten, wie wir das Thema an die richtigen Menschen bringen und es tatsächlich erreichen können, noch mehr Menschen Hoffnung zu geben und Mut zu machen. Wir sind auf die Deutsche Depressionsliga gestoßen und haben sie einfach angeschrieben. Armin war sofort begeistert und unser Song wurde via den Deutsche Depressionsliga-Social Media-Kanälen geteilt. Daraufhin hatte Armin die Idee, dass wir die Botschafter-Band werden können, weil die Menschen, die unseren Song hören, uns tatsächlich abnehmen, was wir singen. Es geht ja auch immer um das Thema Authentizität.

Armin: Ja, für mich ist Authentizität sehr wichtig und ebenso Sympathie. Das habe ich bei beiden sofort gespürt. Wir bekommen viele Anfragen von Menschen, die Botschafter werden oder sich für etwas einsetzen wollen, und da muss ich natürlich schauen, was dahinter steckt und wie wir uns breit aufstellen können. Mit Torsten Sträter haben wir einen Komiker als Schirmherren, mit Marie Luise Gunst eine Singer-Songwriterin und mit Katty Salié jetzt auch eine TV-Moderatorin und Journalistin als Botschafterinnen. Als die Nachricht der GLÜXKINDER kam, musste ich gar nicht lange überlegen. Es war ein Glücksfall und eine Win-Win-Situation. Dass natürlich dieser Song auch noch als bester deutscher Pop-Song ausgezeichnet wird, ist klasse, weil das das Thema in die Öffentlichkeit transportiert.
Die große Überschrift, unter der ich mein Ehrenamt mache, ist: Du bist nicht allein, und anderen Menschen Mut zu machen und zu sagen: „Hey, ich kenne diese Gefühle.“

Foto linke Seite: Lukas Grünke
Foto: privat

Ich habe vor fünf Jahren bei der Deutschen Depressionsliga angefangen und in meinem jugendlichen Leichtsinn gesagt, dass ich die Öffentlichkeitsarbeit übernehmen möchte. Denn je stärker wir wahrgenommen werden, desto größer ist auch die Möglichkeit, Einfluss zu haben. Das beste Beispiel ist unsere Kampagne „22 Wochen warten“, die für eine weltweit unheimlich wichtige Auszeichnung nominiert worden ist. Das trägt das Thema natürlich in die Öffentlichkeit.
Je mehr Menschen wir im Hintergrund haben und uns auch bekannt machen, desto mehr profitieren wir natürlich ebenso davon.
Zum Beispiel auch beim Deutschen Patientenkongress Depression, der alle zwei Jahre stattfindet. Hier sind die GLÜXKINDER 2024 das erste Mal als unsere Botschafter aufgetreten – vor gut 1200 Menschen! Das war ein schönes Erlebnis für uns als DDL, für die GLÜXKINDER und für das Publikum. Ein berührendes, bewegendes und wundervolles Miteinander.

Sandra: Euer Verein und eure Arbeit sind sehr zeitgemäß, ihr holt sehr viele Menschen ab und ermöglicht einen Zugang.

Armin: Wir sind die Betroffenen und erzählen über uns. Wir möchten eine Community sein und sprechen auf Augenhöhe miteinander. Das gilt auch für unsere Botschafter und Botschafterinnen.

Sandra: Sonja, hattet ihr als GLÜXKINDER Angst oder Bedenken, euren Song zu veröffentlichen und wie Menschen, eure Fans darauf reagieren würden?

Sonja: Was Fans und Menschen draußen angeht, überhaupt nicht, weil ich schon sehr lange offen damit umgehe und darauf auch immer sehr viele positive Reaktionen erhalten habe.

„„Was, du auch? Ich habe immer gedacht, ihr seid doch die GLÜXKINDER und glücklich.““

Ein Beispiel: Ich engagierte mich eine Zeitlang für kleine Meerschweinchen, ich hatte sozusagen ein Tierheim für Meerschweinchen. Eine Person, die ich über Facebook kannte, hatte sich eins abgeholt und wir sind ins Gespräch gekommen. Ich erzählte ihr, dass es mir gerade nicht so gut geht und wieso und weshalb. Dann schaute sie mich an: „Was du auch? Ich habe immer gedacht, ihr seid doch die GLÜXKINDER und glücklich.“ Das hat ihr gut getan, weil sie von mir ein ganz anderes Bild hatte. Ihr allein hat das so geholfen.
Ein anderes Beispiel: Ich hatte mich mal mit jemandem unterhalten und er meinte: „Ich war auch schon mal in Psychotherapie.“ Bei ihm wiederum hätte ich das nun überhaupt nicht gedacht. Und durch diese ganzen Reaktionen fiel es mir immer und immer leichter, darüber zu sprechen, und ich fand das dann auch wichtig.
Auf meiner letzten Arbeitsstelle, bei der ich jetzt nicht mehr bin, sagte ich es ebenso und „warnte“ sie quasi „vor“, dass es sein könnte, dass ich Phasen habe, in denen es mir nicht gut geht. Da habe ich zum Glück auch eine positive Reaktion erhalten: „Das ist gut zu wissen, da können wir uns darauf einstellen.“
Ich hatte also keine Angst, damit in die Öffentlichkeit zu gehen, ich hatte sie jedoch komischerweise bezüglich meiner Schwester. Das ist der Witz, denn meine Schwester ist Psychotherapeutin. Ich habe ein super Verhältnis zu ihr. Ich sage immer scherzhaft, dass sie die Psychotherapeutin ist und ich die Verrückte bin.
Als ich ihr unseren Song das erste Mal vorgesungen hatte, reagierte sie ein bisschen verhalten. Ich bin Meister darin, Verhalten anderer zu interpretieren, und liege oftmals falsch damit – wie in diesem Fall auch. Ein paar Tage später habe ich sie darauf angesprochen und gefragt, ob ihr das unangenehm wäre, wenn ich so einen Song singe. Und sie fragte ganz entsetzt:

„Wieso denn?" „Naja, wir haben den gleichen Nachnamen, dann könnten deine Patienten mitbekommen, dass deine Schwester seelisch krank ist." Sie meinte, dass sie total stolz darauf wäre, dass ich so offen damit umgehe und sie nur so betroffen davon war und gar nicht gewusst habe, wie schlecht es mir geht. Wenn ich das erzähle, könnte ich gleich wieder anfangen zu weinen. Das war bei meiner Mutter genauso. Sie fand es so traurig, dass es mir so geht.

Sandra: Hat es dir geholfen, das alles in einen Text und in einen Song zu packen? Du performst es ja auch auf der Bühne und bist dann nicht immer in der gleichen Stimmung.

Sonja: Ja, absolut. Ich nenne ihn auch immer „meinen Song", weil er der persönlichste ist. Es sind alles meine Geschichten, doch er ist der persönlichste. Beim Singen schreie ich dann auch immer diesen Schmerz und diese Belastung heraus, die man durch diese Erkrankung hat – zwar nicht immer, weil es auch bessere Phasen gibt. Es ist unheimlich befreiend. Und wenn einem jemand nach dem Konzert noch erzählt, dass ihre Freundin die ganze Zeit gefilmt und es in die WhatsApp-Gruppe ihrer Klinik gepostet hat und es für sie ein befreiender Abend war, weil es ihr so schlecht geht, dann ist das wirklich schön.

Wenn ich den Song singe, dann erzähle ich auch darüber, wie es mir geht und über die Deutsche Depressionsliga. Wir bekommen darüber hinaus sehr viele positive Reaktionen, dass es Menschen hilft, und das bestätigt mich immer wieder darin, dass es genau richtig ist. Ich habe bisher noch nie negative Reaktionen erhalten.

Oder: Beim CSD steht eine Zuschauerin vor der Bühne und flüstert mir zu: „Mir geht es genauso. Ich habe auch Depressionen." Das ist unbezahlbar.

„Beim CSD steht eine Zuschauerin vor der Bühne und flüstert mir zu: „Mir geht es genauso. Ich habe auch Depressionen." Das ist unbezahlbar. "

Markus: Man muss dazu auch sagen, dass es gerade bei diesem Song extrem viel Applaus gibt. Es zeigt, wieviele von Depression betroffen sind und damit zu tun haben, was man so ja nicht sieht. Und es ist ebenso erschreckend, wieviele damit konfrontiert sind. Deswegen ist es gut, dass es die Deutsche Depressionsliga gibt und dass man darauf hinweisen kann, wo es Ansprechpartner, Hilfe und Unterstützung gibt.

Sandra: Das ist alles keine Selbstverständlichkeit und ihr seid da auch Vorreiter:innen. War das für euch schon immer so, dass ihr offen damit umgegangen seid?

Sonja und Markus: Im Grunde genommen schon, ja.

Markus: Wir haben schon immer Texte, mit denen wir versuchen, das Publikum so gut wie möglich zu erreichen und dass sie sich mit unserer Musik und unseren Texten identifizieren können. Wir haben auch den Song „Geh deinen Weg", in dem es darum geht, dass man straight seinen Weg gehen und nicht zurückschauen soll, sondern immer nach vorn. Und da wurde Sonja von ihrer Schulfreundin, die sie seit Jahren nicht gesehen hatte, angesprochen, dass ihr der Song total geholfen hat, als sie Probleme in ihrer Beziehung hatte.

Sonja: Das waren nicht nur Probleme. Sie ist von ihrem Mann geschlagen worden. Ich habe sie beim LIDL auf dem Parkplatz getroffen und sie sagte mir, dass ihr unser Song geholfen hat, von ihrem Mann loszukommen. Sie hätte den Song immer wieder gehört und damit den Absprung geschafft. Gibt es etwas Schöneres?

CALVIN KLEIN JEANS

Markus: Wir haben unseren Weg begonnen und sind ihn auch weiter gegangen.

Sonja: Ja, und wir sind ihm treu geblieben, obwohl uns dann oft auch gesagt wurde, dass sie den Song im Radio nicht spielen können, weil er zu gesellschaftskritisch ist. Wir hatten eine Zeitlang einen Manager, der meinte, wir müssen ebenso ein bisschen etwas anderes machen – wie die anderen Deutsch-Pop-Bands …

Markus: … die schöne Welt und viel über Liebe singen. Ein paar solcher Songs haben wir natürlich auch.
Und ja, wir haben erfahren, dass Radiosender Probleme damit haben, Songs zu spielen, wenn diese ein bisschen die Probleme der Gesellschaft aufdecken, auch wenn wir immer darauf achten, dass wir in unseren Songs das Ganze positiv darstellen – zumindest in den Mainstreammedien. Wir hatten natürlich ebenso Songs, die in der Rotation gelaufen sind.

Sonja: In „Kämpferherz" habe ich eine Passage eingebaut, die mir meine Psychotherapeutin ans Herz gelegt hat und die mir unglaublich hilft: nicht dagegen anzukämpfen, sondern es anzunehmen. Nicht zu sagen: „Warum geht es mir denn heute wieder so schlecht", sondern zu sagen: „Ja, heute geht es mir schlecht, aber ich weiß auch, dass es mir morgen vielleicht wieder besser geht." Es also nicht immer als Feind anzusehen und sich Selbstvorwürfe zu machen, sondern es zu akzeptieren, dass es zum Leben dazu gehört, mal mehr und mal weniger. Und eben nicht diese Tipps und Standardsätze, die man so erhält: „Geh mal in die Sonne!", „Mach mal Sport!"

„Ja, heute geht es mir schlecht, aber ich weiß auch, dass es mir morgen vielleicht wieder besser geht."

Sandra: Welche Tipps und Standardsätze habt ihr noch zu hören bekommen?

Sonja: „Dir ging es gestern doch gut." Das ist nicht böse gemeint, Markus …

Markus: Ja, man lernt mit den Jahren damit umzugehen und tiefer reinzublicken, wie es dem anderen geht. Gerade ist noch gute Stimmung und mit einem Mal ist es plötzlich nicht mehr so: „Was ist los?" Da lernt man natürlich besser damit umzugehen, wenn man – wie in meinem Fall – mit einer Betroffenen zusammenlebt. Da kommen dann eben solche Sprüche: „Schlaf eine Nacht drüber, morgen sieht die Welt schon wieder anders aus!" Und man fragt, weil man es beispielsweise auch wissen möchte, was der Auslöser war.

Sonja: Ich sage dann immer: „Frag nicht so viel." Ich kann es auch nicht erklären. Ich kann natürlich voll verstehen, warum andere Menschen es nicht nachvollziehen können und fragen, was los ist. Markus hat ebenso mal schlechte Tage, geht aber meist relativ positiv durchs Leben, was für mich sehr gut ist, manchmal zwar auch nervig, aber grundsätzlich hilft es mir natürlich.

Sandra: Wie kommuniziert ihr miteinander, dass es dann doch funktioniert?

Markus: Es ist ein Lernprozess. Sonja sagt offen: „Im Moment ist es scheiße." Und dann weiß ich schon Bescheid. An manchen Verhaltensreaktionen merke ich: „Oh, jetzt halte ich mich mal ein bisschen zurück." Was der Auslöser ist, das weiß man dann nicht, vielleicht meist auch nicht mal die Betroffenen selbst, weil da irgendwie ein Schalter umgelegt wird. Ich gebe Sonja dann ihren Freiraum.
Wenn man verheiratet ist, versucht man seinem Partner ja immer zu helfen. Es ist schlimm, wenn man versucht, Hilfe anzu-

Foto linke Seite: Michaela Marriott

bieten, und man dem anderen nicht helfen kann. Gerade am Anfang war das für mich schwer und ich musste lernen, damit umzugehen.

Sonja: Für Markus ist es auch schwer, weil er mich leiden sieht und völlig machtlos ist. Und Markus hat es doppelt schwer, weil ich nicht nur eine Depression, sondern ebenso eine Angststörung habe und das ist meist vor Auftritten. Das fängt dann mitunter zwei Wochen vor einem Auftritt an und da kann ich schon ganz schön am Rad drehen.

Markus: Es kann manchmal schwierig sein, Sonja zu einem Auftritt zu bewegen. Sie würde dann am liebsten alles absagen. Und je näher der Auftritt rückt, desto schlimmer wird die Situation.

Sonja: Wenn es ein Open Air ist, hoffe ich, dass es ein Unwetter gibt. Oder ich denke, dass ich vielleicht krank werde. Obwohl ich weiß, dass ich immer glücklich bin, wenn ich zwei Lieder gesungen habe. Und nach dem Auftritt sowieso. Es strömt alles so in mich hinein und vorher gehe ich immer vom Schlimmsten aus. Ich interpretiere dann Blicke von Menschen und denke dann, die schauen komisch oder die finden das doof.

Sandra: Du gehst jedoch immer auf die Bühne und sagst keine Auftritte ab?

Sonja: Bisher noch nicht.

Markus: Wir hatten die letzte Zeit sehr viele Auftritte und durch die Routine, die wir entwickelt haben, ist es besser geworden.

Sonja: Routine und Feedback eben. Was mir ebenso hilft, ist, wenn ich bei einem Konzert durch die Menschen hindurch und ihnen nicht direkt in die Augen schaue.

Markus: Es haben ja einige Künstler, auch Weltstars, diese Ängste. Zum Beispiel Robbie Williams.

Sandra: Kennt ihr weitere Künstler:innen, die offen darüber sprechen? Ja, Robbie Williams, Lady Gaga, Sookee, Finna …

Sonja: Nicholas Müller, Wincent Weiss …

Markus: So viele sprechen nicht darüber.

Sandra: Habt ihr eine Ahnung, warum?

Markus: Vielleicht, weil es tatsächlich bis vor kurzem gesellschaftlich eher als Schwäche wahrgenommen oder überhaupt nicht als Problem gesehen wurde. Wieviele Chefs gibt es in der freien Wirtschaft und in Unternehmen, die Depression immer noch nicht anerkennen?

Sonja: Ja, mein vor-vorheriger Chef hat bei der Krankenkasse angerufen und ihnen gesagt, dass ich simulieren würde und das Attest nur von meiner Schwester hätte.

Markus: Das Thema Depression ist in viele gesellschaftliche Bereiche vorgerückt und wird akzeptiert, aber immer noch von viel zu wenigen. Deswegen existiert vielleicht die Angst davor, offen darüber zu sprechen.

Sonja: Und eventuell haben Menschen Angst davor, dass sie dann nicht mehr so viel Erfolg haben und es der Karriere schadet.

Markus: Wir haben feststellen können, dass, als wir einen Preis gewonnen haben, sehr viele, ebenso größere Medien, ankamen und auch über „Kämpferherz" sowie das Thema an sich berichtet haben.

Armin: Warum manche Künstler und Künstlerinnen eventuell nicht darüber sprechen möchten, kann auch daran liegen, dass man die Gratwanderung aushalten können muss, und sie möchten ja in erster Linie für ihre Kunst wahrgenommen werden. Sie wollen vielleicht nicht in die Ecke gedrängt werden: „Ach, das ist der depressive Künstler." GLÜXKINDER und Torsten Sträter schaffen diese Gratwanderung.
Ich sage immer, dass, wenn andere Menschen offen und öffentlich damit umgehen, bei niemanden der Druck entstehen soll, ebenso öffentlich darüber sprechen zu müssen. Jeder entscheidet das für sich selbst. Wenn man das Gefühl hat, dem Arbeitgeber nichts zu sagen, weil man dann Angst um seinen Job haben muss, dann ist das so. Aber jeder darf spüren, dass er nicht alleine ist. Das zeigen auch die Begegnungen, über die Sonja berichtet hat. Über Instagram schreiben uns als Deutsche Depressionsliga immer wieder Menschen an, die damit nicht an die Öffentlichkeit gehen wollen – zum Beispiel Schauspieler, die in einem Landes- oder Stadttheater arbeiten. Sie schreiben, dass sie es nicht sagen können, weil sie Angst davor haben, ihren Job zu verlieren oder irgendein Stigma zu bekommen.
Ich möchte noch hinzufügen, wie toll ich euch, GLÜXKINDER, finde. Das gibt mir Kraft und Mut. Das gibt auch anderen Kraft und Mut und das wiederum tut der Deutschen Depressionsliga gut: authentische Menschen, die offen damit umgehen, es aber nicht vermarkten.

Sandra: Was hat es für eine Wirkung, dass man sich damit nicht alleine fühlt und darüber spricht? Vielleicht habt ihr vor Jahren gedacht, dass ihr jeweils die Einzigen seid, denen es so und beschissen geht. Allen anderen geht es gut. Natürlich ist auch eine andere Chemie da,

Foto linke Seite: Dirk Martins

wenn man sich verstanden und aufgehoben fühlt sowie einfach davon erzählen kann.

Armin: Ich kann das mit einem Wort beschreiben: Erleichterung. Als ich in die Klinik gegangen bin und gesehen habe, dass es auch noch andere gibt und sie alle „normal“ sind, hat mir das geholfen. Ich konnte mit ihnen reden, habe Tipps und andere Sichtweisen erhalten. Ich stelle genau das in meiner Selbsthilfegruppe fest, die ich gegründet habe. Sie treffen sich mittlerweile ebenso untereinander zu Spaziergängen und es haben sich Freundschaften entwickelt.

Sonja: Ja, wenn man Kontakt zu anderen Betroffenen hat, verstehen sie einen ganz anders und können es nachvollziehen. Und man sieht generell die Welt und andere Menschen anders. Man lernt Menschen kennen, bei denen man dachte, dass es ihnen so gut geht und sie immer glücklich sind. Nach außen hin sieht es so aus, doch man weiß nicht, wie es hinter verschlossenen Türen ist. Ich sehe dadurch die Welt tatsächlich anders und schaue mir die „positive Welt“ nicht mehr so „neidisch“ an.

Markus: Es war schon etwas ganz Besonderes, bei eurer Kinopremiere zu spielen. Es war eine tolle Atmosphäre, alle waren so unheimlich nett und freundlich. Und als wir „Kämpferherz“ gespielt haben, waren die Reaktionen großartig, weil eben viele Betroffene anwesend waren.

Sonja: Für mich war es auch deswegen so emotional, weil ich kurz davor nach zwei Jahren wieder eine Psychotherapie begonnen hatte. Mein Vater war in der Zeit davor sehr krank gewesen und diese emotionalen Schwankungen haben mir den Boden unter den Füßen weggerissen. Davon habe ich bei unserem Konzert erzählt und musste mit meinen Tränen kämpfen. Der Abend mit allen Menschen war sehr authentisch und ehrlich.

Sandra: Welche Tipps könnt ihr noch mitgeben, um einen Umgang zu finden und klarzukommen? Also beispielsweise hat Zoë Beck in unserem #nichtgesellschaftsfähig-Film erzählt, dass es ihr in ganz schlechten Phasen hilft zu wissen, dass diese Zustände auch wieder vorbeigehen, auch wenn sie dann wieder kommen.

Sandra: Was macht ihr als GLÜXKINDER und Deutsche Depressionsliga noch zusammen?

Armin: Wir haben Anfang 2023 unseren Film „Expedition Depression“ vorgestellt und sind im Herbst mit ihm auf Kinotour gegangen. Bei der Premiere haben die GLÜXKINDER live gespielt. 2024 hatten wir wieder unseren Patientenkongress Depression und die GLÜXKINDER sind da live aufgetreten. Für uns ist es super, wenn die GLÜXKINDER bei ihren Auftritten immer Infomaterial dabei haben und uns bekannt und bekannter machen.

„Im engen Umkreis zu artikulieren, dass es nichts mit ihnen zu tun hat und man Ruhe für sich selbst braucht.“

Armin: Ich würde es so formulieren, dass es nicht ausweglos ist. Wenn du tief in dieser Situation, in der Depression steckst, siehst du keinen Ausweg. Dieses Wissen, dass man es schon mal geschafft hat und dass man auch mehr auf sich achtet und ein stückweit egoistisch wird. Das heißt: Nein sagen zu Sachen. Im engen Umkreis zu artikulieren, dass es nichts mit ihnen zu tun hat und man Ruhe für sich selbst braucht. Es hat jeder seine eigenen Methoden, die er entwickelt hat. Mir hilft Laufen und hinterher geht es mir tatsächlich besser. Oder ich gehe in die Berge. Das kostet immer wieder Überwindung.

Ja, überwindet euch, zwingt euch. Wenn es an einem Tag mal wirklich nicht geht, dann ist es okay, dann geht aber an dem anderen Tag wieder raus. Suche und finde deine Auswege.

Sonja: Ich bin froh, dass Armin zuerst geantwortet hat, damit ich überlegen konnte. Mir fällt es tatsächlich schwer, es in Worte zu fassen. Ich habe in meiner Therapie gelernt, dass ich mir nicht immer Selbstvorwürfe mache, weil es mir dann noch schlechter geht: „Reiß dich doch mal zusammen! Was bist du für ein Weichei? Warum geht es mir denn schon wieder so schlecht?" Ich arbeite daran, das loszulassen. Und ich spiele Ukulele, weil man sich da so konzentrieren muss, dass dadurch andere Gedanken weggehen. Das beruhigt mich total und löst eine Entspannung in mir aus. Ja, wie Armin schon gesagt hat, man muss sich manchmal echt dazu zwingen. Es gibt ebenso Tage, an denen es nicht geht. Und es ist okay. Wenn ich daran arbeite und mich aufraffe, es zu tun, wird es besser. Man kann ebenso trainieren, aus seinem Gedankenkarussel rauszukommen. Meine Psychotherapeutin sagte: „Es ist wie bei einem Pferd, das man jeden Tag immer den gleichen Weg zur Weide führt und wieder zurück zum Stall. Wenn man dann eines Tages anfängt, nicht mehr linksrum zu gehen, sondern rechtsrum einmal um die Koppel, um zum Stall zu kommen, wird dieses Pferd erstmal nicht in diese Richtung gehen. Da muss man das einfach immer Schritt für Schritt und einfach immer wieder machen, dass dadurch eine Routine in dieses Andersdenken reinkommt." Wenn ich an der Situation, in der es mir schlecht geht, arbeite, desto leichter gelingt es mir. Ich arbeite immer in kleinen Schritten daran, da rauszukommen.

Foto: privat

„MENSCHEN, DENEN ES GUT GEHT, KENNE ICH KAUM“

Mit Interviews mit CARY, Bipolar Feminin, Plaeikke und Kapa Tult

von Katja Röckel

Offen mit Gefühlen umgehen, Emotionalität auf der Bühne zeigen bis hin zum Thematisieren von psychischer Instabilität und psychischen Erkrankungen: Mrs. Pepstein stellt euch einige Musiker:innen und deren Gedanken zum Thema vor.

„Ist da draußen immer
(Noch Winter)
Ist nicht irgendjemand da
Den das hier erreicht
Gib mir doch Bescheid
Wenn die Sonne wieder scheint"

CARY – „Stockfinster"

CARY ist eine Musikerin aus Leipzig. Mit „Lauf" veröffentlicht sie im Frühjahr 2023 eine EP, mit der sie gefühlstechnisch ganz nah an die Zuhörenden rankommt. Das ist wörtlich zu nehmen, denn die Stimme von Cary ist immer ganz nah und flüstert, singt und spricht von Winterdepression, Trauer und Verlust. CARY geht dabei sehr offen mit ihrer Emotionalität um, auf Social Media, in ihren Videos und natürlich in ihrer Musik.

„Ich versuche ganz bewusst keine Grenze zu ziehen, weil ich hoffe, dass wir alle offener mit diesen verletzlichen Themen umgehen. Ich glaube, dass uns das mehr zusammenschweißt. Natürlich ist es erstmal schwer, öffentlich zu sagen, wenn man psychische Krankheiten hat, aber wenn es dann von meiner Seele ist, geht es mir danach immer besser, und jeder Post auf Social Media ist für mich auch Therapie."

Negative Erfahrungen mit dem öffentlichen Teilen ihrer Gefühle hat Cary nicht gemacht, im Gegenteil: „Das ist schon echt schön, wenn man dann private Nachrichten bekommt, in denen steht: „Hey, ich habe das genauso erlebt und du hast mir aus der Seele gesprochen." Darum geht es doch irgendwie. Auch wenn ich die Musik in erster Linie für mich selbst mache, habe ich schon auch das Ziel, Songs in die Welt zu stellen, die Menschen öffnen und zeigen, dass sie nicht alleine sind."

„In diesem Raum gibt es kein draußen
Ich kann nichts hören, sehen oder spüren
Die Außenwelt ist längst verloren
Will mich nicht mal selbst berührn"

Bipolar Feminin – „Struktur"

Bipolar Feminin sind eine vierköpfige Band aus Wien, Leni Ulrich ist deren Texterin, Sängerin und Gitarristin: „In unseren Texten geht es um unterschiedliche Bereiche unseres Lebens. Um Beziehungen, Gesellschaft, politische Strukturen, Arbeit, uns selbst. Sie thematisieren oft die Überforderung mit Gegebenheiten, Unzufriedenheit oder manchmal sind sie auch das Ende einer Diskussi-

Foto linke Seite: Stefanie Loos
Foto CARY: Corinna Dumat

on.“ Auf ihrem aktuellen Album „Ein fragiles System“ finden sich Songs, die sich explizit mit psychischen Erkrankungen befassen. In „Struktur“ beschreibt Sängerin und Texterin Leni Ulrich zum Beispiel den schwierigen Umgang mit psychischer Instabilität: „Der Song „Struktur“ ist einerseits eine Ablehnung von zu strikten Strukturen und gut gemeinten Ratschlägen, andererseits auch das Sehnen, einen Umgang mit Strukturen zu finden. Es geht auch um ein nicht verstehen der eigenen Psyche und die Frustration die daraus entstehen kann.“

„Ihr geht's zwar nicht gut,
aber sie beißt die Zähne zusamm'.
Sie ist stark –
aber bricht unter allem zusamm'.
Ich glaub, sie braucht Hilfe,
aber keiner geht ran.“

Plaeikke – „Warteschleife“

Plaeikke ist Rapper_in und Produzent_in aus Leipzig. Their aktuelles Album „Hydrastylez“ entstand in einer Zeit, in der Plaeikke selbst sehr viel erlebt hat: „In dem Entstehungsprozess von „Hydra“ hat meine Mutter Krebs bekommen und mir wurde die Wohnung und das Studio gekündigt, ich bin in die Obdachlosigkeit gerutscht, war mit der Pflege Angehöriger befasst, hatte 60 Stunden Arbeit und habe trotzdem das Album produziert. Wenn ich ein Problem zu beheben hatte, war sofort das nächste da. Mein Leben hat sich angefühlt wie ein einziger Kampf.“ In dieser Zeit an der eigenen Musik weiterzuarbeiten, ohne die Zeit und Kraft dafür zu haben? „Ich dachte in dieser Zeit oft daran, mich von dem Traum, Musik zu machen, zu verabschieden. Es war einfach eine zusätzliche Aufgabe, die erledigt werden musste, während ich um meine Existenz und die von anderen Personen kämpfte. Letztendlich habe ich aber an dem Musikmachen festgehalten und somit einen Teil von mir aufgehoben.“ Plaeikke hat sich durchs Musikmachen durch eine für them schwere Zeit bewegt, dabei aber auch mehr über die eigenen Gefühle erfahren. Auf Konzerten erzählt Plaeikke, dass they Gefühle fühlen jetzt gern mag: „Ich finde, diese Reise ist irgend-

Foto Bipolar Feminin: Apollonia Theresa Bitzan
Foto Plaeikke: Mimski

wie abgefahren! Ich bin da ja auch Anfänger in diesem ganzen Thema mit Gefühlen. Ich war immer mein Leben lang total überrannt von Gefühlen und wollte die eigentlich weg haben, weil es viel zu viel war und die Welt um mich herum das auch bestätigt hat. Das Schöne daran, Gefühle zu fühlen, ist, dass man bei sich ankommt und währenddessen über sich selbst hinauswächst. Es hat etwas damit zu tun, über Bilder oder Narrative über sich selbst irgendwann aufzugeben oder loslassen zu können. Und das anzunehmen sozusagen, das gehört dazu und öffnet andere Handlungsspielräume."

„Vielleicht warte ich noch mit der Therapie,
denken alle meine Freunde
und meine Freundinnen auch.
Vielleicht verändert sich ja doch noch alles
man weiß ja nie."
Kapa Tult – „Menschen (denen es gut geht)"

„Menschen, denen es gut geht, kenne ich kaum", heißt es in einem Song der Leipziger Band Kapa Tult. Inga beschreibt ähnlich wie CARY den Effekt, dass das Teilen von Gefühlen ihr gegen das Gefühl der Einsamkeit hilft: „Ein Effekt davon, Gefühle auf der Bühne zu teilen, ist, glaube ich, dass ich mich weniger alleine fühle und dass andere Leute sich auch weniger alleine fühlen." Kapa Tult sehen den Grund dafür, dass es vielen Menschen nicht gut geht, vor allem in den ökonomischen und gesellschaftlichen Zuständen begründet: „Ich glaube, das ist einfach ein notwendiges Thema für viele Leute. Und auch eine Systemfrage und eine gesellschaftliche Frage. Ich finde es wichtig, die ernsthaft zu verhandeln und Leuten klar zu machen: „Es liegt nicht nur an dir, wenn es dir schlecht geht." Vielleicht ist es generell schwierig, als Mensch wunschlos glücklich zu sein. Aber ich glaube, vor allem in den ökonomischen Umständen, in denen wir leben und in denen wir viel Druck und Sachzwänge spüren, ist es schwierig, mental gesund zu sein."

„Stockfinster" von CARY erschien auf der EP „Lauf" 2023, 365XX Records
„Kreis" von Bipolar Feminin erschien auf der LP „Ein fragiles System" 2023, Buback Records
„Warteschleife" erschien auf „Hydrastylez" 2023, Selfpublishing
„Menschen (denen es gut geht)" von Kapa Tult erschien auf „Ich schmecks nicht" 2023, Ladies&Ladys

Die Zitate der Künstler:innen stammen aus:
Mrs. Pepsteins Welt auf Radio Blau:
16.05.2023 mit CARY und Plaeikke
18.07.2023 mit Kapa Tult und Bipolar Feminin

Foto Kapa Tult: Leo Zwiebel

„DANKE, GUT. DER PODCAST ÜBER POP UND PSYCHE“
Eine persönliche Hörerinbetrachtung

von Jennifer Sonntag

Im WDR-Cosmo-Podcast „Danke, gut.“ spricht die Musikjournalistin und Moderatorin Miriam Davoudvandi mit Menschen aus der Popkultur über Mental Health und alles rund um die Psyche. Sie lebt selbst seit ihrer Jugend mit einer Depression und möchte psychische Erkrankungen entstigmatisieren. Einen Podcast wie diesen hat sie sich selbst immer gewünscht, denn ein Format, in dem Künstler:innen den Raum bekommen, über seelische Herausforderungen zu sprechen, suchte man in der Medienlandschaft eher vergebens. Auch ich habe mir einen solchen Podcast immer gewünscht. Ich schreibe diesen Beitrag nicht in meiner Rolle als Kulturschaffende und Fachjournalistin, sondern als eine, die mit dem „schwarzen Hund“ sehr vertraut ist.

Den Einstieg erleichtern mir Podcast-Folgen mit Musiker:innen, deren Songs ohnehin die Soundtracks meines Lebens sind. Bei mir ganz klar Casper! Er war einer der ersten, der Mental Health im Deutschrap thematisierte. Im Interview spricht er über seine eigenen Erfahrungen mit depressiven Seelenzuständen. Außerdem geht es um den Begriff Emo-Rapper und darum, wie er, ohne es selbst so richtig zu wissen, zur Identifikationsfigur für die Tumblr-Generation wurde. Sehr viele Menschen, die mit innerer Dunkelheit oder melancholischen Phasen konfrontiert sind, finden sich in Casper-Songs wieder. Ich selbst habe niemanden so oft zitiert wie ihn, wenn ich meine Depression beschreiben wollte. Dabei geht er im Podcast nicht leichtfertig mit konkreten Diagnose-Begriffen um.

Mia Morgan lässt mich reichlich über Essstörungen und Borderline reflektieren. Sie spricht im Podcast über Magersucht, Binge-Eating-Disorder und ihre heutige Sicht auf die eigene Körperbildwahrnehmung. Außerdem wird im Interview das „That-Girl“-Phänomen thematisiert und der daraus resultierende Fitnesswahn sowie eine zwanghaft gesunde Ernährung, die Orthorexie.

Drangsal berichtet im Gespräch mit Miriam über seine Minderwertigkeitskomplexe und Wutanfälle. Ihm eilte jahrelang der Ruf voraus, jähzornig, cholerisch und unfreundlich zu sein. Ich erfahre, in welchem Zusammenhang das mit dem Selbstwertgefühl stand und wie er es geschafft hat, sich zu ändern. Es geht um den Wunsch, sich gleichzeitig abgrenzen und auffallen, aber auch anerkannt und zugehörig fühlen zu wollen. Außerdem werden Kontrollzwänge, Panikattacken und Erfahrungen mit Derealisation und Depersonalisation besprochen.

Mein Interesse gewinnen aber auch Musiker:innen, die einer breiteren Öffentlichkeit bekannt sind, ganz unabhängig von meinem persönlichen Musikgeschmack. Die Folge mit Sido, in der er über Drogenentzug, Vaterrollen und Armut spricht, ist für mich sogar eine der eindrücklichsten geblieben. Was hat die Beziehung zu seinem Vater mit seinem eigenen Vater-Dasein und seinem Bild von Männlichkeit gemacht? Auf welche Weise hat ihn die Armut in jungen Jahren geprägt? Wie war der Weg vom Drogenexzess in die Entzugsklinik hin zu einem echteren Ich?

Einem Suchtthema widmet sich auch Nadja Benaissa. Sie berichtet von ihrer No-Angels-Zeit, vom Aufwachsen in einer strengen migrantischen Familie und dem Streben nach herausragenden Leistungen, aber auch davon, früh an die falschen Leute und somit an Drogen geraten zu sein. Hinterfragt wird in dieser Folge ebenso die Rolle von Alkohol und Drogen in der Musikindustrie.

Clueso erzählt von einer Nervenklinik, in der er als Kind mehrere Wochen untergebracht war und in deren umgewidmeten Räumen er später als Musiker lebte und arbeitete. Außerdem geht es um den Umgang mit der Psyche in der DDR, um Stalking und um das Ausbalancieren von Konflikten, auch innerhalb des Musikgeschäfts.

Mia Morgan ließ mich reichlich über Essstörungen und Borderline reflektieren. Sie spricht im Podcast über Magersucht, Binge-Eating-Disorder und ihre heutige Sicht auf die eigene Körperbildwahrnehmung.

Aber es gibt noch so viele Musikschaffende mehr, die im Podcast meine Ohren für ihre mentalen Themen öffnen, und ich finde wichtig, dass sie gerade in ihrer Vielfalt dazu Worte finden und Stimme zeigen. Bill Kaulitz erzählt von seiner gestohlenen Jugend, Klassenscham und dem Gefühl, ständig verurteilt und bewertet zu werden. DJ Mell G berichtet von Borderline und Mental Health als DJ, was sie auch auf ihrer EP aufgreift. Rapper Nizi19 schildert die Jahre seiner Spielsucht, seinen Weg heraus und die Risiken für Rückfälle. Liz spricht über selbstverletzendes Verhalten und Psychiatrie; Ansu über Schlafstörungen, Tinnitus und drogeninduzierte Psychosen; VERIFIZIERT über ADHS bei Frauen und Bulimie. BRKN teilt seine Erfahrungen zum Thema Sexualität, Pornosucht und Liebeskummer; Loredana berichtet von Panikattacken und Hypnose und Schmyt spricht über den Tod, die Trauer und das Außenseiterdasein. Ariel Oehl geht im Gespräch mit Miriam auf Autismus ein; Layla auf Aggressionen und Sammy Amara auf Winterdepressionen und Mental Health im Punk. Über Sucht und Selbstzerstörung spricht Arne Zank von Tocotronic; über Panikattacken und Emo-Kultur die Leoniden und über die Romantisierung von Depressionen inklusive Werther-Effekt die Giant Rooks. Heiko und Roman Lochmann berichten von Derealisation und Mobbing; Disastar thematisiert Mental Health im Kapitalismus und Curse geht auf Coaching und psychische Gesundheit im Rap ein. Grim104 spricht im Interview über Hypochondrie; Mauli über Kleptomanie und Selbstreflexion; Henning May über die Schattenseiten des Ruhms und Männlichkeit. Marcel Moses ordnet als Experte die bipolare Störung von Kanye West ein. Da das vorliegende Buch sich auf das Thema „Musik und Psyche“ fokussiert, beziehe ich mich auf Podcast-Folgen, die Musiker:innen in den Blick nehmen. In „Danke, gut.“ sprechen aber auch Künstler:innen und Menschen des öffentlichen Lebens aus anderen Branchen über wichtige Themen wie: Daddy Issues, Introversion und das Münchhausen-by-proxy-Syndrom.

Der Podcast über Pop und Psyche holt mich auf mehreren Baustellen ab. Er fungiert in meinem Depressionserleben als echte Ladestation, weil Personen des öffentlichen Lebens Gesicht zu Themen zeigen, für die ich mich selbst im Verborgenen oft unfassbar schäme. Das kann nicht nur ein Befreiungsschlag für die Erzählenden sein, die ihre Geschichten teilen, sondern für ganz viele Menschen, die sich darin wiederfinden und verstanden fühlen.

Ich spüre, wie Mensch und Kunst mit Wort und Klang beleben, was so unerträglich in mir leidet und schweigt. Da ist jenseits des Podcasts aber auch ein durchaus kontrovers diskutiertes Extrem: Influenzer:innen, die sich mit der Anzahl ihrer oft selbst gestellten Diagnosen schmücken wie mit trendstarken Accessoires. Eine Depression ist noch immer eine potenziell tödliche Krankheit und kein neues Paar Sneakers. Viel über ein Thema reden ist wichtig, um es aus der Tabuschublade zu holen. Aber bleiben nicht wie so oft die wirklich schwer Erkrankten unsichtbar? Nimmt die Gesellschaft psychische Erkrankungen überhaupt noch ernst, wenn einem fast schon Lust auf diesen Depri-Style gemacht wird? Wenn man schwere Depressionen kennt, würde man alles dafür tun, wieder zu der Person zu finden, die man neben der Depression auch noch ist. Es gibt jedoch Menschen, die möchten sich künstlich in eine Depression hineinidentifizieren, um dadurch erst zu einer Person zu werden. Es kann uns Kraft und Halt geben, wenn Personen des öffentlichen Lebens auf ihren Kanälen über psychische Erkrankungen sprechen oder wenn unsere düstersten Gefühle in Musik und Literatur, Kunst und Kultur zum Ausdruck kommen. Aber was zieht uns Betroffene noch mehr runter, was empowert uns und was nährt Vorurteile?

Clueso erzählt von einer Nervenklinik, in der er als Kind mehrere Wochen untergebracht war und in deren umgewidmeten Räumen er später als Musiker lebte und arbeitete.

Der Podcast schlägt die richtigen Töne an und findet die Balance im heiklen Sujet. Er fragt in einer Folge auch konkret danach, wie Social Media unser Wohlbefinden beeinflusst, welche Chancen Selbstinformationen auf dem Weg zur Diagnose bieten und wie valide sie sind. Miriam z. B. fand durch kuratierte Selbstinformationen zu ihrer inzwischen bestätigten ADHS-Diagnose.

Man muss schon genau hinschauen, um nicht vorzuverurteilen. Eine Person, die mit Depressionen lebt, sollte sich bei Instagram durchaus lachend beim Eis essen zeigen können, ohne dass man ihr die Erkrankung gleich abspricht. Niemand muss das Gefühl haben, er hätte keinen Therapieplatz verdient, weil es ihm noch nicht schlecht genug geht. Aber es darf auch nicht jedes Alltagsproblem psychiatrisiert werden. Geht es jedoch um den konkreten Umgang mit psychischen Belastungen, dann können Künstler:innen, die über ihre persönlichen Erfahrungen sprechen, echte Vorbilder sein. Im Podcast werden ganz verschiedene Struggles thematisiert. Nicht bei allen spricht man von einer Erkrankung. Manche Gäst:innen entschuldigen sich schon fast dafür, dass sie über ihre Seelenzustände reden, obwohl es ihnen im Gegensatz zu anderen vergleichsweise gut geht. Ich erlebe das als respektvoll und sehe hier eine wichtige Präventionsaufgabe. Ich denke, es kann gerade notwendig sein, über die Psyche zu sprechen, bevor das Kind in den Brunnen gefallen ist. Das hat an dieser Stelle nichts mit Verharmlosung einer echten Krankheit zu tun. Diesen Zustand kurz vor dem Fall kennen viele und Kunst kann uns wieder auffangen. Ich finde Trost in melancholischer Musik, sie baut mich auf. Meine Depression führt mich zuverlässig zu den Menschen oder

Songs, die sich heilsam oder authentisch anfühlen. Dann ist Musik für mich im positivsten Sinne wie Medizin.

Auch wenn ich es im Podcast über Pop und Psyche als absolut ermutigend erlebe, wenn Künstler:innen über Mental Health sprechen, gibt es leider noch immer Bereiche des gesellschaftlichen Lebens, in denen andere einem ernsthaft schaden können, wenn man seine Diagnose offen auf den Tisch packt. Deshalb verstehe ich, dass zwar doch inzwischen eine Menge, aber nicht alle Angefragten bei „Danke, gut." zusagen. Neulich zitierte eine Kollegin aus der Musik- und Medienbranche einen Satz, der früher in diesem Business sehr gebräuchlich war (Triggerwarnung!): „Angeschossenes Vieh stinkt". Wer offen oder mit den falschen „Vertrauten" über Ängste oder Depressionen sprach, galt als schwach und wurde nicht mehr gebucht. So stolperte man über die eigenen Vorurteile, auch die Betroffenen selbst, und schuf einen schönen Schein, bei dem das Leben die Schattenseiten gnadenlos immer mit einbongte. Das stinkt doch wirklich zum Himmel, oder? Es ist ja gerade das Absurde, dass Menschen mit Depressionen oft zum Perfektionismus und zur Selbstausbeutung neigen und besonders gewissenhaft arbeiten. Das nutzen dann gern mal die aus, denen das gelegen kommt. Aber ich will nicht in die Falle tappen, Leistungsparameter ins Spiel zu bringen. Das ist ja eben, woran die Gesellschaft krankt. Und man kann auch eine Depression haben, wenn man zuvor nicht zur Selbstausbeutung neigte. Inzwischen ist die Aufmerksamkeit bezüglich psychischer Erkrankungen größer, oft aber auch der Konkurrenzdruck nicht kleiner, weshalb jede Person selbstbestimmt mit ihrem Outing verfahren darf. Mir ist sehr bewusst, dass es berufliche Umfelder gibt, in denen einem durch Offenheit und Weichmachen Nachteile entstehen können.

Wer offen oder mit den falschen „Vertrauten" über Ängste oder Depressionen sprach, galt als schwach und wurde nicht mehr gebucht.

Ich spreche heute in meiner Öffentlichkeitsarbeit mit Bedacht und ausgesucht über das Thema psychische Erkrankungen, so z. B. als Botschafterin der „Stadt der Sterblichen" 2019 in Leipzig mit Musikjournalist Markus Kavka und Jupiter-Jones-Sänger Nicholas Müller.

Eine Perspektive, die mich an „Danke, gut." neben den Erfahrungen der prominenten Gäst:innen besonders interessiert, ist die der Moderatorin selbst. Miriam Davoudvandi aka Cashmiri war Chefredakteurin beim Splash-Mag und ihr Anliegen war auch hier bereits, den Rap weich für Themen zu machen, die zu kurz kamen: Politik, Psyche, Fempower. Da sie als Interviewerin aus der Peer-Perspektive auftritt, entsteht im Podcast echte Augenhöhe. Miriam hat rumänisch-iranische Wurzeln und ihre Geschichte ist auch davon geprägt, dass sie mit sechs Jahren von Bukarest nach Deutschland kam. Egal ob Migrations- oder wie in meinem Fall Inklusionshintergrund, marginalisierte Gruppen haben oft nochmal einen spezifischen Blick auf traumatisierende Erfahrungen. Ich musste z. B. erleben, dass es für mehrfach diskriminierte Menschen oft noch schwerer sein kann, Klinik- oder Therapieplätze zu bekommen.

Wenn wir gefragt werden, wie es uns geht, antworten wir oft mit der Floskel: „Danke, gut.", obwohl es selten so gemeint ist. Würde man mich nach dem Hören des Podcasts fragen, wie es mir geht, würde ich ehrlich antworten: „Danke, schon ein bisschen besser."

Foto linke Seite: Zoonar GmbH/Alamy Stock Foto

KLANG UND RAUSCH
Über das bewegte Verhältnis von Drogen und Musik

von Karsten Kriesel

**„Noch ein Bier und noch ein Shot
Und noch ein Drink und noch ein Kopf
Noch ein Glas und noch ne Line
Und alle wollen glücklich sein!“**

Auf der perfekten Party, die die Leipziger Band 100 Kilo Herz in ihrem Song „und aus den Boxen ...But Alive“ besingen, sind Rauschmittel allgegenwärtig. Das Lied ist pure Sehnsucht nach ein paar Stunden Weltvergessenheit und Hochgefühl inmitten einer Zeit der Vereinzelung im grauen kapitalistischen Anforderungstrott. Die angedeuteten Drogen und Genussmittel dienen im Song als Katalysator und Stütze für die Hauptsache auf der besungenen Zusammenkunft: Musik. Beides gehört hier symbiotisch zusammen und es hätten sich noch zahlreiche andere Songzitate aus den letzten 100 Jahren zum Einstieg gefunden, um diese Verbindung zu verdeutlichen.

Musik und Hochgefühl, Hochgefühl und bewusstseinsverändernde Substanzen gehören zusammen, solange es Musik gibt.

Musik und Hochgefühl, Hochgefühl und bewusstseinsverändernde Substanzen gehören zusammen, solange es Musik gibt. Vor Tausenden von Jahren parallel zur fortschreitenden Menschwerdung in der Evolution hat sich Musik vor allem als heilig-transzendentes Zeremoniell und Versuch einer Art rituellen Götter-Kommunikation herausgebildet, herbeigeführte Bewusstseinsveränderungen durch Pflanzen, Pilze und Rauch wurden parallel vorangetrieben. Ob religiöse oder dionysische Zusammenkünfte, fast immer gehen Klang und Rausch Hand in Hand. Seit Jahrhunderten handeln traditionelle Seemannslieder und andere Folk- und Blues-Traditionals vom gemeinsamen Trinken. Jazz, Soul und Rock im 20. Jahrhundert sind ohne die Zutaten gewisser „Substanzen“ kaum denkbar, „noch a Glaserl Wein“ und reichlich „Fiesta“ gibt es im Schlager, Betäubung im Pop, reichlich Nebel im Hip-Hop und zu elektronischen Beats tanzen auch gern Pillen. Viele Klischees, aber viel dahinter, wie Beobachtung, Empirie und Nachforschung immer wieder herausfinden. Natürlich lassen sich bei allen Überschneidungen Epochen- und (Sub-)Kulturtrends ausmachen. Am Ende jedoch ist das Thema Drogen ein Musik-umspannendes von der Hochkultur bis in beinahe alle untergründigen Nischen hinein. Von der Steinzeit bis in die zeitgenössische Club-, Playlist- und Festivalkultur gibt es eine so beständige wie wechselvolle Beziehung zwischen Schall und Sedierung, Tanz und Hochgefühl.

So vielfältig die Musik, so vielfältig auch das, was man unter Drogen verstehen kann und was dieser Text meint: Analog zu aktuellen wissenschaftlichen Betrachtungen soll der Begriff hier möglichst weit bezogen werden auf alles, das den Bewusstseinszustand des Menschen künstlich verändern kann und zur Herstellung „angenehmer Gefühle“ herangezogen wird und doch gesundheitliche Risiken birgt. Hierzu zählen substanzielle, also stoffgebundene und nicht-substanzielle Drogen, gemeinhin illegale klassische Rauschgifte auf natürlicher und chemischer Basis, legale und/oder verschreibungspflichtige Substanzen wie Alkohol, Nikotin, Koffein und verschiedene Medikamente vom missbräuchlich verwendeten Hustensaft über betäubende Schmerzmittel bis zu Psychopharmaka, die verschiedene Zustände indizieren oder vermeiden sollen. Auch Tätigkeiten und Erlebnisse können – Stichwort Spiel- und Handysucht – zu Drogen werden, maßgeblich sind bei allem die Kriterien des Ge- und Missbrauchs, der Dosierung und der Auswirkungen.

Ob „und“, „über“ oder „mit“, gibt man beliebige Kombinationen der Worte Musik und Drogen in die Suchleiste ein, wird man buchfüllend fündig, selbst wenn man sich auf einzelne Genres beschränkt. Lieder, die direkt oder indirekt Rausch- und Genussmittel thematisieren, gibt es zehntausende. Musik machen, Musik hören oder Musik betanzen wird aus unterschiedlichsten Gründen und Motivationen sowie in den unterschiedlichsten Ausprägungen von nicht-nüchternen Zuständen begleitet. Nicht zuletzt steht Musik selbst immer wieder im Ruf, eine Art Droge zu sein.

RAUSCH ZU ALLEN ZEITEN

Die romantische Literatur des 19. Jahrhunderts stand voll im Delirium, warum sollte das für die Musik zur gleichen Zeit nicht auch gelten? Aus heutiger Perspektive ordnen wir klassische Musik häufig als etwas gesittet Gutbürgerliches ein, doch schon in jeder zweiten Oper und Operette wird der ein oder andere Handlungsstrang gern durch Trunkenheit oder anderen Rausch vorangetrieben. Auch hinter anderen Werken und Komponist:innen steckt Rauschhaftes. Vor allem opiumhaltige Genussdrogen passten damals in die Zeit und künstlerische Kreise. Richard Wagner beschreibt musikalisch die „bewusstseinsverändernden Qualitäten von Isoldes Liebestrank“, Hector Berlioz‘ „Symphonie Phantastique“ vertont mutmaßlich Opiat-Erfahrungen, denen auch Frédéric Chopin nicht abgeneigt war, Richard Strauss komponierte unter ärztlich verschriebenem Kokaineinfluss, Johannes Brahms und Modest Mussorgsky tranken und besonders Robert Schuhmann findet offene Worte über seine wechselseitige Beziehungen seiner Kunst zum Rausch, die aus dem Mund diverser Rockstars kaum anders geklungen hätten: „Wenn ich betrunken bin oder mich erbrochen habe, so war am andren Tag die Fantasie schwebender und erhobener.“ Quasi täglich „katzenjammervoll“, wie er es nannte, war er in seinen Hauptschaffensjahren. Auch heute wird die klassische Musik noch von Drogen begleitet, wie Umfragen unter US-amerikanischen Orchestermusiker:innen alarmierend feststellen: Ein Drittel dieser Berufsgruppe putscht sich medikamentös auf oder beruhigt sich unter anderem mit Betablockern, getrunken wird ebenso häufig wie in anderen Musikgenres.

Hector Berlioz' „Symphonie Phantastique“ vertont mutmaßlich Opiat-Erfahrungen, denen auch Frédéric Chopin nicht abgeneigt war, Richard Strauss komponierte unter ärztlich verschriebenem Kokaineinfluss

Spätestens mit der zunehmenden Popularisierung der Musik durch Jazz seit Anfang und Rock seit Mitte des 20. Jahrhunderts begleiten Drogen immer offener die klangkulturelle Entwicklung. Die Jazz-Szene Anfang des 20. Jahrhunderts war nicht nur von Drogen durchzogen, sie hatte auch zunehmend Probleme damit. Paradoxerweise war, vor allem in Bezug auf Alkohol, aber auch in punkto

Image und Kult der großangelegte staatliche Versuch der Eindämmung kontraproduktiv. Die Prohibition in den USA der 1920er Jahre schob Alkohol und Alkoholkonsum in die Illegalität und damit in die Nähe und den Einfluss anderer tabuisierter Bereiche wie dem Rotlicht-Millieu, in dessen Nähe bereits der Jazz Jahre zuvor entstanden war. Zahlreiche „Speak Easys“, also illegal Alkohol ausschenkende Lokale (allein in Manhattan gab es davon wohl um die 5000), boten auch Live-Musik an, Jazz-Musiker bekamen dadurch Jobs und unkomplizierten Zugang zu Hochprozentigem. Neben musikalisch prägenden Höchstleistungen war die Hochzeit des Jazz damit schnell auch eine des hedonistischen Daseins, fernab von öffentlicher Sitte oder Moral, woran Drogen stets einen deutlichen Anteil hatten. Heroin galt vielen als täglicher Anschub für spielerische Leistung, drückte aber ebenso auf Gesundheit und letztlich Lebenserwartung. Miles Davis nahm reichlich psychoaktive Substanzen mit längst nicht nur positiven Nebenwirkungen, auch Charlie Parker und Chet Baker gingen an Heroin und Amphetaminen zugrunde, Louis Armstrong rauchte angeblich täglich drei Joints.

Die offene Verteilung und Einnahme von Cannabis, LSD und Meskalin auf Konzerten von The Grateful Dead und dem „Woodstock Music and Art Festival“ als musikalischem Höhepunkt der Flowerpower-Bewegung sind legendär.

Ab den 1950ern und verstärkt den 1960ern änderten sich die Drogen kaum, doch es übernahmen neue Generationen, klarere Rhythmen, direktere Texte und härtere Gitarren. Und die Art und Weise, mit Drogen umzugehen, wurde offener und gleichzeitig metaphysischer. Die psychedelischen Jahrzehnte der 1960er und 1970er sind Klischee, Mythos und viel dokumentierte Realität zugleich. Wenige Jahre später schwappte parallel dazu die Marihuana-beräucherte Reggea-Kultur in die westliche Welt, die wiederum von Jazz, Soul, Country und R&B inspiriert war. Der Hippie-Bewegung und der aufkommenden psychedelischen Rockmusik galt der Psychologe Timothy Leary als Guru, da er einen freien und allgemeinen Zugang zu psychedelischen Drogen wie LSD, Meskalin oder Psilocybin propagierte, unter anderem in seinem von vielen damals bibelgleich verehrten Werk „Psychedelische Erfahrungen“, das wiederum auf das Tibetanische Totenbuch aus dem 8. Jahrhundert zurückgriff. Drogenkonsum und „freie Liebe“ wurden Ausdruck von Jugend- und Gegenkultur. Die offene Verteilung und Einnahme von Cannabis, LSD und Meskalin auf Konzerten von The Grateful Dead und dem „Woodstock Music and Art Festival“ als musikalischem Höhepunkt der Flowerpower-Bewegung sind legendär. Ebenso die transzendenten musikalischen Reisen von Bands wie Pink Floyd oder die Anekdote, wie Bob Dylan die Beatles 1964 mit Cannabis bekannt machte, wie John Lennon bekannte: *„Wir verdanken ihm viel. Marihuana und LSD sickerten allmählich in alles ein. Uns wurde klar, dass es weit weniger Schranken gab, als wir uns bis dahin eingebildet hatten. Uns wurde klar, dass wir viele Schranken einfach einreißen konnten.“* Über die Quelle der Inspiration in den 1960ern sagte er: *„Vor allem Drogenerfahrungen. Aber versuchen Sie sich zu erinnern, unser Drogenkonsum stand 1967 in einer langen Musikertradition. Wir wussten von Louis Armstrong, Duke Ellington und Count Basie, dass sie zeitlebens gekifft hatten. Nun war unsere Musikerszene dran, ihre Erfahrungen zu machen. Drogen fanden ihren Weg in alles, was wir taten. Sie färbten unsere Sicht der Dinge bunt. Ich glaube, dass wir damals realisierten, dass* *es weniger Grenzen für uns gab, als wir angenommen hatten. Und uns wurde klar, dass wir Barrieren durchbrechen konnten"*

Die Unbekümmertheit jedoch verschwand allmählich oder hatte es sie so pur nie gegeben? Tragische Abstürze und Tode begleiten die Drogen- und Musikgeschichte seit jeher parallel zum Mythos von Freiheit und schönem Rausch. Schon der Drogenumgang einer Band wie The Velvet Underground zeigte Katapult und Kater eng beieinander.

Wesentlich direkter und weltlicher rangen ab Mitte der 1970er schließlich aggressivere Rocktöne mit Drogen. Vor allem Punk, zum Teil später auch Metal, wollten von psychedelischer Transzendenz nichts mehr wissen und wanden sich ihren Drogen mit allen Vorzügen und Schattenseiten unverblümter zu. Punk meint oft Exzess, Rausch, nihilistische Destruktion und Dekadenz. Eine Motivation dahinter: In einer durch den Menschen immer mehr zugrunde gerichteten Welt gibt es nichts zu verheimlichen, nichts zu beschönigen, nichts zu schonen. Selbstzerstörung hat daher oft einen nicht gerade niedrigen Stellenwert, jung zu sterben ist ein fast mystisches Ideal des Punk. Kein Wunder also, dass hier Drogen Leben und Tod zugleich bedeuten und der Punk dazu bald auch eine der wenigen klaren Gegenbewegungen der Musikgeschichte mitbrachte: Die Straight Edge-Bewegung des Hardcore-Punk der frühen 1980er propagierte freiwilligen Verzicht auf jegliche Rauschmittel, um der Misere der Welt wach gegenüberstehen zu können. Im Lichte der Jahrzehnte davor und danach waren die 1980er eine vergleichsweise „saubere" Dekade, doch im Schatten dessen, was sich hier als internationaler Pop, Hip-Hop und elektronischer Musik entwickelte, wurde doch bald auch ein anderes Phänomen des Drogenkonsums immer sichtbarer, was seitdem die Jahrzehnte prägte: konsumieren, um zu funktionieren, Medikamente als Drogen, Zweckorientiertheit statt Genuss.

Die Straight Edge-Bewegung des Hardcore-Punk der frühen 1980er propagierte freiwilligen Verzicht auf jegliche Rauschmittel, um der Misere der Welt wach gegenüberstehen zu können.

Auch die große Szene der elektronischen Musik, allen voran die Rave-Kultur, brachte spätestens in den 1990ern ein neues, unpolitisches Freizeit- und Selbstverständnis einer „Generation Ecstasy" hervor, wie der Kulturwissenschaftler Robert Feustel schreibt: *„Die bieder-bürgerliche Arbeitswelt drängt zur Flucht in den Club, der wiederum mit Ecstasy (in geringerem Maß mit LSD) und einer sphärischen, völlig neuen und anderen Musik ein paralleles (Nacht-)Leben ermöglicht."*

Mit der fortschreitenden Internationalisierung und Kommerzialisierung populärer Musik nehmen funktionale Drogen und Medikamente zu. Upper und Downer, konzentrations- und stimmungssteigernde oder eben beruhigende Mittel, illegal in Form von Speed, Crystal oder Kokain, verschreibungswürdig in Form von Medikamenten wie Betablockern, gewinnen an Bedeutung in einer Atmosphäre zwischen Selbstausbeutung und Selbstoptimierung. Drogen sind fortan kein „Outlaw"-Phänomen mehr, sondern ein einkalkulierter Zusatz, um auch kapitalistisch funktionieren zu können. Künstler:innen werden dabei, wie Journalist Hannes Soltau es formuliert, zum *„zurechnungsfähigen Arbeitssubjekt, das aus dem Werkzeugkasten an Substanzen reguliert wird."* Der King of Rock und der King of Pop nahmen diese Entwicklung als prominente Beispiele quasi vorweg: Schon Elvis war einer der berühmtesten Tablettenabhängigen der Musikgeschichte, der mutmaßlich auch an einer entsprechend toxischen Mischung starb. Der Konsum zahlreicher Medikamente, zur Behandlung von ADHS, zur Anregung, zur Betäubung, Diätmittel, Schmerz- und Schlafmittel sind bei ihm überliefert, die Autopsie nach seinem Tod ermittelte in Elvis' Blut elf verschiedene Substanzen. Auch Michael Jackson starb an einer Überdosis Narkosemittel.

Die Entwicklung geht parallel einher mit Drogenphänomenen der Gesellschaft: In Zeiten der globalen Opiat-Krise verfallen viele betäubenden Schmerzmitteln wie Fenantyl, tragische Künstler-Fälle weisen wie ein Brennglas auf das Problem hin. Soltau fasst entsprechend zusammen: *„Der Rapper Mac Miller starb 2018 an Fentanyl und Kokain, sein Kollege Lil Peep an Fentanyl und Alprazolam. Tom Petty wurde 2017 eine Mischung aus Fentanyl und Oxycodon zum Verhängnis. Und auch Prince überlebte 2016 eine Überdosis des Schmerzmittels nicht. [...] Wohin diese Steigerungslogik führt, hat der frühe Tod des schwedischen Star-DJs Avicci im April 2018 vor Augen geführt. In der Dokumentation „True Stories“ erklärt er wenige Monate zuvor noch: „Die Ärzte gaben mir Schmerzmittel. Ich habe immer wieder gesagt, dass ich nicht mehr auftreten kann, dass mich das umbringt.““*

Pete Doherty, Courtney Love, Marilyn Manson, Ozzy Osbourne, Iggy Pop, Robbie Williams – sie alle leben noch, aber zeigen, dass man mit selbstzerstörerischem Auftreten zur Kultfigur werden kann.

DER MYTHOS

Doch selbst diese alarmierenden, traurigen Fälle befeuern den Mythos von „Sex & Drugs & Rock'n'Roll“, der schon lange vor dem gleichnamigen Lied von Ian Dury and the Blockheads 1977 sprichwörtlich war und sich in der gesamten Musik hartnäckig hält. Denn es verkauft sich. Exzentrische Charaktere üben auf zahlreiche Publikumsteile erwiesenermaßen eine große Anziehungskraft aus und diese Exzentrik geht nicht selten mit Drogen einher. Pete Doherty, Courtney Love, Marilyn Manson, Ozzy Osbourne, Iggy Pop, Robbie Williams, sie alle leben noch, aber zeigen, dass man mit selbstzerstörerischem Auftreten zur Kultfigur werden kann. Manchmal reicht eine Plattitüde wie das Akronym Sido – der Name des Rappers soll „superintelligentes Drogenopfer“ bedeuten –, die oftmals jungen Fans lieben derlei, ebenso weitere „gefährliche“ Posings anderer Rapper, optisch wie musikalisch. Oft jedoch braucht es für überdauernde Faszination echte, dramatische Geschichten oder wenigstens gut dokumentierte maligne Gewohnheiten. „Ich hatte keine Probleme – ich hatte ja Kokain“, sagt Robbie Williams über sich und seine schwierigen Jahre. Monchi, Sänger der Band Feine Sahne Fischfilet, hat aus seiner ungesunden Neigung, jahrelang alles Mögliche in sich reinzustopfen, mit „Niemals satt“ einen Beststeller geschrieben und mit „Gib mir mehr“ den Song dazu komponiert. Er ist nachgewiesen esssüchtig, aber auch verschiedenen Drogen und Alkohol war er selten abgeneigt.

Sex Pistols-Bassist Sid Vicious war angeklagt, seine Partnerin Nancy Spungen im Heroinrausch erstochen zu haben. Die tödliche Überdosis injizierte ihm wenig später nach eigenen Angaben seine eigene Mutter, um ihn vor der drohenden lebenslangen Haftstrafe zu bewahren.

Von Grunge-Ikone Kurt Cobain ist das Zitat überliefert: *„Ich habe mich für den absoluten Exzess entschieden: alles auf einmal und zwar volle Kraft.“* Nach einem misslungenen Suizidversuch mit Tabletten spritzte sich der Nirvana-Frontmann 1994 eine Überdosis Heroin und schießt sich mit einer Schrotflinte in den Kopf. In seinem Abschiedsbrief zitiert er Neil Young: *„It's better to burn out than to fade away. (Es ist besser auszubrennen als zu verblassen.)"*

Bis zu ihrem Tod 2011 an Alkoholvergiftung mit über vier Promille gehört die tragische Musik- und Drogen-Karriere von Amy Winehouse zu einer der sagenumwogensten der neueren Musikgeschichte. Mit ihr bekam der legendäre „Club 27" erneut Zulauf und die Welt mit „Rehab" einen der international bekanntesten Drogen-Songs.

DIE FANS

Doch auch nach den kultigsten Geschichten zwischen Jazz in Opiumhöhlen, Hippies auf LSD, Bier-Punks, bekifften Rappern, Ravern auf Pillen und großen tragischen Star-Todesfällen: Die Gründe für die enge Bindung zwischen Musik und Drogen sind vielfältig und nur bedingt Genre- oder Epochen-abhängig: Steigerung der Kreativität oder Produktivität, Erweiterung des Bewusstseins „im Dienste der Kunst", Euphorie und Feierrausch oder doch Betäubung und Verdrängung aufgrund multiplen Drucks des Business, der Gesellschaft „von außen", selbstauferlegtem Leistungsdruck, Lampenfieber, Tourmonotonie und so vieles andere. Es gibt Studien, die nahelegen, dass bei Musiker:innen und Angehörigen künstlerischer Berufe der Drogenkonsum im Vergleich zu anderen Berufen hervorsticht. Es gibt einige Faktoren, die erhöhten Konsum und Konsumbereitschaft nahelegen. In einigen Sphären des Showgeschäfts sind Rauschmittel deutlich weniger geächtet als im gesellschaftlichen Durchschnitt, was den Zugang dazu erleichtert.

In einigen Sphären des Showgeschäfts sind Rauschmittel deutlich weniger geächtet als im gesellschaftlichen Durchschnitt, was den Zugang dazu erleichtert.

Und was auf Akteurs-Seite gilt, gilt auf der Fan-Seite oft erst recht. Musik allgemein, Bands und Künstler:innen im Speziellen gehören zu besonders einflussstarken Faktoren in Bezug auf Einstellungs-, Vorlieben- und Identitätsbildung anderer Menschen. Besonders Jugendliche ziehen sich aus ihrer jeweiligen musikalischen (Sub-)Kultur, ihren Protagonisten und Idolen vielfältig mitunter sehr intensive Lifestyle-Anregungen. Risikosuche und Grenzen austestendes oder gar überschreitendes Verhalten gehören in beinahe allen Jugendkulturen und allgemein zum Aufwachsen dazu. Dies gilt natürlich auch für Drogen. *„Während sich bei 15- bis 18-Jährigen die Einstellung zur Gesundheit herausbildet, die ein Leben lang anhält, hören sie bis zu 2,4 Stunden Musik pro Tag"*, zitiert das Nachrichtenmagazin Der Spiegel 2008 eine US-amerikanische Studie.

Unabhängig von den jeweils transportierten Inhalten ist es manchmal die Art der Musik selbst, die eine bestimmte Art von Drogenkonsum nahelegt. Die Musik gibt also das definierende Setting und die Struktur für den jeweiligen Bewusstseinszustand und die dazu notwendigen (Rausch-) Mittel vor. Das zieht sich vom rituellen Ursprung der Musik bis zum Punk, Hip-Hop und besonders Techno. Dass bei Letzterem im vergangenen Jahrzehnt die Positivbesetzung des Drogenkonsums wieder zugenommen hat, kann durchaus eine alarmierende Erkenntnis sein.

Für die Musikgenres Punk und Metal hat der Psychologie-Absolvent Clemens Schödel jüngst das Drogenverhalten der jeweiligen Hörer:innen untersucht und mit dem Bevölkerungsdurchschnitt verglichen. Eine Erkenntnis ist für Subkulturen gar nicht so neu, nämlich dass ihre Anhänger oft offener über Substanzenkonsum und psychische Gesundheit kommunizieren in einem Maße, wie sie auch in den Textinhalten vorkommen. Allerdings sind Fans „harter“ Musik psychisch nicht belasteter als die Allgemeinbevölkerung, gerade weil sie fähig sind, „ihre“ Musik auf eine produktive Weise zur Verarbeitung derartiger Probleme zu nutzen. Aber: *„Punk-Fans saufen deutlich mehr. Im Vergleich zur Allgemeinbevölkerung und im Vergleich zu Metal-und Hardrock-Fans. Dabei liegen die Werte für den durchschnittlichen Konsum auch deutlich oberhalb der Gefährdungsgrenze“*, so Schödel. Übertroffen werden sie nur von den Anhänger:innen härterer elektronischer Musik, die eine deutliche Risikogruppe für Substanzgebrauch darstellt und – unter anderem aufgrund des Fehlens auseinandersetzungsfähiger Inhalte in ihrer Musik – mehr „ungesunden“, also unproduktiven Musikkonsum an den Tag und vor allem die Nacht legen. Dass die Affinität zu aufputschenden Mitteln bei Techno- und Rave-Fans höher ist als im Bevölkerungsdurchschnitt, ist ein weiteres belegbares Klischee, das sich sogar musiktheoretisch und psychologisch erklären lässt. Im 1996er Jahrbuch des „Europäischen Collegiums für Bewusstseinsstudien“ findet sich die analytische Beschreibung, nach der sich Techno, speziell Trance *„durch eine allmähliche steigernde Intensität auszeichnet: Akzelerierendes Tempo, Zunahme der Lautstärke, zusätzliche polyrhythmische Verschiebungen oder ein intensivierter neuer Einsatz der Musik nach einer abrupten Pause führen die Zuhörer und Tänzer oft zur tranceauslösenden ‚Krise‘“*. Als sozusagen „technoschamanisches” Setting oder modernes Stammesritual sorgt die Rave-Party für veränderte Wachbewusstseinszustände. So beschreibt es zumindest Jörg Fachner, Professor für Musik und Musiktherapie.

Dass die Affinität zu aufputschenden Mitteln bei Techno- und Rave-Fans höher ist als im Bevölkerungsdurchschnitt, ist ein weiteres belegbares Klischee, das sich sogar musiktheoretisch und psychologisch erklären lässt.

„DAS SCHLIMMSTE IST, WENN DAS BIER ALLE IST“

Mit und über allen Formen von Drogen fließt zu jeder Zeit Alkohol. Schon Noah wird im ersten Buch Moses volltrunken aufgefunden, als Rausch-, Genuss- und einfach Nahrungsmittel zieht sich „das Feinste“, was Alkohol seiner arabischen Wortherkunft „al-kuhl“ nach bedeutet, durch die Jahrtausende. Dabei ist Alkohol auch abseits der Musik die in die verschiedensten Gesellschaften und Kulturen wohl am meisten integrierte Droge. Allgemeiner Anerkennung stehen laut Bundesgesundheitsministerium allein in Deutschland etwa acht Millionen Menschen mit „riskantem Alkoholkonsum“ und jährlich um die 60.000 Tote durch direkte und indirekte Folgen des Alkoholkonsums gegenüber. Das müssen andere Drogen erstmal schaffen.

DROGEN ALS EIN LIEBLINGSTHEMA DER MUSIK

„Jeder dritte Popsong handelt von Drogen“, titelte Der Spiegel 2008. Das Magazin bezog sich dabei auf eine Studie, bei der „nur“ die 279 populärsten Titel des Jahres 2005 laut des US-Musikfachblattes Billboard Magazine untersucht wurden. Analytisch und damit fern von Klischees untersuchen auch andere Studien mitunter längere Zeiträume und deutlich mehr Musikstücke. Ob nun die jeweils 100 beliebtesten Songs aus fünf Dekaden seit den 1960ern oder gleich 1,4 Millionen Lieder zwischen 1913 und 2013, die die

Beratungsstelle Addictions.com vor einigen Jahren untersucht hat, sie alle kommen zu ähnlichen Ergebnissen: Drogen sind eins der Topthemen von populärer Musik, Tendenz steigend und nur äußerst selten mahnend. Es gibt also mehr heroisierende Lieder über den Rausch als verurteilende. Doch da in der Musikgeschichte auch die tragischen Seiten des Rausches mit den erhabenen oft Hand in Hand gehen, ist die Trennschärfe oft ebenso schwierig. Vielen der besseren Songs ist eigen, dass sie zwischen den Polen changieren.

Die thematisierten Top-Drogen sind dabei je nach Studie Marihuana, Kokain oder Alkohol. Beispiele ließen sich zehntausendfach zitieren von Titeln aus frühen New-Orleans-Jazz-Tagen bis heute. Der thematische Anstieg trifft dabei auf fast alle Musikgenres zu, am deutlichsten jedoch wird er durch die nach wie vor zunehmende Beliebtheit und Verbreitung von Hip-Hop vorangetrieben. Ab den 1980ern entwickelt sich mit Rap und Hip-Hop eine Subkultur, die in ihren verschiedenen Phasen oft sehr offen drogenaffin war und ist. Snoop Dog, Cypress Hill oder Marsimoto, ganze Biografien und künstlerische Portfolios drehen sich um die grünen, gefingerten Blätter der Hanfpflanze, später wurden vermehrt Kokain und schließlich verschiedene Tabletten thematisiert.

Ab den 1980ern entwickelt sich mit Rap und Hip-Hop eine Subkultur, die in ihren verschiedenen Phasen oft sehr offen drogenaffin war und ist.

Hip-Hop ist eine treibende Kraft in der Entwicklung, dass seit Jahren die Drogenreferenzen in der populären Musik zunehmen. Vor allem eine der jüngsten popkulturellen Entwicklungen, der Cloudrap, ist hier federführend, wie Soltau erneut beschreibt: *„Zwischen ätherischen Synthesizer-Sounds und Autotune-Gesang ist viel Raum für die Verherrlichung verschreibungspflichtiger Medikamente. Die gelallten oder genuschelten Nonsens-Lyrics können auch als Inszenierung einer offen zur Schau gestellten Kapitulation vor gesellschaftlichen Anforderungen mittels Gefühlsnarkose gedeutet werden. Eine in Watte gepackte Illusion, wenigstens im Rausch dem Druck gewachsen zu sein.“* Kein Wunder also, dass Opioid-Referenzen in den Songs der vergangenen etwa zehn Jahre deutlich zunehmen.

WENN MUSIK SELBST DIE DROGE IST

„Massenphänomene, Lichtinszenierungen und Einzelstimuli wie Dehydration ergeben während einer Techno-Party eine individuell erlebte Reizüberflutung. Tanzen bis zur Erschöpfung, die extreme physische Anstrengung und eine dadurch vermittelte Ausschüttung von körpereigenen Morphinen, die wiederum angstlösend und euphorisierend wirken, des weiteren Schwitzen und – durch die lange Dauer solcher Veranstaltungen – Schlafentzug aktivieren körpereigene Drogen und Belohnungssysteme, d. h. eine Trance stellt sich nicht einzig aus der Einnahme von Drogen ein“, so beschreibt Jörg Fachner die Wirkung von Rave zunächst völlig unabhängig von substantiellen Drogen. Im ersten #nichtgesellschaftsfähig-Buch habe ich mich 2020 ausführlich mit psychischen Belastungen in der populären Musik, deren Ursachen und Folgen beschäftigt und schrieb unter anderem: *„Abgesehen von der viel beschworenen Drogenaffinität im Musikgeschäft kann die Bühne mitunter selbst wie eine Droge wirken. Wo stimmungsaufhellende Substanzen wie Ecstasy zur verstärkten Serotonin-Ausschüttung führen, weswegen nach Abklingen der Wirkung der natürliche Speicher davon erschöpft ist und somit bei suchthaftem Gebrauch das Risiko von Depressionen steigt, kann intervallartige Anerkennung auf der Bühne und der Rausch des*

Rampenlichts einen ähnlichen Effekt haben, zumal wenn zusätzlich mit Stimulanzien nachgeholfen wird. Hier sei wieder auf die schon erwähnte Komorbidität von psychischen Erkrankungen, Persönlichkeitsstörungen und Suchtleiden verwiesen. Sucht nach Anerkennung durch Applaus und Drogenkonsum gehen häufig eine Einheit ein. Beides sind Ersatzbefriedigungen, die sich auf das Belohnungssystem im Gehirn auswirken.“

Beide Zitate deuten darauf hin, dass Musik sowohl auf der Produzenten- als auch der Rezipienten-Seite selbst zu einer Art Droge werden kann. 2007 titelt das Wissenschaftsressort der Zeitung Welt: *„Musik, Sex und Drogen – alles die gleiche Chemie“* und beschrieb, dass hier jeweils die gleichen Areale im Gehirn angesprochen werden, Musik, Erregung und Rausch also im limbischen System ähnliche emotionale Verarbeitungsformen haben. Auch Deutschlandfunk berichtet ein paar Jahre später von ähnlichen neurowissenschaftlichen Erkenntnissen, nach denen besonders das Hören von Musik die Ausschüttung des „Glückshormons“ Dopamin auslöst und entsprechend das Belohnungssystem im Hirn analog zu Essen, Sex und Drogen stimuliert. Populärwissenschaftlich erscheint die Erkenntnis, dass Musik glücklich macht, längst als Binsenweisheit.

Was für Essen, Trinken und Sex logisch und natürlich existentiell ist, wird mit Drogen künstlich simuliert, was Risiken birgt.

Interessant ist hierbei jedoch zweierlei: Erstens deutet viel darauf hin, dass Musik tatsächlich überwiegend positive Gefühle verstärkt. Selbst als traurig empfundene Musik vermittelt eher Verständnis und Stütze als einen noch tiefer runterzuziehen. Zweitens unterstreicht die Einordnung von Musik zwischen evolutionär Überlebenswichtigem wie Essen, Trinken und Sex einerseits und potenziell Gefährlichem wie Nervenkitzel und den Körper manipulierenden Drogen andererseits ihre existentielle Kraft. Alles davon setzt eine Art chemischer Euphorie frei. Im Deutschlandfunk wird 2011 dazu der kanadische Neurowissenschaftler Robert Zatorre zitiert: *„Dopamin scheint dazu da zu sein, herausragende Ereignisse, die sehr positiv und wichtig für das Überleben sind, zu kennzeichnen. Denn woher weiß ich denn, dass etwas, das ich erfahre oder tue, gut für mich ist? Dass weiß ich, weil Dopamin mir signalisiert, dass etwas Gutes und Wichtiges passiert. Wenn man etwa hungrig ist und Essen bekommt, dann ist das gut und man versucht, mehr davon zu bekommen.“*

Was für Essen, Trinken und Sex logisch und natürlich existentiell ist, wird mit Drogen künstlich simuliert, was Risiken birgt. Da Musik malignen Wirkungen weitgehend entbehrt, ordnet sie sich irgendwo dazwischen ein, so Zatorre: *„Ich denke nicht, dass wir Musik im wörtlichen Sinne zum Überleben brauchen, denn im Gegensatz zu Essen oder Wasser können wir auf Musik ja verzichten. Aber die Tatsache, dass sie die gleichen Hirnregionen aktiviert, deutet vielleicht darauf hin, dass wir doch ähnlich viel davon haben wie von Substanzen, die überlebenswichtig sind.“*

Zusammenfassend fällt es schwer, zwischen tragischen Drogen-Geschichten einerseits und überragender, durch Drogen befeuerter musikalischer Kunst andererseits das bewegte Verhältnis von Drogen und Musik wertend einzuschätzen. Dafür sind die Wechselwirkungen einfach zu vielschichtig. Festzuhalten gilt jedoch, dass das Verhältnis im Vergleich zur gesellschaftlichen Breite ein besonderes ist und vor allem längst noch nicht auserzählt oder besser abgeklungen ist.

63 LIEDER ÜBER DROGEN
Eine subjektive Playlist

von Karsten Kriesel

1. **100 Kilo Herz** – „und aus den Boxen ...But Alive“
2. **Afroman** – „Because I Got High“
3. **Alligatoah** – „Willst du“
4. **Amy Winehouse** – „Rehab“
5. **B Tight** – „Es sind die Drogen“
6. **Body Count** – „The Winners Loses“
7. **Casper & Marteria** – „Chardonnay & Purple Haze“
8. **Chumbawamba** – „Tubthumping“
9. **Cypress Hill** – „Insane In The Brain“
10. **David Bowie** – „Ashes To Ashes“
11. **Dead Kennedys** – „Too Drunk To Fuck“
12. **Deichkind** – „Roll das Fass rein“
13. **Die Ärzte** – „Lieber Tee“
14. **Die Fantastischen Vier** – „Tag am Meer“
15. **Die Kassierer** – „Das Schlimmste ist, wenn das Bier alle ist“
16. **Die Toten Hosen** – „Eisgekühlter Bommerlunder“
17. **DJ Koze** – „XTC“
18. **Eagles** – „Hotel California“
19. **Erection** – „Nüchtern oder Schüchtern“
20. **Eric Clapton** – „Cocaine“
21. **Faber** – „Nie wieder“
22. **Falko** – „Mutter, der Mann mit dem Koks ist da“
23. **Feeling B** – „Mix mir einen Drink“
24. **Feine Sahne Fischfilet** – „Gib mir mehr“
25. **Großstadtgeflüster** – „Blaues Wunder“
26. **Hannes Wader** – „Kokain“
27. **Herbert Grönemeyer** – „Alkohol“
28. **Herzog** – „Blätter, die die Welt bedeuten“
29. **Ian Dury and the Blockheads** – „Sex & Drugs & Rock & Roll“
30. **Iggy Pop** – „Lust For Life“
31. **Jefferson Airplane** – „White Rabbit“
32. **Jimi Hendrix** – „Purple Haze“
33. **John Cale** – „Heroin”
34. **Juliane Werding** – „Am Tag, als Conny Karmer starb”
35. **Knochenfabrik** – „Filmriss”
36. **Kotzreiz** – „Nüchtern unerträglich”
37. **Kraftklub** – „Chemie Chemie Ya”
38. **Little Big** – „Every Day I'm Drinking”
39. **Louie Knuxx** – „Yarp”
40. **Luetzenkirchen** – „3 Tage Wach”
41. **Luniz** – „I Got 5 On It”
42. **Marsimoto** – „Illegalize It”
43. **Metallica** – „Master Of Puppets”
44. **Miley Cyrus** – „We Can't Stop”
45. **Milliarden** – „Kokain und Himbeereis”
46. **Minor Threat** – „Straight Edge”
47. **Neil Young** – „The Needle And The Damage Done”
48. **Nine Inch Nails** – „Hurt”
49. **Nirvana** – „Lithium”
50. **Pink Floyd** – „Comfortably Numb”
51. **Pixies** – „Where Is My Mind”
52. **Placebo** – „Special K”
53. **Rihanna** – „Diamonds”
54. **Sir Robin & The Longbowmen** – „Prozacco”
55. **The Bates** – „Junkie”
56. **The Beatles** – „Lucy In The Sky With Diamonds”
57. **The Pogues** – „The Sick Bed Of Cuchulainn”
58. **Ramones** – „I Wanna Be Sedated”
59. **The Red Hot Chili Peppers** – „Under The Bridge”
60. **The Rolling Stones** – „Sister Morphine”
61. **The Velvet Underground** – „Heroin”
62. **Tom Waits** – „The Piano Has Been Drinking”
63. **Toxic Holocaust** – „Acid Fuzz”

I WANNA BE WELL
ICH FÜHL NUR LEERE
UND DEN WAHNSINN IM BAUCH.
von Vic Vais

4, 5, 6, 7, 8, 9, 10, 11, 12. I'm a ... girl.

Musik war irgendwie immer da, ein Teil von mir ... Nicht immer auf die Art, die man gern erzählt oder für die man sich rückblickend feiert. Aber sie war da.

Als Kleinkind der späten 1980er und frühen 1990er habe ich ununterbrochen Werbejingles gesungen („Hula Hair Barbieee, mit dem langen bunten Haaar" ...). Im Kindergarten haben wir – neben Power Rangers – am liebsten Mini Playback Show gespielt. Dann Grundschule: Melodika. Ja, dieses Tastenteil mit Kunststoffschlauch, in das man reinpusten muss, um krächzende Töne zu erzeugen. Keine Ahnung, wer das erfunden hat, aber schön ist anders. Im Pauschalurlaub auf irgendeiner dieser Urlaubsinseln habe ich im „Mini Club" den „Mondschein" von Cats playback gefühlt! Mein siebenjähriges Ich hat sich die Augen aus dem Kopf geweint: „Hoffnung, in mir lebt noch die Hoffnung, dass ich nicht einfach sterbe wie die Kerze im Wind, wenn es hell wird, wird diese Nacht Erinnerung sein – und ein neuer Tag fängt an". GeFÜHLT, sag ich! Ich kann mich nicht erinnern, darüber nachgedacht zu haben, warum und was ich da mache. Aber ja, Musik war irgendwie immer schon da.

Im Wohnzimmer lagerte mein Vater in deckenhohen IVAR-Regalen endlose Mengen von CDs – von ein paar Ausreißern mal abgesehen überwiegend Punkrock. (Okay. Und Beethoven. Aber das ist ja auch irgendwie Punkrock.) Nach den Kinder-CD-Compilations – Schlümpfe!!! – und Bravo-Hit-Samplern, die ich hoch und runter gehört habe, war mein erstes „richtiges" Album wohl „Spiceworld" von den Spice Girls. 1990er-Kid eben. Die waren für mich anders bedeutsam. Coole Frauen, empowernd. Ich habe die Spice Girls nicht nur gehört, ich war eine von ihnen. Für mich war ab diesem Zeitpunkt jedenfalls klar: Ich werde Popstar!

Seit der Grundschule habe ich im Kinderchor gesungen, eine ernsthafte, zeitintensive Beschäftigung neben der Schule. Noten, Quintenzirkel, Intervalle, klassische und zeitgenössische Stücke; Probelager in den Ferien, Intensivproben-Wochenenden vor großen Konzerten ... In kleinen, mittleren und großen Konzertsälen in ganz Deutschland, mit und ohne Orchester, Konzertreisen bis nach Estland und Kanada. Hier war ich, glaube ich, zum ersten Mal richtig ergriffen von so einer heftigen, den Körper durchflutenden Rührung beim Hören von Musik. Die, bei der einem unwillkürlich Tränen in die Augen steigen, der Körper durchgeschüttelt wird, weil man eine wahnsinnige Harmonie wahrnimmt. Damals habe ich wahrscheinlich zum ersten Mal umfassende, körperliche Auftrittsangst erlebt, am krassesten wahrscheinlich, als ich mit zwölf Jahren ein größeres Solo hatte, im großen Konzertsaal des Gewandhauses. Vor dem Auftritt hat mein Kreislauf fast schlapp gemacht und Fluchtreflexe haben hart gekickt. Ich war so stolz, das Solo zu singen, und wollte das un-unbedingt. Aber dann ging auf einmal gar nichts mehr. Ich wollte nicht raus auf die Bühne, unter keinen Umständen. Es hat sich angefühlt, als müsste ich mein Herz rauskotzen. Ich dachte, ich ersticke. Mir war schwindelig, ich habe geweint und hyperventiliert. Heute denke ich, dass ich damals wohl meine erste Panikattacke hatte. Ich weiß nicht, inwiefern Chorleiter:innen lernen, junge Leute durch einen Nervenzusammenbruch zu begleiten. Long story short: Alles ging gut und danach hatte ich – wahrscheinlich auch zum ersten Mal – das unwiderstehliche Glücksgefühl nach einem gelungenen Auftritt. Mein Tagebuch erzählt davon: „Dann haben mich alle auf einmal umarmt, das war so ein geiles Gefühl. Ich hatte 1000 Schmetterlinge im Bauch! Das Gefühl kann man gar nicht beschreiben!"

Foto linke Seite: privat

13, 14. The fellowship.

Anfang 2001 kommt der erste „Herr der Ringe"-Film und wir – meine Clique – entwickelten eine ziemlich heftige Obsession damit. Ich weiß nicht, wie oft wir ins Kino gerannt sind, den Soundtrack gehört, Elbisch geübt und Elijah Wood angebetet haben. Und obwohl unsere Eltern imposante CD-Sammlungen und viel gute Musik hatten, muss ich sie alle enttäuschen: Es war Frodo, der uns vom Retorten-Pop zum Gitarrenrock führte. Elijah Woods Lieblingsband waren die Smashing Pumpkins. Ab da also Indie-Rock, im weitesten Sinne, mitten drin, in der The Band-Phase der frühen 2000er. The Strokes hatten gerade „Is This it?" und die White Stripes „White Blood Cells" rausgebracht. Wir haben täglich Stunden im WOM neue Maxi-CDs und Alben gehört. Das war, wer wir da waren. Musik war unser Leben. Du bist, was du hörst. Dieses grandiose Reinsteigern in diese Bands kann ich heute nur noch schwer nachempfinden. Wir waren dem Alter, in dem man sich Hefter anlegt und jeden Schnipsel der Lieblingsacts ausschneidet und aufklebt, geeerade so entwachsen ...

„Warum soll ich noch fragen, wenn ich Fragen habe, wenn es ja sowieso alles nur eine pubertäre Laune ist?"

14, 15. This is a song for you.

Obwohl ... vielleicht nicht noch ganz. Mein Tagebuch habe ich im Alter von 14 Jahren jedenfalls mit „Kelly" angesprochen und eine Zeit lang neben jeden Eintrag ein Bravobild von Kelly Osbourne geklebt. Indie war erstmal wieder out. Ja, so schnell geht das. Wie Musik suchen, finden und hören und die Suche nach sowas wie Identität zusammenhängen, fragt mein 14-jähriges Ich: „Ich stehe hinter meiner Meinung, die heißt: PUNK ... Ich versuche gerade, alles darüber zu erfahren ... Ich bin 14, interessiere mich für Punk, für Musik, aber man wird nie ernst genommen. Teilweise sicher zurecht. Aber für die meisten ist man nur die kleine, dumme 14-Jährige, die sich aufspielen will. Und da frage ich mich ... Warum soll ich noch fragen, wenn ich Fragen habe, wenn es ja sowieso alles nur eine pubertäre Laune ist? (...) Dass es irgendwie weh tut, wenn ihr euch ständig über einen lustig macht, ist euch auch egal. Wenn ihr so denkt, dann weiß ich echt nicht, was mich hier noch hält ... Ich bin jetzt jedenfalls oft ziemlich down. Ohne zu wissen, warum eigentlich ... Aber immerhin kann man so besser Songs schreiben."

Wir waren 14, haben Chorproben geschwänzt und mit „coolen" Goth-Leuten auf „der Wiese" vorm Bahnhof abgehangen. Erste Rauscherlebnisse. BHs klauen bei H&M, Mango-Tabak, Moscato, Wohnungsparties. In diese Zeit muss auch die Gründung unserer Band fallen. Mein Vater und mein Erzeuger – komplizierte Geschichte – hatten wieder angefangen, Musik zusammen zu machen, in einer Band. Sie wollten für ein Album Kinderchor-Stimmen als Background. Ich und drei Chor-Freundinnen waren eingeladen zu singen: „This is a song for you, to tell you, what you can duuuuhuuuhuu, this is a song for you, to tell you: Fuck! You!". Wenn wirs nicht schon waren, waren wir da auf jeden Fall die coolsten. Und da wir gerade da waren, gründeten wir eben auch eine Band: „Mein Vater hat eine E-Gitarre! Meiner einen Bass! Ok, dann spiel ich Schlagzeug." Check.

15, 16. It's time to start the horror train.

„Liebes Tagebuch. Mit ‚harter Punk sein' bin ich durch. Ich habe jetzt eine Band." Chor war nicht mehr. Man hatte jetzt eine Band. Eine All-Girl-(sowas wie)-Punkband. Ich glaube, dass schon hier der Songproduktions-Pain anfing. Scheiße! Wir brauchen ja Songs! Aber mit 14 ist es erstmal wichtiger, in einer Band zu sein. Und die hatte 2004 ihren ersten Auftritt. Zwar hatte nur die Hälfte unserer Songs fertige Texte, aber hey! Der Rest wird einfach improvisiert. Im pink-schwarzen Bühnenoutfit habe ich bei einigen Songs einfach random englische Worte aneinandergereiht. Hat niemand gemerkt. Das muss man sich auch erstmal trauen, denke ich heute. Vor dem Auftritt waren da wieder diese Nervosität und Angstgefühle, nicht ganz so schlimm wie im großen Saal, aber genug. Und auch wieder das wunderbare Gefühl danach. Nach dem Auftritt war die Welt in Ordnung, das Gefühl leicht. Publikum hats gefeiert, Eltern und Friends waren stolz. Und wir auch. Yes, das ist es!

Ich weiß nicht mehr, wie genau das alles dann passiert ist, aber irgendwie waren wir dann in so einem Prozess drin. Wir waren noch echt klein, aber auf einmal ging es um Konzerttermine und Verträge, Zahlen, T-Shirt-Motive, Buttons, Merch und die Mentor-Band meinte, wir sollen mal unsere Songs aufnehmen. Wir dachten, die sind nicht gut genug, die Songs noch nicht fertig. Aber wenn ich die Aufnahmen heute höre, verstehe ich, was „so geil rough“ war und warum immer alle so gestarrt haben, wenn wir mit unseren 15 Jahren da so schrammeligen LoFi-Kram hingerotzt haben. Das hat irgendwie eine Attitude ausgestrahlt, die wir so gar nicht gefühlt haben. Wir wollten ja gut sein und „rough“ war das einfach deshalb, weil wir unsere Instrumente noch nicht besser spielen konnten. Das war keine Entscheidung. Aber wir hatten damals schon so ein Dauer-Imposter-Ding am Laufen und – bis zum Ende – das Gefühl, nie fertig zu sein. Mit den Songs. Mit Proben. Mit Texten. Irgendwie war alles nie (gut) genug. Hier fing es auch an, dass wir immer irgendwie gestresst waren und nie ohne schlechtes Gewissen frei hatten. Mit 15.

Ein Jahr später wurde es verrückt. Samstag: Supportshow, Open Air vor 3500 Leuten. Das wird dann am Montag in der Schule erzählt. Ole – unser Fahrer und Booker – hat uns mehrmals mit dem Tourbus da abgeholt, um uns zu einem Auftritt zu kutschieren. Wir brauchten immer Begleitung, denn minderjährig konnten wir weder Autos mieten noch fahren und keine Verträge machen. Paralleluniversum: Abschlussfahrt nach Prag. Die Chorklasse singt im Kanon unter diesem Glockenturm und investiert das verdiente Geld in Wodka. Bis einer abklappt und notfallmäßig versorgt werden muss. Alles nebeneinander: Musik, Schule, erste Beziehungserfahrungen. Wild.

16, 17. There's a higher might.

Dass wir schon bei den ersten Shows mehr Merchandise als Songs hatten, hat uns eher unbeliebt in unserer Stadt gemacht. Es gab auch komische Gerüchte: Wir würden gesponsort und bekämen wahnsinnig viel Kohle (war übrigens nie so). Wir fühlten uns nicht ernst genommen und alles andere als willkommen in der Musik-Community. Verstanden haben wir nie so richtig, warum so viele so arschig zu uns waren. Und heute denke ich: Leute, wir waren doch noch Babies!

Spätestens jetzt wurden Panik vor Auftritten und nie endende Stressgefühle ständige Begleiterinnen: „Du stehst hinter der Bühne und weißt, du musst da gleich raus. WEG! RENN WEG! WARUM MACHST DU DAS??? Mein Magen rumort. Alles will raus aus mir, aber auf keinen Fall vor die Leute. Die Drums fangen an. DummDummDumm. Dumm. DummDummDumm. Dumm. Dann Bass. Gitarre. Ich muss als Letzte raus. Ich hasse diese Minuten, wenn alle da schon draußen sind und ich warte. Warten. Warten. Warten. Bis endlich der Takt wechselt. Wann, das entscheidet die Band. Kontrollverlust. Ich schwitze. Mir ist schlecht. Scheiße. Ich kann das nicht. Ich will das nicht.“

Als Teil einer Band gerät man in bestimmte Routinen und Abläufe. An denen hängen Gefühle, Probleme, Struggles. Das vergisst man leicht. Da ist zum Beispiel das Problem, Songs schreiben zu wollen, zu müssen, zu sollen … aber oft gehts einfach nicht: „Ich weiß, dass man jegliches Aggro-Gefühl und Genervtheit in die Musik fließen lassen sollte! Aber was, wenn das einfach nicht funktioniert? Wie lässt man Wut, Angst und all die Scheiße ‚in die Musik fließen‘. Blabla, halt die Fresse! Ich kann nicht mehr!“ Dieses Gefühl, unfähig zu sein, in dem, was ich machen will, hat mich verzweifelt gemacht. Ich konnte mich nicht mehr einlassen, auslassen, loslassen. Alles war verkopft und ständig unter Druck. CD-Aufnahmen zum Beispiel: Funktionieren müssen, wenn die Aufnahmeleitung den Knopf drückt. Ich habe gesungen, funktionieren musste also vor allem mein Körper. Und dann sollst (willst) du auch noch möglichst so laid back klingen wie Julian Casablancas. Oder so traurig wie Sinéad O‘Connor. Oder so sauer wie Brody Dalle. Dabei bist du gerade noch damit beschäftigt, überhaupt darauf klarzukommen, wie sich deine Stimme auf einer Aufnahme anhört. Diese Druckgefühle und die Unsicherheiten sind natürlich Gift für coole Musik. Was am Anfang roh, unfertig oder ungekonnt war (und vielleicht deshalb charmant), war bei mir ziemlich schnell weg, unwiederbringlich. Die Tage, an denen ich früh kaum aus dem Bett kam, weil alles schwer war, wurden mehr und das Gefühl, irgendwie den Tag durchstehen zu müssen, übermächtig. Damit kamen die körperlichen Probleme: Magen, Darm, Haut, alles. Alkohol, Energydrinks und Kippen haben das nicht besser gemacht. Ich meine, es fällt auch in diese Zeit, dass es ganz normal wurde, dass wir alle vor Auftritten Anti-Durchfallmedikamente nahmen, um den Aufregungsdünnschiss zu bekämpfen. Meine Damen und Herren, The Leichtigkeit has left the stage.

Die Tage, an denen ich früh kaum aus dem Bett kam, weil alles schwer war, wurden mehr und das Gefühl, irgendwie den Tag durchstehen zu müssen, übermächtig.

17, 18, 19. Willkommen im Morgen.

Und dann ist da noch die zwischenmenschliche Komponente. Am Anfang war alles im Wesentlichen Fun. Aber dann wurde es kompliziert. Alkohol. Noch mehr Alkohol. Bei den Bandmitgliedern immerhin nie chemische Drogen, in all der Zeit (erstaunlich eigentlich). Wir wurden älter und die Rucksäcke, die wir alle von Zuhause mit in Proberäume, Tourbusse und Studios schleppten, kippten wir nicht selten übereinander aus. Komm mal auf dein Leben klar, zwischen Abiprüfung, Wochenendshows, Zukunftsängsten, Liebeskummer, Freundinnenkrach, Tourplanung, Abrechnungsfragen („Festgage? Kann ich mich nicht erinnern. Sorry.“).

Wir wollten uns finden und verändern. Erster Besetzungswechsel am Schlagzeug, statt Englisch deutsche Texte. Das kam nicht bei allen gut an. Wir und unsere Supportcrew distanzierten uns voneinander, langsam, aber sicher. Schmerzhaft, aber notwendig.

Wenn man in einer Band spielt und raus geht, kriegt man andauernd Feedback, auf alles: Was du machst, was du planst, was du sagst, willst, wie du klingst, aussiehst, was du an hast. („Zieht ihr eigentlich auch eure schicken Kleidchen an, wenn ihr dann spielt? Oder bleibt ihr etwa in den Jeans?“). Auf deine Texte, deine Songs, deine Stimme. Problem: Am Ende der Teenagerzeit ist man verletzlich, verwirrt, überfordert, demonstriert dickes Fell und große Fresse. Aber, ey! Es ist hart, damit klarzukommen und auf die Meinung der Leute zu scheißen, in diesem Alter fast unmöglich. Gib mir noch nen Wodka-E! (Oder zwei. Oder drei.) Dann gehts vielleicht etwas besser.

„Danach war die Reaktion auf meine neuen deutschen Texte sowas wie: ‚Warum redest du so um den heißen Brei herum, warum sind deine Texte so unkonkret? Warum so viele Fragen in den Texten und so wenig Antworten und Ansagen?' Ja, warum wohl. Klar, frage ich oft: Warum? Wieso? Weshalb? Wohin? Surprise, genau DAS spielt sich halt ab im Kopf einer 19-Jährigen. Wie soll ich was schreiben, was ich nicht bin und nicht fühl? Und eins bin und fühl ich gerade nicht: mir klar darüber, wer ich bin und was ich will. Habe ich wirklich nix zu sagen oder weiß ich nicht wie? Diese Reaktionen fühlen sich scheiße an. ICH fühle mich scheiße und will mich verkriechen. Vielleicht kann ich das alles einfach nicht."

19, 20. Mein Weg wird von der Straße diktiert.

Eine Weile nach dem Abi haben wir unsere Führerscheine gemacht und eine Firma für die Band gegründet. Auch das Booking, Öffentlichkeitsarbeit und so weiter übernahmen wir nach und nach selbst. Es gibt ziemlich viel zu organisieren und ziemlich wenig davon hat damit zu tun, weswegen man mit Musikmachen mal angefangen hat. Touren planen, Clubs anfragen, Absagen kassieren, lachhafte Gagen, Termine, Meetings, Finanzfragen. Anstrengend. Aber die Selbstständigkeit tat uns auch gut: „Wir sind so glücklich, dass wir alleine unterwegs sind. (...) Das erste Konzert der Tour war sowohl gut als auch enttäuschend. Ich habe mehr erwartet, ehrlich gesagt – andererseits: Schlimmer hätte es auch laufen können."

Als kleine Band auf Tour zu sein, ist nicht wirklich glamourös, der Bus klein, die Gage auch. Eine Crew kann sich keiner wirklich leisten. Nicht selten wird auf Billardtischen oder Fußböden in der Location gepennt. Jeder Offday ohne Konzert heißt: keine Gage, Verlust. Bus, Essen und Übernachtungen müssen bezahlt werden. Leben kann davon niemand. Nebenher haben wir in Kitas, beim Pizza-Service, im Seniorenheim, in Bars oder bei Cateringservices gearbeitet (so viel zum Sponsoring).

„Zum 20. Mal in diesem Monat steigen wir nach einem mäßigen, aber ausreichenden Frühstück in unseren Bus, der nicht unserer ist, sich aber mittlerweile ein bisschen danach anfühlt. (Und auch so riecht.) Wir sind auf der Suche nach billiger Unterwäsche. Wir haben zu wenig Klamotten und kein Geld. Aber eine passable Übernachtungsmöglichkeit. Ich habe schon längst aufgehört zu zählen, auf wie vielen Frauenklos ich mich schon umgezogen, angezogen, geschminkt, abgeschminkt, ausgeheult, ausgekotzt habe. Auf Tour sind die Clubklos oft der einzige Ort, an dem man kurz einen Moment Ruhe hat. Für sich ist. Das fällt mir meist erst dann auf, wenn ich fünf Minuten vorm Spiegel stehe und dieses ungewohnte Etwas wahrnehme: Stille. Vielleicht hat sich mein Körper deshalb diese Krankheit zugelegt, die mich in Hochphasen dazu zwingt, alle drei Minuten aufs Klo zu rennen. Das ist unangenehm für mich. Aber vielleicht eine Ode an meine Privatsphäre. (...) Wir lassen Wien hinter uns und ich hoffe, dass ich meine Trübsal einfach da lassen kann. Will nur noch gute Gefühle und frag mich, wann und wo ich die verloren habe. Ich fühl mich ... leer."

Ja, der Spot ist erbarmungslos und das Publikum kann es auch sein. Es ist unglaublich frustrierend, in einem fast leeren Club zu spielen. Noch schlimmer ist nur, wenn zwar Leute da sind, die Band aber scheiße finden: „Wir spielen gegen eine Eiswand. Ich kotze mich an. Weil die Ansagen, die Attitüde so schlecht und ungekonnt. Wie soll man aber auch cool sein? Und selbstsicher? Wenn man sich eigentlich am liebsten verkriechen will und der Körper rebelliert? Alle sehen mich. Ich will aber gerade nicht gesehen werden. Nur ist die Bühne als Frontfrau der denkbar schlechteste Ort dafür."

Als Frontfrau einer Band hängt viel von dir, also deinem Körper, deiner Stimme und Stimmung ab. Und jede, die schon mal 19 war, weiß, dass auf die kein Verlass ist: „Das Konzert läuft deiner Stimmung entsprechend ab. Einer der Nachteile, wenn man keine wirkliche Show abzieht, sondern sich ein bisschen sowas wie Authentizität abverlangt, ist: Ein Scheißtag bleibt ein Scheißtag. Auch auf der Bühne. Ich kann dem nur bis zu einem bestimmten Punkt entgegenwirken und fühl mich nicht richtig. (...) Heute kannst du nicht überzeugen. Dein Kopf ist zu sehr am Start, dein Herz woanders. Einmal mehr begreife ich, dass ich nicht auf Knopfdruck funktionieren kann. Ich fühls heute einfach nicht."

„Ich habe schon längst aufgehört zu zählen, auf wie vielen Frauenklos ich mich schon umgezogen, angezogen, geschminkt, abgeschminkt, ausgeheult, ausgekotzt habe.”

Talking about Publikum, als Frauenband ... auch so eine Sache: „Ich bin heute nicht besonders schlecht drauf. Nur wenig gesprächig. Ich habe sehr Lust auf das Konzert heute. Nur nicht auf alles davor und danach. (...) Es ist die 4. Woche der Tour und der dümmliche Smalltalk und das alles ... Ich kann das heute nicht. Ich wünsche mir heute nichts mehr als einen Backstage-Bereich, in dem wir für uns sein können. Gibt es aber nicht. Keine Zuflucht vorm Sülzgelaber, Frischfleischbeschau und dem Hauptding: Heute ist wirklich jeder Einzelne der Anwesenden offenbar der festen Überzeugung, das uneingeschränkte Recht zu haben, dich ungeniert in dämliche Gespräche zu verwickeln. Dass merkt man heute vor allem daran, dass die dummquatschende Penetranz – hier Ü40, männlich und unbeeindruckt von kältester Frauenschulter, Hurra! – sich bereits vorm Konzert um uns scharrt. Das Konzert war heute alles in allem nett. Wirklich. (...) Das Spielen hat Spaß gemacht. Dennoch. Danach falle ich direkt wieder in mein Loch. Will in meine Höhle zurück. Lasst mich! Nichtmal Nerv auf Alkohol. Kein Nerv auf das alles. (...) Nee, danke. Muss heute fahren. Ja, seit fünf Jahren, danke. Wirklich, sehr nett. Eine CD kauft er dann trotzdem nicht. Es ist einer der unbestreitbaren Nachteile daran, Teil einer All-Girl-Band zu sein. Als Frauenband bist du Frischfleisch. Immer. Überall. Für Jeden. Und zwar vom Ankommen nachmittags 15 Uhr bis zur Fahrt ins Hotel um drei. (...) Zwischen tatsächlichem Interesse, Boshaftigkeit und Demütigung bis zum Sexismus ist alles dabei. Meistens innerhalb weniger Minuten und irgendwie gleichzeitig. Auch S. redet heute vom Tour-Koller. Die anderen geben sich derweil dem Dartspielen hin, während wir uns Typ A-B-C-D-E vom Hals zu halten versuchen. Ich habe einfach so die Schnauze voll von diesem Scheiß. Das Pokerface will heute Nacht einfach nicht funktionieren. Die Typen werden – wie üblich – mit steigendem Alkoholpegel aufdringlicher, S. beständig angepisster. Ich fühl mich taub. Gerädert von dem immer gleichen Kram. Ohnmächtig. Ich will hier nur noch weg. Meine Ruhe haben."

Also: Nichts ist so schön und so scheiße wie mit der eigenen Band auf Tour. Und dann ist da noch: zwischen dem Leben auf Tour und dem Leben zu Hause zu pendeln: „Es stehen die letzten vier Konzerte der Tour an. Ich habe keine Lust, dass sie zu Ende ist. Keine Lust auf Alltag, die scheiß normalen Probleme ... Ich will weiter, weiter, weiter ... Denn Zuhause ist nichts. Leere. Grau. Ich sehe den Winter vor mir und weiß, dass nichts und niemand mich davor beschützen wird. Und ich weiß, dass mich ein verdammt einsamer Winter erwartet."

21. Zieh! Zieh! Zieh! Wie? Wie?

Nach der Tour ist vor der Tour, ist nach den Studio-Aufnahmen, ist vor den Aufnahmen: „Es ist merkwürdig, wieder weiter an diesen Songs zu arbeiten. Als nächstes kommen die Gesangsaufnahmen. Ich bin jetzt irgendwie woanders. Will neues Zeug machen. Das dauert mir alles zu lange. Mir gefallen die Texte nicht mehr, ich fühle sie nicht, auch die Melodien tragen mich nicht mehr. Es kommt mir wahlweise zu oberflächlich oder zu kindisch vor. Was will ich denn sagen? Was sagt diese Musik? Wäre gern stolz auf meine Texte, meine Stimme. Momentan würde ich gern alles verstecken. Nun also Gesang aufnehmen. Aber no pressure. Ich habe so einen Schiss, das Ganze zu versauen. Wir haben da so viel dran gearbeitet. Ich habe das Gefühl, dass ich das meiner Band schuldig bin."

Das Ende.

Über kurz oder lang habe ichs nicht mehr ausgehalten. Die Tage, an denen ich im Bett bleiben, die Decke über den Kopf ziehen und nichts hören, niemanden sehen, einfach nichts müssen wollte, wurden mehr. Mein Leben hat mich überfordert. Der Körper zog nach. In mir hats gebrannt. Alles tat weh. Innen und außen. Ich hatte diverse chronische Krankheiten entwickelt. Eine davon war Morbus Crohn. Ich konnte nichts mehr drin behalten, war wackelig auf den Beinen, hatte kaum noch Energie. Ich traute mich nicht mehr, mit den anderen im Tourbus zu fahren. Oder über meine Probleme und Unsicherheiten zu reden. Wollte nicht mehr auf die Bühne. Nicht mehr in die nächste Location.

Ich bin schwanger geworden. Und habe dazu „ja" und zum Bandleben „nein" gesagt. Ein Fluchtweg? Vielleicht.

Nicht mehr dauernd unterwegs sein, von einem Event zum nächsten. Funktionieren. Ich hatte nichts mehr zu geben. Ich war müde. Ausgebrannt. Und dann habe ich die Reißleine gezogen. Obwohl es sich damals nicht so angefühlt hat, als hätte ich das entschieden. Mein Körper hats gemacht. Ich bin schwanger geworden. Und habe dazu „ja" und zum Bandleben „nein" gesagt. Ein Fluchtweg? Vielleicht. Meinen Bandmembers hat es das Herz gebrochen. Eine Schuld, die ich bis heute mit mir rumschleppe. Für mich war es richtig. Denke ich. Denn lange hätte es wohl nicht mehr gedauert, bis ich endgültig zusammengebrochen und vielleicht nicht mehr aufgestanden wäre.

Es gibt nichts geschenkt, aber das ist es wert?

Irgendwie ist das alles passiert, wurde organisiert und geplant und war irgendwie wenig … soft. Viel: Tut dies und das und ihr müsst dies und jenes und wenig Verständnis. Diese ganze Ebene von: Was das mit uns macht, vier junge – na ja – Mädchen, auf Bühnen, in einem extrem dudigen Business. Die ständigen Erwartungen, weiter, weiter, abliefern. Es war sicher alles überwiegend unterstützend gemeint. Aber noch heute frage ich manchmal, warum nicht irgendwann mal jemand „Stopp" gesagt hat. Oder uns an die Hand – oder vielleicht besser: in den Arm – genommen hat. Das hätten wir, glaube ich, gut gebrauchen können. Denn das war alles zuweilen echt ganz schön hart. Und hat uns ziemlich nachhaltig kaputt gemacht.

Heute kann das (weitgehend) nebeneinander stehen. In sowas wie halbwegs friedlicher Koexistenz. Die Bandzeit war vielleicht eine der besten Arten, meine Jugend zu verbringen. Und trotzdem war es zu viel. Zu schnell. Zu viel Druck. Zu viel Schmerz. „No pain, no gain?" Ich weiß nicht, was das für ein Lebensmotto sein soll. Ich weiß aber ganz sicher, dass es kein guter Ratschlag für junge Frauen zwischen 13 und 20 ist. Sicher, wir haben irre viel erlebt und das in verdammt kurzer Zeit. Es war intensiv, wild und aufregend. Und irgendwie will ichs nicht missen. Es ist ein Teil von mir. Teil meiner Geschichte. Aber wenn ich mir meinen Körper heute (und rückblickend) so angucke: Autoimmunerkrankungen, Ängste und mutierte Überlebensprogramme – und wenn ich meine Therapeutin frage: Dann war alles in allem der Preis … vielleicht doch ein bisschen (zu) hoch.

MENTAL HEALTH IN MUSIC
Interview mit Franziska Lauter

von Sandra Strauß

Franziska ist in Nord-Berlin aufgewachsen, mit kleinen Abstechern nach London und Bath. Sie spielte seit ihrer Jugend in diversen (Punk-)Bands. Nach fehlgeschlagenen Versuchen Philosophie und Sound Engineering zu studieren, schloss sie 2007 ihr Psychologiestudium in Berlin ab. Eigentlich wollte sie Psychoanalytikerin werden, aber der Zufall machte ihr mitten in ihrer Postgraduierten-Weiterbildung einen Strich durch die Rechnung: 2009 schrieb sie gemeinsam mit ihrem (mittlerweile Ex-)Mann Oliver Koletzki den Song „Hypnotized“, der vollkommen unerwartet zu einem internationalen Hit wurde und mittlerweile über 40 Mio. Streams auf Spotify zählt. Planänderung: Von 2009 bis 2014 war Franziska hauptberuflich als Sängerin und Musikproduzentin tätig und tourte weltweit. Zu ihren musikalischen Projekten gehören das Klavier/Gesang-Duo Hamlet, ihre Solo-Projekte Frantastic, The Totalistic Ark, Blackbox Reichenberger 116 sowie das Blues Projekt Single Malt Therapy und die Band The Koletzkis. 2014 zog sie sich von der großen Bühne zurück und spezialisierte sich als Psychologin in ihrer Privat-Praxis auf Musikerinnen und Musiker. 2019 gründete sie mit einigen anderen Psychologinnen und Psychologen den MiM-Verband (Mental Health in Music), welcher mit einem umfassenden Angebot die Mentale Gesundheit in der Musikbranche fördert. Als Gastdozentin gestaltete sie Vorlesungen, Workshops und Masterclasses. 2021 erschien Franziskas erstes Hörspiel „Kreativität – Die unsichtbare Dirigentin“, das mit vielen bekannten Gastsprechern und -sprecherinnen aus der deutschen Musikszene auf unkonventionelle Weise die aktuellen Erkenntnisse der psychologischen Kreativitätsforschung darstellt. Ein Jahr später erschien die Fortsetzung des Hörspiels „Das verlorene Manuskript – Die Suche nach Dr. Esrahydra“. Seit 2024 hostet Franziska das Format „arte Tracks Therapie“.

Sandra: Musik und Psyche ist dein Hauptthema. Du bist Musikerin, Sängerin und Psychologin. Wie verbindest du seit vielen Jahren Psyche, seelische Gesundheit und Musik miteinander?

Franziska: Die Musik kam in meiner Karriere als angehende Psychotherapeutin dazwischen, weil ich aus Versehen mit meinem Ex-Mann zusammen einen Hit geschrieben habe. Das war 2009 und es war nicht abzusehen, dass das erfolgreich wird. Aber es wurde erfolgreich. Und dann musste ich mich an einem Punkt entscheiden, ob ich selbst hauptberuflich als Musikerin für ein paar Jahre tätig bin oder weiter in die Psychotherapie-Schiene gehe. Dann habe ich ein paar Jahre hauptberuflich Musik gemacht, jetzt mache ich wieder hauptberuflich Psychologie und nebenberuflich sozusagen kreative Sachen. Im Moment gar nicht so viel Musik, sondern eher Hörspiele.

Sandra: Wie war deine Zeit als Musikerin?

Franziska: Sehr anstrengend. Ich bin in die Popmusik gerutscht. Ich komme aus dem Independent-Bereich und aus einer ganz anderen Ecke als House, Techno und Pop. Das war für mich ein Experiment und sehr fordernd. Ich habe vier/fünf Jahre hauptberuflich Musik gemacht und wir sind mit einer Band sehr viel getourt. Das brachte eben Arbeitszeiten nachts und am Wochenende mit sich. Und nach ein paar Jahren wusste ich schon, dass ich mich aus dem Popmusik-Business wieder verabschieden werde.

Sandra: War es dann einfach, wieder in den Bereich Psychologie zu gehen?

Franziska: Für mich war es tatsächlich relativ einfach, weil ich nach meiner persönlichen, kurzen musikalischen Karriere wusste, dass ich mich als Psychologin auf Musiker und Musikerinnen spezialisieren möchte. 2013 habe ich eine private Beratungspraxis eröffnet. Dann musste ich zum Glück nur noch das Schild an die Wand hängen und sagen: „Ich bin jetzt für Beratung da.“ Ich hatte natürlich schon sehr viele Kontakte innerhalb der Musik-Branche und habe herausgefunden, dass viele Menschen es mitunter als ganz angenehm empfinden, zu einer Psychologin zu gehen, die selbst den Wahnsinn des ganzen Karussells namens Musikbusiness mitgemacht hat. Die Leute müssen nicht so viel erklären, man ist halb Insider und kann das Ganze ganz realistisch betrachten.

Sandra: Wie kann man sich deine Beratung für Musiker:innen vorstellen? Mit welchen Inhalten und Herausforderungen kommen sie zu dir?

Franziska: Natürlich kommen die Menschen auch wegen Substanzgebrauch oder -missbrauch. Das spielt eine Riesenrolle. Gerade Alkohol ist in der Musikbranche überall verfügbar, andere Drogen ebenso. In meiner Beratung führe ich erstmal sondierende Gespräche und wenn ich merke, dass hier wirklich ein Alkohol- oder Drogenmissbrauch vorliegt, dann lotse ich sie natürlich zu den Menschen, die darauf spezialisiert sind, weil sie da die beste Hilfe bekommen. Dafür bin ich weder zuständig noch qualifiziert.

Menschen mit Persönlichkeitsstörungen empfehle ich, sich an eine niedergelassene Psychotherapeut:in zu wenden, die mit ihnen eine lange Therapie macht, weil das meine Beratungstätigkeit überschreitet.

Ich bin übrigens keine Anhängerin davon, dass alle Menschen, die auf der Bühne stehen, eine narzisstische oder histrionische Persönlichkeitsstörung haben. Das wird oft gerne von außen dramatisiert. Es gibt auch viele Menschen, die unter Druck geraten, wenn sie viel in der Öffentlichkeit stehen. Am meisten wird bei meiner Arbeit und Beratung der allgemeine Stress thematisiert, der mit dem Musiker:innen-Dasein einhergeht. Und das bedeutet vor allen Dingen, dem Druck der Öffentlichkeit ausgesetzt zu sein, permanent betrachtet und bewertet zu werden. Die Karrieren verlaufen bei Musikern und Musikerinnen wild.

Bei mir war es so: Der erste Song war ein Hit und mir war klar, dass das nicht nochmal passieren wird. Also es ist sehr selten, dass es so weitergeht. Bei manchen dauert es 20 Jahre, bis sie ein erfolgreiches Lied haben. Da spielen Glück, Zufall, Können und andere Variablen, die man gar nicht kontrollieren kann, eine große Rolle. Man muss sich gut aufstellen, damit psychisch klar zu kommen, dass man in einer großen Unsicherheit arbeitet, weil es jederzeit enden könnte oder nicht so gut läuft. Ich möchte die Menschen dahin zurückführen, was sie ausdrücken möchten, wofür sie es machen: „Was ist es wert, ausgedrückt zu werden? Was möchtest du mitteilen?“ Manche sagen auch einfach: „Ich will einfach nur berühmt sein. Das find ich cool.“ Dann kann man damit arbeiten. Das sind jedoch die wenigsten. Die meisten Künstler und Künstlerinnen wollen tatsächlich etwas mitteilen.

„Ich bin übrigens keine Anhängerin davon, dass alle Menschen, die auf der Bühne stehen, eine narzisstische oder histrionische Persönlichkeitsstörung haben.“

Sandra: Ist meine Annahme richtig, dass es manchen Künstler:innen nicht reicht, Songs und kreative Inhalte zu schaffen, sondern dass sie die Bühne, das Beklatschtwerden und die Rückmeldung vom Publikum brauchen? Hast du das auch festgestellt? Eigentlich widerspricht es ja dem, was du eben gesagt hast.

Franziska: Eine ganz normale Wertschätzung, die man sich ebenso in jedem anderen Beruf wünscht, ist ganz normal. Niemand ist rein zen-buddhistisch, also die wenigsten sind so, dass sie sagen: „Ich tue es wirklich nur für mich. Es ist mir g-a-n-z e-g-a-l, ob ich damit Geld verdiene oder wie die Leute das finden."

Es gibt Menschen, die sind extravertiert und stehen tatsächlich gerne auf der Bühne. Es gibt die klassische Rampensau, gute Entertainer:innen, denen es Spaß macht, auf die Bühne zu gehen und mit dem Publikum eine Art Flow zu entwickeln. Eine gute Comedian zum Beispiel schafft es, das Publikum mit einzubinden, denn es ist eine psychologische Fähigkeit. Was würden wir tun, wenn Menschen diese Fähigkeit nicht besitzen würden? Es gäbe gar keine Bühne, wenn Menschen nicht daran Spaß haben würden, etwas zu präsentieren und in einen richtigen Flow zu kommen.

Und es ist natürlich dramatisch, wenn ihnen das genommen wird, weil sie wegen Corona nicht mehr auf der Bühne stehen können. Da hat man gemerkt, dass es für die Leute, die introvertiert im stillen Kämmerlein gerne Musik machen, okay ist. Aber es gibt Menschen, die sagen: „Ich will teilen, ich will das erleben, ich bin extravertiert, ich möchte das Feedback haben. Das ist für mich wichtig. Ich arbeite damit." Diese fangen dann an, psychisch zu leiden, weil das auch ein großes Talent ist. Und es gibt natürlich ebenso die, die den Erfolg brauchen, um das in ihre eigene psychologische Ego-Tasche zu stecken und bei denen alles davon abhängt, wie andere sie finden. Ihr eigener Selbstwert ist daran gekoppelt, wie deren Zahlen sind: Geld, Ruhm, Fame, Views …

Und dann kann es natürlich psychologisch eine richtige Achterbahnfahrt werden, weil die musikalische Karriere sehr großen Schwankungen unterlegen ist, weil man auch öffentlich Fehler macht und machen muss. Es ist ein kreativer Prozess.

Ich spreche auch öfter mit meinen Klient:innen* darüber: „Bin ich in dem gefangen, womit ich Erfolg hatte? Muss ich jetzt für immer Popmusik machen oder Heavy Metal oder …? Ich habe eigentlich noch andere Sachen." Das ist dann eher Karriereplanung und Karriereberatung mit einem psychologischen Background. Das ist mir ebenso sehr wichtig, weil Leute sehr darunter leiden, wenn sie merken: „Boah, ich kann die alten Hits nicht mehr singen, ich habe gar keinen Bock mehr darauf."

„Ihr eigener Selbstwert ist daran gekoppelt, wie deren Zahlen sind: Geld, Ruhm, Fame, Views …"

Sandra: Neben dem Hoch und Runter, Erfolg und Nichterfolg sowie Existenzangst bei manchen: Welche Herausforderungen bringt das Tourleben noch so mit sich? Beispielsweise das Thema: An einem Abend steht man vor Tausenden von Gästen auf der Bühne, wird beklaktscht und bejubelt und dann sitzt man kurze Zeit später vielleicht allein im Hotelzimmer oder zuhause. Also diese – mögliche – Achterbahnfahrt.

Franziska: Kurz zu den allgemeinen Herausforderungen auf Tour: Es fällt vielen Musikern und Musikerinnen schwer, auf Tour einfach genug Selfcare zu praktizieren, also gut zu sich selbst zu sein. Das fängt bei den grundlegendsten Bedürfnissen an: okay essen, genug Wasser trinken, genug Schlaf … Es ist auf Tour eine wahnsinnige Herausforderung, das alles hinzubekommen.

Gute Managements und Booking-Agenturen wissen übrigens, dass es keine schlechte Idee ist, den Künstler nicht in ein absolutes Tour-Loch gegen Ende der Tour rasen zu lassen, sondern es auch zu unterstützen, dass vielleicht nicht jeden Abend gesoffen wird und man darauf achtet, dass die Menschen gut auf sich aufpassen. Tour ist eine besondere Belastung, generell und psychisch.

Man denkt oft als Musiker und Musikerin: „Naja, das sind jetzt die zwei Wochen oder die drei Monate, die power ich voll durch." Und danach kommt ein riesiges After-Tour-Loch, eine Depression sozusagen.

Es ist generell eine große Herausforderung für Menschen, wenn sie viel Zuspruch erhalten, auf der Bühne stehen und vor 10.000 Leuten spielen, den Selbstwert eigenständig noch regulieren zu können. Also auf dem Boden zu bleiben und zu wissen: „Okay, das ist mein Job, das mache ich gerne, das läuft gut, es ist cool, aber ich bleibe psychisch auf dem Boden und schaffe mir backstage in meinem normalen Leben eine Struktur, die damit relativ wenig zu tun hat. Meinen echten Freunden ist es gar nicht so wichtig, sie sind nicht da, um den Champagner backstage abzugrasen, sondern sie mögen mich wirklich und wollen, dass es mir gut geht.“ Es ist eine sehr große Herausforderung.
Es ist auch nur zu verständlich, wenn Menschen sehr viel Erfolg und Zuspruch haben, das nicht zu nehmen und zu sagen: „Ja, ich bin wirklich so toll, wie die 10.000 Leute mich finden.“ Es ist ja eine wahnsinnige Projektion, die einem da entgegen schlägt. Man ist bigger than life, larger than life. Man verkauft ein Stück weit auch immer Träume und Visionen. Dann, im Hotelzimmer, sind die Menschen unter Umständen sehr radikal auf sich selbst zurück geworfen. Man muss auf Tour sehr gut auf sich selbst aufpassen.
Was ich aus meinen Beratungen vor allen Dingen kenne, ist: auf der Bühne zu stehen, ist nicht so, wie ins Büro zu gehen, sondern es bedeutet, dass ich einen riesigen Adrenalinkick habe. Auf der Bühne zu stehen, vor allen Dingen oft tagelang hintereinander, bedeutet, dass man sehr gut mit der immensen Anspannung und Aufregung klar kommen muss, diese bestmöglich für den Auftritt nutzen sollte. Und danach kommen oft Alkohol und Drogen ins Spiel. Das geht sehr stark auf die psychische und physische Gesundheit.

Sandra: Der Rock’n’Roll-Lifestyle bedeutet ja für viele: „Ich bin auf Tour, wir gehen saufen, ich feiere im Backstage …“ Man denkt vielleicht ebenso, dass das mit dazugehört. Sollte da ein Umdenken stattfinden, dass das alles nicht zwingend dazugehören muss?

Franziska: Es findet schon ein Umdenken statt. Es gibt zum Beispiel das Buch „Touring and Mental Health“ der ganz tollen MITC-Vereinigung von Psychotherapeutinnen und Psychotherapeuten international, das sich genau diesem Thema widmet. Sie wissen ebenfalls, dass Touren psychisch und physisch anstrengend sind.
Wir müssen uns bewusst machen, dass es ein Risikofaktor ist, dass es Menschen eigentlich sehr schlecht auf Tour geht. Es ist erwünscht, dass das Publikum feiert. Sie gehen einmal die Woche weg, haben sich auf das Konzert gefreut und sie sollen auch Alkohol trinken, also jeder kann machen, was er will. Musik und das Musikbusiness sind letztlich auch eine Unterhaltungsindustrie. Wer aber nicht die ganze Zeit mitfeiern kann, ist der Künstler oder die Künstlerin, weil sie das tatsächlich jeden Abend machen. Man sollte ein Bewusstsein dafür schaffen, dass Feiern voll okay ist, aber dass Musiker und Musikerinnen sehr gut auf sich aufpassen. Das Bewusstsein kommt mehr und mehr und es sprechen ebenso immer mehr Menschen darüber.
Es ist sehr gut, dass Künstler und Künstlerinnen über ihre mentale Gesundheit, ihren Beruf und über sich sprechen, weil Kreative oft die gesellschaftlichen Entwicklungen vorantreiben und es auch ihre Aufgabe ist, darauf aufmerksam zu machen, was wir noch integrieren können und im gesellschaftlichen Prozess wichtig ist.

„Man ist bigger than life, larger than life. Man verkauft ein Stück weit auch immer Träume und Visionen.“

Sandra: Kennst du Musiker:innen als Beispiele, die öffentlich darüber gesprochen haben? Über Alkohol, Drogen, Sucht, Therapie, Depression …?

Franziska: Als neuestes Beispiel: Sido. Er hat in einem ganz langen Interview sehr offen darüber gesprochen, wie er durch die Pandemie komplett in Drogen und Alkohol abgerutscht ist.
Ich nehme ebenso wahr, dass Fans ganz anders damit umgehen. Der Rapper T-Low, der noch sehr jung ist, konsumiert offenbar viele Drogen und geht sehr offen damit um. Er bekommt auch Gegenwind beziehungsweise Sorge von seinen eigenen Fans zu hören. Man merkt, dass gerade die jungen Menschen dafür sensibilisiert sind. Eventuell macht es ja gar keinen Spaß, jemandem dabei zuzuschauen, der sich öffentlich selbst mit Drogen zerstört.

Sandra: Übertrieben gesprochen, könnte man sagen, dass Depression schon eher in der Gesellschaft als Thema angekommen und „akzeptiert" ist. In meiner Wahrnehmung ist es im Bereich Körperbild und Essstörung noch nicht so. Oder gehört das Verbergen mit zur Symptomatik? Ich bin keine Psychologin, sag gern du, wie man es korrekt ausdrücken kann.

Franziska: Scham. Man verheimlicht, wenn man sich für etwas schämt. Aber für eine Essstörung oder wenn man mit seinem Körper unzufrieden ist und darunter sehr leidet, muss man sich eigentlich gar nicht schämen. Das ist die Sache. Wie du sagst: Bei einer Depression ist es normaler geworden, darüber zu sprechen, und es gibt weniger Scham, darüber zu sprechen, was sehr gut ist.
Judith Holofernes zum Beispiel hat ein tolles Buch geschrieben und sie hat darin beschrieben, dass sie darunter gelitten hat, als sie durch die Geburten ihrer Kinder an Gewicht zugenommen hat. Sie sagt es einfach, wie es ist. Es ist sehr gut, wenn Menschen sagen: „Der Weg, keine Scham mehr zu empfinden, ist durch die Scham hindurch. Zunächst nimmt man sie an und lernt sie kennen, dann kann man sie überdenken und vielleicht zu dem Schluss kommen, dass man sich gar nicht schämen muss."

„Der Weg, keine Scham mehr zu empfinden, ist durch die Scham hindurch."

Sandra: Ja, Judith schreibt auch sehr offen darüber, wie sie manchmal kurz vor einem Aufritt auf die Toilette gegangen ist und sich den Finger in den Hals gesteckt hat. Bei unserer Buch-Recherche habe ich darüber hinaus nichts bis wenig gefunden, wo Frauen so offen mit dem Thema umgehen.

Franziska: Immer mehr Männer leiden ebenso an Essstörungen. Die Zahlen steigen, auch generell und ebenso bedingt durch Social Media.

Sandra: Warum? Weil sie sich dort alle zeigen, wie toll und schön sie sind?

Franziska: Filter, die dünner und formschöner machen können, sind überall.
Aber es stimmt, Künstler und Künstlerinnen sprechen eher weniger über den Druck, den sie empfinden, wenn es um ihr Körperbild geht, oder auch weniger über Magersucht und Bulimie. Wobei ich es immer gut finde, wenn Leute anfangen darüber zu sprechen, dass er/sie betroffen war und es rausgeschafft hat, weil das andere motivieren würde. Aufzuzeigen: Ich habe den Weg raus geschafft, es ist wunderbar auf der anderen Seite und es macht richtig Spaß. Hallo, Fettröllchen, kommt her, uns geht es hier gut. Lass die Leute reden, es ist uns egal. Es braucht oft Figuren, die das verkörpern und den Prozess hinter sich haben. Ich habe großen Respekt davor, wenn Menschen über solche Tabu-Themen sprechen! Wir brauchen das!

Sandra: Fallen dir Beispiele ein, welche Musiker:innen das offen thematisieren?

Franziska: Victoria van Violence – sie ist zwar keine Musikerin – hat mal ein Foto von sich am Strand im Bikini gepostet, ein ganz realistisches, ohne irgendwelche Verschönerungen. Und sie meinte dazu, dass sie das Foto gesehen habe, sie eben so aussehe, dass das ihr Körper sei und sie das jetzt mal genau so raushaue. Ein ganz normaler Frauenkörper eben.

Auf Social Media gibt es natürlich sehr viele Menschen, die sich für Body Positivity einsetzen. Aber wenn ich jetzt mal überlege, welcher Musiker oder welche Musikerin öffentlich darüber spricht, dann sind das eher wenige.

Sandra: Monchi von Feine Sahne Fischfilet hat ein Buch über seine Essstörung geschrieben.

Franziska: Stimmt! Das habe ich noch nicht gelesen. In der Musikbranche wird sehr viel über Depression gesprochen, gerade seitens junger Künstlerinnen, und über Traumata. Aber es gibt immer noch Bereiche, die eher schambehaftet sind. Es gibt ja noch ganz andere psychische Erkrankungen. Beispielsweise über eine Zwangserkrankung zu sprechen, ist ebenso immer noch sehr schambehaftet.

Die Menschen haben immer noch Angst vor einem Imageschaden, der jedoch gar nicht eintreten muss. Das ist die Sache. Sido zum Beispiel hat es ganz bewusst gemacht: „Ich habe die Schnauze voll, ich erzähle jetzt einfach, dass ich total abgestürzt bin.“ Das ist dann natürlich auch eine Möglichkeit, sich ein Stück weit die Kontrolle zurückzuholen, und zu wissen, dass man sozusagen jetzt beobachtet wird. Das kann ein hilfreicher Schritt in Richtung Gesundheit sein.

Ich spreche viel mit Menschen, die in der Öffentlichkeit stehen, darüber, ob und was genau sie überhaupt öffentlich mitteilen möchten. Niemand ist dazu selbstverständlich verpflichtet. Die Frage ist, wie viel man selbst in der Öffentlichkeit preisgeben will. Manche entscheiden sich dazu, dass es ihr Weg ist, und sie machen vielleicht sogar ein Album dazu und sich in der Öffentlichkeit für das Thema stark. Und andere haben Angst davor und/oder empfinden es als etwas so Privates, dass sie es nicht sagen möchten. In meiner Beratung schauen wir, wie sie sich und ihre Privatsphäre schützen können.

„Aber es stimmt, Künstler und Künstlerinnen sprechen eher weniger über den Druck, den sie empfinden, wenn es um ihr Körperbild geht, oder auch weniger über Magersucht und Bulimie.“

Es ist schön, wenn sich Menschen getrauen, es öffentlich zu sagen, und gleichzeitig sind Kunstschaffende nicht verpflichtet, Privates zu offenbaren. Da geht es ganz schnell um Grenzen wahren, was möchte ich teilen und was teile ich nur mit meinen Freunden, meiner Familie, meiner Therapeutin ... Und das ist okay.

Sandra: Du bist Mitbegründerin des MiM – Mental Health in Music-Verbandes. Magst du darüber etwas erzählen?

Franziska: Anne Löhr, Michael Wecker und ich als Mitbegründer:innen sind drei Diplom-Psycholog:innen, die in der Musikindustrie verwachsen sind. Wir haben uns zufällig getroffen und uns gesagt: „Wenn wir uns zusammen tun, können wir ein sehr gutes Programm auf die Beine stellen und etwas in diesem Business bewegen.“ Wir wussten, wir wollen Beratungen und Workshops anbieten, und das tun wir auch.

Aber es ist tricky: Wenn jemand beispielsweise zu einer Beratung zu mir kommt, rechne ich nicht mit der Kasse ab. Und auch beim MiM-Verband wird nicht mit der Krankenkasse abgerechnet. Die Leute müssen das alleine bezahlen. Ich kann es transparent machen: Eine Stunde kostet zwischen 100 und 140 EUR. Wie viele können sich das leis-

ten? Wir wollten beim MiM aber nicht nur Beratung für Menschen anbieten, die High-Performer und mega erfolgreich sind, sondern auch für die, denen es finanziell schlecht geht. Meine Kollegin Anne Löhr hat sich wahnsinnig um Kooperationen und Förderung gekümmert – zum Beispiel vom Music Pool Berlin und Rock City Hamburg. Das bedeutet, dass die Musikschaffenden, die zu uns kommen, nur zehn oder 20 EUR selbst bezahlen müssen.

„Es ist schön, wenn sich Menschen getrauen, es öffentlich zu sagen, und gleichzeitig sind Kunstschaffende nicht verpflichtet, Privates zu offenbaren."

Wir geben auch Workshops in der Musikindustrie. Wie gehen Booking-Agenturen mit ihren Künstlern und Künstlerinnen um? Was können sie zum Beispiel machen, um eine Tour okay zu gestalten und den/die Musiker:in nicht zu verheizen? Wir arbeiten nicht nur mit den Musikschaffenden selbst, sondern auch mit den Menschen im Hintergrund zusammen, die in verantwortungsvollen Positionen sitzen und ihre Verantwortung auch anerkennen sollten.

Es gibt große Musiklabels, die Künstler pushen, signen, ihnen ganz viel Geld geben und mit ihnen – ich sage es jetzt mal ganz platt – komplett Drogen verherrlichende Videos produzieren. Zielgruppe 14-Jährige! Es tut mir leid, wenn ich hier voll den Moralapostel raushängen lassen muss, aber man sollte das ansprechen. Diese super jungen neuen

Foto: L. Tickner

Acts fallen nicht vom Himmel, sie sind menschengemacht. An diese Entschiedungsträger:innen möchten wir ebenso ran kommen und ihnen zeigen, dass sie Verantwortung in ihrem Betrieb haben.

Sandra: Kommen sie zu euch? Sind sie sich ihrer Verantwortung bewusst?

Franziska: Es ist wunderschön, dass sie tatsächlich zu uns kommen. Es ist sehr interessant zu beobachten – wenn man das Musikbusiness kennt –, dass vor allen Dingen erstmal Independent-Labels kommen. Sie lassen sich bezüglich vieler Themen beraten: Wie gehen sie mit Shitstorms um? Wie gehen sie mit ihren Musikern und Musikerinnen um, wenn sie merken, dass da jemand gerade ganz heftig abrutscht? Spricht man das an, spricht man es nicht an, wenn man mitbekommt, dass Leute Drogen konsumieren? Es ist ja auch etwas zutiefst Menschliches, nicht zu wissen, wie man damit umgeht.
Vor allem sehr viele mittelständische Labels sind zu uns gekommen und haben gesagt, dass sie es nicht nur für ihre Künstler:innen, sondern ebenso etwas für ihre Angestellten tun möchten, weil es auch sehr stressig ist, als Booker, Manager und Managerin usw. zu arbeiten. Die Entscheidungstragenden haben es auf dem Schirm und fragen uns nach kompetenter Beratung, wie sie ihre Unternehmenskultur gestalten können, dass sie menschengerecht zusammen arbeiten können.

Sandra: Jetzt kommt ein thematischer Sprung. Was bewirkt Musik in einem selbst? Auch in Bezug auf Fantum.

Franziska: Musik ist psychologisch gesehen total gut geeignet, um Emotionen zu bewirken. Wir Menschen sind so sozialisiert, dass wir Musik mit Emotion verbinden. Wir scheinen das zu lernen. Dur und Moll scheinen wir zu lernen. Dur: happy, Moll: traurig. Wir sind fortlaufend von Musik umgeben und es ist psychologisch gut belegt, dass man Menschen sehr gut emotional auslenken kann, je nachdem, was für eine Musik man ihnen vorspielt – vorausgesetzt, sie mögen Musik.
Was wirkt da? Da wirkt ganz viel auf einmal. Man hört die Musik, man weiß eventuell auch, von wem sie ist. Das ist eigentlich ein vertontes Gedicht. Es sind Inhalte, die vielleicht ein bisschen offen sind. Man kann selbst etwas reininterpretieren. Das ist eine starke Bindung. So würde ich mich fühlen, wenn ich in Bali in einer Hängematte liegen würde. Der Song handelt vielleicht gar nicht davon, aber wir haben auf einmal Assoziationen. Wir sind alle sehr kreative Wesen und Musik ist wie eine Art Buch, das man liest und sich eine eigene Welt ausdenkt. Und so schafft es Musik, uns innerlich zu binden und uns in Bezug zu setzen.

„Musiker und Musikerinnen leben oft Anteile der eigenen Persönlichkeit und der Menschheit aus, die wir uns jetzt nicht so unbedingt trauen, selbst auszuleben.“

Es gibt psychologische Forschungen, bei denen Menschen ihre Lieblingsmusik hören und dann berichten sollen, wann sie Gänsehaut gehabt haben. Das passiert einigen Menschen häufiger als anderen. Musik ist evolutionär so alt, dass sie bis tief in unser Nervensystem hinein wirken kann.
Das Fantum ist psycholgisch so zu erklären, dass es sehr stark mit dem Inhalt identifiziert ist. Musiker und Musikerinnen leben oft Anteile der eigenen Persönlichkeit und der Menschheit aus, die wir uns jetzt nicht so unbedingt trauen, selbst auszuleben. Man kann es dadurch ein bisschen miterleben oder vielleicht sogar selbst anwenden. Musik kann beispielsweise mutig machen. Man denkt: „So könnte ich mich auch verhalten.“ Menschen finden eine Resonanz und identifizieren sich damit.

Man kann auch andersrum fragen, warum Menschen diese Anteile ausleben. Ich denke, für die Künstler und Künstlerinnen ist es wahnsinnig befreiend, eigene Anteile auszudrücken und ein Lied zu schreiben, es über etwas zu formen und es dann anschauen zu können. Das ist ein unglaublich toller therapeutischer Prozess, weil etwas, das innen ist, bewusst gemacht wird und einen verlässt. Man hat es sozusagen in der Hand. Man hat den Song natürlich nicht in der Hand, aber es ist etwas geworden. Ein innerer Prozess wurde verbalisiert, erzählt und dann bestenfalls geteilt. Das ist etwas ganz Notwendiges, das wir brauchen. Stell dir vor, niemand würde etwas teilen oder ein Buch schreiben. Menschen haben Ideen und teilen diese. Und das ist die gesamte Kultur, nicht nur Musikkultur. Das ist wahnsinnig wichtig, wunderbar und wertvoll.

Sandra: Wie hilft Musiktherapie? Wie hilft Musik, dass es einem besser geht?

Franziska: Ich bin nicht mal ansatzweise Expertin für Musiktherapie. Als ich in Kliniken gearbeitet habe, habe ich das selbst mitgemacht. Ansonsten ist meine Kenntnis über Musiktherapie praktisch nicht vorhanden. Ich kann nur so viel sagen, dass es prinzipiell sehr heilsam ist. Man hat herausgefunden, dass es sehr heilsam sein kann, wenn man Menschen ermöglicht, sich auszudrücken. Und da ist Kunst, auch Musik, eine Möglichkeit. Manche Menschen leiden ja darunter, dass sie sich zu wenig ausdrücken – als Beispiel: Wut oder Trauer. Dann ist es für Menschen eine Möglichkeit, Dinge in Musik, Sprache oder Bewegung ausdrücken zu können. Unsere Sprache ist begrenzt und Musik bringt eine ganz andere Ebene mit rein. Das ist sehr heilsam.

Sandra: Magst du zu deinem Hörspiel noch etwas sagen?

Franziska: Ich habe mir ein halbes Jahr Zeit genommen, um das Hörspiel „Kreativität – Die unsichtbare Dirigentin“ zu schreiben, habe Freunde und Bekannte angerufen und gefragt, ob sie mitmachen möchten. Es war gerade in der Corona-Zeit, die Kreativen haben sehr gelitten. Ich habe es komplett selbständig finanziert und produziert. Ein richtiges Do-it-yourself-Ding. Ich habe eine Stange Geld in die Hand genommen, weil ich wusste, dass es ein wichtiges Thema ist, und ich den Kreativen so noch etwas Gutes tun kann, weil ich sie als Sprecher und Sprecherin angeheuert habe.
Ich habe ihnen sehr viel kreativen Freiraum gegeben und das hat hervorragend geklappt. Mein Anliegen bei diesem Hörspiel ist Wissensvermittlung gut aufbereitet, sodass sie Spaß macht. Dieses Hörspiel dreht sich einfach um die Psychologie der Kreativität. Das ist mein Spezialgebiet, was ich mir fachlich über viele Jahre erarbeitet habe. Die Persönlichkeit von kreativen Menschen wird erklärt und auch, was bei kreativen Prozessen im Gehirn passiert. Das war bis dahin das schönste Projekt meines Lebens.
Seit über einem Jahr schreibe ich nun an zwei Sachbüchern, eines spezifisch über musikalische Kreativität, das andere über Musik und mentale Gesundheit.

Sandra: Hast du abschließend noch ein Thema, über das du sprechen magst?

Franziska: Wenn Menschen in eine Situation kommen, in der sie straucheln oder es ihnen nicht gut geht, dann kann es sein, dass Musik und das kreative Schaffen von anderen richtig essenziell wird, dass man dadurch wirklich Kraft oder auch nur Ablenkung, Zuspruch erhält. Musik als Anker kann helfen, eine Krise besser zu überstehen. Und dann wird interessanterweise Musik tatsächlich essenziell. Musik ist psychologisch gesehen ein unfassbarer Schatz.

Mehr Infos unter:
www.psychologin-lauter.de
www.dieunsichtbaredirigentin.de
www.mim-verband.de

„SIE SAGTE, DAS LICHT BRICHT IN SCHERBEN.“ (DIE ART)

von Jennifer Sonntag

Hätte es den TikTok-Trend damals schon gegeben, wäre ich wohl der komplette Gegenentwurf eines „Vanilla-Girls“ gewesen. Mein Kinderzimmer wirkte wie aus einem Abrisshaus zitiert. Sid Vicious, fotokopiert aus raren Sex-Pistols-Fanzines, pöbelte von sämtlichen Wänden und meine Barbies wurden als Nancy-Spungen-Doubles in einen lackledernen Junkie-Look mit grünen Haaren gezaust. Meine Schulheftränder waren verziert mit Totenkopflogos von Lieblingsbands.

War ich ein Kind von Traurigkeit? Vielleicht war ich es genau deshalb nicht, weil ich als junge Punkerin ein Ventil fand für meine Angst vor Verlust und Vergänglichkeit. Und den größten Trost fand ich in Musik und Subkultur.

„Born to lose“ hatte mehr mit mir zu tun, als ich mir damals eingestehen wollte. Unsere Szene bestand aus Kids, die alle irgendetwas verloren hatten. Einige hatten ihre Eltern oder ihr Zuhause verloren und lebten auf der Straße, andere büßten dort durch Prostitution viel zu früh ihre Unschuld ein und andere durch Drogen ihr junges Leben, ich hingegen sollte bald mein Augenlicht verlieren, ich wusste nur noch nicht wann. Bis das soweit sein würde, rebellierte ich gegen soziale Missstände, sah inzwischen ähnlich gewöhnungsbedürftig aus wie meine umgepunkten Barbies und so klang auch die Musik, die ich hörte. Das warf Fragen auf in der Lehrerschaft und irritierte Familienmitglieder und Nachbarn. Einen deutlichen Push hatte meine Auseinandersetzung mit Düsterthemen und Seelenrissen damals auch durch meine unfreiwillige Außenseiterinnenrolle an einem Gymnasium erfahren. Je weniger ich dazugehören konnte, je lauter ihr hämisches Lachen, umso lauter wurde auch die Musik unter meinen Kopfhörern. Während sich meine Mitschüler:innen konkurrenzkämpfend in eine erfolgreiche Zukunft visualisierten, konnte ich im wahrsten Wortsinn zunehmend intensiver mit dem Finger dran fühlen, dass Zerbrechlichkeit, Vergänglichkeit und Verlorensein ebenso zum Leben gehörten und dass dieses Leben manchmal etwas anderes mit einem vorhatte, als man sich wünschte.

War das ein Grund, alles „schwarz“ zu sehen? Auch wenn mein Musikgeschmack mit eintretender Erblindung wirklich zunehmend schwärzer wurde und sich Übergänge von der Punk- zur Gothic-Szene formten, machte mich gerade das zu einem lebensbejahenden und vielseitig interessierten Menschen. Das war durchaus erhellend. Ich wurde süchtig nach Erkenntnis und suchte in all den Büchern, die ich bald nicht mehr lesen konnte, nach Antworten auf meine brennenden Fragen zwischen Hoffnung und Verzweiflung. Die Soundtracks meiner Jugend und die Aufgaben, die sie mir mitgegeben hatten, nahm ich mit in mein Studium. Ich durfte nun lernen, etwas gegen die sozialen Missstände zu tun, von denen ich Augenzeugin geworden war. Durch Beruf und Berufung eröffnete sich ein neuer, erfüllender Sinn, wenn auch mein Sehsinn vor sich hin starb.

Na, die Ohren waren mir geblieben. Meine geliebte Musik konnte ich noch hören, auch wenn ich ehrlicherweise darunter litt, meine Lieblingsbands auf der Bühne nicht mehr zu sehen. Ich war eine junge Frau voller Lust und Leidenschaft und manch Augenschmaus sollte mir nun entgehen. Aber ich gab es nicht auf, mit meinem damaligen Partner zu so vielen Konzerten wie möglich zu fahren, und erhielt nun oft Gelegenheit, mit Bands zu sprechen oder einen Händedruck zu erheischen. So lernte ich auch die Leipziger Indie-Band Lament kennen, deren einstiger und langjähriger Keyboarder Dirot heute der Mann an meiner Seite ist. Kürzlich hatten wir einen merkwürdig verbindenden Moment: Ich zitierte wie aus dem Nichts einige Zeilen aus dem Lament-Song „Last Dance Of Summer“ und Dirot meinte: „Komisch, das Lied ging mir auch gerade durch den Kopf, weil ich darüber nachgedacht habe, was mal auf meiner Beerdigung gespielt werden soll“. Uff, seit seinem schweren Verkehrsunfall kann ich solche Aussagen nicht mehr mit denselben Ohren hören wie zuvor. Und seit ich weiß, wie Depression schmeckt, tanze ich anders zum Schneewittchen-Song „Der Tod hat sich verliebt“.

Depression ist für mich grausamer als Blindheit. Menschen denken immer, Blindheit ist schwarz. Nein, sie ist kunterbunt. Depression hingegen malt wirklich alles schwarz und nicht auf die elegante Weise, sondern auf die richtig miese Tour. Auch wenn ich nie ein oberflächlicher Mensch war, schwingt Musik heute noch tiefer in mir. Sie ist wie Therapie. Am schlimmsten war es für mich, dass ich, als die Depression erstmals in mein Leben trat, nicht mal mehr meine Lieblingsmusik ertrug. Sie zündete nichts mehr an in mir, ich fühlte mich wie erfroren unter dem Eis. Damals wusste ich nicht, dass das vorbei geht. Heute bin ich froh, dass ich in meiner größten Verzweiflung den schrecklichsten aller Auswege nicht wählte, denn Depressionen sind behandelbar und da sollte noch so viel wundervolle Musik auf mich warten.

Sid Vicious pöbelt inzwischen nicht mehr von meinen Wänden, aber ich komme auch heute noch oft besser mit Menschen klar, die aus den richtigen Gründen nicht klar kommen, in Anbetracht der wirklich „Irren“ auf dieser Welt. Die Auseinandersetzung mit Kunst und Kultur, Musik und Literatur, die davor die Augen nicht verschließt, gibt mir mehr Kraft, als dass sie schreckt. Angst und Depression werden besprechbar, integrierbar und weniger bedrohlich. Zäsuren haben mich früh erwachsen und heute noch ein bisschen demütiger gemacht. Im Laufe der Jahre habe ich meine Lieblingslieder um die Klangfarben meines Lebens ergänzt. So halte ich es nun schließlich auch wie Casper, dessen Musik mich durch meine schwersten Zeiten trug: „Schief und doch schön, wir sind Tiefen gewöhnt.“ Auch ich glaube fest daran, „dass ein Song noch immer Leben retten kann“ und „dass den Liedern, die man liebt, immer Frieden inne liegt.

Der zugrundeliegende Ursprungstext erschien in drunter+drüber Nr. 14 „Musik und Tod“, Mai 2022

Illustration linke Seite: Schwarwel

„ES IST UNSER WEISSES RAUSCHEN.“
Interview mit Ines Fischer und Dr. Mark Benecke

von Sandra Strauß

Ines Fischer
Geboren in Thüringen. Arbeitete zehn Jahre als Maskenbildnerin in der Schweiz. Tätowiert seit zehn Jahren auf Tour. Lieblings-Beschäftigungen: Zauberwürfel und Programmieren. Versteht anders als Mark TikTok, Kommentare in sozialen Medien & php.

Dipl.-Biol. Dr. rer. medic., M.Sc., Ph.D.
Mark Benecke
Seit über 30 Jahren ist der Kölner Kriminalbiologe international auf dem Gebiet der wissenschaftlichen Forensik aktiv und hat sich insbesondere Insekten auf Leichen, Blutspuren und Ergbut verschrieben. Nach seiner Promotion an der Uni Köln im Institut für Rechtsmedizin absolvierte er diverse fachspezifische Ausbildungen auf der ganzen Welt, so zum Beispiel beim FBI. Als Deutschlands einziger öffentlich bestellter und vereidigter Sachverständiger für biologische Spuren untersuchte er unter anderem Adolf Hitlers Schädel und die Lampenschirme aus Haut des KZ Buchenwald. Er ist Autor zahlreicher wissenschaftlicher Artikel, Sachbücher sowie Kinderbücher und Experimentierkästen.

Sandra: Gebt Ihr beide oft zusammen Interviews?

Ines: Gelegentlich.

Mark: Aber nicht oft. Meistens konzentrieren sich die Leute aus unerklärlichen Gründen auf mich. Frauen sind scheinbar manchmal unsichtbar. Ich weiß auch nicht, warum.

Sandra: Ihr tragt beide seit Jahrzehnten schwarz und seid seit vielen Jahren auf dem WGT, die letzten Male auch inkl. Moderation. Beim Amphi-Festival bist du, Mark, schon lange als Moderator tätig. Was ist für euch das Gothic-Feeling?

Ines: Das, was jeder sagt: „Endlich normale Leute."

Mark: Das habe ich eingeführt!

Ines: Es ist tatsächlich viel angenehmer, in einer Gothic-Umgebung zu sein, weil man einfach frei über etwas reden kann, das auch mal nicht so schön ist und einen belastet. Beim Thema Psyche sind Gothics einfach sehr viel offener. Ich habe noch keinen Gothic erlebt, der ein Geheimnis daraus gemacht hat, wenn er mal in Therapie war. In der „normalen" Gesellschaft halten das alle eher geheim. Gothics sehen das nicht als Schwäche, sondern als etwas, das man für sich selbst macht.

Mark: Es ist tatsächlich die letzte Fackel des Nichtkommerzialisierbaren. Jetzt kommt Live Nation und kauft die ganzen Veranstaltungsstätten auf. In den nächsten zwei, drei Jahren werden die Ticketpreise unglaublich hoch sein. Die Gothics – außer dem Grafen, der ein Star werden und einen großen Plattendeal haben wollte – lassen sich nicht so leicht hinbiegen und sind deshalb nicht so gut zu vermarkten. Der Graf musste oder wollte dann seine Kontaktlinsen rausnehmen und andere Inhalte singen. Die anderen Bands, die ich kenne, die auch gerne reich(er) und berühmt(er) werden wollen, würden sich nicht so verändern oder reinreden lassen. Dadurch sind die Veranstaltungen nicht gewollt chaotisch, sagen wir mal wie in einer Punkkneipe, sondern da ist dieses flirrende Fledermaus-artige, scheinbar chaotische Durcheinander noch möglich und wird sich auch nicht ändern lassen, weil auch zum Beispiel politische Correctness keine große Rolle spielt. Auf dem WGT laufen alle möglichen Leute mit allen möglichen Einstellungen rum. Es interessiert niemanden, außer du bist jetzt der Mega-Nazi.

Sandra: Hat sich in der Gothic-Szene die letzten Jahre etwas verändert?

Ines: Die ganz junge Generation schmunzelt zum Beispiel darüber, wenn man sich seine eigenen Klamotten näht oder umnäht. Sie haben die Zeit gar nicht mitbekommen, als es noch keine Gothic-Läden gab. Man hat sich Theaterutensilien gekauft, manchmal schwarz umgefärbt und sich seinen eigenen Umhang gefertigt. Das kennen viele Jüngere gar nicht mehr, weil mittlerweile alles frei zur Verfügung steht. Jetzt gibt es in den Shops alle Stile, die du möchtest. Diese eigene Kreativität ist ein bisschen verloren gegangen. Die Kleidung ist sehr viel interessanter geworden, weil es auch ein größeres Angebot gibt, aber die Leute machen es selten selbst.

„Auf dem WGT laufen alle möglichen Leute mit allen möglichen Einstellungen rum. Es interessiert niemanden, außer du bist jetzt der Mega-Nazi.“

Mark: Ehrlich gesagt hat sich nicht viel verändert. Die Älteren sagen: „Früher war alles viel besser.“ Blablabla, was alle alten Leute sagen. Ich kann das nicht bestätigen. Wenn ich zum Beispiel den Auftritt der Patenbrigade: Wolff beim diesjährigen WGT mit irgendeinem Festival im Schloss Pulp in Duisburg vergleiche, auf dem Ende der 1990er Jahre [:SITD:] aufgetreten ist, sehe ich überhaupt keinen Stimmungs-Unterschied. Alle bringen sich selbst mit. Sie gehen da nicht hin, weil sie etwas sehen wollen. Also so wie: „Ich will einmal im Leben Lady Gaga sehen. Ich will einmal Rihanna sehen. Ich will einmal ...“ Wie heißt die Neue jetzt? Der größte Star der Welt?

Ines: Taylor Swift.

Mark: „Ich will einmal Taylor Swift sehen.“ Und dann ist es auch egal, wenn das 500 Euro kostet. Das gibt es bei den Gothics nicht. Nehmen wir als Beispiel mal Goethes Erben. Oswald sagte zwischendurch, sie lösen sich auf, aber letzten Endes blieben sie lange da oder sie verschwinden wie zum Beispiel Kiew oder die Leute ziehen um wie bei [:SITD:] und treten dann eher nur bei Festivals auf. Oder Blutengel tritt auch nur zu bestimmten Zeiten auf. Aber die ganze Stimmung ist: Ich bin selbst dort und mache dort, was ich will. Ich gehe nicht hin und folge, nachdem ich schon 500 Euro hingelegt habe, dem, was Konzertveranstalter, Künstler und Künstlerin wollen. Das gibt es dort überhaupt nicht, sondern die Leute kommen, die Leute gehen, die Leute quatschen. Das kennt jeder, gerade beim WGT. Jeder hat schon ein WGT erlebt, bei dem er oder sie keine einzige Band gesehen hat oder wenn, dann vielleicht beim Trinken am Met-Stand, der im Heido nah genug an der Bühne ist.
Die Händler und Händlerinnen während des WGTs passen sich auch nur sehr langsam an, weil die Gothics so unterschiedlich sind, und haben dann manchmal auch total bizarre Ideen. Zum Beispiel hatte mal eine Döner-Frittenbude in der Innenstadt alles voll mit Spinnweben – ganz schlecht gemacht, weil sie viel zu dick waren. Das sah eher aus wie eine Mischung aus Schnee und Schwarz. Oder voriges Jahr beim WGT hat ein Händ-

ler, der vor dem Gelände eine Suppen-Bude hatte, Runen-Suppe mit Runen-Buchstaben-Nudeln verkauft. Diesen ganzen schrägen Quatsch gibt es bei den weichgespülten Profit-Konzernten der Normalos nicht mehr. Wenn du zu „verwertbaren" Konzerten gehst, gibt es Würstchen aus Folter-Fleisch, fiese Fritten und das Bier der Brauerei, die am meisten zahlt. Die gestreamlineten, durchkommerzialisierten und kommerzialisierbaren Szenen tauchen so in einer Masse ein und unter. Im Rock und Metal ist das gut erkennbar: Wie leicht wirst du dort erst ins Einheitliche auf- und dann ausgeschlürft.

„Taylor Swift ist das beste Beispiel dafür. Ich finde sie super und sie macht ihr Ding. Aber von Szene keine Spur."

Die Gothics hingegen fliegen wie Wildbienen erst zu der einen Blume, mögen die auch, saugen ein bisschen Honig und fliegen dann wieder woanders hin, dann pennen sie auch mal Jahre lang und stoßen auf einmal in der Luft mit anderen zusammen. Das hat sich nie geändert, während es sich im kommerzialisierten Bereich jetzt wirklich sehr deutlich ändert. Dort muss es sauber, ordentlich, clean und komplett vermarktbar sein. Taylor Swift ist das beste Beispiel dafür. Ich finde sie super und sie macht ihr Ding. Aber von Szene keine Spur.

Das Glattwalzen haben ursprünglich die Plattenfirmen natürlich schon immer versucht. Von Pink Floyd gibt es sogar ein Lied darüber, wie der Plattenboss noch nicht mal weiß, wie die Bandmitglieder heißen, aber sagt: „Ihr seid die beste Band, ich finde euch spitze. Wer von euch ist noch mal Pink?" Das gibt es schon immer, doch es hat früher nicht in dem Maße geklappt, weil es noch getrennt davon Veranstalter, Ticket-Firmen, „städtische Betriebe" und so weiter gab. Das wird jetzt außerhalb der kleinen Szenen alles eins. Deshalb sind Grufti-Festivals eine letzte Bastion, weil sie nicht zu einer Art Hippie-Gedöns verkommen, bei dem sich alte Leute nur noch an ihre Blumenkinder-Zeit erinnern. Dass am Ende der Zeiten ausgerechnet im Gothic mehr Leben und Vielfalt steckt als anderswo, ist ein echter Treppenwitz. Ich rede natürlich nur von großen Linien. Punks nehme ich sowieso raus, weil das noch ein anderes Thema ist. Manche Metaller haben auch kleine dreckige Konzerte, aber da ist sehr schnell der Vermarktungsgriff drauf, sobald genügend Fans da sind. Gruftis, und zwar die Fans, sind einfach – im freundlichen Sinne – zu verrückt. Sie haben keinen Bock auf dieses Stützkorsett aus gekaufter Träumerei und geschmierten Abläufen, das andere Menschen gut finden.

Ein gutes Beispiel dafür ist das Helene Fischer-Konzert im Jahr 2023. Das größte Konzert, das jemals in Deutschland stattgefunden hat. Hinterher haben die meisten Leute gesagt: „Ja, nee, war super." Sachlich gesehen ist es nicht so gut gelaufen. Das lag nicht an der Künstlerin, sondern an der allzu geölt programmierten Veranstaltung, bei der offenbar niemand an die Kräfte der Natur gedacht hatte.

Gothics dagegen können mit Frust ruhig, aber ehrlich umgehen — ich erinnere an krasseste wetterbedingte Ausfälle in Bolków und beim Amphi — oder sagen auch bei gut gemeinten Aktionen ganz offen: „Das und das gefällt mir nicht." Zum Beispiel hat es den Fans beim Amphi-Festival nicht gefallen, dass es mal in einer wirklich schönen Halle in Köln stattgefunden hat. Sie haben solange rumgenervt, bis es dort nie wieder stattgefunden hat. Sie wollen lieber ihr Wildbienen-Chaos am Tanzbrunnen.

Ines: Das Problem dort in der Halle war, dass alles viel zu zentral war. Gothic-Festivals leben davon, dass man diese vielen kleinen Plätze hat, an denen du dich zusammenfinden und unterhalten kannst, dass alles ein

kleines bisschen zerstreut und verteilt und nicht alles an einem Ort ist. Und das alles gab es beim Amphi in diesem einen Jahr nicht. Das Flair ist ja, dass man auf andere Gruppen trifft und Menschen kennenlernt.

Mark: Ja, richtig, es geht um diese Vermischung und das schwarze Geflitter. Und das hat sich nie verändert.

Sandra: Anfang der 1990er war es noch nicht so „etabliert“, Grufti zu sein. Da hatten die Menschen vor den Gothics mitunter noch Angst, vor den „bösen Satansanbetern“, oder brachten ihnen ihre Abneigung entgegen. Keine Ahnung, welche Klischees da vorherrschten. Und ich musste auch beim Thema Klamotten daran denken, dass wir früher extra nach Berlin in diesen einen Laden gefahren sind, weil es nur in diesem Springerstiefel oder die hohen Gothic-Boots gab, später dann auch in Leipzig im Werk 2 oder bei Mrs. Hippie.
Welche Rolle spielt Musik bei euch im Leben, wie nehmt ihr Musik wahr?

Ines: Für mich spielt Musik eine große Rolle, aber ich höre nicht nur Gothic-Musik. Ich würde es eher verwandt damit bezeichnen. Ich höre auch Hans Zimmer und Psytrance.

Mark: Ich höre eigentlich nur zwei Sachen. Psytrance und Swing aus den 1930/40er Jahren aus England. Ich höre die ganze Zeit immer dasselbe. Ines ist flexibler, sie hört auch Empfehlungen von Amazon Music. Das habe ich nicht, und neuerdings stelle ich als DJ fast nur noch neue Dinge von Ines vor, zuletzt bei der Eröffnung des WGT und im KitKatClub in Berlin. Klappt super.

Ines: Ja, ich habe mehrere Playlists und die sind kunterbunt durchmischt, auch moderne Popmusik. Und dann lasse ich Amazon einfach mal aussuchen. Das ist ähnlich wie Spotify.

Mark: Sachen, die ich höre, könnte man auf einem Gothic-Festival überhaupt nicht auflegen. Wenn ich auflege, dann eher super Electro-lastige, krasse, schnelle Sachen.
Wir beide hören den ganzen Tag Musik. Ich allerdings nur im Labor, Ines immer per Kopfhörer.

Sandra: Nebenbei?

Mark: Ja.

Sandra: Ich kann bei manchen Tätigkeiten überhaupt keine Musik bewusst hören, beispielsweise wenn ich Buchhaltung machen muss oder Mails schreibe.

Ines: Wenn ich mich auf Buchhaltung konzentrieren muss oder programmiere, dann muss es bei mir auf jeden Fall Psytrance sein. Es darf dann auf keinen Fall Gesang dabei sein und keine schnellen Wechsel von Rhythmen. Psytrance-Sachen helfen mir sogar beim Konzentrieren.

Mark: Viele knüpfen gern Gefühle an Musik und hören sie deshalb. Bei uns soll es eher bei der Arbeit einen Hintergrund-Teppich oder einen Kokon bilden.

Ines: Es ist unser weißes Rauschen.

Sandra: Ist es so, dass viele Menschen durch Musik Gefühle hervorrufen lassen wollen? Mir kommt es mitunter auch so vor, dass einige sich mit 50 durch Musik immer noch an die Zeit erinnern wollen, als sie jugendlich waren.

Mark: Man sieht es an den Radiosendern in Hotels. Da läuft Tag und Nacht 1980er Jahre-Musik, weil sich viele an eine Zeit, die für sie angeblich besser war, erinnern wollen. In den kleinen, alten, familiengeführten Hotels, in denen wir öfter sind, gibt es kein Frühstück, bei dem nicht „das Beste aus den 1980ern" läuft.
Ich habe zu allen möglichen musikalischen Richtungen Gefühle und ich mag es nicht, wenn man so in der Zeit stehen bleibt. Ich schaue lieber nach vorn anstatt zurück.

Ines: Das ist bei mir ganz genauso. Ich mag auch lieber neue Musik-Erfahrungen machen. Bei Musik habe ich wirklich alles dabei.

Mark: Nee, haste nicht, du hasst Hip-Hop.

Ines: Ich meine jetzt vom Gefühl und der Art her, was man aus der Musik zieht. Also ich habe Musik, die als weißes Rauschen dient. Weißes Rauschen ist ja eigentlich etwas, das man nachts anmacht, damit man irgendein Geräusch hat, das einen beruhigt. Die Musik ist manchmal für mich so eine Art weißes Rauschen, damit ich mich ganz auf Sachen konzentrieren kann.
Dann gibt es Musik, die mich aktivieren soll, wenn ich den Haushalt oder Sport machen will. Dann wähle ich Musik aus, die die Aktivität fördert, schnellere Wechsel hat und ein bisschen mehr Bass.
Dann habe ich Musik, bei der ich mich einfach nur entspannen will, und wenn ich weiß, dass ich mich nicht konzentrieren muss. Dann habe ich gerne etwas, das Gefühle auslöst. Es gibt Musik, die Trauer oder auch Fröhlichsein, das gesamte Gefühlsspektrum, abdeckt. Und ich muss das nicht durch den Text haben, sondern es geht bei mir auch durch die Musik generell,

Fotos: Oliver Garrandt

wie die Musik klingt. Ich kann gar nicht sagen, wofür ich Musik benutze, weil ich Musik für alles benutze.

Mark: Es gibt im Gothic-Bereich auch eindrucksvolle Beispiele, bei denen sich vor allem jüngere Gothis zum ersten Mal im Leben durch Lieder verstanden fühlen, wo sie sonst keiner versteht. Dazu zählt „Illusion" von Ronan, also VNV Nation, und „Wir sind die Nacht" oder „Krieger" von Blutengel. Es gibt also auch noch ganz andere Gefühle, die daran gekoppelt werden, nämlich das Gefühl, verstanden zu werden.

Ines: Oder das Gefühl von Bindung bei „Love Me To The End" von Deine Lakaien. Da ist dieses Kerngefühl einer Bindung zu einem Menschen, den man gerne hat, sehr gut zu spüren.

Sandra: Unterscheidet ihr zwischen Inhalten und Musik? Hört ihr Musik auch bewusst wegen den Texten?

Ines: Ja, beispielsweise „Love Me To The End" könnte ich allein schon wegen dem Text hören. Und manchmal treffen mich einfach nur Textzeilen sehr tief.

Mark: Es kann einen auch zufällig erwischen.

Sandra: Ines, nimmst du Musik als Autistin anders wahr?

Ines: Ich weiß ja nicht, wie andere es wahrnehmen. Was ich bei anderen autistischen Menschen wahrgenommen habe, ist, dass Musik tatsächlich sehr starke Gefühle auslösen kann. Bei neurotypischen Menschen geht ihnen eher der Text oder die Erinnerung nahe und bei Autisten kann einfach die Musik an sich so überwältigend sein, dass man anfängt zu weinen. Ich habe das häufiger.

Mark: Und warum lachst du mich dann immer aus, wenn ich im Kino heule?

Ines: Ich lache dich aus, weil du es immer abstreitest. Ich frage immer: „Weinst du schon wieder?" Und du: „Nein, nein, nein."

Mark: Das mit den manchmal nicht ganz eindeutigen, aber starken Gefühlen, geht sicher den meisten Menschen bei Musik so.

Ines: Ja, und deshalb habe ich auch gesagt, dass es oft Erinnerungen oder der Text selbst sind, weswegen sie weinen. Ich kann einfach nur bei akustischen Stücken weinen, zum Beispiel bei der „Mondscheinsonate" und bei Orgelmusik.

Sandra: Was ist euch bei Musik noch wichtig?

Ines: Ich stelle dazu im Netz immer gern Zuschauer- oder Leserfragen. Was ist wichtiger für die Gothic-Kultur? Das, was auf Musik oder auf Literatur basiert? Eigentlich ist Gothic ja aus der Literatur geboren und identifiziert sich mit Steampunk, Jules Verne, Dracula ... Ist es also literarisch oder musikalisch stärker geprägt? Was war zuerst da? Das ist natürlich eine reine Meinungsfrage, was einen selbst mehr beeinflusst hat.

Mark: Dazu passt ergänzend: Wie konnte sich nur in der Gothic-Kultur Literatur, Musik und avantgardistische Klamotten, gepaart manchmal mit High und Kinky Fashion, so wunderschön vermischen? Stilistisch, stimmungs- und gefühlsmäßig, musikalisch ... Und was sind die bestimmenden Persönlichkeitsfärbungen und -eigenschaften von Gothics?

„Was ich bei anderen autistischen Menschen wahrgenommen habe, ist, dass Musik tatsächlich sehr starke Gefühle auslösen kann."

Foto rechte Seite: Lisa Koch

#nicht
gesellschafts
fähig

ER SCHNITT LÖCHER IN DEN ZAUN UND KETTCAR RISS DEN SCHLEIER WEG

von Christian Kümmel

Nun stand ich also dort. Am 30. Januar 2020 im Alten Schlachthof Dresden. Vor dem Zweimetermann Marcus Wiebusch. Und mein Herz schlug bis zum Hals. Das tat es nicht etwa, weil ich schon immer großer Fan war. Kettcar und ich lebten sehr viele Jahre vollkommen aneinander vorbei.

Die SMS eines Freundes im September 2017 änderte mein Verhältnis zu dieser Band jedoch innerhalb weniger Minuten von Grund auf. Nein, diese Nachricht veränderte mein ganzes Leben. Sie beinhaltete den Link zum Video von „Sommer '89 (Er schnitt Löcher in den Zaun)". Ich sah es mir an und nach wenigen Augenblicken flossen die Tränen und sie hörten nicht mehr auf zu fließen.

In den Strophenteilen beschreibt Marcus Wiebusch mit seinem Sprechgesang, wie sich der Protagonist des Songs von Hamburg aus auf den Weg macht, um in Österreich zum Fluchthelfer zu werden. Die DDR-Bürger schaffen den Weg in die Freiheit. Diese Aktion erntet allerdings nicht nur Applaus.

Was hatte das alles mit mir zu tun? Es schien ja durchaus etwas in mir auszulösen.

Das Lied wurde in einer Zeit veröffentlicht, in der das Thema „Flüchtende" zu vielen Kontroversen im gesellschaftlichen Miteinander geführt hatte. Wir leben in einem kleinen Ort mit etwa 3500 Einwohnern und haben eine Gemeinschaftsunterkunft mit bis zu 800 Geflüchteten in unmittelbarer Nähe. Es verging damals kein Tag, an dem nicht irgendein menschenverachtender Spruch im Netz stand.

Kettcar spannte in „Sommer '89" einen unausgesprochenen Bogen zur Jetztzeit, der mich tief berührte.

Doch das war eben nicht alles. Dieser Song löste jedes Mal in mir ein wahnsinnig intensives Gefühl aus, das kaum zu beschreiben ist. Es setzte mich wortwörtlich außer Gefecht. Die Tränen flossen bei jedem Mal Hören. Bei wirklich jedem Mal.

Dass Musik Emotionen in mir auslöst, kannte ich. Gut sogar. Ich weiß von manchen Songs noch genau, wo ich sie zum ersten Mal gehört habe und was ich dabei fühlte. Von Gänsehaut über Euphorie bis hin zu Tränen. Alles tausendmal gefühlt.

Noch tiefergehende Gefühle hatte ich erst vor wenigen Jahren, als mein Vater im Sterben lag. Im Auto lief „A Warm Place" von den Nine Inch Nails und ich rutschte in eine tiefe Trauer und spürte gleichzeitig Trost.

Doch ein Erlebnis wie bei „Sommer '89" hatte ich weder vorher noch jemals danach. Es ging wohl doch um viel mehr, als ich anfangs dachte. Kettcar küsste mit diesem Lied ein Trauma in mir wach, von dem ich bis dahin absolut nichts wusste.

Als ich 11 Jahre alt war, entschieden sich meine Eltern, die DDR zu verlassen. Als mein

Vater die Entscheidung ausgesprochen hatte, sah ich ihn zum ersten Mal weinen. Ich habe dieses Bild noch heute im Kopf.

Das Thema Flucht lag in unserer Familie sprichwörtlich schon immer in der Luft. In den 1970ern gab es beispielsweise einen Versuch, über die ungarische Grenze nach Jugoslawien zu kommen. Es ging schief und der Fluchtversuch konnte zum Glück nicht eindeutig nachgewiesen werden. Von diesen Geschichten gab es viele. Seit dem Bau der Mauer wollte mein Vater raus aus dem Arbeiter-und-Bauern-Staat. Die Gründe sind nachvollziehbar, gehören hier allerdings nicht hin.

Wir Kinder wurden schon frühzeitig in alles eingeweiht und mussten schweigen. Wir wussten, dass unsere Eltern sonst eingesperrt worden wären. Das ist schon der erste Teil meines Traumas.

Kettcar hat plötzlich und ohne Vorwarnung den grauen Schleier weggerissen und in mir Gefühle tiefer Traurigkeit und großer Unruhe ausgelöst. Lange Zeit konnte ich nicht einordnen, woher diese rührten.

Wir bangten von 1987 bis Oktober 1989, ob wir eine „Genehmigung zur ständigen Ausreise" erhalten würden. Jeden Tag, den ich nach dem Abschicken des Antrags von der Schule nach Hause kam, fragte ich mich, ob meine Eltern zu Hause sein würden oder in Untersuchungshaft säßen. Einige Freunde meiner Eltern gingen den Weg über den Stasi-Knast in Zuchthäuser der DDR. Als Kind blieb ich erstaunlich gelassen und ungerührt. Es machte mir wenig aus. Ich funktionierte gut. Die Angst blieb aus und ich lernte stattdessen die Telefonnummer des Schweizer Cousins meines Vaters auswendig, damit ich im Fall der Fälle Alarm schlagen konnte.

Wir hatten großes Glück und verließen das Land zwei Tage vor dem 40. Jahrestag der DDR und einen Monat vor dem Mauerfall.

Es folgte eine mehrmonatige Phase, in der wir versuchten, eine neue Heimat zu finden. Ich durfte neue Schulen besuchen und war anfangs das „possierliche Tierchen" aus dem Osten. Viele Fragen an den ersten Tagen – dann die Verbannung in die Unscheinbarkeit. Meine alten Freunde waren über Nacht in einem anderen Land – meine sozialen Bindungen lebten in einem sozialistischen Staat, den wir nach damaliger Annahme viele Jahre nicht besuchen würden. Die Traurigkeit wurde von einer Neugier auf die tolle bunte Welt überdeckt und letztlich weggedrückt.

Marcus Wiebuschs Stimme weckt diese Traurigkeit jedes Mal aufs Neue. Läuft der Song in der Playlist, skippe ich weiter, um nicht mit tränennassem Gesicht in den ALDI zu gehen. Läuft er im Konzert von Kettcar, lasse ich die Tränen einfach laufen und sehe es als Vorstufe einer Therapie.

Ich stehe also am 30. Januar 2020 im Alten Schlachthof Dresden und beobachte, wie Herr Wiebusch geduldig Autogramme schreibt. Ich frage ihn, ob er eine kurze Abwechslung möchte. Und dann endlich bedanke ich mich bei ihm. Mit klopfendem Herz. Für ein wichtiges Lied. Wichtig für die Gesellschaft, die nicht lernen will, dass „Humanismus nicht verhandelbar ist", wie Marcus Wiebusch „Sommer '89" immer wieder ansagt. Für mich persönlich noch wichtiger, weil es mir gezeigt hat, dass der Junge von damals Verletzungen erlitten und Wunden behalten hat, die noch lange nicht verheilt sind.

Mein Trauma wurde von Kettcar wachgeküsst. Das gibt mir die Chance, irgendwann den Mut zu finden, daran zu arbeiten und es aufzulösen. Das ist ein wunderbares Geschenk. Danke dafür.

„ICH MUSS NICHT IMMER DIESER VERMEINTLICH ÜBERRAGENDEN „MÄNNLICHKEIT“ DEN RAUM GEBEN.“

Interview mit Ron Schöne

von Sandra Strauß

Transkription: Alicia Müller

Geboren: 1978 in Leipzig
Beruf: Fach- und Führungskräftetrainer Deutsche Post AG
Beziehungsstatus: ledig, Single, keine Kinder
Haustier: Mia, Labrador, Feb 2010 – Juli 2022, musste wegen schwerer Arthrose eingeschläfert werden

Laufbahn als (Berufs-)Musiker:
00er Jahre Sänger bei Lazy Bunch (Crossover-Metal)
2008 – 2015 Songwriter/Producer Elektropopband Camping im Keller
1 LP, 2 EPs, Regie/Schnitt der eigenen Musikvideos, diverse Charteinträge (z. B. wochenlang Platz 3 in den „European Alternative Charts“ mit „Melancholie EP“ 2011)

Diagnose: anhaltende somatoforme Schmerzstörung, Anpassungsstörung (aufgetreten und teilweise ursächlich mit Mias Tod)

Sandra: Ich möchte zuerst dein Kastaniensammeln ansprechen. Du sammelst sie, um sie wurzeln zu lassen und später als kleinen Bonsai-Verschnitt einzupflanzen. In mir ruft das direkt den Gedanken an Achtsamkeit hervor.

Ron: Genau, ich sammle sie und irgendwann soll meine verstorbene Hündin Mia auch unter einem Kastanienbaum liegen, sodass ich sie als alter Mann immer wieder besuchen kann.

Sandra: Weißt du schon, wo? Eher auf einem Friedhof oder im Park?

Ron: Ich denke, eher in einem Park. Ich lebe in Leipzig-Lößnig und dort haben wir den Silbersee. In dieser Umgebung ist ein schöner Platz für die Kastanien und letztlich natürlich auch für Mia.

Sandra: Du möchtest erstmal keinen neuen Hund, richtig?

Ron: Ja, genau. Mein Job lässt das leider nicht zu, weil ich viel unterwegs bin. Sobald ich wieder gesund bin, werde ich wieder viel unterwegs sein. Und dann kann ich einem Hund nicht mehr gerecht werden.

Sandra: Du hast es gerade angesprochen: Wenn du wieder gesund bist. Du warst kürzlich in der Psychiatrie, zum ersten Mal in deinem Leben. Wie kam es dazu?

Ron: Ich hatte seit Ende März/Anfang April (2023) starke Unterbauchschmerzen, die sich extrem organisch angefühlt haben. Ich konnte darauf zeigen und einen klaren körperlichen Schmerz wahrnehmen. Als ich damit zu meiner Hausärztin gegangen bin, schlug sie direkt vor, eine Koloskopie zu machen. Der Termin dazu kam relativ schnell, die Untersuchung blieb aber ohne Befund. Die Schmerzen sind in der Zwischenzeit stärker geworden. Danach probierten wir es mit einem CT, was jedoch ebenso ohne Befund blieb. Es kam dann ein

Abend, an dem ich die Schmerzen einfach nicht mehr aushielt. Also ging ich in die Notaufnahme des St. Elisabeth Krankenhauses. Dort wurde mir Blut abgenommen und auch alle anderen typischen Untersuchungen bei solchen Symptomen durchgeführt. Meine Entzündungswerte waren super und ich wurde nach Hause geschickt. Doch leider nicht weniger schmerzerfüllt. Auf der bekannten Schmerzskala stellt die Zehn den Geburtsschmerz dar. Da ich diesen nicht empfinden kann, versuche ich mir diese Skala etwas abgewandelt vorzustellen. Und ich würde sagen, das war schon eine gute Acht. Damit stieg natürlich auch die Verzweiflung darüber, keine Hilfe zu bekommen. Bei dem nächsten Besuch meiner Hausärztin habe ich dann schon echt fiese Sachen bekommen: Tilidin, Tramadol, also Opiate als Schmerzmittel, die mir nicht geholfen haben.

Das ganze Spiel mit der Notaufnahme habe ich noch ein zweites Mal durchgespielt, mit dem gleichen Ausgang. In jener Nacht bin ich dann mit Panikschmerzen aufgewacht, mein ganzer Körper hat gebrannt ... Ich bin auf den Balkon gegangen und habe überlegt, ob ich springe. Da ich das hier alles gerade erzähle, zeigt, dass ich es nicht getan habe. Am nächsten Morgen rief ich meine Mutter an und war wirklich seelisch komplett am Ende. Ich habe nur noch geweint. Meine Mutter hat dann den Entschluss gefasst, mit mir gemeinsam zur Ärztin zu fahren und mich auch einweisen zu lassen. Und so saß ich dort, noch immer im Heulkrampf, und auch die Ärztin sagte klar, dass wir sofort in der Psychiatrie anrufen. Dort wurde direkt gesagt, dass ein Bett für mich frei sei. Von dem Erstgespräch vor Ort kann ich nicht mehr viel wiedergeben, weil mein Zustand es gar nicht hergegeben hat, dass ich aufnahmefähig für irgendetwas war. Intravenös gab es dann Novamin und ein bisschen Kochsalzlösung, weil ich auch total dehydriert war, und ich wurde auf der Akutstation aufgenommen. Dort wurden sehr viele Untersuchungen durchgeführt, ich war bei vielen Konsilen dabei.

Insgesamt dauerte mein Psychiatrie-Aufenthalt vier Wochen. Doch selbst während dieser intensiven Zeit von Nachforschungen und immer wieder neuen Untersuchungen inklusive Ganzkörper-CT hat es keine Befunde gegeben.

„Insgesamt dauerte mein Psychiatrie-Aufenthalt vier Wochen.“

Ich war an dem Punkt, dass ich der Stationsärztin gesagt habe, sie sollen mich bitte einfach nur aufschneiden und etwas herausnehmen. Darauf sagte sie: „Herr Schöne, wenn wir das machen, dann ist das Körperverletzung.“ Das war eine Art Schlüsselmoment, der mich etwas wachwerden hat lassen. Sie sprach dann von einer somatoformen Schmerzstörung und erklärte mir, dass meine Schmerzen zwar real, aber eben nicht organisch seien. Sie sagte, diese Schmerzen würden aus Stress und zurückliegenden Traumata generiert. Und dennoch habe ich mich gefragt, wie ich dann all diese ausgeprägten Symptome haben kann. Meine ganze linke Seite schmerzte, mein linker Hoden schmerzte, ich hatte einen dicken linken Knöchel. Aber die Ärztin sagte: „Genau so sind psychosomatische Störungen.“ Der Schmerz entsteht im Gehirn statt direkt am Organ, zeigt aber eben auch die Folgeschmerzen, die eine organische Krankheit mit sich bringen würde. Damit war ich bis zu diesem Zeitpunkt noch nie in Berührung gekommen. Mit verschiedenen Therapieansätzen haben wir dann eingegrenzt, woran es also liegen könnte.

Wenn ich auf das vergangene Jahr zurückblicke, sind wohl einige Dinge nicht gerade spurlos an mir vorübergegangen. Meine geliebte Hündin ist in meinen Armen gestorben, hat ihren letzten Atemzug gemacht und ich habe mir gerade mal zwei Wochen Trauer zugestanden. Danach bin ich direkt wieder in meinen Job eingestiegen. Ich arbeite bei einem großen deutschen Unternehmen als Fach- und Führungskräftetrainer. Im gleichen Jahr verstarb dann noch meine Oma. Ich bin umgezogen, habe das auch fast allein gestemmt. Mein Körper hat also irgendwann starke Signale an mein Hirn und das wieder zurück an meinen Körper gesendet und klipp und klar zu mir gesagt: „Es reicht. Ich setze dir jetzt einen Schmerz in den Bauch, damit du endlich zur Ruhe kommst." Es war also eine Art Burnout, das sich nicht nur durch extreme Schlafsituationen oder eine Depression zeigte, sondern durch körperlichen Schmerz. Die somatoforme Störung wurde ausgelöst durch eine Anpassungsstörung, weil ich anscheinend doch mehr Traumata mit mir herumschleppe, als ich angenommen hätte. Ich musste in einer Therapie aufschreiben, was mir im vergangenen Jahr am intensivsten vorkam. Das löste in mir sofort ein Tränenmeer aus, weil ich an den Tod meiner Hündin denken musste.

„Ich musste erst in der Therapie damit konfrontiert werden, dass das eine Stresssituation war und ist."

Sandra: Ich möchte jetzt gar nicht auf diesen Ist-Zustand eingehen, in dem du dich während des Sterbens von Mia befunden hast – schon allein, weil ich aus eigener zweifacher Erfahrung weiß, wie viel Schmerz damit verbunden ist. Aber du wusstest bereits zehn Tage vorher, dass es kommen wird. Und trotzdem wird man sich darauf nicht vorbereiten können.
Wie empfandest du die Psychiatrie? War es für dich in irgendeiner Weise ein Problem, den Schritt zu gehen oder warst du vollkommen klar und entschlossen?

Ron: Ja, da stellten sich für mich keine Fragen mehr. Ich war damit fein. Aber natürlich muss ich dazu sagen, dass ich aus einer Generation komme – 1978 geboren –, in der die Psychiatrie das Stigma „Klapse" hatte. Dort werden alle hingeschickt, „die nicht mehr alle Tassen im Schrank haben". Man wird dort „ruhiggestellt". Das war das Bild der Psychiatrie. Und damit wächst man auf, das hat man irgendwie in sich. Aber ich bin eben auch erwachsen und weitsichtig genug, um zu der Einschätzung zu kommen, dass diese Menschen dort die wahrscheinlich einzigen sind, die mir am ehesten jetzt gerade noch helfen können. Und deshalb habe ich mich darauf eingelassen. Natürlich habe ich auch schnell gemerkt, dass die Psychiatrie im 21. Jahrhundert nicht mehr die „Klapse" ist, sondern ein Gesundheitsinstitut, das Menschen hilft. Ich habe mich auch schnell auf meine Diagnose eingelassen. Das ist dort nicht selbstverständlich. Viele leben 20 Jahre mit solchen Schmerzen, lassen sich sehr oft operieren. Aber ich habe den Ärzten und Befunden vertraut. Es war nichts zu sehen. Und dementsprechend war ich schnell therapiebereit. Dabei habe ich auch relativ zeitnah gemerkt, nachdem ich die ersten Medikamente gegen die Schmerzen bekommen habe, dass mir Sport sehr gut dabei hilft, mich von den Schmerzen abzulenken. Praktisch eine Schmerzverschiebung hin zum Muskelkater – ich bin sehr unsportlich. Aber das hat mir eben sehr geholfen. In der Gesprächstherapie habe ich gemerkt, dass die Kombination aus Schicksalsschlägen erleben, aber weiter im Traumjob arbeiten, dazu geführt haben, dass ich die Situation, in der sich mein Körper befunden hat, nicht als solche wahrnahm. Ich musste erst in der Therapie damit konfrontiert werden, dass das eine Stresssituation war und ist. Das öffnete mir die Augen, dass ich bis dato sehr unachtsam mit meinem Körper, meiner Psyche und meiner Seele umgegangen bin. Das rührt auch ein Stück weit daher, dass ich mich innerlich noch wie 20 fühle. Mein Körper ist zwar älter geworden, aber so fühle ich mich eben nicht. Mein Lebensstil ist der gleiche. Ich habe in der Zwischenzeit keine Kinder bekommen, ich mache nach wie vor Musik, ich habe viele jüngere Freunde. Ich lebe einfach mein Leben wie mit Mitte 20. Dass mein Körper nicht mehr Mitte 20 ist, musste ich dann leider auf diese Art verstehen. Denn ich habe gar nicht gemerkt, dass ich mich in so einem Stressjahr befunden habe. Meine Arbeit lag darüber wie ein Schleier. Und so kam es lange nicht an die Oberfläche. Sobald ich Trauer in mir gespürt habe, folgte darauf mehr Arbeit – um mich davon abzulenken.

Sandra: Hast du neben den Therapien auch noch weitere Tipps von deinen Psychiater:innen bekommen, wie du im Alltag besser klarkommst?

Ron: Also in diesen vier Wochen war ich erst einmal auf der Psych 1, das ist die Akutstation. Dort werden Menschen stabilisiert, die suizidale Gedanken, eine Depression oder eine bipolare Störung haben. Die Therapien, die dort laufen, sind aber nicht so passend für mein Krankheitsbild. Sie laufen dort nach einem Gießkannenprinzip – was überhaupt nicht abwertend oder minderwertschätzend gemeint ist. Aber da dort eben sehr viele verschiedene Krankheitsbilder aufeinandertreffen, wird therapeutisch eher an der Oberfläche gekratzt, als dass in die Tiefe gegangen werden kann. Deshalb stehe ich auch auf der Warteliste für eine Tagesklinik, die psychosomatische Leiden behandelt. In der Psychiatrie werden aber auch Achtsamkeitsübungen und andere Gesprächsrunden angeboten, in denen man mal etwas tiefer gehen kann. Das hat es mir möglich gemacht, mich mehr oder weniger zum ersten Mal mit meiner Seele wirklich auseinanderzusetzen. Ich bin kein Feingeist, das muss ich ehrlich zugeben. Dort habe ich gelernt, hinter meine Fassade zu schauen. Mich mit mir und auch meinen Fehlern auseinanderzusetzen – eben mit allem, was mich auf irgendeine Art und Weise bewegt. Und was letztendlich meine Krankheit ausgelöst hat. Ein Beispiel dafür ist mein damaliger Tagesablauf gewesen. Ich habe meist erst am Nachmittag etwas gegessen. Die Arbeit hat mir immer viel Spaß gemacht, war aber eben auch stressig und eng getaktet. Dadurch kam bei mir die erste Hälfte des Tages kein Hungergefühl auf. Dann gab es abends vielleicht eine Pizza, nach der ich mich direkt hingelegt habe. Deshalb habe ich auch Übergewicht. Nicht, weil ich zu viel, sondern falsch gegessen habe. In der Klinik habe ich gelernt, dass regelmäßige Mahlzeiten mir alleine für mein Körpergefühl sehr viel bringen. Also frühstücke ich jetzt. Und zwar ausgiebig. Ich nehme mir die Zeit, auch wenn das eben bedeutet, dass ich eine Stunde früher aufstehen muss. Aber ich merke einfach, wie gut mir das tut. Generell versuche ich, achtsamer durch die Welt zu gehen und auch zu schauen, wie sich mein Umfeld bewegt, was in meiner Umgebung passiert. Sonne und Regen waren für mich einfach nur Wetter. Heute nehme ich das richtig wahr. Ich bin noch nicht geheilt, habe aber natürlich auch weniger schmerzerfüllte Tage. An denen nehme ich meine Umgebung und Sonne zum Beispiel sehr viel intensiver wahr, weil ich einfach gemerkt habe, dass mir diese Gleichgültigkeit, dass ich vorher dazu gar kein Gefühl hatte, gar nicht gut tut. Heute stehe ich auf meinem Balkon und nehme Sonne oder

Regen bewusst wahr. Ich nehme mir die Zeit und wertschätze das Leben. Und Suizidalität oder die Gedanken, die sich in dieser Zeit in mir gebildet haben, die gehören nicht zu meinem Leben. Das ist mir sehr wichtig, noch einmal zu sagen. Das ist etwas, darüber möchte ich nicht noch ein einziges Mal nachdenken. Selbst damals in dem Moment auf dem Balkon, in dem ich so viel Verzweiflung gespürt habe und dieser Gedanke kam, kam mindestens genauso schnell die Reflexion, dass das nicht ich bin.

„Mit diesem Verlust hat sich in unserer Familie aber etwas getan und sowohl Trauer als auch Trauerarbeit wurden aktiver gelebt."

Sandra: Das ist natürlich sehr viel wert, in einem solch dunklen Moment diese Erkenntnis für sich zu haben. Und auch den Mechanismus der Achtsamkeit für sich zu finden, ist wahrscheinlich in dieser Zeit so viel wert gewesen. Wusstest du für dich, was Trauer bedeutet? Hast du je gelernt, wie man trauert und mit dem Tod umgeht?

Ron: In den ersten 30 Jahren meines Lebens nicht. In der Zeit ist in meinem engeren Familienkreis nämlich auch niemand gestorben. Und dann ist mein Opa gestorben. Dadurch bin ich eigentlich das erste Mal mit dem Tod und anschließend eben auch mit Trauer in Berührung gekommen. Trotzdem habe ich das damals eher unemotional mitgenommen. Er hatte Prostatakrebs und lange darunter gelitten. Als er dann starb, war man einfach froh, dass er von den Schmerzen erlöst wurde und nun vielleicht an einem besseren Ort ist. Es war deshalb eine Mischung aus Trauer und Freude für ihn. Er lag auch lange auf der Intensivstation, am Leben gehalten durch sehr viele Schläuche und Maschinen. Das hat mich letztlich auch dazu bewegt, eine sehr weitgehende Patientenverfügung zu schreiben. Denn das möchte ich für mich nicht haben, im Fall der Fälle. Aber auch das war eher eine Vernunftsache und nicht aus der Trauer heraus. Danach wurde ich innerhalb der Familie sozusagen die treibende Kraft, die Trauerarbeit überhaupt erstmal in die Familie gebracht hat. Da habe ich jedoch viel Ablehnung erfahren. Meine Oma wollte nie etwas davon hören und ich sollte aufhören, darüber zu reden. Dazu muss man natürlich sagen, dass meine Oma 1934 geboren wurde, und somit Tod und Trauer noch einmal eine ganze andere Geschichte sind. Im weiteren Verlauf ist mein Stiefvater gestorben, worunter meine Mutter natürlich extrem gelitten hat. Mit diesem Verlust hat sich in unserer Familie aber etwas getan und sowohl Trauer als auch Trauerarbeit wurden aktiver gelebt. Es hat in meiner Mutter ausgelöst, sich im Vornherein um ihre eigene Beerdigung zu kümmern, sie zu zahlen und sich innerhalb der Familie damit zu beschäftigen. Ich für mich habe aber gelernt, dass die sachliche Auseinandersetzung mit dem Tod mich nicht vor meinem somatoformen Schmerz schützen kann. Als Mia und dann auch meine Oma gestorben sind, hat mich das natürlich trotzdem in ein extremes Trauerloch gezogen. Daran musste ich aktiv arbeiten. Mit meiner Hündin habe ich 12,5 Jahre verbracht, die sehr intensiv gewesen sind. Und diesen Verlust habe ich bis heute nicht gänzlich bewältigt. Kann man vielleicht auch nie. Aber nach den zwei Wochen, die ich mir damals als Trauerzeit verordnet hatte, dachte ich eben erst einmal: Das muss reichen. Tat es nicht. Nur ich dachte damals eben, das wird Mia auch nicht gerecht, wenn ich mich jetzt auch noch verliere. Und deswegen habe ich weitergemacht. Mia war eine sehr starke Hündin. 2020 hatte sie einen Milztumor und sie hat diese Zeit so tapfer überstanden. Und an dieser Stärke habe ich mich auch orientiert.

Sandra: Diese Beziehung war auch deswegen sehr intensiv, weil Mia erblindet war und du sie sehr lange gepflegt hast, richtig? Das

Foto linke Seite: Katrin Schwurack

finde ich sehr bemerkenswert, denn auch wenn das für mich als Hundebesitzerin eine Selbstverständlichkeit ist, kann ich mir sehr gut vorstellen, dass das nicht alle könnten oder wöllten.

Ron: Ich hatte mit 32 das Gefühl und den Wunsch, Verantwortung im Leben zu übernehmen. Ein Kind kam jedoch für mich schon viel früher nicht in Frage. Und Mia war die Erfüllung dieses Wunsches. Ich habe sie mir 2010 von einem Züchter geholt und nach ein paar Jahren ist sie, wahrscheinlich aufgrund eines Zuchtfehlers, blind geworden. Da sie damit noch stärker auf mich angewiesen war, hat sich natürlich unsere Bindung noch einmal intensiviert. Und ich erinnere mich noch an den Augenarztbesuch, als wir die Diagnose bekamen und die Ärztin fragte: „Na, was machen wir denn da jetzt?“ Und in dieser Frage schwang mit, dass Einschläfern eine Option wäre. Das kam für mich überhaupt nicht in Frage, wirklich auf gar keinen Fall. Also da nehme ich dieses Mehr an Aufwand in Kauf, anstatt den Hund gehen zu lassen, nur weil er nichts mehr sieht. Und natürlich ist diese intensive Beziehung zu ihr unter anderem ein Grund für meine jetzige somatoforme Störung. Aber auch rückblickend wäre für mich nichts anderes in Frage gekommen, als sie bei mir zu behalten. Für mich hat es sich auch nicht so angefühlt, als hätte ich dafür ein Stück meines Lebens aufgeben müssen. Mia war Teil meines Lebens und eben auch noch da. Nur eben blind. Deswegen konnte sie aber trotzdem ihre Umwelt nach wie vor wahrnehmen, eben verstärkt mit Nase und Gehör. Und das hatte sie auch verdient.

„Und natürlich ist diese intensive Beziehung zu ihr unter anderem ein Grund für meine jetzige somatoforme Störung.“

Sandra: Bei unseren beiden Huskys habe ich zum Glück nie so etwas von unserem Tierarzt gehört. Ganz im Gegenteil. Für ihn, für mich, für uns war immer klar, dass Pflege anstrengend ist, doch dass man das mit einer Selbstverständlichkeit tut. Und kein Tier einschläfert, nur weil man keinen Bock auf Pflege hat, es anstrengend ist, Hunde alt werden oder erblinden. Jedoch, ja, klar, für manche ist es keine Selbstverständlichkeit. Deswegen finde ich es auch bei dir sehr schön, dass du es mit Mia so viele Jahre durchgezogen hast.
Thema: „Starke Männer weinen nicht“. Kennst du das, bist du damit aufgewachsen?

Ron: Ich hatte einen sehr strengen Vater. Nach der Wende ist er in den Westen gegangen, da hatten wir nur noch sporadisch und seit 15 Jahren dann gar keinen Kontakt mehr. Er war vom Erziehungsstil genau so. Wenn ich als Kind geweint habe, hieß es immer, ich solle mich nicht so haben – Jungs weinen nicht. Und unterbewusst habe ich das auch für mich mitgenommen. Als mein Opa starb, habe ich nicht wirklich geweint. Bei Trennungen kam es hin und wieder vor, dass ich geweint habe. Eine meiner Trennungen hatte Vernunftgründe, also nicht etwa, weil keine Liebe mehr da gewesen ist. Und das hat mir dann schon auch Tränen in die Augen getrieben, aber natürlich nur für mich allein. Als wir dann die Diagnose von Mia bekommen haben, dass sie erblindet, habe ich auch geweint, aber eben nur in ihrem Beisein. Als sie dann gegangen ist, habe ich auch wieder gemerkt, wie wenig es immer noch in der Gesellschaft anerkannt ist, dass auch Männer weinen und dass das vollkommen in Ordnung ist. Die Ärztin, die das Ganze durchgeführt hat, sagte mir nämlich anschließend, wie toll sie es fand, dass ich geweint habe. Weil sie das wohl eher selten sehen würde. Ich habe aber gemerkt, dass mir Weinen ein bisschen Freiheit gibt. Dennoch ertappe ich mich dabei, wie ich in Gesprächen, in denen Mia Thema ist, oder auch im Krankenhaus versuche, mich „männlich“ zu verhalten. Erst in der Psychiatrie habe ich eben gelernt, dass man auch mal vor anderen loslassen kann und sollte. Natürlich war das merkwürdig. Aber man lernt eben, dass daran nichts ist, wofür man sich schämen müsste. Dir wird dort aktiv gespiegelt, dass Rotz und Wasser heulen völlig in Ordnung ist. Ich muss nicht immer dieser vermeintlich überragenden „Männlichkeit" den Raum geben, sondern auch mal dem verletzlichen Ron. Es ist aber immer noch ein Prozess. Doch ich bin auf einem guten Weg, mir meine Grenzen zu setzen und diese zu respektieren, und damit schaffe ich mir eben auch die Freiheit, mal vor anderen zu weinen.

„Dennoch ertappe ich mich dabei, wie ich in Gesprächen, in denen Mia Thema ist, oder auch im Krankenhaus versuche, mich „männlich" zu verhalten."

Sandra: Fühlt sich das auch alles besser für dich an? Gefühle zuzulassen, zu zeigen?

Ron: Ja, auf jeden Fall. Weil ich das eben mit Freiheit für mich selbst assoziiere. Aber natürlich kommt man nicht immer gleich stark gegen 30 Jahre Erziehung und soziale Prägung an. Also dieser Gedanke „Das ist doch jetzt albern, wenn du weinst" schwingt trotzdem häufig noch mit. Doch der Mehrwert des Weinens ist eben immer größer und das wird dir direkt danach auch sofort bewusst. Und das hilft natürlich sehr auf diesem Weg der Selbstakzeptanz.

Sandra: Magst du noch mehr über deine Anpassungsstörung erzählen?

Ron: Der Anpassungsstörung liegt ein Trauma zugrunde. Also dass man sich auf eine bestimmte Situation oder ein Erlebnis nicht wirklich einlassen konnte. Das Gehirn ist in dem Moment nicht in der Lage, das rational wegzudrücken. Und auch wenn das für manche Menschen komisch klingen mag, für mich ist das eben so: Ich habe einen Teenager verloren. Ich war zwölf Jahre lang für jemanden da. Wer keinen Hund oder ein anderes Haustier mit einer langjährigen Bindung hat, kann das wahrscheinlich nicht nachvollziehen. Aber es ist nun einfach mal so, als würde dein Kind in deinen Armen sterben. Und das habe ich einfach so doll unterschätzt, dass daraus eine Anpassungsstörung resultierte. Dein Gehirn kann sich einfach nicht an diese Situation gewöhnen. Du kannst dich an das neue Leben ohne dein Teenage-Girl nicht anpassen.

Sandra: Ich habe mir bei unserem Husky Amarog nie bewusst gemacht, dass er irgendwann sterben wird. Bei Tala dann natürlich schon, weil er nach Amarog starb und ich diesbzgl. schon die „Erfahrung" damit hatte.

Ron: Das mit dem Nicht-Wissen, dass dein Tier irgendwann sterben muss und wird, das kann ich genauso unterschreiben. Ich glaube, das ist eine Art Schutzfunktion unseres Gehirns. Natürlich will man nicht schon vorher trauern. Also verdrängt man den Gedanken, damit man das Leben auch in vollen Zügen genießen kann. Somit war Mia für mich auch unsterblich. Gerade nach der Milz-Operation. 70% aller Hunde sterben nach so einer OP, weil danach häufig eine Einblutung stattfindet. Ich hatte damals eine tolle Tierärztin, die mir von dieser Wahrscheinlichkeit auch gar nichts im Vornherein gesagt hat. Sonst hätte ich wahrscheinlich auch nur noch darüber nachgedacht und mich total fertiggemacht. Ich glaube auch, dass, wenn du der Trauer praktisch schon Vorschub leistest und dementsprechend mit dem Hund umgehst, du ihm vielleicht mit zittriger Stimme auch sagst: „Du gehst irgendwann", dann merkt er das auch. Und ich denke, das ist kein gutes Gefühl für das Tier.

Sandra: Inwiefern hat dir Musik bei all dem geholfen?

Ron: Musik hat schon immer einen hohen Stellenwert in meinem Leben eingenommen. Seit einer gewissen Zeit schon mache ich aufgrund anderer Umstände nicht mehr professionell Musik. Mir wurde aber in der Schmerzphase noch einmal mehr bewusst, wie viel mir Musik immer gebracht hat – auch betreffs der Ablenkung im Kopf, wo die Schmerzen ja eigentlich herkommen. Also habe ich mein Musikprogramm wieder angeschmissen und ein, zwei Songs geschrieben. Natürlich war das alles nicht ausproduziert, aber darum ging es auch gar nicht. Es hat einfach geholfen, mich etwas von dem Schmerz abzulenken. Und natürlich habe ich auch vor der Klinikzeit Musik gehört und wahrgenommen, aber andererseits auch bestimmte Bands mehr oder weniger ignoriert. Als ich in der Klinik war, sind die auf einmal wieder aufgeploppt und haben mich durch die schwere Zeit getragen. Eine von ihnen war unter anderem Moderat. Das ging auch soweit, dass ich zum Sporttherapeuten gesagt habe, dass ich das hier nur mitmache, wenn ich dabei Musik hören darf. Und das war einfach toll, dass dann damit auch auf meine Wünsche eingegangen worden ist. Das half enorm und gab mir emotionale Stabilität. Die Kehrseite, die damit einherkommt, ist natürlich, dass jetzt einige der Songs negativ besetzt sind, weil ich sie während meiner schlimmsten Schmerzen gehört habe. Und das geht dann soweit, dass sich das Schmerzgedächtnis auch immer wieder daran erinnert und dementsprechend bei bestimmten Songs auch wieder Schmerzen hervorgerufen werden

„Das ging auch soweit, dass ich zum Sporttherapeuten gesagt habe, dass ich das hier nur mitmache, wenn ich dabei Musik hören darf.“

können. Aber dem setze ich mich manchmal auch bewusst aus. Ich konfrontiere mich damit und sage mir: „Ich lasse mir diese Songs nicht von meinem Gehirn und meinen Schmerzen kaputtmachen!“
Ich hatte auch eine Playlist erstellt, als Mia noch gelebt hat. Die Liste kann ich eigentlich nicht mehr hören. Ich erinnere mich natürlich auch an das Lied, welches lief, als sie gestorben ist. Das kann ich nicht mehr hören und möchte ich auch nicht. Musik kann mich entweder richtig gut fühlen lassen oder eben auch richtig schlecht. Und das liebe ich an Musik. Dass sie so eine Kraft hat. Da nehme ich in Kauf, dass manche Lieder und Bands eben ihre Zeit hatten und irgendwann für mich nicht mehr hörbar sind – aufgrund der Verbindungen. Diese Bedeutung hat für mich Musik auch schon immer. Musik trägt mich emotional schon mein Leben lang. Musik schafft es, eine extreme Gänsehaut bei mir auszulösen – durch einen schönen Melodiebogen oder eine besondere Bridge. Und ich bin auch immer ganz verwundert, wenn man auf Menschen trifft, die das so gar nicht nachempfinden können. Ohne Musik wäre ich weniger glücklich, würde weniger mit mir selbst zurechtkommen.

SOUNDTRACK OF MY LIFE

Ron Schöne

All-time favorite Bands:
Korn, A Perfect Circle, Nine Inch Nails, Marilyn Manson (20s), Moderat, Röyksopp, Boogie Belgique, Meute (Today)

All-time favorite Songs:
Muse – „Knights Of Cydonia“
Boogie Belgique – „Travelling“, „Chicago“
Björk – „Hyperballad“
Hundreds – „Lets Write The Streets“
Apanemic – „I Need Somebody“
The Irrepressibles – „In This Shirt“
Röyksopp – „Running To The Sea“

All-time favorite Album-Releases:
Röyksopp – „The Inevitable End“ (2014)
Röyksopp – „Profound Mysteries I-III“ (2022)
Moderat – „I“(2009), „II“ (2013, „III“ (2016)
Korn – „Korn“ (1994),
„Follow The Leader“ (1998)
Boogie Belgique – „Volta“ (2016)

Und da gibt es noch soooo viel mehr! Aber das soll erstmal reichen. Wenn ich so auf die letzten 30 Jahre zurückschaue, dann würde ich ein ganzes Buch voller Songs aufschreiben können, die irgendetwas mit mir und meinen Gefühlen gemacht haben.

Foto linke Seite: Katrin Schwurack

MUSIK UND EMOTIONEN
Interview mit Prof. Dr. Georg Schomerus

von Sandra Strauß

Prof. Dr. Georg Schomerus

· seit 2019 Direktor der Klinik und Poliklinik für Psychiatrie und Psychotherapie, Leipzig
· 2016 – 2019 Stellvertretender Direktor, leitender Oberarzt, Klinik und Poliklinik für Psychiatrie und Psychotherapie der Universitätsmedizin Greifswald
· 2014 – 2019 Leiter der Abteilung Sozialpsychiatrie und ambulante Versorgung, Klinik und Poliklinik für Psychiatrie der Universitätsmedizin Greifswald
· 2009 – 2016 Oberarzt, Klinik und Poliklinik für Psychiatrie und Psychotherapie, Universitätsmedizin Greifswald
· 2002 – 2008 Arzt im Praktikum und Assistenzarzt in Weiterbildung, Klinik für Neurologie, Medizinische Hochschule Hannover, und Klinik für Psychiatrie, Universität Leipzig
· Forschungsaufenthalte am Jesus College, Oxford, Wellcome Institute, London, Visiting Researcher am Insititute of Psychiatry, London

Qualifikationen:
· 2016 Außerplanmäßiger Professor, Universität Greifswald
· 2010 Habilitation, Universität Greifswald
· 2008 Facharzt für Psychiatrie und Psychotherapie
· 2002 Promotion (Dr. med.), Universität Freiburg
· 1994 – 2002 Studium der Humanmedizin in Freiburg, Hannover und London

Sandra: Du hast kürzlich einen Vortrag über Long COVID gehalten. Magst du uns darüber etwas erzählen?

Georg: Es ist ein erstaunlich umstrittenes Thema. Eigentlich ist die Sache klar. Es gibt eine Infektionskrankheit, die wie andere Infektionskrankheiten auch Langzeitfolgen haben kann. Eben das Long COVID-Syndrom. Dieses ME/CFS-Syndrom gibt es schon lange, es tritt ebenso bei anderen Viren auf. Das kennt man auch schon und jetzt betrifft es einfach sehr viele Menschen, weil die Corona-Infektion so viele betroffen hat.
Und irgendwie gibt es sozusagen einen Streit, was das eigentlich mit der Psyche zu tun hat. Es gibt den Verdacht, dass es bei vielen Menschen gar nicht eigentlich eine Erkrankung ist, sondern eher ein psychisches Phänomen. Es wird psychologisiert und damit erleben ganz viele Betroffene Unverständnis, Ablehnung und auch Abwertung ihrer Beschwerden im Gesundheitssystem. Das haben wir in unserer Studien-Ambulanz von Betroffenen sehr oft gehört. Es gab eine Long COVID-Studie und bei dieser haben sehr viele Betroffene berichtet, dass sie sich in ihren Beschwerden unverstanden und nicht ernst genommen fühlen sowie ihnen oft Dinge geraten werden, von denen sie selbst wissen, dass sie schädlich sind – wie z. B.: Die Beschwerden einfach nicht so zu beachten, sich trotzdem zu belasten und sich vielleicht abzulenken. Das ist schlimm, weil es sehr viele Menschen betrifft, denen es dann durch die medizinische Behandlung tatsächlich noch schlechter geht, und sie sich im Gesundheitssystem überhaupt nicht aufgehoben fühlen. Sie fühlen sich wirklich übersehen, vernachlässigt und das hat tatsächlich etwas mit Stigmatisierung zu tun.

Sandra: Ein Freund von uns, Berufsgitarrist, hatte die Infektion zu Beginn der Pandemie, als man sich noch nicht impfen lassen konnte. Er konnte kurz danach nicht mehr Gitarre spielen, konnte die Griffe nicht mehr, ihm fielen kurze Spaziergänge mehr als schwer und bei ihm ging am Anfang quasi gar nichts mehr. Wie ordnest du Long COVID ein? Wie wirkt es auf die Psyche?

Georg: Natürlich hat das psychische Folgen, weil es eine Verunsicherung ist, dass man auf einmal nicht mehr richtig denken kann und erschöpft ist. Diese Unsicherheit, wie lange es dauert und ob es wieder ganz weggeht, hat massive Konsequenzen. Menschen können nicht mehr arbeiten, kommen ins Krankengeld und vielleicht in die Erwerbsunfähigkeit, können ihren Beruf nicht mehr ausüben oder ihre Aufgaben in der Familie nicht mehr wahrnehmen. Das ist eine massive Verunsicherung und das hat natürlich psychische Folgen und die kann und sollte man auch behandeln. Aber wichtig ist, das nicht mit psychischen Ursachen zu verwechseln. Man sagt den Menschen nicht: „Du hast ein unerkanntes Problem, denk doch mal nach, ob da nicht noch ein Thema ist, das du bearbeiten musst“, weil man damit ja die ganzen Erfahrungen irgendwie in Frage stellt und denkt: „Irgendwie weiß derjenige noch nicht so richtig, worüber er redet. Er hat ein psychisches Problem und will das nicht wahrhaben.“ Das ist eine Abwertung. Aber wenn man sagt, dass das eine biologische Krankheit ist, die wir noch nicht genau verstanden haben, die aber ganz klar Symptome hat, und jetzt müssen wir schauen, wie wir mit den Symptomen am besten umgehen, dann kann man sehr gut mit den Betroffenen auch psychotherapeutisch arbeiten.

Sandra: Bei euch in der Tagesklinik hattet ihr vor einigen Monaten eine Musikveranstaltung. Magst du uns erzählen, welche Wirkung diese hatte?

Georg: Vor der Pandemie – und jetzt fängt es wieder an – hatten wir hier in der Klinik die Veranstaltungsreihe „Musik und Seele“, zu der Künstler kommen und die von der Yehudi

Foto linke Seite: privat

Menuhin Stiftung gefördert wird. Die Konzerte sind öffentlich. Es können Patienten von den Stationen kommen, Mitarbeiter und Menschen von außen. Und dann sitzt man da gemeinsam und hört wirklich sehr tolle Musik. Ich kann mich besonders an ein Konzert erinnern, bei dem ich neben einem Patienten saß, den ich vorher noch auf der Station gesehen hatte und der schwer krank war. Beim Musik hören war es für ihn wie eine andere Welt, weil das Sachen in ihm angesprochen hat, die gar nichts mit der Krankheit zu tun hatten. Es wurden Erinnerungen angesprochen und auch seine Liebe zur Musik. Er wusste wahnsinnig viel über die verschiedenen Komponisten und hat mir immer ganz viel dazu erzählt. Er war sehr von der Musik berührt und das war ich auch. Und da hatten wir einfach voll die Gemeinsamkeit. Wir saßen zusammen und haben diese Musik gehört. Das war einfach ein sehr schönes, verbindendes Erlebnis, das überhaupt nichts mit der Krankheit zu tun hatte, sondern einfach mit der Musik. Zwei Menschen sitzen da und hören Musik. Das fand ich sehr schön, weil man in der Klinik meistens über die Krankheiten spricht – also das, was die Konversation sozusagen zusammenhält, ist die Krankheit. Ich bin der Therapeut und gegenüber sitzt der Patient oder die Patientin. Aber wenn man gemeinsam Musik hört, gibt es diesen Unterschied in dem Moment nicht, sondern da kann man wirklich gemeinsam etwas erleben. Das ist etwas sehr Verbindendes.

Sandra: Ich weiß, es ist nicht dein Spezial-Fachgebiet, dennoch möchte ich dich fragen: Kannst du erklären, was Musik bewirkt – in der Psyche, im Nervensystem, in der Gefühlswelt …?

Georg: Musik hat bei uns allen ganz verschiedene Effekte. Ich glaube, ein ganz wichtiger Effekt ist die Erinnerung, also dass man in seinem Leben immer zu bestimmten Zeiten bestimmte Musik hört, mit bestimmten Stücken und Stilrichtungen eben auch sehr emotionale Erinnerungen verbindet. Entweder Gelegenheiten, bei denen man Musik gehört hat, oder Konzerte, auf denen man war, oder in einer Lebensphase, in der eine bestimmte Musik wichtig war. Und wenn man das wieder hört, ist man gefühlsmäßig wieder dort. Das ist eine Brücke in andere Zeiten oder in eine andere Gefühlswelt.

„Wir alle wissen ebenso, dass Musik auch belastend sein kann, wenn man auf einmal an etwas Trauriges denkt.“

Wenn man sich in einer psychischen Krise befindet, ist man sehr in der Gegenwart gefangen und hat sehr damit zu tun, sich zu sortieren. Da kann eine Brücke in eine andere Gefühlswelt sehr entlastend sein.

Wir alle wissen ebenso, dass Musik auch belastend sein kann, wenn man auf einmal an etwas Trauriges denkt. Also wenn man auf einmal das Musikstück hört, welches man gehört hat, als man sich gerade getrennt hat oder verlassen wurde. Es muss also nicht immer positiv oder stärkend sein, aber Musik ist sehr nah an unseren Emotionen. Das ist das eine.

Das andere ist, dass Musik im Hier und Jetzt sehr emotional berührt und auch auf Ebenen, auf die man vielleicht mit Reden gar nicht kommt.

Sandra: Wie ist es bei dir? Als Kind bzw. Jugendlicher hast du selbst ein Instrument gespielt. Was sind deine Erinnerungen an diese Zeit?

Georg: Ich spiele immer noch und wenn ich an meinem Cello sitze, dann hat das nichts mit meinem Beruf zu tun. Das ist etwas, das völlig für sich steht. Da habe ich keine berufliche oder soziale Rolle, da bin ich sehr bei mir und diesem Cello, das mir einerseits ermöglicht, Musik zu machen, mich aber andererseits auch immer wieder mit Schwierigkeiten konfrontiert, weil es gar nicht so einfach ist. Es gibt immer Dinge, die nicht so gut klappen. Man muss üben oder immer wieder versuchen, ob man es nicht anders machen kann. Es ist ein Prozess, bei dem es nicht nur darum geht, dass man sich hingibt und schwelgt, sondern dass man sich mit der Musik und dem Instrument beschäftigt. Das ist eine sehr schöne Art, Abstand zu gewinnen.

Sandra: Hat das auch etwas mit Achtsamkeit zu tun?

Georg: Wenn ich achtsam bin, dann versuche ich, mir das bewusst zu machen und zu überlegen, was ich gerade fühle, was ich denke, was ich alles wahrnehme. Das ist etwas Gutes und ein sehr bewusster Prozess. Beim Instrument konzentriert man sich auf das Instrument und die Musik und das andere arbeitet im Hintergrund weiter. Insofern ist es viel weniger bewusst. Also für mich ist das etwas anderes.

Sandra: Wie nimmst du Musik noch so wahr? Gehst du zu Konzerten? Und welche Wirkung hat das?

Georg: Ich höre gar nicht so viel Musik, weil mir das oft sehr nah geht und dann sehr viel ist. Ich habe oft gar nicht das Gefühl, dass ich dafür offen bin. Ich kann schlecht Musik nebenbei hören. Wenn ich Musik höre, dann beschäftigt mich das. Ich gehe gerne ins Gewandhaus und höre gerne klassische Musik. Das ist einfach ein Riesenerlebnis. Wenn man im Gewandhaus sitzt und merkt, dass da sehr viele Leute gleichzeitig sitzen und man mit ihnen gemeinsam etwas hört. Und dann sind dort ebenso sehr viele Musiker, die gemeinsam eine Musik machen. Das ist sehr verbindend und manchmal entstehen sehr intensive Momente. Das ist großartig. Ich weiß gar nicht, wie man das sonst herstellen wollte, und es ist völlig nonverbal. Man muss sich nicht auf eine Meinung oder eine gemeinsame Sichtweise einigen, man kann einfach hören, sich dafür öffnen und es wahrnehmen.

„Ich kann schlecht Musik nebenbei hören. Wenn ich Musik höre, dann beschäftigt mich das."

Sandra: Bei Live-Konzerten geht es schon auch um das gemeinsame Erleben, oder?

Georg: Ja, und das spürt man auch. Man merkt, ob der Funke überspringt, alle auf einer Wellenlänge sind und wie die Stimmung im Saal ist. Alleine Musik hören ist etwas ganz anderes und hat natürlich auch viel für sich. Man ist mehr bei sich und seiner eigenen Stimmung, man kann sich seine Gedanken machen oder man kann nebenbei noch etwas machen. Man integriert das so in seinen Alltag und das ist ebenso schön. Ich glaube, viele Menschen verwenden Musik wirklich auch, um ihre Stimmung zu regulieren, eine bestimmte Stimmung zu unterstreichen oder sich in eine bestimmte Stimmung zu bringen. Das zeigt, wie nah Musik unseren Emotionen ist. Aber in einem

Illustration: Schwarwel

Live-Konzert ist es irgendwie noch etwas anderes, auch weil man es dann nicht steuern kann. Man sitzt da und kann nicht Pause machen. Man gibt die Kontrolle ab.

Sandra: Schaffst du es oft, zu Konzerten zu gehen? Also das Event an sich ist ja auch mit Aufwand verbunden, man braucht Zeit dafür.

Georg: Was mir dabei hilft, ist ein Abo, da muss ich gehen. Ich würde sonst nicht gehen. Ich habe immer das Gefühl, dass ich zu wenig Zeit habe. Und es ist auch egal, ob man zehn oder drei Mal im Jahr geht, die Einzelerlebnisse sind so intensiv, dass man da sehr lange noch etwas davon hat.

Sandra: Kannst du genau das Gefühl beschreiben, dass man da noch lange etwas davon hat?

Georg: Manche Konzerte hinterlassen einfach so intensive Bilder und Eindrücke, dass man sie einfach mitnimmt, dass man sich einfach später noch daran erinnern kann und sich darüber freut, dass man da war. Man hat wirklich das Erlebnis in einem Moment, an einem Abend und dann ist es auch wieder zu Ende. Das ist etwas Besonderes. Das sind Dinge, die blühen auf, sind ganz toll und dann ist es auch wieder vorbei und man geht nach Hause. Man weiß, dass man Zeuge von etwas geworden ist, das einmal passiert ist. Das hat etwas sehr Lebendiges und es ist vergänglich. Ein Konzert fängt an und hört wieder auf. Man ist froh, dass man es erlebt hat. Das passt meines Erachtens sehr gut zum Leben überhaupt. Und das Konzerterlebnis ist wie ein kleiner Schatz, den man mitnimmt, das bleibt ja in einem drin, das kann einem niemand wegnehmen.

Sandra: Musik und Erinnerung. Menschen hören viele Jahre später auch noch die Musik aus ihren Jugendjahren. Möchte man da das Gefühl aus dieser Zeit wieder „zurückhaben“?

Georg: Das hat ebenso etwas mit Vergänglichkeit zu tun. Man spürt, wo man herkommt oder was man erlebt hat. Und in dem Moment spürt man auch, dass man inzwischen noch viele andere Dinge erlebt hat und dass das alles in einem noch drin ist. Die verschiedenen Lebensphasen hat man erlebt und das trägt man in sich. Durch Musik wird das eben wieder angestoßen, dass man sich auch an alte Zeiten erinnert. Das ist oft wie ein roter Faden, der sich durch das Leben zieht. Bei mir ist das mit meinem Cello auch so. Egal, wo ich war oder was passiert ist, es war immer mit dabei, das ist etwas für sich und das verbindet mich ebenso mit meinen verschiedenen Ichs an verschiedenen Stellen in meinem Leben. Und das ist etwas, das nur mit mir zu tun hat.

Sandra: Thema Druck und Musikbusiness. Kannst du aus deiner beruflicher Erfahrung etwas dazu sagen?

Georg: Wir haben immer wieder Profi-Musiker:innen als Patient:innen und da wird schon deutlich, wie groß der Druck ist und dass es zum Teil eine schwierige Branche ist, um psychisch gesund zu bleiben. Ich glaube, die Musiker-Sichtweise ist noch einmal eine ganz andere. Ein Konsument oder Zuhörer kann sich einfach in ein Konzert setzen, sich dem Moment hingeben und genießen. Auf Musikerseite ist ein ganz anderer Druck dabei. Es gibt Arbeitsbedingungen, Bezahlung, es gibt Unsicherheiten. In der Pandemie

war es bestimmt für viele Menschen, die auf Live-Auftritte angewiesen sind, total schwierig. Ich glaube, dass der Druck riesig ist und dass man das natürlich als Zuhörer gar nicht so richtig merkt. Wir kennen das bei uns aus der Psychiatrie. Mir fällt es nur schwer, da etwas Allgemeines dazu zu sagen. Manche Menschen sind sehr stabil und halten das aus. Dann gibt es andere, die bestimmte Verletzlichkeiten haben und zu bestimmten Krankheitsbildern neigen, und da kann es dann eben hervorgerufen werden. Aber das hat auch viel mit der Person selbst zu tun. Deshalb fällt es mir schwer, da jetzt etwas ganz Allgemeines dazu zu sagen, außer dass natürlich Arbeitsbedingungen, Machtstrukturen und Unsicherheiten eine ganz große Rolle spielen und man das von außen gar nicht so sieht, wenn man nicht selbst Musiker ist.

„Wir haben immer wieder Profi-Musiker:innen als Patient:innen und da wird schon deutlich, wie groß der Druck ist und dass es zum Teil eine schwierige Branche ist, um psychisch gesund zu bleiben."

Sandra: Ich weiß nicht, ob du diesbzgl. schon Erfahrungen mit Patient:innen gemacht hast: einerseits an einem Abend vor Hunderten oder Tausenden von Menschen auf der Bühne stehen und beklatscht werden inkl. Adrenalin, Euphorie und Ego-Feature. Und dann andererseits alleine im Hotelzimmer sitzen oder ein paar Tage später alleine in der eigenen Wohnung sein. Also diese Extreme. Hast du Erfahrungen damit, wie Musiker:innen damit umgehen?

Georg: Ich glaube, die Herausforderung ist deutlich und auch die Gefahren, die darin liegen. Wenn man auf der Bühne steht, muss man wahnsinnig viel Energie da lassen, muss sehr präsent sein, man gibt sehr viel und bekommt natürlich auch sehr viel zurück. Der Kontrast ist einfach total groß. Dass Drogen oder Substanzen dann leicht eine Rolle spielen können, um dabei zu helfen, diese verschiedenen Zustände herzustellen und auszuhalten, darin liegt einfach eine Gefahr. Es kann für eine Person schwierig sein, diese krassen Kontraste auszuhalten – also von ganz vielen Leuten bejubelt zu werden und dann auf einmal allein oder vielleicht auch unglücklich zu sein und das unter einen Hut zu bekommen. Auf der anderen Seite kenne ich aber ebenso Musiker, bei denen das ganz anders ist, die in einer sehr netten Band zusammen und befreundet sind, was etwas sehr Stabilisierendes hat, und die außerhalb der Bühne einen sehr gesunden und auch normalen Alltag leben. Es muss also nicht immer so sein und man kann es nicht verallgemeinern. Dass aber die Gefahr besteht, das zeigen die ganzen Musiker-Biografien, bei denen große Abstürze und schwere Krisen eine große Rolle gespielt haben.

Illustrationen: Schwarwel

SOUNDTRACK OF MY LIFE

Armin Rösl

Ich höre unglaublich gerne die isländische Band **Sigur Ros**.

Katja Röckel

Soundtracks Of My Life
20 Lieblingsalben von Mrs. Pepstein
(Auswahl)

Nina Simone – „I Put A Spell On You“ (1967)
Carole King – „Tapestry (1971)
Janis Joplin – „Pearl (1971)
Aretha Franklin – „Amazing Grace (Live at New Temple MissionaryBaptist Church)“ (1972)
Kate Bush – „Hounds Of Love“ (1985)
Björk – „Debut“ (1993)
Stereo Total – „Monikini“ (1997)
Miss E. – „So Addictive“ (2001)
Kevin Blechdom – „Bitches Without Britches“ (2003)
Bernadette La Hengst – „La Beat“ (2005)
Christiane Rösinger – „Songs Of L and Hate“ (2010)
Robyn – „Body Talk Pt. 1“ (2010)
Beyoncé – „Lemonade“ (2016)
Barbara Morgenstern – „Unschuld und Verwüstung“ (2018)
Billie Eilish – „When We All Fall Asleep, Where Do We Go?“ (2019)
Finna – „Zartcore“ (2022)
Björk – „Fossora“ (2022)
Ebow – „Cane“ (2022)
Mine – „Baum“ (2024)

Songs of my Life
20 Lieblingssongs von Mrs. Pepstein
(Auswahl)

Björk – „Hyperballad“
Stereo Total – „Schön von hinten“
Kate Bush – „Running Up That Hill“
Phoebe Kreutz – „My Ass“
Bernadette La Hengst – „Zug ohne Bremse“
Finna – „Overscheiß“
Moldy Peaches – „Anyone Else But You“
Nina Simone – „Turn Me On“
Alicia Keys – „Falling“
Mine feat. Giulia Becker – „Einfach so“
School of Zuversicht – „Ich falle mit Freuden“
Lassie Singers – „Hamburg“
Bipolar Feminin – „Süß lächelnd“
Klitclique – „Zu zweit“
Neneh Cherry – „Buffalo Stance“
Katja Ebstein – „Und wenn ein neuer Tag erwacht“
Lena Stoehrfaktor – „Urban Sports“
Sookee – „Die Freundin von“
BLOND – „Ich sage ja (feat. Power Plush)“
Hildegard Knef – „Ich möchte am Montag mal Sonntag haben“

Franziska Lauter

Die einflussreichsten Alben meines Lebens (in chronologischer Reihenfolge):

Easy Rider – „Soundtrack"
Sex Pistols – „Never Mind The Bollocks"
Nina Hagen Band – „Nina Hagen Band"
Beastie Boys – „Ill Communication"
Fünf Sterne deluxe – „Sillium"
Mr. Bungle – „Mr. Bungle"
Frank Sinatra – „Sings For Only The Lonely"
Tujiko Noriko – „Make Me Hard"
Dead Kittens – „Pet Obituaries"
Tylor, the Creator – „Igor"
Death Grips – „Exmilitary"
Gaffa Ghandi – „Record Of Success"

Christian Kümmel

Erste Allgemeine Verunsicherung – „Liebe, Tod und Teufel"
Die Ärzte – „Das ist nicht die ganze Wahrheit … "
Kraftwerk – „Electric Cafe"
King Køng – „General Theory"
Depp Jones – „At 2012 A.D."
The Cure – „Three Imaginary Boys"
Die Ärzte – „Die Bestie in Menschengestalt"
Beastie Boys – „Check Your Head"
Green Day – „Dookie"
The Offspring – „Smash"
NOFX – „Punk in Drublic"
Nine Inch Nails – „The Downward Spiral"
WIZO – „UUAARRGH!"
Die Fantastischen Vier – „Lauschgift"
The Bates – „Pleasure + Pain"
Terrorgruppe – „Musik für Arschlöcher"
Bad Religion – „Grey Race"
Rage Against the Machine – „Rage Against The Machine"
Depeche Mode – „Ultra"
Die Ärzte – „13"
Fishmob – „Power"
Red Hot Chili Peppers – „Californication"
Donots – „Pocketrock"
Götz Alsmann – „Gestatten …"
Foo Fighters – „The Colour And The Shape"
Die Ärzte – „Wir wollen nur deine Seele"
basta – „b"
Bodo Wartke – „Achillesferse"
The Cure – „Bloodflowers"
Rancid – „Let The Dominoes Fall"
Element of Crime – „Mittelpunkt der Welt"
Donots – „Karacho"
LaBrassBanda – „Übersee"
Kettcar – „Ich vs. Wir"
Slime – „Hier und Jetzt"
Antilopen Gang – „Atombombe auf Deutschland" (nur das Bonusalbum)
Adam Angst – „Adam Angst"
Kapelle Petra – „Nackt"
The Interrupters – „Fight The Good Fight"
Thees Uhlmann – „Thees Uhlmann"

NOTHING COMPARES 2 U

#nicht gesellschafts fähig
NOTHING COMPARES 2 U

ICH GEHE NUR VORAUS

Leben heißt Sterben lernen
Mit Interview mit Torsun Burkhardt

von Linus Volkmann

Erhält eine prominente Person eine terminale Diagnose, wird hingeschaut. Zu den Krankheitssymptomen kommen Projektionen: Ist sie tapfer genug, ist sie nahbar, authentisch, tragisch genug in ihren letzten Wochen?

Was sagt das über uns aus, dass wir sterbende Promis mit soviel Erwartung belasten?

DJ Patex ist gestorben. Ach, du scheiße! Es ist der Sommer 2023 und diese Nachricht verbreitet sich innerhalb kürzester Zeit überall. Obwohl ... das ist nicht richtig gesagt, denn DJ Patex' Pop-Genie spielte sich jenseits der Charts ab, jenseits der Musikmagazincover. Die in Würzburg geborene Musikerin wirkte in vornehmlich linksalternativen Bubbles. In jenen reist die schreckliche Gewissheit nun herum. Patex, die eigentlich Patricia Wedler hieß, trat zusammen mit Szenegrößen auf wie Knarf Rellöm, Jacques Palminger, Erobique und vielen mehr – ihr eigener Act trug den Namen School Of Zuversicht. Jetzt spricht sich also die Nachricht von ihrem Tod rum.

Ich denke als Erstes an eine Begegnung mit ihr und die ging so: Ich durfte irgendwann mal eine Knarf-Rellöm-Show eröffnen. Patex gehörte damals wie auch Viktor Marek zu dessen fester Band: Knarf Rellöm Trinity hießen sie zu dritt. Das möchte ich allerdings nicht beschwören, denn es war Reiz und Konzept, diesen Namen bei jeder Veröffentlichung neu zu variieren, vielleicht waren sie da auch gerade Knarf Rellöm And The Shi Sha Shellöm oder was es sonst noch alles gab. Die Begegnung habe ich jedenfalls sehr herzlich, komplett atemlos in Erinnerung. Mehr Publikum hätte unser Abend haben können, da waren wir uns einig, aber der halbleere Saal dämpfte die Stimmung genauso wenig wie der Schlafplatz in einem zugigen Messehotel mit „Shining"-Charme direkt an der Autobahn. Auf einem der Zimmer haben wir später alle zusammen gesessen und aufgeregt Tankstellenbiere getrunken.

Es ist eine Erinnerung an Patex, die für mich bleiben wird – allerdings muss ich mich korrigieren. Denn es ist gar nicht die erste Erinnerung, die mir zu ihr in den Sinn kommt. Und ich möchte in diesem Text nichts beschönigen, es geht immerhin um den Tod. Ist das nicht die Möglichkeit, die Sachen endlich mal so zu benennen, wie sie wirklich sind? Selbst wenn es nicht ganz so schmeichelhaft (für einen selbst) ist?

Okay, los. Als ich von dem Tod der Musikerin höre, fällt mir viel mehr als Allererstes ein Podcast von vor zwei Jahren ein. In einer Folge von „Neues aus der Opiumhöhle", einem Interviewpodcast rund um den Hamburger Kultladen „Mutter", ist Patex der Talkgast – aber ich erkenne ihre Stimme gar nicht wieder und auf dem begleitenden Foto sieht man sie in einem Rollstuhl sitzen, dabei noch von zusätzlichen Aufbauten gestützt. Ich bin einigermaßen bestürzt, höre aufgewühlt diesen Podcast. Was ist da los, will ich wissen – doch am Ende der Stunde weiß ich ... rein gar nichts. Es gibt eine offensichtliche und hörbar schwere Erkrankung der Künstlerin, aber im Plauderton des Podcasts kommt keine Frage danach, kein Wort dazu? Ich muss gestehen, dass ich nicht nur verstört, sondern auch enttäuscht war. Denn ist es nicht die Pflicht von Kunstschaffenden, von Role-Models auch die dunklen Seiten ihrer Vita mit dem Publikum zu teilen? Nein, natürlich ist es das nicht. Ich weiß das auch. Trotzdem denke ich bis heute irgendwie verstimmt an diesen Podcast zurück. Selbst noch an dem Tag der Todesnachricht, ich schäme mich dafür, es ändert aber irgendwie nichts.

Hätte sie doch mal Awareness geschaffen für die Krankheit, die bei ihr aufgetreten ist, ALS – Amyotrophe Lateralsklerose, eine

Foto linke Seite Torsun Burkhardt: Andreas Hornoff

fortschreitende Muskeldegeneration. Oder darüber gesprochen, wie es eigentlich ist an Szene-Orten wie jenem Club „Mutter“ mit einem Rollstuhl? Barrierefreiheit herrscht dort nicht gerade. Alles verpasst, wie konnte DJ Patex nur! Ich bin erschüttert über mich selbst. Irgendwie spiele ich meine eigene Wut, meine eigene Hilflosigkeit darüber, dass sie jetzt nicht mehr da ist, ihr wieder zurück. Es scheint mir fast Victim Blaming – dabei bin ich doch auf den verdammten Tod sauer und dabei wäre sie heute genauso gestorben, wäre sie öffentlich für ALS-Betroffene oder Rampen in der Clubkultur oder was weiß ich noch eingetreten.

Was verlangt man da eigentlich? Künstler:innen als Role-Models noch bis ins Grab? Das ist anmaßend, das ist letztlich auch empathielos. Doch jetzt habe ich angefangen, jetzt schaue ich noch weiter hin. Warum erwarte ich überhaupt etwas von jemanden, der so eine Diagnose bekommen hat? Wieso geht es beim Sterben anderer immer so sehr um den eigenen Tod und die Issues, die man dazu – meist unausgesprochen – mit sich rumschleppt? Das Gespräch mit Torsun Burkhardt kommt mir in den Sinn. Der Musiker, der vornehmlich über sein Electropunk-Outfit Egotronic bekannt wurde, hat Krebs, unheilbar. Ich frage ihn in einem Interview unter anderem Folgendes:

Linus: Torsun, du hast deine Diagnose öffentlich gemacht. Ich erinnere mich an Interviews mit schwer erkrankten Künstler:innen, denen wichtig war, dass das Außen möglichst nichts mitbekam. Krankheit ist in einer auf Funktionalität getrimmten Gesellschaft auch ein Makel, ist schambehaftet. War dir dagegen gleich klar, ganz transparent sein zu wollen?

Torsun: *Da möchte ich erstmal sagen, dass ich jedweden Umgang, die eine Person mit so einer Diagnose hat, respektiere. Auch ich habe mir dazu Gedanken gemacht, sah aber letztlich keine andere Option. Da wir eine Tour absagen mussten, wären ohnehin Fragen gekommen – und ich hätte keinen Bock gehabt, eine Lügengeschichte zu entwerfen. Spätestens wenn ein Foto aufgetaucht wäre von mir ohne Haare, hätte doch jeder Bescheid gewusst. Wenn andere das alles lieber verbergen, kann ich es aber gut verstehen. Nur wäre das nichts für mich. Ich bin ein sehr offener Typ – das könnte ich jetzt gar nicht ändern.*

Linus: Stimmt es, dass du Memes über diese terminale Diagnose gebastelt und dann deinen Freund:innen geschickt hast?

Torsun: *Ja, als ich meinen besten Freunden die Diagnose mitteilen musste, habe ich selbstgemachte Memes mitgeschickt – um die Stimmung gleich schon mal etwas aufzulockern.* [lacht]

Linus: Ist das gelungen?

Torsun: *Auf jeden Fall. Ich habe Rückmeldungen bekommen, dass es den Leuten gut getan hat. Die meinten natürlich „Alter, das kannst du nicht bringen!“, aber waren wohl beruhigt, dass ich gleich sowas hinterher geschickt habe. Ich brauche das aber auch selbst. Also alles trocken sehen zu können und mich darüber lustig zu machen. Allerdings will ich diese Form von Humor nicht jedem zumuten. Ein befreundeter Musiker hatte auf Facebook die Frage gestellt „Was ist für euch das ‚No Future‘ des Punks?“, da hatte ich schon als Kommentar geschrieben „Krebs“ mit einem Smiley ... aber hab dann doch nicht auf „Senden“ gedrückt.*

Linus: Bist du wirklich so unerschrocken?

Torsun: *Nein, ich möchte nicht als so ein superstarker Typ gelten. Es gab auch die Momente, in denen ich ein Büschel meiner Haare in der Hand hatte und mir liefen die Tränen runter. Doch dann gehts eben auch wieder und am Tag darauf hab ich gesagt, okay, rasier ich mir jetzt den Kopf und dann ist gut. Aber ich bastele hier sicher nicht die ganze Zeit lustige Memes übers Sterben. Mein Anspruch ist, dass ich offen mit allem umgehen will – und nicht einfach den Schein wahren möchte. Ich muss nicht der taffe Typ sein, dem der Krebs am Arsch vorbeigeht und der noch lachend in den Tod rennt.*

Torsuns Umgang mit der Diagnose ist wirklich sehr offensiv. Es wird nichts beschönigt, es ist halt so, wie es ist, und palliative Chemo das letzte Mittel. Seine ganze Community leidet mit, aber das gibt natürlich in der Gesamtheit irgendwie auch Kraft oder zumindest Trost. Dieses you-are-not-alone-Feeling.

Und dann gab es (Stand Juli 2023) sogar eines dieser Wunder, auf das man bei aggressiven Krebserkrankungen kaum zu hoffen wagt: Torsun verkündet auf Social Media, dass die zweite Chemo – nachdem er die erste erfolglos abbrechen musste – ihm tatsächlich zumindest Zeit erkaufen würde. Rückläufige Wucherungen? Wahnsinn. Und sofort wird bewusst, nicht nur Schmerz, sondern auch Freude ist teilbar.

Ein Kommentar einer Person rührt unter seinem Posting besonders, sie schreibt: „Ich häng gerade an der Infusion meiner Chemo, während ich deine frohe Botschaft lese. Ich freue mich so doll für dich!“

Jede:r geht anders mit dem Thema Sterben um. Sich damit keiner Öffentlichkeit auszusetzen, ist genauso okay wie das Gegenteil. Ich selbst würde es, wenn wir schon mal dabei sind, vermutlich eher so machen wie DJ Patex. Wahrscheinlich bin ich deshalb bei ihrem Fall so haltlos kritisch gewesen. Denn mein Mindset foltert mich mit Ansprüchen wie: Sterben ist doch auch noch ein Job, da muss man alle empowern und zu Tränen rühren und am besten noch eine Stiftung gründen! Patex hat gezeigt, wie albern eine solche Selbstquälerei ist, wenn man keinen Bock auf diesen Weg hat.

Insofern kann ich aus dem Umgang von beiden genannten gleichermaßen etwas ziehen. Beide haben es so gemacht, wie es ihnen richtig erschien. Irgendwie tröstlich. Zumindest möchte ich, dass es so ist.

Es gibt noch eine weitere Person, mit der ich ein Interview kurz vor ihrem Tod führte. Almut Klotz, vielen sicherlich noch bekannt von ihrer Band Lassie Singers, die sie lange Zeit mit Christiane Rösinger pflegte. Almut starb 2013 an Brustkrebs. In dem Gespräch, das wir führten, sah man der Musikerin die fortgeschrittene Erkrankung an, auch sie scherzte über die eigene Situation, das musste sie dabei noch analog tun, es war noch die Prä-Meme-Ära: Ihre Krebszellen, berichtete Almut jedenfalls mit gespieltem Stolz, seien „zu clever“, um sich von der Behandlung in Zaum bringen zu lassen.

In der Heftversion dieser Begegnung fand sich übrigens nichts zum Thema Krebs, Almut Klotz bat viel eher, bei den Fotos nur unscharf im Hintergrund stehen zu dürfen. So ließ auch die Bebilderung keinen Rückschluss auf den damals bereits verlorenen Kampf zu. Doch Almut plante, die Platte, die sie mit ihrem Musik- und Lebenspartner Reverend Dabeler gerade noch fertig gestellte hatte, von einer Konzerttour zu begleiten. Auftritte im Dezember zu buchen? Das schien mir angesichts ihres Zustands in jenem Sommer nicht besonders rational. Doch irgendwie gab es auch Hoffnung. Almut erlebte diese Tour tatsächlich nicht mehr, nicht mal die Veröffentlichung jenes Interviews ein paar Wochen später. Sie starb in jenem August.

Es gibt noch eine weitere Person, mit der ich ein Interview kurz vor ihrem Tod führte. Almut Klotz, vielen sicherlich noch bekannt von ihrer Band Lassie Singers, die sie lange Zeit mit Christiane Rösinger pflegte.

Der Umgang mit der Sterblichkeit ist eine persönliche Sache, wer damit in der Öffentlichkeit steht, hat noch ein Maul mehr zu stopfen, man sollte es ihm nicht noch schwerer machen, als es ohnehin schon ist. Eine einfache Erkenntnis, die man aber schnell mal vergessen kann.

Ich habe diesen Text geschrieben, um mich an sie zu erinnern.

PS: Der Titel dieses Textes ist ein – erinnertes – Zitat des verstorbenen Schriftstellers Wolfang Herrndorf („Tschik"). Er soll es zu einer Freundin gesagt haben, die bereits zu seinen Lebenszeiten um ihn trauerte: „Ich gehe doch nur voraus".

PPS: Torsun hat Anfang 2023 die Platte „Songs To Discuss In Therapy" veröffentlicht. Ein ganz neues Projekt mit seiner Frau und einem Freund als Torsun & The Stereoronics. Meistens profitieren die Verkäufe ja, wenn ein:e Künstler:in stirbt – auch so eine schräge Sache eigentlich. Daher möge es sich bei Torsun umgekehrt verhalten: Besorgt euch seine Platte zu Lebzeiten. Viel besser (und unterhaltsamer) als irgendwann Kondolieren.

PPPS: Die Lassie Singers setze ich mal als bekannt voraus, aber gerade das letzte Album von DJ Patex' School Of Zuversicht „An allem ist zu zweifeln" sollte man ebenfalls kennen. Der Künstlerin kann man damit leider keine Freude mehr machen – aber sich selbst, wenn man es für sich entdeckt.
Sich selbst eine Freude machen? Das ist Anbetracht der eigenen Endlichkeit doch auch keine schlechte Sache …

Dieser Text entstand im Sommer 2023.
Im Dezember 2023 verstarb Torsun Burkhardt an seiner Krebserkrankung in Berlin. Und obwohl es sich um einen angekündigten Tod handelte – der Verlust sitzt tief. Die von ihm mitbegründete Initiative „Artists Against Antisemitism" wird heute von Freund:innen und Unterstützer:innen weitergeführt: www.artistsagainstantisemitism.org

SOUNDTRACK OF MY LIFE

Linus Volkmann

Get Up Kids – „Something To Write Home About"
(Energetischer Emo – genauso zärtlich wie catchy)

Sleater-Kinney – „The Hot Rock"
(Feministische Gitarrenmusik – kostbar und aufwühlend)

Team Scheisse – „Ich hab dir Blumen von der Tanke mitgebracht (Jetzt wird geküsst)"
(Post-Deutschpunk larger than life)

Foto: privat

ASCHE ZU TASCHE
Courtney Love und Yoko Ono

von Juliane Streich

Wie geht man mit dem Tod eines geliebten Menschen um? Die Frage wird nicht einfacher zu beantworten sein, wenn der geliebte Mensch ein berühmter Musiker ist – und man selbst auch.

Musikerinnen und Künstlerinnen, die einen erfolgreicheren Mann heiraten, haben es schwer. Schwer schon allein deshalb, weil alle denken, sie hätten es nun leicht. Sie könnten jetzt auf den Erfolg des Mannes aufspringen, sich darin suhlen, ihn für ihre eigenen Zwecke missbrauchen – so die missgünstigen Gedanken der sogenannten Fans, die ihnen gleich noch Schlimmeres unterstellen: Die Frau würde die Karriere des Mannes zerstören.
Die wohl bekanntesten Namen für dieses Phänomen sind Yoko Ono und Courtney Love. Der einen wird vorgeworfen, die Beatles auseinandergebracht, und der anderen, Nirvana-Sänger Kurt Cobain umgebracht zu haben. Beides ist natürlich Quatsch. Aber überhaupt nicht lustig. Denn als wäre der ihnen entgegenschlagende Hass der ach so treuen Anhänger ihres Partners nicht schon furchtbar nervenaufreibend genug, so müssen nach dem plötzlichen Tod ihres Mannes beide auch noch mit ihrer eigenen Trauer umgehen, den Verlust des geliebten Menschen in aller Öffentlichkeit, der sie kaum entrinnen können, verarbeiten. Dabei ist Trauer immer etwas ganz Persönliches, etwas, mit dem jeder und jede völlig anders umgeht. Die eine verdrängt es komplett und versucht, ihr Leben weiterzuführen, als wäre nichts passiert, der andere redet von nichts anderem mehr und kann gar nicht mehr aufhören zu weinen. Egal, wie man mit dem Tod einer nahestehenden Person umgeht, es ist nicht verwerflich, es gibt kein richtiges Trauern und kein falsches. Doch Prominenten und noch viel mehr prominenten Frauen von prominenten Männern wird alles vorgeworfen – auch ihr Umgang mit dem Tod.

Denn war der Gegenwind von Cobain-Fans gegen ihre Person – zu viel Heroin, zu laut, zu punkig – schon vor seinem Tod groß gewesen, wurde er danach gigantisch.

Courtney Love zum Beispiel hat laut getrauert, anders getrauert, als viele es von ihr erwarteten. Auf ungewohnte Weise hat sie ihrem Mann die letzte Ehre erwiesen. Denn es gibt kein Grab von Kurt Cobain. Auch keine öffentliche Gedenkstätte für den „Smells Like Teen Spirit"-Star. Das liegt weniger an seiner Ehefrau, sondern vielmehr an den Behörden in Seattle. Die Verantwortlichen wollten einen Massenansturm wie beim Grab von Jim Morrison in Paris verhindern. Stattdessen hat Courtney Love die Asche ihres Mannes verstreut – in Flüssen, buddhistischen Tempeln und im Garten des gemeinsamen Hauses. Aber nicht all seine Asche. Einen Teil hat sie behalten und in eine rosafarbene juwelenbestickte Plüschtasche gesteckt, die aussah wie ein Teddybär. Diese Tasche mit der Asche nahm Love mit auf Reisen und auf Partys. „Ich hab ihn immer mit mir getragen und so war er immer noch bei mir", sagte sie in einem Interview. Bis die Tasche samt Asche und Haarlocke Cobains aus ihrem Kleiderschrank, wo sie sie neben ihren Klamotten verwahrte, geklaut wurde – etwa 14 Jahre nach seinem Tod. „Abscheulich" nannte Love die Tat und trauerte: „Jetzt habe ich ihn wieder verloren". Worauf sie sofort wieder den Spott von Männern erntete, die gerne ins Internet reinrotzen. Der Nachlass sei ja wohl groß genug, dass sie nicht um das bisschen Asche trauern solle. Und so weiter. Sie kannte das schon. Denn war der Gegenwind von Cobain-Fans gegen ihre Person – zu viel Heroin, zu laut, zu punkig – schon vor seinem Tod groß gewesen, wurde er danach gigan-

Fotos linke Seite: Alamy Stock Foto – Courtney Love: Allstar Picture Library Ltd, Yoko Ono: Cavan Images tisch. In Amerika werden T-Shirts mit der Aufschrift „Courtney did it“ verkauft, auf der Straße rufen ihr Menschen „blöde Nutte“ hinterher und die Band Mudhoney fragt an sie gerichtet: „Warum bläst nicht auch du dir das Gehirn raus?“ Und Courtney? Sie liest nach dem Suizid ihres Mannes seinen Fans unter Tränen und mit verzweifelten Kommentaren seinen Abschiedsbrief vor, in dem er seine Liebe zu ihr und der gemeinsamen Tochter Frances beteuerte. Sie trägt den Mantel, in dem er sich erschoss, lässt aber das Gartenhaus, in dem er sich erschoss, abreißen. Nur wenige Tage nach Kurt Cobains Tod erscheint das Album „Live Through This“ ihrer Band Hole, über das böse Stimmen das Gerücht verbreiten, Kurt Cobain sei der Mastermind dahinter, dabei zeugen viele Hole-Alben von der Großartigkeit der Musikerin und ihrer Band. Kurz nach seinem Tod geht sie auf Tour. Auf der Bühne zu stehen, habe sie am Leben gehalten, erzählt sie später.

Größer noch war die Kritik der Lennon-Fans an Yoko Ono, als sie nicht mal ein Jahr nach seinem Tod das Album „Season Of Glass“ veröffentlichte und das Bild seiner mit Blut bespritzten Brille aufs Cover nahm.

Doch dass sie an seinem Tod verdient, macht die Leute wütend. Und Courtney Love macht es den Nirvana-Fans nicht unbedingt leichter. Als Witwe verwaltet sie nicht nur Cobains finanzielles Vermächtnis, sondern verklagt unter anderem die Ex-Nirvana-Mitglieder Dave Grohl und Krist Novoselic, mit denen sie sich Rechte an den Werken teilte: Kurt sei letztendlich Nirvana gewesen, erklärt sie ihnen. Courtney Love sucht immer wieder Streit, provoziert, schimpft – egal, um was es geht. Auf Twitter blöfft sie beispielsweise den französischen Präsidenten François Hollande an, weil sie wegen eines Taxifahrerstreiks in Paris im Stau steht. Immer wieder hat sie Probleme mit Drogen. Kurt Cobain kann und will sie aber nicht vergessen, erinnert an ihn, schreibt „God, I miss you“ auf Instagram zu alten Fotos von ihnen beiden. 15 Jahre nach seinem Tod sagt sie andererseits: „Ich bin nicht seine Sprecherin hier auf Erden. Ich weiß nicht, wie er heute wäre, er könnte auf Glamour-Girls oder dicke Frauen stehen. Vielleicht wäre er auch homosexuell geworden. Wir wissen es nicht, er starb mit 27 Jahren.“ Nein, sie ist nicht seine Sprecherin. Sie ist eine Frau, die vor vielen Jahren ihren Mann verloren hat.

Genau wie Yoko Ono. Sie musste sogar mit ansehen, wie ihr Mann erschossen wurde. In der Presse hieß es später, sie habe im Krankenhaus, als ihr klar wurde, dass John Lennons Leben nicht mehr zu retten ist, angefangen zu schreien, dass das eine Lüge sei, habe sich hingeworfen und ihren Kopf auf den Boden geknallt. Yoko Ono erinnert sich da etwas anders. In einem Interview erzählt sie, dass sie vor allem erstmal an den gemeinsamen Sohn Sean gedacht hat, der zu Hause war, und dass sie sich deswegen auf keinen Fall selbst weh tun, sondern jetzt erst recht für ihn gesund bleiben wollte. „Meine Mitarbeiter hatten Angst, dass ich nach Johns Tod Suizid begehen würde. Daran dachte ich nie. Ich musste für Sean leben, das wusste ich. Überleben“, erzählt sie in der Zeitschrift Brigitte. Dass sie Sean aber nach dem Tod seines Vaters zunächst von einem Kindermädchen nach Miami bringen ließ, während sie selbst in New York blieb, wurde sofort kritisiert. Wie konnte sie nur? Yokos nachvollziehbare Erklärung: „Ich wollte nicht, dass er mitbekam, wie die Menschen um seinen Vater trauerten. Und ich hatte große Angst, dass jemand auch ihm etwas antun könnte. Zum Schutz ließ ich ihn wegbringen.“

Größer noch war die Kritik der Lennon-Fans an Yoko Ono, als sie nicht mal ein Jahr nach seinem Tod das Album „Season Of Glass“ veröffentlichte und das Bild seiner mit Blut bespritzten Brille aufs Cover nahm. Ihr sei es darum gegangen, seine Stimme am Leben zu halten und gleichzeitig dem schrecklichen Ereignis ein Zeichen zu setzen. „Und ich musste mich ablenken.“ Musikmachen als Teil der Trauerarbeit. Und Lächeln – obwohl ihr das seit Lennnos Tod vergangen war. „Ich habe immer so traurig geguckt“, erzählt sie im Deutschlandfunk, „und als ich im Spiegel mein trauriges Gesicht gesehen habe, dachte ich: Das ist schlecht für mich, das macht mich krank und ich muss mich retten. Also habe ich beschlossen zu lächeln.“ Zuerst sei es ein künstliches Lächeln gewesen, das immer mehr zu einem richtigen geworden wäre. Das habe sie gerettet. All das – Lächeln, Musik machen, das Blut auf seiner Brille zeigen – wurde ihr vorgeworfen.

Und natürlich das ganze Geld, das sie nun besaß. Dass sie dagegen sogar einen Anteil an Lennons Erfolg hatte, wurde erst 46 Jahre nach dem Erscheinen eines seiner bekanntesten Songs öffentlich gemacht: 2017 wurde Yoko Ono zur Co-Autorin von „Imagine“ erklärt. Eine Gesprächsaufnahme war aufgetaucht, in der John Lennon einem BBC-Reporter anvertraute: „Eigentlich sollte das Lied ‚Lennon-Ono‘ zugeschrieben sein, weil Text und Konzept von Yoko stammen. Aber damals war ich zu egoistisch und zu machohaft, um sie zu erwähnen.“ Wäre es ein Mann gewesen, erklärte Lennon weiter, David Bowie beispielsweise, stünde „Lennon-Bowie“ unter jeder Aufnahme des Liedes. Yoko Ono hat also nicht nur nicht die Beatles auseinandergebracht, sondern auch einen der größten Lennon-Songs mitgeschrieben. „Sie ist die berühmteste unbekannte Künstlerin der Welt: Jeder kennt ihren Namen, aber niemand weiß, was sie macht“, hat Lennon schon zu Lebzeiten über seine Frau gesagt.

Und dass sie anstatt als eine der bedeutendsten Vertreterinnen der Fluxus-Bewegung, die sie ist, als „ewige Witwe“ John Lennons in die Annalen eingehen wird, hat eine ganz eigene Tragik. Doch sie weiß ihren Witwen-Status in etwas Konstruktives umzusetzen. Immer wieder mahnt sie an John Lennons Todestag, dass die USA endlich strengere Waffengesetze einführen solle. Jeden Tag würden über 100 Amerikaner durch Waffengewalt sterben, ruft sie den Amerikanerinnen und Amerikanern in Erinnerung: „Der Verlust eines geliebten Menschen ist eine schmerzhafte Erfahrung“, schreibt sie in die Sozialen Medien. Und kaum jemand weiß das wohl besser als sie.

Immer wieder mahnt sie an John Lennons Todestag, dass die USA endlich strengere Waffengesetze einführen solle.

Erstveröffentlicht in drunter+drüber No. 14
„Musik und Tod“, Mai 2022

ZWISCHEN ÖFFNUNG UND SENSATIONSGIER

Musik und Tod von den 1980er Jahren bis heute

von Karsten Kriesel

Es liegt nicht nur am Rock'n'Roll: Seit den 1980er Jahren erweitert sich die Wahrnehmung von Pop- und Rockmusik in immer breitere gesellschaftliche Bereiche und Zusammenhänge. Das hat auch Einfluss darauf, wie Tod und Todesfälle in der Musikwelt beurteilt werden.

ABBA und Joy Division haben auf den ersten Blick nicht viel gemeinsam. Auf den zweiten und unter einem bestimmten Blickwinkel kann man jedoch feststellen: Obwohl Joy Division durch den Suizid ihres charismatischen Frontmannes Ian Curtis bereits 1980 Geschichte und Mythos wurden und auch ABBA ab 1982 für die nächsten 40 Jahre pausierte, haben beide sozusagen die 1980er erfunden. Wenigstens haben sie sie musikkulturell prägend eingeleitet.

ABBA gelten als Prototypen und Mitbegründer der internationalen Popmusik. Viel von dem, was die vier Schweden in ihrer erfolgreichsten Zeit von 1974 bis 1981 taten, geschah in der Popindustrie zum ersten Mal und wurde später Standard, künstlerisch, optisch, technisch und bühnenorganisatorisch. Sie brachen die lange vorherrschende US-amerikanische und britische Dominanz des Musikbusiness auf, verhalfen der CD und dem Musikvideo zum Durchbruch und mussten noch 1979 auf Welttournee Dinge improvisieren, die danach durch einheitliche Prozedere vereinfacht wurden.

Und als hätte Ian Curtis sich am Glockenseil aufgehangen, läutete auch sein Tod eine neue Ära ein. Mit ihm starben die 1970er, die verbleibenden Bandmitglieder erfanden sich nach dem tragischen Ende von Joy Division mit New Order neu, verhalfen der aufkommenden elektronischen Dance-Music zu entscheidenden Impulsen und prägten den Sound der 1980er. Vor allem aber schrie Curtis' Tat selbst: „Seht, was ihr bisher nicht gesehen habt!" Dazu später mehr.

Die Art, wie und welche Musik wir konsumieren, die Art, wie Musik auf ihre Umwelt blickt und umgekehrt, hat auch entscheidenden Einfluss darauf, wie man Todesfälle von Musiker:innen thematisiert und wie die Musikwelt sich dem Thema Tod nähert.

Die 1980er im Lichte der Popkultur sind für viele eine neonbunte, oberflächliche Disco- und TV-Landschaft: „Video Killed The Radiostar" und „Ich will Spass!". Michael Jacksons King of Pop-Bombast, MTV, Neue Deutsche Welle, Euro- und Italo-Disco, Hip-Hop mit Goldkettchen, dicken Autos und halbnackten Frauen als Dekoration. Aber es gibt auch eine andere Lesart daneben: Die 1980er haben sich musikkulturell in entscheidendem Maße der Gesellschaft und der Welt geöffnet, eine Entwicklung, die seither anhält und sich verstärkt. Sowohl bunte Oberfläche als auch Öffnung wird begünstigt durch mediale Verbreitung: Privat- und Musikfernsehen breiten sich aus, (Farb-)TV- und Videogeräte sind zunehmend flächendeckend in den Haushalten der westlichen Welt vertreten. Nachrichten und Musikvideos laufen somit unmittelbar nacheinander und in den Bild-Inszenierungen der Bands zu ihren Singles hält immer mehr Weltgeschehen Einzug. Seit den 1990ern tut das Internet sein Übriges dazu.

Abseits des großen Popbusiness hat vor allem die seit den 1980ern fortschreitende Ausdifferenzierung und Trennschärfung der Musiksubkulturen großen Anteil an den Öffnungsprozessen zwischen Musik und Umwelt und dem damit zusammenhängenden Blick auf den Tod. Auch hier waren Joy Division prägend. Tony Wilson, Gründer des Manchester Kulturkomplexes Factory, sagt über sie: „Punk hat es einem ermöglicht, zu sagen: Fickt euch!" Aber irgendwie ging es danach nicht weiter. Es war nur eine einzige, giftige, wütende Formulierung nötig gewesen, um den Rock'n'Roll wiederzubeleben, aber früher oder später musste jemand mehr hervorbringen als „Fickt euch". Joy Division waren die Ersten, die das gemacht

Foto linke Seite: Enrico Meyer

haben. Sie haben die Energie und die Einfachheit von Punk genutzt, um (mit ihrem Postpunk) komplexere Emotionen auszudrücken.“ Die nachkommenden Wellen bringen mehreres hervor: Mit der entstehenden Hardcore-Bewegung wird Wut und Lautstärke zwar nicht weniger, Awareness jedoch mehr. Der bisher oft rein destruktive Stinkefinger wendet sich hin zum deutlich produktiveren, ganzheitlichen Protest, spätestens mit der Straight Edge-Bewegung auch zum moralischen Zeigefinger. Ernährung, Tier- und Umweltschutz sowie internationales politisches Engagement verschmelzen bald zu einem ganzheitlichen Komplex. Dass hierbei auch der Tod nicht isoliert von Leben und Umständen gesehen wird, liegt auf der Hand. Auch das vom Pop später verstärkt aufgegriffene solidarische und caritative Element hat hier einen Ursprung.

Das Leiden und Sterben in der Welt wird von der Musikwelt zunehmend kommentiert und solidarisch begleitet. Die „Band Aid“- und „Live Aid“-Aktionen rund um die Musiker Bob Geldorf und Midge Ure ab Mitte der 1980er sind hier nur die bekanntesten Beispiele. Zahlreiche Bands machen sich ab dieser Zeit etwa für Aufklärung, Vorsorge und entsprechend helfendes Fundraising rund um Krebs stark, bis heute eine der häufigsten Todesursachen. Auch die AIDS-Hilfe und -Aufklärung nahmen vor allem dadurch Fahrt auf, dass Musiker:innen und andere Künstler:innen sich engagierten und Stigmatisierungen der sich seit den 1980ern verstärkt weltweit verbreitenden HI-Virusinfektion aufzubrechen. So zynisch es klingt, auch die Erkrankung und der Tod einiger Stars halfen hier der Aufmerksamkeit. Hatten selbst Regierungen in den 1980ern das Virus noch verlacht, war die Anteilnahme riesig, als 1991 Freddy Mercury infolge seiner kurz zuvor öffentlich gemachten AIDS-Erkrankung starb.

Hatten selbst Regierungen in den 1980ern das Virus noch verlacht, war die Anteilnahme riesig, als 1991 Freddy Mercury infolge seiner kurz zuvor öffentlich gemachten AIDS-Erkrankung starb.

Den augenscheinlich intensivsten und offensivsten Zugang zum Thema Tod, Sterben und Trauer pflegen wohl die Musik-Subgenres rund um die Gothic-Kultur. Die seit den 1970ern aus Punk über den düster und ernster werdenden Postpunk entstandene und sich in den 1980ern global ausbreitende Subkultur erscheint bei näherer Betrachtung natürlich deutlich heterogener und bunter, als es die Klischees rund um die „Grufties“ vermuten lassen. Dennoch geistert Faszination für Morbidität und das Wort Todessehnsucht halb als warnendes Vorurteil, halb als romantisierter Tabubruch durch diese Subkultur. „Das Sterben ist ästhetisch bunt!“, texteten Anfang der 1990er Jahre Goethes Erben. Zusammen mit Das Ich zählen sie zu den bekanntesten Vertretern der „Neuen Deutschen Todeskunst“. Auch wenn sich später beide Bands von dieser Begriffsbezeichnung distanzierten, wurde hier zunächst mit überdreht pathetischer Stilistik der Tod und das Sterben als morbides Material gnadenlos durch den ästhetischen Fleischwolf gedreht. Doch abseits aller Klischees hat sich die Schwarze Szene durchaus um eine gewisse Enttabuisierung verdient gemacht. Subkultur-Experte Klaus Farin beschreibt es folgendermaßen: „Wenn Gothics sich so intensiv mit dem Tod beschäftigen, steht dahinter nicht nur die Faszination für alles Extreme, im Besonderen extreme psychische Situationen, sondern auch das Ziel, den Tod wieder wie zu vorchristlichen Zeiten zu entdämonisieren, als unweigerlich eintretenden Alltagsfall zu akzeptieren. [...] Die Beschäftigung der Gothics mit dem Tod entwickelt sich also nicht aus eigener Todessehnsucht, sondern führt zur Todesakzeptanz. Das ist ein Unterschied.“

Auch die Hip-Hop-Szene hatte in den 1980ern ihre Sprache soweit gefunden, dass sie sich als wortreiche, offensive „message music“ allen

Aspekten des Lebens zuwenden konnte. Oft sind es hier die schwierigen Seiten des Daseins, somit auch des Todes, mal mit weniger, oft mit mehr Pose dahinter. In besonderem Maße pflegt Hip-Hop in seiner Musik das Andenken verstorbener Persönlichkeiten der Szene, vor allem dann, wenn sie eines nichtnatürlichen Todes starben. Prominenteste Beispiele sind hier wohl die 1996 und 1997 erschossenen Tupac Shakur und The Notorious B.I.G. Andenken ist das eine, Thematisierung der Begleitumstände das andere. Vor allem die an den Rand gedrängten gesellschaftlichen Gruppen ghettoisierter Stadtteile in US-amerikanischen Metropolen sind prägend. Hier kommen viele junge Menschen früh mit Drogen und Bandenkriminalität und damit auch mit dem Tod in Berührung. Und Hip-Hop hat bei der Sichtbarmachung geholfen.

Der Blickwinkel, aus dem der Tod von Musiker:innen betrachtet wird, hat sich seit den 1980ern geweitet. Stark vereinfacht könnte man sagen: Starben Künstler in der öffentlichen Wahrnehmung bis Ende der 1970er häufig am Rock'n'Roll, hatte nun zunehmend die Gesellschaft auch ihre Anteile daran. Die Begleitumstände wurden heller ausgeleuchtet und damit zusammenhängende gesellschaftliche Relevanz diskutiert. Womit wir wieder bei Ian Curtis sind. Auch wenn künstlerische Äußerungen höchstens Indizien und nie Diagnose sind, wurden Curtis' mit Desillusionierungs- und Entfremdungsmetaphern angefüllten Texte auch als Hilferufe gelesen. Allerdings erst nachträglich, obwohl seine Ängste und seine Epilepsie seinem Umfeld durchaus bekannt waren und er als extrem schwermütig galt. Bis zu seinem Tod lief das Geschäft rund um Joy Divison in einer bald unheilvollen Mischung aus blinder Professionalität, Rock'n'Roll-Unbekümmertheit und voyeuristischer Sensationsgier. Musikjournalisten-Ikone Jon Savage zitiert in seiner Zeitzeugen-Interview-Sammlung „Sengendes Licht, die Sonne und alles andere" zur Geschichte von Joy Division Bandkollege Bernhard Sumner: „Hätte ich ihn aufhalten können? Hätte ich etwas tun sollen? Wir waren in einer Band, damit wir keine Verantwortung übernehmen mussten und um unsere Jugend zu verlängern. So waren wir drauf. Um etwas für Ian zu tun, hätte jemand Verantwortung übernehmen müssen, und so jemanden gab es nicht." Autor Bob Dickinson gesteht zum Sensationspotential Curtis': „Ian zuzuschauen, war ein bisschen wie Marina Abramovic oder Ron Athey zu sehen, Performance-Künstler, die sich absichtlich selbst verletzen, ritzen, für ein Publikum. Nur dass Ian nicht geblutet hat. Aber er hat etwas von sich selbst für einen geopfert." Nicht nur seine Mitmusiker ließen sich zu oft und zu lang von seinem „Nein, ich schaffe das" etwas vormachen, obwohl die Alarmsignale sich immens häuften. Bevor sich Curtis in der Nacht vom 17. auf den 18. Mai 1980 in seiner Wohnung erhängte, erlitt er im selben Jahr und mit steigender Häufigkeit epileptische Anfälle, auch bei Auftritten, und unternahm einen alarmistischen Suizidversuch. Seine Ehefrau Deborah Curtis sagt dazu: „Er hätte ins Krankenhaus gemusst, nicht auf Tour gehen sollen." Dennoch häuften sich die Auftritte noch einmal, das Video zu „Love Will Tear Us Apart" wurde Ende April gedreht, die Amerika-Tour geplant. Joy Division-Schlagzeuger Stephen Morris gesteht später: „Ich war zu 50 Prozent traurig und zu 50 Prozent wütend: echt wütend, weil er so dumm gewesen war, es zu tun, und wütend auf mich, weil ich nichts unternommen hatte."

Bevor sich Curtis in der Nacht vom 17. auf den 18. Mai 1980 in seiner Wohnung erhängte, erlitt er im selben Jahr und mit steigender Häufigkeit epileptische Anfälle, auch bei Auftritten, und unternahm einen alarmistischen Suizidversuch.

Es wäre illusorisch zu glauben, dass Curtis' Tod unmittelbar zu einer breitenwirksamen Awareness für seelische Leiden wie Depressionen und ihre verstärkenden Umstände geführt hat, es wurde kein Schalter umgelegt. Er kann aber durchaus als ein Initial gesehen werden, fortan anstelle vorwiegend auf Klischees des Rock- und Showbiz auch genauer auf Gesellschafts- und Lebensumstände zu schauen.

Möglicherweise hätte der Medikamenten-Tod des früh sowohl Weltruhm genießenden, aber gleichzeitig vom Weltschmerz überwältigten Trap-Star Lil Peep Ende 2017 in früheren Jahrzehnten einfach als typischer, drogenindizierter Musikertod gegolten. Doch er diente jetzt als Sinnbild für den gescheiterten amerikanischen Traum, steigen doch in den USA seit Jahren die Todesfälle durch Opioide, Medikamente und andere Drogen in allen Schichten.

Auch der reflektierte Umgang mit Todesfällen in der Musikwelt ist trotz aller Entwicklungen längst nicht flächendeckend und ganzheitlich zu beobachten. Der Mythos von Sex & Drugs & Rock'n'Roll und seiner destruktiven Kraft reißt nicht ab. Noch immer werden Tode im Showbiz dem Leben in diesem direkt zugeschrieben, noch immer werden sie glorifiziert oder regen sogar zur Nachahmung an. Gerade frühes Ableben verhilft seit langem zum mythischen Legendenstatus – das fing bei Mozart nicht an und hört bei Ian Curtis längst nicht auf. Der „Club 27“ bekam diese Bezeichnung erst 1994 ab Kurt Cobains Tod retrospektiv. Cobains Suizid durch Kopfschuss gilt als einer der inspirierendsten der Rockgeschichte.

Wie langwierig und längst nicht abgeschlossen Öffnungs-, Thematisierungs- und Erweiterungsprozesse rund um das Thema Tod in der Musik sind, zeigt sich auch daran, dass spätestens im Lichte der seit den 1980ern ausufernden Medienmechanismen Sichtbarmachung immer auch einhergeht mit Sensationsgier. Diese kann man wiederum nur dann erzeugen, wenn das dafür verwendete Thema in der öffentlichen Wahrnehmung als Aufreger oder Tabu gilt.

Noch immer fallen Themen wie sexuelle Orientierung, Erkrankung und Tod unter Tabuisierungen, noch immer neigen auch öffentliche Personen wie Musiker:innen zur Verheimlichung. Doch längst führt ein Öffentlichwerden derlei nicht mehr automatisch zu gesellschaftlicher Ächtung. Freddy Mercurys zunehmend offenes Geheimnis um seine Homosexualität und spätere AIDS-Erkrankung waren, auch posthum, keine Hindernisse auf dem Weg zu einem der bedeutendsten Rockmusiker der letzten Jahrzehnte. Im Gegenteil: Beides konnte mit Hilfe des Superstars einen weiteren Schritt in Richtung Entstigmatisierung gehen.

Nur einen Monat nach dem Suizid seines engen Freundes Chris Cornell nimmt sich Chester Bennington im Juni 2017 das Leben.

Depressionsbedingte Suizide können noch Jahrzehnte nach Curtis' Tod nicht verhindert werden, auch wenn das Thema inzwischen viel breiter in der öffentlichen Diskussion stattfindet. Nur einen Monat nach dem Suizid seines engen Freundes Chris Cornell nimmt sich Chester Bennington im Juni 2017 das Leben. Dass der Linkin Park- und Stone Tempel Pilots-Sänger recht offen mit seinen Depressionen umging, änderte nichts daran, dass sie ihn zu Fall brachten. Das Musikgeschäft tut hier nicht selten unheilvoll sein Übriges dazu: Knapp zwei Jahre vor seinem Suizid wird DJ-Superstar Avicii dabei gefilmt, wie er – sichtlich seelisch angegriffen – seinem Management verkündet, kommende Shows abzusagen. Während er von Gefühlen und Ängsten redet, argumentiert sein Management mit dem Verlust von Geld und der Gefährdung der Marke Avicii. Nach seinem Tod 2018 flammen auch hier die Diskussionen rund um die Mechanismen des Showgeschäfts und dem verantwortlichen Umgang mit seelischen Leiden wieder auf. Und wo sich die Leidens- und mutmaßlichen Sterbensumstände des „King of Rock“, Elvis Presley, und des „King of Pop“, Michael Jackson, auf erstaunliche Weise ähneln, blieb der Tod Presleys 1977 deutlich mehr Mythos, während nach Jacksons Medikamentenvergiftung 2009 ein nicht enden wollendes Konvolut an Ermittlungen und Analysen einsetzte.

Begleitend zu allen Aufbrüchen und Öffnungen drehte sich derweil auch das Rad der Musikgeschichte weiter. Zwischen Anfang der 1980er und 1990er wurde musikalisch viel zu Grabe getragen bzw. ging zumindest in die Kategorie Musikgeschichte oder Oldie ein. Pünktlich 1980, mit dem Attentat auf John Lennon, den Alkohol befeuerten Toden von AC/DC-Sänger Bon Scott und dem legendären Led Zeppelin-Schlagzeuger John Bonham verlagerten sich entscheidende Rockbewegungen der 1960er und 1970er in die Retrospektive. Selbst die Rolling Stones plagten sich einige Jahre darauf mit Auflösungsgedanken, als 1985 Gründungsmitglied Ian Stewart starb. Reggae folgte nach in den Retro-Status, 1981 verstarb Bob Marley an einem Krebsleiden, das er aufgrund seiner quasireligiösen Rastafari-Überzeugungen zu spät behandeln ließ. Bald folgten ihm mit Peter Tosh und Charlton Barrett zwei seiner legendären Wailers nach. Beide wurden 1987 in der Jamaikanischen Stadt Kingston erschossen.

Knapp zwei Jahre vor seinem Suizid wird DJ-Superstar Avicii dabei gefilmt, wie er – sichtlich seelisch angegriffen – seinem Management verkündet, kommende Shows abzusagen.

Hatte es auch in der Klassik im 20. Jahrhundert noch einmal entscheidende Impulse gegeben, verstarben hier mit Carl Orff, Artur Rubinstein, Herbert von Karajan und John Cage wichtige Akteure innerhalb einer Dekade. Im Jazz und angrenzenden Swing und Blues sah es ähnlich aus: Bill Evans, Muddy Waters, Count Basie, Miles Davis und Dizzy Gillespie trugen mit ihren großen Namen ihre Musik zwar nicht ins Grab, jedoch einen klaren Schritt weg vom Hier und Jetzt. Auch der große Grenzgänger zwischen Rock, Jazz und Klassik, Frank Zappa, war ab 1993 kein Zeitgenosse der weiteren musikgeschichtlichen Entwicklung mehr. Er erlag einem in erst weit fortgeschrittenem Stadium diagnostiziertem Prostatakrebs. Auch hier schärfte seine Prominenz fortan den Blick auf die Notwendigkeit von Aufklärung und Vorsorge. Etwas länger weilte David Bowie unter den Lebenden. Dem Jahrhundertkünstler gelang es bis zu seinem Tod an Leberkrebs 2016, seit den 1960ern jedem Jahrzehnt seinen unverkennbaren Stempel aufzudrücken.

Viel von dem, was seither in der Musik passiert, basiert neben Revivals auf der Neukombination retrospektiver Elemente. Was musikgeschichtlich aus den letzten zwei bis drei Jahrzehnten dereinst tatsächlich als innovativ und neu angesehen wird, kann nur die Zukunft zeigen. Wie sich der musikalische Blick auf den Tod und der gesellschaftliche Blick auf den Tod in der Musik entwickeln werden, ebenso.

Erstveröffentlicht in drunter+drüber Nr. 14
„Musik und Tod“, Mai 2022

LASST DIE SYNAPSEN TANZEN
Die richtige Musik für Trauerfeiern

von Eric Wrede

„Ist es nicht seltsam, dass Schafsdärme die Seele aus eines Menschen Leibe ziehen können?"

Was der alte Skakespeare in „Viel Lärm um nichts" schon ahnte, ist mittlerweile natürlich von allen Seiten wissenschaftlich belegt. Musik ist eine unglaubliche Macht.

Sie kann dafür sorgen, dass wir uns unglaublich fürchten, dass wir uns auf der anderen Seite geradezu unsterblich fühlen oder uns die Seele aus dem Leib weinen.

Musik schafft etwas, dass nur wenige Signale aus unserer Umwelt vermögen. Ihre Wirkung dringt tief in die ältesten Bereiche unseres Gehirns vor. In diesen Bereichen ruft das Erleben von Musik körperliche Reaktionen hervor. Wenn Bilder dazu noch mit Musik untermalt sind, dann wirkt Musik als Katalysator. Sie verstärkt das Wahrgenommene in eine Richtung. Und zwar mehr, als es nur Musik oder nur Bilder schaffen würden. Es ist faszinierend. Die Summe ist mehr als die einzelne Teile.

Aber so klar uns das alles erscheint, weil wir diese Funktion jeden Tag erleben, so schwer ist diese Systematik zu ergreifen. Welche Musik ruft welche Emotionen hervor? Warum gibt es Musik, die uns aufs Tiefste berührt, und andere Musik, die uns fast körperlich abstößt?

Musik entfaltet ihre Wirkung auf verschiedenen Ebenen. Zuallererst greift Musik, vor allem uns bekannte Stücke, in unser Belohnungssystem ein. Wir schütten Dopamin aus, vor allem wenn Musik in den von uns erwarteten Bahnen verläuft. Wenn das Gitarrensolo an der Stelle kommt, wo wir es schon immer kannten, oder das jahrelange Hören von bestimmter Musik uns beigebracht hat, was an welcher Stelle zu erfolgen hat. Intro-Strophe-Bridge-Refrain-Strophe-Bridge-Refrain-Zwischenspiel/Solo-Strophe-Bridge-Refrain-Refrain. Zudem bietet unser Musikkonsum vor allem Identifikationspotenzial. Wir grenzen uns über ihn von anderen, gerne unseren Eltern, ab und verbinden uns im Musikgeschmack mit Menschen, die wir besonders mögen. Aber jegliche Musik hat ihre sehr berechenbaren Regeln.

Zuallererst greift Musik, vor allem uns bekannte Stücke, in unser Belohnungssystem ein.

Es gibt Menschen mit Behinderungen, die eine Gabe entwickelt haben. Sie sind in der Lage, quasi jedes Schlagerlied mitzusingen, weil die Komposition, vor allem aber der Text immer wieder den gleichen Schemata folgen. Und in der Erfahrung, dass sich Schmerz eben wunderbar auf Herz reimt, schüttet der Körper eine Belohnung in Form von Dopamin aus.

Doch das trifft natürlich nicht nur auf Schlager zu, quasi jede weltweit existierende Form von Musik wird so konsumiert. Gelernte Muster belohnen uns beim Hören. Ob die Muster nun in lauter Gitarrenmusik, atonaler Jazzmusik oder Schlager liegen. Wir mögen, was wir

Illustration linke Seite: Schwarwel, erstveröffentlicht als Cover für drunter+drüber #14 kennen. Und wir kennen, was wir in emotionalen Momenten erlebt haben. Vor allem in der Pubertät entwickelt sich unser Musikgeschmack. Was läuft beim ersten Kuss, welche Musik hört der coole Typ, den ich mag. Eine Melange aus all diesem legt die Basis für das, was wir später mögen und in unserem Gehirn zu einer größtmöglichen Belohnung beim Hören führt.

Aber was zum Teufel hat das alles mit Musik auf Trauerfeiern zu tun und vor allem mit der richtigen Musikauswahl für diese? Ne ganze Menge natürlich.

„Is this the real life? Is this just fantasy?”
Nicht, dass ich jemals sonderlich viel für Queen übrig hatte, man möge es mir mit unwissender Jugend entschuldigen. Aber wenn dieses Lied in irgendeinem Radio dieser Welt erklingt, muss ich raus oder schalte auf den nächsten Sender. Daran konnte weder das Queen-Revival dank „Bohemian Rhapsody“ nichts ändern, noch andere spätere Versuche, mich dieser Band anzunähern.

Aber maßgeblich für die Ablehnung vor allem dieses einen Liedes ist eben der Moment, in dem ich es selbst das letzte Mal bewusst gehört habe. Mein Freund Marc war verstorben und gleichzeitig gab es für ihn eine der ersten Beerdigungen, die ich als Bestatter je organisieren musste.

Ich musste eine der obersten Regeln beim Aussuchen der Musik für eine Abschiedsfeier am eigenen Körper erlernen: Nimm nie, wirklich nie Musik, die dich irgendwo überraschend treffen kann.

Marc war ein Tanzbär. Immer etwas mehr Bauch als schick, immer einen Rockerring zu viel an den Fingern. Aber bei Queen kam aus diesem Körper eine Eleganz, die zumindest ich so nie erwartet hätte. Nachdem Marc an einem zurückgekehrten Krebs verstorben war, organisierten wir in Berlin eine große Abschiedsfeier. Es sollte bunt werden, es sollte laut werden. Marc eben. Da Marc ein paar Jahre älter war, schien diese gigantomanische Rockkapelle um Brian May und Freddy Mercury mehr als passend zu sein, die Trauerfeier zu untermalen, vor allem, weil wir ihn alle so oft haben dazu tanzen sehen.

Der Tag der Abschiedsfeier. Es wurde geredet, es wurde gesungen, Marcs Sarg wurde bemalt, Namen durften getanzt werden und am Ende stand da eben Queen. „Bohemian Rhapsody“ ganz laut.

In einem der verletzlichsten Momente meines jungen Lebens läuft dieses Lied: Das Herz, das Stammhirn und alle Tränendrüsen so weit offen, wie sie nur können, und genau so tief hat sich der mehrstämmige Gesang in meinen Körper eingebrannt:

„Thunderbolts and lightning,
very, very frightening me
(Galileo) Galileo
(Galileo) Galileo
Galileo, Figaro – magnifico“

Wie ich jeden einzelnen Buchstaben dieses Textes hasse, jede Note ist mir zuwider. Und das Traurige, Queen kann dafür rein gar nichts. Natürlich nicht.

Ich musste eine der obersten Regeln beim Aussuchen der Musik für eine Abschiedsfeier am eigenen Körper erlernen: Nimm nie, wirklich nie Musik, die dich irgendwo überraschend treffen kann. Die plötzlich im Radio oder unvermittelt im Hintergrund einer Serie auf Netflix läuft. Natürlich kann man das nicht zu 100% kontrollieren. Aber der erste Nummer 1 Hit einer weltbekannten Rockkapelle, der irgendwann auch noch als radiotauglich eingestuft wurde, bad idea! Very bad idea. Dem Song kann man nicht ausweichen.

Ausweichen ist vielleicht das falsche Wort. Wir müssen uns bei der ganzen Thematik einmal kurz anschauen, wie Trauer funktioniert oder bestenfalls funktionieren soll. Trauer ist ganz am Anfang nach einem Verlust gerne ein unsägliches Monster. Es ist irgendwie immer da. Ob du gerade das erste Mal wieder lachst oder ob du für fünf Minuten mal etwas anderes machst, als an den Menschen zu denken, den du verloren hast. Kaum passiert das, kommt dieses Monster Trauer wieder um die Ecke. Aber mit der Zeit sollte man lernen, dass Trauer kein Monster ist, sondern ein Tier, dass man trainieren kann. Je länger man es kennt, um so besser sind wir in der Lage zu entscheiden, wann und wie es uns besuchen kann. Im besten Falle kontrollieren wir irgendwann die Trauer und die Trauer nicht mehr uns.

Trauer wird uns zwar nie ganz verlassen, sie wird irgendwann zu einem Bestandteil unseres Lebens. Wir lernen, mit ihr zu leben.

Trauer wird uns zwar nie ganz verlassen, sie wird irgendwann zu einem Bestandteil unseres Lebens. Wir lernen, mit ihr zu leben. Aber wie soll man mit irgendetwas leben, dass einen immer wieder überraschend begegnen kann wie einem Lied.

Ehrlicherweise rate ich mittlerweile: Freundeskreise, sucht nach Musik, die euch nicht ungeplant über den Weg laufen kann. Schaut nach Stücken, die überraschen, schaut nach Stücken, die ihr bewusst anmachen müsst, um sie zu hören. Schaut nach Musik, die austauschbar ist. Was erst einmal schwerer klingt, als gedacht, ist zumeist ganz einfach. Vor allem, wenn der Kreis um den verstorbenen Menschen und der Mensch selbst sich für Musik interessierte. Wenn schon Queen, dann sucht nach einem Stück, das nicht auf jeder Queen-Playlist ganz oben steht. Jeder echte Fan wird 20 Lieder abseits der bekannten Hits kennen, die großartig und emotional sind. Und je tiefer man eintaucht, um so weniger austauschbar wird die Gestaltung der Abschiedsfeier selbst.

Die ganz schlauen Leser sagen jetzt natürlich, hat er nicht ganz oben gesagt, wir wollen Bekanntes hören, weil das dazu führt, dass wir uns emotional aufgehoben fühlen? Ja, richtig, aber genau das ist die Kunst der perfekten musikalischen Begleitung für eine Abschiedsfeier.

Erwartbar, aber nicht berechenbar.
Speziell, aber doch für die Gäste hörbar.
Manchmal ist ein unbekanntes Cover besser als die bekannte Version.

Als Letztes etwas, das fast in Vergessenheit geraten ist: gemeinsames Singen. Es ist nicht reproduzierbar, schon gar nicht auf Knopfdruck und hat in meinen Jahren als Bestatter zu den schönsten Momenten auf Abschiedsfeiern geführt. Eine der ältesten Kulturtechniken der Welt. Kaum etwas vereint Gruppen mehr und gibt uns das Gefühl von Zusammengehörigkeit und Schutz. Und „Let It Be“ von Beatles bekommen die meisten von uns auch ohne Textblatt hin.

Songs, die ich auf Trauerfeiern liebengelernt habe:

John Cale – „I Keep A Close Watch”
Jimmy Scott – „Nothing Compares 2 U“
Bob Dylan – „Make You Feel My Love“
My morning Jacket – „Rocket Man“

Erstveröffentlicht in drunter+drüber No. 14
„Musik und Tod“, Mai 2022

#nicht
gesellschafts
fähig
HAPPY
PEOPLE
HAVE NO
STORIES

„MUSIK IST DIE GEHEIMWAFFE BEI ALLEM.“
Interview mit Jörg Buttgereit

von Sandra Strauß und Schwarwel

Jörg Buttgereit, geboren 1963 in Berlin, wird von der internationalen Presse als lebende Legende und Underground-Ikone bezeichnet. Er ist Regisseur und Autor von Arthouse-Horrorfilmen, TV-Dokumentationen, Bühnenstücken und Hörspielen. Er arbeitet außerdem als Filmjournalist und schreibt Comics.
Sein Durchbruch erfolgte 1987 mit dem Horrorfilm „Nekromantik", mit dem er zu einem Vorreiter des deutschen Horrorfilms wurde. In den folgenden Jahren setzte er seine Arbeit im Horror-Genre fort und schuf Filme wie „Der Todesking" (1990) und „Schramm" (1993).
In seinem aktuellen Buch „Nicht Jugendfrei! Tagebuch aus West-Berlin" erzählt er von seiner Sozialisation mit Horror- und Monsterfilmen, beschreibt erste Besuche auf Rock-Konzerten von Queen, KISS oder Led Zeppelin, schildert hautnah, wie er im Zuge der Punk-Revolution in die subkulturelle Musik- und Kunstszene West-Berlins hineinwächst und wie er Konzerte von The Clash, den Dead Kennedys und den Industrial-Pionieren Throbbing Gristle erlebt hat.

Schwarwel: Ist Musik für dich identitätsprägend?

Jörg: Diese Selbstverständlichkeit, sich einfach eine Kamera zu kaufen und Filme zu drehen, kam damals aus der Punk-Bewegung. Alle um mich herum haben sich einfach eine Gitarre um den Hals gehängt und gesagt: „Ich bin Musiker." Da ich so ein großer Filmfan war, habe ich mir gesagt: „Okay, wenn sie sagen, sie sind jetzt Musiker, dann bin ich jetzt Filmemacher." Der Wunsch, das professioneller zu machen, ging bei mir in die Hose, weil mich die Filmhochschulen hier in Berlin alle nicht genommen haben. Eine Fotografen-Schule hat mich mit „Danke, nein" ebenso nicht angenommen.
Ich wusste, dass meine Musiker-Bekannten alle mitmachen würden und wir Film und Musik miteinander verbinden können. Das war schon prägend. Ich habe früh Schallplatten gekauft und war ständig auf Konzerten. Und bei Konzerten aus der frühen Industrial-Periode, also 1980 bei Throbbing Gristle oder SPK im SO36, wurden auch immer Filme mit gezeigt. Bei Throbbing Gristle musste man erstmal eine dreiviertel Stunde einen Film anschauen, bevor überhaupt das Konzert anfing. Diese Kombination Film und Musik war immer da.
Musikvideos waren zu diesem Zeitpunkt ja noch nicht erfunden. Es ging dann erst später los, dass mich die Leute auch gefragt haben, ob ich für sie ein Musikvideo machen kann. Dass meine Filme dann so einen Rückkopplungseffekt auf die Musik-Szene hatten, das war mir gar nicht so bewusst. Vor ein paar Jahren wurde ich nach Bergen, Norwegen, eingeladen – der Ursprungsort des Death Metals. Dort hatten alle Todesking-Tättoowierungen und sie meinten: „Na, „Todesking" war der Film zur Death Metal-Bewegung." Da habe ich bemerkt, dass es ein Feedback gab, einfach weil ich eben aus diesem Punk-Movement, aus dieser Szene kam.
Den Westberlinern war Punk eigentlich zu prollig. Wir haben uns ein bisschen darüber lustig gemacht. Bands wie die Einstür-

Foto linke Seite: Thomas Ecke

zenden Neubauten sind ja eher so die elitäre Form dieses Punk-Spirits. Sie konnten auch keine Instrumente spielen, haben auch keinen Punk, sondern Krach gemacht. Bei Throbbing Gristle war es in London ähnlich. Sie haben einfach angefangen, Musik zu machen, ihren Vertrieb selbst zu organisieren, sie haben Industrial Records gegründet und Industrial Music erfunden. Sie waren im Grunde Vorbild für unsere Vertriebsform, dass wir das genauso bei unseren Filmen machen wollten: Filme selbst drehen, Filme selbst via VHS vertreiben und selbst im Kino zeigen. Diese Aufbruchstimmung in der Musik war für mich immer das Vorbild, dass ich das jetzt einfach ins Filmbusiness überführe. Das hat erstaunlicherweise auch irgendwie geklappt. Es war immer ein Musik-Publikum, das zu unseren Vorführungen kam.

„Diese Aufbruchstimmung in der Musik war für mich immer das Vorbild, dass ich das jetzt einfach ins Filmbusiness überführe."

Ich erinnere mich noch, dass ich ein Screening in Oslo hatte, und dort sollte ich in der Rockefeller Music Hall meine Filme zeigen. Sie wurden dann nicht gezeigt, weil die Polizei kam, aber eine Woche davor hatte dort Motörhead gespielt. Das war immer eins und untrennbar.

Schwarwel: Wie haben dich die Inhalte von Musik geprägt?

Jörg: Gerade bei Throbbing Gristle zum Beispiel habe ich die Texte kaum verstanden. Mein Co-Autor und Regieassistent Franz Rodenkirchen und ich haben dann angefangen, das englische „Industrial Culture Handbook" zu übersetzen. Man brauchte in der Industriekultur zu den Texten ja immer noch eine Gebrauchsanleitung. „Was höre ich denn da für ein Gewimmer auf der Platte?" Und dann hast du irgendwo gelesen, dass das Originalaufnahmen aus dem Peoples Tempel von Guayana waren, bei denen gerade ein Suizid von 912 Leuten stattfand. Aber wenn man das so gehört hat, wusste man nicht, wo der subversive Knackpunkt dabei war. Damals war das immer sehr verschlüsselt und das Verschlüsselte hat sich bei mir beim „Todesking" auch fortgesetzt, dass man Hinweise gibt und sich auf Sachen bezieht, aber dennoch ebenso ein bisschen Eigeninitiative beim Konsumenten einfordert.

„Ich hatte neulich eine Phase, als ich das Buch von Cosey Fanni Tutti, die federführend bei Throbbing Gristle war, gelesen habe."

Ich hatte neulich eine Phase, als ich das Buch von Cosey Fanni Tutti, die federführend bei Throbbing Gristle war, gelesen habe. Ich habe die alten Platten wieder aufgelegt und auf einmal habe ich die Texte verstanden. Das ist ein komischer Effekt. Plötzlich versteht man die Texte, alles ist einem total vertraut und trotzdem erfährt man etwas Neues.

Sandra: Hast du dann auch Musikvideos gemacht?

Jörg: Ja, ein paar habe ich gemacht.

Schwarwel: Und hast du die gern gemacht?

Jörg: Am Anfang dachte ich mir, dass das eine super Chance ist. Es waren auch Bands dabei, bei denen richtige Labels dahinter standen. Ich habe mal für die Krupps ein Musikvideo produziert und da war das Budget so hoch wie sonst für einen Spielfilm bei mir. Das fand ich schon irre. Ein paar Sachen haben dann auch nicht stattgefunden. Eine relativ bekannte deutsche Metal-Band wollte mal ein Video von mir haben. Ich hatte vor, sie nackt auf eine Bühne zu stellen. Dafür waren sie zu eitel und wollten es dann nicht. Bei meinen Videos wollte ich immer auch Sachen von ihnen. Deswegen haben manche Dinge nicht geklappt, andere haben super geklappt. Für Toktok, eine Berliner Band aus der Electro-Techno-Ecke, habe ich mal ein Video erstellt und das lief dann tatsächlich in Rotation auf VIVA oder MTV. Da stand Sony dahinter und sie haben mich dann sogar auf eine Japan-Tour mitgenommen. Es gab also Punkte, an denen ich ebenso im Musikbusiness unterwegs war. Doch irgendwann wurden die Budgets so minimal, dass es sich nicht mehr gelohnt hat. Leute konnten plötzlich mit ihren eigenen Handys Filme drehen. Dann habe ich angefangen, den Leuten abzusagen und meinte: „Dreht euch den Kram doch selbst." Oder ich habe es nur noch für Bekannte gemacht, wenn sie allzusehr gebettelt haben. Danach habe ich versucht, ein bisschen zurück zu meinen Wurzeln zu gehen. Für Stereo Total habe ich das Musikvideo zu „Die Frau in der Musik stört immer" erstellt und für Half Girl zu „Lemmy I'm a Feminist". Diese Sachen habe ich immer auf Super-8 gedreht, was gar nicht mehr so einfach war.

Sandra: Wie genau war deine musikalische Prägung? Punk, Industrial ...

Jörg: Davor Hardrock. KISS habe ich als Kind gehört und höre ich immer noch. Ich war Horrorfilm-Fan und sah ein Cover von KISS. Sie sahen gar nicht aus wie eine Band. Es sah eher aus wie eine Superhelden-Horror-Platte. Und Alice Cooper hat mich ebenso fasziniert, weil diese Überschneidung zu Horror vorhanden war. Ich war großer Queen-Fan und auch beim letzten Led Zeppelin-Konzert 1980 in Berlin. Das war der Anfang und dann hat sich mein Musikgeschmack durch die Punk-Sache ein bisschen verändert. Wobei: Am Kiosk gab es so kleine Tüten mit Bilderserien, da stand Punk drauf und es waren die Sex Pistols, The Clash und eben auch KISS sowie AC/DC dabei.

Foto linke Seite: Buttgereit Privatarchiv

Schwarwel: AC/DC war doch genauso Punk-Konsens wie Motörhead.

Jörg: Ja, genau. Nur: Ich erinnere mich noch daran, dass ich 1980 ein KISS-Konzert besuchen wollte und alle meine Punkfreunde nicht mitkommen wollten, weil sie gesagt haben: „Das kannst du nicht machen. Das ist Kapitalismus. Das darf man nicht unterstützen." Aber ich wollte sie unbedingt sehen, weil ich als Kind schon Fan war. Ich wollte das abschließen. Danach habe ich sie ein paar Jahre nicht mehr gehört. Ich war eh enttäuscht, weil sie nicht mehr geschminkt waren.
Ganz lustig ist, dass die Japaner, als die neue Platte veröffentlicht wurde, auf der sie nicht mehr geschminkt waren, einfach ein Cover drumgemacht haben, auf dem sie noch geschminkt waren. Die Japaner wollten es ebenso nicht wahrhaben, dass sie jetzt anfangen, seriöse Sachen zu machen.

Sandra: Wie hat sich für dein Empfinden das Musik- und auch Filmschaffen verändert?

Jörg: Die Musik hat sich entgegen unserer Bemühungen von damals doch kommerzialisiert. Die Ärzte spielen jetzt nicht mehr im Drugstore, sondern dreimal hintereinander auf dem Flughafen Tempelhof. Beim Film ist es so, dass diese Revolution, die ich damals angezettelt habe, Horrorfilme in Deutschland zu drehen und sich gegen die Zensurpolitik zu stemmen, heute nicht mehr nötig ist, weil Horrorfilme jetzt Mainstream sind. Eigentlich hat sich alles zum Guten gewendet. Ich habe das Genre nicht gewechselt, aber die Formate. Ich habe später viel Hörspiel oder Theater gemacht, jedoch immer mit den gleichen gruseligen Themen.
Es hat sich alles total verändert. Heute ist es technisch sehr viel einfacher. Eigentlich müssten jetzt dauernd tolle Bands und tolle Filme erscheinen, weil alles ganz einfach ist. Schwierig ist, dass alles noch wahrgenommen wird, einfach weil es so viel gibt.
Was mich ein bisschen in Bezug auf Filme drehen runtergefahren hat, ist die Frage, warum ich denn jetzt noch einen neuen Film drehen soll. Es gibt doch genug. Außerdem ist Horrorfilm jetzt etabliert, es ist nicht mehr nötig. Früher hatte ich den Eindruck, dass es ein Dienst am Menschen ist, was ich so mache, oder es hat eine Relevanz. Heutzutage ist es für mich wichtiger, Filme wie „Schweinchen" zu erstellen, also diese Verwesungsstudie. Sachen zu zeigen, die man noch nicht gesehen hat, und da wird es dann schon schwieriger, so etwas heutzutage noch zu finden. Wobei ein Film wie „Nekromantik" auch heute noch schwierig wäre, weil es doch gewisse Tabus angreift.

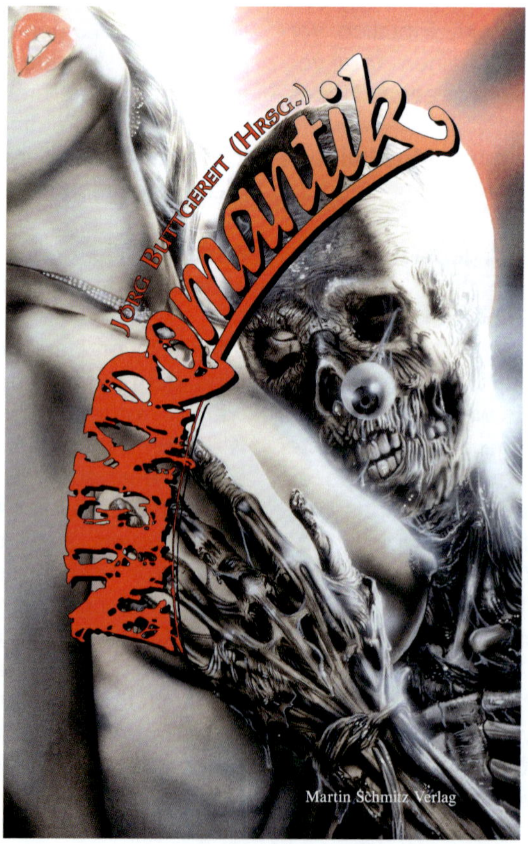

Sandra: Inwiefern wolltest du mit deinen Horrorfilmen einen Dienst an der Menschheit leisten?

Jörg: Die Themen, die ihr in euren Büchern bearbeitet, sind dieselben Themen, die auch Horrorfilm-Zuschauer umtreiben. Der Horrorfilm ist ja auch nur eine Möglichkeit, sich mit diesen unausweichlichen Themen auseinanderzusetzen. Damals war eben noch die Zensurpolitik in Deutschland so strikt, dass man mal ausgetestet hat, ob man unzensiert in Deutschland Filme machen kann. Das war nicht einfach, wir mussten da viel drum kämpfen, auch vor Gericht.
Die Musik war ähnlich subversiv und diese Überschneidungen von Musik zu Kunst waren eben sehr oft auch fließend. Es waren öfters eher Performance-Bands und die musikalische Fähigkeit war jetzt auch gar nicht so gefragt. Die Bands, die damals angefangen haben, konnten zum Teil gar nicht spielen. Ich habe mich auch immer auf die Automatik der Belichtung verlassen. Ich habe einige Filme in die Tonne getreten, die völlig unscharf waren.

„Graeme Revell arbeitete als Pfleger in einer psychiatrischen Klinik und Neil Hill war ambulanter Schizophrenie-Patient in dieser Klinik."

Sandra: Magst du noch mal konkreter beschreiben, wie Horrorfilme, sogenannte Tabu-Themen, Psyche und Emotionen zusammenhängen?

Jörg: Die Verbindung ist, dass man offensichtlich die Notwendigkeit sieht, sich mit diesen Sachen auseinanderzusetzen: mit Sterblichkeit, Vergänglichkeit, Sex und Liebe. Der Horrorfilm ist nur eine Variante davon. Die australische Industrial-Band SPK zum Beispiel kam aus der Psychiatrie-Ecke. Graeme Revell arbeitete als Pfleger in einer psychiatrischen Klinik und Neil Hill war ambulanter Schizophrenie-Patient in dieser Klinik.
Bei ihrem Auftritt im SO36 haben sie Filmaufnahmen aus der Pathologie gezeigt. Man hat gesehen, wie sie Exponate, also Köpfe und Genitalien von Leichen, aus den Gläsern genommen und damit unsittliche Dinge getan haben. Das macht etwas mit einem, wenn man das zum ersten Mal sieht. Es geht um den Urschock. Die Auseinandersetzung mit der eigenen Sterblichkeit. Das sind Themen, die in Horrorfilmen und den früheren Industrial Culture-Sachen permament verhandelt werden. Elementare Sachen.

Schwarwel: Völlig anderes Thema: Wie kam es zum Musical von „Gabba Gabba Hey"?

Jörg: Das war mehr oder weniger Zufall. Natürlich habe ich Musicals gehasst. Ich habe hier in Berlin oft bei Konzerten gearbeitet, d. h. wenn mir Konzerte zu teuer waren, habe ich beim Aufbau mitgeholfen. Einer der Veranstalter vom Loft hatte aus Australien die Rechte an diesem Ramones-Musical eingekauft und mich gefragt, ob ich das machen möchte, weil er meine Horrorfilme kannte. Ich meinte, dass ich überhaupt keine Ahnung von Musicals habe, Musicals schrecklich finde und immer lachen muss, wenn Leute in der Handlung anfangen zu singen. Und er entgegnete: „Ja, finde ich auch schrecklich, du bist mein Mann! Und außerdem wird Tommy Ramone am Schluss kommen und alles abnehmen." Wir haben es dann alle zusammen durchgezogen. Ich habe noch sichergestellt, dass ich eine Choreografin bekomme.
Es lief hier in Berlin zwei Wochen und dann sind sie mit dem Stück auf Tour gegangen. Ich weiß aus Erzählungen, dass die Handlung immer mehr gekürzt wurde, weil ich nicht mehr dabei war, und am Ende war es nur noch ein Ramones-Tribute-Konzert.
Es war eine interessante Erfahrung und hat mich dazu gebracht, dass ich ebenso mal Theater probieren könnte. Dann habe ich das „Captain Berlin versus Hitler"-Theaterstück gemacht und danach fünf, sechs Jahre lang

Buchcover Illustration linke Seite: Andreas Marschall

jedes Jahr in Dortmund ein Theaterstück am Stadttheater. Dort hat zum Beispiel auch die Punkband Kassierer ein Theaterstück inszeniert.

Sandra: Ich hänge gedanklich gerade noch in Norwegen. Du warst so richtig mit den Black Metal-Leuten zusammen?

Jörg: Sie haben mich auf ein zwei-/dreitägiges Festival mit einer angehängten Tattoo-Konvention eingeladen. Sie wollten mir auch gleich den „Todesking" tätowieren. Ich war dann backstage, weil es dort etwas zu essen gab, und habe mit all diesen ganz fürchterlich aussehenden Menschen ganz normal zusammen zu Abend gegessen. Das war total banal und es waren alles ganz liebe Menschen.
Wir haben ebenso einen Ausflug zu der Kirche unternommen, die angezündet wurde. Ich selbt hatte gar nicht so viele Information zu der ganzen Sache: Mayhem, Lords of Chaos ... Ich war etwas unbeleckt und habe mich vor dieser Holzkirche, die wieder aufgebaut wurde, fotografieren lassen. Völlig arglos habe ich das dann auf Facebook gepostet und hatte auf einmal ganz viele Satanisten-Follower, weil ich an dem heiligen Ort war. Eigentlich war alles total niedlich und eben banal, aber alle, die da nicht vor Ort waren, haben es echt ernst genommen. Wenn man nicht an Gott glaubt, glaubt man auch nicht an Satan und somit verpufft ja alles.

„Völlig arglos habe ich das dann auf Facebook gepostet und hatte auf einmal ganz viele Satanisten-Follower ..."

Sandra: Du wurdest eingeladen, um deine Filme zu zeigen?

Jörg: Ja, und daran anknüpfend gab es eine Gesprächsrunde, warum mein Film damals in Oslo beschlagnahmt wurde. Ich habe mir dann ebenso noch einige Bands angeschaut und die Metal-Band Taake beginnt jedes ihrer Konzerte mit der Melodie von „Todesking". Der Sänger hat den „Todesking" auch als Tattoo.
Weil sie einen Metal-Schwerpunkt hatten, habe ich neulich für das Vinyl-Magazin MINT „Rain In Blood" von Slayer besprochen. Ich habe dann ein Belegexemplar bekommen, die ganzen Tipps gelesen, welche Metal-Platten man unbedingt haben muss, und habe mir daraufhin einen ganzen Stapel alter 1980er Jahre Metal-Platten gekauft. Da ist ganz viel Satanismus-Mumpitz bei. Jetzt bin ich auf dem Trip und höre die ganzen alten, peinlichen Metal-Sachen und finde es total spitze.

Schwarwel: Ich skippe tatsächlich auch viele Venom-Songs, auch wenn Venom der Urschleim sind. Bei mir läuft ebenso ganz viel Black Metal auf dem iPod und selbst bei Slayer tun mir bei den alten Platten die Ohren weh, wenn Araya anfängt zu kreischen. Das neue Zeug kann ich durchweg hören. Ich kann es nicht nachvollziehen, wenn man so an dem alten Zeug hängt, auch wenn ich dort oben hinter dir auf deine Gene Simmons-Figur schaue. Wie hieß die Platte, „Psycho Circus", diese letzte wirklich große Stadion-Rockplatte? Das war bei mir der Schluss, dass ich mehr Popcorn nicht mehr ertrug. Dann kam diese peinliche Homevideo-Serie raus, bei der Gene Simmons versucht, cool zu sein. Er ist halt nicht Ozzy Osbourne, weil er keinerlei Selbstironie hat und die ganze Zeit versucht, ein Mann zu sein. Mir hat das geholfen, um darüber hinauszuwachsen.

Jörg: Mittlerweile haben KISS ein bisschen Selbstironie oder ich suche sie dann eben auch. Ein bisschen „Spinal Tap" sind sie jetzt geworden.

Ich finde es interessant, dass ich jetzt genau auf diese peinlichen Sachen stehe. Ich habe mir durch dieses Metal-Special zum ersten Mal Platten von Mercyful Fate mit King Diamond geholt und bin jetzt totaler Fan. Dadurch, dass ich viel Punkrock- und Industrial-Zeug gehört habe, habe ich die ganzen Metal-Sachen verpasst. Erst mit „Rain In Blood“ von Slayer haben sie mich zurückgeholt. Ich kann jetzt alles nachholen und es ist eine richtige Wonne. Ich habe zum Beispiel Black Sabbath ebenso total spät nachgeholt, nämlich erst als Rick Rubin die „13“ produziert hat, und ich immer alle Rick Rubin-Platten gekauft habe.

„Man kann Musik strategisch einsetzen, um Emotionen auszulösen.“

Bei Metal-Platten funktioniert das Nachholen. Bei Black Sabbath habe ich es gemacht, während ich in Dortmund das Theaterstück „Nosferatu lebt“ produziert habe. Das war wie ein Stummfilm mit Klaviermusik konzipiert und die Schauspieler durften auch nicht sprechen, sie haben immer nur so getan. Es gab dahinter immer nur Texttafeln. Die Musik am Piano war dann tatsächlich von Black Sabbath oder „Bela Lugosi Is Dead“ von Bauhaus. Man kann also die Erfindung des Metals auch auf dem Klavier nachspielen. Ich habe immer viel mit Musik gearbeitet.

Sandra: Du setzt in deinen Filmen und Theaterstücken Musik bewusst ein. Was macht Musik mit einem, mit der Psyche und den Emotionen?

Jörg: Man kann Musik strategisch einsetzen, um Emotionen auszulösen. Da kann man sich darauf verlassen. Nicht umsonst werden in den ganzen Hollywoodfilmen immer irgendwelche Musikstücke verwendet, die es schon gibt, mit denen die Leute bereits etwas verbinden, damit ihnen die Zuschauer nicht abspringen. Musik hat eine Kraft, weil man sich gerade in jungen Jahren, wenn man Musik hört, total damit identifiziert. Ich erinnere mich, dass man sich in Krisenzeiten immer in die Musik zurückziehen konnte. Menschen hören Musik beim Joggen. Durch die ganzen technischen Entwicklungen ist es total einfach, immer Musik zu hören. Musik ist ein ständiger Begleiter und emotionalisiert alle total.
Beim Film kannst du im Grunde den Zuschauern sagen, dass sie das so und so verstehen müssen, wenn du die richtige Musik dazu spielst. Es ist völlig banal, aber meistens funktioniert es sogar. Das heißt: Musik ist die Geheimwaffe bei allem.

Blu-ray-Coverfoto: Christine Karallus

GESCHICHTEN ERZÄHLEN
Über die Qualität und Funktion von Musik im Film

von Lars Tunçay

Blickt man weit zurück in die Geschichte, entdeckt man, dass Musik lange Zeit die narrative Aufgabe hatte, Geschichten zu erzählen. Dann kam der Film und verwandelte die Geschichten in bewegte Bilder. Die musikalische Untermalung von Stummfilmen hatte in den Anfangstagen vor allem die Aufgabe, Störungen mit Musik zu überspielen: ein Husten, Rollenwechsel, das Rattern des Projektors – dazu haute der Pianist in die Tasten.

Die erste originale Filmmusik schuf der französische Komponist Camille Saint-Saëns im Jahr 1908 für den Film „L'Assassinat du duc de Guise". Der erste lange Tonfilm war „Der Jazzsänger" von 1927. Die Musik lief dabei noch parallel synchronisiert zur Handlung auf einer großen Schallplatte ab, bevor ab den 1930er Jahren der Ton direkt auf dem Filmstreifen auf einer eigenen Spur neben dem Bild aufgenommen wurde. Anfangs wurden Filme noch mit einem Klavier oder der Kinoorgel live begleitet, mit den ersten Tonfilmen kam dann auch die orchestrale Musik hinzu.

Die Musik teilt sich die Tonspur mit dem Sound und der Sprache. Sie ergänzt, wird manchmal aber auch zum eigenen Charakter in einem Film. Filmszenen, die von Musik untermalt werden, werden von Zuschauern besonders intensiv wahrgenommen. Das musikalische Gedächtnis ist mit dem Bild und der Handlung verknüpft. Szenen bleiben dadurch in Erinnerung. Wer den „Imperial March" einmal in „Star Wars" gehört hat, wird sofort an Darth Vader denken müssen. Wer die von Bernard Herrmann dirigierten Streicher aus Alfred Hitchcocks „Psycho" hört, denkt gleich an die legendäre Duschszene. Wer das einfache Zwei-Noten-Ostinato von John Williams aus Steven Spielbergs „Der weiße Hai" hört, weiß, was sich nähert. Musik soll die Handlung des Films unterstützen und den Zuschauer auf einer emotionalen Ebene berühren und auf diese Weise eine Brücke zwischen Bild und Ton schlagen. Der oscargekrönte Komponist Jerry Goldsmith sagte einmal: „Wenn du eine Szene untermalst, in der ein Reiter auf dem Pferd davon reitet, dann vertonst du nicht das Galoppieren des Pferdes, sondern die Angst des Reiters."

Musik soll die Handlung des Films unterstützen und den Zuschauer auf einer emotionalen Ebene berühren und auf diese Weise eine Brücke zwischen Bild und Ton schlagen.

Filmmusik wird eingesetzt, um Personen zu charakterisieren. Dadurch werden Stimmungen oder Eigenschaften dieser Personen hervorgehoben. Hier ist John Williams' „Star Wars"-Score erneut beispielhaft, denn er hat für jede der Hauptfiguren der Saga ein eigenes musikalisches Thema komponiert. Das wird auch nach neun Filmen nicht alt und immer wieder variiert, wenn die Figuren den Mittelpunkt betreten. Dem Zuschauer gibt das ein Gefühl des Vertrauten, Halt und Orientierung in der Handlung.

Als Beispiel für die identitätsstiftende Rolle von Filmmusik ist der Soundtrack zu Ridley Scotts „Blade Runner" von Vangelis zu nennen. Die Filmwelt, das futuristische Los Angeles des Jahres 2019, wurde durch den Komponisten mit neofuturistischen Synth-Klängen klar definiert. Hier erzeugt Vangelis nicht zuletzte eine Atmosphäre irgendwo zwischen Trance und Wirklichkeit, die Wahrnehmung einer futuristischen Welt durch die Brille des verbitterten Alkoholikers Deckard, der sich selbst nicht eingestehen kann oder möchte, dass die Arbeit, der er nachgeht – das „Töten" von Replikanten, also künstlich erzeugten Menschen –, die Arbeit eines Auftragsmörders ist. Die durch die Musik erzeugte Atmosphäre greift die Gefühlswelt des Protagonisten auf, der sich in seiner Umwelt verloren fühlt und (zumindest unterbewusst) auf der Suche nach seinem eigentlichen Lebenssinn, ja nach seiner Lebensidentität ist, ohne dabei aus den Augen zu verlieren, ein futuristisches, aber auch ziemlich dreckiges und überbevölkertes Los Angeles zu inszenieren. Dabei bedient sich Film wie Musik an Einflüssen des klassischen Film Noir, was in dem Futurismus eine gewisse Melancholie zulässt, die die Welt für den Zuschauer nahbarer erscheinen lässt. Die Musik von Vangelis zu „Blade Runner" zeichnet also nicht nur die Identität der äußeren Welt, sondern auch die Identität der Gefühlswelt.

Ein Meister der Erzeugung unterbewusster, ambienter Stimmung in Filmen ist Angelo Badalamenti. Die Filme von David Lynch, zu denen er die Musik beisteuerte, spielen regelmäßig in dem kaum wirklich fassbaren Raum zwischen Traum und Realität irgendwo im eigenen Unterbewusstsein. Die Musik von Badalamenti leistet hier einen enormen Beitrag, damit dieser abstrakte Korridor überzeugend inszeniert werden kann. Unterbewusst kann natürlich auch die Abwesenheit von Musik wirken. So wie in „No Country for Old Men" von den Coen-Brüdern: Hier ist der Soundtrack von Carter Burwell in nur einer Szene zu hören – natürlich ausgerechnet in der, die vom Publikum gemeinhin als span-

Abb. linke Seite: Maximum Film/Alamy Stock Foto

nendste Szene des Films wahrgenommen wird –, dabei fällt sie in dieser Szene gar nicht auf, wenn man nicht explizit darauf achtet. Hier gilt das Prinzip weniger ist mehr.

Es gibt aber natürlich auch den kompletten Gegensatz. Als Beispiel sei hier Darren Aronofskys „Requiem for a Dream" angeführt, in dem die Musik von Clint Mansell und dem Kronos Quartett in nahezu jeder Szene präsent ist und die unangenehme Stimmung der Handlung unterstützt. Oder Luca Guadagninos „Challengers", wo der elektronische Score von Trent Reznor und Atticus Ross die Handlung oftmals überlagert und sich bewusst in den Vordergrund spielt, um dem Film den nötigen Drive zu verpassen. Auch bei Philip Glass ist das oft der Fall. Sein sehr markanter Minimalismus braucht keine opulente Inszenierung, wie man an Filmen wie „Tagebuch eines Skandals" oder „The Hours" sieht und hört.

Die Musik von Ryuichi Sakamoto arbeitet mitunter mit Momenten der Stille und baut Pausen ein, so wie in „The Revenant" oder „Der Himmel über der Wüste" – der Landschaft verleiht das etwas besonders Menschenleeres. Einigen Komponisten gelingt es mit ihrer Musik, einen gewissen „Zug" in die Handlung zu bringen, eine Reihe von Geschehnissen so miteinander zu verbinden, dass die scheinbare Unaufhaltsamkeit der Ereignisse nach außen deutlich wird. Etwa die Hochzeitssequenz in „Die Taschendiebin", komponiert von Cho Young-wuk, oder die Pfirsichszene in „Parasite", die Jeong Jae-il untermalt hat. Auch der Aufbau von Schindlers Firma in „Schindlers Liste" wird von John Williams passend vertont.

Es gibt Momente, in denen die Musik ein konkretes Geschehen so fühlbar und plastisch macht, dass man das Bild kaum noch braucht. James Horners Musik zu „Apollo 13" verleiht dem Raketenstart trotz hoffnungslos veralteter Computereffekte auch heute noch Spannung. Das Gefühl, dass eine Verschwörung im Gange sei, wird durch John Williams' Score zu Oliver Stones „JFK" in beispielloser Weise erreicht. Die lange, wortlose Leuchtfeuerszene in „Der Herr der

Ringe“ zeigt wiederum das perfekte Zusammenspiel aus Landschaftsaufnahmen, Schnitt und Howard Shores Musik.

Spannend wird es auch, wenn Musik und Sound miteinander verschmelzen. Regisseur Christopher Nolan und Komponist Hans Zimmer arbeiteten eng am Score zu „Inception“. Auch bei „Dunkirk“ ist Zimmers Soundtrack, der immer wieder den Wettlauf gegen die Zeit mit dem konstanten Ticken einer Uhr aufnimmt, Teil der Handlung. Bei Jóhann Jóhannssons Soundtrack zu „Arrival“ ist der Übergang von musikalischen Elementen und Soundeffekten, also Handlungselementen, ebenso fließend. In Sergio Leones „Für ein paar Dollar mehr“ baute Ennio Morricone eine Spieluhr aus der Handlung in seine Filmmusik ein, in „Abbitte“ von Joe Wright wird eine Schreibmaschine zu einem Teil von Dario Marianellis Vertonung.

Es gibt Momente, in denen die Musik ein konkretes Geschehen so fühlbar und plastisch macht, dass man das Bild kaum noch braucht.

Eine unverkennbare Handschrift hat Thomas Newman, der generell mit einem Klangteppich als Grundlage arbeitet, der sich mitunter minutenlang hinziehen kann, etwa im Finale von „Zeiten des Aufruhrs“. Oft handelt es sich um eine bedrohliche Atmosphäre. Besonders effektiv ist dies zu Beginn von Frank Darabonts „Die Verurteilten“, als zunächst Tim Robbins betrunken in einem 1946er Plymouth Special De Luxe sitzt und der harmlos-nette Song „If I Didn’t Care“ von den Ink Spots läuft. Kurz darauf geht der Song in Thomas Newmans unheimliche, behutsam einsetzende Musik über und so fühlt es sich an, als tauche man allmählich in etwas Übergeordnetes, Großes ein – einen Mordfall.

Wichtig ist hierbei auch die Wahl der Instrumente, die unterschiedliche Stimmungen hervorrufen. Der Musikwissenschaftler Josef Kloppenburg erklärt es so: „Der Hörsinn ist eng mit unserem limbischen System, welches für die Verarbeitung von Emotionen verantwortlich ist, verknüpft. Dadurch hilft Musik, die Wirkung der Bilder zu verstärken.“ Er unterteilt die Wirkung von Musik in drei Funktionen. Die dramaturgische Funktion in der Filmmusik wird eingesetzt, um Personen zu charakterisieren. Die Syntaktische Funktion in der Filmmusik unterstützt das strukturelle Verstehen des Geschehens der Filmhandlung. Sie leitet Übergänge zu anderen Szenen ein und setzt diese in eine Beziehung zueinander. Dadurch kann der Zuschauer Handlungsstränge besser verstehen und diese in einen Kontext setzen. Die expressive Funktion in der Filmmusik sorgt schließlich dafür, dass die Musik Gefühle unterstützt oder verstärkt.

Neben den orchestralen Scores entscheiden sich viele Regisseure für das eigene Mixtape, den Soundtrack, den sie selbst in den Ohren haben. Der Einsatz von Songs in Filmen verleiht ihnen Ewigkeit. Ob die Pixies und „Where Is My Mind“ in der Schlussszene von „Fight Club“ oder die „Unchained Melody“ der Rightous Brothers beim Tonkneten in „Ghost“ – diese Szenen sind für immer fest verknüpft mit den gewählten Songs. Filmmusik kann hier auch als Spiegel einer Epoche dienen und einen gesellschaftlichen Zeitgeist widerspiegeln. Als Beispiel ist hier etwa Robert Zemeckis’ „Forrest Gump“ zu nennen, in dem die zweite Hälfte des 20. Jahrhunderts popkulturell durchgekaut wird. Oder die Serie „Mad Men“, deren Soundtrack wirklich nahezu jedes bemerkenswerte Lied der kompletten 1960er-Jahre umfasst.

Quellen/Leseempfehlungen:
„Filmmusik in Geschichte“ von Herbert Bahl, „Filmmusik: Geschichte – Ästhetik – Funktionalität“ von Josef Kloppenburg. „Musik im Film – die Verbindung zwischen Bild & Ton“: ronaldkah.de/musik-im-film/

Abb. linke Seite: FlixPix/Alamy Stock Foto

MUSIKPSYCHOLOGIE UND FILM
Interview mit Matthias Hornschuh

von Sandra Strauß

Matthias Hornschuh
ist Film- und Medienkomponist, Publizist, Hochschullehrer und multifunktionaler Akteur in der Urheberrechts- und Kulturpolitik. Als Komponist mit einer Neigung zu dunklen Stoffen hat er jahrelang immer wieder an Projekten über den Tod gearbeitet. Als 2016 seine Frau an Leukämie erkrankte, widmete er sich über 14 Monate bedingungslos ihrer Begleitung und Pflege. Sie überlebte die Krankheit nicht.

Sandra: Was machst du aktuell alles?

Matthias: Im März 2023 habe ich auf einem psychologischen Fachkongress einen Vortrag über Filmmusik und Trauma gehalten. Am Morgen danach fand eine Videokonferenz mit der Initiative Urheberrecht zum Thema Künstliche Intelligenz statt, deren Sprecher und politischer Repräsentant ich bin, und wir haben entschieden, dass wir das als Thema priorisieren und sofort anfangen müssen, daran zu arbeiten. Auf eine merkwürdige, durchaus auch inhaltliche Weise ist das Thema Musik, Trauma und Psyche, über das wir heute sprechen, für mich bis heute mit dem Thema Regulierung von Generativer KI verbunden.
Wir haben von Ende März bis Mitte April eine umfangreiche Stellungnahme aus Sicht des Urheberrechts, der Kreativen und schöpferisch Tätigen zum Thema Künstliche Intelligenz, speziell generative künstliche Intelligenz, geschrieben. Ende April veranstalteten wir einen parlamentarischen Abend zum Thema KI, an dem sie uns wirklich in einem Kinosaal in Berlin die Türen eingerannt haben und der ausverkauft war – und zwar fast vollständig von Ministerien aus Berlin, von Fraktionsvertretern, Bundestagsabgeordneten und deren Mitarbeitenden. Grund war, dass ungefähr zu diesem Zeitpunkt überall die Erkenntnis durchgesickert ist, dass das ein Thema ist, bei dem man wenigstens wissen muss, ob man etwas wissen müsste.
Seitdem ist das bei mir mit Abstand der größte Arbeitsanteil. Ich habe in meinem ganzen Leben – und ich habe echt schon einiges im politischen Bereich erlebt – wirklich noch nie so viel gearbeitet. Es ist unfassbar. Ich bin jetzt gerade in Wien, und wenn ich morgen Nacht wieder in Berlin angekommen bin, werde ich in zehn Tagen sieben europäische Länder besucht haben. Ich halte Vorträge, führe Diskussionen, gebe Interviews, bin auf Podiumsdiskussionen dabei …

Foto linke Seite: Sebastian Lindner

Sandra: Wie tangiert KI das Thema Psyche?

Matthias: Aus Sicht der Medizinethik ist die Psychotherapie im Moment echt angeschossen, gerade weil sie im gesamtmedizinischen Umfeld mit der erste Bereich sein wird, der von künstlicher Intelligenz in Frage gestellt wird und womöglich zu gewissen Teilen sogar auch ergänzt, wenn nicht gar ersetzt werden könnte. Substitution nennen wir das.
Der Hintergrund ist überhaupt nicht zynisch und kaltherzig, sondern ganz pragmatisch und vergleichsweise profan. Es gibt unglaubliche Flüchtlingsbewegungen und viele der Geflüchteten hocken auf engstem Raum aufeinander. Sie sitzen in geschlossenen Systemen, ohne raus zu können, ohne Anregung zu haben, ohne die Sprache zu kennen und ohne sich artikulieren zu können. Diese Menschen sind fast ausnahmslos traumatisiert, haben aber oft noch nicht mal einen Begriff dafür und können die Symptome nicht als solche benennen. Eine niedrigschwellige Möglichkeit, ihnen zu helfen, ist, ihnen eine App zu geben, die ihnen hilft, ihre Gedanken zu sortieren, vielleicht Zustände zu erkennen und zu benennen. Diese Apps sind oft KI-basiert. Der Hintergrund ist schlicht und ergreifend der, dass es einen unglaublichen Mangel an Therapieplätzen und Therapeut:innen gibt.
Was allerdings wirklich verrückt ist: Es gibt gleichzeitig viele Therapeutinnen und Therapeuten, die nicht genug Einkommen erwirtschaften können, weil sie keine Kassenzulassung erhalten. Sie sind ausgebildet, sind am Start, wären auch am Markt, dürfen aber nicht mit den Kassen abrechnen und können deswegen de facto nur besserverdienende Privatpatient:innen therapieren. Das ist eine dringende Systemfrage, die sich da in Sachen Gerechtigkeit und sozialer Ausgleich stellt. So gesehen ist die Idee, der Knappheit mit technischen Mitteln begegnen zu wollen, ganz schön schräg. Die Verbreitung dieser technischen Tools trägt jedenfalls dazu bei, dass der Berufsstand der Therapeut:innen zum Teil Existenzängste entwickelt.

„In Kunst und Kultur wird reflektiert, was in der Gesellschaft geschieht."

Sandra: Das alles ist dein Thema?

Matthias: Ich finde, dass man aus der Kulturperspektive andere Dinge fast nie komplett ausblenden kann, weil Kultur immer notwendigerweise alles umfasst und berührt. In Kunst und Kultur wird reflektiert, was in der Gesellschaft geschieht.
Aber ja, ich muss das schon auch trennen: Ich habe als künstlerisch-forschender Künstler auf dem Kongress einen Vortag gehalten, nicht als klinischer Psychologe, der bin ich nämlich nicht. Ich bin allenfalls Musikpsychologe. Aber das ist etwas anderes.
Bei meiner konkreten politischen Arbeit kümmere ich mich je nach Mandat und konkretem Zusammenhang um Musik, aber meistens um alles. Wenn ich mit der Initiative Urheberrecht oder mit dem Kulturrat Nordrhein-Westfalen unterwegs bin, kann ich mich nicht auf Musik begrenzen. Wenn ich im GEMA-Aufsichtsrat sitze, dann muss ich mich auf Musik begrenzen. Aus dieser im Moment für mich sehr dominanten Arbeit als Sprecher der Kreativen in der Initiative Urheberrecht, also als Nichtjurist in einem juristischen Arbeitsfeld in der politischen Vermittlung, als Lobbyist in eigener Sache, versuche ich so oft wie möglich Situationen herzustellen, in denen ich gesamtgesellschaftliche Bilder schaffen kann, die geeignet sind zu erklären, dass es gesamtgesellschaftliche Anliegen sind, mit denen wir es zu tun haben.

Sandra: Was meint es, wenn du sagst, du bist „allenfalls Musikpsychologe"?

Matthias: Das ist Teil meines Studiums. Ich bin studierter Musikwissenschaftler und im Fachbereich Systematische Musikwissenschaft spezialisiert. Darin wiederum habe ich mir den Bereich der Musikpsychologie als Schwerpunkt ausgesucht. Das heißt jetzt nicht, dass ich einen Abschluss als Musikpsychologe habe.

Sandra: Was beinhaltet das? Schaust du, wie Musik auf Menschen wirkt?

Matthias: Im Prinzip ja. Ich betrachte Musik als menschliches Handeln. Meine Magisterarbeit habe ich über Funktion und Wirkung von Musik im filmischen Kontext geschrieben. Ich habe zwischen der Sphäre der Produktion und der Rezeption unterschieden, also einerseits den Absichten, die mit dem Einsatz und der Verwendung von Musik verbunden sind, und andererseits der Wahrnehmung und Wirkung, über die wir nichts wissen können, wenn wir den Film herstellen.
Eine meiner Aufgaben als Komponist beim Film ist es, auf der Produktionsseite eine multiple Empathie zu entwickeln. Ich muss verstehen, was Regie und Produktion von mir wollen, welche Anliegen und Absichten sie haben. Ich muss die erzählte Filmwelt verstehen, also empathisch eintauchen. Ich muss die Protagonist:innen und die Situationen lesen können. Meine Aufgabe liegt darin, mir all das zu eigen zu machen, es zu inhalieren und durch jede Pore als Musik wieder in diese Welt auszuschwitzen. Und dabei muss ich mit den Ohren eines Publikums hören, das ich nicht kenne. Es ist letzten Endes eine Übersetzungsleistung von einer Sphäre in eine andere.
Wenn du aber Kinofilme gemacht hast und auf den Premieren warst, dann weißt du, dass du das Publikum nicht berechnen kannst. Du kannst nicht berechnen, was die Leute mit deinem Film in dem Moment machen, in dem du ihn auf sie loslässt. Sie machen halt das, was sie machen. Das kann einen schon demütig werden lassen. Andere würden sagen, dass das einem Angst machen kann. Es stimmt beides, weil es nämlich wirklich passieren kann, dass im Publikum plötzlich jemand anfängt zu lachen, und alle lachen mit. Und das ist gar kein hämisches, sondern manchmal einfach nur ein Befreiungslachen in einem dunklen, beklemmenden Film über Schuldfragen, Verstrickungen undundund ... unauflösbare Konflikte also. Plötzlich verschafft sich jemand Raum. Und du sitzt in dem Kino und denkst: „Hier war gar kein Lacher geplant. Was macht ihr da?"
Am nächsten Abend sitzt du im gleichen Kinosaal mit einem anderen Publikum und das lacht dann wieder an einer ganz anderen Stelle. Dann begreifst du, dass du Angebote machen, aber nie die Kommunikation mit dem Publikum einseitig bestimmen kannst. Das ist letzten Endes angewandte Psychologie, also Musikpsychologie.

Sandra: Bei unserem #nichtgesellschaftsfähig-Film haben wir ganz bewusst Musik an all den Stellen weggelassen, an denen unsere Protagonist:innen sprechen. Das war unsere Entscheidung, weil wir die Zuschauer:innen emotional nicht beeinflussen wollten. Wir haben Töne über die Animationen gelegt und Musik nur in den Übergangsparts verwendet. Und es funktioniert.

Matthias: Ihr habt also keine unterliegende oder unterstützende Musik eingebaut.

Sandra: Richtig. Was macht Musik im Film?

Matthias: Das ist genau mein Thema. Ich habe gerade erst an der Uni Basel ein Seminar abgeschlossen, das „Traum(a)fabrik" hieß und sich eben genau mit diesen Fragen auseinandersetzte. Wie gehen wir mit traumatischen Erfahrungen im Film um und was kann Musik dabei leisten?
Du hast jetzt nicht nach traumatischen Erfahrungen gefragt, aber ihr redet ja über solche Themen.
Musik kann zum Beispiel ... Nein, das stimmt nicht, Musik kann gar nichts. Wir können Musik einsetzen, um beispielsweise Schutz zu bieten. Das ist eine psychologische Perspektive.

Ich weiß nicht, ob du den Film „Waltz with Bashir" kennst. Das ist ein wahnsinnig aktueller Film, weil er nämlich über Israel und in dem Fall über Libanon, aber eben über Israel in seiner arabischen Umgebung, Kriegsschuld und Verstrickung berichtet. Und es ist ein Film ganz ausdrücklich über Trauma, weil der Filmemacher Ari Folman ganz am Anfang erzählt, wie ihn ein Kriegsveteran, ein Kollege von ihm, um ein Gespräch bittet und sagt: „Ich krieg diesen Traum nicht los. Ich weiß genau, was ich träume, warum ich es träume. Ich weiß, dass es etwas mit meiner Schuld in diesem Krieg zu tun hat. Du warst an meiner Seite. Geht dir das nicht genauso?" Und Ari Folman sagt: „Ich kann mich an nichts erinnern. Ich weiß, dass ich in dem Krieg war, aber ich habe keine Erinnerung mehr." Es stellt sich dann heraus, dass er tatsächlich alles irgendwie gelöscht hat, und er begibt sich auf die Reise zu seinen eigenen Erinnerungen, in seine Vergangenheit und wir folgen ihm dabei.

„Musik kann zum Beispiel … Nein, das stimmt nicht, Musik kann gar nichts. Wir können Musik einsetzen …"

Ari Folman hat für diesen Film – der interessanterweise ein Dokumentarfilm fast ohne dokumentarische Bilder ist, bei dem die Interviews als Audio-Interviews das Dokumentarische sind und der Rest als Animation hinzugefügt ist – den deutschstämmigen Komponisten Max Richter, der noch nie eine Filmmusik gemacht hatte, in London aufgetrieben. Die beiden haben sich zusammengesetzt, Ari hat von seinem Projekt berichtet und Max gefragt, ob er für seinen Film eine sehr behutsame Dokumentarfilmmusik machen wolle; er habe genau die richtige Musiksprache dafür. Max Richter, der eben noch nie Filmmusik gemacht hatte, hat sich zurückgelehnt, einen Moment überlegt und wusste: Irgendetwas passt nicht. „Ari, du hast mich gebeten, eine ganz zurückhaltende Dokumentarfilmmusik zu machen. Aber du machst einen Film über Trauma und über das Erleben von Trauma. Ich würde sagen, dann brauchst du eigentlich eine bekenntnishafte, große Spielfilmmusik, denn sonst kann man das Trauma doch gar nicht miterleben."

Das ist eine Art, wie man Musik einsetzen kann, nicht als Emotionssauce, sondern um etwas begreiflich, erfahrbar zu machen. Die beiden Filme „The Thin Red Line" („Der schmale Grat") von Terrence Malick und „Saving Private Ryan" („Der Soldat James Ryan") von Steven Spielberg sind 1998 erschienen; beide handeln vom gleichen Thema: Veteranen wurden zu Helden erklärt, fast alle waren gebrochen und gescheitert, weil sie von den Folgen ihrer Traumata erdrückt wurden und keine Möglichkeit hatten, darüber zu reden. Das Leid der Soldaten, die später Veteranen wurden, wurde nie erzählt. Geschichten vom Krieg wurden als Heldengeschichten erzählt – und jemandem, der ein Held ist, dem gesteht man nicht zu zu leiden.

„Das haben wir bei „Waltz with Bashir" ebenso. Da ist die Musik von Max Richter sehr bekenntnishaft und emotional, sehr atmosphärisch, dicht, melancholisch: also die ganze Zeit die Suche nach Sinn, nach Erlösung."

Diese beiden Filme haben versucht, dieses Tabu aufzubrechen. Oft gibt es im gesellschaftlichen Umfeld traumatischer Erfahrungen, insbesondere wenn sie kollektive Anteile haben, Tabuisierung. Dinge werden eingeschlossen und weggesperrt, weil sie sonst stören könnten, weil sie vielleicht auch Schuldfragen aufwerfen. Weil Schuld immer so eine problematische Dimension hat. Diese beiden Filme erzählen, dass bei der Suche nach Trauma und den Ursachen für Trauma die Schuldfrage gar nicht unbedingt relevant ist. Ob du jetzt auf der einen oder der anderen Seite standest: Du bist trotzdem danach traumatisiert.

In beiden Filmen wird intensiv mit Musik gearbeitet und versucht, keine allzu eindeutigen Verortungen vorzunehmen und vor allem nicht affirmativ zu sein. Es gibt da keine Heldengeschichten, es wird niemand überhöht, es wird nicht gesagt: „Jetzt zeigen wir denen endlich mal, wo der Hammer hängt", um dann die Trompeten und Trommeln rauszuholen. Genau das passiert hier alles nicht.

Der Film von Terrence Malick ist wie ein Requiem gearbeitet. Hans Zimmers Orchestermusiken sind teilweise zwölf Minuten lang und strukturieren den Film über weite Teile. Darüber liegen Voiceovers der Protagonisten, die du nacheinander kennenlernst, von denen aber keiner eine klare Hauptfigur ist. Stattdessen hast du ein Ensemble, bei dem mal der eine und dann der andere vorne ist, dann sterben welche und du schaust dabei zu. Dieser Film geht ganz stark in eine bestimmte Emotionalität der Situationen hinein, die überhaupt nicht affirmativ ist im Sinne von: Sie haben jetzt Angst oder sind aggressiv oder mit Drogen vollgepumpt, sondern er geht auf eine komplett reflexive, distanzierte Ebene und fragt: „Was für eine Scheiße, wie kann das sein?" Das funktioniert mit dieser Musik, die übrigens schon vor dem Dreh fertig war, unglaublich gut. Du wirst in das Erleben, in eine Empathie reingezogen. Gleichzeitig ist das aber eben nie pornografisch, denn es wird nichts überhöht oder ausgestellt, und du kannst dich vielleicht ein Stück weit auch in die Musik zurückziehen, wenn die Handlung zu heftig wird.

Das haben wir bei „Waltz with Bashir" ebenso. Da ist die Musik von Max Richter sehr bekenntnishaft und emotional, sehr atmosphärisch, dicht, melancholisch: also die ganze Zeit die Suche nach Sinn, nach Erlösung. Das hat teilweise sogar fast ein bisschen sakrale Momente.

In „Waltz with Bashir" hört die Musik in genau dem Moment auf, in dem die gezeichnete Erinnerungsebene zu Realbildern von den Nachwirkungen des Massakers wechselt, um das es eigentlich im Kern geht und das die Israelis damals nicht verhindert haben. Ari Folman muss erkennen, dass er zu denen gehörte, die es nicht verhindert haben.

Abb. linke Seite: RGR Collection/Alamy Stock Foto

Du hast also eine unglaublich überwältigende Schichtverschiebung aus einer emotionalen Draufsicht mit Musik in die Unmittelbarkeit ohne einen schützenden ästhetischen Schirm in dem Moment, in dem die Musik verschwindet. Das Einzige, das für mehrere Minuten bleibt, ist eine tiefe Trommel. Keine Militärtrommel, sondern einfach nur ein Impuls, der alle paar Sekunden tief unten Energie reinschiebt. Du bist in die Welt geworfen, nach der du die ganze Zeit gesucht hast, die aber in ihrer plötzlichen Unmittelbarkeit so überwältigend ist, dass das ein unglaublich machtvoller Moment ist, der dadurch entsteht. Dann kommt der Abspann auf schwarz und es bleibt eine einzelne Geige. Es wird also komplett runtergebrochen und reduziert auf einen Kern, der total fragil und verletzlich und klagend ist. Es gibt keine Anklage, keine Schuldzuweisung, keine Sinnbehauptung, sondern du bist einfach dabei. Am Schluss steht die Erkenntnis und die wird markiert durch diesen Moment, in dem der Mantel gelüftet wird. Das wird auch ganz stark über die Mittel der Musik geleistet. Die Musik hat in dem Film – und das begreift man erst in diesem Moment – eine ganz starke Schutzfunktion, weil sie dir einen Halt und eine Rückzugsmöglichkeit gegeben hat. Sie hat immer eine Decke darüber gelegt. „Saving Private Ryan" als Kriegs- beziehungsweise Antikriegsfilm ist außerordentlich brutal und gleichzeitig gibt es keinen Moment, in dem du denkst: „Oh, super, endlich geben sie sichs ..." Dieser Film, mit seiner klaren Form von situierender Rahmen- und narrativer Binnenhandlung, ist darauf angelegt, uns in seiner Mitte nicht in Affirmation abgleiten zu lassen, sondern uns den Entwicklungen auszusetzen und so Fragen aufzuwerfen. Diesem Anliegen dient auch das Musikkonzept. Die Musik schützt uns einerseits vor der Unmittelbarkeit des Empfindens und andererseits hält sie uns gebunden, hält uns gefangen.

„Die Musik schützt uns einerseits vor der Unmittelbarkeit des Empfindens und andererseits hält sie uns gebunden, hält uns gefangen."

„Saving Private Ryan" wurde damals unglaublich gefeiert. Es gibt auch filmhistorisch gute Gründe dafür: die Kamera von Janusz Kaminski zum Beispiel bei der Eingangsszene. Da geht es um die Binnenhandlung; der Film beginnt mit der Anlandung in der Normandie am D-Day. Du siehst die Leute kotzen und Panik kriegen und siehst, wie ihre Glieder durch die Luft fliegen. Du musst die Leute in dieser Unmittelbarkeit halten. Du könntest das auch durch Musik überhaupt nicht überhöhen oder intensivieren, sondern du hast diese Kamera, die mit ins Wasser stürzt und auf die geschossen wird. Du bist vollkommen in diese totale Ohnmacht derjenigen geworfen, die da landen müssen und in das offene Sperrfeuer reinrennen. Ein paar von ihnen schaffen es und bleiben übrig, andere nicht. Wir als Publikum können daran nichts ändern, wir können nicht ausweichen, abkürzen, lindern, nicht einmal, indem wir die Augen schließen – denn dann hören wir immer noch. In diesem Moment ist es ein wahnsinnig wichtiges, starkes und künstlerisch total überzeugendes Statement, keine Musik zu verwenden. Das wäre echt schlimm gewesen.

Ich weiß nicht, ob dir die Geschichte vertraut ist. Ganz grob runtergebrochen: Ein Captain der US-Army wird mit einer kleinen Gruppe von Soldaten in Feindesland geschickt, um einen amerikanischen Soldaten zu finden, nämlich diesen Private Ryan, den letzten Überlebenden von vier Söhnen einer Familie. Alle anderen sind in diesem Krieg bereits umgekommen und man will im Grunde genommen verhindern, dass es eine Pressemeldung gibt, in der steht, dass die gesamte Familie im Krieg ausgelöscht wurde.

Es ist eine historische Begebenheit und das kann man schon als zynisch empfinden, aber aus der Logik von Kriegen ist es womöglich ganz rational.

Sie begeben sich also auf den Weg und einige von ihnen sterben auf der Suche nach dem Private. Am Schluss finden sie ihn auf einer Brücke, die gerade umkämpft ist, und er sagt: „Was wollt ihr von mir? Ich habe hier eine Aufgabe. Ihr könnt mich doch jetzt nicht wegholen, nur weil ich der Sohn meiner Mutter bin." Da stellen sich Sinnfragen und in dieser ganzen inneren Handlung dieses Films, also bei der konkreten Suche, gibt es keine hohen Töne in der Orchestermusik von John Williams, keinen Glanz. Es gibt nur tiefe, gedeckte Töne, alles ist irgendwie zurückhaltend und vielleicht manchmal ein bisschen kommentierend. Aber es gibt kein affirmatives Moment, nichts Heroisches. Du hast keine Pauken, Trompeten, Blech, sondern insbesondere tiefe Holzbläser und ein tiefes Streichorchester.

Dann ist die Handlung vorbei. James Ryan wurde gerettet, der Captain wurde am Schluss getötet. Umschnitt auf einen Veteranenfriedhof in der Normandie. Der alte Herr James Ryan ist um die 80, steht mit seiner Großfamilie auf diesem Friedhof, es wehen Fahnen im Hintergrund und man sieht 20.000 weiße Kreuze. Er fragt seine Frau: „War es das wert?" Und sie antwortet: „Das war es wert." Und dann kommen doch noch die Trompeten, die Frauenchöre und die Flaggen. Es wehen die amerikanischen Flaggen im Wind und aus deutscher Sicht als Nichtpatriot ist es regelrecht pervers. Es ist eigentlich nicht zu ertragen: die Eindeutigkeit, mit der am Schluss der ganze künstlerische Wert dieses Films binnen weniger Minuten in die Tonne getreten wird.

Abb.: Cinematic/Alamy Stock Foto

Das ist natürlich eine Inszenierungsfrage, bei der die Musik nur ein Mittel ist. Aber dass die Musik jetzt in diese Richtung geht und alles, das an Verdienst in der Binnenhandlung durch Distanz, Zurückhaltung und Verunmöglichung stattgefunden hat, dann irgendwie im Sinne dieser patriotischen Eindeutigkeit geschreddert wird, hat etwas Aufgeblasenes und Erbärmliches. Und die Tatsache, dass er eine eindeutige Antwort gibt, zerstört das ganze Anliegen dieses Films.

Es ist wahnsinnig spannend, solche Projekte nebeneinander zu legen. Bei keinem davon könnte ich jetzt sagen, dass das nur die Musik ist, die wirkt, sondern natürlich ist die Musik immer Teil der Inszenierung, von etwas Ganzem; sie ist ein Text unter vielen. Aber die Musik hat bei diesen drei kriegsbezogenen Filmen teils ähnliche, teils ganz unterschiedliche Funktionen zugewiesen bekommen. Man kann immer eine Spannung zwischen Schutz und Aufhebung von Schutz feststellen. Da ist der Einsatz von Musik im Film ganz entscheidend.

Wenn eine Musik nicht beginnt, dann kannst du sie nicht enden lassen. Du musst also Musik erst einmal einsetzen, um sie enden lassen zu können. Und manchmal brauchst du die Musik nur deswegen, weil du ihr Ende vorbereiten musst.

Der Film „Gravity" zum Beispiel ist auch ein Film über Trauma und handelt von einer Astronautin. Es ist kein Science Fiction-Film, sondern spielt in unserer Gegenwart. Eine Astronautin der NASA ist im All, es findet ein Unfall statt, ihre Raumstation wird zerstört, sie bleibt alleine übrig und muss schauen, wie sie wieder auf die Erde zurückkommt. Also wieder Ohnmacht, Ausgeliefertsein ...

Dieser wahnsinnig virtuos gemachte Film arbeitet mit ziemlich schöner Musik von Steven Price. In den Texttafeln am Anfang steht, dass es im Weltall keine Atmosphäre und deswegen keine Akustik gibt. Du hörst am Anfang für ungefähr 30/40 Sekunden die Musik von Steven Price als Wall of Sound. Das Kino wird wirklich von vorne nach hinten mit einer überwältigenden Musik geflutet, die das gesamte Spektrum ausfüllt – und dann abreißt, einfach endet. Plötzlich begreifst du, was damit gemeint ist, dass da keine Akustik ist. Die Abwesenheit von Ton kannst du nur erzählen, indem du vorher Ton da sein lässt, den du beendest.

Ein anderer Film über Trauma, den ich seit vielen Jahren als eines meiner wichtigsten Beispiele verwende, ist „Shame" von Steve McQueen. Er handelt von Sexsucht. Das ist ein herausragender Film, ganz großartig

inszeniert, ein wahnsinnig gutes Darstellerkino mit einem berührenden Thema. Es ist aber sehr unangenehm und sehr intim.
Es gibt nur drei Einsätze der Filmmusik von Harry Escott in diesem ganzen Film. Der dritte davon ist im Abspann. Du hast am Anfang eine Orchestermusik von acht Minuten. In dem Moment, in dem der Protagonist die Kontrolle über sein Leben verliert, und das begreift, hast du elf Minuten Orchestermusik. Im Abspann hast du die gleiche Musik, die vorher das Orchester gespielt hat, nochmal ganz reduziert auf dem Klavier. Das gibt diesem Film eine Wucht und Drastik in der Wirkung, das ist spektakulär.
Wieder ist es eine Musik, die das Gegenteil von affirmativ ist. Sie verdoppelt nichts, zieht nichts ins Positive, zeigt keinen Helden, sondern ganz im Gegenteil. Wir sehen kalte, entfärbte Bilder von einer Kamera, die sich nicht bewegt, sie steht auf einem Stativ. Sie geht gerade mal von rechts nach links, wenn er mal wieder nackt durchs Bild läuft. Aber sonst tut sie nichts. Du hast eine Welt, die in der Montage und den Bildern eiskalt ist, obwohl er die ganze Zeit Erfolg bei seiner Suche nach Sex hat. Du siehst, dass er ununterbrochen sexuelle Handlungen praktiziert und das wird zyklisch und diskontinuierlich erzählt. Dazu hörst du eine Musik, die das ganze Gegenteil von dem ist, was du siehst. Da ist nämlich eine große, tiefe Orchestermusik, die elegisch und romantisch ist, die den ganzen Raum ausfüllt und die ganze Sehnsucht und Unausgefülltheit dieses Protagonisten ausdrückt – der komplementäre Gegenentwurf zu dem, was Kamera, Bildgestaltung, Montage und Form und übrigens auch die Tonspur uns schon ahnen lassen.
Du kannst nicht den ganzen Film zwei Stunden lang auf so eine Musik betten, denn so kannst du keine Entwicklung erzählen, sondern du setzt sie am Anfang zur Erklärung seines Zustandes ein und in der Mitte dann wiederum zur Erklärung der Veränderung seines Zustandes und dann kann die Musik auch wieder weg.
Noch ein Detail, was Funktionalität und Dramaturgie betrifft: In der Mitte des Films, also an der Stelle, an der der Protagonist begreift, dass er die Kontrolle über sein Leben verloren hat, passiert etwas außerordentlich Spannendes: Die Orchestermusik vom Anfang ist wieder da und sie ist gleich laut wie die Musik im Club oder in einer Bar. Das ist eigentlich verboten. Also jetzt nicht technisch verboten, aber zwei Musiken, die gleich laut laufen, das ist unerträglich. Der Kopf schreit die ganze Zeit: „Fehler!“ Das ist natürlich eine überwältigende dramaturgische Strategie. Dass die Dinge nicht mehr zusammenpassen, kann man an der Stelle schlechterdings nicht überhören. Das ist überwältigend gutes Kino. Da ist die Musik einfach von ganz fundamentaler Bedeutung.
Gegen Ende dieser Sequenz gibt es einen Transzendenzmoment, eine tiefgreifende Veränderung in der Filmerzählung, den Farben und der Musik. Da ist nicht mehr das tiefe Orchester mit Bässen und Celli und hinten noch Hörner. Plötzlich hörst du einfach nur noch die hohen Streicher, die Bratschen und Geigen. Was da geschieht, ist total spannend. Das ist nämlich so ein Wagner-Moment, ein Erleuchtungsmoment, in dem vollkommene Klarheit hergestellt wird. Während der Notentext genau das erzählt, sind aber der Klang und die Anmutung dieser Musik regelrecht brutal. Das ist ein originäres Kinoerlebnis, weil nirgendwo sonst auf dieser Welt Musik so klingen kann, das geht nur im Kino.
Wenn du in einem Konzert sitzt, hast du zehn, 20 oder 40 Meter Abstand und wirst das so nicht erleben können. Das Kino kann dir diese Intimität durch die akustische Struktur

„Ein anderer Film über Trauma, den ich seit vielen Jahren als eines meiner wichtigsten Beispiele verwende, ist „Shame“ von Steve McQueen. Er handelt von Sexsucht.”

Abb. linke Seite: Maximum Film/Alamy Stock Foto

vermitteln, und da findet eine Überwältigung statt, die wirklich ganz beklemmend ist. Also in einem körperlichen Sinne beklemmend, weil du dich dem nicht entziehen kannst.

Sandra: Was ist das genau, was die Musik da macht?

Matthias: Wenn du sie als einen von vielen Texten begreifst, mit denen der Film erzählt wird, dann ist das hier ein sehr virtuoses Spiel mit Kontextualisierungen, mit Gegensätzen und doppelten Böden. Die Farben wechseln von entfärbt/kalt zu intensiv/warm, die Musik wechselt aus den tiefen Registern in die hohen, aber der harte Klang der Musik macht diesen Moment der Erkenntnis zu einem bitteren Tiefpunkt.

Sandra: Warum hat Musik so einen Einfluss auf mein Empfinden und meine Gefühle? Was bewirkt das im Körper, in der Psyche?

Matthias: Zunächst einmal ist es tatsächlich so, dass musikalische Wahrnehmung extrem niederschwellig auf verschiedene Weise geschieht. Gehen wir mal vom Kinosaal als Rezeptionssituation aus. Wir könnten natürlich auch darüber sprechen, ob der Film genauso funktioniert, wenn man ihn auf dem Smartphone über dessen Lautsprecher anschaut. Tut er natürlich nicht. Wir sprechen also von den Rezeptionsbedingungen, für die Kinofilme gemacht werden. Im Kino ist man in der Regel nicht alleine. Das ist ganz wichtig. Das sind soziale Situationen, die du gemeinsam mit anderen erlebst. Das heißt: Du erlebst die Reaktionen der anderen mit, äußerst dich auch anders, denkst darüber nach, ob du jetzt laut rauslachst oder dich bremst. Aber wenn einer anfängt, machst du eventuell mit. So etwas zu triggern, dem Publikum Angebote zu machen, und das auf allen Sinneskanälen, das ist Kino. Aber Musik setzt eben auf dem Hören auf, einer der unmittelbarsten Erfahrungen, die wir haben. Wir können die Ohren nicht zumachen, die Augen aber durchaus. Die Ohren dienen uns in unserer Umwelt als primäres und zentrales Verortungs- und Warnsystem; musikalische Wahrnehmung ist tief mit emotionalen, motorischen, sozialen Erfahrungen verknüpft. Daher sind Ton und Musik so wirkmächtig.
Eine Situation zur Verdeutlichung: Wir stehen zu dritt vor einem Lokal auf der Straße, wir unterhalten uns intensiv und Autos fahren vorbei. Wir nehmen da nicht jedes einzelne Auto bewusst wahr. Warum auch? Unsere Wahrnehmung ist auf Effizienz und Ergonomie getrimmt, weil es anders nicht funktionieren würde. Deshalb weiß unser System: Da sind Autos. Das muss nicht mehr ins Bewusstsein; das heißt: Es wird im Wahrnehmungsprozess vorgefiltert und zwar aktiv durch eine Kenntlichmachung als „Es ist da, aber es ist nicht wichtig". Nur das, was wichtig und bedeutungsstiftend ist, wird uns zur Kenntnis gebracht. Wenn jetzt also jemand bremst oder hupt, wenn es kracht oder quietscht, ist das ein Veränderungsreiz, der sofort markiert wird als „Veränderung! Wichtig!". Dann werden wir sofort aus unserem konzentrierten Gespräch herausgerissen. Das ist natürlich wieder eine Art der Wahrnehmung, die wir im Kino gut adressieren können.
Du kennst bestimmt diese Klischees, die wir im Kino immer haben, wenn in der Prärie die Vögel aufhören zu singen: Vorsicht! Entscheidend ist nicht das Singen der Vögel, sondern dessen Ende.
Ich war neulich auf einer Masterclass mit dem Mischtonmeister, dem Sounddesigner und dem Dialogeditor von „Im Westen nichts Neues" von 2022. Es war großartig zu erfahren, was da an Wissen über historische Situationen, soziale Bedeutung und die Rezeption des Publikums vorhanden und eingearbeitet ist. Das sind Geschichtenerzähler, sie machen nicht Technik. Technik ist trivial an der Stelle. Das sind Leute, die die erzählten Geschichten durchdringen. Ich mag diese Idee von Inhalation. Ich mag es, mir vorzustellen, dass man etwas komplett in sich aufnimmt und dann durch sein System wieder ausschwitzt und organisch werden lässt, in eine andere Sphäre überträgt.

Im Film „Im Westen nichts Neues" zum Beispiel gibt es eine Situation, da sprechen die Protagonisten beim Essen in verschiedenen Dialekten miteinander. Das ist der klassische Moment, in dem ein deutsches Fernseh- oder Kinopublikum anfängt, sich zu beschweren, weil man „nichts mehr versteht". Da ist eine Musik und sie reden in ihren Dialekten, die sind nicht geputzt, die sind nicht nach vorne gezogen in ihrer Mischung, sie reden einfach. Ich habe die Frage gestellt, ob ich das richtig einschätze, dass das eine bewusste Entscheidung war, dass es da nicht um Sprachverständlichkeit ging, sondern um die Situation und den Sprachklang. Sie haben sich so gefreut, dass ich das verstanden hatte, weil sie nämlich die ganze Zeit damit konfrontiert sind, dass ihnen jemand sagt: „Aber man muss doch den Text verstehen." Manchmal ist aber gar nicht wichtig, was gesagt wird, sondern wie es gesagt wird.
Wenn einem Protagonisten die Stimme bricht, dann brauchst du keine Geigen. Was übrigens eine ganz wichtige Implikation für unsere Tradition der Synchronisation ist. Wenn wir immer andere Stimmen hören als die, die ursprünglich eine Interpretation der Rolle vorgenommen haben, dann hören wir auch immer einen anderen Ausdruck. Da sind wir jetzt nicht mehr bei Musik, aber die musikalische Arbeit im Film, im Hörspiel ist davon überhaupt nicht trennbar. Wir müssen immer erstmal vom Hören her denken. Das Hören ist an dieser Stelle ein primärer Verortungs- und Wahrnehmungssinn.
Wenn wir uns im Wald bewegen und es knackst, sind wir als urbane Menschen darauf geeicht zu schauen, was das ist. Das ist echt spannend, weil dort ja immer ein Rauschen ist und Vögel da sind, und es passiert irgendetwas, das offenbar individuumsunabhängig in unserem System gespeichert ist. Und das System sagt: „Moment! Achtung!" Mit so etwas können wir natürlich in der Musik ebenso arbeiten. Das sind nicht nur reflexhafte Geschichten und man muss sehr vorsichtig sein, Verallgemeinerungen zu machen.
Ich habe hier ein paar Verallgemeinerungen aus der Sicht der Musikpsychologie, der Kulturwissenschaft und dabei ebenso der Ethnologie sowie der Musikethnologie gemacht. Man muss jedoch auch immer darauf hinweisen, dass es sehr viele kulturell erlernte Verständnisse und Kontextualisierungen gibt, die sich unterscheiden. Da ist Musik eben keine universelle Sprache. Eine westliche Orchestermusik kann in einem arabischen Umfeld durchaus zu Unverständnis führen und umgekehrt.

Sandra: Was ist deine musikalische Identität? Musik bestimmt deinen gesamten Alltag auf verschiedenen Ebenen, dein Leben. Man muss sich ja auch bewusst dafür entscheiden, Musikpsychologe zu werden.

Matthias: Ich höre es so gerne, wenn du sagst: „Musik bestimmt mein Leben." Das ist irgendwie auch richtig und trotzdem ist es heute eine andere Perspektive, die mich bestimmt. Ich liebe einfach Menschen. Ich bin echt ein Humanist von ganz innen. Ich liebe Menschen und manchmal verzweifle ich auch an ihnen. Aber ich habe irgendwie den Eindruck, sie verdienen und brauchen es, dass man sich um sie kümmert. Für mich ist Musik schon immer eine Kommunikationsmöglichkeit mit Menschen gewesen, also eine Möglichkeit, zu Menschen zu sprechen, Menschen zu berühren. Ich habe mich nie dafür interessiert, Musik aus anderen Gründen zu machen, als mich emotional auszudrücken.
Mit 13 habe ich als Solist an der Oper gesungen. Mit 16 habe ich angefangen, Geige zu studieren. Mit Anfang 20 habe ich die Geige aufgegeben und bin in den Metal gewechselt. Ich habe ganz kurz professionell – also mit internationalen Albumverkäufen und Charts – Metal gemacht. Das war so eine Zeit Anfang der Neunziger, in der das aus Deutschland raus ganz gut ging. Das war für mich in der Konstellation, in der ich unterwegs war, aber unbefriedigend. Es war nicht meine eigene Band und ich war letzten Endes ein Mietmusiker.

Ich musste meinen Standort wechseln. Ich war in Bielefeld und das war auf Dauer zu provinziell. Es ist eine tolle Stadt, aber es ist einfach im Nichts. Ich dachte dann: „Gehste mal in eine große Stadt, wirst Studiomusiker und da dann weltberühmt." Ich bin nach Köln gegangen. Köln ist aber genauso provinziell, nur mit mehr Städten drumherum. Das war natürlich alles ein Irrtum. Und weil ich dachte: „Machste vielleicht irgendwann in deinem Leben ein Studium zu Ende", habe ich mich da für Musikwissenschaft eingeschrieben. Dann bin ich in der ersten Sitzung in die Einführung in die Musikpsychologie geraten. Ich wusste gar nicht, dass es das gibt, ich habe danach auch gar nicht gesucht. Ich sah die Themenliste und dachte: „Das gibt es doch gar nicht, was man für Fragen stellen kann." Plötzlich habe ich begriffen, dass das meine Perspektive auf die Welt und die Musik ist und da alles zusammenläuft, also Musik als menschliches Handeln zu begreifen. Das hat mein Leben wirklich noch mal verändert.

Genau in dem Monat, in dem ich nach Köln gezogen bin, habe ich in Bielefeld den Auftrag bekommen, die Musik für ein Theaterstück zu schreiben. Da habe ich plötzlich begriffen, dass das für mich die absolute Erfüllung ist. Das ganze Gedöns von wegen „Ist das jetzt das richtige Genre? Darf man da Gitarren oder Elektronik einsetzen?" hatte plötzlich überhaupt keine Bedeutung mehr. Es musste nur für das Projekt und den Moment richtig sein.

Das ist so eine Art, über Musik zu denken, die mich total geflasht hat. Ich mag diese Grenzenlosigkeit in dem Konstrukt einer Konzeption. Es gibt Grenzen, aber innerhalb dieser kannst du wirklich alles machen, was du willst. Das ist, glaube ich, der Grund, warum ich in dieser Welt des Erzählens dann so aufgeschlagen bin. Also Musik dazu zu benutzen, um Geschichten zu erzählen, Menschen zu berühren und gesellschaftlichen Sinn zu stiften. Das ist das, was mich umtreibt. Und ich glaube, deswegen ist die politische Arbeit, die ich mache, irgendwie für mich gar nicht so wirklich von meiner künstlerischen zu trennen.

Wenn ich als Komponist für ein Hörspiel arbeite, das vom Leukämie-Tod zweier Kinder erzählt, dann muss ich eine große Verantwortung für das Publikum, die Geschichte, die Autorin der Romanvorlage und das Projekt übernehmen. Ich muss ganz genau abwägen und zum Teil auch ausprobieren, ob wir den Tod des einen Kindes musikalisch erzählen müssen oder wir das einfach frei lassen. Dann müssten wir eine Auffangmusik machen. Wie groß darf sie sein, wie groß muss sie mindestens sein?

Meine politische Arbeit ist im Grunde genommen ganz ähnlich. Ich versuche zu erklären, zu vermitteln und den Menschen zu verdeutlichen, dass all das wertvoll und unverzichtbar ist.

Eine Sache möchte ich noch hinzufügen, weil ich das vorhin noch nicht deutlich gesagt habe. Die Filme, von denen ich erzählte, und das gilt ganz besonders für die Kriegsfilme, haben für einen kurzen Moment die Welt verändert und zwar für diejenigen, die als Veteranen unter den Erfahrungen gelitten haben. Auf der Basis von Einfühlung haben sie einen Gesprächsanlass hergestellt. Es sind erzählende Filme. Genau das macht „Im Westen nichts Neues" auch – als Kriegsfilm reinzugehen und zu sagen: „Schau mal, wie entsetzlich das ist."

Oder wie der Film „Das Leben der Anderen". Ich weiß, dass er sehr kritisch betrachtet wird, aber dieser Film ermöglicht eine Einfühlung in eine Situation von Ausgeliefertsein und Überwachung. Die Haltung, die dahinter steht, ist eigentlich: „Lasst uns doch mal schauen, ob wir nicht nachvollziehen können, wenn wir uns auf den Moment einlassen, wie sich das angefühlt haben mag." Um danach darüber sprechen zu können, wie es den Leuten heute damit geht. Das war vorher nicht da.

Für die Veteranen in den USA gab es diese Anlässe nicht. Sie waren zur Seite sortiert, lagen verelendet in den Parks. Plötzlich gab

es die Möglichkeit, darüber zu sprechen, und die Anerkenntnis, dass dieses Leid völlig unabhängig von irgendwelchen Schuldfragen ein berechtigtes Leid ist. Man durfte darunter leiden. Ich glaube, das ist ganz entscheidend. Wenn man sich anschaut, wie auf Buchmessen oder Literaturfestivals mit Romanen über solche Erfahrungen umgegangen wird, dann ist es genau das gleiche. Es ist immer wieder der Versuch, eine Annäherung an das Erleben, an die eigene historische Situation herzustellen. Mal mehr, mal weniger mit einer Betroffenenperspektive. In so einem Buch ist eben die Erzählhaltung, der Erzählton ganz entscheidend dafür, wie eine Wirkung entfaltet werden kann. Ich glaube, das ist beim Film und damit auch bei dessen Musik genauso.

An der Stelle kommt noch etwas anderes zum Tragen, was für mich ganz entscheidend ist. Ich bin manchmal sehr angestrengt und angepisst von einem Diskurs, der rein elitär unterscheidet zwischen Hochkultur und Niedrigkultur in der Oper, in der Musik, im Kino. Da gibt es eben den Kunstfilm und dann gibt es den Mainstream-Film – und über den Mainstream-Film müssen wir nicht reden. Das ist falsch.

Wenn du dir z. B. einen Film wie „The Dark Knight" anschaust und anhörst: Das ist unmissverständlich ein Film über Trauma, von vorne bis hinten, in den Texten, die verhandelt werden, in den Musiken, die den Film dimensionieren, in der Geschichte, die erzählt wird, in der Figur des Jokers. Es ist ein Film über das kollektive Trauma der amerikanischen Gesellschaft nach 9/11, über den Kontrollverlust und die Unfähigkeit, damit umzugehen, und die geradezu beklemmend offensichtlich fehlgeleitete Suche nach einer eineindeutigen Erklärung. Der Joker spielt die ganze Zeit damit und gibt ständig Erklärungen dafür, wie er zu dem wurde, der er ist. Eine Erklärung könnte dem Publikum Halt geben, er spielt aber nur mit den Erwartungen.

Es ist atemberaubend zu sehen, wie uns hier unter dem Deckmantel eines Blockbuster-Superhelden-Spektakels mit einer obszön hohen Gewinnerwartung eine sehr ernstzunehmende Reflexion der Welt untergejubelt wird. Das ist fast schon anarchisch. Und wir können das als Fratzengeballer hernehmen und sagen: „Geil, die schießen." Wir können aber auch sagen: „Okay, ein Film, der mir etwas über meine Welt erklärt. Danke."

Abb.: Pictorial Press Ltd/Alamy Stock Foto

COMIC UND MUSIK
Einfluss auf Psyche, Identität und Gesellschaft

von Matthias „Mattes" Penkert-Hennig

Selten habe ich einen Artikel so häufig neu begonnen wie diesen. Zu umfassend sind die Möglichkeiten. Zu groß die Sorge, wichtige, nein, essenzielle Werke oder Künstler unerwähnt zu lassen, während ich mich meinem Fazit nähere. Nun müssen sowohl die Leser als auch ich selbst damit leben, dass ich diesen Anspruch völlig über Bord werfe und hier keinen Katalog elementar wichtiger Comics zum Thema „Musik, Psyche, Identität und Gesellschaft" erstellen kann und will.

Viel lieber möchte ich damit beginnen, dass „Identität und Gesellschaft" bei den meisten Menschen, die ich kenne, maßgeblich durch Jugendkultur geprägt wurden. Durch die Wahl des bevorzugten Musikstils. Der bewussten Entscheidung, wie ich mich meiner Umwelt präsentiere und sie reflektiere. Mit der Pubertät und mit Jugendkultur hält bei vielen jungen Menschen eine rebellische Haltung Einzug, der Wunsch nach giftigerer, subversiver Kunst und Kultur.

Das gilt sowohl für akustische als auch visuelle Kunst. Sie sind wichtige Puzzleteile in jenem Bild, das ein junger Mensch der Gesellschaft von sich selbst oft zeigen möchte. Ich habe mich sehr streng mit der Gefahr auseinandergesetzt, hier zu sehr von meinen persönlichen Erfahrungen auszugehen und zu stark zu verallgemeinern. Letzten Endes bin ich aber zu dem Schluss gekommen, dass die überwältigende Mehrheit aller jungen Menschen, denen ich je begegnet bin, diese Mechanismen nutzt oder genutzt hat – mal intensiver, mal vorsichtiger.

Das wichtigste und am wenigsten streitbare Beispiel dieser Gemeinsamkeit von Musik und Comic ist zweifellos das ursprünglich auf französisch erschienene Comic-Anthologie-Magazin „Metal Hurlant", dem mit „Schwermetall" und „Heavy Metal" auch in anderen Ländern lokale Versionen folgten, deren Konzept immer ganz ähnlich blieb. Sie zeigten gern unterschwellig sozialkritische Genre-Stories, häufig aber nicht ausschließlich aus den Bereichen Horror, Fantasy und Sci-Fi. Und sie wurden eine wichtige Sprosse auf der Karriereleiter so legendärer Comic-Künstler wie Moebius oder Richard Corben, dessen Bildsprache mit dem Cover von Meat Loafs legendärem Album „Bat Out Of Hell" dann auch wieder zurück zur Musik fand.

Es sind Wechselwirkungen wie in diesem Beispiel, bei denen Musik zuerst den Zeichner inspiriert, dessen Bildergeschichten wiederum andere Musiker inspirieren und beflügeln können.

Überhaupt sind und waren es ja oft die jungen Wilden, die in allen Lebenslagen experimentierfreudigen, die verschiedenen Kunstformen stets wichtige neue Impulse gaben. Fällt uns bei Innovation zuerst Stefan Mross oder Kurt Cobain ein? Da ist es doch nicht verwunderlich, dass ein (zugegebenermaßen nicht sichtbar) gealtertes Comic-Wunderkind wie Timo Wuerz seine Liebe zu schwerer, scheppernder Gitarrenmusik gemeinsam mit Autor Niki Kopp in „Black Metal" verarbeitete. Hier hüpfen die verwöhnten Protagonistinnen von einer Szene-Verkleidung in die nächste, bevor der nihilistische Black Metal sie ganz verschlingt und den Verstand verlieren lässt. Romantisch. Es sind Wechselwirkungen wie in diesem Beispiel, bei denen Musik zuerst den Zeichner inspiriert, dessen Bildergeschichten wiederum andere Musiker inspirieren und beflügeln können.

So waren es in Amerika die düsteren, ruppigen Image-Comics rund um „Spawn"-Schöpfer Todd McFarlane, die den Superhelden-Mainstream mit reichlich abgründiger „Heavy Metal"-Ästhetik von hinten aufrollten. Diese neue Strömung beeinflusste wieder maßgeblich die visuelle Präsentation vieler Nu Metal-Bands. McFarlane selbst lieferte das Plattencover zur stilprägenden „Follow The Leader" der Band KoRn und war maßgeblich an den Animations-Sequenzen im Video ihrer wohl bekanntesten Single „Freak On A Leash" beteiligt. KoRn waren zuvor neben vielen anderen großen Metal- und Elektro-Acts Teil des Soundtracks zur Verfilmung von „Spawn" und begründeten einen weit in die 2000er Jahre reichenden Trend, actionreiche Fantasy-Filme wie lange Musikvideos mit einflussreichen Alternativ-Musikern zu inszenieren. „Queen of the Damned" oder „Dracula 2000" zeigen traurige Tiefpunkte dieser Phase, während das Remake von Romeros „Dawn of the Dead" neben scharfer Kritik eingeschworener Fans des Originals auch durchaus seine Freunde fand.

Ganz ähnliche Bande waren und sind auch in der deutschen Comic-Landschaft zu beobachten. Während Timo Wuerz genug Plattencover für internationale Rock- und Metalbands schuf, um einen eigenen, umfangreichen Bildband damit zu füllen (was er gemacht hat), lieferte seine jahrzehntelange Freundschaft zu Gothic-Ikone Asp Spreng wohl mit die meisten und umfangreichsten Artworks,

Illustration linke Seite: Reinhard Kleist
aus „Cash – I See A Darkness" (Carlsen Verlag)

die häufig jeweils einzelne Songs komplexer Konzeptalben illustrieren. Beide realisierten auch gemeinsam Comic-Konzepte wie „Lula und Yankee“.

Weitere audiovisuelle Konzepte realisierte Spreng sowohl als Platten-Artwork als auch in Form von Comics und Bilderbüchern mit Künstler Ingo Römling, der außerdem auch aufwändige Illustrationen für z. B. „Alestorm“ oder „Samsas Traum“ fertigte und immer wieder selbst als begeisterter und talentierter Musiker tätig war. Heute gilt Ingo als einer der international einflussreichsten deutschen Comiczeichner. Neben „Malcolm Max“ und den „Chroniken des Universums“ durfte er auch schon mehrfach Charakteren aus dem kultisch verehrten „Star Wars“-Universum in Comicform Leben einhauchen.

Diese Beziehungs-Ketten lassen sich ewig fortführen. Sänger und Mastermind hinter „Samsas Traum“, Alexander Kaschte, ist seit einigen Jahren selbst als Verleger tätig. Neben einem nicht dogmatischen, aber sichtbar von alten „Metal Hurlant“-Tugenden inspirierten Themenmix und einem sehr erfolgreichen Erotiksegment veröffentlicht er auch bissige Parodien auf die eigene Szene-Umgebung, in denen Asp Spreng abermals als Verbündeter von Kaschtes Alter Ego, dem „Käferkönig“, auftaucht.

Und da sind wir noch gar nicht darauf eingegangen, dass Schweinevogel-Vater Schwarwel, einer der Initiatoren dieses Projekts, die „Bestie in Menschengestalt“ gezeichnet hat. Sie wissen schon, auf diesem einen Album von dieser einen Band aus Berlin. Darauf, welch große Rolle seine Begeisterung für Slayer, insbesondere zum Song „Angel Of Death“, in seiner autobiographischen Trauerbewältigungs-Comic-Saga „Gevatter“ spielt. Und wie aufregend dieses Detail jenen Lesern, die Song und Band kennen, weitere atmosphärische Details der Geschichte aufschlüsselt.

Für mich sind es genau diese „Crossover“-Momente, bei denen man die starken Synergien spürt, die Comic und Musik miteinander haben können, die Autobiografien von Lesern und Künstlern durch gemeinsame Erinnerungen für einen Moment miteinander verbinden und ihre Geschichten so intensiver erzählen können. Die schon mit dem Titelbild signalisieren können, dass man sich grundsätzlich erstmal in vergleichbarer Opposition zu einer Gesellschaft sieht, deren Werte man nie so recht teilen wollte. Sich deshalb in „nischigeren“ Segmenten, in Szenen bewegt hat. Auch die können nerven und enttäuschen, aber die initiale Schnittmenge zu den eigenen Vorstellungen von Schönheit und Gerechtigkeit ist erstmal deutlich höher.
„Und wenn ihr schon dabei seid, dann betrachtet auch mein Aussehen / Als Symbol der Nicht-Identifikation mit euren Werten“
(Die Ärzte – „Rebell“)

Selbstredend gibt es Bands, Künstler und Comicbücher, die sich meinem Gesellschaftsbild, meiner Ästhetik entfremdet haben. Das war ein beidseitiger Prozess. Wäre doch tragisch, wenn ich mit 42 noch immer die gleichen Vorstellungen und Sichtweisen hätte wie damals mit 16. Da hätte zwischen mir und meiner Umwelt wohl deutlich viel zu wenig Wechselwirkung stattgefunden. Nein, mit einigen Platten und Liedern habe ich heute wahrlich keine Freude mehr, wenn ich verschwörerisches, rechtsreaktionäres oder entwertendes, frauenfeindliches Gewäsch von Männern höre, deren Musik für mich mal echte Hochgefühle ausgelöst hat – die nun aber nur noch zerfallende, peinliche Abziehbilder ihres ehemals ikonischen Status sind. Mit zynischen, ultrabrutalen Comicbüchern einiger Künstler, die sich leider inzwischen als ziemlich miese Typen am rechten Rand herausgestellt haben, ist es ganz genauso. Wo ich früher sicher war, Zweideutigkeit und Augenzwinkern zu sehen, bleibt heute nur die stumpfe Bildebene, ganz ohne rettenden doppelten Boden. Es gab diese Zweideutigkeit wohl nie. Ich nenne all diese Enttäuschungen bewusst nicht namentlich. Der Diskurs über ihre Ausfälle würde wie ein mit Scheiße beschmierter Fliegenfinger all die anderen, mir so wichtigen Themen in diesem Text verwischen und unleserlich machen. Und das sind sie nicht wert.

Denn für die eigene Psyche, die persönliche mentale Hygiene und Gesundheit ist eine möglichst klare Selbstreflexion genauso wichtig wie die eigene Einordnung in die Gesellschaft. Die bewusste Wahl, mit welchen Menschen ich mich wie intensiv beschäftigen möchte. Comics sind wie Musik gerade unter jungen Menschen eine sehr populäre Kunstform, die uns erstmal ganz plakativ Gefühle transportieren und darunter unterschiedliche komplexe Auseinandersetzungen damit bieten kann. Also ist es kein Wunder, dass beides viele Menschen begeistert. Beginnend und identitätsstiftend in ihrer Jugend, später mit zunehmendem Alter dann als wohlige, nostalgische Erinnerung.

Wäre doch tragisch, wenn ich mit 42 noch immer die gleichen Vorstellungen und Sichtweisen hätte wie damals mit 16.

Musik und Comics bereichern dabei unser Verständnis von Ästhetik, können das Bild, das wir von uns selbst formen wollen, bereichern und uns auf T-Shirts, Mützen oder als digitaler Avatar in sozialen Netzwerken dienen, in dem sie unsere Haltung zur Gesellschaft repräsentieren oder andeuten. Wie sonst wollen wir uns die zahllosen Joker-Shirts und -Tattoos erklären, die sich im öffentlichen Nahverkehr zu den Slipknot-Shirts und Metallica-Patches gesellt haben? Sind wir alle nur ewig 13-Jährige, die ihre manifestierte, pubertäre Unnahbarkeit wie einen Schild vor sich hertragen wollen? Oder möchten wir einfach Gleichgesinnte erkennen? Menschen ausmachen, die unsere Vorstellungen, unseren Blick auf die Welt teilen, anstatt wieder im Büro nur über das Dschungelcamp und die Höhle der Löwen zu debattieren?

Eine Antwort darauf kann nicht generell erfolgen, sie ist so individuell wie die vielen Hörer von Musik und Leser von Comics, die ich hier zur Veranschaulichung einige Male ganz gemein generalisiert habe. Verzeihung. Ich wollte Reinhard Kleists einfühlsame und aufmerksame Künstlerbiografien keinesfalls übergehen. Es ist auch nicht so, dass ich keine Kenntnis von den vielen Comics zu Band-Geschichten hätte, den Ramones, den Beatles, Motörhead, Maiden – vieles davon habe ich gelesen und gemocht. Auch die crossmedialen Erzählungen von Bands wie „Coheed and Cambria“ oder „Twelve Foot Ninja“, bei denen Konzeptalbum in Comicform ergänzt werden, sind extrem interessant. Aber ich habe zu Beginn versprochen, hier keinen Katalog, keine reine Aufzählung liefern zu wollen. Ich wollte Anhand meiner persönlichen Einflüsse und Erfahrungen nur grob skizzieren, wo ich warum Wechselwirkungen zwischen Comic und Musik sehe. Wie beides auf eine ähnliche Weise Einfluss auf „Psyche, Identität und Gesellschaft“ nimmt. Wie gut mir das gelungen ist, wird sicher auch individuell davon abhängig sein, wie nachvollziehbar diese persönliche Reise für jeden einzelnen Leser ist. Deshalb ist es auch schade, dass ich kaum auf die ganzen psychedelischen Wechselwirkungen von Musik und Comics in den Siebzigern eingehe. Aber das wäre eben eine Auflistung von Recherchen gewesen, die dem Kern, den ich mir für diesen Text gewünscht habe, nicht gerecht geworden wäre. Und die ich selbst nie gefühlt und erlebt habe.

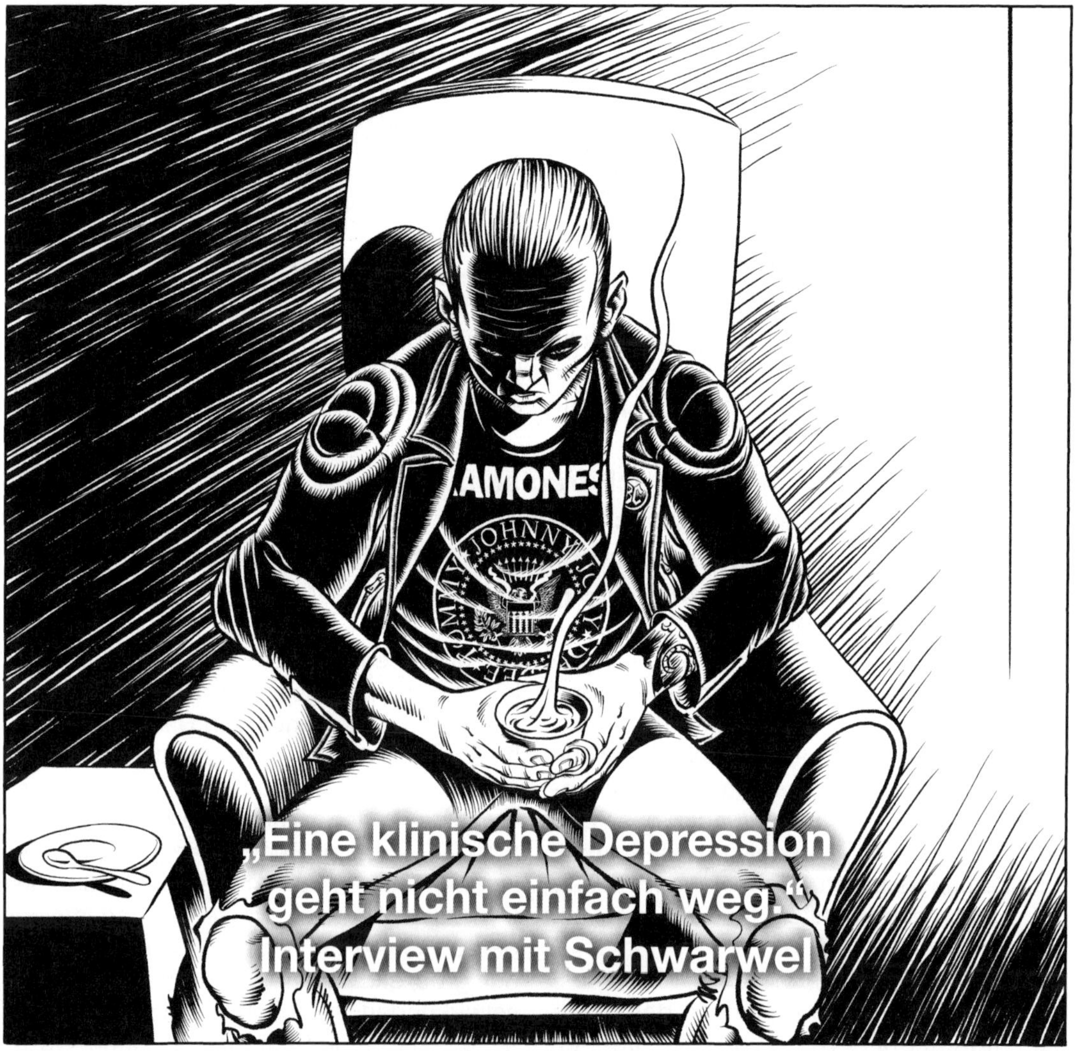

„Eine klinische Depression geht nicht einfach weg." Interview mit Schwarwel

von Jessica Frank

Schwarwel
***1968, arbeitet und lebt in Leipzig.**
Regisseur, Produzent, Illustrator, Comiczeichner, Karikaturist, Grafiker, Animator, Drehbuch-Autor, Storyboarder, Cutter, Art Director des Studios Glücklicher Montag, Schöpfer der Kultfigur Schweinevogel sowie Autor und Zeichner der Graphic Novels „Seelenfresser" und „Gevatter".
Seine ersten Comicstrips veröffentlichte Schwarwel 1988 und seitdem zeichnet er regelmäßig Comics, Cartoons, Karikaturen und Illustrationen für verschiedene Zeitschriften, Magazine, Verlage und Auftraggeber aus Wirtschaft, Verwaltung, Kreativ- und Musikbranche – wie z. B.: MDR Kripo live, MDR Exakt, MDR Fakt, Ernst Klett Verlag, Westermann, Cornelsen, Landeszentrale für politische Bildung Hamburg, Flamarium, FUNUS Stiftung und viele weitere.
Von 1993 bis 2011 war er Art Director der Die Ärzte, für die er bis auf eine Ausnahme alle Album- und Singlecover und so ziemlich alle Druck- und Weboptiken schuf.

Von 1996 bis 2006 war er neben Rockstar-Verleger Bela B der Mitherausgeber und verantwortliche Chefredakteur des Comicverlages EEE – Extrem Erfolgreich Enterprises.
Seit 1999 ist Schwarwel bisher an über 60 Film- und Musikvideo-Produktionen beteiligt – wie z. B.: Musik-Videos (u. a. Die Ärzte, Rosenstolz, Sido, Sebastian Krumbiegel, Veysel), Spielfilmen (bspw. „Auswärtsspiel – Die Toten Hosen in Ost-Berlin", „Max und Moritz Reloaded"), TV-Episoden („GZSZ", „SOKO Leipzig" u. a.), Reportagen (ARD, ZDF, MDR), Dokumentationen, Imagefilmen (Flamarium Saalkreis), Animationsfilmen (für z. B. hagebau) und eigenen Produktionen von Glücklicher Montag.
Eigenproduktionen von Glücklicher Montag und Filme, an denen Schwarwel beteiligt ist, liefen bisher im MDR, ZDF, SWR, rbb, NDR, auf arte etc.
Seine eigenen Filme, Bücher, Comics und Graphic Novels erscheinen bei Glücklicher Montag.

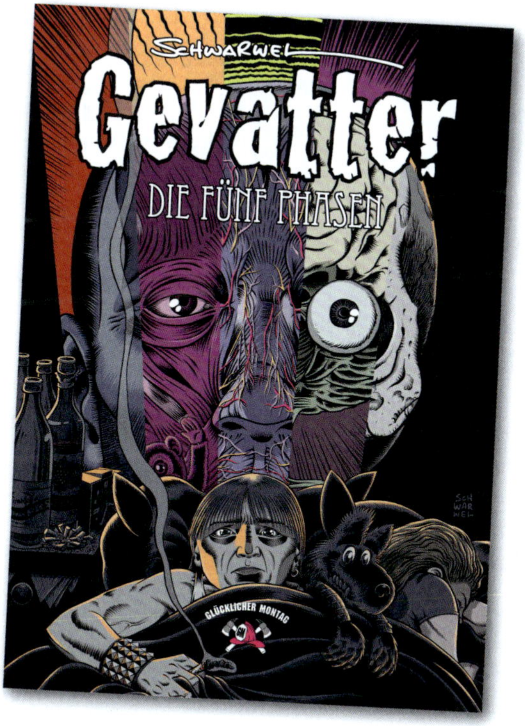

Jessica: „Gevatter" ist eine Autobiografie und Coming-of-Age-Geschichte. Wie fühlte es sich für dich an, deine Graphic Novel entstehen zu lassen?

schw: Da es sich bei „Gevatter" um meine eigene Vita handelt, war es vor allem beim Schreiben der Story und der Dialoge manchmal etwas schwierig, den richtigen Abstand zu halten. Einerseits wollte ich sehr nah und authentisch erzählen, um die Lesenden mitnehmen zu können, andererseits musste ich aufpassen, nicht zu sehr in alte Gefühlswelten zu rutschen, weil ich da schnell den Fokus hätte verlieren können und unter Umständen nur noch wehleidig-melancholische Bildwelten fabriziert hätte. Das wollte ich natürlich nicht. Es sollte unterhaltsam bleiben, damit man weiterlesen möchte. Beim Zeichnen war es etwas leichter, weil ich mich da viel mit Recherche von Locations und Erinnerungsarbeit bei den Charakteren befasst habe, da ich alle handelnden Personen frei Hand zeichnete, ohne auf Fotomaterial zurückzugreifen. So konnte ich da etwas mehr emotionalen Abstand halten, was mir half, mit dem Gesamtalbum fertig zu werden – hat ja so schon lange genug gedauert … Fünf Jahre mit Unterbrechungen für andere Projekte, ahem.

Jessica: Wie gehören für dich autobiografische Geschichten, Graphic Novel und Musik zusammen? Warum hast du bei „Gevatter" dieses Kombination gewählt?

schw: Die Graphic Novel als erzählerisches Medium der Wahl hat mir bei „Gevatter" ermöglicht, die totale Kontrolle über jeden Arbeitsabschnitt zu haben, was mir bei dieser Geschichte sehr wichtig war, denn ich wollte es genau so erzählen, wie es jetzt erzählt ist und vorliegt. Natürlich hatte ich da auch mit Beschränkungen zu kämpfen, die im Medium Comic selbst begründet sind – kein Ton, sinnvolle Aufteilung der Einzelbilder auf Doppelseiten, die eigene Entscheidung, alles in Schwarz-Weiß zu zeichnen usw., aber diese

Illustration linke Seite: aus „Gevatter – Die fünf Phasen" von Schwarwel (Glücklicher Montag 2024)

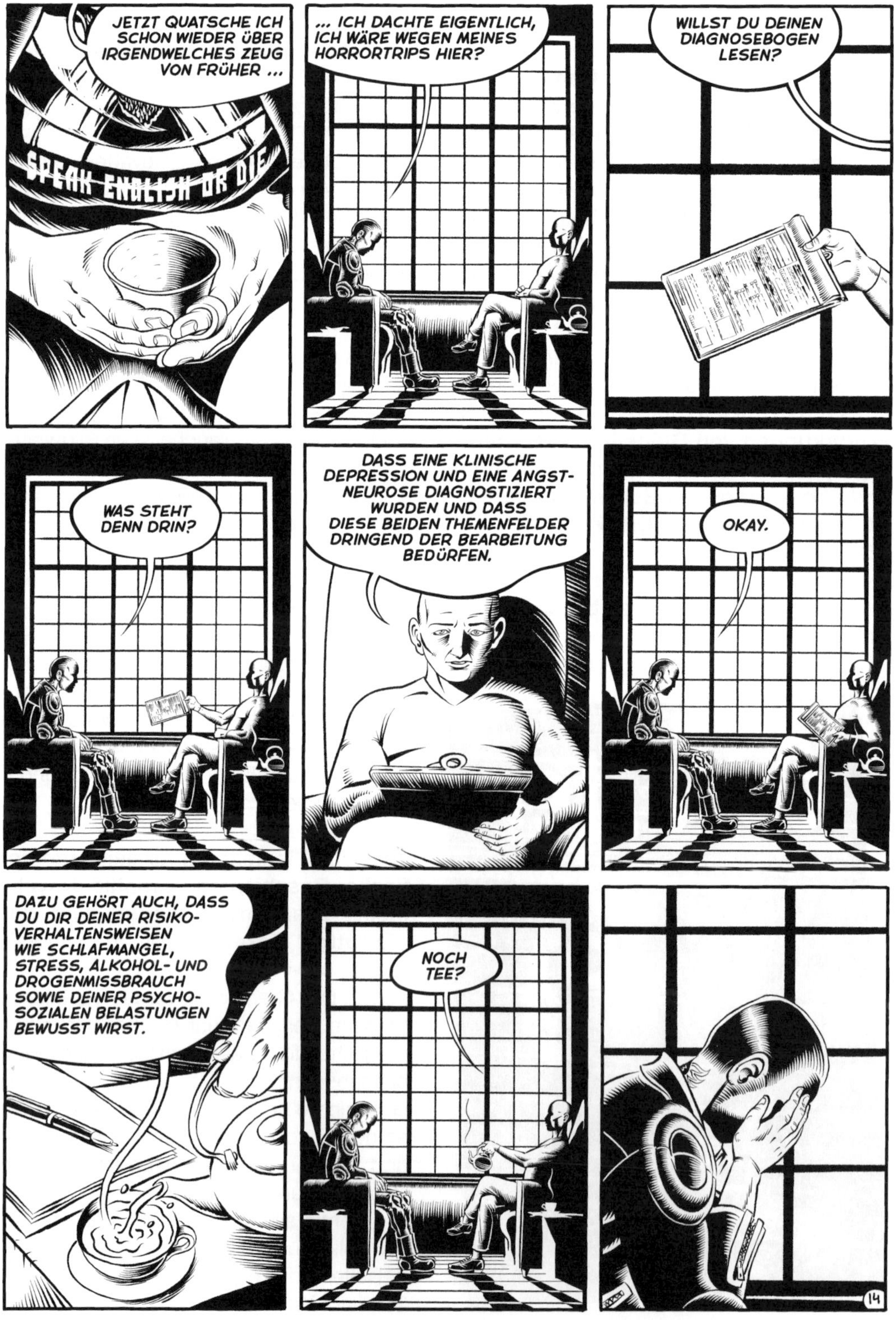
JETZT QUATSCHE ICH SCHON WIEDER ÜBER IRGENDWELCHES ZEUG VON FRÜHER ...
SPEAK ENGLISH OR DIE
... ICH DACHTE EIGENTLICH, ICH WÄRE WEGEN MEINES HORRORTRIPS HIER?
WILLST DU DEINEN DIAGNOSEBOGEN LESEN?
WAS STEHT DENN DRIN?
DASS EINE KLINISCHE DEPRESSION UND EINE ANGST-NEUROSE DIAGNOSTIZIERT WURDEN UND DASS DIESE BEIDEN THEMENFELDER DRINGEND DER BEARBEITUNG BEDÜRFEN.
OKAY.
DAZU GEHÖRT AUCH, DASS DU DIR DEINER RISIKO-VERHALTENSWEISEN WIE SCHLAFMANGEL, STRESS, ALKOHOL- UND DROGENMISSBRAUCH SOWIE DEINER PSYCHO-SOZIALEN BELASTUNGEN BEWUSST WIRST.
NOCH TEE?
14

Rahmenbedingungen waren von vornherein klar, so dass ich mich entsprechend darauf einlassen und damit planen konnte. In Romanform hätte ich auf die Bildebene verzichten müssen – und als Romanautoren verstehe ich mich natürlich auch nicht –, für einen Animationsfilm sind ganz andere Ressourcen und Zeitrahmen nötig und allein hat man da keine Chance, irgendwie jemals fertig zu werden, von der Kontrolle über jeden Arbeitsschritt mal ganz abgesehen … Die musikalische Ebene, die in „Gevatter" wichtig ist, weil sie in meinem Leben eine große Rolle spielte und spielt, war natürlich eine Herausforderung, denn meistens finde ich Konzertszenen in Comics, in denen man musizierende und/oder tanzende/pogende Menschen sieht und über denen dann Noten und Textfetzen hinwegfliegen, eher doof, weil sie die Intensität des geschilderten Moments nur sehr schwach wiedergeben können. Deshalb habe ich da in „Gevatter" bei Musikszenen oft eher mit einem dokumentarischen Stil gearbeitet, oder eine Konzertsituation läuft nur im Hintergrund, während vorn ein Dialog stattfindet. Ist schwierig.

Jessica: Ist „Gevatter" dein erster Comic, in dem Musik eine tragende Rolle spielt?

schw: Nein, da gab es schon einiges davor, das jedoch alles vom Ansatz her vollkommen anders war, weil ich da nicht diesen Bezug zwischen Musik und der Persönlichkeitsentwicklung des Protagonisten in den Mittelpunkt stellte. In den ersten beiden „Seelenfresser"-Alben hatte ich zwar auch schon Musiktexte zur besseren Charakterisierung einzelner Protagonisten eingesetzt, indem ich da quasi Musikvideosequenzen gezeichnet habe, doch alles vorher waren eben Comics über oder mit Bands wie der Die Ärzte-Comic oder der Comic mit The Other. Für die PNG (Persona Non Grata, ehemaliges Spex-artiges Musikmagazin aus Leipzig – Red.) hatte ich eine Reihe Shortcomics gemacht, die sich mit Rock versus Pop und der (albernen) Hybris von Rockstars beschäftigten, und davor in der ostzonalen Ur-Messitsch und nach Mauerfall in der Berliner Messitsch hatte ich viele Cartoons und Comics, die sich ums Ostpunksein oder den Rock'n'Roll-Lifestyle im Allgemeinen drehten – alles eher so von Seyfrieds Linksautonomen-Cartoons und Gilbert Sheldons Freak Brothers und anderen Undergroundcomics inspiriert. Das waren eher launige Kommentare und keine echte Auseinandersetzung wie jetzt in „Gevatter".

Jessica: Wie gehören für dich Musik, Psyche, Identität und Gesellschaft zusammen?

schw: In meinem Fall ziemlich untrennbar, was ich aber tatsächlich erst 2017/2018 während der Arbeit an unserem „1989 – Lieder unserer Heimat"-Animationsfilmprojekt geschnallt habe. Vorher gehörte Musik für mich eben immer einfach irgendwie dazu. Als ich dann aber die Drehbücher und vor allem die Songtexte für unsere Musikvideo-Trickfilme schrieb, merkte ich, wie sehr Musik und Liedtexte mich und mein Weltbild tatsächlich geprägt haben. Man identifiziert sich mit einem Liedtext oder einer Band und das wird Teil deiner Identität. Deine Stimmungen werden in Musik gespiegelt oder deine Stimmung wird von einem Ohrwurm bestimmt … Und was bei mir als Einzelperson schon so wirkt, wirkt bei einem Großkonzert noch mal tausendfach verstärkt – was auch ziemlich gruselig ist. Für mich jedenfalls. Deshalb ist mir ebenso wichtig, erst einmal herauszufinden, zu wessen Rhythmen mein Fuss gerade mitwippt. Was wird mir da unterschwellig mit aufgeholfen? Durch den Text, durch die Interpretierenden? Weil das alles miteinander so verwoben ist, halte ich eine Trennung zwischen Kunst und Künstler:in für hanebüchen.

Jessica: Warum ist Musik deines Erachtens nach identitätsstiftend?

schw: Weil sie uns direkt emotional erreicht, was viel leichter geht als durch den Intellekt. Wir summen die Melodien, Textfetzen fliegen

Comicseite linke Seite: aus „Gevatter – Die fünf Phasen" von Schwarwel (Glücklicher Montag 2024)

uns durch den Kopf und irgendetwas bleibt immer hängen. Das passiert einfach so und ist anfangs gar keine bewusste Entscheidung. Da werde ich einfach erstmal durch meine Umwelt geprägt. Erst wenn ich meinen Lieblingsliedern und Bands folge, ihre Alben öfter anhöre, ihre Texte auswendig kann, ihre T-Shirts trage, mich also damit identifiziere, wird das ein bewusster Akt zur Eigenidentifikation. Es wird ein Teil von mir. Etwas, das mir anhaftet. Weil ich mich bewusst zu etwas zugehörig fühlen oder davon abgrenzen will. Und da schwingt das Pendel in zwei Richtungen: Wenn ich mich mit Slime und ihrem Album „Sich fügen heißt lügen", auf dem sie die Texte des 1934 von den Nazis ermordeten Schriftstellers, Humanisten und Anarchisten Erich Mühsam vertont haben, identifizieren kann, so kann sich jemand anderes auch mit den Texten von irgendwelchen menschenverachtenden Rechtsrock-Bands identifizieren und deren Inhalte als das höchste Maß aller Dinge ansehen. Musik ist da das Schmiermittel. Die besteht ja nur aus Noten, also aus Tönen, Pausen und Beats. Sie ist nur das Medium, mit dem bewusst geschaffene Inhalte in Textform transportiert werden. Gilt für Klassik wie Wagners Opern oder die „Ode an die Freude" ebenso wie für Kirchenmusik mit ihren religiösen Texten.

Jessica: Welche Auswirkungen auf deine Entwicklung und Haltung hatte dein Aufwachsen in der DDR-Diktatur? Auch das ist Teil der Erzählung in „Gevatter". Und welche Rolle spielte Musik dabei?

schw: Puh, das hier jetzt alles aufzutröseln, würde definitiv den Rahmen sprengen. „Gevatter" befasst sich ja aber auch genau damit – also sowohl mit dem Aufwachsen in einer – vorgeblich sozialistischen – Diktatur als auch mit der Suche meines Alter Ego Tim nach seinem (lies: meinem) Platz in dieser Gesellschaft – oder eben an deren äußersten Rändern. Musik und Musikszenen spielten da eine große Rolle – zum Beispiel das Zugehörigkeitsgefühl zu und die Auseinandersetzung mit bestimmten Szenen wie den Zonenpunks oder den Ostmetallern. Spoiler: Ich war eher Team Zonenpunk.

Jessica: Klinische Depression, Angststörung, Alkoholsucht ... all das thematisierst du in „Gevatter". Welchen Weg hast du gefunden, um damit klarzukommen? Was hilft dir?

schw: Zum Beispiel Graphic Novels darüber machen. Und davor die Therapie, von der ich in „Gevatter" erzähle. Sie hat mir ganz klar dabei geholfen, mit dem Trinken aufzuhören, was wiederum dazu geführt hat, dass ich vieles klarer wahrnehmen und auseinanderhalten konnte, weshalb ich lernen konnte, mit meiner Depression, der Angststörung und den Panikattacken besser umgehen zu können. Damit leben zu können. Eine klinische Depression geht nicht einfach weg. Sie geht nie weg. Die habe ich für immer. Sie ist ein Teil von mir und ich muss mit ihr klarkommen. Davon zu berichten – zum Beispiel in Form so einer Graphic Novel wie „Gevatter" – bewirkte bei mir auch einen Perspektivwechsel und ich konnte – oder „musste" im Sinne der Aufgabenstellung – noch mal ganz anders darüber reflektieren, als wenn ich nur auf dem Sofa rumlümmeln würde und mich ständig frage, warum ich denn grad alles so schlimm finde ... Das ist nur Gedankenkreisen, das führt zu gar nix außer zur Verschlimmerung der Lage bzw. der Gefühlswelt.

Jessica: Hast du Angst oder Bedenken vor einer Stigmatisierung oder dass es dir beruflich schadet, wenn du so offen darüber sprichst?

schw: Nein. Was vor allem daran liegt, dass ich inzwischen etwas trainiert darin bin, darüber zu sprechen. Als ich mit dem Alkohol aufgehört habe, musste ich in den gastronomischen Einrichtungen und den Clubs, in denen wir als Band weiterhin verkehrten, auch schon immer die ewige Leier vom „Danke, für mich nur einen Kirschsaft." und der darauffolgenden Dialogschleife über „Komm, ist doch nur ein Bier.", „Ach, den Kurzen sieht die Leber doch gar nicht!" bis zu „Du Armer, da musst du das ganze Elend hier ja nüchtern erleben." durchlaufen lassen. Als ich vegan wurde, war es exakt dasselbe. Naja, vielleicht noch ein bisschen agressiver, weil Veganismus ja nochmal einen Zacken mehr Umstellung der eigenen Lebensweise fordert als der bloße Verzicht auf das gewohnte Feierabendbierchen. Doch ich kann sagen: Es ist mir inzwischen schlichtweg egal, welche Meinung irgendjemand auf der Welt über meine Alkoholabstinenz, meinen Veganismus, meine klinische Depression oder meine Angstzustände hat. Das ist dann ganz offensichtlich ein Problem anderer Leute, nicht meins.

Jessica: Welche emotionalen und psychischen Auswirkungen hatten deine Erlebnisse, die du in „Gevatter" beschreibst? Du wurdest bereits als junger Mensch sehr intensiv und frontal mit menschlichem Leid sowie Lebensumständen in einer Gesellschaft, körperlichen und psychischen Beeinträchtigungen, Alter, Krankheit und Tod konfrontiert.

schw: Öhm, sorry, aber ich tue mich echt schwer damit, hier die gesamte „Gevatter"-Story zu spoilern, weil die Antwort auf deine Frage den Kerninhalt der ganzen Graphic Novel bildet. Sagen wir so: Es ging mir nicht so toll, was ich aber für normal gehalten habe, weil ich ja keine Vergleichswerte hatte. Dann wurde es schlimmer, bis es schließlich ganz schlimm wurde. Durch Glück und etwas Restverstand gibt es mich noch und ich habe mir helfen lassen. Jetzt geht es besser.

Jessica: Hilft dir Musik bei Verlust, Tod und Trauer? Und wenn ja, wie?

schw: Eher nein. Musik kann sicher Trost spenden, aber ich stehe eigentlich nicht so auf Trost, weil er – so fürchte ich – letztlich sinnlos ist. Musik kann in so einer Situation natürlich auch Ablenkung bieten, aber wenn ich mich der Radikalen Akzeptanz von Verlust, Tod und Trauer hingeben will, brauche ich keine Ablenkung. Das sage ich jetzt alles als 56-Jähriger. Mit 21 oder mit 31 hätte ich etwas ganz anderes gesagt, weil ich die Welt da anders wahrgenommen habe und andere Bedürfnisse hatte, als ich das jetzt tue. Ich glaube, Musik hilft mir nur bei positiven, aufwärtsgerichteten Emotionen und Erlebnissen. Beim Weitermachen. Bei Verlust, Tod und Trauer knipst Musik bei mir eher so einen Selbstmitleidsknopf an, was ich ganz schlimm finde. Oder einen Knopf, wo plötzlich mal alles rausfließt. Das tut natürlich gut und kann ein Ventil sein. Schwierig. Es gibt viele Lieder, die ich auf meinem iPod skippe, sobald der erste Ton erklingt, weil sie gerade so gar nicht in meine momentane Stimmung passen. Für Musik bin ich etwas zu sensibel, um mich von ihr einfach überfallen zu lassen.

Illustration: aus „Gevatter – Die fünf Phasen" von Schwarwel (Glücklicher Montag 2024)

„FAHRRADMOD"
Interview mit Tobi Dahmen

von Sandra Strauß

Tobi Dahmen, geboren 1971 in Frankfurt/ Main, wuchs in Wesel am Rhein auf und studierte Visuelle Kommunikation in Düsseldorf. Sein Diplom machte er mit dem illustrierten Buch „Poetry And All That Jazz" zu einem Text von Jack Kerouac. Seitdem arbeitet er als Comiczeichner und Illustrator für die unterschiedlichsten Auftraggeber.
Tobi wurde bereits mehrfach für seine Arbeiten ausgezeichnet, u. a. mit dem ICOM-Preis für den besten Kurzcomic und dem Red DotDesign Award.
Seine zuerst als Webcomic veröffentlichte Comicgeschichte „Fahrradmod" erschien 2015 in Buchform bei Carlsen. 2024 veröffentlichte der Zeichner, der mittlerweile im niederländischen Utrecht lebt, seine Graphic Novel „Columbusstraße", in der er die Geschichten seiner Familie während und nach dem Zweiten Weltkrieg aufarbeitet.

Sandra: Vor wenigen Wochen wurde deine neue Graphic Novel „Columbusstraße" veröffentlicht und daraufhin warst du unglaublich viel unterwegs (Comic-Salon Erlangen, Lesungen, Buchvorstellungen), hast eine Menge Interviews gegeben und viel Presse erhalten. Ich finde das beeindruckend, insbesondere für den Comic-Bereich.

Tobi: Es ist wirklich enorm. Ich bin selbst überrumpelt, wieviel Aufmerksamkeit mein neues Buch bekommt. Ich denke, da fallen ein paar Sachen zusammen: dass wir jetzt gerade die Europawahl hatten, das Erstarken der Rechten … Ich hoffe natürlich, dass das Buch einen Beitrag leisten und zeigen kann, wohin das führt bzw. führen kann. Ich habe dafür schon ein gewisses Publikum gesehen, doch dass das so groß ist, hätte ich nicht erwartet.

Sandra: In kurzer Zeit unglaublich viel unterwegs zu sein, Interviews, Lesungen, Signierstunden, Erfolgsmeldungen, Reise nach Vancouver … Wie bekommst du das alles emotional und psychisch hin?

Tobi: Man muss sich da schon seine Ruhemomente nehmen. Die sind bei mir morgens. Das sage ich auch meinem Verlag. Ich möchte morgens nicht direkt die erste Signierstunde machen. Dass man ein bisschen ruhig in den Tag starten kann, hilft schon mal. Abends sollte man es auch nicht übertreiben. Das habe ich in Erlangen gemerkt. Abends geht ja eigentlich der schöne Teil los, bei dem man auch mit den Kolleg:innen quatscht. Das habe ich zwei Tage gemacht und es wurde immer später. Irgendwann habe ich gemerkt, dass ich mich echt etwas runterfahren und vorsichtig sein muss. Die Musik auf der 1980er Jahre-Party war nicht so toll und das hat mich dann früher ins Bett gejagt.
Ja, wie macht man das? Ich stelle mich darauf ein. Es ist jetzt ein Tunnel, der nicht hässlich, sondern eher ein Unterwassertunnel mit

Foto linke Seite: Gunter Gluecklich
Cover: Carlsen Verlag

lauter bunten Fischen und Lichtspielereien ist. Ich empfinde das schon als schön, aber ich merke natürlich ebenso, dass ich danach immer ein bisschen Ruhe brauche.
Vancouver war gar nicht so anstrengend, wie ich angenommen hatte. Es war sogar beinahe spirituell, weil wir mit Indigenen zu tun hatten. Das ist für ein anderes Projekt, das sich mit Genoziden auf der Welt beschäftigt. Das haben die indigenen Völker Amerikas leider auch zu spüren bekommen. Damit haben wir uns auseinandergesetzt. Es war sehr beeindruckend und da hat man seinen Kopf wieder ganz woanders hingerückt. Ein bisschen durch den kanadischen Wald zu laufen: Da lädt man seine Batterien auf. Es hat immer seine Vorteile, wenn man neue Sachen sieht. Zuhause ist man immer in so einem Tunnel, wenn jeder Tag irgendwie ähnlich ist. Ich sehne mich gleichzeitig sehr nach Urlaub.

„Ich möchte zeigen, wohin dieser Weg führt, wieviel Elend das beinhaltet, gerade auch für die verfolgten Gruppen."

Sandra: Wie fühlt sich der Erfolg, den du gerade hast, für dich an?

Tobi: Noch ein bisschen unwirklich. Es liegt vielleicht auch an der langen Zeit, die das Buch gedauert hat, und jetzt passiert auf einmal alles ganz schnell. „Columbusstraße" fertig zu machen, war unglaublich anstrengend. Ich hatte Null Ruhepausen. Von Ende September bis März habe ich durchgearbeitet. Es musste total viel coloriert werden, um das Buch fertigzustellen. Ich habe es komplett auf dem iPad gezeichnet.
Ich versuche schon, das neben meiner Familie zu machen. Also neben ihnen zu sitzen, wenn sie Fernsehen schauen, um ein bisschen meinen Beitrag leisten zu können, indem ich ab und zu mal einen Kommentar einwerfe. Das alles wäre nicht möglich gewesen, wenn meine Familie es nicht akzeptiert hätte, dass da einer am anderen Ende vom Sofa verkrümmt über seinem iPad hockt. Das muss man ganz klar sagen.
Ich war dieses ganze Dauerfeuer fast schon gewöhnt. Nachdem das Buch im Druck war, habe ich mir auch nicht wirklich eine Pause gegönnt, weil zu viele andere Sachen gewartet haben. Insofern bin ich ein gewisses Stresslevel gewohnt. Jetzt, nachdem es raus ist, muss ich das alles erstmal sinken lassen. Es ist schon echt schräg. So ein Feedback hätte ich echt nicht erwartet. Ich habe mir große Sorgen gemacht, wie es aufgenommen wird. Nicht, dass es so apologetisch aufgenommen wird. Natürlich habe ich eine gewisse Empathie, was meine Familie im Zweiten Weltkrieg erlebt hat. Ich möchte zeigen, wohin dieser Weg führt, wieviel Elend das beinhaltet, gerade auch für die verfolgten Gruppen. Es wird verstanden und darüber bin ich sehr beruhigt.

Sandra: Warum war es dir ein persönliches Anliegen, davor „Fahrradmod" zu machen?

Tobi: Ich habe mich schon immer sehr für autobiografische Geschichten interessiert. Ich lese auch alles Mögliche, von „Batman" bis hin zu thematisch ganz anderen Schubladen. Ich denke mir selbst keine Geschichten aus, sondern suche sie stets in meinem näheren Umfeld.
Vor Jahren habe ich mit Kolleg:innen zusammen gesessen und von meinen Mod-Abenteuern in meiner Jugend erzählt. Sie saßen mit großen Ohren da und meinten: „Das wusste ich gar nicht, das habe ich noch nie gehört." Da dachte ich, dass man das mal aufzeichnen kann.
Am Anfang war es die Idee, dass ich es „Tales From The Crypt"-mäßig konzipiere, aber dann merkte ich, dass man da etwas Größeres draus machen kann. Beeinflusst wurde ich dabei ebenso von deutschen autobiografischen Comics, und dann wurde es immer umfangreicher.

Man fängt mit dem Aufwachen nach einem Weekender an, nach Hause fahren und überlegen: „Wie bin ich eigentlich hierher gekommen?" Als ich das Leuten zu lesen gegeben habe, wurde mir bewusst, dass viele gar nicht wussten, was Mod ist. Das habe ich dann erläutert, indem ich einen Dokumentarteil voranstellte.
Je mehr ich recherchierte, desto mehr stellte ich fest, dass sich meine Entwicklung innerhalb der Szene auch mit der Entwicklung der Szene spiegelt. Man bleibt ja nicht nur bei einer Sache hängen, man entwickelt sich weiter. Ebenso die Geschichte mit Nazi-Skinheads: Das ist alles so passiert. Das musste alles mit rein, weil es ein kompletteres Bild dieser Jahre zeichnet. Im Osten war das noch viel krasser: die sogenannten Baseballschlägerjahre. Wir hatten aber ebenso mit Gewalt zu tun bis hin zum Tod von jemandem.

„Martin ist ermordet worden. Er war mal rechter Skinhead und hatte dieser Szene dann entsagt."

Sandra: In deinem nahen Umfeld?

Tobi: Ja. Martin ist ermordet worden. Er war mal rechter Skinhead und hatte dieser Szene dann entsagt. Er hat ein unpolitisches Oi!-Label aufgemacht und ist dann von einem ehemaligen „Kameraden" mit der Schrotflinte auf der Türschwelle bei den Eltern seiner Freundin erschossen worden. Ich zweifle ein bisschen, was die Motive dahinter waren. Ich glaube, der Typ war ein unglaublicher Psychopath und Sadist, er kommt hoffentlich nie wieder raus. Martin wird auch nie wieder lebendig. Das hat schon einen bleibenden Eindruck hinterlassen.
Wir haben immer gedacht, das ist unser lustiger Spaß, unsere Freizeitbeschäftigung, das hat auch unsere Identität bestimmt, aber es war vor allen Dingen Spaß. Wie weit das gehen kann, konnte man dann daran sehen. Das war krass.

Sandra: Wie seid ihr damals damit umgegangen?

Tobi: Ich weiß, dass mich das total fertig gemacht hat. Ich kannte Martin nicht supergut, bin ihm ein paar Mal begegnet, habe seine Visitenkarte erstellt und ein paar Grafiksachen für sein Label gemacht. Auf einmal erzählt mir auf meiner Geburtstagsparty ein Freund, der viel Umgang mit ihm hatte, was passiert war.
Ich wusste erst gar nicht so richtig, was los war. Man hatte damals nicht in der Art die Möglichkeiten, an Informationen ranzukommen, die man heute hat. Man hatte etwas gehört und konnte dann darüber keine weiteren Informationen erhalten, wie es passiert war. Man hörte immer mal wieder etwas auf einer Party, aber das war es dann auch schon. Abgesehen davon, dass er nicht wieder auftauchte. Es war schlimm, dass man ihm auch keinen Platz mehr geben konnte. Auf der anderen Seite war man jung und hat natürlich irgendwie weitergemacht.
Ich fand es total schlimm, dass auch danach manche Leute nach wie vor mit den Nazis-Skinheads rumhingen, obwohl man das miterlebt hatte. Das konnte ich überhaupt nicht verstehen.

Sandra: Hattest du Angst? Waren die Szene und die Zeit gefährlich? War das ein Einzelfall?

Tobi: Ja, man war immer ein bisschen vorsichtig. Man hat sie schon erkannt, aber nicht alle. Es gab ebenso Leute, die einfach smart aussahen. Wir waren ja diese Original Skinheads. In dieser Zeit fing ich schon an, mich mehr mit Soul zu befassen. Ich hatte davor eine Ska-Phase, in der ich sehr viel auf Konzerten war. Da waren halt größtenteils nur Skinheads, paar Punker, aber größtenteils Skinheads. Die meisten waren voll in Ordnung und haben sich dafür eingesetzt, diese Nazitypen draußen zu halten. Manchmal konnte man sie eben nicht so gut unterscheiden. Sie hatten dieselben Klamotten an und wenn man nicht wusste, wie der tickt, war man halt auch auf andere angewiesen – so nach dem Motto: „Halte dich mal von dem fern". Gefährlich war das auf jeden Fall. Sie waren sehr gewaltbereit.

Der Typ, der mir von Martin erzählte, ist auch beinahe draufgegangen, weil er ein Bierglas durchs Gesicht gezogen bekommen hat. Da ging es um eine Frauengeschichte.

So alt, wie ich mittlerweile bin, fasst man das so gar nicht. Auf der Straße bekommt man es vielleicht mal mit, wenn irgendwelche Junggesellenabschiede aus dem Ruder laufen. Früher war es doch häufiger, habe ich zumindest den Eindruck.

Da ist auch immer viel Alkohol und Macho-Getue von Typen im Spiel. Und es geht um Reviere. Ich habe nie so richtig verstanden, warum die einen den anderen aufs Dach geben müssen. Die Frage ist: „Warum? Warum muss man sich auf die Nase geben?" Das ist totaler Unsinn. Aber so war es damals. Ihr seid die Mods und wir sind die Rockabillys. Wir wollen jetzt auch auf eure Partys gehen und ihr sagt dann: „Nee, ihr dürft hier nicht hin." Da sind sie dann außen an der Wand hochgeklettert, sind trotzdem rein und haben den Gastgebern erstmal eins draufgegeben. Damals war es halt nicht mit viel Diplomatie.

„Da ist auch immer viel Alkohol und Macho-Getue von Typen im Spiel. Und es geht um Reviere."

Sandra: Warum haben dich die Skinhead- und die Mod-Szene so fasziniert?

Tobi: Vor allem wegen der Musik und dem Style. Das fand ich richtig super. Ich kann mich heute noch daran erinnern, als ich das Buch „Mods" von Richard Barnes – eigentlich ein Fotobuch – gesehen habe. Die Fotos waren toll, aber es war eine schlechte Druckqualität, billig produziert. Ich habe das gesehen und dachte: „Wow!": diese 1980er-Jahre, diese Mode, diese Musik ... Ich fand es total super, es war eine ganz andere Welt. Die Soulmusik war so echt, der Mod-Punk hat mir etwas erzählt. Ich sah mich repräsentiert. Das war mein Ding.

Dieser blöde Quatsch „Ich mache das richtiger als du. Ich habe die besseren Klamotten als du." gehört eben auch zur Jugend dazu, um sich abzugrenzen und zu versuchen, sich zu definieren. Das hat mich unglaublich genervt und wahnsinnig unsicher gemacht. Trotzdem war es wichtig genug, mich da weiter reinzuwühlen.

So richtig begriffen habe ich das alles eigentlich erst, als ich noch ein bisschen recherchiert und „Fahrradmod" gemacht habe. Vorher hat man das alles einfach so hingenommen, aber dann hat man etwas genauer auf die Hintergründe geschaut.

Sandra: Ich weiß, es steht in deinem Buch, und alle sollen „Fahrradmod" selber kaufen und lesen. Magst du trotzdem einen kurzen Abriss geben, was Mods sind?

Tobi: Mods sind eigentlich die erste große Jugendbewegung. Das ging in den späten 1950er Jahren los. Vorher gab es die Teddy Boys in England. Das Wort Mods kommt ursprünglich aus dem Wort Modern Jazz, den Modernists, davon abgekürzt die Mods. Das wurde dann immer größer, bis es 1964 seinen Höhepunkt erreicht hatte. Es bestimmt eine Jugendkultur, wie wir sie heute noch kennen. Aber so etwas gab es halt vorher nicht: die Nächte durchfeiern, coole Klamotten tragen, smarter aussehen als der Boss. Es waren größtenteils Arbeiterkinder, die sich in den feinsten Zwirn schmissen und damit cooler aussahen als ihre Vorgesetzten. Dazu gehörte aber auch Pillen schmeißen und die Nächte durchfeiern. Ein sehr hedonistischer Lebensstil. Da gibt es ebenso noch andere Sachen, die das gefördert haben, beispielsweise dass Ratenzahlung eingeführt wurde, wodurch sich die Leute erstmals diese Sachen kaufen konnten.

Die Welt wurde offener. Man hat sich nicht nur in England seine Inspiration geholt, sondern in Amerika, wo viele amerikanische GIs herkamen und ihre Musik mitbrachten. Aber auch Einflüsse von westindischen Einwanderern, die Ska und Rockabilly mitgebracht haben, kamen hinzu und später dann Reggae. England war damals ein bisschen grau und die Leute dachten sich: Das, was unsere Eltern uns gebracht haben, ist nur Krieg und Armut. Damit sind wir jetzt fertig und machen unser Ding so, als wenn wir die Ersten auf diesem Erdball sind, und wir machen es, wie wir das wollen. Das hatte großen Einfluss auf alles, ebenso auf das Konsumverhalten.

Es ist kein Zufall, dass Boutiquen bunt waren, dass da Musik lief und dort junge Menschen gearbeitet haben. Das ist heute immer noch so, aber das haben die Mods quasi installiert.

Dann ging es weiter, dass die einen Mods immer weiter Richtung Psychedelika gegangen sind, es wurde immer bunter und die Klamotten immer ausgefallener. Die anderen Mods haben sich eigentlich zurück auf ihre Arbeiterwurzeln besonnen. Das wurden dann die Skinheads. Sie haben eher die Musik der westindischen Einwanderer gehört. Das war ursprünglich sehr mit multikulturellen Einflüssen verbunden. Erst in den 1970er Jahren ist es dann Richtung National Front und anderen Institutionen abgedriftet.

Sandra: In deinem Buch steht ebenso, dass du dich als Jugendlicher ausgegrenzt gefühlt hast. Wie fühlte sich das an, bevor du deine Szene gefunden hattest?

Tobi: Ich war ein Nerd, als Kind und auch noch als Schüler sehr verspielt. Die anderen haben schon geraucht und ich habe noch mit meinen Schlümpfen gespielt. Ich war einfach noch in einem ganz anderen Entwicklungsstadium und entsprechend fühlte ich mich ausgegrenzt. Musik fand ich zu diesem Zeitpunkt schon wichtig, ich habe ein bisschen Jazz gehört und übers Radio Sachen entdeckt. Aber damit konnten meine Leute in der Schule überhaupt nichts anfangen. Ich wurde einfach nicht so akzeptiert. Die ersten Jahre am Gymnasium ging das noch. Aber dann merkte ich, dass die anderen immer reifer wurden und ich nicht mehr hinterherkam. Dann war ich halt einfach ein bisschen die Lachnummer. Ich habe außerhalb der Schule meine Freunde gefunden: bei den Pfadfindern. Über sie bin ich dann an die Mods rangekommen. Bei mir an der Schule gab es keine. Da haben sich zwei Leute mal einen Parka übergeworfen, aber das war es dann auch schon. Die, die das ein bisschen ernster genommen haben, waren auf einer anderen Schule. Mit ihnen habe ich rumgehangen. Ich war dann der Exot mit den schrägeren Klamotten. Während man vorher unterm Radar war, fiel man auf einmal auf. Das gefiel mir sehr gut.

„Ich war ein Nerd, als Kind und auch noch als Schüler sehr verspielt. Die anderen haben schon geraucht und ich habe noch mit meinen Schlümpfen gespielt."

Sandra: Auf dem Backcover steht, dass du durch deine Szene und durch Musik nach Anerkennung gesucht hast. Was bedeutete das?

Tobi: Die Anerkennung habe ich vorher in der Schule vermisst. Dann kommt man in diese Szene rein und es gibt Menschen, die das alles ein bisschen besser schnallen als man selbst. Man sucht natürlich auch die Anerkennung von Menschen aus der Szene, in der man sich bewegen will. Eigentlich ist es bekloppt, dass es da so Hierarchien gibt. Ich glaube, das ist alles sehr pubertär. Aber so war es halt. Wenn jemand besonders cool aussah, hatte er einen höheren Status als man selbst.

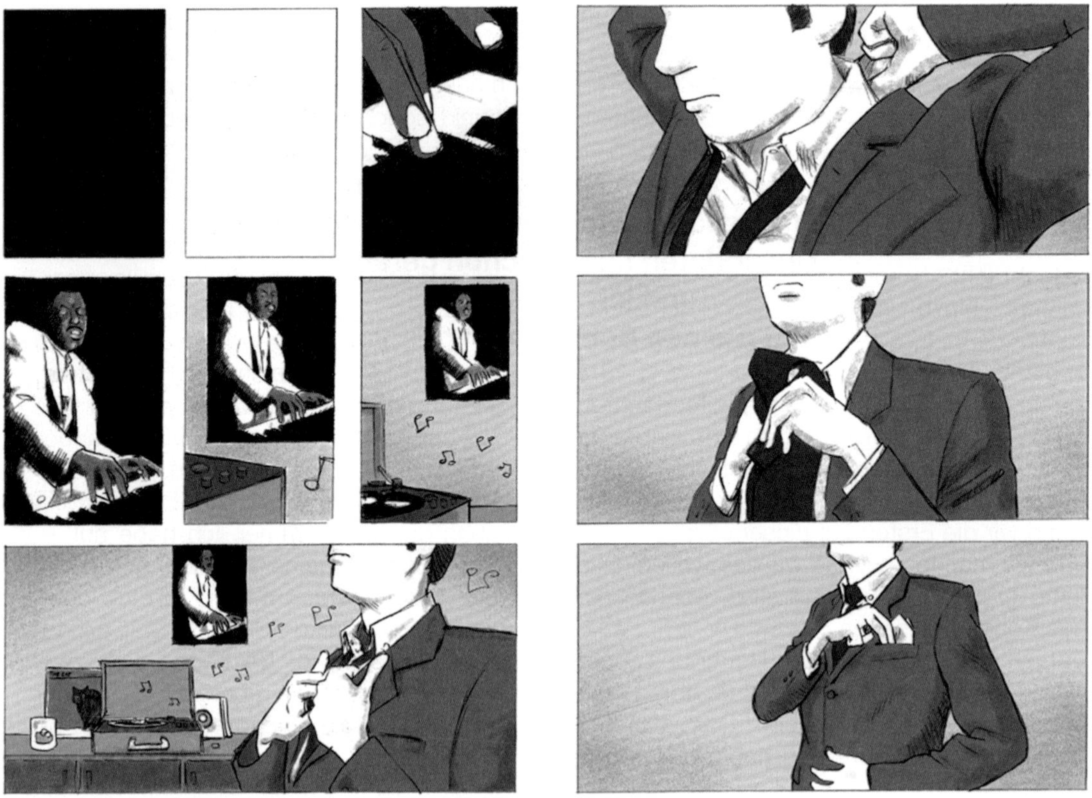

Man kam auch nicht so leicht an die Klamotten ran, sondern musste versuchen, sie sich in einem Second Hand-Laden zu organisieren oder nach Düsseldorf zu fahren. Da gab es Fred Perry und das war sauteuer. Das hat man sich nicht einfach leisten können. Ebay und solche Sachen gab es damals noch nicht. Insofern war man ständig darum bemüht, Schritte in dieser Szene zu machen. Klar, man definierte sich über Klamotten. Das würde ich heute auch nicht mehr so fördern. Auf der anderen Seite war es schon so, dass man sich total toll fühlte, wenn man einen Second Hand-Anzug ergattert hatte, der gut saß und die richtige Anzahl an Knöpfen hatte. Wenn einer dann sagte: „Das sieht aber gut aus", konnte der Tag nicht mehr besser werden.

„Auf der anderen Seite war es schon so, dass man sich total toll fühlte, wenn man einen Second Hand-Anzug ergattert hatte, der gut saß und die richtige Anzahl an Knöpfen hatte."

Genauso war es mit Musik. Man wollte Musik begreifen, alles aufsaugen und Bescheid wissen. Man konnte sich das nicht einfach so anlesen. Man konnte sich vielleicht ein Buch in einer Stadtbücherei über die Stones und Beatles leihen. Aber über alles, das ein bisschen obskurer war, musste man sich untereinander austauschen. Manche Leute haben natürlich ihren Status verteidigt, indem sie diese Informationen nicht so gerne geteilt haben. Das war eben auch so ein pubertärer Mist. Es gab jedoch ebenso Menschen, die ent-

spannter und einfach freundlicher waren. Mit ihnen hat man sich dann am liebsten abgegeben.

Sandra: Du sprachst eben von „Musik begreifen". Was bedeutet das für dich?

Tobi: Gute Frage. Gute Texte sprechen natürlich den Kopf an, aber größtenteils das Herz, würde ich mal sagen. Da gibt es natürlich noch eine Musiktheorie dahinter, was vorher und was nachher kam. Wie haben die ganzen Musikstile ineinander gegriffen? Oder wer hat in welcher Band spielt? Wodurch haben sie sich gegenseitig beeinflusst? Das ist aber schon die höhere Schule. Am Ende geht es darum, ob die Musik zu einem spricht oder nicht.
Ich kann es überhaupt nicht verstehen, wenn Menschen Soulmusik nicht schön finden. Es ist so menschlich, dass ich nicht verstehen kann, dass es für manche Kitsch ist. Soul hat soviel mit mir zu tun. Vielleicht kann man Musik auch nicht wirklich begreifen, sondern es geht einfach nur darum, ob sie etwas in einem auslöst oder nicht, ob man jetzt der Typ dafür ist oder nicht. Mittlerweile ist mein Horizont relativ breit. Ich beurteile meine Musik vor allen Dingen danach, ob sie jetzt echt klingt oder nicht. Es gibt sicherlich auch Musik, die echt ist, aber so bin ich als Typ dann einfach nicht. Wenn es total hart wird, ist es mir dann oft zu krass. Ich verstehe, dass harte Musik für Leute ein enormes Ventil ist und sie sich genauso aufgefangen fühlen wie ich mich im Soul und Jazz. Es ist immer eine Typfrage. Letztendlich kann man sich seine Zielgruppe nicht aussuchen.

Sandra: Du beschreibst in „Fahrradmod" die Gefahren, auf den falschen Weg zu kommen. Was genau meint das?

Tobi: Man hat gesehen, dass manche Leute über gewisse Macho-Touren schnell bei diesem Nazi-Skinhead-Kram gelandet sind.
Die Gefahr sah ich weniger bei mir selbst, sondern eher bei Freunden, dass sie durch den Status, den sie hatten, von dem sie glaubten, dass sie ihn hatten, aber auch durch diese Macho-Kultur in die rechte Ecke reinkamen. Ebenso durch ein gewisses Gedankengut, das sie hatten. Wir haben dann schon miteinander diskutiert: „Da bin ich nicht deiner Meinung." Es hat mich erschreckt, dass sie sich davon haben angezogen gefühlt, trotz dass wir kurz zuvor erlebt hatten, wohin das führen kann, eben mit diesem Mord. Das habe ich nicht verstanden. Die entsprechenden Leute haben dann jedoch selbst zu spüren bekommen und erlebt, wohin es führen kann, und haben selbst ihre Packung abbekommen. Da war das bei ihnen dann auch wieder gegessen.
Ich glaube, das ist immer eine gewisse Gefahr: sich aus der Gesellschaft rausziehen, diesen Mainstream nicht mitmachen wollen … aber wenn man das total macht, wird es gefährlich. Da kann man ein Verschwörungsthe-

Illustrationen: Tobi Dahmen
aus „Fahrradmod" (Carlsen Verlag)

oretiker werden, aber auch konkret gegen die Gesellschaft arbeiten, die dafür da ist, dass wir sie alle zusammen tragen. Das ist ebenso eine Sache, über die man nachdenken kann. Es ist schon wichtig, dass sich Jugendliche abgrenzen und vor allem ihr eigenes Ding machen. Aber das sollte nicht so weit gehen, dass man gar nichts mehr mit dieser Gesellschaft zu tun haben will. Dieser Weg führt in die Irre. Wo soll er hinführen? Der Mensch ist keine Insel.

Sandra: War es eine männerdominierte Szene?

Tobi: Ja, absolut. Es gab schon einige Frauen, aber insgesamt waren es weniger.
Irgendwann wurde das alles sehr groß, auch bei uns in der Stadt. Das ist nach wie vor faszinierend, weil es eine relativ kleine Stadt ist. Ich weiß nicht, warum. Ob es zu langweilig war oder wir eine ganz gute Disco hatten, die das gefördert hat? Wenn man die Anteile der Subkulturen angesichts der Anzahl der Jugendlichen betrachtet, dann war es schon ein sehr hoher Prozentsatz. Viele Rockabillys, nicht so viele Mods, aber viele Scooterboys, ebenso Gothics, Punks ... alles war da. Abgesehen von ein paar Gruppierungen hat man sich immer miteinander arrangiert. Da war echt eine Menge los. Wenn ich das heute in Wesel vergleiche, ist das schon eine ganz andere Jugend.

„Viele Rockabillys, nicht so viele Mods, aber viele Scooterboys, ebenso Gothics, Punks ... alles war da.“

Sandra: Ich möchte jetzt nicht so „Alte Frauen und alte Männer erzählen vom Krieg“-mäßig und „Früher war alles besser“ rüberkommen, aber ich fand die ganzen Sub- und Clubkulturen extrem wichtig. Ja, klar, es ist unsere Generation, aber gefühlt ist es in dieser Art jetzt nicht mehr in der Art da, wie wir es erlebt haben. Ich finde das schade, weil ich glaube, dass das für die Identität und eigene Entwicklung wichtig ist.

Tobi: Die einzelnen Szenen waren schon sehr divergent. Aber ich finde das auch sehr schade.

Sandra: Was hat eine Subkultur ausgemacht? Mich hat es tatsächlich geprägt und mir geholfen, meinen Weg zu finden. Gefühlt fehlt das jetzt für die derzeitige Jugend. Das weiß ich jedoch nicht, ich habe keine Kinder.

Tobi: Ich habe eine Tochter und sie macht schon ihr eigenes Ding. Sie mag auch Soul und geht mit uns zu Soul-Veranstaltungen. Das freut mich sehr. Sie ist sehr neugierig, was Musik anbetrifft. Aber ich glaube, dass der große Unterschied das Internet ist. Wie schwierig es damals war, an diese Klamotten und Infos zu kommen. Das ist auch der Grund, warum man der Sache die Stange gehalten hat: weil man investiert hat. Es hat etwas bedeutet. Man hat Zeit investiert, man musste sich dieses Wissen draufschaffen und mit den Leuten zusammenhängen, um überhaupt daran zu kommen. Heutzutage kannst du dir theoretisch mit ein paar Mausklicks ein total smartes Outfit zusammenstellen und das wird dir dann mit der Post geliefert. Dann kannst du auf die Straße gehen und sagen: „Ich bin hier der Übermod.“ Aber so funktioniert es halt nicht. Es gibt Nachwuchs, aber es sind sehr wenige. Die Menschen, die dabei bleiben, haben auch etwas investiert.
Vor ein paar Jahren gab es in England den Film „Northern Soul“ von Elaine Constantine über diese Szene. Um das korrekt abzubilden, haben sie richtige Tanzschulen eröffnet. Und sie konnten dann natürlich nicht die 60 Jahre alten Menschen auf die Tanzfläche stellen, weil es um die Jugendszene ging. Sie brauchten also Jugendliche, die diese Moves drauf hatten. Also haben sie diese Tanzschulen etabliert. Ich war jetzt schon lange nicht mehr in England, aber ich glaube, dass sich

daraus tatsächlich eine neue Szene entwickelt hat, weil sich die Leute damit so lange beschäftigt haben und das dann auch quasi in die DNA übergeht. Sie haben wieder investiert und da bleibt das dann wieder hängen. Wenn du ein Lied ein paar Dutzend Mal gehört hast, dann bleibt es auch irgendwie immer bei dir. Das gilt ebenso für die schrecklichen Lieder. Und Musik selbst ist überall verfügbar. Das habe ich ebenso in meinem Buch beschrieben. Früher konntest du dir nur eine Platte kaufen, das Taschengeld reichte eben nur für eine im Monat. Du musstest dich entscheiden, welche eine Platte du kaufst. Und jedes Mal, wenn du eine Wegabzweigung nimmst, gehst du dann auch nicht mehr zurück. Also wenn du The Smiths kaufst, dann gehst du vielleicht weiter in diese Richtung. Das spielt ebenso eine Rolle. Das Dritte ist ebenso wieder das Internet. Ich glaube, wenn man früher irgendwie ausgegrenzt wurde, hatte man Zuhause noch seinen Safe Space. Wenn du gemobbt wurdest, konntest du nach Hause kommen, und wenn dich deine Eltern geliebt haben, warst du da sicher und konntest dich davon erholen. Heutzutage geht das in einer Tour durch. Du kannst nicht ohne Social Media, denn dann bist du total raus. Aber wenn du dann irgendwie auffällst, bist du auch total angreifbar. Ich glaube, das ist ein bisschen der Grund, warum gerade die Mädels alle so total gleich aussehen: alle lange Haare, alle irgendwie dieselben Klamotten … Ich finde das furchtbar schade. Das ist meine Theorie, keine Ahnung, ob das stimmt. Unsere älteste Tochter, meine Stieftochter, ist mal extrem gemobbt worden und da gab es nie Pause. Das ist schon sehr, sehr ätzend. Ich glaube, dass man sich nichts mehr traut, weil man so angreifbar ist.

„Unsere älteste Tochter, meine Stieftochter, ist mal extrem gemobbt worden und da gab es nie Pause.“

Sandra: Du lässt es in deinen Werken zu, dass man nah an dir, deinen Empfindungen und Erlebnissen dran ist.

Tobi: Das ist mir extrem wichtig. Wenn man autobiografische Comics macht, muss man auch manchmal dahin gehen, wo es weh tut. Vielleicht muss man ebenso ein bisschen exhibitionistisch sein. Der Leser merkt es, wenn Sachen nicht so richtig ausgesprochen oder hinter der Hand gehalten werden. Dann denke ich: „Okay, der Zeichner vertraut mir nicht.“ So kann es rüberkommen. Manchmal muss man auch für den eigenen Lernprozess Sachen zeigen, die vielleicht weh getan haben und nicht so schön waren, damit man etwas mitnimmt.

Sandra: Was hat dir beim Machen von „Fahrradmod" weh getan?

Tobi: Es war ein anderes Arbeiten als bei „Columbusstraße". Ich habe mir viel mehr einen Kopf darüber gemacht, für wen das jetzt ist und für welchen Verlag. „Fahrradmod" war mein erstes großes Buch. Ich spürte einen enormen Druck, wie das jetzt ankommt. Ich war zeichnerisch noch unsicher, was man teilweise sieht. Ich habe vieles neu gezeichnet. Bei „Columbusstraße" habe ich mir ebenso Sorgen gemacht, wie es ankommt. Da hat mich mein Verlag sehr bestätigt, sie fanden es gut. Ich habe trotzdem redaktionell noch viel daran machen müssen.
Bei „Fahrradmod“ hatte ich noch gar keinen Verlag. Erst am Ende wurde die Verlagsfrage geklärt. Das war ein ziemliches Hin und Her mit Totalstress. Carlsen hatte anfangs nicht so daran geglaubt. Da gab es einen Redakteur, der sich dafür eingesetzt hat. Das Buch ging dann gut weg, zwar immer noch kein Vergleich zu „Columbusstraße", aber da waren die anderen dann schnell überzeugt.
Die Arbeit an „Columbusstraße" war insofern eine ganz andere, weil ich es – auch für mich selbst – als sehr erfüllend empfunden und viele Leerstellen geklärt habe. Und es hat gesellschaftlich auch eine ganz andere Funktion. Das hat mich die ganze Zeit am Ball ge-

halten. Trotz des ganzen Schlafmangels am Ende habe ich es immer gerne gemacht. Das war bei „Fahrradmod" komischerweise nicht so. Da habe ich mich vor manchen Szenen echt gescheut: Die ganzen Roller zeichen …

Sandra: Wie waren die Reaktionen auf „Fahrradmod"?

Tobi: Auch echt gut. Es dauerte nur viel länger. Erst hat es sich die Szene gekauft und dann eröffneten sich immer größere Zielgruppen, weil Menschen verstanden haben, dass es eben nicht nur über die Mods geht, sondern auch eine Coming of Age-Geschichte ist. Da gab es dann ein paar sehr schöne Artikel, auch in Musikzeitschriften. Für die Intro, die es leider nicht mehr gibt, war es der Comic des Jahres. Das war natürlich toll. Gerade aus der musikjournalistischen Ecke kam sehr viel Tolles. Spiegel hat ebenso kurz darüber geschrieben. Einer der größten Artikel war tatsächlich hier in Holland.

„… und dann eröffneten sich immer größere Zielgruppen, weil Menschen verstanden haben, dass es eben nicht nur über die Mods geht, sondern auch eine Coming of Age-Geschichte ist."

Sandra: Du hast es somit geschafft, mit „Fahrradmod" über die Comicszene hinaus ein Publikum zu erreichen, richtig? Das finde ich immer total wichtig. Ich persönlich finde es schade, wenn es immer nur in einer Szene bleibt. Ebenso finde ich es wichtig, dass Menschen Comics und Graphic Novels lesen, die diese Medien sonst nicht in die Hand nehmen würden.

Tobi: Viele aus der Mod-Szene und dieser Subkultur haben eine gewisse Affinität zu Comics. Das sieht man auch an den Flyern. Wieviele Comics sie sich kaufen, weiß ich natürlich nicht.
Ich finde es immer toll, wenn man ein noch größeres Publikum erreicht. Das ist auch der Sinn, meine Motivation. Ich liebe dieses Medium und möchte es so vielen Leser:innen wie möglich präsentieren. Das ist ebenso der Grund, aus dem ich versuche, meine Geschichten nicht zu vertrackt aufzubauen. Ich möchte sie flüssig halten, dass die Leser:innen reinrollen und richtig reinkommen. Ich verstehe es, wenn man irgendwelche Avantgarde-Comics macht, und jede:r soll Kunst machen, wie er oder sie möchte. Aber das ist nicht mein Ansatz. Ich möchte sehr lesbare Comics zeichnen und mein Thema den Menschen näherbringen. Wenn ich da zu viele Hürden und Barrikaden dazwischen schiebe, funktioniert es nicht und dann schrecke ich die Leute ab.

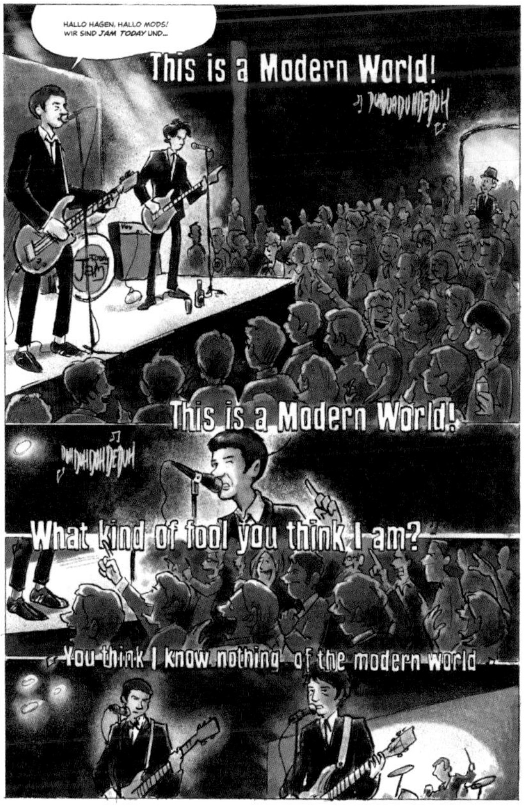

Sandra: Kannst du vom Comicmachen leben?

Tobi: Ich habe mal ausgerechnet, wieviele Bücher ich verkaufen müsste, um auf einen vernünftigen Seitenpreis zu kommen. Das ist relativ unrealistisch, aber darum mache ich es ja auch nicht. Comics sind meine kleine Kunst, mit der ich Menschen erreichen möchte. Ich mache das nicht nur für mich selbst. Hauptsächlich verdiene ich mein Geld mit Auftragsillustrationen für Schulbücher oder WWF beispielsweise, aber auch für Unternehmen, Ausstellungen, Museen … Ich finde es schön, dass es so divers ist. Es macht mir großen Spaß.

Sandra: Wie bekommst du es zeitlich hin, Comics zu zeichnen? Wie hältst du es durch? Wir reden hier ja nicht über 20, sondern über 500 Seiten je Buch.

Tobi: Es braucht dann eben vier Jahre, bis man alles gezeichnet hat. Ich habe bei „Columbusstraße" vier Jahre gezeichnet und vier Jahre mit Recherche verbracht. Für mich sind das Schreiben der Geschichte und die Recherche das Schwierige. Das kann man nicht zwischendurch machen. Da gehe ich dann echt weg und eine Woche in ein Häuschen und lebe nur in meinem Kopf und schreibe. Das Zeichnen der Seiten finde ich dann nicht so ein Ding. Wenn ich das Storyboard habe, kann ich es dann ohne Weiteres abends vor dem Fernseher machen. Das mache ich dann meistens abends oder am Wochenende. Tagsüber ist das Tagesgeschäft, sind die Auftragsarbeiten. Manchmal drehe ich es auch um, wenn ich tagsüber viele Seiten kolorieren muss. Das mache ich dann doch oft am Rechner im Büro. Da muss ich dann abends eben noch ein paar Sachen für den Job machen. Es sind also zwei Berufe, die man hat.

Ich werde manchmal gefragt, warum dieser Max und Moritz-Preis nicht geklappt hat. Das macht mir mittlerweile nichts mehr aus, weil ich denke, dass ich ein besseres Feedback ohnehin nicht erhalten kann, als es gerade ist. Aber ich verstehe auf der anderen Seite auch eine Jury, die natürlich eher einen avantgardistischen Zeichenstil belohnen und das auch fördern möchte. Das finde ich ebenso gut. Gleichzeitig falle ich dann raus, weil ich möglichst viele Menschen erreichen möchte. Wenn ich jetzt „Columbusstraße" avantgardistisch gezeichnet hätte, würde ich total viele Leute verlieren. Ich möchte jedoch gerade Leser:innen erreichen, die sich bisher vielleicht noch nicht so intensiv mit dem Thema befasst oder noch keine Comics gelesen haben.

„Ich möchte jedoch gerade Leser:innen erreichen, die sich bisher vielleicht noch nicht so intensiv mit dem Thema befasst oder noch keine Comics gelesen haben."

Illustrationen: Tobi Dahmen
aus „Fahrradmod" (Carlsen Verlag)

„MIR SCHWEBTE EIN COMIC ÜBER EINE STARKE FRAU VOR UND ANDREAS HAT MARLENE DIETRICH VORGESCHLAGEN.“

Interview mit Flavia Scuderi

von Steffen Volkmer

Flavia Scuderi wurde 1974 in Rom geboren, ist Comic-Zeichnerin, Illustratorin und Animationszeichnerin. Sie arbeitete unter anderem für Disney an zahlreichen Animations-Serien.
Seit 2008 lebt Flavia in Berlin.
Mit „Marlene" erfüllte sie sich den Wunsch, eine Comic-Biografie über ihr Idol Marlene Dietrich zu machen. Der abschließende 2. Teil der Biografie erscheint im Herbst 2024 beim Panini Verlag.
Für den ebenfalls bei Panini erschienenen 1. Teil hat Steffen Volkmer die Künstlerin interviewt. Dieses Interview ist hier leicht modifiziert abgedruckt.

Steffen: Wie bist du auf die Idee gekommen, einen Comic über Marlene Dietrich zu machen?

Flavia: Das ist eine lange Geschichte. Ich habe vor einigen Jahren eine Graphic Novel über das Leben von Richard Wagner gemacht. Andreas Völlinger hat damals das Skript dazu geliefert. Als wir dann fertig waren, haben wir uns gefragt, was wir als Nächstes machen. Mir schwebte ein Comic über eine starke Frau vor und Andreas hat Marlene Dietrich vorgeschlagen. Ich fand die Idee toll, weil ich Marlene wirklich liebe. Aber Andreas kam mit dem Text nicht so richtig voran. Zwischenzeitlich habe ich mir dann überlegt, ob ich vielleicht Text und Zeichnungen selbst mache, aber dafür hatte ich einfach nicht genug Zeit. Ich hatte alle Bücher und Filme für die Recherche, aber das war viel zu viel. Dann hat mich ein guter Freund gerettet: Alessandro Ferrari ist Autor und selbst ein großer Marlene-Fan. Ich habe ihn angerufen und ihm von dem Projekt erzählt. Er war total begeistert und hat sofort zugesagt. Und dann haben wir angefangen, an dem Comic zu arbeiten. Aber wir beide haben so viel zu tun und diese Biografie war unser Privatvergnügen. Deswegen ging es nur langsam voran – aber jetzt sind beide Bände fertig und Band 2 erscheint im Herbst 2024.

Steffen: Hast du dann auch an dem Skript mitgearbeitet?

Flavia: Wir haben viel geredet und er hat mir immer seine Ideen gesagt. Aber das meiste Geschriebene ist von Alessandro. Wir vertrauen uns da sehr. Er fragt mich auch sehr selten, ob man bei den Zeichnungen etwas ändern kann. Manchmal probiere ich verschiedene Dinge für die Seiten aus. Wenn ich dann eine andere Idee habe, wie ich etwas umsetzen möchte, weiche ich schon mal vom Skript ab und das war für ihn nie ein Problem. Wir harmonieren da sehr gut miteinander.

Foto linke Seite: privat
Cover: Panini Verlag

Steffen: Du hast dir viel angelesen und die ganzen Filme angesehen. Würdest du dich als Marlene Dietrich-Expertin bezeichnen?

Flavia: Irgendwie schon – ich weiß sehr viel, aber nicht bis ins kleinste Detail. Ich habe drei Biografien über sie gelesen und mir viel angesehen. Und auch Alessandro ist wirklich in der ganzen Geschichte drin. Es ist wahnsinnig interessant, ganz speziell auch, wenn ich für die Zeichnungen ihre Zeit recherchiere – zum Beispiel wie die Mode war. Das ist alles super spannend. Und sie hat ja auch sehr lange gelebt. Vom Beginn des 20. Jahrhunderts bis in die 1990er Jahre – das bietet viel Stoff.

Steffen: Der erste Band zeigt nur einen Ausschnitt aus ihrem Leben. Wie habt ihr das aufgeteilt?

Flavia: Der erste Band endet mit Marlenes Fahrt nach Amerika. Der zweite Band erzählt, was danach passiert: die goldenen Jahre als Filmdiva, ihr Fall und ihr Wiederaufstieg. Sie war immer stark und hat nie aufgegeben. Ihr Leben war immer ein Kampf. Wir erzählen ihre Geschichte aber auch nicht linear, sondern wir springen immer wieder vor und zurück. So bleibt es interessant: Gerade erleben wir sie noch in den 1920er Jahren, dann sehen wir schon etwas, das erst in den 1950er Jahren passiert, dann springen wir in die 1970er Jahre und dann sind wir wieder zurück im Jahr 1910. Es geht immer so ein bisschen hin und her – aber nicht zu verworren. Und nimmt man dann alles zusammen, hat man ein tolles Gesamtbild.

Steffen: Du hast sie jetzt ja gut kennengelernt – was ist für dich denn das Interessanteste an Marlene Dietrich?

Flavia: Für mich war es diese Kombination aus Freiheitswillen und Disziplin. Sie war wirklich speziell. Sie passte genau in das Berlin der 1920er Jahre. Sie war sehr modern, war immer Avantgarde – aber gleichzeitig hatte sie in ihrer Arbeit und in ihrem Leben ungeheuer viel Kontrolle. Vielleicht ist das auch ein wenig das Tragische: Sie war wahnsinnig intelligent und ihr Leben erscheint so glanzvoll und schön – aber bei so viel Arbeit und Erfolg bleibt die Liebe auf der Strecke. Auch wenn sie viele Männer hatte. Tolle Männer ... und nicht nur Männer, auch Frauen.

Steffen: Das finde ich tatsächlich sehr faszinierend, dass sie ja tatsächlich auch sexuell sehr selbstbestimmt war – zu einer Zeit, in der Frauen das eigentlich nicht sein durften. Aber sie kümmerte das wenig. Im Comic kommt das ziemlich gut raus ...

Flavia: Ja, das ist, was ich mit Freiheit in ihrem Leben und ihrer Liebe meine. Aber immer intelligent und so schön. Ich liebe auch ihre Stimme über alles und ihren Stil. Es ist unglaublich, wie viel Klasse sie hatte.

Steffen: Entdeckst du denn Ähnlichkeiten mit Marlene bei dir?

Flavia: Ich denke, ich bin weicher als sie. Ich bin nicht so stark und habe nicht dieses Auftreten. Und auch nicht ihre Disziplin. Ich bin schon auch diszipliniert, aber bei Weitem nicht so wie sie. Das mag auch daran liegen, dass ich Italienerin bin und sie Deutsche war. Ich mag es, mich treiben zu lassen. Aber wir haben beide tiefe Stimmen und ich liebe es auch, so wie sie zu singen. Außerdem hat sie viel gekocht und geputzt. Sie war eine richtige Hausfrau. Auch ich liebe Putzen, Kochen und Singen. Und wir sprechen beide mit Akzent: Marlene war sehr bekannt für ihren deutschen Akzent im Französischen oder Englischen und ich habe meinen italienischen Akzent.

Steffen: Als ihr euch mit dem Leben von Marlene beschäftigt habt, seid ihr da auf Dinge gestoßen, die ihr noch nicht wusstet, die euch dann in der Recherchezeit fasziniert haben?

Flavia: Ja, besonders die Geschichte mit ihrer Familie, das Verhältnis zu ihrem Ehemann. Man muss wissen, dass sie fürwahr kein einfacher

Mensch war. Sie war immer der Boss. Diese Beziehung war also sehr interessant und kompliziert, und sie war auch nie wirklich zu Ende ... sie wurden niemals geschieden. Ihr Mann hatte eine andere Frau, und sie hatte ja sowieso unglaublich viele Liebschaften in ihrem Leben. Trotzdem haben sich die beiden oft Briefe geschrieben, die super romantisch und liebevoll sind. Und auch, wenn sie nicht mehr zusammenlebten, hatten sie eine Beziehung, die bis zu seinem Tod hielt ... Sie hat ja eh alle überlebt. Aber es war unglaublich interessant zu verfolgen, wie sie diese Beziehung über all die Jahre am Leben erhielt.

Steffen: Wie hast du dich ihr zeichnerisch und stilistisch genähert? Du hast einen Stil gewählt, der irgendwo realistisch und doch ein bisschen comic-artig ist, was waren die Überlegungen dahinter?

Flavia: Ich wollte Stile mischen, um die Zeichnungen dem Ton der Geschichte anzupassen. Passiert etwas Trauriges oder Ernstes, wollte ich realistischer sein. Aber wenn etwas lustig ist, möchte ich auch ein lustiges Gesicht zeichnen. Mal ist es also realistischer gezeichnet, mal ein bisschen mehr Manga oder ein bisschen wie Disney. Ich habe so viele verschiedene Sachen in meiner Karriere gemacht und ich liebe es, meinen Stil zu variieren. Und hierbei habe ich mir gedacht: „Das ist mein Projekt – ich bewege mich ganz frei“. Ich wollte das einfach machen, wie ich will ... ganz so wie Marlene.

Steffen: Zeichnest du denn noch klassisch auf Papier oder machst du alles mit dem Computer?

Flavia: Überwiegend arbeite ich am Computer, mit einem Grafik-Tablet. Ich habe aber in der Vorbereitung auch viele Studien gemacht. Wenn ich zum Beispiel einen Film gucke, zeichne ich oft nebenbei Skizzen mit Tusche und Pinsel oder was ich sonst zur Hand habe. Das funktioniert auf Papier am besten. Aber für die Comicseiten ist es mit dem Computer praktischer. Dort kann man auch die Texte und das ganze Layout machen, und man kann immer etwas korrigieren und die Positionen ändern. Das ist praktisch und spart Zeit.

Steffen: Gibt es heute noch irgendwelche Stars – also aus der heutigen Zeit –, die das Potenzial und das Niveau haben, das Marlene hatte, oder gibt es so etwas heute gar nicht mehr?

Flavia: Ich denke, die Zeiten sind zu verschieden. Diese Diven wie früher, die existieren nicht mehr, weil alles direkter geworden ist. Die Fans heute wollen alles über ihre Stars wissen. Und durch die Sozialen Medien ist das auch sehr einfach. Das nimmt das Geheimnisvolle weg. Und die meisten Stars möchten auch mehr wie Menschen sein, nicht wie Idole. Marlene war immer eine Göttin. Sie war unnahbar. Ich denke schon, dass es immer noch große Stars gibt, aber nicht mit derselben Faszination.

Illustration: Flavia Scuderi, Panini Verlag

„ALLES ZWISCHEN WELTSCHMERZ UND TODESANGST IST SMALLTALK"

Interview mit Robin Thiesmeyer

von Sandra Strauß

META BENE gibt es seit 2013. Die minimalistischen Cartoons werden von Robin Thiesmeyer gezeichnet. Die ersten META BENE-Bilder veröffentlichte er über Twitter und auf metabene.de, später auch über Facebook und Instagram.
META BENE erscheint als Cartoon-Kolumne in Die Zeit und Die Presse und wurde bei Zeit Online, in den Nürnberger Nachrichten, in Neue Narrative, in der drunter+drüber und anderen Medien veröffentlicht.
Bücher und Kalender erscheinen im Lappan Verlag.

Robin Thiesmeyer studierte Philosophie an der Universität Bonn und Kreatives Schreiben an der Universität Hildesheim und ist diplomierter Kulturwissenschaftler. Er arbeitete für die Kreativagentur Scholz and Friends und war wissenschaftlicher Mitarbeiter am Lehrstuhl für Texttheorie und Textgestaltung in der Fakultät Gestaltung der Universität der Künste Berlin.

Sandra: Musik ist nicht nur privat bei dir ein Thema – du hörst beispielsweise beim Zeichnen und beim Spazierengehen Musik –, sondern du lässt Musik-Inhalte auch in deine Cartoons einfließen. Magst du erzählen, warum dir das ein Anliegen ist?

Robin: Erstmal ist Musik wichtig. Musik ist ein großer Bestandteil unseres kulturellen Lebens oder unseres Lebens generell. Deshalb fließt es natürlich in meine Cartoons ein. Ich beschäftige mich viel mit unserer Alltagssprache und Sprache, über die Witze laufen. Und da spielt es natürlich eine Rolle, wenn ich einen Ohrwurm habe. Ich mag Phrasen.
„All You Need Is Love" zum Beispiel kennt jeder und jeder hat dann einen Ohrwurm. Dazu habe ich mal einen Cartoon gemacht, meinen ersten auf Englisch, und daraufhin sprach mich die Social Media-Managerin von SWR Classic an, ob ich nicht Lust hätte, für sie Cartoons zu zeichnen. Das habe ich dann getan.

Sandra: Warst du in der Art, wie du es umgesetzt hast, frei oder gab es Vorgaben?

Robin: Wir hatten uns überlegt, das abzugrenzen. Es war das erste Mal, dass ich eine richtige Marken-Kooperation hatte. Ich habe die Cartoons exklusiv für sie erstellt, sie haben bezahlt und ihr Logo reingesetzt.
Ich zeichne nur Tiere und wir haben uns gesagt, weil nicht alle meine Tiere von sich aus einen Bezug zu Musik haben, dass wir nur die Vögel nehmen, und nennen sie Singvögel. Meine Vögel sind ja nicht näher definiert, auch wenn sie durch die Tusche schwarz sind und aussehen wie Krähen.
Ich habe dann einfach für mich geschaut, was es für Themen gibt, die sich da rund um klassische Musik ergeben.

Sandra: Fließt das, was du empfindest und mit Musik verknüpfst, in deine Cartoons mit deinen Tieren ein?

Foto linke Seite: Robert Morgenstern
Cartoon: META BENE

Robin: Das ist durchaus unterschiedlich. Es gibt bei mir natürlich Cartoons, die auf einer Gefühlsebene laufen. Manches sind aber ebenso Alltagsbeobachtungen wie der Beatles-Cartoon mit den vier Pinguinen hintereinander – so wie die Beatles auf dem „Abbey Road"-Cover. Die Verbindung zur Musik ist manchmal sehr stark und eben auch unbewusst.
Aber es gibt natürlich ebenso Inhalte in meinen Cartoons, die fühliger sind. Oder ich setze mich darin mit Sachen wie in meinem Requiem-Cartoon auseinander. Das ist die Kombination, die ich mag, wenn es einerseits einen Sprachwitz hat: Das Letzte, das man hören oder eben nicht hören möchte, das letzte Geräusch, das man vielleicht wahrnimmt. Und andererseits die Schönheit der Todesmusik, diese Schönheit der Musik, die für den Tod geschrieben wurde.
Musik ist deshalb so eine schöne Sache für mich, weil uns vieles daran nicht bewusst ist, also eben wie wir mit Musik oder auch mit Musiktexten umgehen. Viele Leute trällern irgendwelche Texte vor sich hin und machen sich in dem Moment gar keine Gedanken dazu, was eigentlich der Inhalt des Songs ist. Das ist für mich immer total gut, weil man dann entlarvende Witze machen kann. Deshalb ist Musik eine schöne Sache, weil sie in verschiedenen Bereichen viele Untiefen hat.

„Viele Leute trällern irgendwelche Texte vor sich hin und machen sich in dem Moment gar keine Gedanken dazu, was eigentlich der Inhalt des Songs ist."

Sandra: Wenn du selbst Musik hörst, sind dann sowohl Inhalte als auch die Musik an sich, die Melodie, für dich wichtig? Machst du dir die Texte tatsächlich bewusst und sollten sie im Idealfall ebenso noch etwas aussagen?

Robin: Das ist unterschiedlich. Ich höre ebenso viel Musik, die wenig Text hat. Gerade wenn man klassische Musik hört, ist sehr selten Text dabei. Oder selbst bei Chorälen – da höre ich gar nicht hin, weil dass ja meistens irgendso ein religiöser Kram ist.
Ich hatte lange Phasen, in denen ich deutsche Songs gehört habe. Da ist es natürlich toll, wenn der Text irgendwie auch clever oder poetisch ist beziehungsweise eben ein Gefühl trifft. Das ist situationsabhängig. Manchmal höre ich auch gar nicht hin oder folge der Geschichte nicht, gerade im Englischen.
Mein Lieblingsbeispiel ist „Hey Joe" von The Jimi Hendrix Experience, als wir jung waren und diese Siebzigerjahre-Musik entdeckten. Alles war so spacig und der Gitarrensound war geil. Und auf einmal merkt man: „Hey Joe" ist ein Lied über einen Typen, der seine Frau erschießen will – er hat sie mit einem Liebhaber erwischt. Dann ist es irgendwie nicht mehr so cool.
Wenn man in der ganzen Geschichte drin ist, bekommt dieser Song auf einmal so eine Ernsthaftigkeit, die ich zumindest eigentlich gar nicht von dem Lied wollte. Am Anfang dachte man so: „Ja, ey, geil, bisschen spa-

cig. Kann man beim Kiffen hören." Und dann: „Ja, nee, will ich gerade irgendwie nicht. Da kann ich mich gar nicht fallen lassen, wenn er jetzt gleich seine Frau erschießt."

Sandra: Du verknüpfst viele Sachen miteinander, verstehst Zusammenhänge und lässt das in deine Cartoons einfließen. Du bist schon sensibel für die Welt, oder?

Robin: Ich denke schon. Das kann man für sich selbst nicht so sagen und es wird auch nicht immer verstanden. Häufig merke ich, dass ich mit meinen Cartoons Sachen ausdrücken möchte, die man dann nicht unbedingt versteht, oder da möchte ich zuviel verknüpfen oder subtile Erfahrungen einbringen, die ich selbst mache und die dann nicht verstanden werden.

Sandra: Wie ist deine musikalische Sozialisation, also auch in Bezug auf Identität?

Robin: Oh, das ist schwierig. Mütterlicherseits ist es schon ein bisschen bürgerlich. Meine Mutter kann Klavier spielen, aber nicht leidenschaftlich. Es gibt Ansätze klassischer Musik, die ich aufgeschnappt habe. Doch ich glaube, dass meine Eltern gar nicht so viel Musik gehört haben. Sie hatten Platten von BAP. Mein Vater spielte Gitarre. Es gab Lagerfeuer-Musik. Ich war viel mit Jugendgruppen unterwegs, bei denen aus der „Mundorgel" gesungen wurde, was das Liederbuch der 1970er und 1980er Jahre war.
Dann kirchliche Musik, wenn man Weihnachten mal in der Kirche war.
Später habe ich Pop- und Rockmusik entdeckt. Als Teenager bin ich in den Neunzigern mit der Grunge-Explosion konfrontiert worden. Dann habe ich lange Zeit sehr viel Heavy Metal gehört, weil man sich da auch nicht so teuer einkleiden musste.

„Dann habe ich lange Zeit sehr viel Heavy Metal gehört, weil man sich da auch nicht so teuer einkleiden musste."

Sandra: Man musste sich bei Heavy Metal nicht so teuer einkleiden?

Robin: Ich fand das bei den Poppern sehr anstrengend ... Ich komme aus einer bürgerlichen Familie, habe vier Geschwister und wir hatten nicht so viel Geld. Dieser Dresscode mit Nike-Turnschuhen und Levis Jeans: Das war schon schwieriger.

Sandra: Bei Heavy Metal konnte man auch eine gebrauchte Kutte von jemand anderem tragen?

Robin: Für die Kutte konnte man eine alte Jeansjacke nehmen und Aufnäher draufnähen. Die Aufnäher haben fünf Mark oder weniger gekostet. Die Nieten musste man auch nicht kaufen, wenn man kurze Schrauben abgesägt hat.

Sandra: Da war schon viel Do it yourself dabei, oder? Jetzt gibt es viel mehr von der Stange.

Robin: Weiß ich nicht. Modisch habe ich den Draht dazu völlig verloren. Bei uns in der Stadt gab es damals zwei Läden, die die Gothic- und Heavy Metal-Szene einkleideten, und ein bisschen auch die dunkleren, abgefahrerenen Sachen der Rave-Szene. Da konnte man alles kaufen, was man so brauchte: Boots, Nieten, Wasserpfeifen, Totenkopf-Ringe ... Die Szene war schon ziemlich groß und wurde immer kommerzieller. Das merkte man ebenso an den Festivals.
Wir sind viel zu Festivals gefahren. In Bonn hatten wir das Rheinkultur-Festival, das mega gut war, auch weil es umsonst war und dort unbekanntere Bands spielten. Das Bizarr-Festival in Köln war eine Riesennummer. In Holland gab es großartige Festivals. Diese Erlebnisse waren immer toll. Wenn man über

Cartoon linke Seite: META BENE

das Festivalgelände stolperte und bei Bands landete, die man überhaupt nicht kannte. Klar, man ist zu Festivals gefahren, weil man irgendeine Band oder die Headliner sehen wollte, und dann hat man auf irgendeiner Side-Bühne jemanden entdeckt ...
Wir sind einmal auf einem Festival zu Bands mit den bescheuersten Namen gegangen. Da habe ich zum ersten Mal die Kölner Band Erdmöbel gesehen. Das waren Typen, die unglaublich schräg aussahen, unglaublich clevere Texte hatten und in ihren Streber-Klamotten unfassbar ausgerastet sind. Irgendwann waren sie riesengroß.
Man hatte immer Erweckungserlebnisse, weil man Neues und neue Bands entdeckte – wie beispielsweise Björk mit ihrer beeindruckenden Show mit Videokonstellation.

Sandra: Was machte für dich das Festival-Feeling aus?

Robin: Wenn ich an das Festival-Feeling denke, frage ich mich gerade, warum ich das eigentlich gut fand ... Dass man immer so leicht angesoffen war – wir haben, dass muss man leider sagen, immer zuviel Alkohol getrunken. Wenn man verkatert aufwachte, sah man Leute, die sich zum Zähneputzen schon die erste Dose Bier aufmachten. Irgendwie war man immer ein bisschen neben der Kappe, auch irgendwie verstrahlt und stets dröhnte im Hintergrund die Musik. Das gehörte, glaube ich, irgendwie dazu.
Im kleinen Iglu-Zelt kochte alles vor sich hin und war leicht ranzig. Die Ernährung war furchtbar. Viel Dosenfraß. Wir waren jetzt nicht die Schlimmsten. Und es hat alles wahnsinnig viel Geld gekostet. Es war immer scheiße, wenn man sich da etwas kaufen wollte. Essen auf Festivals war immer zu teuer, deswegen mussten wir immer diese Dosen-Ravioli mitbringen, von denen ich inzwischen weiß, dass das überhaupt kein gesundes Essen ist, weil diese Fertiggerichte so viel Kram enthalten. Zum Festivalerleben gehörte ebenso, dass man irgendwie schwerelos, von der Welt getrennt drei bis vier Tage rumflowte.
Ich habe Kurzgeschichten geschrieben – und kreatives Schreiben studiert – und wir sind selbst mal auf der Fusion aufgetreten. Das war echt abgefahren.

„Wenn ich an das Festival-Feeling denke, frage ich mich gerade, warum ich das eigentlich gut fand ...“

Sandra: Wen meinst du mit „wir“?

Robin: Wir sind in der Chill-out-Area aufgetreten. Leif Randt, Kai Steinke und ich. Wir haben gemeinsam studiert und Kai kannte Leute bei der Fusion. Er hat klargemacht, dass wir eine kleine Lesung mit unseren Kurzgeschichten durchführen können. Oli, ein Freund von Leif, machte elektronische Musik dazu. Das funktionierte gut. Sprache funktioniert ja auch sehr über Melodie und übers Ohr, wenn man so eine Lesung macht. Ich hatte immer Texte, die stark auf Rhythmus und Sprachmelodie gearbeitet waren. Ich mag es, wenn man Texte liest, die einen Beat haben.
Beim Humor, bei Stand-Up Comedy und beim Witze erzählen ist Timing eine Riesensache. Und wenn man das Timing ein bisschen länger zieht, hat das auch etwas mit Rhythmus zu tun. Durch falsches Timing kannst du den Witz versauen. Schon innerhalb eines Satzes, an welche Stelle du welches Wort setzt, hat vieles mit dem Timing zu tun, also nicht nur mit dem Klang, sondern eben auch, wann welche Information ankommt.

Sandra: Weil du Björk und Fusion sagtest, fiel mir dabei BDS ein, ein Thema, das mich gerade sehr beschäftigt – natürlich ebenso wegen unseres Buches und dem brutalen Hamas-Überfall am 7. Oktober 2023. Ich weiß, es ist ein hochsensibles Thema. Björk und viele weitere Musiker:innen sind BDS-Unterstützer:innen. Ich musste da vieles erstmal googeln und mich einlesen.

Robin: Das war mir, ehrlich gesagt, nicht klar. Ich bin schon politisch interessiert und sehe mit Schrecken, was passiert – sowohl der Terrorangriff der Hamas als auch der Krieg. Ich würde sagen, dass ich mir ein bisschen den Luxus leiste, nicht so stark Partei ergreifen zu wollen. Ich habe versucht, meinem Sohn – er ist elf – den Konflikt zu erklären. Worum geht es da eigentlich? Ich bin in diesem Konflikt soweit zurückgegangen, weil man erstmal in die Kolonialgeschichte zurück muss: Warum haben auf einmal die Engländer über einen Teil, der zum Osmanischen Reich gehört, das Sagen? Man muss also ins Osmanische Reich zurück, um jetzt die Situation in Palästina zu erklären. Dann kommt man natürlich zum Zweiten Weltkrieg und dem Schrecken des Holocausts. Jetzt müsste man noch den eigentlichen und den späteren Zionismus auseinander nehmen. Das ist wahnsinnig kompliziert und angesichts der Komplexität dieser ganzen Geschichte schrecke ich davor zurück, eine einfache Meinung zu haben. Also in dem Sinne: Wir müssen uns jetzt auf die Seite von Israel schlagen, weil sie angegriffen worden sind und wir als Deutsche im Besonderen für das Existenzrecht Israels eine Verantwortung tragen. Ich würde diese Verantwortung nicht leugnen wollen, aber ich würde jetzt nicht uneingeschränkt irgendeine Regierung supporten, die ich nicht gewählt habe und deren Politik ich auch nicht immer verstehe. Dann finde ich das schwierig.
Andererseits würde ich sagen, dass gegenüber den Palästinensern seit Jahren in ihrer Situation in Gaza großes Unrecht geschieht. Und die Politik, die Israel mit den Siedlungen fährt, möchte ich jetzt auch nicht uneingeschränkt gutheißen. Ich kann aber trotzdem nicht sagen, dass wir jetzt Produkte aus Israel boykottieren, weil alles aus Israel schlecht ist. Ich bekomme das nicht hin, weil ich glaube, dass das der Sache nicht gerecht wird.

„Das ist wahnsinnig kompliziert und angesichts der Komplexität dieser ganzen Geschichte schrecke ich davor zurück, eine einfache Meinung zu haben.“

Ich bin total dafür, diesen Krieg zu beenden und den Menschen in Gaza und hoffentlich auch im Westjordanland zu helfen und sie gegen ungerechtfertigte Gewalt zu schützen. Aber ich möchte auch gerne jeden Israeli und jede Bewohnerin Israels vor ungerechtfertigter Gewalt schützen.
Und wenn ich mich jetzt mit einer Fahne in der Hand oder einer Parole auf den Lippen hinstelle, dann ist das halt immer furchtbar unterkomplex. Es ist natürlich schwierig und deshalb habe ich am Anfang gesagt, dass es mein Luxus ist, dass ich nicht so stark Partei ergreifen muss. Ich verstehe natürlich den Impuls von Leuten zu sagen: „Da geschieht ein großes Unrecht und ich stelle mich jetzt auf die eine oder andere Seite.“ Ich kann das nicht. Es ist alles sehr kompliziert und komplex.

Sandra: Es setzen sich nicht alle so differenziert damit auseinander wie du.
Im Rahmen unserer Buch-Produktion sowie -Recherche beschäftige ich mich auch intensiv mit Antisemitismus in Kultur und Musik sowie eben mit BDS. Und mich hat es sehr erschüttert, dass Kathleen Hanna als Kämpferin gegen das Patriarchat, Feministin und Vorbild sehr einseitig pro Palästina öffentlich kommuniziert, BDS-Unterstützerin ist und kein Wort über die Hamas und deren grausamen Überfall auf israelische Menschen und die brutal vergewaltigten Frauen verliert. Die Hamas hat ihre Verbrechen am 7. Oktober auch noch gefilmt. Bei den BDS-Unterstützer:innen fühlt es sich für mich so an, dass sie eben nicht differenziert denken, fühlen und kommunizieren, sondern eindeutig einseitig Position beziehen inkl. Israel-Boykott. Und da sind wir beim Thema Antisemitismus.

Robin: Bei mir ist es auch immer eine Frage, wann ich meine – viel bescheidenere als jetzt zum Beispiel Björk – Reichweite nutze, um mich politisch zu äußern, weil das eigentlich nicht meine Aufgabe ist.

Ich glaube, gerade bei Punk-Musiker:innen – und auch bei anderen – ist es so, dass man natürlich gerne den Unterdrückten eine Stimme geben möchte.

„Ich glaube, gerade bei Punk-Musiker:innen – und auch bei anderen – ist es so, dass man natürlich gerne den Unterdrückten eine Stimme geben möchte.“

Genauso wie Live Aid, im Rahmen dessen auf die Hungersnöte in Afrika aufmerksam gemacht wird. Das hat jetzt auch nicht die Armut beseitigt, doch ich glaube, es ist eine gute Intention.

Ich weiß nicht, ob man das so rigoros sehen muss. Natürlich sind Aktionen immer einseitig. Wenn ich mich jetzt beispielsweise für den Klimaschutz engagiere, dann fallen bei meinen Forderungen ebenso Menschen drunter, denen ich nichts Böses will. Oder wenn ich jetzt Klimaschutz-Politik mache, kann es sein, dass Bauern oder Spediteure Nachteile haben. Wenn ich etwas erreichen will, muss ich meine Meinung natürlich drastischer formulieren.

Und dann sieht man die Bilder aus Gaza und die Bevölkerung, die vorher schon bitterarm war. Ich glaube, es geht einfach darum, dass sie sich auf die richtige Seite stellen möchten. Gerade als Punk-Musikerin wahrscheinlich auch gegen diese – das kann man natürlich diskutieren – vermeintlich kolonialistische Bewegung israelischer Siedler. Das ist alles schon wieder kompliziert. Ich glaube, diese Musiker:innen möchten den Menschen, den Palästinensern, eine Stimme geben, die keine Stimme haben, die leiden und vielleicht auch nicht von der Hamas vertreten werden. Diese Intention ist generell nichts Schlechtes. Wenn man sich dann eines Vokabulars bedient, das eben durch unsere antisemitische Geschichte geprägt ist, dann ist das unglücklich und man sollte das vermeiden. Und man sollte natürlich auch irgendwelche Zuschreibungen und Stereotypisierung vermeiden, aber das ist natürlich etwas, das automatisch passiert – in beide Richtungen.

Was Musiker:innen innewohnt, ist dieses Harmoniebedürfnis, ein Gerechtigkeitsbedürfnis. Das ist eigentlich etwas, das Musik kann: Menschen zusammenzubringen. Ich habe viele tolle Musiker:innen kennengelernt, die manchmal auch ein bisschen weltfremd – noch weltfremder als ich – sind, aber völlig in der Musik aufgehen und völlig harmonisch sind mit allem, was Musik ist. Und dann liegen sich eben auf Konzerten unterschiedlichste Leute, die sich vielleicht sonst streiten würden oder gar nicht viel zu sagen hätten, zusammen in den Armen und gröhlen gemeinsam Grönemeyer-Refrains. Und sie denken, unser Herz und unser Verstand schlägt auf einer Wellenlänge, weil wir den gleichen Text singen und zum gleichen Beat tanzen.

Wenn man sich die Techno-Bewegung anschaut: Junge Menschen versammeln sich, nicht nur, um Drogen zu nehmen, sondern um ihr ganz archaisches Bedürfnis nach Beat auszuleben, wo jeder so blöde tanzen kann, wie man will. Freunde haben mich mal mit auf die Love Parade genommen, was für mich sehr strange war. Zu sehen, was da alles erlaubt ist, war echt gut: von Kleidung, aus sich rausgehen, über Freizügigkeit, oberkörperfrei, auch ohne sozusagen die perfekten Model-Maße zu haben, bis hin zu so tanzen, wie man möchte. Das gibt es in anderen Bewegungen natürlich auch. Ich habe vorhin vom Lagerfeuer erzählt.

Viele Musiker haben es in sich, dass Harmonie möglich sein muss. Es ist natürlich schwierig, das jenseits der Musik einzulösen. Das ist vielleicht die große Utopie, die Musik mit sich bringt, dass eben alles in so eine große, vielleicht chaotische, aber irgendwie doch funktionierende Symphonie eingebettet werden kann. Es ist eine große Frage, ob Menschen dazu fähig sind.

Sandra: Es ist wichtig, dass man differenziert und sich mit Sachen beschäftigt.

Robin: Früher war ich politisch auch hitziger. Ich habe lange studiert und war an der Uni in sehr linken Gruppen unterwegs. Wenn ich Heavy Metal sage, dann meint das bei mir mit einem Punk-Anstrich. Gegen Nazis zu sein, war mir schon immer sehr wichtig. Ich war früh mit der Antifa auf der Straße. Ohne da organisiert zu sein, fand ich deren Haltung immer gut.

Sandra: Und es gab immer Demogeld ;-)

Robin: Ja, es gab immer Demogeld ;-) Nur ist das bei mir nie angekommen. Ich weiß auch nicht, warum. Ich war anscheinend nicht richtig registriert. Ich unterstütze jetzt beispielsweise Menschen in Dresden vom Zentrum für interkulturelle Verständigung. Sie verwenden meine Anti-Nazi-Motive wie „Kein Eis für Nazis" für T-Shirts und Tassen.
Es gibt natürlich immer die Leute, die sagen: „Ja, wer sind denn die Nazis? Nazis – das sind doch Anhänger der Nationalsozialistischen Partei Deutschlands zwischen 1933 und 1945." Ich sage dann immer: „Neuere Nazis und Faschisten sind mitgemeint." Ich habe überhaupt kein Problem damit, Leute wie Herrn Höcke als Nazi zu bezeichnen. Auch wenn er natürlich streng genommen – als politischer Analyst –, kein Mitglied der nationalsozialistischen Partei und seine Agenda vielleicht eher faschistisch ist. Aber ich leiste es mir dann einfach, das verständlichere Wort zu benutzen.

Sandra: Du kommunizierst deine politische Meinung auch via deinen Cartoons, richtig?

Robin: Wenig eigentlich. Also schon. Ich mache das manchmal, um mich zu positionieren, aber generell versuche ich, nicht so einen Gesinnungsapplaus zu bekommen. Ich glaube, dass es in meiner Followerschaft keine so großen politischen Gräben gibt. Dadurch, dass ich Tiere als Protagonisten habe, spielt für sie natürlich Umweltschutz manchmal ebenso eine Rolle in ihrem Alltag. Wenn sie über das Leben nachdenken, dann werden sie auch mit der Umweltzerstörung des Menschen konfrontiert. Manchmal nutze ich sie dann, um etwas Abfälliges über Menschen zu sagen, über die man an sich geteilter Meinung sein kann. Auf einem intellektuellen Niveau sind Tiere einfach ein bisschen reiner. Sie haben weniger Ballast. Deswegen lasse ich die Tiere philosophieren.

„Hey, schaut mal her, so bodenlos traurig kann man sein."

Sandra: Deine Tiere setzen sich auch mit Psyche auseinander.

Robin: Ja, Psyche habe ich ja auch. Mein Ansatz war immer, dass meine Cartoons nicht lustig, sondern ebenso traurig sein können. Klar mache ich manchmal auch Witze.

Cartoon: META BENE

Ich bin im Rheinland aufgewachsen, da ist das ein bisschen eine Volkskrankheit, dass man zu allem einen blöden Spruch loswerden muss. Aber grundsätzlich bin ich eigentlich ein sehr melancholischer Typ. Die Vögel sehen immer ein bisschen traurig aus. Mein Pinguin lässt den Schnabel hängen und hat immer eine schlechte Haltung. Es ist Absicht, dass die Tiere traurig sind und eine depressive Weltsicht haben, die sie natürlich von mir haben und die ich offen spielen möchte. Ich bezeichne es lieber als Melancholie, als es zu pathologisieren. Ich möchte einfach eine Welt schaffen, in der es okay ist, traurig zu sein, oder in der man traurig und lustig sein kann. Als die Cartoons entstanden sind, ging es mir überhaupt nicht gut. Es hat mir total geholfen, mich auch über meine schlechten Gefühle lustig zu machen. Das hilft. Vielleicht nicht langfristig. Aber einfach zu sagen: „Hey, schaut mal her, so bodenlos traurig kann man sein.” Dann wird es halt schon witzig. Klar, Gefühle spielen eine große Rolle, ebenso wie dieser innere Abgrund, den man hat, wenn man sich mit den existenziellen Fragen auseinandersetzt: mit Sterblichkeit, wie ihr es eben auch tut, und Sinnfragen. Es gibt viele Fragen, die man nicht so einfach beantworten kann und bei denen man auch immer mal wieder vor diesem großen Abgrund steht und sich fragen muss: „Was kommt denn da? Was soll das Ganze?” Manchmal kann man das mit einem Lachen ganz gut lösen. Und manchmal geht es eben schief, das mit einem Lachen zu lösen. Diese Ambivalenz versuche ich oft mitzunehmen.

Meine Tiere schauen immer ins Leere. In der Welt, in der die Tiere sich bewegen, ist ja nicht viel los. Da existiert stets ein Denkraum, der mal mit Luftschlössern und Sachen, die man sich dazudenken soll oder die nicht im Bild sind, gefüllt ist. Und mitunter ist es eben wirklich leer.

Sandra: Magst du noch mehr von deiner melancholischen, depressiven Weltsicht erzählen wollen?

Robin: Es ist immer schwierig, darüber zu sprechen, weil es manchmal einfach nur ein scheiß Gefühl ist. Ich glaube, dass es viele Kreative und Kunstschaffende vereint, dass sie das kennen. Ich höre dann viel traurige Musik. Manchmal ist genau das gut und manchmal kann man diese melancholische, depressive Stimmung umsetzen, weil man sie irgendwie verbalisieren oder an irgendetwas festmachen kann. Das ist dann eigentlich immer total gut. Und dann kann man es auch akzeptieren, wenn ich Cartoons daraus machen kann. Wenn Musiker ein trauriges Lied schreiben, dann passt das ins Leben.

„Klar, Gefühle spielen eine große Rolle, ebenso wie dieser innere Abgrund, den man hat, wenn man sich mit den existenziellen Fragen auseinandersetzt: mit Sterblichkeit ... und Sinnfragen. “

Aber es gibt natürlich ebenso diese Phasen, in denen man das einfach nicht zu fassen bekommt, es einfach nur lähmt und man eben unproduktiv ist. Als Künstlerin, Cartoonist oder Musikerin ist das dann noch schlimmer, weil man eben nicht produktiv ist und das ja eigentlich eine Selbstdefinition ist. Dieser Zustand ist furchtbar.

In dem Moment, in dem ich es zu fassen bekomme und in einem Motiv oder Cartoon zeichne, geht es eigentlich schon wieder. Oder wenn ich meine großen Bilder erstelle, kann ich diese schlechten oder traurigen Gefühle, die ich mir oder der Welt gegenüber habe, besser umsetzen.

Aber es gibt auch diese namenlose Depression und dieses namenlose Gefühl der Depression, das einfach nur scheiße ist und manchmal dazu führt, dass man nichts macht.

Sandra: Wie hältst du diesen Zustand aus beziehungsweise wie gehst du mit solchen Situationen um?

Robin: Es geht dann irgendwann weg. Ich würde gar nicht sagen, dass das große Rezepte sind. Ich stell das eben nur fest. Manchmal lassen sich diese Gefühle umsetzen oder fassen und manchmal gleitet es eben in dieses stumpfe Gefühl ab, in dem man dann gar nicht hoch oder aus dem Bett kommt.
Ich habe jetzt zwei Kinder und auch viel zu tun. Mitunter läuft man dann wie ein Zombie durch die Gegend und erfüllt so die Sachen.

Sandra: Warum ist es dir in deinen Cartoons wichtig, dass man ebenso die negativen Gefühle zulässt, und sich dessen bewusst ist? Melancholie, Trauer zuzulassen und zu spüren.

Robin: Das Schlimmste ist, dass man sich dabei auch noch einsam fühlt. Das zeigen zu können, ist für mich, es aus dieser Einsamkeit rauszuholen. Es war ein tolles Gefühl, als ich angefangen habe, meine Inhalte über die Sozialen Medien zu teilen, und dass Leute es auch tatsächlich verstehen oder sich dazu in Verbindung setzen. Das war für mich ein wahnsinnig positives Erlebnis. Mernschen schrieben und schreiben mir auch heute noch, dass sie sich verstanden fühlen. Das gibt mir natürlich ebenso das Gefühl, dass ich mich verstanden fühle. Das holt mich aus der Einsamkeit und anderen hilft es anscheinend auch.

„Das Schlimmste ist, dass man sich dabei auch noch einsam fühlt."

Die Sozialen Medien machen gerade einen Turn, dass nur noch professioneller Content gelauncht wird. Und selbst Menschen, die sich mit Depressionen auseinandersetzen, machen das nach einem bestimmten Schema und eben nicht mehr von Mensch zu Mensch, sondern als Creator oder Creatorin. Dann halten sie beispielsweise erstmal ihren Hintern in die Kamera oder hauen zu Beginn eine provokante These raus. Es ist so furchtbar, dass bei den Kurzclips, Reels und TikToks diese Rezepte so sichtbar sind und alles eben nach einem bestimmten Schema funktioniert. Das finde ich schlimm und im Prinzip werde ich vom Algorithmus auch gezwungen, dieses Schema zu bedienen. Das ist traurig und nimmt mir dieses Zuhause, das ich eine Zeitlang ganz überraschend in den Sozialen Medien gefunden hatte, weil diese Verbindungen gekappt werden, weil ich harte Thesen oder Pseudothesen aufstellen müsste, um Menschen zu erreichen. Manche Leute beginnen ihren Beitrag damit: „Hey, alles, was du über das und das gehört hast, ist falsch." Und dann kommt eine völlig normale Sache, die jeder schon wusste. Das ist so albern, auch weil alle sich diesem Schema unterordnen. Da habe ich keine Lust zu. Ich verändere meine Sachen auch ganz langsam, aber eigentlich habe ich ganz strenge Ästhetik-Vorgaben, die ich selten breche: die Leere des Raums, die Gleichförmigkeit der Striche, dass immer nur eine Tierart zu sehen ist – außer bei dem Kauz und der Maus, die als Duo zusammengehören, als Räuber und Beute.

Cartoon: META BENE

SOUNDTRACK OF MY LIFE

Matthias „Mattes" Penkert-Hennig

Lieblingsbands: Wechselt häufig. Dauerbrenner sind **Ghost** (ganz weit vorn), **Avatar**, **Combichrist**, **Knorkator**, **Swiss und die Andern**, **Wizo**.

Lieblingssongs: Auch wechselnd. Hier bewusst von anderen Künstlern: „Disciple" (**Slayer**), „Painkiller" (**Judas Priest**), „Hymn" (**Ultravox**), „Es ist an der Zeit" (**Wader**), „Schrei nach Liebe" (**Die Ärzte**)

Lieblingsalben: Hab ich kaum. Ich höre deutlich mehr Einzelsongs. Aber „Imaginations From The Other Side" von **Blind Guardian** kommt immer wieder, „Machine" von **Static-X**, und auch wenn ich kaum ertrage, was aus ihm geworden ist, bin ich nostalgisch mit vielen Alben von **Marilyn Manson** stark verwachsen.

Tobi Dahmen

Ein paar wichtige Alben in meinem Leben waren:

Madness – „One Step Beyond"
The Specials – „The Specials"
The Jam – „Snap"
Erobique – „Erosound"
Der erste Kent Sampler 001 „For Dancers Only" (und alle, die danach kamen)

Und natürlich ein paar wichtige Songs, die eine besondere Bedeutung für mich haben:

Lionel Hampton – „Ol' Man River (live)"
Ella Fitzgerald – „Misty"
The Jam – „Going Underground"
The Specials – „Nite Klub"
The Style Council – „My Ever Changing Moods"
Hank Levine & Orchestra – „Image Pt.1"
Maxine Brown – „Let Me Give You My Lovin'"
Time Yuro – „It'll Never Be Over For Me"
Terry Callier – „Look At Me Now"
Diana Ross – „Ain't No Mountain High Enough"
Aretha Franklin – „One Step"
Burt Bacharach – „A House Is Not A Home"
Sergio Mendes & Brasil 66 – „Look Who's Mine"
The Broken Beats – „Essentials"
Ash – „Live Less Ordinary"
The Smiths – „There Is A Light That Never Goes Out"
The Lemon Twigs – „Beautiful"

Steffen Volkmer

Lieblingsalben, -bands, -songs?
Da ist es wie mit allem, das wechselt … mit dem Alter, mit der Stimmung, mit dem Bezug, mit neuen Bands, Alben, Songs, die dazukommen: Ich kann zum Beispiel als Lied aus meiner Jugend noch immer alle Strophen von „Ich wünsch mir ne kleine Miezekatze", gesungen von der von Loriot geschaffenen Zeichentrickfigur Wum (1972, Text: Loriot, Musik: Bert Claus, Jean Thomé und Elvira Ochoa) singen und tue das bisweilen auch, sehr zum Leidwesen meines Umfelds. Ähnlich ist es mit einigen Songs der **Ersten Allgemeinen Verunsicherung**. Ich habe eine Schwäche für **Reinhard Mey** und bin ein großer Blues-Freund, speziell von **John Lee Hooker** und **Ry Cooder**. Das bringt mich auf zwei Alben, die ich wirklich toll finde, weil sie den Blues haben: „Blue & Lonesone" von den **Rolling Stones**, zu denen ich sonst ein eher gespaltene Verhältnis habe, „Orgy Of The Damned" von **Slash**, den Soundtrack zum Film „Crossorads" und „From The Cradle" von **Eric Clapton** (… dazu hatte ich außerdem echt viel Sex). Ansonsten liebe ich **Motörhead**, **Alice Cooper**, **Metallica** usw. Und habe überhaupt eine enorme Bandbreite (Band-breite … Super-Gag!) an Musik, für die ich mich begeistern kann. Wenn es aber ans Eingemachte geht, bin ich dann aber doch einfach ein alter Punk: **Mimmis**, **WIZO**, **Plasmatics** und Co. gehen immer. Aber wenn es denn nur etwas von einer Band sein sollte, das ich mit auf die legendäre einsame Insel nehmen darf, dann wären es wohl die **Toy Dolls**, die machen mich einfach glücklich.

Illustration: Schwarwel

#nicht gesellschafts fähig

SHITLIST

RECHTSROCK FÜR DEN KÖRPERPANZER

von Tobias Prüwer

„Böhse Onkelz!" – Viel brauchte es damals nicht, um einen Nazi-Kiez als solchen zu markieren. Zumindest Anfang der 1990er in meiner Heimatstadt Erfurt nutzten Nazis diesen Schriftzug, um allen, die nicht rechts waren, zu zeigen, wer im Quartier in ihren Augen das Sagen hatte. Auch ein einfach gebrülltes „Onkelz" reichte als entsprechende Parole, um anderen Angst einzujagen.

Ob und bis wann die Band Die Böhsen Onkelz rechte Einstellungen hatte, ist hier irrelevant. Sie wurden damals als rechts wahrgenommen in Teilen Ostdeutschland und es stellte wenigstens ein lang anhaltendes Missverständnis dar – man kann das noch heute auf Onkelz-Partys betrachten. Denn auch wenn sie keinen expliziten Rechtsrock machten, hatte die Musik der Onkelz mit ihrer Mischung aus Männlichkeitskult und Weinerlichkeit, Rumgeopfere und Heroismus, Sexismus und Kumpeligkeit fast alles, was den Kern von Rechtsrock bildet. Und das kam damals bei den Nazi-Skins der sogenannten Baseballschlägerjahre an. Die natürlich auch komplett einschlägige Bands verehrten.

Rechtsrock war ihr Antrieb und hielt die Szene zusammen. Er war für viele der Einstieg in Politik und extrem rechten Aktionismus sowie der Soundtrack für gewalttätige Exzesse bis hin zum Mord. Natürlich hat Rechtsrock keine magische Überzeugungskraft, sondern erreichte junge Menschen vor allem dort, wo es keine anderen Sub- und Jugendkulturangebote gab. Nazi-Werden ist kein Automatismus. Aber wo Nazis die Hegemonie haben und unwidersprochen bleiben, fällt es ihnen leicht, neue Anhänger zu gewinnen. Als Subkultur kann Rechtsrock in die Lebenswelt von Jugendlichen dringen und sie politisieren. Denn er erreicht sie im sogenannten vorpolitischen Raum und vielleicht in einer geistigen Haltung, wo sie noch gar nicht mit politischen Inhalten zu erreichen sind. Für die Musik sind sie da vielleicht eher empfänglich. Darum zum Beispiel verteilte die NPD ihre „Schulhof-CD" in und vor den Schulen, als man noch Tonträger kaufte statt streamte. Die Musik kann der erste Schritt in die Neonaziszene sein, weshalb Gruppen und Parteien darauf setzen, um gezielt Jugendliche über sie zu erreichen.

Für die extrem rechte Sozialisation bildet der Rechtsrock einen Motor, besonders in den 1990er-Jahren hielt er die größte und einflussreichste rechte Subkultur zusammen. Es entwickelte sich damals in Deutschland die weltweit größte extrem rechte Musikszene. Altbekannte Bands sind die 2003 als kriminelle Vereinigung verbotene Band Landser, Störkraft, Endstufe und Noie Werte. Neuere Gruppen heißen Kategorie C, Hassgesang und Tätervolk. Während sich das Spektrum extrem rechter Musik ausweitete – es reicht heute von sich als avantgardistisch verstehendem Neofolk und NS-Black-Metal über extrem rechten Rap bis hin zur corona-leugnenden und rechte Narrative bedienenden Schlagermusik der „Querdenker" –, so ist Rechtsrock heute mehr als eine Subkultur. Er ist verwoben mit der rechtsterroristischen Szene, die er mitfinanziert, er überspannt die Generationen und ist das identitätsstiftende Merkmal einer ganzen Bewegung. Er verfügt über hohe Mobilisierungskraft, schafft auf Konzerten und Festivals Treff- und Vernetzungspunkte. Das

Rechtsrock-Konzert-Milieu ist wichtiges Rekrutierungslager der Nazis. Wohl jedes Wochenende findet irgendwo ein Rechtsrockkonzert statt. Naziläden und -versandhändler erwirtschaften mit Musik, T-Shirts und Accessoires Millionengewinne.

Rechtsrock wird oft als „Hassmusik" bezeichnet. Natürlich trifft das auf gewaltverherrlichende Texte und Aufrufe zum Mord zu. Doch erfasst das nicht das ganze Phänomen. Denn Rechtsrock stiftet zuallererst Identifikation. Was nach außen als aggressive Ausgrenzung wahrgenommen wird, stärkt vor allem die eigene Gruppe und die Psyche des Individuums: Es vermittelt das Gefühl von Zusammenhalt und lässt den Einzelnen keinen Einzelnen sein. Das funktioniert sowohl über die Texte, die Musik, das Image und die kollektive Gemeinschaft.

Denn Rechtsrock stiftet zuallererst Identifikation.

Zum Teil ist die Musik nur illegal zu erwerben, was sie für manche Jugendliche noch attraktiver macht. Das liegt im vielzitierten Reiz des Verbotenen. Wie einst heimliches Rauchen die Protesthaltung Pubertierender zeigte und die Ablehnung der Erwachsenenwelt ausdrückte, dient für einige Jugendliche der Rechtsrock, um sich von Gesellschaft und Eltern abzugrenzen. Dazu müssen sie anfangs gar nicht selbst extrem rechts eingestellt sein. Musikalisch kann sich der Jugendliche als kleiner Rebell inszenieren. Die Gitarrenmusik hebt sich ab von den womöglich weicheren Klängen, denen die Eltern lauschen. Sie ist aber auch nicht so anstrengend wie Metal, für den man ewig braucht, um sich hinein zu hören. Rechtsrock ist da viel eingängiger, hat häufig klar zu hörende und daher mitzugrölende Refrains. Die werden schnell zur Parole. Und genügend Balladen sind auch dabei, wobei im Rechtsrock auf den Begriff „Ballade" echt Wert gelegt wird – und man tatsächlich „Balladenabende" abhält.

Textlich gibt es simple Welterklärungen zu konsumieren. Da werden Sündenböcke ausgemacht und leichte Lösungsvorschläge unterbreitet, die von „raus" bis „töten" reichen. Zugleich wird die innere Gemeinschaft der extrem Rechten beschworen, ihre Kameradschaft und ihr Zusammenhalt. Ein Band zur heldischen Geschichte der Vorväter und Ahnen wird geknüpft und eine Wiederkehr glorreicher Zeiten versprochen. Natürlich ist die beschworene Gruppe männlich dominiert, weshalb die Texte die klassische Rollenverteilung der Geschlechter hervorhebt. Auch das bietet Identifikationspotenzial – und zwar nicht nur für in ihrer Selbstwahrnehmung verunsicherte Jugendliche. Solches schafft ebenfalls das martialische, als männlich verstandene Aufreten, ob allein oder in der Gruppe. Mit einem entsprechendem Band-Shirt kann man sich im Alltag positionieren, sich eventuell gefährlich fühlen und als Gruppe ihr Revier im öffentlichen Raum abstecken – und Angst erzeugen. Aus solchen Angsträumen ziehen sie wieder Kraft nach innen.

Im Grunde zieht Rechtsrock besonders jene seelisch kaputten Subjekte an, die der Kulturtheoretiker Klaus Theweleit in seinem Theorieschlager „Männerphantasien" analysierte. Theweleit bezieht sich auf Soldaten des Ersten Weltkriegs und Freikorps der Zwanziger, deren Literatur er untersuchte. In dieser kompensierten sie ihre Erfahrungen. Die Kernthese ist, dass diese Männer in ihrer Entwicklung unfertige Subjekte geblieben sind. Gewalt in der Familie, in der Schule, militärischer Drill verhinderten, dass sich das Individuum in lustvoller Körpererfahrung frei entwickeln kann. Diese Männer – Theweleit spricht nur von ihnen, weil sie im Patriarchat dominieren – erfahren ihren Körper nur von außen. Und das geschieht durch Gewalt. Sie entwickeln eine Art Panzer, der ihr andauerndes Unsicherheitsgefühl überdecken soll. Diese faschistischen Körper beherrscht ein

Angstgefühl, welches sie anfällig macht für die Brutalität des Kollektivs. Gemeinsam, in der Masse kann sich das unfertige Individuum gehen lassen, erfährt man Anerkennung und rauschhafte Ekstase. Sie externalisieren ihr Selbstbewusstsein an Heer, Volk, Anführer. Natürlich erklärt das nicht vollständig rechtes Denken. Die ideologische Seite, zum Beispiel an die Überlegenheit der eigenen Nation, spart Theweleit aus. Starke Parallelen zeigen sich aber in vielen Aspekten zum Rechtsrock wie allgemein und zur heutigen Sprache der Rechten, die oft auch heute in so einem Fragmentkörper stecken: Da geht es um Männlichkeit, das Soldatische, Wehrhaftigkeit und die Ablehnung, ja das Verächtlichmachen besonders der Frauen unter den politischen Gegnern. Rechtsrock transportiert das nicht nur textlich, sondern an seine Hörer auch emotional.

Rechtsrock ist eine wichtige Geldquelle der Bewegung geworden, Konzerte sind überdies Treffpunkte der Szene.

Unterstützender Faktor ist eine Art Versteckspiel mit allerlei Codes auf der Bekleidung. Wurde bis in die 1990er einiges aus der Skinhead-Kultur übernommen, so ist die Rechtsrock-Szene optisch eigenständiger geworden. Zahlenkombinationen wie 88 (HH = Heil Hitler) oder 28 (BH = Blood & Honour) finden einerseits Verwendung, um der Strafbarkeit zu entgehen. Andererseits befeuert das auch ein Überlegenheitsgefühl, als Einziger zu wissen, mit welcher verbotenen oder anstößigen Botschaft auf dem Bauch man durch die Gegend läuft. Das führt mitunter ins Lächerliche, weil Unverständliche. So wird die Zahl 23 getragen, die auf den 23. Buchstaben im Alphabet verweisen soll: Das „W“ soll dann für „Weiße Rasse“ stehen. Man könnte eher an Jim Carrey („Number 23“) oder „Illuminatus“ denken. Selbstverständlich unterstreicht solches gruppeninterne, geteilte (Geheim-)Wissen das Zusammengehörigkeitsgefühl.

Schafft es die Musik schon, beim Hörer allein Identität und Gruppenzugehörigkeit zu stiften, so bildet die Gemeinschaft doch den wichtigsten Faktor dafür. Das trifft fürs Abspielen der Musik beim Rumlungern an der Bushaltestelle zu und dem Mitgrölen auf einer Party: Man ist in Mithörgemeinschaft. Außerordentliche Wirkung speist sich aus dem Gruppenerlebnis auf Konzerten oder Festivals. Wie bei politischen Demonstrationen fühlt sich der Teilnehmer als Teil einer größeren Gruppe oder gar Bewegung. Der Feiercharakter und Partystimmung, Alkohol und Ekstase unterstützen das musikalisch begleitete Hochgefühl.

Nazis nehmen sich immer den Raum, den sie bekommen, also sich nehmen können. Das war auch das Problem der sogenannten akzeptierenden Jugendarbeit, die in den 1990er-Jahren als Methode der Sozialarbeit in den Jugendclubs angewandt wurde. Man müsse die Person nur in ihren Sorgen und ihrem Unmut ernst nehmen, dann ist der erste Schritt getan, so dachte man. Man übersah, dass Nazi-Sein kein Resultat materieller Umstände ist, Armut und Frust niemanden von selbst zu extrem rechter Ideologie führt. Orte, wo man sie nicht duldete, griffen Nazis regelmäßig an. Aber in einigen Jugendclubs konnten Nazis ungestört agieren und bildeten dort alsbald die Hegemonie, also dominierten. In einem Jenaer Jugendclub etwa gingen Mitglieder des Nationalsozialistischen Untergrunds (NSU) ein und aus. Wir kommen auf das Thema Rechtsterrorismus zurück.

Rechtsrock ist eine wichtige Geldquelle der Bewegung geworden, Konzerte sind überdies Treffpunkte der Szene. Bei Festivals wie „Rock gegen Überfremdung“ im südthüringischen Themar oder „Schild und Schwert“ im ostsächsischen Ostritz können sich mehrere tausend Nazis versammeln. Das Durchführen von Konzerten schafft Freiräume und hilft bei der Etablierung einer dominanten Kultur. Davon, dass es vielleicht das einzige Kulturangebot vor Ort ist, mal abgesehen. Rechtsrock ist zudem eine Art Rückzugsraum, wo hartes Nazitum zelebriert werden kann, das sich auf Bürgerlichkeit schielende extrem Rechte nicht leisten können, etwa wenn sie bei Straßenprotesten auftreten. Hier in der Szene kann man das offen ausleben. Auch darum ist der Widerstand der Bevölkerung vor Ort gegen solche Festivals so wichtig. Und sei es nur, dass sie – wie in Ostritz geschehen – den Nazis das Bier wegnehmen, indem sie den Supermarkt leerkaufen.

Politik und Musik sind nicht klar zu trennen. Viele Akteure sind in mehreren Bereichen zu gleich aktiv.

Die Bedeutung von Rechtsrock geht, das sollte verständlich geworden sein, weit über die Musik hinaus. Das sollte Blood & Honour noch unterstreichen, eine 2000 in Deutschland verbotene Organisation. Sie dient dem Vernetzten von Bands untereinander und dem Verbreiten der NS-Ideologie. Mit Combat 18 verfügt das Netzwerk auch über einen bewaffneten Arm – der erst 2020 in Deutschland verboten wurde. Personen aus dem NSU waren bei Blood & Honour aktiv.

Politik und Musik sind nicht klar zu trennen. Viele Akteure sind in mehreren Bereichen zu gleich aktiv. Mit Thorsten Heise zum Beispiel lebt eine zentrale Figur der international vernetzten extremen Rechten seit vielen Jahren in Thüringen. Er ist eine bedeutende Führungsfigur, die über Publikationen, Rechtsrock, Demonstrationen, Kampfsport und Parteipolitik agiert.

Unterschätzt werden darf die Wirkung der Musik nicht. Das sind nicht nur unappetitliche, gewalttätige Texte, sondern sie sind als Aufrufe zu verstehen. „Taten statt Worte" lautete der mörderische Grundsatz des NSU. Das rechtsterroristische Netzwerk ist verantwortlich für zehn Morde sowie Mordversuche, Sprengstoffanschläge und Raubüberfälle. Eine erste Fassung eines Bekennervideos unterlegte der NSU mit zwei Liedern der Rechtsrock-Band Noie Werte musikalisch. Da heißt es etwa *„Wir sind am Puls der Zeit / Kein Weg führt an uns vorbei / Wir sind am Puls der Zeit / Der Widerstand ist bereit!"* Der Mörder des Kasseler Regierungspräsidenten Walter Lübcke hatte mindestens Kontakte zu Mitgliedern von Bloud & Honour und Combat 18. Zum Mord lieferte die Rechtsrock-Gruppe Erschießungskommando quasi ein Drehbuch: *„Wenn es dunkel wird im Land / Bleibt der Killer unerkannt / Er schleicht sich lautlos an das Haus / Bald da wird ein Leben enden / In den eigenen vier Wänden / Das Opfer ahnt nicht sein Bestreben / Es wird keine Rettung geben"*. Mit „Heil Combat 18!" wird der – hier fiktive – Mord verherrlicht.

Bei aller Gefahr, die Rechtsrock darstellt: Er stellt keinen Automatismus dar. Niemand wird knallharter Nazi, nur weil seine Kumpels rechte Musik hören. Da muss mehr dazukommen, sonst kann das Hören von Rechtsrock Teil einer Orientierungsphase bleiben, von dem sich ein Jugendlicher selbst emanzipiert. Aber die extrem rechte Musik hilft, mit der Szene und Ideologie in Kontakt zu kommen. Und schon deswegen muss man Rechtsrock ernst nehmen – aufgrund seiner anderen Funktionen ohnehin. Auch wenn es manchmal wie unfreiwilliger Klamauk wirkt, wenn es da heißt: „Hängt dem Adolf Hitler den Nobelpreis um". Sie meinen das wirklich so. Man muss sie daher beim Wort nehmen – und alles dagegensetzen. Denn Baseballschägerjahre gehören nicht der Vergangenheit an.

„DIE KRIEGER DES PATRIARCHATS“
Interview mit Tobias Ginsburg

von Sandra Strauß

Tobias Ginsburg ist Schriftsteller, investigativer Journalist und Regisseur.
In seinen literarischen und künstlerischen Arbeiten beschäftigt er sich mit politischen und menschlichen Abgründen. Dafür recherchiert er intensiv und meist auch noch undercover – unter Rechtsextremen, Fundamentalisten und in allerhand fanatischen Bewegungen. Seine Bücher „Die letzten Männer des Westens – Antifeministen, rechte Männerbünde und die Krieger des Patriarchats“ und „Die Reise ins Reich – Unter Rechtsextremisten, Reichsbürgern und anderen Verschwörungstheoretikern“ sind bei Rowohlt erschienen.
Für seine Bücher schleuste er sich undercover dort ein, wo man besser keinen Fuß hinsetzen sollte: Er lebte schon unter Reichsbürgern und in einer Sekte, infiltrierte rechtsextreme Burschenschaften, eine Bande militanter Neonazi-Rapper oder ein internationales Netzwerk schwulenhassender Klerikalfaschisten.
Die Geschichten, die Tobias erzählt, sind so erschreckend wie komisch – und sie berichten von Gefahren, die uns allen viel näher sind, als wir denken.

Sandra: In deinem Buch „Die letzten Männer des Westens“ schreibst du auf Seite 37 über Männlichkeit und dass du früher auch selbst deine Einsamkeit mit Schmerz und Aggression „wegmachen“ wolltest, weil du ein richtiger Mann sein wolltest, und dadurch Jahre deines Lebens verloren hast. Und du schreibst: „ ... Da blieb in meiner Selbstwahrnehmung kein Platz für Depressionen, Angstzustände, Panikattacken und Essstörung. Ein trauriger Mann mit Essstörung.“ So in der Art habe ich das noch nicht von einem Mann in einem Buch gelesen, indem es nicht als Hauptthema um psychische Belastungen geht. Warum war es für dich eine Selbstverständlichkeit, das so offen und ehrlich zu kommunizieren? Wie passt das zum Thema Mannsein und toxische Männlichkeit?

Tobias: In meinem Buch geht es um die Verbindung von rechtsextremer und faschistischer Ideologie und Männlichkeitswahn, also diese Vorstellung: Du musst mehr Mann sein, ein besserer Mann sein, einem Männlichkeitsideal hinterherjagen. Das sind zwei Sachen, die zusammen gehören und elementar miteinander verbunden sind. Du findest keine faschistische Spielart, keinen Neonazi, keinen Rechtsextremen, der nicht auf die eine oder andere Weise solchen seltsamen traditionellen Geschlechterkonstrukten hinterherjagt. Wenn ich mich auf die Suche mache und mich zum wiederholten Male – ich mache den Scheiß jetzt seit 14 Jahren – in die Nähe von Fanatikern begebe und sie verstehen möchte, dann funktioniert das nicht, wenn ich mich da rausziehe und so tue, als sei ich ein neutraler Beobachter. Wissenschaftliche Arbeiten darüber gibt es genug. Mich interessieren die Menschen selbst. Ich will das nachfühlen. Deshalb ist es in dem Kontext auch wichtig, wer ich bin.
Eine zweite Sache ist: Es interessiert mich, inwiefern „Das Andere” funktioniert. Der Extremismus, der Rechtsextremismus, der Faschismus, der Fanatismus, den wir als Linke

Foto linke Seite: Jean-Marc Turmes

oder bürgerliche Mitte gerne von uns wegschieben, und so tun, als hätte das mit uns nichts zu tun. Wie wirkt das in uns rein? Und das ist nur deshalb so gefährlich, weil es Parallelen gibt. Würden die Fanatiker, in dem Fall die Rechtsextremen, nur irgendeinen Scheiß glauben – und okay, manchmal bringen sie jemanden um, das ist gefährlich –, könnten wir dagegen ankämpfen. Doch es ist ein bisschen gefährlicher, denn es geht um eine Ideologie und Teile davon sind Mainstream-tauglich. Das findest du überall. Und diese Frage nach dem Männlichkeitsbild daran ist nicht nur Mainstream-tauglich, sondern das ist nach wie vor der Standard. Das versuche ich nachzuzeichnen. Daraus ergeben sich dann plötzlich ganz automatisch Feindbilder und Vorstellungen, wie eine Gesellschaft zu sein hat und was nicht dazugehören darf.
Um es kurz zu machen: Es ist ein Thema, das uns alle irgendwie betrifft. Auch Leute, die sich „Antifa“ in ihre Twitter-Biografie schreiben und sich selbst als links wahrnehmen, haben in ihrem Kopf und Körper Kontinuitäten von verschwörungsideologischem, rechtsextremem und fanatischem Ausgang. Das gilt es freizulegen.
Ich kann mich bei all dem selbst nicht rausnehmen und muss darüber schreiben, was ich mit all dem zu tun habe: Was berührt mich, was vereint mich auch mit diesen zum Teil unfassbar mörderisch gefährlichen Menschen, mit denen ich mich da abgebe.

„Ich kann mich bei all dem selbst nicht rausnehmen und muss darüber schreiben, was ich mit all dem zu tun habe …“

Sandra: Welche Parallelen hast du festgestellt?

Tobias: Da gibt es eine ganze Menge. Das ist mehr als nur dieses eine Thema. Was bedeutet es, besser zu werden? Was bedeutet es zu funktionieren? Was bedeutet es, „ein richtiger Mann“ zu sein? Es ist die Vorstellung von einer Stärke, die Gewalt bedeutet, Ellenbogen, Durchsetzungsfähigkeit, Härte, Resilienz – Lass dich nicht unterkriegen, kenne keinen Schmerz, komm durch, mach dein Ding, hau die anderen weg. Das ist zum einen eine in der westlichen Welt traditionelle Männlichkeit, zum anderen eine, die dann auch eine kapitalistische Gesellschaft wie die unsere einfach vorgibt. Der freie Markt. Da wird sich der Stärkere, der Bessere, der Männlichere durchsetzen. Wenn ich an meine Teenie-Jahre zurückdenke, waren diese bereits von so einem Optimierungsgedanken geprägt: Wie kann ich ein besserer Mann werden? Und da wird es gefährlich.
Dabei ist es natürlich kein Problem, wenn jemand ein Macker ist oder sich eben traditionell-männlich fühlt: Wenn du morgens aufwachst und zum Frühstück erstmal einem Schwarzbären den Kopf absägst, dann einen Baum fällst, einen Liter Kerosin trinkst und danach deinem Beruf als holzhackender Barbecue-King nachgehst, dann ist das völlig in Ordnung. Dann ist das dein Ding. Die Frage ist: „Macht dich das glücklich? Bist du das wirklich?“
Problematisch wird es, wenn Menschen einem Männlichkeits- oder Geschlechterbild hinterher rasen, das ihnen nicht entspricht. Dann wird es das, was wir toxisch nennen, damit machen sich Leute selbst kaputt. Hier setzt eine ganze Männlichkeitsindustrie ein. Hier setzen solche Versprechen ein und das sind welche, die besonders labile und kaputte Männer ansprechen, aber auch ganz besonders sehr junge Menschen. Der junge Teenie fragt sich vielleicht, warum er nicht der Babo, der größte Alpha, der King auf dem Schulhof ist. Und so gehen diese Vorstellungen los: Ich müsste besser sein, männlicher sein, mehr Mädels abbekommen.
Man muss davon ausgehen, dass der allergrößte Teil der jungen Männer solchen Fragen hinterherhechelt. Es ist also nicht besonders

überraschend, dass auf Basis dieser Ideen und Ängste eine ganze Industrie geworden ist. Viele Menschen fallen darauf rein, bekommen dabei nicht nur dieses Männlichkeitsbild ab, sondern mit sexueller Frustration und sexuellem Bedürfnis lässt sich ebenso Geld machen. Ihnen wird nicht nur das Geld abgeknöpft, sondern man ist ganz schnell auch bei politischer Implikation. Das ist eine Sache, die ich über eine lange Zeit beobachtet habe und miterleben musste: Wie teilweise sehr naive, ganz labile Leute in eine derartige Männlichkeitsindustrie reinstolpern und dann auch sehr schnell politisiert, teilweise radikalisiert werden. Es ist kein Zufall, dass die extreme Rechte damit auf Menschen- und Männerfang geht, und das macht sie schon eine extrem lange Zeit.

„Es ist kein Zufall, dass die extreme Rechte damit auf Menschen- und Männerfang geht …“

Sandra: Warum gehen die einen in die eine Richtung und andere in eine andere? Du hast es selbst in deinem Buch geschrieben, dass du Jahre deines Lebens verloren hast, weil du diesem vorgegebenen Männlichkeitsbild entsprechen wolltest. Du hast irgendwann gemerkt, dass es nicht deins ist, und bist einen anderen Weg gegangen. Warum?

Tobias: Zum einen bin ich eine andere Generation. Als ich 14 und auf dem Schulhof war, hatte meine Familie gerade ihren ersten AOL-Account mit einem kreischenden Modem. Ich hätte nicht, auch wenn ich gewollt hätte, irgendwelchen derartigen Männer-Coaches in die Hände fallen können. In gewisser Weise eine Gnade der frühen Geburt. Ein solches Angebot gab es damals nicht. Aber trotzdem: Man hat es halt in sich. Die Stelle, auf die du anspielst, beschreibt eine sehr finstere Zeit in meinem Leben: zwei Jahre in meinen Zwanzigern, die durch eine Depression quasi verschwanden, plötzlich weg waren. Eine Zeit, in der die meisten Menschen auch nicht genau wussten, wo ich überhaupt war – und ich selbst bin mir auch nicht ganz sicher. Es stellt sich also die Frage: Wie kann es sein, dass man so sehr über die eigene Krankheit stolpert? Wenn ich mich fies am Fuß verletze, gehe ich vermutlich zum Arzt, bevor ich eine Blutvergiftung bekomme. Auf diese Idee bin ich nicht gekommen, obwohl es genügend Anzeichen gegeben hätte.
Unter Künstlern gibt es die schlimme Vorstellung, dass das Leiden dazugehören müsste: Wir sind exzentrisch, wir sind nicht krank. Auch das ist Teil einer bestimmten Geschlechterkonstruierung: der leidende Künstler, der in Paris seine Flasche Absinth trinkt, Zigaretten raucht und vor sich hin darbt. Kurt Cobain, der sich in den Kopf schießt. Das wird total romantisiert. Ich dachte, ich muss mich da einfach durchkämpfen. Das habe ich solange gemacht, bis es nicht mehr ging. Einzelkämpfertum als Männlichkeitsideal. Und nein, aus so tiefen Löchern schafft man es nicht alleine heraus.

Sandra: Dann hast du einen anderen Weg eingeschlagen? Hast du gespürt, dass du mehr auf dein Inneres und weniger auf vorgegebene gesellschaftliche Konstrukte hören musst?

Tobias: Weiß ich nicht. Versteh mich nicht falsch, ich bin nach wie vor ein labiler Macker. Schau dir an, was ich beruflich mache. Ich bin kein feingeistiger Typ aus einer Männergruppe, der den Baum umarmt. Ich bin eine herumlaufende rote Flagge. Es gibt aber eben Sachen: Was bist du? Was macht dir Spaß? Bist du zufrieden mit dir? Und ich bin sehr zufrieden mit mir. Was hast du trotzdem noch für Vorstellungen, die einfach gefährlich sind? Ich muss da alleine durch und mich durchkämpfen – sei das jetzt etwas Professionelles oder emotional Privates oder halt eben auch ein psychisches Problem.

Es gibt Zahlen, dass sich Männer fast doppelt so häufig umbringen wie Frauen, weil sie nicht nach Hilfe rufen, weil sie nicht ein solches soziales Netz haben, weil sie irgendwann entweder Testosteron gebeutelt oder eben durch dieses Konstrukt, was Männlichkeit sei, glauben, sich da irgendwie alleine durchhangeln zu müssen.
Ja, ganz blöd gesagt: Das ist eine tödliche Überzeugung. Und dann ist es vollkommen egal, was für eine Art von Mann du bist und wie du deine Männlichkeit definierst. Jede Vorstellung ist dann in Ordnung, wenn du das wirklich und damit glücklich bist und du niemandem Schaden zufügst. Das muss man Menschen oft erklären. Es gibt Leute, die sagen: „Nein, als Mann darfst du nicht mehr so oder so auftreten.“ Quatsch, wenn du anderen keinen Schaden zufügst und du glücklich bist, ist alles hervorragend. Es könnte so einfach sein – aber füge auch dir keinen Schaden zu.

„Ich war in rechten Gruppierungen, bei Querdenkern, Verschwörungsideologen, in braunen esoterischen Sekten, ich hing mit Islamisten ab, ging mit Islamisten Tee trinken und auf Demonstrationen.“

Sandra: Wie kam es zu deinem Buch? Du bist für die Recherche undercover bei „Antifeministen, rechten Männerbünden und den Kriegern des Patriarchats“ gewesen und hast mit ihnen deine Zeit verbracht. Ganz ehrlich: meinen Respekt, deine Arbeit ist so wichtig, ich hätte das nicht gekonnt. Wie hast du das hinbekommen und durchgehalten? Du musst diese Identität ja auch für Zeitraum X annehmen und es fühlen. „Wenn du lange in einen Abgrund blickst, blickt der Abgrund auch in dich hinein.“

Tobias: Es begann durch Zufall, dass ich damals – während der Recherche zu einem Theaterstück – in eine neonazistische Burschenschaft reinstolperte. Ich hätte auch nicht gedacht, dass das funktioniert, aber es war dann doch relativ einfach und ich hatte als weißer Mann einen großen Vorteil, es gab sehr wenige No Go-Areas. Das wurde dann zu einer Recherche-Methode unter vielen anderen. Ich war in rechten Gruppierungen, bei Querdenkern, Verschwörungsideologen, in braunen esoterischen Sekten, ich hing mit Islamisten ab, ging mit Islamisten Tee trinken und auf Demonstrationen. Ich war in den USA, in Spanien, in Polen … Irgendwann hat das sicherlich auch etwas mit Professionalität zu tun, es ist Teil meiner Recherche. Nebenbei war es dann irgendwann die Entscheidung, dass das der Hauptteil meiner Arbeit ist, der mir am meisten bedeutet. Als ich mich sozusagen neu orientiert habe und sehr viel habe fallen gelassen, beschloss ich, dass es das ist, was mich am meisten antreibt.
Wie hält man das aus? Angst. Ja, und das Nietzsche-Zitat: „Wenn du lange in einen Abgrund blickst, blickt der Abgrund auch in dich hinein.“ Ich kann nur NICHT in den Abgrund starren. Die ganze Gesellschaft ist abgründig. Wir laufen als Gesellschaft am Abhang entlang und tun so, als sei alles in Ordnung. Die Brandmauer nach rechts steht in Flammen. An den internationalen Rechtsruck haben wir uns gewöhnt, der dauert jetzt schon zehn, zwölf Jahre an, aber es ist kein Ende in Sicht. Die Morde von rechten und neonazistischen Terroristen passieren in immer kürzeren Intervallen. Das macht mir Angst. Vieles in dieser Gesellschaft macht mir Angst und ich ertrage das ganz, ganz schlecht. Lustigerweise ist es also so eine kontra-intuitive Angstbewältigung, wenn ich da hingehe.
Das Gruseligste auf der Welt ist doch eigentlich das Knacken in der Finsternis, das Unbekannte, die Gefahr, die ich nicht verstehe. Ich komme damit nicht klar, eine Gesellschaft

zu sehen, in der Menschenfeindlichkeit und menschenfeindliche Ideologeme immer mehr herumwirbeln. Um das zu verdauen und mich irgendwie wohl zu fühlen, muss ich verstehen, was da passiert.
Also gehe ich dahin. Ich möchte begreifen, was diese Ideologie so attraktiv macht, warum es so viele Leute da reinzieht. Und ich möchte begreifen, was um alles in der Welt in unsere gesellschaftliche Mitte dringt. Was passiert hier eigentlich? Der Abgrund ist immer da, wir merken, was passiert. Ja, ich begebe mich in eine physische Gefahr und psychisch ist das sicherlich auch nicht ganz gesund, aber ich habe dadurch Sicherheiten und ein Wissen. Plötzlich gibt es etwas, das ich tun kann, und sei es im geringsten Fall zumindest ein klein wenig Aufklärung.

„Genau der gleiche Rassismus, Antifeminismus, die Frauenfeindlichkeit, der Schwulenhass – nur ein Tacken intellektueller und höflicher formuliert."

Sandra: Wie gehören Musik, Rechtsrock, rechter Rap und Antifeminismus zusammen? Das beschreibst du ebenso in deinem Buch.

Tobias: Ich habe es eben schon grob skizziert: Würde ich „nur" über Nazis schreiben, wäre die Reaktion: „Hey, das bekommen wir hin." Das Problem ist, wir reden über Nazis, deren Ideen in der ganzen Gesellschaft vorhanden sind.
Damals nannten sich einige neurechts oder identitär: Also der Versuch von Neonazis und Neofaschisten, ein bisschen unter dem Radar zu fliegen und nicht gleich erkannt zu werden als das, was sie sind. „Wir sind ja keine ... Wir sagen nicht Ausländer raus. Wir sind nur Ethnopluralisten. Wir sagen nur, die Ausländer sollten da sein, wo sie herkommen." Also Neonazismus ein bisschen höflicher. Genau der gleiche Rassismus, Antifeminismus, die Frauenfeindlichkeit, der Schwulenhass – nur ein Tacken intellektueller und höflicher formuliert.
Und aus dieser Welt, die ordentlich Geld hat, kam eine Neonazi-Rap-Gruppe, was erstmal skurril ist und mich sehr interessiert hat. Eben auch, weil man das nicht erwartet, oder? Rap ist historisch gesehen eine Musikrichtung von marginalisierten Menschen. In den USA kommt der Rap von schwarzen Menschen, von schwarzen Männern. In Deutschland ist er von migrantischen Menschen gezeichnet. Er erzählt auch Geschichten von migrantischer Männlichkeit, also der Gangsta-Rap. Und jetzt kommen irgendwelche Rechtsextremen an, übernehmen diese Musikform und adaptieren das für ihre arischen Astralleiber und rassistischen Fieberträume. Es wirkt erstmal lustig oder eigenartig und es gibt viele Gründe, warum ich mich so lange mit ihnen auseinandergesetzt habe.
Ich habe sie über einen Zeitraum von sechs, sieben Monaten begleitet, war dabei, wie sie versucht haben, in Bautzen ein Stadtprojekt zu starten, wie sie Musikvideos gedreht und sich mit dem Management getroffen haben oder im Keller mit irgendwelchen neonazistischen Rocker-Gruppen. Alles spannend genug. Aber das Spannendste hieran war, dass sie eine Musikrichtung übernommen haben, die einfach die erfolgreichste ist. Rap ist der neue Pop. Es gibt kein Musikgenre, das eine größere Hörerschaft hat. Es hat eine im Schnitt sehr junge Hörerschaft. Das macht es für sie interessant. Und dann gibt es – zumal im Gangsta-Rap – eben bestimmte Aspekte, die sie einfach so übernehmen konnten, und da sind wir wieder beim Thema Gender und Männlichkeit.
Vielleicht nur drei Sätze zum Thema Gangsta-Rap. Der stereotype Gangsta-Rapper ist ein bildungsferner Mann ohne finanzielles oder soziales Kapital mit Migrationshintergrund. Das ist das Stereotyp. Und in den Stereotypen-Gangsta-Rap-Songs muss sich dieser

Mann ohne alles von ganz unten durch den Beton-Dschungel durchkämpfen. Um Bushido zu zitieren: „Vom Bordstein zur Skyline“. Warum muss er das? Er hat ja nichts. Das Gleiche auch im amerikanischen Gangsta-Rap. Da erzählen die Menschen, die am Arsch sind, die nichts haben, und alles, was ihnen bleibt, sind sie selbst, ihre Männlichkeit, ihre Muskelkraft, ihre Skrupellosigkeit, ihr Durchsetzungsvermögen.

In diesem Moment von gesellschaftlicher Marginalisierung und ohne Kapital ist alles, was du hast: sich nach oben prügeln, Leute wegboxen oder wegschießen, die eigenen Menschen verkaufen, Frauen verkaufen, Gewalt als einziges Mittel, als einzige Machtfantasien. Ich will hier überhaupt nicht moralisieren, verteufeln oder schönreden. Es ist ein riesiges Genre. Es gibt Sachen, die sind unglaublich toll, klug, politisch wahnsinnig clever. Aber grundsätzlich ist es immer erstmal die Geschichte von denen, die nichts haben, und alles, was ihnen bleibt, ist diese Machtfantasie und Gewalt.

Und jetzt kommt etwas Gruseliges. Jetzt kommen nämlich plötzlich die Männer der Mitte so wie der Gangsta-Rapper Kollegah. Das ist eigentlich der Felix. Der Felix kommt aus dem Hunsrück, hat in Mainz Jura studiert, hört gerne Rap und denkt sich so: „Geil, die prügeln alle weg, verticken Drogen. Das find ich cool. Das kann ich auch.“ Und plötzlich wird Felix aus dem Hunsrück ein harter Gangsta-Rapper. Da gibt es ein Missverständnis, was Männlichkeit und Stärke bedeutet. Diese eigentlich verzweifelte Männlichkeit aus dem Gangsta-Rap wird einfach gesamtgesellschaftlich vollkommen akzeptiert. Ja, mein Gott, in der CDU hat man kein anderes Männerbild, auch ein Friedrich Merz kann sich ordentlich nach oben kämpfen, er ist ebenso skrupellos und ballert alle weg – alle seine politischen Feinde aus dem Weg. Also eigentlich gruselig.

Und dann kommen jetzt plötzlich meine neonazistischen Kameraden, Rechtsextreme, und versuchen, ihre Gewaltfantasien und politischen Albträume irgendwie musikalisch zu verpacken, nehmen Gangs als Grundlage und müssen gar nicht so viel verändern. Alles, was sie austauschen müssen, ist die Sehnsucht. Es geht nicht mehr um viele Drogen besitzen, goldene Schallplatten, goldene Halsketten und einen tiefergelegten Benz, sondern es geht um einen weißen Ethno-Staat, den man am Ende haben möchte.

Die Vorstellung, was man selbst ist: nämlich stabil, aufrecht, brutal, skrupellos, geh deinen Weg, Bruder, mach sie platt. Das bedeutet natürlich, dass die Botschaft ist, die an junge Leute, an junge Biodeutsche, vor allem an Männer gegeben wird: Wenn die anderen, die Marginalisierten, die Nichtdeutschen, die Ausländer einen auf harten Macker machen, warum darfst du als Alman das nicht? Sei doch ebenso ein stolzer Deutscher, sei doch aufrecht oder auch wie ein Mann! Komm, Bruder, kämpf!

Wenn ich sage: Neonazi-Rap, dann klingt das erstmal albern. Aber je länger du darüber nachdenkst, umso gruseliger ist es. Das ist einfach ein wunderbares Mittel, um die rechtsextreme Scheiße wieder in die Kinderzimmer zu transportieren.

Und ja, hätten wir über Rockmusik oder Schlager gesprochen, hätten wir genauso toxische und traditionelle Teilaspekte finden können. Schlagermusik besteht in erster Linie aus irgendwelchen österreichischen Burschis, die davon träumen, dass Frauen wieder Frauen sind, und von Layla – die ist schöner, jünger, geiler. Es ist immer der gleiche Schrott. Wichtig ist: Es ist gesellschaftstauglich und da können sie sich reinbeißen.

Sandra: Was stecken hinter den Musikern für Typen, die du sechs, sieben Monate begleitet hast? Warum wollten sie unbedingt Nazi-Rap machen?

Tobias: Das ist eine Strategie. Da steckt ein Netzwerk mit sehr viel Geld dahinter. Rechtsextreme Rapper gab es schon immer. Das waren aber meistens irgendwelche offen neonazistische Idioten. Die schafften es im besten Fall auf eine NPD-Schulhof-CD und ver-

schwanden dann wieder in der Versenkung. Dann erstarkte das faschistische Netzwerk der Neuen Rechten im Laufe der 2000er-Jahre und man ging strategisch vor: Man wollte junge Menschen erreichen, wollte jung wirken. Also holte man einen Sprechgesangs-Künstler an Bord. Christoph Aljoscha Zloch wurde unter dem Alias Chris Ares der erste neurechte Rapper. Er konnte zwar nicht besonders gut rappen, aber es reichte, und er wurde als DER identitäre Rapper aufgebaut, obwohl er vorher mit denen wenig zu tun hatte. Und er gründete das Label „Neuer Deutscher Standard“.
Der Mensch, mit dem ich vor allem Zeit verbracht habe, der mittlerweile auch dieses Label leitet, war der ehemalige identitäre Chef-Kader Kai Naggert alias Prototyp.
Je länger ich Zeit mit den Leuten verbringe, desto mehr sucht man doch auch irgendwie nach der sad story. Also gibt es im Background ein biografisches Trauma? Wurdest du da ganz böse von den Eltern mit reingerissen, von einem Freund reingerissen? Irgendetwas, das vielleicht auch das Handeln entschuldigt. Im Fall von meinem guten Freund Kai war das nicht der Fall. Ich habe nachgegriffen. Alles, was da übrig war, war Radikalisierung, Härte und Überzeugung. Er ist ein Mann, der in Jugendzeiten schon in eine Neonazi-Kameradschaft ging, mit Anfang 20 dann zur Identitären Bewegung, das heißt: fortan seinen Hass ein bisschen höflicher formulierte. Dort schaffte er es zum Chef-Kader in NRW, und als er merkte: „Scheiße, der Verfassungsschutz ist drauf gekommen, dass die Bewegung rechtsradikal ist.“ (Wer hätte das gedacht? Der Verfassungsschutz brauchte fünf Jahre, um Neonazis als Neonazis zu erkennen.), sprang er in dem Moment ab und wurde zum Rechts-Rapper. Das war zu einem Teil sicherlich, dass er Spaß daran hatte. Musik machen macht Spaß. Zum anderen war es wirklich eine strategische Entscheidung und die zieht er bis heute durch.

Sandra: Was bedeutet Musik in der extremen Rechten?

Tobias: Musik ist die drastischste, also unmittelbarste Kunstform, die wir haben: Vermutlich prägt dich nichts so sehr wie dein Lieblingssong, wenn du 14 bist. Musik ist emotionalisierend, gerade deswegen ist sie auch so ein gutes politisches Instrument. „Musik als politischer Bedeutungsträger“, ich habe gerade die Worte von Kai im Ohr. Die Rechte hat ganz klare Vorstellungen, was sie mit Musik bezwecken kann.

Sandra: Du warst auch mit Danger Dan zusammen in Bautzen. Er hat ein Konzert gegeben, du hast gelesen. Wie kam das zustande? Ihr wolltet konkret in Bautzen zusammen auftreten, weil dort die Rechtsextremen ihr „kleines Reich“ aufbauen wollten?

Tobias: Ja, zum einen haben die rechtsextremen Rassisten-Rapper dort nach wie vor ihre Homebase. Zum anderen hatte ich 2018 einen Auftritt in Bautzen. Es war eine Katastrophe. Vor dem Saal versammelte sich ein Mob von einigen dutzenden schreienden Leuten. Es gab Beleidigungen, Geschrei und sogar eine Verfolgungsjagd im Auto – nur, dass die Nazis das falsche Auto verfolgt haben. Mit absurder Begründung ging die sächsische Staatsanwaltschaft der Sache aber nicht länger nach. Mit Sachsen verbindet mich also eine Menge. Und das war, glaube ich, auch mit der Grund, warum Danger Dan mich gefragt hat, ob ich ihm nicht die Vorgruppe mache. Der gemeinsame Auftritt war also eine Mischung aus Provokation und Mutmachen.
Wenn du antifaschistisch und gegen Rechts in München, Berlin oder Frankfurt auftrittst, dann ist das nicht mutig. Es ist notwendig, aber es ist nicht mutig. Die Menschen in Sachsen, die sich nicht nur gegen die Rechtsextremen, sondern ganz grundsätzlich gegen rechtsreaktionäre Ideen, AfD und damit im Zweifelsfall auch gegen Nachbarn, die Zahnärztin oder den Chef stellen, sind mutig. Sie gilt es zu unterstützen. Das war in erster Linie auch die Entscheidung, dass wir dort hinfahren und in der Stadthalle auftreten – vor 700 bis 800 Menschen. Es war ein sehr emotionaler Abend.

FLIRT MIT FASCHO-ÄSTHETIK

von Tobias Prüwer

Als Tabubruch und Provokation verniedlicht man in der Schwarzen Szene die Verwendung rechter Codes. Das ist schlechte Tarnung.

„Wir beginnen heute mit dem Vorverkauf der Zutrittsberechtigungen für das 29. WGT 2022“: Vorfreude wecken klingt anders und spricht jedenfalls nicht aus der offiziellen Facebook-Meldung der Veranstalter des Wave Gotik Treffens (WGT) in Leipzig. Solche Schrulligkeit haben sie über die Jahrzehnte gepflegt. Daran haftet ein kultureller Standesdünkel, das Selbstbewusstsein, irgendeiner Art von Elite anzugehören. Gelassen besehen, ist die zur Schau gestellte kühle Arroganz nur die letzte Waffe der postjuvenilen Abgrenzungsattitüde einer alternden Szene. Während andere Festivaltickets offerieren, Bändchen und Eintrittskarten ausgeben, erwirbt der WGT-Besucher in spe eine „Zutrittsberechtigung“. Der Camping-Pass heißt „Obsorge-Karte“ und der Newsletter „Treffen Weltbote“. Man spricht (Alt-)Deutsch und Euphorie ist nicht. Mit dieser Schrulle und passiv-aggressiver Öffentlichkeitsarbeit müssen die Besucher:innen klar kommen. Leider zählt solches pseudoelitäres Verhalten nicht allein zur Corporate Identity des WGT-Festivals, sondern wird gern noch kombiniert mit erklärten Tabubruchs und dem Flirt mit rechten Codes.

In dessen Zuge tritt hier zutage, was das größte Missverständnis auch in vielen anderen Subkulturen darstellt: „Aber die allergrößte Scheiße heißt: unpolitisch.“ (...But Alive)

Wer das kritisiert, wird als zu dumm abgestempelt, Kunst zu verstehen. Statt die doch überschaubare Schar bekennender völkischer und/oder extrem rechter Bands zu thematisieren, soll es im Folgenden vor allem ums problematische Kokettieren mit faschistischer Ästhetik, braunem Okkultismus und Nationalromantik gehen. Daher sollen ein paar Überlegungen zum Umgang der Schwarzen Szene mit rechten Ideologien und Symbolen angestellt werden. Dabei wird mehrfach aufs WGT zurückzukommen sein, immerhin ist es das größte Szene-Zusammenkommen seiner Art. Und man kann einige hier vorgefallene Beispiele und den Umgang der Veranstaltenden damit als symptomatisch ansehen. In dessen Zuge tritt hier zutage, was das größte Missverständnis auch in vielen anderen Subkulturen darstellt: *„Aber die allergrößte Scheiße heißt: unpolitisch.“* (...But Alive)

Arroganz als letzte Waffe, so lässt sich – wiederum mit Rückgriff auf die Band ...But alive – das Verhalten der WGT-Veranstalter bezeichnen. Spaß haben sollen andere, da nimmt man auch Kollateralschäden hin. Als unklug zeigte sich jedenfalls die Idee 2007, ausgerechnet im UT Connewitz ein Neofolk-Konzert auszutragen. Dieses Musikgenre – siehe unten – ist besonders von inszenierten Tabubrüchen geprägt und dem Kokettieren mit Missverständnissen und belasteten Symbolen. Man trägt gern Uniformen – nicht immer nur Fantasie-Produkte –, völkische Anschauungen und faschistische Ästhetiken werden hier zum Teil bedient, oft nur als schauriges Zitat im Auftrag einer provozierenden Kunst. Wer das nicht versteht oder verstehen will, wird als zu dumm für eine Diskussion abgekanzelt. Arroganz als letzte Waffe. Die Berichte über das exakte Geschehen damals widersprechen sich. Jedenfalls attackierten Antifa-Aktivisten einige Uniformträger und Militärfetischisten, die vermutlich ahnungslos die Wolfgang-Heinze-Straße entlang gingen. Die Brisanz eines solchen Aufeinandertreffens hätte man im Voraus erahnen können. Vielleicht fand es die Orga auch ein bisschen sexy, dem wirklichen Neonazi-Anteil seines Publikums einen Spaziergang durch Leipzigs rote Hochburg zu gönnen. Um dann auf Opfer machen zu können, wenn die Provokation gelingt und die Reaktion aber erwartbar physisch ausfällt.

Man will nur provozieren, ist oft die dankbare Ausrede, aber nicht der hellste Move. Die Sex Pistols im Hakenkreuz-Shirt waren damals schon scheiße, weil sie so häufig als Erweiterung der Ausrede angeführt werden. Wenn sie das durften, dann wird man ja wohl noch … Provokation um der Provokation willen ist langweilig und billig. Und wenn man nicht alles so ernst nehmen soll, wie es dann heißt, dann stellt es eben ein Missverständnis von Kunst dar, dass dazu schon ein bisschen Provokation ausreicht. Zumal man das in politisch kühleren Zeiten noch ein bisschen gelassener sehen könnte als heute, was Provokation ist. Muss man aber auch nicht. Um das zu verstehen, reicht es, sich Musiker und Bands anzuschauen, die sich zwar auch solcher Symbole bedienen, denen es aber um mehr als Provokation geht. Siouxsie and the Banshees zum Beispiel ebenfalls wie Deutsch Amerikanische Freundschaft nutzten solche, um mit den Ideologien künstlerisch zu brechen. Sie setzten die Inhalte in neue Kontexte, zeigten Brüche, öffneten Räume zum Nachdenken. Oder man schaue auf Laibach, die es meisterlich verstehen, hinter vermeintlich bloßer Provokation mit totalitären Mitteln totalitäres Denken auseinanderzunehmen.

Beim Festival 2009 prangte eine Schwarze Sonne auf dem Camping-Ticket. In dieser Form ist das aus zwölf Sig-Runen gebildete Symbol eine NS-Erfindung.

Soll man den oft selbsterklärten Intellektuellen wirklich Unkenntnis unterstellen, wenn sie mit problematischer Botschaft oder Symbolik unterwegs sind? Das kann im Einzelfall möglich sein. Aber sich auf Unwissen und Missverständnis herausreden – weil ein Zeichen auch im Buddhismus oder bei den Bretonen verwendet wird –, bleibt eine Schutzbehauptung. Und Julius Evola war eben nicht nur skurriler Esoteriker, sondern Rassentheoretiker und aktiver Faschismus-Fan. Gewiss, in solchen Belangen bildet die Schwarze Szene nicht die große Ausnahme. Aber macht es ja nicht besser, dass so etwas beispielsweise auch im Metal vorkommt. Wobei hier dem persönlich-subjektiven Eindruck des Autors nach szeneintern zumindest in Deutschland mehr getan wird, um nicht mit Faschisten zu bangen und zu moshen. Jedenfalls hat beispielsweise die Initiative „Grufties gegen Rechts", die 1998 in Bremen gegründet wurde und lange Zeit als Nestbeschmutzer behandelt wurde, ihre Arbeit vor Jahren eingestellt.

Zurück zum Beispiel WGT, wo der Flirt mit Rechts wie beim erwähnten Neofolk-Vorfall leider keine Eintagsfliege ist. Lässt es sich auf ungeschultes Personal abwälzen, das man ein T-Shirt der NS-Metalband Absurd nicht erkennen mag oder erst spät bei schlägernden Nazis im Heidnischen Dorf eingreift (vom Autor selbst erlebt). Seit Jahren etwa stellt der extrem rechte Verlag VAWS auf dem WGT-Markt aus, immer mal wieder stehen problematische Bands auf dem Programm. Stets reden sich die Organisatoren damit heraus, unpolitisch zu sein. Das war auch der Fall beim in dieser Hinsicht größten Eklat. Beim Festival 2009 prangte eine Schwarze Sonne auf dem Camping-Ticket. In dieser Form ist das aus zwölf Sig-Runen gebildete Symbol eine NS-Erfindung. SS-Führer Heinrich Himmler ließ es in der SS-Schulungsstätte Wewelsburg einbauen. Seit den Neunzigern avancierte die Schwarze Sonne zum neonazistischen, weil nicht verbotenem Erkennungssymbol. Zur selben Zeit, als das Motiv aufs

WGT-Ticket gelangte, druckte das thüringische Metal-Festival Partysan T-Shirts mit gesprengter Schwarzer Sonne, um sich gegen Rechts zu positionieren. Die Verwendung muss also durchaus als bekannt angenommen werden. Beim WGT wand man sich heraus und verwies darauf, unpolitisch zu sein. Kritische Kommentare im Forum wurden gelöscht, schwulstig die Verwendung des angeblich uralten Symbols erklärt, ohne auf den NS-Kontext einzugehen: „Symbolstrukturen, gespiegelt in der Iris des Auges, dem Fenster zur Welt, reflektieren ein uraltes Symbol der Sonnenfinsternis.“ Germanen hätten dieses verehrt und Cheruskerfürst Arminius „erscheint als figuratives Spiegelbild, verewigt in Stein“. Überhaupt sei das nur ein Motiv und Kunst habe alle Freiheiten. Arroganz als letzte Waffe.

Die gleiche Haltung lässt sich insbesondere im Neofolk feststellen, ohne diese ganze Subszene in einen braunen Topf zu werfen und schon gar nicht zu behaupten, dass diese von Nazis dominiert wird.

Die gleiche Haltung lässt sich insbesondere im Neofolk feststellen, ohne diese ganze Subszene in einen braunen Topf zu werfen und schon gar nicht zu behaupten, dass diese von Nazis dominiert wird. Neofolk mischt häufig traditionelle nicht-elektronische Instrumente wie Akustikgitarre, Trommeln und Flöten mit Synthezisern. Romantischen und antimodernen Gestus verstehen rechte Akteure als Einladung, Neofolk als ihre Kultur zu verstehen. Was auch deshalb verständlich ist, weil er sich selbst als eine Art Gegenkultur inszeniert. Oder weit darüber hinaus geht. Viel diskutiert wurde und wird die britische Neofolk-Band Death in June, auch weil sie Veteranen des Genres sind. Ihr Name weist nicht auf den Todesmonat des SA-Führers Ernst Röhm. Sie vertonte das Horst-Wessel-Lied, eine CD heißt „Rose Clouds Of Holocaust“, was mindestens ein sehr makabres Wortspiel ist. Trotzdem wird, etwa mit dem Hinweis auf die offen ausgelebte Homosexualität des Frontmanns, von Fans eine extrem rechte Ausrichtung der Band ausgeschlossen. Vielleicht haben diese Recht. Aber warum dann all dieser NS-Klimbim, warum diese inhaltlichen und Artwork-Bezüge?

Selbstverständlich kann und darf man sich mit völkischen Ideologien auseinandersetzen, faschistische Ordnungen oder auch den Okkultismus der Nazis thematisieren, wie das ebenso Neofolk-Bands tun. Nur muss man sich damit nicht schmücken, wie es etwa die aus dem Metal kommende Band Totenmond tat, indem sie selbst Hitler-Samples durch Neu-Kontextualisierung als sinnvolles Stilmittel einsetzt, ohne den NS zu verherrlichen. (Natürlich wurden sie von einigen Übereifrigen dessen dennoch verdächtigt.)

Ein Teil der Schwarzen Szene trägt Züge der Antimoderne, was an sich kein Problem ist, aber heikel werden kann, wenn alle Errungenschaften der Aufklärung abgelehnt werden. Rückzug in die Natur, Schwarz-Hippieskes, Landkommunentum, individuelles Abgeschlossensein oder Blasenbildung ist alles harmlos, vielleicht politisch nicht zielführend, emotional allerdings verständlich. Wenn die Pathologien der Moderne mit allen Errungenschaften verwechselt und abgelehnt werden, ändert sich das Urteil. Und gerade hier tun sich Grauzonenbereiche auf, etwa wenn es um vermeintliche Traditionspflege, Männlichkeits- und Familienbilder geht. Da werden – im Gegensatz zu großen Teilen der Schwarzen Szene, in denen Gender-Fluidität vorherrscht – soldatische Männerkörper verehrt, Frauen als Mütter inszeniert, die die antimoderne Lebenswelt zu Hause behüten sollen. Oft operiert man dabei mit an alten Propagandabildern orientierten Darstellungen. In der Nischen-Nische namens Fashwave wird solches besonders betont, die Schwarze Sonne und Hakenkreuz gehören ganz unverhohlen zum symbolischen Instrumentarium. Aber nicht alle mögen das erkennen, missverstehen es als Meme-Kultur, eben weil viele andere bereits mit der Symbolik „gespielt" haben. Im Flirt mit der Fascho-Ästhetik steckt eben die Gefahr der Verharmlosung und des Einebnens von Grenzen.

Neben Graubereichen und dem vermeintlichen bloßen Spielen mit „dem Verbotenen" treten einige Neofolk-Bands klar mit positiven Faschismus-Bezügen auf. Hier seien nur genannt: Blood Axis, Allerseelen, Der Blutharsch und Von Thronstahl. Hier ist die Lage klar, man kann sich klar positionieren als Fan oder halt kein Fan sein. Aber gerade das Nebulöse, dass viele Bands mit der Symbolik so gern flirten, öffnet rechten Ideologen die Tür. So nimmt es nicht Wunder, dass diese gerade im Neo-Folk ihre Musik erkennen. Die rechte Zeitung Junge Freiheit bespricht entsprechende musikalische Veröffentlichungen, die Identären bekennen sich offenherzig zum Genre. Der Kopf der sogenannten Neuen Rechten in Deutschland, Götz Kubitschek, wurde häufig bei einschlägigen Konzerten und Festivals gesehen – etwa auf dem früher in Leipzig stattfindenden „Runes & Men"-Festival. Nun kann man Künstlern nicht ihre Fans vorwerfen, aber was sie für diese so attraktiv macht, kann schon gefragt werden. Oder man sieht sich gezwungen, sich selbst zu positionieren. Wie es die Band Jännerwein tat, die auf einer Identitären-Seite als jenes Holz bezeichnet wurde, „das das flammende Herz eines Aktivisten am Lodern hält". In einem offenen Brief ans Musikmagazin Rolling Stone schrieb die Band: „Wogegen wir uns aber ganz besonders verwehren, ist die Darstellung von Jännerwein als eine ‚Vorzeigeband der neurechten Identitären'. Freilich kann sich keine Band Ihre Fans aussuchen; was wir aber können, ist vehement der politisch motivierten Nutzung unserer Musik zu widersprechen. So wenig uns der Musikgeschmack Herrn Sellners und der Identitären schmeichelt, so entschieden verbitten wir uns, für Politik solcher Art, ja überhaupt für Politik, vor den Karren gespannt zu werden. Wir geben uns für keine Ideologie her, auch nicht für die der Identitären."

Leider schwingt auch in dieser deutlichen Absage an Rechts ein Missverständnis mit. Nämlich jenes, man könne unpolitisch sein. Man hört das aus vielen Kulturen, auch aus den Fußballstadien: Politik solle draußen bleiben. Nur was das heißen soll, ist weniger klar. Dass man nicht unbedingt Parteiprogramme verteilen muss, ist verständlich. Allerdings umfasst Politik mehr, meint Einstellungen wie Toleranz oder halt Intoleranz und so weiter. Das kann man schlecht „irgendwo draußen lassen". Zumal der Ruf, man wolle unpolitisch sein, allzu oft von rechtsoffen bis offen rechts erfolgt.

„Unpolitisch" ist ein Taschenspielertrick, denn man kann sich nicht unpolitisch verhalten; so wie man nicht nicht kommunizieren kann.

Auf Provokation als Erkenntnisgewinn sind schwarze Teilszenen immer schon stolz gewesen. Das WGT scheint das aus eigener Überzeugung oder kommerziellem Kalkül ebenso zu pflegen. Auf Kritik erfolgt die Antwort, man sei ein unpolitisches Festival. Nur gibt es das nicht. „Unpolitisch" ist ein Taschenspielertrick, denn man kann sich nicht unpolitisch verhalten; so wie man nicht nicht kommunizieren kann. Jedes gesellschaftliche Verhalten ist immer schon politisches Verhalten.

STOPP!

RECHTE ERKENNEN UND BENENNEN

» NEONAZISYMBOLE UND SYMBOLE MIT NS-BEZUG

» SCHWARZE SONNE / SONNENRAD

Deutschland

» REICHSADLER

» DEUTSCHER LANDSER / WEHRMACHTSSOLDAT

» HAMMER & SCHWERT - NS VOLKSGEMEINSCHAFT

» REICHSKRIEGSFLAGGE TEILW. STRAFBAR

» FASCES - SYMBOL FÜR FASCHISMUS

» SCHWARZ-WEIß-ROT: FARBEN DES DEUTSCHEN REICHS - AUCH 1933 -1945

GOOD NIGHT LEFT SIDE

» GOOD NIGHT LEFT SIDE (GNLS) GEWALTSLOGAN

WHITE POWER

» WHITE-POWER-FAUST - SYMBOLIK FÜR "WEIßE VORHERRSCHAFT"

» KU-KLUX-KLAN (KKK) LOGO - RASSISTISCHE TERRORSEKTE

Kameradschaft

» KAMERADSCHAFT / FREIE KRÄFTE - SELBSTBEZEICHNUNG FÜR PARTEILOSE NAZIGRUPPEN

STRAFBAR STRAFBAR

» SIGRUNE - EINZELN ODER DOPPELT

» "SS-TOTENKOPF" EMBLEM

STRAFBAR STRAFBAR

» STURMABTEILUNG (SA)

» WHITE-PRIDE-KELTENKREUZ

STRAFBAR

» WOLFSANGEL UND GEZACKTE TRISKELE

STRAFBAR

» VARIATIONEN DER "OTHALA" ODAL RUNE TEILW. STRAFBAR

TERRORMACHINE COMBAT 18 Deutschland C18 STRAFBAR Blood Honour

» TERRORGRUPPEN "COMBAT 18" UND "BLOOD & HONOUR"

STRAFBAR

» SYMBOLE DER INT. RECHTEN TERROR-GRUPPEN "ATOMWAFFEN DIVISION" UND "HAMMERSKINS"

» ZAHLENCODES UND GRUßFORMELN

18

» 18 FÜR A H - ADOLF HITLER

HKN KRZ

» HKNKRZ FÜR HAKENKREUZ

88

» 88 FÜR H H - "HEIL HITLER" HÄUFIG AUCH 1888 ODER 1488

28

» 28 FÜR B H - SYMPATHIEBEKUNDUNG FÜR DAS "BLOOD & HONOUR" NETZWERK

C18

» C18 FÜR COMBAT 18 "KAMPFGRUPPE ADOLF HITLER"

14 words

» ZITAT EINES RECHTSTERRORISTEN: "WE MUST SECURE THE EXISTENCE OF OUR PEOPLE AND A FUTURE FOR WHITE CHILDREN"

2YT4U

» RASSISTISCHES BEKENNTNIS: "TOO WHITE FOR YOU" - "ZU WEIß FÜR DICH"

» PARTEIEN UND ORGANISATIONEN

DIE RECHTE VORWÄRTS FÜR DEUTSCHLAND!

» DIE RECHTE

AfD

» AFD / JUNGE ALTERNATIVE

NPD JN HEIMAT!

» NPD / JN - JETZT „DIE HEIMAT!"

III.

» DER 3. WEG

» NAZIHOOLIGANSZENE

Die Familie hält zusammen HoGeSa für Deutschland

» HOGESA - HOOLIGANS GEGEN SALAFISTEN

» GEMEINSAM STARK - HOOLIGANNETZWERK

KATEGORIE C Hungrige Wölfe

» KATEGORIE C - HUNGRIGE WÖLFE NAZIHOOLIGANBAND MIT WOLFSKOPFLOGO

RECHTE IDEOLOGIEN SIND MENSCHENVERACHTEND UND MIT EINE[…]
NICHT VEREINBAR. HASS IST KEINE MEINUNGSFREIHEIT. KEINE FA[…]

Diese Liste sammelt einen groben Teil der aktuell verbreiteten Symbolik der rechten Szene in Deutschland und gibt dir eine Übersicht von Organisationen, Parteien, Modemarken und Bands. Sie soll dir helfen Kennzeichen und Codes einzuordnen. Wir können nicht in die Köpfe der Menschen schauen aber diejenigen erkennen, die ihr rassistisches, faschistisches oder offen nationalsozialistisches Weltbild zum Beispiel über Kleidung und Tattoos als Bekenntnis nach außen tragen. Weitere Information und Erläuterungen findest du auf:

www.dasversteckspiel.de | runtervondermatte.noblogs.org

»SPORT- UND MODEMARKEN

THOR STEINAR
»THOR STEINAR - NORDIC COMPANY S.T.N.R. - TS PERFORMANCE - TSNC

MASTERRACE EUROPE
»MASTERRACE EUROPE

»KDN - KAMPF DER NIBELUNGEN

CONSDAPLE
»CONSDAPLE

ANSGAR ARYAN GERMANIC BRAND
»ANSGAR ARYAN - GERMANIC BRAND

ERIK AND SONS
»ERIK AND SONS - VIKING BRAND

»GREIFVOGEL WEAR

»LABEL 23 - BOXING CONNECTION

WALHALL ATHLETIK
»WALHALL ATHLETIK - SOUTHSIDE FIGHTWEAR

LEGAL, ILLEGAL, SCHEISSEGAL!
»SPORT FREI - EXTREMSPORT

Pride France
»PRIDE FRANCE

»WHITEREX / WHTRX

STREETSPORT PRO VIOLENCE
»PRO VIOLENCE - STREETSPORT

BLK LGN
»BLACK LEGION - IRON YOUTH DIVISION

PHALANX EUROPA
»PHALANX EUROPA

RESISTEND®
»RESISTEND SPORTSWEAR

SVA STONE PERUN COMPANY
»SVA STONE - PERUN COMPANY

DOBERMAN'S AGGRESSIVE
»DOBERMANS AGGRESSIVE

SUIZHYDE DIVISION
»SUIZHYDE DIVISION / DRYVE BY SUIZHYDE

BRACHIAL THE LIFESTYLE COMPANY
»BRACHIAL - THE LIFESTYLE COMPANY

»MUSIK: SUBGENRES UND BANDS

ROCK AGAINST COMMUNISM

»ROCK AGAINST COMMUNISM (RAC) UND WHITE-POWER-MUSIC
»SKREWDRIVER / IAN STUART • ULTIMA THULE • BLUE EYED DEVILS • YOUTH DEFENSE LEAGUE • . . .

Skrewdriver

RECHTS ROCK

»RECHTSROCK
»SLEIPNIR • STURMWEHR • OIDOXIE • KRAFTSCHLAG • FLAK • BLUTZEUGEN • ENDSTUFE • LANDSER / LUNIKOFF • . . .

Die Lunikoff Verschwörung

NSBM

»NATIONAL SOCIALIST BLACK METAL (NSBM)
»BURZUM • ABSURD • TOTENBURG • SATANIC WARMASTER • GRAVELAND • GOATMOON • LEICHENZUG • . . .

NSHC

»NATIONAL SOCIALIST HARDCORE (NSHC) AUCH HATECORE / H8CORE GENANNT
»BRAINWASH • PATH OF RESISTANCE • PAINFUL AWAKENING • MOSHPIT • . . .

»NEURECHTE SYMBOLIK

»LAMBDA - LOGO DER IDENTITÄREN BEWEGUNG (IB)

REMIGRATION
»NEUSPRECH FÜR "AUSLÄNDER RAUS"

RECONQUISTA
»ISLAMFEINDLICHE PAROLE ZUR "RÜCKEROBERUNG EUROPAS"

»WIRMER FLAGGE - SYMBOL FÜR "DEUTSCHEN WIDERSTAND"

PEGIDA
»NEURECHTE SAMMELBEWEGUNG

EINPROZENT
»NEURECHTER VEREIN UND BINDEGLIED

»UNEQUAL - SYMBOL GEGEN GLEICHBERECHTIGUNG

FFENEN, BUNTEN GESELLSCHAFT
CHE TOLERANZ DER INTOLERANZ.

KEIN BOCK auf NAZIS

KBAN 2023 V.i.S.d.P.: Clara Schumann, Lausitzerstr. 3, 10999 Berlin

DON’T TALK ABOUT IT – DO IT

#nicht gesellschafts fähig
DON'T TALK ABOUT IT – DO IT

STRAIGHT EDGE, HARDCORE UND GOOD NIGHT WHITE PRIDE

Interview mit Stefan Fabich

von Sandra Strauß

Geboren: 14.01.1977 in Leipzig

Beruf: Krankenpfleger in der Psychiatrie, zusätzlich seit 2018 Deeskalationstrainer

Bands: 1994 bis 2009 Full Speed Ahead, seit 2009 Sympathy for the Devil

In der Kindheit/Jugend aktiver, leidenschaftlicher Fußballer, Leistungssport bis zum 18. Lebensjahr.

Mit 16 Jahren die ersten musikalischen Erfahrungen als Sänger in Oi/Punk-Bands.

Seit 2007 Straight Edge.

Sandra: Wir möchten gern mit dir über Hardcore, deine Band, deine Liebe zur Musik und das Conne Island sprechen. Doch beginnen möchten wir mit Straight Edge. Magst du kurz umschreiben, was Straight Edge ist und für dich und dein Leben bedeutet?

Stefan: Die Straight Edge-Bewegung ist in den 1980er Jahren aus dem Hardcore entstanden und ich habe in meiner Jugend viel Hardcore gehört. Ich selbst wurde erst relativ spät Straight Edge und bin es seit 2007. Zu diesem Zeitpunkt war ich schon 30, also bereits etwas älter. Ich habe davor auch getrunken, mal geraucht und kenne also ebenso diese Seite. Die Bands und Freunde in meinem Umfeld, die Straight Edge waren, habe ich immer sehr für ihre Disziplin und Haltung bewundert. Letztendlich war es auf einer 14-tägigen Tour mit meiner Band, dass ich gesagt habe: „Okay, ich trinke jetzt nichts auf der Tour." Einfach auch, um fit zu sein. Dann habe ich es ebenso nach der Tour durchgezogen.
Straight Edge heißt für mich: kein Alkohol, keine Drogen, kein Nikotin. Es gibt auch Formen, die vegan Straight Edge sind. Das bin ich nicht. Es gibt verschiedene Auslegungen und Ausprägungen. Manche verzichten vielleicht auch auf Koffein und/oder auf nicht häufig wechselnde Sexualpartner. Aus meiner Sicht kann das jeder so ausleben, wie er es möchte. Es gibt da keine direkten Vorschriften, aber kein Alkohol, keine Drogen, kein Nikotin ist das Grundsätzliche.
Wie ich dazugekommen bin: eben durch die Bands, die ich gehört habe. Ich fand ihre Lebenseinstellung gut, es ist auch gut für die Gesundheit und hat ebenso eine Vorbildwirkung.
Auf der Bühne trage ich manchmal Straight Edge-Shirts, um zu repräsentieren, dass es eben auch in der Punk- und Hardcore-Szene eine andere Form gibt als Alkohol und hoch die Tassen.

Sandra: Welche Bands waren für dich Vorbilder?

Foto linke Seite: privat

Stefan: Youth of Today, Minor Threat, SSD, Judge, Gorilla Biscuits, Up Front und Agnostic Front, also klassische Hardcore-Gruppen.
Mein damaliger Bassist war zu dieser Zeit Straight Edge und ich kannte ebenso einige Leute in meinem Umfeld, die bereits von ihrer Jugend her Straight Edge waren und so lebten. Ich fand es toll, dass sie das hinbekamen und durchzogen.

Sandra: War es schwer für dich, gerade auf Tour keinen Alkohol zu trinken? Man nimmt ja an, dass das zum Rock'n'Roll-Lifestyle eigentlich dazugehört.

Stefan: Nein, für mich war das gar nicht schwer, sondern sogar sehr sinnvoll, weil man aufgrund der Disziplin einfach fitter ist. Da ich Frontmann bin und wir 14 Tage auf Tour waren, dachte ich mir einfach, dass ich so besser durch diese Tage komme. Das war sehr hilfreich. Nach diesen 14 Tagen dachte ich mir, dass es auch kein Ding ist, das weiter durchzuziehen.
Ja, man bekommt dann natürlich irgendwelche Sprüche, weil viele gewohnt waren, dass ich Alkohol trinke. Und viele fragten, was jetzt los sei, warum ich keinen Alkohol trinke. Man musste sich schon ein bisschen rechtfertigen. Das passiert mir jetzt ab und zu mal immer noch, aber in meinem Freundes- und Bekanntenkreis wird das schon akzeptiert. Einige sagen auch, dass das gut ist. Alkohol ist aus meiner Sicht ja schon ein massives Problem in unserer Gesellschaft. Da kommen natürlich ebenso andere Drogen mit hinzu.

Sandra: Wie musstest du dich rechtfertigen? Und haben sich durch deinen Verzicht Sachen geändert?

Stefan: Manchmal kam die Frage, ob ich davor ein Alkoholproblem hatte. Hatte ich zum Glück nicht. Und ändern: Man nimmt Sachen bewusster wahr. Ab einem gewissen Punkt nervt es mich in manchen Situationen, wenn Leute zu betrunken sind. Ich gehe jetzt auch nicht mehr so oft in Kneipen, wie ich das vorher getan habe. Meine Gewohnheiten haben sich dadurch verändert. Sicherlich hat das nicht nur mit Straight Edge zu tun, sondern auch damit, dass ich älter geworden bin. Das ist ein Stück weit normal.

Sandra: Deine und eure Band Full Speed Ahead war DIE Leipziger Hardcore-Band. Was ist für dich das Feeling bei Hardcore? Wie hat sich das bei dir entwickelt?

Stefan: Entwickelt hat es sich bei mir aus dem Punk. Ich komme aus dem Punkrock. Ich war relativ jung und habe durch meine große Schwester viele Leute kennengelernt. Wir waren hier in Leipzig in der Hausbesetzerszene unterwegs. Ich habe die Wendezeit miterlebt und viel Punkrock, ebenso Metal und einige Hardcore-Sachen gehört. Dann fing es mit dem Conne Island – vorher Eiskeller – an, das DER Austragungsort für Hardcore- und Punk-Konzerte wurde. Ich habe sehr viele Live-Konzerte erlebt, die mich geprägt haben – dieses Feeling, die Energie, das Publikum und das Miteinander. Als junger Mensch sucht man ja nach Orientierung. Und dort habe ich gemerkt, dass ich mich da am wohlsten fühle. Im Conne Island habe ich einen Großteil meiner Freizeit verbracht. Wir haben Konzerte mitorganisiert und bei Konzerten mitgeholfen. Wir hatten dort auch unseren Proberaum. 1995/96 fing es mit Full Speed Ahead an und ich hatte das Glück, da mitzuwirken. Ich habe meine Träume erfüllt, indem ich das ausleben

„Meine Gewohnheiten haben sich dadurch verändert. Sicherlich hat das nicht nur mit Straight Edge zu tun, sondern auch damit, dass ich älter geworden bin.“

konnte. Wir haben mit Bands, die ich gern gehört habe, teilweise live als Support gespielt. Das Conne Island hat mich geprägt und war Dreh- und Angelpunkt. Wir haben dort die Bühne mit gebaut. Es gab auch viele Hardcore-Bands, die zu der Zeit mit in Leipzig entstanden sind. Wir haben einen Leipzig-Hardcore-Sampler mit veröffentlicht. Das war so meine Jugend.

Sandra: Wie kam es dazu, dass du Sänger von Full Speed Ahead wurdest?

Stefan: Bei Full Speed Ahead gab es vorher den Sänger Hermann. Den Bassisten von Full Speed Ahead kannte ich aus meiner Cliquen-Zeit. Als ich hörte, dass sie mit der Band starten, hatte ich parallel dazu angefangen, Punk- und Oi!-Sachen zu machen. Ich konnte kein Instrument spielen und das Sänger-Ding hat auf mich eine große Magie ausgeübt. In meinem Kinderzimmer war ich mit Mikro unterwegs und habe mitgesungen. Meine Vorstellung war, Frontmann in einer Band zu sein. Ich habe früher viel Leistungssport gemacht und Fußball gespielt. Da war für Musikinstrumente lernen nicht viel Zeit. Hermann hatte nicht mehr viel Zeit und da wurde ich gefragt, ob ich nicht Bock hätte, das zu übernehmen. Ich fühlte mich geehrt und sagte: „Ja, klar, gerne." Die ersten Konzerte waren dann mit mir als Sänger.

„Wir waren eine Band, die immer gesagt hat: „Wenn Nazis vor Ort sind, spielen wir nicht.""

Sandra: Eure Texte waren euch wichtig, richtig?

Stefan: Ja, wir wollten schon viele Inhalte transportieren und waren eine politische Band. Ich bin schon stolz darauf – auch wenn man das Wort vorsichtig benutzen muss –, dass wir die „Good Night White Pride"-Kampagne zusammen mit dem Conne Island ins Leben gerufen und vorangetrieben haben. Und da hatte niemand damit gerechnet, dass die so durch die Decke geht und sich deutschlandweit so verbreitet. Damit haben wir tatsächlich etwas erreicht und bewegt.

Damals gab es in den Clubs diese Nazi-Probleme. Und wir haben uns gesagt, dass wir etwas tun müssen, dass sich die Clubs besser abgrenzen können, dass sie sagen und zeigen können, dass sie keine Nazis in ihren Clubs möchten. Es soll auch kein Konzert für Nazis geben. Die Clubs haben danach gelechzt, weil sie diese Schwierigkeiten hatten. Der ursprüngliche Ansatz war, viele Clubs in Sachsen zu bündeln. Und dann war es wirklich überraschend, dass diese Kampagne so angenommen wurde.

Sandra: Magst du noch ein paar Details zu eurer Kampagne erzählen.

Stefan: Zeitlich kann ich es nicht exakt einordnen. So Ende der 1990er und Anfang der 2000er Jahre sind Nazis zu Shows gegangen, gerade auch zu Hardcore-Shows, weil sie teilweise diese Musik ebenso gehört haben. Ihnen war es vielleicht auch egal, was da inhaltlich passiert. Sie waren bei den Shows anwesend und haben an manchen Orten provoziert. Da standen manche Veranstaltungen auf der Kippe. Wir waren eine Band, die immer gesagt hat: „Wenn Nazis vor Ort sind, spielen wir nicht." Es gab Situationen, bspw. im Harz, dass wir die Nazis auch vor die Tür gesetzt haben und mit den Veranstaltern eine Lösung gefunden haben, dass diese gegangen sind. Sachsen hatte damals das Problem und hat es ja auch immer noch, gerade in ländlichen Gebieten, dass da nach wie vor viele Nazis herumschleichen. Und da war die Frage, was wir für die Hardcore-Szene tun können, um Stabilität reinzubekommen und dass sich die Clubs abgrenzen können. Die Position des Conne Island war klar und es war für viele Zuschauer auch ein großer Magnet. Verbindungen zu anderen Clubs hatten wir. Und so ist die Kampagne dann entstanden – mit Bild und Logo, Plakaten und Aufklebern, später ebenso mit Shirts. Viele Clubs haben das dann bei sich verwendet. Im Fußball wurde es danach auch übernommen und das Logo gab es später in verschiedenen Farben und Varianten. Es ist schon sehr cool, wie sich das entwickelt hat. Dadurch ist eine Zugehörigkeit entstanden, man konnte Kräfte bündeln.

Sandra: Warum gibt es Full Speed Ahead nicht mehr?

Stefan: Es gab ein paar Besetzungswechsel, Zeitaufwand, Familie, Job, Ortswechsel. 2008 wurde es dann immer komplizierter, als klar war, dass sich Full Speed Ahead komplett neu aufstellen müsste. Da waren wir uns alle einig: „Lasst es uns beenden." Es war nicht einfach loszulassen. 2009 haben wir unsere Abschiedsshow im Conne Island gepielt. Ich habe mich sehr schwer damit getan zu sagen: „Okay, wir lösen uns jetzt auf." Parallel habe ich mit einer anderen Band, Sympathy for the Devil, angefangen, die ich jetzt immer noch habe. Wir machen mehr Metal. Das ist nicht so ambitioniert und mehr für mich als Ausgleich. Das hat es für mich leichter gemacht loszulassen.

Sandra: Band und Musik sind dein Ausgleich?

Stefan: Ja, Musik ist parallel zu Sport und meiner Familie wirklich mein Ausgleich, um stabil zu sein.

Sandra: Dir ist also bewusst, dass du stabil bleiben musst und dir Musik dabei hilft. Da bist du sehr reflektiert. Was genau heißt das?

Stefan: Ich arbeite in der Psychiatrie und um meinen Beruf auszuüben, brauche ich eine gewisse Stabilität, weil ich mit Patienten arbeite, die eben nicht stabil sind. Da bin ich meiner Familie sehr dankbar, weil ich weiß, dass es mir im Berufsalltag auf die Füße fallen würde, wenn ich da nicht diese Stabilität hätte. Es braucht diesen Ausgleich. Ich mache viel Sport, gehe ins Fitnessstudio, betreibe Mannschaftssport. Da kann ich powern. Meine Band ist ebenso da, um mich auszuleben und soziale Kontakte zu pflegen. Stabilität ist bei mir, wie ich merke, wie meine Stimmung ist, ob ich ruhig bleibe oder angespannt bin, ob ich gut zuhören kann.

Sandra: Was heißt, du arbeitest in der Psychiatrie?

Stefan: Ich bin Krankenpfleger.

Sandra: Und das wolltest du immer machen?

Stefan: Ich habe Krankenpfleger gelernt. Das wollte ich nicht immer machen. Nach meinem Zivildienst hat es sich eben so angeboten. Ich hätte mir auch vorstellen können, Physio- oder Ergotherapeut zu werden. Ich wollte etwas mit Menschen machen. Ich habe mich in der Uni-Klinik beworben und hatte das Glück, 1998 eine Lehre anzufangen. Ich habe drei Jahre Krankenpfleger gelernt. Das war auch immer gar nicht so einfach: Band und Ausbildung. Es gab Situationen, da bin ich Freitag nach dem Frühdienst zu einer Show gefahren und danach wieder zurück – früh um sechs zur Arbeit. Und danach wieder zur nächsten Show. Als junger Mensch hat man das ausgehalten. Nach meiner Ausbildung erhielt ich das Angebot, in der Psychiatrie zu arbeiten und habe da angefangen. Seit 2001 arbeite ich in der Uni-Klinik. Jetzt arbeite ich dort in einer Tagesklinik, in der die Patienten früh kommen und nachmittags wieder gehen. In der Tagesklinik ist der therapeutische Ansatz auch größer als auf Station.

Sandra: Was bedeutet das?

Stefan: Die Patienten müssen stabiler sein. Es gibt verschiedene Therapieangebote: Gruppentherapie und Einzelgespräche. Es ist ein sehr abwechslungsreiches Arbeiten – mit Menschen, die Schwierigkeiten haben.

Sandra: Wie kommen die Menschen zu euch? Also auch unter dem Aspekt, es allen zu erleichtern, einen Zugang zu finden und es selbst zuzulassen, dass man ein Problem hat und in eine Tagesklinik gehen möchte.

Stefan: Wenn jemand merkt, dass es ihm nicht gut geht, ist die Empfehlung, sich einen Facharzt zu suchen. Wir bekommen unsere Patienten aus dem ambulanten Bereich von Fachärzten überwiesen und natürlich sind ein Teil unserer Patienten jene, die zuerst auf Station waren. Nach der stationären Behandlung kommen sie in die Tagesklinik. Der größere Teil kommt aber aus dem ambulanten Sektor – überwiesen durch Haus- oder Fachärzte.
Ja, und die Empfehlung ist: Wenn man Zahnschmerzen hat, geht man zum Zahnarzt. Wenn man merkt, die Psyche ist nicht stabil und man braucht da Unterstützung, kann man zum Facharzt gehen, weil der Facharzt einschätzen kann, ob man es ambulant abdecken kann oder eine stationäre Behandlung benötigt.

Sandra: Welche Menschen kommen zu euch? Seid ihr für alle da?

Stefan: Ich arbeite in einer psychiatrischen Tagesklinik, die verhaltenstherapeutisch arbeitet. Menschen unterschiedlichen Alters kommen zu uns – leider auch sehr viele junge – mit Depressionen, Schizophrenie, Persönlichkeitsstörungen ... Sucht behandeln wir nicht, die spielt zwar zum Teil mit eine Rolle, aber wir entziehen nicht.

Sandra: Zum Thema Musik und Psyche. Wie kann Musik helfen?

Stefan: Als ich mit Musik angefangen habe, war ich sehr jung. Und da spielten natürlich Wut, Aggression und solche Gefühle eine viel größere Rolle als jetzt. In der Musik hatte ich die Möglichkeit, diese zu kanalisieren. Ich konnte es dort ausleben. Da spielt das schon eine Rolle, auch textlich kann man viel verarbeiten. Das passierte vielleicht nicht immer bewusst, aber unterbewusst wird es so gewesen sein.
Und wie kommt man dann zu Hardcore? Es ist harte Musik und aggressiv. Ich habe eben nicht Kuschelrock gehört, weil mich das nicht abgeholt hat. Es waren bei mir eben solche aggressiven Sachen und auch Punk. Das hat mich bewegt und angesprochen. Das war schon eine Kanalisation, um etwas loszuwerden, und die Anspannung, die da war, auch abzugeben. Mir war es wichtig, mich mit unserer Band und unserem Anliegen inhaltlich mitzuteilen. Die Botschaft war uns wichtig. Musik ist etwas Positives, um sich auszuleben.

Sandra: Sind Psyche und psychische Belastungen in der Hardcore-Szene eine Thema?

Stefan: Sicherlich verarbeiten viele Musiker:innen ihre Erkrankung und Tiefschläge, auch ihre Süchte in ihren Texten. Das spielt schon eine Rolle.
In der Hardcore-Szene gibt es die Straight Edge-Bewegung und es gibt wiederum genauso Menschen, die Alkohol trinken, rauchen und das eben cool finden und die auch Trinktexte haben. Ein Straight Edger würde sich vielleicht nicht Musik anhören oder zum Konzert gehen, wo es die ganze Zeit darum geht: „Hoch, die Tassen, lass uns trinken!" Umgekehrt kann das natürlich ebenso sein. Hardcore ist sowieso sehr breitgefächert: von melodischen bis hin zu wirklich ganz stumpfsinnigen Sachen, schnell, langsam. Es gibt sehr viele Sparten. Das ist das Schöne. Das ist beim Metal genauso. Das macht es sehr abwechslungsreich.

Illustration linke Seite:
Good Night White Pride-Kampagnenlogo

COURAGE ZEIGEN?
Musik und politischer Aktivismus

von Tobias Prüwer

„Wir hätten mehr Rückgrat von Ihnen erwartet." „Tief enttäuscht" habe Roland Kaiser seine Fans in Dresden. „Viele Pegida-Anhänger haben Karten für Ihre Konzerte gekauft", erklärte eine damalige Sprecherin der extrem rechten und rassistischen Gruppierung. Der Schlagerstar habe sich von der Politik kaufen lassen, lautete der Vorwurf weiter. Kaiser hatte 2015 in einer Rede vor der Dresdner Frauenkirche für Toleranz geworben und Pegida eine Absage erteilt. Deren Anhänger sahen in Kaisers Konzerten vor 40.000 Menschen an den Elbwiesen offenbar den Soundtrack ihrer Bewegung. Nicht immer ist Aktivismus von Künstlern so leicht zu haben und so wirkungsvoll, wie es der ewige Schlagerbarde in Dresden vormachte. Oft genug kann Aktivismus auch eine problematische Schlagseite haben, gerade, wenn er gut gemeint ist.

Dass Roland Kaiser seit Jahrzehnten bekennendes SPD-Mitglied ist, können wohl nur die Ahnungslosesten übersehen. Dabei ist er nicht einmal aktivistisch unterwegs, wenn er an die bloße Menschlichkeit appelliert. Aber dass er den Ärger der Dresdner Rassisten auf sich zog, verdeutlicht ein grundsätzliches Risiko, das prominente Künstler eingehen, wenn sie sich politisch positionieren; erst recht, wenn sie Aktivisten für die eine oder andere Sache sind. Um erfolgreich zu sein oder auch nur genügend Geld einzunehmen, um ihr Leben finanzieren zu können, sind sie auf Publikum angewiesen. Darum dürfen sie dessen Gunst nicht verspielen. Das ist natürlich bei Bekenntnissen, denen vermutlich eine Mehrheit zustimmt, vergleichsweise folgenlos. Aber wenn man schaut, wie lang sich Helene Fischer 2018 gewunden hat, bevor sie zur Menschenjagd in Chemnitz das Wort ergriff, kann man die Dimension erahnen. Auf einem Berliner Konzert sagte sie schließlich: „Ich verfolge natürlich auch die Medien, ich weiß, was in letzter Zeit los ist. Ich gebe nie politische Statements ab, denn meine Sprache ist die Musik. Aber heute Abend setzen wir auch ein Zeichen. Erhebt gemeinsam mit mir die Stimmen – gegen Gewalt, gegen Fremdenfeindlichkeit." Öffentlicher Bekenntniszwang ist natürlich geradezu das Gegenteil von Aktionismus, aber offenbar glaubte Fischer, das ihren Fans schuldig zu sein.

Kaiser hatte 2015 in einer Rede vor der Dresdner Frauenkirche für Toleranz geworben und Pegida eine Absage erteilt.

Wenige Musiker wie wenige Menschen überhaupt sind Vollzeitaktivisten wie Pablo Charlemoine alias Mal Élevé. Dessen Leben ist von politischem Engagement kaum zu trennen. Der Sänger der Ska-Hip-Hop-Gruppe Irie Révoltés tritt auf Demos auf, beteiligt sich an Politaktionen. Auf die Frage, was Aktivismus für ihn bedeutet, antwortete er der taz: „Ich will die Welt nicht so akzeptieren, wie sie ist. Ich sehe Ungerechtigkeit, ich sehe Rassismus in der Gesellschaft. Und dann liegt es natürlich an mir und an vielen anderen, was dagegen zu tun und zu zeigen, dass es anders geht. [...] Ich will nicht nur in meinem Kosmos leben, sondern bin sehr neugierig und suche nach alternativen Lebenskonzepten." Das auf Dauer zu tun und zu leben, vermögen nur wenige. Ob das überhaupt erstrebenswert ist, muss zudem jeder für sich selbst entscheiden.

Foto linke Seite Bono: Marina Spironetti/
Alamy Stock Foto

Courage zeigen: Für Menschen aus Leipzig unschwer erkennbar, stammt der Titel dieses Textes von der Aktion „Leipzig zeigt Courage“. Die entstand 1998, als die NPD am Völkerschlachtdenkmal für den 1. Mai einen Naziaufmarsch durchführen wollte. Am Vorabend, so der Plan, nehme man den Nazis mit einem Konzert einfach den Platz. Und so fand mit verschiedenen Künstlern die erste Courage-Veranstaltung in (fast) direkter Konfrontation statt, aus der sich später das gleichnamige Festival gegen Rechts als symbolische Aktion entwickelte. Ähnliche Funktion hatten Kampagnen wie „Arsch huh, Zäng ussenander“ in Köln 1992 und das Konzert „Wir sind mehr“ 2018 in Chemnitz. Auch wenn es für Demokraten selbstverständlich sein sollte, sich gegen extreme rechte Positionen auszusprechen, ist es das nicht immer. Sicher, bei manchen Aktionen geht es um das eigene Image. Und die Wirkmächtigkeit, wenn man sich einmal für Buntheit ausgesprochen hat, ist sehr begrenzt.

Aber es zeugt schon von einiger Courage und zumindest Stressressistenz, dort zu spielen, wo rechte Gesinnung den öffentlichen Alltag dominiert, wie es linke Bands immer wieder tun. Das unterstützt Menschen vor Ort und sei es nur, weil das für Stunden einen im positiven Sinne Ausnahmezustand in sonst rechter Hegemonie bedeutet. Was ja ähnlich funktioniert wie antifaschistische Demonstrationen in zumindest in Ostdeutschland oft entsprechend gefärbtem kleinstädtischem und ländlichem Raum. Wie das wirkt, wird – wenn man das nicht selbst schon erlebt hat –, nachvollziehbar im Film „Wildes Herz“. Darin dokumentiert Feine Sahne Fischfilet-Fan Charly Hübner unter anderem das entsprechende euphorische Gefühl im mecklenburg-vorpommerischen Hinterland.

Daran erinnert Danger Dan in seinem Kunstfreiheit-Song, in welchem er die Erkenntnisse seit den Baseballschlägerjahren, also den Neunzigern, ausdrückt: „Und wenn du friedlich gegen die Gewalt nicht ankommen kannst / Ist das letzte Mittel, das uns allen bleibt, Militanz“.

Sind politische Pop- und Rock-Botschaften überhaupt effektiv, überzeugen sie Nichtüberzeugte? Kaum, glaubt man der Antilopen Gang. Im Song „Beate Zschäpe hört U2“ ziehen sie ein bitteres Resümee: Wenn selbst Nazis Weltverbesserungsmusik à la U2 hören, dann stoßen die transportierten Botschaften auf taube Ohren. Das betrifft selbstverständlich auch die Texte der Hip-Hop-Gruppe selbst. Aber Aktivismus von Musikern muss sich nicht auf ihre Musik beschränken.

In der jüngsten Vergangenheit hat sich #metoo als soziale Bewegung etabliert, die später als in anderen Bereichen auch die Musikszenen erreichte. Ihr Ziel ist es, Aufmerksamkeit auf sexuelle Belästigung und Übergriffe zu lenken. In der Clubkultur gibt die Musikerin Rebekah mit der Kampagne #ForTheMusic den Opfern eine Stimme, wie diese auch auf Plattformen wie „I am a DJ“ und metoo-music.com Gehör finden. Dass dies nicht ausreicht, sicherlich auch von Verantwortlichen im Musikgeschäft wie von Fans Aktivismus hiergegen erfolgen muss, zeigt nicht zuletzt der Fall Till Lindemann und sein medial beschriebenes besonderes „Casting" von weiblichen Fans für private Partys.

Dass die Antilopen Gang im erwähnten Song ausgerechnet U2 erwähnt, kommt nicht von ungefähr. Denn die Iren sind das Paradebeispiel einer aktivistischen Band – die dafür auch regelmäßig verspottet wird. Jedenfalls sind die Musiker politisch wie sozial sehr engagiert, arbeiten mit gemeinnützigen Organisationen wie Amnesty International und UNICEF zusammen. Sie protestierten mit Greenpeace gegen eine Kernkraftanlage in Großbritannien und engagierten sich gegen Rodungen in Russland. Sänger Bono hat die Hilfsorganisation ONE zusammen mit dem ebenfalls engagierten Bob Geldof mitbegründet. Diese US-amerikanische Organisation agiert überparteilich und international mit Kampagnen- und Lobbyarbeit, um die Bekämpfung extremer Armut und vermeidbarer Krankheiten voranzutreiben. Unter anderem fordert sie westliche Länder zur Erhöhung der sogenannten Entwicklungshilfe auf. Das brachte ihr auch Kritik ein, denn Bono selbst bedient sich Tricks zur Steuereinsparung. Die beiden Musiker veranstalteten im Sommer 2005 auch das weltumspannende Rockkonzert Live 8. Ob das Ereignis wirklich der Entwicklungshilfe half, darüber streitet man bis heute. Es gab im Nachgang zwar die Zusage mehrerer Staaten, hierfür die Ausgaben zu erhöhen, aber ohne Angabe von Fristen. Der Alben-Absatz der auftretenden Künstler kurbelte das Konzert hingegen nachweislich an. Außerdem bemängeln Kritiker, dass solche Hilfe nur die Symptome bekämpft und korrupte Staaten stützt. Aber das ist eine Grundsatzdiskussion in der Entwicklungshilfe, inwiefern sie westlich-paternalistisch ist und welche Maßnahmen wirklich effektiv sind.

„Und wenn du friedlich gegen die Gewalt nicht ankommen kannst/ Ist das letzte Mittel, das uns allen bleibt, Militanz" (Danger Dan)

An wirksamen Klimaschutz zeigen sich immer mehr Musiker interessiert. Dass sie sich mit ökologischen Themen textlich auseinandersetzen, ist das eine. Einige Bands gehen da weiter. The 1975 geben an, bei ihrer Alben-Produktion das Schadstoffaufkommen gering zu halten und keine Einwegkunststoffe einzusetzen. Kann man Tourneen oder Festivals überhaupt umweltfreundlich gestalten? Radiohead versuchen das mit möglichst niedrigem CO_2-Verbrauch auf Tour. Mit Biotreibstoffen betreiben die Musiker ihren Fuhrpark, auf Flugverkehr zum Transport ihres Equipment verzichten sie, ebenso auf Plastikgeschirr. Fans sind aufgefordert, mit öffentlichen Verkehrsmitteln zu Konzerten anzureisen. Dass das immer Kompromiss bedeutet, liegt auf der Hand. So ist Sheryl Crow seit vielen Jahren auf Tour umweltbewusst unterwegs. Um sich ganz dem Umweltaktivismus zu widmen, erklärte sie 2019 mit dem damals erscheinenden „Threads", danach keine weiteren Alben mehr zu produzieren. Im Herbst 2023 kündigte sie eine neue Platte an.

Viele andere aktivistische Ziele und Projekte könnte man noch nennen und auf Phänomene wie Straight Edge eingehen. Doch würde dieser Text dann zur bloßen Aufzählung werden. Darum soll ein letztes aktivistisches Betätigungsfeld betrachtet werden, das kompliziert wie kein zweites ist. Dieses betrifft – je nach Perspektive – den Nahost-Konflikt, Israelkritik oder Antisemitismus. Die Obsession mit Israel und der Antisemitismus von Ex-Pink-Floyd-Bassist Roger Waters ist bekannt. Doch unter dem Deckmantel der Israelkritik agiert eine weltweite Bewegung, die sogar

Illustration linke Seite: Logo-Design für Leipzig zeigt Courage von Schwarwel die Bundesregierung als antisemitisch einstuft: BDS. Dieses Netzwerk will Israel mit Boykott, Desinvestitionen und Sanktionen schaden, um Palästinenser zu unterstützen. Dazu zählen akademische und künstlerische Boykotte, etwa die Aufforderung, keine Konzerte mehr in Israel zu spielen. Obwohl führende Köpfe dessen Existenzrecht komplett in Frage stellen, wird BDS in internationalen linken Kreisen als Stimme der Gerechtigkeit für Nahost wahrgenommen. Das ist von antikolonialer Romantik geprägt, die zum Beispiel die Unterdrückung innerhalb der palästinensischen Gesellschaft selbst nicht sieht. Und auch nicht erkennt, wie unterschiedlich die israelische Gesellschaft ausgeprägt ist und keineswegs nur aus Siedlern und Anhängern einer rechten Regierung besteht.

Doch unter dem Deckmantel der Israelkritik agiert eine weltweite Bewegung, die sogar die Bundesregierung als antisemitisch einstuft: BDS.

Auch vom BDS abgesehen sind unter sich links fühlenden oder als linksliberal verstehenden Musikern propalästinensische Aussagen en vogue. Man kann sich mit leichter Geste auf die Seiten der Unterdrückten stellen. Dass der Nahost-Konflikt komplizierter und mit einer Schwarz-weiß-Zuschreibung nicht erklär- und schon gar nicht lösbar ist, kann hier nur angedeutet werden. Natürlich ist Kritik an Israel und insbesondere an einer extrem rechten Regierung wie der unter Netanjahu und ihrer aggressiven Siedlerpolitik legitim. Angesichts der vielen Konflikte und Tragödien könnte aber der Hinweis zu denken geben, dass der Duden zwar „Israelkritik“ kennt, aber beispielsweise von Syrien-, Russland- oder auch Deutschlandkritik dort nichts steht.

Wie problematisch diese einseitige Bezugnahme ist, war seit dem 7. Oktober 2023 zu erleben. Nach dem Terrorangriff der Hamas war es in den Musikszenen durch die Genres hinweg tönend leise bei vielen, die sich zum Weltgeschehen sonst gern äußern. Erst die israelischen Angriffe auf den Gaza-Streifen veranlassten viele zur Verurteilung Israels – dessen Zivilbevölkerung selbst weiterhin unter Raketenbeschuss aus Gaza stand. So teilte die sonst so stabile Björk eine Instagram-Kachel mit historisch falscher Israel-Palästina-Karte als vermeintliche Erklärung des Terroranschlags. Der Musikkritiker Linus Volkmann beobachtete im Musikexpress: „Noch während der Überfall der Hamas auf Zivilist:innen in Israel Anfang Oktober lief, positionierten sich bereits diverse Musik-Acts auf den sozialen Medien nicht nur aus England, versteht sich – allerdings nicht zugunsten der Angegriffenen. Selbst dass die Besucherschaft eines ganzen Musikfestivals ausgelöscht wurde, schien kein Widerspruch für große Teile der globalen Musikszene. Auch das konnte offensichtlich noch für „die gute Sache“ subsummiert werden, auch das geht für viele offenbar noch als legitimer Freiheitskampf durch. Solidarität für den „Underdog“. Eine Solidarität, das muss man allerdings auch feststellen, die die palästinensische Seite ausschließlich im Konflikt mit Israel ereilt. Mit was für Katastrophen und Aggressionen die Palästinenser:innen beispielsweise in Kuwait, im Libanon oder Syrien konfrontiert wurden – auch in jüngster Zeit – das hat dagegen nicht annähernd soviel Aufmerksamkeit ausgelöst.“ Gleiches stellte Nicholas Potter für die internationale Clubszene in der Jungle World einen Monat nach den Hamas-Angriffen fest: „Einige der größten Player der Clubkultur machen aus ihrem mangelnden Mitleid für israelische Zivilist:innen keinen Hehl. Erst jetzt, da der jüdische Staat sich verteidigt und die Ha-

mas ausschalten will, wird es in der Szene plötzlich wieder laut. Mehr als 4000 Künstler:innen haben inzwischen einen offenen Brief der britischen Kampagne „Artists for Palestine UK" unterzeichnet."

Es ist bedauerlich, wohin der moralische Kompass solcher per Bauchgefühl Linken zeigen kann. Das verdeutlicht immerhin auch, dass es kompliziert bleibt. Daher sollten Fans ihre Wahrnehmung schärfen: Es muss nicht alles gut sein, was ein Mensch von sich gibt und politisch vertritt, nur weil man seine Musik mag. Und dass es eine Crux mit dem Aktivismus ist, sollte Musikern und Musikerinnen bewusst sein. Ist er allzu leicht zu haben und erfordert keine Mühen oder Konsequenzen, kann man ihn wahrscheinlich lassen. Wenn man eine Sache lautstark vertritt, sollte man das tun, weil man sich informiert hat, nicht weil das Mode ist oder sich richtig anfühlt. Im Zweifelsfall hält man es lieber mit Helene Fischer, die nie politische Statements abgibt – eigentlich.

Illustration: Schwarwel

„WIR SOLLTEN UNS ALLE HINTER DIE OHREN SCHREIBEN, DASS WIR POLITISCH SIND.“
Interview mit Sebastian Krumbiegel

von Sandra Strauß

Sebastian Krumbiegel
Geboren 1966 in Leipzig, ist Musiker, Sänger in der Band Die Prinzen, als Solokünstler aktiv und als Autor.
Von 1976 bis 1985 besuchte er den Thomanerchor und die Thomasschule zu Leipzig. Von 1987 bis 1991 studierte er an der Leipziger Musikhochschule Schlagzeug und Gesang.
Sebastian engagiert sich seit vielen Jahren gegen Gewalt, Rechtsextremismus und Rassismus und tritt für Demokratie, Toleranz, Menschenrechte und Zivilcourage ein. 2012 wurde ihm dafür das Bundesverdienstkreuz verliehen.
2017 erschien sein Buch „Courage zeigen. Warum ein Leben mit Haltung gut tut.“ im Gütersloher Verlagshaus und 2024 wurde sein Buch „Meine Stimme. Zwischen Haltung und Unterhaltung.” im Ventil Verlag veröffentlicht.

Sandra: Du stehst mit Danger Dan auf der Bühne, wirkst an Songs von Swiss mit und hast mit den Prinzen einen Auftritt im ZDF Fernsehgarten. Wie passt das alles zusammen und wie wichtig ist es für dich, dass du als Musiker in diesen verschiedenen Kontexten unterwegs bist?

Sebastian: Das ist für mich extrem wichtig, weil das wirklich teilweise zwei verschiedene Welten sind. Das eine ist eher Hip-Hop und teilweise auch sehr politisch, Die Prinzen sind Mainstream. Ich bin froh, dass ich eine Band habe, die mein Zuhause ist. Aber ich muss immer irgendwie über den Tellerrand schauen und andere Sachen ausprobieren.
Ich war gerade beim Jamel rockt den Förster-Festival für Demokratie und Toleranz (2023) und das war total geil. Jamel ist ein totales Nazi-Dorf und die Familie Lohmeyer, Birgit und Horst, die das Festival organisiert, steht wirklich wie eine Eins gegen die Nazis. Das Schöne an diesem Festival ist, dass vorher niemand weiß, wer spielt. Und dort spielen wirklich teilweise große Acts. Grönemeyer und Deichkind waren schon da und dieses Jahr war ich neben Danger Dan, Madsen und Blumfeld mit dabei. Es war richtig gut.
Übrigens: In dem Lied „Ein bisschen Lärm“ von Madsen sind Zeilen enthalten wie: „Ich brauche keine Bruderschaft, ich brauche meine Brüder ... Ich brauche keine Substanzen, ich brauche Substanz ... Brauche manchmal Psychopharmaka gegen meine Angst“. Ich finde es total geil, wie sie so offensiv mit dem ganzen Scheiß umgehen. Das macht Daniel/Danger Dan ebenso. Auch wenn es Leute gibt, die sagen, es sei nicht so, ist es immer noch ein Tabuthema. Es ist immer noch für viele Menschen ein Thema, über das nicht gesprochen wird. Damit sollten wir endlich aufräumen. Ich freue mich wirklich, dass ich gerade in der Kunst- und Kulturszene viele Menschen kenne, die wirklich offensiv mit dem Thema Psyche umgehen. Zum Beispiel auch Kurt Krömer oder andere bekannte Leute, die offen sagen: „Ey,

Foto linke Seite: Enrico Meyer

ich habe Probleme und versuche, damit klar zu kommen, ich komme auch damit klar und rede offen darüber.

Sandra: Über die Musik hinaus bist du in verschiedenen Bereichen sehr aktiv. Warum ist dir das ein Anliegen?

Sebastian: Weil es mehr gibt als nur Popmusik. Es gibt noch etwas anderes als über Liebe, Triebe, Herz und Schmerz zu singen. Für mich ist das wichtig und das war bei mir schon immer so. Bereits zu DDR-Zeiten habe ich politische Texte geschrieben. Das war damals schwieriger als heute. Ich halte das für total wichtig, unabhängig davon, ob du Musikerin oder Musiker bist, ob du in der Öffentlichkeit stehst oder nicht. Wir sollten uns alle hinter die Ohren schreiben, dass wir politisch sind, egal was wir machen, auch wenn wir sagen, wir seien unpolitisch, das geht uns nichts an und das sollen doch „die da oben machen". Nee, das ist ein Irrtum. Wir müssen uns darum kümmern, in welcher Welt wir leben. Es ist wirklich meine Maxime, dass ich sage: „Für mich gehört das zusammen." Ich bin eben zufällig Musiker und deswegen nutze ich meine Bühne dafür. Das sollte ebenso jeder Taxifahrer tun, jeder Journalist, jede Journalistin, jeder Bäcker, jeder Klempner, jeder, der bei ALDI oder LIDL an der Kasse sitzt. Es ist Quatsch, sich rauszuhalten. Das ist fatal. Das sollten wir nicht tun, weil wir gerade merken, dass wir hier und ebenso weltweit in eine Richtung gehen, die gruselig ist.

„Es gibt noch etwas anderes als über Liebe, Triebe, Herz und Schmerz zu singen."

Das habe ich auch in Jamel wieder festgestellt. Wenn du in Jamel reinfährst, wächst die Reichskriegsflaggendichte extrem an. In den Vorgärten stehen Masten mit schwarz-weiß-roten Fahnen. Das ist echt schlimm.
Wir sehen, was zurzeit passiert, nicht nur bei uns, sondern überall. Es gibt viele Menschen, die sagen: „In Deutschland ist es der Osten." Natürlich ist es im Osten stärker und das hat auch seine Gründe und die Gründe sind sehr vielschichtig. Aber es ist nicht nur der Osten, es ist ebenso der Westen der Republik. Es ist ganz Europa, wenn du nach Italien, Schweden, Polen, Ungarn oder Frankreich schaust. Da sind überall demokratieaushöhlende Mächte am Start und die werden immer stärker. Bei uns ist es eben auch so. Da ich immer denke: „Du musst vor deiner eigenen Haustüre kehren", sollten wir alle miteinander den Besen in die Hand nehmen und kehren. Wir können nicht verhindern, ob Donald Trump wieder Präsident wird. Aber wir können verhindern, dass Björn Höcke in Thüringen mit seiner fucking AfD stärkste Kraft wird und schlimme Dinge passieren. Man darf nicht vergessen: Wenn eine derartige Partei auch „nur" auf Landesebene die stärkste Kraft ist, wenn eine derartige Partei wie die AfD über 1/3 der Prozente hat und sie über 33 1/3 Prozent bekommen, dann sind sie extrem mächtig, selbst wenn sie nicht die Regierung bilden. Dann können sie im Landtag bis zum Gehtnichtmehr blockieren. Da können wirklich Sachen passieren, die uns alle etwas angehen. Und wenn wir so tun und sagen: „Nö, das geht uns nix an", ist das ein fataler Irrtum.

Sandra: Triffst du auf Widerstände in der Gesellschaft?

Sebastian: Ja, klar. Man darf nicht vergessen, dass wir in Sachsen, Thüringen und Brandenburg die AfD als mittlerweile stärkste Kraft haben. Ich gehe manchmal die Straße entlang und denke: „Wenn das wirklich stimmt, dass wir mindestens 25%, wenn nicht sogar 30% AfD-Wähler haben, dann wählt hier jeder Vierte, jeder Dritte so eine Partei, die wirklich dazu angetreten ist, die Demokratie zu zerstören." Da wird es mir manchmal Angst.
Natürlich werde ich angemacht und es ist jetzt nicht mehr nur so, dass ich im Netz angemacht werde, sondern auch auf der Stra-

ße. Neulich in Zwickau war ich zusammen mit SOKO LiNX und 100 Kilo Herz bei einem Anti-Nazi-Festival dabei. Als ich die Straße entlang lief, erkannte mich irgendeine Tante, irgendeine Mutti, und fing an, mich anzukreischen: „Geh wieder zurück in dein Leipzsch, wir brauchen dich hier nicht!" Und ich dachte: „Um Gottes willen, was ist denn hier eigentlich los?" Vor 20/30 Jahren hast du es den Faschos und Skins angesehen, wo sie stehen, aber jetzt ist das wirklich in der Mitte angekommen.
Ich werde auch im Netz Shitstorm-mäßig angemacht. Natürlich will das keiner. Keiner möchte das Gefühl haben, von tausenden Leuten beschimpft zu werden. Ich würde lügen, wenn ich sage, dass mir das nichts ausmacht. Ich sage mir dann oft: „Hey, wenn Arschlöcher mich scheiße finden, dann ist das gut."
Aber klar macht das dann auch etwas mit dir, wenn du tausender solcher Mails oder Kommentare bekommst.
Ich habe den Löwenherz-Friedenspreis abgesagt, den ich erhalten sollte. Zuerst hatte ich mich gefreut. Ich war schon zweimal bei dieser Preisverleihung dabei, habe Musik gemacht beziehungsweise eine Laudatio gehalten. Ich habe immer angenommen, dass das ein cooler Preis ist. Dieses Mal sollte Gabriele Krone-Schmalz den Preis bekommen und Eugen Drewermann die Laudatio halten. Wenn du dich mit ihnen ein bisschen beschäftigst und weißt, wo sie stehen, was den Krieg in der Ukraine und Putin-Freundlichkeit betrifft, ist das nicht mein Ding. Da habe ich die Reißleine gezogen. Als ich das dann über Twitter kommuniziert habe, ging es richtig ab. Da kamen sie wieder aus ihren Löchern gekrochen und haben mich beschimpft. Es gab natürlich auch sehr viel Lob und Zuspruch, gerade von Menschen, die mir wichtig sind und gesagt haben: „Gut, dass du den Preis nicht annimmst, du hast die richtige Entscheidung getroffen."

Sandra: Ja, haste.

Sebastian: Es ist ja immer so, dass die Hater sehr aktiv sind und sich viel Zeit nehmen, dich zu beschimpfen. Sie sind da sehr akribisch. Die Menschen, die dich für irgendetwas loben, dir Solidarität und Zuspruch geben, sind bestimmt auch viele und das weiß ich auch, aber die wenigsten schreiben das dann. Die Leute, die auf der dunklen Seite der Macht stehen, haben die totale Energie, sich viel Zeit zu nehmen, um zu schimpfen und zu haten.
Gestern kam auch wieder irgendetwas: „Na, du linke Zecke, freust du dich schon, wenn die AfD bald regiert?" Das kam von irgendeinem traurigen Menschen. Ich finde das wirklich traurig. Was ist das für eine negative Energie? Was ist das für eine destruktive Haltung, die Leute an den Tag legen, andere einfach nur zu beschimpfen und mit Shitstorms zu übergießen?

„Keiner möchte das Gefühl haben, von tausenden Leuten beschimpft zu werden."

Sandra: Wie gehst du mit diesem ganzen Hass und der Hetze um, die dich persönlich betrifft, weil diese Leute ja sehr laut sind und auch immer gleich unterirdisch persönlich werden. Da bleibt ja immer irgendetwas hängen.

Sebastian: Natürlich bleibt da etwas hängen und es wäre wirklich gelogen, wenn ich sagen würde: „Es macht mir nichts aus." Andererseits will ich denen auch nicht die Genugtuung geben. Ich antworte niemals auf irgendwelche bösen Kommentare oder demütigenden Mails. Ich versuche damit irgendwie klar zu kommen. Ganz ehrlich, ich komme damit klar. Man versucht, sich eine dicke Haut anzuschaffen. Es ist scheiße.

Sandra: Aber du würdest deswegen nie mehr nicht aktiv sein und weiter deine Stimme erheben?

Sebastian: Nein. Ich will jetzt mal ganz doof sagen: „Ich gefalle mir auch in der Rolle.“ Natürlich muss man sich mit einer Rolle identifizieren. Das Schräge ist ebenso, dass ich manchmal zwischen allen Stühlen sitze. Du kannst ja heute nicht mehr wirklich sagen, was eigentlich links und was ist rechts ist.
Schau dir Sahra Wagenknecht und ihre neue Partei an. Schau dir die Demo an, die sie zusammen mit Alice Schwarzer gegen den Krieg veranstaltet hat. Alice Schwarzer hatte mir geschrieben, ob ich da dabei sein wöllte, und ich habe strikt abgesagt. Mir liegt es wirklich fern, jemanden wie Alice Schwarzer zu beschimpfen, weder persönlich noch öffentlich. Ich möchte auch Gabriele Krone-Schmalz nicht beschimpfen. Ich will Leute beschimpfen, die richtige Nazis sind. Ich bin mir sicher, dass Alice Schwarzer kein Nazi ist oder Gabriele Krone-Schmalz. Sie hat zwar Ansichten, die ich nicht teile, aber ich will einfach nicht mit Dreck schmeißen. Deshalb habe ich meine Absage für diesen Preis auch so formuliert, dass ich nicht irgendjemanden namentlich benannt habe. Das steht mir nicht zu.
Ich werde immer sagen: „Björn Höcke ist ein Nazi. Alice Weidel, Beatrix von Storch, Alexander Gauland sind Rassisten.“ Da kann man Namen nennen und sie darf man beschimpfen und ich glaube, die muss man auch beschimpfen. Man sollte da aber ebenso sachlich bleiben, weil jeder, der unsachlich wird, sich immer selbst diskreditiert. Man sollte versuchen, den Leuten mit Argumenten beizukommen.
Ich sitze, wie bereits gesagt, wirklich zwischen allen Stühlen. Ich habe schon von Links und von Rechts auf die Fresse bekommen, auch wirklich physisch. Ich werde von links und von rechts beschimpft.
Ich mache mein Ding und habe meinen Kompass, der mich leitet und der daher kommt, wie ich erzogen worden bin, wie ich drauf bin und wie die Menschen sind, mit denen ich mich umgebe. Ich kann dann immer wieder an mir selbst arbeiten, mich selbst auch hinterfragen.
Es fällt mir zurzeit so schwer, wenn ich darüber nachdenke, wen ich zur nächsten Wahl wählen soll. Ich kenne so viele Menschen, denen es genauso geht, die immer SPD oder die Grünen gewählt haben und jetzt sagen: „Also die Grünen haben es als ehemalige Friedenspartei verkackt. Die haben ihre Ideale über Bord geworfen.” Aber ich kann das auch nachvollziehen, weil ich teilweise ebenso meine Ideale über Bord werfe, weil ich meine Meinung ändere. Selbst wenn ich vor anderthalb Jahren diesen Aufruf unterschrieben habe, bei dem sich Künstlerinnen und Künstler gegen diese hundert Milliarden gewehrt haben, die in die Bundeswehr gesteckt werden sollten. Ich stehe nach wie vor dazu, dass ich das nicht gut fand. Wenn man sich damit beschäftigt, muss man ebenso wissen, dass es auch um Strukturen geht, dass das ein Fass ohne Boden wäre, dass man erstmal den Laden in Ordnung bringen muss und nicht irgendwie in ein Fass ohne Boden haufenweise Kohle reinsteckt. Das ist die eine Seite, und die andere ist, dass ich voll am Zweifeln bin, was Waffenlieferungen betrifft. Ich fand es zum Beispiel gut, dass unser Bundeskanzler Scholz immer zögerlich war.
Ich weiß wirklich nicht, wo ich da stehe. Ich bin einerseits fest davon überzeugt, dass wir als demokratische Welt die Ukraine unterstützen müssen, weil wir da wirklich unsere Demokratie, unsere Freiheit und am Ende auch den Frieden verteidigen. Manchmal muss man eben scheinbar wirklich Gewalt anwenden. Es gibt da so viele Argumente pro und kontra. Natürlich sterben durch jeden Panzer, jede Haubitze, jede Bombe und durch jeden Kampfjet Menschen. Das sind unschuldige Men-

„Ich habe schon von Links und von Rechts auf die Fresse bekommen, auch wirklich physisch.“

schen, die in den Krieg gezogen werden oder von mir aus auch freiwillig hingehen, weil sie durch die russischen Medien dahin getrieben worden sind. Aber wir müssen uns dagegen wehren.
Es gibt zwei geschichtliche Beispiele, die für mich auf der Hand liegen. Das, was in Srebrenica passiert ist, war ein Verbrechen, dass dort 9000 Menschen, junge Männer, ermordet worden sind – vor den Augen der UNO, die daneben stand, weil sie eben nichts machen konnte oder wollte. Dann gibt es den Völkermord in Ruanda, bei dem die UNO ebenso daneben stand und nichts getan hat. Da hätten wir reingrätschen und ganz klar sagen müssen: „Wir müssen hier Schlimmeres verhindern, indem wir einmal reinhalten.“ Davon bin ich wirklich zutiefst überzeugt. Natürlich bin ich gegen Krieg, natürlich bin ich für Frieden, aber ich kann nicht mehr gegen Waffen sein. Hitler wurde auch nicht durch liebe Worte und Blumen aufgehalten.
Einfach zu sagen: „Ich bin Pazifist und ich bin gegen Gewalt“, da macht man es sich zu einfach. Ich weiß nicht, ob das damit zu tun hat, dass ich älter geworden bin. Ich versuche immer Zusammenhänge zu verstehen, aber die Welt ist kompliziert. Das Leben ist kompliziert. Man kann es sich ganz leicht machen, indem man sagt: „Nö, ich bin dagegen.“ Das ist immer das Leichteste.
Ich unterstütze mittlerweile auch Waffenlieferungen an die Ukraine. Ich diskutiere mit vielen Leuten darüber. Ich verstehe auch die Meinungen und kann das alles nachvollziehen. Aber wenn es wirklich hart auf hart kommt, muss man etwas tun. Ich kann nicht daneben stehen und so tun, als ob wir uns da raushalten können. Wir können uns nicht raushalten. Man muss eben auch Menschen helfen und sich auf die richtige Seite stellen. Die richtige Seite heißt am Ende, da bin ich zutiefst davon überzeugt: Demokratie und demokratische Regeln.

Sandra: Woher kommt deine Prägung?

Sebastian: Von meinen Eltern. Meine Eltern haben immer über politische Sachen gesprochen. Nicht, um uns zu belehren, sondern wir waren eben dabei, wenn sie sich unterhalten haben. Später war es so, dass man uns gesagt hat: „Guckt mal hier, das ist Franz Josef Strauß, das ist der Böse, und das ist Helmut Schmidt oder Willy Brandt, das ist der Gute.” Das ist natürlich eine Sache, die dich prägt.
Strauß war ein harter Hund, glaube ich. Strauß war ein rechtsorientierter Politiker, der den Spruch hatte: „Rechts von der CDU/CSU darf es keine demokratisch legitimierte Partei geben“. Den Platz gibt es aber mittlerweile, den hat die AfD mit Kusshand genommen.

Sandra: Wie hat dich der Thomanerchor geprägt?

Sebastian: Wir waren sehr privilegiert. Man muss sich das so vorstellen: Um uns herum war die DDR und der Thomanerchor war wie ein Schutzraum, wie eine Glasglocke. Wir hatten wenig Pionier- und FDJ-Arbeit und haben in dieser Zeit fast nur Johann Sebastian Bach gesungen. Wir sind durch die Welt gereist. Es war extrem prägend, dass ich schon als Kind völlig fremde Kulturen kennenlernen durfte.
Natürlich hat mich die Wendezeit extrem politisiert, als wir gemerkt haben, dass bei uns vor der Haustür etwas Bedeutendes passiert. Später, als die Mauer gefallen war, ging es mit den Prinzen extrem ab. Wir haben auf einmal aus jedem Radio und jedem Fernseher geschaut sowie jeden Abend vor zehntausend Menschen gespielt. Ich habe dann zur Plattenfirma gesagt: „Ich brauche im Sommer Urlaub. Es ist Zeit für mich, meine Batterie aufzuladen.“ Da habe ich die Zeit

„Es war extrem prägend, dass ich schon als Kind völlig fremde Kulturen kennenlernen durfte.“

genutzt und bin richtig viel durch die Gegend gereist. Ich war in Amerika, New York, Kalifornien, Florida, Costa Rica, Mittelamerika, Indien, Hongkong. Ich habe eine riesen Asienreise gemacht. Ich versuche auch jetzt noch, so viel wie möglich zu reisen und mir die Welt anzuschauen. Ich glaube, dass das deinen Kopf aufmacht. Da, wo es die wenigsten Menschen gibt, die eine andere Kultur haben, und da, wo es die wenigsten Migranten gibt, ist der Ausländerhass am größten, weil das die Leute einfach nicht kennen.

Es ist alles sehr komplex, es gibt keine einfachen Antworten, man muss immer schauen, wie man sich eine Meinung bilden kann. Es gibt den Spruch „Nur wer sich ändert, bleibt sich treu“. Das stimmt. Natürlich veränderst du dich, genau wie sich die Welt ändert, weil sich das Leben ändert.

Ich glaube nicht an den Spruch: „Je älter man wird, desto konservativer wird man.“ Das beobachte ich an mir selbst. Ich merke teilweise, dass ich an verschiedenen Punkten radikaler werde, und mit radikal meine ich jetzt ausschließlich positiv im Wortsinne. Radikal heißt sozusagen, das Übel an der Wurzel zu packen, das ist der Wortstamm. Ich merke es richtig, dass ich manchmal denke: „Nö, ich will hier nicht mehr tolerant sein und irgendwie Friede, Freude, Eierkuchen machen.“ Ich habe keinen Bock mehr, gegenüber irgendwelchen Rassisten oder homophoben Mistfinken tolerant zu sein. Ich muss das denen immer wieder sagen – und das ist überhaupt nicht heldenhaft, sondern für mich eine Art emotionale Hygiene. Ich möchte gerne klarkommen. Ich habe auch meine Abgründe, ich habe ebenso meinen Scheiß in meinem Leben. Jeder hat seinen Scheiß, jeder versucht klarzukommen. Ich glaube, man kommt dann am besten klar, wenn man reflektiert.

„Ich habe keinen Bock mehr, gegenüber irgendwelchen Rassisten oder homophoben Mistfinken tolerant zu sein. Ich muss das denen immer wieder sagen – und das ist überhaupt nicht heldenhaft, sondern für mich eine Art emotionale Hygiene.“

Unterm Strich kommt man klar, wenn man neugierig bleibt. Das ist bei Musik auch so. Ich freue mich richtig, dass ich Bands entdecke, von denen ich Fan werde, richtig Fan. Ich habe manchmal gedacht, das geht nur als Teenie. Man kann entflammbar und muss neugierig bleiben.

Sandra: Du hast die Prinzen und trittst solo auf. Was hat sich da auch inhaltlich verändert? Siehst du für dich selbst, dass eine Entwicklung stattgefunden hat?

Sebastian: Die findet immer statt, in welche Richtung auch immer. Ich sag mal so: Wir waren mit den Prinzen ebenso immer politisch, aber nie vordergründig. Wir haben die Strophe „Schmierst du an die Wand eine hohle Naziparole“ bei dem Song „Bombe“. Das war das Deutlichste, das wir musikalisch gesagt haben. Wir haben das Lied „Aua, das tut weh“, in dem wir darüber singen, dass Jugendclubs im Osten zugemacht haben und die Kids nicht mehr wussten, wo sie hingehen sollten. Oder ein Text mit der Zeile: „Mit Sprüchen haust du auf die Kacke und spielst mit der Reichkriegsflagge.“ Wir haben aber eben auch anderes gemacht, z. B. das Fahrradlied: „Mein Fahrrad ist nicht lila, das macht mich gar nicht an, es ist auch nicht braun, weil ich braun nicht leiden kann.“ Das ist ein politisches Statement. Vor zwei, drei Wochen war ich bei uns im Konsum einkaufen und da kam eine junge Lady auf mich zu, die vielleicht circa 25 war, mich anstrahlte und sagte: „Entschuldigen Sie, dass ich Sie so anspreche, aber Sie haben meine Kindheit schöner gemacht.“ Made my day. Das ist das Allerschönste, was einem passieren kann. Das ist das schönste Kompliment, das ich jemals erhalten habe, was meine Musik betrifft.

Sandra: Weil du weißt und fühlst, dass du Einfluss auf die Identität von anderen Menschen hast, dass es etwas bewirkt?

Sebastian: Dass es etwas bewirkt und es auch andere geil finden, was ich mache – und nicht nur ich. Neulich kamen nach einem Solokonzert zwei junge Menschen zu mir und sagten: „Wir waren in unserer Kindheit totale Die Prinzen-Fans und sind froh, dass wir dich heute so erlebt haben, dass du ein cooler Typ bist, du weißt, wo du stehst, und du auch politisch richtig stehst.“ Solche Feedbacks braucht man. Das bedeutet mir viel und bestärkt mich. Wir müssen uns alle gegenseitig bestärken, ebenso via Social Media.

Ich habe auch keinen Bock mehr, mich mit Leuten zu umgeben, die mir Energie ziehen, die mich nerven, die scheiße sind. Was nicht heißt, dass ich nicht mit Kritik umgehen kann, solange sie konstruktiv und nicht unsachlich ist.

Sandra: Warum spielt ihr als Die Prinzen euren Song „Hasso“ nicht mehr?

„Unser „Hasso“-Text war niemals in irgendeiner Weise homophob gemeint.“

Sebastian: Wir haben „Hasso (Mein Hund ist schwul)“ 1998 zusammen geschrieben, also vor 25 Jahren. Wir sind damals als Band im Tourbus nach Sizilien gefahren und haben dort unsere Platte geschrieben. Da lag ein Hund rum, hat sich in der Sonne die Eier geleckt und irgendwie haben wir damals gesagt: „Oh, der ist bestimmt schwul.“ Wir haben so unsere Witze gemacht.

Man muss dazu sagen, dass verschiedene Dinge immer auch im Kontext der Zeit zu sehen sind. Ich weiß genau, dass ich zum Beispiel das N-Wort als Kind und Jugendlicher noch benutzt habe, weil das zu dieser Zeit als „normal“ galt. Ich habe auch „Der ist schwul“ gesagt und das ist noch gar nicht so lange her. Das ist eben eine Entwicklung. Unser „Hasso“-Text war niemals in irgendeiner Weise homophob gemeint.

Mich haben dann Menschen aus meiner Bubble angesprochen und gesagt: „Ey, was singt ihr denn hier für einen homophoben

Illustration linke Seite: Die Prinzen von Schwarwel, 2012

Scheiß“. Dann habe ich Johannes Kram, einen Schriftsteller und schwulen Aktivisten, bei einer Veranstaltung mit Katarina Barley kennengelernt. Ich habe bei dieser Veranstaltung von allen möglichen Sachen, die ich so mache, erzählt – wie u. a. über „Leipzig zeigt Courage“. Da kam von ihm der Spruch über den Tisch: „Ja, aber homophobe Lieder singen kannste trotzdem noch.“ Da habe ich gedacht: „Ups, was ist das denn jetzt hier?“ Das ist drei, vier Jahre her und parallel dazu kam das eben auch noch von anderen Menschen. Da bin ich in mich gegangen und habe das erst verteidigt: „Das ist doch überhaupt nicht schwulenfeindlich, das ist doch einfach nur lustig und eigentlich guter, witziger Humor.“ Johannes Kram sagte mir dann: „Weißt du eigentlich, wie viele junge Menschen richtig Probleme mit ihrem Coming-out haben? Und weißt du, dass es immer noch Leute gibt, die sich suizidieren, weil sie damit nicht zurecht kommen? Und für sie ist das totales Gift.“ Das war dann für mich der Punkt, an dem ich gesagt habe: „Wenn das vor 25 Jahren lustig war, muss es heute noch lange nicht lustig sein.“
Wir spielen es nicht mehr.

Sandra: Vielleicht war es ja einfach auch schon vor 25 Jahren nicht korrekt und nicht lustig.

Sebastian: Natürlich ist es allgemein mit Humor sehr schwierig. Wenn du keinerlei Witze mehr über irgendetwas machen darfst, weil du immer Angst haben musst, dass du irgendjemanden beleidigst ...

Sandra: Das Thema Humor und Satire haben wir permanent in unserem Studio. Die Frage ist, wo ist die Grenze? Diese stellt sich Schwarwel jeden Tag beim Karikaturen machen und seine Antwort ist: „Ich mache keine Karikaturen auf Kosten von Minderheiten, marginalisierten oder diskriminierten Personengruppen“. Damit fallen natürlich viele „Witze“ automatisch weg. Das ist eine ganz klare Grenze.

„Deswegen war Martin Luther erstmal ein progressiver Typ und deswegen stellt sich für mich die Frage: „Muss man, weil er eben antisemitisch war, heute ein Luther-Denkmal einstürzen?““

Sebastian: Ich bin da auch manchmal durcheinander und mache mir darüber permament Gedanken. Es ist alles sehr schwierig, komplex und es gibt keine einfachen Antworten. Sollen Denkmäler, soll das Martin Luther-Denkmal abgebaut werden? Martin Luther war nachweislich ein Antisemit, als er gelebt hat. Müssen wir deswegen Martin Luther-Denkmäler zerstören oder muss man nicht einfach sagen: „Das war im Kontext der Zeit etwas anderes“? Dass Antisemitismus scheiße ist, wissen wir. Dass ich der Allererste bin, der im Kampf gegen Antisemitismus an vorderster Front steht, weißt du. Daran werde ich nie einen Zweifel lassen.
Martin Luther ist als Reformator in die Geschichte eingegangen. Er hat mit seinen Thesen, die er in Wittenberg an die Tür genagelt hat, dafür gesorgt, dass das Volk in der Kirche, die damals ein Kommunikationsmittel war, verstanden hat, was da gepredigt wurde. Er hat die Bibel ins Deutsche übersetzt, damit das Volk hören konnte, was ansonsten einer extrem kleinen elitären Schicht vorbehalten war, nämlich denen, die Latein konnten. Deswegen war Martin Luther erstmal ein progressiver Typ und deswegen stellt sich für mich die Frage: „Muss man, weil er eben antisemitisch war, heute ein Luther-Denkmal einstürzen?“ Ich stelle die Frage und habe darauf keine Antwort, weil ich weiß, dass das sehr komplex und kompliziert

ist. Da gibt es so viele Beispiele von Leuten, die Geschichte geschrieben und große Sachen gemacht haben. Muss man die heute canceln?
Ich verstehe ebenso Menschen – weil wir gerade die große Büchse der Pandora aufgemacht haben –, die sagen, dass sie mit Gendern ein Problem haben, weil das „die Sprache kaputt macht". Es gibt da viele Argumente, ebenso von jungen Leuten, die keinesfalls unter Verdacht stehen, Menschenfeinde zu sein. Ich versuche zu gendern und ertappe mich immer mehr dabei, dass ich dieses „innen" im Gespräch anwende, auch wenn Leute da komisch gucken. Ich habe immer Musikerinnen und Musiker gesagt, manchmal sage ich aber auch Musiker:innen.
Ich erhalte da mitunter komische Reaktionen.

„Ich versuche zu gendern und ertappe mich immer mehr dabei, dass ich dieses „innen" im Gespräch anwende …"

Wir müssen aufpassen, dass wir, die wir auf einer Seite stehen und fortschrittliche, progressive Menschen sind, uns nicht gegenseitig in die Pfanne hauen und verprellen. Wir müssen Nazis, Antisemiten, Rassisten und Sexisten canceln, da bin ich voll dabei. Man darf denen keinerlei Podium geben, man muss sie in der Bedeutungslosigkeit versinken lassen. Ich fürchte manchmal, dass es dafür schon zu spät ist. Da ist alles schon viel zu sehr Mainstream.
Ich versuche, so debattierclubmäßig weiter zu reden. Wenn wir zu allen Leuten, die AfD wählen, sagen: „Ihr seid alles Arschlöcher, Nazis, Rassisten und Antisemiten", dann begehen wir einen Fehler. Wenn wir es überhaupt noch schaffen wollen, die Leute zurück zu bekommen, dann müssen wir mit ihnen reden und dürfen sie nicht beschimpfen. Beschimpfen, und da wiederhole ich mich, müssen wir die von Storchs und Höckes. Denen müssen wir ganz klar unsere Meinung sagen, dass sie Faschisten und Demokratiefeinde sind.
Ich verstehe auch von vielen diesen Ostfrust, wenn man sich ein bisschen damit beschäftigt, was sie erlebt haben, und dass sie sich verarscht fühlen. Ich kann das nachvollziehen. Das ist trotzdem kein Grund, eine faschistische Partei zu wählen.

Illustration: Sebastian Krumbiegel-Logo von Schwarwel

„WIR SAGEN, DASS WIR DIE MENSCHENRECHTE VERTEIDIGEN. DAS MÜSSTE DOCH JEDER UNTERSCHREIBEN."

Interview mit Joshi von ZSK

von Sandra Strauß

ZSK ist eine Skatepunk-Band aus Göttingen, die 1997 gegründet wurde. Die Band um Frontmann und Sänger Joshi spielte u. a. Konzerte mit Rise Against, Donots, The Distillers, Dead Kennedys, Social Distortion, Die Toten Hosen sowie Bad Religion und tourt seit vielen Jahren um die ganze Welt.
ZSK setzt sich aktiv gegen Rassismus, Sexismus und den Rechtsruck ein, was sich auch in ihren Liedtexten widerspiegelt.
Im Juli 2020 veröffentlichte ZSK als Hommage an den Virologen Christian Drosten auf YouTube den Song „Ich habe besseres zu tun".

Sandra: Ihr hattet vor einiger Zeit einen Post geschrieben, in dem u. a. stand: Ihr möchtet, dass Punkrock ein geschützter Raum ist, in dem sich alle Menschen wohlfühlen können. Und ihr wisst auch, dass es bis dahin noch ein langer und schwieriger Weg ist. Kannst du das inhaltlich noch ein bisschen konkretisieren?

Joshi: Wir lieben Punkrock, sind damit groß geworden und das hat mitunter damit zu tun, dass wir es sehr beeindruckend fanden, dass da eigentlich immer alle willkommen sind und sich wohlfühlen können. Wir kommen aus Göttingen und hatten dort zum Glück nie Ärger mit Nazis. Da ist man sehr behütet aufgewachsen, was Angriffe von Nazis anging. Aber wir wurden auch von irgendwelchen Prolls wegen unserer bunten Haare verprügelt. Bei Punkrock-Konzerten konnten immer alle kommen, alle waren da, allen ging es gut und man konnte gemeinsam feiern, ohne sich irgendwelche Sorgen machen zu müssen, dass da irgendetwas nicht in Ordnung wäre. Wenn man beispielsweise in unserem Jugendzentrum Innenstadt nicht genug Geld hatte, ist man auch mit weniger Geld reingekommen und es wurde gesagt: „Gib das, was du hast." Das war schon eine coole Welt im Vergleich zu dem, was es sonst gab und Jugendliche machen konnten: nämlich in irgendeine Disko gehen, die sauteuer und scheiße ist und mit scheiß Leuten. Da haben wir uns sehr wohl gefühlt.
Das gleiche gilt natürlich für den Umgang, wie weiblich gelesene Personen behandelt werden. Wir hatten da eigentlich nie das Gefühl, dass sozusagen schlecht über Frauen gesprochen oder Frauen sogar irgendwie belästigt wurden. Wenn es das gab, dann wurde sofort reagiert – dort, wo wir uns bewegt haben. Also wenn im Jugendzentrum Innenstadt eine Band direkt auf der Bühne scheiße gelabert oder ihre T-Shirts ausgezogen hat, dann wurde der Strom ausgemacht und dann war einfach Ende: „Zieh das T-Shirt wieder an, dann kannst du weiterspielen." Damit sind wir groß geworden. Wir kannten es nur so.

Foto linke Seite: Carsten Janke

Jetzt möchte ich natürlich auch nicht sagen, dass beim Punkrock ALLES anders ist und es all diese Probleme, die es in der Gesellschaft gibt inkl. Sexismus und Übergriffen, da gar nicht gibt, weil das natürlich Quatsch ist. Trotzdem glaube ich, dass es im Punkrock-Bereich eine viel größere Awareness bei dem Thema gibt. Das finde ich gut. Und ich glaube, dass viele junge Menschen in dieser Szene gut aufwachsen können und vielleicht viel weniger Erfahrungen mit Sexismus machen müssen als in irgendeiner scheiß Großraum-Disco oder bei irgendeinem Gangsta-Rap-Konzert. Darum geht es. Daran muss man weiter arbeiten und darf nicht so tun, als wäre im Punk alles cool. Und dennoch freue ich mich, dass im Vergleich da vieles anders und besser läuft als bei anderen Sachen.

Um ein Beispiel zu nennen: Wir reden bei unseren Konzerten natürlich vorher immer mit unseren Secus, dass Leute sich melden können, wenn irgendetwas blöd läuft oder sich irgendwer scheiße benimmt. Kürzlich haben wir in Wilhelmshaven gespielt und ich sehe von der Bühne aus, dass erhitzt diskutiert wird, Leute auf einen Typen einreden und ihn rumschieben. Ich habe kurz überlegt, ob ich den Song unterbreche, um erstmal die Lage zu klären, habe dann aber mitbekommen, dass schließlich alles okay war. Am Merch-Stand fragte ich nach dem Konzert eine Frau, die dabei war, was los gewesen ist und sie meinte, dass ein besoffener Typ alle Frauen auf den Mund küssen wollte. Sie und ihre Freundinnen haben dem Typen klargemacht, dass das hier nicht läuft, und haben ihn zusammen rausgeschmissen. Ja, das ist cool. Ich fühle mich da auch sehr privilegiert, weil wir ein sehr cooles und nettes Publikum haben. Wir haben fast nie Schlägereien und es kommt extrem selten vor, dass sich Frauen unwohl fühlen, weil sie irgendwer im Moshpit berührt.

Sandra: Was macht ihr als Band zum Thema Awareness? Ist euch das aktiv bewusst und sorgt ihr für Awareness-Teams, sprecht das mit Veranstalter:innen ab? WIe sensibilisiert seid ihr da als Band?

Joshi: Wir sehen viel, was im Publikum passiert, von oben auf der Bühne. Manches natürlich nicht, wenn wie in Berlin 1600 Gäste bei unserem Konzert sind. Unser Backliner hat das auf dem Schirm und springt zur Not auch rein und wir hinterher. Natürlich machen wir vor jedem Konzert ein Treffen mit den örtlichen Securities und sagen ihnen, dass wir es nicht dulden, wenn sich eine Frau unwohl fühlt und wenn sie sagt, dass sie blöd angefasst wurde oder ähnliches. Dann glauben wir der Person und dann wird das geregelt. Aber wie gesagt: Zum Glück brauchen wir das fast nie, weil es extrem selten passiert. Das freut mich wirklich sehr.

„Punkrock hat für mich aber auch viel mit Wut und Protest zu tun."

Sandra: Was bedeutet für dich Punkrock?

Joshi: Das kann man in drei Ebenen teilen. Einerseits ist es natürlich wahnsinnig tolle Musik, die mich das ganze Leben lang begleitet hat und begleitet. Diese Energie, die da drinsteckt, gefällt mir sehr.

Punkrock hat für mich aber auch viel mit Wut und Protest zu tun. Ich bin wirklich mit sehr vielen Sachen auf der Welt immer sehr unzufrieden. Ich habe ein großes Gerechtigkeitsempfinden und immer, wenn ich Sachen sehe, die ich als ungerecht empfinde, werde ich sehr wütend. Und da ist diese Musik natürlich genau richtig, um das rauszulassen und die Sachen rauszuschreien, die man scheiße findet, und selbst sein Bestes zu tun, um die Sachen zu ändern. Es gibt natürlich ebenso viele Sachen, die ich nicht ändern werde. Ich werde nicht stoppen können, dass heute wieder drei Leute im Iran hingerichtet werden. Aber ich kann ein Lied darüber

machen – was wir auch getan haben – und meine Wut rausschreien. Wir arbeiten ebenso eng mit Amnesty International zusammen, spenden ihnen Geld und machen mit ihnen eine Kampagne zu den Protesten im Iran. Ja, da kann man natürlich sagen: „Das ist doch lächerlich. Ihr sitzt sicher in Berlin und das wird nichts ändern." Und ich kann sagen: „Ja, ich habe es wenigstens versucht."

„Die gemeinsame Sprache ist einfach diese Musik und man kann sich darüber sofort verständigen."

Die dritte Ebene ist für mich die ganze Eskalation bei Konzerten. Beim Punkrock heißt es: „Man kann machen, was man will." Bis zu einem gewissen Grad ist das wirklich so. Das gemeinsame Durchdrehen und Feiern finde ich cool. Punkrock ist für mich einfach ein Geschenk. Ich mache diese Band seit 25 Jahren und wir machen immer noch das, was ich mit 13/14/15 gemacht habe: am Wochenende mit den besten Freunden losfahren, um Abenteuer zu erleben, neue Menschen und neue Länder kennenzulernen ... Wir waren in ganz Europa auf Tour, in Israel, Russland, Japan ... Da denke ich mir, dass es doch ein Riesenglück ist, dass ich überall auf der Welt Punkrocker und Punkrockerinnen finden kann. Die gemeinsame Sprache ist einfach diese Musik und man kann sich darüber sofort verständigen. Man hat sozusagen sofort Verbündete, kann sich überall auf der Welt mit diesen Leuten treffen und dort Konzerte mit ihnen spielen. Wir laden dann diese Bands natürlich zu uns nach Deutschland ein und nehmen sie

Foto: Carsten Janke

hier mit auf Tour. Das ist für mich ein ganz toller Part bei diesem ganzen Punk-Ding: Abenteuer, Solidarität, Freundschaft, neue Sachen kennenlernen und offen sein für andere. Das gefällt mir wirklich sehr, sehr gut.

Sandra: Wut ist gut.

Joshi: Auf jeden Fall.

Sandra: Jedoch wird in unserer Gesellschaft nicht gesagt, dass Wut gut ist und als Gefühl dazugehört. Und du setzt deine Wut ja in etwas aktiv Produktives um.

Joshi: Ja.

Sandra: Warum ist es für dich wichtig, aktiv zu sein?

Joshi: Es ist wirklich schwierig, als Linksradikaler mit der Welt klarzukommen, weil wir Menschenrechte wichtig finden und dass es allen Menschen auf der Welt gut geht. Wenn man diese Einstellung hat, die ich habe, dann ist es natürlich extrem deprimierend und frustrierend, auch nur einmal die Zeitung aufzuschlagen, weil man das Gefühl hat, dass man kaum etwas ändern kann. Alles ist nur ein Tropfen auf den heißen Stein und jeden Tag wird es immer schlimmer. Ich lese heute gerade in allen Umfragen: AfD in Sachsen in Landtagswahlen nächstes Jahr stärkste Kraft. Wir kämpfen und kämpfen und machen und tun und man rennt den Berg rauf und von oben werden die ganze Zeit Steine runter geschmissen.
Ich verstehe auch, warum es Nazis oft so gut geht. Wenn heute wieder ein Boot mit Flüchtlingen im Mittelmeer kentert und 800 Menschen sterben, dann bricht mir das das Herz, macht mich total fertig und ich hätte das am liebsten nicht gelesen. Wenn ein Nazi das liest, denkt er: „Ja, geil, ist mir scheißegal. Es stört mich nicht." Er kümmert sich nur um sich und seine weiße Rasse, also die, bei denen er glaubt, die würden zu ihm gehören, ideologisch – was ja super absurd ist.
Mich macht es fertig, immer diese Nachrichten aus der ganzen Welt zu lesen. Also auch wenn jetzt wieder in den USA einer mit einem Maschinengewehr loszieht und eine Schwulen- und Lesben-Bar kaputt schießt und da dutzende Menschen sterben ... Jemand, der rechts oder Nazi ist, dem ist das auch wieder scheißegal. Und ich sitze hier in Berlin und denke mir: „Wieso ist die Welt so furchtbar?" Ich glaube, gerade deshalb ist es total wichtig, dass man sich von diesem Ganzen, das in der Welt so schiefläuft, eben nicht unterkriegen lässt, sondern dass man die Hoffnung behält. Ein Album von uns heißt auch: „Hallo, Hoffnung". In ganz vielen meiner Liedtexte ist dieses Bild von Hoffnung behalten, nicht aufgeben, weitermachen drin, auch wenn alles noch so schlecht ist: ein ganz, ganz wichtiger Aspekt, der immer wieder auftaucht. Ich glaube, anders kommt man nicht durch die Welt. Ich verstehe, warum es für viele Leute so einfach ist oder sie es sich gerne einfach machen und sie keinen Bock mehr auf Nachrichten haben und ein bisschen in ihrer Welt leben und schauen, dass es ihnen gut geht, aber sich nicht um den Rest der Welt kümmern. Bei vielen Menschen in der Gesellschaft hat man das Gefühl, dass es ihnen wichtig ist, dass es ihnen gut geht und vielleicht noch ihrer Familie. Und danach ist dann aber auch Schluss. Als Teil der radikalen Linken wollen wir einfach, dass es allen Menschen besser geht. Das macht es nicht einfacher.

„Wenn man diese Einstellung hat, die ich habe, dann ist es natürlich extrem deprimierend und frustrierend, auch nur einmal die Zeitung aufzuschlagen, weil man das Gefühl hat, dass man kaum etwas ändern kann."

Sandra: Du machst das jetzt alles seit deiner Jugend und ziehst es straight durch. Manche Bands werden – sagen wir es mal so – etwas „softer", je erfolgreicher sie werden und benennen die Dinge dann nicht mehr so konkret …

Joshi: Ja, man kann einfach zu allem die Schnauze halten. Keine Frage. Manchmal denke ich, das wäre auch für uns an vielen Stellen schlauer gewesen. Aber ich pack das nicht und ich hätte dann auch keinen Spaß daran. Wir sagen es dann immer doch. Wenn du es anders machst, bietest du natürlich auch keine Angriffsfläche. Soll ich nur Lieder über nackte Frauen, Alkohol und Party machen? Ja klar, geil, würden alle gut finden. Aber das ist mir zu blöd, das bringe ich nicht übers Herz. Wobei man auch sagen muss, dass viele Leute glauben, dass jedes Lied von uns einen knallharten Polit-Liedtext hat. Dem ist gar nicht so. Wir haben auch viele Songs über Freundschaft und Liebe. Aber klar, es gibt einige Songs von uns, die sehr erfolgreich waren und rausgestochen sind, in denen es um Politik geht.

„Bei vielen Menschen in der Gesellschaft hat man das Gefühl, dass es ihnen wichtig ist, dass es ihnen gut geht und vielleicht noch ihrer Familie. Und danach ist dann aber auch Schluss."

Sandra: Was sind die Widerstände, die auf dich und euch als Band einprasseln?

Joshi: Dass Veranstalter von großen Festivals sagen: „Die wollen wir nicht buchen, wir wollen keine Linksextremisten auf dem Festival, das passt nicht zu uns." Und sonst? Wir erhalten Morddrohungen per Post und Mail sowie Beschimpfungen. Aber damit kann ich gut leben.

Sandra: Macht das etwas mit dir? Wie gehst du damit um? Also ich merke es mit diesem ganzen Hass und der Hetze via Social Media. Man postet etwas, nimmt Hashtag xy mit rein und dann bekommt man es von allen Seiten reingespült.

Joshi: Also ich muss zugeben, dass mich 99% davon sehr amüsieren. Manchmal lese ich Briefe bei der Probe vor und wir lachen uns darüber kaputt. Manchmal antworte ich auf Facebook irgendetwas Lustiges. Wir sind das seit 25 Jahren gewohnt. Es ist mir scheißegal, ob mir irgendein Nazi schreibt, dass er mich an der Laterne aufhängen will. Es interessiert mich wirklich null. Was mich eher interessiert, ist, wenn mir irgendein 16-jähriger Punker schreibt und rumpöpelt: „Ey, ihr seid so kommerziell, eure Tickets sind so teuer und euer T-Shirt kostet ja … und ihr seid so scheiße. Ihr seid voll die Verräter." Da nehme ich mir manchmal auch die Zeit und schreibe zurück: „Pass auf! Der Rohpreis von T-Shirts ist extrem gestiegen. Wir machen das, wir zahlen Steuern. Wir wollen, dass alle Menschen, die bei uns arbeiten, die den Shop machen, Geld bekommen. Sie leben davon und auch ich lebe davon. Wie soll ich denn meine Miete zahlen? Du willst, dass ich Musik mache, aber ich darf meine Miete nicht zahlen? Wie soll das denn gehen?" Dann schreibe ich ihm nett zurück und in den allermeisten Fällen antwortet er: „Ja, naja, gut, ich verstehe."

Sandra: Ihr könnt mir euren Leuten von eurer Musik leben?

Joshi: Ja. Naja, also unser Schlagzeuger gibt zum Beispiel zwischendurch noch Schlagzeug-Unterricht und unser Bassist programmiert Webseiten. Aber ich lebe ausschließlich von der Band.

Sandra: Hat sich da für euch in den letzten Jahren etwas geändert, also auch schon vor der Pandemie?

Joshi: Es ist ja kein Geheimnis. Man verkauft im Grunde überhaupt keine Platten und CDs mehr. Und auch beim Streaming verdient man extrem wenig. Womit man als Künstler Geld verdient, sind Merchandise und Konzertkarten. Das läuft zum Glück bei uns beides super gut.

Sandra: Wie hast du persönlich und ihr als Band die Pandemie erlebt?

Joshi: Das war schon irrsinnig. Und ich sehe viele Bands, die sich aufgelöst oder bei denen Bandmitglieder die Bands verlassen haben. Ganz viele Bands arbeiteten immer, hatten immer etwas zu tun und dann war plötzlich ein Loch, also zu 100% alles weg. Dann haben sich sicherlich viele gefragt: Was mache ich hier eigentlich? Ist es das wert? Will ich vielleicht etwas anderes machen? Wir waren sehr froh, dass es die staatlichen Gelder gab oder auch Unterstützung von der GEMA und der GVL. Überall gab es plötzlich Töpfe, aus denen man etwas bekommen hat, um irgendwie durchzukommen. Das war sehr gut und wichtig. Gleichzeitig haben wir uns gesagt, dass wir das machen, was wir gut können, nämlich Songs schreiben. Und dann haben wir in der Pandemie mitten im Lockdown – richtig beknackt – unser Album rausgehauen, das dann auf Platz drei der Charts gegangen ist, auch weil sehr viele Leute in dieser Zeit dachten: Ich würde das eigentlich nur streamen, aber ich will sie unterstützen und hole mir jetzt noch die echte Schallplatte. So haben wir uns auch ohne Konzerte sehr gut über Wasser gehalten und haben die ganze Zeit, die wir hatten, in Kreativität im Songwriting reingesteckt. Wir sind da recht unbeschadet durchgekommen.

Sandra: Ihr habt Förderung und Unterstützung bekommen?

Joshi: Ja. Es gab verschiedene Fördertöpfe beim Land Berlin. Die GEMA hat allen ihren Mitgliedern einen Vorschuss angeboten. Was ebenso gut war: Die GEMA-Auszahlungen kommen ja immer etwa ein Jahr später. Also kam 2020 das GEMA-Geld von 2019. Und in dem Jahr waren wir sehr viel auf Tour und hatten sehr viele Platten gepresst. Das hat natürlich geholfen. Wir kennen jedoch viele Menschen, die daran echt kaputt gegangen sind.

Sandra: Ihr seid auch mental gut durch die Pandemie gekommen? Also es war ja schon ein Downer und für viele war es schwierig, bspw. auch nicht mehr auf der Bühne stehen zu können.

Joshi: Ich sag mal so: Es war jetzt nicht geil, aber ich möchte überhaupt nicht meckern. Und ich stelle mich auch nicht hin und jammere rum, dass wir keine Konzerte spielen können, während Menschen auf der Intensivstation liegen. Es gibt jetzt auch noch viele Menschen, die Long-COVID haben oder während der Pandemie total kaputt gegangen sind. Da werde ich jetzt im Nachhinein nicht meckern und mich beschweren, dass die Zeit so furchtbar war.

Sandra: Ihr habt während der Pandemie ein Drosten-Video gemacht. Nach Fertigstellung bist du auch noch zu ihm gegangen und hast mit ihm ein Foto gemacht. Das war auch ein klares Statement. Das haben viele Bands und Menschen, die in der Öffentlichkeit stehen, nicht getan, also ein Statement abgegeben, wie man mit der Pandemie umgehen kann. Wie ist das alles entstanden?

Joshi: Das war eine lustige Idee mit einem ernsten Hintergrund. Wir haben wie alle die Entwicklung der Pandemie stark verfolgt und der Podcast von Drosten hat extrem geholfen, um zu verstehen. Er hat das alles sehr ruhig und entspannt erklärt. Ich mag es,

„Wir haben wie alle die Entwicklung der Pandemie stark verfolgt und der Podcast von Drosten hat extrem geholfen, um zu verstehen.“

wenn schlaue Menschen gute Sachen verständlich erklären. Drosten wurde ja von einigen Medien, der BILD-Zeitung, von Coronaleugnern und Nazis so stark angefeindet. Und aus Witz habe ich auf Twitter ein GIF mit Drosten, wie er zwinkert, vor einem Meeting gepostet und dazu geschrieben: 1000 Retweets und wir machen einen Song über Christian Drosten. Es war ein Gag. Dann komme ich aus diesem Meeting und zwei Stunden später waren es schon diese 1000 Retweets, es wurden immer mehr und das Feedback war unglaublich. Ich habe dann den Rest der Band angerufen und gesagt: „Hier, ich habe Mist gebaut ;-) Wir können das nicht so stehen lassen, wir müssen etwas tun.“ Daraufhin habe ich den Text innerhalb von einer Stunde geschrieben und wir haben den Song produziert, den wir erstmal nur als YouTube-Video veröffentlicht haben, weil wir ihn gar nicht normal als Song veröffentlichen wollten. Das haben wir viel später dann nochmal auf Spotify gemacht und die Rückmeldungen waren unglaublich stark. Natürlich gab es auch Anfeindungen von den ganzen Coronaleugner-Arschlöchern. Aber vor allem haben ganz viele Menschen verstanden, dass das unsere Art ist, die ganzen Wissenschaftler:innen, Menschen in den Krankenhäusern wie Ärzt:innen in Schutz zu nehmen, zu unterstützen und ihnen unseren Respekt auszusprechen. In Schutz zu nehmen vor dem ganzen rechten Dreck, der so auf sie einschlug. Da haben wir sehr, sehr viele ganz liebe Mails und tolle Rückmeldungen bekommen und Leute haben sich für diesen kleinen Lichtblick in diesen Zeiten bedankt, in denen die ganze Zeit vor dem Institut von Christian Drosten Sicherheitsleute stehen mussten, weil nicht klar war, ob diese Coronaleugner wirklich kommen.

Foto: ZSK

Joshi „WIR SAGEN, DASS WIR DIE MENSCHENRECHTE VERTEIDIGEN."

Dann haben wir eine Single davon gepresst und Christian Drosten in seinem Institut vorbeigebracht und uns mit ihm unterhalten. Er ist wirklich total der liebe, nette, coole Mensch. Sein gesamtes Team war auch da. Dazu kam dann noch, dass sich die ganzen Medien auf uns gestürzt haben. Das war unglaublich. Plötzlich wollte RTL eine Fernsehreportage über uns machen, Pro7 ist zu mir in den Urlaub gekommen und hat ein Interview mit mir geführt, Spiegel Online hat ein großes Interview mit mir gemacht und auch Medien aus Frankreich, England, der Schweiz und Österreich haben berichtet. Wir haben das genossen und wussten, dass es so eine Situation nie wieder geben wird. Das war sehr witzig.

„Ganz viele Leute denken, dass wir so die krassen Punker und immer nur besoffen sind. Dabei sind wir total langweilig."

Sandra: Wie ist eure Band-Chemie? Wie entstehen die Songs und wie interagiert ihr miteinander?

Joshi: Ich rufe alle an und sage: „Wir gehen im Februar auf Japan-Tour." Und dann sagen alle: „Ja, sehr geil." Fertig. Wenn du eine Band machst und diese auch erfolgreich sein soll, dann müssen alle mitziehen. Wenn ich heute alle anrufe und sage: „Hey, morgen um 5:00 Uhr drehen wir ein Musikvideo im Regen am Ostkreuz, es dauert acht Stunden", dann sagt keiner: „Ja, aber das ist doch zu kalt", sondern sie sagen: „Alles klar, welches Shirt soll ich für den Dreh anziehen?" Sonst kannst du eine Band nicht machen, die da ist, wo wir sind. Alle müssen Bock drauf haben.
Natürlich sehen auf Social Media alle immer nur, wie fröhlich wir sind und dass wir geile Konzerte haben, aber natürlich ist das alles auch extrem anstrengend. Man schläft ganz wenig und je länger eine Tour ist, desto härter wird es. Da muss man sehr gut miteinander funktionieren – und nicht nur die Band, sondern ebenso die Crew drumherum. Wenn wir unterwegs sind, fahren wir in zwei Bussen und sind mit insgesamt zehn Leuten unterwegs. Da muss man ein sehr tolles Team sein, das gut funktioniert, weil du ja in Extremsituationen bist. Wir sind sehr eng miteinander und alle ziehen mit, weil wir die Band zusammen voranbringen und auch Menschen glücklich machen möchten.
Wir erhalten wahnsinnig viel Post von unseren Fans, die uns schreiben, wieviel ihnen unsere Konzerte gebracht und Kraft gegeben haben oder wie wichtig ihnen Songs von uns sind, weil diese sie in einer schweren Zeit begleitet haben. Schöne Fanpost schicke ich dann auch in unserem Band- und Crew-Chat rum.

Sandra: Wie ist es auf Tour? Man ist ja über eine längere Zeit auf ganz engem Raum zusammen und man muss eben funktionieren. Wie regelt ihr das?

Joshi: Ja, man ist sehr eng beieinander und kennt die anderen inzwischen sehr genau. Jede:r hat mal einen schlechten Tag und das merken dann die anderen ziemlich schnell und nehmen Rücksicht.
Letztendlich aber: Ich habe auch schon krank Konzerte gespielt – von kotzend im Backstage liegend direkt auf die Bühne, weil es den Zuschauern egal ist. Sie haben ganz viel Geld bezahlt und ich möchte, dass wir auch da und stabil sind. Wir liefern dann keine Shitshow ab und sagen: „Ja, uns geht es heute nicht so gut."

Sandra: Sind Alkohol und Drogen ein Thema?

Joshi: Ganz viele Leute denken, dass wir so die krassen Punker und immer nur besoffen sind. Dabei sind wir total langweilig. Vorm

Foto linke Seite: Carsten Janke

Konzert trinkt eigentlich niemand von uns irgendetwas. Wir trinken vielleicht direkt vorm Auftritt ein Glas Sekt. Aber niemand von uns kommt nachmittags im Club an und macht sich ein Bier auf – weder von der Band noch von der Crew. Wir sind auch nicht die krassen Trinker. Natürlich ist es lustig, nach der Show mit netten Leuten ein bisschen zu feiern. Aber niemand von uns liegt kotzend wegen zuviel Alkohol oder anderen Drogen im Backstage. Ich habe noch nie andere Drogen genommen und es interessiert mich auch nicht. Mein Leben ist so extrem aufregend und spannend, dass ich überhaupt kein Bedürfnis habe, es durch Drogen irgendwie künstlich spannender zu machen. Weil all das, was wir tun, macht mich so extrem glücklich und ich liebe es so verrückt. Vor jedem Konzert habe ich Gänsehaut und bin auf Adrenalin. Also, sorry, liebe Hardcore-Punks, die gedacht haben, dass wir jeden Tag 100 Liter Dosenbier trinken.
Es ist auch eine Art von Professionalität gegenüber den Menschen, die Konzerttickets kaufen, die ich ihnen schuldig bin. Ich habe keinen Bock darauf, schlecht zu spielen, weil ich zu viel getrunken habe. Da wäre ich wochenlang todunglücklich.

Sandra: Ich lese auch gerade die Autobiografie „PUNK PARADOXON“ von Greg Graffin von Bad Religion und er beschreibt das eben auch so wie du.

Joshi: Wir waren mit Bad Religion auch schon auf Tour und das hat sehr viel Spaß gemacht.

Sandra: Welche Bands haben dich (noch) mit beeinflusst?

Joshi: Wir sind vor allem mit dem ganzen Ami-Punk aufgewachsen: Minor Threat, Operation Ivy, NOFX, Pennywise … Aber natürlich auch mit englischen Punk-Bands wie den Sex Pistols, als Johnny Rotten noch kein Schwein war. Und natürlich Die Toten Hosen. Das war eine Band, die uns recht früh mit auf Tour genommen hat, was uns wahnsinnig viel gebracht hat. Uns hat ebenso die Band sehr beeindruckt. Also diese Energie, die sie hatten und haben, wie sie mit kleinen Bands umgehen und wie nett sie zu uns waren. Wir waren mehrfach mit den Toten Hosen auf Tour. Das ist schon eine meiner absoluten Lieblingsbands – in allem: in den Texten, in der Musik, aber auch in den Live-Shows und wie sie menschlich sind. Es sind einfach feine Menschen, die sehr fair und korrekt sind. Das mag ich, weil man in diesem ganzen Musikbusiness-Ding natürlich nicht nur tolle Leute trifft, sondern auch immer mal Arschlöcher, über die man sich später sehr ärgert.

Sandra: Wie fühlt es sich an, wenn man mit 15/16 Bands hört, die die eigene Identität prägen und man Jahre später dann mit ihnen auf Tour geht?

Joshi: Das ist ein wahnsinniges Privileg. Das hat Punkrock mir geschenkt. Wer hätte das gedacht? Die kleine Piss-Band aus dem Keller, die später dann mit den Toten Hosen auf Tour geht. Das ist es etwas, das man nie für möglich gehalten hätte. Das macht mich natürlich extrem glücklich.
Wir waren vor einiger Zeit auch mit Rise Against auf Tour, einer Band, die ich wahnsinnig schätze. Und dann sitzt du plötzlich mit ihnen im Backstage, unterhältst dich über alles Mögliche und merkst, dass die Themen ähnlich sind, weil sie auch mit dieser Musik aufgewachsen sind und das ihr Leben ist. Und das Schönste ist, wenn man feststellt, dass sie alle total nett, korrekt und cool sind.
Wir haben natürlich ebenso Bands getroffen, die voll die Arschlöcher und Idioten waren.

Sandra: Weil du vorhin Johnny Rotten sagtest: Wenn du feststellst, dass sich Musiker:innen unkorrekt verhalten, wie gehst du damit um? Hörst du dann deren Musik nicht mehr?

Joshi: Also ich kann schon immer noch die Sex Pistols-Platten hören, die sind ja wirklich total prägend. Aber man hört sie dann anders und fragt sich, wie Johnny Rotten jetzt so ein rechter Hund geworden ist, der Trump supported und rassistischen Quatsch in Interviews erzählt. Ich bin dann eher traurig als wütend und es fällt schwer, die Platten aus dem Schrank zu nehmen. Ich habe jetzt aber nicht meine Sex Pistols-Platten verbrannt. Noch nicht.

Sandra: Eigentlich wollte ich dich noch nach deiner seelischen Gesundheit fragen, doch irgendwie hast du das schon mit beantwortet.

Joshi: Das ist eine Frage, die ich noch nie in einem Interview gestellt bekommen habe: Was machst du für deine Mental Health? Es ist auch nicht mein Thema. Mir gehts gut, ich kann nicht klagen, ich bin Joshi von ZSK und mir geht es vor allem gut, wenn wir Konzerte spielen.

Sandra: Ja, und ihr macht, was euch gut tut. Und ihr verbiegt euch auch nicht, um dann eben doch für das eine XY-Festival gebucht zu werden, für das ihr angeblich zu linksradikal seid.

Joshi: Nö, machen wir nicht. Wobei ich dazu sagen muss, dass das auch extrem selten vorkommt. Ich meine, was machen wir denn falsch? Wir sagen, dass wir die Menschenrechte verteidigen. Das müsste doch jeder unterschreiben. Und dann ist es plötzlich etwas ganz Verrücktes, dass man das mal auch so sagt und bis zum Ende durchdenkt. Dann heulen alle. Alle wollen immer Zivilcourage gegen Rechts und wenn man dann etwas sagt, dann immer viele so: „Ogottogott, das hat er jetzt nicht so gesagt!"

Sandra: Ich sag nur Connewitz und Demos. Da stehen sie sofort mit Wasserwerfern da.

Joshi: Ja, das kenne ich auch, wir waren oft genug auf Demos in Connewitz.

Sandra: Da gibt es noch die andere Seite. Mitunter wird gesagt: „Alle in Connewitz haben es ja so gut. Sie können gar nicht mitreden, was sonstso andernorts passiert." Da denke ich mir dann so, dass sich das viele hart erarbeiten mussten. Siehe eben die 1990er.

Joshi: Das bekommt man nicht geschenkt. Genauso in Göttingen, wo wir ursprünglich herkommen. Es wurde von der linken Szene die Jahre vor unserer Zeit hart erkämpft, dass es in Göttingen keine Nazis mehr gab. Nur noch ganz weit weg auf den Dörfern. Dadurch hatte ich das Glück, dass ich meine ganze Jugend dort so aufwachsen konnte, dass man abends nicht los ist und sich Gedanken darüber machen musste, ob man vielleicht in Handgreiflichkeiten mit Nazis geraten kann. Wir kannten es nur so und da hatten wir Glück. Thema Baseballschlägerjahre: Ich kenne viele Menschen, denen es nicht so erging. Sie mussten immer Angst haben, in eine Situation mit Nazis zu geraten. Sie mussten immer darüber nachdenken: „Wie komme ich heute nach Hause?"

Foto: Carsten Janke

„KULINARISCH SOLIDARISCH"
Interview mit Ole Plogstedt

von Sandra Strauß und Schwarwel

Ole Plogstedt ist 1968 in Berlin geboren. Seit 1993 verpflegt er mit der „Roten Gourmet Fraktion“ (RGF) Bands wie Die Toten Hosen, Jan Delay, K.I.Z., Kraftklub, Fettes Brot, Wincent Weiß, Broilers, AnnenMayKantereit, Beginner u.v.w.
Als TV-Koch war Ole zwischen 2007 und 2017 in verschiedenen Formaten wie „Das Fast Food Duell“ oder „Die Kochprofis“ zu sehen.
Als Kampagnenbotschafter für die Menschenrechtsorganisation OXFAM engagiert er sich z. B. für ein Lieferkettengesetz und fairen Handel.
Aktuell betreibt Ole zusammen mit Kameramann und Fotograf Kevin Winiker (Photostudio Ottensen) den YouTube-Kanal „KULINARISCH SOLIDARISCH“, für den sie Non Profit-Kochvideos mit sozialem Content drehen.

Sandra: Du warst der Erste, dem wir von unserem neuen Buch erzählt haben. Es war an einem Samstag Nachmittag. Ich hatte dir gerade deinen Text in unserem 2. #nichtgesellschaftsfähig-Buch „Tod, Verlust, Trauer und das Leben“ im Layout zur Freigabe geschickt. Du hast mich sofort danach angerufen und mir erzählt, dass du gerade im Krankenhaus liegst und die letzte Zeit sehr oft geweint hast.

Ole: Ja, es war sozusagen der erste Job nach der Pandemie, also nach der Pause.
Ich muss dazu sagen, dass ich die Pause, also die ersten Monate der Pandemie, tatsächlich wirklich genossen habe. Das mag vielleicht komisch klingen. Finanziell war ich durch die Staatsknete abgesichert und hatte Zeit für andere Sachen. Viele andere Menschen waren genauso drauf, dass sie Sachen gemacht haben, bei denen es gar nicht ums Geld ging. Man hat einfach etwas getan, um sich und andere zu beschäftigen. Wir haben den Video-Kanal „KULINARISCH SOLIDARISCH“ ins Leben gerufen, danach eine Live-Show durchgeführt und so sind verschiedene Dinge entstanden. Es fühlte sich wie ein Sabbatjahr an. Mich hat diese Zeit echt runtergeholt, weil ich überarbeitet war.
Als es dann wieder anlief, ging es gleich mit dem größten Job los: mit den Toten Hosen. Das ist immer die allergrößte Produktion, die wir machen. Da brauchen wir ganz viele Caterer und Kellner:innen und ich fahre da immer komplett selbst mit.
Pandemie-bedingt war es so, dass viele Leute ausgefallen sind, weil sie sich beispielsweise einen anderen Job gesucht hatten, und man konnte sie nicht mehr buchen. Viele hatten derartige Personalprobleme. Ich habe gesucht und Köche und Köchinnen gefunden, die ich noch nicht kannte und mit denen ich noch nie zusammengearbeitet hatte. Vorher hatten wir es immer so gehandhabt, dass neue Leute, also Bewerber:innen, mal einen Tourtag mitgemacht und wir geschaut haben, ob sie sich eine ganze Tour vorstellen können und es zwischen uns passt.

Foto linke Seite: Inken Jaacks

Die Tour ging los. Es waren zwei Shows, ein Aufbautag und irgendwie gab es noch eine Feiertagskonstellation. Ich musste also alles komplett einkaufen, das wir die ganzen Tage so brauchten. Und ich hatte eben diese neuen Menschen da, die komplett geplättet und überfordert waren. Ich habe sie beruhigt: „Alles gut, ich bin da.“ Ein paar meiner alten Mitarbeiter:innen waren glücklicherweise noch dabei.

Beim Abbau bin ich hektisch rumgerannt, beim Laden über eine Palette gesprungen, ausgerutscht und habe mir dabei das Sprunggelenk sowie das Wadenbein gebrochen. Ich dachte: „Das ist jetzt nicht witzig, das ist schon doll.“ Ich bin dann noch zur nächsten Show nach Köln mitgefahren. Es sollte ein Off-Day sein, doch er wurde zum Aufbau genutzt. Es war mein Fehler, dass ich nicht gesagt habe: „Sorry, ich kann einer neuen Crew diese sechs Tage am Stück mit diesen langen Arbeitstagen auf Tour nicht zumuten. Die brechen mir ab.“ Ich hätte das sehen müssen. Das habe ich nicht getan. Sie krochen auf dem Zahnfleisch und dann bin auch noch ich ausgefallen. Ich war zwar per Telefon erreichbar, aber eben nicht vor Ort.

Von den neuen Leuten musste ich einige entlassen. Das war katastrophal. Ich musste operiert werden und konnte erstmal nicht mehr mitfahren. Ich lag dann wirklich mit meinem kaputten Bein zuhause auf dem Sofa, Laptop auf dem Bauch, an jedem Ohr ein Telefon und habe mit Großmärkten telefoniert, Bestellungen erledigt und versucht, neue Mitarbeiter:innen zu bekommen. Ich fragte jeden, der irgendwie schon einmal einem Koch die Hand geschüttelt hatte. Auch dank der Unterstützung der Tourleitung und meiner Crew auf Tour, die das in die Hand genommen und gewuppt haben, hat es dann wirklich noch gut geklappt. Dennoch war es der Horror. Es war das Schlimmste, das ich mir vorstellen konnte, das passieren kann, und dann auch noch eingetreten ist: Stress mit Mitarbeiter:innen und du bist selbst nicht handlungsfähig.

Nach der Pandemie gab es auf allen Ebenen Personalmangel. Man hat teilweise nicht genug örtliche Helfer und Helferinnen bekommen. Das heißt, man stand mit weniger Leuten da oder mit welchen, die gar nicht wussten, was sie machen sollten. Da kamen welche mit lackierten Fingernägeln an und dachten, dass sie so ein bisschen auf Hostess machen können, und eben nicht für mehrere Stunden an die Spüle gestellt werden. Das wollten sie natürlich nicht machen. Hinzu kam, dass dauernd Menschen ausgefallen sind, weil sie sich die Seuche eingefangen hatten – was natürlich nicht ausbleibt, obwohl alle total darauf geachtet haben, dass das nicht passiert: alle überall mit Maske, Tests jeden Tag … Das waren so Momente, in denen ich mich fragte: „Machst du das überhaupt noch weiter, willst du das noch weitermachen?“ Und ich war kurz davor, den ganzen Laden einzupacken und irgendetwas oder gar nichts mehr zu machen.

„Teilweise merke ich jetzt manchmal noch, wie traumatisch das alles war.“

Dazu hatte ich ebenso noch Parallelshows: ein paar Einzelshows von den Broilers, den Fantas und von Seeed – diese dann mit einem anderen Team. Das hat gut geklappt. Die Shows waren auch nicht ganz so aufwendig wie die große Hosen-Produktion.

Teilweise merke ich jetzt manchmal noch, wie traumatisch das alles war. Die letzten Shows liefen gut, alles war richtig toll und ich konnte trotz meines gebrochenen Beines auch wieder mitfahren. Da hatte sich dann ebenso die Crew gefunden. Wir verlebten noch richtig schöne Tage, was für mein Seelenheil total wichtig war. Das hat mir dann wieder Kraft und Mut gegeben.

Die Produktion hatte eigentlich auch fast genau die gleichen Probleme. Alle haben einfach zugesehen, dass es funktioniert. Später

zogen, so dass ich meinen Mitarbeiter:innen wirklich ein viel besseres Geld zahlen kann. Und ich habe mir ebenso gesagt: „Wenn sie es nicht zahlen, dann mache ich es eben nicht." Das war für mich völlig klar. Es ist ja auch alles nachvollziehbar und im Veranstaltungsgewerbe ist ohnehin ein ganz neues Preisgefüge entstanden. Es kommen natürlich schon weniger Anfragen rein, weil viele mit angezogener Handbremse auf Tour fahren. Doch das kommt mir entgegen, weil ich ohnehin weniger machen möchte. Ich habe noch ganz viel andere Sachen im Kopf, die ich machen möchte und für die ich Zeit brauche. Ich möchte politisch stören und helfen.

hat mir die Band gesagt, dass für sie alles cool war und für sie alles lief. Sie haben von all dem nichts mitbekommen.
Dann gab es Ende 2021 noch die Kraftklub-Tour, bei der wegen Corona auch wieder Shows ausfallen mussten. Bei dieser wollte ich ein paar Shows mitfahren. Das ging aber nicht, weil ich mir den Ellenbogen gebrochen hatte. Ich bin vom Fahrrad gefallen. Da kamen auch wieder die traumatischen Momente: Deine Jungs und Mädels sind auf Tour und du liegst mit einem kaputten Arm da. All das möchte ich nicht noch einmal erleben müssen.
Also habe ich mich entschlossen, wie es mit der Firma weitergeht: Ich mache weniger. Früher habe ich meist zwei Produktionen gleichzeitig durchgeführt und das wollte ich nicht mehr. Ich habe ebenso die Preise ange-

Schwarwel: Warum möchtest du das?

Ole: So habe ich mir die Frage noch gar nicht gestellt … Wenn ich nicht irgendetwas mache, rege ich mich zu sehr auf, bzw.: Ich kann mich nicht über den ganzen Scheiß aufregen, wenn ich nicht selbst versuche, etwas dagegen zu tun.
Ich bin Kampagnen-Botschafter bei Oxfam. Wir hatten vor einiger Zeit Jorge Acosta zu Gast und haben eine Street-Aktion mit Oxfam vor einem EDEKA-Laden durchgeführt. Es ging darum, dass WWF-zertifizierte Bananen importiert werden, die mit einem in Deutschland verbotenen Pestizid in Ecuador besprüht werden. Das darf in Deutschland nicht hergestellt werden, aber – hahaha – dann wird es eben woanders hergestellt, landet danach trotzdem auf den Feldern und wird hier wieder weiterverkauft.
Mit Jorge Acosta, dem Gewerkschafter aus Ecuador, waren wir zwei Tage später im BMI und haben die Leuten vom Ministerium für Ernährung und Landwirtschaft damit konfrontiert. Sie sagten dann: „Ja, nee, bei diesen Bananen ist die Pestizid-Belastung nur noch so gering, dass der zulässige Grenzwert nicht überschritten wird …" Und dass das irgendwie in Ordnung wäre, wenn man diese Bananen kaufen würde. Ich sagte dann: „Das ist schon eine nationalistische und sehr ego-

Foto: Armin Saar

istische Einstellung. Ich habe die Menschen in Ecuador gesehen, wie sie an den Pestiziden fast schon zugrunde gehen, wie ihre Kinder mit Behinderungen zur Welt kommen, weil sie damit in Berührung kommen. Ganz abgesehen davon, wie dadurch die Biodiversität in Arsch geht, dass für eine Monokultur alles platt gemacht wird.“ Da kam dann nur ein bisschen Stottern. Auf alle Fälle haben wir das Thema auf den Tisch gepackt.
Ja, warum mache ich das noch? Wenn ich sehe, dass wir – also unsere Generation und die Generationen davor, die das ebenso verursacht haben – die Welt gerade mit Karacho an die Wand fahren und eigentlich jede:r und alle alles machen müssen, damit wir den nächsten Generationen das Leben – und sogar uns selbst unseren Lebensabend – noch einigermaßen schick gestalten wollen, dann muss etwas passieren. Deswegen supporte ich auch die Letzte Generation. Ich finde es total krass, dass sie sich so für uns und die nächsten Generationen einsetzen. Und ich bin entsetzt, wie sich nicht nur Bürger:innen, sondern auch Politiker:innen, also ebenso die Grünen, benehmen. Sie fühlen sich ein bisschen wie angeschossene Hunde, die jetzt um sich beißen. Also irgendwie hat man, glaube ich, wirklich einen Nerv getroffen. Die Letzte Generation hat komplett recht, dass wir alles tun müssen. Aber so viele wollen es nicht wahrhaben, beißen um sich und verhängen hohe Haftstrafen für Menschen, die einen Stau verursachen. Es gibt massenhaft Staus in Deutschland und wenn es dann zwei Letzte Generation-Staus sind, dann ist das alles ganz übel. Dann sind sie daran schuld, wenn die Autofahrer keine Rettungsgasse bilden. Und die ARD fragt allen Ernstes, ob es denn vielleicht Notwehr ist, wenn man Menschen von der Straße kickt, weil sie einen Stau verursacht haben. Nein, das ist keine Notwehr, das ist Körperverletzung und Selbstjustiz.

„Das FC St. Pauli-Museum hat mich gefragt, ob wir im Rahmen der langen Nacht der Museen eine Aktion durchführen wollen: irgendetwas Kulinarisches.“

Das FC St. Pauli-Museum fragte mich, ob wir im Rahmen der langen Nacht der Museen eine Aktion durchführen wollen: irgendetwas Kulinarisches. Da habe ich gedacht, dass das doch eine schöne Steilvorlage ist. Ich habe ein großes Poster mit den 15 Sonnenblumen von Vincent van Gogh gekauft, einen goldenen Rahmen drumherum gebastelt und das auf eine Staffelei ins Museum gestellt. Zum Essen gab es veganes Topinamburpüree – Topinambur ist die Wurzel einer Sonnenblumenart, die als heimischer Vorläufer der Kartoffel gilt – als Kartoffelpüree mit Senf. Das kam in klitzekleine Terrakotta-Blumentöpfe, unten eine Möhrenscheibe, damit das Loch verdeckt ist, und Püree rein, darüber gebröselte Pumpernickel und dann sah es aus wie Erde. Danach haben wir Möhre oder Broccoli reingesteckt, es „Gemüse in Einzelhaft“ genannt und es der Letzten Generation gewidmet.
Aus containerten Lebensmitteln, die man nicht mehr hätte verzehren können, kochte ich eine klebrige Masse. Wir forderten die Museumsbesucher:innen auf, damit das Bild zu bewerfen, und sprachen mit ihnen darüber, was sie dabei denken, wenn sie dieses Bild bewerfen. Wir sprachen gar nicht mit ihnen darüber, welche Sinnhaftigkeit die Aktionen der Letzten Generation haben, sondern darüber, wofür sie stehen und welche Ziele sie haben.
Wir hatten auch zwei Aktivistinnen der Letzten Generation dabei. Der Präsident des FC St. Pauli, Oke Göttlich, hat als Erster geworfen und gespendet. Richy spielte Gitarre. Alex, der bei „Rettet die Clubs“ die Gitarren baute, war die Museumswacht und animierte die Besucher:innen zum Werfen.
Es war eine super runde Veranstaltung und wir haben die Argumente auf den Tisch gepackt, warum die Letzte Generation das und

die Regierung zu wenig macht – mit dem Erfolg, dass mir beispielsweise eine Journalistin am Ende sagte, dass sie vorher total gegen die LG eingestellt war und niemals gespendet hätte, aber nach den ganzen Argumenten heute alles mit anderen Augen sehe. Und dann hat sie gespendet. Allein für diese eine Person hat es sich schon gelohnt, dass wir diese Aktion gemacht haben. Klar, im Netz gab es natürlich einen kleinen Shitstorm.
Wir haben ebenso die „Rettet die Clubs"-Tour organisiert und durchgeführt. Alex Molter hatte sich während der Pandemie Sorgen gemacht, weil es den Clubs sehr schlecht ging und sie nicht wussten, wie es weitergehen soll. Er baute Gitarren-Attrappen aus Holz, mit jeweils dem Logo einer Band eingearbeitet, und ließ dann alles von den Bands unterschreiben. Die Bands und Musiker:innen haben sich einen Club ausgesucht, den sie damit unterstützen möchten. Die Gitarre wurde übergeben und die Clubs konnten sie veräußern, versteigern oder verlosen. Wie auch immer. Damit hatten sie ein paar Einnahmen und Aufmerksamkeit.
Daraus haben wir dann bundesweit eine Tour sowie einen Roadmovie gemacht und dabei festgestellt, dass sich – gerade je weiter wir Richtung Osten der Republik kamen – die Probleme unabhängig von der Pandemie ganz anders darstellten und welche Bedeutung eigentlich Clubs für die Gesellschaft haben. Junge Menschen, die sich von zuhause das erste Mal abnabeln, gehen in Clubs, hören dort ihre Bands, treffen ihre Leute, politisieren sich, machen Aktionen … So sind wir alle groß geworden. Ihr doch auch, Die Toten Hosen ebenso.
Es gibt Clubs, die mit Geflüchteten kochen usw. Es hat noch einmal aufgezeigt, wie wichtig diese Räume für eine diverse Gesellschaft sind.

Wir waren ebenso in Glauchau und Döbeln und erfuhren, dass dort damalige Baseballschläger-Nazis jetzt Schaltstellen besetzen, in Land- und Stadträten teilweise die Macht haben und Sozialarbeiter:innen-Stellen für genau diese Clubs streichen. Sie versuchen auch, diese Clubs zu schließen – mit dem Argument: „Ihr seid ja nicht für alle da. Auf euren Tür-Aufklebern steht: Kein Eintritt für Homophobe und Nazis." Das kann man sich gar nicht ausdenken.
Bei unserem Tourabschluss in Jena war Katharina König-Preuss zu Gast. Sie meinte, dass dieses Clubsterben zur Folge hat, dass das dadurch entstehende Vakuum gleich von den Nazis erschlossen wird. Und das ist sehr demokratiegefährdend. Das ist alles ein schleichender Prozess und echt schon weit fortgeschritten. Die Gefahr von Rechts besteht extrem. Und unser Roadmovie erzählt genau das auch sehr schön, es ist gar kein „reiner" Pandemie-Film mehr.

„„Ihr seid ja nicht für alle da. Auf euren Tür-Aufklebern steht: Kein Eintritt für Homophobe und Nazis." Das kann man sich gar nicht ausdenken."

Katharina meinte ebenso, dass wir den Film in die Landtage und zu Politiker:innen bringen müssen, weil vielen Menschen vielleicht gar nicht so bewusst ist, wie wichtig Clubs und Subkuktur sind, damit sich eine Gesellschaft divers entwickeln kann.

Sandra: Kannst du konkretisieren, wie wichtig Musik für die Gesellschaft und jede:n Einzelne:n ist?

Ole: In Clubs hörst du Musik von Bands, die oft politische Aussagen haben. Du kannst dich mit etwas identifizieren, dir eine Meinung bilden und dich entwicklen. Jedoch: Wir als alte weiße Menschen wissen gar nicht, ob wir nur irgendetwas Nostalgischem hinterrennen und sich die jungen Menschen heute lieber auf TikTok treffen. Ich finde dennoch, dass das Club-Angebot echt bleiben muss.

Wir möchten auch mit den Jugendlichen darüber diskutieren, was ihnen wichtig ist. Doch irgendwie gelingt uns das nicht so richtig. Irgendwo müssen sich ja auch die ganzen Fridays For Future-Leute getroffen haben.
Musik trägt da ganz viel mit. Bei mir war es früher Punk. Später war es bei den Jugendlichen Hip-Hop oder irgendetwas Anderes, das an mir vorbeigegangen ist.

Sandra: Hast du dir immer ganz bewusst rausgesucht, mit welchen Bands du als RGF zusammenarbeitest?

Ole: Sagen wir es andersrum. Ich habe die Erfahrung gemacht, dass die Bands, mit denen wir zusammenarbeiten, tatsächlich alle vernünftig ticken. Wir haben die gleiche Richtung, Menschenrechte zu würdigen. Ich würde Grauzonen- und Nazi-Bands natürlich ablehnen, doch sie würden uns sicher auch gar nicht anfragen.

Sandra: Kannst du uns rückblickend noch etwas zu den Anfängen der Roten Gourmet Fraktion erzählen?

Ole: Das war tatsächlich echt Punkrock, wir haben einfach angefangen und es einfach gemacht. Wir sind mit zwei Zwei-Platten-Kochern losgezogen. Früher waren die ganzen Produktionen auch noch viel kleiner und es gab noch nicht so viele Catering-Firmen. Wir sind mit der Sache gewachsen und es wurde nach und nach immer größer.

Sandra: Ihr habt von Anfang an für Bands gekocht?

Ole: Ja, von Anfang an. Es fing damals mit den Ärzten an. Deren Crew hat uns sehr geschliffen und wir haben dadurch sehr viel gelernt, wie es auf Tour ist.
Nach und nach hat sich daraus unser Konzept entwickelt: Wir schmeißen so gut wie keine Lebensmittel weg, Plastikflaschen wurden abgeschafft, wir kaufen keine Coca Cola und keine Nestlé-Produkte … Wir fragen jetzt auch jeden Kunden, wieviel Fleisch er möchte. Wir alle machen ja gerade die Welt kaputt und es würde helfen, wenn wir weniger Fleisch essen. Das kommt ganz gut an und die meisten möchten das auch. Oder wir fragen Bands: „Du hast auf deiner Liste Red Bull drauf. Das ist eine alte Nazi-Firma. Geht auch etwas Anderes?“
Wir stellen fest, dass sich viele über manche Sachen noch gar keine Gedanken gemacht haben. Jede:r muss in seinem Gewerk anfangen und schauen, was machbar ist. Wir können ja nicht so weitermachen wie bisher.

Sandra: Wie fühlte sich für dich das Leben auf Tour an? Auch im Zusammensein mit Musiker:innen. Ist da immer alles entspannt?

Ole: RGF ist im Mai 2023 30 Jahre alt geworden und ich bin schon ein bisschen der Dinosaurier in dem Gewerbe. Es ist normal, es ist mein Job. Es ist auch überall gleich, alle sind auf Tour, mit sich und ihrem Gewerk beschäftigt. Es ist eine total nette Gemeinschaft. Da gibt es ebenso mal Stress mit irgendjemandem, wie es im Leben ebenfalls ist, und dann ist wieder gut. Überwiegend ist es angenehm auf Tour. Mir fallen kaum Negativ-Beispiele ein, ehrlich.
Wir sehen es auch als unsere Aufgabe an, dass unser Essen lecker ist und eine gute Stimmung herrscht. Als Caterer bietest du ja den Marktplatz. Und wenn du es allen schön machen möchtest, ist die Stimmung gut. Viele Veranstalter:innen wissen: Wenn du ein gutes Catering hast, dann ist das ebenso eine Wertschätzung deiner Mitarbeitenden. Mit einem guten Catering sind alle viel besser gelaunt und leistungsfähiger.

Sandra: Ihr habt ein Buch geschrieben und du warst TV-Koch. Wie war das?

Ole: Im letzten Format, bei den „Kochprofis“, besuchten wir Restaurants, denen es wirtschaftlich schlecht ging, und versuchten

zu analysieren, woran das liegen könnte. Wir haben dann probiert, ihnen wieder auf die Beine zu helfen. Das war tatsächlich ein authentisches Format. Für mich war es dann nur schwierig, weil: In Deutschland brauchst du keine Qualifikation, um eine Gastronomie zu eröffnen. Du musst irgendwann mal deinen sogenannten Bulletten-Schein machen. Dafür musst du aber nur anwesend sein, du kannst deine Pokemons auf deinem Handy sortieren und musst nicht aufpassen. Dann bekommst du deinen Wisch.
Es gab oft Leute, die einen Laden angeboten bekommen haben und dachten: „Ach, da stelle ich mir eine Küche rein und einen Koch und dann läuft das schon. Ich kann hinterm Tresen stehen, Bier zapfen und mit den Gästen quatschen. Das wird ganz toll." Dann kommen die ersten Tage Gäste, weil sie neugierig sind – und dann kommt niemand mehr. Und dann heißt es: „Es lief am Anfang soooo gut. Jetzt kann ich mir meine Mitarbeiter nicht mehr leisten." Dann muss Schwiegermutter in die Küche und es wird vielleicht gefrorenes Schnitzel in die lauwarme Friteuse getunkt und für den gleichen Preis verkauft. Solche Sachen haben wir ziemlich häufig erlebt. Viele wollten sich ihren Traum von der Gastronomie erfüllen. Wir haben ihnen vieles gezeigt und ihnen jedoch ebenso empfohlen, dass, wenn das nicht greift, sie ihren Laden zumachen sollten, weil sie ansonsten noch mehr Geld verbrennen. Das war oft die Hilfe, die wir anbieten konnten. Wir hatten natürlich auch Gastronomen, die richtig gut waren und bei denen es aufgrund anderer Gründe nicht funktionierte. Ich hatte ja auch selbst eine Gastronomie, die lief, die ich aber zugemacht habe, weil es nicht gereicht hat. Gastronomie ist schwierig.
Ich habe bei den „Kochprofis" auch aus dem Grund aufgehört, weil ich den Gastronomen kein Billig-Fleisch anraten wollte – also Fleisch entstanden aus schlimmer Tierquälerei, damit sie mit ihrem Laden überleben können.

Sandra: Wie bist du damit umgegangen, dass du deine Gastronomie schließen musstest? Wie gehst du an sich mit Problemen/Herausforderungen um – siehe auch dein Jahr 2020?

Ole: Dass wir unser Restaurant geschlossen haben, war eine komplette Erleichterung. Man hat mit den Jahren ja auch Erfahrungen gesammelt und geht mit Dingen anders um. Mir war bewusst, dass es ebenso andere Zeiten gibt. Wenn eine Tür zugeht, gehen mindestens zwei neue wieder auf.
Was für mich wirklich schlimm ist: Wenn man sich mit Menschen überwirft, denen man vertraut hat. Das Zwischenmenschliche reißt mir den Boden unter den Füßen weg, nicht das Materielle. Wenn man sich verraten und verkauft fühlt. Darunter leide ich.

„Vor einiger Zeit habe ich psychologische Hilfe aufgesucht, weil ich einfach mal aufräumen wollte."

Sandra: Wie gehst du dann damit um?

Ole: Gehe ich damit überhaupt um? Ich mache dann einfach weiter. Und sicherlich verdränge ich es ebenso.
Vor einiger Zeit habe ich psychologische Hilfe aufgesucht, weil ich einfach mal aufräumen wollte. Einfach so, weil ja bei jedem Sachen anliegen. Mir wurde attestiert, dass mit mir gar nichts ist.

Sandra: Geht man nicht auch zur Therapie, um aufzuräumen?

Ole: Ja, das war auch mein Grund. Evtl. war ich bei der falschen Psychologin. Das war irgendwie sehr ernüchternd. Vielleicht muss ich noch mal einen anderen Anlauf machen, weil ich ein paar Dinge herausfinden möchte.

WHAT A WONDERFUL END OF THE WORLD AS WE KNOW IT.

Musik rund um Natur, Umweltzerstörung, Klimawandel und den selbst verschuldeten Untergang des Menschen

von Karsten Kriesel

„Ich hab ne bessre Idee / Kam mir grad so spontan / Wir halten alle mal kurz inne / Und fangen morgen früh von vorne …“

Der Song „Produktionsfehler“ der Leipziger Band SOKO LINX bricht abrupt ab. Einen Ausweg aus dem desolaten Zustand, in den der Mensch die Erde innerhalb seiner kurzen Existenz auf dieser gebracht hat, gibt es hier nicht. „Die Welt geht vor die Hunde, Mädchen, traurig aber wahr“, heißt es bei Kraftklub.

Zwischen Erwartung der selbst verschuldeten Apokalypse und Ansporn zur Besserung besingen Musiker:innen immer wieder den Zustand der Welt. Parallel dazu wird die Musik der Natur leiser. Der „Biolärm“, wie jugendsprachlich Naturgeräusche genannt werden – also alles, was dann erklingt, wenn man endlich mal die Motoren abstellt, die Klappe hält und wie Depeche Mode fordern, einfach mal die „Silence enjoyed“ –, nimmt seit Jahrzehnten messbar ab: weniger Insekten, weniger Vögel, weniger Wildtiere. Das Knistern brennender Wälder zählt nicht als Biolärm, sondern als eins von vielen sehr besorgniserregenden Alarmsignalen der Klimakrise. Und die gilt es nicht nur zu bewältigen, um am Ende vielleicht wieder ein paar mehr Grillen zirpen zu hören: Auf einem toten Planeten gibt es am Ende überhaupt keine Musik.

Der Schock über Umweltzerstörung und das Bewusstwerden menschengemachter Klimaveränderungen transportiert eine ganz zentrale Urangst des Menschen: die Angst vor dem Tod, die beunruhigende Erkenntnis seiner Vergänglichkeit, und das global.

Gemessen daran, wie real, flächendeckend und letztlich lebensbedrohend Umweltzerstörung vonstatten geht, gemessen am wenig effektiven Bemühen vieler Entscheidungsträger und Handlungsmächtigen aus Industrie, Wirtschaft und Politik steckt gleichzeitig sehr viel Grundverständnis im Menschheitsmotor Kunst und Kultur dafür, was konkret in der Welt schief läuft und mit ein bisschen zwischenmenschlicher Vernunft und Weitsicht zu verbessern wäre. Und gerade Musik hatte seit Mitte des letzten Jahrhunderts einen Anteil daran, gesellschaftliche Strömungen und soziale Bewegungen zusammenzuschweißen und zu motivieren.

Dennoch sind Naturzerstörung und Klimawandel wahrscheinlich nicht die ersten Schlagworte, die einem bei populärer Musik in den Sinn kommen, da drängelt sich zuverlässig die Liebe vor. 57 Prozent aller in den deutschen Charts zwischen 1954 und 2014 vertretenen Lieder handeln nach einer Erhebung des Musikwissenschaftlers Nicolas Ruth von Liebe, „prosoziales Verhalten“ wird nur in vier Prozent der Titel thematisiert.

Aber es gibt sie, die Songs gegen den Raubbau an Mutter Natur, die Warnungen vor dem Klimawandel, die Oden an die Schönheit und Wichtigkeit der biologischen Vielfalt. Richard L. Wallance, US-amerikanischer Professor für Umweltforschung, hat 2009 hierzu eine umfangreiche Liste mit fast 300 Songs von A wie Agnostic Front bis Z wie Zager and Evans zusammengestellt, darin Links zu weiteren Listen und Artikeln zum Thema. Zwar findet sich heute auch die ein oder andere Spotify-Playlist zu den Schlagworten Klima und Umwelt, doch diese haben weder den Umfang noch die Reichweite von Modus Mio Hip-Hop, Feelgood Pop oder anderer Charts-Moden.

Lieder, die Missstände anprangern, sind dennoch keine Seltenheit und sei es, dass in Texten quasi nebenbei Umweltbewusstsein geschürt wird: „Die Socken und die Autos dürften nicht mehr stinken!“, so einfach fasst es Rio Reiser zusammen.

Illustration linke Seite: Schwarwel

Songs wiederum, die sich mehr oder weniger direkt mit dem Thema Umwelt, Klima- und Naturzerstörung und letztlich dem Untergang der Menschheit befassen, folgen dabei verschiedenen Stoßrichtungen, mal unabhängig, mal entsprechend ihres Genres.

Bloodhound Gang – „Fire Water Burn“, Body Count – „Carnivore“, Deichkind – „In der Natur“, „Leider Geil“, Die Ärzte – „Doof“, Knorkator – „Milliardäre“, Kraftklub – „Songs für Liam“, Leonard Cohen – „The Future“, Rio Reiser – „König von Deutschland“, SOKO LINX – „Produktionsfehler“, Terrorgruppe – „Schöner Strand“, Tom Waits – „I Don‘t Want To Grow Up“

DIE TRÄUMER

Musik über die Natur im zunächst rein schwärmerischen Sinne schafft es selten in die Charts, genießt selten tiefere feuilletonistische Anerkennung, wird seltener als produktiv in Klimazusammenhängen angesehen. Aber es gibt sie in verschiedenen Ausprägungen, mit mehr oder weniger dahinterstehender Metaphorik. Volkstümliche Musik oder Folksongs schwärmen auf der ganzen Welt von der jeweiligen Schönheit der Heimat. Das Gothic-Subgenre Neofolk lebt zu großen Teilen von oft mythischer Natur-Verehrung, auch wenn es dies hin und wieder mit fragwürdigen politischen Konnotationen mischt. Eher transzendenten Tanz-Selbstzweck dürften verschiedene mit ihrer naturnahen Haltung kokettierenden Techno-Gattungen verfolgen.

Oft schwingt in positiven Liedern über die Natur ein entweder utopischer oder eskapistischer Gedanke dahinter: Es könnte so schön sein oder eben, wenn es hier so deprimierend betongrau ist, träumt man sich lieber da hin, „wo die Welt noch in Ordnung“ scheint. Es mag für viele Ohren abgedroschen und Werbungs-verbrannt klingen, aber Louis Armstrongs „What A Wonderful World“ ist dennoch eine der eindringlichsten (und meist gecovertsten) Oden an die Schönheit der Natur und implizit auch ein Apell, diese zu erhalten. Seinerzeit wurde das Lied als klarer Gegenentwurf zu den Missständen im politischen Klima der USA verstanden. Dabei ist Armstrong kein „Dreamer“ wie Ozzy Osbourne, sondern sieht diese Dinge in seinem Lied real vor sich, wenn er durch die noch intakten Teile der Welt geht.

Bellamy Brothers – „Let Your Love Flow", Die Ärzte – „Das letzte Lied des Sommers", „Sommer, Palmen, Sonnenschein", Dritte Wahl – „Zur See", Feine Sahne Fischfilet – „Wo niemals Ebbe ist", Gitti & Erika – „Heidi", Louis Armstrong – „What A Wonderful World", Ozzy Osborne – „Dreamer"

DIE APOKALYPTIKER

Anderswo ist nichts mehr intakt. Die Hölle ist voll, die Toten entsteigen den Gräbern, es regnet Blut, Feuer überzieht die Erde. In den Sphären des Metal gibt es wenig Hoffnung für die Menschheit, oft ist sie selbst schuld. Im Punk oder den verschiedenen Musikrichtungen der Gothic oder Schwarzen Szene sieht es oft nicht besser aus. Doch es ist bei weitem nicht diesen zumeist härteren und düsteren Genres vorbehalten, den drohenden Klimakollaps und Untergang des Menschen möglichst schonungslos zu besingen. Bei Billie Eilish kommen „All Good Girls" in die Hölle, REM betrauern „The End Of The World As We Know It", K.I.Z. freuen sich ‚im Atomschutzbunker' „Hurra, diese Welt geht unter" und Deichkind stellen lapidar fest: „Die Welt ist fertig".

In den Sphären des Metal gibt es wenig Hoffnung für die Menschheit, oft ist sie selbst schuld. Im Punk oder den verschiedenen Musikrichtungen der Gothic oder Schwarzen Szene sieht es oft nicht besser aus.

In apokalyptischen Weltuntergangssongs gibt es oft das Motiv des (sauren, blutigen, harten, schwarzen) Regens. Neben dem konkret ökologischen Phänomen des durch verschiedene humaninvasive Ursachen belasteten Wassers steckt hierin auch ein quasireligiös-apokalyptisches Motiv: Tod und Vernichtung kommen von oben. Ebenso häufig wird die menschengemachte Apokalypse mit blutigen Kriegsmetaphern besungen. Kein Wunder, ist Krieg doch der ultimative Inbegriff zwischenmenschlicher Selbst- und Weltzerstörung, ebenso wie konkrete Kriege und deren dahinter stehende geopoltische Interessen und Industrien ein entscheidender Motor des Klimawandels sind.

Agnostic Front – „Toxic Schock", Billie Eilish – „All Good Girls Go To Hell", Deichkind – „Die Welt ist fertig", Goethes Erben – „Das Ende", K.I.Z. feat Henning May – „Hurra, die Welt geht unter", Megadeth – „Countdown To Extinction, Misfits – „The Devils Rain", Pascow – „Äthiopien die Bombe", Peter Gabriel – „Red Rain", REM – „It's The End Of The World As We Know It (And I Feel Fine)", Slayer – „Raining Blood"

DIE ZYNISCHEN TÄNZER

Die Übergänge zu den düsteren Apokalyptiker:innen sind freilich fließend, doch wenn Normahl in ihrem „Trümmertango" „auf den Trümmern der modernen Zeit" bis zum Tod tanzen, schwingt stets eine gute Portion zynisch guter Laune mit, ebenso wenn City zum „Apokalypso" laden. Dem Elend der Welt mit Humor zu begegnen, um nicht an ihm zu verzweifeln, ist seit jeher ein probates Mittel künstlerischer Auseinandersetzung und somit auch der Musik. Bei Punk ist es fast schon ein Markenkern: Angesichts der Endlichkeit des Lebens und des Zustandes der Welt ist nihilistisches Tanzen auf Scherben, Trümmern und Gräbern vielleicht alles, was bleibt.

City – „Apokalypso", Die Ärzte – „Polyester", Knorkator – „Wir werden alle sterben", Normahl – „Trümmertango", Radiohead – „Idioteque", Toxoplasma – „Glücklich"

Illustration linke Seite: Schwarwel

DIE MAHNER UND MACHER

Seit der Mensch sich künstlerisch äußert, reflektiert er, was in seiner Welt schief läuft. In der populären Musik gab es immer wieder Wellen, in denen gehäuft und recht konkret die Angst vor menschengemachter Umweltzerstörung thematisiert und entsprechend entgegengesetzte Apelle besungen wurden.

Viele heute noch tief im kulturellen Gedächtnis verankerte Polit- und Protestsongs entstammen dem Umfeld und Einfluss der seit den 1960er Jahren florierenden Hippie-Bewegung. Entgegen des heute oft kolportierten Klischees war die Love- & Peace-Generation bei weitem keine ausschließlich weltabgewandte, haschischvernebelt tagträumerische, sondern sie formierte sich als gegenkulturelle Jugendbewegung, deren humanitäre Konsum- und Bigottmoralkritik Naturverbundenheit nahelegte und ihren gesellschaftspolitischen Höhepunkt in der Friedensbewegung gegen den Vietnamkrieg fand. Die apokalyptischen Schilderungen und Bilder des Kriegsgeschehens führten nur allzu gut vor Augen, wozu der Mensch unheilvoll fähig ist, und sie steigerten sich alsbald zum Mahnen gegen die allgemeine Zerstörung der Welt. „In the Year 2525" von Zanger and Evans ist aus heutiger Sicht ein zwar intensives, aber fast noch optimistisches Weltuntergangszenario, da es uns noch reichlich Zeit lässt. Bob Dylans „A Hard Rain's A Gonna Fall" oder Creedence Clearwater Revivals „Bad Moon Rising" sahen die apokalyptischen Zeichen bereits in ihrer unmittelbaren Gegenwart. Dazu kamen prototypische Ökosongs wie Alexandras „Mein Freund, der Baum" und philosophische aus einer Zeit „After The Goldrush" von Neil Young.

Die apokalyptischen Schilderungen und Bilder des Kriegsgeschehens führten nur allzu gut vor Augen, wozu der Mensch unheilvoll fähig ist, und sie steigerten sich alsbald zum Mahnen gegen die allgemeine Zerstörung der Welt.

Eine weitere Welle, häufig noch weiter in den Pop vorstoßender musikalischer Klimaempörung schwappte dann Ende der 1970er und in den 1980ern auf, als sich der Kalte Krieg samt atomarer Angst noch einmal zuspitzte und verschiedene Umweltsünden zunehmend in Farbe über die Bildschirme flimmerten. „The Landscape Is Changing" stellte Depeche Mode erschrocken fest, „Beds Are Burning" Midnight Oil. Vermehrt entstanden Umweltinitiativen, die Grünen gründeten sich 1980, ebenso die deutsche Greenpeace-Sektion. Auch musikalisch wurde die Betroffenheit und Empörung, oft gepaart mit Angst, immer mehr offen ausgelebt. So kitschig aus heutiger Sicht Lieder wie „Karl, der Käfer" oder „Schmetterlinge gibts nicht mehr" der Band Gänsehaut klingen mögen, so wahr und aktuell ist ihr inhaltlicher Kern. Letztlich sind sie kaum weniger appellativ als Michael Jacksons „Earth Song" von 1995, einer der wohl pathetischsten und erfolgreichsten Öko-Songs der Musikgeschichte.

In den letzten Jahren war es endlich die Musikindustrie selbst, die auch hinter den einzelnen Songs ihr Umweltgewissen entdeckt hat. Initiativen wie dem Green Touring-Netzwerk Reverb.org oder Music Declares Emergency schließen sich zum Teil tausende Musiker:innen, Veranstalter:innen und Organisationen mit dem Ziel an, Musikveranstaltungen möglichst umweltschonend und nachhaltig auf die Bühnen zu bringen und für den Rest der Welt mit gutem Beispiel voranzugehen. Music Declares Emergency hat dazu den eindringlichen Slogan „No Music On A Dead Planet" in die Welt gebracht.

Zusammen mit der gemeinnützigen NGO Cradle to Cradle haben jüngst Die Ärzte und Die Toten Hosen ihre Konzerte auf dem Tempelhofer Feld mit insgesamt fast 250.000 Besucher:innen als Labor für eine sogenannte Kreislaufwirtschaft zur Verfügung gestellt, die anstrebt, auch derartig große Events ressourcenschonend und klimapositiv umzusetzen. Mit solchen selbst anpackenden Initiativen schließt sich auch wieder der Kreis zur Musik, wenn Die Ärzte singen: *„Es ist nicht deine Schuld, dass die Welt ist, wie sie ist. / Es wär nur deine Schuld, wenn sie so bleibt."*

Alexandra – „Mein Freund der Baum", Bad Religion – „Kyoto Now", Beastie Boys – „It Takes Time To Built", Bob Dylan – „A Hard Rain's A Gonna Fall" , „Blowin' In The Wind", Creedence Clearwater Revival – „Bad Moon Rising", Depeche Mode – „The Landscape is Changing", Die Ärzte – „Deine Schuld", Die Toten Hosen – „Laune der Natur", Dritte Wahl – „Halt mich fest", Gänsehaut – „Karl, der Käfer", „Schmetterlinge gibts nicht mehr", Midnight Oil – „Beds Are Burning", Miley Cyrus – „Wake Up America", Neil Young – „After The Goldrush", Zager and Evans – „In the Year 2525"

Erstveröffentlicht in drunter+drüber Nr. 15
„Umwelt und Tod", Nov 2022

Illustration: Schwarwel

„MENSCHEN SO ZU BEHANDELN, WIE MAN SELBST GERN BEHANDELT WERDEN MÖCHTE. DAS IST SCHONMAL DER GRUNDSATZ VON ALLEM.“ Interview mit Oswald Henke

von Sandra Strauß

Oswald Henke
***1967, ist Sänger, Komponist, DJ, Buchautor und Kolumnist.**
Bekannt wurde Oswald Henke durch Goethes Erben, die er 1989 gründete. Goethes Erben entwickelten eine ganz eigene Form des Musiktheaters – beispielhaft sind hierfür „Kondition:Macht!" und „Schattendenken" zu nennen. Oswald Henke integrierte hier Elemente wie Tanz und Schauspiel, aber auch Licht und Videoprojektionen in seine Inszenierungen.
Weitere musikalische Projekte folgten. Mit Erblast entfernte er sich von der Textlastigkeit der Erben und spielte mit Stimmungen und anderen Sprachen, während er als Dauergast des Projektes Artwork klar für die deutsche Sprache stand. Mit dem Bandprojekt fetisch:MENSCH wendet sich Oswald Henke deutlich rockigeren musikalischen Strukturen zu.
Das Hauptwerk von Oswald Henke ist Goethes Erben, die 2024 seit 35 Jahren als kreatives, sich stetig erneuerndes Ensemble existieren und mit dem 10. Album „X" ihr letztes Studioalbum veröffentlicht haben.
Oswald Henke wirkte 2003 in dem Kurzfilm „Debilitas" mit und zeigte sich hier auch für das Drehbuch teilverantwortlich. Nach seinem ersten Buch „FSK 18 – tendenziell menschenverachtend" (2003) und besonders nach dem zweiten „Spaziergang durch ein Minenfeld" (2004) begann er, auch Leseperformances ohne musikalische Begleitung auf die Bühne zu bringen. 2008 hat er sein drittes Buch „Ich habe mir die Liebe abgewöhnt und bin doch weiter süchtig" veröffentlicht und 2012 sein viertes „Zwischengeist". 2014 erschien sein vorläufig letztes Buch „Narbenverse" das auch Grundlage des Musiktheaterstückes „Menschenstille" war.

Sandra: Ich habe mir gerade vor unserem Interview im Auto noch mal „Die Brut" und „Das Ende" angehört. Das habe ich in meinen WGT-Gothic-Zeiten sehr oft gehört. Und ich habe festgestellt, welche gesellschaftliche Relevanz beide Songs immer noch haben. Wie siehst du das?

Oswald: Solange es Menschen gibt, solange werden diese Themen Relevanz besitzen, weil der Mensch von Grund auf erst einmal ein egoistisches Wesen und rücksichtslos ist, wenn es um die Durchsetzung der eigenen Interessen geht. Es gibt ebenso viele Menschen, die eine vernünftige empathische Einstellung in ihrem Leben haben. Aber es gibt auch sehr rücksichtslose, leider oftmals auch durch Machtpositionen und Kapital gestützte, sehr einflussreiche, sehr negativ auf ein Gemeinwohl eingestellte Menschen. Deshalb sind diese Themen immer aktuell.

Sandra: Warum war es dir damals wichtig, diese Songs zu schreiben? Für Goethes Erben ist es ja unglaublich wichtig, dass gesellschaftsrelevante und -kritische Themen im Vordergrund und Fokus stehen. Das ist nicht bei allen Musiker:innen so.

Oswald: Viele Musiker versuchen, ohne anzuecken durch die Gegend zu laufen, und halten sich auch sehr mit polarisierenden Äußerungen zurück, um potenzielle Fans oder Käufer nicht zu verprellen. Ich muss ganz ehrlich sagen: Wer falsche Werte vertritt, dem gönne ich nicht einmal, dass er Goethes Erben hören kann oder soll. Dann ist es mir auch relativ egal, wenn sich die Leute empört von uns abwenden. Dann trifft es die Richtigen.

Sandra: Ich war früher viel auf Goethes Erben-Konzerten und konnte in der Szene feststellen, dass ihr eine der wenigen mit tieferen und gesellschaftsrelevanten Inhalten gewesen seid. War es dir egal, wenn und dass du aneckst?

Foto linke Seite: Henriette Münch

Oswald: Ich bin jetzt kein Opportunist, der ganz bestimmte Sachen macht, um eben nicht anzuecken, sondern ich finde, Kunst hat eine gewisse Funktion in der Gesellschaft. Was ich allerdings genauso wenig gut finde, ist dieses Sofort-etwas-Verteufeln, wenn etwas nicht der eigenen Meinung entspricht, dass dann auch kein Dialog mehr möglich ist.

Man kann jetzt nicht jeden AfD-Wähler dazu verteufeln, dass er selbst ein Nazi und es ein bisschen kurzsichtig ist, wen er da wählt. Es gibt da viele, die diese Partei aus Protest wählen. Und dann sage ich natürlich, dass es andere Parteien gibt, die man aus Protest wählen kann, z. B. Die Partei, die hat gar kein Programm und ist letztendlich Protest pur. Aber dann die AfD zu wählen, halte ich für den falschen Weg. Aber Politik ist ein ganz kompliziertes und komplexes Thema. Das Problem unserer „demokratischen Demokratie“ ist, dass sie sich nämlich gegenseitig aufhebt, weil Lobbyismus in einer Demokratie der Nagel ins Fleisch dieser Demokratie ist, weil dann eine reiche, mächtige, einflussreiche Minderheit die Mehrheit zu dominieren versucht. Und das kann es nicht sein. Solange es diese Art von Einflussnahme von Lobbyisten gibt, egal welche und egal aus welcher Ecke sie kommen, solange wird die Demokratie immer mehr und mehr Probleme bekommen und auch den Urgedanken der Demokratie nicht ausleben können.

„Das Einzige, das ich mache, ist natürlich, dass ich ein Stachel bin, der manchmal daran erinnert, dass eben nicht alles so toll läuft.“

Sandra: Wie glaubst du, dass du als Künstler, als Mensch und auch mit deinen Bands Einfluss auf die Demokratie-Gestaltung hast?

Oswald: Ich glaube, ich habe da keinen großen Einfluss. Das Einzige, das ich mache, ist natürlich, dass ich ein Stachel bin, der manchmal daran erinnert, dass eben nicht alles so toll läuft. Aber ich habe da auch keine großartigen Lösungsansätze, weil ich kein Politiker bin und auch gar keine Lust auf Politikersein habe. Aber ich denke, dass in unserer Gesellschaft ganz viel falsch läuft, weil wir noch immer falsche Werte haben, nach denen die Menschen streben, weil sie ihnen so vorgesetzt werden.

Ich meine, ich bin jetzt wahrlich kein Kommunist, aber ich finde, dass irgendetwas falsch läuft, dass so wenig Leute so viel Geld und so viel Einfluss auf den Rest der Menschheit haben. Und nur wenn sich da etwas ändert und es allen Menschen irgendwann um ein Gemeinwohl geht und nicht nur um die Sicherung der eigenen Pfründe, dann wird sich etwas ändern. Aber wir sehen, wie weit wir in Europa davon entfernt sind. Da wird es medial als große Tragödie gefeiert, wenn fünf oder sechs Menschen aus Jux und Dollerei als Freizeitbeschäftigung in einem Tauchboot zum Titanic-Wrack tauchen und verunglücken. Das ist natürlich eine Tragödie. Aber die weitaus größeren Tragödien spielen sich im Mittelmeer ab. Und da haben wir gelernt wegzuschauen und wegzuhören, dass da Hunderte von Menschen einfach mal eben ertrinken, weil es politisch und wirtschaftlich so gewollt ist. Und wenn Wirtschaft und Politik nicht am Gemeinwohl interessiert sind, sondern am Wohl von irgendwelchen etablierten Machtkonstrukten, dann wird sich da auch nichts ändern. Aber das liegt an jedem von uns, weil wir alle daran interessiert sind, möglichst günstig einzukaufen. Und das geht letzten Endes nur dann, wenn andernorts Leute relativ wenig mit ihrer Arbeit verdienen.

Sandra: Weil du eben sagtest, du steckst mit deiner Kunst, eurer Musik und euren Songs einen Stachel rein. Also ich bin schon der Meinung, dass du sehr viel bewirkt hast, gerade auch mit Goethes Erben habt ihr viel bewirkt, weil: Wenn man

die Songs hört, muss man sich ja auch selbst positionieren. Als ich vor zwei, drei Jahrzehneten noch nicht so sensibiliert fürs Klima und die Klimakrise war, hat mir „Das Ende“ schon geholfen, um mich damit zu beschäftigen. Also so Anfang der 1990er. Da habt ihr euch schon aktiv damit auseinandergesetzt und hattet Relevanz und Einfluss.
Ihr habt sehr oft auf dem WGT gespielt, auch als Headliner. 2023 zum 30. WGT ward ihr wieder mit Goethes Erben auf dem WGT. Wie war das so? Was hat sich verändert?

Oswald: Natürlich hat sich da viel verändert, aber es war das erste Mal wieder eine positivere Tendenz wahrzunehmen, dass nämlich auch ein paar jüngere Menschen dazu gekommen sind – nach vielen Jahren des Überalterns und der Stagnation hinsichtlich der Altersstruktur des Publikums. Aber das hat natürlich auch etwas damit zu tun, dass wir im Moment in einer bunten Dystopie leben. Wer hätte gedacht, dass noch mal so nah der Krieg in Europa herausbrechen würde und dass sich wieder komplett alle Dinge auf den Kopf stellen. Da sieht man auch, wo ein Problem liegt. Wir haben diese Autokratien, ob sie jetzt in Russland oder in China sind, letzten Endes durch unser eigenes Kaufverhalten natürlich gestärkt, weil unsere Wirtschaftsgemeinschaft gemeint hat, da könne man mehr Profit machen, indem wir in diesen Ländern produzieren. Es ist einfacher, in einer Autokratie etwas zu produzieren, weil da die Menschenrechte einfach oftmals mit Füßen getreten werden und letzten Endes günstiger produziert werden kann, weil eben gewisse Standards nicht oder die Menschen mehr oder weniger in Sklaverei gehalten oder sehr schlecht bezahlt werden oder der Lebensstandard sowieso so niedrig ist, dass die Leute einfach froh sind, dass sie überhaupt einen Job haben. Da liegt das Problem. Es liegt an den Werten. Warum ist heutzutage noch immer die Wertschätzung gegenüber der Leistung eines Bankers höher als die gegenüber einer Krankenschwester oder einem Krankenpfleger oder überhaupt jemandem, der eher im sozialen Bereich tätig ist? Da liegen die Probleme. Die Werte sind falsch. Wenn die Menschheit nicht umdenkt und irgendwann begreift, dass die Welt/die Erde untergeht, wenn man da überall Lecks reinhaut.

„Aber das hat natürlich auch etwas damit zu tun, dass wir im Moment in einer bunten Dystopie leben.“

Sandra: Kannst du konkret benennen, welche Werte du vertrittst?

Oswald: Menschen so zu behandeln, wie man selbst gern behandelt werden möchte. Das ist schonmal der Grundsatz von allem. Das fängt beim Zwischenmenschlichen an. Aber wenn ich mir die zwischenmenschlichen Hackereien anschaue, die die Menschen sowieso schon austragen, dann wundern mich auch Kriege nicht mehr. Wenn Leute wegen eigentlicher Lappalien ihre Freundschaften aufkündigen und aus Eifersucht oder Gier mit anderen Menschen brechen.

Sandra: Nochmal zurück zum WGT. Was hast du gespürt, außer dass jetzt auch wieder jüngeres Publikum da ist?

Oswald: Die aktuelle Dystopie im Leben führt natürlich dazu, dass auch wieder jüngere Menschen, sagen wir mal, mit diesem Lebensgefühl konfrontiert werden, dass nicht unbedingt Friede, Freude, Eierkuchen verspricht, sondern eher mit einem relativ klaren Blick auf die Missstände. Das hat nicht nur mit der Schwarzen Szene zu tun, sondern das ist auch die Letzte Generation, das sind

die ganzen Klimaaktivisten, die jetzt auch gerne von gewissen Kreisen – vorwiegend aus dem konservativen Sektor – mehr oder weniger kriminalisiert werden.
Das WGT ist eines meiner Lieblingsereignisse im Jahr, weil es eben kein Festival ist, sondern ein Treffen. Da geht es nicht allein nur um Musik, sondern es gibt Literatur, Kunst und Ausstellungen. Es gibt alles, auch gemütliches Nichtstun mit Gleichgesinnten oder mit Menschen, die die gleichen Interessen haben.

Sandra: Zum WGT hast du auch eine Weinverkostung initiiert.

Oswald: Das mache ich schon seit ein paar Jahren mit Thomas Rainer von L'Âme Immortelle.

Sandra: Das macht auch das Feeling vom WGT aus, richtig?

Oswald: Es ist absolut unkommerziell. Man trifft sich, trinkt Wein, den man selbst mitbringt, und kommt ins Gespräch mit anderen Menschen aus der ganzen Welt. Man kommt vor allen Dingen mit Leuten ins Gespräch, mit denen man sich vielleicht sonst nie unterhalten würde.

Sandra: Du hast auch mit Peter Heppner zusammengearbeitet. Ihr habt zusammen „Glasgarten“ veröffentlicht. Wie war da die Zusammenarbeit?

Oswald: Zu der damaligen Zeit war das ein sehr kollegiales Miteinander. Das ist aber schon so lange her. Also die ganze Vergangenheit … Ich bin jemand, der zwar ab und zu gerne mal zurückblickt, aber eigentlich bin ich jemand, der eher auf das, was vor einem liegt, fokussiert ist. Wenn man ein gewisses Alter erreicht hat, ist einem ebenso bewusst, dass das, was vor einem liegt, weniger ist als das, was hinter einem liegt. Und dass man jetzt bereits in der Phase des Lebens ist, in der man ab und zu mal die letzten Male erlebt, etwas Bestimmtes gemacht zu haben. Ich finde ebenso wichtig im Leben, dass man sich bewusst macht, wie vergänglich Leben ist. Ich bin auch der Meinung, dass es ganz gut ist, dass das Leben vergänglich ist, weil es sonst irgendwann anfangen wird zu langweilen.

„Ich bin nicht der Typ, der sagt: „Ja, das mache ich, wenn ich in Rente bin.““

Sandra: Was bedeutet es genau, dass du im Hier und Jetzt lebst?

Oswald: Ich versuche, Dinge nicht zu verschieben. Entweder ich mache sie oder nehme sie in Angriff oder ich lasse es bleiben. Ich plane jetzt keine Dinge, die in zehn, 15 Jahren sind. Ich bin nicht der Typ, der sagt: „Ja, das mache ich, wenn ich in Rente bin." Die gibt es für mich sowieso nicht. Ich tue es, wenn sich die Gelegenheit ergibt.

Sandra: Was heißt das aktiv für deine musikalische Arbeit?

Oswald: Dass ich im Rahmen meiner Möglichkeiten meine Kreativität auslebe, aber auch natürlich Konsequenzen aus der Tatsache ziehe, dass sich gewisse Rahmenbedingungen einfach verändert haben. Ich meine, Goethes Erben, die Marke und den Namen, kennen ganz viele Menschen. Aber viele Menschen wissen überhaupt nicht mehr, dass wir noch aktiv sind oder neue Sachen machen. Das ist schon erstaunlich. Aber das liegt auch daran, dass es keine Multiplikatoren mehr gibt. Früher hatte diese Szene eine Zillo, da gab es Multiplikatoren. Wenn man in der Zillo drin stand, dann wurde man informiert. Und dieses Magazin wurde ebenso von vielen Leuten gelesen, weil viele froh waren, dass sie ein gemeinsames Sprachrohr und eine gemeinsame Informationsbasis hatten. Es kamen noch Orkus und Sonic Seducer dazu. Die Zillo gibt es schon lange nicht mehr, Orkus und Sonic Seducer haben leider keine Relevanz mehr.

Sandra: Was ist mit Social Media? Hilft Social Media Goethes Erben nicht?

Oswald: Nein. Also Social Media informiert die Menschen, die sowieso schon sehr an Goethes Erben interessiert sind. Aber dass Leute nochmal viel breiter informiert werden, das verhindern die ganzen Algorithmen von Facebook, Instagram und YouTube. Wenn man zum Beispiel einen YouTube-Clip auf Facebook postet, dann verhindert Facebook, dass das großartig publik wird. Außer man sucht direkt und gezielt danach. Oder man investiert viel Geld und da beißt sich die Katze in den Schwanz. Ich kann ja nicht für jeden neuerreichten Zuhörer 50 bis 100 EUR investieren. Es liegt natürlich auch hier an den Menschen, wenn man sich nicht mehr selbst über etwas informiert, weil das Interesse zu gering ist. Das ist ebenso ein Ding der Entwicklung von Menschen. Dann verliert man eben den Überblick über gewisse Sachen.

Sandra: Bist du über diese Entwicklung traurig?

Oswald: Was heißt traurig? Es ist einfach so. Was soll ich dagegen machen? Aufstampfen wie Rumpelstilzchen bringt nichts. Ich agiere natürlich mit den Ergebnissen und ziehe einfach daraus Konsequenzen. Eine der Konsequenzen ist, dass man in einem Printmedium

Foto linke Seite Jens Meyer: Oswald Henke/Goethes Erben während der „Am Abgrund Tour" (2018)

keine Anzeigen mehr schalten muss, weil das einfach in keiner Relation mehr steht, wenn ich 1000 bis 2000 EUR in eine Anzeige investiere, und es letzten Endes keinerlei große Auswirkungen hat.

Sandra: Habt ihr es als Goethes Erben auch gespürt, als der CD-Markt eingebrochen ist?

Oswald: Ja, natürlich, der CD-Markt bricht alle fünf Jahre nochmal um die Hälfte ein. Und ich fürchte, in drei bis fünf Jahren wird die CD ausgestorben sein.

Sandra: Was ich bewundenswert finde: Ihr macht Goethes Erben ja weiter. Musikmachen, Inhalte in die Welt bringen …

Oswald: Das ist mein Leben. Alles, was ich mache, hat damit zu tun. Ich habe mich für diesen Weg entschieden, irgendwann es eben so zu machen, wie ich es mache. Und Goethes Erben beziehungsweise ich überlebe eben, indem ich Konzerte gebe und Lesungen mache. Bandcamp ist für mich besonders wichtig. Da habe ich die Erblast-Sachen veröffentlicht und auch einen Teil von Goethes Erben. Das ist für mich die einzige digitale Plattform, die für den Künstler fair ist und bei der man nicht nur einen Promille-Anteil von den Umsätzen bekommt, sondern eben den größten Teil, weil man eben kein Label mehr braucht und keinen Vertrieb. Bei Spotify verdient man nichts. Das kann man nur insgeheim akzeptieren, wenn man sich sagt, dass Spotify und YouTube die Nachfolger von MTV und VIVA sind. Da hat man ebenso kein Geld mit verdient. Das waren damals Multiplikatoren. Nur dass man die heutigen Multiplikatoren eben selbst bezahlen muss.
Es gibt jedoch Menschen, die das verstanden haben, gerade im engeren Kreis. Und letzten Endes sind es diese engen Fans, die es überhaupt ermöglichen, dass ich weiter kreativ sein kann. Es gibt aber eben einen ganz großen Anteil von Leuten, denen das wahrscheinlich nichts mehr wert ist, die nur noch streamen und den Künstlern keine Wertschätzung entgegen bringen. Und ganz krass muss man auch sagen, dass die ganzen jüngeren Leute ein ganz anderes Konsumverhalten haben, was Musik angeht. Für sie ist das ganz oft mal irgendwie ein akustisches Ereignis, aber da gibt es keine Fanbindung mehr. Da gibt es noch nicht mal eine Identifikation mit dem Künstler vonseiten des Hörers, weil der Hintergrund gar nicht mehr erklärt wird. Sie finden eine Melodie oder irgendeine Textpassage ganz hübsch, aber das Gesamtkonzept des Künstlers ist den heutigen Hörern zum größten Teil komplett egal.

„Und letzten Endes sind es diese engen Fans, die es überhaupt ermöglichen, dass ich weiter kreativ sein kann.“

Sandra: Wie sind für dich Live-Auftritte? Brauchst du auch das Feedback und die Bestätigung aus dem Publikum?

Oswald: Das braucht, glaube ich, jeder Künstler in irgendeiner Form. Applaus oder irgendeine positive Reaktion zu bekommen, ist natürlich schön. Aber wir machen deutlich weniger Konzerte als früher, weil wir uns nach Corona eben noch immer in einem extrem schweren Umfeld bewegen – also für eine Band in der Größe wie Goethes Erben. Das hat den großen Playern in diesem Business nicht großartig geschadet. Wenn man schaut, dass Depeche Mode oder Rammstein immer noch ausverkaufte Konzerte spielen. Aber selbst bei Placebo war die Tour nicht mehr ausverkauft, die sonst schon ein Jahr vorher ausverkauft war. Da wird sich noch einiges in den nächsten Monaten und Jahren erstmal negativ verändern, bis es irgendwann wieder positivere Tendenzen gibt. Es gebührt dann einer neuen Musiker-Generation, da neue Früchte zu ernten.

Sandra: Du hast insofern Konsequen gezogen, dass ihr jetzt kleinere Konzerte gebt.

Oswald: Ja. Auf einem kleinen Konzert kann man natürlich nicht das erwarten, was auf einem großen Konzerten passiert. Wenn wir nächstes Jahr in den Clubs spielen, dann werden wir keine Tänzerin dabei haben. Da kann man auch weniger machen. Das ist alles. Wenn bei irgendwelchen Ereignissen die Bühnen größer sind, dann wird auch wieder mehr passieren. Das hat ebenso viel mit Flexibilität und Kreativität zu tun. Kreativität beschränkt sich ja nicht nur darauf, Musik zu machen, sondern bei Kreativität geht es auch darum, kreativ Dinge umzusetzen. Und das umfasst alles.

„Die Schwarze Szene ist die gleiche wie die Gesellschaft. Da gibt es Intellektuelle und ebenso viel Dummheit. Das ist im Endeffekt nur die Gesellschaft in klein und in schwarz."

Sandra: Wie hast du die Gothic-Szene erlebt? Tiefgründig, ruhig, dass man sich mit Sachen auseinandersetzt?

Oswald: Die Schwarze Szene ist die gleiche wie die Gesellschaft. Da gibt es Intellektuelle und ebenso viel Dummheit. Das ist im Endeffekt nur die Gesellschaft in klein und schwarz. Es gibt anteilig genauso viel Ignoranz wie in der normalen Gesellschaft. Da ist die Schwarze Szene in ihrer Gesamtheit keinen Deut besser als die normale Gesellschaft. Aber sie hat zumindest eine gemeinsame ästhetische Verbindung. Es gibt wie überall Idioten und Nichtidioten. Auch in der schwarzen Szene gibt es eine Intoleranz, die es zwischen einem Grünen- und einem AfD-Wähler gibt, weil es in der Schwarzen Szene beide Wählergruppen gibt. Aber ich denke, dass ein Teil in der Schwarzen Szene doch weitaus mehr Empathie besitzt.

Sandra: Was machst du für deine mentale und seelische Gesundheit – neben Musik?

Oswald: Das ist ein schwieriges Thema. Was macht seelische Gesundheit aus? Ich glaube, das beginnt beim Heranwachsen, inwiefern man seine Gefühle auch zeigen kann und darf. Und da ist Goethes Erben etwas ganz Besonderes, weil eines der schönsten Komplimente einfach mal war, als ein Kerl zu mir gesagt hat, dass er so gern auf Goethes Erben-Konzerte geht, weil man da seine Gefühle zeigen und ebenso mal weinen darf. Und keiner muss sich schämen oder wird doof angeschaut, weil die Emotionen einfach dazugehören.

Sandra: Was machst du, damit es dir gut geht?

Oswald: Ich mache Musik, schreibe Texte und verarbeite das, was mich berührt, auf kreative Art und Weise. Manchmal zornig, manchmal melancholisch, manchmal nachdenklich oder analytisch. Kreativität ist für mich meine Kompensationskrücke.

LEBEN LASSEN ALS REBELLION
Ein kommentiertes Interview mit Moby

von Karsten Kriesel

Muss der Mensch für sein leibliches Wohl Tiere töten? Kunst, Kultur, vor allem Musik und Subkultur stellen dies schon lange deutlich in Frage.

Kommen aus den Reihen der Grünen praktische Tipps, hier und da seinen Fleischkonsum zu reduzieren, kochen die Emotionen schnell hoch. Rechts ab FDP verwechselt man reflexhaft Empfehlung mit Vorschrift und wittert nahezu apokalyptische Freiheitsberaubung. Als die Moritzbastei, eine der bekanntesten Leipziger Kulturstätten, vor ein paar Jahren ihren jahrzehntelangen Speisekarten-Klassiker Chili von „con“ auf „sin“ Carne umstellte, blieb der Aufschrei aus. Im Gegenteil, selbst überzeugte Carnivoren mumpelten, den gleich gebliebenen Geschmack lobend, weiter, zahlreiche Künstler:innen freuten sich auffällig darüber, dass die Backstage-Verköstigung um eine fleischfreie Variante reicher war.

Nun sind Kantinen-Tipps einer Bundestagspartei wenig mit dem Küchenangebot eines Clubs zu vergleichen, doch im Prinzip zeigt sich hier ein Paradox unserer Zeit. Nämlich dass politische Debatten seit einigen Jahren deutlich weniger rational geführt werden als künstlerische, die ja eigentlich von emotionalen Zugängen leben. Doch vielleicht liegt gerade da eine Chance der Kunst zu wirken: Hier dürfen sich noch ohne Vertrauensverlust Gefühl und Fakt vermischen, dürfen Spiegelung der Welt und in Kontext setzen ihrer verschiedenen Gesetzmäßigkeiten höchst individuell oder gar abstrakt gefärbt sein und trotzdem – oder gerade deshalb – lassen sich viele Menschen darauf ein. Über die gesellschaftsformende Kraft von Kunst und Kultur ist viel geschrieben worden, kein Wunder also, dass auch in Fragen unserer Ernährung hier wichtige Impulse herkommen. Seit Jahrtausenden wird die Ernährung des Menschen begleitet vom Nutzen und Töten von Tieren. Spätestens seit dies industrielle Ausmaße angenommen hat, ist es dem reinen „nutzen, um zu essen“ enthoben und hat zunehmend destruktive Auswirkungen auf Umwelt und Gesundheit, auf das Wohl der Tiere sowieso. Aus Nutztieren werden vollends verdinglichte Objekte, die aus Profitgründen industriell „gefertigt“ und „verarbeitet“, also getötet werden. Noch heute ist die Lebensmittelproduktion, insbesondere die Tierindustrie, eine der zerstörerischsten und flächendeckend umweltschädlichsten überhaupt.

Dies zu hinterfragen und in der Konsequenz häufig abzulehnen, findet in ästhetischen Zusammenhängen immer wieder statt. Spätestens seit auch die negativen Seiten der Industriellen Revolution im ausgehenden 18. und verstärkt 19. Jahrhundert offenbar werden, werden diese nicht nur künstlerisch reflektiert. 1847 prägen britische Progressisten das Wort Vegetarier. Besonders in der zweiten Hälfte des 20. Jahrhunderts wird Tierleid-freie Ernährung durch die westliche Popularisierung von religiösen und esoterischen Strömungen wie Buddhismus und Rastafari weiter verbreitet.

Besonders laut und deutlich werden vor allem seit den 1980er Jahren die musikalischen Subkulturen rund um den Punk. Techno-Weltstar Moby hat über genau diesen Zusammenhang seinen ersten Film gedreht: den „Punk Rock Vegan Movie“. Warum? Moby hat als Musiker in den 1980ern mit Punkrock (u. a. Vatican Commandos) begonnen, eine Zeit, die ihn bis heute prägt. Seit 35 Jahren ist er außerdem überzeugter Veganer und immer wieder auffälliger Tierrechts-Aktivist. Erst vor wenigen Jahren hat sich der heute 57-Jährige großflächig „Animal Rights“ auf beide Arme und „Vegan for Life“ auf den Hals tätowieren lassen. Sein professionell produzierter, 90-minütiger Streifen, den er auf YouTube „verschenkt“, ist Doku, Manifest und eigenwilliger Spaß zugleich. Im Interview, dass im Frühjahr 2023 zwischen L.A.

Illustration linke Seite: Schwarwel

und Leipzig via Zoom geführt wurde, erzählt er, warum gerade der Zusammenhang Punkrock und Veganismus für ihn entscheidend ist, auch für den breitenwirksamen, globalen Umgang mit dem Töten von Tieren für das leibliche Wohl des Menschen. Und da der Film ebenso wie Mobys Sicht der Dinge eine künstlerisch subjektive ist, bieten sich an manchen Stellen einige weiterführende Kommentierungen an.

Karsten: Moby, du bist erfolgreicher Musiker, Produzent, bekennender Veganer und seit Neuestem auch Filmemacher. Wie kam es zu „Punk Rock Vegan Movie“, deinem ersten eigenen Film?

Moby: *Vor etwa fünf oder sechs Jahren habe ich begonnen, noch einmal neu und anders über Tierrechts-Aktivismus nachzudenken. Ich bin seit etwa 35 Jahren Veganer und schon lange überzeugter Tierschützer. Aber ich wollte mein Vorgehen, meinen Zugang nochmal überdenken. Es gibt ja oft so einen quasi traditionellen Weg, wie Menschen Aktivismus betreiben: Wenn sie Geld haben, spenden sie oder starten selber Charity-Initiativen, andere demonstrieren. Das ist schon mal gut. Ich habe über weitere Wege nachgedacht, wie man das aktiver gestalten kann. Ich wollte etwas machen, das sich einzigartig und überraschend dem Thema nähert. Und das war für mich die Verbindung der Geschichte des Punk mit der des Tierrechts-Aktivismus. Für ein paar Leute ist diese Verbindung recht logisch und quasi Basiswissen, die Mehrheit jedoch, einschließlich vieler junger Aktivist:innen, haben keine Ahnung davon, wie eng diese Geschichten miteinander verknüpft sind. Also wollte ich meine Plattformen, meine Zeit, Kraft und Reichweite nutzen, diese einzigartige Geschichte zu erzählen.*

Aus aktueller Sicht mag Mobys Blick auf politischen Aktivismus und die Bedeutung von Punk für derartige Entwicklungen etwas getunnelt wirken. Gesellschaftspolitischer Aktivismus wendet immer wieder wesentlich kreativere Formen an als nur „Spenden oder Demonstrieren“. Auch die Verbindung von Kunst und Aktivismus kommt breiter und öfter vor als nur im Punk, dazu später mehr. Doch Moby wählt für seinen Film einen klaren Fokus, der tatsächlich einen wichtigen Entwicklungsschritt beleuchtet, das Töten von Tieren für die Ernährung des Menschen skeptisch zu sehen. Seit den frühen 1980ern wurde Punk, vor allem unter dem Label Hardcore, nicht nur schneller und aggressiver, sondern auch politisch adressierter. Steve Ignorant von der britischen Band Crass schildert im Film, wie er vom „Rebell without a cause and clue“ zum anarchistisch-sozialistischen Vegetarier wurde. Das zunächst vornehmlich destruktive „No Future“-Credo wurde zur produktiveren „DIY (Do It Yourself)“-Ideologie. Speziell die in den USA entstandene „Straight Edge“-Bewegung innerhalb des Hardcore-Punk lieferte hier entscheidende Impulse. Namensgebend war der gleichnamige Song der Band Minor Threat. Auf ihrer ersten EP 1981 besingt Sänger Ian MacKaye den klaren Kopf seines alkohol- und drogenfreien Lebens. Zentral für die Bewegung war zunächst der Verzicht auf jegliche Rauschmittel inklusive Alkohol und Tabak. Symbol wurde das auf den Handrücken gemalte (später oft tätowierte) „X“, mit dem damals Minderjährige in Bars und Clubs in Los Angeles gekennzeichnet wurden, damit ihnen kein Alkohol ausgeschenkt wurde.

Vegetarische und vegane Ernährung gehörte für viele dazu. Einen breiteren Fokus in der Punk- und Hardcore-Szene darauf, auch als Message nach außen, bekam das Thema als Straight Edge-Element unter anderem durch Songs wie „No More“ von Youth of Today oder „Cats And Dogs“ von Gorilla Biscuits. Da Fleischkonsum ebenso wie Rauchen und Alkohol seit Menschengedenken zu gesellschaftlichen Konventionen gehören, wird hier gerade der Verzicht und die Vernunft als rebellischer Akt gesehen.

Karsten: Dein Film fährt mit seinen Interviewpartner:innen und Features eine ganze Festivalladung legendärer Punkrock- und Hardcore-Größen auf, dazu kommen einige jüngere Künstler:innen und Aktivist:innen. Kanntest du alle schon vorher?

Moby: *Tatsächlich kannte ich die meisten. Ein paar hatte ich vorher aber noch nie getroffen, Scott von Earth Crisis, Steve Ignorant von Crass zum Beispiel. Aber ich bin in der Punkrock-Szene in New York aufgewachsen, Youth of Today, Cro Mags und viele, viele andere kenne ich von und seit daher. Dazu kam, dass dann auch in Los Angeles die vegane Welt recht klein und eng war: Jeder ging in dieselben Restaurants, man traf sich bei Konzerten und Events und so freundete man sich über die Zeit einfach mit den ganzen veganen Punkrockern an. Ich würde sagen, 80 Prozent kannte ich vorher, mit den anderen 20 Prozent konnte ich durch den Film in Kontakt kommen.*

„Mein Problem ist aber, dass ich wirklich schlecht darin bin, aktivistische oder politische Songtexte zu schreiben."

Interessant in diesem Zusammenhang ist, dass allein durch die Personage des Films ein Bild davon vermittelt wird, wie breit und selbstverständlich vegetarische und vegane Ernährungsweisen im Punk seit den 1980ern vertreten sind und stetig anwachsen, unabhängig vom jeweiligen Subgenre. Denn wo der Film musikalisch immer wieder recht dezidiert auf (Straight Edge-) Hardcore-Punk zurückkommt, sind die Wortmeldungen deutlich breiter und internationaler gefasst. Statistiken gibt es nicht, weder für Punk noch andere Genres, doch es ist wenig verwunderlich, dass die Konzentration derer, die das Töten von Tieren für das leibliche Wohl ablehnen, gerade hier recht hoch ist, wie Moby in der nächsten Antwort ausführt.

Karsten: Etwas scheint ja die Aussage deines Films zu sein, Punkrock, speziell Hardcore, führe automatisch zu Veganismus. Das gleiche könnte man von der Verbindung Punk und Feminismus, LGBTQ+-Akzeptanz oder Klimabewusstsein behaupten. Leider wissen wir beide, dass das nur die halbe Wahrheit ist und es auch viele „Punks" gibt, die sich wenig für derlei interessieren. Warum eignet sich gerade Punkrock trotzdem so gut, solche Dinge in die Welt zu tragen?

Moby: *Viele Genres haben eine unterschwellige Ideologie oder wenigstens eine Art Ethos. Bei Punkrock ist das Ethos „Hinterfragen": Mode, Musik, Politik, Gender und Sexualität – alles wird in Frage gestellt. Auch wie und was man isst. In dem Moment, in dem man Lebensmittelproduktion hinterfragt, realisiert man schnell, dass viel davon einfach furchtbar ist. Wir sind eine Spezies, die behauptet, Tiere zu lieben, aber wir quälen, töten und essen sie. Dabei passt Quälen und Töten eigentlich in niemandes Wertesystem, es sei denn, du bist Hannibal Lecter.*
Die meisten Musik- und Kulturgenres stehen nicht für dieses klare Hinterfragen. Das macht mich traurig, besonders bei Alternative und Indie. Ich verstehe nicht, warum die oft politisch so behäbig und selbstgefällig sind. Viele Alternative- und Indie-Musiker sind unglaublich privilegiert, sie haben Universal im Rücken oder andere große Player und ich verstehe nicht, warum sie nicht engagierter sind. Ich würde gern einen zweiten Film machen über Tierrechts-Aktivismus oder Veganismus in anderen Genres, aber ich wüsste gar nicht, mit wem ich da reden sollte.

Auch hier scheint Mobys Bild etwas auf „sein" Genre getunnelt beziehungsweise auf ein 1990er und 2000er reduziertes Bild von Rockfestival-Alternative zu verweisen. Parallel zum Punk schufen die Taufpaten des Indie-Rocks The Smiths mit ihrem Album und Track „Meat Is Murder“ in den 1980ern ein musikalisches und breitenpopuläres Bekenntnis zum Vegetarismus. Spätestens seit den ausgehenden 2000ern hatte politisches Bewusstsein weitaus mehr Genres als nur Punk erreicht und mit ihr die Zahl bekennender Vegetarier und Veganer. Gerade im aktuellen deutschen, in der jugendlichen Breite sehr erfolgreichen Indie-Rock und -Pop ist ein offensives Einsetzen für progressive politische Belange und ein offener Umgang mit Fleichverzicht fast obligatorisch und längst kein rein subkulturelles Phänomen mehr.

Karsten: Hast du selbst je versucht, Aktivismus und Techno zusammenzubringen?

Moby: *Ja, versucht habe ich das. Etwa über Linernotes, Interviews, in Filmen, Artikeln, eben damit, dass ich allgemein meine Bekanntheit und Plattformen nutze. Mein Problem ist aber, dass ich wirklich schlecht darin bin, aktivistische oder politische Songtexte zu schreiben. Ich habe es versucht, aber es geht nicht. Ich verstehe meine Aufgabe trotzdem darin, ein guter und aktiver Tierrechtler zu sein. Deswegen nutze ich andere Formen.*

Wenn auch hier in Form einer unterhaltsamen Doku, wählt Moby in seinem individuellen Zugang den aktivistischen Weg für das Anliegen „keine Tiere töten“. Auch Punk spart oft nicht mit Agitprop-mäßiger Message. Ein ästhetischer Weg, den derzeit etwa viele Grafik- und Comickünstler nutzen, ist die darstellende Umkehrung des Mensch-Tier-Verhältnisses: Hummer, die Menschen lebendig kochen, oder Hasen, die Menschenfüße als Talisman tragen, verstören und regen zum Nachdenken an. Naheliegend, oft sehr effektiv, aber nicht unumstritten, ist in diesem Zusammenhang die Personalisierung von Tieren, die auch Moby in „Punk Rock Vegan Movie“ anwendet: Große Teile des Filmes bilden Zwiegespräche mit seinem Hund Bagel. Andere wählen ästhetisch tiefergehende, subtilere oder gar Umwege. Selbst die unter Tierschützern immer wieder skandalisierten „Orgien-Mysterien-Theater“-Performances des Wiener Aktionisten Hermann Nitsch stellten gerade durch das Verwenden von Tierkadavern Fragen zum Umgang zwischen Mensch und Tier: Während ein Großteil der Menschen durch sein Konsum- und Essverhalten am Tod von abermillionen Tieren in anonymisierter, industrieller Unsichtbarkeit mitverantwortlich ist, steht bei Nitsch der Tierkörper als einzelne Besonderheit, sichtbar als heiliges Opfer neben dem Menschen. Dies führt vielleicht nicht automatisch zu veganer Ernährung, hebt jedoch den Stellenwert des verwendeten Tieres und/oder seiner Bestandteile in der Wertschätzung deutlich über den eines reinen, verdinglichten Produktes.

Karsten: „Punk Rock Vegan Movie“ ist oft sehr witzig. Benutzt Du Humor, um nicht zu moralisch zu werden?

Moby: *Das ist mein natürlicher, kreativer Impuls. Und auch Hardcore-Punk ist immer sowohl ernst als auch irrwitzig. „Damaged“ von Black Flag: eine super düstere, aggressive Platte, aber trotzdem gibt es da einen total albernen Song wie „TV Party“. Cirkle Jerks, Dead Kennedys: super aggressiv und manchmal sehr albern und witzig. Sogar Minor Threat, die eigentlich sehr ernst sind, haben lockere Momente. Punkrock hat eben auch immer diesen Spieltrieb. Und ein Film, der nur düster und ernst ist, hat gute Chancen, dass ihn kaum jemand sehen will.*

Im Grunde offenbart Moby hier einen wichtigen Effekt gesellschaftspolitisch ansprüchiger Kunst: So wichtig er in gewissen Situationen und für politischen Druck sein kann, reiner Aktivismus „mit dem Holzhammer“ läuft schnell Gefahr, Menschen abzustoßen. Auch allzu sperrige Kunst bleibt oft in ihrer nerdig anerkannten Nische. In einem Interview, das ich jüngst mit Sammy von den Broilers führte, sagte er: „Wir haben unsere Sachen aber nie mit dem Dampfhammer präsentiert. Da ziehe ich gern den Vergleich zu Veggie-Produkten: Wenn du wirklich erreichen möchtest, dass die Leute weniger Fleisch essen, wird das nicht nur über den exquisiten Biosupermarkt funktionieren. Die Leute, die dort einkaufen, sind ohnehin schon „errettet“. Wenn du willst, dass Hans und Franz ihre Gewohnheiten ändern, musst du immer in den Mainstream, […] versuchen, die Menschen im Herzen zu berühren.“ Und – Generationen an Pop- und Rock-Fans haben zum Beispiel „Ich ess Blumen“ von den Ärzten im Ohr – eine der niedrigschwelligen Zugänglichkeiten funktioniert seit jeher über Humor, von locker bis drastisch.

„Keine Tiere zu essen, heißt nicht nur, Tiere zu schützen, du beschützt dich selbst und die Umwelt.“

Karsten: In einer Szene spielst du Satan höchstpersönlich, der von einer „Ava Braun“ interviewt wird, Menschen werden als „faule, unethische, furchtbare Spezies“ bezeichnet. Hast du noch Hoffnung? Haben sich, seit du dich mit dem Thema befasst, Dinge geändert?

Moby: *Das ist eine großartige Frage. Ja. Auf der einen Seite sind viele Dinge besser als vor 35 Jahren. Die weltweite Verbreitung von Veganismus ist definitiv anerkennenswert. Es gibt Politiker:innen, die offen vegan leben. Viele Medien beleuchten die Lebensmittelproduktion.*

Tatsächlich nimmt der Anteil an Menschen, die auf tierische Produkte verzichten, stetig zu, ebenso wie das Angebot an tierfreien Produkten. Thematisierung und Vorleben in Kunst und Kultur mag hier wichtige Impulse geliefert haben. Besonders in der Musikindustrie hat sich in den letzten Jahrzehnten viel getan. Während Musiker:innen im Film eindrücklich beschreiben, wie zermürbend noch in den 1990ern mitunter Tourleben als Vegetarier oder Veganer war, ist dies heute als Angebot und Nachfrage Gang und Gäbe. Auch für das Publikum auf Festivals etwa steht tierfreie Ernährung mitunter gleichwertig im Angebot, also prozentual mehr als im Bevölkerungsdurchschnitt, wie Moby weiter ausführt.

Moby: *Aber 99% der Menschen auf diesem Planeten quälen, töten und essen immer noch Tiere. Da fragen sich Aktivist:innen, was es denn noch braucht. Wenn du auf einen Menschen zugehst und sagst: Du willst eigentlich keine Tiere aktiv quälen und töten, du willst auf deine eigene Gesundheit achten, Krebs vermeiden, den Regenwald schützen, den Klimawandel aufhalten, du willst Antibiotika-Resistenzen vermeiden und so weiter. Nun, da gibt es einen einfachen Weg: Hör auf, Fleisch und Milchprodukte zu essen. Eigentlich müsste da jeder zustimmen, der mit den anderen Punkten irgendwie einverstanden ist. Keine Tiere zu essen, heißt nicht nur Tiere zu schützen, du beschützt dich selbst und die Umwelt. Für mich ist es einfach verrückt, dass die Mehrheit da so unwillig scheint, diesen Punkt zu sehen.*

Nicht nur unwillig, viele werden ja heute schnell aggressiv, wenn sie nur Schlagworte wie „vegan“ oder „Klima“ hören …

Ja, die Leute gehen an die Decke: „Wie kannst du mir nur vorschreiben, was ich machen soll?!“ Dabei sind wir uns in vielen Punkten eigentlich einig: Den meisten ist doch klar, dass man etwas für die eigene Gesundheit tun sollte, etwas für die Umwelt, das Klima tun muss. Aber sie scheuen sich vor dem finalen Schritt. Dabei scheint die Idee so einfach: Höre auf, tote Tiere in deinen Körper zu stopfen.

Erstveröffentlicht auf plastic-bomb.eu

„Punk Rock Vegan Movie“, 2023,
written and directed (and shot and scored) by Moby.
Kostenlos auf YouTube oder unter:
www.moby.com/news/punk-rock-vegan-movie

SOUNDTRACK OF MY LIFE

Tobias Ginsburg

Lieblingsbands habe ich keine, dafür sind es viel zu viele, das ändert sich nach Tageszeit ... Vielleicht irgendwas zwischen **Bob Dylan**, **Run the Jewels**, **GY!BE**, **Feist**, Straßenlärm und Werbejingles aus den 1990ern?

Stefan Fabich

Schleim-Keim, L'Attentat, Cro-Mags, Agnostic Front, Biohazard, Madball, Youth of Today, Up Front

Joshi

Operation Ivy – „Energy"
So alt und doch so gut. Die alte Band von Tim Armstrong. Die Gründer des Ska-Punks. Jeder Song ein Hit! Absolut wegweisend für das ganze Genre. Ich war 1999 eine Weile in Berkeley in Kalifornien. Dort im Gilman 925 Klub haben Operation Ivy zehn Jahre zuvor ihre Abschiedsshow gespielt. Das war ein verrücktes Gefühl in diesem legendären Klub zu stehen. Ausrotten habe ich dort gesehen.

NOFX – „Punk In Drublic"
Der Klassiker von NOFX war für uns damals die totale Offenbarung. Kam im Sommer 1994, als bei uns im Freundeskreis gerade das totale Punkrockfieber ausgebrochen war. Was für eine Platte. Was für ein großartiger Sound. Bis heute mein absolutes Lieblingsalbum von NOFX.

Transplants – „S/T"
Wieder eine herausragende Band, bei der Mastermind Tim Armstrong seine Finger im Spiel hatte. Das erste Album ist echt der Hammer. Diese Mischung aus Rap und Punkrock war damals ganz schön umstritten. Viele Punks, die ich kannte, fanden das aus Prinzip erstmal Scheiße. Ich fand es genial. Das Album danach, „Haunted Cities", war auch noch gut, aber an die erste Platte kam nie wieder etwas dran.

Rancid – „... And Out Come The Wolves"
Das absolut beste Rancid-Album. Jedes Lied ein Lieblingssong. 1000-mal gehört und bei „Old Friend" immer noch Gänsehaut. Damals haben sich die ganzen Major Labels um die Punkbands gerissen, wegen des Erfolgs von Green Day und Offspring. Aber Rancid haben alles abgelehnt und sind bei Epitaph geblieben. Live sind die sowas von übergut.

Die Toten Hosen – „Kreuzzug ins Glück"
Die erste Punkrockplatte, die ich je in den Händen gehalten habe. Hat uns damals unser großer Bruder geschenkt. Die Scheibe hat meine komplette Welt verändert. Das war unsere Eintrittskarte in die große Punkrockwelt. Absoluter Lieblingssong: „Achterbahn". Freue mich immer sehr, wenn die Hosen den ab und zu heute noch live spielen.

Ole Plogstedt

Eine wichtige Band war für mich schon immer **Slime** und sind es noch. Ich glaube, die haben mich mit als Erste politisiert. Seit ca. 30 Jahren gehören sie, besondes Elf (und Nici), zu meinen wirklich guten Freunden. Und Tex, den neuen Sänger, empfinde ich übrigens als sehr große Bereicherung.
Und **The Clash** und auch **The Pogues** waren und sind bedeutend für mich.
Zur Zeit schätze ich **Dritte Wahl** sehr, auch und gerade menschlich. Und **The Baboon Show**.

Oswald Henke

Kraftwerk – „Mensch Maschine"
... weil es meine erste Tonträgererwerbung war, es war eine Vinyl-LP.

Einstürzende Neubauten – „Haus der Lüge"
Der Prolog beweist, Sprache kann auch innerhalb eines musikalischen Konzeptes ganz allein stehen und fesseln.

Legendary Pink Dots – „Crushed Velvet Apocalypse"
... weil diese Musik mich viele Jahre durch die spannendste Lebensphase begleitet hat.

Sigur Rós - ( )
... weil ich den Glasgarten vermisse und die Musik mehr gothic ist als 90% der aktuellen sog. Schwarzen Szene.

Fever Ray – „Fever Ray"
... einfach weil sie wunderschön ist und mich an schöne Dinge erinnert.

THIS IS THE SOUNDTRACK OF MY LIFE

THIS IS THE SOUNDTRACK OF MY LIFE

„PERSONAL STRUGGLES – THIS IS THE SOUNDTRACK OF MY LIFE“

von Schwarwel

Sergei Prokofjew – „Peter und der Wolf op. 67“

Neben „Ein Männlein steht im Walde“ die wichtigste Schallplatte meiner frühen Kindheit, die ich oft bei und mit meiner Tante hörte, die gleich um die Ecke wohnte. Als sie mit meinem Onkel und ihren beiden Söhnen nach Gohlis (lies: hinter den Mond) zog, war plötzlich eine ganze Bezugsfamilie aus meinem Leben verschwunden.

The Shangri-Las – „Leader Of The Pack“

Bin mir ziemlich sicher, dass ich diesen Song die ersten vielen Male bei meinem fünf Jahre älteren Onkel hörte, als er anfing, sich für Mopeds zu interessieren. Also war er wahrscheinlich 15 und ich war zehn. Ich schlief bei ihm in seinem Zimmer, meine Schwester links nebenan im Zimmer seiner Zwillingsschwester. *„My folks were always putting him down (down, down)“*. Es muss die zweite Generation von Musikkassettenrekordern gewesen sein, ein Sonett, auf dem die Mixtapes meines Onkels zum Einschlafen liefen, während von rechts aus dem Wohnzimmer „Petroleum-Miezen“ mit Brigitte Bardot und Claudia Cardinale aus dem Westfernsehen durch die zugebaute Durchgangstür böllerte. *„They said he came from the wrong side of town“*. Auf der Wohnzimmerseite stand Lenins Gesamtausgabe (40 Bände, Dietz Verlag) in einem selbstgebauten Türregal. Unberührt. Ungelesen. *„They told me he was bad / But I knew he was sad / That's why I fell for / The leader of the pack!“* – Vroom-Vrooom!

Suzie Quatro – „Can The Can“

Als Knirps im Fernsehen gesehen, sofort hin und weg gewesen. Diese Frau – der erste weibliche Rockstar überhaupt – kickt ass und hat mich einige Jahre später auf die Suche nach weiteren Frauen im Rockbiz geschickt, als ich alt genug war, selbst meine Musikkassetten zu bespielen.

Nächster Halt: Joan Jett & The Blackhearts – „Bad Reputation“:

„I don't give a damn 'bout my reputation
You're living in the past, it's a new generation
A girl can do what she wants to do
And that's what I'm gonna do
And I don't give a damn
'bout my bad reputation“

Neil Diamond – „Forever In Blue Jeans“

„Money talks / But it don't sing and dance / And it don't walk“. Die überschaubare Plattensammlung meiner Eltern ... wahrscheinlich mehr die meines Vaters. Er hörte Neil Diamond oft, der Plattenspieler stand im Wohnzimmer, ich war oft im Wohnzimmer, ergo hörte ich oft Neil Diamond. Mein Vater war so ein Blue-Jeans-Mann, weshalb wir ihm auch seine Blue Jeans für seine letzte Reise mit dem schlichten Holzsarg, in dem er eingeäschert wurde, anzogen haben. Forever in Blue Jeans.

ABBA – „The Day Before You Came“

Natürlich fand ich „Waterloo“, „SOS“ und „Money, Money, Money“ cool, als ich sie auf den Greatest Hits-Samplern meiner Schulfreundin R. in deren elterlichen Wohnzimmer hörte – das war schließlich der Sound aus Westdeutschland! Und Agneta war eine Göttin! Aber so richtig gepackt hatte mich erst der ABBA-Film, den ich mir im Kinozelt im Baalsdorfer Ferienlager der Lehrlinge mei-

Foto linke Seite: Sandra Strauß; Illustration aus „Leipzig von oben“, Anim und Regie: Schwarwel nes Vaters zig Mal angeguckt hatte. Als ich irgendwann mit 15 oder so „The Day Before You Came“ hörte, war ich komplett geplättet, weil er so anders war, seltsam, düster, unheimlich und irgendwie endgültig.

Melanie – „Ruby Tuesday“

Obwohl ich sehr gern behaupten würde, es wäre „What Have They Done To My Song Ma“ gewesen, was mich in Melanies Arme getrieben hat, so war es doch das Stones-Cover „Ruby Tuesday“ mit dieser unglaublichen Stimme, die sich mir tief, tief in mein junges, wildes Teenie-Herz eingegraben hat: diese Sehnsucht, dieser Schmerz, dieses Sehnen – Zum Heulen!
„Dying all the time
Lose your dreams
And you might lose your mind
Is life unkind?“

Cat Stevens – „Father And Son“

Auch so ein Song aus dem elterlich-väterlichen Plattenregal, der wie klebrige Spinnweben in meinem Hirn festhängt. Vater-Sohn-Konflikt? Kenn ich – konnte ich!
Wie über vielen Liedern aus meinem Soundtrack hängt auch hier ein dunkler Schatten, der meinen Hörgenuss inzwischen auf so ziemlich Null reduziert: Cat Stevens bzw. Yusuf Islam, wie er sich seit 1978 nennt, befürwortete 1989 die Fatwa von Ajatollah Chomeini gegen Salman Rushdie, aus religiösen Gründen verweigert er Frauen den Handschlag und Homosexualität ist für ihn Sünde. Neben seinem humanitären Engagement spendete er auch mehrere zehntausend Dollar an die Terror-Organisation Hamas, weshalb ihm 2000 die Einreise nach Israel und 2004 die Einreise in die USA verweigert wurden. Leider kann ich solche Sachen nicht wegdrücken, wenn ich seiner soften, aber bestimmten Stimme zur Gitarre lausche: *„Now there's a way, and I know / That I have to go away / I know, I have to go“*. Und ich skippe den Song auf meinem iPod.

Udo Lindenberg – „Wozu sind Kriege da?“

Im Osten der 1970er/1980er musikalisch sozialisiert worden zu sein, hieß auch, um Udo Lindenberg samt Panik-Orchester nicht herumgekommen zu sein. Ob nun „Wir wollen doch einfach nur zusammen sein (Mädchen aus Ost-Berlin)“ (1973), „Cello“ (1973), „0-Rhesus-Negativ“ (1975), „Verdammt, wir müssen raus aus dem Dreck“ (deutsches Animals-Cover von 1978), „Der Boss von der Gang“ (das deutsche Shangri-Las-Cover von 1978), „Baby, wenn ich down bin“ (1980), „Gegen die Strömung“ (1981), „Sie liebten sich gigantisch“ (1982) oder „Sonderzug nach Pankow“ (1983) undsoweiter undsofort – die meisten Lieder von Udo aus dieser Zeit kann ich heute noch auswendig. Nein, stimmt nicht – ich kann ALLE noch auswendig. Zu oft gehört, ins Blut übergegangen, in allen möglichen Situationen, nüchtern oder besoffen, todtraurig oder total euphorisiert, beim Einschlafen und beim Aufwachen. Lindenberg war damals DER deutsche Rocker: unangepasst, schnoddrig, laut, engagiert, kämpferisch, verletzlich – und eben aus dem Westen, dem vermeintlich gelobten, nie zu erreichenden Land hinter der Mauer, was ihn noch magischer für den 14-jährigen Zoni (also mich) machte.
Aber ausgerechnet das erste Lied auf der OSTdeutschen AMIGA-Lizenz-Platte von 1982 ist für mich sein größtes Vermächtnis. Mit „Wozu sind Kriege da?“ hat er bis heute meine zarte Kinder-/Teenieseele berührt und mit scheinbar ganz einfachen Fragen auf den Tisch gebracht, was mir im Schatten der

ganz realen gegenseitigen atomaren Bedrohung durch die USA und die Sowjetunion auf der Seele brannte. Die ganze Ungerechtigkeit der Welt durch die Kinderstimme von Pascal mit voller Wucht direkt in mein Herz geballert. Für immer. Scheiße, ich heul schon wieder.

Marlene Dietrich – „Sag mir, wo die Blumen sind"

Das Lied war auf so einer unscheinbaren Amiga-Single mit einem schwarz-weißen Foto, auf dem Marlene Dietrich im Pelz (was ich damals schon irgendwie scheiße fand) und ein Kopftuch tragend mit einem ihrer ominösen Blicke in die weite Leere links neben der Kamera schaut. Zu der Zeit hörte ich mir auch Hildegard Knef und Edith Piaf an – muss also so mit 18, 19 gewesen sein. Das Lied hat mich noch härter gehittet als vorher schon Lindenbergs „Wozu sind Kriege da?", was sowohl am Inhalt selbst als auch an der Art des Vortrages liegt. *„Shivers down my spine"*. Jedes verdammte Mal. Kann sich noch über Motörheads „1916" und dem englischen Original „Blowin' In The Wind" von Bob Dylan (in der Neil-Young-Version!) auf meinem ganz hohen Regal einordnen. 11 von 10 Tränen.

Edith Piaf – „Non, Je Ne Regrette Rien"

Entweder ist das Lied schlecht gealtert oder ich befinde mich in einem vollkommen anderen Mindset als vor 35/36 Jahren. Wenn heute Edith Piaf damit aus meinem iPod im Studio poltert, drücke ich instinktiv die Weiter-Taste, weil mir das grad zu lärmig, zu arhythmisch oder zu engagiert daherkommt. Liegt vielleicht auch daran, dass ich meist gerade irgendwelche Sachen abarbeite, bei denen ich relativ konzentriert und „in the zone" sein will und muss. Edith Piaf ist jedoch sehr fordernd. Entweder du hörst ihr zu oder du machst etwas vermeintlich Wichtiges, kannst aber dabei ihre Musik nicht laufen haben. Beides zusammen geht nicht!

Das ist keine Hintergrundmusik! Dafür muss man bei sich sein! Als Teen hatte ich die Amiga-Platte, die eine Zeitlang hoch und runter lief, während ich mich in Ölmalerei versuchte. (Ja, malen und Piaf zusammen – das geht!) Viel später habe ich mir wieder einiges von

Illustration linke Seite: „1813 – Gott mit uns", Anim und Regie: Schwarwel; Illustration: Schwarwel ihr digital angschafft, weil ich schon lange keinen Schallplattenspieler mehr habe, aber nicht auf sie verzichten wollte. Wahrscheinlich bin also eher ich derjenige, der schlecht gealtert ist.

The Beatles – „Across The Universe“ (Naked-Version)

„Pools of sorrow, waves of joy are drifting through my opened mind / Possessing and caressing me“ ... uuuuuaaah. Sozialisiert wurde ich natürlich mit „I Wanna Hold Your Hand“, „Help“ und „She Loves You“, aber richtig gecatched hat mich Jahrzehnte später erst die 2003er Version vom „Let It Be – Naked“-Album, auf dem diese eindringliche, extrem intime Version des Liedes zu hören ist, weil man glücklicherweise Phil Spectors schwülstig-kitschiges Orchestergepampe nebst den albernen „Aaaaah“-Chorälen entfernt hat, die auf dem 1970er „Let It Be“-Album jedes letzte bisschen Seele aus Lennons Lied pressen. „Across The Universe“ macht mich sofort ruhig, ich schweife von dem ab, was immer ich gerade tue, und ich ertappe mich dabei, wie ich ganz kurz zulasse zu glauben, das vielleicht doch nicht alles schlecht ist auf dieser Welt. Ich bin Team John, ganz klar.

Dire Straits – „Brothers In Arms“

Noch so etwas aus Papis Plattensammlung. Seit ihrem ersten Album „Sultans Of Swing“ war mein Vater echter Dire-Straits-Ultra, weshalb ich mit Dire Straits und Mark Knopflers Gitarrenlicks im Ohr aufgewachsen bin – ob ich nun wollte oder nicht. Songs wie „Once Upon A Time In The West“ oder „Romeo And Juliet“ von den Folgealben sind auch mir alles andere als egal, aber mit dem 1985er Album „Brothers In Arms“ fand man mich neben meinem Vater im Wohnzimmer sitzend, um der Platte von vorne bis hinten zu lauschen. Nix machen, nur zuhören, einsinken, ausfühlen. „Money For Nothing“ war natürlich irgendwann durch MTV totgenudelt worden, doch „Brothers In Arms“ ist neben „Sag mir, wo die Blumen sind“, „Wozu sind Kriege da“ und „1916“ zu einer meiner Anti-Kriegs-Lebenshymnen geworden.

„These mist covered mountains
Are a home now for me
But my home is the lowlands
And always will be“

Ohne diese Lieder im Herzen wäre mein animierter Kurzfilm „1813 – Gott mit uns“ in dieser Form nie entstanden. Als wir ihn mal im Rahmen einer Ein-Tages-Ausstellung im Leipziger Norden in einer Dauerschleife aufführten, kamen auch meine Eltern mit ihrem Enkel/meinem Neffen L. vorbei. Mein Vater stand allein in der Mitte des Raumes, starrte auf die Wand, auf der der Film lief, und Tränen liefen seine Wangen hinab. Ich sah ihn, kam zu ihm rüber und stellte mich neben ihn. „Ein Wahnsinn.“ Mehr bekam er nicht raus.

„Now the sun’s gone to hell
And the moon riding high
Let me bid you farewell
Every man has to die“

Als mein Vater gestorben war, saßen und lagen wir bei ihm im Wohnzimmer und hörten uns das ganze „Brothers In Arms“-Album an. Nix machen, nur zuhören, einsinken, ausfühlen.

Pink Floyd – „Wish You Were Here“

Mit „The Dark Side Of The Moon“ als eine AMIGA-Pressung gab es Pink Floyd auch für uns Zonis zu hören – das machte mir als 13/14-Jährigen Appetit auf mehr von dieser

Überwältigungsmusik, weil ich das ganze Album, aber vor allem „Money", „Time" und „The Great Gig In The Sky", ziemlich sehr, sehr mochte (und mag). Dank des großen Bruders meiner damaligen Freundin kam ich später mit 19/20 in den Genuss, weitere Alben von Pink Floyd eingehend studieren (lies: tagelang rauf- und runterhören und dabei die Lyrics lesen) zu können. „Animals", „Atom Heart Mother", „The Piper At The Gates Of Dawn", „Ummagumma" … aber vor allem die Alben „The Wall" und „Wish You Were Here" hatten mich gefangen. Und ganz besonders der Titelsong „Wish You Were Here". Der macht mich jedes Mal fertig, wenn ich ihn irgendwo höre. *„We're just two lost souls swimming in a fishbowl, year after year"* … Geht es da um Verlust? Entfremdung? Zerbrochene Freundschaft? Liebe? Geht es da um das eigene unschuldige Ich, das man beim Erwachsenwerden irgendwie aus den Augen verliert?

Damals hatte ich keine Ahnung von der ganzen Syd-Barrett-Tragik der Band, die hinter dem Song steckt, aber das ist auch scheißegal, sobald die gezupfte Gitarre von David Gilmour einsetzt und er mich mit brüchiger Stimme fragt: *„So … so you think you can tell heaven from hell? Blue skies from pain?"* Aaaaalter!

Aufgrund des seltsamen Verhaltens des inzwischen alten, weißen Mannes Roger Waters hat leider auch dieses Herzenstück für mich viel von seiner Unschuld verloren bzw. mischt sich in die Melancholie, die das Lied immer wieder in mir auslöst – auch die Enttäuschung darüber, wie jemand, der so große Kunst erschaffen hat, politisch-aktivistisch aus meiner Sicht auf derartige abschüssig-antisemitische Wege wie die BDS-Kampagne gegen Israel kommen kann. Aber vielleicht war der auch schon immer so?

Iron Maiden – „Run To The Hills"

Das erste Mal Maiden. Ich (14) saß Sonntagvormittag wie so oft auf dem kratzigen Wohnzimmerfußboden meiner Eltern, angelehnt an die kratzige braune Couchgarnitur, vor mir Erdnuss-Flips, Cola und verrauschtes Schwarz-Weiß-Westfernsehen. Unsere Doppelhaushälfte stand ein paar Meter außerhalb der großen, verstärkenden Antenne des RFT-Werkes an der Schwimmhalle, so dass ich sehr viel Glück haben musste, wenn ich zu Hause mal ZDF gucken wollte. Heute hatte ich Glück: Ein wilder Typ mit langen Haaren und Ponyfrisur schreit etwas höher, als es mir eigentlich behagt, in ein Mikro, Nietenarmbänder vom Handgelenk bis zur Armbeuge.

„White man came across the sea
He brought us pain and misery"

Dazwischen immer gefakte Stummfilmaufnahmen mit Kämpfen zwischen „Cowboys und Indianern", wie sie landläufig und unreflektiert genannt wurden.

„He killed our tribes, he killed our creed
He took our game for his own need"

Mich hatten Indigene schon immer fasziniert. Ob in den Lederstrumpf-Erzählungen von James Fenimore Cooper, Gojko Mitić als der DDR-Staatsindianer, Tom Sawyer und Huckleberry Finn von Mark Twain, Sitting Bull, Crazy Horse, Geronimo, Little Big Horn, Wounded Knee 1973 in der Tagesschau … kurz: Iron Maiden hatten mich bereits mit den ersten Takten am Haken:

„Run to the hills, run for your lives"!

Vorher hatte ich mich im härteren Rockbereich gerade mal bis AC/DC vorgearbeitet. Mit Maiden begann ich jedoch, bewusst Metal zu hören: Rob Halford und Judas Priest – „Breaking The Law", Biff Byford und Saxon – „Wheels Of Steel", Def Leppard (najaaa), aber auch deutsche Bands wie Destruction, Kreator und Sodom oder die ostdeutschen MCB, für die man bis nach Böhlen in irgendeine Betriebskantine fuhr, um sie live zu sehen. Aber „666 – The Number Of The Beast"-Maiden mit Bruce Dickinson am Gesang blieben für mich die Größten, bis sie schließlich ein, zwei Jahre später durch Lemmy und Motörhead vom Thron gestoßen wurden – auch wenn ich Motörhead eigentlich nicht mit Heavy Metal assoziiere, sondern natürlich mit meiner DNA.

Illustration linke Seite: „1813 – Gott mit uns", Anim und Regie: Schwarwel

Frankie Goes To Hollywood – „Born To Run“

Als 1984 ihr Debütalbum „Welcome To The Pleasuredome“ auch durch den Eisernen Vorhang sickerte, wurden von Frankie Goes To Hollywood natürlich vor allem „Relax“ als totaler Ausflipper und „The Power Of Love“ als schmachtender Höhepunkt der Engtanz-Runde bei jeder Schuldisko zum Besten gegeben. Breites Spektrum, mit dem ich mich wunderbar arrangieren konnte, weil das alles definitiv kein Schlagerpop war. So richtig gecatcht hat mich aber „Born To Run“, den ich völlig weird fand. *„Hah!“* Wumm! Wumm! Wumm! Wumm! Wummwumm! Treibend, aggressiv, die ganze Zeit nach vorn – von einer ewigen Sehnsucht getrieben, ruhelos, fordernd, wähnend. Und dann dieser ewig lange Mittelteil mit diesem slappenden Bass:
„I wanna die with you, Wendy, on the streets tonight
In an everlasting kiss – Hah!“
Da ich das Album nur auf einer kopierten 1990er Kassette hatte, kannte ich weder die Linernotes noch die Credits oder Texte, sodass es Jahre dauerte, bis ich mitbekam, dass das Original von Bruce Springsteen stammte, den ich damals voller Inbrunst verachtete. Das Gegenhören des Originals bestätigte mich natürlich in meiner Haltung: viiiel zu langsam, schlaffe Stimmbänder und anstelle des grandiosen Bassteils verhunzte ein Saxophon die Bridge! Ein S-ax-o-p-h-o-n!
Später habe ich mich dank „Hot Patootie – Bless My Soul“ von Meat Loaf aus „The Rocky Horror Picture Show“ mit Saxophonen im Allgemeinen ausgesöhnt und Bruce Springsteen habe ich gemeinsam mit der gefühlten Hälfte der DDR-Bevölkerung 1988 beim sagenumwobenen Ost-Berliner-Konzert in Weißensee von ziemlich weit hinten miterlebt, was mich ihm gegenüber etwas milder gestimmt hat. Trotzdem bleibe ich der Frankie-Version von „Born To Run“ treu. Die trifft mich einfach mitten in mein rastloses Herz. *„Whoa, ooh!“*

KISS – „Beth“

Als 12-Jähriger mit einem Faible für gefährliche Musik fand ich die Bravo-Storys über KISS immer Wahnsinn. Diese Masken-Make-ups! Diese irren Kostüme! Und Gene Simmons war mit seinem Axtbass, seiner langen Zunge und dem Feuer- und Blutgespucke definitiv der härteste Hund der Welt! Ein Schulfreund hatte eine Mini-Bravo von KISS – 16 oder 32 Seiten in Postkartengröße –, die ich mir immer und immer wieder ausgeborgt habe, weil ich mich an den Fotos nicht satt sehen konnte. Als ich dann das erste Mal tatsächlich einen KISS-Song HÖRTE, war ich wirklich tief enttäuscht. Das war ja Disco!
Okay, „I Was Made For Lovin' You“ ist natürlich der untypischste Song der Band, aber eben auch ihr Welthit, ohne den viele (wie wahrscheinlich ich) nie etwas von KISS gehört hätten. Andererseits: Wegen ihres alten Lo-

gos, das mit zwei SS-Runen (???) daherkam, sorgten sie natürlich für Aufmerksamkeit, ihre Make-ups machten sie geheimnisvoll und ich verlor als Teen definitiv das Interesse, als sie sich unmaskiert präsentierten. Irgendwelche Rockvögel aus dem Glam-Zirkus.

Meine zweite KISS-Phase hatte ich Ende meiner Zwanziger. Da hörte ich mich durch ihr gesamtes Oeuvre, während ich unter Einfluss von Zigaretten und Alkohol in meinem Arbeitszimmer hockte und Comics zeichnete. So stupider Hardrock ohne nennenswerte Aussagen war ideal als Kulisse. KISS waren ja selbst Comichelden, mit eigenen Serien von Marvel und Image.

Als ich auf einer Goldparty meiner damaligen Auftraggeber neben Gene Simmons, der zusammen mit Paul Stanley Überraschungsgast der Sause war, am Pissbecken stand, war das irgendwie sehr ernüchternd. Man tauschte das übliche „How are you doing?“ – „Great! I love Germany!“ aus und ich versuchte, NICHT auf Genes Schwanz zu schielen, von dem er der Welt schon so viel Großes mitgeteilt hatte. Dabei stieß mir „Christine Sixteen“ sauer auf, da ich selbst Ziehvater einer Heranwachsenden war. *„I don't usually say things like this to girls your age / But when I saw you coming out of school that day (Christine sixteen) /That day I knew, I knew / I've got to have you, I've got to have you“* – Diesen Song schrieb 1977 ebenjener neben mir pinkelnde Gene Simmons für ihr 1977er Album „Love Gun“. Das heißt, damals war er 28, 29. Hm, das gehörte definitiv nicht in die Welt, die ich mir für meine Tochter wünschte.

KISS waren sowohl mein Eingang zur als auch mein Ausgang aus der Welt des Cockrock, wo Männer in einer Männerwelt damit pranzen, was für geile, immer bereite Hechte (ja, Aale läge näher) sie doch sind. Einfach die Größten und – um bei KISS zu bleiben – die Hottesten. Ach, die Reichsten natürlich auch – Simmons und Stanleys Gespür für Marketing und ihre „Alles muss raus!“-Mentalität will ich nicht unter den Teppich kehren.

„Beth“, meines Wissens der einzige Song, den Drummer Peter Criss für KISS geschrieben hat, liebe ich für sein untypisches Arrangement mit Streichern und so (Vorsicht, Ballade!) und für diese unglaublich naive Sicht auf die Welt, die Criss da beschreibt, wenn er „mit den Jungs“ die ganze Nacht spielen muss, um den richtigen Sound zu finden, und deshalb, Beth, leiderleiderleider einfach nicht nach Hause kommen kann. Der Job ist die Hölle!

Trio – „Oder doch (Wird so schlimm nicht sein)“

Unsere Clique traf sich eine Zeitlang „am Turm“. Der stand und steht im Schönbachpark, eingebettet in einen Sandkasten, in dem keine Kinder spielen. Wir Kids – also nur die ganz coolen – aus den vier Schulen des Einzugsgebietes trafen uns da, um erste Erfahrungen mit Alkohol, Zigaretten, Musik und dem (zumeist) anderen Geschlecht zu machen. Vertreter der deutschen Volkspolizei kamen auch regelmäßig zu Besuch, um uns klarzumachen, das wir auch hier am Turm nie wirklich mal für uns sein konnten. Aber meistens ließen sie uns gewähren.

Manchmal gab es Westbesuch, wenn einer von uns einen Cousin aus Wuppertal mitbrachte, der mit seinen Eltern ein paar Tage die Ostverwandschaft besuchen musste, um „echten Kaffee“, Seife und etwas Zivilisation in das Land der kommunistischen Barbarei zu bringen. Einer dieser Westcousins sah aus wie ein verwegener Matrose, das Nikki mit rot-weißen Querstreifen, die Jeans etwas hochgekrempelt, ein Ohrring und die Haare ein bisschen verwuschelt. Er sagte, er sein ein Punk und als Beweis hatte er ein Mixtape dabei. Die Neue Deutsche Welle war im vollen Gange und auf dem Tape war nicht ein einziges Punkstück, dafür aber jede Menge NDW-Songs von Ideal über Abwärts, Wirtschaftswunder, Der Plan oder DAF bis Trio. Bingo! Dann bin ich jetzt auch Punk!

Illustration linke Seite: aus „Gevatter – Die fünf Phasen“ von Schwarwel (Glücklicher Montag 2024)

Solche Mixtapes wurden eifrig kopiert und wenn jemand noch etwas anderes von einer der Bands hatte, wurde auch das kopiert. So kam man durch Tauschhandel und Eigeninitiative eigentlich an alles, was das Herz begehrte. Und mein Herz begehrte Trio: „Los Paul“, „Kummer“, „Halt mich fest ich werd verrückt“ oder eben gerade „Oder doch (Wird so schlimm nicht sein)“, von dem ich nur die Liveversion kannte (weil es nur die Liveversion gab, da der Text als zu anstößig für eine Plattenveröffentlichung galt), deren von Stephan Remmler gesprochener Mittelteil mich nachhaltig prägte:

„Wird so schlimm nicht sein? Ihr sagt das so! Mann, das war ein Scherz jetzt. Ich war gar nicht richtig tot. Aber ist das denn noch ein Scherz, wenn die einen am Verrecken sind und die anderen rufen „Wird so schlimm nicht sein?“ Ist das die Neue Deutsche Fröhlichkeit? Man sagt ja, wer zuletzt lacht, lacht am besten, ne? Man könnte auch sagen: Ganz zuletzt lacht überhaupt keiner mehr! Wie dem auch sei …“

Eagles – „Journey Of The Sorcerer“

Westfernsehen war ein wichtiger Faktor für meine Sozialisation. Mein Fenster in die Welt. Und in andere Welten, in die ganze Galaxis, ins gesamte Universum … naja, und den ganzen Rest. Wenn die ersten Töne des Eagles-Songs einsetzten, saß ich gebannt vor unserem Röhrenbildschirm und für eine halbe Stunde verschwand meine gewohnte, triste Alltagswelt. Ich tauchte ein in die absurdesten Abenteuer, die ich jemals gesehen hatte, mit verdreckten Raumschiffen, unglaublich hässlichen Außerirdischen, Handtüchern, sprechenden Mäusen und einem depressiven Roboter, der mir aus der Seele sprach.

„Per Anhalter durch die Galaxis“ war 1984 das wildeste und faszinierendste, das ich bis dato gesehen hatte, und es enthielt absolut alles, was ich liebte und und mit dem ich mich identifizieren konnte und wollte! Inklusive Disaster Area, der lautesten Rockband der Galaxis! Natürlich lag ich sofort meiner Omi in den Ohren, dass sie mir bittebittebittebitte (Bitte!) das Buch zur Serie aus dem Westen mitbringt, wenn sie das nächste Mal meine Urgroßeltern besuchen würde – und sie tat es, obwohl sie Angst hatte, damit ihre Reiseerlaubnis ernsthaft zu gefährden.

Ich las das – zugegebenermaßen ziemlich dünne – Buch noch in derselben Nacht in einem Rutsch in ihrem Schlafzimmer durch, während meine Omi im Wohnzimmer schlief. Als draußen die Sonne aufging, war ich ganz ruhig, glücklich, inspiriert und beseelt – und hungrig nach mehr, weil dieses erste Buch nur etwa drei der sechs TV-Folgen abdeckte. Der Besuch des Restaurants am Ende des Universums und damit die Begegnung mit Disaster Area und Hotblack Desiato wurden erst im zweiten Buch erzählt. Es war zum Haareraufen!

Damit begann eine Reise zu Orten, an denen ich irgendetwas Anhaltermäßiges oder alles von oder über Douglas Adams auftreiben konnte – meine eigene „Journey Of The Sorcerer“. Nach dem Mauerfall war eine meiner ersten Anlaufstationen in Westberlin der Laden von Zweitausendeins, weil die exklusiv die neue Anhalter-Fortsetzung hatten. „Die letzten ihrer Art“, „Raumschiff Titanic“, „Der lange dunkle Fünfuhrtee der Seele“, „Doctor Who – Der Piratenplanet“, „The Meaning of Liff“, „Lachs im Zweifel“ … Jahaaa, ich bin ein Nerd, aber don’t panic, es ist wunderbar!

Madness – „Tomorrow’s (Just Another Day)“/ „Grey Day“

Auf meinen Nachhauseweg von der Schule wurde ich mal von einem Volkspolizisten angehalten. Er musterte mich und meine Jeanskutte von oben bis unten und schenkte meinen selbstgemachten Ansteckern und

Aufnähern große Beachtung. AC/DC und Trio kannte er wohl schon, doch er blieb an einem schwarz lackierten Bierdeckelverschluss hängen, auf den ich mit dunkelrotem Klarlack „Tomorrow's just another Day" geschrieben hatte. Er zeigte ganz nah auf den Badge und schaute mich eindringlich an: „Und was soll das hier heißen?" „Äh ... „Morgen ist auch wieder ein Tag." Glaub ich." „Aaaha! Hm. Na, wenn du meinst." Mit ausladender Geste bedeutete er mir, das ich nun weitergehen durfte. Von Madness und deren Songs hatte er offensichtlich keine Ahnung.

„Trying hard, I thought I'd done my best
All my life, I can't get no rest
Some who've closed the door before
Say I can't carry on no more"

Diese Begegnung war an der Thiem-Ecke Naunhoferstraße, einen Steinwurf entfernt von einem unserer damaligen Cliquentreffpunkte an einer Parkbank, die durch ein paar Büsche gut von der Straße abgeschirmt war, sodass wir dort unsere relative Ruhe vor dem sozialistischen Alltagstrott hatten. Da saß ich manchmal ganz alleine auf der Banklehne und wartete, ob vielleicht doch noch irgendjemand zum Quatschen vorbeikommen würde. Und während ein frühsommerlicher Regen niederrieselte, dachte ich, heute sei wohl wieder so ein Tag, an dem ich besonders melancholisch bin.

„In the morning I awake
My arms, my legs, my body aches
The sky outside is wet and grey
So begins another weary day
So begins another weary day"

Dass meine Stimmung tatsächlich eher auf meine klinische Depression zurückzuführen war, wusste ich damals noch nicht, weil ich noch nichts von meiner klinischen Depression wusste. Ich wusste nur, dass ich mich weniger leer und verloren fühlte, wenn ich den Liedern von Madness lauschte. Die hatten in ihrer Traurigkeit immer etwas Tröstliches. Sie fühlten sich warm an und ich fühlte mich in ihnen geborgen. Wenigstens für drei Minuten 30. Und das ist doch schon was.

Ennio Morricone –
„Once Upon A Time In The West, 17 – L'Uomo Dell'Armonica"

Als ich das erste Mal „Spiel mir das Lied vom Tod" in unserem Stötteritzer „Palast"-Kino sah, hat es mich weggeblasen. Bis dato bestand meine Westernwelt aus den beiden Sprücheklopf-Haudraufs Bud Spencer und Terence Hill, den sozialistischen Superindianern Chingachgook, Ulzana, Tecumseh und Osceola – die immer und alle von Gojko Mitić verkörpert wurden –, und ein bisschen John Wayne im Westfernsehen, den ich ganz schlimm fand. Western guckten sich immer irgendwie so weg. Western gehörten zu Weihnachten mit Lebkuchen, kandierten Erdnüssen und Schokoladenmenschen in Alufolie. Nicht so „Spiel mir das Lied vom Tod"! Allein die 20-minütige Eingangssequenz saugte mich in die Handlung. Alles war superlangsam, unheilvoll, bedrohlich. Gesichter, Augen, Details. Und plötzlich – Bämm! Bämm! Bämm! Bämm! – explodierte alles in einem Ausbruch von Gewalt. Sorgsam eingeführte vermeintliche Handlungsträger lagen jetzt tot im Staub und ich musste mich erstmal neu sortieren. Die Musik half mir dabei. Die Musik war Teil der Handlung, Teil der Erzählung. Alle Hauptfiguren hatten ihr eigenes Thema: Mundharmonika, Cheyenne, Henry Fonda als eiskalter Kindesmörder Frank und die göttliche Cardinale, bittersüß. Ein Soundtrack für die Ewigkeit.

Regisseur Sergio Leone war ein König des Erzählens. Und er war schlau genug, sich einen Könner wie Morricone an seine Seite zu holen. Klassiker wie die Dollar-Trilogie mit Clint Eastwood wären ohne Morricones Musik für mich gar nicht denkbar. Und denke ich mal an so einen Film, hab ich sofort einen zuverlässigen Ohrwurm, der mich durch den Tag trägt: Alles ist dramatisch, alles ist emotional aufgeladen, alles hat Bedeutung.

Die Ramones verwendeten das Thema von „The Good, The Bad & The Ugly" bei ihren Shows als Intro und man fieberte nervös

Illustration linke Seite: Schwarwel

dem Ende dieses Liedes entgegen, denn wie bei „Spiel mir das Lied vom Tod“ spürte man: Wenn diese Melodie verklingt, macht es plötzlich Bämm! Bämm! Bämm! Bämm! *„One! Two! Three! Four!“* Mit „Durango 95“ explodierte alles in einem erlösenden Ausbruch von (Pogo-)Gewalt.

John Carpenter – „Theme From The Fog“

Neben „Der Weiße Hai“ war „Nebel des Grauens“ einer dieser Horrorfilme, den mir meine Omi u-n-b-e-d-i-n-g-t auf ihrem neuen Videorecorder aufnehmen musste, damit ich sie mir immer und immer wieder angucken konnte, wenn ich die Wochenenden bei ihr verbrachte. Nudossi-Brötchen und Orangensaft zum Frühstück und dann Salzstangen und Vita Cola zum Horrorfilm. Danach war ich gerüstet für den Tag und konnte halbwegs damit umgehen, wiedermal im Scrabble oder Halma zu verlieren.

Nach „Psycho“, den ich mal als Knirps mit meiner Schwester tagsüber allein zu Hause sah und der unser beider Sehgewohnheiten für immer prägte – ich wurde zum totalen Horrorfan, meine Schwester meidet seitdem alles, was mit Horror, Tod und Angst im Film zu tun hat –, waren „Jaws“ und „The Fog“ die ersten „echten“ Horrorfilme, die mich in ihren Bann gezogen hatten. („Frankenstein“, „Dracula“ und „Die Mumie“ sind Creature Features – also M-o-n-s-t-e-r-filme –, die zählen nicht!). Und wie bereits bei „Psycho“ hatte auch hier die Musik maßgeblichen Anteil an der Wirkung dieser Filme auf mein zartes Seelchen.
Musik ist immer die Geheimwaffe, um durch eine Hintertür in dein Herz zu kriechen, sollte die Vordertür verriegelt und verrammelt sein. Carpenters Musik bewirkt bei mir sofort einen wohligen Schauer, gepaart mit einer gesteigerten Aufmerksamkeit, weil sehr wahrscheinlich gleich irgendetwas Schreckliches oder Unerwartetes passieren wird. „Halloween“, „The Thing“, „They Live“, „Assault on Precinct 13“, „Escape from New York “, „Prince of Darkness“, „Vampires“ ... überall ist dieses spannungsgeladene, etwas verquere, gleichzeitig warme und melancholische Element enthalten, das mich sofort auf mich selbst zurückwirft und dazu führt, dass ich einfach in die Filmhandlung einsinke wie in einen schrecklich-schönen Fiebertraum. Das hat etwas Meditatives für mich und ich kann und will mich dem nicht entziehen. Wenn ich mich nachts durch die Programme zappe und auf Tele 5 die x-te Wiederholung von „The Fog“ oder „The Thing“ läuft, bleib ich da jedes Mal hängen und lasse mich mit Carpenters Klängen sanft in eine fremde Welt gleiten.

Girlschool – „C’mon Lets Go“

Wenn man Anfang der Achtziger Motörhead gerade als die allergrößte Band der Welt für sich entdeckt hatte, kam man auch schnell zur EP „St. Valentine’s Day Massacre“, auf der Motörhead und Girlschool als „Headgirl“

mit „Please Don't Touch" ein gemeinsames Cover von Johnny Kidd & The Pirates aus den End-Fünfzigern rausbauten und sich mit „Emergency" und „Bomber" gegenseitig coverten. Kelly Johnson spielte ihre „Bomber"-Gitarre genau so laid back wie Fast Eddie und die Drums von Denise Dufort rumpelten genau so schön wie die von Animal Taylor, weshalb ich Girlschool sofort in mein Herz schloss und mich aufmachte, mir mehr von ihnen zu besorgen.
Ihre ersten Alben „Demolition" und „Hit And Run" ließen sich in der DDR-Metalhead-Tausch-und-Kopier-Community relativ problemlos auftreiben und neben „C'mon Lets Go" und „Emergency" wurden „Take It All Away" und „Yeah Right" zu meinen Girlschool-Allzeit-Smashern, zu denen ich meine kopierte Kassette immer wieder zurückspulte. *„Gotta get away, gotta leave today, I'm gonna leave it all behind"* – Ihre Lyrics hatten wie die meisten Rocksongs jetzt nicht so die very deepe Botschaft, was aber scheißegal war, denn die Band selbst war die Botschaft! Girlschool waren die erste Frauenband im Metal, die ich bewusst mitbekam und erst L7 schafften es im Zuge des Grunge, ihnen in meiner Playlist den Rang abzulaufen, was die Abspielfrequenz der Songs betrifft. Ihren Platz in meinem Herzen haben Girlschool aber sowieso sicher.
„And don't drink too much! – Yeah Right!!!"

The Dead Kennedys –
„Holiday in Cambodia"

Das Album „Fresh Fruit For Rotting Vegetables" gab es Anfang der 1980er im polnischen Kulturzentrum am Sachsenplatz zu kaufen. Einfach so. Eigentlich unvorstellbar. „California über alles", „Kill The Poor", „Chemical Warfare", „I Kill Children" – ein spöttischer Hit jagte den nächsten. Es ist als sicher anzunehmen, dass JEDER punky Teen in der DDR diese Platte besaß und sie als eine der größten Initialzündungen für sein Punky-Sein identifizierte. Bei mir war das auf jeden Fall so. Dass diese spezielle Musikausrichtung „Hardcore Punk" hieß, erfuhr ich erst später, und es ist mir bis heute herzlich egal, denn es war aggressiv, es war anklagend, es war zynisch, es war bitter. Also irgendwie so wie ich. Oder so, wie ich mich selbst wahrnahm – und bis heute noch in großen Teilen wahrnehme, wenn ich jeden Tag dieser Welt gegenübertreten muss.
„Well, you'll work harder
With a gun in your back
For a bowl of rice a day
Slave for soldiers
Till you starve
Then your head is skewered on a stake"

Tom Waits –
„The Piano Has Been Drinking"

Mit 13/14 begann ich, sehr oft bei meinem best buddy gegenüber der Alten Messe zu übernachten. Da gab es einen Fernseher im eigenen Zimmer, auf dem wir im Westfernsehen die Spielfilmreihe „Das Gruselkabinett – Mumien, Monstren, Mutationen" mit all den Filmen, die wir liebten, gucken konnten. Es gab einen immer vollen Kühlschrank, weil seine Mutter eine Ecke weiter im „Schwarzen Schlips" kellnerte und so immer an frische Tomaten und all das leckere Zeug heran kam. Es gab Science Fiction- und Stephen-King-Bücher, einen Plattenspieler, einen Kassettenrekorder und überhaupt alles, was angehende Metalheads, die gerade AC/DC, Saxon, Priest, Maiden und Motörhead für sich entdeckt hatten, eben so brauchen. Das war Freiheit, niemand ging einem auf den Sack.
Allmählich kam dann Bier dazu, ab und an ein Pfefferminzlikör, nachts um die Häuser ziehen, die ersten Abstürze. Wenn wir reichlich blau aus der Metaldisco oder vom MCB-Konzert kamen, aßen wir Tomatenschnitten in der Küche, hörten dazu Slime und quatschten dummes Zeug, um runterzukommen. Beim Einschlafen lief meist Tom Waits. Ich konzentrierte mich auf seine klimprigen Klavieranschläge. An denen konnte ich

Illustration linke Seite: aus „Gevatter – Die fünf Phasen" von Schwarwel (Glücklicher Montag 2024)

mich orientieren, wenn der Alkoholschwindel mir die kratzige Couch unter dem Körper wegschwemmte. Waits' knarzige Stimme war die dünne Rettungsleine, an der ich mich durch das chaotische Whiteout in meinem Kopf entlang hangelte, bis mich hoffentlich irgendwann der Schlaf aus dieser Misere zog. Deshalb kann ich Tom Waits inzwischen nicht mehr hören. Ich hab sofort diesen schalen Biergeschmack im Mund. Diesen Geruch nach alten Kippen und Bierresten beim Aufwachen, diese pappige Körperwahrnehmung, die motorischen Unzulänglichkeiten, wenn man seine verdammten Stiefel sucht, weil man den Tag überstehen muss. Ein Elend.
„The piano has been drinking, not me, not me, not me“

Sex Pistols – „Holidays In The Sun“

Stiefel auf Stampfasphalt marschieren immer näher. Brannng! Gitarrenakkord, vier Mal. Babababababababa, Drumbreak. Die ganze Band setzt mit dem Hauptriff ein.
„A cheap holiday in other people's misery“
Johnny Rotten nölt über das Riff. Ausschmieren, neuer, gedämpfter Einsatz mit plautzigem Gesang.
„I don't wanna holiday in the sun
I wanna go to the new Belsen
I wanna see some history
'Cause now I got a reasonable economy“
Mit den ersten Takten ihres Albums „Nevermind The Bollocks, Here's The Sex Pistols“ hatten sie mich sofort an den Eiern – ahem … fest im Griff. Der Sound, die Attitude, brachial, rotzig, großkotzig, immer nach vorn und absolut unwillig, klein beizugeben. Sex Pistols waren für mich lange Zeit „meine“ Band, Johnny Rotten „mein“ Sänger. Jeder Song auf dem Album war eine Kampfansage und ein herzliches „Fuck You“ an alle und jeden.
Lief ich zwei Jahre zuvor noch mit dem Sonett-Rekorder auf der Schulter durch die Gegend, um die ganze Umwelt an meinem „Dirty Deeds Done Dirt Cheap“-Album von AC/DC teilhaben zu lassen, hatte ich jetzt einen Walkman (West-Mitbringsel von Omi!), mit dem ich Sex Pistols ganz für mich selbst hören konnte. Keine Umweltgeräusche, kein Außen, nur das eigene Universum. Richtig laut.
An meinem wadenlangen Cordmantel (inspiriert von den Staubmänteln in „Spiel mir das Lied vom Tod“, mit großer linker Innentasche, in der meine Ratte Douglas wohnte) hatte ich einen handtellergroßen Badge mit dem „Nevermind The Bollocks“-Plattencover drauf. Mein ganzer Stolz, zeigte das doch der Welt sofort, wie ich drauf war. Die „echten“ Punks (drei, vier Jahre älter, Schulabbrecher, Arbeitsverweigerer, Dauerbiertrinker) mobbten mich wegen diesem „Marmeladendeckel“. Ich dachte nur „Fuck You“.

Ton Steine Scherben – „Keine Macht Für Niemand“

Als ich mich durch meine Dachdeckerlehre quälte, war ich bereits mit ein paar Berliner Ostpunks befreundet, die ich an den Wochenenden besuchte, so oft es nur ging. Martin gab mir öfter Tapes mit, wenn ich wieder nach Leipzig musste. Die Scherben waren auch dabei, „Live I – In Berlin“ von 1984. Dieses Album hat mir damals echt den Arsch gerettet. Es hat mich durch die Lehrzeit gezogen, die ich als dunkel, klamm und in einer Art Dämmerzustand in Erinnerung habe.
Wenn ich kaputt, zerschlagen, deprimiert, übermüdet und verdreckt vom Bau kam, ließ

ich meinen Rucksack fallen, machte mir eine Wanne voll, stellte den Stern-Rekorder meiner Schwester ans Fußende und drehte auf volle Pulle. „Ich will nicht werden was mein Alter ist“, „Heut’ Nacht“, „Jenseits von Eden“ und vor allem „Keine Macht für Niemand“. Die Musik baute mich wieder auf, weckte neue Energien und gab mir einen Sinn.
„Ich bin nicht frei, ich kann nur wählen / Welche Diebe mich bestehlen, welche Mörder mir befehlen / Ich bin tausendmal verblutet und sie ham mich vergessen / Ich bin tausendmal verhungert und sie war’n vollgefressen“
Weil ich vorher nichts von ihnen kannte, dachte ich, die Scherben würden immer so schnell spielen wie auf diesem Album, weshalb ich später reichlich enttäuscht war, dass die Studioalben so getragen daherkamen. Sie hätten damals nicht die gleiche belebende Wirkung bei mir erzielt.
Waren dann meine Finger schrumpelig und das Badewasser kalt, wurde es Zeit, mich aus der Wanne zu hieven. Der andere, der echte Teil des Tages konnte beginnen. Ich schmiss mich in meine Wohlfühlklamotten, zog die Springerstiefel an und fuhr mit der Bimmel zum Karl-Marx-Platz. *„Und ich mach mich klar, reit ab in die Stadt / Such nach jemand, der dieselbe Sehnsucht hat / Heut Nacht“*. Wilhelmshöhe, Café Vis à Vis, Grafikkeller – egal, Hauptsache keine Zementsäcke in die sechste Etage buckeln.

Ramones – „Poison Heart“

Meine allererste Begegnung mit den Ramones war auf einem Mixtape, das ich auf dem Fußboden im Zimmer meines best buddy sitzend hörte. Die Sonne schien durch die dreckigen Fensterscheiben und draußen war es scheiß heiß. Joey Ramone quengelte „Baby, I love You“, eine Coverversion des Ronettes-Hits vom 1980er Album „End Of The Century“, das Phil Spector mit viel Streichern, Geklimper, Dopplungen und seinem üblichen Bohei aufgetürmt hatte. Wusste ich damals alles nicht, war mir egal, war einfach zu kitschig und definitiv kein Punk! Auf dem Tape war der Song irgendwo zwischen „Personality Crisis“ von den New York Dolls und „Kick Out The Jams(, Motherfucker!)“ von MC5 – kein Wunder, dass er da keine echte

Illustration linke Seite: aus „Gevatter“; oben: „1989 – Lieder unserer Heimat“, Anim + Regie: Schwarwel

Chance hatte, mich nachhaltig zu erreichen. Andererseits: Immerhin weiß ich noch ganz genau, wann und wie ich „Baby, I love You“ und die Ramones erstmals wahrnahm, also hatte er mich doch irgendwie hinterrücks infiziert.

Die zweite Begegnung mit den Ramones war eine zweigeteilte. 1984 zeigte das Westfernsehen die trashige Corman-Produktion „Rock'n'Roll Highschool“ als vormittägliche Miniserie an zwei aufeinanderfolgen Sonntagen im gleichen Zeitraum, in dem auch „Per Anhalter durch die Galaxis“ meine Welt (und die meines best buddy) erreichen und definitiv für immer verändern sollte. Wahnsinn! Hier klangen die Ramones ganz anders als auf dem Mixtape! Sie waren wild, unangepasst, rebellisch und ein bisschen infantil: die idealen Vorbilder für pubertierende Jugendliche, denen Russisch, Staatsbürgerkunde und „Langsam laufen im Treppenhaus!“ tierisch auf den Sack gingen. Auch meine Vorliebe für Pizza ist einzig diesem Film geschuldet.

Doch für eine Langzeitbeziehung mit den Ramones war ich noch nicht bereit. Sex Pistols, Slime, Scherben und Motörhead hatten mich noch fest am Haken.

Erst ein Jahrzehnt und ein paar Erfahrungen später holten mich die Ramones so richtig ab, doch noch Anfang der 1990er hatte ich sie im Haus Auensee gesehen und fand es furchtbar. Zwei Bühnenarbeiter führten Joey an den Armen stützend zum Mikroständer und holten ihn dort am Ende der Show auch wieder ab. Das war wie Hotblack Desiato im „Anhalter“! Joey war in seiner Ganzkörper-Lederphase (inklusive Handschuhe) und seine Loden waren für Punkrock ganz eindeutig viel zu lang! Er sah aus wie ein Billigmetaller mit breiter Hüfte, aber von der Bühne kam kein Metal, sondern nur undifferenziertes Geschrammel. Der Sound war scheiße, die Lightshow dämlich und überhaupt war das alles ganz schrecklich und meiner unwürdig. Spoiler: Ich stand mit meiner Crowd ganz hinten an der rechten Bar. Ein typischer Letzte-Reihe-Nörgler, ein snobistischer Alleswisser, ein Ihr-habt-doch-alle-keen-Plan-Kotzbrocken – kurz: ein Arschloch.

Als ich dann irgendwann mal zwischen Monster Magnet und Terrorgruppe ihr Debütalbum „Ramones“ in einem Rutsch hörte, war das wie eine Offenbarung. Plötzlich ergab alles einen Sinn. Meine Suche hatte ein Ende. Ich war am Ziel. Innerhalb kürzester Zeit half ich mir alles auf, was die Band und ihre Mitglieder – speziell Joey und Dee Dee – je produziert, gesagt, gesungen oder geschrieben hatten. Ich las jedes Buch, ich guckte jede Tour-Doku, ich hörte jeden Live-Mitschnitt und ich krallte mir jedes T-Shirt, dessen ich habhaft werden konnte, um meine Liebe für diese Band in die Welt zu tragen.

Und trotzdem bleiben die Ramones ein ewiges Mysterium für mich. Oder gerade deshalb. Umso mehr ich über sie erfahre, umso erstaunlicher ist für mich der Umstand, wie es ihnen (trotzdem) möglich war, derart großartige und für mich echt bedeutsame Musik zu schaffen. Jedes Album ist irgendwie toll – naja, vielleicht außer „Halfway To Sanity". Obwohl … da sind „I Wanna Live" und „A Real Good Time" drauf. Ach, ich weiß auch nicht. Bei diesen ganzen vollkommen unterschiedlichen Charakteren, die sich hinter dem gleichen Nachnamen verbargen und die ständig miteinander rangen, galten wohl die alten Faustregeln „Die Mischung machts" und „Die Dosis macht das Gift", was mich direkt in eines meiner wertvollsten Seelenlieder katapultiert:

„No one ever thought this one would survive
Helpless child, gonna walk a drum beat behind
Lock you in a dream, never let you go
Never let you laugh or smile, not you.
Well, I just want to walk right out of this world,
'Cause everybody has a poison heart"

Carnivore – „God Is Dead"

Wenn wir nach der Schule unseren Frust über diese Fremdbestimmung und Zeitverschwendung rauslassen mussten, begannen mein best buddy und ich, in seinem Jugendzimmer sowas wie Musik zu machen. Urschrei-Musik. Er schrammelte wild auf einer alten Akustikgitarre rum und ich benutzte Kochlöffel und blecherne Keksdosen als Schlagzeug, während ich irgendwelche Songtexte brüllte, die ich von den Innenhüllen der Schallplatten ablas, die überall im Zimmer rumlagen. Naja, nicht irgendwelche Texte. Es mussten schon die schlimmsten Texte sein, die wir kannten. Venom mit ihrem „Black Metal"-Album und Slayer mit „Show No Mercy" sowie „Hell Awaits" waren zwar schon ziemlich weit vorn, wenn es um krasse, nihilistische Texte ging, aber Carnivore waren die unangefochtenen Könige.

„I live to war, it's in my blood
If I want it, I take
The men I've killed, the children slaves
And all the women I've raped"
(„Male Supremacy")

Die Texte von Peter Steele galten als menschenverachtend, verroht und frauenfeindlich, das Innencover zierte eine überladene Illustration von NYHC Szenegröße Seán Taggart mit testosterongesteuerten Wolfsmenschen, Skinheads und – naja, öhm … Nazipunks?, die zur Musik von Carnivore im Moshpit ihrem Hardpogo fröhnten und dabei einen Hippie aufschlagen wollten. Das Bild war übersät von Triskele, die man gut und gern als Hakenkreuz-Ersatz interpretieren konnte und sollte. Für mich als 100%-Zielgruppe (jung, männlich, weiß, wütend) war das alles die blanke Punk-Attitude: provozieren, dicke Backen machen, aufregen um jeden Preis. Sid Vicious in seinem Hakenkreuz-Shirt.

„Live your life by your will
Learn to be an animal
By the light of the moon
Beware the legion of doom"

Unser ohrenbetäubendes Jugendzimmer-Geschrammel und -Gebrüll, das rein gar nichts mit dem frühen Thrash Metal der benutzten Vorlagen zu tun hatte, nahmen wir auf Kassette auf, um uns nach dem Abreagieren an uns selbst ergötzen zu können. Später begann ich bei solchen Sessions eigene Texte aus dem Stehgreif zu performen, mein best buddy brachte sich das Gitarrenspiel bei und irgendwann sollte das alles mal in unserer eigenen Band münden.

„And now the dead walk the earth
There's nowhere to hide
The devil and his disciples
Rejoice my suicide!
God … is dead!"

Neil Young –
„The Needle And The Damage Done"

Als ostdeutscher Jungpunk war ich natürlich moralisch dazu verpflichtet, alles abschätzig zu behandeln und für Scheiße zu befinden, das nicht dem gefühlten Punk-Kodex entsprach – sonst wäre ich ja kein Punk! Das meinte nicht nur die Ablehnung aller staatlichen Doktrin inklusive StaBü-Unterricht, FDJ-Appelle und GST-Lager sowie des gesellschaftlichen Mainstreams im Allgemeinen mit

Foto linke Seite Nilz Böhme:
Schweinevogel und Schwarwel, 2003

„Polizeiruf 110“, „Tatort“, „Wetten, dass..?“ und Hans-Joachim Kuhlenkampff, sondern sogar die Ablehnung anderer Subkulturen und besonders der Musik, für die sie standen. Hippies waren der Feind! Sie wollten alles umarmen, während Punks einfach alles ins Chaos stürzen lassen wollten. Wir habens euch doch gesagt: „No Future!“ Erstaunlich nur, dass die illegalen Kellergigs und halblegalen oder geduldeten Kirchenkozerte vor allem von Punks UND Hippies besucht wurden.
Neil Young galt als berühmtester Vertreter der Hippie-Bewegung, weshalb er meine besondere Verachtung genoß. Sein „Like A Hurricane“ enthielt alles, was es meiner Meinung nach besser heute als morgen abzuschaffen galt: die kitschige Romantisierung menschlicher Beziehungen als Flucht vor unserer Realität mit den Pershing II und SS20, einer Mauergrenze mit Schießbefehl, weltweit Hunger, Armut und Leid. Da konnten doch solche Weichspüler nichts dran ändern! Das musste man mit Karacho angehen!
Neben der Schule und später neben meiner Dachdeckerlehre verdiente ich mir immer ein paar Micky-Maus-Dollar dazu, indem ich Leuten T-Shirts, Badges, Ölbilder oder ganze Kinderzimmerwände mit ihren Wunschmotiven bemalte. So vermittelte mir jemand auch einen Job irgendwo bei der Eisenbahnstraße, Vollkmarsdorf. Üble Gegend. Ich bekam einen Zettel mit der Adresse und der Uhrzeit in die Hand gedrückt, schnappte meinen Rucksack mit den Temperafarben und Pinseln und los gings. Ein Hippie öffnete mir die Tür.
Von drinnen schallte mir Jimi Hendrix mit seinem Dylan-Cover von „All Along The Watchtower“ entgegen. „Ist die AMIGA-Scheibe, oder?“, fragte ich den Hippie. „Ach, kennste?“, fragte er zurück. „Hab ich auch. Hör ich dauernd“, antwortete ich wahrheitsgemäß. „Geil! Weil: Den sollste mir hier auf die Tür malen!“ Er präsentierte seine sehr lädierte Wohnungstür in einem sehr lädierten Altbautreppenhaus, wo der Putz von der Decke rieselte. „Cool. Haste Wasser für die Farben?“ Soviel zu Feindbildern.
Der Job wuchs sich aus, weil der Typ erst nur Hendrix vom Cover der AMIGA-Pressung im Portrait wollte, dann die ganze Tür mit Blitzen, Gewitter und so, und dann noch die Klotür auf halber Treppe. Da sollte ein ausbrechender Vulkan drauf.
Kurz: Ich verbrachte dann sehr viel Zeit dort, nach der Arbeit und an Wochenenden. Er war immer da, weil er nicht arbeiten ging und ziemlich an der Flasche hing. Seine Frau hingegen ging arbeiten und ich wurde nach und nach in ihre teils sehr lautstarke Beziehungskrise gezogen, deren Ende ich hautnah miterleben durfte. Suff ist scheiße, Sucht ist scheiße.
Zu alldem lief neben Hendrix vor allem Neil Young mit – Tataa! „Like A Hurricane“, weil der Song für den Typen und seine Frau früher eine große Bedeutung hatte („Das war UNSER Song!“). Für sie hatte der Song jetzt keine Bedeutung mehr, deshalb für ihn umso mehr, weshalb er ihn ständig brüllend laut hörte und dabei in sein Bier weinte, wenn sie nicht da war, während ich versuchte, meinen Job irgendwie schnellstmöglich fertig zu bekommen, um hier nie wieder auftauchen zu müssen. Das war alles zu deprimierend.
Der Typ hörte die Version vom „Live Rust“-Doppelalbum, weshalb ich so auch Lieder wie „Cortez The Killer“, „Hey Hey, My My (Into The Black)“ oder eben „The Needle And The Damage Done“ zu hören bekam, die für mich bis heute zum wertvollsten gehören, das ich an Musik im Herzen trage. Diese Songs haben sich in anderen Lebenssituationen an mich rangeschlichen und zu einem Webteppisch verknüpft, der fest in mir verankert ist. Neil Young hat mich umarmt. Alben wie „Harvest“, „After The Gold Rush“, „Harvest Moon“ oder „Mirrorball“ (mit den Typen von Pearl Jam, als Eddie auf Entzug war) sind integraler Bestandteil meiner iPod-Playlist „Alles außer Schrott“.
Als ich mit meinem Job fertig war, packte ich meine Farben und Pinsel ein, bestand auf dem Rest meinen schwer verdienten 200 Ostmark und zog meiner Wege. Möglichst weit

weg von dem Typen, seiner Alkoholsucht und seinem zerbrochenen Leben – aber mit nem Vulkan auf der Klotür. Immerhin.
„I've seen the needle and the damage done
A little part of it in everyone"

Tishvaisings – „Suicidal Tendencies"

Da ich nicht wie mein best buddy (und wie Johnny Ramone) alles sorgfältig in mein kleines Notizbuch schrieb und benotete, weiß ich von den Anfangstagen unserer eigenen Band nicht mehr allzu viel. Beziehungsweise ist das alles ziemlich chaotisch in meinem Kopf, weil einfach zu viel gleichzeitig passierte.
Laut Google war es 1988. Kann sein. Wir probten zuerst im Kohlenkeller meines best buddy, bis es den Leuten im Haus zu viel wurde. Dann im Hobbykeller meiner Eltern, bis es meiner Mutter zu viel wurde. Es gab ständig Besetzungswechsel. Schwobs ging mit seiner Mutter in den Westen. Über jeden Scheiß wurde diskutiert. Jeder wollte irgendwie in eine andere Richtung. Der Bandname war auch ein elendiges Dauerthema. Der wurde dann nach einer Probe in unserer Stötteritzer Stammkneipe „Treffpunkt" beim Bier an einem dieser Tische festgezurrt, auf denen auf einem mit Bier- und Ascheresten verdreckten Tischtuch immer so eine grüne Vase mit einer Kunstblume drin stand. Man hat ja auch Stil.
Musik hören war einfach, Musik machen schon weniger. Zwischen Dachdeckerlehre (täglich), Zeichenkurs (zwei Mal die Woche), mit Freundin in Szenecafés abhängen (täglich?), Berliner Ostpunks (am Wochenende) und Bandkonzerte (so oft es ging) besuchen und den eigenen Proben (Zwei Mal die Woche? Drei Mal? Wo ist das Notizbuch?!) kritzelte ich Textfragmente in meine Skizzenbücher, auf Servietten und Bierdeckel. „Themes: Humour, Gore, Personal struggles, Death", schreibt Google. Trifft es ziemlich gut. Als einzige Coverversion für das Warm Up im Proberaum hatten wir „Metropolis" von Motörhead im Programm, den Rest saugten wir uns selbst aus den Fingern. „Deadly Poison", „Rollin' Days", „Talks With My Death" – ich versuchte mich

Foto Uwe Winkler: Tishvaisings im Eiskeller Leipzig, 1988

in schlechtem Englisch, weil ich größtenteils englisch singende Bands hörte und meine deutschen Sachen ungelenk und doof fand. Für die Einstufung als Band im sozialistischen Kulturbetrieb brauchten wir aber auch deutsche Texte, weshalb ich Wege finden musste, meine Aussagen zu verschlüsseln, um nicht gleich bei der Jury durchzufallen. War eine echte Herausforderung. „Blaue Augen“ war ein Rachesong an meiner Ex-Freundin, die dann auch prompt mitten im Lied tränenaufgelöst eines unserer Konzerte in Böhlitz-Ehrenberg verließ. Verletzt und von mir öffentlich gedemütigt. Damals in diesem Moment auf dieser Bühne fand ich mich endgeil und machtvoll, heute könnte ich mir dafür täglich ins Gesicht schlagen. Wirklich erbärmlich.
„Suicidal Tendencies“ schrieb ich, nachdem ich mich – natürlich – durch die Band Suicidal Tendencies, die ich sehr, sehr lieb habe, inspiriert sah, einen Song über die Suizidäußerungen und -drohungen meiner Mutter zu machen, die mich als Teen unendlich belastet haben. Sie hat es bis heute nicht getan, weil es damals vielleicht wirklich „nur“ Drohungen waren. Doch bei mir hat es bleibende Schäden hinterlassen. Verlustängste, Ohnmachtsgefühle und eigene, ernsthafte Suizidgedanken. Leider kenne ich einige Menschen, deren Mütter, Väter, Töchter oder Söhne tatsächlich zur Tat geschritten sind. Möglich, dass ich mich deshalb seither mit dem Tod, mit Suizid und mit „personal struggles“ beschäftige, weil ich will, dass das aufhört. Weil es furchtbar ist. Weil ich mir eine bessere Welt wünsche. Eine bessere Gesellschaft.
Als wir „Suicidal Tendencies“ das erste Mal live vor Publikum performten, bekam ich einen Heulkrampf (im Nachhinein sollte man das als das benennen, was es war: ein Nervenzusammenbruch) und musste das Lied abbrechen. Meine Bandmember guckten sich verwundert an und verstanden die Welt nicht mehr, weil sie nicht checkten, was hier gerade abging. Vielleicht sollte man ab und an im Proberaum auch mal die Liedtexte gemeinsam durchkauen. Aber dazu müsste man wahrscheinlich mehr miteinander reden und auch etwas sensibler miteinander umgehen, als wir das damals taten.

Feeling B – „Mix mir einen Drink“

Eines Freitagabends fuhren meine Freundin und ich kurzentschlossen mit dem Zug nach Berlin – Hauptstadt der DDR, um dort mal das Szeneleben auszuchecken. Wir ruckelten mit der S-Bahn bis zum Alex, stiegen aus und ich quatschte einfach den ersten Punk an, den ich vor einem Laden stehen sah. „Ey, weißt du, wo hier heute noch was los ist?“ (In feinstem Sächsisch, versteht sich.) Der Typ checkte mich mit einem kalten Blick von oben bis unten ab. Ich war kurzgeschoren und trug eine Behelfsbomberjacke, hochgekrempelte Jeans und Springerstiefel. Ein Skinhead. Dann checkte er meine Freundin ab. Von oben bis unten in schwarz, Emo-Style, wilde Frisur. „Nee, heut is nüscht los.“ „Ach, Scheiße. Wir sind grad extra von Leipzig hergezuckelt, um zu gucken, was hier so geht.“ „Naja“, sein Blick wurde etwas weicher, „Ick fahr jetzt zu ner Privatparty. Könnt ja mitkomm.“ Entscheidender Moment in meinem Leben.
Wir fuhren mit Zimmermann – so hieß der Typ – nach Heinersdorf oder irgendwo jwd in die Pampa, ein Einfamilienhaus, die Eltern nicht da und alle Zimmer waren vollgestopft mit punky Menschen in unserem Alter. Es liefen The Clash, Dead Kennedys und die Pistols. Das Paradies auf Erden!
Zimmermann, Moser, Rauer und Papst – und später Benny und Tim – wurden zu meinen Ostberliner (Punk)freunden, die ich sooft besuchte, wie es während meiner Lehre nur irgend ging. Sie – also wir, weil ich dann auch – gehörten in den Feeling B-, Hardpop-, Die Firma-Dunstkreis ... Entourage wäre auch nicht falsch – wahrscheinlich weil Zimmermann der kleine Bruder von Christoph war, der irgendwie in all diesen Bands Bass spielte. Hab nie gefragt, wie das alles zusammenhing.

Wenn eine dieser Bands irgendwo spielte, waren wir dabei. Zimmermann machte oft das Bühnenlicht (à la Stecker rein – Stecker raus) und wir anderen waren pogende Grundmasse und Fanbase. Herbst in Peking, die anderen, Freygang, This Pop Generation – sie alle trugen zu meiner musikalischen (und politischen) Sozialisation bei, einfach weil ich überall mit dabei war, wo ich nur konnte. Mit Feeling B's Ello zu irgendwelchen Burgkonzerten, André Greiner-Pol's Stinkefüße im Gesicht, wenn alle in Schalfsäcken in überfüllten, feuchten Kammern schliefen, Tatjanas Beziehungstipps (Ja, nee, danke. Nicht von Informellen Mitarbeiter:innen! Gilt auch für dich, Trötsch!), schlafen unter der Bühne nach diesem Dorfkonzert, bei dem Sandow ihr „flüstern & SCHREIEN"-Filminterview gaben (obwohl WIR, die wir direkt daneben saßen, eigentlich natürlich viel mehr Punk waren als diese Schnösel, aber unsere Band Übergang hatte grad erst ein paar Proben absolviert und ich war als Drummer schon wieder draußen – naja, mache ich eben die Band-Aufkleber). Voller echter Angst den Sophienklub verbarrikadiert, weil die Nazihools von Union wieder Jagd auf Punks machten. Konzerte auf der Insel, illegale Kunstgalerien, Frisiershows mit Benny (fremde Frauenbrüste per Hand mit Body Painting veredeln), der scheiß Skinhead-Überfall auf die Zionskirche, Mosers legendäre Gartenparties, Lagerfeuer im Hof der Schönhauser … Da ist viel passiert, nicht immer alles schön, aber prägend as fuck – und alles unterlegt mit diesem sperrigen Sound von Feeling B und Aljoschas kehligem Gesang, immer knapp am Takt vorbei.

„Mix mir einen Drink
der mich woanders hinbringt"

Foto Björn-Arne Eisermann: Schwarwel im Pistols-Shirt, Moser im selbstgemalten Riff Raff-Shirt

Rollins Band – „Do It"

„Aaaaaaaaaaaaaaaaaaaaaaaaaaaaaaah! Don't think about it – Do it". Die EP hörte ich das erste Mal mit Zimmermann in seinem Zimmer. *„Don't talk about it – Do it"*. Und dann noch mal. *„Do it, do it"*. Und noch mal. *„Don't lie about it – Do it"*. Das war keine Musik, das war ein Marschbefehl! Henry Rollins und Black Flag waren mir bis dato vollkommen unbekannt und dieser Einpeitschersong machte vollkommen neue Türen in mir auf. Allein dieses *„Aaaa aaaaaaaaaaaaaaaa aaaaaaaaaaaaaah"* am Anfang des Songs, ein richtiger Schrei, guttural rausgequält, alle Aufmerksamkeit auf sich ziehend. Nicht so ein gekünsteltes Kastratengekreisch wie von Tom Araya am Anfang von Slayers „Angel Of Death", was für mich immer ein bisschen fremdschambehaftet ist.

Durch Zimmermann hatte ich schon die Scherben, Einstürzende Neubauten und die anarchistischen Cartoons von Seyfried („Wo soll das alles enden?") für mich entdeckt, aber das hier war noch mal eine andere Nummer. Das forderte mich auf, tätig zu werden. Mehr machen, weniger quatschen. Die eigene Band voranbringen, mehr schreiben, mehr zeichnen. Sich frei arbeiten. Do it!

Später sah ich Rollins erstmals live im Berliner Metropol, wie er da mit seinem Stiernacken und in schwarzen Boxershorts barbrüstig und barfüßig über die Bühne stampfte und seine Lyrics ins Mikro brüllte. War dann nur noch so mittelgeil, weil irgendwie in der Pose erstarrt. Beim ersten Endless Summer Festival hielt er vor dem Auftritt backstage in der Turnhalle stehend, eine Hand in der Boxershortstasche, Hardcore-Referate (inklusive erhobenem Zeigefinger) für seine zu seinen Füßen sitzenden Jünger aus irgendwelchen Leipziger Bands (Ja, nur Kerle). *„Don't talk, about it, man / Do it, do it!“*. Da war ich dann irgendwie durch mit ihm. Aber „Do it“ hab ich für mich behalten. Als ein Lebensmotto.

Tim Curry – „I'm Going Home“

„The Rocky Horror Picture Show“ hatte ich bereits früher mit meinem best buddy in einer unserer Horrorfilm-Sessions gesehen. Weil er für mich irgendwo zwischen „Dr. Phibes“, „Theater des Grauens“ und „Rock'n'Roll Highschool“ mit seinen verrückten Charakteren und der abgedrehten Story angesiedelt war, hatte ich ihn sofort ins Herz geschlossen. Ich startete auch sofort ein eigenes Comic-Fanzine dazu: „Picture of Gloom“ mit Frank'n'Furter auf der Titelseite. Das tat ich immer, wenn mich etwas Besonders erwischt hatte. So gab es auch ein paar Comicstrips zu Star Wars, die sogar im West-Fanzine „City in the Clouds“ abgedruckt wurden, mit dessen Fanzineleiterin ich eine Brieffreundschaft pflegte. Zu „Per Anhalter durch die Galaxis“ hatte ich ebenso ein paar Seiten mit Zaphod Beeblebrox, Arthur Dent und Marvin gezeichnet. Ich musste alles zeichnen, um es zu verinnerlichen, um es in mich aufzunehmen, es mir zu eigen zu machen. Wie der Rote Drache aus Thomas Harris' Roman, der das Aquarell von William Blake verschlingt, um zu werden, was er ist.
Mit Moser schaute ich „Rocky Horror“ dann noch des Öfteren auf VHS im Fernsehzimmer seiner Eltern, nachdem wir mit The Clash und AC/DC (immer nur mit Bon Scott!!!) ausgiebigst gefrühstückt hatten. Ich malte ihm Riff Raff an die Eingangswand seines Jugendzimmers, in dem wir „Bela Lugosi's Dead“ (*„undead, undead, undead“*) von Bauhaus bis zum Abwinken hörten und mir Moser die Drumsticks zeigte, die ihm dieser Bela B von den Ärzten aus Westberlin zugeschickt hatte, damit er damit üben könne.

„Everywhere it's been the same, (feeling)
Well, I come outside in the rain, (wheeling)
Free, to try and find a game, (dealing)
Cards for sorrow, cards for pain“

Es war für mich eine Zeit voller unerfüllbarer Sehnsucht, Weltschmerz und Melancholie (lies: Depression), zwischen Leipzig und Berlin hin- und hergerissen, der Westen lockte, Herbstlaub flog herum und wenn ich heim musste, saß ich in der Bimmel Richtung Pankow, fuhr im Nieselregen vorbei am (ex-) Haus von Manfred Krug, vorbei an Zimmermanns Wohnung, dann zum Alex, dann nach Schönefeld, den letzten Zug ... Erich Maria Remarque lesen im einsamen Bahnabteil. Da-dung, da-dung, da-dung. Nichts passte dazu besser als „I'm Going Home“ mit Tim Currys kraftvoller, aber von Sehnsucht zerrissener Stimme, die Schminke verwischt, das Korsett verrutscht, Löcher in den Strapsen, sitzend auf der Bühnentreppe, unsichtbare Karten des Schicksals verteilend.

„'Cause I've seen, oh, blue skies
through the tears in my eyes
And I realise, I'm going home“

Rio Reiser – „Junimond“

Rotz und Wasser habe ich geheult. Die Tränen flossen einfach so und es wollte gar nicht mehr aufhören. Das Lied hatte mich kalt erwischt, als ich mir im zweigeteilten Wohnzimmer meiner Eltern am „großen Tisch“ die erste Solo-Platte von Rio Reiser reinzog, während sie drüben „am runden Tisch“ vorm Fernseher saßen und machten, was Eltern von 18-Jährigen abends eben so machen. Es war mir wurscht, ich war damit beschäftigt, von einem übermächtigen Heulkrampf geschüttelt zu werden. Das erste Mal, dass ich einer zerflossenen/zerbrochenen/gescheiterten/ach-ich-weiß-auch-nicht (Liebes-)Beziehung so hemmungslos nachweinte, unbeabsichtigt, unvorhergesehen und unaufhaltbar. Mit „Für immer und dich“ (*„... Egal, wie du dich nennst / Egal, wo du heut pennst / Ich hab so oft für dich gelogen / Und ich bieg* *den Regenbogen / Für dich / Und immer für dich“*) hatte die Tracklist des Albums meinen emotionalen Ausbruch schon sehr gut vorbereitet. Nochmal schnell eine Uptempo-Nummer mit „Menschenfresser“ einstreuen (*„Und wenn Menschenfresser weinen / Tut ihnen alles schrecklich leid / Doch sie könnens ja nicht ändern / Es ist halt ne harte Zeit“*) und dann gings für mich ganz tief hinab in den Keller meiner Gefühle.

„Zweitausend Stunden hab ich gewartet / Ich hab sie alle gezählt und verflucht / Ich hab getrunken, geraucht und gebetet / Hab dich flussauf- und flussabwärts gesucht“

Ich weinte über einen unwiederbringlichen Verlust, intellektuell nicht greifbar, eine reine Bauch- und Herzenssache. Da ging es nicht darum, wer was verkackt hat oder wiesoweshalbwarum, nein, das war körperliches Begreifen, das da etwas unwiederbringlich verloren war, das nie wieder zurückkehren würde. Nie wieder.

Meine Eltern kamen einzeln nacheinander angetappelt und machten ein paar dieser hilflosen Gesten verunsicherter Menschen, wenn sie plötzlich mit Gefühlsausbrüchen anderer konfrontiert werden, denen sie nackt und ohne jedes Werkzeug gegenüberstehen. Unsicheres Schulterklopfen, kurzes von halbhinten drücken und „Ooch, Mensch“ sagen. Sicher irgendwie lieb gemeint, aber vollkommen nutzlos.

„Es ist vorbei / Es ist vorbei / Bye bye“

Slime – „Etikette tötet“

Mit ihren rausgebrüllten Systemkritiken am (west)deutschen Wesen (*„Deutschland muss sterben, damit wir leben können“, „Demokratie – das klappt wohl nie“, „Ich glaube eher an die Unschuld einer Hure / Als an die Gerechtigkeit der deutschen Justiz“*) hatten mich Slime Anfang der 1980er klar auf ihre Seite gezogen. Meine indifferente Wut wurde kanalisiert und ich begann mich für sozialpolitische Themen, arm und reich, Faschismus, Kolonialismus, Sklaverei und gesamtgesellschaftliche Ungerechtigkeiten zu interessieren. Dass die Diktatur des Proletariats, in der ich selbst lebte, nicht das Gelbe vom Ei war, erfuhr ich jeden Tag am eigenen Leib. Slime schulten meinen Blick dafür, das die „soziale Marktwirtschaft in der freien Demokratie“ des anderen Deutschland und der USA tatsächlich auch bloß genau der schnöde Kapitalismus mit Ausbeutung und Entrechtung Vieler durch die Wenigen mit den Produktionsmitteln war, wie es uns im Staatsbürgerkunde-Unterricht penetrant

Illustration: aus „Gevatter – Die fünf Phasen“ von Schwarwel (Glücklicher Montag 2024)

gepredigt wurde. Und keines dieser beiden Systeme fand ich sonderlich verlockend, um mein Leben darin verbringen zu wollen.
„Wer war das, der aus dem Fenster fiel?
Sprang er selbst oder zwang man ihn?
Er war so einer, der dem Volk nicht gefiel
Und dem keine andre Lösung mehr schien“
Mit „Etikette tötet“ trafen Slime in mir einen wunden Punkt, da das Lied von genau dieser Perspektive des Einzelnen (also von mir jetze) in einer kaputten Welt (meine Wahrnehmung der Gesellschaft) erzählte.
„Keiner hat den Brief gelesen
Den er schrieb, bevor er sprang
Er hatte nie versucht, sich auszuschließen
Sondern reinzukommen – sein Leben lang!“
Die Gedanken und Bemühungen des Suizidalen, der an der Welt krankt, konnte ich vollkommen nachfühlen. Ich kam mir genauso orientierungslos herumgeworfen vor, obwohl ich der Meinung war, dass ich mich durchaus einbrachte und kooperationsbereit war.
„Die Spiele, die man lernen muss,
hat er nie gelernt
Was er auch tat, es war verkehrt
Er hatte nie der Gesellschaft
seinen Rücken zugedreht
Doch sie hatte ihm ihren zugekehrt“
Egal, ob in der Schule oder Lehre, beim Kraftsport, in der Disco, beim Zeichenkurs, in der Clique oder der eigenen Band – ich eckte ständig an, weil ich die ungeschriebenen Regeln und Gesetze, die überall zu herrschen schienen, nicht kannte. Oder weil ich sie nicht akzeptieren konnte, weil sie Schwachsinn waren.
„Er war krank – das war allen klar!
Etikette tötet!“
Irgendwann in dieser Zeit schleppte mich meine Mutter mal zu einem Psychologen. Ein Bekannter meiner Omi, der irgendwie einen Termin freischaufeln konnte. Eine Therapiesitzung kam dann gar nicht erst zustande, weil dessen Frau einen Ausreiseantrag laufen hatte und er unsicher war, wie es bei ihm demnächst weitergehen würde. Strange days indeed.
„Für ihn war's unmöglich, Kontakt zu finden
Denn wenn er weinte oder lachte
Zur falschen Zeit, wurde er verachtet
Ein Idiot, mit dem man Späße machte“
Vielleicht hätte dieser Psychologe damals schon meine klinische Depression erkannt und mein Leben hätte einen anderen Weg genommen. Man weiß es nicht.
„Er war krank – das war allen klar!“
Andererseits hätte ich dann vielleicht nicht 1990/91 Elf, den Gitarristen von Slime, in unserer winzigen Ein-Zimmer-Wohnung am Berliner Nollendorfplatz direkt neben dem Drogenstrich sitzen gehabt, wo er mir völlig Ahnungslosem mit Händen und Füßen zu erklären versuchte, was ein Lude ist, weil er einen auf das „Mr. Evil“-Albumcover seiner Band Destination Zero haben wollte. Egal. Hab dann irgendwas gemalt. Keine Ahnung, obs ihm gefallen hat.
„Etikette tötet!“

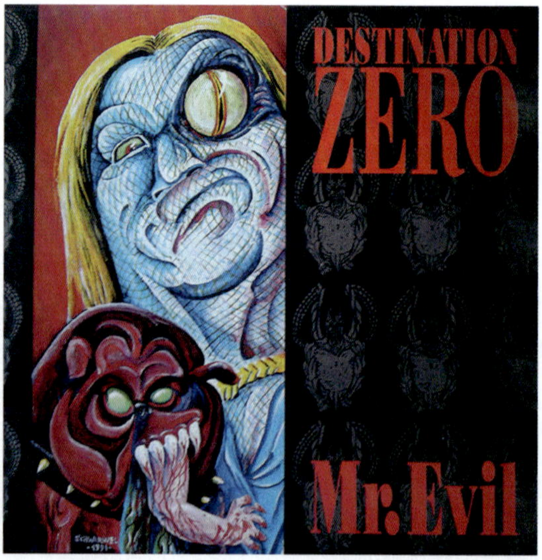

Run DMC feat. Aerosmith – „Walk This Way“

Der Film „Beat Street“ war 1985 im Osten DER große Weckruf für eine neue Generation von Kids, die damit Hip-Hop, Breakdance und

Graffiti – das neue Ding aus der New Yorker Bronx – für sich entdeckten. An jeder Ecke respektive in jedem FDJ-Kulturhaus gründete sich plötzlich mindestens ein Verein, der sich dem „akrobatischen Showtanz" widmete, wie das im offiziellen Kulturjargon zu lauten hatte. Den Produzenten Harry Belafonte, dank dessen der Film es überhaupt nur auf ostdeutsche Leinwände geschafft hatte, kannten wir vorher als einen singenden Helden der DDR (*„Day-o! Day-ay-ay-o! Daylight come and me wanna go home"*), weil er als engagierter Aktivist der amerikanischen Bürgerrechts- und Friedensbewegung in den Augen des SED-Regimes den gleichen Feind hatte wie sie: den Kapitalismus made in USA. (Gleiches galt auch für Angela Davis, eine Aktivistin der Black-Power-Bewegung und der Neuen Linken in den USA, die Honecker und sein lila Drache sehr gern für Fototermine bei irgendwelchen Jugendfestspielen als winkendes Maskottchen an ihre Seite stellen ließen.)
Mit „Beat Street" hatten sich die Diktatoren des Proletariats meiner Meinung nach jedoch ein Trojanisches Pferd ins Land geholt, denn die darin auftretenden Hip-Hop-Größen wie Grandmaster Melle Mel oder Afrika Bambaataa waren ja nur die Spitze des Eisberges. Durch das Westfernsehen via dieser neuen Satellitenschüsseln mit MTV Europe und später MTV Germany und vor allem „Yo! MTV Raps" mit Dr. Dré und Ed Lover spülte es jetzt Rap und Hip-Hop in die guten Stuben. Da war nicht alles im Sinne des siegreichen Sozialismus. „C'mon, son!"
„Beat Street" faszinierte mich als Zeichner vor allem wegen der Graffiti-Szene, die Musik fand ich eher geht so. Da mussten erst Run DMC mit ihren blöden weißen Adidas-Sneakers ganz cool eine Showtreppe heruntergrooven und Steven Tylers 1970er Rocksong mit ihren Raps ins (damalige) Heute holen, um mich mitzunehmen. Joe Perrys geiles Gitarrenriff half mir dabei über die Schwelle.
Das Run DMC-Album „Raising Hell" mit seinem *„It's tricky to rock a rhyme, to rock a rhyme that's right on time, it's tricky / It's tricky, tricky, tricky, tricky"* kickte. In den Linernotes entdeckte ich, dass das vom selben Typen coproduziert war, der auch Slayers „Reign In Blood" und „South Of Heaven" gemacht hatte. Irgendso ein Rick Rubin. Woah! Bis zu Run DMCs „King Of Rock" und N.W.As „Fuck Tha Police" war es dann nicht mehr weit. Public Enemys Chuck D hatte die Sprechrolle in Sonic Youths „Kool Thing" und ich entdeckte immer mehr Überschneidungen und Verschmelzungen zwischen Rock und Rap, bis der legendäre Soundtrack-Sampler zum 1993er Film „Judgement Night" dann alles klar machte: Helmet und House of Pain, Sonic Youth und Cypress Hill, Slayer und Ice-T, Dinosaur Jr. und Del tha Funkee Homosapien ... Culture Clash auf die chillige Art. Ich liebs.

Blondie – „Living In The Real World"

Blondie waren irgendwie gefühlt auf jedem Mixtape mit drauf, das so Anfang der 1980er zum Kopieren bei den Besserpunks rumging. Meist mit „X-Offender", „Atomic" oder „Heart Of Glass". Das hörte sich zum Glück alles irgendwie so weg zwischen „Blitzkrieg Bop", „London Calling" und „Oh Bondage! Up Yours!", aber Punkrock war das natürlich nicht. Gegen „Heart Of Glass" entwickelte ich eine echte Aversion, als Blondie damit ganz oben in der Hitparade angekommen waren und plötzlich jeder StiNo „meine" Musik hörte. „The Tide Is High" und „Call Me" machten es noch schlimmer, aber zum Glück nannte man das dann schon New Wave, womit ich ja rein gar nix zu tun hatte. A-ha, Duran Duran und Culture Club waren New Wave! Bollocks. Es dauerte noch ein paar Jahre, bis ich dieses bescheuerte Schubladendenken überwinden konnte, um einfach die Musik zu hören, die mich abholte, mich so zu kleiden, wie ich es tatsächlich wollte, und mir mein eigenes Patchwork-Leben zusammenschusterte – eben raus aus dieser Gruppenzwang-Konformität, die identitätstiftende Jugendbewegungen wie Punk, Metal, Goth, Synthie-Pop,

Cover linke Seite: Destination Zero – „Mr. Evil", Lost And Found Records 1991

New Wave, Hip-Hop etc. pp. eben mit sich bringen, wenn man anders sein will als die ganzen scheiß Spießer da draußen mit ihrem falschen Leben, von denen man sich unbedingt abnabeln muss, aber trotzdem erkennbar bleiben will für diejenigen, denen man sich zugehörig fühlen möchte. *„My name is Chip / And I'm different / I don't conform / I wear a different uniform“* (Frank Black in „Freedom Rock“). Schwierig.

Als ich in den Nullerjahren meine zweite eigene Band hatte, hörte ich mich zum Zwecke der Weiterbildung durch so ziemlich alles durch, was bei Saturn im CD-Regal im weitesten Sinne noch als Gitarrenmusik durchging. Eine Blondie-Doppel-Best-Of war auch dabei, die ich mir gleich auf meinen iPod rippte. Da war viel Schönes dabei: „Kung Fu Girls“, „Rip Her To Shreds“, „Picture This“ – und eben „Living In The Real World“, das ich sofort per Doppelklick in die On-The-Go-Liste holte, die ich immer hörte, wenn ich nachts mit dem Hund vom Studio nach Hause lief:

„Every day you've go to wake up
Disappear behind your makeup
Take away your calendar watch
And you can't keep track 'til your heart attack“

Das war ein Wachmacher. Energie pur. Mit dieser gewissen Ach-leckt-mich-doch-ich-mach-sowieso-was-ich-will-Attitüde. Herrlich.

„Hey, I'm living in a magazine,
page to page in my submarin
Hey now, Cindy, you can't get to me
Need an elevator? Hey, I'll see you later“

Durch diesen Song begriff ich als sogenannter „erwachsener Mensch“, was ich schon viel früher hätte erkennen können: Mach. Dein. Ding.

„Cause I'm not living in the real world
I'm not living in the real world
I'm not living in the real world
No more, no more, yeah“

Zwar machte ich laut Fremdwarnehmung schon immer „mein Ding“, aber für mich fühlte sich das nie so an. Das passierte alles einfach irgendwie. Barfuss im Kopf auf Autopilot.

„I can be whatever I want to
I talk to me, I even agree“

Bisher hatte ich mein „Erwachsenenleben“ immer als eine Kausalkette wahrgenommen, in der ich neben dem Kampf gegen meine Existenzängste durch Lohnjobs und der sinnlosen Einhegungversuche meiner Angstneurose und der Panikattacken immer irgendwie versuchte, trotzdem noch etwas zu machen, das ich tatsächlich schon immer machen wollte: etwas Schöpferisches, nach vorne Gerichtetes, Zukunftsorientiertes – obwohl ich aufgrund meiner Ängste und der Depression fest davon überzeugt war, diese Zukunft sowieso nicht zu erleben.

„Every day's a holiday
You can look through the glass
and take a photograph“

Erstaunlich, was so ein Song in einem auslösen kann, wenn das Setting stimmt.

„You will never ever walk on the moon,
leave your body and float through the room“

Allein durch die neue Band, die aus einer Joey-Ramone-Tribute-Party in Ilses Erika hervorging, hatte ich mich bereits in eine Position manövriert, wo mich mein „Hauptjob“, den ich seit 1993 ausführte, immer mehr annervte, weil da mit viel menschlichem Kuddelmuddel, nächtlichen Telefonaten und emotionaler Verhaftung gearbeitet wurde: „Wir sind doch Freunde!“ Man hatte nicht nur seine Arbeit perfekt zu machen und immer auf Abruf bereit zu stehen, sondern man musste auch noch alles lieben, was da abging. Zum Kotzen.

„You could never conquer me
Cause I'm not here and you're not there, yeah“

Die meisten Menschen in meinem Umfeld dachten, ich hätte da den geilsten Job der Welt. Den ganzen Tag Rock'n'Roll und Highlife. Hatte ich nicht. Aber Alkohol war ein großes Thema. *„Immer nur besoffen, um das alles zu ertragen / Und jetzt fliegen endlich Steine / Und da fragst du immer noch: Wieso?“* (Trio – „Ja Ja Ja“). Die eigene Band hatte endlich mal nichts mit dieser verlogenen Scheinwelt zu tun, in deren Randbezirken ich da zu Diensten war.

„And I'm not living in the real world
I'm not living in the real world
I'm not living in the real world
No more, no more, yeah“

Obwohl mir das damals selbst gar nicht so klar war, bewegte ich mich unbewusst aus diesem toxischen Kosmos raus, um mich davon unabhängig und frei zu machen. Innerlich hatte ich bereits gekündigt.

„Didn't I ever tell you I was gone?“

Bis dann schließlich der vollständige Bruch kam – nicht durch mich, ich war durch meine Existenzangst zu feige dafür, einfach Klarschiff zu machen, (aber auch zu stoisch, um mir jeden Scheiß gefallen zu lassen, was natürlich den Bruch forcierte) –, sollte noch gut ein Jahrzehnt vergehen, aber hey, besser spät als nie.

„Didn't I ever tell you I was gone? Bye bye“

Queen & David Bowie – „Under Pressure“

Von Queen gab es die weiße AMIGA-Platte, auf der eigentlich alles drauf war, was man von der Band bis heute kennen muss, um im Ferienlager bei der Zimmerdisco mitfeiern zu können: „We Will Rock You”, „We Are The Champions” und natürlich „Bohemian Rhapsody“. Dazu noch Perlen wie „Somebody To Love“, „Killer Queen“ und „Don't Stop Me Now“. Achja, und „Bicycle Race”, dessen Reim *„Fat-bottomed girls, they'll be riding today / So look out for those beauties, oh yeah“* zusammen mit dem Song „Fat-bottomed Girls“ mich bis heute irritiert. Eigentlich war mir das alles immer eine Spur zu dick aufgetragen und auf dicke Hose gemacht, aber natürlich suchte ich mir mehr von Queen zusammen, nachdem ich Fan der gigantomanischen Rockopern von Jim Steinman auf Meat Loafs „Bat Out Of Hell“ geworden war. (Das wiederum nur Dank „Rocky Horror“.)

David Bowie fand ich auch nur so lala. „Heroes“ – och, joar. „Space Oddity“ – gut, okay. „Ashes To Ashes“ – why not. „Wir Kinder vom Bahnhof Zoo“ machte ihn halbwegs interessant für mich, aber dieses zur Schau gestellte hedonistische Dandytum und das künstlerisch-wertvolle Rumgegakel nervten mich gewaltig. „Fake it til you make it“ oder was?

„Under Pressure“ war auf einem Mixtape meiner damaligen Freundin zwischen eher mainstreamigen Songs aus der Stadionrock-Ecke Ende der 1970er/Anfang der 1980er, Alan Parsons Project, Pink Floyd, Foreigner, Toto … so Zeug eben. Dann „Under Pressure“. Der hat mich sofort ergriffen. Ich weiß noch genau, wie ich mit dem Lied auf den Ohren mit der Glocke von Zuhause zum HGB-Zeichenkurs unterwegs war und gerade am Bayerischen Bahnhof vorbei kam, als die Bassline einfuhr. Dummdummdumm-du-du-dummdumm, Dummdummdumm-du-du-dummdumm, dann das Klavier: ding-ding. Irre. Der Text traf mich ebenso. *„Pressure / pushing down on me / Pressing down on you / No man ask for …“*. Ich war echt geplättet. *„It's the terror of knowing what this world is about / Watching some good friends screaming, „Let me out!““* Scheeeiiiße, war das die Band,

Poster linke Seite: Joey-Ramone-Tribute-Party in Ilses Erika 2002, Gestaltung von Schwarwel

die „Weeeee Are The Champions, my frieheeeeend“ grölten? Zusammen mit dem Typen, der Zeilen wie *„With God-given ass, he took it all too far / But boy, could he play guitar“* zum Star wurde? Und jetzt hauen die mich mit so einem clean produzierten Gassenhauer um? *„Insanity laughs under pressure we're breaking / Can't we give ourselves one more chance? / Why can't we give love that one more chance?“*. Unglaublich.
Für mich gab ich Queen und Bowie „that one more chance“ und ich hab es nicht bereut. „Rock'n'Roll Suicide“, „Life On Mars?“ oder „Rebel Rebel“ von Bowie wären mir ohne „Under Pressure“ ebenso verloren gegangen wie „Another One Bites the Dust“, „I Want To Break Free“ oder „Don't Try Suicide“ von Queen. Also: God saves the Queen.
„This is ourselves under pressure“ – dumm-du-du-dummdum, dummdummdumm, du-du-dummdumm, *„Under pressure“* – dumm-du-dummdumm, dummdummdumm-du-du dummdumm, *„Under pressure“* – dumm-du-du dummdumm, dummdummdumm-du-du-dummdumm – *„Pressure“*.

Pere Ubu – „Final Solution“

Mixtapes waren die Playlists der 1980er – naja, etwas umständlicher vielleicht, weil man vorspulen musste, statt einfach zu skippen, wenn man einen Song gerade nicht hören wollte. Bandsalat war auch schlimm. Und meistens verlor man irgendwie den Einlegezettel, auf dem die Tracklist aufgekritzelt war, meist mit einem Fineliner (aus dem Westen!), der schnell verblasste.
Ich machte auch ein paar Mixtapes. War eine scheiß Arbeit und so richtig wusste ich auch nie, wo diese ganzen anderen Kassetten eigentlich immer herkamen und wer den ganzen Aufwand betrieb, die obskursten Bands hintereinander auf Magnetband zu kopieren. Und wer hatte die ganzen Schallplatten, von denen die Songs mühevoll gerippt werden mussten? Rätselhaft.
Durch das viele Hin- und Herkopieren der Bänder klangen die Songs alle viel dreckiger, körniger und gelebter als die Originale auf Schallplatte. Als ich mir Sachen aus dieser Zeit später auf CD im Virgin Store auf dem Ku'Damm oder bei Mr Dead & Mrs Free in der Bülowstraße am Nollendorfplatz nachkaufte, war ich teilweise total baff, wie anders die klangen. Vieles davon mochte ich deshalb nicht mehr hören. Zu sauber, zu klar, zu viele hohe Frequenzen – der Charme, mit dem mich diese Songs auf meinen Bändern umfangen und für sich eingenommen hatten, war verflogen. (Jaja, ihr Nerds, ich weiß schon: Auf Vinyl klingt das alles viel, viel besser!)
Eine meiner Lieblingskassetten aus dieser Zeit kurz vor dem Mauerfall enthielt so frühes Post-Punk-Zeug bis hin zu New Wave. The Legendary Pink Dots waren darauf, wegen denen wir unsere Band von Tishvaisings irgendwann zu The *Legendary* Tishvaisings und wegen The Art of Noise schließlich zu *The Art of* The Legendary Tishvaisings umbenannten – ohne allzuviel von den Pink Dots oder Art of Noise zu kennen.
„Kerosene“ war auch drauf. Auf dem Beipackzettel stand als Interpret Steve Albini, also brauchte ich eine ganze Weile, bis ich herausfand, dass der Song eigentlich von Big Black war. Minutemen mit „This Ain't No Picnic“ waren drauf und irgendein Song, in dem es um ein „dress“ ging, bisschen im Albini-Style, aber natürlich ganz, ganz anders, der mich total einnahm, den ich aber nie wieder auffinden konnte. Und eben Pere Ubu mit „Final Solution“, den ich sooft gehört habe, dass dessen Refrain seitdem sofort in mir aufploppt, wenn ich mich zähneknirschend mit irgendeiner Zwischenlösung in welchem Kontext auch immer zufrieden geben soll, aber nicht bereit dazu bin. Pawlowscher Reflex:
„I don't need a cure
D-d-don't need a cure
D-d-don't need a cure
Need a final solution“

Dinosaur Jr. – „Repulsion“

Das erste Album von Dinosaur Jr. kannte ich bereits zu Ostzeiten. Schmoll, einer meiner Leipziger Szenefreunde, mit dem ich auch an unserem DDR-Musikfanzine „Messitsch“ rumwerkeln durfte, spielte es mir in seinem Jugendzimmer im Fliederhof vor, während wir über Westbesuche, Ausreiseanträge und ein mögliches Ende unserer ach so geliebten Deutschen Demokratischen DDR plauderten. Als die Mauer dann gefallen war, wurde eine Flugzeugladung voll vermeintlich progressiver, aber allesamt junger DDR-Künstler und -künstlerinnen eingeladen, sich in den Pariser Les Halles mit ihren Werken zu präsentieren. Die Firma (deren Mitglieder Tatjana und Trötsch noch nicht offiziell als IMs enttarnt waren) waren dabei, Die Art, Sandow, Volker Handloik als Digedag-Ausstellungskurator, eine Handvoll Maler und Künstlerinnen etc. Und eben auch Schmoll als Underground-Fanzine-Macher und ich als Comic- äh … Bande dessinée-Künstler. Großer Empfang im Élysée-Palast, Händeschütteln mit einem gelbstichigen Präsidenten François Mitterrand, französische Küche am Tisch mit Frankreichs damaligem Außenminister Roland Dumas. So Sachen halt.

Die Reise fand kurze Zeit nach meinem LSD-Horrortrip statt und meine Angstneurose samt Panikattacken hatte gerade angefangen, so richtig Fahrt aufzunehmen, sodass ich mich nicht in der Lage sah, auch noch die Rückreise mit dem Flieger zu überstehen. Schmoll war ebenso gerade in keiner guten Phase und so beschlossen wir, uns eine andere Rückfahrgelegenheit nach Berlin zu suchen. Ein holländischer Teddy Boy, der als Brian-Setzer-Double jeden Lookalike-Contest gewonnen hätte, besuchte uns täglich an unserem winzigen Kunstmessestand (Er war bei weitem nicht der Einzige – Comics waren dort DAS große Ding für die Franzosen!) auf dem freischwebenden Balkon, der sich quer über die gesamte Halle spannte. Wir quatschen in Deutsch und Englisch über Musik, Comics, Bands, Fanzines, das Nachtleben und den ganzen Quatsch und schließlich bot er sich an, uns zurück nach Berlin zu fahren, weil er sowieso mal dahin wollte.

Auf der Fahrt hörten wir „Dinosaur“. Das erste Album. Die ganze Zeit. So laut es ging. Beim höchsten Tempo, zu dem der alte Diesel in der Lage war. Es war ein Höllenritt. Ich war sicher, ich würde hier sterben. In diesem Auto, in die Rückbank gedrückt und zu einem Gott betend, an den ich gar nicht glaubte, dieser möge mich doch bittebitte nur noch dieses eine Mal verschonen – oder mich wenigstens noch dieses eine Lied zu Ende hören lassen.

„Does It Float“, „Severed Lips“, „Quest“ – all diese Songs wurden voller Druck und in rauschender Höchstgeschwindigkeit in mein System gepresst, während die nächtlichen Laternen der beleuchteten Autobahn an mir vorbeiflogen. Es gab Bier und Zigaretten. Und als die letzten Töne von „Bulbs Of Passion“ gequält erstarben, wusste ich, dass es gleich mit „Forget The Swan“ von Neuem beginnen würde, und ich mich jetzt schon freute, „Repulsion“ gleich nochmal zu hören. Seitdem liebe ich diese Band.

Der alte Diesel des holländischen Brian Setzer blieb ein paar Tage später beim Versuch der Rückfahrt nach Paris mit totalem Motorschaden im Straßengraben der Berliner Avus liegen und stattdessen musste eine teure Zugfahrt gebucht werden. So hat man immer etwas zu erzählen.

Illustration: Tatjana und Trötsch aus „1989 – Lieder unserer Heimat“, Anim + Regie Schwarwel

Hole – „Teenage Whore“

Hole spielten Anfang der 1990er im Berliner Loft, einem Club in der ersten Etage des Metropol, schräg gegenüber vom Swing am Nollendorfplatz, einmal meine Straße runter, wo wir in einer winzigen Einraumwohnung mit Miniküche und Minibad, aaaber mit Balkon zur Untermiete wohnten, bis wir wegen Eigenbedarf weiterziehen mussten. Der Nolli war so ziemlich das Zentrum der Zivilisation, Mr Dead & Mrs Free, Café M und Romanboutique gleich in der Goltzstraße, ein Stückchen weiter der Incredibly Strange Videostore und die Pinguin Bar, noch bissl weiter das Ecstasy … Wenn man sich wie ich für Livemusik, Comics und Horrorfilme interessierte, aber mit einer sich verschlimmernden Angstneurose zu kämpfen hatte, war es hier ideal, weil alles einfach zu Fuß zu erreichen war – und ich gegebenenfalls schnell wieder in meine Safety Zone zurückhetzen konnte.
Die Bands, die mich damals interessierten, spielten entweder im Ecstasy oder eben im Loft: Melvins, Babes In Toyland, Chili Peppers, L7, Bad Brains, Lush … und eben Hole, die mit ihrem ersten Album „Pretty On The Inside“ unterwegs waren. Das war brachial, zentnerschwer und direkt in die Fresse.
Im Loft war es damals üblich, während der Konzerte die Lautstärkeregler immer weiter aufzudrehen, sodass die Intensität der Musik nicht verloren ging, wenn sich das eigene Gehör mit Hilfe von Flaschenbier an den unglaublichen Lärm zu gewöhnen suchte, der dich an die Rückwand drückte. Gitarrendruck von Anfang bis Ende und Courtney Love war sowieso eine brüllende, flehende, klagende, anklagende und kompromisslose Urgewalt, wütend und entschlossen. „Teenage Whore“, „Garbadge Man“ (ja, mit „d“) und „Loaded“ waren herrliche, unbequeme Songmonster, die zwar irgendwo zwischen L7, Babes in Toyland und Sonic Youth zu finden waren, aber eigentlich waren sie etwas total anderes, eigenes. Hole und Courtney Love hatten mich jetzt also auch.

Als nach Kurt Cobains Suizid diese ganze üble Scheiße über seine Ehefrau Courtney Love ausgeschüttet wurde, muss das für sie wie damals für Yoko Ono gewesen sein, als sich die Beatles trennten und alle mit dem Zeigefinger auf John Lennons böse Ehefrau zeigten. Eine Schuldige musste her! Die Hexen sollen brennen! Das war widerlich. Ist es immer.
Courtney Love war und ist streitbar, impulsiv, ein herrliches Großmaul und mit Sicherheit nicht Everybody's Darling – und sie ließ und lässt sich verdammt nochmal von niemandem etwas gefallen. Das finde ich gut, das imponiert mir, feel you.
Ihre in der Darbietung etwas gemäßigteren, poppigeren Hole-Alben „Live Through This“ und „Celebrity Skin“ inklusive „Violet“, „Doll Parts“, „Playing Your Song“ und „Northern Star“ gehören deshalb genauso in meine Alltime-Playlist wie Courtney Loves Soloalbum „America's Sweetheart“ mit „Hold On To Me“ – allein schon der Texte wegen. Und überhaupt.

Ludwig van Beethoven – „9. Sinfonie in d-Moll op. 125“

Klassische Musik berührte mich nicht in meinen Kinder- und Jugendtagen. Außer zu Prokofjews „Peter und der Wolf“ und Mozarts „Zauberflöte“ mit ihrer Arie der Königin der Nacht fand ich keinerlei emotionalen Zugang dazu. Das hatte alles so gar nichts mit mir, meiner Lebenswelt und meinen Interessen zu tun und war etwas für alte Leute, die sich aufbretzelten und nach Billigdiesel stanken, wenn sie wie meine Omi mit ihrem Gewandhaus-Abo loszogen, um sich mit anderen alten Leuten in die Oper oder so zu setzen, dort nicht husten oder rascheln durften und dann immer so erhaben taten. Zwar versuchte es mein Vater auch mal mit uns, indem er meine Schwester und mich Sonntagvormittags in die „Hänsel und Gretel“-Oper von Engelbert Humperdinck und Adelheid Wette zerrte, aber außer einem mumpfig-dumpfen Gefühl ob des bedrücken-

den Saales und der Erinnerung an den crazy Namen des Komponisten – Engelbert Humperdinck, hihihihihi! – blieb da nichts hängen.
Obwohl ich meine Musiklehrerin sehr mochte – sie war auch die Klassenleiterin meiner Schwester, ihre jüngere Tochter ging mit mir in eine Klasse und wir waren uns sehr gewogen, sodass ich auch im Privathaushalt meiner Musiklehrerin ein- und ausging –, konnte sie mir keine Liebe zur klassischen Musik nahebringen. Bisschen Robert und Clara Schumann, bisschen Bach und Thomanerchor, bisschen Mendelssohn Bartholdy, mal am Rande Wagner erwähnt – eben die Klassikgrößen, die mit meiner Heimatstadt Leipzig verbandelt waren. Holte mich aber alles nicht ab.
Zwar sang ich bis zur vierten oder fünften Klasse auch im Schulchor und wir hatten sogar Auftritte in der Kleinen Handelsbörse am Naschmarkt, aber da gab es höchstens mal einen klassischen Kanon zwischen den harmlosen Kinderliedern und erbaulichen Lobpreisungen des real existierenden Sozialismus. Das war also auch alles nix.
Als ich später an den Theaterwerkstätten als Praktikant im Malsaal jobbte, sahen und hörten wir zwar arbeitsbedingt alles, was zu der Zeit in der Musikalischen Komödie, im Schaupielhaus und in der Oper aufgeführt wurde (weil: Hauptproben vom „Ball im Savoy“ oder der „Dreigroschenoper“ angucken war allemal besser, als selbst arbeiten zu müssen), aber auch hier: keine Reaktion.
Da musste erst ein Horror-, Antikriegs- und Science-Fiction-Regisseur wie Stanley Kubrick in mein Leben treten, der klassische Musik mit meinen „Lieblingsthemen“ so verband, dass ich endlich begriff, dass es keine Trennung in U- und E-Musik gibt, sondern dass ein Stück wie „Also sprach Zarathustra“ von Richard Strauss in „2001 – A Space Odyssey“ oder Béla Bartóks „Musik für Saiteninstrumente, Schlagzeug und Celesta“ in „Shining“ zum Hervorrufen meiner Emotionen und Assoziationen genauso gut geeignet war wie „Surfin' Bird“ von the Trashmen in „Full Metal Jacket“.
Mit „A Clockwork Orange“ setzten Kubrick und der Autor der Romanvorlage Anthony Burgess dem Ganzen natürlich die Krone auf. Beethoven und die 9. Sinfonie sind integraler Bestandteil der gesamten Handlung rund um das Schicksal des gewalttätigen und vergewaltigenden Jugendbandenchefs Alex. Ich war hin und weg. Und angeekelt und entsetzt. Und fasziniert und voller Abscheu. Kurz: Die Klassik fing mich doch noch ein.
Für ein paar unserer animierten Kurzfilme habe ich inzwischen selbst Mendelssohn Bartholdy, Wagner und Beethoven für die Soundtracks genutzt. Im Falle Beethoven haben wir 2016 sogar den Gewandhauskinderchor dazu bekommen, uns die „Ode an die Freude“ für „Leipzig von oben – Leben und Sterben in der Stadt“ exklusiv einzusingen. Nur für diesen Film, nur für uns. Wir waren das einzige Publikum. Unglaublich.

Wenn ich mal einen echten seelischen Upper brauche, habe ich neben einer Playlist für Mozarts Klaviermusik natürlich auch eine Playlist für Beethovens Sinfonien auf meinem iPod und mein musikalisches Highlight findet jedes Jahr zu Silvester pünktlich 17 Uhr auf dem MDR statt: „Die Neunte“, richtig laut.

Fotos Sandra Strauß: Schwarwel bei den Gewandhauskinderchor-Aufnahmen für „Leipzig von oben“

Billy Joel – „Goodnight Saigon“

„We met as soul mates on Parris Island
We left as inmates from an asylum
And we were sharp, as sharp as knives
And we were so gung ho to lay down our lives“

Billy Joels Antikriegssong entdeckte ich für mich – wie sollte es anders sein in den Endachtzigern/Anfang der 1990er – auf einem Mixtape, auf dem auch Joe Jackson, Elvis Costello, Nick Cave und solche eher exzentrischen Typen drauf waren. (Ja, Typen, immer wieder Typen – wirklich erschreckend, wie wenig Frauen auf diesen ganzen Tapes in den vermeintlich eher aufgeklärten Punk-, Indie- und beginnenden Alternative-Szenen als Empfehlung oder gar als Selbstverständlichkeit enthalten waren. Patti Smith, Siouxsie and the Banshees und Blondie waren da echt die großen Ausnahmen. Vielleicht noch X-Ray Spex – aber da musste man schon ein Tape von jemandem mit Kennung erwischt haben. Die Hippies vorher hatten wenigstens noch Joni Mitchell, Janis Joplin, Joan Baez und Stevie Nicks, aber ich fürchte, auch die waren schon Ausnahmen. Girlschool, Wendy O. Williams oder selbst eine Doro Pesch waren im Metal ebenso eher die Einhörner. Erst mit Babes in Toyland, Kim Gordon (Sonic Youth), Kim Deal (Pixies und Breeders), Bikini Kill, L7 und Hole erkämpften sich Frauen meiner Meinung nach eine neue Sicht- bzw. vor allem Hörbarkeit auch in den härteren, gitarrenlastigeren Musikgenres. Oh! Sorry, ich hab Suzie Quatro und Joan Jett unterschlagen. Aber ich schweife total ab …)

Billy Joels „Goodnight Saigon“ gehört für mich in meine Liste der großen Antikriegssongs, die mich jedes Mal emotional total ein- und mitnehmen, wenn ich sie höre. Dieses Lied lief sehr oft in der Küche einer Wohnung in Berlin Moabit, wo ich mit meiner Freundin in einer eher gruseligen WG untergekommen war und ich meinen Arbeitsplatz mangels Alternativen am Küchentisch aufgeschlagen hatte, wo ich mit Moser und Rauer auch unsere beiden „Fischmarkt“-Ausgaben zusammenstellte – von einer Karriere als große Indie-Comicmagazinverleger träumend, hinter uns der plärrige Radiorekorder, auf dem entweder diese ganzen Tapes liefen oder das eher linksalternative Radio 100, bis es Anfang 1991 pleite und vom Sender ging. So wie Fischmarkt dann auch.

„And we would all go down together
We said we'd all go down together
Yes, we would all go down together“

Sonic Youth – „Kool Thing“

Als Motörhead – die immer ganz stolz von sich behaupteten, die lauteste Band der Welt zu sein – im Frühjahr 1991 in der Werner-Seelenbinder-Halle spielten, wohin ich natürlich mit meinem best buddy gegangen war, dachte ich, ich hätte vielleicht einfach was mit den Ohren. Ja, es war sehr laut, aber im Vergleich zu Sonic Youth ein halbes Jahr vorher war das hier nur gemäßigte Zimmerlautstärke. Sorry, Lemmy, kannst einpacken.

Sonic Youth spielten im Berliner Tempodrom, diesem großen, an den Seiten offenen Festzelt, und ich nehme an, das noch irgendwo in Brandenburg die Fensterscheiben klirrten. Babes in Toyland waren Vorband und als sie anfingen, dachte ich: „Hui, die legen aber einen vor.“ Pure Energie, alle Regler bis 11. In ihren Puppenkleidchen-Outfits, mit aggressivem Gesang, derben Drums und rauen Gitarrenriffs rissen sie alles ab, weshalb ich mir den Namen gut merkte. Als ihr Album „Fontanelle“

mit „Bruise Violet“ darauf ein Jahr später erschien, hatte ich mir schon alles besorgt, was es von Babes in Toyland und Frontfrau Kat Bjelland bis dato gab. Ihre Vorgängerband Sugar Baby Doll hatte Bjelland gemeinsam mit Courtney Love und Jennifer Finch – Love machte dann Hole und Finch gründete L7, zwei Bands, die ich bis heute laut aufdrehe, wenn mir die Welt da draußen mal so richtig auf den Sack geht: „Violet“ und „Shitlist“ als Favoriten.
Sonic Youth waren damals im Tempodrom schon die großen Indie-Stars und hatten zuletzt mit „Daydream Nation“ und „Goo“ zwei Alben hingeknallt, an denen man als Freund verstärkter Gitarrenmusik einfach nicht vorbei kam. „Teenage Riot“, der Opener von „Daydream Nation“, bleibt für mich ein Hit für alle Ewigkeit, muss aber leider immer einen Schritt hinter „Dirty Boots“ zurücktreten – und fünf Schritte hinter „Kool Thing“:
„I just wanna know, what are you gonna do for me? / I mean, are you gonna liberate us girls / From male white corporate oppression?“ Däng!
Wenn Babes in Toyland an diesem Abend die Regler bis 11 hatten, dann waren Sonic Youth irgendwo bei 17, 18. Mindestens. Im Berliner Speckgürtel dürften einige Gläser zersprungen sein. Meine Ohren klingelten noch wochenlang und ich summte zur Musik in meinem Kopf.
„I don't wanna, I don't think so
I don't wanna, I don't think so“
„Kool Thing“ nutzte ich gut zehn Jahre später als eine Inspiration und tiefe Verbeugung für unseren Born Cool-Song „I Wanna“. So abgehangen, cool und rotzig haben wir das natürlich nicht hinbekommen, schon allein, weil wir keine Kim Gordon in der Band hatten, die sich traute, einfach mal drauf zu scheißen, ob das jetzt tonal so superexakt gesungen oder ob der Gesangseinsatz überhaupt auf dem Punkt war – die Intension und die Attitude müssen stimmen, um mich reinzuholen. Und das tun sie.

Nirvana – „Smells Like Teen Spirit“
Tad – „Behemoth“

Im November 1989 – kurz nach Mauerfall – spielten Nirvana auf ihrer „Bleach“-Tour zusammen mit Tad (*„You will fall down, Behemoth – Motherfucker!“*) im Berliner Ectasy, einem Laden für Alternative Rock und härtere Gangarten, für den ich schon bald darauf Poster und Flyer für jeweils einen Fuffi und eine Flasche Jack Daniel's gestaltete – und für freien Eintritt. Die Miete konnte ich davon nicht zahlen, aber so nahm ich wenigstens jeden Gig mit, den ich mitnehmen konnte: Big Chief, L7, Poison Idea, The Selecter, Divinyls, Soul Asylum, They Might Be Giants, Screaming Trees, Beasts of Bourbon … Viele Bands, viele Abende, viel Jack Daniel's. Später machte ich für den gleichen Veranstalter auch das Poster für das 1991er „Rock Together“ am Weißensee, wo neben Bad Religion, Napalm Death und Entombed auch meine ex-Band Tishvaisings mit neuem Sänger auftraten, nachdem ich aufgrund meiner durch einen LSD-Höllentrip ausgelösten Angstneurose nicht mehr auf der Bühne stehen konnte und während unserer Tour mit den Strichern das Handtuch geworfen hatte. So war ich jetzt dazu verdammt, nur noch Zuhörer, Fan und schnöder Konsument zu sein, weshalb ich umso mehr Zeit in die Gestaltung von Shirts, Plattencovern, Postern und Flyern investierte und das Layout des aus unserem DDR-Underground-Fanzine „Messitsch“ hervorgegangenem Musikmagazins gleichen Namens übernahm, um wenigstens irgendwie noch etwas mit meiner Leidenschaft Musik zu tun zu haben.
„Smells Like Teen Spirit“ hörte ich das erste Mal in der Alternative-Disco, die das Ectasy einmal die Woche oder so veranstaltete. Keine Ahnung, was der Song hatte, aber er lief an diesem Abend bestimmt fünf oder sechs Mal, weil ich offensichtlich nicht der Einzige zu sein schien, den diese Musik total abholte und in dem das irgendetwas tief drinnen auslöste. Als Nirvana damals mit Tad auftra-

Cover linke Seite: Fischmarkt 42/1 mit Schwarwel-Cover und 42/2 mit Daniel Schwarz-Cover, 1990 ten, war ich wegen Tads Album „God's Balls“ dort und Nirvana waren zwar ziemlich okay und durchgeknallt, aber nicht so wirklich der Oberburner. Und jetzt, zwei Jahre später, fegten diese Typen mit ihrer Wut, ihrer Verletzlichkeit und ihrer Energie alles weg, was nicht bei drei auf den Bäumen war.

„With the lights out, it's less dangerous
Here we are now, entertain us
I feel stupid and contagious
Here we are now, entertain us“

Wieder drei Jahre später, im April 1994, erreichte mich die Botschaft von Kurt Cobains Suizid in der Redaktion des Leipziger Stadtmagazins Kreuzer, in der ich gerade für ein Taschengeld Stopper-Anzeigen bastelte. Der Deadline-Stress war augenblicklich ausgebremst und alle, die an diesem Tag in diesem Raum waren, mussten sich erstmal neu sortieren. Man konnte eine Stecknadel fallen hören. Das war ein echter Schock.

Als Elvis 1977 starb, war mein Vater traurig und er hörte ein paar mal „In The Ghetto“ und „Love Me Tender“, was ich als Neunähriger durchaus von der Seitenlinie mitbekam. Als Lennon 1980 erschossen wurde, kann ich mich noch an die Tagesschaumeldung erinnern und ich fand das schlimm. Der Typ mit dem „Give Peace A Chance“ und „Imagine“ wurde einfach so abgeknallt, mitten auf der Straße ... Doch Cobains Tod traf mich richtig hart und ich denke heute noch, was für eine Tragödie, was für eine Verschwendung, was für ein Verlust.

Foo Fighters – „Alone + Easy Target“

Als 1995 das erste Foo Fighters-Album rauskam, war ich auch gerade wieder in der Kreuzer-Redaktion, um da wasauchimmer zu machen. Es war das erste Lebenszeichen eines Nirvana-Mitglieds nach Kurt Cobains Suizid und ich war ziemlich gespannt, was mich da erwarten würde, als ich die CD in den Redaktions-Player schob. Das Cover sah gebraucht und verwaschen aus – was mir gefiel –, der Sound klang genauso. Irgendwie so Fifties-Räume, wo Bass überwog und alle grellen Töne einfach verschluckt wurden. Wie etwas von früher, nur mit viel mehr Gitarren. Eine lange Halbwertzeit gab ich dem Ganzen nicht, weil es beim ersten Eindruck recht beliebig und unspektakulär daherkam.

Doch irgendwie ertappte ich mich dabei, dass ich das Album dann ständig hörte, weil der Sound mich so einbettete und umschloss. Bis auf ein kurzes Gitarrensolo hatte Dave Grohl alles allein aufgenommen – da gab es noch keinen Pat Smear oder Taylor Hawkins. Ein schönes Album, warm, privat, unaufdringlich und trotzdem energetisch und mit diesen Ausbrüchen, die ich schon bei Nirvana, Dinosaur Jr. und Pixies liebte. Das richtige Lebenszeichen nach dem Verlust eines zumindest die Musikwelt prägenden Mitmusikers. Für mich das „Back in Black“-Album des Grunge.

Pixies – „Where Is My Mind?“

Die Pixies-Alben „Surfer Rosa“ und „Doolittle“ geisterten schon zu Ostzeiten durch die kopierte Tapelandschaft. Doch echte Bedeutung bekam „Where Is My Mind?“ für mich erst einige Wochen nach meinem ersten und einzigen LSD-Höllentrip, der mich im Herbst 1989 in eine vollkommen andere Realität katapultiert hatte, aus der ich nie wirklich zurückgekehrt bin. (Pro-Tipp: Schluckt nichts, was ihr nicht kennt! Vor allem nicht, wenn ihr sowieso schon besoffen seid!)

Mit meiner damaligen Freundin hing ich auf der „Insel“ (früher „Insel der Jugend“) bei einer Alternative-Disco ab, weil nirgendwo ein Konzert stattfand, das wir hätten besuchen können. *„Ooh—stop!“* Ich hatte mit Hypochondrie, Panikattacken und Angstzuständen zu kämpfen und weinte im Selbstmitleid badend in meinen Longdrink, als der Pixies-Song einsetzte.

„With your feet on the air
And your head on the ground
Try this trick and spin it, (Yeah) yeah“

Zu meinen Zuständen gehörte auch, dass mich bestimmte Sounds, starke Bässe und leicht schiefe Melodien sofort in Todespanik versetzten, weil ich dachte, ich wär wieder auf dem Trip. Sobald ich das Geräusch zuordnen konnte, bekam ich meist wieder halbwegs festen Boden unter die Füße und mein Herzrasen und der kalte Schweiß wurden wieder überschaubarer.

„Your head will collapse, if there's nothing in it And you'll ask yourself"

An diesem Abend versuchte ich mich mit den Pixies voller Inbrunst aus diesem elenden Trauerspiel herauszutanzen.

„Where is my mind? Where is my mind? Wheeeeere is my mind?"

Klappte nur bedingt. Naja, eigentlich gar nicht.

„Way out in the water, see it swimmin'"

Es brauchte noch ein gutes Dutzend Jahre des Alkoholmissbrauchs, der Lektüre schlechter Ratgeber, der Selbstmedikation mit Baldrian, Schmerz- und Schlaftabletten, des Kiffens, des Ignorierens und der Selbstzerstörung inklusive schlimmer Beeinträchtigungen meines engsten Umfeldes, bis mich irgenwann eine Panikattacke (Oder war es ein Nervenzusammenbruch?) so stark in die Knie zwang, dass ich mich auf die Gleise des Berliner Ostbahnhofs werfen wollte. Ich war klug oder feige genug, stattdessen mein Telefon zu zücken, um endlich um professionelle Hilfe zu bitten.

Kann ich allen nur empfehlen.

Type O Negative – „Everyone I Love Is Dead"

Die Mannschaft des Berliner Ectasy suchte sich irgendwann Anfang der 1990er neue, größere Veranstaltungsräume und wurde am Hermannplatz in Neukölln fündig. Ich steuerte den neuen Namen sowie das neue Logo bei und machte die Monatsanzeigen. Der Deal zwischen uns blieb so beschissen, wie er war. Egal: mehr Konzerte, die ich mir reinziehen konnte. Das neue Büro/die neue Wohnung des Veranstalters lag auch gleich bei mir um die Ecke in Schöneberg, sodass ich es nicht weit hatte, um meine Entwürfe und Disketten vorbeizubringen und einen Kaffee zu trinken.

Eines Tages hingen auch Type O Negative dort rum und ich war freudig überrascht, mal diese Typen meiner ob ihrer Krassheit hart gefeierten Jugendband Carnivore zu treffen. Für so etwas war meine Zeit mit dem Ectasy und Huxley's tatsächlich toll, weil man die Musiker und Musikerinnen einfach in lockerer Arbeitsatmosphäre kennenlernte, ohne Fangetue, Stardomscheiße oder Brimborium. Normale Leute. Jedenfalls meistens. Ich weiß nicht, ob das direkt nach der Album-VÖ der „Slow, Deep And Hard" war oder erst nach der „Origin Of The Feces", aber Type O hingen nicht grundlos in der ziemlich abgerockten Bürowohnung ab. Der gerechte Zorn gegen Peter Steeles Songtexte schlug – vor allem in der linksautonomen Szene – nach wie vor hohe Wellen und es hatte in der Nacht einen Buttersäure-Anschlag aufs Huxley's gegeben, sodass jetzt überlegt wurde, was mit dem angesetzten Konzert am Abend passieren sollte. Peter Steele trohnte in einem Sessel in der Mitte des Büros und sonderte sarkastische Bemerkungen ab, schwarzhumorig und sophisticated, während Josh Silver in der Küche die beiden exotischen Vögel bewunderte, die da kreischend von ihrem Deckenkäfig aus alles vollkackten.

Illustration: Schwarwel

Da ich wusste, dass Josh Silver Jude war, fand ich die Nazi-Vorwürfe gegen die Band schon irgendwie absurd, auch wenn der anlassgebende Song „Der Untermensch“ mit seinen rechten Schwurblerslogans gegen vorgebliches Sozialschmarotzertum populistisch, verallgemeinernd und hart rechtskonservativ war und ist, und damit definitiv keine Hymne des Antifaschismus oder der humanistischen Aufklärung darstellt. Da wird nach unten getreten. Armselig und enttäuschend.

Die Vorwürfe der Frauenfeindlichkeit, die sich vor allem auf „I Know You're Fucking Someone Else“ bezogen, fand ich schon deshalb Quatsch, weil ich ja selbst schon mit „Blaue Augen“ einen solchen infantilen, verletzenden Rache-Text geschrieben und vor Publikum gesungen hatte. Bei weitem nicht so krass in der Wortwahl, aber auch da war eine einzelne Person gemeint und nicht die ganze Welt. Aber ja, prinzipiell gab und gebe ich allen Kritiker:innen natürlich Recht. Wer solchen Hass in seinen Songs in die Welt schleudert, muss sich völlig zu Recht auch dafür angehen und kritisieren lassen. Gerne auch mit Buttersäure, wenn kein Dialog zustande kommt.

Mir war das zu diesem Zeitpunkt alles relativ wurscht, weil Type O nicht auf meiner Favoritenliste stand und deren Dilemma deshalb für mich ein Problem anderer Leute (PAL) war. Auch mit ihren textlich etwas braveren Alben „Bloody Kisses“ und „October Rust“, die ich später beide im Miniabteil für Musik in meinem ersten Comicshop anbot, holten mich Type O nicht ab, weil sie mit ihren berechenbaren Samenziehern („My Girlfriend's Girlfriend“) und Hoheliedern der Schwarzen Szene („Black No. 1“) so gar nicht meine Themen adressierten und mir auch ihre Selbstdarstellung als „Last Man Standing“ und „Wir gegen den Rest der Welt“ à la Onkelz und solcher Macker reichlich auf den Sack ging.

Aber sie erwischten mich 1999 mit „World Coming Down“. Und da dann so richtig. Die CD lief im Auto, als ich mit Herrn A. am Steuer von einer vollkommen absurden, alkgetränkten, abgefuckten Nacht auf dem Hamburger Kiez zurück nach Hause fuhr. Ich war noch auf Restalkohol und wollte am liebsten hier und jetzt sterben, weil ich voller Schuld und Scham war, depressiv und vollkommen im Arsch. *„I've lost myself again / I've lost myself again / It's a nightmare, but it's clear / It will end, but when? / The break of day / I rot away / With every breath / I pray for death“* aus dem Opener „White Slavery“ über Steeles Kokainsucht brachte mein Gefühl vollkommen auf den Punkt. Und mit „Everyone I Love Is Dead“, „World Coming Down“ und „Everthing Dies“ wurden die letzten Nägel in meinen Sarg geschlagen.

„At times, I'm truly terrified
'Cause dope and booze don't help to hide
They're used to mask a weakling's hurt
It's just like painting over dirt“

Textlich war das alles gereift und ausdifferenziert, musikalisch geschliffen, poliert und mit rostigen Nägeln garniert. Ich liebe und hasse alles an diesem Album. Es zieht mich runter und baut mich auf. Es wirft mich auf mich selbst und es bringt meinen Arsch hoch. Peter Steele war für mich ein Arschloch, ein Kindskopf, ein Trottel und ein begnadeter Songschreiber, Soundtüftler und Interpret. Ein Zerrissener, ein Selbstzweifler, ein Großmaul und ein Träumer. Total ambivalent.

Sein Tod 2010 war scheiße. Er gehört neben Joey und Dee Dee in meinen „Club 50“ der zu früh, aber eigentlich doch irgendwie zum richtigen Zeitpunkt Verstorbenen. Da steht das Werk fest. Man kann seine Hinterlassenschaft an die Welt nicht mehr mit dem eigenen Arsch einreißen oder noch mehr verschlimmern – wie man es eben sehen will. Wenn ich mich mit meinem immer biblischer werdenden Alter befasse – was ich zugegebenermaßen viel zu oft tue –, bemesse ich das stets in X Jahre mehr als Joey, X mehr als Peter und X mehr als Dee Dee. Obwohl ich natürlich weiß: Quantität ist nichts, Qualität ist alles.

Dead Moon – „Diamonds In The Rough“

Auch so eine Band, die schon kurz vorm Mauerfall durch die ostzonale Tape-Landschaft geisterte und die ich sofort liebte. „Dead Moon Night“, „D.O.A.“, „Running Scared“ … Dreckig, leidenschaftlich, abgerockt – Garagerock par excellence.

Silvester 1990 spielten sie im verschwitzten Ectasy und ihr „Walking On My Grave“ wurde – zumindest im Westteil Berlins – ein veritabler Indie-Hit. (Wahrscheinlich lief er ein paar Mal auf Radio 100 – kann mich nicht mehr erinnern, wieso solche Songs plötzlich in meinem Umfeld bekannt waren – an MTV lag es jedenfalls nicht.)

Das Ehepaar Toody (bass, voc) und Fred Cole (git, voc) war etwa so alt wie meine Eltern, aber irgendwie hatten sie sich ihr Leben etwas anders eingerichtet. Sie reisten mit Drummer Andrew Loomis (Ja, der, der beim Trommeln diese herrlich schaumigen Bierfontänen auf seinem Standtom fabrizierte.) und ihren Studentenkindern am Merch-Stand durch die Gegend und bespielten Leute in meinem Alter. Sie wurden ganz besondere Hausfreunde des Ecstasy und als sie später in Huxley's kleinem Saal – Huxley's jr. – spielten, durfte ich sie danach beim gemeinsamen Abendbrot am Langtisch für mein Fanzine „Orgasm Death Gimmick“ interviewen. Eigentlich sollte es dabei um den Tod gehen (Dead Moon, D-e-a-d Moon, faschtehste?), weil ich mich in diesem Fanzine ausschließlich mit dem Tod beschäftigte („Todesking“ von Buttgereit war natürlich auch mit drin.), aber irgendwie weigerten sich die drei, allzu viel zu diesem Thema zu sagen, weil sie sich lieber mit dem Leben befassen wollten.

„This is my chance, this is my life
And my opening hour
This is my choice, this is my voice
There may be no tomorrow“ („It's OK“)

Wegen meiner Hypochondrie, meiner Angstzustände und den Panikattacken folgte ich jedoch meiner eigenen Agenda. Ich wollte so viel wie möglich über das Sterben und den Tod erfahren, um mich zu trösten, zu beruhigen oder irgendwie eine Lösung für meine Struggles mit der Todesangst zu finden – konnten die drei nicht wissen. Ebensowenig wie alle anderen, die ich für „Orgasm Death Gimmick“ ausfragte oder um einen Beitrag bat, weil ich meine wahren Gründe für mein Tun aus Scham verbarg. Fil mit seinem Comic als bestes Beispiel für das verständliche Unverständnis. Ich war noch lange nicht bereit, mich offen und offenherzig mit meinen inneren Dämonen auseinanderzusetzen.

„I'm not ready to let go
I'm not ready for stereo
I'm not ready to give in
I'm not ready to start again“

Das Fanzine gab ich während der dritten Nummer auf – die kopierten Inhaltsseiten schleppte ich noch eine Weile mit mir rum, fand aber nicht die Energie, die noch zu heften oder damit noch irgendetwas anzustellen. Moser und Rauer fragten mich, ob sie den Namen für ihre Band mit Kruspe haben konnten. Konnten sie, weil wir vorher mal gemeinsam dafür geprobt hatten, wobei ich als in Frage kommender Sänger plötzlich eine heftige Panikattacke bekam und dann sinnlos rumlag und dachte, ich würde jetzt sterben. Danach war mein Körper stundenlang vollkommen taub und ich hielt meine Hand in Mosers Tiefkühlfach, um zu testen, ob ich noch was spüre. Tat ich nicht. Naja, egal. Ich dachte einfach,

Cover: Orgasm Death Gimmick #1 und #2
von Schwarwel

ich schuldete ihnen etwas für mein Versagen, weshalb sie neben dem Namen auch ein paar Schriftzug-Optiken nebst Bandaufklebern dazu bekamen. Nur weg damit.
„I'm not ready to be controlled
I'm not ready to be so-so
I'm not ready to calm down
I'm not ready to leave this town“

Saint Vitus – „Born Too Late“

„They say my songs are much too slow
But they don't know the things I know“
Saint Vitus mit Wino am Gesang waren Anfang der 1990er der Grund, warum mein Ex-Kompagnon und ich unsere Berliner Firma „Doom Graphics Agency“ oder kurz DGA nannten. Keine gute Idee, weder der Name noch die Firma noch mit diesem Kompagnon. Aber wer nicht hören will, muss fühlen – und das tu ich bis heute. Und werd es wohl tun müssen, bis ich dereinst in mein tiefes, dunkles Grab sinken werde.
„I know I don't belong
And there's nothing I can do
I was born – too late
And I'll never be like you“
Okay, hier ein kleiner Pro-Tipp für euch junge, freshe Start-Upper:innen da draußen: Wenn ihr unbedingt eine Firma gründen wollt, gründet KEINE GbR! Egal, mit wem. Und verwendet auf keinen Fall das Wort „Doom“ im Namen, denn das führt definitiv in den Ruin. Dankt mir später.
„In my life things never change
To everybody I seem strange“
Saint Vitus spielten im Knaack-Klub, Greifswalder Straße, gleich um die Ecke der Messitsch-Redaktion, die dann auch unser Firmensitz wurde. Als Messitsch hatten wir zusammen mit dem damaligen Klubbetreiber Stefan die Band neben einer Handvoll weiteren für ein Mini-Festival mit Doom- und Stoner-Bands gebucht und mit ihrem langsamsten aller langsamen Soundteppiche bliesen sie mich wirklich weg. Gaaanz laaangsaaam, aber unerbittlich.
„But in my world now something's died
So I just stare with these insane eyes“
Saint Vitus übernahmen bei mir fruchtbaren Boden, weil ich nicht nur Black Sabbaths Gassenhauer „Iron Man“ und „Paranoid“ liebte, sondern auch Songs wie „War Pigs“ und „Hand of Doom“, mit denen Black Sabbath den Doom-Metal ja quasi sowieso schon erfunden hatten. (Und ja: Ich bin Team Ozzy, Ronnie James Dio war mir immer zu exaltiert und kreischig, egal was er machte.)
„I know I don't belong
And there's nothing that I can do
See I was born, born too late
And I'll never be like you“
Von Saint Vitus führte dieser Weg weiter zu Stonern wie Kyuss und Queens of the Stone Age, zum Schinkengott Danzig mit seinem „Dirty Black Sommer“ und „Mother“, zu den apokalyptischen Neurosis der „Souls At Zero“- und „Enemy Of The Sun“-Phase (Scott Kelly hat sich bei mir inzwischen auf die No-Go-Liste gesetzt, was es auch schwer bis unmöglich macht, weiter Neurosis zu hören.), zu den alles überragenden Melvins und natürlich zu Type O Negative, die neben den Beatles und Neil Young natürlich auch „Paranoid“ gecovert hatten. Und es ging direkt wieder zurück zu Black Sabbath (Ozzy-Version), die 2013 mit ihrem Album „13“ und der Hilfe von Rick Rubin allen, die es wissen wollten, noch mal zeigten, wie das eigentlich alles gemacht werden muss, damit es deine Seele zum Schwingen bringt. We are doomed.
„I'll never be like you
And I don't want to be like you“

Iggy Pop & Kate Pierson – „Candy“

Als meine Zeit in Berlin nach drei Jahren langsam auslepperte – schlimmer Beziehungsquatsch, die Agentur klapperte erheblich, meine Omi war gestorben, Panikattacken galore und ich fühlte mich noch orientierungsloser als ohnehin –, fuhr ich jeden Freitag mit dem letzten abgezählten Kleingeld mit dem letzten Zug nach Leipzig – wenn ich ihn nicht verpasste, was öfter vorkam. Dann hing ich die Nachtstunden am Gleis in Schönefeld rum, bis endlich der erste Morgenzug einrollte. Die Zeit verbrachte ich mit meinem Walkman, weil es da einfach nichts anderes zu tun gab. Der Bahnhof war leer, dunkel und irgendwo im Nirgendwo. Neben den Gratiskassetten aus Musikmagazinen, die mir Teenage Fanclub, De La Soul, Suicidal Tendencies, Ice-T oder Pearl Jam um die Ohren hauten, hatte ich mir Iggy Pops Album „Brick By Brick" als Kassette zugelegt – eigentlich nur wegen des Coverartworks von Charles Burns, dessen El-Borbah-Comics mit einem Wrestler als Privatdetektiv ich im Groben Unfug entdeckt hatte und den ich liebte und liebe. Hard-Boiled Detective Comics in knallhartem Schwarz-Weiß, die Cover in klaren Farben, kein Schnickschnack, nur surrealistische Alptraummotive – wie eben auch auf dem Iggy Pop-Cover.

„Search And Destroy" von Iggy and the Stooges war neben MC5s „Kick Out The Jams" natürlich ein Pre-Punkrock-Klassiker, „Lust For Life", „The Passenger" und „Blah Blah Blah" waren auch schon irgendwo auf meinen alten Mixtapes, aber dieser Sound von „Brick By Brick" erinnerte mich eher an „Subterranean Jungle" von den Ramones, fast zu sauber produziert, ploppendes Pop-Schlagzeug, Gesang weit vorn, alles sehr aufgeräumt, sodass man hinter die Noten hören kann und einsinkt wie in eine zu weiche Matratze – also ideal, wenn man mutterseelenallein auf einem stockfinsteren Bahnsteig die Nacht durchbringen muss.

Das gesamte Album habe ich aufgrund meiner damaligen Lebensumstände wahrscheinlich öfter gehört als irgendetwas anderes in meinem Leben und trotzdem werde ich von „Home" bis „Livin' On The Edge Of The Night" einfach nicht müde davon. „Main Street Eyes", „Something Wild", „Starry Night", „Brick By Brick" ... das hat sich alles tief in mein System gebrannt („Pussy Power" und „My Baby Wants To Rock'n'Roll" mal ausgenommen). Aber getoppt wird das alles natürlich immer von „Candy" und Kate Piersons unglaublicher Gesangsdarbietung. „Roam" und „Love Shack" von den B52's schön und gut, „Shiny Happy People" mit R.E.M. okay, aber „Candy", Alter, „Candy" ... Anfang der Nullerjahre hatte ich den Auftrag, für das Video zur „Candy"-Coverversion der spanischen Glitterpunkband The Killer Barbies feat. Bela B die Trickfilmsequenzen und Rotoskopie-Animationen zu machen. Problem: Iggy-Pop-Pretender Herr B wohnte aus Gründen den Realfilmaufnahmen nicht bei, weshalb der Schlagzeuger und Lebenspartner von Sängerin Silvia als Double performen musste, damit ich da später Bela B als Vampir drüberzeichnen konnte. Das Ergebnis war eher so lala. Traf für mich leider auch auf den gesamten Song zu. Sich mit einer Performance wie der von Iggy Pop und Kate Pearson zu messen, wie sie die bei „Candy" hingelegt haben – da gehört schon eine gehörige Portion Mut und Hybris dazu. Ohne Erfolgsgarantie. Meint: Ich bleib beim Original. Hab ja sowieso keine andere Wahl.

The Prodigy – „Out Of Space"

Mein Leben zwischen Berlin und Leipzig war für keinen der Beteiligten eine allzu tolle Angelegenheit.

„Sometimes I wonder who am I
The world seeming to pass me by
A younger man now getting old
I have to wonder what the rest of life will hold"
(Lou Reed in „Who Am I")

Nachdem ich Montag Mittag am Alex aus dem Zug fiel, arbeitete ich in der Agentur der Kohle hinterher, die dann komplett für die Miete einer Wohnung drauf ging, in der ich mich sowieso nur zum kurzen Schlaf auf der unbequemen Couch aufhielt, bevor ich wieder von Moabit in den Prenzelberg fuhr, um dort dämliche Visitenkarten und Briefköpfe für Leute hinzurotzen, denen ich egal war und die mir egal waren.

„I hold a mirror to my face
There are some lines that I could trace
To memories of loving you
A passion that breaks reason in two"

Freitag Nacht dann frustriert den Computer runter- und mich nach Leipzig fahren, dort pleite und komplett im Arsch ankommen, um irgendwie halbgewalkt an einer Wochenendbeziehung teilzunehmen ... Vergiss es. Sowas tut niemandem gut. Ich tat mir selbst nicht gut. Und anderen auch nicht.
„I - I - I have to think and –
I have to think and stop me now
If reminices make you frown
One thinks of what one hoped to be
And then faces reality“
Mit meinem best buddy war ich über meine ganze Berliner Zeit weiter lose in Kontakt geblieben. Für seine neue Band Think About Mutation hatte ich den Logo-Fisch und das erste Tape gestaltet und ich versuchte, von der Seitenlinie aus ihre Fortschritte mitzuverfolgen, obwohl ich natürlich am liebsten selbst dabei gewesen wäre. Hm, für einen Gastgesangspart auf dem ersten Album hat es immerhin gereicht ... Und davon ab waren die auch auf einem komplett anderen Film und ich kannte mich in Leipzig überhaupt nicht mehr aus. Die Zeit war ja nicht stehengeblieben.
Während ich „Pretend We Are Dead“ von L7 und „Waiting Room“ von Fugazi hörte, hatten die „Be Aggressive“ von Faith No More und „Under The Bridge“ von den Chili Peppers bereits hinter sich gelassen und als Band wollten sie sowieso klingen wie eine Mischung aus Slayer und The Prodigy. Äh ... The Prodi-wer?
Als dann das Acid- und House-Clubbing begann und Eikos Leipziger Zündspule plötzlich der place to be war, steckte ich mich dort auch mit The Prodigy an:
„I'll take your brain to another dimension
Pay close attention!“
Parallel zu Alternative Metal wie Helmets „Wilma's Rainbow“ und The Cramps' „Bikini Girls With Machine Guns“ entdeckte ich jetzt auch Jungle, House, Breakbeats und Moby für mich. Das passte für mich alles sehr gut zusammen, die Zeiten waren ja sowieso ein einziges Durcheinander.

Moby – „Why Does My Heart Feel So Bad?“

Mobys „Go“ lief Anfang der 1990er nicht nur in der Zündspule rauf und runter – was sicherlich auch daran lag, dass die Hauptmelodie auf Angelo Badalamentis Laura Palmer-Thema aus David Lynchs und Mark Frosts TV-Serie „Twin Peaks“ basierte und Resident-DJ Donis gleichzeitig ein Twin-Peaks- und Badalamenti-Ultra war. Aber hey, wer nicht?! Mit „Feeling So Real“ und „Everytime You Touch Me“ legte Moby auf „Everthing is Wrong“ verlässlich nach. Elekronische Musik, die das Herz berührte. Aber ein bisschen peinlich war es mir doch immer, bei diesen Sounds von Gefühlen überrascht zu werden. Boys don't cry und so. Die dämlichen 1970er Erziehungssprüche meines Vaters wirkten nach. Doch dann erschien „Animal Rights“, auf der Moby seine Punk-Sozialisation lauthals rausschrie.
Die Tour zum Album führte ihn auch ins benachbarte Halle, wo er vor vielleicht 200 oder 250 Leuten inklusive meinem Freund Uwe und mir auftrat. Das war wie ein Wohnzimmerkonzert. Purer Punkrock. Sehr privat. Seine Coverversion von Mission of Burmas „That's When I Reach For My Revolver“ hat einen festen Platz in meiner güldenen Schatulle von Herzensliedern.
„Once I had my heroes
Once I had my dream
But all of that is changed now
They turned things inside out
Truth is not that comfortable, no“
Das beigelegte „Little Idiot“-Album mit den warmen, weichen Ambient-Tracks konnte ich mir jetzt auch als vermeintlich hartgesottener Punkrocker geben, ohne befürchten zu müssen, mein Gesicht zu verlieren, wenn die Tränen flossen. So ein Quatsch.
„Why Does My Heart Feel So Bad?“ erschien Ende der 1990er auf seinem Album „Play“, dass meine Band Born Cool neben dem Nachfolger „18“ auf Tour gern zum Einschlafen in einer dieser billigen Absteigen hörte. Sechs erwachsene, teils angetrunkene Män-

ner in Doppelstockbetten lauschen bedächtig den melancholischen Electronica-Klängen eines veganen Tierrechtlers, bis sie der Sandmann in sein Reich entführt. Nicht zuletzt ist „Harbour“ vom Album „18“ wegen des Gesangsparts von Sinéad O'Connor einer meiner Lieblingstracks: *„The sadness flows like water / And washes down the heartache“*. Das macht das Gehirn ganz ruhig und man wird sanft in eine andere, wahrscheinlich bessere Welt getragen.

Die Ärzte

Eigentlich wollte ich hier auch einen Text über mein Leben mit den Ärzten absondern, was zusammen mit den Depp Jones-Jahren davor immerhin zwei prägende Jahrzehnte meiner Lebenszeit umfasst und infolgedessen natürlich ganz klar auch zum Soundtack of my Life gehört. Aber dann habe ich mich zu diesem Zwecke als Erstes durch die Wikipedia-Bio der Band gelesen und war davon so satt, dass ich da tatsächlich überhaupt keinen Bock mehr drauf hatte. „Been there, done that.“

Misfits – „Last Caress“

Beim Auffüllen meines Allgemeinwissens über Punkrock kam ich an den Misfits natürlich nicht vorbei. Meine beiden Kompagnons bei unserem Comicverlag EEE waren Misfits-Die-Hard-Fans, schon deshalb musste ich diese Bildungslücke für mich füllen. Als 1996 die Sargbox mit dem einzigen Album „Static Age“ der Originalbesetzung und deren gesammelten EPs und Singles rauskam, hörte ich wochenlang nichts anderes. Der rohe – um nicht zu sagen: beschissene – Sound fing mich ein, die aggressive Attitude (Höhö, Wortspielhölle!) und das bratzige Auftreten der Band gefielen mir. Danzigs kehliges Elvis-Geknödel hatte mir schon auf seinem 1992er „How The Gods Kill“-Album gefallen – immer unter der Prämisse, dass ich mir grad eine Freakshow antue, nicht so krass wie GG Allin and The Murder Junkies, aber eben doch krasser als der passionierte Golfspieler und Pastorensohn Vincent Damon Furnier, der als Bühnenfigur Alice Cooper auf gefährlich machte. Misfits gehörten jetzt also in den Kanon der irgendwie okayen, weil krassen Bands und 1998 brachten wir bei EEE auch die ersten Comics von Danzigs Comicverlag Verotik heraus. Um aber Frank Frazettas „Death Dealer“, zu dessen legendärer Posterserie Danzig mit Simon Bisley und später Liam Sharp ein paar Muskelmann-alleine-gegen-die-Welt-Comics gemacht hatte, herausbringen zu dürfen, sollten wir allerdings auch Danzigs selbsterdachte Serie um seine Figur „Satanika“ veröffentlichen. Na gut, wenns unbedingt sein muss ... Rockstarallüren, Eitelkeiten, Narzissmus – das kannte ich zum Glück schon zur Genüge, weshalb ich damit auch halbwegs gelassen umgehen konnte – okay, von einer kleinen Verbalattacke via Telefonat mit Los Angeles mal abgesehen. Konnte ich mir nicht verkneifen, weil mir das großkotzige Gepolter auf der anderen Seite ziemlich auf den Sack ging.

Zum Vertragsabschluss tauchte Danzig mit einem zwei Köpfe größeren Bodyguard in Hamburg auf, woraufhin unser eigener Rockstar-Herausgeber dann auch seinen Bodyguard hinstellte, der noch ein paar Zentimeter größer war. Das war wie Schwanzvergleich im Kindergarten. Herrlich, ewiger Spott sei ihnen gewiss. Auf der Fahrt von Hamburg zum Berliner Flughafen starrte Danzig dann stumm aus dem Fenster, während sich sein Bodyguard mit meinem Kum-

Illustration: Schwarwel

pel Krauze am Steuer radebrechend über ihre jeweils geile Zeit als Footballer unterhielten. Sowas verbindet.
Nach irgendeinem Comic-Salon in Erlangen fuhren wir mal in Rekordzeit zurück nach Hamburg, weil am Abend die Misfits-Version mit Jerry Only, Doyle, Dr. Chud und diesem Redneck-Arschloch Michale Graves auftraten. Es gab zu Beginn die übliche inszenierte Schlägerei und am Schluss lagen sich irgendwie alle betrunken in den Armen und sangen „Halloween“. Das Oktoberfest ist ein Scheißdreck dagegen.
Als Born Cool hatten wir das Glück, im Leipziger Conne Island für eine für mich viel angenehmere Misfits-Version zu supporten, die aus Jerry Only, Dez Cadena (der von Black Flag) und Marky Ramone bestand. Also eigentlich eher eine Misfits-Coverband, in der zufällig auch einer von den Misfits mitspielte. Freundlich, unaufgeregt, professionell. Beim Soundcheck erkannte ich Jerry Only erst gar nicht, weil er mit seiner hohen Stirnglatze und dem blau-roten gesteppten Anorak aussah, als wollte er sich nur kurz mit einem Kaffee in der Halle aufwärmen, bevor er sich wieder hinter sein LKW-Steuer setzen würde. Soviel zum Horrorpunk.
In einer Facebookgruppe für Misfits-, Samhain- und Danzig-Fans hat ein User (männlich) kürzlich gefragt, ob man meint, dass eine Band wie die Misfits heute überhaupt noch möglich wäre, wo doch jetzt alles so fürchterlich woke sei. Mein erster Impuls war zu schreiben, dass es so eine Band auch früher schon nicht gebraucht hätte.
Beispiel aus Danzigs Feder gefällig?
„I got something to say
I killed a baby today
And it doesn't matter much to me
as long as it's dead
Well, I got something to say
I raped your mother today
And it doesn't matter much to me
as long as she spread
Sweet lovely death
I am waiting for your breath
Come sweet death, one last caress“

Social Distortion – „I Was Wrong“

Das Album „White Light, White Heat, White Trash“ schafft es immer wieder, mich spätestens beim zweiten Song „Don't Drag Me Down“ unvermittelt in Heulkrämpfe zu bringen, wenn ich es im Studio beim Trickfilmzeichnen oder beim frickeligen Illustrieren höre. Meine ganze Trauer, meine Aggressionen, mein Selbsthass, meine Fehler und meine Unzulänglichkeiten, aber auch der allgemeine Zustand der Welt und der unserer Gesellschaft werden nach oben gespült und entladen sich beim lauten Mitsingen in einem kurzen, heftigen Tränenmeer, was mich jedoch nicht davon abhält weiterzuzeichnen. Beim vierten Song „I Was Wrong“ schüttelt es mich dann nochmal so richtig heftig durch.
„When I was young, I was so full of fear
I hid behind anger, and held back the tears
It was me against the world
I was sure I would win
But the world fought back
punished me for my sins“
Da geht es ans Eingemachte. Mike Ness singt da von meiner Wut, von meiner Trauer, von meinen Ängsten.
„Well, I felt so alone, so insecure
But I blamed you instead,
made sure I was heard
They tried to warn me of my evil ways
But I couldn't hear what they had to say“
Da geht es um meine Einsamkeit, meine Rat- und Rastlosigkeit, um meinen Alkoholmissbrauch und meine Gewaltausbrüche, verbal und physisch.
„I was wrong
Self-destruction's got me again
I was wrong
I realize now that I was wrong“
Wenn ich das Album Ende der 1990er/Anfang der Nuller gehört habe, war ich danach kurz durchgeputzt und weiter ging es. Same same. Mit den Auftraggebern aus der Musikindustrie rumdealen, Frust schieben, saufen, eigene Bandproben, saufen, Absacker in Ilses Erika, weitersaufen, mit dem Rad im Graben

Illustration rechte Seite: Schwarwel

#nicht
gesellschafts
fähig

landen oder besoffen im Gebüsch wegpennen und von der Polizeistreife geweckt werden – weitersaufen, Scheiße bauen.

„And I think about my loves
Well, I've had a few
I'm sorry that I hurt them
Did I hurt you too?
Well, I took what I wanted
Put my heart on the shelf
But how can you love
When you don't love yourself?“

Das Album hat mich damals eher darin bestätigt, dass mein Leben eben so ist, wie es ist. Dass ich so bin, wie ich bin. Mit meinen Panikattacken, den Ängsten, der unglaublichen Wut.

„It was me against the world
I was sure that I'd win
But the world fought back
Punished me for my sins
They tried to warn me of my evil way
But I couldn't hear what they had to say“

Erst durch meine Therapie – durch eine suizidale Ausnahmesituation endlich dazu gezwungen – kam ich langsam dahinter, dass es auch anders gehen kann. Dass ich Sachen anders machen kann.

„I was wrong
Self-destruction's got me again
I was wrong
I realize now that I was wrong“

Es dauerte noch eine Weile, bis ich eines Morgens den Wodka in die Spüle goß und seitdem (und bisher) nie wieder etwas angerührt habe.

„Well, I grew up fast, and I grew up hard
Something was wrong from the very start
I was fighting everybody
I was fighting everything
But the only one that I hurt was me“

Und es dauerte noch eine Weile länger, bis ich tatsächlich meinen neuen Zustand begriff und ausleben konnte, wodurch sich natürlich auch der Bezug zu meinem Umfeld langsam, aber radikal änderte. Das gesellschaftliche Schmiermittel Alkohol war weg, der Lack war ab.

„I got society's blood running down my face
Somebody help me get out of this place
How could someones bad luck last so long
Until I realized that I was wrong“

Wenn ich das Album heute höre, stößt mir vieles bitter auf, die tiefe Traurigkeit – auch bedingt durch meine klinische Depression (Danke, Therapie!) – ist weiterhin da, auch der Zorn, die Wut und der Selbsthass, aber die Schärfe ist gewichen. Ich kann es halbwegs überblicken, ich kann reagieren, kann gestalten und es ist kein ewiges Suhlen im Selbstmitleid mehr da. Oder um es mit einem Funken Hoffnung im Herzen und mit W. E. Henleys „Invictus“ zu sagen: „Ich bin der Käpt'n meiner Seel.“

Killing Joke – „You'll Never Get To Me“

Für mich DER Durchhaltesong schlechthin. Hymnisch, hoffnungsvoll, trotzig, großartig.

Das Coverartwork des Albums „Killing Joke“ sprang mich 2003 bei Saturn mit seinen gelb-roten Signalfarben geradezu an, so dass ich es kaufte, ohne vorher irgendetwas davon erfahren oder auch nur mal kurz reingehört zu haben. Bis dahin waren Killing Joke für mich diese Post-Punk-Typen mit diesem „Eighties“-Song, der mich mit seiner Bimmelimm-New-Wave-Gitarre, Jaz Colmens „Ouh!“-Rufen, den permanenten Wiederholungen und seiner endlosen Länge damals einfach nur nervte – was schon seltsam ist, weil Killing Joke eigentlich danach auch nie irgendetwas anderes machten: Bimmelimm-New-Wave-Gitarre, Colemans „Ouh!“-Rufe, permanente Wiederholungen und endlose Länge. Nur dreckiger und lauter. Na bitte, geht doch! Dave Grohls Schlagzeugspiel hat mit Sicherheit noch einiges zum Druck des Albums beigetragen.

Social Distortion, Ramones, Bad Religion und Killing Joke sind die einzigen Bands, deren ganze Alben ich jederzeit und überall hören kann, ohne irgendwann genervt auszusteigen. Ausnahme ist der Bonus-Track auf der „Pylon“: ein Dub-Remix, den ich echt

nicht brauche. (Und ja, bei Social Distortions „White Light, White Heat, White Trash" kann ich mich irgendwann nicht mehr auf etwas anderes konzentrieren als auf diese alles einnehmende Musik.)
Killing Jokes „You'll Never Get To Me" zählt für mich zu den Einzelsongs, die da nochmal drüber stehen. Den brauche ich ab und an so laut und bassig, wie es nur irgend geht, um mich zu pushen, wenn die Schwärze mal wieder an meine Tür klopft. Da brauche ich Colemans „Ouh!", die Bimmelimm-Gitarre und das volle Programm:
„I'll never let you get to me
Survival is my victory
Time for celebration, Oh!
Overcome with a sense of elation"

Slayer – „Bitter Peace"

Als „Diabolus In Musica" 1998 erschien, hatte ich Slayer schon ewig nicht mehr bewusst gehört. Es gab zu viel andere Musik, die meine Aufmerksamkeit einforderte. „Show No Mercy", „Hell Awaits" und „Reign In Blood" gehörten neben Metallicas „Kill 'em All", „Ride The Lightning" und „Master Of Puppets" sowie Venoms „Black Metal" noch in meine sozialisierende Schul- und Lehrzeit, in der Metal – speziell Thrash, Death und Black Metal – neben Punk ein gutes Musikgenre war, um sich inhaltlich wie auch optisch von den anderen abzusetzen – im „Schuppen", unserer Stötteritzer Kiezdisco, bekam man tatsächlich von den StiNos aufs Maul, wenn man sich zu Public Image Ltds „This Is Not A Love Song" auf der Tanzfläche blicken ließ. Slayer und Metallica liefen da erst gar nicht. Dafür musste man schon bis zur Endstelle Taucha fahren und dann noch ne halbe, dreiviertel Stunde zu Fuss zu einer Dorfkneipe in Plösitz (Hieß das Plösitz?) latschen – dort war dann das Mekka der Leipziger Metalszene, wo ostdeutsche Metalbands Saxon coverten, während sie theatralisch mit mitgebrachten schweren Stahlketten hantierten, oder es lief einfach Metalmucke vom Plattenteller von Priest über Slayer bis Maiden, zu der alle in vollem Ornat mit ihren Kutten und Lederjacken, Nietenarmbändern und -gürteln, weißen Turnschuhen und Kunstlederhosen headbangten und im Soloteil ihre Luftgitarren bearbeiteten. Am Schluss war man komplett betrunken und musste wieder zu Fuss den Rückweg antreten, um noch die letzte Straßenbahn zu bekommen. In größeren Gruppen gehen war da Pflicht, denn an der Haltestelle lauerte meist eine Horde StiNos, um sich noch eine Straßenschlägerei zu liefern – keine Latten, keine Messer! Die

Illustration: aus „Gevatter – Die fünf Phasen" von Schwarwel (Glücklicher Montag 2024)

Volkspolizei wartete in gebührendem Abstand, bis sich die Lage halbwegs beruhigt hatte, und sammelte am Ende ein paar von beiden Seiten ein. Immer das gleiche Spiel. In der Straßenbahn schlief ich dank meines erhöhten Alkoholpegels des öfteren ein, so dass ich an der anderen Endstelle vom Fahrer aus der Bahn geschmissen wurde und nochmal durch die halbe Stadt durfte, bevor ich meinen aufrechten, aber verleierten Metalhead ins Kissen drücken konnte.

„Diabolus In Musica“ traf mich sofort mit dem Intro von „Bitter Peace“ vollkommen anders als die alten Slayer-Sachen. Es traf mich tatsächlich vor allem musikalisch. Der ganze Image-Nonsens war total egal. Sie hatten auf ihr doofes Bandlogo verzichtet und ein paar Nu Metal-Einflüsse aufgenommen, es ging immer noch um Krieg, Serienmörder und das Böse in der Religion – dank Arayas öffentlichem Bekenntnis zum Katholizismus eher lächerlich –, doch statt dem etwas ausgelutschten Hochgeschwindigkeitsmetal mit sinnbefreiten Endlos-Soli von King und Hannemann ließen es Slayer diesmal richtig grooven. Der Druck war gewaltig, eine einzige Soundwalze, stampfend und mächtig – und Araya ließ sein unsägliches Gekreische weg. Pew! Zwar besorgte ich mir auch wieder „South Of Heaven“, „Seasons In The Abyss“, „Divine Intervention“ und „Undisputed Attitude“, aber erst „Diabolus In Musica“ machte Slayer für mich seitdem wieder zu einer Band, die ich oft, gern und laut höre. „God Hates Us All“, „Christ Illusion“, „World Painted Blood“, „Repentless“ – ich liebe alles davon. Und ob in den Nullerjahren beim With Full Force-Open-Air oder 2018 bei ihrer Abschlusstour in der Erfurter Messehalle – die Band riss auch live immer ab. Jeff Hannemann oder Gary Holt? Oh, bitte. Dave Lombardo oder Paul Bostaph? Ach, lasst mich doch in Ruhe, ihr spießigen Metalnerds. Fucking Slaaayyyeeer!

„Seelenfresser“ – „Soundtrack Of My Mind“

Meine Graphic Novel „Seelenfresser“ begann ich irgendwann 1998/1999, als es unseren Comicverlag EEE noch gab und ich eine neue Horrorstory für unser Magazin „Extrem Illustrated“ schreiben und zeichnen wollte. Es sollte nur etwas Kurzes werden, von der Grundidee her angelehnt an John Carpenters „Das Ding aus einer anderen Welt“ – nur am Rand einer ostdeutschen Kleinstadt nach der Wiedervereinigung angesiedelt. Denn als ich eines Nachts im Winter mit unserem Hund Clooney durch den ziemlich verwahrlosten, stockfinsteren Park hinter dem Sportplatz spazierte, schrak Clooney plötzlich auf und begann, alamiert zu kläffen, als er zwischen den Bäumen und dem Gestrüpp etwas entdeckte. Es war matschig und kalt, aber es hatte seit Wochen nicht geschneit und nirgends lag Schnee – und trotzdem ragte da etwas zwischen den kahlen Büschen, Ästen und Zweigen auf, das wie eine hüfthohe, dreckige Schneekugel aussah, von der ich mir nicht erklären konnte, wie sie da hingekommen war. Als ich sie mir aus der Nähe anschauen wollte, kläffte Clooney dieses Ding nur noch lauter an, unterbrochen von ängstlichen Finzlauten. Die ganze Atmosphäre war ziemlich unheimlich und Clooneys Verhalten verunsicherte mich so sehr, dass ich mich plötzlich auch nicht mehr näher rantraute. Also standen wir noch ein bisschen da, Clooney zitterte angespannt und kläffte die Kugel an, und ich rauchte dabei eine Kippe. Schließlich gingen wir weiter, weg von dem Kugelding, tiefer rein in den Park, vorbei an dem verfallenen Betonrohbau eines halbfertigen Studentenheims, dessen Fensteröffnungen notdürftig mit zerrissenen Plastikplanen verhüllt waren, die jetzt im einsetzenden Wind wehten und dabei schabende Geräusche durch die Nacht schickten.

Als wir am nächsten Tag noch mal nachschauten, war die Schneekugel weg. Keine geschmolzenen Schneereste, keine Pfütze, nichts.

Aus diesen Einzelelementen baute ich meine geplante Story zusammen, die auf zwei Seiten Papier passte. Doch die geplanten Charaktere waren mir noch zu eindimensional und ohne Backstory und Verwandlung der Schneekugel in ein Monstrum, dass alles Biologische und Beseelte in sich aufnahm und dadurch wuchs und eine Evolution durchmachte, ging mir das zu schnell und unvermittelt. Und so wurde mein „Seelenfresser"-Projekt statt zu einer schnell erzählten Shortstory im nächsten EEE-Comicmagazin selbst zu diesem stetig wachsenden Monstrum, dessen Szenen ich mir filmisch mit Soundtrack und allem Drum und Dran vorstellte. Einmal Trickfilmer, immer Trickfilmer. Und die Zeit floss dahin. Irgendwann begann ich damit, nachts die ganzen Einzelszenen in ein Drehbuch umzuschreiben. Born Cools „Liar" – ein Song, den wir 2004 auf der Split-EP mit den Yucca Spiders veröffentlicht hatten – stellte die Grundkonstellation der Protagonist:innen vor, „Sag Gna!" aus unserem „Schweinevogel"-Film erzählte von Novas Innensicht der Welt, „Probier's mal mit Gemütlichkeit" aus Disneys „Dschungelbuch" war Babsis Calm-Down-Song an der Tankstelle, „So lang man Träume noch leben kann" von der Münchner Freiheit wurde zur Begleitmusik der Szene, in der sich Nova (die damals noch Carmen hieß) mental endgültig von ihrem Peiniger löst, AC/DCs „Ride On" wurde zur Musik meines alkoholkranken Truckers Harry, als er seinen moralischen Kompass auslotet usw.

„One of these days
I'm gonna change my evil ways
Till then I'll just keep riding on"

Es gab keine Beschränkungen, was die Musikrechte anging, denn das Drehbuch schrieb ich erstmal nur für mich, ganz privat, einfach nur, um zu schauen, ob ich so eine umfangreiche Kopfgeburt überhaupt bis zum Ende durchbringen könnte, ohne dass mir die Logikfehler um die Ohren flogen oder ich irgendwann entnervt und frustriert aufgeben würde. Ich legte mir eine „Seelenfresser"-iPod-Playlist mit den ganzen Songs an, die ich zum Schreiben verwendet hatte und noch verwenden wollte. Die Playlist hörte ich, wenn ich mit Clooney nachts durch den dunklen Park spazierte, bevor ich mich nochmal kurz an den Rechner setzte, um weiterzuschreiben. Und irgendwann war das Ding fertig.

Da ein Trickfilm aufgrund der etwas zu hohen Kosten erstmal ausfiel („Ey, haste ma 10 Mio?"), setzte ich mich zum Jahreswechsel 2009/2010 nach der 9. Sinfonie auf dem MDR an den Esstisch und zeichnete die ersten beiden Seiten der Graphic Novel, bis der neue Tag und ein neues Jahr anbrachen.

Stand heute: Zwei Alben sind fertig, zwei fehlen noch. Gut Ding will Weile haben.

„Versuchen wir es wieder,
so lang man Träume noch leben kann."

Illustration linke Seite: aus „Seelenfresser – Erstes Buch: Liebe", Schwarwel (Glücklicher Montag 2011)

The Beach Boys – „I Know There's An Answer“

Auch so eine Papi-Band. Neben *„Hey, Mr. Tambourine Man / Play a song for me / I'm not sleepy / And there is no place I'm going to“* von Bob Dylan lief an scheiße heißen Sommertagen auch immer *„Ah Ba ba ba, Ba Barbara Ann“* von den Beach Boys im Autoradio unseres klapprigen Skoda Octavia, wenn er mit meiner Schwester und mir nach Naunhof zur Kiesgrube fuhr, wo ich mich dann den ganzen Tag verschämt darum bemühte, mein Geschlechtsteil eines extrem schamhaften Zehnjährigen vor den ganzen Nacktbadenden um mich herum verborgen zu halten.

Auf dem Rückweg, wenn mich meine höllisch juckenden Hitzefrieseln in den Wahnsinn trieben, erscholl dann „Surfin' U.S.A.“ oder – schlimmer – es erklang *„All the leaves are brown / And the sky is gray / I've been for a walk / on a winter's day“*, was mich sofort in maßlose Melancholie stürzte.

An die Beach Boys kam ich deshalb erst Jahre später wieder durch die Ramones mit „Rockaway Beach“ oder ihrer Beach-Boys-Coverversion von „Surfin' Safari“ auf der „Acid Eaters“ ran. Irgendwann auf einer meiner freitagnächtlichen Rückfahrten von Berlin nach Leipzig Anfang der 1990er las ich dann einen langen Artikel über Brian Wilson und gleich danach noch eine Biografie und seine Struggles mit psychischen Belastungen und der Welt im Allgemeinen sowie sein trotziger Kampfeswille faszinierten mich, weshalb ich mir meine erste Greatest-Hits-CD der Beach Boys zulegte, die immer mal wieder durchlief. Bisschen feelgood, bisschen sad.

Das „Pet Sounds“-Album erschien irgendwann Ende der 1990er mal wieder remastered oder neu abgemischt oder naked, unplugged, in Dolby Surround, als Quadrophonie oder irgendsowas, weshalb es auch in unseren Agenturräumen Einzug hielt, wo ich es neben Slayers „Diabolus In Musica“ oft laufen ließ, wenn die anderen schon längst ihren Feierabendbeschäftigungen nachgingen, während ich ungestört und in aller Ruhe meinen Muddlich machen konnte.

„I know so many people who think they can do it alone / They isolate their heads and stay in their safety zones“

So ganz allein in den Büroräumen konnte ich meiner Melancholie und meinen Tränen einfach freien Lauf lassen, wenn die Musik und dieser Sound mich fast vom Bürostuhl bliesen.

„Now what can you tell them / And what can you say that won't make them defensive?“

Ein großes, ein wichtiges Album für mich, das ich aber nur nur noch selten und mit äußerster Achtsamkeit hören kann, weil es in der Lage ist, mich in einen tiefen, dunklen Strudel zu reißen, in ein schwarzes Loch, wenn ich nicht höllisch gut aufpasse und möglichst weit weg bleibe von diesem verdammt verführerischen Ereignishorizont.

*„I know there's an answer
I know now but I have to find it by myself“*

AC/DC – „Problem Child“

Als ich 32 wurde, schmiss mein Umfeld eine wirklich große Party für mich, weil ich mir irgendwann vorher mal in einem EEE-Gruppengespräch ausgemalt hatte, wie sich so etwas wohl anfühlen würde: irre viele Gäste von sonstwoher, fettes Catering, Alkohol bis zum Abwinken, ne Allstar-Band, ein Rock-DJ, Bela B springt aus einer Torte … das war tatsächlich krass.

Als ich reinkam, brüllten alle: „Happy Birthday, Arschloch!“ und Augsburg, der DJ für diese Sause, fuhr den ersten Song ab: „Highway To Hell“ von AC/DC – und ich dachte sofort: „Was zum Fuck soll das? Mein Song ist doch „Problem Child“!“ Typischer Fall von Selbstwarnehmung-Fremdwahrnehmung.

*„I'm hot
And when I'm not, I'm cold as ice
Get out my way
Just step aside, or pay the price“*

Der Abend endete für mich so, dass beide Wahrnehmungen weit über Maß bedient wurden: Als es mit Socialising auch mal wieder gut war, zog ich mich mit meinem Kumpel Krauze und zwei Flaschen Jack Daniel's auf die Ballustrade zurück, wir tranken jeder brav unsere Flasche aus, ich kotzte schließlich den Rinnsteig voll und wimmerte: „Lasst mich einfach hier liegen." Ließen sie nicht.
Mit Alkflechte quer übers Gesicht und noch voll im Stoff hatte ich am nächsten Morgen ein Band-Frühstück in deren Hotel, kotze es auf dem Weg ins Schnittstudio wieder aus Garys Autofenster, schnitt mit dem Cutter mein Animationsvideo „Heissgeliebtes Gras" für Tolga und D-Flame zu Ende und trank dann endlich in der Eckkneipe gegenüber ein Konterbier. Oder zwei.
„Hey Mama
Look at me
I'm on the way to the promised land – Woo!"

Illustration: aus „Gevatter – Die fünf Phasen" von Schwarwel (Glücklicher Montag 2024)

Johnny Cash – „I See A Darkness"

„Bad luck wind been blowing at my back
I was born to bring trouble to wherever I'm at"
„Thirteen", der Song, den Glenn Danzig 1994 für Johnny Cashs Comeback-Album „American Recordings" schrieb, ist der Grund, weshalb ich mir auch eine 13 auf den Nacken habe tätowieren lassen.
„Got a long line of heartache, I carry it well
The list of lives I've broken
reach from here to hell"
Ich fand mich darin wieder, so wie Cash das hier interpretierte: total lost.
Bis dahin war Cash für mich der Typ mit „Ring Of Fire" und „(Ghost) Riders In The Sky", Country mit Mariachi-Trompeten auf einer Schallplatte in der Sammlung meines Vaters in der Wohnzimmer-Schrankwand.
Cash bekam jedoch wie Willie Nelson und Hank Williams plötzlich Aufmerksamkeit aus der Punk-, Grunge- und Alternative-Ecke. Er war hip und galt als Ikone, weil er seiner Musikbranche den Mittelfinger gezeigt hatte. Per ganzseitiger Anzeige in ihrem Musikmagazin. Dass Rick Rubin die „American Recordings"-Sessions so roh, nahbar und authentisch produzierte, half natürlich auch.
„American III: Solitary Man" von 2000 war dann der Oberkracher. Cashs Coverversionen von Tom Pettys „I Won't Back Down", Neil Diamonds „Solitary Man" und U2s „One" sind die Versionen, die mich am meisten berühren und mir viel bedeuten, doch seine Version von Bonnie „Prince" Billys „I See A Darkness" haute mich einfach mit einem Uppercut aus dem Nichts vom Stuhl. Genau so fühlt sich meine Depression an! Was ich bei den ersten Malen hören nicht wusste, weil meine Depression noch lange nicht diagnostiziert war und ich den Namen meines Dämonen noch nicht kannte. William Elliott Whitmore, Cashs Version von Nine Inch Nails „Hurt" auf „American IV: The Man Comes Around" und später The Gutter Twins konnten diesen Dämonen auch hervorlocken, so dass er röchelnd mit schwar-

zen Fingernägeln an meiner Innentür kratzte, aber Cashs „I See A Darkness“ brachte mein emotionales Kartenhaus wirklich komplett zum Einsturz. In meinen Trinkertagen hörte ich diese Cash-Aufnahmen sehr, sehr oft, wenn ich randvoll mit Selbstmitleid für mich alleine nachts um drei auf der Couch Wodka soff und dabei kiffte, in der Hoffnung, endlich müde zu werden, traumlosen Schlaf zu finden oder wenigstens einfach rotzenzu wegzuknicken, Sabber im Mundwinkel. Dabei heulte ich Rotz und Wasser und ich wollte nichts weiter, als dass das einfach alles vorbei geht. Keine Angst mehr, keine Panik, keine schwarzen Gedanken. Einfach mal Ruhe im Karton.
Trocken zu werden, erschien mir da unerfindlicherweise noch nicht als sinnvolle Option, mein Leid zu lindern, obwohl es tatsächlich die einzige war, die ich hatte, wie ich heute weiß.

Born Cool - „Over The Edge“

Als wir 2002 in Gedenken an Joey Ramone eine Birthday Party in Ilses Erika schmissen, zu der wir die Leipziger Szeneprominenz eingeladen hatten, Ramones-Songs zu covern, fühlte ich mich selbst auch gerade wieder resilient genug, um mich noch mal auf die Bühne zu stellen und das Frontschwein zu machen. Da war noch eine Rechnung offen, Tishvaisings hatte ich ja nur wegen meiner unerträglichen Angstzustände verlassen und nicht, weil ich satt vom Musikmachen war. Die Band meines best buddy hatte sich zu seinem Leidwesen gerade nach zehn Jahren aufgelöst, so dass er auch wieder Zeit für andere Projekte hatte. Ich suchte noch ein paar andere Leute zusammen und schon konnten wir als The Mean ein 12-Song-Set abliefern, Bela B und Gary als Gäste inklusive. Vom Rausch dieses gelungenen Abends beseelt, beschloss ich, das Band-Ding nochmal durchzuziehen. Mehr als ein Dutzend Jahre nachholen, gucken, was ich verpasst hatte, eigene Fähigkeiten ausloten, meinen Platz finden, irgendsowas.

Was ich mit Plattencovern und den anderen Gestalterjobs verdiente, schmiss ich in die Bandkasse und ich drückte dabei ziemlich auf die Tube. Voll auf dem Ego-Trip, zornig und verbissen. Was auch immer ich mir da beweisen wollte, meine Herangehensweise war nicht die schlaueste.
Unser Album „Lucky“ hatten wir nach dem ersten halben Jahr im Kasten, textlich hatte ich alles reingeworfen, was mich zu der Zeit umtrieb, Alkohol spielte natürlich eine große Rolle – das war alles ziemlich bekloppt und ich trieb mich selbst immer mehr in eine sehr finstere Ecke.
Die Bedingungen in vielen kleinen Clubs, das schnöselige, teilweise arschige Verhalten in dieser ganzen Branche und das oftmals unterirdische Benehmen vor allem gegenüber neuer („junger“ konnte man ja bei uns nicht mehr sagen) Bands fand ich frustrierend. Nach unten treten, nach oben kriechen. Uäks. Respekt heißt das Zauberwort. Mit 21 steckt man sowas weg oder hält das tatsächlich für normal, mit 35 kotzt es einen nur noch an. Viel hatte auch mit mir selbst zu tun. Ich fühlte mich zwischen Baum und Borke. Als „künstlerischer Dienstleister“ in Abhängigkeit der Gnade anderer konnte und wollte ich nicht ewig weitermachen oder gar enden, schnell mal Rockstar werden war aber auch keine Option, weil das hieße, sich vom Start weg mit all dem zu arrangieren, was mich in dieser Musikindustrie, wie ich sie für mich kennengelernt hatte, so anekelte. „Es gibt kein richtiges Leben im falschen“ und so.

Nachdem sich alles extrem verdichtet und unerträglich zugespitzt hatte – Born Cool war eher eine Band bzw. ein Vehikel der Extreme und Exzesse und manchmal ein Fight Club –, zog ich mittendrin die Reißleine, indem ich mit dem Saufen aufhörte. Zwei von uns zogen mit, die anderen drei blieben bei dem, was sie kannten. Damit war der Bruch letztlich anderthalb Jahre vor dem endgültigen Aus schon vorprogrammiert. Nach unserem in meinen Augen besten Gig im Sinne Bandchemie/Zusammenspiel/Gesamtpaket/Jetzt-hamwers in Dessau gab es backstage eine so saudumme, alkoholgesteuerte, ganz schlimme menschliche Untiefen offenbarende „Diskussion", dass ich auf der Rückfahrt stumm aus dem Fenster starrte und überlegte, ob ich sowas tatsächlich weitermachen will. Ob ich in und mit so einem Umfeld weiter agieren will. Ob das echt mein Leben sein soll. Bei Ankunft im Proberaum hatte ich meine Antwort und ich teilte den anderen mit, dass ich hiermit raus bin. Das best-buddy-Ding hatte sich damit auch erledigt. Aber hey, *„Don't look back in anger / Don't look back in anger / I heard you say … At least not today"*.

Lipstix – „High"

Lipstix gründeten sich, nachdem ich sie für unser Born Cool-Album „Lucky" zu Rumsei ins Studio im Conne Island geholt hatte, damit sie als Kindergewandhauschor-Sängerinnen ein paar schöne Chöre dafür einsingen. Haben sie gemacht. Für „Has To Be" und „Song 4/2". Und dann haben sie den Chor geschmissen und lieber selbst ihre Band gegründet. Hm, einerseits megaschade, aber was willste machen? Als Elternteil einer Ziehtochter unterstützt man sie selbstverständlich, wo und wie man kann – egal, wie man ihre jeweiligen Lebensentscheidungen findet. Ist ja ihr Leben.

Die mit den anderen Eltern wegen der Minderjährigkeit der Musikerinnen abgesprochene Vereinbarung war, alle vier neben ihrer Musik inklusive Proben, Aufnahmen, Gigs und dem notwendigen Lotterleben auch durch Ihr Abi am Gymnasium zu bringen. Denn das gab es ja auch noch. Unsere Firma übernahm dafür das Management, Born Cool stellte den Proberaum, half bei den ersten Aufnahmen und ließ sie supporten, ein paar Optiken und ein Video gab es auch, so Zeug eben, womit man meiner Meinung nach junge Bands unterstützen kann, ohne sie zu gängeln oder ihnen neunmalklug in ihren Kram reinzuquatschen. Brauchte man auch nicht, musikalisch starteten sie absolut stilsicher, frisch und in your face. Alle organisatorischen Entscheidungen wurden gemeinsam am Küchentisch in der Firma getroffen, inklusive Schulplanung, Auskotzen und Updates. Ihr Bandbus stand häufig Freitagnachmittag abfahrbereit vor der Schule, damit sie es noch pünktlich zum Gig schafften. Von daher: Abi-Mission completed.

The Chicks – „Not Ready To Make Nice"

Den Shitstorm, der im März 2003 über die Dixie Chicks hereinbrach, bekam ich anfangs nur am Rande mit. Eine für mich damals relativ uninteressante, aber abgesehen davon sehr erfolgreiche Bluegrass- und Country-Frauenband aus Texas wagte es, öffentlich Kritik an ihrem ebenfalls aus Texas stammenden Präsidenten Bush für dessen Irak-Politik und den ausbrechenden Irak-Krieg zu üben, und wird dafür mit Hass, Schmach und Morddrohungen ihrer vermeintlichen „Fans" überzogen und von vielen Radiostationen des Land of the Free mit Boykott (oder nennen wir es einfach Cancel Culture) abgestraft.

Den Dokumentarfilm „Dixie Chicks: Shut Up and Sing", der das alles 2006 aufarbeitete, sah ich mir daraufhin mit sehr großem Interesse an, wobei mich auch die musikalische Qualität der Band mehr und mehr ansprach. Als dann im gleichen Jahr ihr Album „Taking The Long Way" erschien, war ich vom ersten Ton an begeisterter Ultra dieser Musik. Wahrscheinlich trägt daran auch mal wieder Rick Rubin eine Mitschuld, da er die Songs

Foto linke Seite: aus „Over the Edge – Wo wir sind, ist unten", Rock-Doku 2009, Regie: Schwarwel so zurückhaltend produziert hatte, wie es inzwischen zu seinem Markenzeichen geworden war: alles Überflüssige, Manieristische und Unnötige raus, nur die Essenz der Band bzw. der jeweiligen Künstler:innen und ihrer Instrumente bleibt – und das ganz nah, ganz intensiv.

Die Musik von The Chicks, wie sie sich seit 2020 nur noch nennen, schlägt mich jedes Mal in ihren Bann. Natalie Maines Stimme und die offenen Texte gehen tief, Emily Robinsons Gitarren und Banjos und Martie Maguires Streicher tragen mich hoch in die Lüfte und ihre Backing Vocals geben mir den Rest. Ein wunderbares, wohliges, warmes Album und ein wunderbares, von ganzem Herzen kommendes „Fuck You“ an all die Hater da draußen.

Manic Street Preachers – „Underdogs“

Mit ihrem 2007er Album „Send Away The Tigers“ kehrten die Manics endlich wieder zu ihrem eher rauen Alternative-Rock zurück, wie sie ihn zehn Jahre vorher mit „A Design For Life“ auf ihrem „Everything Must Go“-Album und davor mit „Motown Junk“ auf „Generation Terrorists“ zuverlässig geliefert hatten. Danach wurden sie irgendwie poppiger, gefälliger und für mich ein Stückweit uninteressanter – von bedeutsamen Ausnahmen wie der Hymne „If You Tolerate This Your Children Will Be Next“ vom „This Is My Truth Tell Me Yours“-Album, das tief im pulsierenden Großstadtdschungel meines Herzens wohnt, mal abgesehen:

„The future teaches you to be alone
The present to be afraid and cold
So if I can shoot rabbits
Then I can shoot fascists“

Aber das war auch wurschti, weil von „Motorcycle Emptiness“ über „The Everlasting“ bis „Ocean Spray“ sowieso alles aus unseren Firmenboxen dröhnte, während wir an irgendwelchen Agenturjobs für die Film- und Musikindustrie rödelten. Eigentlich ist mir ja der Gesang von James Dean Bradfield immer einen Ticken zu hoch und er hat so ein paar grenzwertige Frequenzen im stimmlichen Repertoire, bei denen mein Gehirn schon mal das Vorab-Signal „Prepare to skip it!“ an meinen Finger sendet, aber keine Ahnung, irgendetwas am Gesamtpaket der Band hält mich dann doch weiter bei der Stange. Wahrscheinlich bin ich Fan.

Ja, okay, spätestens seit „Send Away The Tigers“ und ihrem „Underdogs“ weiß ich ganz sicher, dass ich Fan bin. Sobald der Song ansetzt, übernimmt bei mir der Autopilot und ich drehe das Volume rauf bis 11. Da will ich gar nichts anderes mehr hören.

„And this one's for the freaks
The beaten down and crushed
The shy and withdrawn
Or just out of touch
May you stay like freaks
May you make mistakes
May your will never break
For underdogs revenge is sweet
Revenge is sweet“

„Schweinevogel – Sag Gna“

Der erste eigene Trickfilm mit den eigenen Figuren – da will man ja alles richtig machen! Dank einer Filmförderung durch die MDM und ein okayes Jobaufkommen in der Agentur konnte ich zweieinhalb Jahre quasi aus den Vollen schöpfen und mir dadurch im „Eigenstudium“ anlernen, was man so alles wissen, machen und können muss, um 23 Minuten Vollanimationen auf echtem Papier mit Sprache, Musik und Soundeffekten vollzupacken. Die Tage waren entsprechend lang, weil ich früh Regie führte und mit den Animator:innen durchging, wie die zu zeichnenden Szenen werden sollten – dafür hatten wir im Hof ein paar Räume, in denen sich die vollgezeichneten Animationsblätter (am Ende rund 15.000 ohne die ganzen Skribbles), die Lichttische, die Scanner, Computer und nicht zuletzt die Mitarbeitenden selbst stapelten. Mittag bis abends saß ich dann in meinem eigenen Büro und arbeitete die Tagesjobs und Aufträge unserer Agentur ab, weil das Ganze ja weiter finanziert werden wollte, um dann abends bis nachts wieder nach unten zu gehen, um dort Key-Animationen, Vorzeichnungen und Backgrounds zu zeichnen und die Linetests abzunehmen und zu korrigieren, die während des Tages hier entstanden waren. Wäre ich da nicht schon trocken gewesen, hätte ich so ein Pensum auf keinen Fall hinbekommen.

Bevor dieses Hamsterrad sich zu drehen begann, hatte ich das Drehbuch geschrieben und die ganzen Storyboards gezeichnet und wir waren in Hamburg, Erlangen, Halle, Dresden und Berlin, wo wir uns mit jeder Menge Menschen trafen, die etwas für den Film beitrugen. Die Synchro mit Spongebob-Santiago Ziesmer, GZSZ-Tim Sander undundund sowie die Sound-FX machten wir in Leipzig. Den Score produzierte Moser – der vorher schon unsere letzte Born-Cool-EP gemacht hatte – in Berlin, wo Vic und Gary in Garys Mancave in der Kantstraße mit allem Musik erschufen, aus dem ein Ton kam. Ein paar Ideen dazu hatte ich vorher in mein Handy gepfiffen und dann mit Vic durchgekaspert, die das zeitintensiv schön machte. Tim Sander schmetterte als Schweinevogel den „Glücksmelodie"-Titelsong, zu dem Vic auch das Backing beitrug. „Sag Gna!" – unser Megahit mit Sebastian Krumbiegel, der dann leider wie die Moderationsszene mit Freddy und Christian von Aster erstmal aus der ersten Endfassung von 2009 rausfliegen musste, weil die Story zu lang war, entstand bei Sebastian im Heimstudio, wo wir über meine Liedtexte gebeugt in erwachsener Ernsthaftigkeit darüber sinnierten, wie man *„Magenkrebse, Hämatome, gottgegebene Melanome / Hirntumore, Überlkeiten wollen nichts als Spaß verbreiten"* am besten in einen fröhlichen Gassenhauer packt. *„Hautekzeme, schlimme Husten, / Influenzien, Rotlangusten / Wir sind viele unter Vielen / Komm, wir wollen doch nur spielen"* Sebastians Sohn Paul (Thomaner, logo!) übernahm dann den Knabengesang dafür: *„Und die Sonne scheint dabei / Sag Gna und mach dich frei!"*

Illustration: aus „Schweinevogel – Es lebe der Fortschritt", Regie: Schwarwel, 2009

Weil es mich endlos fuchste und ich auf keinen einzigen Ton, keine einzige Zeichnung und keinen Szenenschnipsel des Films verzichten wollte – da steckte überall einfach zu viel Liebe zum Detail und Hölle viel Arbeit von echt vielen Menschen drin – veröffentlichten wir 2012 mit „Schweinevogel – Es lebe der Fortschritt! Herr-Direktor-Schnitt" eine neue, längere, endlich vollständige Fassung des Films, die für mich wahrscheinlich ungefähr so wichtig ist wie für Coppola seine „Apocalypse Now Redux"-Fassung – nur bei uns eben ohne Marlon Brando, aber dafür mit Detlev Buck als griesgrämigen Maulwurf. Hossa!

Richard Wagner – „Ride Of The Valkyries (Apocalypse Now Version)"

Ohne Francis Ford Coppolas Antikriegsepos kein Wagner für mich. Und kein Wagner für mich ohne mahnende Erwähnung seines gelebten Antisemitismus und seiner Hetzschrift „Das Judenthum in der Musik", die ich auch 2013 in unserem Animationskurzfilm „Richard – Im Walkürenritt durch Wagners Leben" einbaute, damit nicht vergessen wird, dass auch schon dieses selbsterklärte Genie Kunst und Politik nicht trennen konnte und nicht getrennt hat. Hitler und seine völkischen Schergen hat es später gefreut, aber für seine Fans kann man ja angeblich nichts. Ha. Ha. Ha.

Weil Wagner Beethoven als großes Vorbild hatte und weil Leipzig Wagners Geburtsstadt und der Typ somit hier allgegenwärtig ist, hatte ich im hohen Alter von 40 Jahren beschlossen, mich mal mit seinem Werk zu befassen, das ich mir als Antifaschist vorher stets vom Leib gehalten hatte, ohne mich tatsächlich damit auseinandergesetzt zu haben, was immer irgendwie blöd ist. Also hörte ich mich durch seine Diskografie mit diesem extremen Hang zur Überlänge, las mich durch die Handlungsbeschreibungen und die Libretti – und machte erstmal einen Schweinevogel-Comic daraus. Sehr kurz, sehr kompakt. Wagner für Dumme. Das half mir, Wagner für mich einzuordnen. Das oft völlig unnötige Gesinge geht mir bei Opern sowieso ziemlich hart auf die Nerven, weshalb ich mich später bei unserem Trickfilm „Richard – Im Walkürenritt durch Wagners Leben" für ein Instrumental des Walkürenritts entschied. Hat Coppola ja auch gemacht. Mein Freund Gary Schmalzl hatte den Song mit seiner Band Speedmöik als Gitarre-Schlagzeug-Bass-Version eingespielt. Knarzig, kantig, spröde und eigenwillig. Der Song hatte das richtige Feeling, um mich an den knapp acht Minuten voller Noten abzuarbeiten.

Wenn man monatelang mit krummem Rücken über tausende Animationsblätter gebeugt ein Trickfilm-Video wie dieses zeichnet, ist man am Ende irgendwie zwangsläufig mit dem Thema durch, da man die Sujets und die Geschichten dahinter ja auch in seine Seele lässt. Nietzsches Blick in den Abgrund und so. Geht mir jedenfalls so, weil ich nicht anders kann. Und nicht anders will, denn es lockt ja auch Erkenntnisgewinn. Manchmal kann man dann die zugrundeliegenden Sachen noch hören, manchmal nicht. Mit der „fetten Elke" und der fettschämenden, verächtlichmachenden Botschaft dieses Liedes war ich nach der Trickfilmproduktion gründlich durch – nicht mein bester Beitrag für eine bessere Gesellschaft, kommt nicht wieder vor –, Rosenstolz' „Ich geh in Flammen auf", Sidos „Spring Rauf" (für mich als trockenem Alkoholiker mit einigen Abstrichen) und Veysels „Ma vie" kann ich heute noch hören, muss ich aber nicht. Wagners Walkürenritt ebenso, obwohl der auch schon lange vor meiner Zeit bereits von vielen anderen Kreativmenschen zu Tode geritten wurde und zum Klischee erstarrt war. Aber mit Gary an der Gitarre gehts.

„1989 – Lieder unserer Heimat"

Nach unserer 2014er Kurztrickfilmproduktion „1989 – Unsere Heimat, das sind nicht nur die Städte und Dörfer" und dem etwas längeren „Leipzig von oben" in 2015 legten wir 2018 noch mal nach, weil das ganze DDR-, Friedliche Revolution- und Mauerfall-Ding unsererseits irgendwie noch nicht auserzählt war. Ein tieferer emotionaler Zugang aus persönlicher Perspektive fehlte uns noch irgendwie. Als Erzählstil hatte ich mir dafür überlegt, einfach ein paar Musikvideos in verschiedenen Musikstilen mit Trickfilmsequenzen zu den verschiedensten Themen von Schießbefehl bis StaSi, Horch, Guck & Greif, Leistungssport, Mangelwirtschaft, Diktatur und so weiter zu produzieren. Ein paar deutsche Liedtexte schreiben, ein paar Musiker zusammensuchen, den ganzen Quatsch in irgendeinem Studio aufnehmen, Schönmachtaste drücken, die Filmbilder drunterschneiden und fertig. So weit zum Heile-Welt-Plan.

Vollkommen unterschätzt hatte ich dabei, wie stark ich Jahre nach Beerdigung meiner beiden Bandleben bei Tishvaisings und Born Cool noch am Musikmachen als solchem festhing. Das Produzieren an sich hatte ich für mich noch nicht durchdekliniert. Ich muss zum Begreifen immer alles durchexerzieren, selbst machen, scheitern, wieder aufstehen, einen für mich zufriedenstellenden Abschluss finden, damit ich kapiere: „Ah, so geht das. Alles klaro." Das projizierte ich jetzt alles auf unsere Produktion von „1989 – Lieder unserer Heimat" und das Ganze drohte ein Loch ohne Boden zu werden, weil ich mich festbiss und mich so ein klitzekeines bisschen sehr verkrampfte. Totaler Tunnelblick inklusive. Das fing mit den verschiedenen Egos im Studio und beim Musizieren und bei den diversen Interpretationen meiner Songideen an, zog sich über das Mixen und bis zum Mastering. Weil ich und wir noch nie Songs ganz allein von A bis Z produziert hatten, die zudem nach Fertigstellung definitiv vor einem größeren Publikum im TV und im Kino bzw. auf einer Leinwand zu sehen, zu hören und zu bewerten sein würden, war ich extrem unsicher und ließ mich von jedem Kommentar in die Zweifelhölle ziehen, wo immer alles scheiße wird.

Es ist davon ab auch keine gute Idee, sowas gleich mit 13 Songs zu machen, die zudem alle stilistisch vollkommen unterschiedlich sind, weil sein sollten – das war schließlich das verdammte Konzept des Films!
Um uns und unsere Firma durch sowas nicht ernsthaft zu gefährden, weil wir auf alles total überreizt reagierten, zogen wir schließlich die Reißleine und alles zurück auf unsere Tische. DIY. Ich mixte und masterte alles nochmal neu, programmierte hier und da noch neue Tonspuren, fuddelte alles zurecht, baute ein paar Gadgets und Samples vom Soundtrack meines Lebens ein – „Paul ist tot" von Fehlfarben und „Dadada" von Trio in „Melodie & Rhythmus", die Töne aus „Unheimliche Begegnung der dritten Art", den Wilhelmscream in „Atzenmauer", Ramones „Blitzkrieg Bop" als Schablone für „Muckefuck", Slayer und Type O als Inspirationen für „Schießbefehl" und „Kirche von unten", den Amen Break für „Mein Ghetto war die Zone" usw. Ich mixte und masterte nach bestem Wissen und Gewissen alles so, das wir den Umständen entsprechend zufrieden damit waren und sein konnten und irgendwie bekamen wir die Kuh letztlich unter großen Schmerzen und mit tiefen Verletzungen vom Eis.
Unnötig zu erwähnen, dass wir daneben ja auch noch im eigenen Studio mit Animatoren, Praktikant:innen und Mitarbeiter:innen kämpften, weil Trickfilm sowieso immer ein extrem komplexer, aufwändiger und stressbehafteter Prozess ist – das war alles sehr, sehr fordernd und eine echte Grenzerfahrung. Und es war sehr lehrreich. Seitdem überlegen wir uns sehr genau, wie wir mit anderen zusammenarbeiten, was wir delegieren wollen oder müssen und was wir lieber selbst machen, weil die mentale Gesundheit Vorrang hat. Deal with it. Auch wenns weh tut.

Hüsker Dü – „Never Talking To You Again"

„There are things that I'd like to say
But I'm never talking to you again
There's things that I'd like to phrase some way
But I'm never talking to you again"

Einer dieser Songs, die für mich mit Bruch, Abschied, Nimmermehr, Schluss, Aus, Ende, over und out verbunden sind. Und dieser hier gehört zu meiner gescheiterten Beziehung zu meinem best buddy. Aber nicht, weil uns Hüsker Dü in irgendeiner Weise verbunden hätte.

„I'm never talking to you again
I'm never talking to you
I'm tired of wasting all my time
Trying to talk to you"

Illustration linke Seite: Schwarwel; oben: aus „1989 – Lieder unserer Heimat", Regie: Schwarwel 2018

Ihr Doppelalbum „Zen Arcade“ und das Nachfolgealbum „New Day Rising“ gehörten zu den allerersten Neuanschaffungen, die ich mir direkt nach Mauerfall bei Mr Dead & Mrs Free im Westen Berlins auf CD aus der Grabbelbox zulegte – nicht ohne die grummelige Ermahnung von Mr Dead, dass das auf Vinyl viel besser klingt. Klar, hätte ich als Vinylhändler auch gesagt. „Standing By The Sea“ und „Turn On The News“ waren neben „Never Talking To You Again“ meine absoluten Favoriten auf „Zen Arcade“ – alles Songs von Grant Hart, der damals die eher emotionalen Lieder schrieb, während Bob Mould für die wütend rausgebrüllten Stücke verantwortlich war.

„I'd put you down where you belong
But I'm never talking to you again
I'd show you everywhere you're wrong
But I'm never talking to you again“

Dass Mould auch anders kann, bewies er später mit Sugar, deren „Hoover Dam“ eines meiner ewigen Seelenlieder ist, weshalb ich mir neben Hüsker Dü auch alles andere von Sugar und Bob Moulds Solosachen wie „I Don't Know You Anymore“ anschaffte – das berührt mich alles tief und live hab ich laut mitgesungen, während mir die Tränen die Wangen runterliefen.

„I'm never talking to you again
I'm never talking to you
I'm tired of wasting all my time
Trying to talk to you
Talking to you“

Die synaptische Verbindung dieses Liedes zu meinem ehemaligen best buddy sind drei simple Sachen: 1. „Standing By The Sea“ war meine Inspiration für unseren Born Cool-Opener „By The Sea“, 2. mein best buddy wusste trotz seines Gehirns von der Größe eines Planeten zum Zeitpunkt unserer Aufnahmen für diesen Song nichts mit Sugar anzufangen („Ist das mit dem von den Pixies?“) und 3. Ja: *„I'm never talking to you again“.*

Gluecifer – „Losing End“

„Huddled on across the street
Getting cold when we suddenly meet
Must have been a couple of years
I feel nothing but a cold cold fear“

Ein anderer „So long and thanks for all the Fish“-Song, der mich mit dem – noch nicht mal klar erklärten, schmerzhaften – Ende einer jahrzehntelangen Freundschaft verbindet.

„And now I'm looking at a face
That belonged to my brother
Looking at a shadow
From my long gone past
I had written him right off
Told my self not to bother
But I can't“

Sicher auch deshalb, weil es Gluecifer waren, die ich meinem ex-Bro als Supportband für ein paar geplante Open Air-Konzerte seiner Band in 2004 empfahl – total egoistisch, denn ich war dann sowieso nur wegen Gluecifer da, auf die ich neben Hellacopters und Turbonegro ein gutes Jahrzehnt zuvor durch eben diesen ex-Bro aufmerksam wurde.

„'cause I remember that day"

Die Alben „Payin' The Dues" von Hellacopters, „Apocalypse Dudes" von Turbonegro und „Ridin' The Tiger" von Gluecifer liefen neben so vielen anderen ständig im Background, aber Gluecifer wurden für mich echt special. Biff Malibus Gesang, seine Attitude, sein Tourtagebuch …

„And now my blood runs cold
In my frozen vein
I see a man that I swore I never talk to again
No way 'cause there is nothing to say"

Die Gluecifer-Alben „Basement Apes" und „Automatic Thrill" hatte ich permanent im Ohr, wenn es zu unseren Born Cool-Proben ging. „Dy-na-mick!" höre ich unseren Bassisten Wowa mit erhobenem Zeigefinger nuscheln: „Dyyy-na-mick!" Und Dynamik hieß hier: Gluecifer gab es 2005 erstmal nicht mehr, der Gluecifer-Drummer trommelte plötzlich im Solo-Projekt meines ex-Bros und ich war irgendwann einfach draußen. Geghosted. So what.

„It's a no good meeting at a no good street
You know I just can't take it now I'm on my feet
He's dead
There's nothing left to be said"

Garbage – „Bleed Like Me"

„Only Happy When It Rains", „Stupid Girl", „I Think I'm Paranoid" … ein Hit jagte den nächsten. Und alle hatten irgendetwas, womit sie mich abholen konnten. Auch eine dieser „Machma lauter!"-Bands, die einem das Agenturleben zur Jahrtausenwende erträglicher gemacht haben – mal abgesehen von den unnötigen Geek-Diskussionen über Shirley Manson, Butch Vig, Alternative Rock, Electronica oder Pop im Allgemeinen. Nerdige Diskurskacke. Braucht kein Mensch. Ich jedenfalls nicht. Es ist, was es ist.

Als wir dann zehn Jahre später ausgekehrt hatten und unser Studio auf ein erträgliches Maß an Personal (lies: zwei Personen) gesundgeschrumpft hatten, hatte ich Garbage schon ewig nicht mehr bewusst gehört. Die tauchten ab und an in der Playlist auf und gut. Die ganze Herrlichkeit des gesamten Albums „Bleed Like Me" mit „Run Baby Run", „Right Between The Eyes" oder „Why Do You Love Me" rauschte fürs Erste komplett an mir vorbei.

Erst „Meet The Foetus/Oh The Joy" auf Brody Dalles 2014er „Diploid Love"-Soloalbum ließ mich wieder aufhorchen, da Shirley Manson den zweiten Songteil ausfüllte – zugegebenermaßen mit eher fragmentarischen Textanteilen, aber diese Stimme!

Daraufhin kramte ich „Only Happy When It Rains" wieder raus und hörte es mir noch mal genauer an. Die ganzen Grunge- und Alternative-Themen der 1990er wie Teenage-Angst, Depression, Selbstzweifel und Zukuntsängste wurden hier zwar satirisch durch den Kakao gezogen, aber damit gleichzeitig auch prominent adressiert und weiter in die Welt gebracht. Sehr gut. Genau mein Ding. „Why Don't You Come Over?", „Sex Is Not The Enemy" … Garbages Gesamtwerk ist durchzogen von diesen gebrochenen Linien, dem Anderssein, Sich-anders-fühlen, dem Ausloten menschlicher Randbereiche und dem trotzig und selbstbewusst Weitermachen, sein eigenens Ding machen.

In „Bleed Like Me" hauten mir Garbage dann gleich einen ganzen Berg psychischer Belastungen vor die Füße: Essstörung, Identitätssuche, Selbstverletzung, Therapiehopping, Alkoholsucht … das volle Programm. Und das passte auch alles vom Ansatz und der Herangehensweise her ganz wunderbar zu den Eigenproduktionen, denen wir uns inzwischen in unserem Studio widmen (wie eben dieses Buch hier und dessen beiden Vorgängern) – natürlich nicht zuletzt auch wegen meiner eigenen Belastungen. Katharsis lässt grüßen! Solche Musik ist für

Illustration linke Seite: aus „Gevatter – Die fünf Phasen" von Schwarwel (Glücklicher Montag 2024)

mich Empowerment pur, wenn man mal feststeckt bei dem, was man in die Welt bringen, was man ausdrücken, was man beitragen will.

Bad Religion – Sanity

Ungefähr so um 2005/2006 wurde ich auf Bad Religion noch mal richtig aufmerksam. Unter wohlmeinendem Zwang, denn einer unserer Praktikanten, selbst Musiker und filmaffin, talentiert und noch auf der Suche, empfahl mir die Band mehrfach eindringlich, weil sie zum einen seine eigene Lieblingsband war und er zum anderen nicht verstand, wieso ihre Musik nie aus meinem Büro schallte, wo doch auch Social Distortion, Ramones, Killing Joke und daneben Misfits, Distillers und Dead Kennedys ständig liefen – daneben noch Oasis, Go-Go's, Motörhead, Gluecifer, AC/DC und The Thermals natürlich. Wegen der gefühlten Vielfalt und so.

Ich lehnte jedes Mal freundlich, aber bestimmt ab, weil mich Bad Religion seit ihrem 1996 totgeleierten MTV-Hit „Punk Rock Song“ genauso schwer nervten wie The Offspring mit „Self Esteem“ und später „Pretty Fly (For A White Guy)“ oder „Basket Case“ von Green Day. Noch schlimmer aber war „Raise Your Voice“, weil Bad Religion da auch noch Campino mitsingen ließen – was für mich ungefähr so schrecklich und fremdschamig war und ist wie dieser englischsprachige „Pushed Again“ von den Hosen selbst oder – Todesstoß! – die gelebte Nazibraut-Verehrung von Rammstein mit ihrer unglaublich schlimmen „Stripped“-Coverversion, wo Frontbock Lindemann mit seinem *„Let me hear you make Deee-sischens / Without your Tellyvischenn“* zeigt, was für ein billiger Low Performer er doch ist. Grausamst. Aber sorry, mausgerutscht ... Jedenfalls ...
Irgendwann nervte mich unser Praktikant so sehr mit seiner dringlichen Musikempfehlung, dass ich mir sein ganzes Bad Religion-Zeug von seinem iPod zog (das ging damals noch) und in meine allgemeine Heavy Rotation-Liste schob, so dass sich die Band langsam, aber sicher mit jedem Song, der zwischen meinen anderen Songs auftauchte, in mein System einschlich, bis ich irgendwann vor mir selbst zugeben musste, dass ich Bad Religion irgendwie doch schon so ein bisschen ganz schön geil finde. „Stranger Than Fiction“, „Los Angeles Is Burning“, „I Want To Conquer The World“, „Generator“, „Sanity“, hach ...

„And sanity is a full-time job
In a world that is always changing
And sanity is a state of mind
That you believe in, sanity“

Mein Bad Religion-Katalog dürfte inzwischen ziemlich vollständig sein und mit ihrem 2019er Album „Age Of Unreason“ machten sie die Coronazeit echt erträglich. „Lose Your Head“, „End Of History“ und „What Tomorrow Brings“ als wirksame Energizer und „My Sanity“ als bittersüßes Lebensbekenntnis:

„When the world has gone mad
And there's nowhere to roam
The lights are all on
But nobody's home
There comes a time
When you look up to the sky
And ask, „Why do my favorite songs
Always make me cry?““

Nichtsdestotrotz: „Punk Rock Song“ – egal, ob in Deutsch oder Englisch – und „Raise Your Voice“ skippe ich trotzdem weiterhin rigoros weg. Dieser Zug ist definitiv abgefahren.

„I've got it real bad, there's no remedy
You're all I have, my dear sanity
Sometimes there's no sane reason
For optimism –
Oh, my sanity, my sanity
I've nothing to lose, so please let me be“

Wolfgang Amadeus Mozart –
„Symphony No. 40 in G minor, K. 550“
Wolfgang Amadeus Mozart –
„Piano Sonata No.11 In A Major K.331“

Wenn ich mich nach wahrem inneren Frieden sehne, sind Mozarts Symphonien und Klaviersonaten immer Erste Hilfe und das Mittel zur Wahl. Und als Beethoven-Ultra komme ich an Mozart ja sowieso nicht vorbei, da ja Mozart Beethovens biggest Influencer war. Leichter, verspielter, vielleicht sogar um einiges genialer. Ein Wunderkind eben.
Auch Mozart hätte ich ohne die Welt des Films nicht für mich entdeckt. Miloš Formans „Amadeus“ mit Tom Hulce und F. Murray Abraham lief Mitte der 1980er auch in Leipzigs größtem Kino, dem Capitol, wo ich ihn mit einigen aus meiner Clique das erste Mal sah. Der pure Punk. Dass sich der Film vor allem um Mozarts Normalo-Rivalen Salieri und dessen Sehnsucht nach Mozarts Talenten und Genialität beschäftigte, ging mir erst sehr viel später auf, war aber für meine Initialzündung auch egal. Ich mochte diesen ungehobelten, alle Regeln missachtenden, leicht infantilen und scheinbar nur von seinem Bauchgefühl getriebenen Mozart, wie er hier dargestellt wurde. Ein Partylöwe und Hedonist, kaum fähig, Verantwortung zu übernehmen, und von den Herausforderungen des „echten Lebens“ vollkommen überfordert. Doch gleichzeitig legte er in seinen Werken – für uns Nachwelt sehr gut nachzuhören und nachzufühlen – eine äußerste Sorgfalt und Disziplin an den Tag. Da packte er alles rein, was er hatte. Ein Nerd und ein Perfektionist. Ein Getriebener. Damit kenne ich mich aus, sowas verstehe ich.
Als ein Freund, der in Mozarts Geburtsstadt Salzburg gezogen war und dort ein Chapter der Turbojugend eröffnete, mich bat, das Logo für den Rückenaufnäher der Denim Jackets zu entwerfen, konnte ich seiner Bitte natürlich nicht widerstehen: Mozart mit Lederkäppi.
„Gimme deathpunk, baby,
and I like it (love it) like it (love it)“

Illustration: „Mozart“ von Schwarwel für die Turbojugend Salzburg, 2007

Angelo Badalamenti –
„Twin Peaks Theme“

Als „Twin Peaks“ erstmals Anfang der 1990er ausgestrahlt wurde, kam ich da überhaupt nicht ran. Zwar hatte ich „Eraserhead“ mit meiner damaligen Freundin bei Freunden in einer total bekifften, leicht paranoiden Atmosphäre angeguckt und mir daraus den Lady-in-the-Radiator-Song „In Heaven“ – gern auch in der Pixies-Version – für mein Restleben mitgenommen, aber für „Twin Peaks“ brauchte ich mehrere Anläufe und vorher alle Filme von David Lynch. (Und bevor jetzt jemand fragt: Ja, ich liebe Lynchs „Dune“!)
Als dann 2017 die dritte „Twin Peaks“-Staffel – die 25-Jahre-später-Staffel – erschien, suchtete ich nächtelang das Gesamtwerk und war einfach nur hin und weg. Bisschen too much Badalamen-

ti-Theme vielleicht in den ersten beiden Staffeln, aber der Sog dieser Musik bleibt stets konstant hoch.

Fast in jeder Folge der dritten Staffel stellte Lynch dann einfach ein paar Musiker:innen auf die Roadhouse-Bühne und ließ sie dort ihren gesamten Song performen. Einfach so. Das fand ich genial. Julee Cruise, The Veils mit ihrem The Fall-mäßigen „Axolotl“, Chromatics mit „Shadow“, Trouble, Eddie Vedder, Rebekah Del Rio, Au Revoir Simone mit „A Violent Yet Flammable World“ … das war alles sphärisch, getragen, elektrisierend, atmosphärisch dicht und es pushte diese ganz besondere Stimmung, die Lynch mit dieser ganzen Serie und mit seinen Filmen in mir entstehen lässt. In „Gotta Light?“ (Season 3, Episode 8) machen Nine Inch Nails mit „She's Gone Away“ den Opener für eines der für mich größten filmischen Ereignisse, die ich je in meinem Leben miterleben durfte. Da musste ich schon kopfschüttelnd schmunzeln, als 2023 die Atombomben-Sequenz in „Oppenheimer“ so gehyped wurde. Kannten die alle diese „Twin Peaks“-Folge nicht oder sind die einfach nur ignorant? Egal, IYKYK.

„Paper Planes“ von M.I.A. (den ich einer Jahresplaylist von Augsburg zu verdanken habe – danke nochmal!) und Wolf Alice mit „Silk“ aus dem zweiten Trainspotting-Film schlagen bei mir in dieselbe Kerbe. Ich gleite sofort in einen anderen Zustand, alles wird gedämpft, ein melancholischer, irgendwie tröstlicher Schleier legt sich über die Welt und das ganze Chaos um uns herum erscheint plötzlich sinnstiftend, wertvoll und auf eine sehr, sehr seltsame Weise wunderschön – directed by David Lynch.

„There's love that is a saviour
But that ain't no love of mine
My love it kills me slowly
Slowly, I could die“

Best of the Rest

Weil meine Aufzählung etwas ausuferte und der Rahmen schließlich komplett gesprengt wurde, musste ich mir letztlich ein Maximum von 75 Songs auferlegen, die meinen Soundtrack of my Life halbwegs stimmig illustrieren würden. Da blieb dann natürlich noch eine ganze Latte an Künstler:innen und Liedern liegen, die ich anfänglich ob ihrer Bedeutung für mich mit aufgelistet hatte, als ich im Schnelldurchlauf durch mein Leben mit Musik skippte. Die Entwicklung einiger Personen wie Kathleen Hanna, Zack de la Rocha oder Morrissey sehe ich für mich kritisch bzw. kann oder mag sie bzw. ihre Musik einfach nicht mehr hören. Beispielsweise wegen ihres antisemitischen BDS-Engagements, ihrer rechtsextremen, faktenresistenten oder wissenschaftsfeindlichen Einstellungen und Äußerungen oder weil ich einfach irgendein Verhalten, das ich für mich missbillige (Row Zero, ick hör dir trapsen), nicht durch meinen weiteren Konsum mittragen will.
Die Songs von damals habe ich zum allergrößten Teil trotzdem drin gelassen, da sie natürlich etwas mit mir und meiner Entwicklung gemacht haben – unabhängig davon, wie sich die Urheber:innen heute verhalten oder wie sie sich öffentlich oder öffentlichkeitswirksam auf Bühnen, in Interviews oder auf Social Media äußern. Sollnse machen, ist ja ihr Leben, nicht meins. Und umgekehrt.

Here we go mit den weiteren Listenplätzen:

Judas Priest – „Breaking The Law“
DAF – „Ich und die Wirklichkeit“
The Undertones – „Teenage Kicks“
The Clash – „Straight To Hell“
N.W.A. – „Express Yourself“
Pearl Jam – „Alive“
S.O.D. – „March Of The S.O.D. And Sergeant D And The S.O.D.“
Teenage Fanclub – „Song To The Cynic“
Oasis – „Cigarettes & Alcohol“
Therapy? – „Stories“
Hellacopters – „Hopeless Case Of A Kid In Denial“
Bikini Kill – „Rebel Girl“
Ronnie Spector feat. Joey Ramone – „You Can't Put Your Arms Around A Memory“
Blur – „Song 2“
Queens Of The Stone Age – „The Lost Art Of Keeping A Secret“
The Thermals – „A Stare Like Yours“
Tocotronic – „Sag alles ab“
Kyuss – „Green Machine“
Peaches – „I Don't Give A Fuck“
Body Count – „This Is Why We Ride“
Prophets Of Rage – „Unfuck The World“
The Smiths – „There Is A Light That Never Goes Out“
Rage Against The Machine – „Killing In The Name“
Sham 69 – „If The Kids Are United“
Red Hot Chili Peppers – „Under The Bridge“
James Brown – „It's A Man's Man's Man's World“
The Breeders – „Cannonball“
Cypress Hill – „Another Body Drops“
Aretha Franklin – „Respect“
Public Enemy – „Fight The Power“
The Go-Go's – „Unforgiven“
David Bowie – „Rebel Rebel“
The Knack – „My Sharona“

Illustration linke Seite: „Black Lodge“ von Schwarwel

#nicht
gesellschafts
fähig
THE LONG
WAY AROUND

EPILOG

von Sandra Strauß

Social Media-Post vom 6. September 2024: „Ich muss noch meinen eigenen Text für unser Buch schreiben, weil wir in wenigen Tagen in Druck gehen.

Doch ich merke, dass ich dafür noch gar keinen freien Kopf habe, weil ich seit Monaten andere Funktionen innehatte und immer noch habe (Konzeption, Redaktion, Interviews führen und transkribieren, Texte und Interviews Korrektur lesen, viel Kommunikation, Layout-Assistenz, (Mit-)Ideen für Seiten-Kapitel-Gestaltung ... und noch so viel mehr). Und jetzt sind wir während unserer noch nicht abgeschlossenen Buch-Produktion auch schon wieder insofern in die Öffentlichkeit gegangen, dass wir unsere Crowdfunding-Aktion gestartet haben. Parallel dazu arbeiten wir seit Monaten an den „Herr Tod und Frau Leben"-Filmen und stecken seit Wochen bereits wieder in unserer drunter+drüber-Produktion. Ich liebe an all diesen Produktionen und Arbeiten wirklich jeden einzelnen Schritt und bin tatsächlich jeden Tag dankbar, dass wir das machen dürfen. Wir machen die Sachen, die uns gut tun, richtig gute Inhalte haben und die uns selbst stets weiter voranbringen. Das ist wirklich ein Geschenk und sehr wertvoll. Eventuell können wir das auch an andere weitergeben.

Aktuell merke ich dabei bewusst, dass ich sehr oft zwischen meinen einzelnen Funktionen, die ich bei all dem innehabe, switchen muss, auch wenn ich schon voll durchstrukturiert die einzelnen Schritte organisiert habe. Das habe ich früher nie so bewusst wahrgenommen und war dementsprechend so allgemein gestresster. Jetzt habe ich für alles mehr Ruhe, und das tut gut, merke jedoch eben auch, was Produktionen und die einzelnen Stadien von einem fordern. Alles ist ein Lernprozess und jede einzelne unserer gemeinsamen Produktionen trägt dazu bei, dass auch ich mich und meine Zustände/ Emotionen besser wahrnehme+fühle. Und in meinen durchstrukturierten Flow passt eben gerade gar nicht rein, dass ich selbst noch einen persönlichen ngf-Musik+Psyche-Text auf meiner To Do-Agenda habe.

Ganz eigentlich ist alles bzw. vieles, was ich ausdrücken möchte, in unserem Buch bereits gesagt – durch unsere vielen Beteiligten. Und es steckt ganz viel persönlich von mir selbst drin, weil ich sehr viele Interviews geführt habe, mit Schwarwel als meinen Mitherausgeber in ständigem Austausch war und bin, wir unglaublich viel über die Inhalte unseres Buches gesprochen und alles gemeinsam zusammengestellt haben. Damit bräuchte es gar keinen eigenen Text von mir. Es wurden ja schon über 700 Seiten mit Musik+Psyche+Identität-Inhalten beschrieben. Ich stehe auch lieber „hinter der Kamera", „hinter der Bühne" ... Außerdem steht bei unseren circa 40 geführten Interviews sehr oft mein Name mit drauf. Das reicht dann irgendwie auch.

Zusammenfassend könnte ich anfügen:

Vor unserer Buch-Produktion war mir gar nicht so klar bewusst, welche Dimension Musik hat und dass sie in wirklich alle gesellschaftlichen Bereiche wirkt. Irgendwie hat jede:r einen Bezug zu Musik.

Ich selbst höre gar nicht so viel und so oft Musik, weil das meine Stimmung und meine Emotionen beeinflusst, und oft möchte ich das nicht. Wenn, dann höre ich Musik ganz bewusst und meist im Auto, Social D-Platten oder Amanda Palmer (dazu muss ich jedoch in genau der Amanda Palmer-Stimmung sein). Als Hintergrund-Sound läuft bei uns im Studio auf Schwarwels iPod immer Musik, quer durch alle Genres, jedoch eben als Hintergrund-Untermalung. Abhängig von meinen Aufgaben, die ich gerade erledige, höre ich bewusst hin oder kann es ausblenden.

Mich stressen hohe Töne und nicht gut abgemischte Songs sehr. Das geht gar nicht, das geht bei mir dann sofort ins Gehirn, auf eine unangenehme Weise.

Auch zu Konzerten gehe ich nicht so gerne. Das stresst mich ebenso. Zu viel Aufwand, zu viele Menschen … Ich sitze dann lieber im Studio oder zuhause und mache Bücher, Magazine oder Filme. Und gehe mit Hundi(s) raus. Das ist mein Wohlfühlgefühl.

Früher war ich natürlich in meiner Jugend-Gothic-Zeit jahrelang gefühlt auf jedem Konzert, Festival, Mittelaltermarkt, auf jeder Burg, auf vielen Parties … Wir haben unglaublich viel im Auto, in verschiedenen fremden Wohnungen, Apartments und Zelten genächtigt. Das war eine prägende Zeit. Dann kamen meine Anfang 20er und es war dann auch gut, ich wollte etwas anderes. Es ergab sich, dass ich durch ein Born Cool-Interview mit Schwarwel, das ich für ein Online-Magazin führte, in die KarLi 11 kam (Big F, EEE, Devil Connection — später dann daraus resultierend Glücklicher Montag) und dort blieb inkl. 2010 Umzug ins Werk 2. Musik und das Musikbusiness waren da ein ständiger Begleiter, allein dadurch, dass Schwarwel Die Ärzte-Art Director war, Devil Connection viel mit Musik zu tun hatte und wir quasi überall Merch-Verkaufsstände hatten, die (Pop Up, PNG und Auge mit eingemietet waren, ich mit Lipstix auf Tour ging und in all dieser Zeit alles aus Arbeits-Backstage-Perspektive miterlebte … Musikalisch und genremäßig war das dann das Gesamtpaket, weil ich mich vorher eben jahrelang rein nur in der Gothic-Szene bewegt hatte. Davor war ich von Partymusik auf Dortfesten, Mugge in Discos, Schlager und Volksmusik im TV bei Omi und Opi im Wohnzimmer, Peter Maffay und Die Prinzen bei meinen Eltern zuhause umgeben – also das jetzt mal komprimiert zusammengefasst.

Musik und Musikerinnen waren vor einigen Jahren mein Ausgangspunkt, um mich aktiv mit Feminismus auseinanderzusetzen und meine eigene Rolle darin zu finden.

All das und natürlich insbesondere Schwarwels jahrelanger intensiver Bezug zu Musik auf verschiedenen Ebenen hat Eingang in unser Buch gefunden – zusammengesetzt als ein großes Puzzle mit vielen Beteiligten aus ganz unterschiedlichen Bereichen. Da wir mannigfaltige Erfahrungen und Prägungen haben, ist das eine wunderbare Mischung geworden. Mehr könnte ich als eigenen Text auch gar nicht schreiben."

Foto: Jan-Markus Holz, lebensArt

#nicht gesellschafts fähig
HELP! I NEED SOMEBODY

BEGLEIT- UND HILFSANGEBOTE
Eine ganz unvollständige Übersicht

von Sandra Strauß und Schwarwel

Aktionsbündnis Seelische Gesundheit
www.seelischegesundheit.net

Awareness Akademie
www.awareness-akademie.de

BEL – Beratungszentrum Ess-Störungen Leipzig
www.bel.jetzt

Das Hilfetelefon Gewalt gegen Frauen – Unterstützung für Frauen in Not
www.hilfetelefon.de

DASH – Deutsche Angst-Hilfe e.V.
www.angstselbsthilfe.de

Deutsche DepressionsLiga e.V.
www.depressionsliga.de

Deutsche Gesellschaft Zwangserkrankungen e.V.
www.zwaenge.de

DKSB – Der Kinderschutzbund
www. kinderschutzbund.de

Eckhard Busch Stiftung
www.eckhard-busch-stiftung.de

Frauen helfen Frauen in Not e.V.
www.gewaltgegenfrauen.de

Freunde fürs Leben e.V.
www.frnd.de

FUNUS Stiftung
www.funus-stiftung.de

Initiative Barrierefrei Feiern
www.barrierefrei-feiern.de

Irrsinnig Menschlich e.V.
www.irrsinnig-menschlich.de

Leipziger Bündnis gegen Depression e.V.
www.buendnis-depression-leipzig.de

MaLisa Stiftung
www.malisastiftung.org

Metal gegen Depression e.V.
www.metal-gegen-depression.de

MiM – Mental Health in Music
www.mim-verband.de

#musicmetoo
www.musicmetoo.de

Music S Women* e.V.
www.musicswomen.de

Music Women* Germany
www.musicwomengermany.de

Nummer gegen Kummer e.V.
www.nummergegenkummer.de

Robert-Enke-Stiftung
www.robert-enke-stiftung.de

Safe The Dance
www.safethedance.de

Stiftung Deutsche Depressionshilfe und Suizidprävention
www.deutsche-depressionshilfe.de

Suchtzentrum Leipzig e.V.
www.suchtzentrum.de

TelefonSeelsorge, deutschlandweit
www.telefonseelsorge.de

TrauBe Köln e.V.
TrauerBegleitung für Kinder, Jugendliche und junge Erwachsene
www.traube-koeln.de

Weißer Ring
wwww.weisser-ring.de

Werner-Felber-Institut für Suizidprävention und interdisziplinäre Forschung im Gesundheitswesen e.V.
www.felberinstitut.de

Wolfsträne e.V.
Trauerbegleitung für Kinder und Jugendliche in Leipzig
www.wolfstraene.de

BÜCHER
Eine ganz unvollständige Übersicht (geordnet nach Vornamen der Autor:innen)

von Sandra Strauß und Schwarwel

Abo Alsleben **„MAYHEM live in Leipzig: Wie ich den Black Metal nach Ostdeutschland brachte“**, bookra, 2020

Aerosmith und Stephen Davis **„Walk This Way: The Autobiography of Aerosmith“**, Dey Street Books, 2012

Amanda Palmer **„The Art of Asking: Wie ich aufhörte, mir Sorgen zu machen, und lernte, mir helfen zu lassen“**, Eichborn, 2015

Anthony Kiedis **„Scar Tissue (Give it Away): Der Sänger der Red Hot Chili Peppers – Die Autobiographie“**, KiWi 12. Auflage, 2005

Antonella Romeo (Hg.) **„Esther Bejarano, Erinnerungen: Vom Mädchenorchester in Auschwitz zur Rap-Band gegen rechts“**, Galerie der abseitigen Künste, 2019

Bad Religion und Jim Ruland **„Die Bad Religion Story: Do What You Want“**, Hannibal, 2020

Ben Westhoff **„Original Gangstas – Dr. Dre, Eazy-E, Ice Cube, Tupac Shakur, Snoop Dogg und die Entstehung des West Coast Rap: Dr. Dre, Eazy-E, Ice Cube, Tupac Shakur, Snoop Dogg und die Geburt des Westcoast-Rap“**, Hannibal, 2017

Bob Mould **„See a Little Light: The Trail of Rage and Melody“**, Little, Brown and Company, 2011

Borwin Bandelow **„Celebrities: Vom schwierigen Glück, berühmt zu sein“**, Rowohlt, 6. Auflage 2007

Brad Warner **„Hardcore Zen: Punk Rock, Monsterfilme & die Wahrheit über alles“**, Aurum, 2011

Brian Johnson **„Die Leben des Brian: Die Autobiografie“**, Heyne, 2022

Brian Wilson **„Ich bin Brian Wilson: Autobiografie“**, Eichborn, 2017

Britney Spears **„The Woman in Me: Meine Geschichte“**, Penguin, 2023

Bruce Springsteen **„Born to Run: Die Autobiografie“**, Heyne, 2018

Campino **„Hope Street: Wie ich einmal englischer Meister wurde“**, Piper, 2. Auflage 2021

Cathi Unsworth **„Season of the Witch: The Book of Goth“**, Nine Eight Books, 2023

Chris von Rohr **„Hunde wollt ihr ewig rocken“**, Steinblatt, 1991

Christian Hentschel **„Maschine – Was bisher geschah“**, Rotbuch, 2024

Christiane Eisler (Hrg.) **„WUTANFALL – Punk in der DDR 1982-1989. Die Protagonisten damals und heute“**, Katalog zur gleichnamigen Ausstellung, 2017

Christof Dörr und Frank „Klube“ Klubescheidt **„Klube & THE BATES: Wie ein Dorfpunk zum Rockstar wird und 1 Million Platten verkauft – bis das Schicksal gnadenlos“**, Schwarzkopf & Schwarzkopf, 2018

Christof Meueler **„Das ZickZack-Prinzip: Alfred Hilsberg – ein Leben für den Underground“**, Heyne 2016

Clueso **„Clueso. Von und Über“**, Schwarzkopf & Schwarzkopf, 2. Auflage 2010

Connie Mareth und Ray Schneider **„Haare auf Krawall: Jugendsubkultur in Leipzig von 1980 bis 1991“**, Connewitzer Vlgsbuchhdlg, 3. Auflage 2010

Cosey Fanny Tutti **„Art Sex Music“**, Faber & Faber, 2018

Courtney Love **„Dirty blonde: Die Tagebücher“**, KiWi 2007

Craig O‘Hara **„The Philosophy of Punk – Die Geschichte einer Kulturrevolte“**, Ventil, 2017

Daniel Lukes und Stanimir Panayotov (Hg.) **„Black Metal Rainbows“**, PM Press, 2023

Daniel Ryser **„Slime: Deutschland muss sterben“**, Heyne, 2013

Dave Grohl **„Der Storyteller: Geschichten aus dem Leben und der Musik“**, Ullstein, 5. Auflage 2021

Dave Thompson **„Schattenwelt – Helden und Legenden des Gothic Rock“**, Hannibal, 2003

David Byrne **„Wie Musik wirkt“**, S. FISCHER, 3. Auflage 2019

David Yaffe **„Reckless Daughter: A Portrait of Joni Mitchell“**, Sarah Crichton Books, 2018

Davide Bortot und Jan Wehn **„Könnt ihr uns hören?: Eine Oral History des deutschen Rap“**, Ullstein fünf, 4. Auflage 2019

Dayal Patterson **„Black Metal: Evolution Of The Cult: Die Mythen, die Musik und ihre Macher“**, Index, 2017

Debbie Harry **„Face it: Die Autobiografie“**, Heyne, 2019

Dee Dee Ramone **„Chelsea Horror Hotel“**, Milena, 2021

Dennis Burmeister und Sascha Lange **„Our Darkness – Gruftis und Waver in der DDR“**, Ventil, 2022

Diana Ringelsiep und Ronja Schwikowski (Hg.) **„Punk as F*ck – Die Szene aus FLINTA-Perspektive“**, Ventil, 2022

Dirk von Lowtzow **„Aus dem Dachsbau“**, KiWi, 2023

Dirk von Lowtzow **„Ich tauche auf“**, Kiepenheuer&Witsch, 2. Auflage 2023

Drangsal (Max Gruber) **„Doch“**, Claassen, 2022

Elton John **„Ich: Elton John. Die Autobiografie “**, Heyne, 2019

Eva Gesine Baur **„Einsame Klasse: Das Leben der Marlene Dietrich“**, C.H.Beck, 2017

Everett True **„Hey Ho Let‘s Go: The Story of the Ramones“**, Omnibus Press, 2005

Farin Urlaub **„Indien & Bhutan – Unterwegs 1“**, Schwarzkopf & Schwarzkopf, 2. Auflage 2007

Felix Denk und Sven von Thülen **„Der Klang der Familie: Berlin, Techno und die Wende“**, Suhrkamp, 6. Auflage 2012

Frank „Klube“ Klubescheidt und Christof Dörr **„Klube & THE BATES: Wie ein Dorfpunk zum Rockstar wird und 1 Million Platten verkauft – bis das Schicksal gnadenlos zuschlägt.“**, Schwarzkopf & Schwarzkopf, 2018

Greg Graffin **„Punk Paradoxon – Eine Autobiografie“**, Hannibal, 2022

Harry Belafonte **„My Song: Die Autobiographie“**, btb, 2013

Hartmut Rosa **„When Monsters Roar and Angels Sing: Eine kleine Soziologie des Heavy Metal (Metalbook, 1, Band 1)“**, W. Kohlhammer, 2023

Hendrik Bolz **„Nullerjahre: Jugend in blühenden Landschaften“**, Kiepenheuer&Witsch, 5. Auflage 2022

Henryk Gericke **„Tanz den Kommunismus – Punkrock DDR 1980 bis 1989“**, VerbrecherVerlag, 2024

Holly George-Warren **„Janis Joplin. Nothing Left to Lose: Die Biografie“**, Droemer HC, 2019

Igor Levit und Florian Zinnecker **„Hauskonzert“**, Carl Hanser, 3. Auflage 2021

Jake Brown **„Rick Rubin: Genie im Studio“**, Reclam, 2022

James Kaplan **„Frank: The Voice“**, Anchor, 2011

James R. Baker **„Treibstoff“**, List, 2001

Jeff Wagner **„Soul on fire: Leben und Musik von Peter Steele“**, Nicole Schmenk, 2016

Jim Lindberg **„Punk Rocker sind auch nur Väter“**, I.P., 2008

Joan Baez **„And A Voice to Sing With: A Memoir“**, Simon & Schuster 2009

Jörg Buttgereit **„Nicht Jugendfrei!: Tagebuch aus West-Berlin“**, Martin Schmitz, 2023

John Niven **„Kill Your Friends“**, Heyne, 2008

John Robb **„The art of darkness: The history of goth“**, Manchester University Press, 2023

Jon Savage **„Sengendes Licht, die Sonne und alles andere: Die Geschichte von Joy Division“**, Heyne, 2020

Johnny Cash und Patrick Carr **„Cash – Die Autobiografie“**, Edel Books, 2021

Jonas Engelmann (Hg.) **„Damaged Goods – 150 Einträge in die Punk-Geschichte“**, Ventil, 2016

Joy Press und Simon Reynolds **„Sex Revolts Gender, Rock und Rebellion“**, Ventil, 2020

Judith Holofernes **„Die Träume anderer Leute“**, Kiepenheuer&Witsch, 3. Auflage 2022

Juliana Hatfield **„When I Grow up: A Memoir“**, Trade Paper Press, 2008

Juliane Streich (Hg.) **„These Girls – Ein Streifzug durch die feministische Musikgeschichte“**, Ventil, 2019

Juliane Streich (Hg.) **„These Girls, too – Feministische Musikgeschichten“**, Ventil, 2022

Jürgen Teipel **„Verschwende Deine Jugend: Ein Doku-Roman über den deutschen Punk und New Wave“**, Suhrkamp, 2012

Kai Sichtermann, Jens Johler und Christian Stahl **„Keine Macht für Niemand: Die Geschichte der Ton Steine Scherben“**, Schwarzkopf & Schwarzkopf, 2008

Kathy Valentine **„All I Ever Wanted: A Rock'n'Roll Memoir“**, University of Texas Press 2020

Katja Peglow und Jonas Engelmann (Hg.) **„Riot Grrrl Revisited – Geschichte und Gegenwart einer feministischen Bewegung“**, Ventil, 2. Auflage 2013

Kay Lutter **„Bluessommer: Eine Geschichte von Freiheit, Liebe und Musik jenseits des Eisernen Vorhangs“**, Lago, 2017

Keith Richards **„Life“**, Heyne, 2014

Kim Gordon **„Girl in a Band“**, Kiepenheuer&Witsch, 2. Auflage 2015

Kurt Cobain **„Tagebücher“**, Kiepenheuer&Witsch, 3. Auflage 2008

Legs McNeill und Gillian McCain **„Please Kill Me: Die unzensierte Geschichte des Punk: Erzählt von Lou Reed, John Cale, Patti Smith, Iggy Pop, Debbie Harry, Willy DeVille u. a.“**, Hannibal, 2011

Lemmy Kilmister **„Lemmy – White Line Fever: Die Autobiographie“**, Heyne, 2018

Linus Volkmann **„Sprengt die Charts! – Wie werde ich Popstar (und warum)?“**, Ventil, 2019

Marcus Stiglegger **„Schwarz: Die dunkle Seite der Popkultur“**, Martin Schmitz Verlag, 2021

Marie Fredriksson und Helena von Zweigbergk **„Listen to my heart.: Meine Liebe zum Leben“**, Edel Books, 2016

Markus Karg **„Die Ärzte. Ein überdimensionales Meerschwein frisst die Erde auf: Die Biografie der besten Band der Welt. In Zusammenarbeit mit BelaFarinRod“**, Schwarzkopf & Schwarzkopf, 7. Auflage 2008

„Markus Kavka über Depreche Mode“, KiWi, 4. Auflage 2020

Markus Kavka und Elmar Giglinger **„MTViva liebt dich!: Die elektrisierende Geschichte des deutschen Musikfernsehens“**, Ullstein, 4. Auflage 2023

Marky Ramone **„Punk Rock Blitzkrieg: Mein Leben mit den Ramones“**, I.P., 2015

Martin Büsser **„If the kids are united – Von Punk zu Hardcore und zurück“**, Ventil, 7. Auflage 1999

Michael Moynihan und Didrik Soderlind **„Lords of Chaos: Satanischer Metal: Der blutige Aufstieg aus dem Untergrund“**, Index, 9. Auflage 2008

Miki Berenyi **„Fingers Crossed: How Music Saved Me from Success“**, Nine Eight Books 2023

Morten Harket **„My take on me: Autobiografie“**, Edel Books, 2016

Neil Young **„Ein Hippie-Traum: Die Autobiographie – Waging Heavy Peace“**, KiWi, 4. Auflage 2013

Neil Strauss und Mötley Crüe, **„The Dirt: Sie wollten Sex, Drugs & Rock'n'Roll“**, Heyne, 5. Auflage 2006

Nicholas Müller **„Ich bin mal eben wieder tot: Wie ich lernte, mit Angst zu leben“**, Knaur, 8. Auflage 2017

Nicholas Potter und Stefan Lauer (Hrg.)
„Judenhass Underground: Antisemitismus in emanzipatorischen Subkulturen und Bewegungen“,
Hentrich und Hentrich 2023

Nick Cave und Sean O'Hagan
„Glaube, Hoffnung und Gemetzel“,
Kiepenheuer&Witsch, 2. Auflage 2022

Nico Rose und Götz Ulmer
„Heavy Metal B(r)ands: Was wir von Metalbands über Marketing lernen können“,
Redline, 2023

Nigel Kennedy **„Mein rebellisches Leben: Mein Leben“**, Tropen, 2022

Nikki Sixx **„Leben heißt Leiden: Fotografie. Musik. Kunst.“**, I.P., 2013

Nina Hagen und Marcel Feige **„Nina Hagen: That's why the Lady is a Punk“**,
Schwarzkopf & Schwarzkopf, 2002

Nina Simone und Stephen Cleary
„Meine schwarze Seele“, Piper, 1995

NOFX und Jeff Alulis
„Die Hepatitis-Badewanne und andere Storys“, Edel Books, 2017

Oliver Georgi und Martin Benninghoff
„Soundtrack Deutschland: Wie Musik made in Germany unser Land prägt“,
EMF, 2020

Ozzy Osbourne **„Ozzy: Die Autobiografie“**,
Heyne, 2021

Patti Smith **„Just Kids: Die Geschichte einer Freundschaft“**,
Kiepenheuer&Witsch, 5. Auflage 2010

Patti Smith **„M Train: Erinnerungen“**,
FISCHER, 4. Auflage 2018

Paul Stanley
„Hinter der Maske – Die Autobiografie“,
Hannibal, 2014

Peter Guralnick **„Elvis Presley – Last Train To Memphis – Sein Aufstieg 1935-1958“**,
Bosworth Music, 2. Auflage 2006

Philipp Meinert **„Homopunk History – Von den Sechzigern bis in die Gegenwart“**,
Ventil, 2018

Poppy Z. Brite **„Courtney Love: The Real Story“**, Simon & Schuster, 1997

Ray Cokes **„My Most Wanted Life: Onscreen, Offscreen And In Between – The Autobiography“**,
Schwarzkopf & Schwarzkopf, 2014

Rick Rubin **„kreativ. Die Kunst zu sein“**,
O.W. Barth, 7. Ausgabe 2023

Rita Marley **„No Woman No Cry: Mein Leben mit Bob Marley“**,
Edel Books, 2010

Rob Halford **„Ich bekenne: Die Autobiografie des Sängers von Judas Priest“**, Heyne 2021

Robert Görl und Gabi Delgado, aufgeschrieben von Miriam Spies und Rudi Esch
„Das ist DAF: Deutsch Amerikanische Freundschaft – Die autorisierte Biografie“,
Schwarzkopf & Schwarzkopf, 2017

Rocko Schamoni **„Dorfpunks“**,
Rowohlt, 8. Auflage 2005

Rocko Schamoni **„Risiko des Ruhms: Director's Cut“**, Rowohlt, 6. Auflage 2007

Roland Kaiser und Sabine Eichhorst
„Sonnenseite: Die Autobiographie“,
Heyne, 2021

Ronald Galenza und Heinz Havemeister **„Feeling B – Mix mir einen Drink: Punk im Osten“**, Schwarzkopf & Schwarzkopf, 3. Auflage 2010

Ronald Galenza und Heinz Havemeister (Hrg.) **„Wir wollen immer artig sein ... Punk, New Wave, HipHop und Independent-Szene in der DDR von 1980 bis 1990“**, Schwarzkopf & Schwarzkopf, 1999

Ronnie Spector und Vince Waldron **„Be My Baby: Mein Leben“**, Hannibal, 2022

Sammy Hagar und Joel Selvin **„RED: Mein Leben unzensiert“**, Edel Books, 2011

Sascha Lange **„Meuten, Swings & Edelweißpiraten: Jugendkultur und Opposition im Nationalsozialismus“**, Ventil, 2015

Sascha Lange und Dennis Burmeister **„Our Darkness: Gruftis und Waver in der DDR“**, Ventil, 2022

Schwarwel • Strauß • Prüwer • Feustel **„1989 – Lieder unserer Heimat: Der Almanach zum Lebensgefühl der Aufwachsenden“**, Glücklicher Montag, 2019

Sebastian Krumbiegel **„Courage zeigen: Warum ein Leben mit Haltung gut tut“**, Gütersloher Verlagshaus, 2017

Sebastian Krumbiegel **„Meine Stimme – Zwischen Haltung und Unterhaltung“**, Ventil Verlag, 2024

Sharon Osbourne **„Extreme. My Autobiography“**, Sphere, 2006

Simon Reynolds **„Rip It Up And Start Again – Schmeiß alles hin und fang neu an (Postpunk 1978-1984)“**, Hannibal, 2007

Sinéad O'Connor **„Erinnerungen“**, Riva, 2021

Slash und Anthony Bozza **„Slash: Die Autobiografie“**, Edel Books, 2021

Sookee und Gazal (Hg.) **„Awesome HipHop Humans – Queer*Fem*Rap im deutschsprachigen Raum“**, Ventil, 2021

Stadtgeschichtliches Museum Leipzig (Hrg.) **„Leipzig in Schwarz: 30 Jahre Wave-Gothic-Treffen“**, Passage-Verlag, 2023

Sub Opus 36 **„SO36: 1978 bis heute“**, Ventil, 2022

szim und Eric Isaacson und Erin Yanke **„Dead Moon: Off the Grid“**, Ventil, 2020

Thees Uhlmann **„Sophia, der Tod und ich“**, KiWi-Taschenbuch, 12. Edition 2017

„Thees Uhlmann über Die Toten Hosen“, KiWi, 2019

Thees Uhlmann **„Wir könnten Freunde werden: Die Tocotronic-Tourtagebücher“**, Ventil, 5. Auflage 2000

Tina Turner **„My Love Story: Die Autobiografie“**, Penguin Verlag, 2019

Tine Plesch **„Rebel Girl – Popkultur und Feminismus“**, Ventil, 2013

Torsun und Kulla **„Raven wegen Deutschland“**, Ventil, 3. Auflage 2024

Udo Lindenberg und Thomas Hüetlin **„Udo“**, KiWi, 3. Auflage 2019

Viv Albertine **„A Typical Girl“**, Suhrkamp, 2016

Vivien Goldmann **„Die Rache der She-Punks – Eine feministische Musikgeschichte von Poly Styrene bis Pussy Riot“**, Ventil, 2. Auflage 2022

COMICS UND GRAPHIC NOVELS
Eine ganz unvollständige Liste, was es gibt.

von Sandra Strauß und Schwarwel

Andreas Völlinger (Autor) und Flavia Scuderi (Zeichnerin) **„Wagner: Die Graphic Novel“**, Knesebeck, 2013

Arnulf Rödler **„Falco: Leben und Sterben des Hans Hölzel“**, Knesebeck, 2023

Barnaby Legg, Jim McCarthy und Flameboy **„Kurt Cobain – Godspeed. Sein Leben als Comic“**, Schwarzkopf & Schwarzkopf, 2004

Cavan Scott (Autor), Jose Maria Beroy (Autor), Gaston Leroux (Idee) und Andrew Llyod Webber (Lyricist) **„Das Phantom der Oper: Comic zum Musical“**, Panini, 2022

Danielle de Picciotto **„Die heitere Kunst der Rebellion“**, Walde + Graf, 2020

David Calcano (Autor) und Mark Irwin (Künstler) **„Motörhead: Der Aufstieg der lautesten Band der Welt – Eine autorisierte Graphic Novel“**, Cross Cult, 2023

Frank Willmann (Hg.) **„Betreten auf eigene Gefahr – Schleimkeim-Songcomics“**, Ventil, 2023

Gaet's (Hrg.) **„The Doors: Das Comic!“**, bahoe, 2022

Gunther Buskies und Jonas Engelmann (Hrg.)
· **„Keine Macht für Niemand – Ein Ton Steine Scherben Songcomic“**, Ventil, 2022
· **„Monarchie und Alltag – Ein Fehlfarben-Songcomic**, Ventil, 2022
· **„Sie wollen uns erzählen – Zehn TOCOTRONIC Songcomics**, Ventil, 2020
· **„Stereo Total's Party Anticonformiste – 10 Songcomics**, Ventil, 2022

Helge Arnold und Christopher Tauber **„Inter View – Popcomics“**, Ventil, 2019

Jim McCarthy und Brian Williamson **„Metallica: Nothing Else Matters – Die Graphic Novel“**, Panini, 2021

Jim McCarthy (Autor), Gerry Kissell (Autor) und Benito Gallego (Illustrator) **„Bob Marley Graphic Novel“**, Omnibus Press, 2017

Jim McCarthy und Steve Parkhouse **„Sex Pistols – Die Graphic Novel“**, Panini, 2021

Joonas Sildre **„Zwischen zwei Tönen – Aus dem Leben des Arvo Pärt“**, Voland & Quist, 2021

Julian Voloj (Autor) und Claudia Ahlering (Illustratorin) **„Marlene Dietrich: Augenblicke eines Lebens. Graphic Novel“**, Knesebeck, 2021

Marie Emmanuel (Hrg.) **„Queen: Das Comic!“**, bahoe, 2023

Mikael Ross **„Goldjunge – Beethovens Jugendjahre“**, avant, 2020

Peer Meter (Autor) und Rem Broo (Illustrator) **„Beethoven: Unsterbliches Genie“**, Carlsen Comics, 3. Auflage 2020

Philippe Girard **„Leonard Cohen – Like a Bird on a Wire: Eine Comic-Biografie“**, Cross Cult, 2021

PM Hoffmann (Zeichner) und Bernd Lindner (Text) **„Anders sein oder Der Punk im Schrank (Graphic Novel mit einem Essay über Punk in der DDR)“**, Ch. Links, 2019

Comic: „The Clash – I Fought The Law“
von Titus Ackermann aus „Moga Mobo Musik“, 2022

Reinhard Kleist
· „**CASH – I see a darkness**“, Carlsen Comics, 2023
· **„Nick Cave“**, Carlsen Comics, 4. Auflage 2017
· **„Starman – David Bowie‘s Ziggy Stardust Years“**, Carlsen Comics, 2. Auflage 2021

Reinhard Kleist und Titus Ackermann **„Elvis: Die illustrierte Biografie“**, Egmont Comic Collection, 2007

Schwarwel **„Gevatter – Die fünf Phasen“**, Glücklicher Montag 2024

Typex **„Andy: The Life and Times of Andy Warhol (Art Masters)“**, Abrams & Chronicle Books, 2018

Xavier Bétaucourt (Autor), Bruno Cadène (Autor) und Éric Cartier (Illustrator) **„One, Two, Three, Four, Ramones!: Die Kultband als Graphic Novel“**, Knesebeck, 2018